2
Blanc

TEACHER'S EDITION

Discovering FRENCH Nouveau!

Jean-Paul Valette
Rebecca M. Valette

McDougal Littell
A DIVISION OF HOUGHTON MIFFLIN COMPANY
Evanston, Illinois • Boston • Dallas

From the Authors

DEDICATION

In the spring of 1858, a teenage immigrant by the name of Julien Berbigier reached the small town of Frenchville after enduring a long transatlantic voyage and an even more arduous trek on foot across mountains and forests into central Pennsylvania. In search of a new and better life, he settled in this new land, toiling hard first of the lumber rafts of the Susquehannah River, and then as store clerk in a small Ohio village. In March 1865, Private Berbigier of the Ohio 17th Regiment died at the age of 23 in a military hospital in Savannah, Georgia. He is buried there alone, in an unmarked grave, and far from his native village of central France.

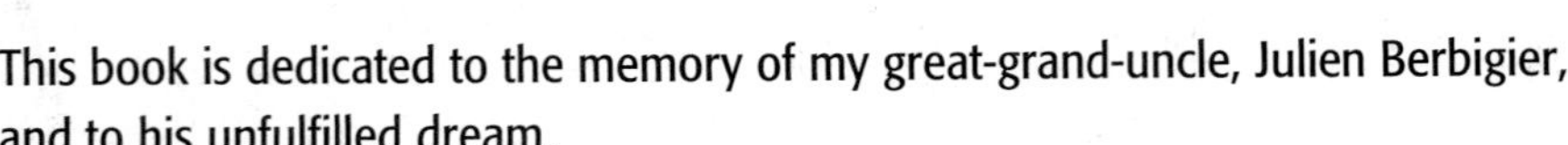

This book is dedicated to the memory of my great-grand-uncle, Julien Berbigier, and to his unfulfilled dream.

IN MEMORIAM

Roger Coulombe (*1940–2001*)

We would like to dedicate ***Discovering French, Nouveau!*** to the memory of our long-time associate, Roger Coulombe. For twenty-five years, he provided his editorial guidance and focused his artistic flair on the production and design of our language books—books which have encouraged millions of American young people to discover the beauty of French language and culture. May his commitment to quality and education inspire new generations of foreign language editors.

Jean-Paul Valette Rebecca M. Valette

Printed in the United States of America

ISBN-13: 978-0-618-65658-5 2 3 4 5 6 7 8 9 10 - VJM - 12 11 10 09 08 07
ISBN-10: 0-618-65658-8
Internet: www.mcdougallittell.com

Dear French Teachers,

We take this opportunity to welcome you to ***Discovering French, Nouveau!*** In fact, this is really your program, for it has been revised and expanded thanks to the suggestions, critiques, and encouragement we have received from the many hundreds of secondary school teachers who have enjoyed success getting their students to communicate with *Discovering French.*

Discovering French, Nouveau! emphasizes communication with accuracy and stresses meaningful cultural contexts. With ***Discovering French, Nouveau!*** your students will:

- **Experience France and the Francophone world**
- **Communicate with confidence**
- **Extend and enhance their learning through integrated technology**

Teachers who have already begun using the book are enthusiastic about its new features, such as the end-of-unit *Tests de contrôle* and thematic vocabulary lists. In addition, this 2007 edition contains creative *Tête à tête* pair activities designed to stimulate interpersonal exchanges.

In conclusion, we would like to stress that our program is a flexible one, which allows teachers to take into account the needs of their students and build their own curriculum focusing on specific skills or topics.

We wish you the best of success with ***Discovering French, Nouveau!*** It is our hope that for you and your students, teaching and learning French with this program will be an enjoyable as well as a rewarding experience.

Jean-Paul Valette Rebecca M. Valette

Contents

Contributors to the 2007 Edition

Pre-AP Consultant

Mary L. Diehl
Specialist–Department of Spanish and Portuguese
Master Teacher and Project Coordinator–UTeach-Liberal Arts
University of Texas at Austin

Inclusion Consultants

Leonore Ganschow, Ed.D.
Professor Emeritus
Miami University
Oxford, OH

Richard L. Sparks, Ed.D.
Professor
College of Mt. St. Joseph
Cincinnati, OH

Lorin Pritikin
French Instructor
Francis W. Parker School
Chicago, IL

Program Consultants

- Dan Battisti
- Dr. Teresa Carrera-Hanley
- David Kleinbeck
- Bill Lionetti
- Patty Murguía Bohannan
- Lorena Richins Layser

Discovering FRENCH *Nouveau!*

Explores France and the distinctive French-speaking cultures

- Photos and illustrations reflect the cultural diversity of the French-speaking world.
- *Connexions* offer real-world activities that promote cultural awareness.
- *Images du monde francophone* provide in-depth cultural information about France and the French-speaking world.

Builds skills and develops strategies for more accurate communication

- Strategies for developing reading and writing skills are included in each unit.
- Writing hints provide further support to help students write accurately in French.
- Language Comparisons help students understand how language functions.

Integrates technology for engaging, real-world instruction

- Extensive video program presents and practices vocabulary and grammar in authentic cultural contexts.
- Online Workbook offers leveled practice on the Internet.
- EasyPlanner CD-ROM gives teachers the flexibility of having all ancillaries available in an electronic format.
- McDougal Littell Assessment System is an innovative skills-based system that helps you test, score, and track results. It provides ready-made materials for reteaching and remediation. The scannable tests and answer sheets can be printed out on plain paper.
- Test Generator allows teachers to customize their assessments by editing existing questions or adding their own.
- ClassZone.com presents a variety of engaging resources, from WebQuests to test preparation tools, all correlated to **Discovering French, *Nouveau!***
- Take-Home Tutor CD-ROM provides extra skills support with video and audio clips, flashcards, and self-check exercises for at-home guided practice.

Program Resources

Extensive resources tailored to the needs of today's students!

TEACHER'S EDITION

TEACHER'S RESOURCE PACKAGE

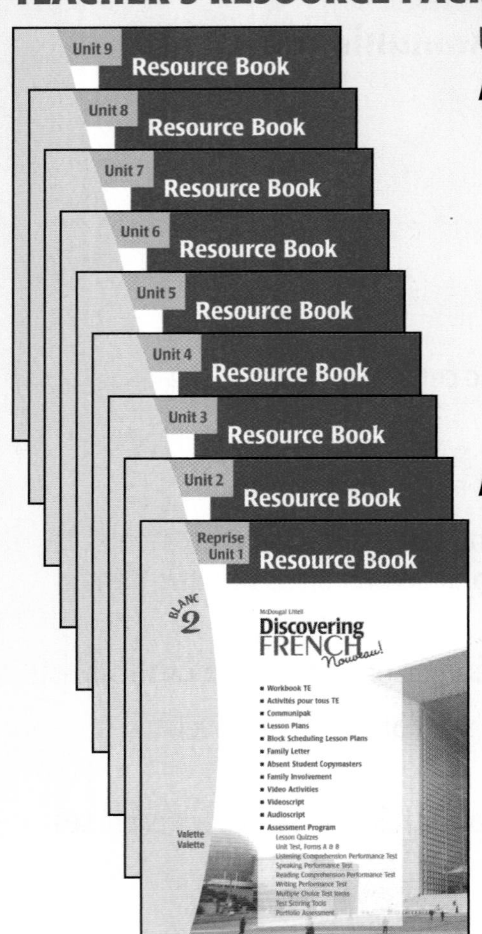

Unit Resource Books

Per Lesson –

- Workbook TE
- *Activités pour tous* TE
- Lesson Plans
- Block Scheduling Lesson Plans
- Absent Student Copymasters
- Family Involvement
- Video Activities
- Videoscripts
- Audioscripts

Per Unit –

- Family Letter
- Communipak
- *Activités pour tous* TE Reading
- Workbook TE Reading and Culture Activities

Assessment Options

- Lesson Quiz
- Portfolio Assessment
- Unit Test Form A
- Unit Test Form B
- Listening Comprehension Performance Test
- Speaking Performance Test
- Reading Comprehension Performance Test
- Writing Performance Test
- Multiple Choice Test Items
- Test Scoring Tools
- Audioscripts
- Answer Keys

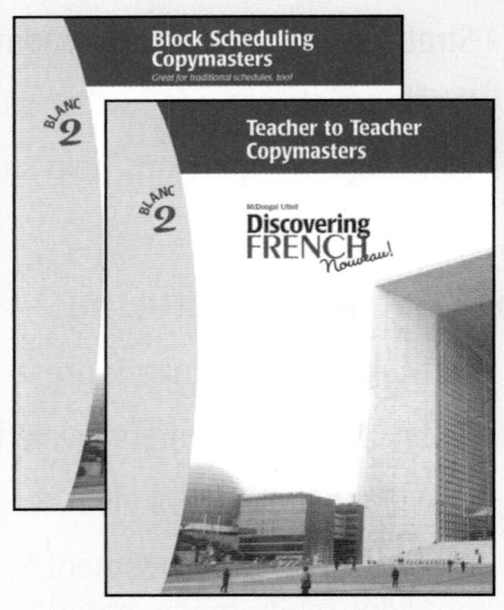

- **Block Scheduling Copymasters**
  Work in a block schedule with projects, learning scenarios, and homework assignments
- **Teacher to Teacher Copymasters**
  Provide enrichment with classroom-proven games, puzzles, extension activities, and teaching tips

ADDITIONAL RESOURCES

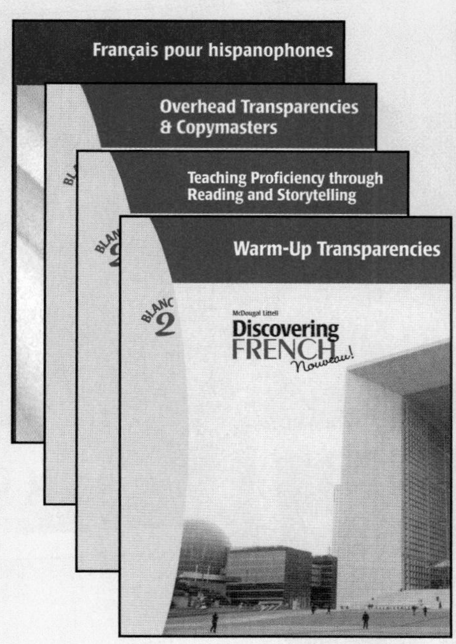

- ***Français pour hispanophones***
- **Overhead Transparencies & Copymasters**
  - Color Overhead Visuals (including Supplementary Situational Transparencies)
  - Fine Art Transparencies
  - Black and White Copymasters
  - Suggested Expansion Activities
- **Teaching Proficiency through Reading and Storytelling**
- **Warm-Up Transparencies**

Student Workbooks

- **Workbook**
- ***Activités pour tous***
  Leveled practice
  - Vocabulary
  - Grammar
  - Reading
- ***Lectures pour tous***

INTERNET RESOURCES

- **McDougal Littell Assessment System**
  - Innovative skills-based system
  - Helps you test, score, and track results
  - Provides ready-made materials for reteaching and remediation
  - Scannable tests and answer sheets can be printed out on plain paper
- **ClassZone.com**
  WebQuests, test preparation, flashcards and more
- **Online Workbook**
  Leveled, self-scoring practice

TECHNOLOGY RESOURCES

- **Audio CD Program**
- ***Chansons* Audio CD**
- **Sing Along: Grammar and Vocabulary Songs**
- **Video Program DVD**
- **Test Generator CD-ROM**
- **McDougal Littell Assessment System**
- **EasyPlanner CD-ROM**
- **Power Presentations CD-ROM**
- **eEdition CD-ROM**
- **Take-Home Tutor CD-ROM**

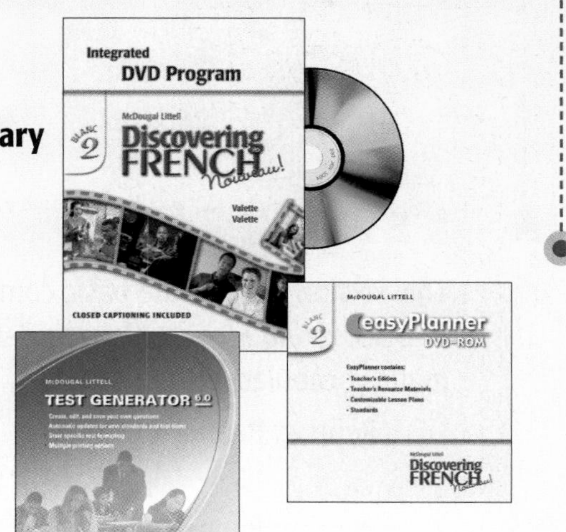

Book Organization

Discovering French, *Nouveau!*–BLANC

Basic Structure The Student Text contains nine units plus a brief review section and three illustrated photo essays. It can be grouped into three sections.

REVIEW

This section reviews the basic communicative structures contained in the Core Material of *Discovering French, Nouveau!–Bleu.* In addition there is some expansion of the thematic vocabulary.

Reprise: Rappel 1	Review of *Bleu* Unités 1 & 2
Reprise: Rappel 2, Rappel 3; Unité 1	Review of *Bleu* Unités 3–6

REPRISE • Entre amis
UNITÉ 1 • Qui suis-je?

IMAGES DU MONDE FRANCOPHONE ***La France et l'Europe***

COMMUNICATIVE FOCUS
Asking and answering questions about oneself, one's friends, and one's daily activities

COMMUNICATIVE THEMES
School, selecting a profession; daily life, making phone calls, introducing people, inviting friends.

CORE MATERIAL

This section expands on the last two units of *Discovering French, Nouveau!–Bleu* and focuses on the more challenging communicative skills to be developed in level two. Corresponding thematic vocabulary is re-entered and expanded.

Unité 2, Unité 3, Unité 4	Expansion of *Bleu* Unités 7 & 8
Unité 5, Unité 6, Unité 7	New communicative structures

UNITÉ 2 • Le week-end, enfin!
UNITÉ 3 • Bon appétit!
UNITÉ 4 • Loisirs et spectacles

IMAGES DU MONDE FRANCOPHONE ***L'Amérique et la France d'outre-mer***

UNITÉ 5 • Vive le sport!
UNITÉ 6 • Chez nous
UNITÉ 7 • Soyez à la mode!

IMAGES DU MONDE FRANCOPHONE ***L'Afrique***

COMMUNICATIVE FOCUS

- Narrating past events, orally and in writing
- Describing daily activities in more detail
- Engaging in longer communicative exchanges
- Reading a wide variety of texts and stories

COMMUNICATIVE THEMES

Weekend activities and entertainment, public transportation; food and meals, eating out;
sports and health; clothes and fashion; the home

CULTURAL FOCUS

The richness of the French-speaking world.

FURTHER DEVELOPMENT

This section introduces more complex language functions. (Although it is desirable to present these units, it is not critical to finish them since the material is reviewed and expanded in the first part of *Discovering French, Nouveau!–Rouge.*)

UNITÉ 8 • Bonnes vacances!
UNITÉ 9 • Bonne route

COMMUNICATIVE FOCUS

- Discussing future events and future conditions
- Talking about hypothetical situations
- Expressing wishes and obligations

COMMUNICATIVE THEMES

Travel abroad; driving a car; camping

Easy Articulation

▶ *Discovering French, Nouveau!* is a carefully articulated three-level sequence of French instruction. Each level has its own special focus, which builds a spiraling progression across levels.

	CONVERSATION	DESCRIPTION	NARRATION	EXPLANATION
BLEU	Basic communication with learned phrases; simple questions and answers	Simple descriptions of people and things	Simple narration in the present; introduction to past narration	Simple explanations as to why something is done
BLANC	Creative conversation; asking and answering questions	More detailed descriptions, including simple comparisons	Basic narration in the past (*passé composé* and imperfect) and future	Expression of personal wishes and needs
ROUGE	Extended conversation using complex sentences and appropriate pronouns	More complex comparisons of people, things and actions	Extended narration of past, present and future events and corresponding conditions	Expression of emotions, wishes and hypotheses in complex sentences

▶ This chart shows the articulation of basic communication themes and topics across levels. (Only the major entry and reentry points are shown.) These themes and topics are recycled throughout the program in the various exercises, readings and communication activities.

THEMES AND TOPICS	BLEU	BLANC	ROUGE
Greeting and meeting people	Unit 1	Reprise: Rappel 1	–
Time and weather	Unit 2	Reprise: Rappel 1	Unit 3
Family and friends; Family relationships	Unit 1	Unit 1	Reprise A; Unit 9
Food and restaurants	Unit 2 Unit 8	Units 1, 3	Reprise A
Money and shopping	Units 2, 6	Reprise: Rappel 2	Reprise B; Unit 4
School and education	Images: À l'école en France	Reprise: Faisons connaissance	Unit 10
Daily activities	Unit 3	Reprise: Rappel 3	Reprise A
Getting around the city	Unit 3 Unit 5	Unit 2	Unit 8
Describing oneself	Unit 4	Units 1, 7	Unit 1
Home and furnishings	Units 4, 5	Unit 6	Unit 6
Possessions and their description	Unit 4	Reprise: Rappel 2 Unit 2	Reprise A; Unit 2
Sports, fitness, daily routine	Unit 5	Units 5, 8	Unit 1
Medical and dental care	–	Unit 5	Unit 7
Clothing and personal appearance	Unit 6	Unit 7	Reprise A; Unit 4
Leisure activities, music, entertainment	Unit 7	Unit 4	Interlude 4
Vacation and travel	Unit 7	Unit 8	Reprise B; Unit 3
Transportation	Unit 7	Units 8, 9	Unit 5
Jobs and professions	–	Unit 1	Units 2, 10
Helping around the house	–	Unit 2	Unit 2
Nature and the environment	–	Unit 2	Unit 3
Services and repairs	–	–	Unit 4
Hotel accommodations	–	–	Unit 6

FUNCTION	BLEU	BLANC	ROUGE
Greeting people and socializing	Units 1, 2	Reprise: Rappel 1	–
Talking about the present Asking and answering questions Describing people, places and things Describing future plans (Simple description)	Units 3, 4, 5, 6	Reprise: Rappels 2, 3; Unit 1	Reprise A
Narrating past events (Simple narration)	Unit 7	Unit 2	Reprise B
Discussing daily routines (Simple narration)	–	Unit 5	Unit 1
Describing people, places, things (Extended description)	Unit 8	Units 3, 4, 5	Reprise C Units 2, 4
Describing past conditions and narrating past events (Extended narration)	–	Unit 6	Reprise B Units 3, 7
Comparing and discussing people, things and actions (Complex description)	–	Unit 7	Units 6, 9
Discussing future events (Extended narration)	–	Unit 8	Units 5, 8
Discussing hypothetical conditions and events (Complex discussion)	–	Unit 8	Units 5, 8
Expressing wishes and obligations (Direct statements)	–	Unit 9	Unit 2
Expressing doubts and emotions (Complex discussion)	–	–	Unit 7
Expressing cause and purpose (Complex discussion)	–	–	Unit 10

LEVEL 1

Unité 4	Unité 7	Unité 8	
Leçon 10 • Optional presentation of the **passé composé** appears in the Teacher's Edition.	**Leçon 21** • **Faire de** + sport **Leçon 22** • The **passé composé** of **-er** verbs • Expressions with **avoir** **Leçon 23** • The **passé composé** of **-ir** verbs • The **passé composé** of **-re** verbs • The **passé composé** of irregular verbs • The verb **voir** **Leçon 24** • The **passé composé** with **être**	**Leçon 26** • The verb **prendre** • The verb **vouloir** • The verb **boire** • Partitive article **Leçon 27** • The verbs **pouvoir** and **devoir** • Pronouns **me, te, nous, vous** • Pronouns with commands	**Leçon 28** • The verb **connaître** • The verbs **dire** and **écrire** • Pronouns **le, la, les, lui, leur**

LEVEL 2

Unité 1	Unité 2	Unité 3	Unité 4	Unité 5
Leçon 3 • The verb **faire** • The verb **avoir** **Leçon 4** • The verb **aller** • The verb **venir** • The construction **aller** + infinitive	**Leçon 6** • The **passé composé** with **avoir** • The verbs **mettre, permettre,** and **promettre** • The verb **prendre** **Leçon 7** • The **passé composé** with **avoir** *(cont.)* • The **passé composé** with **être** • The verb **voir** **Leçon 8** • The **passé composé** with **être** *(cont.)*	**Leçon 10** • The verb **vouloir** • Partitive article • The verbs **pouvoir** and **devoir** **Leçon 11** • The verb **préférer** • The verb **boire** • The verb **acheter** • The verb **payer**	**Leçon 14** • Object pronouns **me, te, nous, vous** • Object pronouns in commands **Leçon 15** • The verb **connaître** • Object pronouns **le, la, les** **Leçon 16** • The verbs **écrire, lire,** and **dire** • Object pronouns **lui, leur**	**Leçon 18** • The pronouns **en** and **y** **Leçon 19** • Definite article with parts of the body • Reflexive verbs: present tense **Leçon 20** • Reflexive verbs: infinitive constructions

LEVEL 3

Unité 1	Unité 2 Recycles *Blanc* Unité 9	Unité 3	Unité 4	Unité 5 Recycles *Blanc* Unité 8
Partie 1 • Definite article with parts of the body • Reflexive verbs: present tense • Reflexive verbs: infinitive constructions **Partie 2** • Reflexive verbs: **passé composé** • Reflexive verbs: idiomatic usage *Recycles some topics from* Blanc *Unité 5*	**Partie 1** • Present subjunctive: regular forms • Usage of the subjunctive after **il faut que** **Partie 2** • Present subjunctive: irregular forms • Usage of the subjunctive after certain impersonal expressions and **vouloir que**	**Partie 1** • Review of the **passé composé** • Review of the imperfect • Contrasting the imperfect and the **passé composé** **Partie 2** • Describing an event using the imperfect and the **passé composé** • Using the imperfect and the **passé composé** in the same sentence • The **passé simple** *Recycles some topics from* Blanc *Unité 6*	**Partie 1** • Review of the pronouns **en** and **y** • Indefinite expressions of quantity **Partie 2** • Review of the pronouns **le, la, les, lui, leur** • The order of pronouns • The construction **faire** + infinitive *Recycles some topics from* Blanc *Unité 4*	**Partie 1** • Negative expressions • The expression **ne … que** **Partie 2** • The future tense • The future with **si**-clauses • The future with **quand** • The conditional

Grammar Across Levels

Discovering French, *Nouveau!* addresses the challenges of articulation between levels by providing a unique instructional overlap. Much of the grammar and vocabulary taught in Units 7 and 8 of ***Bleu*** are covered again in ***Blanc,*** so teachers can choose how far into the grammatical and functional sequence they wish to go. Since the units of ***Rouge*** are self-contained, they can be taught in any order. Students' study of French can continue seamlessly!

Unité 6	Unité 7	Unité 8	Unité 9
Leçon 23 • The imperfect • Contrasting the imperfect and the **passé composé** **Leçon 24** • Contrasting the imperfect and the **passé composé** *(cont.)*	**Leçon 27** • Comparisons with adjectives • Comparisons with adverbs • Superlative constructions **Leçon 28** • Pronouns **lequel** and **celui**	**Leçon 31** • The future tense • The future with **si**-clauses • The future with **quand** **Leçon 32** • The conditional	**Leçon 35** • Present subjunctive: regular forms • Usage of the subjunctive after **il faut que** **Leçon 36** • Present subjunctive: irregular forms • Usage of the subjunctive after **vouloir que**

Unité 6 Recycles *Blanc* Unité 7	Unité 7	Unité 8	Unité 9	Unité 10
Partie 1 • Comparisons with adjectives • Comparisons with adverbs • The superlative **Partie 2** • The pronouns **lequel** and **celui** • Possessive pronouns	**Partie 1** • Concept of the subjunctive • The verbs **croire** and **craindre** • Usage of the subjunctive: emotions, feelings, doubt **Partie 2** • The past subjunctive	**Partie 1** • The construction **si** + imperfect • The **plus-que-parfait** **Partie 2** • Review of the conditional • The conditional in phrases with **si** • Other uses of the conditional **Partie 3** • The past conditional • Summary of tenses with **si**	**Partie 1** • Using reflexive verbs to express reciprocal action • Review of the relative pronouns **qui** and **que** • The construction preposition + relative pronoun • The relative pronoun **dont** **Partie 2** • Summary of relative pronouns • **Ce qui, ce que,** and **ce dont**	**Partie 1** • The construction preposition + infinitive • The past infinitive • The present participle **Partie 2** • The construction conjunction + subjunctive

Level 1 Scope and Sequence

INVITATION AU FRANÇAIS

UNITÉ 1 Faisons connaissance • CULTURAL CONTEXT Meeting people

Communication: Functions and Activities COMPREHENSION AND SELF-EXPRESSION	**Communication Topics** THEMATIC VOCABULARY	**Linguistic Goals** ACCURACY OF EXPRESSION
Meeting people • Introducing oneself **(Leçon 1A)** • Spelling one's name **(Leçon 1A)** • Asking someone's name **(Leçon 1A)** • Saying where you are from **(Leçon 1B)**	• Adjectives of nationality **(Leçon 1B)**	**• L'alphabet (Leçon 1A)** **• Français / française (Leçon 1B)**
Greeting people • Saying hello **(Leçon 1A)** • Asking how people feel **(Leçon 1C)** • Saying good-bye **(Leçon 1C)**	• Expressions with **ça va (Leçon 1C)** • Counting 0 to 10 **(Leçon 1A)** • Counting 10 to 20 **(Leçon 1B)** • Counting 20 to 60 **(Leçon 1C)**	
Talking about other people • Pointing people out **(Leçon 2A)** • Finding out someone's name **(Leçon 2B)** • Saying where a person is from **(Leçon 2B)**	• People **(Leçon 2A)**	**• Un garçon / une fille (Leçon 2A)** **• Le garçon / la fille (Leçon 2B)**
Introducing one's family • Giving their names **(Leçon 2B)** • Giving their ages **(Leçon 2C)**	• Family members **(Leçon 2C)** • Counting 60 to 79 **(Leçon 2A)** • Counting 80 to 100 **(Leçon 2B)**	**• Mon cousin / ma cousine (Leçon 2C)** **• Ton cousin / ta cousine (Leçon 2C)**

UNITÉ 2 La vie courante • CULTURAL CONTEXT Having a snack in France

Communication: Functions and Activities	**Communication Topics**	**Linguistic Goals**
Saying you are hungry • Offering a friend something to eat **(Leçon 3A)** • Asking a friend for something to eat **(Leçon 3A)**	• Foods **(Leçon 3A)**	**• Un sandwich / une pizza (Leçon 3A)**
Saying you are thirsty • Ordering a beverage in a café **(Leçon 3B)** • Asking an adult for something to eat or drink **(Leçon 3B)**	• Beverages **(Leçon 3B)**	**• S'il te plaît / s'il vous plaît (Leçon 3B)**
Paying at a café in France • Asking what something costs **(Leçon 3C)** • Asking a friend to lend you money **(Leçon 3C)**		
Talking about time • Asking for the time **(Leçon 4A)** • Indicating the time **(Leçon 4A)** • Saying when certain events are scheduled **(Leçon 4A)**	• Expressions of time **(Leçon 4A)**	
Talking about dates • Asking the day of the week **(Leçon 4B)** • Giving the date **(Leçon 4B)** • Talking about birthdays **(Leçon 4B)**	• Days of the week **(Leçon 4B)** • Months of the year **(Leçon 4B)**	
Talking about the weather	• Weather expressions **(Leçon 4C)** • Seasons **(Leçon 4C)**	

UNITÉ 3 Qu'est-ce qu'on fait? • CULTURAL CONTEXT Daily activities at home, at school, on weekends

COMMUNICATION: FUNCTIONS AND ACTIVITIES COMPREHENSION AND SELF-EXPRESSION	COMMUNICATION TOPICS THEMATIC VOCABULARY	LINGUISTIC GOALS ACCURACY OF EXPRESSION
Describing daily activities • What people do and don't do **(Leçon 5)** • What people like to do and don't like to do **(Leçon 5)** • What you want and don't want to do **(Leçon 5)**	• Daily activities **(Leçon 5)** • Expressions with **faire (Leçon 8)**	• Subject pronouns **(Leçon 6)** • The negative **ne... pas (Leçon 6)** • Verb + infinitive **(Leçon 7)** • Regular **-er** verbs **(Leçon 7)** • The verb **faire (Leçon 8)**
Talking about where people are	• Places **(Leçon 6)**	• The verb **être (Leçon 6)**
Finding out what is going on • Asking yes/no questions **(Leçon 6)** • Asking information questions **(Leçon 8)**	• Question words **(Leçon 8)**	• Yes/no questions with **est-ce que (Leçon 6)** • Information questions with **est-ce que (Leçon 8)** • Questions with inversion **(Leçon 8)**
Inviting friends to do things with you • Extending an invitation **(Leçon 5)** • Accepting an invitation **(Leçon 5)** • Turning down an invitation **(Leçon 5)**		• Verb + infinitive **(Leçon 7)**
Expanding one's conversational skills • Answering yes/no questions **(Leçon 6)** • Expressing approval or regret **(Leçon 7)** • Expressing mild doubt or surprise **(Leçon 8)**	• Affirmative and negative expressions **(Leçon 6)**	

UNITÉ 4 Le monde personnel et familier • CULTURAL CONTEXT People and their possessions

COMMUNICATION: FUNCTIONS AND ACTIVITIES	COMMUNICATION TOPICS	LINGUISTIC GOALS
Describing yourself and others • Physical appearance **(Leçon 9)** • Age **(Leçons 9, 10)** • Character traits **(Leçon 11)** • Nationality **(Leçon 11)**	• People **(Leçon 9)** • Adjectives of physical description **(Leçon 9)** • Adjectives of personality **(Leçon 11)** • Adjectives of nationality **(Leçon 11)** • Adjectives of aspect **(Leçon 12)**	• Singular and plural nouns **(Leçon 10)** • Definite and indefinite articles **(Leçon 10)** • The expression **avoir... ans (Leçon 10)** • Adjective formation **(Leçon 11)** • Adjective position **(Leçons 11, 12)** • Use of **c'est** and **il est (Leçon 12)**
Describing your room • What is in it **(Leçon 9)** • Where things are located **(Leçon 9)**	• Room furnishings **(Leçon 9)** • Prepositions of place **(Leçon 9)**	• The expression **il y a (Leçon 9)**
Talking about possessions • Things that one owns and doesn't own **(Leçons 9, 10)** • Whether they work or not **(Leçon 9)** • Where they were made **(Leçon 11)** • What they look like **(Leçon 12)**	• Everyday objects **(Leçon 9)** • Color **(Leçon 12)** • Aspect **(Leçon 12)**	• The verb **avoir (Leçon 10)** • The negative article **pas de (Leçon 10)**
Expanding one's conversational skills • Getting someone's attention **(Leçon 12)** • Making generalizations **(Leçon 10)** • Expressing opinions **(Leçon 12)** • Talking about regular events **(Leçon 10)** • Contradicting a negative statement or question **(Leçon 10)** • Introducing a conclusion **(Leçon 11)**	• Attention getters **(Leçon 12)** • Expressions of opinion **(Leçon 12)**	• Use of the definite article: in general statements to indicate repeated events **(Leçon 10)** • Impersonal **c'est (Leçon 12)**
optional: Talking about past events **(Leçons 10, 11, 12)**		• Conversational introduction: answering questions in the **passé composé (Leçons 10, 11, 12)**

UNITÉ 5 En ville • CULTURAL CONTEXT City life–the home, the family and urban activities

COMMUNICATION: FUNCTIONS AND ACTIVITIES COMPREHENSION AND SELF-EXPRESSION	COMMUNICATION TOPICS THEMATIC VOCABULARY	LINGUISTIC GOALS ACCURACY OF EXPRESSION
Describing your city • Streets and public buildings **(Leçon 13)** • Places you often go to **(Leçon 14)** • How you get around **(Leçon 14)**	• City places and buildings **(Leçon 13)** • Transportation **(Leçon 14)**	• The verb **aller (Leçon 14)** • Contractions with **à (Leçon 14)**
Finding your way around • Asking and giving directions **(Leçon 13)** • Indicating the floor **(Leçon 16)**	• Giving directions **(Leçon 13)**	• Ordinal numbers **(Leçon 16)**
Describing your home and your family • Your address **(Leçon 13)** • The inside and outside of your home **(Leçon 13)** • Your family **(Leçon 16)**	• Neighborhood **(Leçon 13)** • Rooms of the house **(Leçon 13)** • Family members **(Leçon 16)**	• The expression **chez (Leçon 14)** • Stress pronouns **(Leçon 15)** • The construction noun + **de** + noun **(Leçon 15)** • Possession with **de (Leçon 16)** • Possessive adjectives **(Leçon 16)**
Making plans to do things in town • What you are going to do **(Leçon 14)** • Asking others to come along **(Leçon 15)** • Saying where you have been **(Leçon 15)**	• Activities: sports, games, etc. **(Leçon 15)**	• **Aller** + infinitive **(Leçon 14)** • The verb **venir (Leçon 15)** • Contractions with **de (Leçon 15)**
Expanding one's conversational skills: • Contradicting someone **(Leçon 15)** • Expressing doubt **(Leçon 16)** • Expressing surprise **(Leçon 15)**		
optional: Talking about past events **(Leçons 13, 14, 15, 16)**		• Conversational introduction: answering questions in the **passé composé (Leçons 13, 14, 15, 16)**

UNITÉ 6 Le shopping • CULTURAL CONTEXT Buying clothes

COMMUNICATION: FUNCTIONS AND ACTIVITIES COMPREHENSION AND SELF-EXPRESSION	COMMUNICATION TOPICS THEMATIC VOCABULARY	LINGUISTIC GOALS ACCURACY OF EXPRESSION
Talking about clothes • What people are wearing **(Leçon 17)** • Whether the clothes fit **(Leçon 17)** • What they look like **(Leçons 17, 19)** • What one's preferences are **(Leçon 17)**	• Clothing and accessories **(Leçon 17)** • Descriptive adjectives **(Leçon 17)** • Adjectives **beau, nouveau, vieux (Leçon 19)** • Expressions of opinion **(Leçon 17)**	• The verb **mettre (Leçon 18)** • The verb **préférer (Leçon 18)** • The demonstrative **ce (Leçon 18)** • The interrogative **quel? (Leçon 18)**
Discussing shopping plans • Where to go **(Leçons 17, 20)** • What to buy **(Leçon 18)**	• Stores that sell clothes **(Leçon 17)** • Verbs like **vendre (Leçon 20)**	• The verb **acheter (Leçon 18)** • Regular **-re** verbs **(Leçon 20)** • The pronoun **on (Leçon 20)**
Buying clothes • Asking for help **(Leçon 17)** • Finding out prices **(Leçons 17, 20)** • Deciding what to choose **(Leçon 19)** • Comparing items **(Leçon 19)** • Talking about what you need and what you like **(Leçon 20)** • Giving advice **(Leçon 20)**	• Numbers 100–1000 **(Leçon 17)** • Money-related expressions **(Leçon 20)** • Verbs like **choisir (Leçon 19)** • Expressions **avoir besoin de** and **avoir envie de (Leçon 20)**	• Regular **-ir** verbs **(Leçon 19)** • The verb **payer (Leçon 20)** • Comparisons **(Leçon 19)** • The imperative **(Leçon 20)**
Expanding one's conversational skills • Emphasizing a remark **(Leçon 18)** • Indicating approval **(Leçon 20)** • Introducing an opinion **(Leçon 19)**		
optional: Talking about past events **(Leçons 17, 18, 19, 20)**		• Conversational introduction:answering questions in the **passé composé (Leçons 17, 18, 19, 20)**

UNITÉ 7 Le temps libre • CULTURAL CONTEXT Leisure-time activities

COMMUNICATION: FUNCTIONS AND ACTIVITIES COMPREHENSION AND SELF-EXPRESSION	COMMUNICATION TOPICS THEMATIC VOCABULARY	LINGUISTIC GOALS ACCURACY OF EXPRESSION
Discussing leisure activities • Going out with friends **(Leçon 21)** • Sports **(Leçon 21)** • Helping around the house **(Leçon 21)** • How you and others feel **(Leçon 22)** • Things you never do **(Leçon 24)**	• Common weekend activities **(Leçon 21)** • Individual summer and winter sports **(Leçon 21)** • Household chores **(Leçon 21)**	• **Faire de** + sport **(Leçon 21)** • Expressions with **avoir (Leçon 22)** • **Ne ... jamais (Leçon 24)**
Describing vacation travel plans • Travel dates **(Leçons 21, 24)** • How to travel **(Leçon 21)** • How long to stay **(Leçons 21, 23)** • What to see **(Leçon 23)**	• Means of transportation **(Leçon 21)** • Divisions of time **(Leçon 21)** • Periods of future time **(Leçon 23)** • Verbs of movement **(Leçon 24)**	• The verb **voir (Leçon 23)**
Narrating what happened • What you did and didn't do **(Leçons 22, 23)** • Where you went and when you returned **(Leçon 24)** • The sequence in which you did these things **(Leçon 22)** • Remaining vague about certain details **(Leçon 24)**	• Adverbs of sequence **(Leçon 22)** • Periods of past time **(Leçon 23)**	• **Passé composé** of **-er** verbs **(Leçon 22)** • **Passé composé** of **-ir** verbs **(Leçon 23)** • **Passé composé** of **-re** verbs **(Leçon 23)** • **Passé composé** of irregular verbs **(Leçon 23)** • **Passé composé** with **être (Leçon 24)** • **Quelqu'un, quelque chose** and their opposites **(Leçon 24)**

UNITÉ 8 Les repas • CULTURAL CONTEXT Food and meals

COMMUNICATION: FUNCTIONS AND ACTIVITIES COMPREHENSION AND SELF-EXPRESSION	COMMUNICATION TOPICS THEMATIC VOCABULARY	LINGUISTIC GOALS ACCURACY OF EXPRESSION
Talking about your favorite foods • What you like and don't like **(Leçon 25)** • What you can, should and want to eat **(Leçons 25, 26, 27)**	• Names of foods and beverages **(Leçon 25)** • Verbs of preference **(Leçon 25)**	• The verb **vouloir (Leçon 26)** • The verbs **pouvoir** and **devoir (Leçon 27)**
Shopping for food • Making a shopping list **(Leçon 25)** • Interacting with vendors **(Leçon 25)** • Asking prices **(Leçon 25)**	• Quantities **(Leçon 25)** • Fruits and vegetables **(Leçon 25)**	• Partitive article **(Leçon 26)**
Planning a meal • Asking others to help you **(Leçon 27)** • Setting the table **(Leçon 25)**	• Meals **(Leçon 25)** • Verbs asking for service **(Leçon 27)** • Place setting **(Leçon 25)**	• Pronouns **me, te, nous, vous (Leçon 27)** • Pronouns with commands **(Leçon 27)**
Eating out with friends • Ordering food **(Leçon 25)** • Asking the waiter/waitress to bring things for others **(Leçon 28)** • Talking about people you know **(Leçon 27)** • Talking about what others have said or written **(Leçon 28)**	• Verbs using indirect objects **(Leçon 28)**	• The verb **prendre (Leçon 26)** • The verb **boire (Leçon 26)** • The verb **connaître (Leçon 28)** • The verbs **dire** and **écrire (Leçon 28)** • Pronouns **le, la, les, lui, leur (Leçon 28)**

Level 2 Scope and Sequence

REPRISE (REVIEW) Entre amis • CULTURAL CONTEXT Getting acquainted

Communication: Functions and Activities COMPREHENSION AND SELF-EXPRESSION	Communication Topics THEMATIC VOCABULARY	Linguistic Goals ACCURACY OF EXPRESSION
Talking about school and classes (Faisons connaissance!)	• School subjects **(Faisons connaissance!)**	
Expressing oneself on familiar topics • Giving the date **(Rappel-1)** • Telling time **(Rappel-1)** • Describing the weather **(Rappel-1)**	• Review: numbers 1-100 **(Appendix A)** • Review: days, months **(Appendix A)** • Review: times of day **(Appendix A)** • Review: weather **(Appendix A)**	
Talking about places and things • Describing things you own **(Rappel-2)** • Saying where things are **(Rappel-2)** • Pointing things out **(Rappel-2)** • Expressing preferences **(Rappel-2)**	• Review: common objects and items of clothing **(Appendix A)** • Prepositions of location **(Rappel-2)** • Review: place names **(Appendix A)**	• Review: articles and contractions, **ce** and **quel** **(Appendix A)** • Review: possessive adjectives **(Appendix A)**
Carrying out simple conversations • Asking and answering questions **(Rappel-3)** • Talking about daily activities **(Rappel-3)** • Talking about places where you go **(Rappel-3)** • Saying what you like **(Rappel-3)**	• Review: question words **(Rappel-3)** • Review: common **–er**, **-ir**, **-re** verbs **(Appendix A)**	• Review: present tense of regular verbs **(Appendix A)** • Review: interrogative and negative constructions **(Appendix A)** • Review: subject pronouns and stress pronouns **(Rappel-3)** • Review: the imperative **(Appendix A)**

UNITÉ 1 Qui suis-je? • CULTURAL CONTEXT Oneself and others

Communication: Functions and Activities	Communication Topics	Linguistic Goals
Presenting oneself and others • Providing personal data **(Leçon 1)** • Identifying one's family **(Leçon 1)** • Talking about professions **(Leçon 1)**	• Adjectives of nationality **(Leçon 1)** • Family and friends **(Leçon 1)** • Professions **(Leçon 1)**	• The verb **être** **(Leçon 2)** • **C'est** and **il est** **(Leçon 2)**
Interacting with others • Introducing people **(Leçon 1)** • Making phone calls **(Leçon 1)** • Reading birth and wedding announcements **(Leçon 1)**		
Talking about oneself and others • Describing looks and personality **(Leçon 2)** • Talking about age **(Leçon 3)** • Describing feelings and needs **(Leçon 3)**	• Descriptive adjectives **(Leçon 2)** • Expressions with **avoir** **(Leçon 3)** • Expressions with **faire** **(Leçon 3)**	• Regular and irregular adjectives **(Leçon 2)** • The verb **avoir** **(Leçon 3)** • The verb **faire** **(Leçon 3)** • Inverted questions **(Leçon 3)**
Describing one's plans • Saying where people are going and what they are going to do **(Leçon 4)** • Saying where people are coming from **(Leçon 4)** • Saying how long people have been doing things **(Leçon 5)**	• Expressions with **depuis** **(Leçon 4)**	• The verb **aller** **(Leçon 4)** • The construction **aller** + infinitive **(Leçon 4)** • The verb **venir** **(Leçon 4)** • The present with **depuis** **(Leçon 4)**

READING Getting the gist

UNITÉ 2 Le week-end, enfin! • CULTURAL CONTEXT Weekend activities

COMMUNICATION: FUNCTIONS AND ACTIVITIES COMPREHENSION AND SELF-EXPRESSION	COMMUNICATION TOPICS THEMATIC VOCABULARY	LINGUISTIC GOALS ACCURACY OF EXPRESSION
Talking about weekend plans • Describing weekend plans in the city **(Leçon 5)** • Planning a visit to the country **(Leçon 5)**	• Going out with friends **(Leçon 5)** • Helping at home **(Leçon 5)** • The country and the farm **(Leçon 5)** • Domestic and other animals **(Leçon 5)** • Expressions of present and future time **(Leçon 7)**	• The verbs **mettre**, **permettre**, and **promettre (Leçon 6)** • The verb **voir (Leçon 7)** • The verbs **sortir**, **partir**, and **dormir (Leçon 8)**
Getting from one place to another • Getting around in Paris **(Leçon 5)** • Visiting the countryside **(Leçon 5)**	• Getting around by subway **(Leçon 5)**	• The verb **prendre (Leçon 6)**
Narrating past weekend activities • Talking about where one went **(Leçons 7, 8)** • Talking about what one did and did not do **(Leçons 6, 7, 8)**	• Expressions of past time **(Leçon 6)**	• The **passé composé** with **avoir (Leçons 6, 7)** • The **passé composé** with **être (Leçons 7, 8)** • Impersonal expressions: **quelqu'un**, **quelque chose**, **personne**, **rien (Leçon 7)** • **Il y a** + elapsed time **(Leçon 8)**
READING Recognizing word families		

UNITÉ 3 Bon appétit! • CULTURAL CONTEXT Meals and food shopping

COMMUNICATION: FUNCTIONS AND ACTIVITIES COMPREHENSION AND SELF-EXPRESSION	COMMUNICATION TOPICS THEMATIC VOCABULARY	LINGUISTIC GOALS ACCURACY OF EXPRESSION
Planning a meal • Talking about where to eat **(Leçon 9)** • Setting the table **(Leçon 9)**	• Meals **(Leçon 9)** • Place setting **(Leçon 9)**	
Going to a café • Ordering in a café **(Leçon 9)**	• Café foods and beverages **(Leçon 9)**	• The verb **boire (Leçon 11)**
Talking about favorite foods • Discussing preferences **(Leçon 9)** • Expressing what one wants **(Leçon 12)**	• Mealtime foods and beverages **(Leçon 9)** • Fruits and vegetables **(Leçon 9)**	• The verb **préférer (Leçon 11)** • The verb **vouloir (Leçon 10)**
Shopping for food at a market • Interacting with vendors and asking prices **(Leçon 9)** • Asking for specific quantities **(Leçon 9)** • Discussing what one can get **(Leçon 12)** • Talking about what one should buy or do **(Leçon 12)**	• Common quantities **(Leçon 12)** • Expressions of quantity **(Leçon 12)**	• Partitive article **(Leçon 10)** • The verbs **acheter** and **payer (Leçon 11)** • Expressions of quantity with **de (Leçon 12)** • The adjective **tout (Leçon 12)** • The verbs **devoir** and **pouvoir (Leçon 10)** • The expression **il faut (Leçon 12)**
READING Reading by phrase groups		

UNITÉ 4 Loisirs et spectacles! • CULTURAL CONTEXT Free time and entertainment

COMMUNICATION: FUNCTIONS AND ACTIVITIES COMPREHENSION AND SELF-EXPRESSION	COMMUNICATION TOPICS THEMATIC VOCABULARY	LINGUISTIC GOALS ACCURACY OF EXPRESSION
Planning one's free time • Going out with friends **(Leçon 13)** • Extending, accepting, and turning down invitations **(Leçon 13)** • Talking about concerts and movies **(Leçon 13)**	• Places to go and things to do **(Leçon 13)** • Types of movies **(Leçon 13)**	
Talking about your friends and your neighborhood • Describing people and places you know **(Leçon 15)**		• The verb **connaître (Leçon 15)** • Object pronouns **le, la, les (Leçon 15)** • The verb **savoir (Leçon 16)**
Discussing relations with others • Asking others for assistance **(Leçon 14)** • Describing services of others **(Leçon 16)**	• Verbs asking for a service **(Leçon 14)** • Verbs using indirect objects **(Leçon 16)**	• Object pronouns **me, te, nous, vous (Leçon 14)** • Object pronouns **lui, leur (Leçon 16)** • Object pronouns in commands **(Leçon 14)** • Double object pronouns **(Leçon 16)**
Reading and writing about daily events • Writing a letter to a friend **(Leçon 14)** • Discussing what you like to read **(Leçon 16)** • Talking about what others have written or said **(Leçon 16)**	• Expressions used in letters **(Leçon 14)** • Reading materials **(Leçon 16)**	• The verbs **écrire, lire,** and **dire (Leçon 16)**
Narrating what happened • Talking about losing and finding things **(Leçon 15)**	• Verbs used to talk about possessions **(Leçon 15)**	• Object pronouns in the **passé composé (Leçon 15)**
READING Inferring meaning		

UNITÉ 5 Vive le sport! • CULTURAL CONTEXT Sports and health

COMMUNICATION: FUNCTIONS AND ACTIVITIES	COMMUNICATION TOPICS	LINGUISTIC GOALS
Discussing sports • Finding out what sports your friends like **(Leçon 17)** • Talking about where you practice sports and when **(Leçon 18)** • Giving your opinion **(Leçon 18)**	• Individual sports **(Leçon 17)** • Adverbs of frequency **(Leçon 18)** • Expressions of opinion **(Leçon 18)**	• The verb **courir (Leçon 17)** • The expression **faire du (Leçon 17)** • The pronouns **en** and **y (Leçon 18)**
Discussing fitness and health • Describing exercise routines **(Leçon 17)** • Describing common pains and illnesses **(Leçon 17)**	• Parts of the body **(Leçon 17)** • Health **(Leçon 17)**	• The expression **avoir mal à (Leçon 17)** • Definite article with parts of the body **(Leçon 19)**
Talking about one's daily activities • Describing the daily routine **(Leçon 19)** • Caring for one's appearance **(Leçon 19)** • Giving others advice **(Leçon 20)** • Asking about tomorrow's plans **(Leçon 20)**	• Daily occupations **(Leçon 19)** • Hygiene and personal care **(Leçon 19)**	• Reflexive verbs: present tense **(Leçon 19)** • Reflexive verbs: imperative **(Leçon 20)** • Reflexive verbs: infinitive constructions **(Leçon 20)**
Narrating past activities • Describing one's daily routine in the past **(Leçon 20)**	• Common activities **(Leçon 20)**	• Reflexive verbs: **passé composé (Leçon 20)**
READING Recognizing prefixes		

UNITÉ 6 Chez nous • CULTURAL CONTEXT House and home

COMMUNICATION: FUNCTIONS AND ACTIVITIES COMPREHENSION AND SELF-EXPRESSION	COMMUNICATION TOPICS THEMATIC VOCABULARY	LINGUISTIC GOALS ACCURACY OF EXPRESSION
Discussing where you live • Describing the location of your house or apartment **(Leçon 21)** • Explaining what your house or apartment looks like **(Leçon 21)**	• Location of one's home **(Leçon 21)** • Rooms of the house **(Leçon 21)** • Furniture and appliances **(Leçon 21)**	• The verb **vivre (Leçon 22)**
Renting an apartment or house • Reading classified ads **(Leçon 21)** • Asking about a rental **(Leçon 21)** • Giving more complete descriptions **(Leçon 22)**		• Relative pronouns **qui** and **que (Leçon 22)**
Talking about the past • Explaining what you used to do in the past and when **(Leçon 23)** • Describing ongoing past actions **(Leçon 23)** • Giving background information about specific past events **(Leçon 24)**	• Prepositions of time **(Leçon 23)** • An accident **(Leçon 24)**	• The imperfect **(Leçon 23)** • Contrasting the imperfect and the **passé composé (Leçons 23, 24)**
READING Recognizing partial cognates		

UNITÉ 7 Soyez à la mode! • CULTURAL CONTEXT Clothes and accessories

COMMUNICATION: FUNCTIONS AND ACTIVITIES COMPREHENSION AND SELF-EXPRESSION	COMMUNICATION TOPICS THEMATIC VOCABULARY	LINGUISTIC GOALS ACCURACY OF EXPRESSION
Talking about clothes • Saying what people are wearing **(Leçon 25)** • Describing clothes and accessories **(Leçon 25)**	• Clothes and accessories **(Leçon 25)** • Colors **(Leçon 25)** • Fabric, design, materials **(Leçon 25)**	
Shopping for clothes • Talking with the sales clerk **(Leçon 25)** • Expressing opinions **(Leçon 25)**	• Types of clothing stores **(Leçon 25)** • Sizes, looks, and price **(Leçon 25)** • Numbers 100-1,000,000 **(Leçon 26)** • Adjectives **beau, nouveau, vieux (Leçon 26)**	
Comparing people and things • Ranking items in a series **(Leçon 26)** • Expressing comparisons **(Leçon 27)** • Saying who or what is the best **(Leçon 27)** • Referring to specific items **(Leçon 28)**	• Descriptive adjectives **(Leçon 27)**	• Ordinal numbers **(Leçon 26)** • Comparisons with adjectives **(Leçon 27)** • Superlative constructions **(Leçon 27)** • Pronouns **lequel?** and **celui (Leçon 28)**
Talking about how things are done • Describing how things are done **(Leçon 26)** • Comparing how things are done **(Leçon 27)**	• Common adverbs **(Leçon 27)**	• Adverbs ending in **-ment (Leçon 26)** • Comparisons with adverbs **(Leçon 27)**
READING Understanding the context		

UNITÉ 8 Bonnes vacances • CULTURAL CONTEXT Travel and summer vacations

COMMUNICATION: FUNCTIONS AND ACTIVITIES COMPREHENSION AND SELF-EXPRESSION	COMMUNICATION TOPICS THEMATIC VOCABULARY	LINGUISTIC GOALS ACCURACY OF EXPRESSION
Discussing summer vacations • Talking about vacation plans **(Leçon 29)** • Planning a camping trip **(Leçon 29)**	• Destinations, lodging, travel documents **(Leçon 29)** • Foreign countries **(Leçon 29)** • Camping equipment **(Leçon 29)**	• Prepositions with names of countries **(Leçon 30)** • The verbs **recevoir** and **apercevoir** **(Leçon 30)**
Making travel arrangements • Buying tickets **(Leçon 29)** • Checking schedules **(Leçon 29)** • Expressing polite requests **(Leçon 32)**	• At the train station, at the airport **(Leçon 29)**	• The use of the conditional to make polite requests **(Leçon 32)**
Talking about what you would do under various circumstances	• Verbs followed by infinitives **(Leçon 30)**	• The constructions verb **+ à +** infinitive, verb **+ de +** infinitive **(Leçon 30)**
Making future plans • Talking about the future **(Leçon 31)** • Setting forth conditions **(Leçon 31)**		• The future tense **(Leçon 31)** • The future with **si**-clauses **(Leçon 31)** • The future with **quand** **(Leçon 31)**
Talking about what one would do under certain circumstances • Discussing what would occur **(Leçon 32)** • Describing conditions **(Leçon 32)**		• The conditional **(Leçon 32)** • The conditional with **si**-clauses **(Leçon 32)**
READING Recognizing false cognates		

UNITÉ 9 Bonne route • CULTURAL CONTEXT Getting around by car

COMMUNICATION: FUNCTIONS AND ACTIVITIES COMPREHENSION AND SELF-EXPRESSION	COMMUNICATION TOPICS THEMATIC VOCABULARY	LINGUISTIC GOALS ACCURACY OF EXPRESSION
Talking about cars • Describing cars **(Leçon 33)** • Having one's car serviced **(Leçon 33)** • Getting one's license **(Leçon 33)** • Rules of right of way **(Leçon 33)**	• Types of vehicles **(Leçon 33)** • Parts of a car **(Leçon 33)** • Car maintenance **(Leçon 33)**	• The verbs **conduire** and **suivre** **(Leçon 33)**
Expressing how one feels about certain events		• Adjective **+ de +** infinitive **(Leçon 34)**
Talking about past and present events • Describing purpose and sequence **(Leçon 34)** • Describing simultaneous actions and cause and effect **(Leçon 34)**	• Prepositions **pour, sans, avant de,** and **en (Leçon 34)**	• Preposition + infinitive **(Leçon 34)** • Present participle constructions **(Leçon 34)**
Discussing what has to be done • Expressing necessity and obligation **(Leçon 35)** • Letting others know what you want them to do **(Leçon 36)**	• **Il faut que (Leçon 35)** • **Je veux que (Leçon 36)**	• Present subjunctive: regular forms **(Leçon 35)** • Present subjunctive: irregular forms **(Leçon 36)**
READING Recognizing figures of speech		

LEVEL 3 SCOPE AND SEQUENCE

REPRISE • OBJECTIVE Light Review of Basic Material (from Levels One and Two)

BASIC REVIEW		CULTURE AND READING
STRUCTURES	**VOCABULARY**	**VACATION OPTIONS** Travel, sports, archaeology, helping others
A. La vie courante Describing the present • Present of regular verbs • **Être, avoir, aller, faire, venir** and expressions used with these verbs • Other common irregular verbs • Use of present with **depuis** • Regular and irregular adjectives • Use of the partitive article	• Daily activities • Food and beverages	The French-speaking world: Its people
B. Hier et avant Describing the past • **Passé composé** with **avoir** and **être** • Imperfect and its basic uses	• Clothes	The French-speaking world: Cultural background
C. Nous et les autres Referring to people, things, and places • Object pronouns • Negative expressions • **Connaître** and **savoir** • Other irregular verbs		**Lecture:** ***Les trois bagues***

UNITÉ 1 Au jour le jour • MAIN THEMES Looking good; one's daily routine

COMMUNICATION OBJECTIVES		READING AND CULTURAL OBJECTIVES		Interlude Culturel 1 Le monde des arts
COMMUNICATION: FUNCTIONS AND CONTEXTS LE FRANÇAIS PRATIQUE	**LINGUISTIC GOALS** LANGUE ET COMMUNICATION	**DAILY LIFE** INFO MAGAZINE	**READING** LECTURE	GENERAL CULTURAL BACKGROUND
Describing people • Their physical appearance **Caring for one's appearance** • Personal care and hygiene • Looking good **Describing the various aspects of one's daily routine** **Expressing how one feels and inquiring about other people**	**Describing people and their ailments** • The use of the definite article **Describing what people do for themselves** • Reflexive verbs **Explaining one's daily activities** • Reflexive verbs: different tenses and uses	**How important is personal appearance for French young people and what do they do to enhance it?** • The importance of **le look** • Clothing and personal style **How have artists expressed their concept of beauty?** **How do people begin their daily routine?**	**Ionesco, *Conte pour enfants de moins de trois ans***	**French modern art** • **Impressionism** and impressionist artists: **Monet, Degas, Renoir, Manet, B. Morisot** • Artists of the **post-impressionist** era: **Van Gogh, Gauguin, Matisse, Rousseau, Toulouse-Lautrec** • **Surrealism** as an artistic and literary movement: **Magritte** **Poems** • **Desnos, *La fourmi*** • **Prévert, *Pour faire le portrait d'un oiseau***

UNITÉ 2 Soyons utiles! • MAIN THEME Being helpful around the house

COMMUNICATION OBJECTIVES		READING AND CULTURAL OBJECTIVES		Interlude Culturel 2 Les grands moments de l'histoire de France (jusqu'en 1453)
COMMUNICATION: FUNCTIONS AND CONTEXTS LE FRANÇAIS PRATIQUE	LINGUISTIC GOALS LANGUE ET COMMUNICATION	DAILY LIFE INFO MAGAZINE	READING LECTURE	GENERAL CULTURAL BACKGROUND
Helping around the house • In the house itself • Outside **Asking for help and offering to help** • Accepting or refusing help • Thanking people for their help **Describing an object** • Shape, weight, length, consistency, appearance, etc. • The material it is made of	**Explaining what has to be done** • **Il faut que +** subjunctive **Telling people what you would like them to do** • **Vouloir que +** subjunctive	**Why do French people enjoy do-it-yourself activities?** • What is **bricolage?** • What is **jardinage?** **How should you take care of your plants?** **How do French young people earn money by helping their neighbors?**	***La Couverture*** *(Une fable médiévale)*	**Early French history** • Important events The Roman conquest The Holy Roman Empire The Norman Conquest of England The Hundred Years War • Important people **Vercingétorix** **Charlemagne** **Guillaume le Conquérant** **Aliénor d'Aquitaine** **Jeanne d'Arc** **Literature: *La Chanson de Roland***

UNITÉ 3 Vive la nature! • MAIN THEMES Vacation and outdoor activities; the environment and its protection

COMMUNICATION: FUNCTIONS AND CONTEXTS	LINGUISTIC GOALS	DAILY LIFE	READING	Interlude Culturel 3 Les grands moments de l'histoire de France (1453-1715) — GENERAL CULTURAL BACKGROUND
Talking about outdoor activities • What to do • What not to do **Describing the natural environment and how to protect it** **Talking about the weather and natural phenomena** **Relating a sequence of past events** **Describing habitual past actions**	**Talking about the past** • The **passé composé** • The imperfect • The **passé simple** • Contrastive uses of the **passé composé** and the imperfect **Narrating past events** • Differentiating between specific actions **(passé composé)** and the circumstances under which they occurred (imperfect) • Providing background information (imperfect)	**How do the French feel about nature and their land?** • What is **le tourisme vert?** • What is an **éco-musée?** **How do the French protect their environment?** • What rules to observe on camping trips • What young people do to protect the environment • Who was **Jacques-Yves Cousteau?** **Why do the French people love the sun?**	**Sempé / Goscinny, *King***	**The classical period of French history** • Important periods: **la Renaissance, le Grand Siècle** • Important people: **François Ier, Louis XIV** • French castles, as witnesses of French history **Literature** • **La Fontaine, *Le Corbeau et le renard*** • **Prévert, *Soyons polis*** **Film: Rostand, *Cyrano de Bergerac***

UNITÉ 4 Aspects de la vie quotidienne • MAIN THEME Going shopping and asking for services

COMMUNICATION OBJECTIVES		READING AND CULTURAL OBJECTIVES		Interlude Culturel 4 Vive la musique!
Communication: Functions and Contexts LE FRANÇAIS PRATIQUE	**Linguistic Goals** LANGUE ET COMMUNICATION	**Daily life** INFO MAGAZINE	**Reading** LECTURE	GENERAL CULTURAL BACKGROUND
Shopping for various items • in a stationery store • in a pharmacy • in a convenience store **Buying stamps and mailing items at the post office** **Having one's hair cut** **Asking for a variety of services** • at the cleaners • at the shoe repair shop • at the photo shop	**Answering questions and referring to people, things, and places using pronouns** • Object pronouns • Two-pronoun sequence **Talking about quantities** • The pronoun **en** • Indefinite expressions of quantity **Describing services that you have done by other people** • The construction **faire +** infinitive	**How are certain aspects of daily life different in France?** • Shopping on the Internet • Shopping in a supermarket • Services at the post office • When to tip and not to tip	***Histoire de cheveux***	**The musical landscape of France and the French-speaking world** • Classical musicians: **Lully, Chopin, Bizet, Debussy** • Historical overview of French songs • Famous French singers of yesterday and today • The multicultural aspect of music from the francophone world: **zouk** (Antilles); **raï** (North Africa); **cajun, zydéco** (Louisiana) **Song: Vigneault, *Mon pays*** **Opera: Bizet, *Carmen***

UNITÉ 5 Bon voyage! • MAIN THEME Travel

COMMUNICATION OBJECTIVES		READING AND CULTURAL OBJECTIVES		Interlude Culturel 5 Les grands moments de l'histoire de France (1715-1870)
Communication: Functions and Contexts	**Linguistic Goals**	**Daily life**	**Reading**	GENERAL CULTURAL BACKGROUND
Planning a trip abroad **Going through customs** **Making travel arrangements** • Purchasing tickets **Travel in France** • at the train station • at the airport	**Making negative statements** • Affirmative and negative expressions **Describing future plans** • Future tense • Use of future after **quand** **Hypothesizing about what one would do** • Introduction to the conditional	**What are the advantages of visiting France by train?** • The **TGV** • The **Eurotunnel** **Why do French people like to travel abroad and what do they do on their vacations?** • Impressions of young people visiting the United States	***Le mystérieux homme en bleu***	**The historical foundation of modern France** • Important periods the **French Revolution** the **Napoleonic era** • Important contemporary French institutions • Important people **Louis XVI et Marie-Antoinette** **Napoléon** **Song: Rouget de Lisle, *La Marseillaise*** **Literature: Victor Hugo, *Les Misérables***

UNITÉ 6 Séjour en France • MAIN THEME Hotels and other places to stay when traveling

COMMUNICATION OBJECTIVES		READING AND CULTURAL OBJECTIVES		Interlude Culturel 6 Les grands moments de l'histoire de France (1870 au présent)
COMMUNICATION: FUNCTIONS AND CONTEXTS LE FRANÇAIS PRATIQUE	**LINGUISTIC GOALS** LANGUE ET COMMUNICATION	**DAILY LIFE** INFO MAGAZINE	**READING** LECTURE	GENERAL CULTURAL BACKGROUND
Deciding where to stay when traveling **Reserving a room in a hotel** **Asking for services in a hotel**	**Comparing people, things, places and situations** • The comparative • The superlative **Asking for an alternative** • The interrogative pronoun **lequel?** **Pointing out people or things** • The demonstrative pronoun **celui** **Indicating possession** • The possessive pronoun **le mien**	**What inexpensive accommodations are available to students?** • **Auberges de jeunesse** • **Séjour à la ferme** **How does one use the *Guide Michelin* when traveling in France?** • To find a hotel • To choose a restaurant	***Une étrange aventure***	**France in the 20th century** • Important events the two World Wars the economic union of Europe • Important people **Marie Curie** **Charles de Gaulle** **Simone Veil** **Literature: Éluard, *Liberté*** **Film: L. Malle, *Au revoir, les Enfants***

UNITÉ 7 La forme et la santé • MAIN THEME Health and medical care

COMMUNICATION: FUNCTIONS AND CONTEXTS	LINGUISTIC GOALS	DAILY LIFE	READING	Interlude Culturel 7 Les Français d'aujourd'hui GENERAL CULTURAL BACKGROUND
Going to the doctor's office • Describing your symptoms • Explaining what is wrong • Giving information about your medical history • Understanding the doctor's prescriptions **Going to the dentist** **Going to the emergency ward**	**Expressing how you and others feel about certain facts or events** • Use of the subjunctive after expressions of emotion **Expressing fear, doubt or disbelief** • Use of the subjunctive after expressions of doubt and uncertainty **Expressing feelings or attitudes about past actions and events** • The past subjunctive	**How do the French take care of their health?** • How does the French health system work? • What is the **Sécurité sociale?** • Why do the French consume so much mineral water? • What is **thermalisme?** **How do French doctors participate in humanitarian missions around the world?** • What is **Médecins sans frontières?**	**Maupassant, *En voyage***	**Modern France as a multi-ethnic and multi-cultural society** • The French as citizens of Europe • The new French mosaic: the impact of immigration on French society • The **Maghrébins** – their culture and their religion • **SOS Racisme** • Two French humanitarians: **L'abbé Pierre** and **Coluche** **Song: *Éthiopie***

UNITÉ 8 En ville • MAIN THEME Cities and city life

COMMUNICATION: FUNCTIONS AND CONTEXTS	LINGUISTIC GOALS	DAILY LIFE	READING	Interlude Culturel 8 Les Antilles francophones GENERAL CULTURAL BACKGROUND
Making a date and fixing the time and place **Explaining where one lives and how to get there** **Discussing the advantages and disadvantages of city life**	**Narrating past actions in sequence** • The pluperfect **Formulating polite requests** • The conditional **Hypothesizing about what one would do under certain circumstances** • The conditional and its uses • The past conditional • Sequence of tenses in **si**-clauses	**What does a typical French city look like?** • Its historical development • Its various neighborhoods • Its buildings • The **villes nouvelles** **Why do French people love to stroll in the streets?** • Various street shows • Sculptures to view while walking in Paris	**Theuriet, *Les Pêches***	**The French-speaking Caribbean islands** • Historical background • Important people **Toussaint Louverture** **Joséphine de Beauharnais** **Aimé Césaire** • Haitian art as an expression of life **Literature: Césaire, *Pour saluer le Tiers-Monde*** **Film: Palcy, *Rue Cases-nègres***

UNITÉ 9 Les relations personnelles • MAIN THEME Personal relationships, friendships, and family life

COMMUNICATION OBJECTIVES		READING AND CULTURAL OBJECTIVES		Interlude Culturel 9 L'Afrique dans la communauté francophone
COMMUNICATION: FUNCTIONS AND CONTEXTS LE FRANÇAIS PRATIQUE	LINGUISTIC GOALS LANGUE ET COMMUNICATION	DAILY LIFE INFO MAGAZINE	READING LECTURE	GENERAL CULTURAL BACKGROUND
Describing degrees of friendship **Expressing different feelings towards other people** **Discussing the state of one's relationship with other people** **Congratulating, comforting, and expressing sympathy for other people** **Describing the various phases of a person's life**	**Describing how people interact** • Reciprocal use of reflexive verbs **Describing people and things in complex sentences** • Relative pronouns • Relative clauses	**How important are friends and family to French people?** • The meaning of friendship • Family relationships **How socially concerned are French young people and what type of social outreach do they do?** **What is a typical French wedding like?** • Where French spouses meet one another • Planning the wedding • A French wedding ceremony	**M. Maurois, *Le Bracelet***	**The place of Western and Central Africa in the francophone world** • Historical periods and events: prehistory, the **African empires,** colonization, and independence • Basic facts about Western Africa language and culture religions and traditions • **African art** and its influence on European art **African Fable: *La Gélinotte et la Tortue*** **Literature** **• D. Diop, *Afrique*** **• Dadié, *La légende baoulé***

UNITÉ 10 Vers la vie active • MAIN THEME University studies and careers

COMMUNICATION: FUNCTIONS AND CONTEXTS	LINGUISTIC GOALS	DAILY LIFE	READING	Interlude Culturel 10 La France et le Nouveau Monde
				GENERAL CULTURAL BACKGROUND
Deciding on a college major • University courses **Planning for a career** • Professions • The work environment • Different types of industries **Looking for a job** • Preparing a résumé • Describing one's qualifications at a job interview	**Describing simultaneous actions** • The present participle **Explaining the purpose of an action** • **Pour +** infinitive • **Pour que +** subjunctive **Explaining the timing, conditions, and constraints of an action** • The use of the infinitive or the subjunctive after certain prepositions and conjunctions	**How important is academic success to French young people?** • The French school system: high schools and universities • **Le bac:** its history and its importance **What does one do after graduation?** • Choosing a profession • **Le service militaire** **How does one interview for a job?** • Preparing for the interview • Writing a résumé in French	**Thériault, *Le Portrait***	**The French presence in North America** • Historical background The French in Canada and Louisiana • Important people **Jacques Cartier, Jeanne Mance, Cavelier de La Salle** • Why certain American cities have French names **Song: Richard, *Réveille*** **Literature: La Fayette, *Lettre à sa femme***

Setting the Stage for Communication

The Unit Opener presents the unit theme and learning objectives.

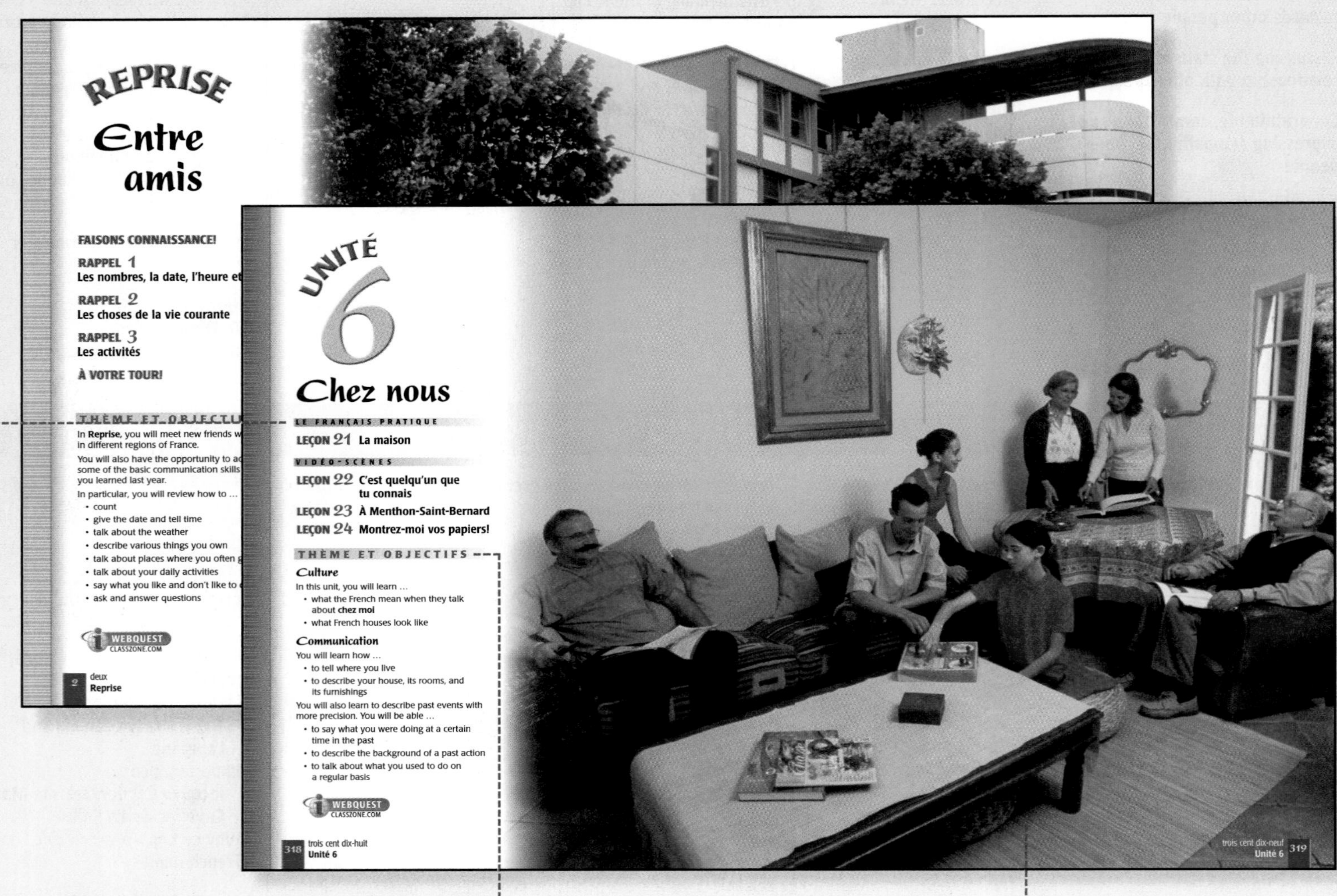

- There are **four thematically-linked lessons** in each unit. Vocabulary presented in the first lesson *(Le français pratique)* is then used throughout the next three *Vidéo-scène* lessons as structure is taught, reinforcing the unit theme.
- **Unit Theme and Objectives** preview for the students what they will be able to do at the end of the unit.
- **Opener photo** highlights the people and places of the new culture.

The *Faisons connaissance!* reintroduces students to the cultural and linguistic diversity of France and the francophone world.

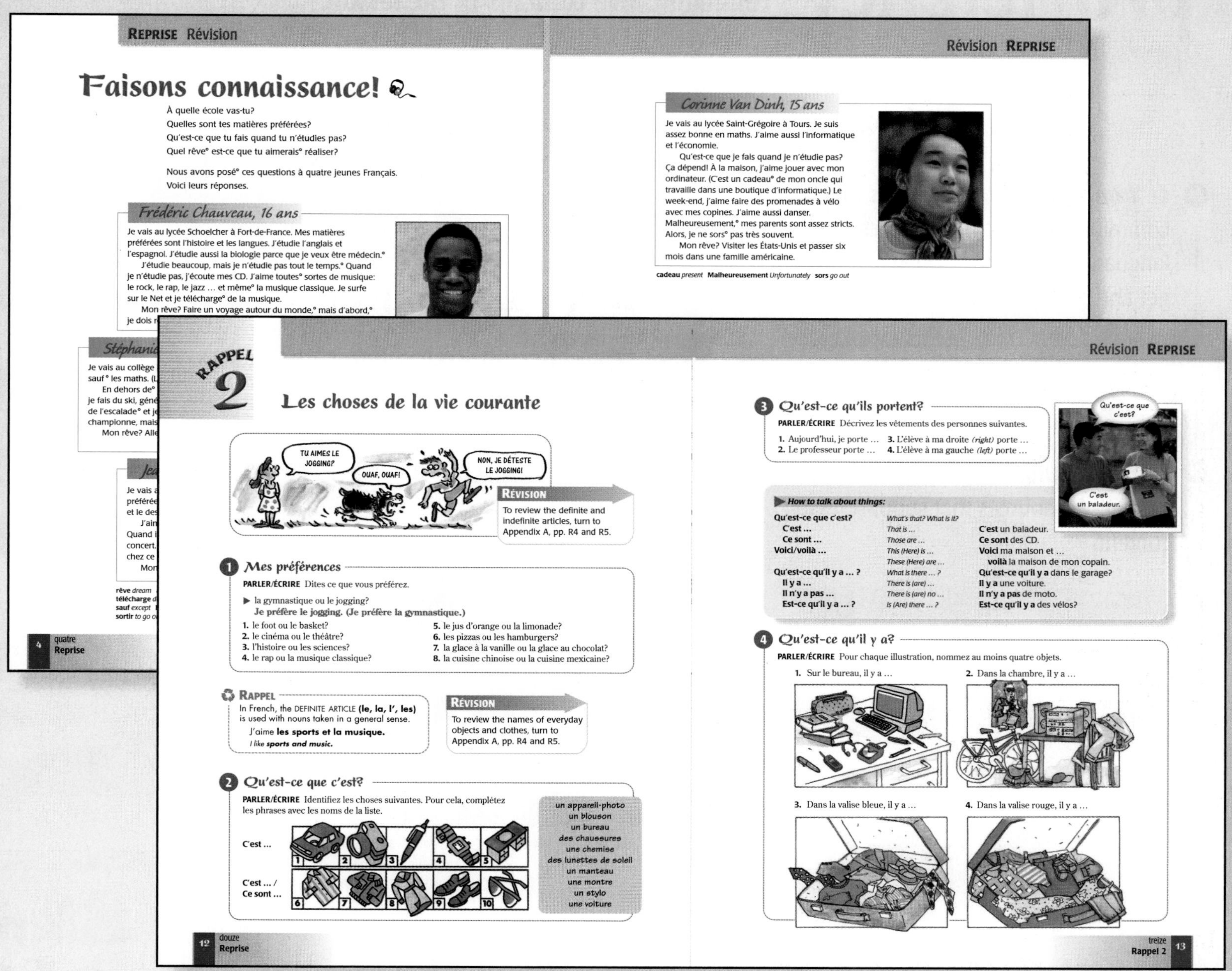

REPRISE Révision

Faisons connaissance!

À quelle école vas-tu?
Quelles sont tes matières préférées?
Qu'est-ce que tu fais quand tu n'étudies pas?
Quel rêve° est-ce que tu aimerais° réaliser?

Nous avons posé° ces questions à quatre jeunes Français. Voici leurs réponses.

Frédéric Chauveau, 16 ans

Je vais au lycée Schoelcher à Fort-de-France. Mes matières préférées sont l'histoire et les langues. J'étudie l'anglais et l'espagnol. J'étudie aussi la biologie parce que je veux être médecin.°

J'étudie beaucoup, mais je n'étudie pas tout le temps.° Quand je n'étudie pas, j'écoute mes CD. J'aime toutes° sortes de musique: le rock, le rap, le jazz … et même° la musique classique. Je surfe sur le Net et je télécharge° de la musique.

Mon rêve? Faire un voyage autour du monde,° mais d'abord,° je dois r…

Stéphanie…

Je vais au collège … sauf° les maths. (L…
En dehors de° … je fais du ski, géné… de l'escalade° et je… championne, mais…
Mon rêve? Alle…

Jea…

Je vais a… préférée… et le des…
J'ain… Quand I… concert. chez ce…
Mor…

rêve *dream* … télécharge *d…* sauf *except* … sortir *to go o…*

4 quatre Reprise

Révision REPRISE

Corinne Van Dinh, 15 ans

Je vais au lycée Saint-Grégoire à Tours. Je suis assez bonne en maths. J'aime aussi l'informatique et l'économie.

Qu'est-ce que je fais quand je n'étudie pas? Ça dépend! À la maison, j'aime jouer avec mon ordinateur. (C'est un cadeau° de mon oncle qui travaille dans une boutique d'informatique.) Le week-end, j'aime faire des promenades à vélo avec mes copines. J'aime aussi danser. Malheureusement,° mes parents sont assez stricts. Alors, je ne sors° pas très souvent.

Mon rêve? Visiter les États-Unis et passer six mois dans une famille américaine.

cadeau *present* **Malheureusement** *Unfortunately* **sors** *go out*

RAPPEL 2

Les choses de la vie courante

RÉVISION
To review the definite and indefinite articles, turn to Appendix A, pp. R4 and R5.

1 Mes préférences

PARLER/ÉCRIRE Dites ce que vous préférez.

▶ la gymnastique ou le jogging?
Je préfère le jogging. (Je préfère la gymnastique.)

1. le foot ou le basket?
2. le cinéma ou le théâtre?
3. l'histoire ou les sciences?
4. le rap ou la musique classique?
5. le jus d'orange ou la limonade?
6. les pizzas ou les hamburgers?
7. la glace à la vanille ou la glace au chocolat?
8. la cuisine chinoise ou la cuisine mexicaine?

RAPPEL
In French, the DEFINITE ARTICLE **(le, la, l', les)** is used with nouns taken in a general sense.
J'aime **les sports et la musique.**
*I like **sports and music.***

RÉVISION
To review the names of everyday objects and clothes, turn to Appendix A, pp. R4 and R5.

2 Qu'est-ce que c'est?

PARLER/ÉCRIRE Identifiez les choses suivantes. Pour cela, complétez les phrases avec les noms de la liste.

C'est …
C'est … / Ce sont …

un appareil-photo
un blouson
un bureau
des chaussures
une chemise
des lunettes de soleil
un manteau
une montre
un stylo
une voiture

12 douze Reprise

Révision REPRISE

3 Qu'est-ce qu'ils portent?

PARLER/ÉCRIRE Décrivez les vêtements des personnes suivantes.

1. Aujourd'hui, je porte …
2. Le professeur porte …
3. L'élève à ma droite *(right)* porte …
4. L'élève à ma gauche *(left)* porte …

How to talk about things:

Qu'est-ce que c'est?	*What's that? What is it?*	
C'est …	*That is …*	**C'est** un baladeur.
Ce sont …	*Those are …*	**Ce sont** des CD.
Voici/voilà …	*This (Here) is …*	**Voici** ma maison et …
	These (Here) are …	**voilà** la maison de mon copain.
Qu'est-ce qu'il y a … ?	*What is there … ?*	**Qu'est-ce qu'il y a** dans le garage?
Il y a …	*There is (are) …*	**Il y a** une voiture.
Il n'y a pas …	*There is (are) no …*	**Il n'y a pas** de moto.
Est-ce qu'il y a … ?	*Is (Are) there … ?*	**Est-ce qu'il y a** des vélos?

4 Qu'est-ce qu'il y a?

PARLER/ÉCRIRE Pour chaque illustration, nommez au moins quatre objets.

1. Sur le bureau, il y a …
2. Dans la chambre, il y a …
3. Dans la valise bleue, il y a …
4. Dans la valise rouge, il y a …

treize Rappel 2 13

The three *Rappel* lessons provide a quick contextualized review of the basic conversational and communicative skills from *Discovering French, Nouveau!–Bleu.* Students can individualize their review by using the Appendix references.

Strengthen proficiency

The Lesson Opener provides cultural and linguistic background through text and photos, and a visual briefing of the communicative contents of the lesson.

- ***Le français pratique*** presents the communicative focus and functional language of the unit. Students immediately get and give information in French.

- **DVD and audio** icons indicate the variety of resources that support lesson content.

LEÇON 21

LE FRANÇAIS PRATIQUE

VIDÉO DVD AUDIO

Culture

La maison

Aperçu culturel ... Chez nous

La majorité des Français (55%) habitent dans des maisons individuelles. Dans la banlieue des villes, beaucoup de gens habitent dans des lotissements où les maisons sont modernes mais souvent identiques. Dans les petites villes et à la campagne, les maisons sont généralement anciennes et différentes les unes des autres. Dans le centre des grandes villes, les gens habitent en appartement, dans des immeubles de cinq ou six étages.

1. En France, les maisons individuelles sont généralement entourées d'un petit jardin avec des fleurs au printemps et en été. (Les Français aiment beaucoup cultiver les fleurs!)

2. Le salon, salle de séjour ou «living» est souvent la plus grande pièce de la maison. Il y a un sofa, des fauteuils et d'autres meubles modernes ou anciens. Beaucoup de familles françaises ont des meubles anciens qui sont transmis de génération en génération. Dans les appartements modernes, la salle à manger est l'extension du salon.

320 trois cent vingt
Unité 6

Aperçu culturel is the illustrated cultural reading that introduces students to the lesson content.

3. Les cuisines françaises sont généralement plus petites et aussi bien équipées que les cuisines américaines. C'est dans la cuisine qu'on prend le petit déjeuner le matin.

4. Les jeunes Français aiment décorer leur chambre avec des photos ou des posters. Cette chambre est leur domaine privé où ils étudient, écoutent de la musique et utilisent leur ordinateur. Parce que le salon est réservé à la famille, c'est dans leur chambre qu'ils invitent leurs amis.

5. La majorité des maisons françaises ont seulement une ou deux salles de bains. Ainsi, les jeunes Français doivent partager la salle de bains avec leurs frères et soeurs, et parfois avec leurs parents. Dans les maisons anciennes, les toilettes et la salle de bains sont séparées.

COMPARAISONS CULTURELLES

Quelles similarités et quelles différences voyez-vous entre les maisons aux États-Unis et les maisons en France? Comparez les pièces suivantes:

- le salon
- la salle à manger
- la cuisine
- la chambre
- la salle de bains

Comparaisons culturelles engage students in critical thinking and promote cultural awareness.

The *Vocabulaire et Communication* sections of *Le français pratique* lessons present new conversational patterns by function.

New vocabulary and related conversational patterns are introduced in **thematic context.** All vocabulary is coded in yellow; functions are highlighted with a red triangle and darker yellow band.

Student-centered activities practice new vocabulary in contexts ranging from structured to open-ended self-expression.

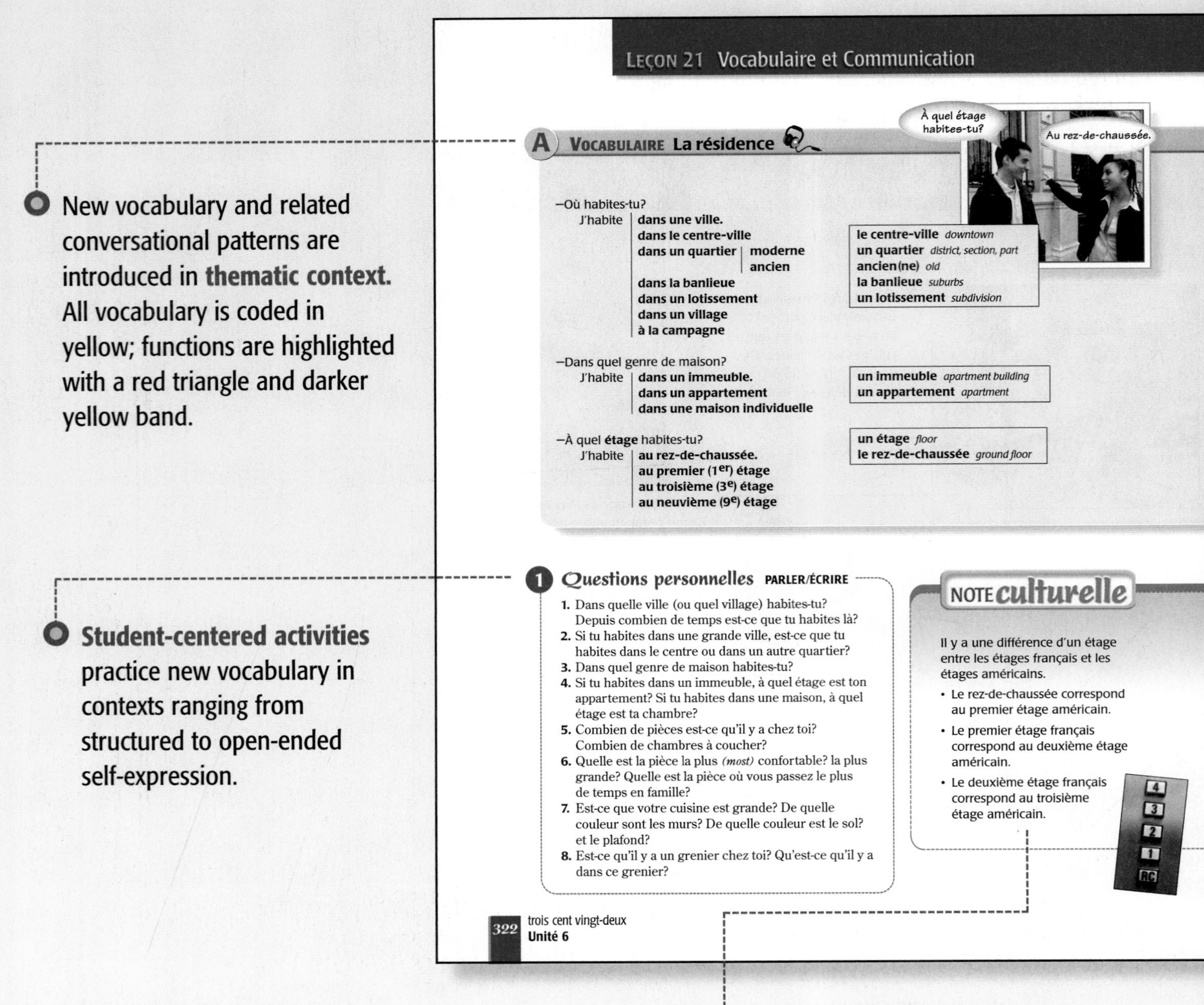

LEÇON 21 Vocabulaire et Communication
A VOCABULAIRE La résidence
À quel étage habites-tu?
Au rez-de-chaussée.
—Où habites-tu?
J'habite dans une ville.
dans le centre-ville
dans un quartier moderne
ancien
dans la banlieue
dans un lotissement
dans un village
à la campagne
le centre-ville downtown
un quartier district, section, part
ancien(ne) old
la banlieue suburbs
un lotissement subdivision
—Dans quel genre de maison?
J'habite dans un immeuble.
dans un appartement
dans une maison individuelle
un immeuble apartment building
un appartement apartment
—À quel étage habites-tu?
J'habite au rez-de-chaussée.
au premier (1er) étage
au troisième (3e) étage
au neuvième (9e) étage
un étage floor
le rez-de-chaussée ground floor
1 Questions personnelles PARLER/ÉCRIRE
1. Dans quelle ville (ou quel village) habites-tu? Depuis combien de temps est-ce que tu habites là?
2. Si tu habites dans une grande ville, est-ce que tu habites dans le centre ou dans un autre quartier?
3. Dans quel genre de maison habites-tu?
4. Si tu habites dans un immeuble, à quel étage est ton appartement? Si tu habites dans une maison, à quel étage est ta chambre?
5. Combien de pièces est-ce qu'il y a chez toi? Combien de chambres à coucher?
6. Quelle est la pièce la plus (most) confortable? la plus grande? Quelle est la pièce où vous passez le plus de temps en famille?
7. Est-ce que votre cuisine est grande? De quelle couleur sont les murs? De quelle couleur est le sol? et le plafond?
8. Est-ce qu'il y a un grenier chez toi? Qu'est-ce qu'il y a dans ce grenier?
NOTE culturelle
Il y a une différence d'un étage entre les étages français et les étages américains.
• Le rez-de-chaussée correspond au premier étage américain.
• Le premier étage français correspond au deuxième étage américain.
• Le deuxième étage français correspond au troisième étage américain.
4
3
2
1
RC
322 trois cent vingt-deux
Unité 6

Notes culturelles, coded in blue throughout the program, expand on the cultural content of the lesson opener.

Art-cued vocabulary is used to help the visual learner and provide a functional cultural context. Since the artists used in *Discovering French, Nouveau!* are actually French, students are exposed to authentic cultural detail in every drawing. Many visuals are also available in overhead transparencies.

Flash d'information notes throughout *Discovering French, Nouveau!* provide additional cultural information of interest to students.

Each *Le français pratique* lesson ends with ***Au jour le jour,*** a cultural reading section that focuses on reading for information using authentic realia.

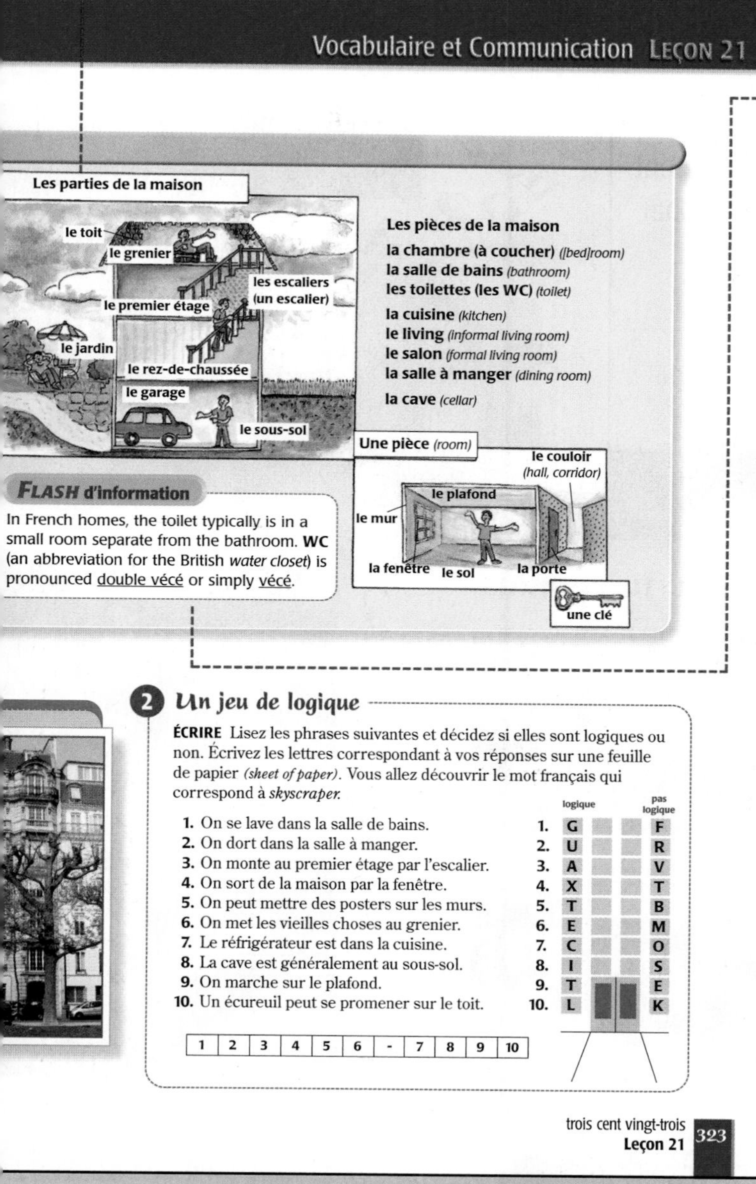

Vocabulaire et Communication LEÇON 21

Les parties de la maison

Les pièces de la maison

la chambre (à coucher) *([bed]room)*
la salle de bains *(bathroom)*
les toilettes (les WC) *(toilet)*
la cuisine *(kitchen)*
le living *(informal living room)*
le salon *(formal living room)*
la salle à manger *(dining room)*
la cave *(cellar)*

Une pièce *(room)*

FLASH d'information

In French homes, the toilet typically is in a small room separate from the bathroom. **WC** (an abbreviation for the British *water closet*) is pronounced double vécé or simply vécé.

2 Un jeu de logique

ÉCRIRE Lisez les phrases suivantes et décidez si elles sont logiques ou non. Écrivez les lettres correspondant à vos réponses sur une feuille de papier *(sheet of paper)*. Vous allez découvrir le mot français qui correspond à *skyscraper.*

1. On se lave dans la salle de bains.
2. On dort dans la salle à manger.
3. On monte au premier étage par l'escalier.
4. On sort de la maison par la fenêtre.
5. On peut mettre des posters sur les murs.
6. On met les vieilles choses au grenier.
7. Le réfrigérateur est dans la cuisine.
8. La cave est généralement au sous-sol.
9. On marche sur le plafond.
10. Un écureuil peut se promener sur le toit.

	logique	pas logique
1.	G	F
2.	U	R
3.	A	V
4.	X	T
5.	T	B
6.	E	M
7.	C	O
8.	I	S
9.	T	E
10.	L	K

1	2	3	4	5	6	-	7	8	9	10

trois cent vingt-trois
Leçon 21 323

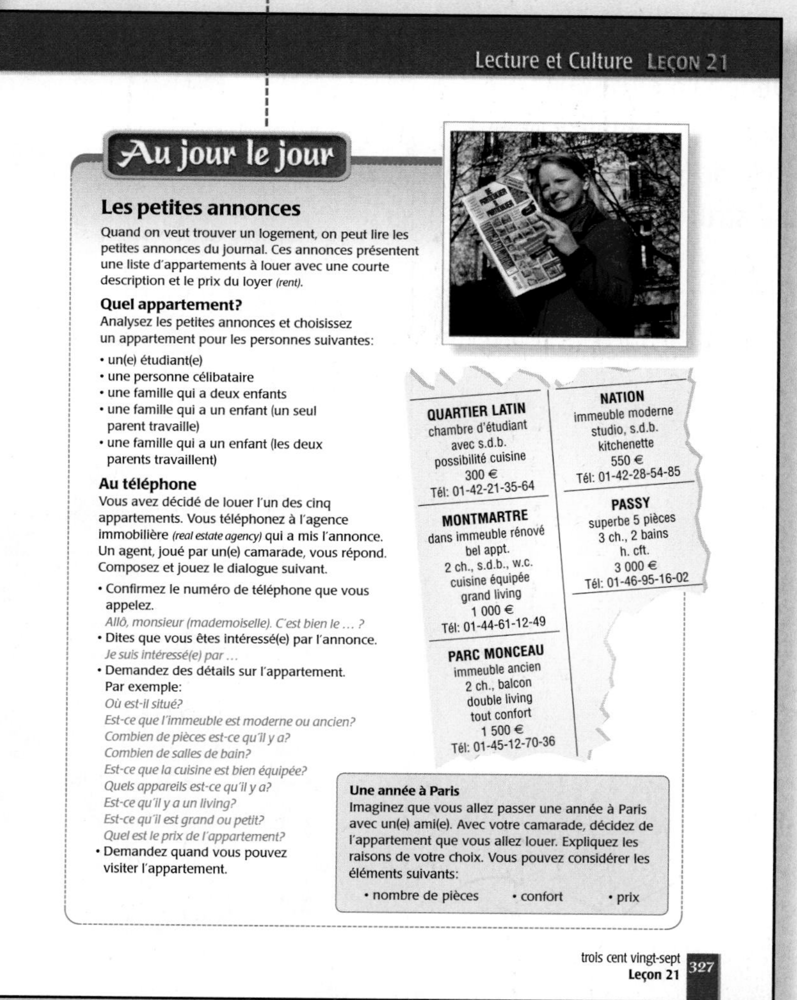

Lecture et Culture LEÇON 21

Au jour le jour

Les petites annonces

Quand on veut trouver un logement, on peut lire les petites annonces du journal. Ces annonces présentent une liste d'appartements à louer avec une courte description et le prix du loyer *(rent).*

Quel appartement?

Analysez les petites annonces et choisissez un appartement pour les personnes suivantes:

- un(e) étudiant(e)
- une personne célibataire
- une famille qui a deux enfants
- une famille qui a un enfant (un seul parent travaille)
- une famille qui a un enfant (les deux parents travaillent)

Au téléphone

Vous avez décidé de louer l'un des cinq appartements. Vous téléphonez à l'agence immobilière *(real estate agency)* qui a mis l'annonce. Un agent, joué par un(e) camarade, vous répond. Composez et jouez le dialogue suivant.

- Confirmez le numéro de téléphone que vous appelez.
  Allô, monsieur (mademoiselle). C'est bien le ... ?
- Dites que vous êtes intéressé(e) par l'annonce.
  Je suis intéressé(e) par ...
- Demandez des détails sur l'appartement. Par exemple:
  Où est-il situé?
  Est-ce que l'immeuble est moderne ou ancien?
  Combien de pièces est-ce qu'il y a?
  Combien de salles de bain?
  Est-ce que la cuisine est bien équipée?
  Quels appareils est-ce qu'il y a?
  Est-ce qu'il y a un living?
  Est-ce qu'il est grand ou petit?
  Quel est le prix de l'appartement?
- Demandez quand vous pouvez visiter l'appartement.

QUARTIER LATIN
chambre d'étudiant
avec s.d.b.
possibilité cuisine
300 €
Tél: 01-42-21-35-64

MONTMARTRE
dans immeuble rénové
bel appt.
2 ch., s.d.b., w.c.
cuisine équipée
grand living
1 000 €
Tél: 01-44-61-12-49

PARC MONCEAU
immeuble ancien
2 ch., balcon
double living
tout confort
1 500 €
Tél: 01-45-12-70-36

NATION
immeuble moderne
studio, s.d.b.
kitchenette
550 €
Tél: 01-42-28-54-85

PASSY
superbe 5 pièces
3 ch., 2 bains
h. cft.
3 000 €
Tél: 01-46-95-16-02

Une année à Paris

Imaginez que vous allez passer une année à Paris avec un(e) ami(e). Avec votre camarade, décidez de l'appartement que vous allez louer. Expliquez les raisons de votre choix. Vous pouvez considérer les éléments suivants:

- nombre de pièces
- confort
- prix

trois cent vingt-sept
Leçon 21 327

Build accuracy

The *Vidéo-scène* lesson openers present reading and culture as they recycle the communicative functions of *Le français pratique* vocabulary and provide grammar support and explanation.

The opening ***Téléroman*** dialogues present a thematically-linked continuous story that encourages student interest.

The three ***Vidéo-scène*** openers in each unit present a thematic context while activating vocabulary and structures.

LEÇON
23
VIDÉO-SCÈNE
VIDÉO DVD AUDIO
À Menthon-Saint-B

Dans l'épisode précédent, Pierre a proposé à Corinne et à Armelle de faire un tour à Menthon-Saint-Bernard, le village où il habitait quand il était petit.

Menthon-Saint-Bernard est un village très pittoresque,

C'est quelqu'un que tu connais

Est-ce que vous vous souvenez de Corinne? C'est la cousine de Pierre. Aujourd'hui, elle est chez Pierre avec sa copine Armelle. Les trois amis écoutent de la musique.

Sur la table, il y a un album de photos. Armelle veut le regarder.

Dis, Pierre, est-ce que je peux regarder l'album qui est sur la table?
Oui, bien sûr.

Qui est-ce, ce petit garçon qui joue de la trompette?

C'est quelqu'un que tu connais.

C'est vrai? Qui est-ce?
Eh bien, c'est moi quand j'avais sept ans.
Vraiment?

Mais oui, c'est lui. Tu sais, quand il était petit, Pierre était beaucoup moins mignon que maintenant.

Ha . . .

Et cette petite fille qui joue sur la plage?
Comment? Tu ne me reconnais pas?
C'est toi?
Eh bien oui, c'est moi.

Dis donc Pierre, où est-ce que tu habitais quand tu étais petit?
J'habitais à Menthon-Saint-Bernard!

Et tu me montreras la maison où tu habitais?
Bien sûr!
à suivre . . .

328 trois cent vingt-huit
Unité 6

LEÇON 24 VIDÉO-SCÈNE

Montrez-moi vos papiers!

Dans l'épisode précédent, Pierre a montré à Armelle et à sa cousine Corinne la maison où il habitait quand il était petit.

L'alarme a alerté un gendarme qui passait dans le quartier.

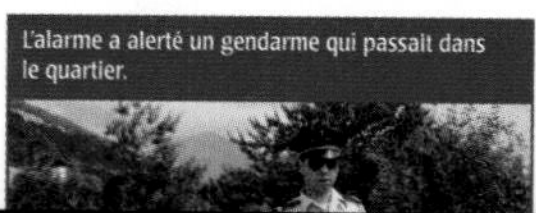

Vidéo-scène LEÇON 23

Dis donc, elle a beaucoup changé, ta maison.
C'est vrai.
Là, il y avait des fleurs. Là, il y avait une table et des chaises. En été, c'était là où nous dînions quand il faisait beau.

Pierre explique comment était sa maison autrefois.

Vidéo-scène LEÇON 22

En touchant la porte de la cuisine, Pierre déclenche l'alarme.

Les trois amis retournent à leurs scooters. Mais qu'est-ce qu'ils voient?

Compréhension

1. Où est Menthon-Saint-Bernard?
2. Où les amis vont-ils d'abord?
3. Où vont-ils ensuite?
4. Où vont-ils finalement?
5. Qu'est-ce qui arrive là-bas?

trois cent trente-sept
Leçon 23 337

trois cent vingt-neuf
Leçon 22 329

Vidéo-scène LEÇON 24

Le gendarme est parti ... Les trois amis retrouvent leur bonne humeur.

Compréhension

1. Qui arrive sur la scène?
2. Qu'est-ce qu'il demande?
3. Comment Pierre explique-t-il sa présence ici?
4. Que fait le gendarme à la fin de la scène?

trois cent quarante-neuf
Leçon 24 349

Compréhension questions allow students to self-check their comprehension (both reading and listening) as receptive skills are developed.

Langue et Communication **pages present grammatical structures in a variety of formats appropriate to varied learning styles, including model sentences, visual representations, cartoons, summary boxes and charts.**

Whenever possible, **authentic French drawings, photos, and realia** are used to increase comprehension and success for all students, addressing a variety of learners' needs.

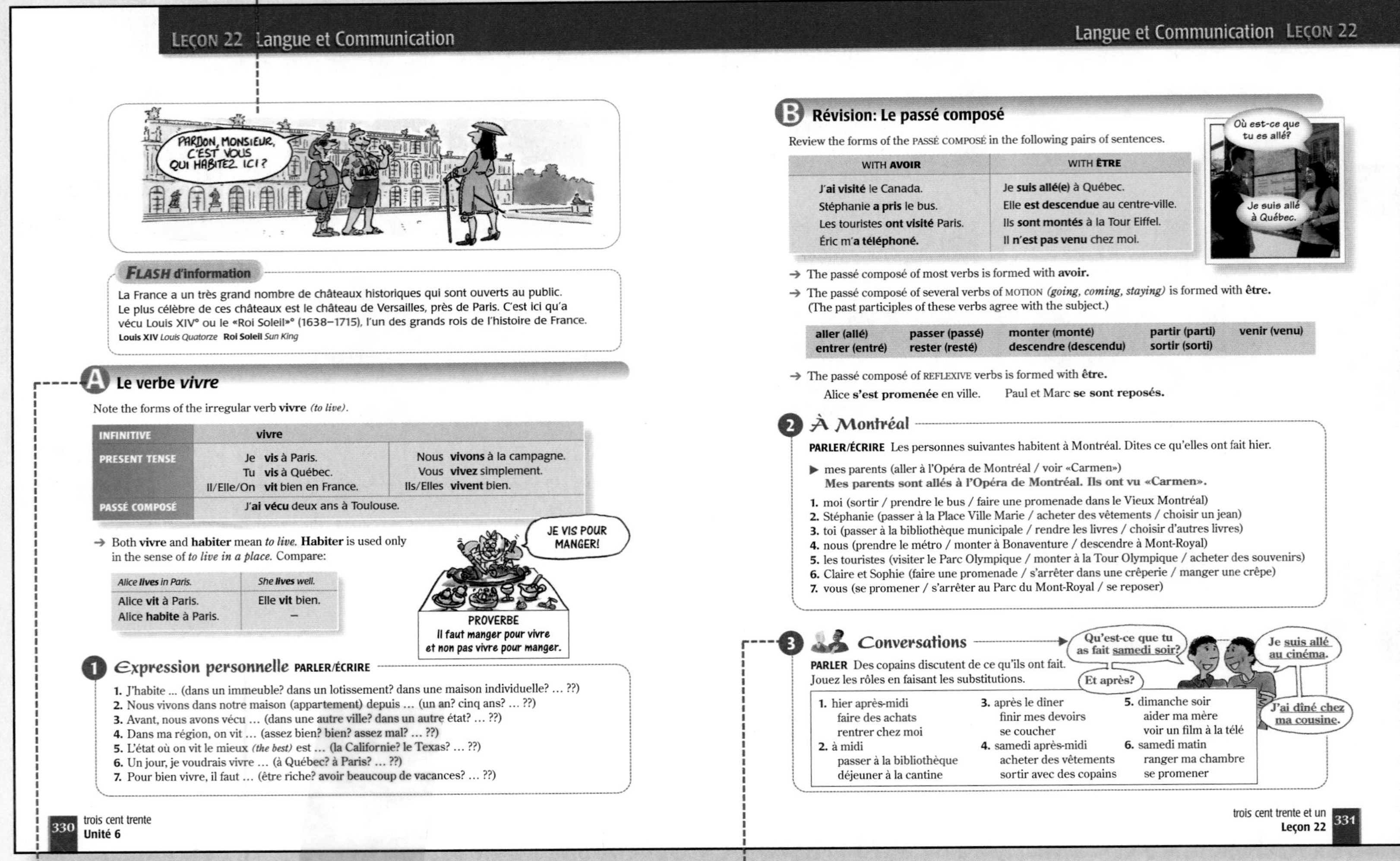

LEÇON 22 Langue et Communication

PARDON, MONSIEUR, C'EST VOUS QUI HABITEZ ICI?

FLASH d'information

La France a un très grand nombre de châteaux historiques qui sont ouverts au public. Le plus célèbre de ces châteaux est le château de Versailles, près de Paris. C'est ici qu'a vécu Louis XIV° ou le «Roi Soleil»° (1638–1715), l'un des grands rois de l'histoire de France.

Louis XIV *Louis Quatorze* **Roi Soleil** *Sun King*

A Le verbe *vivre*

Note the forms of the irregular verb **vivre** *(to live)*.

INFINITIVE	vivre	
PRESENT TENSE	Je **vis** à Paris. Tu **vis** à Québec. Il/Elle/On **vit** bien en France.	Nous **vivons** à la campagne. Vous **vivez** simplement. Ils/Elles **vivent** bien.
PASSÉ COMPOSÉ	J'**ai vécu** deux ans à Toulouse.	

→ Both **vivre** and **habiter** mean *to live*. **Habiter** is used only in the sense of *to live in a place*. Compare:

*Alice **lives** in Paris.*	*She **lives** well.*
Alice **vit** à Paris. Alice **habite** à Paris.	Elle **vit** bien. –

JE VIS POUR MANGER!

PROVERBE
Il faut manger pour vivre et non pas vivre pour manger.

1 Expression personnelle PARLER/ÉCRIRE

1. J'habite ... (dans un immeuble? dans un lotissement? dans une maison individuelle? … ??)
2. Nous vivons dans notre maison (appartement) depuis … (un an? cinq ans? … ??)
3. Avant, nous avons vécu … (dans une autre ville? dans un autre état? … ??)
4. Dans ma région, on vit … (assez bien? bien? assez mal? … ??)
5. L'état où on vit le mieux *(the best)* est … (la Californie? le Texas? … ??)
6. Un jour, je voudrais vivre … (à Québec? à Paris? … ??)
7. Pour bien vivre, il faut … (être riche? avoir beaucoup de vacances? … ??)

330 trois cent trente
Unité 6

Langue et Communication LEÇON 22

B Révision: Le passé composé

Review the forms of the PASSÉ COMPOSÉ in the following pairs of sentences.

WITH **AVOIR**	WITH **ÊTRE**
J'**ai visité** le Canada.	Je **suis allé(e)** à Québec.
Stéphanie **a pris** le bus.	Elle **est descendue** au centre-ville.
Les touristes **ont visité** Paris.	Ils **sont montés** à la Tour Eiffel.
Éric m'**a téléphoné.**	Il **n'est pas venu** chez moi.

Où est-ce que tu es allé?
Je suis allé à Québec.

→ The passé composé of most verbs is formed with **avoir.**

→ The passé composé of several verbs of MOTION *(going, coming, staying)* is formed with **être.** (The past participles of these verbs agree with the subject.)

aller (allé)	**passer (passé)**	**monter (monté)**	**partir (parti)**	**venir (venu)**
entrer (entré)	**rester (resté)**	**descendre (descendu)**	**sortir (sorti)**	

→ The passé composé of REFLEXIVE verbs is formed with **être.**

Alice **s'est promenée** en ville. Paul et Marc **se sont reposés.**

2 À Montréal

PARLER/ÉCRIRE Les personnes suivantes habitent à Montréal. Dites ce qu'elles ont fait hier.

▶ mes parents (aller à l'Opéra de Montréal / voir «Carmen»)
Mes parents sont allés à l'Opéra de Montréal. Ils ont vu «Carmen».

1. moi (sortir / prendre le bus / faire une promenade dans le Vieux Montréal)
2. Stéphanie (passer à la Place Ville Marie / acheter des vêtements / choisir un jean)
3. toi (passer à la bibliothèque municipale / rendre les livres / choisir d'autres livres)
4. nous (prendre le métro / monter à Bonaventure / descendre à Mont-Royal)
5. les touristes (visiter le Parc Olympique / monter à la Tour Olympique / acheter des souvenirs)
6. Claire et Sophie (faire une promenade / s'arrêter dans une crêperie / manger une crêpe)
7. vous (se promener / s'arrêter au Parc du Mont-Royal / se reposer)

3 Conversations

PARLER Des copains discutent de ce qu'ils ont fait. Jouez les rôles en faisant les substitutions.

Qu'est-ce que tu as fait samedi soir?
Je suis allé au cinéma.
Et après?
J'ai dîné chez ma cousine.

1. hier après-midi
   faire des achats
   rentrer chez moi
2. à midi
   passer à la bibliothèque
   déjeuner à la cantine
3. après le dîner
   finir mes devoirs
   se coucher
4. samedi après-midi
   acheter des vêtements
   sortir avec des copains
5. dimanche soir
   aider ma mère
   voir un film à la télé
6. samedi matin
   ranger ma chambre
   se promener

trois cent trente et un 331
Leçon 22

Coded in green, the **structure sections** clearly and concisely summarize essential grammar points. Sample sentences are provided to present material in meaningful context.

Pair and group activities allow students to communicate and exchange information while practicing new structures in both guided and open-ended activities. The Video Program provides authentic models.

Culminating the lesson, the *À votre tour* activities provide opportunities for self-assessment in a variety of contextualized formats.

Objectifs remind students of what they've learned and why.

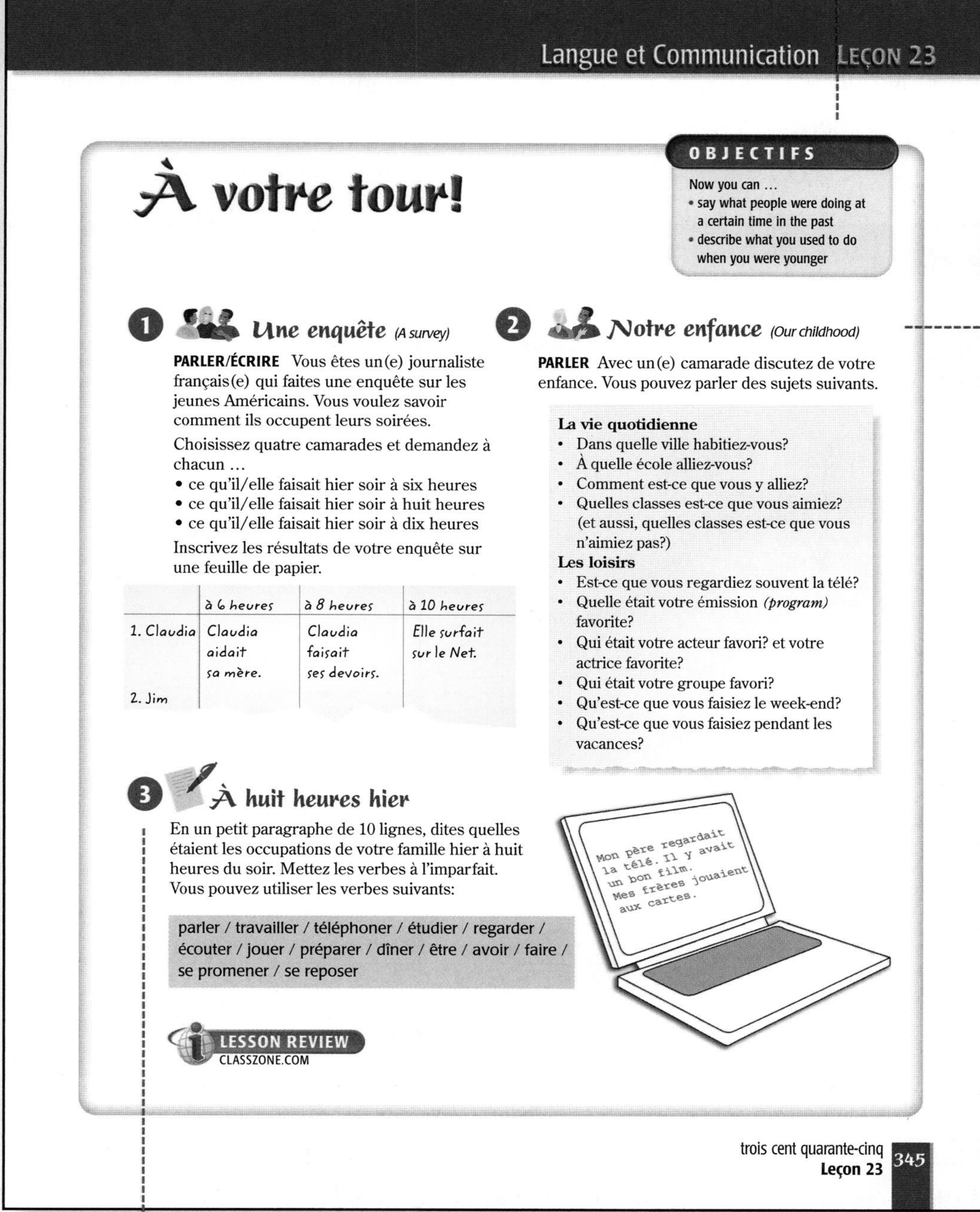

À votre tour!

OBJECTIFS

Now you can …
- say what people were doing at a certain time in the past
- describe what you used to do when you were younger

1 Une enquête *(A survey)*

PARLER/ÉCRIRE Vous êtes un(e) journaliste français(e) qui faites une enquête sur les jeunes Américains. Vous voulez savoir comment ils occupent leurs soirées.

Choisissez quatre camarades et demandez à chacun …
- ce qu'il/elle faisait hier soir à six heures
- ce qu'il/elle faisait hier soir à huit heures
- ce qu'il/elle faisait hier soir à dix heures

Inscrivez les résultats de votre enquête sur une feuille de papier.

	à 6 heures	à 8 heures	à 10 heures
1. Claudia	Claudia aidait sa mère.	Claudia faisait ses devoirs.	Elle surfait sur le Net.
2. Jim			

2 Notre enfance *(Our childhood)*

PARLER Avec un(e) camarade discutez de votre enfance. Vous pouvez parler des sujets suivants.

La vie quotidienne
- Dans quelle ville habitiez-vous?
- À quelle école alliez-vous?
- Comment est-ce que vous y alliez?
- Quelles classes est-ce que vous aimiez? (et aussi, quelles classes est-ce que vous n'aimiez pas?)

Les loisirs
- Est-ce que vous regardiez souvent la télé?
- Quelle était votre émission *(program)* favorite?
- Qui était votre acteur favori? et votre actrice favorite?
- Qui était votre groupe favori?
- Qu'est-ce que vous faisiez le week-end?
- Qu'est-ce que vous faisiez pendant les vacances?

3 À huit heures hier

En un petit paragraphe de 10 lignes, dites quelles étaient les occupations de votre famille hier à huit heures du soir. Mettez les verbes à l'imparfait. Vous pouvez utiliser les verbes suivants:

parler / travailler / téléphoner / étudier / regarder / écouter / jouer / préparer / dîner / être / avoir / faire / se promener / se reposer

Mon père regardait la télé. Il y avait un bon film. Mes frères jouaient aux cartes.

LESSON REVIEW
CLASSZONE.COM

Culminating **listening and speaking activities** are ideal for expanding students' use of language beyond the classroom setting.

Writing activities encourage students to present their thoughts and ideas in written form and provide material for student portfolios.

Follow up with Diagnostic Review

Tests de contrôle provides comprehensive review activities that students can use to check their comprehension.

The **"learning tabs"** in the side column help students self diagnose and review what they can do and where to go for help.

Tests de contrôle

By taking the following tests, you can check your progress in French and also prepare for the unit test. Write your answers on a separate sheet of paper.

Review...
- vocabulary: pp. 322-326, 330

1 L'intrus

The following sentences can be completed logically by 3 of the 4 suggested options. Find the option that does NOT fit and circle it.

▶ Éric est sportif. Il fait —. **(du ski / du camping / de la natation / du foot)**

1. Nous habitons dans —. **(la banlieue / le couloir / le centre-ville / un immeuble)**
2. Les WC sont au —. **(sous-sol / rez-de-chaussée / 1er étage / jardin)**
3. Dans la cuisine, il y a —. **(un four / une cuisinière / un évier / un lit)**
4. Dans la salle de bains, il y a —. **(un lave-vaisselle / une douche / une baignoire / un lavabo)**
5. Au salon, il y a —. **(un grille-pain / un tapis / des tableaux / un fauteuil)**
6. Fermez — , s'il vous plaît. **(la fenêtre / le mur / la porte / le placard)**
7. Allumez —. **(la télé / le toit / la radio / le four)**
8. Mon oncle a — un an à Paris. **(vécu / habité / ouvert / travaillé)**

Review...
- pronouns **qui** and **que**: pp. 332, 333

2 Qui ou que?

Complete the following sentences with **qui** or **que**, as appropriate.

1. Comment s'appelle la fille — a téléphoné hier soir?
2. Qui est le garçon — tu as rencontré ce matin?
3. Est-ce que tu aimes la veste — j'ai achetée?
4. Où est le CD — était sur cette table?
5. J'habite dans une maison — a un grand jardin.

Review...
- imperfect forms: pp. 338-339, 340

3 Autrefois!

Complete the following sentences with the IMPERFECT of the verbs in parentheses.

1. Nous — **(habiter)** dans une ferme. Nous — **(avoir)** beaucoup d'animaux.
2. Mon père — **(travailler)** beaucoup. Il ne — **(gagner)** pas beaucoup d'argent.
3. J'— **(aller)** souvent au cinéma. J'— **(aimer)** beaucoup les westerns.
4. Vous — **(être)** très sportifs. Vous — **(faire)** du jogging tous les jours.
5. Les gens — **(voyager)** en train. Ils ne — **(prendre)** pas l'avion.
6. Tu — **(être)** un bon élève. Tu — **(réussir)** à tes examens.

Review...
- uses of the imperfect and passé composé: pp. 344, 352, 354

4 Contextes et dialogues

Complete the following dialogues with the forms of the IMPERFECT or PASSÉ COMPOSÉ of the verbs in parentheses, as appropriate.

(1) *Julien parle à Thomas.*

J: Où est-ce que tu — **(être)** hier à onze heures?
T: Chez moi. Je — **(regarder)** la télé.
J: Et tes parents?
T: Ils — **(être)** dans leur chambre. Ils — **(dormir)**.
J: Ah, je comprends maintenant pourquoi personne ne (n') — **(répondre)** quand je (j') — **(téléphoner)**.

(2) *Pauline parle à Élodie.*

P: Tu — **(sortir)** hier soir?
É: Non, je — **(rester)** à la maison.
P: Comment? C'— **(être)** samedi.
É: Oui, mais je — **(être)** fatiguée et je ne — **(vouloir)** pas sortir.

Review...
- uses of the imperfect and passé composé: pp. 341, 344, 352, 354

5 Contextes

Marc, a young Canadian, is describing a bike ride he took with his brother many years ago. Complete his description with the appropriate forms of the IMPERFECT or PASSÉ COMPOSÉ of the verbs in parentheses.

Quand j'— **(être)** petit, ma famille — **(habiter)** à la campagne. Mon petit frère et moi, nous — **(se promener)** souvent dans la nature. Un jour, nous — **(prendre)** nos VTT et nous — **(aller)** dans la forêt. Il — **(faire)** beau et nous — **(avoir)** chaud. Tout à coup *(suddenly)*, j'— **(entendre)** du bruit. Nous — **(s'arrêter)** et nous — **(voir)** un énorme animal. Il — **(être)** brun et il — **(porter)** des grandes cornes *(antlers)*. C'— **(être)** un orignal *(moose)*. Mon frère, qui — **(avoir)** très peur, — **(partir)**. Moi, je — **(rester)**. Heureusement *(fortunately)*, j'— **(avoir)** mon appareil-photo et je (j') — **(prendre)** cette photo.

6 Composition: Une promenade à la campagne

In a short paragraph, describe a real or imaginary walk in the country. Use complete sentences. Mention ...

- what day of the week it was
- how the weather was
- if you were warm or cold
- what clothes you were wearing
- what animals you saw
- if you took any pictures
- what else you did
- when you came home

STRATEGY Writing

1	2	3
Write out brief answers to the above questions.	Organize your notes into a paragraph, using complete sentences.	Check over your paragraph, paying special attention to the use of the imperfect and the passé composé.

Pre-writing strategies help students become successful writers.

Thematic French-English vocabulary presentation brings together all unit vocabulary for easy review.

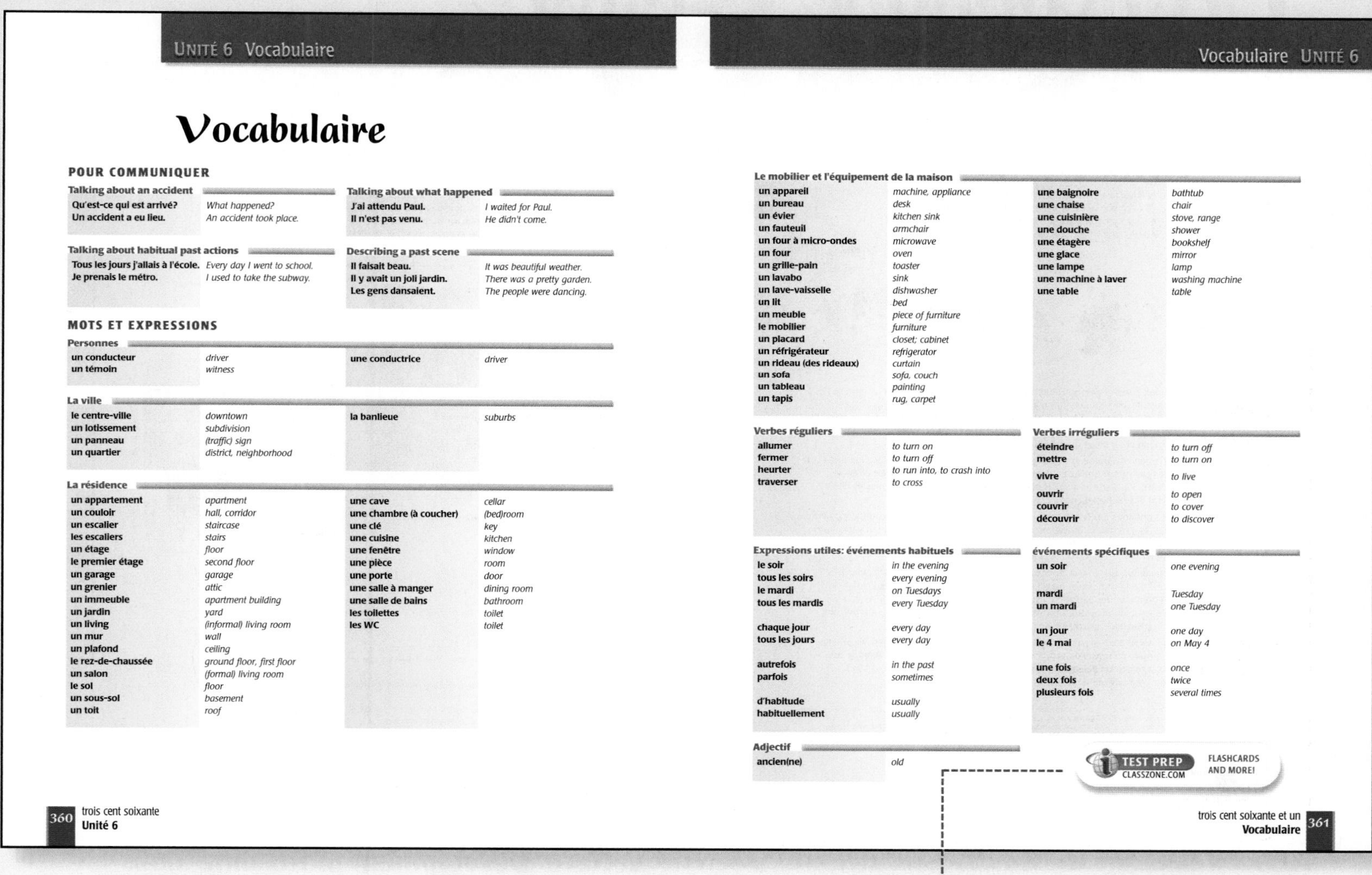

Vocabulaire

POUR COMMUNIQUER

Talking about an accident

Qu'est-ce qui est arrivé?	*What happened?*
Un accident a eu lieu.	*An accident took place.*

Talking about what happened

J'ai attendu Paul.	*I waited for Paul.*
Il n'est pas venu.	*He didn't come.*

Talking about habitual past actions

Tous les jours j'allais à l'école.	*Every day I went to school.*
Je prenais le métro.	*I used to take the subway.*

Describing a past scene

Il faisait beau.	*It was beautiful weather.*
Il y avait un joli jardin.	*There was a pretty garden.*
Les gens dansaient.	*The people were dancing.*

MOTS ET EXPRESSIONS

Personnes

un conducteur	*driver*
un témoin	*witness*
une conductrice	*driver*

La ville

le centre-ville	*downtown*
un lotissement	*subdivision*
un panneau	*(traffic) sign*
un quartier	*district, neighborhood*
la banlieue	*suburbs*

La résidence

un appartement	*apartment*
un couloir	*hall, corridor*
un escalier	*staircase*
les escaliers	*stairs*
un étage	*floor*
le premier étage	*second floor*
un garage	*garage*
un grenier	*attic*
un immeuble	*apartment building*
un jardin	*yard*
un living	*(informal) living room*
un mur	*wall*
un plafond	*ceiling*
le rez-de-chaussée	*ground floor, first floor*
un salon	*(formal) living room*
le sol	*floor*
un sous-sol	*basement*
un toit	*roof*
une cave	*cellar*
une chambre (à coucher)	*(bed)room*
une clé	*key*
une cuisine	*kitchen*
une fenêtre	*window*
une pièce	*room*
une porte	*door*
une salle à manger	*dining room*
une salle de bains	*bathroom*
les toilettes	*toilet*
les WC	*toilet*

Le mobilier et l'équipement de la maison

un appareil	*machine, appliance*
un bureau	*desk*
un évier	*kitchen sink*
un fauteuil	*armchair*
un four à micro-ondes	*microwave*
un four	*oven*
un grille-pain	*toaster*
un lavabo	*sink*
un lave-vaisselle	*dishwasher*
un lit	*bed*
un meuble	*piece of furniture*
le mobilier	*furniture*
un placard	*closet; cabinet*
un réfrigérateur	*refrigerator*
un rideau (des rideaux)	*curtain*
un sofa	*sofa, couch*
un tableau	*painting*
un tapis	*rug, carpet*
une baignoire	*bathtub*
une chaise	*chair*
une cuisinière	*stove, range*
une douche	*shower*
une étagère	*bookshelf*
une glace	*mirror*
une lampe	*lamp*
une machine à laver	*washing machine*
une table	*table*

Verbes réguliers

allumer	*to turn on*
fermer	*to turn off*
heurter	*to run into, to crash into*
traverser	*to cross*

Verbes irréguliers

éteindre	*to turn off*
mettre	*to turn on*
vivre	*to live*
ouvrir	*to open*
couvrir	*to cover*
découvrir	*to discover*

Expressions utiles: événements habituels

le soir	*in the evening*
tous les soirs	*every evening*
le mardi	*on Tuesdays*
tous les mardis	*every Tuesday*
chaque jour	*every day*
tous les jours	*every day*
autrefois	*in the past*
parfois	*sometimes*
d'habitude	*usually*
habituellement	*usually*

événements spécifiques

un soir	*one evening*
mardi	*Tuesday*
un mardi	*one Tuesday*
un jour	*one day*
le 4 mai	*on May 4*
une fois	*once*
deux fois	*twice*
plusieurs fois	*several times*

Adjectif

ancien(ne)	*old*

TEST PREP CLASSZONE.COM FLASHCARDS AND MORE!

Online test prep at ClassZone.com prepares students to be successful test takers.

Develop Reading Skills and Experience French and Francophone Culture

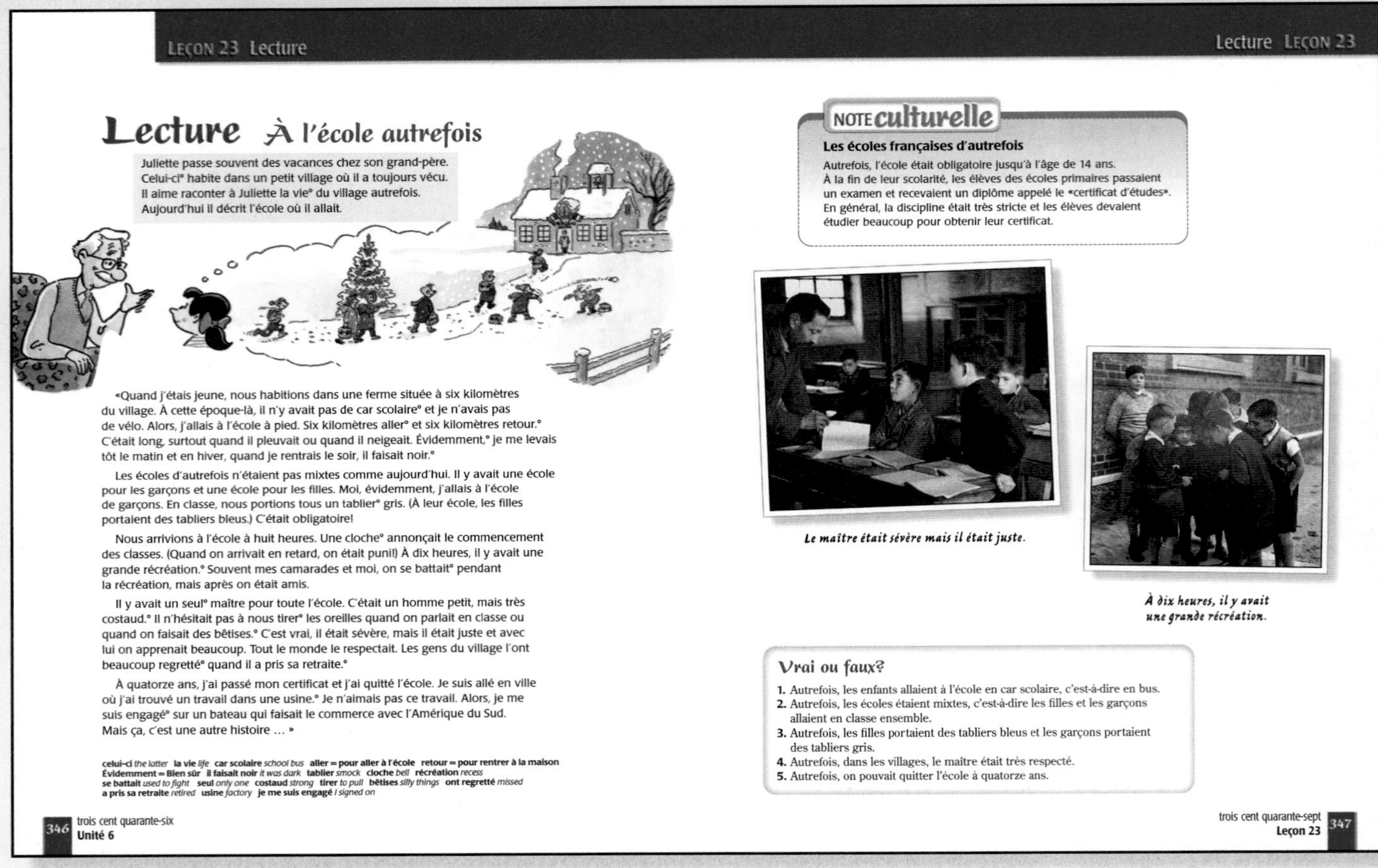

LEÇON 23 Lecture

Lecture À l'école autrefois

Juliette passe souvent des vacances chez son grand-père. Celui-ci° habite dans un petit village où il a toujours vécu. Il aime raconter à Juliette la vie° du village autrefois. Aujourd'hui il décrit l'école où il allait.

«Quand j'étais jeune, nous habitions dans une ferme située à six kilomètres du village. À cette époque-là, il n'y avait pas de car scolaire° et je n'avais pas de vélo. Alors, j'allais à l'école à pied. Six kilomètres aller° et six kilomètres retour.° C'était long, surtout quand il pleuvait ou quand il neigeait. Évidemment,° je me levais tôt le matin et en hiver, quand je rentrais le soir, il faisait noir.°

Les écoles d'autrefois n'étaient pas mixtes comme aujourd'hui. Il y avait une école pour les garçons et une école pour les filles. Moi, évidemment, j'allais à l'école de garçons. En classe, nous portions tous un tablier° gris. (À leur école, les filles portaient des tabliers bleus.) C'était obligatoire!

Nous arrivions à l'école à huit heures. Une cloche° annonçait le commencement des classes. (Quand on arrivait en retard, on était puni!) À dix heures, il y avait une grande récréation.° Souvent mes camarades et moi, on se battait° pendant la récréation, mais après on était amis.

Il y avait un seul° maître pour toute l'école. C'était un homme petit, mais très costaud.° Il n'hésitait pas à nous tirer° les oreilles quand on parlait en classe ou quand on faisait des bêtises.° C'est vrai, il était sévère, mais il était juste et avec lui on apprenait beaucoup. Tout le monde le respectait. Les gens du village l'ont beaucoup regretté° quand il a pris sa retraite.°

À quatorze ans, j'ai passé mon certificat et j'ai quitté l'école. Je suis allé en ville où j'ai trouvé un travail dans une usine.° Je n'aimais pas ce travail. Alors, je me suis engagé° sur un bateau qui faisait le commerce avec l'Amérique du Sud. Mais ça, c'est une autre histoire ... »

celui-ci *the latter* **la vie** *life* **car scolaire** *school bus* **aller = pour aller à l'école** **retour = pour rentrer à la maison** **Évidemment = Bien sûr** **il faisait noir** *it was dark* **tablier** *smock* **cloche** *bell* **récréation** *recess* **se battait** *used to fight* **seul** *only one* **costaud** *strong* **tirer** *to pull* **bêtises** *silly things* **ont regretté** *missed* **a pris sa retraite** *retired* **usine** *factory* **je me suis engagé** *I signed on*

346 trois cent quarante-six
Unité 6

Lecture LEÇON 23

NOTE culturelle

Les écoles françaises d'autrefois

Autrefois, l'école était obligatoire jusqu'à l'âge de 14 ans. À la fin de leur scolarité, les élèves des écoles primaires passaient un examen et recevaient un diplôme appelé le «certificat d'études». En général, la discipline était très stricte et les élèves devaient étudier beaucoup pour obtenir leur certificat.

Le maître était sévère mais il était juste.

À dix heures, il y avait une grande récréation.

Vrai ou faux?

1. Autrefois, les enfants allaient à l'école en car scolaire, c'est-à-dire en bus.
2. Autrefois, les écoles étaient mixtes, c'est-à-dire les filles et les garçons allaient en classe ensemble.
3. Autrefois, les filles portaient des tabliers bleus et les garçons portaient des tabliers gris.
4. Autrefois, dans les villages, le maître était très respecté.
5. Autrefois, on pouvait quitter l'école à quatorze ans.

trois cent quarante-sept 347
Leçon 23

The *Lecture* reading section, at the end of the *Langue et Communication* lessons, develops reading skills, cultural awareness, and vocabulary expansion in context.

Lecture: Development of Reading Skills

- Pre- and post-reading strategies at point-of-use in Teacher's Edition
- Reading comprehension hints
- Vocabulary enrichment techniques, including cognate patterns
- Short readings in a wide variety of formats encourage critical thinking and build rapid reading and information gathering skills
- Reading for pleasure and deriving meaning by word association build critical thinking skills

The extended *Interlude* reading section, at the end of every unit, develops reading skills and encourages reading for pleasure.

Avant de lire, which begins each *Interlude* story, is a pre-reading section that encourages the development of critical thinking skills as well as reading skills.

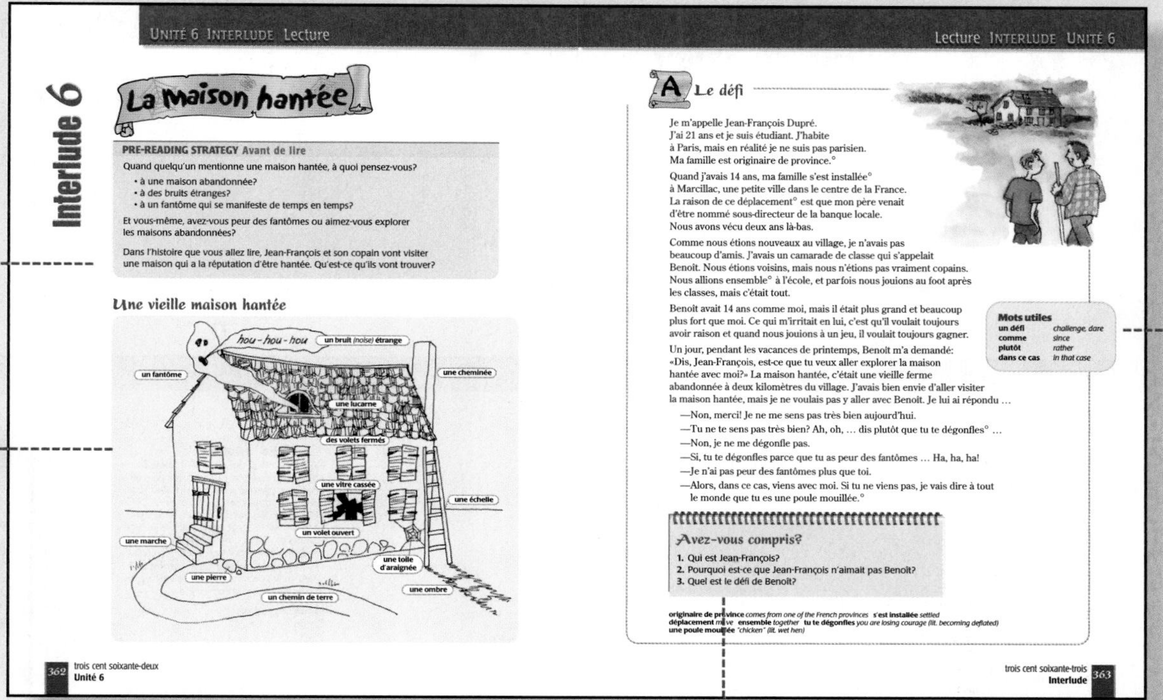

UNITÉ 6 INTERLUDE Lecture

Interlude 6

La Maison hantée

PRE-READING STRATEGY Avant de lire

Quand quelqu'un mentionne une maison hantée, à quoi pensez-vous?

- à une maison abandonnée?
- à des bruits étranges?
- à un fantôme qui se manifeste de temps en temps?

Et vous-même, avez-vous peur des fantômes ou aimez-vous explorer les maisons abandonnées?

Dans l'histoire que vous allez lire, Jean-François et son copain vont visiter une maison qui a la réputation d'être hantée. Qu'est-ce qu'ils vont trouver?

Une vieille maison hantée

362 trois cent soixante-deux
Unité 6

Lecture INTERLUDE UNITÉ 6

A Le défi

Je m'appelle Jean-François Dupré. J'ai 21 ans et je suis étudiant. J'habite à Paris, mais en réalité je ne suis pas parisien. Ma famille est originaire de province.°

Quand j'avais 14 ans, ma famille s'est installée° à Marcillac, une petite ville dans le centre de la France. La raison de ce déplacement° est que mon père venait d'être nommé sous-directeur de la banque locale. Nous avons vécu deux ans là-bas.

Comme nous étions nouveaux au village, je n'avais pas beaucoup d'amis. J'avais un camarade de classe qui s'appelait Benoît. Nous étions voisins, mais nous n'étions pas vraiment copains. Nous allions ensemble° à l'école, et parfois nous jouions au foot après les classes, mais c'était tout.

Benoît avait 14 ans comme moi, mais il était plus grand et beaucoup plus fort que moi. Ce qui m'irritait en lui, c'est qu'il voulait toujours avoir raison et quand nous jouions à un jeu, il voulait toujours gagner.

Un jour, pendant les vacances de printemps, Benoît m'a demandé: «Dis, Jean-François, est-ce que tu veux aller explorer la maison hantée avec moi?» La maison hantée, c'était une vieille ferme abandonnée à deux kilomètres du village. J'avais bien envie d'aller visiter la maison hantée, mais je ne voulais pas y aller avec Benoît. Je lui ai répondu …

—Non, merci! Je ne me sens pas très bien aujourd'hui.

—Tu ne te sens pas très bien? Ah, oh, … dis plutôt que tu te dégonfles° …

—Non, je ne me dégonfle pas.

—Si, tu te dégonfles parce que tu as peur des fantômes … Ha, ha, ha!

—Je n'ai pas peur des fantômes plus que toi.

—Alors, dans ce cas, viens avec moi. Si tu ne viens pas, je vais dire à tout le monde que tu es une poule mouillée.°

Mots utiles

un défi	*challenge, dare*
comme	*since*
plutôt	*rather*
dans ce cas	*in that case*

Avez-vous compris?

1. Qui est Jean-François?
2. Pourquoi est-ce que Jean-François n'aimait pas Benoît?
3. Quel est le défi de Benoît?

originaire de province *comes from one of the French provinces* **s'est installée** *settled* **déplacement** *move* **ensemble** *together* **tu te dégonfles** *you are losing courage (lit. becoming deflated)* **une poule mouillée** *"chicken" (lit. wet hen)*

trois cent soixante-trois 363
Interlude

Success for all learners – visual learners are encouraged to acquire new vocabulary presented in drawings that enhance meaning.

Post Reading Strategy *L'Art de la lecture*: Development of Reading Skills

Every *Interlude* ends with a skill-building section that helps students strengthen their reading skills.

- Pre- and post-reading strategies and skill-building activities
- Vocabulary enrichment techniques
- Authentic documents to encourage critical thinking and build rapid reading and information gathering skills

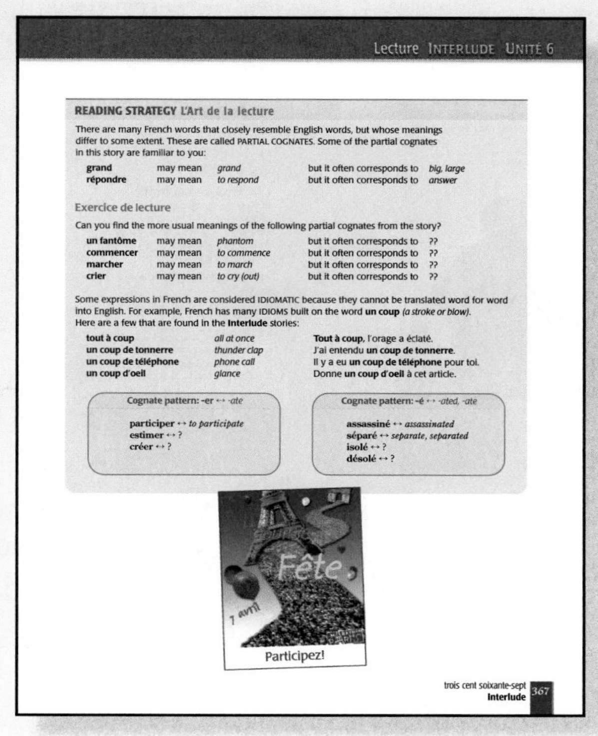

Lecture INTERLUDE UNITÉ 6

READING STRATEGY L'Art de la lecture

There are many French words that closely resemble English words, but whose meanings differ to some extent. These are called PARTIAL COGNATES. Some of the partial cognates in this story are familiar to you:

grand	may mean	*grand*	but it often corresponds to	*big, large*
répondre	may mean	*to respond*	but it often corresponds to	*answer*

Exercice de lecture

Can you find the more usual meanings of the following partial cognates from the story?

un fantôme	may mean	*phantom*	but it often corresponds to	??
commencer	may mean	*to commence*	but it often corresponds to	??
marcher	may mean	*to march*	but it often corresponds to	??
crier	may mean	*to cry (out)*	but it often corresponds to	??

Some expressions in French are considered IDIOMATIC because they cannot be translated word for word into English. For example, French has many IDIOMS built on the word **un coup** *(a stroke or blow)*. Here are a few that are found in the **Interlude** stories:

tout à coup	*all at once*	**Tout à coup**, l'orage a éclaté.
un coup de tonnerre	*thunder clap*	J'ai entendu **un coup de tonnerre**.
un coup de téléphone	*phone call*	Il y a eu **un coup de téléphone** pour toi.
un coup d'oeil	*glance*	Donne **un coup d'oeil** à cet article.

Cognate pattern: -er ↔ *-ate*

participer ↔ *to participate*
estimer ↔ ?
créer ↔ ?

Cognate pattern: -é ↔ *-ated, -ate*

assassiné ↔ *assassinated*
séparé ↔ *separate, separated*
isolé ↔ ?
désolé ↔ ?

trois cent soixante-sept 367
Interlude

Vocabulary at point-of-use provides additional useful vocabulary that is available at point-of-use to encourage continuous reading.

Comprehension checks provide students with short self-checks to help them to focus on the important plot elements.

Implement ideas and lesson plans easily and effectively

The Expansion Activities, Planning Guide and Pacing Guide in the Teacher's Edition offer outstanding support to make teaching French adaptable to every situation.

Expansion Activities spark students' excitement with new ways to learn language and culture.

Expansion activities PLANNING AHEAD

Games

• Le trésor à ma maison

Draw a floor plan of a house and make a photocopy for each student. As a class, decide on a common starting point (such as the front door of the house). Divide the class into pairs. Instruct one of the players in each pair to draw (in pencil) a treasure chest somewhere on the map without letting his or her partner see the map or the location of the treasure. The other partner should ask "yes" or "no" questions about the direction in which to proceed in order to find the treasure on the plan. (For example, students might ask, *«Est-ce que je dois entrer dans la salle à manger?»*) Once students are familiar with the game, they can erase the original treasure chest and play again as a timed competition between pairs.

Pacing Suggestion: Upon completion of Leçon 21.

Projects

• Le témoin

Have students work in pairs to role-play a scene in which one student plays a police officer and the other a witness to a crime. The "police officer" will ask the witness to describe the suspect in detail while he or she takes notes. The "police officer" will then read back the description to make sure he or she has everything correct. Have partners trade roles.

Pacing Suggestion: Upon completion of Leçon 23.

Bulletin Boards

• Mon journal

Students will use the *passé composé* and *imparfait* to write a newspaper article about a recent commmunity or school event. Have students write a first draft that includes all the pertinent information (who, what, when, where, why, and how). Have students trade articles with another classmate for proofreading. Then have students create a final draft on the computer, setting up the article in columns like a real newspaper article. If possible, have students include a photograph with their articles. Create a bulletin board of local events by pasting up the created articles.

Pacing Suggestion: Upon completion of Leçon 24.

Music

• Quelque chose de Tennessee

Play *Quelque chose de Tennessee,* available on your *Chansons* CD, for students. First, have students listen to the song. Give students a copy of the lyrics and have them read along as they listen a second time. Then ask students to select a phrase or sentence from the song that they like or find interesting. Have students get together in small groups to share and discuss the phrases and sentences they have selected. Finally, hold a class discussion about the song.

Pacing Suggestion: Upon completion of Leçon 23.

Storytelling

• Un conte de fée moderne

Students will work in pairs to write a modern fairy tale using the *passé composé* and *imparfait.* You may wish to provide students with some additional vocabulary, such as *Il était une fois …* , *le prince/la princesse, la fée, la sorcière,* etc. First, have students outline their story, then write a first draft. After exchanging stories with another group for proofreading, have students write a final draft of their story. Next, have each group create illustrations on blank transparencies to accompany their story. Finally, have students read their stories aloud while showing the class the illustrations.

Pacing Suggestion: Upon completion of Leçon 24.

• Une mini-histoire

After reviewing the *imparfait,* model a short conversation (using puppets, student actors, or photos) in which you describe someone you remember from your childhood. Repeat the description, allowing time for students to repeat or complete the sentences. Then have students write and read aloud a longer description from their own childhood, elaborating on your story. Their new versions should include some vocabulary from your version.

Pacing Suggestion: Upon completion of Leçon 23.

Hands-on Crafts

• Les châteaux de sucre

Have students work in small groups to make *châteaux* out of sugar cubes. First, students will research various French *châteaux* online or at the library and select one to create in miniature. Have each group find photos of their *château.* To build the models, students will need sugar cubes, a paste made of confectioner's sugar and water, and a base made of cardboard. Each group should also provide a sheet of information about the *château* to display with their model. Once the models are completed, set up an exhibit and allow students to "visit" each of the castles. If possible, create a large map of France on which to display the castles in their approximate locations.

Pacing Suggestion: Upon completion of Leçon 22.

Recipe

• Tartelettes aux fruits

Fruit tarts are on display in the window of almost every French bakery. These simple but delicious tarts can be made with peaches, plums, pears, kiwis, strawberries, and other fruit.

Pacing Suggestion: Upon completion of Leçon 22.

Clé
230 grammes = approx. 8 ounces
220° Celsius = 428° Fahrenheit
3 centimeters = approx. 1 inch

End of Unit

• Les albums

Each student will create a scrapbook for a vacation, holiday, or special event. The scrapbook can be based on their own experiences or on an imagined event. Each scrapbook page should include 4–5 photographs or illustrations. Students can use their own photos or cut pictures from magazines. Under each photo, have students write a short paragraph describing what they did, where they were, how they felt, and so on. Encourage students to use connecting words to create more sophisticated sentences. Finally, have them decorate the cover of their scrapbooks with a collage.

Rubric **A** = 13–15 pts. **B** = 10–12 pts. **C** = 7–9 pts. **D** = 4–6 pts. **F** = < 4 pts.

Criteria	Scale
Vocabulary Use	1 2 3 4 5
Grammar/Spelling Accuracy	1 2 3 4 5
Creativity	1 2 3 4 5

Tartelettes aux fruits

Ingrédients

- *230 grammes de* ***pâte feuilletée***[1] *toute prête*
- *deux poires, deux pêches, et deux prunes* ***coupées en tranches fines***[2]
- *du beurre fondu*
- *du sucre en poudre*
- *de la* ***confiture d'abricots***[3] *chaude*

Préparation

1. *Préchauffez le four à 220° Celsius.*
2. *Saupoudrez une surface de farine.*
3. *Étendez la pâte jusqu'à 3 centimètres du bord.*
4. ***Découpez***[4] *des ronds dans la pâte en utilisant un verre ou un petit bol.*
5. ***Brossez***[5] *la pâte avec du beurre fondu.*
6. *Mettez les tranches de fruit en cercle sur chaque rond et saupoudrez avec du sucre en poudre.*
7. *Mettez les ronds au four 20 minutes ou jusqu'à ce que la pâte* ***croustille***[6] *et le fruit soit cuit.*
8. *Laissez les tartelettes refroidir, puis brossez-les avec un peu de confiture d'abricots chaude.*

Pour cinq personnes.

Glossary
[1] *flaky pastry*
[2] *cut into thin slices*
[3] *apricot jam*
[4] *cut*
[5] *brush*
[6] *turns crispy*

317A • Expansion activities Unité 6

Expansion activities Unité 6 • 317B

Easy-to-prepare recipes give students a delicious opportunity to experience cuisine from France and the French-speaking world.

At-a-glance overviews outline the objectives and program resources for at-a-glance support.

Listening scripts in the Teacher's Edition provide the practical information needed for easier lesson preparation.

Student Text Listening Activity Scripts

AUDIO PROGRAM

▶ **LEÇON 21 LE FRANÇAIS PRATIQUE** La maison

• **Aperçu culturel: Chez nous** *p. 320* **CD 4, TRACK 1**

La majorité des Français (55%) habitent dans des maisons individuelles. Dans la banlieue des villes, beaucoup de gens habitent dans des lotissements où les maisons sont modernes mais souvent identiques. Dans les petites villes et à la campagne, les maisons sont généralement anciennes et différentes les unes des autres. Dans le centre des grandes villes, les gens habitent en appartement, dans des immeubles de cinq ou six étages.

1. En France, les maisons individuelles sont généralement entourées d'un petit jardin avec des fleurs au printemps et en été. (Les Français aiment beaucoup cultiver les fleurs!)
2. Le salon, salle de séjour ou «living» est souvent la plus grande pièce de la maison. Il y a un sofa, des fauteuils et d'autres meubles modernes ou anciens. Beaucoup de familles françaises ont des meubles anciens qui sont transmis de génération en génération. Dans les appartements modernes, la salle à manger est l'extension du salon.
3. Les cuisines françaises sont généralement plus petites et aussi bien équipées que les cuisines américaines. C'est dans la cuisine qu'on prend le petit déjeuner le matin.
4. Les jeunes Français aiment décorer leur chambre avec des photos ou des posters. Cette chambre est leur domaine privé où ils étudient, écoutent de la musique et utilisent leur ordinateur. Parce que le salon est réservé à la famille, c'est dans leur chambre qu'ils invitent leurs amis.
5. La majorité des maisons françaises ont seulement une ou deux ... Ainsi, les jeunes Français ...

• **Vocabulaire B**

Le mobilier et l'équipement de la maison *p. 324* **CD 4, TRACK 4**

Écoutez et répétez.

Dans le salon/Dans le living
un tableau # une étagère # un sofa # un tapis # un fauteuil #

Dans la salle à manger
des rideaux # une table # une chaise

Dans la cuisine
un grille-pain # des placards # un évier # une cuisinière # un four # un four à micro-ondes # un lave-vaisselle # une machine à laver # un réfrigérateur # un appareil #

Dans une chambre
un placard # une lampe # un meuble # un bureau # un lit #

Dans la salle de bains
une douche # une baignoire # une glace # un lavabo #

▶ **LEÇON 22** C'est quelqu'un que tu connais

• **Vidéo-scène** *p. 328* **CD 4, TRACK 5**

Claire: Est-ce que vous vous souvenez de Corinne? C'est la cousine de Pierre. Aujourd'hui, elle est chez Pierre ...

À votre tour!

• **Une devinette** *p. 334* **CD 4, TRACK 6**

Écoutez la devinette.

–C'est une ville qui est en France. C'est une ville qui a beaucoup de monuments. C'est une ville que les touristes américains aiment visiter . . .
–C'est Paris?
–Oui, c'est Paris.

▶ **LEÇON 23** À Menthon-Saint-Bernard

• **Vidéo-scène** *p. 336* **CD 4, TRACK 7**

Claire: Dans l'épisode précédent, Pierre a proposé à Armelle et à Corinne de faire un tour à Menthon-Saint-Bernard, le village où il habitait quand il était petit.

Menthon-Saint-Bernard est un village très pittoresque, à une dizaine de kilomètres d'Annecy. Il y a un vieux château . . . beaucoup de chalets . . . et une plage sur le lac.

Pierre, Armelle et Corinne viennent d'arriver à Menthon-Saint-Bernard. Ils vont d'abord à l'école primaire.

Pierre: Tu vois cette école?
Armelle: Oui.
Pierre: C'est l'école où j'allais quand j'étais petit. Et là, c'est la cour où je jouais avec mes copains.
Armelle: Il paraît que tu étais une vraie terreur!
Pierre: Au contraire ...

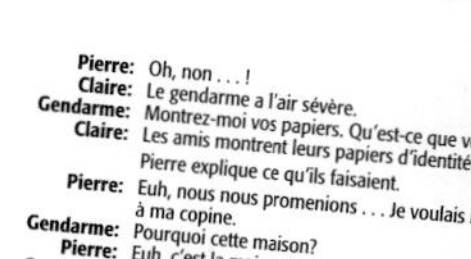

Pierre: Oh, non . . . !
Claire: Le gendarme a l'air sévère.
Gendarme: Montrez-moi vos papiers. Qu'est-ce que vous ...
Claire: Les amis montrent leurs papiers d'identité. Pierre explique ce qu'ils faisaient.
Pierre: Euh, nous nous promenions . . . Je voulais mo... à ma copine.
Gendarme: Pourquoi cette maison?
Pierre: Euh, c'est la maison où j'habitais quand j'étais ...
Gendarme: Vous ne saviez pas que c'était une propriété pri...
Pierre: Euh, si . . . mais il n'y avait personne . . . Alors, ...
Gendarme: Bon, ça va pour cette fois . . . Mais ne recomme...
Claire: Le gendarme est parti . . . Les trois amis retrouve...

À votre tour!

• **Thanksgiving** *p. 355* **CD 4, TRACK 9**

Le dernier jour de Thanksgiving était le 28 novembre. Il faisait très ... ont invité mes tantes, mes oncles et mes cousins pour célébrer la ... mère et moi, nous avons préparé le repas ensemble. Tout le mond... heures. Nous avons mangé un grand dîner. Il y avait de la dinde, d... des haricots verts, des carottes, du pain, de la tarte aux pommes et ... le dîner, nous avons regardé un match de football américain à la té... a gagné! ...

...nd Assessment ...source Books.

...istening Scripts Unité 6

Planning Guide CLASSROOM MANAGEMENT

OBJECTIVES

Communication
- Tell where you live *pp. 322–323*
- Describe your house, its rooms, and its furnishings *pp. 322–325, 324–325*
- Say what you were doing at a certain time in the past *pp. 338–339, 340, 343, 344*
- Describe the background of a past action *pp. 338–339, 340, 344, 352*
- Talk about what you used to do on a regular basis *pp. 338–339, 340, 341, 343*

Grammar
- Le verbe *vivre p. 330*
- Révision: Le passé composé *p. 331*
- Le pronom relatif *qui p. 332*
- Le pronom relatif *que p. 333*
- L'imparfait: formation *pp. 338–339*
- L'imparfait du verbe *être p. 340*
- L'usage de l'imparfait: événements habituels *p. 341*
- L'usage de l'imparfait: actions progressives *p. 344*
- L'usage de l'imparfait: circonstances d'un événement *p. 352*
- Résumé: L'usage de l'imparfait et du passé composé *p. 354*

Vocabulary
- La résidence *pp. 322–323*
- Le mobilier et l'équipement de la maison *pp. 324–325*
- Quelques actions *p. 326*
- Quelques expressions de temps *p. 343*
- Un accident *p. 350*

Culture
- Aperçu culturel–Chez nous *pp. 320–321*
- Note culturelle–Les étages français *p. 322*
- Flash d'information–Les WC *p. 323*
- Au jour le jour–Les petites annonces *p. 327*
- Flash d'information–Les châteaux français *p. 330*
- Lecture–À l'école autrefois *pp. 346–347*
- Note culturelle–Les écoles françaises d'autrefois *p. 347*

PROGRAM RESOURCES

Print
- Workbook PE, *pp. 191–228*
- *Activités pour tous* PE, *pp. 121–139*
- Block Scheduling Copymasters, *pp. 169–200*
- *Français pour hispanophones*
- *Lectures pour tous*
- Teacher to Teacher Copymasters
- Teaching Proficiency through Reading and Storytelling
- Unit 6 Resource Book
  - Lessons 21–24 Resources
    - Workbook TE
    - *Activités pour tous* TE
    - Absent Student Copymasters
    - Family Involvement
    - Video Activities
    - Videoscripts
    - Audioscripts
    - Assessment Program
  - Unit 6 Resources
    - Communipak
    - *Activités pour tous* TE Reading
    - Workbook TE Reading and Culture Activities
    - Assessment Program
    - Answer Keys

Audiovisual
- Audio Program PE CD 4 Tracks 1–9
- Audio Program Workbook CD 11 Tracks 1–21
- *Chansons* Audio CD Track 8
- Sing Along: Grammar and Vocabulary Songs CD
- Video Program Leçons 21–24
- Warm-Up Transparencies
- Overhead Transparencies
  - 4a *Paris;*
  - 5 *Annecy;*
  - 11a *Quelques activités: Les verbes en -er;*
  - 11b *Quelques activités: Les verbes en -er (cont.);*
  - 12a *Quelques activités: Les verbes en -ir;*
  - 12b *Quelques activités: Les verbes en -re;*
  - 19 *Activités du week-end;*
  - 25 *Les verbes conjugués avec* **être**;
  - 35 *Les spectacles;*
  - 46 *La résidence;*
  - 47 *Les parties de la maison;*
  - 48 *Le mobilier et l'équipement de la maison;*
  - 49 *L'imparfait: Les événements habituels;*
  - 50 *Maintenant et avant;*
  - 51 *L'imparfait: Les actions progressives;*
  - 52 *Un accident*

Technology
- Online Workbook
- ClassZone.com
- McDougal Littell Assessment System/Test Generator CD-ROM
- EasyPlanner CD-ROM
- Power Presentations on CD-ROM
- Take-Home Tutor CD-ROM

Assessment Program Options

Lesson Quizzes
Portfolio Assessment
Unit Test Form A
Unit Test Form B
Listening Comprehension Performance Test
Speaking Performance Test
Reading Comprehension Performance Test
Writing Performance Test
Multiple Choice Test Items
Test Scoring Tools
Audio Program CD 20 Tracks 1–9
Answer Keys
McDougal Littell Assessment System/Test Generator CD-ROM

Pacing Guide SAMPLE LESSON PLAN

DAY	DAY	DAY	DAY	DAY
1 Unité 6 Opener Leçon 21 • Aperçu culturel–Chez nous • Vocabulaire–La résidence • Note culturelle	**2** Leçon 21 • Vocabulaire–Le mobilier et l'équipement de la maison	**3** Leçon 21 • Vocabulaire–Quelques actions • Au jour le jour–Les petites annonces	**4** Leçon 22 • Vidéo-scène–C'est quelqu'un que tu connais • Le verbe *vivre*	**5** Leçon 22 • Révision: Le passé composé
6 Leçon 22 • Le pronom relatif *qui* • Le pronom relatif *que*	**7** Leçon 22 • À votre tour! • Lecture–Qu'est-ce qu'ils achètent?	**8** Leçon 23 • Vidéo-scène–À Menthon-Saint-Bernard • L'imparfait: formation	**9** Leçon 23 • L'imparfait: formation *(continued)* • L'imparfait du verbe *être*	**10** Leçon 23 • L'usage de l'imparfait: événements habituels
11 Leçon 23 • Vocabulaire–Quelques expressions de temps • L'usage de l'imparfait: actions progressives	**12** Leçon 23 • À votre tour! • Lecture–À l'école autrefois	**13** Leçon 24 • Vidéo-scène–Montrez-moi vos papiers! • Petit vocabulaire–Un accident	**14** Leçon 24 • L'usage de l'imparfait: circonstances d'un événement	**15** Leçon 24 • Résumé: L'usage de l'imparfait et du passé composé
16 Leçon 24 • À votre tour! • Lecture–Au voleur!	**17** • Tests de contrôle • Interlude–La maison hantée	**18** • Unit 6 Test		

Time-saving lesson plans present sequenced teaching suggestions and suggest appropriate pacing.

Suggests practical teaching ideas

The comprehensive Teacher's Edition and resource materials provide the support you need to introduce, explain, and expand your lessons.

Point-of-use references to program components help you integrate a variety of resources into your lessons with ease.

Practical suggestions for tailoring and enhancing your lessons help you meet the learning needs of all your students.

SECTION A

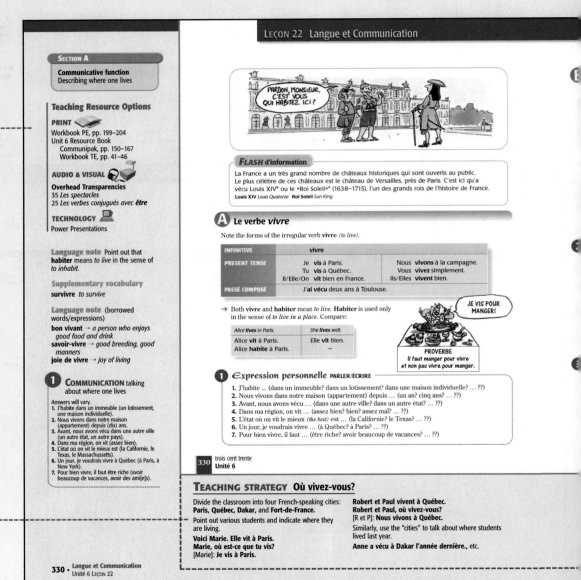

Communicative function
Describing where one lives

Teaching Resource Options

PRINT
Workbook PE, pp. 199–204
Unit 6 Resource Book
Communipak, pp. 150–167
Workbook TE, pp. 41–46

AUDIO & VISUAL
Overhead Transparencies
35 *Les spectacles*
25 *Les verbes conjugués avec* ***être***

TECHNOLOGY
Power Presentations

Language note Point out that **habiter** means *to live* in the sense of *to inhabit.*

Supplementary vocabulary
survivre *to survive*

Language note (borrowed words/expressions)
bon vivant → *a person who enjoys good food and drink*
savoir-vivre → *good breeding, good manners*
joie de vivre → *joy of living*

1 COMMUNICATION talking about where one lives

Answers will vary.
1. J'habite dans un immeuble (un lotissement, une maison individuelle).
2. Nous vivons dans notre maison (appartement) depuis (dix) ans.
3. Avant, nous avons vécu dans une autre ville (un autre état, un autre pays).
4. Dans ma région, on vit (assez bien).
5. L'état où on vit le mieux est (la Californie, le Texas, le Massachussetts).
6. Un jour, je voudrais vivre à Québec (à Paris, à New York).
7. Pour bien vivre, il faut être riche (avoir beaucoup de vacances, avoir des ami[e]s).

FLASH d'information

La France a un très grand nombre de châteaux historiques qui sont ouverts au public. Le plus célèbre de ces châteaux est le château de Versailles, près de Paris. C'est ici qu'a vécu Louis XIV° ou le «Roi Soleil»° (1638–1715), l'un des grands rois de l'histoire de France.

Louis XIV *Louis Quatorze* **Roi Soleil** *Sun King*

A Le verbe *vivre*

Note the forms of the irregular verb **vivre** *(to live)*.

INFINITIVE	vivre	
PRESENT TENSE	Je **vis** à Paris. Tu **vis** à Québec. Il/Elle/On **vit** bien en France.	Nous **vivons** à la campagne. Vous **vivez** simplement. Ils/Elles **vivent** bien.
PASSÉ COMPOSÉ	J'**ai vécu** deux ans à Toulouse.	

→ Both **vivre** and **habiter** mean *to live.* **Habiter** is used only in the sense of *to live in a place.* Compare:

*Alice **lives** in Paris.*	*She **lives** well.*
Alice **vit** à Paris. Alice **habite** à Paris.	Elle **vit** bien. –

PROVERBE
Il faut manger pour vivre et non pas vivre pour manger.

1 Expression personnelle PARLER/ÉCRIRE

1. J'habite … (dans un immeuble? dans un lotissement? dans une maison individuelle? … ??)
2. Nous vivons dans notre maison (appartement) depuis … (un an? cinq ans? … ??)
3. Avant, nous avons vécu … (dans une autre ville? dans un autre état? … ??)
4. Dans ma région, on vit … (assez bien? bien? assez mal? … ??)
5. L'état où on vit le mieux *(the best)* est … (la Californie? le Texas? … ??)
6. Un jour, je voudrais vivre … (à Québec? à Paris? … ??)
7. Pour bien vivre, il faut … (être riche? avoir beaucoup de vacances? … ??)

TEACHING STRATEGY Où vivez-vous?

Divide the classroom into four French-speaking cities: **Paris, Québec, Dakar,** and **Fort-de-France.**

Point out various students and indicate where they are living.

Voici Marie. Elle vit à Paris.
Marie, où est-ce que tu vis?
[Marie]: **Je vis à Paris.**

Robert et Paul vivent à Québec.
Robert et Paul, où vivez-vous?
[R et P]: **Nous vivons à Québec.**

Similarly, use the "cities" to talk about where students lived last year.

Anne a vécu à Dakar l'année dernière., etc.

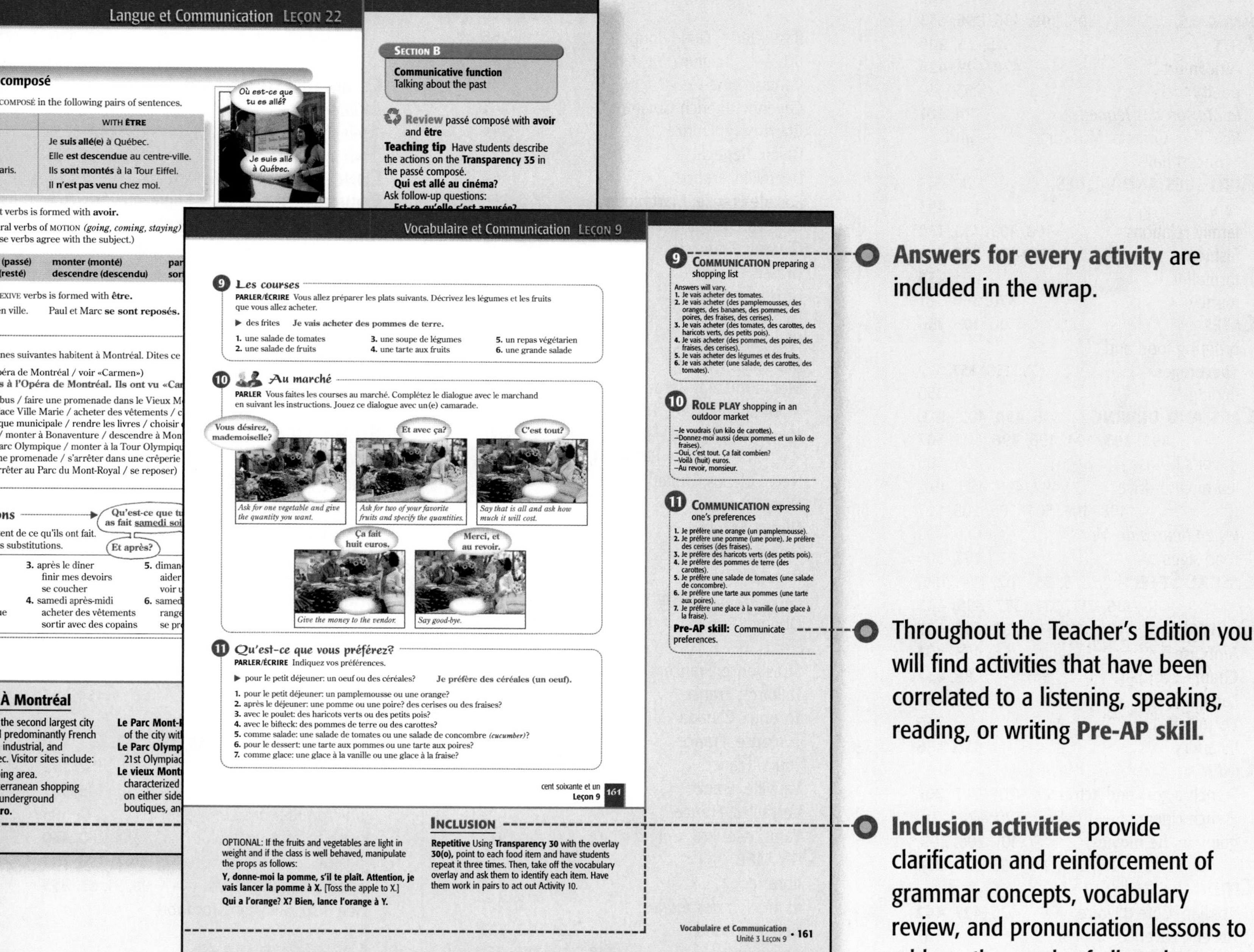

Vocabulaire et Communication LEÇON 9

9 Les courses

PARLER/ÉCRIRE Vous allez préparer les plats suivants. Décrivez les légumes et les fruits que vous allez acheter.

▶ des frites — **Je vais acheter des pommes de terre.**

1. une salade de tomates
2. une salade de fruits
3. une soupe de légumes
4. une tarte aux fruits
5. un repas végétarien
6. une grande salade

10 Au marché

PARLER Vous faites les courses au marché. Complétez le dialogue avec le marchand en suivant les instructions. Jouez ce dialogue avec un(e) camarade.

Vous désirez, mademoiselle?
Et avec ça?
C'est tout?
Ça fait huit euros.
Merci, et au revoir.

Ask for one vegetable and give the quantity you want.
Ask for two of your favorite fruits and specify the quantities.
Say that is all and ask how much it will cost.
Give the money to the vendor.
Say good-bye.

11 Qu'est-ce que vous préférez?

PARLER/ÉCRIRE Indiquez vos préférences.

▶ pour le petit déjeuner: un oeuf ou des céréales? — **Je préfère des céréales (un oeuf).**

1. pour le petit déjeuner: un pamplemousse ou une orange?
2. après le déjeuner: une pomme ou une poire? des cerises ou des fraises?
3. avec le poulet: des haricots verts ou des petits pois?
4. avec le bifteck: des pommes de terre ou des carottes?
5. comme salade: une salade de tomates ou une salade de concombre *(cucumber)*?
6. pour le dessert: une tarte aux pommes ou une tarte aux poires?
7. comme glace: une glace à la vanille ou une glace à la fraise?

cent soixante et un **Leçon 9** 161

9 COMMUNICATION preparing a shopping list

Answers will vary.
1. Je vais acheter des tomates.
2. Je vais acheter (des pamplemousses, des oranges, des bananes, des pommes, des poires, des fraises, des cerises).
3. Je vais acheter (des tomates, des carottes, des haricots verts, des petits pois).
4. Je vais acheter (des pommes, des poires, des fraises, des cerises).
5. Je vais acheter des légumes et des fruits.
6. Je vais acheter (une salade, des carottes, des tomates).

10 ROLE PLAY shopping in an outdoor market

–Je voudrais (un kilo de carottes).
–Donnez-moi aussi (deux pommes et un kilo de fraises).
–Oui, c'est tout. Ça fait combien?
–Voilà (huit) euros.
–Au revoir, monsieur.

11 COMMUNICATION expressing one's preferences

1. Je préfère une orange (un pamplemousse).
2. Je préfère une pomme (une poire). Je préfère des cerises (des fraises).
3. Je préfère des haricots verts (des petits pois).
4. Je préfère des pommes de terre (des carottes).
5. Je préfère une salade de tomates (une salade de concombre).
6. Je préfère une tarte aux pommes (une tarte aux poires).
7. Je préfère une glace à la vanille (une glace à la fraise).

Pre-AP skill: Communicate preferences.

OPTIONAL: If the fruits and vegetables are light in weight and if the class is well behaved, manipulate the props as follows:

Y, donne-moi la pomme, s'il te plaît. Attention, je vais lancer la pomme à X. [Toss the apple to X.]

Qui a l'orange? X? Bien, lance l'orange à Y.

INCLUSION

Repetitive Using **Transparency 30** with the overlay **30(o),** point to each food item and have students repeat it three times. Then, take off the vocabulary overlay and ask them to identify each item. Have them work in pairs to act out Activity 10.

Vocabulaire et Communication Unité 3 Leçon 9 • 161

Answers for every activity are included in the wrap.

Throughout the Teacher's Edition you will find activities that have been correlated to a listening, speaking, reading, or writing **Pre-AP skill.**

Inclusion activities provide clarification and reinforcement of grammar concepts, vocabulary review, and pronunciation lessons to address the needs of all students.

Cultural Reference Guide

Note: *Page numbers in bold type refer to the Teacher's Edition.*

METROPOLITAIN

BRASS

Note: *Page numbers in bold type refer to the Teacher's Edition.*

entrée
du Musée d'Orsay

Teaching to the Standards

General Background: Questions and Answers

What are the Goals and Standards for Foreign Language Learning?

Over the past several years, the federal government has supported the development of Standards in many K-12 curriculum areas such as math, English, fine arts, and geography. These Standards are "content" standards and define what students should "know and are able to do" at the end of grades 4, 8 and 12. Moreover, the Standards are meant to be challenging, and their attainment should represent a strengthening of the American educational system.

In some subject matter areas, these Standards have formed the basis for building tests used in the National Assessment of Education Progress (NAEP). At that point, it was necessary to develop "performance" standards which define "how well" students must do on the assessment measure to demonstrate that they have met the content standards.

As far as states and local school districts are concerned, both implementation of the Standards and participation in the testing program are voluntary. However, the very existence of these standards is seen as a way of improving our educational system so as to make our young people more competitive on the global marketplace.

How are the Goals and Standards for Foreign Language Learning defined?

The Goals and Standards for Foreign Language Learning contain five general goals which focus on communication, culture, and the importance of second language competence in enhancing the students' ability to function more effectively in the global community of the 21st century. These five goals, each with their accompanying standards, are shown in the chart below. In the formal report, these standards are defined in greater detail with the addition of sample "benchmarks" or learning outcomes for grades 4, 8 and 12, and are illustrated with sample learning scenarios.

Standards for the Learning of French

Goal 1: Communication Communicate in French	Standard 1.1 **Interpersonal Communication** Students engage in conversations or correspondence in French to provide and obtain information, express feelings and emotions, and exchange opinions. Standard 1.2 **Interpretive Communication** Students understand and interpret spoken and written French on a variety of topics. Standard 1.3 **Presentational Communication** Students present information, concepts, and ideas in French to an audience of listeners or readers.
Goal 2: Cultures Gain Knowledge and Understanding of the Cultures of the Francophone World	Standard 2.1 **Practices of Culture** Students demonstrate an understanding of the relationship between the practices and perspectives of the cultures of the francophone world. Standard 2.2 **Products of Culture** Students demonstrate an understanding of the relationship between the products and perspectives of the cultures of the francophone world.
Goal 3: Connections Use French to Connect with Other Disciplines and Expand Knowledge	Standard 3.1 **Making Connections** Students reinforce and further their knowledge of other disciplines through French. Standard 3.2 **Acquiring Information** Students acquire information and recognize the distinctive viewpoints that are available through francophone cultures.
Goal 4: Comparisons Develop Insight through French into the Nature of Language and Culture	Standard 4.1 **Language Comparisons** Students demonstrate understanding of the nature of language through comparisons of French and their native language. Standard 4.2 **Cultural Comparisons** Students demonstrate understanding of the concept of culture through comparisons of francophone cultures and their own.
Goal 5: Communities Use French to Participate in Communities at Home and Around the World	Standard 5.1 **School and Community** Students use French both within and beyond the school setting. Standard 5.2 **Lifelong Learning** Students show evidence of becoming life-long learners by using French for personal enjoyment and enrichment.

With **Discovering French, *Nouveau!*** teachers can effectively teach towards these goals and standards while at the same time maintaining realistic expectations for their students.

Teaching to the Standards

The new Standards for Foreign Language Learning focus on the outcomes of long K-12 sequences of instruction. In most schools, however, French programs begin at the Middle School or Secondary level. With **Discovering French, *Nouveau!*** teachers can effectively teach toward these goals and standards while at the same time maintaining realistic expectations for their students.

GOAL ONE: Communicate in French

From the outset, **Discovering French, *Nouveau!*** students learn to communicate in French. In the *Invitation au français* opening section of **DFN-Bleu**, the focus is on understanding what French young people are saying (on video, DVD, and audio) and on exchanging information in simple conversations. In units 3–6, the oral skills are supplemented by the written skills, and students learn to read and express themselves in writing.

As students progress through **DFN-Blanc** and **DFN-Rouge**, they learn to engage in longer conversations, read and interpret more challenging texts, and understand French-language films and videos. Teachers who incorporate portfolio assessment into their programs will have the opportunity to keep samples of both written and recorded student presentations.

GOAL TWO: Gain Knowledge and Understanding of the Cultures of the Francophone World

In **Discovering French, *Nouveau!*** students are introduced to the diversity of the French-speaking world. In **DFN-Bleu**, the emphasis is on contemporary culture – in France, of course, but also in Quebec, the Caribbean, and Africa. Students learn to observe and analyze cultural differences in photographs and on the video program.

GOAL THREE: Use French to Connect with Other Disciplines and Expand Knowledge

It is especially in **DFN-Rouge** that students have the opportunity to use the French language to learn about history, art, music, social concerns and civic responsibilities. Topics suggested in the student text can be coordinated with colleagues across the school curriculum.

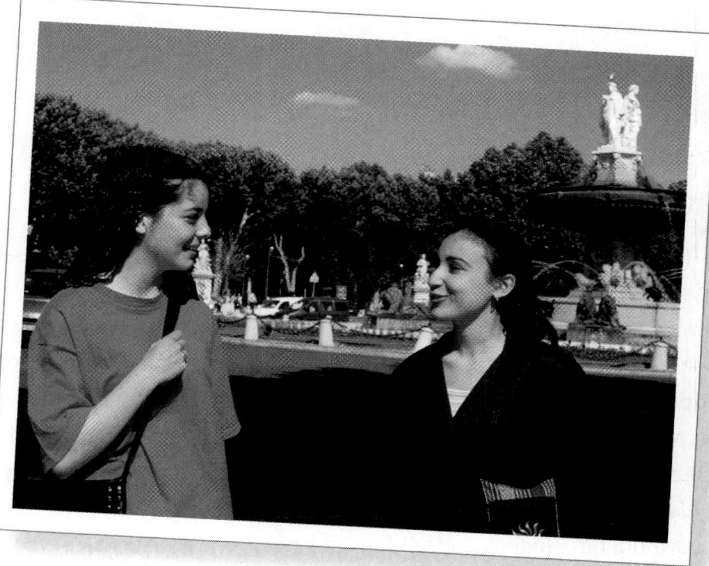

GOAL FOUR: Develop Insight through French into the Nature of Language and Culture

From the outset, **Discovering French, *Nouveau!*** draws the students' attention to the way in which French speakers communicate with one another, and how some of these French patterns differ from American ones (for example, shaking hands or greeting friends with a *bise*). Notes in the Teacher's Edition provide suggestions for encouraging cross-cultural observation. English and French usage are also compared and contrasted, as appropriate.

GOAL FIVE: Use French to Participate in Communities at Home and Around the World

In **Discovering French, *Nouveau!*** beginning students are invited to exchange letters with French-speaking pen pals. In addition, students are encouraged to participate in international student exchanges. The Teacher's Edition has a listing of addresses of organizations that can provide these types of services. In addition, teachers are given information on where to obtain French-language publications for their classes, and where to find French-language material on the Internet. In **DFN-Rouge**, students are invited to discover French-language videos which in many parts of the country can be found in a local video store. As students experience the satisfaction of participating in authentic cultural situations, they become more confident in their ability to use their skills in the wider global community.

For more information on the National Standards project and its publications, contact: **National Standards in Foreign Language Education, 6 Executive Plaza, Yonkers, NY 10701-6801; phone: (914) 963-8830 or on the Internet go to: www.actfl.org**

Inclusion in the French Classroom

by Leonore Ganschow, Ed.D. and Richard L. Sparks, Ed.D.

The acquisition of a foreign language in our increasingly multilingual society has emerged as a major goal for today's students. Across the country, states require or are starting to require foreign language study by all students, sometimes beginning as early as middle school. Further, in our public schools the movement towards inclusion—placing students with exceptionalities (special education) in regular classrooms—has received increasing emphasis since the early 1990s. These are real changes from the days when the study of a foreign language was largely reserved for the "college-bound" student. Today's foreign language instructors face increasing teaching challenges as more and more learners of diverse abilities and cultures come together in their classrooms.

In this introduction, an approach is presented for addressing the needs of diverse learners. The term "at-risk language learners" is used to describe students who struggle with languages, native or foreign. The introduction is divided into two themes, both of which are important as underpinnings for helping teachers build successful adaptation strategies in their classroom. The themes are (1) there are well-supported assumptions about at-risk language learners and (2) there are solid principles of instruction for at-risk language learners. Both the assumptions and the principles are based on an extensive body of research and input from numerous foreign language and native language teachers who have had years of experience working specifically with at-risk native language learners.

Assumptions

Why do some students learn a foreign language so easily? They learn the meanings of new vocabulary words quickly and begin to read and spell words in the foreign language easily. They quickly comprehend phrases and questions and sometimes even pronounce words in the foreign language as if they had previously spoken the language. They appear to incorporate most aspects of the new language naturally and without extensive effort. In contrast, foreign language teachers encounter other students who cannot read words in the new language and constantly misspell words even after extensive review. They confuse the meanings of vocabulary words and cannot say or understand simple basic foreign language phrases or basic questions. Despite dogged attempts to learn the language, there is nothing that comes naturally to them.

In past years, most foreign language educators assumed that students who did poorly in language classes displayed low motivation, negative attitudes, or lack of effort. While some poor language learners exhibit these characteristics, foreign language teachers often are baffled because these students want to succeed but simply are unable to do so despite spending extra time studying the course material or even participating in tutoring. Moreover, many of the students who have problems in foreign language classes are otherwise good students who do reasonably well (and even exceptionally) in their other courses.

Over the years, researchers have studied why students with average to above-average intelligence struggle with foreign language learning. The emergence of an extensive body of research on native language learning problems has enabled researchers to draw parallels between native and foreign language learning. Findings indicate that "at-risk" students who have difficulty with foreign language learning exhibit overt or subtle problems with their native language skills. Their problems with native language learning usually occurred when they were much younger (i.e., in the primary or intermediate grades) and affected their skills when they were learning to read, spell, and write their native language. Many of these students then struggled in high school with reading comprehension, and they were poor and/or slow readers. Some of these "at-risk" students may have exhibited speech articulation (pronunciation) deficits that required speech therapy. Others had difficulty learning phonics (i.e., letter-sound relationships) and may have received tutoring to learn how to read and spell their native language. Some "at-risk" students learned to read and spell their native language well but have always had difficulty with comprehending oral and/or written language. Still others have weak vocabulary skills in their native language and do not know the meanings of words that their peers seem to know.

It is not surprising that "at-risk" students who had difficulty learning to read, spell, and write their native language or had previous difficulty with speech articulation or who have weak vocabulary skills have similar difficulties when attempting to learn a foreign language. After all, learning to read, spell, write, speak, and listen to a foreign language is the learning of *language,* albeit a new language. And therein lies the problem. The difficulties that these "at-risk" learners encountered in learning their first language are "re-created" when they face the task of learning a second language.

Generally, "at-risk" students who have difficulty with foreign language learning have language-based problems. These problems can occur in the phonological (sound and sound-symbol), syntactic (grammar), and/or semantic (meaning) components of language. For example, a student who had problems in the phonological component of English in elementary school may have had difficulty learning phonics, i.e., the sounds that letters make. This student will probably have difficulty learning to read and spell words in a foreign language and may also have some problems with the pronunciation of words in the new language. In some cases, for example, a student with serious phonological problems may not even notice that some consonant sounds or most vowel sounds in the foreign language are different from the sounds in their native language. Another student may have had problems with the syntactic component of the native language. He or she may have experienced problems with subject-verb agreement or the understanding of adjectives and adverbs. This student will likely have difficulty with grammatical learning in the foreign language. For example, he or she may struggle conjugating verbs, matching the correct masculine or feminine article with a noun, or placing the adjective in the proper order in a spoken or written sentence in the new language. A third type of student may have adequate phonological skills but have weak native language syntactic (grammar) and semantics (meaning) skills. In the native language, this student has difficulty using appropriate grammar when writing and speaking and also has problems with the efficient comprehension of language when listening to others speak or when reading. In the foreign language, this student may have difficulty comprehending oral questions and written text even though he or she knows the meaning of the vocabulary words. Sometimes, students with semantic difficulties do well in the first semester or year of foreign language learning but begin to struggle when the amount and complexity of listening comprehension, speaking, reading comprehension, and writing increase.

New research findings from several languages show that most "at-risk" language learners have problems primarily in the phonological (sound and sound-symbol) and sometimes syntactic (grammatical) components of language. Generally, students who have problems with foreign language learning do not have the same degree of difficulty learning the semantic (meaning) aspects of the new language as they do learning the new phonological and grammar systems. For example, they tend to learn the meaning of new vocabulary words or basic phrases and questions fairly well. However, their problems with the phonology and grammar of the native language cause them to have problems with reading and spelling words, pronouncing sounds, comprehending questions and sentences, and writing grammatically correct sentences in the foreign language. Most of the time, the problems of these "at-risk" learners become apparent early in the first weeks of the first semester of the foreign language course. Other "at-risk" learners may do average work in the first quarter of the course but begin to exhibit problems soon thereafter.

Foreign language teachers play a crucial role in helping their at-risk language learners attain success in their classrooms.

Researchers have found that "at-risk" students who struggle to learn the phonology and grammar of a new language not only exhibit poor skills in the written aspects (reading and writing) of the foreign language, but also achieve low scores on the oral aspects (i.e., speaking and listening) of learning a new language. That is, they do not learn to speak and interpret the foreign language as well as students who have stronger phonological and syntactic skills. Researchers speculate that students with lower levels of phonology and grammar will be hindered in both the written and oral aspects of foreign language learning.

Each year, foreign language teachers encounter increasing numbers of students in their classrooms classified as learning disabled, at risk, language impaired, or even dyslexic. While each student is unique, most students with language learning problems exhibit similar types of difficulties. Their difficulties are *language-based;* that is, the students have problems with the phonological, syntactic, and/or semantic components of language. Because their problems with the learning of a foreign language originate in weak language skills, the large majority of these "at-risk" learners will benefit from instruction that follows several basic principles.

Principles of Instruction

What can foreign language teachers learn from these findings that apply in their inclusion classrooms? This question can be answered by tying these findings to principles derived from an extensive body of literature on language instruction (listening, speaking, reading, writing) with at-risk language learners in the native language. Further, there is a small body of research indicating that principles of instruction that apply to at-risk learners in the native language are effective with at-risk foreign language learners as well. Drawing upon this research base, foreign language teachers can apply the following eight principles of instruction in working with at-risk language learners by making the learning of a foreign language:

Multisensory use multiple input/output strategies and involve all of the learning channels—visual, auditory, tactile, and kinesthetic
Repetitive provide ample opportunities for students to "overlearn" a concept through frequent practice and reviews
Structured teach language concepts in logical order and help students organize the language into logical categories
Sequential organize language concepts from simple to complex. Note that the term sequential also applies to the phonological level of language, where at-risk language learners have difficulty learning the sound and sound-symbol system of the foreign language, and to the grammatical level of language, where at-risk language learners have problems recognizing parts of speech (nouns, verbs, adjectives)
Cumulative build on what at-risk language learners already know
Alphabetic/phonetic teach students directly and explicitly the sounds of the language and the letters those sounds/sound sequences represent
Metacognitive teach students how to think about or reflect on the language; thinking about how the language is structured is especially important in grasping grammar concepts (e.g., word order in a sentence)
Synthetic/analytic help students break language into parts (analytic) and put the parts together again (synthetic). For example, help them recognize parts in a chunk of language (a syllable, a word, a phrase, a sentence) (analytic). Help them put together the sounds of the language to form words and chunk parts of words (prefixes, suffixes, roots) together to form larger words (synthetic).

Instructional adaptations for at-risk language learners, then, should reflect one or more of these guiding principles.

These eight principles provide some direction for teachers, but can these principles really be applied successfully in inclusion settings? In our view, the extent to which instruction can be modified and the types of lesson adaptations that are feasible and desirable depend to a large extent on the *severity* of the at-risk learner's language difficulties and on the *nature* of the learner's language difficulties. In terms of severity, it is helpful to think of a continuum of difficulty/lack of difficulty with language. The following figure visually presents an outline of a severity continuum in relation to the degree of adaptations that might be necessary in inclusion classrooms.

Severity of Language Difficulty				
High Degree				■
Moderate			■	
Some		■		
	None	Some	Moderate	Intensive

Accommodation Needs

In inclusion classrooms, foreign language teachers are likely to experience the most success using accommodations for students with some to moderate difficulties. As the severity of the language difficulty becomes more of an issue, the need for adaptation strategies becomes increasingly critical. For students with a high degree of language difficulty and intensive accommodation needs, teachers should consult with the learning specialist at their school as more intensive modifications may be necessary.

Foreign language teachers play a crucial role in helping their at-risk language learners attain success in their classrooms. In order to do so, however, teachers need an understanding of the nature of these students' learning difficulties and help in developing accommodations that can be successful in helping them learn the foreign language.

General Suggestions for Making Classroom Accommodations

- Provide a simple study guide of the day's activities (structured).
- Present major points simultaneously orally and on overheads; have students repeat important words and phrases and say them again as they write them in their notebooks (multisensory).
- Provide guided pair activities to practice/reinforce a concept (pair strong/weaker language learners) (repetitive).
- Analyze the concept to be learned and talk students through the sequence of steps needed to master the concept (especially important in teaching grammar concepts); have written samples available to work as guides (sequential).
- Require students to keep a notebook and help them organize it (structured).
- Speak slowly and with clear pronunciation, using the same phrases repeatedly (alphabetic/phonetic).
- Provide daily structured written reviews of material covered that day (repetitive, cumulative).
- Use verbal/visual (pictorial) mnemonic devices to assist in memory; let students design their own mnemonic devices and discuss the value of this strategy (metacognitive).
- Show students how parts are added to words to change meaning and how long words can be broken down into parts (i.e., prefixes, suffixes, roots) (synthetic/analytic).
- Use color coding to illustrate grammar and pronunciation (alphabetic/phonetic).
- Provide an opportunity to demonstrate mastery of smaller chunks of information prior to longer, unit exams (sequential, repetitive).
- Provide time for students to reflect on how they best learn and remember language concepts; teach them strategies to help them remember (metacognitive).

Inclusion of Accelerated Language Learners in the French Classroom

Gifted and talented learners have the potential to move through the foreign language curriculum at an accelerated pace; some excel in one language area, such as reading or speaking; others may excel in all language areas. Typically, these students learn new language concepts quickly; they don't need repetition and once they learn something, they remember. They're highly curious, find new information challenging and stimulating, and often ask probing questions. They're also creative and enjoy tackling the unfamiliar. Their approach to problem-solving, including the challenge of a new language, is often unusual because they tend to think "outside the box." On the flip side, if these students are not challenged, they might tune out, stop doing their homework, and become a problem to the teacher.

Principles of Instruction

How, then, might foreign language teachers address the special needs of the accelerated language learner? Educators of the gifted commonly recommend that teachers differentiate their classroom curriculum. Classroom teachers can differentiate the foreign language curriculum by modifying (1) course content, (2) the learning process, (3) the learning environment, and (4) the product or outcome expectations. The following examples demonstrate how teachers can differentiate curriculum in their foreign language classes.

Course Content

Enrichment Through Curriculum Expansion Develop structured opportunities for students to explore the language through an expansion or extension of activities related to a given language concept or topic. Educators of the gifted can be very helpful in setting up these learning experiences.

Enrichment Through In-depth Exploration Develop opportunities for students to deepen their understanding of a language concept or topic through a more in-depth focus. Again, teachers might solicit guidance from an educator of the gifted.

Learning Process

Self-pacing Allow students to move through the textbook and their assignments at an accelerated pace. Allow them to competency-test out of units.

Individualized Learning Once they have mastered a language concept, provide structured opportunities for students to work on their own. Short- and long-term projects can be negotiated through teacher-student contracts.

Self-directed Learning Encourage students to initiate or create their own enrichment activities. The role of teacher becomes negotiating, structuring, and monitoring the learning experience.

Learning Environment

Higher-Level Thinking Encourage students to think about language concepts in increasingly complex ways. In helping students design activities, use the three highest levels of Bloom's taxonomy (analysis, synthesis, evaluation).

Creative Thinking Encourage students to develop unusual or unique approaches to language study. Invite them to problem-solve in figuring out language structures such as grammar concepts and vocabulary connections.

Product/Outcome Expectations

Product Variation Allow students to demonstrate what they are learning in different ways and through a variety of verbal and nonverbal media.

Self-Evaluation Provide opportunities for students to participate in evaluating their own progress and their products.

Initially, implementing these principles will necessitate some extra work by the teacher. However, the experience of providing a motivating and enriched environment will ultimately be fulfilling for the student and allow the foreign language teacher to experience the satisfaction of having challenged the student. Further, the task will become easier as the teacher increases his or her understanding of the specialized needs and capabilities of accelerated language learners and uses this knowledge to build a repertoire of appropriate differentiated curriculum options.

Related References

General

Ganschow, L., & Sparks, R. (2001). Learning difficulties and foreign language learning: A review of research and instruction. *Language Teaching, 34,* 79–98.

Ganschow, L., & Sparks, R. (2000). Reflections on foreign language study for students with language learning problems: Research, issues, and challenges. *Dyslexia, 6,* 87–100.

Sparks, R., & Ganschow, L. (1991). Foreign language learning difficulties: Affective or native language aptitude differences? *Modern Language Journal, 75,* 3–16.

Research

Sparks, R., Artzer, M., Patton, J., Ganschow, L., Miller, K., Hordubay, D., & Walsh, G. (1998). Benefits of multisensory language instruction for at-risk learners: A comparison study of high school Spanish students. *Annals of Dyslexia, 48,* 239–270.

Sparks, R., Ganschow, L., Javorsky, J., Pohlman, J., & Patton, J. (1992). Test comparisons among students identified as high-risk, low-risk, and learning disabled in high school foreign language courses. *Modern Language Journal, 76,* 142–159.

Sparks, R., Ganschow, L., Javorsky, J., Pohlman, J., & Patton, J. (1992). Identifying native language deficits in high and low-risk foreign language learners in high school. *Foreign Language Annals, 25,* 403–418.

Teaching

Ganschow, L., & Schneider, E. (1997). Teaching all students: From research to reality. In A. Vogely (Ed.), *Celebrating languages, opening all minds!* Annual Meeting Series – NO. 14, New York State Association of Foreign Language Teachers, Fall, 1997.

Pritikin, L. (1999). *A policy of inclusion: Alternative foreign language curriculum for high-risk and learning disabled students.* ERIC Clearinghouse on Languages and Linguistics, Center for Applied Linguistics. ED 428 486.

Schneider, E., & Ganschow, L. (2000). Dynamic assessment and instructional strategies for learners who struggle to learn a foreign language. *Dyslexia, 6,* 72–82.

Sparks, R., Ganschow, L., & Schneider, E. (2002). Teaching foreign (second) languages to at-risk learners: Research and practice. In J. H. Sullivan (Ed.), *Literacy and the second language learner* (pp. 55–83). Greenwich, CT: Information Age Publishing.

Sparks, R., & Miller, K. (2000). Teaching a foreign language using multisensory structured language techniques to at-risk learners: A review. *Dyslexia, 6,* 124–132.

Strategies for Pre-AP Students

by Mary L. Diehl

Integrating Pre-AP strategies into the *Discovering French, Nouveau!* series

The standards-based goals of the **Discovering French, *Nouveau!*** series address the skills necessary for success in Advanced Placement French Language. While many instructional approaches exist for developing the skills required in AP, certain strategies prepare students to meet the objectives of the AP course and examination in French language. The **Discovering French, *Nouveau!*** series uses an integrated, thematic approach that combines listening, speaking, reading, and writing. Vertical teaming, beginning with French 1 and continuing through the highest level offered (AP language and/or literature), is essential in ensuring success. In other words, teachers work together to provide sequential programs that develop language proficiency and challenge all students. **Discovering French, *Nouveau!*** offers important tools for teachers to do just that.

Background Information: The Advanced Placement French Language Course and Examination

The AP French Language Course prepares students for the French Language Examination, which evaluates proficiency in listening comprehension, grammar and vocabulary, reading, speaking and writing. The skills of listening and reading comprehension are tested as multiple-choice items while speaking and writing are assessed in a free-response format. A group of questions based on a picture or picture sequence evaluates speaking proficiency. Fill-ins that require a grammatically correct, logical answer and a composition assess writing ability. The examination is timed and students must learn to work within the time limits. Note that the AP exam weighs the reading, writing, listening, and speaking sections at 25% each. Begin to prepare students in French 1–3 by using strategies that reflect the goals of the AP course and examination.

Grammar and vocabulary

Students must develop a command of many grammatical structures and a wide range of vocabulary in order to be proficient in listening, reading, speaking, and writing. Teaching students *about* grammar is not the same as having students *use* the grammar and vocabulary they have learned to carry on conversations, understand what they hear, read and comprehend what they have read, and write coherent sentences, paragraphs, and, later on, compositions. Incorporate the new grammar and vocabulary students learn into the different types of activities students perform. You can provide learner-centered opportunities for Pre-AP students to:

- use a variety of structures and vocabulary, which increase in complexity as the students move from level 1 through level 3.
- recognize errors in forms or usage. On the speaking portion of the Advanced Placement Examination, for example, awareness of error which leads to self-correction shows that the student is cognizant of what is "correct" usage. This student will score at a higher level than one who does not self-correct because he/she is unaware of errors.
- demonstrate knowledge and use of devices that link meaning (transitions).
- use circumlocution. Encourage students to describe in French rather than use English when they don't know a certain word or phrase.
- use a variety of structures and vocabulary at the same time rather than always dealing with one tense, structure, or set of vocabulary items at a time.

Discovering French, *Nouveau!* 1–3 teaches structures and includes many topics ideal for Pre-AP courses. The exercises requiring that the students create with the language rather than merely following a pattern are crucial. Exercises that provide practice in the same format as the AP exam are also important (examples: **Discovering French, *Nouveau!–Blanc,*** p. 132, Activity 9; **Discovering French, *Nouveau!–Rouge,*** p. 206, Activity 10). Pre-AP students, especially in level 3, need practice exercises that "mix" a variety of structures and vocabulary. Make students aware of tense usage and the complexities of language structure as their proficiency level increases.

Listening

The AP listening section requires students to listen and respond to two types of speech. First, they listen to short exchanges between two speakers and choose the logical response from a list. Second, they hear dialogues or short monologues and answer questions that are given on the audio. In order to prepare students for these tasks, Pre-AP courses should include a wide variety of listening passages on many different topics. The passages should become longer and more complicated as the student progresses through levels 1, 2, and 3. For example, in **Discovering French, *Nouveau!–Bleu,*** students learn to get the "gist" of passages and then more details as their proficiency increases. By the time students use **Discovering French, *Nouveau!–Rouge,*** listening passages stress both the main idea and details and involve more complicated material.

You can help Pre-AP students organize information by incorporating sequencing, sorting, and categorizing activities. First, the Pre-AP students learn to summarize what they have heard and later analyze, compare and contrast, and evaluate the information.

Ask questions that range from the concrete and factual to those that ask for implied or inferred information. From the beginning, the Pre-AP student should be given the opportunity to tell "why" and to use higher order thinking skills.

Incorporate these specific strategies to help the Pre-AP student get ready for the listening portion of the AP Examination:

- Conduct your classes in the target language to the greatest extent possible.
- Provide practice in a multiple-choice format as well as the question/answer type free response.
- Have students listen only and not read the text at the same time.
- Teach students to use context cues to determine unknown words or phrases they hear. Encourage students to "guess."
- Teach students to listen for intonation patterns and stress to determine whether they are hearing a question, a statement, and so on. By listening for stress patterns they can also determine if the speaker is talking about the past, present, or future.
- Teach students to listen for background noises or sounds that help determine where a dialogue takes place.
- Provide opportunities for students to practice note-taking skills when listening or viewing.
- Design or choose activities that require the class to listen to classmates (as well as tapes, videos or DVDs, CDs, and you, their teacher). Elicit a written or spoken response to what is heard. (Example: Students do oral presentations on travel brochures they have created and classmates list reasons for going to each place. This encourages listening for both general ideas and details.)

Reading

On the reading section of the AP exam, students read for the main idea, details, and inferred meaning. The passages vary in length and generally are cultural in nature. Students must have command of grammar and vocabulary in order to understand the reading selections which come from a wide range of sources (examples: fiction, journalistic articles, essays). Teach your Pre-AP students to:

- identify the main idea and as many details as possible.
- use pre-reading skills such as establishing the purpose, making predictions, looking for cognates, and so on.
- skim and scan.
- read increasingly longer, more complicated passages.
- sequence information.
- use context clues.
- analyze language used (formal, informal, metaphors, similes, etc.)
- make predictions and inferences based on what they have read.
- draw conclusions.
- recreate the text in their own words.
- elaborate when summarizing.
- distinguish fact from opinion.
- determine cause and effect.
- indicate where in the text the answer to a certain question is found. The questions and the answers may express ideas in language using synonyms or circumlocution.

Writing

The writing section of the AP has two parts. The first is a fill-in section that requires students to have sufficient command of grammar and vocabulary to understand the sentences they read before "filling-in," to choose the correct form, to spell words correctly and to put accents in the right place. This is an "all or nothing" section. Students will do well on this portion of the AP if they have been trained from French I in the way they will be evaluated.

The second part of the writing section is a composition on a general topic. Students are to write a "well-organized essay." The essay is evaluated holistically "for appropriateness and range of vocabulary, grammatical accuracy, idiomatic usage, organization, and style." (French Course Description, College Board, 2004, p. 18) In order to prepare your Pre-AP students for these tasks, provide opportunities for them to:

- write in a timed situation.
- use pre-writing skills such as brainstorming, organizing ideas, making outlines.
- organize thoughts and then essays. Know how to write introductions, supporting paragraphs and conclusions.
- write thesis statements.
- support ideas with details.
- use transitions and ways to link paragraphs.
- write relevant and thorough compositions.
- consider the audience (voice) and establish purpose.

- write relevant and thorough responses.
- practice combining sentences
- use a variety of vocabulary and structures to form cohesive sentences, paragraphs and essays.
- show command of the conventions of written language.
- control both simple and complex structures.
- evaluate the writing of others as well as their own writing. (peer-edit and self-edit)
- practice writing in a variety of formats: journals, letters, articles, dialogues, and essays.

Begin with very guided writing. In level 1, students write simple information with learned phrases, structures and vocabulary. In level 2, students begin to create with the language, while level 3 students can write about a wider variety of topics using a greater number of structures and transitions. The most important point is to provide many writing opportunities.

Composition

Have students use the **Vive la différence** dialogue as a point of departure for writing a composition about themselves and one of their friends. Suggest that they write their descriptions in two columns, using as a model Léa's and Céline's text on p. 150. Students should complete their compositions in 15 minutes. **Pre-AP skill:** Write in a timed situation.

Pre-reading

Have students look quickly at the menu and decide what meal is presented.

How can they tell? **Pre-AP skill:** Skim and scan.

Speaking

In the speaking section of the AP exam, students are asked questions based on a picture or series of pictures. They have ninety seconds to study the picture(s), read the questions, and prepare their answers. They are then given sixty seconds to record their answer for each question. In order to prepare students for this task, have them:

- retell information or stories (move from simple to complex in levels 1–3).
- use pictures as a basis for telling stories or describing.
- respond to questions with thorough answers that are increasingly more complex and correct.
- plan for what will be said by brainstorming answers.
- organize ideas and sequence information.
- vary vocabulary and circumlocute.
- expand, elaborate.
- use intonation and pronounce with care.
- self-correct.
- agree, disagree; approve, disapprove; encourage, discourage.
- give directions, orders, advice.
- relate opinions.
- communicate preferences.
- persuade.
- relate what happened before, what is happening, what will happen next.
- participate in pair activities, information gap activities where one student has the information another needs.
- answer within a given time frame.
- take risks and not be afraid to make errors.
- feel comfortable speaking. In linguistic terms, this is "lowering the affective filter."

General Comments

The **Discovering French, *Nouveau!*** series contains many activities that will prepare the Pre-AP student for the AP French course. Many of the sections involving speaking (*Tête à tête,* for example) could easily be targeted for Pre-AP, especially those involving storytelling (Expansion activities). The *À votre tour!* sections could be emphasized for the Pre-AP students. Writing should occur frequently so that the students are ready for what follows in the AP courses. At times, you may redesign activities with the Advanced Placement Language Course and Examination in mind so they go a step further in preparing students. Many of the strategies presented above are used in combination. The skills of listening, reading, speaking and writing do not develop isolated from each other. This way, the job of the AP teacher is facilitated and the students benefit. Our goal is not only success on the AP French Language Examination but also to produce students who understand what they read and hear and who can communicate ideas through speaking and writing.

Technology in the Classroom

Introduction

Technology—whether it is on the Internet, CD-ROM, or DVD—provides additional resources, enrichment, and excitement to the French classroom, and makes teachers' lives easier. **Discovering French, *Nouveau!*** provides technology resources that make your teaching easier, more effective, and more enjoyable. Components include:

- Online Workbook
- ClassZone.com
- DVD Program
- Audio Program
- Power Presentations on CD-ROM
- McDougal Littell Assessment System/Test Generator CD-ROM
- EasyPlanner CD-ROM
- Take-Home Tutor CD-ROM

In order to select technology products that enhance and complement your own teaching style, consider the following checklist:

- Easy to use
- Fully integrated into the student text and teacher's materials
- Offer full use of the strongest features of each particular medium
- Interactive to motivate student interest
- Flexibly structured for individual and pair/group use
- Suitable for your particular teaching style

Technology should always be the means to a more effective language presentation, and not an end in itself. In addition, good technology products should never be intimidating!

Integrating well-designed technology into the French curriculum gives both students and teachers access to the French-speaking world no matter where their classroom is located! The **Discovering French, *Nouveau!*** program provides technology components that are fun, practical, focused, and easy-to-use.

Online Workbook and ClassZone.com

The Internet has opened an exciting new environment for language teaching and learning. **Discovering French, *Nouveau!*** has taken advantage of the best capabilities of the Internet to offer teachers and students leveled, self-scoring practice in the *Online Workbook* as well as webquests, test preparation, flashcards, and more on *ClassZone.com.*

Integrating the wide range of Internet resources available for **Discovering French, *Nouveau!*** on *ClassZone.com* into your classroom can revitalize your teaching and provide you and your students with a personalized connection to French speakers worldwide.

Audio and DVD

The **Discovering French, *Nouveau!*** Audio and DVD Program motivates students from the first day of class, and provides a complete cultural and linguistic experience.

Objectives

- Foster cross-cultural connections
- Develop listening skills using dozens of different voices in varied contexts
- Promote communication skills in real-life situations
- Encourage vocabulary acquisition in context
- Provide materials suitable for a variety of learners
- Provide authentic music from the francophone world

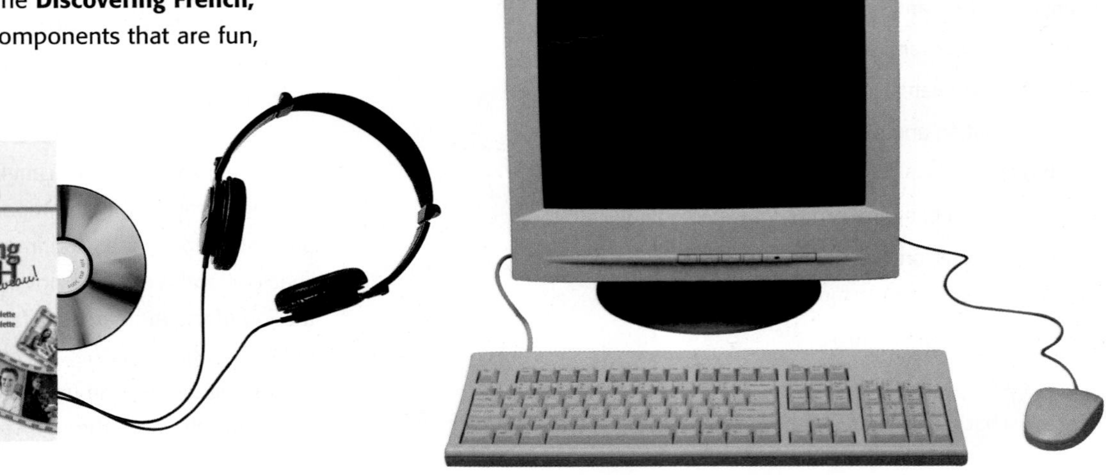

Discovering French, *Nouveau!* provides technology resources that make your teaching easier, more effective, and more enjoyable.

Power Presentations on CD-ROM

This CD-ROM offers a complete array of grammar and vocabulary PowerPoint™ presentations to support **Discovering French, *Nouveau!*** Teachers can present animated grammar slide shows directly through PowerPoint™ or print out overhead transparencies. The **Discovering French, *Nouveau!*** *Overhead Transparencies* are already included, plus Clip Art is available to help you create and customize your own presentations.

Test Generator CD-ROM and McDougal Littell Assessment System

The **Discovering French, *Nouveau!*** *Test Generator CD-ROM* gives teachers the capability to edit tests and quizzes, create new items or create whole tests. Teachers may use the existing tests, adapt them by adding, deleting, or changing items, or create a completely personalized testing program. Answer keys are generated automatically. The Internet-based *McDougal Littell Assessment System* helps you test, score, and track results. It provides ready-made materials for reteaching and remediation. The scannable tests and answer sheets can be printed out on plain paper.

eEdition CD-ROM

The **Discovering French, *Nouveau!*** CD-ROM provides teachers the complete text of the Pupil Edition in PDF format. Each page of the printed text is included in the easy-to-use electronic version for anytime, anywhere access.

EasyPlanner CD-ROM

The *EasyPlanner CD-ROM* gives teachers the flexibility of having all the ancillaries for **Discovering French, *Nouveau!*** in a convenient electronic format. Teachers can view and print, plus plan their lessons with an easy-to-use calendar feature.

Take-Home Tutor CD-ROM

The *Take-Home Tutor CD-ROM* provides extra skills support with at-home guided practice. Video clips, audio recordings, flashcards, and self-check exercises reinforce the four skills with point-of-use aids for all students.

The Role of Listening Comprehension

Listening comprehension provides a very effective introduction to second-language learning. More specifically, listening activities in which students respond physically in some way (moving around, pointing, handling objects, etc.) are not only excellent ways of establishing comprehension of new phrases, but material learned in this manner is remembered longer. This explains why students learn the parts of the body more quickly by playing "Simon Says" than by repeating the same vocabulary words after the teacher.

How is an effective comprehension activity structured?

In a typical comprehension activity, the teacher gives commands to the students, either as a full class, a small group, or individually. The activity often consists of four steps:

Step 1 Group performance with a teacher model

The teacher gives a command and then performs the action. The students listen, watch and imitate the teacher. Three to five new commands are presented in this way.

Step 2 Group performance without a teacher model

When the teacher feels the students understand the new phrases, he or she gives the command without moving. It is the students who demonstrate their comprehension by performing the desired action. If the students seem unsure about what to do, the teacher will model the action again.

Step 3 Individual performance without a teacher model

Once the group can perform the new commands easily, the teacher gives these commands to individual students. If an individual student does not remember a given command, the teacher calls on the group to perform the command. It is important to maintain a relaxing atmosphere where all students feel comfortable.

Step 4 Individual performance of a series of commands

When the class is comfortable with the new commands, the teacher gives an individual student a series of two or more commands. This type of activity builds retention and encourages more careful listening.

These four steps are repeated each time new commands are introduced. As the activities progress, the new commands are intermingled with those learned previously.

How many new commands are introduced at any one time?

Generally three to five new commands are introduced and then practiced. It is important not to bring in new items until all the students are comfortable with the current material. Practice can be made more challenging by giving the commands more rapidly.

There are essentially two kinds of comprehension activities:

- **Text-related activities** These activities introduce material which will be immediately activated in the corresponding lesson of the book. The comprehension activity helps students build their listening comprehension before being asked to produce this new material in speaking and writing. Then, when students are presented with this material formally, they can concentrate on details such as pronunciation and spelling because they will already know what all the new words mean.
- **Comprehension-expansion activities** These activities are designed to expand the students' listening proficiency and introduce vocabulary and structures which will not be formally presented until later in the program. Since this approach is fun, and since the material presented is not formally "tested," comprehension activities can be effectively used for vocabulary expansion and for introduction of new material.

Sample classroom commands

Here is a listing of some sample commands in both the "tu" and the "vous" forms. As a teacher, you have two options:

- You can use the formal "vous" form for both group and individual commands.
- You can address the class and small groups with the plural "vous" form and then address individual students as "tu."

Category	English	"tu" form	"vous" form
Movements	Stand up.	**Lève-toi.** **Debout.**	**Levez-vous.** **Debout.**
	Sit down.	**Assieds-toi.**	**Asseyez-vous.**
	Walk.	**Marche.**	**Marchez.**
	Jump.	**Saute.**	**Sautez.**
	Stop.	**Arrête.**	**Arrêtez.**
	Turn around.	**Tourne-toi.**	**Tournez-vous.**
	Turn right / left.	**Tourne à droite/à gauche.**	**Tournez à droite/à gauche.**
	Go …	**Va** (au tableau).	**Allez** (à la fenêtre).
	Come …	**Viens** (au bureau).	**Venez** (au tableau).
	Raise …	**Lève** (la main).	**Levez** (le bras).
	Lower …	**Baisse** (la tête).	**Baissez** (les yeux).
Pointing out and manipulating objects	Point out …	**Montre** (le cahier).	**Montrez** (le livre).
	Touch …	**Touche** (la porte).	**Touchez** (la fenêtre).
	Pick up / Take …	**Prends** (le crayon).	**Prenez** (le stylo).
	Put …	**Mets** (le livre sur la table).	**Mettez** (le cahier sous la chaise).
	Take away …	**Enlève** (le livre).	**Enlevez** (le cahier).
	Empty …	**Vide** (le sac).	**Videz** (la corbeille).
	Give …	**Donne** (la cassette à Anne).	**Donnez** (le CD à Paul).
	Give back …	**Rends** (la cassette à Marie).	**Rendez** (le CD à Michel).
	Pass …	**Passe** (le stylo à Denise).	**Passez** (le crayon à Marc).
	Keep …	**Garde** (la cassette).	**Gardez** (la cassette).
	Open …	**Ouvre** (la porte).	**Ouvrez** (le livre).
	Close …	**Ferme** (la fenêtre).	**Fermez** (le cahier).
	Throw …	**Lance** (la balle à Jean).	**Lancez** (le ballon à Claire).
	Bring me …	**Apporte-moi** (la balle).	**Apportez-moi** (le ballon).
Activities with pictures and visuals	Look at …	**Regarde** (la carte).	**Regardez** (le plan de Paris).
	Look for / Find …	**Cherche** (la Suisse).	**Cherchez** (la tour Eiffel).
	Show me …	**Montre-moi** (Genève).	**Montrez-moi** (Notre-Dame).
Paper or chalkboard activities	Draw …	**Dessine** (une maison).	**Dessinez** (un arbre).
	Write …	**Écris** (ton nom).	**Écrivez** (votre nom).
	Erase …	**Efface** (le dessin).	**Effacez** (la carte).
	Color …	**Colorie** (le chat en noir).	**Coloriez** (le chien en jaune).
	Put an "x" on …	**Mets un "x" sur** (le garçon).	**Mettez un "x" sur** (la fille).
	Circle …	**Trace un cercle autour de** (la chemise rouge).	**Tracez un cercle autour de** (la jupe blanche).
	Cut out …	**Découpe** (un coeur).	**Découpez** (un cercle).

Professional Reference Information

Professional Language Organizations

American Association of Teachers of French (AATF)

Mailcode 4510
Southern Illinois University
Carbondale, IL 62901-4510

Phone: (618) 453-5731

www.frenchteachers.org

As an AATF member:

- you will receive subscriptions to the French Review and the AATF National Bulletin.
- you will be able to attend local, regional, and national AATF meetings where you can share ideas and meet new colleagues.
- you have the opportunity to apply for one of the many summer scholarships to France and Quebec offered to AATF members.
- you may sponsor a chapter of the *Société Honoraire de Français* at your school so that your students will then be eligible to compete for study abroad travel grants and participate in the SHF creative writing contest.
- you can have your students participate in the National French Contest and be considered for local, regional, and national awards.
- you can obtain pen pals for your students through the *Bureau de Correspondance Scolaire.*

American Council on the Teaching of Foreign Languages (ACTFL)

700 S. Washington St., Suite 210
Alexandria, VA 22314

Phone: (703) 894-2900

Fax: (703) 894-2905

headquarters@actfl.org

www.actfl.org

Governmental Organizations

Alliance Française

The *Alliance Française* is a French organization dedicated to the promotion of French language and culture.

To obtain the address of the Alliance Française nearest you, write:

Federation of Alliances Françaises USA
1800 E. Capitol Drive
Milwaukee, WI 53211

Phone: 800-6-FRANCE (800-637-2623)

Fax: 1-800-491-6980

federation@afusa.org

www.afusa.org

French Cultural Services

The French Cultural Services are very supportive of French teaching in the United States. For more information, contact the French Cultural Officer at the French Consulate nearest you or write the New York office.

To obtain information about available French cultural materials, write:

Cultural Services of the French Embassy
972 Fifth Avenue
New York, NY 10021

Phone: (212) 439-1400

Fax: (212) 439-1455

www.frenchculture.org

Other Useful Addresses

Sister Cities International

If your town has a Sister City in a French-speaking country, you might want to explore the possibility of initiating a youth or education exchange program. If your town does not yet have a French-speaking Sister City, you might want to encourage your community to set up such an affiliation.

For information on both youth exchanges and the establishment of a sister-city association, contact:

Sister Cities International
1301 Pennsylvania Ave, NW
Suite 850
Washington, DC 20004

Phone: (202) 347-8630

www.sister-cities.org

info@sister-cities.org

Nacel Open Door

Nacel Open Door is a nonprofit organization sponsoring cultural exchanges between American and foreign families and students. If you have students who would like to host a French-speaking student for a month during the summer, or who would themselves like to stay with a family in France or Senegal, have them contact the non-profit organization Nacel Open Door.

Nacel Open Door
1536 Hewitt Avenue, Box 268
St. Paul, MN 55104

Phone: 800-NACELLE (800-622-3553)

info@nacelopendoor.org

www.nacelopendoor.org

2
Blanc

Discovering FRENCH Nouveau!

Jean-Paul Valette
Rebecca M. Valette

McDougal Littell
A DIVISION OF HOUGHTON MIFFLIN COMPANY
Evanston, Illinois • Boston • Dallas

Teacher Reviewers

Carolyn Fletcher
Bonita High School, California

Patricia L. Ménard
Milton High School, Massachusetts

Teacher Panel for Revised Edition

Linda Davisson
Wilbur Middle School, Kansas

Korey Dugger
Austin-East Magnet High School, Tennessee

Carolyn Fletcher
Bonita High School, California

Paul T. Giles
Forsyth Central High School, Georgia

Carole Lapointe-Prospère
West Roxbury High School, Massachusetts

Paul J. Maher
West Seneca East Senior High School, New York

Ann Minor
St. Andrew's Episcopal School, Mississippi

Dr. Mary Schense
Manzano High School, New Mexico

Martha Schillerstrom
Glenbard East High School, Illinois

Jennifer Schoenfeld
Lawton Community Schools, Michigan

Student Reviewers

Kate Hagelow
Illinois

Ashlie Lynn
Pennsylvania

Native Reader

Sophie Masliah
Saint-Germain-en-Laye, France

Teacher Review Board

Kay Dagg
Washburn Rural High School, Kansas

Lynette Emanuel
Independence High School, Wisconsin

Casey Handrop
South West High School, California

Dianne Hopen
Humboldt High School, Minnesota

Sheila Hutchinson
Kimball High School, Texas

Pamela Knapp
Acton-Boxborough High School, Massachusetts

Patricia McCann
Lincoln-Sudbury High School, Massachusetts

T. Jeffrey Richards
Roosevelt High School, South Dakota

Cover photography

Cover design by Studio Montage **Front cover** Chateau Frontenac, Quebec Old Town, Quebec, Canada; **Back cover** Level 1a: Palace of Versailles, Versailles, France; Level 1b: Martinique; Level 1: Eiffel Tower illuminated at night, Paris, France; Level 2: Chateau Frontenac, Quebec Old Town, Quebec, Canada; Level 3: Port Al-Kantaoui, Sousse, Tunisia
Photography credits appear on page R78.

Printed in the United States of America

ISBN-13: 978-0-618-65652-3
ISBN-10: 0-618-65652-9 X 2 3 4 5 6 7 8 9 10 - VJM - 12 11 10 09 08 07 06

Internet: www.mcdougallittell.com

REPRISE

Entre amis 2

UNITÉ 1

Qui suis-je? 28

iii

iv

UNITÉ 3

Bon appétit! 150

v

Loisirs et spectacles! ... 204

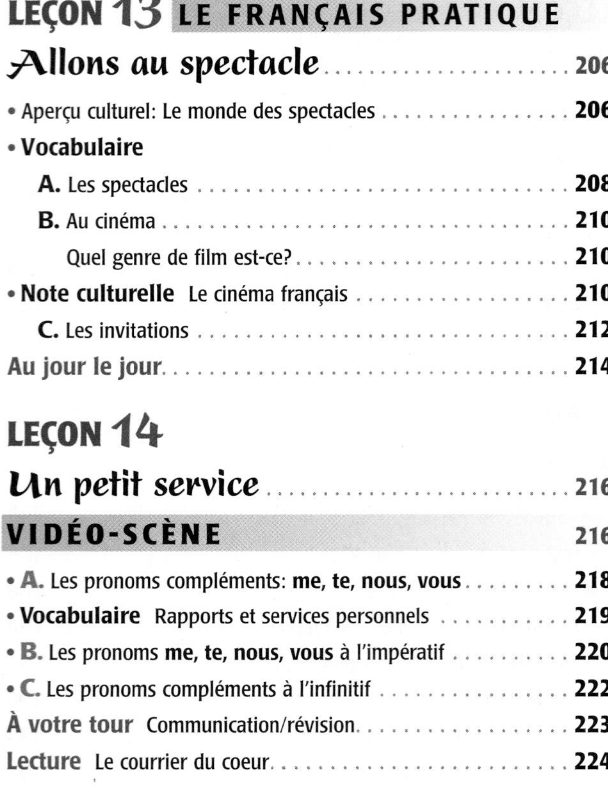

vi

Vive le sport! 270

vii

Chez nous 318

viii

Soyez à la mode! 368

ix

Bonnes vacances! 432

x

Bonne route ... 490

xi

Bonjour à nouveau! Hello again!

We hope that you had a very pleasant summer vacation and we would like to welcome you to another year of **DISCOVERING FRENCH–NOUVEAU!** *With this new book you will learn to communicate and to express yourselves effectively on many aspects of daily life: meeting people, inviting friends, going out together, ordering food, choosing clothes, exercising and staying fit, and planning vacations. You will also be able to describe past events and talk about your plans for the future.*

At the beginning, you may want to review some basic vocabulary and structures which you learned last year. The opening section entitled Reprise is designed to facilitate and guide your review. You may also want to familiarize yourself with the review charts and summaries in Appendix A on pages R2–R12. Finally, the À votre tour section will encourage you to apply the material you have reviewed in communicative contexts.

In addition to language activities, you will continue to discover France and other areas of the French-speaking world. Since nations have become increasingly interdependent, it is important to understand other peoples and cultures. French is an international language and the French-speaking countries form a diverse and dynamic segment of the world community. In the Images du monde francophone sections of your book, you will read about the history, customs, and traditions of people who live not only in France, but also in parts of Canada, Europe, and Africa.

*We trust that you will find the many varied activities in this book both helpful and interesting in re-***DISCOVERING** *the excitement of learning* **FRENCH!**

Et maintenant, bonne chance et en avant avec le français!

Jean-Paul Valette Rebecca M. Valette

RUE VALETTE

Net k@fé
METROPOLITAIN
un
Bonjour!
1

Planning Guide CLASSROOM MANAGEMENT

OBJECTIVES

Communication
- Counting *pp. 8, 10*
- Giving the date and telling time *pp. 10, 11*
- Talking about the weather *p. 11*
- Describing various things you own *pp. 13, 14, 16*
- Talking about places where you often go *p. 14*
- Talking about your daily activities *pp. 18, 19*
- Saying what you like and don't like to do *p. 20*
- Asking and answering questions *pp. 20, 21, 22*

Grammar
- Révision *pp. 12, 14, 16, 17, 18, 20, 21, 22, 23, 24*
- Rappel *pp. 12, 14, 16, 17, 18, 19, 20, 21, 22, 23, 24*

Vocabulary
- La vie scolaire *p. 5*
- Révision *pp. 8, 10, 11, 12, 14*

Culture
- Flash d'information–Fort-de-France, French school names, and Le baccalauréat *p. 5*
- Flash d'information–French 1's and 7's *p. 8*
- Note culturelle–L'euro, monnaie européenne *p. 9*
- Flash d'information–France's time zone *p. 11*

PROGRAM RESOURCES

Print
- Workbook PE, *pp. 1–7*
- *Activités pour tous* PE, *pp. 1–19*
- Block Scheduling Copymasters, *pp. 1–8*
- *Français pour hispanophones*
- Teacher to Teacher Copymasters
- Reprise/Unit 1 Resource Book
  - Rappels 1–3 Resources
    - Workbook TE
    - *Activités pour tous* TE
    - Mini-Tests (Workbook)
  - Reprise Resources
    - *Activités pour tous* Reading
    - Audioscripts

Audiovisual
- Audio Program PE CD 1 Track 1
- Audio Program Workbook CD 6 Tracks 1–2
- Warm-Up Transparencies
- Overhead Transparencies
  - 3 *L'Europe;*
  - 3(o) *L'Europe (overlay);*
  - 6 *Les matières;*
  - 7 *Quelques objets;*
  - 8 *Possessions;*
  - 9 *Quelques endroits;*
  - 10 *Les prépositions;*
  - 11a *Quelques activités: Les verbes en **-er**;*
  - 11b *Quelques activités: Les verbes en **-er** (cont.);*
  - 12a *Quelques activités: Les verbes en **-ir**;*
  - 12b *Quelques activités: Les verbes en **-re**;*
  - R *Les pronoms sujets*

Technology
- Online Workbook
- EasyPlanner CD-ROM
- Power Presentations on CD-ROM
- Take-Home Tutor CD-ROM

Assessment Program Options
Self-diagnostic Mini-Tests, found in the Workbook

Pacing Guide SAMPLE LESSON PLAN

DAY 1	DAY 2	DAY 3	DAY 4	DAY 5
Reprise Opener • Faisons connaissance! • Vocabulaire–La vie scolaire	• Et vous? **Rappel 1** • Les nombres, la date, l'heure et le temps	**Rappel 1** • Note culturelle–L'euro, monnaie européenne • Les nombres, la date, l'heure et le temps *(continued)*	**Rappel 2** • Les choses de la vie courante • How to talk about things	**Rappel 2** • How to talk about things *(continued)* • How to indicate where things are located
6 **Rappel 2** • How to indicate where things are located *(continued)* **Rappel 3** • Les activités	**7** **Rappel 3** • How to talk about what you like, want, can do, and must do	**8** **Rappel 3** • How to talk about what you like, want, can do, and must do *(continued)* • How to ask for information	**9** **Rappel 3** • How to ask for information *(continued)* • À votre tour!	

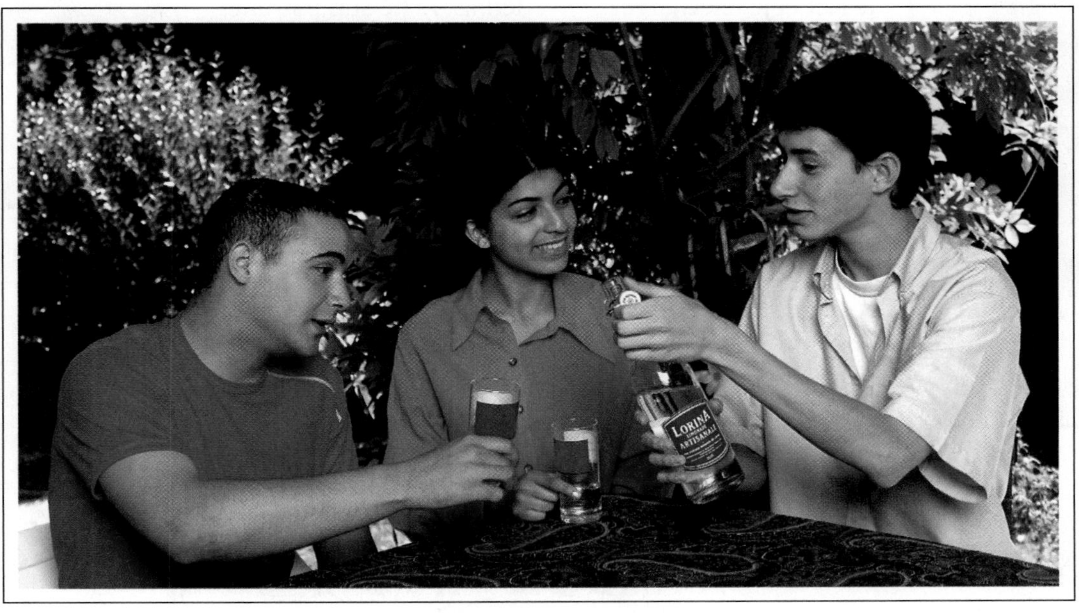

REPRISE Student Text Listening Activity Scripts
AUDIO PROGRAM

▶ **REPRISE** Entre amis **CD 1, TRACK 1**

Faisons connaissance!
Read along as you listen to the interviews.
Lisez et écoutez.

À quelle école vas-tu?

Quelles sont tes matières préférées?

Qu'est-ce que tu fais quand tu n'études pas?

Quel rêve est-ce que tu aimerais réaliser?

Nous avons posé ces questions à quatre jeunes Français. Voici leurs réponses.

FRÉDÉRIC CHAUVEAU, 16 ANS

Je vais au lycée Schoelcher à Fort-de-France. Mes matières préférées sont l'histoire et les langues. J'étudie l'anglais et l'espagnol. J'étudie aussi la biologie parce que je veux être médecin.

J'étudie beaucoup, mais je n'étudie pas tout le temps. Quand je n'étudie pas, j'écoute mes CD. J'aime toutes sortes de musique: le rock, le rap, le jazz ... et même la musique classique. Je surfe sur le Net et je télécharge de la musique.

Mon rêve? Faire un voyage autour du monde, mais d'abord, je dois réussir mon bac!

STÉPHANIE DELAGE, 14 ANS

Je vais au collège Émile Zola à Toulouse. À l'école, j'aime tout sauf les maths. (Le professeur est trop strict!)

En dehors de mes études, j'aime surtout le sport. En hiver, je fais du ski, généralement avec ma famille. En été, je fais de l'escalade et je joue au tennis. Je ne suis pas une championne, mais je joue assez bien.

Mon rêve? Aller au Tibet et faire l'ascension de l'Himalaya.

JEAN-PHILIPPE PONS, 14 ANS

Je vais au collège des Barattes à Annecy. Mes matières préférées? Euh … je n'ai pas de matière préférée sauf le sport et le dessin.

J'aime sortir avec mes copains. Le samedi on va au cinéma. Quand il y a un concert à la Maison des Jeunes, on va au concert. Parfois quelqu'un organise une soirée. Alors, on va chez ce copain (ou cette copine) et on danse …

Mon rêve? Gagner à «La roue de la fortune»!

CORINNE VAN DINH, 15 ANS

Je vais au lycée Saint-Grégoire à Tours. Je suis assez bonne en maths. J'aime aussi l'informatique et l'économie.

Qu'est-ce que je fais quand je n'étudie pas? Ça dépend! À la maison, j'aime jouer avec mon ordinateur. (C'est un cadeau de mon oncle qui travaille dans une boutique d'informatique.) Le week-end, j'aime faire des promenades à vélo avec mes copines. J'aime aussi danser. Malheureusement, mes parents sont assez stricts. Alors, je ne sors pas très souvent.

Mon rêve? Visiter les États-Unis et passer six mois dans une famille américaine.

REPRISE

Overview

The purpose of the Reprise unit is to reactivate the basic communication skills that students acquired in their prior study.

The emphasis is on:
- everyday expressions
- asking and answering questions
- simple description

COMMUNICATION
- Giving the date and telling time
- Talking about the weather
- Discussing daily activities
- Telling what you like and don't like to do
- Talking about places you go

CULTURES
- Learning about French schools
- Learning what French teens like to study
- Learning what French teens like to do in their free time
- Learning about the euro

CONNECTIONS
- Connecting to Math: Continuing a number set
- Connecting to Geography: Learning about time zones
- Checking prices in a catalogue

COMPARISONS
- Comparing French handwritten 1's and 7's with those of the U.S.
- Comparing French time to American time

COMMUNITIES
- Using French for personal enjoyment
- Using French to correspond with a pen pal

REPRISE
Entre amis

THÈME ET OBJECTIFS

In **Reprise**, you will meet new friends who live in different regions of France.

You will also have the opportunity to activate some of the basic communication skills that you learned last year.

In particular, you will review how to ...
- count
- give the date and tell time
- talk about the weather
- describe various things you own
- talk about places where you often go
- talk about your daily activities
- say what you like and don't like to do
- ask and answer questions

DESCRIPTION OF REPRISE

- **Faisons connaissance!** focuses on the students' reading and listening comprehension skills as they meet four French-speaking students.
- The **Rappel** lessons briefly review some of the key concepts and vocabulary presented in Units 1–6 of **Discovering French, *Nouveau!–Bleu.***
- **À votre tour!** encourages students to express themselves both orally and in writing on a variety of topics related to their own personal experience.

trois
Reprise 3

Communicative objectives

RAPPEL 1: counting; telling the date and time; talking about weather

RAPPEL 2: talking about people, places, and things

RAPPEL 3: asking and answering questions about daily and leisure activities; describing likes, dislikes, wishes, and obligations

Linguistic objectives

RAPPEL 2: nouns and articles; **ce, quel, mon**

RAPPEL 3: present and imperative of regular verbs **(-er, -ir, -re);** infinitive constructions

Teaching Resource Options

PRINT 

Reprise/Unit 1 Resource Book
Family Letter, p. 43
Français pour hispanophones
Conseils, p. 22

AUDIO & VISUAL 
Audio Program
Chansons CD

TECHNOLOGY 
EasyPlanner CD-ROM

Language Learning Benchmarks

FUNCTION
- Make requests pp. 20, 24
- Describe and compare p. 16

CONTEXT
- Converse in face-to-face social interactions p. 21
- Listen in social interactions p. 21
- Write letters p. 27
- Write short guided compositions p. 27

TEXT TYPE
- Use and understand
  –learned expressions when speaking and listening p. 17
  –questions when speaking and listening pp. 21, 25
  –polite commands when speaking and listening pp. 24, 25

CONTENT
- Understand and convey information about school and campus life p. 27; schedules p. 27; leisure activities pp. 6–7; likes and dislikes pp. 6–7, 12, 20; clothes pp. 13, 17; prices pp. 8, 17; directions p. 15; weather and seasons p. 11; places and events p. 14; colors p. 16; numbers p. 10; days p. 10; dates p. 10; months p. 10; time p. 11

ASSESSMENT
- Show no significant pattern of error when
  –engaging in conversations p. 26
  –expressing likes and dislikes p. 27
  –obtaining information p. 26
  –providing information p. 27
- Demonstrate culturally appropriate behavior when making requests p. 26

Faisons connaissance!

À quelle école vas-tu?
Quelles sont tes matières préférées?
Qu'est-ce que tu fais quand tu n'études pas?
Quel rêve° est-ce que tu aimerais° réaliser?

Nous avons posé° ces questions à quatre jeunes Français. Voici leurs réponses.

Frédéric Chauveau, 16 ans

Je vais au lycée Schoelcher à Fort-de-France. Mes matières préférées sont l'histoire et les langues. J'étudie l'anglais et l'espagnol. J'étudie aussi la biologie parce que je veux être médecin.°

J'étudie beaucoup, mais je n'étudie pas tout le temps.° Quand je n'étudie pas, j'écoute mes CD. J'aime toutes° sortes de musique: le rock, le rap, le jazz ... et même° la musique classique. Je surfe sur le Net et je télécharge° de la musique.

Mon rêve? Faire un voyage autour du monde,° mais d'abord,° je dois réussir mon bac!°

Stéphanie Delage, 14 ans

Je vais au collège Émile Zola à Toulouse. À l'école, j'aime tout° sauf° les maths. (Le professeur est trop strict!)

En dehors de° mes études, j'aime surtout° le sport. En hiver, je fais du ski, généralement avec ma famille. En été, je fais de l'escalade° et je joue au tennis. Je ne suis pas une championne, mais je joue assez bien.

Mon rêve? Aller au Tibet et faire l'ascension° de l'Himalaya.

Jean-Philippe Pons, 14 ans

Je vais au collège des Barattes à Annecy. Mes matières préférées? Euh ... je n'ai pas de matière préférée sauf le sport et le dessin.°

J'aime sortir° avec mes copains. Le samedi on va au cinéma. Quand il y a un concert à la Maison des Jeunes,° on va au concert. Parfois° quelqu'un° organise une soirée. Alors, on va chez ce copain (ou cette copine) et on danse ...

Mon rêve? Gagner à «La roue° de la fortune»!

rêve *dream* **aimerais** *would like* **posé** *asked* **médecin** *doctor* **tout le temps** *all the time* **toutes** *all* **même** *even* **télécharge** *download* **autour du monde** *around the world* **d'abord** *first* **bac** *high school diploma* **tout** *everything* **sauf** *except* **En dehors de** *Outside of* **surtout** *especially* **l'escalade** *rock climbing* **l'ascension** *climb* **dessin** *drawing* **sortir** *to go out* **Maison des Jeunes** *Youth Center* **Parfois** *Sometimes* **quelqu'un** *someone* **roue** *wheel*

FAISONS CONNAISSANCE!

Main Topic

- Talking about school

Teaching Resource Options

PRINT 

Workbook PE, p. 1
Block Scheduling Copymasters, pp. 1–8
Reprise/Unit 1 Resource Book
  Audioscript, pp. 44, 45–46
  Lesson Plans, pp. 27–28
  Block Scheduling Lesson Plans, pp. 35–36
  Workbook TE, p. 1

AUDIO & VISUAL

Audio Program
CD 1 Track 1
CD 6 Tracks 1, 2

Overhead Transparencies
6 *Les matières*

Frédéric Chauveau

Questions sur le texte

1. À quelle école va Frédéric? [au lycée Schoelcher]
2. Quelles langues est-ce qu'il étudie? [l'anglais et l'espagnol]
3. Quelles sortes de musique est-ce qu'il aime? [toutes sortes: le rock, le rap, le jazz, la musique classique]
4. Quel est son rêve? [de faire un voyage autour de monde]

Questions personnelles

Answers will vary.

1. À quelle école vas-tu? [Je vais à (Jefferson High School).]
2. Quelles langues est-ce que tu étudies? [J'étudie le français.]
3. Quelles sortes de musique aimes-tu? [J'aime (le rock et le rap).]
4. Est-ce que tu joues d'un instrument? [Oui, je joue (du piano). (Non, je ne joue pas d'instrument.)]

Stéphanie Delage

Questions sur le texte

1. Quelle matière est-ce que Stéphanie n'aime pas? [les maths]
2. Quels sont ses sports préférés? [le ski, l'escalade et le tennis]
3. Comment est-ce qu'elle joue au tennis? [assez bien]

Questions personnelles

Answers will vary.

1. Quelle(s) matière(s) est-ce que tu n'aimes pas? [Je n'aime pas (l'anglais).]
2. Quels sont tes sports préférés? [Mes sports préférés sont (le baseball et le football).]

LESSON OVERVIEW

This is a short introductory lesson.

- The first spread (pp. 4–5) focuses on reading proficiency.
- The second spread (pp. 6–7) focuses on comprehension and guided self-expression.

As the students do this lesson, you can begin to see how well they remember what they learned last year.

If the students have no difficulty with these four pages, you may skip the **Rappel** lessons and go directly to the **À votre tour!** section.

Corinne Van Dinh, 15 ans

Je vais au lycée Saint-Grégoire à Tours. Je suis assez bonne en maths. J'aime aussi l'informatique et l'économie.

Qu'est-ce que je fais quand je n'étudie pas? Ça dépend! À la maison, j'aime jouer avec mon ordinateur. (C'est un cadeau° de mon oncle qui travaille dans une boutique d'informatique.) Le week-end, j'aime faire des promenades à vélo avec mes copines. J'aime aussi danser. Malheureusement,° mes parents sont assez stricts. Alors, je ne sors° pas très souvent.

Mon rêve? Visiter les États-Unis et passer six mois dans une famille américaine.

cadeau *present* **Malheureusement** *Unfortunately* **sors** *go out*

VOCABULAIRE La vie scolaire *(School life)*

les écoles *(schools)*

- **un collège** *middle school*
- **un lycée** *(senior) high school*
- **une école privée** *private school*
- **une école publique**

les études *(f.) (studies),* **les matières** *(f.) (school subjects)*

- **un cours** *class, course*
- **l'histoire** *(f.)*
- **la géographie (la géo)**
- **l'économie** *(f.)*
- **la philosophie (la philo)**
- **les maths** *(f.)*
- **les sciences** *(f.)*
  - **la physique**
  - **la chimie** *chemistry*
  - **la biologie (la bio)**
  - **l'informatique** *(f.) computer science*
  - **la technologie (la techno)**
- **une classe** *class*
- **les langues** *(f.) languages*
  - **le français**
  - **l'anglais** *(m.)*
  - **l'espagnol** *(m.)*
  - **l'allemand** *(m.) German*
- **la musique**
- **les arts** *(m.)* **plastiques** *art*
- **le sport**
- **l'éducation** *(f.)* **physique**

→ In casual speech, French people often shorten certain words. For example, they say:

la géo for **la géographie**
la philo for **la philosophie**
la techno for **la technologie**

FLASH d'information

1. Fort-de-France is the main city of Martinique, a French island in the Caribbean West Indies.
2. French schools are often named after famous people.
   - Victor Schoelcher (1804–1893) helped to abolish slavery in the French colonies (1848).
   - Émile Zola (1840–1902) was a writer and journalist known for his defense of civil liberties.
3. The **baccalauréat** (or **bac**) is awarded to students who pass a national examination at the end of their secondary school studies. This diploma allows students to enter the university.

USING THE AUDIO PROGRAM

As an introduction to the lesson, play the audio with the four interviews.

Then work with each interview separately.

- Have students listen with books closed.
- Ask the *Questions sur le texte.* Play the interview again so they can listen for answers.
- Ask the questions again and have students respond.
- Play the interview a third time as students follow along with their books open.
- As a follow-up, ask the *Questions personnelles.*

Jean-Philippe Pons

Questions sur le texte

1. Qu'est-ce que Jean-Philippe aime faire avec ses copains? [sortir]
2. Où est-ce qu'il va le samedi? [au cinéma, au concert ou aux soirées]
3. Quel est son rêve? [de gagner à «La roue de la fortune»]

Questions personnelles

Answers will vary.

1. Est-ce que tu aimes sortir avec tes copains? [Oui, j'aime sortir avec mes copains.]
2. Où allez-vous? [Je vais (au cinéma et au centre commercial).]

Corinne Van Dinh

Questions sur le texte

1. Quelles matières est-ce que Corinne aime étudier? [les maths, l'informatique et l'économie]
2. Qu'est-ce qu'elle aime faire à la maison? [jouer avec son ordinateur]
3. Qu'est-ce qu'elle aime faire le week-end? [faire des promenades à vélo et danser]
4. Quel est le rêve de Corinne? [de visiter les États-Unis et passer six mois dans une famille américaine]

Questions personnelles

Answers will vary.

1. Est-ce que tu étudies l'informatique? [Oui, j'étudie l'informatique. (Non, je n'étudie pas l'informatique.)]
2. Est-ce que tu as un vélo? [Oui, j'ai un vélo. (Non, je n'ai pas de vélo.)]
3. Est-ce que tu fais souvent des promenades à vélo? [Oui, je fais souvent des promenades à vélo. (Non, je ne fais pas souvent de promenades à vélo.)]
4. Est-ce que tu veux visiter la France? Pourquoi? [Oui, je veux visiter la France parce que (je veux parler français avec les Français). (Non, je ne veux pas visiter la France.)]

Teaching note This vocabulary can be taught for recognition.

Pronunciation

Schoelcher /ʃœlʃɛr/

Supplementary vocabulary

le latin
l'italien (m.)
l'algèbre (f.)
la géométrie
la technologie (la techno) *shop, technical education*

Casual speech Other shortened words are: **le foot, le basket, le volley; la télé; le prof**

Teaching tip Using **Transparency 6,** ask questions about school subjects.

Qu'est-ce que X étudie?
Est-ce que tu étudies [l'anglais]?
Est-ce que tu aimes [l'anglais]?
Pourquoi ou pourquoi pas?
Est-ce que tu es bon(ne) en [anglais]?
Quelle est ta matière préférée?
Qu'est-ce que tu aimes mieux, les maths ou les sciences?, etc.

ET VOUS?

COMMUNICATION describing school and leisure activities

Answers will vary.
1. Je vais (dans un lycée).
2. Je vais à l'école (en car scolaire).
3. Ma matière préférée est (l'anglais).
4. J'ai parfois des difficultés (en maths).
5. En général, je pense que les professeurs de mon école sont (sympathiques).
6. À la maison, quand je n'étudie pas, je préfère (écouter mes CD).
7. Le week-end, je préfère (aller en ville avec mes copains).
8. Quand je reste à la maison, je dois (ranger ma chambre).
9. Quand je suis en ville avec mes copains, je préfère (aller au restaurant).
10. Quand je suis à une boum, je préfère (danser).
11. Quand je suis en vacances, je préfère (aller à la plage avec mes copains).
12. Quand je vais au cinéma, je préfère voir (une comédie).
13. À la télévision, je préfère regarder (les sports).
14. Ma musique préférée est (le rock).
15. Quand je suis à la plage, je préfère (nager).
16. Mon sport préféré est (le snowboard).
17. Avec mon argent, je préfère acheter (des vêtements).
18. Un jour, j'espère (faire un voyage autour du monde).

Et vous?

PARLER Maintenant, parlez de vous. Pour cela, complétez les phrases avec l'une des expressions suggérées, ou avec une expression de votre choix.

1. Je vais dans …
   - un collège
   - un lycée
   - une école privée
2. Je vais à l'école …
   - à pied *(on foot)*
   - à vélo
   - en voiture
   - en car scolaire *(school bus)*
   - en bus

3. Ma matière préférée est …
   - le français
   - l'anglais
   - l'histoire
   - les maths
   - l'informatique
   - les arts plastiques
   - la musique
   - l'éducation physique
   - ?
4. J'ai parfois *(sometimes)* des difficultés …
   - en français
   - en maths
   - ?
5. En général, je pense *(think)* que les professeurs de mon école sont …
   - sympathiques
   - amusants
   - intéressants
   - patients
   - stricts
   - ?
6. À la maison, quand je n'étudie pas, je préfère …
   - regarder la télé
   - écouter mes CD
   - téléphoner à mes copains
   - surfer sur le Net
   - jouer aux jeux vidéo
   - ?

QUELLE EST TA MATIÈRE PRÉFÉRÉE?
TU VOIS, C'EST LA CHIMIE!

7. Le week-end, je préfère …
   - rester chez moi
   - aller en ville avec mes copains
   - pratiquer mon sport favori
   - ?
8. Quand je reste à la maison, je dois *(have to)* …
   - étudier
   - ranger *(pick up)* ma chambre
   - aider mes parents
   - ?
9. Quand je suis en ville avec mes copains, je préfère …
   - aller au cinéma
   - aller dans les magasins
   - aller au restaurant
   - ?
10. Quand je suis à une boum, je préfère …
    - danser
    - manger
    - parler avec mes copains
    - écouter de la musique

TEACHING STRATEGIES Et vous?

Full class introduction

First go over the 18 statements with the entire class, calling on individuals to give their responses.

Pair Practice

Have students share their responses with each other, recording their partner's answers.

11. Quand je suis en vacances, je préfère …
- rester chez moi
- travailler pour gagner de l'argent
- voyager avec ma famille
- aller en colonie de vacances *(camp)*
- aller à la plage avec mes copains
- ?

12. Quand je vais au cinéma, je préfère voir *(see)* …
- un film d'aventures
- un film de science-fiction
- un film policier
- une comédie
- un drame psychologique
- ?

13. À la télévision, je préfère regarder …
- les sports
- les comédies
- les feuilletons *(soap operas, series)*
- les jeux télévisés *(game shows)*
- les clips *(music videos)*
- ?

14. Ma musique préférée est …
- le rock
- le rap
- la musique classique
- le jazz
- ?

15. Quand je suis à la plage, je préfère …
- nager
- jouer au volley
- faire du jogging
- bronzer *(get a tan)*
- ?

16. Mon sport préféré est …
- le basket
- le volley
- le football américain
- le tennis
- le snowboard
- la natation *(swimming)*
- ?

17. Avec mon argent, je préfère acheter …
- des CD
- des magazines
- des livres
- des jeux vidéo
- des vêtements
- ?

18. Un jour, j'espère …
- gagner à «La roue de la fortune»
- faire un voyage autour du monde *(around the world)*
- avoir une voiture de sport
- ?

Teaching note Have the students go to a website giving television listings for France, Quebec, or another French-speaking area. Are they familiar with any of the programs? Are the shows aimed at children and teenagers similar or different from those that they have seen? Based on the descriptions of the programs, would the students be interested in watching any of the shows with which they are not familiar?

Expansion

Call on students to find out their partner's preferences.

–X, quelle est la matière préférée de Z?
–La matière préférée de Z est l'histoire.

Composition

Have students write a brief **autoportrait** in which they respond to all 18 items. They should begin their paragraph with:

Je m'appelle … J'ai … ans.

Rappel 1

Communicative Functions
Counting, telling time, discussing weather

Teaching Resource Options

PRINT

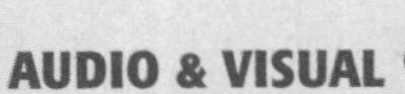

Workbook PE, pp. 1–2
Activités pour tous PE, pp. 1–3
Block Scheduling Copymasters, pp. 1–8
Reprise/Unit 1 Resource Book
- *Activités pour tous* TE, pp. 9–11
- Lesson Plans, pp. 29–30
- Block Scheduling Lesson Plans, pp. 37–38
- Workbook TE, pp. 1–2

AUDIO & VISUAL

Overhead Transparencies
7 *Quelques objets*

Révision Be sure students know how to find the reference charts in Appendix A, pp. R1–R12.

Teaching note Students should be able to understand and use numbers orally. At this level, they do not need to write out and spell numbers beyond 20. The French, like the Americans, generally use digits to write the higher numbers.

Language note You can tell students how to say the year in French:

l'an 2004 (deux mille quatre)

Teaching tip To review **le monde francophone,** have groups of three compete to see who can name the most francophone countries or areas in three minutes without consulting the map on pages R14–R15. Be sure they include the parts of the United States where French is spoken.

RAPPEL 1

Les nombres, la date, l'heure et le temps

87
88
89
90
91
QUATRE-VINGT-SEPT ...
QUATRE-VINGT-HUIT ...
QUATRE-VINGT-NEUF ...
QUATRE-VINGT-DIX ...
QUATRE-VINGT-ONZE ...

FLASH d'information

Note that in French script, the "1" is written with an upstroke, and the "7" is written with a bar across the stem.

1 11
7 77

RÉVISION

To review French numbers, turn to Appendix A, p. R2.

1 C'est combien? PARLER

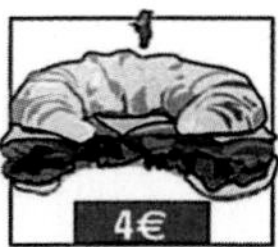

1. Le sandwich coûte ...
- deux euros
- quatre euros
- huit euros

2. Le livre coûte ...
- onze euros
- treize euros
- quinze euros

3. Le jean coûte ...
- dix-sept euros
- vingt-cinq euros
- trente-cinq euros

4. Le baladeur coûte ...
- seize euros
- soixante euros
- soixante-dix euros

5. La montre coûte ...
- quatre-vingt-quinze euros
- soixante-quinze euros
- cent quinze euros

6. Le vélo coûte ...
- trois cents euros
- cent trente-trois euros
- trois cent trente euros

7. L'ordinateur coûte ...
- deux cents euros
- deux mille euros
- cent vingt euros

8. L'appareil-photo coûte ...
- quatorze euros
- quatre-vingts euros
- cent quarante euros

TEACHING NOTE Mini-Tests

Have students take the written diagnostic Mini-Tests in the student **Workbook.** By analyzing the results of these tests, you can determine:
- which *Rappel* sections to emphasize
- which *Rappel* sections can be omitted

NOTE culturelle

L'euro, monnaie européenne

Depuis 2002, la France et onze autres pays européens ont une monnaie commune: **l'euro. L'euro**, représenté par le symbole **€**, est divisé en 100 centimes.

Voici les sept billets et les huit pièces de la monnaie européenne:

LES 12 PAYS DE LA ZONE EURO		
• l'Allemagne *(Germany)*	• la Finlande	• l'Irlande
• l'Autriche *(Austria)*	• la France	• l'Italie
• la Belgique *(Belgium)*	• la Grèce	• le Luxembourg
• l'Espagne *(Spain)*	• la Hollande	• le Portugal

1 DESCRIPTION giving prices

Review numbers

1. Le sandwich coûte quatre euros.
2. Le livre coûte quinze euros.
3. Le jean coûte trente-cinq euros.
4. Le baladeur coûte soixante euros.
5. La montre coûte quatre-vingt-quinze euros.
6. Le vélo coûte trois cent trente euros.
7. L'ordinateur coûte deux mille euros.
8. L'appareil-photo coûte cent quarante euros.

Variation Have students cover the text and give the prices according to the illustrations.

–Combien coûte le sandwich?
–Le sandwich coûte quatre euros.

Expansion Bring in catalogs or ads showing prices (under $1,000) for common objects and ask students to say what each item costs.

–Combien coûte le vélo?
–Le vélo coûte [190 dollars].

Teaching tip On **Transparency 7**, write in prices in dollars or euros, and ask what the items cost.

Combien coûte [la télé]?

2 COMPREHENSION understanding numbers

Review numbers

Teacher script Read out the following numbers:

85 (A)	18 (A)	11 (B)
79 (-)	22 (A)	45 (B)
88 (-)	16 (B)	84 (B)
6 (B)	94 (-)	15 (A)
3 (A)	71 (B)	92 (-)
27 (A)	61 (B)	93 (A)
66 (-)	42 (B)	51 (A)
83 (-)	34 (A)	39 (B)
76 (A)	43 (-)	98 (B)
68 (A)	100 (-)	82 (B)

3 LOGICAL THINKING analyzing series of numbers

Review numbers

a. add "4": 16, 20 (seize, vingt)
b. add "5": 20, 25 (vingt, vingt-cinq)
c. add "11": 44, 55 (quarante-quatre, cinquante-cinq)
d. add "10": 80, 90 (quatre-vingts, quatre-vingt-dix)
e. add "110": 440, 550 (quatre cent quarante, cinq cent cinquante)

4 DESCRIPTION giving birthdays

Review dates

1. L'anniversaire de Patrick, c'est le six avril.
2. L'anniversaire de Christine, c'est le douze janvier.
3. L'anniversaire de Sophie, c'est le premier octobre.
4. L'anniversaire de Jean-Claude, c'est le vingt-trois août.
5. L'anniversaire d'Isabelle, c'est le dix-huit juillet.
6. L'anniversaire d'Aïcha, c'est le premier mars.

Pronunciation **Aïcha** /aiʃa/

5 COMMUNICATION talking about certain dates

Review days, months, and dates

Answers will vary.
1. Aujourd'hui, c'est (lundi). Demain, c'est (mardi).
2. Mon jour préféré, c'est le (samedi).
3. Mon mois préféré, c'est (mai).
4. Mon anniversaire, c'est le (quatre septembre).
5. L'anniversaire de mon meilleur copain (de ma meilleure copine), c'est le (premier avril).

Variation Use questions 2 and 3 to run a class poll.

Les élèves qui préfèrent le lundi, levez la main!
(Have the class count the raised hands in French.)
Les élèves qui préfèrent janvier, levez la main!

2 Écoutez bien!

ÉCOUTER Le professeur va choisir des nombres entre 0 et 100. Écoutez chaque nombre et indiquez si ce nombre est sur la carte A, sur la carte B, ou sur aucune des deux *(neither)*.

▶ trois — **Oui, A.**
trente — **Non.**
onze — **Oui, B.**

A

76 34 18
51 15 22 3
85 93 27 68

B

11 39 98 82
16 45 84 6
61 42 71

3 Les séries

PARLER Continuez chaque série en ajoutant deux nombres.

a. 4, 8, 12 …
b. 5, 10, 15 …
c. 11, 22, 33 …
d. 50, 60, 70 …
e. 110, 220, 330 …

4 Joyeux anniversaire! PARLER/ÉCRIRE

1. L'anniversaire de Patrick, c'est …
2. L'anniversaire de Christine, c'est …
3. L'anniversaire de Sophie, c'est …
4. L'anniversaire de Jean-Claude, c'est …
5. L'anniversaire d'Isabelle, c'est …
6. L'anniversaire d'Aïcha, c'est …

5 Questions personnelles

PARLER/ÉCRIRE Parlons de toi.

1. Quel jour est-ce aujourd'hui? Et demain?
2. Quel est ton jour préféré?
3. Quel est ton mois préféré?
4. Quand est-ce, ton anniversaire?
5. Quand est-ce, l'anniversaire de ton meilleur *(best)* copain ou ta meilleure copine?

RÉVISION

To review dates and days of the week, turn to Appendix A, p. R2.

PACING

The material of the *Rappel* sections is frequently re-entered in subsequent units. Try to move through these lessons as rapidly as possible.

For pacing suggestions, see **Pacing Guide** (p. 1B).

FLASH d'information

French time is six hours ahead of New York time and nine hours ahead of California time.

Cultural activity Have one student say a time in your time zone. Then have another student give the corresponding time in France.

–Ici il est onze heures du matin.
–En France il est [cinq] heures de l'après-midi.

6 Quelle heure est-il? PARLER/ÉCRIRE

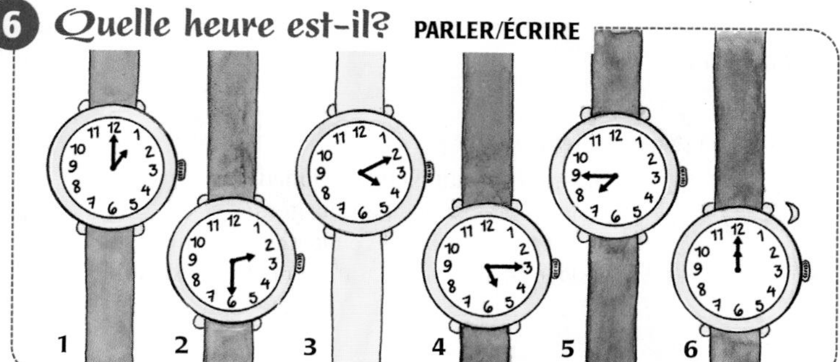

RÉVISION

To review how to tell time, turn to Appendix A, p. R3.

RÉVISION

To review the seasons and the weather, turn to Appendix A, p. R3.

7 Quel temps fait-il? PARLER/ÉCRIRE

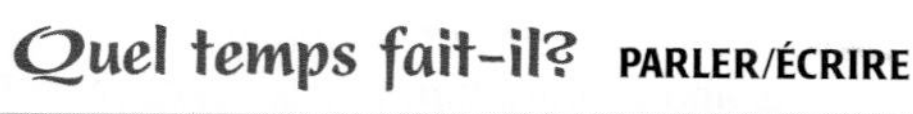

1. Selon *(According to)* vous, quel est le mois?
2. Est-ce que c'est l'été ou l'automne?
3. Est-ce qu'il fait beau ou mauvais?
4. Est-ce qu'il fait chaud ou froid?
5. Selon vous, quel est le mois?
6. Est-ce que c'est l'hiver ou le printemps?
7. Est-ce qu'il fait chaud ou froid?
8. Est-ce qu'il pleut ou est-ce qu'il neige?

6 DESCRIPTION telling time

Review clock time

1. Il est une heure.
2. Il est deux heures et demie.
3. Il est quatre heures dix.
4. Il est cinq heures et quart.
5. Il est huit heures moins le quart.
6. Il est minuit (midi).

Variation (pair activity in dialogue form)

–Quelle heure est-il?
–Il est une heure.

7 DESCRIPTION talking about the weather

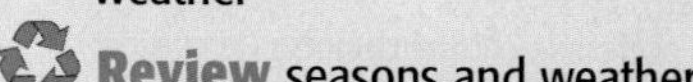

Review seasons and weather

1. C'est juin (juillet, août).
2. C'est l'été.
3. Il fait beau.
4. Il fait chaud.
5. C'est décembre (janvier, février).
6. C'est l'hiver.
7. Il fait froid.
8. Il ne pleut pas et il ne neige pas. Il fait beau.

Photo notes

- **Menton** (photo on left) is on the **Côte d'Azur.** Sailboats **(des bateaux à voiles)** are in the foreground.
- Skiers at **Les Aris** ski resort in **Savoie, France.**

COMPREHENSION REVIEW

PROP: Clock with movable hands

Move the hands of the clock to show the hours and give the corresponding times.

Quelle heure est-il?
Il est une heure.
Il est deux heures., etc.

Call on individual students to move the hands of the clock as you give the time.

Il est cinq heures.
X, viens ici. Montre-nous cinq heures.

Rappel 2

Communicative Function
Discussing common objects and clothing

Teaching Resource Options

PRINT  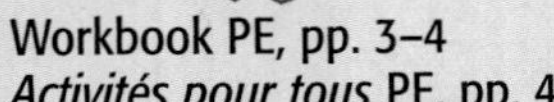

Workbook PE, pp. 3–4
Activités pour tous PE, pp. 4–9
Block Scheduling Copymasters, pp. 1–8
Reprise/Unit 1 Resource Book
- *Activités pour tous* TE, pp. 12–17
- Lesson Plans, pp. 31–32
- Block Scheduling Lesson Plans, pp. 39–40
- Workbook TE, pp. 3–4

AUDIO & VISUAL 

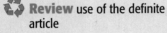

Overhead Transparencies
7 *Quelques objets*
8 *Possessions*

Teaching tip **Transparency 7** shows items that are listed in Appendix A, p. R4.

1 COMMUNICATION expressing preferences

 **Review** use of the definite article

Answers will vary.
1. Je préfère le foot (le basket).
2. Je préfère le cinéma (le théâtre).
3. Je préfère l'histoire (les sciences).
4. Je préfère le rap (la musique classique).
5. Je préfère le jus d'orange (la limonade).
6. Je préfère les pizzas (les hamburgers).
7. Je préfère la glace à la vanille (la glace au chocolat).
8. Je préfère la cuisine chinoise (la cuisine mexicaine).

Variation (pair activity in dialogue form)

–Est-ce que tu préfères la gymnastique ou le jogging?
–Je préfère le jogging (la gymnastique).

2 DESCRIPTION identifying objects

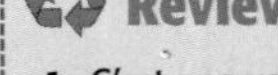 **Review** common objects

1. C'est une voiture.
2. C'est un appareil-photo.
3. C'est un stylo.
4. C'est une montre.
5. C'est un bureau.
6. C'est une chemise.
7. C'est un blouson.
8. C'est un manteau.
9. Ce sont des chaussures.
10. Ce sont des lunettes de soleil.

RAPPEL 2

Les choses de la vie courante

RÉVISION
To review the definite and indefinite articles, turn to Appendix A, pp. R4 and R5.

1 *Mes préférences*

PARLER/ÉCRIRE Dites ce que vous préférez.

▶ la gymnastique ou le jogging?
Je préfère le jogging. (Je préfère la gymnastique.)

1. le foot ou le basket?
2. le cinéma ou le théâtre?
3. l'histoire ou les sciences?
4. le rap ou la musique classique?
5. le jus d'orange ou la limonade?
6. les pizzas ou les hamburgers?
7. la glace à la vanille ou la glace au chocolat?
8. la cuisine chinoise ou la cuisine mexicaine?

RAPPEL
In French, the DEFINITE ARTICLE **(le, la, l', les)** is used with nouns taken in a general sense.

J'aime **les sports et la musique.**
I like ***sports and music.***

RÉVISION
To review the names of everyday objects and clothes, turn to Appendix A, pp. R4 and R5.

2 *Qu'est-ce que c'est?*

PARLER/ÉCRIRE Identifiez les choses suivantes. Pour cela, complétez les phrases avec les noms de la liste.

C'est ...

C'est ... / Ce sont ...

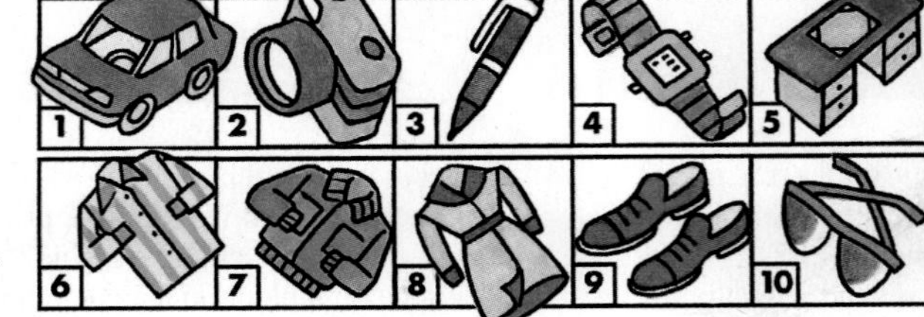

un appareil-photo
un blouson
un bureau
des chaussures
une chemise
des lunettes de soleil
un manteau
une montre
un stylo
une voiture

3 Qu'est-ce qu'ils portent?

PARLER/ÉCRIRE Décrivez les vêtements des personnes suivantes.

1. Aujourd'hui, je porte ...
2. Le professeur porte ...
3. L'élève à ma droite *(right)* porte ...
4. L'élève à ma gauche *(left)* porte ...

Qu'est-ce que c'est?
C'est un baladeur.

How to talk about things:

Qu'est-ce que c'est?	*What's that? What is it?*	
C'est ...	*That is ...*	**C'est** un baladeur.
Ce sont ...	*Those are ...*	**Ce sont** des CD.
Voici/voilà ...	*This (Here) is ...*	**Voici** ma maison et ...
	These (Here) are ...	**voilà** la maison de mon copain.
Qu'est-ce qu'il y a ... ?	*What is there ... ?*	**Qu'est-ce qu'il y a** dans le garage?
Il y a ...	*There is (are) ...*	**Il y a** une voiture.
Il n'y a pas ...	*There is (are) no ...*	**Il n'y a pas** de moto.
Est-ce qu'il y a ... ?	*Is (Are) there ... ?*	**Est-ce qu'il y a** des vélos?

4 Qu'est-ce qu'il y a?

PARLER/ÉCRIRE Pour chaque illustration, nommez au moins quatre objets.

1. Sur le bureau, il y a ...

2. Dans la chambre, il y a ...

3. Dans la valise bleue, il y a ...

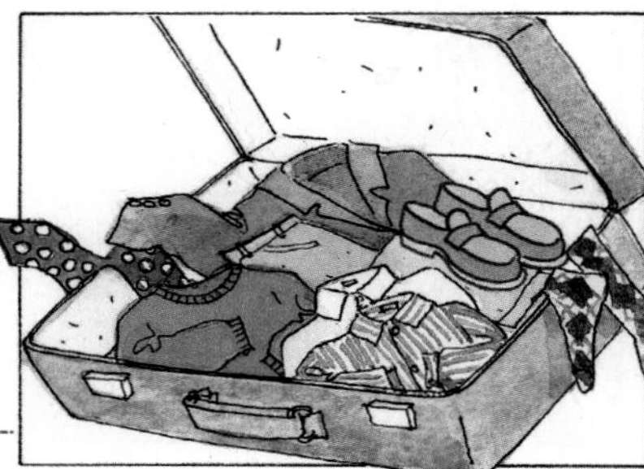

4. Dans la valise rouge, il y a ...

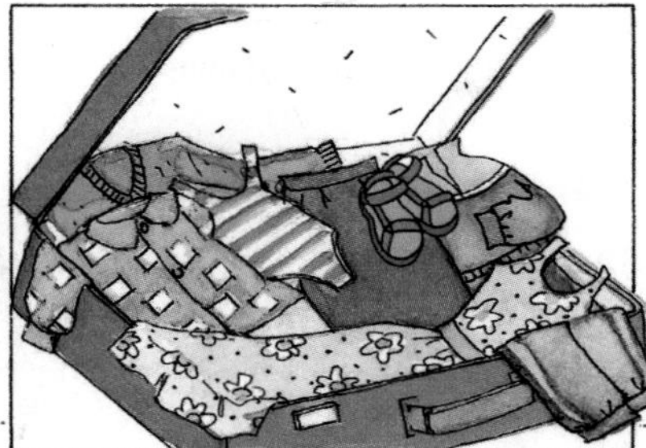

SPEAKING ACTIVITY Qu'est-ce qu'ils portent?

PROPS: an ad from a fashion magazine and a blank sheet of paper for each student

In pairs, students sit back to back. Student 1 (S1) describes his/her fashion ad to Student 2 (S2), who draws a picture of the person and clothing S1 describes. Then S2 describes his/her fashion ad to S1, who draws a picture. Finally, students compare the ads to their drawings—in French.

L'homme porte une chemise, une veste, une cravate, un pantalon, des chaussures et un manteau.

SUGGESTION: You may wish to have each student bring his/her own fashion ad to class.

3 DESCRIPTION describing what people are wearing

Review clothing

Answers will vary.
1. Aujourd'hui, je porte un tee-shirt (un chemisier, une chemise, un pull, un sweat), un pantalon (une jupe, une robe), des chaussettes, des chaussures et un blouson.
2. Le professeur porte une chemise, une cravate, un pantalon, des chaussettes et des chaussures. (Le professeur porte une jupe, un pull et des chaussures.)
3. L'élève à ma droite porte un survêtement (un pantalon et une chemise, une jupe et un chemisier), des chaussettes et des chaussures.
4. L'élève à ma gauche porte une robe (un pantalon et un pull), des chaussures et des chaussettes.

4 DESCRIPTION naming common objects

Review use of indefinite article

1. Sur le bureau, il y a une radiocassette, un ordinateur, des livres, un stylo, un baladeur, un portable et des crayons.
2. Dans la chambre, il y a une affiche, un vélo, une table, une chaîne hi-fi, une chaise, un imper(méable), une casquette et un sac.
3. Dans la valise bleue, il y a une veste, une cravate, un pull, des chemises, des chaussettes, des chaussures et un pantalon.
4. Dans la valise rouge, il y a un pull, un chemisier, un maillot de bain, une jupe, un survêtement, une robe et des sandales.

Teaching tip Using **Transparency 8,** make several statements about each picture. Students indicate whether the statement is true or false.

Sur le bureau,
il y a un sac. (F)
il y a une chaîne hi-fi. (F)
il y a un appareil-photo. (F)
Dans la chambre,
il y a une radiocassette. (F)
il y a une chaîne hi-fi. (V)
il y a un vélo. (V)
Dans la valise bleue,
il y a une cravate. (V)
il y a des chemises. (V)
il y a des chaussures. (V)
Dans la valise rouge,
il y a des lunettes de soleil. (F)
il y a un maillot de bain. (V)
il y a un imperméable. (F)

Teaching Resource Options

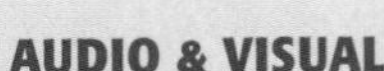

AUDIO & VISUAL

Overhead Transparencies
9 *Quelques endroits*
10 *Les prépositions*

Language note There is no change after **être.**

Ce n'est pas un ordinateur.

5 COMMUNICATION describing possessions

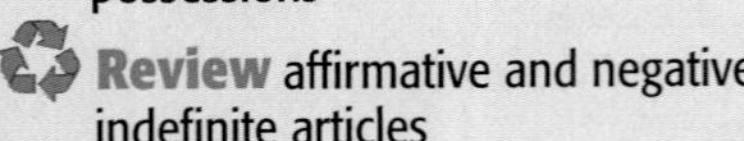

Review affirmative and negative indefinite articles

Answers will vary.
1. J'ai (un vélo, des CD). Je n'ai pas d'appareil-photo (de lunettes de soleil, de chaîne hi-fi).
2. Pour mon anniversaire, je voudrais (des CD).
3. Mes parents ont une télé. Ils n'ont pas de vélo.
4. Dans ma chambre, il y a un bureau (une chaise, des stylos). Il n'y a pas de télé (d'ordinateur, de table).
5. Dans la classe, il y a des affiches (des chaises, un bureau). Il n'y a pas de télé (d'ordinateur).
6. Mon copain (ma copine) a des CD (un vélo, un appareil-photo). Il (elle) n'a pas de radiocassette (de CD, de lunettes).

Language note There are no contractions with **l'** and **la.**

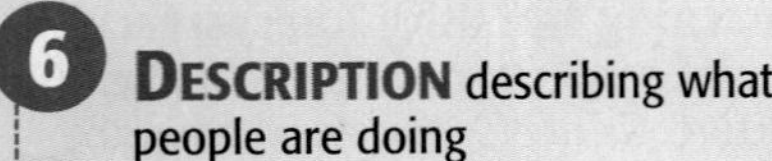

6 DESCRIPTION describing what people are doing

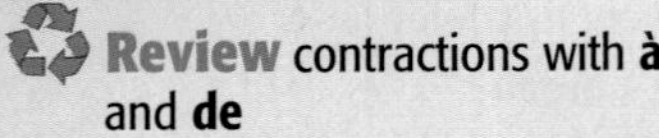

Review contractions with **à** and **de**

1. Vincent va au café.
2. Anne et Léa sont au stade.
3. Pauline vient de la plage.
4. M. Laval rentre du supermarché.
5. Éric et Marc jouent aux cartes.
6. Élodie joue de la guitare.

Variation

Paul va au café. Il ne va pas à l'école.

Teaching tip Transparency 9 shows the places that are listed in Appendix A, p. R6.

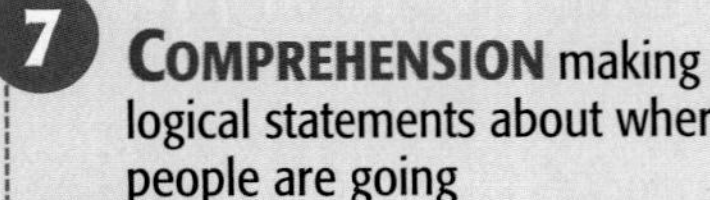

7 COMPREHENSION making logical statements about where people are going

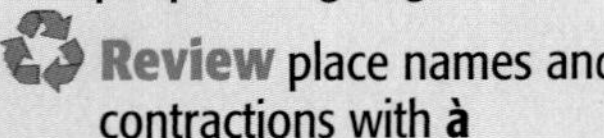

Review place names and contractions with **à**

- Les touristes vont au musée.
- La chimiste va au laboratoire.
- La pharmacienne va à la pharmacie.
- Les athlètes vont au stade.

Variation (with **venir**) Dites d'où viennent les personnes suivantes.

Le docteur vient de l'hôpital.

RAPPEL

In negative sentences, **un, une, des** become **de (d').**

Le professeur porte **une** cravate.	Philippe **ne** porte **pas de** cravate.
Anne a **un** ordinateur.	Je **n'**ai **pas d'**ordinateur.
J'ai **des** amis à Paris.	Je **n'**ai **pas d'**amis à Québec.

5 Et vous?

PARLER/ÉCRIRE Complétez les phrases suivantes avec une expression de votre choix.

1. J'ai … Je n'ai pas …
2. Pour mon anniversaire, je voudrais …
3. Mes parents ont … Ils n'ont pas …
4. Dans ma chambre, il y a … Il n'y a pas …
5. Dans la classe, il y a … Il n'y a pas …
6. Mon copain (ma copine) a … Il (elle) n'a pas …

RAPPEL

The DEFINITE ARTICLES **le** and **les** contract with **à** *(to, at)* and **de** *(of, from).*

à + le → au   **de + le → du**
à + les → aux   **de + les → des**

RÉVISION
To review contractions, tu[rn] to Appendix A, p. R6.

RAPPEL

There are two constructions with **jouer** *(to play).*

jouer à + sport, game	Est-ce que tu **joues au tennis**?
jouer de + musical instrument	Mon cousin **joue de la clarinette.**

6 Qu'est-ce qu'ils font? PARLER/ÉCRIRE

1. Est-ce que Vincent va à l'école ou au café?
2. Est-ce qu'Anne et Léa sont au stade ou à la piscine?
3. Est-ce que Pauline vient de la plage ou de la bibliothèque?
4. Est-ce que Monsieur Laval rentre du parc ou du supermarché?
5. Est-ce qu'Éric et Marc jouent aux jeux vidéo ou aux cartes?
6. Est-ce qu'Élodie joue de la guitare ou du banjo?

RÉVISION
To review the names of places, turn to Appendix A, p. R6.

7 Où vont-ils?

PARLER/ÉCRIRE Dites où vont les personnes suivantes. Soyez logique.

▶ **Le docteur va à l'hôpital.**

le docteur les touristes la chimiste la pharmacienne les athlètes	va vont	le stade la pharmacie le musée l'hôpital le laboratoire

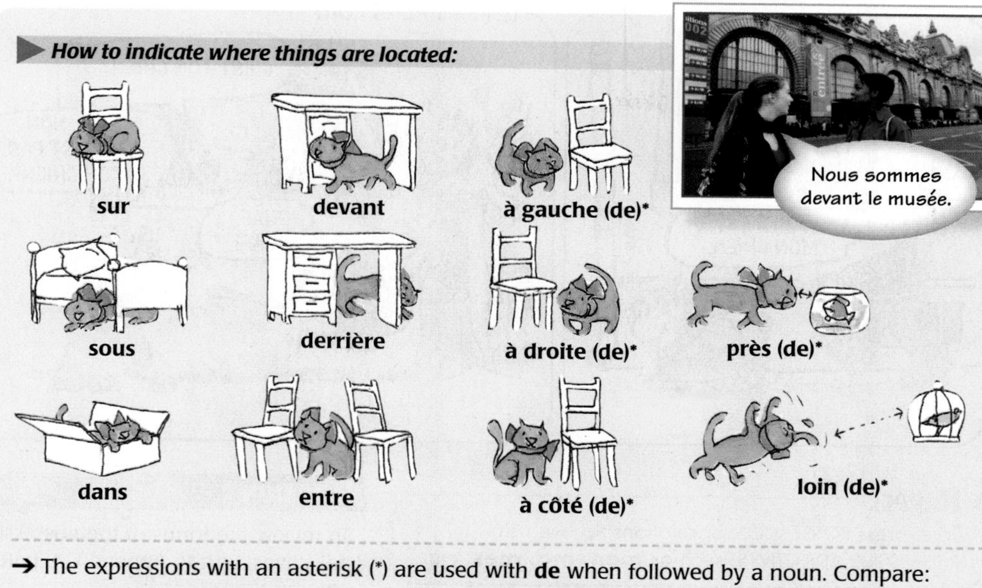

→ The expressions with an asterisk (*) are used with **de** when followed by a noun. Compare:

Le stade est **loin.** *The stadium is **far (away).***

Le stade est **loin de** l'école. *The stadium is **far from** the school.*

8 Pas de chance *(Bad luck)*

PARLER/ÉCRIRE Décrivez la scène. Pour cela, complétez les phrases avec les expressions de lieu *(place)* qui conviennent.

1. L'homme est ... la voiture.
2. Le chien est ... la voiture.
3. La caravane est ... la voiture.
4. Les vélos sont ... la voiture.
5. Le policier est ... la voiture.
6. Les outils *(tools)* sont ... la voiture.

9 En ville

PARLER Vous voyagez en France. Demandez à un(e) camarade où sont les endroits suivants. Il (Elle) va répondre en utilisant une expression de lieu.

▶ la bibliothèque? (l'église)
—Pardon, monsieur (mademoiselle), où est la bibliothèque?
—Elle est derrière l'église.
—Merci.

1. la statue? (l'église)
2. le musée? (le Café des Artistes)
3. l'Hôtel du Parc? (le café et le supermarché)
4. le cinéma? (le supermarché)
5. le cinéma? (la bibliothèque)

TEACHING STRATEGY Où est Maurice?

Activate the vocabulary by placing a stuffed animal (e.g., Maurice the moose) in various locations throughout the classroom.

Où est Maurice?
[Il est derrière la porte.], etc.

After either/or questions, put the animal in various places and ask:

Est-ce que Maurice est sur la chaise ou sous la chaise?, etc.

New material The following are new expansion vocabulary:

entre, à gauche de, à droite de, à côté de, près de, loin de

Teaching note

Le chat est ...
sur la chaise
devant le bureau
à gauche de la chaise
sous le lit
derrière le bureau
à droite de la chaise
près du poisson (du bocal)
dans la boîte (le carton)
entre les chaises
à côté de la chaise
loin de l'oiseau (de la cage)

Photo culture note Located on the left bank **(la Rive Gauche)** of the Seine, the **Musée d'Orsay** opened in 1986. The building was designed by Victor Laloux for **l'Exposition universelle** of 1900. Once a train station, it now houses many of the works of the Impressionists.

8 DESCRIPTION describing location

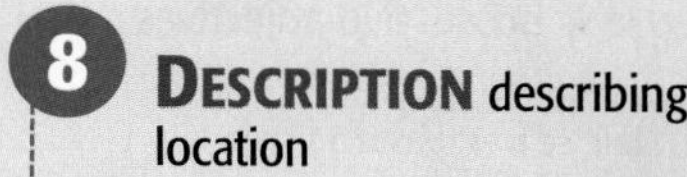

Review and practice prepositions of place

1. L'homme est sous la voiture.
2. Le chien est dans la voiture.
3. La caravane est derrière la voiture.
4. Les vélos sont sur la voiture.
5. Le policier est devant la voiture.
6. Les outils sont à côté de (près de) la voiture.

9 ROLE PLAY getting around town

Review and practice locations

Answers will vary.

1. –Pardon, monsieur (mademoiselle), où est la statue?
   –Elle est devant l'église.
   –Merci.
2. –Pardon, monsieur (mademoiselle), où est le musée?
   –Il est à gauche (à côté, près) du Café des Artistes.
   –Merci.
3. –Pardon, monsieur (mademoiselle), où est l'Hôtel du Parc?
   –Il est entre le café et le supermarché.
   –Merci.
4. –Pardon, monsieur (mademoiselle), où est le cinéma?
   –Il est à droite (à côté, près) du supermarché.
   –Merci.
5. –Pardon, monsieur (mademoiselle), où est le cinéma?
   –Il est loin de la bibliothèque.
   –Merci.

Teaching Resource Options

AUDIO & VISUAL

Overhead Transparencies
3 *L'Europe*
8 *Possessions*

 **RAPPEL**

To express POSSESSION or relationship, we use POSSESSIVE ADJECTIVES, such as **mon, ma, mes,** etc.

RÉVISION

To review the forms of the possessive adjectives, turn to Appendix A, p. R7.

10  *Dialogue*

PARLER Jean-Paul et Amélie parlent de leurs affaires. Avec un(e) camarade, jouez les deux rôles.

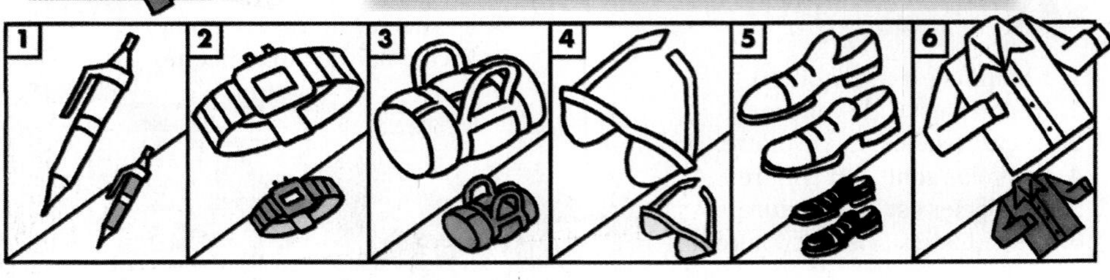

10 ROLE PLAY identifying one's possessions

Review possessive adjectives

1. Jean-Paul: C'est ton stylo?
   Amélie: Non, ce n'est pas mon stylo.
   Jean-Paul: Tu es sûre?
   Amélie: Mais oui, mon stylo est rose.
2. Jean-Paul: C'est ta montre?
   Amélie: Non, ce n'est pas ma montre.
   Jean-Paul: Tu es sûre?
   Amélie: Mais oui, ma montre est verte.
3. Jean-Paul: C'est ton sac?
   Amélie: Non, ce n'est pas mon sac.
   Jean-Paul: Tu es sûre?
   Amélie: Mais oui, mon sac est orange.
4. Jean-Paul: Ce sont tes lunettes de soleil?
   Amélie: Non, ce ne sont pas mes lunettes de soleil.
   Jean-Paul: Tu es sûre?
   Amélie: Mais oui, mes lunettes de soleil sont jaunes.
5. Jean-Paul: Ce sont tes chaussures?
   Amélie: Non, ce ne sont pas mes chaussures.
   Jean-Paul: Tu es sûre?
   Amélie: Mais oui, mes chaussures sont noires.
6. Jean-Paul: C'est ta chemise?
   Amélie: Non, ce n'est pas ma chemise.
   Jean-Paul: Tu es sûre?
   Amélie: Mais oui, ma chemise est rouge.

Teaching tip If students need to review colors, have them turn to Appendix A, p. R4.

Variation Have students write out the dialogue.

WARM-UP AND REVIEW Colors

PROPS: Colored pencils and squares of colored paper

Before doing Act. 10, you may want to review the colors quickly.

Montrez-moi un crayon bleu, un crayon vert, un crayon blanc ...

Then practice the feminine forms.

Montrez-moi une carte bleue, une carte verte, une carte blanche ...

Remind students that adjectives agree with the noun they modify.

11  À qui est-ce? (Whose is it?)

PARLER Complétez les dialogues avec **son, sa** ou **ses.**

1. —C'est la maison de Claire?
   —Non, ce n'est pas ... maison.
2. —C'est l'appareil-photo de Marc?
   —Oui, c'est ... appareil-photo.
3. —Ce sont les cousines d'Éric?
   —Non, ce ne sont pas ... cousines.
4. —C'est le copain de Thomas?
   —Oui, c'est ... copain.
5. —C'est l'amie de Patrick?
   —Non, ce n'est pas ... amie.
6. —Ce sont les livres du professeur?
   —Oui, ce sont ... livres.
7. —C'est l'ordinateur de ta copine?
   —Oui, c'est ... ordinateur.

12 Relations personnelles

PARLER/ÉCRIRE On fait beaucoup de choses avec ses amis ou sa famille. Exprimez cela en utilisant les adjectifs possessifs qui conviennent.

▶ Paul et Marc invitent / copains — **Paul et Marc invitent leurs copains.**

1. J'invite / amie française
2. Nathalie invite / cousin
3. Alice et Léa vont en ville avec / cousin
4. François et Thomas dînent avec / amies
5. Nous téléphonons à / grand-mère
6. Vous rendez visite à / oncle
7. Nous voyageons avec / parents
8. Vous jouez au foot avec / copains

 RAPPEL

To point out specific objects or people, the French use DEMONSTRATIVE ADJECTIVES **(ce, cette, ...).**

To ask about specific objects or people, they use INTERROGATIVE ADJECTIVES **(quel, quelle, ...).**

RÉVISION

To review the forms of **ce** and **quel**, turn to Appendix A, p. R7.

13  Au grand magasin

PARLER Vous êtes dans un grand magasin avec un(e) ami(e) français(e). Jouez les dialogues d'après le modèle.

▶ **—Combien coûte cette veste?**
—Quelle veste?
—Cette veste-ci!
—Elle coûte cent cinquante euros.

WARM-UP À qui est-ce?

PROP: Transparency 8 *(Possessions)*

Questions similar to those in Act. 11 can be used with Transparency 8:

–C'est l'ordinateur de Marc?
–Non, ce n'est pas son ordinateur.

GLOBAL AWARENESS

PROP: Transparency 3 *(L'Europe)*

Have students identify those countries which use the Euro.

[l'Allemagne, l'Autriche, la Belgique, l'Espagne, la Finlande, la France, la Grèce, l'Irlande, l'Italie, le Luxembourg, les Pays-Bas, le Portugal]

11  COMPREHENSION describing relationships

 **Review son, sa, ses**

1. Non, ce n'est pas sa maison.
2. Oui, c'est son appreil-photo.
3. Non, ce ne sont pas ses cousines.
4. Oui, c'est son copain.
5. Non, ce n'est pas son amie.
6. Oui, ce sont ses livres.
7. Oui, c'est son ordinateur.

12 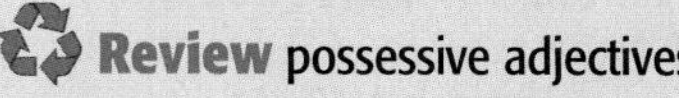 DESCRIPTION talking about interpersonal activities

Review possessive adjectives

1. J'invite mon amie française.
2. Nathalie invite son cousin.
3. Alice et Léa vont en ville avec leur cousin.
4. François et Thomas dînent avec leurs amies.
5. Nous téléphonons à notre grand-mère.
6. Vous rendez visite à votre oncle.
7. Nous voyageons avec nos parents.
8. Vous jouez au foot avec vos copains.

13 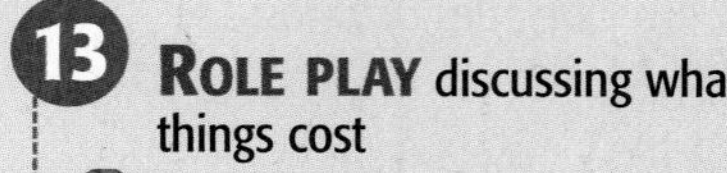 ROLE PLAY discussing what things cost

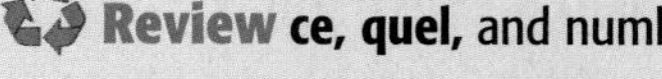 **Review ce, quel,** and numbers

1. –Combien coûte ce sac?
   –Quel sac?
   –Ce sac-ci!
   –Il coûte quatre-vingts euros.
2. –Combien coûte cette cravate?
   –Quelle cravate?
   –Cette cravate-ci!
   –Elle coûte vingt-cinq euros.
3. –Combien coûte cet imperméable?
   –Quel imperméable?
   –Cet imperméable-ci!
   –Il coûte deux cent trente euros.
4. –Combien coûte cette affiche?
   –Quelle affiche?
   –Cette affiche-ci!
   –Elle coûte dix-huit euros.
5. –Combien coûtent ces lunettes de soleil?
   –Quelles lunettes de soleil?
   –Ces lunettes de soleil-ci!
   –Elles coûtent trente euros.
6. –Combien coûtent ces chaussures?
   –Quelles chaussures?
   –Ces chaussures-ci!
   –Elles coûtent soixante-quinze euros.

Variations (without numbers)

(1) –Tu aimes cette veste?
–Quelle veste?
–Cette veste-ci.
–Non, je préfère cette veste-là.

(2) –Quelle veste préfères-tu?
–Je préfère cette veste-ci. Et toi?
–Moi, je préfère cette veste-là.

Rappel 3

Communicative Function
Describing activities

Teaching Resource Options

PRINT 

Workbook PE, pp. 5–7
Activités pour tous PE, pp. 10–15
Block Scheduling Copymasters, pp. 1–8
Reprise/Unit 1 Resource Book
Activités pour tous TE, pp. 18–23
Lesson Plans, pp. 33–34
Block Scheduling Lesson Plans, pp. 41–42
Workbook TE, pp. 5–7

AUDIO & VISUAL

Overhead Transparencies
11a & 11b *Quelques activités: Les verbes en* ***-er***

 **DESCRIPTION** describing what people are doing

 **Review** present of **-er** verbs

1. Elle mange une glace.
2. Il achète un sandwich.
3. Ils habitent à Paris.
4. Ils visitent la France.
5. Ils voyagent en voiture.
6. Ils écoutent la radio.
7. Ils jouent au volley.
8. Elle porte un short.
9. Il porte un survêtement.

Teaching tip Transparencies 11a and **11b** show verbs that are listed in Appendix A, pp. R8–R9. Use the transparencies to ask what people are doing or not doing.

RAPPEL 3 Les activités

1 Qu'est-ce qu'ils font? PARLER/ÉCRIRE

1. Est-ce qu'elle mange une glace ou un croissant?
2. Est-ce qu'il achète une pizza ou un sandwich?
3. Est-ce qu'ils habitent à Québec ou à Paris?

4. Est-ce qu'ils visitent l'Italie ou la France?
5. Est-ce qu'ils voyagent en voiture ou en avion?
6. Est-ce qu'ils écoutent la radio ou un baladeur?

7. Est-ce qu'ils jouent au volley ou au tennis?
8. Est-ce qu'elle porte un short ou un maillot de bain?
9. Est-ce qu'il porte un survêtement ou un tee-shirt?

 **RAPPEL**

To describe what people do, we use VERBS. Many French verbs end in **-er.**

RÉVISION

To review common **-er** verbs and their forms, turn to Appendix A, p. R8.

COMPREHENSION Everyday activities

PROPS: Transparencies 11a & 11b *(Quelques activités)*

Develop a gesture for each verb. Model the verbs shown on the transparency and have the class mimic the action with you.

J'aime manger. [Gesture "eating"]
J'aime téléphoner. [Gesture "dialing"]
J'aime jouer au foot. [Gesture "kicking"]

Say sentences with students acting out verbs. Have students point out the actions on the transparency:

X, montre-nous l'action: J'aime chanter., etc.

Have students repeat each sentence with you as they gesture the action. Do the action and have the class say the sentence.

2 Les voisins *(Neighbors)*

PARLER/ÉCRIRE Décrivez les activités des personnes suivantes.

1. Béatrice ...
2. Les copains ...
3. Vous ...
4. Tu ...
5. Les Thomas ...
6. Tu ...
7. Nous ...
8. Vous ...
9. Monsieur Carton ...

RAPPEL

To make a sentence NEGATIVE, use the following pattern:

ne + VERB + **pas**	Je **ne** parle **pas** italien.	Vous **ne** travaillez **pas.**
↓ **n'** (+ VOWEL SOUND)	Je **n'**habite **pas** en France.	Nous **n'**étudions **pas.**

3 Oui ou non?

PARLER/ÉCRIRE Dites si oui ou non les autres personnes et vous faites les choses suivantes.

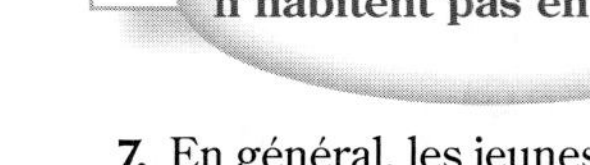
Mes grands-parents habitent en France.
Mes grands-parents n'habitent pas en France.

▶ Mes grands-parents ...
- habiter en France?

1. À la maison, je ...
   - téléphoner souvent?
   - aider mes parents?
   - préparer le dîner?
2. En classe, nous ...
   - écouter toujours le professeur?
   - parler français?
   - manger des sandwichs?
   - apporter nos CD?
3. Le week-end, je ...
   - étudier?
   - retrouver *(meet)* mes copains?
   - louer un film?
   - acheter des vêtements?
4. Mon copain/Ma copine ...
   - parler espagnol?
   - jouer au tennis?
   - danser bien?
5. Mes cousins ...
   - habiter au Canada?
   - voyager souvent?
   - téléphoner tous les mois *(every month)*?
6. Pendant les vacances, mes copains et moi, nous ...
   - travailler?
   - nager?
   - organiser des boums?
7. En général, les jeunes Américains ...
   - étudier beaucoup?
   - aimer la musique classique?
   - rester à la maison pendant les vacances?
8. En France, on ...
   - parler anglais?
   - manger bien?
   - jouer au baseball?

CHALLENGE ACTIVITY

Have students give original affirmative or negative completions to each item in Act 3.

À la maison, j'étudie.
En classe, nous ne préparons pas le dîner.

2 DESCRIPTION describing what people are doing

Review present of **-er** verbs

1. Béatrice joue de la guitare.
2. Les copains dansent.
3. Vous chantez.
4. Tu joues du piano.
5. Les Thomas regardent la télé.
6. Tu écoutes la radio.
7. Nous étudions.
8. Vous téléphonez.
9. Monsieur Carton dîne (mange).

3 COMMUNICATION describing the actions of friends and family

Review affirmative and negative of **-er** verbs

Answers will vary.

1. À la maison, je téléphone souvent (je ne téléphone pas souvent), j'aide mes parents (je n'aide pas mes parents), je prépare le dîner (je ne prépare pas le dîner).
2. En classe, nous écoutons toujours le professeur (nous n'écoutons pas toujours le professeur), nous parlons français (nous ne parlons pas français), nous ne mangeons pas de sandwichs (nous mangeons des sandwichs), nous n'apportons pas nos CD (nous apportons nos CD).
3. Le week-end, j'étudie (je n'étudie pas), je retrouve mes copains (je ne retrouve pas mes copains), je loue un film (je ne loue pas de film), j'achète des vêtements (je n'achète pas de vêtements).
4. Mon copain/Ma copine parle espagnol (ne parle pas espagnol), joue au tennis (ne joue pas au tennis), danse bien (ne danse pas bien).
5. Mes cousins habitent au Canada (n'habitent pas au Canada), voyagent souvent (ne voyagent pas souvent), téléphonent tous les mois (ne téléphonent pas tous les mois).
6. Pendant les vacances, mes copains et moi, nous travaillons (nous ne travaillons pas), nous nageons (nous ne nageons pas), nous organisons des boums (nous n'organisons pas de boums).
7. En général, les jeunes Américains étudient beaucoup (n'étudient pas beaucoup), aiment la musique classique (n'aiment pas la musique classique), restent à la maison pendant les vacances (ne restent pas à la maison pendant les vacances).
8. En France, on ne parle pas anglais, on mange bien (on ne mange pas bien), on ne joue pas au baseball.

Teaching tip Before doing Activity 3, you may want to have students review the present tense of verbs like **acheter** and **manger** (p. R8):
j'achète, nous achetons
nous mangeons, nous nageons

Supplementary vocabulary

Est-ce que tu sais [nager]?
Do you know how to [swim]?
Oui, je sais [nager].
Non, je ne sais pas [nager].

COMMUNICATION expressing one's preferences

 **Review** infinitive constructions

Answers will vary.

- En général, j'aime (aller en ville). Je n'aime pas (préparer le dîner). Je préfère (manger au restaurant).
- Avec mes amis, j'aime (écouter des CD). Je n'aime pas (rester à la maison). Je préfère (aller au café).
- Avec ma famille, j'aime (voyager). Je n'aime pas (acheter des vêtements). Je préfère (acheter des pizzas).
- Le week-end, j'aime (organiser des boums). Je n'aime pas (étudier). Je préfère (danser).
- Pendant les vacances, j'aime (voyager). Je n'aime pas (travailler). Je préfère (nager).
- Quand je suis seul(e), j'aime (jouer du piano). Je n'aime pas (écouter la radio). Je préfère (téléphoner).

EXCHANGES offering, accepting, and declining invitations

 **Review** yes/no questions and infinitive constructions

Answers will vary.

- –Est-ce que tu veux dîner avec moi?
  –Oui, je veux bien. (Je regrette, mais je ne peux pas. Je dois étudier / rester à la maison.)
- –Est-ce que tu veux jouer au foot avec moi?
  –Oui, je veux bien. (Je regrette, mais je ne peux pas. Je dois préparer le dîner / aider mon frère.)
- –Est-ce que tu veux jouer au volley avec moi?
  –Oui, je veux bien. (Je regrette, mais je ne peux pas. Je dois retrouver mon copain / étudier.)
- –Est-ce que tu veux écouter des CD avec moi?
  –Oui, je veux bien. (Je regrette, mais je ne peux pas. Je dois aider mon frère / étudier.)
- –Est-ce que tu veux regarder la télé avec moi?
  –Oui, je veux bien. (Je regrette, mais je ne peux pas. Je dois rester à la maison. / retrouver ma copine.)
- –Est-ce que tu veux acheter des chaussures avec moi?
  –Oui, je veux bien. (Je regrette, mais je ne peux pas. Je dois rentrer / aider mon frère.)
- –Est-ce que tu veux visiter le musée avec moi?
  –Oui, je veux bien. (Je regrette, mais je ne peux pas. Je dois préparer le dîner / retrouver mon copain.)
- –Est-ce que tu veux jouer aux jeux vidéo avec moi?
  –Oui, je veux bien. (Je regrette, mais je ne peux pas. Je dois travailler / rentrer.)

▶ *How to talk about what you like, want, can do, and must do:*

Qu'est-ce que tu aimes faire?		**Qu'est-ce que tu peux faire?**	
J'aime ...	*I like ...*	**Je peux ...**	*I can, I am able to ...*
Je n'aime pas ...		**Je ne peux pas ...**	
Je préfère ...	*I prefer ...*		
Qu'est-ce que tu veux faire?		**Qu'est-ce que tu dois faire?**	
Je veux ...	*I want ...*	**Je dois ...**	*I must, I should, I have to ...*
Je ne veux pas ...			
Je voudrais ...	*I would like ...*	**Je ne dois pas ...**	

Qu'est-ce que tu aimes faire?

J'aime le tennis mais je préfère le volley.

➔ Note the use of **je veux bien** as an answer to an invitation.

–Tu veux jouer au volley? —Oui, **je veux bien.** *(I would, I'd like to.)*

Et toi?

PARLER/ÉCRIRE Indiquez vos préférences en complétant les phrases avec une expression de votre choix.

En général,
Avec mes amis,
Avec ma famille,
Le week-end,
Pendant les vacances,
Quand je suis seul(e) *(by myself)*,

j'aime ...
je n'aime pas ...
je préfère ...

RAPPEL

The most common way to form a YES/NO QUESTION is to put **est-ce que** at the beginning of the sentence.

RÉVISION

To review questions formed with **est-ce que**, turn to Appendix A, p. R10.

Invitations

PARLER Choisissez une activité et invitez vos camarades à faire cette activité avec vous. Ils vont accepter ou refuser. S'ils refusent, ils vont donner une excuse.

▶ **—Est-ce que tu veux jouer au volley avec moi?**
—Oui, je veux bien.
(Je regrette, mais je ne peux pas. Je dois rester à la maison.)

INVITATIONS	EXCUSES
dîner	étudier
jouer au foot	travailler
jouer au volley	rentrer
écouter des CD	aider mon frère
regarder la télé	préparer le dîner
acheter des chaussures	retrouver mon copain
visiter le musée	retrouver ma copine
jouer aux jeux vidéo	rester à la maison

6 Conversations

PARLER Demandez à vos camarades s'ils font les choses suivantes.

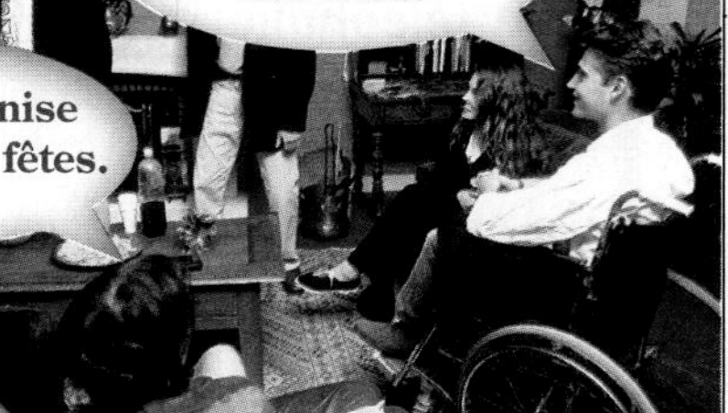

Est-ce que tu organises souvent des fêtes?
Oui, j'organise souvent des fêtes.
(Non, je n'organise pas souvent de fêtes.)

▶ organiser souvent des fêtes?

1. parler italien?
2. jouer du banjo?
3. chanter dans une chorale?
4. rester à la maison le samedi?
5. travailler le week-end?
6. apporter ton baladeur en classe?
7. dîner souvent au restaurant?
8. manger à la cantine *(school cafeteria)*?
9. aimer surfer sur l'Internet?

RAPPEL

To ask for SPECIFIC INFORMATION, use the following construction:

QUESTION WORD + **est-ce que** + rest of sentence

Où est-ce que tu habites? *Where do you live?*

RÉVISION

To review how to form questions with question words, turn to Appendix A, p. R10.

▶ *How to ask for information:*

où?	*where?*	**Où** est-ce que ta mère travaille?
quand?	*when?*	**Quand** est-ce que vous jouez au foot?
comment?	*how?*	**Comment** est-ce que tu chantes? Bien ou mal?
pourquoi?	*why?*	**Pourquoi** est-ce que tu étudies le français?
à quelle heure?	*at what time?*	**À quelle heure** est-ce qu'on dîne?
qui?	*who(m)?*	**Qui** est-ce que tu invites à la boum?
à qui?	*to whom?*	**À qui** est-ce que Marc téléphone?
avec qui?	*with whom?*	**Avec qui** est-ce que tes amis jouent au basket?
qu'est-ce que	*what?*	**Qu'est-ce que** vous achetez?
de quoi?	*about what?*	**De quoi** est-ce que tu parles?

Qu'est-ce que vous achetez?

➔ To ask WHO DOES SOMETHING, the construction is **qui** + VERB:

Qui téléphone? **Qui** parle espagnol?

7 Conversations

PARLER Posez des questions à vos camarades sur leurs activités.

▶ rentrer à la maison (comment?)
—Comment est-ce que tu rentres à la maison?
—Je rentre à la maison en bus (à vélo, à pied ...).

1. habiter (où?)
2. rentrer à la maison (à quelle heure?)
3. dîner (à quelle heure?)
4. jouer au volley (avec qui?)
5. regarder la télé (quand?)
6. acheter tes vêtements (où?)
7. retrouver tes copains (quand?)
8. voyager (avec qui?)

LANGUAGE NOTE Interrogative expressions

Remind students that, contrary to English, interrogative expressions can NEVER be separated in French, even in casual speech.

What are you talking about?

De quoi est-ce que tu parles?

Tu parles **de quoi?** (casual speech)

6 EXCHANGES finding out what others do

Review asking yes/no questions

Answers will vary.
1. –Est-ce que tu parles italien?
 –Oui, je parle italien. (Non, je ne parle pas italien.)
2. –Est-ce que tu joues du banjo?
 –Oui, je joue du banjo. (Non, je ne joue pas du banjo.)
3. –Est-ce que tu chantes dans une chorale?
 –Oui, je chante dans une chorale. (Non, je ne chante pas dans une chorale.)
4. –Est-ce que tu restes à la maison le samedi.
 –Oui, je reste à la maison le samedi. (Non, je ne reste pas à la maison le samedi.)
5. –Est-ce que tu travailles le week-end?
 –Oui, je travaille le week-end. (Non, je ne travaillle pas le week-end.)
6. –Est-ce que tu apportes ton baladeur en classe?
 –Oui, j'apporte mon baladeur en classe. (Non, je n'apporte pas mon baladeur en classe.)
7. –Est-ce que tu dînes souvent au restaurant?
 –Oui, je dîne souvent au restaurant. (Non, je ne dîne pas souvent au restaurant.)
8. –Est-ce que tu manges à la cantine?
 –Oui, je mange à la cantine. (Non, je ne mange pas à la cantine.)
9. –Est-ce que tu aimes surfer sur l'Internet?
 –Oui, j'aime surfer sur l'Internet. (Non, je n'aime pas surfer sur l'Internet.)

Supplementary vocabulary

quel (+ noun)

Quel film est-ce que tu regardes?

If students ask Since **qu'est-ce que** consists of **que** + **est-ce que,** the expression **est-ce que** is not repeated.

Supplementary vocabulary

qui est-ce que

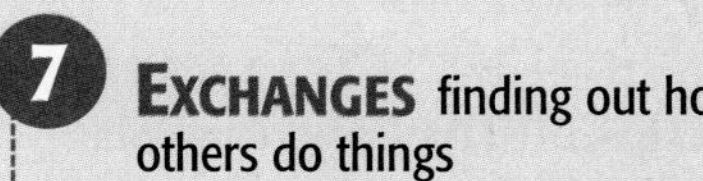

7 EXCHANGES finding out how others do things

Review asking information questions

Answers will vary.
1. –Où est-ce que tu habites?
 –J'habite à (Boston).
2. –À quelle heure est-ce que tu rentres à la maison?
 –Je rentre à la maison à (deux heures et demie).
3. –À quelle heure est-ce que tu dînes?
 –Je dîne à (six heures).
4. –Avec qui est-ce que tu joues au volley?
 –Je joue au volley avec (mes copains).
5. –Quand est-ce que tu regardes la télé?
 –Je regarde la télé (le soir, à sept heures).
6. –Où est-ce que tu achètes tes vêtements?
 –J'achète mes vêtements (dans mon quartier, à Paris, dans un petit magasin).
7. –Quand est-ce que tu retrouves tes copains?
 –Je retrouve mes copains (après l'école, le samedi soir).
8. –Avec qui est-ce que tu voyages?
 –Je voyage avec (mes parents).

Teaching Resource Options

AUDIO & VISUAL 

Overhead Transparencies
12a *Quelques activités: Les verbes en -ir*
12b *Quelques activités: Les verbes en -re*
R *Les pronoms sujets*

8 ROLE PLAY finding out what others do

 **Review** asking information questions

1. Et qu'est-ce que tu vas manger?
2. Dis, qu'est-ce que tu fais samedi soir?
3. Oh? Qui organise la boum?
4. Qui est-ce que tu invites à la boum?
5. Et avec qui est-ce que tu vas danser?
6. Pourquoi est-ce que tu ne vas pas au concert le week-end prochain?

9 DESCRIPTION saying who is engaged in certain activities

 **Review** present tense of **-ir** and **-re** verbs

1. Jean-Pierre entend le téléphone.
2. M. Laplanche vend des glaces.
3. Véronique choisit une veste.
4. Alice répond au téléphone.
5. Mme Caron attend un taxi.
6. M. Lemaigre grossit.

Teaching tip **Transparencies 12a** and **12b** show the verbs that are listed in Appendix A, p. R11.

10 DESCRIPTION describing what others do

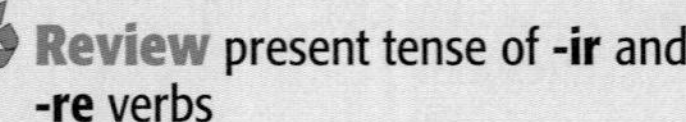 **Review** present tense of **-ir** and **-re** verbs

1. Elle vend des mini-chaînes.
2. Tu perds ton match.
3. Vous réussissez toujours aux examens.
4. Nous maigrissons.
5. Ils rendent visite à leurs grands-parents.
6. Elle attend l'autobus.
7. Il choisit un pantalon bleu.
8. Elles grossissent.
9. Je finis mes devoirs et après je regarde la télé.
10. Mon grand-père n'entend pas très bien.
11. Nous répondons toujours aux questions du professeur.
12. Elles finissent en septembre.

8  Au téléphone

PARLER Complétez la conversation suivante avec les expressions interrogatives qui conviennent. Ensuite, jouez cette conversation avec un(e) camarade.

▶ **—À quelle heure est-ce que tu dînes aujourd'hui? —À huit heures.**

1. —Et … tu vas manger?
   —Euh, une omelette.
2. —Dis, … tu fais samedi soir?
   —Je vais aller à une boum.
3. —Oh? … organise la boum?
   —C'est ma cousine Corinne.
4. —… est-ce que tu invites à la boum?
   —J'invite Christine.
5. —Et … est-ce que tu vas danser?
   —Avec toutes *(all)* mes copines.
6. —… est-ce que tu ne vas pas au concert le week-end prochain?
   —Parce que je n'ai pas de billet *(ticket)*.

9 Qui?

PARLER/ÉCRIRE Répondez aux questions en donnant le nom de la personne.

1. Qui entend le téléphone?
2. Qui vend des glaces?
3. Qui choisit une veste?
4. Qui répond au téléphone?
5. Qui attend un taxi?
6. Qui grossit?

RAPPEL
A few French verbs end in **-ir** and **-re**. Many of these verbs follow a regular pattern.

RÉVISION
To review **-ir** and **-re** verbs, turn to Appendix A, p. R11.

10 Quel verbe?

PARLER/ÉCRIRE Complétez les phrases suivantes avec les verbes de la liste. Soyez logique.

1. Hélène travaille dans un magasin. Elle … des mini-chaînes.
2. Tu joues mal. Tu … ton match.
3. Vous étudiez beaucoup. Vous … toujours aux examens.
4. Nous sommes au régime *(on a diet)*. Nous …
5. Éric et Marc sont en vacances. Ils … à leurs grands-parents.
6. Madame Leduc est à l'arrêt de bus *(bus stop)*. Elle … l'autobus.
7. Philippe achète des vêtements. Il … un pantalon bleu.
8. Ces personnes mangent trop *(too much)*. Elles …
9. Je suis dans ma chambre. Je … mes devoirs et après je regarde la télé.
10. S'il te plaît, parle plus fort *(louder)*. Mon grand-père n' … pas très bien.
11. Nous sommes de bons élèves. Nous … toujours aux questions du professeur.
12. Les vacances commencent en juin. Elles … en septembre.

choisir
finir
grossir
maigrir
réussir

attendre
entendre
perdre
rendre visite
répondre
vendre

WARM-UP -ir and -re verbs

PROP: Transparency R *(Les pronoms sujets)*

You can make large subject pronoun flash cards by projecting the drawings from the transparency onto heavy paper and tracing the outlines with markers. If desired, you can label each drawing with the corresponding pronoun. Use these cards throughout the program to practice verb forms.

Using the subject pronoun cue cards, have students conjugate several **-ir** and **-re** verbs orally and in writing (e.g., **choisir, réussir, vendre, attendre**).

RAPPEL

When we talk to or about others, or about ourselves, we use PRONOUNS. Review the forms of SUBJECT and STRESS PRONOUNS in the sentences on the right.

SUBJECT PRONOUNS	STRESS PRONOUNS	
je (j')	**moi**	**Moi, je** parle français.
tu	**toi**	**Toi, tu** étudies l'espagnol.
il	**lui**	**Lui, il** habite en France.
elle	**elle**	**Elle, elle** aime voyager.
nous	**nous**	**Nous, nous** jouons bien au tennis.
vous	**vous**	**Vous, vous** chantez mal.
ils	**eux**	**Eux, ils** aiment danser.
elles	**elles**	**Elles, elles** ne voyagent pas souvent.

→ Stress pronouns are used:

• in sentences with no verb	Qui parle français? **Moi! Pas toi!**
• after **c'est** and **ce n'est pas**	**C'est lui. Ce n'est pas moi.**
• to reinforce the subject	**Eux, ils** voyagent souvent.
• before and after **et** and **ou** *(or)*	**Eux et moi**, nous sommes amis.
• after prepositions such as:	
pour *(for)*	Je travaille **pour lui.**
avec *(with)*	Vous jouez au volley **avec eux.**
chez *(home, at home; to or at someone's house)*	Tu ne vas pas **chez toi.**
	Tu vas **chez nous.**

11 Questions et réponses

PARLER/ÉCRIRE Répondez aux questions en utilisant des pronoms.

▶ Patrick dîne avec Corinne? (non)
Non, il ne dîne pas avec elle.

1. Marc étudie avec Caroline? (oui)
2. Alice danse avec François? (non)
3. Paul joue au tennis avec sa copine? (oui)
4. Philippe voyage avec ses parents? (non)
5. Michèle dîne chez ses cousines? (oui)
6. Léa travaille pour Monsieur Laval? (non)
7. Thomas travaille pour son oncle? (oui)
8. Monsieur Denis travaille pour ses clients? (oui)

12 L'orage *(The storm)*

PARLER/ÉCRIRE Il y a un orage et tout le monde reste à la maison. Dites cela en utilisant la construction **chez** + pronom accentué.

▶ je / dîner
Je dîne chez moi.

1. tu / étudier
2. nous / dîner
3. Monsieur Leblanc / travailler
4. vous / regarder la télé
5. Patrick et Marc / jouer au ping-pong
6. mes copines / préparer l'examen
7. je / écouter la radio
8. Marc / jouer aux jeux vidéo

Language notes

- One can also reinforce the subject as follows:
  Je parle français, moi.
  Vous parlez anglais, vous.
- The stress form of **que** *(what)* is **quoi.**
  It is used:
  –alone: **Quoi?**
  –after a preposition: **De quoi** est-ce que tu parles?
  –in casual questions: Tu fais **quoi?**

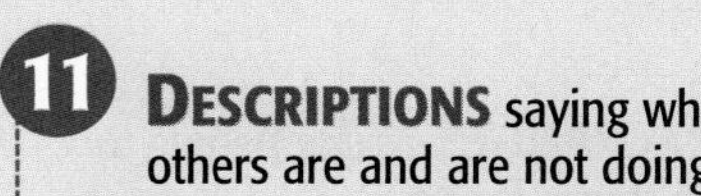

11 DESCRIPTIONS saying what others are and are not doing

Review using personal pronouns

1. Oui, il étudie avec elle.
2. Non, elle ne danse pas avec lui.
3. Oui, il joue au tennis avec elle.
4. Non, il ne voyage pas avec eux.
5. Oui, elle dîne chez elles.
6. Non, elle ne travaille pas pour lui.
7. Oui, il travaille pour lui.
8. Oui, il travaille pour eux.

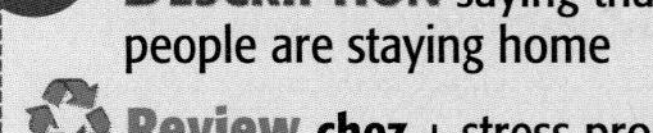

12 DESCRIPTION saying that people are staying home

Review chez + stress pronouns

1. Tu étudies chez toi.
2. Nous dînons chez nous.
3. Monsieur Leblanc travaille chez lui.
4. Vous regardez la télé chez vous.
5. Patrick et Marc jouent au ping-pong chez eux.
6. Mes copines préparent l'examen chez elles.
7. J'écoute la radio chez moi.
8. Marc joue aux jeux vidéo chez lui.

WARM-UP Stress pronouns REVIEW

PROP: Transparency R *(Les pronoms sujets)*

- Use the transparency to introduce stress pronouns, writing the corresponding pronoun in the box below each drawing.
- Erase the words from the transparency.
- Then point to the pronouns and let the students respond.

Qui parle français?
[point to "je"] **Moi.**
Qui parle anglais?
[point to "il"] **Lui.**, etc.

RAPPEL

To make SUGGESTIONS or to give ADVICE or ORDERS, we use the IMPERATIVE form of the verb.

RÉVISION

To review the forms of the imperative, turn to Appendix A, p. R12.

RAPPEL

Note the use of **moi** in affirmative commands:

Téléphone-moi! — ***Call me!***
Apporte-moi ce livre! — ***Bring me** that book!*

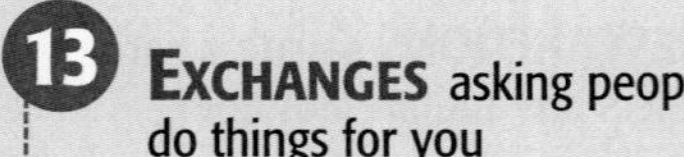

13 EXCHANGES asking people to do things for you

Review familiar commands

1. Aide-moi, s'il te plaît!
2. Invite-moi à ta boum, s'il te plaît!
3. Donne-moi son numéro de téléphone, s'il te plaît!
4. Apporte-moi un sandwich, s'il te plaît!
5. Téléphone-moi, s'il te plaît!
6. Prête-moi ton portable, s'il te plaît!
7. Prête-moi ton stylo, s'il te plaît!

If students ask In French there are two ways to say please:

S'il te plaît! (informal **tu**-form)
S'il vous plaît! (formal **vous**-form)

Realia note Have students translate the slogans.

Wanadoo double vos heures d'Internet. *(Wanadoo doubles your Internet hours.)*

Invite-moi à voyager. *(Invite me on a trip.)*

Bienvenue chez The Phone House. *(Welcome to The Phone House.)*

... et tout Paris communique *(... and all of Paris communicates)*

Then have them identify the imperative form **(invite)**.

13 S'il te plaît

PARLER Vous êtes dans les circonstances suivantes. Demandez à un(e) camarade de faire certaines choses pour vous.

▶ J'ai soif. (donner de la limonade)

1. J'ai des difficultés avec le problème de maths. (aider)
2. Je suis seul(e) *(alone)* ce week-end. (inviter à ta boum)
3. Je voudrais téléphoner à ton cousin Alain. (donner son numéro de téléphone)
4. J'ai faim. (apporter un sandwich)
5. Je suis seul(e) ce soir. (téléphoner)
6. Je voudrais téléphoner. (prêter ton portable)
7. Je voudrais écrire. (prêter ton stylo)

Donne-moi de la limonade, s'il te plaît!

CULTURAL NOTE Canada

Canada is officially a bilingual country; documents published by the federal government in Ottawa are printed in both English and French. Since the majority of the French-speaking population is located in the provinces of Quebec, New Brunswick, and Ontario, most of the French services are located there.

Ontario is the largest of the ten Canadian provinces. Its capital is Toronto. Ottawa, the seat of the federal government, is also located in Ontario.

14 Bons conseils *(Good advice)*

PARLER/ÉCRIRE Donnez des conseils ou des ordres aux personnes suivantes. (Vos conseils peuvent être affirmatifs ou négatifs.)

1. Votre copain va jouer au tennis.
   ▶ • jouer bien
   • gagner ton match
   • perdre

2. Il pleut et vos deux petits frères sont dehors *(outside)*.
   ▶ • rester dehors
   • jouer au basket
   • rentrer à la maison

3. Votre copine a un examen important demain.
   • étudier
   • regarder la télé
   • écouter tes CD

4. Vous faites du baby-sitting pour les enfants des voisins.
   • manger vos spaghetti
   • finir votre dîner
   • jouer avec les allumettes *(matches)*

15  C'est le week-end

PARLER Proposez à un(e) camarade de faire les choses suivantes. Il (Elle) va accepter.

▶ visiter le musée

1. jouer au basket
2. jouer aux jeux vidéo
3. inviter des copains
4. rendre visite à nos amis
5. dîner au restaurant
6. organiser une fête
7. louer une cassette vidéo
8. regarder un film à la télé

14 COMPREHENSION giving advice

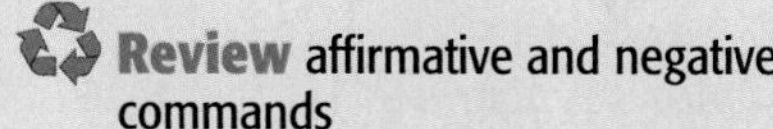

Review affirmative and negative commands

1. Gagne ton match! Ne perds pas!
2. Ne jouez pas au basket! Rentrez à la maison!
3. Étudie! Ne regarde pas la télé! N'écoute pas tes CD!
4. Mangez vos spaghetti! Finissez votre dîner! Ne jouez pas avec les allumettes!

15 EXCHANGES making suggestions

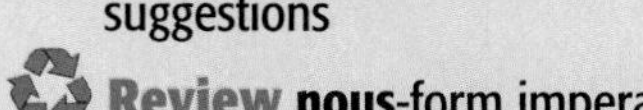

Review nous-form imperative

1. –On joue au basket?
   –D'accord! Jouons au basket.
2. –On joue aux jeux vidéo?
   –D'accord! Jouons aux jeux vidéo.
3. –On invite des copains?
   –D'accord! Invitons des copains.
4. –On rend visite à nos amis?
   –D'accord! Rendons visite à nos amis.
5. –On dîne au restaurant?
   –D'accord! Dînons au restaurant.
6. –On organise une fête?
   –D'accord! Organisons une fête.
7. –On loue une cassette vidéo?
   –D'accord! Louons une cassette vidéo.
8. –On regarde un film à la télé?
   –D'accord! Regardons un film à la télé.

Variation Answer no and suggest another activity.

–On visite le musée?
–Non, ne visitons pas le musée! Allons à la plage!

Photo culture note Pablo Picasso (1881-1973) was born in Spain, but he lived in France for many years. **Le Musée Picasso** is housed in a 17th century mansion, **l'Hôtel Salé,** in the Marais in Paris. The museum was established upon the artist's death, when the French government inherited many of his paintings.

Ask questions about the sign:

Comment s'appelle ce musée? [Le Musée National Picasso]

Qu'est-ce qu'on peut voir ici? [les peintures de Picasso]

Teaching Resource Options

PRINT 

Activités pour tous PE, pp. 17–19
Reprise/Unit 1 Resource Book
Activités pour tous TE, pp. 24–26

AUDIO & VISUAL 

Overhead Transparencies
6 *Les matières*

À VOTRE TOUR!

1 ROLE PLAY short conversations

Answers will vary.

1. –Est-ce que tu aimes le tennis?
 –Oui, j'aime le tennis.
 –Comment est-ce que tu joues?
 –Je joue bien. (Je joue mal.)
 –Est-ce que tu veux jouer avec moi?
 –Oui, d'accord! (Non, merci.)
2. –Est-ce que tu as une radiocassette?
 –Non, je n'ai pas de radiocassette.
 –Est-ce que tu peux apporter des CD?
 –Oui, je peux apporter des CD. (Non, je n'ai pas de CD.)
 –Est-ce que tu veux organiser la boum avec moi?
 –Oui, d'accord! (Non, je ne peux pas.)
3. –Où est-ce que tu habites?
 –J'habite à Paris (à Toulon).
 –Est-ce que tu étudies l'anglais à l'école?
 –Oui, j'étudie l'anglais à l'école. (Non, je n'étudie pas l'anglais à l'école.)
 –Est-ce que tu aimes voyager?
 –Oui, j'aime voyager.
 –Quelles villes est-ce que tu veux visiter?
 –Je veux visiter (New York, San Francisco et la Nouvelle-Orléans).
4. –Est-ce que tu aimes tes professeurs?
 –Oui, j'aime mes professeurs.
 –Où est la bibliothèque?
 –La bibliothèque est (près de la cantine).
 –À quelle heure est-ce que le cours de français finit?
 –Il finit à (midi).
5. –Est-ce qu'il y a un centre commercial?
 –Oui, il y a un centre commercial. (Non, il n'y a pas de centre commercial.)
 –Dans quel magasin est-ce que vous achetez vos vêtements?
 –J'achète mes vêtements à Mod'shop.
 –Dans quel magasin est-ce que vous achetez vos chaussures?
 –J'achète mes chaussures à La Belle Chaussure.
6. –À quelle heure est-ce que tu veux dîner?
 –Je veux dîner à sept heures.
 –Est-ce que tu veux manger une pizza?
 –Oui, je veux manger une pizza. (Non, je ne veux pas manger de pizza.)
 –Est-ce que tu veux regarder la télé après le dîner?
 –Oui, d'accord.
7. –Est-ce que tu aimes nager?
 –Oui, j'aime nager. (Non, je n'aime pas nager.)
 –Est-ce que tu as un maillot de bain?
 –Oui, j'ai un maillot de bain. (Non, je n'ai pas de maillot de bain.)
 –Est-ce que tu as des lunettes de soleil?
 –Non, je n'ai pas de lunettes de soleil.
 –Est-ce que tu veux aller à la piscine avec moi?
 –Oui, d'accord. (Non, merci.)

À votre tour!

1 Situations

PARLER Imagine you are in the following situations. Your partner will take the other role and answer your questions.

1. You meet a friend at the tennis club. Ask your friend …
 - if he/she likes tennis
 - how well he/she plays
 - if he/she wants to play with you

2. You want to give a party for the members of the French Club, but you need help. Ask a friend …
 - if he/she has a boom box
 - if he/she can bring some CD's
 - if he/she wants to organize the party with you

3. You meet a French student on the bus. Ask this student …
 - where he/she lives
 - if he/she studies English at school
 - if he/she likes to travel
 - which cities he/she wants to visit

4. You are new at school. Ask another student …
 - if he/she likes his/her teachers
 - where the library is
 - at what time the French class ends

5. You are new in the neighborhood and don't know your way around. Ask your neighbor …
 - if there is a shopping center
 - where he/she buys his/her clothes
 - where he/she buys his/her shoes

6. You are hosting a French exchange student at your home. Ask this student …
 - at what time he/she wants to have dinner
 - if he/she wants to eat a pizza
 - what he/she wants to watch on TV after **(après)** dinner

7. Your French pen pal is visiting you this summer. Ask your pen pal …
 - if he/she likes to swim
 - if he/she has a swimming suit
 - if he/she has sunglasses
 - if he/she wants to go **(aller)** to the pool with you

À VOTRE TOUR!

The communicative activities in this section give students the opportunity to express themselves orally and in writing.

Select those activities which are most appropriate for your students. You may or may not wish to do them all.

OBJECTIFS

Now you can ...
- talk about daily activities
- ask your friends what they do and what they like to do

2 L'horaire des classes

ÉCRIRE Write out your class schedule in French. Give the following information:

- the days of the week
- the periods and their times
- your classes and other school activities

3 En vacances en France

ÉCRIRE You are going to go to France this summer. Make a list of eight things (clothes or other items) that you want to take along.

mes lunettes de soleil
mon appareil-photo

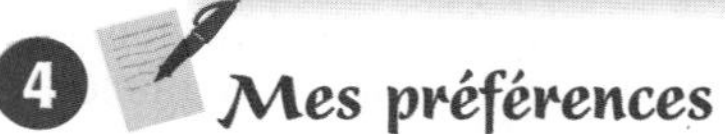

4 Mes préférences

ÉCRIRE Write five things you like to do and four things you do not like to do.

5 Une lettre à Christine

ÉCRIRE Write a letter to your French pen pal, Christine, telling her about yourself.

➔ Give the date.

➔ Tell Christine ...
- your name
- where you live
- what school you go to
- what subjects you study
- what sports you play
- what other things you like to do

2 WRITTEN SELF-EXPRESSION
writing a class schedule

Answers will vary.

		lundi	mardi	mercredi	jeudi	vendredi
1	8:30	l'anglais	l'anglais	l'anglais	l'anglais	l'anglais
2	9:30	l'histoire	l'histoire	l'histoire	l'histoire	l'histoire
3	10:30	la biologie	la biologie	la biologie	la biologie	la biologie
4	11:30	les maths	les maths	les maths	les maths	les maths
	12:30	le déjeuner	le déjeuner	le déjeuner	le déjeuner	le déjeuner
5	1:00	le français	le français	le français	le français	le français
6	2:00	la musique	l'éducation physique	la musique	l'éducation physique	la musique
	3:00	le tennis		la natation		

Teaching tip Project **Transparency 6** as students are doing Act. 2, to help them remember the names of school subjects.

3 WRITTEN SELF-EXPRESSION
packing for a trip

Answers will vary.
mes lunettes de soleil, mon appareil-photo, mon baladeur, mon sac, ma montre, mes CD, ma robe, mon blouson, mes chaussures

4 WRITTEN SELF-EXPRESSION
expressing preferences

Answers will vary.
J'aime parler français, nager, visiter les musées, manger des sandwichs et rendre visite à mes copains.
Je n'aime pas préparer le dîner, organiser les boums, attendre le bus, rendre visite à mes cousins et chanter.

5 WRITTEN SELF-EXPRESSION
writing a letter

Answers will vary.
le 15 octobre
Chère Christine,
Je m'appelle Sandra Laraby. J'habite à Newton. Je vais à Newton High School. J'étudie le français, l'anglais, les maths, les sciences, l'informatique et le piano. Je joue au volley et au foot. J'aime voyager, organiser des boums et écouter mes CD. Et toi? Parle-moi de toi.
À bientôt,
Sandra

Expansion activities PLANNING AHEAD

Games

• Devinez mon boulot!

After reviewing the various professions, have each student choose a profession. Divide the students into small groups and have members of each group try to guess each other's profession by asking questions that can be answered with *«oui»* or *«non»*. You may want to give students some additional vocabulary, such as *à l'intérieur, dehors, seul(e), avec les autres personnes,* etc., as well as a basic list of questions.

Pacing Suggestion: Upon completion of Leçon 1.

• Célébrités

Have each student write the name of a famous person on an index card. Collect the cards and make sure there are no duplicates. Tape a card on each student's back, without letting him or her see the card. Students should then circulate around the room asking other students questions to figure out who they are, i.e., what name they are wearing on their backs. For example, students might ask *«Je suis français?»* Tell students to answer only with complete sentences, i.e., *«Oui, vous êtes français»* or *«Non, vous n'êtes pas français.»* Set a time limit.

Pacing Suggestion: Upon completion of Leçon 2.

Projects

• Mon ami(e)

Each student will write a detailed paragraph describing a friend. First, have students brainstorm a list of words they associate with the friend they have chosen. Then, have them group the words to create one or two paragraphs. They should include a physical description and tell about some of the friend's likes and dislikes, pastimes, and career plans. Finally, students will read their paragraphs to a partner. As the partner listens, he or she will draw an illustration to accompany the description.

Pacing Suggestion: Upon completion of Leçon 2.

• Je cherche un emploi

Have students work in pairs to conduct a job interview. One student should act as the interviewer, the other will be the candidate. The interviewer should ask the candidate about his or her previous job experience, what school subjects he or she likes and dislikes, why he or she wants to work for the interviewer's company, and so on.

Pacing Suggestion: Upon completion of Leçon 3.

Bulletin Boards

• Les professions

Divide students into small groups. Have members of each group research a profession in which knowledge of a foreign language is either required or recommended. Students will create bulletin boards that show people engaged in "their" profession, and provide information such as how many people in the United States are engaged in the occupation, the names of some companies that hire people in this profession, and what training and experience are necessary to prepare for a job in this field.

Pacing Suggestion: Upon completion of Leçon 4.

Music

• *Le Centre du monde*

Create a cloze passage for students using the lyrics of Pierre-Olivier Berthet's song *Le Centre du monde.* (The song can be found on your *Chansons* CD.) Remove two or three key words from each verse of the song, leaving blanks for students to complete. Remove words that are familiar to students and important to the meaning of the song. For example, in the first verse you might remove the words **cercle, fragile,** and **soleil.** Give each student a copy of the song lyrics and a list of the words that will go in the blanks. Allow students a minute to look over the words to the song. Then, have students fill in the missing words as they listen to the song. Play the song two or three times to allow students sufficient time to complete the passage and then discuss the lyrics with students.

Pacing Suggestion: Upon completion of Leçon 2.

Storytelling

• Une mini-histoire

Model a short monologue (using puppets, student actors, or photos) in which you talk about several places you plan to go and things you plan to do this weekend. Repeat the monologue, allowing time for students to repeat or complete the sentences. Then have students write and read aloud a longer story that elaborates on the original one by developing a more detailed description of the monologue. Their new version should incorporate vocabulary from the original dialogue, including forms of the verb *aller* and expressions with *faire.*

Pacing Suggestion: Upon completion of Leçon 4.

Hands-on Crafts

• Poupées des professions

Have each student create a little person out of cork to represent one of the professions from pages 36–37. Each student will need a large cork, toothpicks (for arms and legs), thin slices of cork or circles of cardboard (for hands and feet), and a small wooden ball or ping-pong ball (for the head). Students will paint the models and then add appropriate clothing and accessories to show the profession of the cork person. Students may want their *poupée* to hold an item that is associated with the profession, or to set him or her in a diorama that portrays the appropriate work setting. As an alternative, you may prefer to have students make paper doll figures out of card stock or construction paper and design professional clothing and accessories for them.

Pacing Suggestion: Upon completion of Leçon 1.

Recipe

• Tartelettes aux épinards

Tarts can be made with many different ingredients. These small tarts become a meal when served with a salad and bread. You may have students experiment with different fillings, such as asparagus, various cheeses, and ham.

Pacing Suggestion: Upon completion of Leçon 3.

Clé

200 grammes = approx. 7 ounces
110 grammes = approx. 4 ounces
15 grammes = approx. .5 ounce
50 grammes = approx. 2 ounces

End of Unit

• L'album de famille

Each student will create a family album. It can be their own family, a celebrity family, or an imaginary family. First, each student will select five or six family members to include in his or her album. Then, students will write a description of each family member, including the following information:

- where the person was born
- the person's age
- a physical description
- a description of the person's personality
- information about the person's activities, career, and likes or dislikes

Have students trade paragraphs with a classmate for proofreading. Finally, students will make a copy of each paragraph on a separate page and add photographs to accompany each description. Have students add decorative covers to their albums.

Pacing Suggestion: Upon completion of Leçon 4.

Rubric **A** = 13–15 pts. **B** = 10–12 pts. **C** = 7–9 pts. **D** = 4–6 pts. **F** = < 4 pts.

Criteria	Scale
Vocabulary Use	1 2 3 4 5
Grammar/Spelling Accuracy	1 2 3 4 5
Creativity	1 2 3 4 5

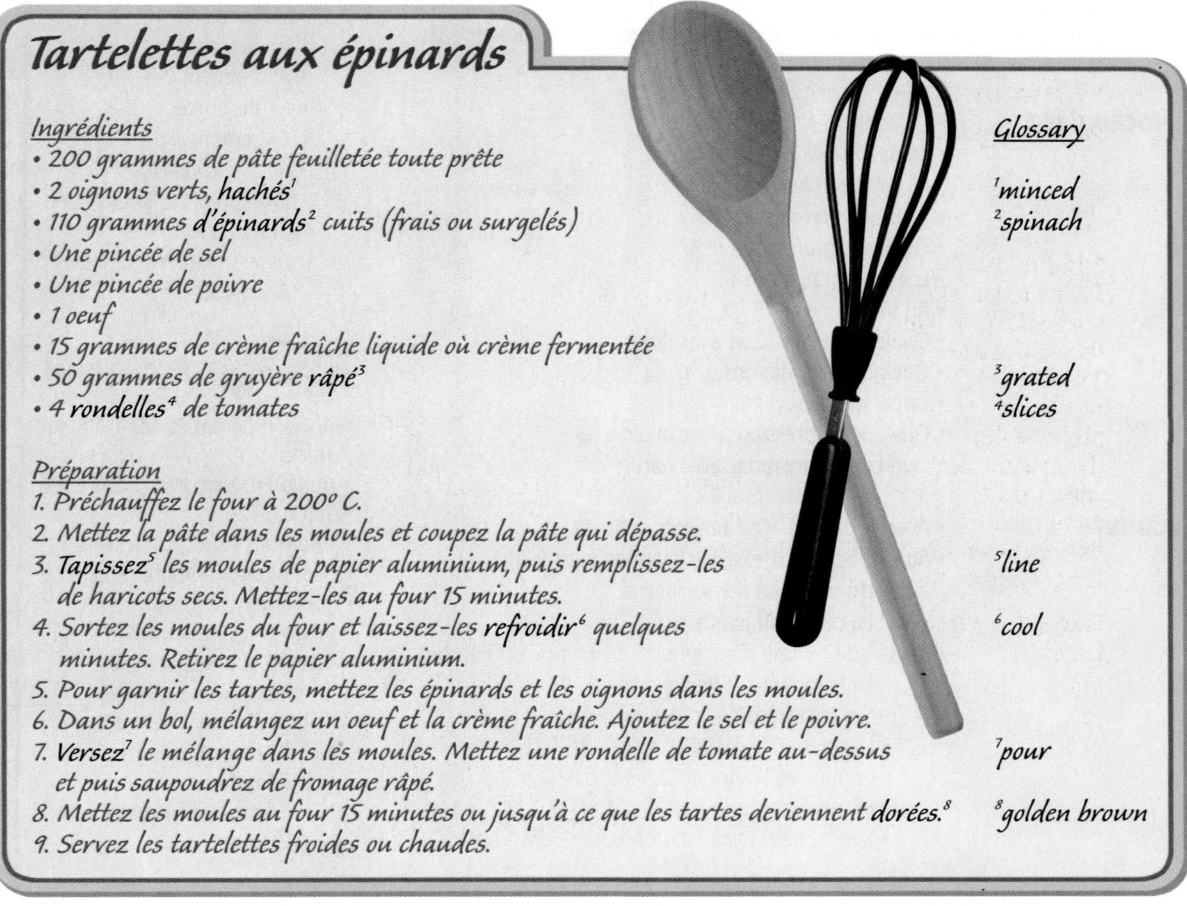

Tartelettes aux épinards

Ingrédients

- *200 grammes de pâte feuilletée toute prête*
- *2 oignons verts, hachés*[1]
- *110 grammes d'épinards*[2] *cuits (frais ou surgelés)*
- *Une pincée de sel*
- *Une pincée de poivre*
- *1 oeuf*
- *15 grammes de crème fraîche liquide où crème fermentée*
- *50 grammes de gruyère râpé*[3]
- *4 rondelles*[4] *de tomates*

Préparation

1. *Préchauffez le four à 200° C.*
2. *Mettez la pâte dans les moules et coupez la pâte qui dépasse.*
3. *Tapissez*[5] *les moules de papier aluminium, puis remplissez-les de haricots secs. Mettez-les au four 15 minutes.*
4. *Sortez les moules du four et laissez-les refroidir*[6] *quelques minutes. Retirez le papier aluminium.*
5. *Pour garnir les tartes, mettez les épinards et les oignons dans les moules.*
6. *Dans un bol, mélangez un oeuf et la crème fraîche. Ajoutez le sel et le poivre.*
7. *Versez*[7] *le mélange dans les moules. Mettez une rondelle de tomate au-dessus et puis saupoudrez de fromage râpé.*
8. *Mettez les moules au four 15 minutes ou jusqu'à ce que les tartes deviennent dorées.*[8]
9. *Servez les tartelettes froides ou chaudes.*

Glossary

[1] *minced*
[2] *spinach*
[3] *grated*
[4] *slices*
[5] *line*
[6] *cool*
[7] *pour*
[8] *golden brown*

Planning Guide CLASSROOM MANAGEMENT

OBJECTIVES

Communication
- Give basic information about yourself and your family *pp. 32–34*
- Name many professions *pp. 36–37*
- Describe your friends and other people *pp. 46–48, 50*
- Say how you feel *p. 61*
- Talk about what you plan to do and what you have recently done *p. 66*
- Introduce your friends to other people *p. 38*
- Make a telephone call *p. 38*

Grammar
- Les expressions avec *être p. 44*
- Les adjectifs: formes et position *p. 46*
- Quelques adjectifs irréguliers *p. 48*
- *C'est* ou *il est p. 50*
- Les expressions avec *avoir p. 56*
- Les expressions avec *faire p. 58*
- Les questions avec inversion *p. 60*
- Le verbe *aller;* la construction *aller* + infinitif *p. 66*
- Le verbe *venir;* la construction *venir de* + infinitif *p. 68*
- Le présent avec *depuis p. 70*

Vocabulary
- L'identité *p. 32*
- La nationalité *p. 33*
- La famille et les amis *p. 34*
- La profession *p. 36*
- Quelques professions *p. 37*
- Les présentations *p. 38*
- Au téléphone *p. 38*
- Quelques expressions avec *être p. 44*
- Quelques descriptions *p. 47*
- La personnalité *p. 48*
- Quelques expressions avec *avoir p. 56*
- Quelques expressions avec *faire p. 58*

Culture
- Aperçu culturel–Qui suis-je? *pp. 30–31*
- Au jour le jour–Messages téléphoniques *p. 39*
  - –Un faire-part de mariage *p. 40*
  - –Le carnet du jour *p. 41*
- Images du monde francophone–La France et l'Europe
  - –La France et ses Régions *pp. 86–87*
  - –Sur les routes de France *pp. 88–89*
  - –Le calendrier des fêtes *pp. 90–91*
  - –Le Tour de France *pp. 92–93*
  - –Ici aussi, on parle français *pp. 94–95*
  - –Rencontres … au Futuroscope *p. 96*

PROGRAM RESOURCES

Print

- Workbook PE, *pp. 9–44*
- *Activités pour tous* PE, *pp. 21–39*
- Block Scheduling Copymasters, *pp. 9–40*
- *Français pour hispanophones*
- *Lectures pour tous*
- Teacher to Teacher Copymasters
- Teaching Proficiency through Reading and Storytelling
- Reprise/Unit 1 Resource Book
  - Lessons 1–4 Resources
    - Workbook TE
    - *Activités pour tous* TE
    - Absent Student Copymasters
    - Family Involvement
    - Video Activities
    - Videoscripts
    - Audioscripts
    - Assessment Program
  - Unit 1 Resources
    - Communipak
    - *Activités pour tous* TE Reading
    - Workbook TE Reading and Culture Activities
    - Assessment Program
    - Answer Keys

Audiovisual

- Audio Program PE CD 1 Tracks 2–15
- Audio Program Workbook CD 6 Tracks 3–26
- *Chansons* Audio CD Track 3
- Sing Along: Grammar and Vocabulary Songs CD
- Video Program Leçons 1–4
- Warm-Up Transparencies
- Overhead Transparencies
  - 1 *La France;*
  - 1(o) *La France (overlay);*
  - 2b *L'Amérique;*
  - 2c *L'Afrique, L'Europe, L'Asie;*
  - 3 *L'Europe;*
  - 3(o) *L'Europe (overlay);*
  - 5 *Annecy;*
  - 8 *Possessions;*
  - 11a *Quelques activités: Les verbes en* **-er***;*
  - 11b *Quelques activités: Les verbes en* **-er** *(cont.);*
  - 13 *La famille;*
  - 14 *Quelques professions;*
  - 15 *Comment sont-ils?;*
  - 16 *Expressions avec* **avoir***;*
  - 17 *Expressions avec* **faire***;*
  - 18 *Où vont-ils? D'où viennent-ils?*

Technology

- Online Workbook
- ClassZone.com
- McDougal Littell Assessment System/Test Generator CD-ROM
- EasyPlanner CD-ROM
- Power Presentations on CD-ROM
- Take-Home Tutor CD-ROM

Assessment Program Options

Lesson Quizzes
Portfolio Assessment
Unit Test Form A
Unit Test Form B
Listening Comprehension Performance Test
Speaking Performance Test
Reading Comprehension Performance Test
Writing Performance Test
Multiple Choice Test Items
Test Scoring Tools
Audio Program CD 15 Tracks 1–9
Answer Keys
McDougal Littell Assessment System/Test Generator CD-ROM

Pacing Guide SAMPLE LESSON PLAN

DAY	DAY	DAY	DAY	DAY
1 **Unité 1 Opener** **Leçon 1** • Aperçu culturel—Qui suis-je? • Vocabulaire—L'identité • Vocabulaire—La nationalité • Vocabulaire—La famille et les amis	**2** **Leçon 1** • Vocabulaire—La famille et les amis *(continued)* • Vocabulaire—La profession • Vocabulaire—Quelques professions	**3** **Leçon 1** • Vocabulaire—Les présentations • Vocabulaire—Au téléphone • Au jour le jour—Messages téléphoniques	**4** **Leçon 2** • Vidéo-scène—Armelle a un nouveau copain • Les expressions avec *être* • Vocabulaire—Quelques expressions avec *être*	**5** **Leçon 2** • Les adjectifs: formes et position • Vocabulaire—Quelques descriptions
6 **Leçon 2** • Quelques adjectifs irréguliers • Vocabulaire—La personnalité	**7** **Leçon 2** • *C'est* ou *il est* • À votre tour! • Lecture—Un jeu: Qui est-ce?	**8** **Leçon 3** • Vidéo-scène—Allons dans un café! • Les expressions avec *avoir* • Vocabulaire—Quelques expressions avec *avoir*	**9** **Leçon 3** • Les expressions avec *faire* • Vocabulaire—Quelques expressions avec *faire* • Les questions avec inversion	**10** **Leçon 3** • À votre tour!
11 **Leçon 3** • Lecture—Les objets parlent! **Leçon 4** • Vidéo-scène—Ça, c'est drôle!	**12** **Leçon 4** • Le verbe *aller;* la construction *aller* + infinitif	**13** **Leçon 4** • Le verbe *venir;* la construction *venir de* + infinitif	**14** **Leçon 4** • Le présent avec *depuis* • À votre tour!	**15** **Leçon 4** • À votre tour! *(continued)* • Lecture—Un déjeuner gratuit
16 • Tests de contrôle	**17** • Interlude—Le concert des Diplodocus	**18** • Unit 1 Test		

Student Text Listening Activity Scripts
AUDIO PROGRAM

▶ LEÇON 1 LE FRANÇAIS PRATIQUE Je me présente

• Aperçu culturel: Qui suis-je? *p. 30* CD 1, TRACK 2

La France a une population de 60 millions d'habitants. Les Français sont d'origines très diverses. La majorité sont d'origine européenne, mais beaucoup sont d'origine africaine et asiatique. La France a aussi un grand nombre d'immigrés. Ces immigrés viennent principalement d'Afrique du Nord (Algérie, Maroc, Tunisie), et aussi d'autres pays européens (Portugal, Italie, Espagne, Turquie).

La majorité des Français habitent dans les villes, mais 20 pour cent de la population habitent à la campagne ou dans des villages de moins de 2 000 habitants.

1. Maxime Cavagnac habite à Carcassonne, une petite ville de 40 000 habitants dans le sud de la France. Son père est vétérinaire. Sa mère travaille pour l'office du Tourisme.
2. Fatima Khareb est née en France, mais ses parents sont d'origine algérienne. Elle habite avec sa famille dans la banlieue de Marseille, la quatrième ville française.
3. Mathilde Kieffer a dix-huit ans. Elle prépare le bac au lycée Jean Monnet à Strasbourg. Si elle réussit, elle va continuer ses études à l'université. Elle voudrait être avocate.
4. Clément Boutin a vingt ans. Il habite à Tours où il est étudiant en médecine. Il est originaire de la Guadeloupe où il compte retourner après ses études.
5. Mélanie Pasquier a dix-neuf ans. Elle habite à Avignon, mais elle fait ses études à l'Université de Provence à Aix. Elle voudrait être professeur d'espagnol comme sa mère.
6. Stéphane Pelard, 26 ans, est steward pour Air France. Il voyage beaucoup. Il est récemment marié. Sa femme est artiste. Ils habitent à la campagne. Ils n'ont pas d'enfants, mais ils ont un chien et un chat. Ils adorent les animaux.
7. Monsieur Nguyen habite à Paris dans le quatorzième arrondissement. Il est originaire du Viêt-Nam. Il possède un restaurant (vietnamien, bien sûr!) où il travaille avec sa femme et ses enfants.

• Vocabulaire A

L'identité *p. 32* CD 1, TRACK 3

Écoutez le dialogue.

A: Comment t'appelles-tu?
B: Je m'appelle Charlotte Lacour.
A: Quelle est ta nationalité?
B: Je suis française.
A: Où habites-tu?
B: J'habite à Tours.
A: Quelle est ton adresse?
B: J'habite 45, rue Jeanne d'Arc.
A: Quel est ton numéro de téléphone?
B: C'est le 02-47-35-82-07.
A: Quel âge as-tu?
B: J'ai quinze ans.
A: Où es-tu née?
B: Je suis née à Paris.
A: Quand es-tu née?
B: Je suis née le 3 mai, mille neuf cent quatre-vingt-dix.

La nationalité *p. 33* CD 1, TRACK 4

Écoutez et répétez.

anglais #	anglaise #
français #	française #
japonais #	japonaise #
chinois #	chinoise #
belge #	belge #
suisse #	suisse #
russe #	russe #
américain #	américaine #
mexicain #	mexicaine #
cubain #	cubaine #
portoricain #	portoricaine #
espagnol #	espagnole #
allemand #	allemande #
canadien #	canadienne #
italien #	italienne #
haïtien #	haïtienne #
vietnamien #	vietnamienne #
cambodgien #	cambodgienne #
indien #	indienne #
coréen #	coréenne #

• Vocabulaire B

La famille et les amis *p. 34* CD 1, TRACK 5

Écoutez les dialogues.

Premier dialogue

A: Tu as des frères et des soeurs?
B: Non, je suis enfant unique.

Deuxième dialogue

A: Tu as des frères et des soeurs?
C: Oui, j'ai un frère.
A: Comment s'appelle-t-il?
C: Il s'appelle Philippe.
A: Est-ce qu'il est plus jeune que toi?
C: Non, il est plus âgé.
A: Quel âge a-t-il?
C: Il a dix-sept ans.

Troisième dialogue

A: Tu as des frères et des soeurs?
D: Oui, j'ai une soeur.
A: Comment s'appelle-t-elle?
D: Elle s'appelle Véronique.
A: Est-ce qu'elle est plus âgée que toi?
D: Non, elle est plus jeune.
A: Quel âge a-t-elle?
D: Elle a cinq ans.

• Vocabulaire C

La profession *p. 36* CD 1, TRACK 6

Écoutez le dialogue.

A: Que fait ta mère?
B: Elle est photographe.
A: Que fait ton père?
B: Il est comptable. Il travaille dans un bureau.
A: Qu'est-ce que tu voudrais faire plus tard?
B: Je voudrais être ingénieur.

Quelques professions *p. 37* CD 1, TRACK 7

Maintenant répétez les noms des professions.

Les professions médicales

un dentiste #	une dentiste #
un médecin #	
un docteur #	
un infirmier #	une infirmière #
un pharmacien #	une pharmacienne #
un vétérinaire #	une vétérinaire #

Les professions techniques

un ingénieur #	
un programmeur #	une programmeuse #
un technicien #	une technicienne #
un informaticien #	une informaticienne #

Les professions légales et commerciales

un avocat #	une avocate #
un vendeur #	une vendeuse #
un homme d'affaires #	une femme d'affaires #

Les professions administratives

un comptable #	une comptable #
un employé #	une employée de bureau #
un patron #	une patronne #
un secrétaire #	une secrétaire #

Les professions artistiques et littéraires

un acteur #	une actrice #
un cinéaste #	une cinéaste #
un photographe #	une photographe #
un journaliste #	une journaliste #
un écrivain #	
un dessinateur #	une dessinatrice #
un mannequin #	

pause for oral response

• Vocabulaire D

Les présentations *p. 38* CD 1, TRACK 8

Écoutez les dialogues.

Narrator: Jean-Paul présente son copain Marc à sa cousine Zoé.
Jean-Paul: Zoé, je te présente mon copain Marc.
Zoé: Bonjour!
Marc: Bonjour!
Narrator: Jean-Paul présente Zoé à son voisin, Monsieur Vidal.
Jean-Paul: Monsieur Vidal, je voudrais vous présenter ma cousine, Zoé.
M. Vidal: Enchanté.
Zoé: Enchantée.

• Vocabulaire E

Au téléphone *p. 38* CD 1, TRACK 9

Please turn to page 38 for complete *Vocabulaire* text.

▶ LEÇON 2 Armelle a un nouveau copain

• Vidéo-scène *p. 42* CD 1, TRACK 10

Claire: Dans le premier épisode de ce vidéo, nous allons rencontrer Armelle et Corinne. Armelle et Corinne sont deux copines. Elles ont quinze ans. Elles vont au lycée Berthollet.
Cet après-midi, Corinne est à la bibliothèque municipale. Sa copine Armelle arrive.
Armelle: Salut, Corinne.
Corinne: Tiens, salut, Armelle. Ça va?
Armelle: Oui, ça va. Qu'est-ce que tu fais?
Corinne: Eh bien, tu vois, je suis en train de préparer mon cours d'histoire . . . Et toi?
Armelle: J'ai un rendez-vous.
Corinne: Avec qui?
Armelle: Eh bien, avec mon nouveau copain.
Corinne: Tiens, tiens, tu as un nouveau copain? . . . Dis moi, comment est-il ton copain? Je parie qu'il est blond et grand!
Armelle: Eh bien, non. Il n'est pas blond. Il est brun et il n'est pas très grand.
Corinne: Est-ce qu'il est mignon?
Armelle: Oui, assez.
Corinne: Sympa?
Armelle: Oui, très sympa.
Corinne: Qui c'est?
Armelle: Je te l'ai dit: C'est un garçon brun, pas très grand, assez mignon et très sympathique.
Corinne: Je sais . . . Je sais . . . Mais, comment est-ce qu'il s'appelle?
Armelle: Non, mais dis donc, Corinne, tu es vraiment curieuse aujourd'hui.
Corinne: Écoute, . . . ne sois pas si mystérieuse!
Armelle: Excuse-moi, mais je dois partir . . . Je ne veux pas être en retard à mon rendez-vous.
Claire: Armelle part pour son mystérieux rendez-vous.
Armelle: Salut, Corinne.
Corinne: Bon . . . Salut!
Claire: Corinne reste à la bibliothèque pour étudier.

À votre tour!

• Autoportrait *p. 50* CD 1, TRACK 11

Stéphane fait son portrait:

Je suis très sympathique. En général, je suis optimiste et je suis poli avec tout le monde. Je suis généreux avec mes copains, mais de temps en temps, je ne suis pas gentil avec ma soeur, spécialement quand elle est pénible. Je suis toujours gentil avec mon chien. Je suis assez bon élève, mais je ne suis pas très organisé. Je suis bon en français, mais je suis assez mauvais en maths.

▶ LEÇON 3 Allons dans un café!

• Vidéo-scène *p. 54* CD 1, TRACK 12

Claire: Dans l'épisode précédent, Armelle a parlé de son nouveau copain. Dans cet épisode, nous allons faire la connaissance du nouveau copain d'Armelle. Il s'appelle Pierre et il a quinze ans et demi.
Près du lac d'Annecy. Armelle arrive à son rendez-vous. Pierre l'attend.
Armelle: Salut, Pierre! Ça va?
Pierre: Oui, ça va. Et toi?
Armelle: Ça va. Qu'est-ce qu'on fait?
Pierre: Je ne sais pas . . . on peut faire une promenade?
Armelle: Tu sais, je suis un peu fatiguée.
Pierre: Alors, . . . euh . . . allons dans un café. Il y a un café là-bas.
Armelle: D'accord, allons-y!
Claire: Les deux amis traversent la rue. Il y a beaucoup de circulation aujourd'hui.
Armelle: Fais attention!
Claire: Au café.
Pierre: Tu as soif?
Armelle: Oui, et j'ai faim aussi.
Pierre: Tu veux un sandwich?
Armelle: Non, j'ai plutôt envie d'une glace . . .
Claire: Pierre appelle le garçon.
Pierre: S'il vous plaît . . .
Garçon: Vous désirez?
Armelle: Une glace à la framboise et un diabolo-menthe . . .
Garçon: Et pour vous, monsieur?
Pierre: Une orange pressée. Merci!
Claire: Le garçon apporte les boissons et la glace. Soudain, Pierre voit quelqu'un.
Pierre: Tiens, regarde là-bas!
Claire: Qui est-ce?

À votre tour!

• Situation: Au café *p. 61* CD 1, TRACK 13

Philippe: Tu as soif?
Corinne: Non, je n'ai pas très soif.
Philippe: Est-ce que tu as faim?
Corinne: Oui, un peu.
Philippe: Qu'est-ce que tu as envie de manger?
Corinne: J'ai envie d'un sandwich au jambon.
Philippe: Qu'est-ce que tu as envie de faire après?
Corinne: Je dois aller chez ma cousine.
Philippe: Et qu'est-ce que tu as l'intention de faire ce soir?
Corinne: Ben, je ne sais pas . . . Tu as envie d'aller au ciné?
Philippe: Oui, c'est une bonne idée!

▶ LEÇON 4 Ça, c'est drôle!

• Vidéo-scène *p. 64* CD 1, TRACK 14

Please turn to page 64 for complete *Vidéo-scène* text.

À votre tour!

• Conversation dirigée *p. 71* CD 1, TRACK 15

Vincent rencontre sa cousine Aurélie dans un café.

Vincent: Salut, Aurélie! Qu'est-ce que tu fais là?
Aurélie: Eh bien, j'attends mon copain Philippe.
Vincent: Depuis quand est-ce que tu attends?
Aurélie: Depuis trois heures!
Vincent: Oh là là! Qu'est-ce que tu vas faire s'il ne vient pas?
Aurélie: Je vais aller au cinéma.
Vincent: Dis, est-ce que je peux venir avec toi?
Aurélie: Oui, bien sûr . . . Allons-y maintenant.
Vincent: Bon, d'accord!

Complete videoscripts, plus Workbook and Assessment audioscripts, are available in the Unit Resource Books.

Main Theme
- Describing oneself to others

COMMUNICATION
- Giving basic information about yourself and your family
- Talking about professions
- Describing friends and other people
- Saying how you feel
- Talking about what you plan to do and what you have recently done
- Introducing people to each other
- Making a telephone call

CULTURES
- Learning about the diversity of France and its people
- Learning about French invitations and announcements

CONNECTIONS
- Connecting to Math: Using deductive reasoning to figure out a puzzle
- Connecting to English: Recognizing cognates
- Researching professions

COMPARISONS
- Comparing the diversity and location of the populations of France and the U.S.
- Comparing French and American holidays
- Learning about the influence of other countries on France
- Learning about French-speaking European countries

COMMUNITIES
- Using French in school clubs
- Using French at work

Qui suis-je?

THÈME ET OBJECTIFS

Culture

In this unit, you will discover more about the diversity of France and its people.

Communication

You will learn …
- to give basic information about yourself and your family
- to name many professions
- to describe your friends and other people
- to say how you feel
- to talk about what you plan to do and what you have recently done

You will also be able …
- to introduce your friends to other people
- to make a telephone call

TEACHING STRATEGIES

This is a light unit. In particular, it reviews **avoir** and **être** in preparation for Unit 2, which focuses on the passé composé.

Like the **Reprise,** this unit should be covered as quickly as possible.
- With fast-paced classes, concentrate on the new "expansion" material.
- With average and slower-paced classes, emphasize the "review" material.

For pacing suggestions, turn to the **Pacing Guide** on page 27D.

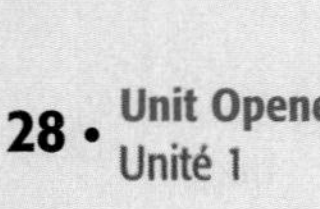

vingt-neuf
Unité 1 29

Linguistic objectives

REVIEW
- **être, avoir, aller, venir**

SECONDARY
- idiomatic expressions with these verbs
- **venir de**
- irregular adjectives

Teaching Resource Options

PRINT 

Reprise/Unit 1 Resource Book
Family Letter, p. 43
Français pour hispanophones
Conseils, p. 23
Vocabulaire, pp. 54–56

AUDIO & VISUAL 

Audio Program
Chansons CD

TECHNOLOGY 

EasyPlanner CD-ROM

Leçon 1

Main Topics Presenting oneself, making introductions

Teaching Resource Options

PRINT 

Workbook PE, pp. 9–16
Activités pour tous PE, pp. 21–23
Block Scheduling Copymasters, pp. 9–16
Reprise/Unit 1 Resource Book
- *Activités pour tous* TE, pp. 55–57
- Audioscript, pp. 78, 80–84
- Communipak, pp. 190–213
- Lesson Plans, pp. 58–59
- Block Scheduling Lesson Plans, pp. 60–62
- Absent Student Copymasters, pp. 63–67
- Video Activities, pp. 70–74
- Videoscript, pp. 75–77
- Workbook TE, pp. 47–54

AUDIO & VISUAL

Audio Program
CD 1 Track 2
CD 6 Tracks 3–8

TECHNOLOGY

Online Workbook

VIDEO PROGRAM

Leçon 1

Le français pratique Je me présente

Total time: 10:50 min.
DVD Disk 1
Videotape 1 (Counter: 0:09 min.)

Section 1: Je me présente
(0:09–4:36 min.)

Section 2: La famille et les amis
(4:37–5:47 min.)

Section 3: La profession
(5:48–7:49 min.)

Section 4: Les présentations
(7:50–8:19 min.)

Section 5: Au téléphone
(8:20–10:59 min.)

Teaching strategy

Have students read this **Aperçu culturel** twice:
- at the beginning of the unit–quickly for general information
- at the end of the lesson–with greater attention to details

LE FRANÇAIS PRATIQUE

VIDÉO DVD AUDIO

Je me présente

Aperçu culturel ... Qui suis-je?

La France a une population de 60 millions d'habitants. Les Français sont d'origines très diverses. La majorité sont d'origine européenne, mais beaucoup sont d'origine africaine et asiatique. La France a aussi un grand nombre d'immigrés. Ces immigrés viennent principalement d'Afrique du Nord (Algérie, Maroc, Tunisie), et aussi d'autres pays européens (Portugal, Italie, Espagne, Turquie).

La majorité des Français habitent dans les villes, mais 20 pour cent de la population habitent à la campagne ou dans des villages de moins de 2 000 habitants.

1. *Maxime Cavagnac* habite à Carcassonne, une petite ville de 40 000 habitants dans le sud de la France. Son père est vétérinaire. Sa mère travaille pour l'office du Tourisme.

2. *Fatima Khareb* est née en France, mais ses parents sont d'origine algérienne. Elle habite avec sa famille dans la banlieue de Marseille, la quatrième ville française.

3. *Mathilde Kieffer* a dix-huit ans. Elle prépare le bac au lycée Jean Monnet à Strasbourg. Si elle réussit, elle va continuer ses études à l'université. Elle voudrait être avocate.

About the Video Program

The video program for **Discovering French, *Nouveau!–Blanc*** consists of nine episodes which correspond to the nine units of the text. Each episode is divided into four parts: **Le français pratique,** which accompanies the first lesson of each unit, and three **Vidéo-scènes,** which accompany the second, third, and fourth lessons.

The DVD version contains closed captions in French, which you can choose to display. You may want to play a segment once without captions. Then play the segment a second time while students do the video activities. The third time through, display the captions so students can check their comprehension and correct the video activities themselves.

4. *Clément Boutin*
a vingt ans. Il habite à Tours où il est étudiant en médecine. Il est originaire de la Guadeloupe où il compte retourner après ses études.

5. *Mélanie Pasquier*
a dix-neuf ans. Elle habite à Avignon, mais elle fait ses études à l'Université de Provence à Aix. Elle voudrait être professeur d'espagnol comme sa mère.

Stéphane Pelard,
26 ans, est steward pour Air France. Il voyage beaucoup. Il est récemment marié. Sa femme est artiste. Ils habitent à la campagne. Ils n'ont pas d'enfants, mais ils ont un chien et un chat. Ils adorent les animaux.

7. *Monsieur Nguyen*
habite à Paris dans le quatorzième arrondissement. Il est originaire du Viêt-Nam. Il possède un restaurant (vietnamien, bien sûr!) où il travaille avec sa femme et ses enfants.

COMPARAISONS CULTURELLES

Faites des recherches et écrivez un petit «Aperçu culturel» sur les États-Unis. Indiquez la population, les origines des habitants, et quel pourcentage habite à la campagne ou dans des villages.

Et vous?

Imaginez que vous allez passer quinze jours en France chez une des personnes ci-dessus *(above)*. Quelle famille choisissez-vous? Pourquoi?

Cultural notes

- France's four largest cities are Paris, Lyon, Marseille, and Lille.
- Strasbourg is the capital of Alsace. It is also the seat of the Council of Europe **(le Conseil de l'Europe)** and the European Parliament **(le Parlement européen).**
- Vietnam, Laos, and Cambodia are former French colonies.

Questions sur le texte

1. Qui étudie au lycée Jean Monnet? [Mathilde Kieffer]
2. Qui habite une petite ville dans le sud de la France? [Maxime Cavagnac]
3. Qui veut être professeur d'espagnol? [Mélanie Pasquier]
4. Qui est étudiant en médecine à Tours? [Clément Boutin]
5. Qui a des parents d'origine algérienne? [Fatima Khareb]
6. Qui possède un restaurant vietnamien à Paris? [M. Nguyen]
7. Qui est steward pour Air France? [Stéphane Pelard]

UN JEU Qui est-ce?

PROPS: Index cards numbered from 1–7 for each group

In small groups, students draw cards so that no cards remain. Each student writes a short description of the person whose number he/she draws. One at a time, students read their descriptions and the others guess the identity of the person described.

(3) **Elle voudrait être avocate. Qui est-ce?** [Mathilde Kieffer]

SECTION A

Communicative function
Identifying oneself

Teaching Resource Options

PRINT 

Workbook PE, pp. 9–16
Reprise/Unit 1 Resource Book
Audioscript, pp. 78–79
Communipak, pp. 190–213
Workbook TE, pp. 47–54

AUDIO & VISUAL 

Audio Program
CD 1 Tracks 3, 4

Overhead Transparencies
2b *L'Amérique*
2c *L'Afrique, l'Europe, l'Asie*
3, 3(o) *L'Europe*

Expansion (formal questions)
Comment vous appelez-vous?
Quelle est votre nationalité?
De quelle nationalité êtes-vous?
Où habitez-vous?
Quelle est votre adresse?
Quel est votre numéro de téléphone?
Quel âge avez-vous?
Où / Quand êtes-vous né(e)?

 **COMMUNICATION** introducing oneself

Answers will vary.
Je m'appelle Claire Dupont. Je suis américaine. J'habite 52, rue Pine. J'ai quatorze ans.

Realia note From 11 years of age, all French citizens have to carry identification papers with them at all times. **La carte nationale d'identité** has the citizen's picture, name, address, date and place of birth, description, and signature.

Cultural note French phone numbers consist of ten digits, read in groups of two:
zéro deux, quarante-sept, trente-cinq, quatre-vingt-deux, zéro sept.

In the provinces, the first four digits indicate the area: **02 47 = Tours.**

Pronunciation 1990 = **dix-neuf cent quatre-vingt-dix** or **mille neuf cent quatre-vingt-dix**

A VOCABULAIRE L'identité 

le PRÉNOM et le NOM	**Comment t'appelles-tu?**	*Je m'appelle Charlotte Lacour.*
la NATIONALITÉ	**Quelle est ta nationalité?** **De quelle nationalité es-tu?**	*Je suis française.*
le DOMICILE	**Où habites-tu?** **Quelle est ton adresse?** **Quel est ton numéro de téléphone?**	*J'habite à Tours.* *J'habite 45, rue Jeanne d'Arc.* *C'est le 02-47-35-82-07.*
l'ÂGE	**Quel âge as-tu?**	*J'ai quinze ans.*
le LIEU et la DATE de NAISSANCE	**Où es-tu né(e)?** **Quand es-tu né(e)?**	*Je suis née à Paris.* *Je suis née le 3 mai 1990.*

le prénom: *first name*
le nom: *name, last name*
l'adresse: *address*
le numéro de téléphone: *phone number*
le lieu: *place*
la date: *date*
la naissance: *birth*
je suis né(e): *I was born*

1   Et vous?

PARLER Présentez-vous à la classe. Donnez votre nom et votre prénom, votre nationalité, votre adresse et votre âge.

2   Le club français

PARLER Vous êtes secrétaire du club français. Choisissez un(e) camarade et demandez-lui les renseignements *(information)* suivants:

- son nom
- son âge
- son lieu de naissance
- sa date de naissance

Le club français

Nom: ______
Prénom: ______ **Âge:** ______
Lieu de naissance: ______
Ville: ______
Code Postal: ______ **Téléphone:** ______

CLASSROOM MANAGEMENT PAIRS Des portraits

Act. 1 and 2 may be combined into one activity. Have pairs of students interview each other, with each student recording the information about his/her partner on an index card. Students then introduce their partners to the whole class or to other students in small groups. As a follow-up activity, have them use their notes to write a "portrait" of their classmate. You may wish to have students attach their photos to the portraits and display the completed projects on the bulletin board.

Ma camarade s'appelle Colette Johnson. Elle est américaine et elle habite à Minneapolis., etc.

VOCABULAIRE La nationalité 

J'ai un copain (une copine) ...

anglais(e)	**américain(e)**	**canadien (canadienne)**
français(e)	**mexicain(e)**	**italien (italienne)**
japonais(e)	**cubain(e)**	**haïtien (haïtienne)**
chinois(e)	**portoricain(e)**	
		vietnamien (vietnamienne)
belge *(Belgian)*	**espagnol(e)** *(Spanish)*	**cambodgien (cambodgienne)**
suisse *(Swiss)*	**allemand(e)** *(German)*	**indien (indienne)**
russe *(Russian)*		**coréen (coréenne)** *(Korean)*

J'ai une copine canadienne.

3  Au club international

PARLER Il y a beaucoup de jeunes de nationalités différentes au club international. Faites la connaissance des personnes suivantes d'après le modèle.

▶ Erika (Berlin)

1. Nicole (Genève)

2. Pierre (Québec)

3. Silvia (Rome)

4. Michiko (Tokyo)

5. Lin (Beijing)

6. José (San Juan)

7. Luisa (Acapulco)

8. Olga (Moscou)

TEACHING NOTE *tu* vs. *vous*

In **Discovering French, *Nouveau!–Blanc,*** the INSTRUCTIONS to the activities are given in the **vous**-form.

In PAIRED ACTIVITIES, however, students address one another as **tu.**

Similarly, individual students are addressed as **tu** in the **Questions personnelles.**

2 EXCHANGES getting to know other people

Answers will vary.
- –Comment t'appelles-tu?
  –Je m'appelle (Jean).
- –Quel âge as-tu?
  –J'ai (quinze) ans.
- –Où es-tu né(e)?
  –Je suis né(e) à (New York).
- –Quand es-tu né(e)?
  –Je suis né(e) le (25 juin 1992).

Looking ahead Names of countries are presented in Lesson 29.

Supplementary vocabulary

hollandais(e) *Dutch*
irlandais(e) *Irish*
portugais(e)
danois(e) *Danish*
norvégien (norvégienne)
suédois(e) *Swedish*
grec (grecque) *Greek*
turc (turque) *Turkish*
argentin(e)
brésilien (brésilienne)
nigérien (nigérienne)
sénégalais(e)
sud-africain(e)
libanais(e) *Lebanese*
syrien (syrienne)
philippin(e)

Extra practice Have students identify nationalities of famous people.

le prince William (anglais)
Enrique Iglesias (espagnol)
Céline Dion (canadienne)
Ben Affleck (américain)
Oprah Winfrey (américaine), etc.

3 ROLE PLAY talking about nationalities

–Comment t'appelles-tu?
–Je m'appelle ...
–Où habites-tu?
–J'habite à ...
–Tu es ... ?
–Oui, je suis ...

1. Nicole / Genève / suisse / suisse
2. Pierre / Québec / canadien / canadien
3. Silvia / Rome / italienne / italienne
4. Michiko / Tokyo / japonaise / japonaise
5. Lin / Beijing / chinois / chinois
6. José / San Juan / portoricain / portoricain
7. Luisa / Acapulco / mexicaine / mexicaine
8. Olga / Moscou / russe / russe

Expansion

Paco (La Havane) *(cubain)*
Ana (Madrid) *(espagnole)*
Brigitte (Bruxelles) *(belge)*
Kim (Séoul) *(coréenne)*
Pradip (Calcutta) *(indien)*
Michelle (Montréal) *(canadienne)*

SECTION B

Communicative function
Describing one's family

Teaching Resource Options

PRINT 

Workbook PE, pp. 9–16
Reprise/Unit 1 Resource Book
- Audioscript, p. 79
- Communipak, pp. 190–213
- Video Activities, p. 72
- Videoscript, p. 75
- Workbook TE, pp. 47–54

AUDIO & VISUAL 

Audio Program
CD 1 Track 5

Overhead Transparencies
13 *La famille*

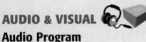

VIDEO PROGRAM

VIDÉO DVD
LEÇON 1

Section 2: La famille et les amis
(4:37–5:47 min.)

Supplementary vocabulary

un **fils unique** *only son*
une **fille unique** *only daughter*
le frère **aîné** *older brother*
la soeur **aînée** *older sister*
le frère **cadet** *younger brother*
la soeur **cadette** *younger sister*
veuf (veuve) *widowed*
le parrain *godfather*
la marraine *godmother*

B VOCABULAIRE La famille et les amis

Tu as des frères et des soeurs?
Oui, j'ai une soeur.

—Tu as des frères et des soeurs?
Non, je suis **enfant unique.**
Oui, j'ai un frère./J'ai une soeur.

un(e) enfant unique *only child*

—Comment s'appelle-t-il/elle?
Il s'appelle Philippe.
Elle s'appelle Véronique.

—Est-ce qu'il/elle est **plus jeune** que toi?
Non, il/elle est **plus âgé(e).**

plus jeune *younger*
plus âgé(e) *older*

—Quel âge a-t-il/elle?
Il/Elle a dix-sept ans.

—Est-ce que ton oncle est **marié**?
Non, il est **célibataire**. / **divorcé**.

marié *married*
célibataire *single*
divorcé *divorced*

Les gens

La famille

un parent *(parent, relative)*		**un enfant** *(child)*	
le père	**la mère**	**le frère**	**la soeur**
le beau-père *(stepfather, father-in-law)*	**la belle-mère** *(stepmother, mother-in-law)*	**le demi-frère** *(stepbrother, half brother)*	**la demi-soeur** *(stepsister, half sister)*
le mari *(husband)*	**la femme** *(wife)*	**le fils** *(son)*	**la fille** *(daughter)*
le grand-père	**la grand-mère**	**le petit-fils** *(grandson)*	**la petite-fille**
l'oncle	**la tante** *(aunt)*	**le cousin**	**la cousine**
		le neveu *(nephew)*	**la nièce**

Les amis

un ami	**une amie**	**le meilleur** *(best)* **ami**	**la meilleure amie**
un copain	**une copine**	**le meilleur copain**	**la meilleure copine**
un camarade	**une camarade**		
un voisin *(neighbor)*	**une voisine**		

Les personnes

une personne	**les gens** *(people)*

→**Une personne** is always feminine.
→**Des gens** is masculine plural.

TEACHING NOTE Plural forms

As you present the sample questions and answers, you may want to review the plural forms:

J'ai deux frères.
Comment s'appellent-ils?
Est-ce qu'ils sont plus jeunes que toi?
Quel âge ont-ils?, etc.

4 Questions personnelles PARLER/ÉCRIRE

1. Est-ce que tu es enfant unique?
2. Est-ce que tu as des frères et des soeurs? Combien? Comment s'appellent-ils/elles? Quel âge ont-ils/elles?
3. Comment s'appelle ton meilleur copain? Es-tu plus jeune ou plus âgé(e) que lui? Es-tu plus jeune ou plus âgé(e) que ta meilleure copine?
4. As-tu des oncles et des tantes? Est-ce qu'ils sont mariés, célibataires ou divorcés?
5. As-tu des cousins et des cousines? Est-ce qu'ils habitent près d'ici? Est-ce que tu vas chez eux pendant les vacances?
6. Est-ce que tes voisins ont des jeunes enfants? Est-ce que tu fais du baby-sitting pour eux?

5 La famille Moreau

LIRE/ÉCRIRE Lisez le texte suivant. Puis, sur une feuille de papier, établissez l'arbre généalogique de la famille Moreau.

Albert

Monique

Albert Moreau a 66 ans.

Sa femme Monique a 63 ans.

Ils ont deux enfants, Françoise (32 ans) et Jean-Pierre (41 ans).

Françoise Moreau est célibataire.

Jean-Pierre Moreau est marié. Sa femme et lui ont un fils, Éric (12 ans) et une fille, Véronique (10 ans).

La femme de Jean-Pierre s'appelle Élisabeth. Elle a 39 ans. Elle est enfant unique. Elle a une fille Sandrine (16 ans) de son premier mariage.

Françoise

Jean-Pierre

Élisabeth

Éric

Véronique

Sandrine

a. Sur la base de l'arbre généalogique que vous avez établi, déterminez si les phrases suivantes sont vraies ou fausses.

1. Éric est le petit-fils d'Albert et de Monique Moreau.
2. Françoise Moreau a un neveu et une nièce.
3. La tante d'Éric est mariée.
4. Élisabeth Moreau a un frère.
5. Sandrine est la demi-soeur d'Éric.
6. Éric et Véronique n'ont pas de cousins.
7. Sandrine a un demi-frère.
8. Jean-Pierre Moreau est le beau-père de Sandrine.

b. Expliquez la relation familiale qui existe entre les personnes suivantes.

▶ Françoise/Monique **Françoise est la fille de Monique.**

1. Élisabeth / Jean-Pierre
2. Élisabeth / Véronique
3. Albert / Véronique
4. Éric / Sandrine
5. Monique / Éric
6. Jean-Pierre / Sandrine

CLASSROOM MANAGEMENT Groups

Divide the class into small groups. Have the groups draw their version of the Moreau family tree, labeling each person's name and age

Ask the recorder **(le/la secrétaire)** of the first group done to put its tree on the board. Then use **Transparency 13** to have the groups check their work.

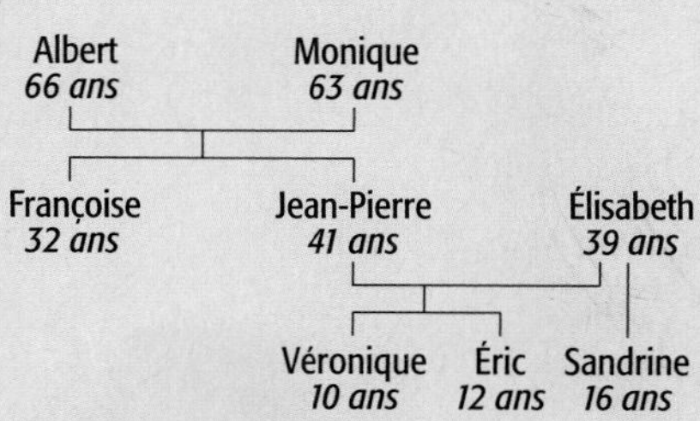

4 COMMUNICATION talking about one's family

Answers will vary.

1. Oui, je suis enfant unique. (Non, je ne suis pas enfant unique.)
2. Oui, j'ai des frères (un frère) et des soeurs (une soeur). Ils/Elles s'appellent (Il/Elle s'appelle) (Thomas, Claire, et Anne). Ils/Elles ont cinq ans, huit ans et un an. (Il/Elle a quatorze ans/dix-sept ans.) (Non, je suis enfant unique.)
3. Mon meilleur copain s'appelle (Robert). Je suis plus (âgé[e]) que lui. Je suis plus (jeune) que ma meilleure copine.
4. Oui, j'ai des oncles et des tantes. Ils/Elles sont marié(e)s (célibataires, divorcé[e]s). (Non, je n'ai pas d'oncles et de tantes.)
5. Oui, j'ai des cousins et des cousines. Oui, ils habitent près d'ici. (Non, ils/elles n'habitent pas près d'ici.) Oui, je vais chez eux pendant les vacances. (Non, je ne vais pas chez eux pendant les vacances.) (Non, je n'ai pas de cousins et de cousines.)
6. Oui, mes voisins ont des jeunes enfants. (Non, mes voisins n'ont pas de jeunes enfants.) Oui, je fais du baby-sitting pour eux. (Non, je ne fais pas de baby-sitting pour eux.)

Expansion

2. Also: **Est-ce que tu as des demi-soeurs? des demi-frères?**

5 COMPREHENSION describing family relationships

L'Arbre généalogique

Albert — Monique
Françoise; Jean-Pierre — Élisabeth
Véronique, Éric, Sandrine

(a)
1. vrai
2. vrai
3. faux
4. faux
5. vrai
6. vrai
7. vrai
8. vrai

(b)
1. Élisabeth est la femme de Jean-Pierre.
2. Élisabeth est la mère de Véronique.
3. Albert est le grand-père de Véronique.
4. Éric est le demi-frère de Sandrine.
5. Monique est la grand-mère d'Éric.
6. Jean-Pierre est le beau-père de Sandrine.

Expansion Have students choose someone from the family tree and see how many different ways they can describe that person's relationship to the others.

Éric est le fils de Jean-Pierre Moreau. C'est le neveu de Françoise Moreau., etc.

SECTION C

Communicative function
Discussing professions

Teaching Resource Options

PRINT 

Workbook PE, pp. 9–16
Reprise/Unit 1 Resource Book
- Audioscript, p. 79
- Communipak, pp. 190–213
- Video Activities, p. 73
- Videoscript, p. 76
- Workbook TE, pp. 47–54

AUDIO & VISUAL 

Audio Program
CD 1 Tracks 6, 7

Overhead Transparencies
14 *Quelques professions*

VIDEO PROGRAM

VIDEO DVD
  **LEÇON 1**

Section 3: La profession
(5:48–7:49 min.)

6 COMPREHENSION identifying professions

1. comptable
2. infirmier
3. avocate
4. écrivain
5. mannequin
6. informaticienne
7. vendeur

Realia notes

S.A. = société anonyme
(incorporated/limited company)
- What company is looking for an employee who speaks English? [Hella]
- What professional are they looking for? [an engineer]
- Which ad would be of most interest to people who want to get into management? [F.E.C.]

C VOCABULAIRE La profession

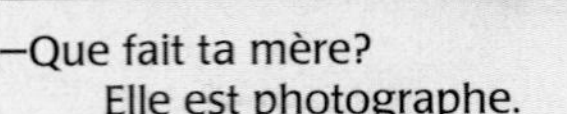

–Que fait ta mère?
Elle est photographe.

–Que fait ton père?
Il est comptable.
Il travaille dans **un bureau.**

–Qu'est-ce que tu voudrais faire **plus tard**?
Je voudrais être ingénieur.

un bureau	*office*
plus tard	*later on*

Que fait ta mère?
Elle est photographe.

→ After **être**, the French do not use **un/une** with the name of a profession.

Ma tante est **médecin.**	*My aunt is **a doctor.***
Je voudrais être **acteur.**	*I would like to be **an actor.***

EXCEPTION: **un/une** are used when the profession is modified by an adjective.
Gérard Depardieu est **un acteur français.**

6 *Quelle est leur profession?*

PARLER/ÉCRIRE Informez-vous sur les personnes suivantes et dites quelle est leur profession.

1. Madame Simon travaille dans un bureau, mais elle n'est pas secrétaire. Dans son travail, elle fait des additions et des soustractions. Elle est …
2. Monsieur Lemay travaille dans un hôpital. Il aide les malades *(patients)*, mais il n'est pas médecin. Il est …
3. Madame Sanchez représente ses clients en justice. Elle est spécialiste en droit *(law)* international. Elle est …
4. Monsieur Montel travaille chez lui. Dans son travail il utilise un ordinateur et beaucoup de papier. Son rêve *(dream)* est de recevoir le prix Nobel de littérature. Il est …
5. En ce moment, ma cousine travaille pour un magazine, mais elle n'est pas journaliste. Elle n'est pas photographe, mais les photographes prennent beaucoup de photos d'elle. Elle est …
6. Madame Durand travaille pour une compagnie spécialisée dans l'électronique. Elle travaille sur les plans d'un nouvel ordinateur. Elle est …
7. Mon oncle travaille dans un magasin. Il vend des radios et des chaînes hi-fi. Il est …

Équipement Automobile
Ingénieur
- 27 ans environ
- 3 ans d'expérience professionnelle
- connaissance de l'anglais souhaitée

Jean-Paul TROMEUR, HELLA S.A.
BP 7 - 93151
LE BLANC MESNIL Cédex

CABINET D'AVOCATS BISDORF - PLANTEC
3 bis avenue Colbert
Saint Cloud
☎ 01 39 16 14 02

FUTUR(E) PATRON(NE)
Adressez lettre + photo à : F.E.C.
16, rue Matheron, 13100 AIX-EN-PROVEN
sous référence P2

VOCABULAIRE Quelques professions 

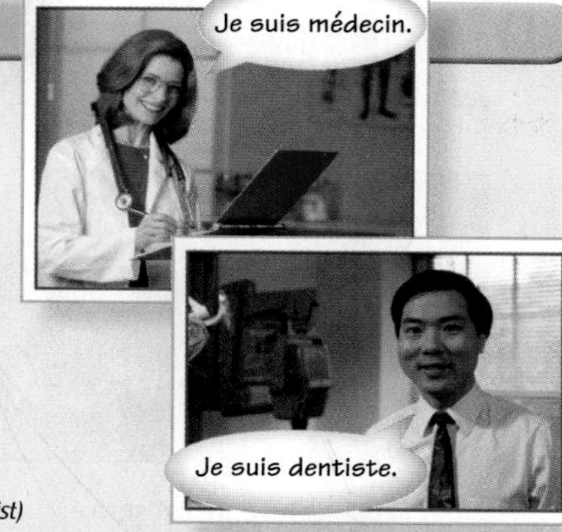
Je suis médecin.
Je suis dentiste.

Les professions médicales
- **un(e) dentiste**
- **un médecin** *(doctor)*, **un docteur**
- **un infirmier (une infirmière)** *(nurse)*
- **un pharmacien (une pharmacienne)** *(pharmacist)*
- **un(e) vétérinaire**

Les professions techniques
- **un ingénieur** *(engineer)*
- **un programmeur (une programmeuse)**
- **un technicien (une technicienne)**
- **un informaticien (une informaticienne)** *(computer specialist)*

Je suis employée de bureau.

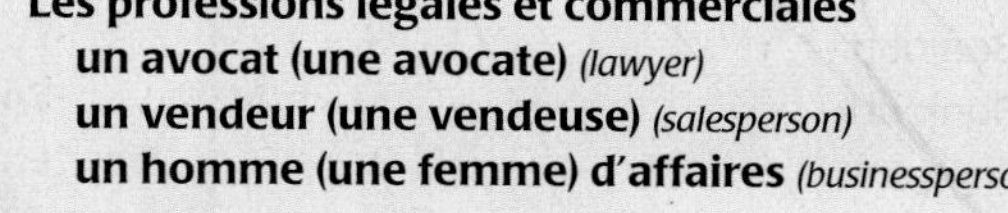

Les professions légales et commerciales
- **un avocat (une avocate)** *(lawyer)*
- **un vendeur (une vendeuse)** *(salesperson)*
- **un homme (une femme) d'affaires** *(businessperson)*

Les professions administratives
- **un(e) comptable** *(accountant)*
- **un employé (une employée) de bureau** *(office worker)*
- **un patron (une patronne)** *(boss)*
- **un(e) secrétaire**

Je suis dessinatrice.

Les professions artistiques et littéraires
- **un acteur (une actrice)**
- **un(e) cinéaste** *(filmmaker)*
- **un(e) photographe**
- **un(e) journaliste**
- **un écrivain** *(writer)*
- **un dessinateur (une dessinatrice)** *(designer, draftsperson)*
- **un mannequin** *(fashion model)*

7 Expression personnelle

PARLER/ÉCRIRE Complétez les phrases suivantes avec le nom d'une profession.

1. Je voudrais être …
2. Mon copain veut être …
3. Ma copine veut être …
4. Quand on est bon en maths, on peut être …
5. Quand on aime le théâtre, on peut être …
6. Quand on a du talent artistique, on peut être …
7. Quand on veut être riche, on peut être …
8. Quand on a un bon style, on peut être …

DOCTEUR
VETERINAIRE

Supplementary vocabulary

un agent de police
un(e) artiste
un chanteur (une chanteuse)
un électricien
un fermier (une fermière) *farmer*
un joueur (une joueuse) de [basket, de football…] *[basketball, soccer] player*
un maçon *mason*
un modèle *(artist's) model*
un ouvrier (une ouvrière) *(manual) worker*
un(e) peintre *painter*
un plombier *plumber*
un pompier firefighter

COMMUNICATION talking about professions

1–3. Answers will vary.
4. comptable, ingénieur, technicien (technicienne)
5. acteur (actrice)
6. dessinateur (dessinatrice), acteur (actrice), cinéaste, photographe
7. avocat (avocate), médecin, homme (femme) d'affaires
8. dessinateur (dessinatrice)

Expansion Have students give the profession of one of their relatives.
Mon père est comptable., etc.

Teaching notes

- Tell students to choose a profession that interests them from the vocabulary list. Have them search for jobs in that field on a French job-posting website.
- Have students look for job listings on the websites of companies based in francophone countries that have branches in the United States. What types of jobs are available to those who speak French?

LANGUAGE NOTE Professions

Most names of professions have masculine and feminine forms.

Some names of professions, however, are always masculine, whether they apply to men or women: **un médecin, un professeur, un ingénieur, un écrivain, un mannequin.**

Some new feminine forms have begun to appear, especially in Quebec and Belgium, e.g.,

un écrivain → une écrivaine.

SECTION D

Communicative function
Making introductions

Teaching Resource Options

PRINT  

Workbook PE, pp. 9–16
Reprise/Unit 1 Resource Book
- Audioscript, pp. 79–80
- Communipak, pp. 190–213
- Family Involvement, pp. 68–69
- Video Activities, pp. 73–74
- Videoscript, pp. 76–77
- Workbook TE, pp. 47–54

Assessment
- Lesson 1 Quiz, pp. 85–86
- Portfolio Assessment, pp. 235–244
- Audioscript for Quiz 1, p. 84
- Answer Keys, pp. 277–280

AUDIO & VISUAL 

Audio Program
CD 1 Tracks 8 & 9
CD 15 Track 1

TECHNOLOGY 

Test Generator CD-ROM/McDougal Littell Assessment System

VIDEO PROGRAM

VIDEO DVD

LEÇON 1

Section 4: Les présentations
(7:50–8:19 min.)

Section 5: Au téléphone
(8:20–10:59 min.)

8 EXCHANGES introducing people

Answers will vary.
1. Élève 1: Éric (Catherine), je te présente mon copain (Thomas). (ma copine Claire).
   Élève 2: Bonjour!
   Élève 3: Bonjour!
2. Élève 1: Monsieur (Madame, Mademoiselle), je voudrais vous présenter mon ami (Thomas) (mon amie Claire).
   Professeur: Enchanté(e).
   Élève 2: Enchanté(e).

SECTION E

Communicative function
Making phone calls

D VOCABULAIRE Les présentations

Jean-Paul présente son copain Marc à sa cousine Zoé.

JEAN-PAUL: Zoé, **je te présente** mon copain Marc.
ZOÉ: Bonjour!
MARC: Bonjour!

Jean-Paul présente Zoé à son voisin, Monsieur Vidal.

JEAN-PAUL: Monsieur Vidal, **je voudrais vous présenter** ma cousine Zoé.
M. VIDAL: **Enchanté.** *(Glad to meet you.)*
ZOÉ: **Enchantée.**

8 Présentez vos copains! PARLER

1. Choisissez deux camarades de classe et présentez-les l'un à l'autre.
2. Choisissez un(e) camarade de classe et présentez-le (la) à votre professeur.

E VOCABULAIRE Au téléphone

Michel Legrand téléphone à sa copine Christine Duval. C'est le père de Christine qui répond.

M. DUVAL: Allô!
MICHEL: Allô! Bonjour, monsieur. Ici Michel Legrand.
M. DUVAL: Bonjour, Michel.
MICHEL: Est-ce que **je pourrais** *(could I)* parler à Christine?
M. DUVAL: Oui, bien sûr. Un instant. **Ne quittez pas.** *(Hold on.)*

(Si Christine n'est pas là.)
M. DUVAL: Je suis **désolé** *(sorry)*. Christine n'est pas à la maison.
MICHEL: Alors, **je rappellerai** *(I'll call back)* plus tard.
M. DUVAL: D'accord! Au revoir, Michel.
MICHEL: Au revoir, monsieur.

TEACHING NOTE Introductions

You may wish to expand on formulas used for introductions.

VERY INFORMAL (with gestures):
Isabelle, Marc. Marc, Isabelle.

STANDARD:
Je te/vous présente…

MORE POLITE:
J'aimerais te/vous présenter…
Je voudrais te/vous présenter…

9 Conversation dirigée

PARLER Fabrice veut téléphoner à sa copine Catherine. C'est Fatima, la soeur de Catherine, qui répond. Jouez les deux rôles.

Fabrice		Fatima
Say hello to Fatima. Say who you are. Ask how she is.	⇄	Answer that you are fine.
Ask if you can speak to Catherine.	⇄	Say you are sorry. She is not home.
Ask where she is.	⇄	Say that she is in town.
Thank Fatima and say that you will call later.	→	Say good-bye to Fabrice.

Au jour le jour

Messages téléphoniques

Qui: Marc Blomet
Quand: samedi 18 h. 30
Numéro de téléphone: 01.42.22.65.31
Message: Confirme rendez-vous de demain après-midi.

1. Qui a téléphoné?
2. À quelle heure est-ce qu'il a téléphoné?
3. Pourquoi est-ce qu'il a téléphoné?
4. Est-ce qu'il a laissé son numéro de téléphone?

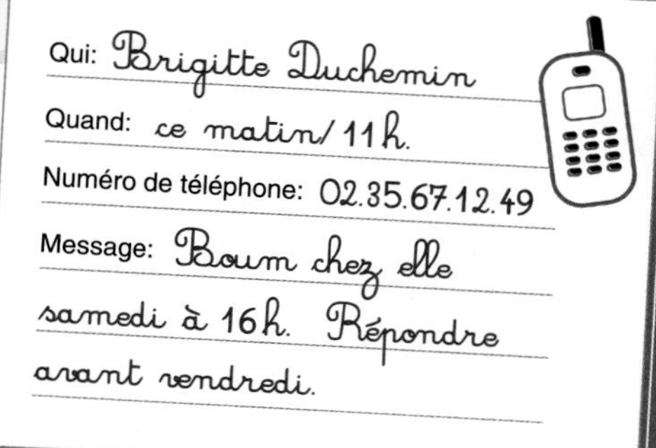
Qui: Brigitte Duchemin
Quand: ce matin/11 h.
Numéro de téléphone: 02.35.67.12.49
Message: Boum chez elle samedi à 16 h. Répondre avant vendredi.

1. Qui a téléphoné?
2. Quand est-ce qu'elle a téléphoné?
3. Pourquoi est-ce qu'elle a téléphoné?
4. Qu'est-ce qu'on doit faire pour accepter l'invitation?

CLASSROOM MANAGEMENT Pairs

PROPS: Two play telephones, blank message pads like the ones above

Have students prepare a telephone call in which they leave a **message téléphonique.** (Pre-teach **Est-ce que je pourrais laisser un message?**) In pairs, S1 calls S2, who records the information on a message pad. Then S2 calls S1.

Students should not rehearse their calls in advance. You may wish to have students tape their conversations and submit the recording and messages as a portfolio assignment.

9 ROLE PLAY making a phone call

Fabrice: Allô? Bonjour, Fatima. Ici Fabrice. Ça va?
Fatima: Ça va bien, merci.
Fabrice: Est-ce que je pourrais parler à Catherine?
Fatima: Je suis désolée. Elle n'est pas à la maison.
Fabrice: Où est-elle?
Fatima: Elle est en ville.
Fabrice: Merci, Fatima. Je rappellerai plus tard.
Fatima: Au revoir, Fabrice.

AU JOUR LE JOUR

Objective

- Reading authentic realia

If students ask

Au jour le jour means *every day.*

Messages téléphoniques

Answers

Message No 1
1. Marc Blomet a téléphoné.
2. Il a télépnoné à 18 h. 30 (dix-huit heures trente, six heures et demie).
3. Il confirme le rendez-vous de demain après-midi.
4. Oui, il a laissé son numéro de téléphone. C'est le 01.42.22.65.31.

Message No 2
1. Brigitte Duchemin a téléphoné.
2. Elle a téléphoné ce matin à 11 heures.
3. Il y a une boum chez elle samedi.
4. On doit répondre avant vendredi.

Un faire-part de mariage

Cultural note Normally, in everyday life, one uses the phrase **à l'église**—as in **à l'hôpital, à l'école,** etc. However, in formal announcements (such as wedding or funeral announcements), one uses the traditional expression **en l'église.**

Un faire-part de mariage

Answers

Le mariage de Charlotte et Stéphane est annoncé.
Le mariage est célébré en (à) l'Église de Vernon le 28 juillet.
La mariée s'appelle Charlotte Valette.
Les parents de Charlotte s'appellent le Docteur et Madame François Valette. Ils habitent à Tours.
Le marié s'appelle Stéphane Pelard.
Les grands-parents de Stéphane s'appellent M. et Mme Robert Saddo.
Les parents de Stéphane s'appellent M. et Mme Guy Pelard.

Au jour le jour

Un faire-part de mariage

Charlotte et Stéphane

vous invitent à venir
célébrer leur mariage

le 28 juillet à 15 heures
en L'Église de Vernon

Le Docteur et Madame François VALETTE
ont la joie de vous annoncer le mariage
de leur fille Charlotte
avec Stéphane PELARD.

125, rue de l'Ermitage, 37100 Tours

Monsieur et Madame Robert SADDO
Monsieur et Madame Guy PELARD
ont la joie de vous annoncer le mariage
de leur petit-fils et fils Stéphane
avec Charlotte VALETTE.

10, rue Poliveau, 75005 Paris
36, rue de Saint Nom, 78112 Fourgueux

- Quel événement est annoncé?
- Où et quel jour est-ce que cet événement est célébré?
- Comment s'appelle la mariée?
- Comment s'appellent ses parents? Où habitent-ils?
- Comment s'appelle le marié?
- Comment s'appellent ses grands-parents?
- Comment s'appellent ses parents?

Le carnet du jour

Quand on veut annoncer un événement familial important (naissance, mariage, anniversaire, etc.), on peut mettre une annonce dans «Le carnet du jour».

le carnet du jour

naissances

Yves et Catherine JAMIN
ont la joie d'annoncer
la naissance de leur fille
Anne-Sophie
à Paris, le 5 novembre 2004.

Mme Pierre DELAFON
est heureuse de faire part
de la naissance de sa petite fille
Coralie
chez
Vincent DELAFON
et Pascale, née Lescure,
Toulon, le 29 octobre 2004.

- Quel événement est annoncé?
- Où est née Anne-Sophie?
- Quel jour est-elle née?
- Quel âge a-t-elle aujourd'hui?
- Comment s'appellent ses parents?

- Quel événement est annoncé?
- Où est née Coralie?
- Quel jour est-elle née?
- Comment s'appelle sa grand-mère?
- Comment s'appellent ses parents?

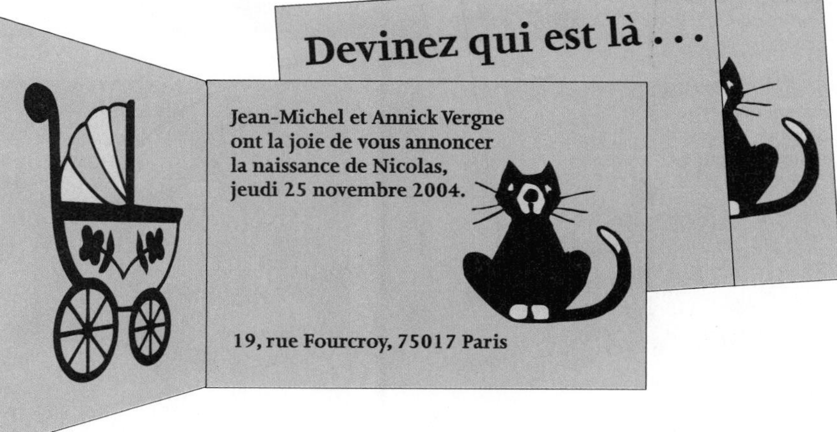
Devinez qui est là . . .
Jean-Michel et Annick Vergne
ont la joie de vous annoncer
la naissance de Nicolas,
jeudi 25 novembre 2004.
19, rue Fourcroy, 75017 Paris

CULTURAL PROJECT Un faire-part

Have students prepare a birth or marriage announcement, using real or imaginary people. They should illustrate their announcements with photos, pictures from magazines, or original drawings.

Display the students' projects on the bulletin board. Encourage students to refer to the announcements in **Le carnet du jour** for a model.

Le carnet du jour

Cultural notes

- These ads appeared in *Le Figaro,* a Paris newspaper with a national readership.
- Point out the French way of putting surnames in capital letters.

Naissances

Answers

(a) La naissance d'Anne-Sophie Jamin est annoncée.
Anne-Sophie est née à Paris.
Elle est née le 5 novembre 2004.
Aujourd'hui, elle a (numéro) ans.
Ses parents s'appellent Yves et Catherine Jamin.

(b) La naissance de Coralie Delafon est annoncée.
Elle est née à Toulon.
Elle est née le 29 octobre 2004.
Sa grand-mère s'appelle Mme Pierre Delafon.
Ses parents s'appellent Vincent et Pascale Delafon.

La naissance

Have students guess the meaning of **Devinez qui est là...** (*Guess who is here . . .*)

- Qui est né? [Nicolas]
- Comment s'appellent ses parents? [Jean-Michel et Annick Vergne]
- Quelle est sa date de naissance? [le 25 novembre 2004]
- Quel jour est-il né? [jeudi]

Leçon 2

Main Topic Describing people

Teaching Resource Options

PRINT 

Workbook PE, pp. 17–22
Activités pour tous PE, pp. 25–27
Block Scheduling Copymasters, pp. 17–24
Reprise/Unit 1 Resource Book
- *Activités pour tous* TE, pp. 93–95
- Audioscript, pp. 113, 114–116
- Communipak, pp. 190–213
- Lesson Plans, pp. 96–97
- Block Scheduling Lesson Plans, pp. 98–99
- Absent Student Copymasters, pp. 100–103
- Video Activities, pp. 106–111
- Videoscript, p. 112
- Workbook TE, pp. 87–92

AUDIO & VISUAL 

Audio Program
CD 1 Track 10
CD 6 Tracks 9–14

Overhead Transparencies
1 & 1(o) *La France*
5 *Annecy*

TECHNOLOGY 

Online Workbook

VIDEO PROGRAM

VIDEO DVD

LEÇON 2

Armelle a un nouveau copain

TOTAL TIME: 4:50 min.
DVD Disk 1
Videotape 1 (COUNTER: 11:03 min.)

Introduction
(11:03–13:43 min.)

Vidéo-scène
(13:48–15:53 min.)

LEÇON 2

VIDÉO-SCÈNE

VIDÉO DVD AUDIO

Armelle a un nouveau copain

Cette jeune femme s'appelle Claire. C'est elle qui va vous présenter les différentes scènes de la vidéo. Écoutez bien ce qu'elle dit!

Dans le premier épisode, nous allons rencontrer Armelle et Corinne.

Armelle et Corinne sont deux copines. Elles ont quinze ans. Elles vont au lycée Berthollet à Annecy.

Cet après-midi, Corinne est à la bibliothèque municipale. Sa copine Armelle arrive.

Salut, Corinne.
Tiens, salut, Armelle. Ça va
Oui, ça va.

Qu'est-ce que tu fais?
Eh bien, tu vois, je suis en train de préparer mon cours d'histoire ... Et toi?

J'ai un rendez-vous.
Avec qui?
Eh bien, avec mon nouveau copain.

Tiens, tu as un nouveau copain? ... Dis moi, comment est-il ton copain? Je parie qu'il est blond et grand!
Eh bien, non. Il n'est pas blond. Il est brun et il n'est pas très grand.

Est-ce qu'il est mignon?
Oui, assez.
Sympa?
Oui, très sympa.

TEACHING THE *VIDÉO-SCÈNE*

- If you are using the video, have students watch the scene with their books closed. Then ask the comprehension questions. If necessary, play the scene over several times until students can understand the scene and answer the questions.

NOTE: If you do not have the video, do a similar comprehension presentation with the audio program.

Qui c'est?
Je te l'ai dit: C'est un garçon brun, pas très grand, assez mignon et très sympathique.

Je sais ... Je sais ... Mais, comment est-ce qu'il s'appelle?
Non, mais dis donc, Corinne, tu es vraiment curieuse aujourd'hui.

Écoute, ... ne sois pas si mystérieuse!
Excuse-moi, mais je dois partir ... Je ne veux pas être en retard à mon rendez-vous.

Armelle part pour son mystérieux rendez-vous.

Salut, Corinne.
Bon ... Salut!

Corinne reste à la bibliothèque pour étudier.

à suivre° ...

suivre ... *to be continued*

Compréhension

1. Où se passe° la scène?
2. Qui sont Armelle et Corinne?
3. Qu'est-ce qu'Armelle annonce à Corinne?
4. Comment est le nouveau copain d'Armelle?
5. Qu'est-ce que Corinne veut aussi savoir°?
6. Où va Armelle à la fin° de la scène?

se passe *takes place* **savoir** *to know* **la fin** *end*

Cultural notes

- **Annecy** is the capital of Haute-Savoie. A beautiful Alpine city, Annecy is located at the western tip of Lac d'Annecy. Canals wind in and out of the old part of the city, **la vieille ville.**
- **Lycée Berthollet** is named after Claude Berthollet (1748–1822), a French chemist who discovered bleach. He was born in Talloires, a small town on Lac d'Annecy.

Teaching suggestion Have students locate Annecy and Lac d'Annecy on a map of France. Point out Annecy's proximity to Mont Blanc, the highest peak in Western Europe.

Compréhension

Answers
1. À la bibliothèque municipale.
2. Ce sont des copines.
3. Armelle a un nouveau copain.
4. C'est un garçon brun, pas très grand, assez mignon et très sympathique.
5. Corinne veut savoir comment il s'appelle.
6. Armelle va à son rendez-vous.

- For speaking practice, pause after each line so that students can repeat what they have heard (Audio Program, Activity A).
- For additional comprehension practice, have students do Activity B in the Audio Program.

SECTION A

Communicative function
Saying where people are and what they are like

Teaching Resource Options

PRINT 

Workbook PE, pp. 17–22
Reprise/Unit 1 Resource Book
Communipak, pp. 190–213
Workbook TE, pp. 87–92

AUDIO & VISUAL 

Overhead Transparencies
8 *Possessions*
11a, 11b *Quelques activités: Les verbes en* ***-er***

TECHNOLOGY 

Power Presentations

 **Review** present tense of **être**

New material imperative of **être**

Looking ahead The mastery of **être** is essential for the formation of the passé composé, which is the topic of the next unit.

Pronunciation Be sure students pronounce the imperative forms correctly.

sois /swa/
soyez /swaje/
soyons /swajɔ̃/

Expansion You may wish to introduce the negative forms:

Ne sois pas en retard.
Ne soyez pas ridicules.
Ne soyons pas trop pessimistes.

Teaching tip Using **Transparency 8,** ask students to whom the items in the four pictures belong.

À qui sont les crayons?

A Les expressions avec *être*

Review the forms of the verb **être** *(to be)*.

Je **suis**	d'accord.	Nous **sommes**	à l'heure.
Tu **es**	au lycée.	Vous **êtes**	en avance.
Il/Elle/On **est**	au café.	Ils/Elles **sont**	en retard.

➔ The IMPERATIVE forms of **être** are irregular.

Sois logique.	***Be*** *logical.*
Soyez généreux.	***Be*** *generous.*
Soyons optimistes.	***Let's be*** *optimistic.*

Qu'est-ce que vous faites?

Nous sommes en train d'étudier.

VOCABULAIRE Quelques expressions avec *être*

How to agree with someone:

être d'accord (avec)
Vous **êtes d'accord avec** moi? — *Do you **agree with** me?*

How to say what someone is currently (busy) doing:

être en train de + INFINITIVE
Nous **sommes en train** d'étudier. — *We **are busy** studying.*

How to say what belongs to someone:

être à + NAME OF PERSON (or STRESS PRONOUN)

À qui est cette montre?	***Who(m)** does this watch **belong to**?* ***Whose** watch **is** this?*
Elle **est à** Patrick.	*It **belongs** to Patrick.*
Elle **n'est pas à** moi.	*It **doesn't belong** to me.*

À qui est cette montre?

Elle est à Patrick

How to talk about being on time:

être à l'heure	*to be on time*	Je **suis** toujours **à l'heure.**
être en avance	*to be early*	Mes amis **sont** souvent **en avance.**
être en retard	*to be late*	Aujourd'hui tu **es en retard.**

TEACHING STRATEGY Être en train de

PROPS: Transparencies 11a, 11b *(Quelques activités)*

Label each drawing with a different subject. Have students give the corresponding sentences with **être en train de** + infinitive.

nous/danser

Nous sommes en train de danser.

1 *Où sont-ils? Que font-ils?*

PARLER/ÉCRIRE Pour chaque personne, choisissez un endroit et dites où cette personne est. Dites aussi ce qu'elle est en train de faire.

PERSONNES	ENDROITS	ACTIVITIÉS
je	dans la cuisine	dîner
tu	dans la rue	faire du roller
vous	dans un magasin	organiser une fête
nous	au garage	préparer le dîner
Stéphanie	au stade	acheter des vêtements
Alice et Paul	au restaurant	jouer au foot
	chez un copain	réparer le vélo

▶ **Je suis chez un copain.**
Je suis en train d'organiser une fête.

2 *À qui est-ce?* (Whose is it?)

PARLER Demandez à qui sont les objets suivants. Un(e) camarade va répondre. (Attention: **à + le = au; à + les = aux**)

▶ l'appareil-photo (Charlotte)
— **À qui est l'appareil-photo? À toi?**
— **Non, il n'est pas à moi. Il est à Charlotte.**

1. le DVD (Thomas)
2. le livre (le professeur)
3. l'ordinateur (mon cousin)
4. le portable (le cousin d'Antoine)
5. le baladeur (mon copain)
6. la veste (le copain d'Éric)
7. la moto (ma voisine)
8. la voiture rouge (les voisins)

3 *Questions personnelles* PARLER/ÉCRIRE

À L'HEURE

• **Bleu, blanc, rouge**
Une montre dynamique (en trois couleurs) qui plaît aux jeunes. Prix spécial: 15 euros

1. Es-tu toujours d'accord avec tes copains? avec tes parents? avec tes professeurs? Quand est-ce que tu n'es pas d'accord avec eux?
2. En général, est-ce que les élèves sont à l'heure pour la classe de français? Et le professeur? Et toi, es-tu toujours à l'heure?
3. Quand tu as un rendez-vous, est-ce que tu es généralement en retard ou en avance? Et le copain (ou la copine) avec qui tu as rendez-vous, est-ce qu'il/elle est à l'heure? Qu'est-ce que tu fais quand tes amis ne sont pas à l'heure?

UN JEU Où sont-ils? Que font-ils?

You can do Act. 1 as a game. Divide the class into teams of three. Each team chooses a person (PERSONNE) and decides where that subject is (ENDROIT) and what he/she is doing (ACTIVITÉ). All team members write down the same sentences.

Then the group chooses another subject and two other elements. All three members write down the next two sentences.

The game is played against the clock. For example, you may set a 5-minute time limit. The team that has the most correct sentences in that time is the winner.

1 COMPREHENSION making logical statements about current activities

Answers will vary.
- Je suis dans la cuisine. Je suis en train de préparer le dîner.
- Tu es dans la rue. Tu es en train de faire du roller.
- Vous êtes chez un copain. Vous êtes en train d'organiser une fête.
- Nous sommes dans un magasin. Nous sommes en train d'acheter des vêtements.
- Stéphanie est au garage. Elle est en train de réparer le vélo.
- Alice et Paul sont au stade. Ils sont en train de jouer au foot.

2 COMPREHENSION asking who owns what

1. –À qui est le DVD? À toi?
–Non, il n'est pas à moi. Il est à Thomas.
2. –À qui est le livre? À toi?
–Non, il n'est pas à moi. Il est au professeur.
3. –À qui est l'ordinateur? À toi?
–Non, il n'est pas à moi. Il est à mon cousin.
4. –À qui est le portable? À toi?
–Non, il n'est pas à moi. Il est au cousin d'Antoine.
5. –À qui est le baladeur? À toi?
–Non, il n'est pas à moi. Il est à mon copain.
6. –À qui est la veste? À toi?
–Non, elle n'est pas à moi. Elle est au copain d'Éric.
7. –À qui est la moto? À toi?
–Non, elle n'est pas à moi. Elle est à ma voisine.
8. –À qui est la voiture rouge? À toi?
–Non, elle n'est pas à moi. Elle est aux voisins.

3 COMMUNICATION answering personal questions

Answers will vary.
1. Oui, je suis toujours d'accord avec mes copains / mes parents / mes professeurs. (Non, je ne suis pas toujours d'accord avec mes copains / mes parents / mes professeurs.)
Je ne suis pas d'accord avec eux quand ils (sont ridicules, ne sont pas généreux).
2. Oui, en général, les élèves sont à l'heure pour la classe de français. (Non, en général, les élèves ne sont pas à l'heure pour la classe de français. En général, ils sont en avance / en retard.)
Le professeur est toujours à l'heure (en avance / en retard) pour la classe de français.
Moi, je suis toujours (en avance / en retard).
3. Quand j'ai un rendez-vous, je suis généralement à l'heure (en avance / en retard). Le copain (la copine) avec qui j'ai rendez-vous est à l'heure (en avance / en retard). Quand mes amis ne sont pas à l'heure, j'attends (je n'attends pas).

SECTION B

Communicative function
Describing people and things

Teaching Resource Options

PRINT  
Workbook PE, pp. 17–22
Reprise/Unit 1 Resource Book
Communipak, pp. 190–213
Workbook TE, pp. 87–92

TECHNOLOGY
Power Presentations

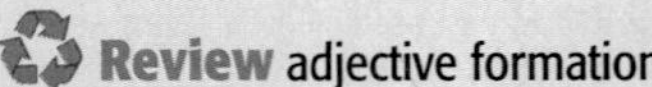

Review adjective formation

Looking ahead The complete forms of **beau, nouveau,** and **vieux** are reviewed in Lesson 26.

Teaching note Have students remember these adjectives by thinking of "BAGS":

B	Beauty	**joli, beau**
A	Age	**jeune, vieux, nouveau**
G	Goodness	**bon, mauvais**
S	Size	**grand, petit**

B Les adjectifs: formes et position

FORMS

Review the endings of regular adjectives:

	SINGULAR	PLURAL		
MASCULINE	–	-s	**petit**	**petits**
FEMININE	-e	-es	**petite**	**petites**

→ Adjectives that end in **-e** in the masculine singular do not add another **-e** in the feminine singular.
Marc est **dynamique.** Hélène est **dynamique** aussi.

→ Adjectives that end in **-s** in the masculine singular remain the same in the masculine plural.
Philippe est **français.** Éric et Patrick sont **français** aussi.

→ Adjectives that do not follow the above patterns are IRREGULAR.
Alain est **beau.** Stéphanie est **belle.**
Mon grand-père est **vieux.** Ma tante est **vieille.**
J'ai un **nouveau** copain. Qui est ta **nouvelle** copine?

POSITION

Most adjectives come AFTER the noun they modify.
J'ai des amis **sympathiques.** Mes parents ont une voiture **japonaise.**

→ The following adjectives, however, usually come BEFORE the noun:

grand ≠ petit	*big ≠ small*	Mes voisins ont une **petite** voiture.
bon (bonne) ≠ mauvais	*good ≠ bad*	Claire est une **bonne** élève.
beau (belle)	*beautiful*	Vous avez une **belle** maison.
nouveau (nouvelle)	*new*	Paul a un **nouveau** portable.
vieux (vieille)	*old*	J'ai un **vieux** vélo.
joli	*pretty*	Tu as une **jolie** montre.
jeune	*young*	Nous avons un **jeune** professeur.

→ The adjectives **beau**, **nouveau**, and **vieux** become **bel**, **nouvel**, and **vieil** before a vowel sound.
un **bel** appartement un **nouvel** ami un **vieil** homme

J&J
JEUNE & JOLIE
Le nouveau magazine des jeunes filles d'aujourd'hui

VOCABULAIRE Quelques descriptions

ADJECTIFS

riche ≠ pauvre	*rich ≠ poor*	**sensible**	*sensitive*
content ≠ triste	*happy ≠ sad*	**sympathique (sympa)**	*nice*
juste ≠ injuste	*fair ≠ unfair*	**aimable**	*pleasant, nice*
poli ≠ impoli	*polite ≠ impolite*	**bête**	*dumb, silly*
drôle ≠ pénible	*funny ≠ boring*	**égoïste**	*selfish*
		timide	*shy*

ADVERBES

très	*very*	Ma tante Lucie est **très** sympa.
trop	*too*	Ne sois pas **trop** triste.
assez	*rather, pretty*	Mon petit frère est **assez** drôle.

MON CHIEN EST BÊTE!

4 Comment sont-ils?

PARLER/ÉCRIRE Complétez les descriptions avec un adjectif du **Vocabulaire.**

1. Marc n'aime pas aider ses copains. C'est un garçon …
2. Alice invite ses copains chez elle. C'est une amie …
3. Mes voisins sont millionnaires. Ce sont des gens …
4. Stéphanie a beaucoup d'humour. C'est une fille …
5. Isabelle n'aime pas parler en public. C'est une fille …
6. Madame Labalance donne le même *(same)* salaire aux employés qui font le même travail. C'est une patronne …
7. Florence dit *(says)* toujours «s'il vous plaît» et «merci». C'est une fille …
8. Le petit garçon pleure *(cries)* beaucoup. C'est un garçon …

5 L'idéal

PARLER/ÉCRIRE Décrivez l'idéal pour les personnes suivantes. Utilisez les adjectifs suggérés dans des phrases affirmatives ou négatives.

▶ une bonne vendeuse
Une bonne vendeuse est polie et aimable. Elle n'est pas impatiente.

1. le copain idéal
2. la copine idéale
3. un bon professeur
4. une bonne secrétaire
5. une bonne patronne
6. un bon avocat
7. les bons employés
8. les bons élèves

amusant	bête	optimiste
compétent	efficace *(efficient)*	pessimiste
distant	dynamique	idéaliste
intéressant	juste	
indifférent	injuste	poli
intelligent	aimable	impoli
patient	honnête	
impatient	malhonnête	spontané
tolérant	sévère	réservé
strict	sincère	organisé

PACING

With Act. 5 and 6, do only one in class and assign the other as homework or extra practice for students who need it.

Language note Shortened adjectives like **sympa (sympathique)** and **extra (extraordinaire)** are usually invariable.

4 COMPREHENSION describing people

1. égoïste
2. sympathique / aimable
3. riches
4. drôle
5. timide
6. juste
7. polie
8. triste

5 COMMUNICATION describing people

Answers will vary.
1. Le copain idéal est sincère et patient (dynamique, tolérant). Il n'est pas distant (malhonnête, bête).
2. La copine idéale est amusante et intelligente (spontanée, intéressante). Elle n'est pas impolie (indifférente, injuste).
3. Un bon professeur est intéressant et assez strict (tolérant, organisé). Il n'est pas injuste (impatient, sévère).
4. Une bonne secrétaire est compétente et intelligente (organisée, efficace). Elle n'est pas distante (malhonnête, impatiente).
5. Une bonne patronne est organisée et dynamique (juste, optimiste). Elle n'est pas injuste (distante, impolie).
6. Un bon avocat est optimiste et compétent (intelligent, efficace). Il n'est pas pessimiste (réservé, indifférent).
7. Les bons employés sont efficaces et honnêtes (polis, compétents). Ils ne sont pas malhonnêtes (bêtes, impolis).
8. Les bons élèves sont compétents et polis (intelligents, aimables). Ils ne sont pas bêtes (impatients, impolis).

If students ask The adjectives are grouped as follows:

Col. 1: require an **-e;** masculine and feminine forms sound different

Col. 2 and top of col. 3: do not require an **-e;** masculine and feminine forms sound the same

Rest of col. 3: require an **-e;** masculine and feminine forms sound the same

Supplementary activity

Utilisez les adjectifs du **Vocabulaire** et de l'exercice 5 dans des phrases affirmatives et négatives pour décrire les personnes suivantes.

- mon meilleur copain/ma meilleure copine
- mon professeur favori
- mes voisins
- mon cousin/ma cousine
- mes camarades de classe
- le directeur (la directrice) de l'école

SECTION C

Communicative function
Describing people

Teaching Resource Options

PRINT 
Workbook PE, pp. 17–22
Reprise/Unit 1 Resource Book
Communipak, pp. 190–213
Workbook TE, pp. 87–92

TECHNOLOGY
Power Presentations

New material irregular adjectives

Language note Point out that the feminine forms of **-al** adjectives are regular.

Expansion Additional irregular feminine forms:

[-eur / -euse]

Il est **travailleur.**
Elle est **travailleuse.**

[-ateur / -atrice]

Il est **conservateur.**
Elle est **conservatrice.**

Extra practice Have students give the English equivalents of French cognates ending in **-eux:**

courageux → *courageous*
superstitieux → *superstitious*
délicieux → *delicious*
dangereux → *dangerous*

C Quelques adjectifs irréguliers

Many irregular adjectives follow predictable patterns:

- Adjectives in **-eux**

	MASCULINE	FEMININE		
SINGULAR	-eux	-euse	Alain est **sérieux.**	Alice est **sérieuse.**
PLURAL	-eux	-euses	Ses amis sont **sérieux.**	Ses amies sont **sérieuses.**

- Adjectives in **-al**

	MASCULINE	FEMININE		
SINGULAR	-al	-ale	Paul est **original.**	Valérie est **originale.**
PLURAL	-aux	-ales	Il a des amis **originaux.**	Elle a des amies **originales.**

- Adjectives with irregular feminine forms.

MASCULINE	FEMININE		
-if	-ive	Paul est **actif.**	Sylvie est **active.**
-el	-elle	Éric est **ponctuel.**	Sa soeur est **ponctuelle.**
-on	-onne	Ce sandwich est **bon.**	Cette glace est **bonne.**
-en	-enne	Marc est **canadien.**	Alice est **canadienne.**

VOCABULAIRE La personnalité

[-eux/-euse]	**ambitieux** **consciencieux** **curieux**	**ennuyeux** *(boring)* **généreux** **sérieux**	**heureux** *(happy)* **malheureux** *(unhappy)* **paresseux** *(lazy)*
[-al (-aux)]	**génial** *(great)*	**libéral**	**original**
[-if/-ive]	**actif** **imaginatif**	**impulsif** **intuitif**	**naïf** **sportif** *(athletic)*
[-el/-elle]	**intellectuel**	**ponctuel**	**spirituel** *(witty)*
[-on/-onne]	**mignon** *(cute)*		
[-en/-enne]	**musicien** *(musical)*		

Je suis sportif.
Je suis sportive aussi.

6 Substitutions

PARLER/ÉCRIRE Remplacez les noms soulignés par les noms entre parenthèses. Faites les changements nécessaires.

▶ Mon oncle n'est pas toujours ponctuel. (mes cousines)
Mes cousines ne sont pas toujours ponctuelles.

1. Mon copain est génial. (ma cousine / mes amis)
2. Ma mère est assez libérale. (mon père/mes profs / mes grands-parents)
3. La secrétaire de Madame Lebeau est très sérieuse. (les employés / le patron / les filles)
4. Cette actrice est très originale. (cet écrivain / ces dessinateurs / ces artistes françaises)
5. Votre voisine n'est pas très sportive. (tes soeurs / mon frère / nos cousins)
6. Ton frère est très mignon. (la nouvelle élève / tes copines / le copain d'Isabelle)

7 Préférences personnelles

PARLER Demandez à vos camarades quelles qualités ils préfèrent.

▶ impulsif ou patient?
—Préfères-tu les personnes impulsives ou les personnes patientes?
—Je préfère les personnes impulsives. (Je préfère les personnes patientes.)

1. sportif ou intellectuel?
2. imaginatif ou réaliste?
3. actif ou paresseux?
4. intuitif ou logique?
5. calme ou ambitieux?
6. sérieux ou original?
7. consciencieux ou négligent?
8. ennuyeux ou impulsif?

8 Une question de personnalité

PARLER/ÉCRIRE Ces filles sont vos amies. Décrivez la personnalité de chacune *(each one)*. Pour cela, utilisez un adjectif du **Vocabulaire.**

▶ Zoé prépare toujours ses devoirs avant le dîner.

▶ Elle est consciencieuse.

1. Béatrice est toujours à l'heure à ses rendez-vous.
2. Stéphanie adore nager. Elle fait du ski, fait du jogging et joue au tennis.
3. Hélène adore raconter *(to tell)* des histoires drôles.
4. Alice aide toujours ses amis.
5. Valérie chante dans la chorale. Elle joue aussi de la guitare.
6. Charlotte déteste étudier. Elle préfère regarder la télé … ou dormir *(sleep)*.
7. Après le lycée, Isabelle veut créer sa propre *(own)* compagnie.
8. Nathalie a un copain sympathique et des parents généreux. Elle est toujours contente.

CREATIVE WRITING ACTIVITY

Have students use the letters of their French **prénom** and select appropriate adjectives to create a descriptive "acrostic."

Be sure that girls use feminine forms and boys use masculine forms of the adjectives.

```
aim A ble
 drô L e
     A mbitieux
sport I f
   gé N éreux
```

6 PRACTICE adjective agreement

1. Ma cousine est géniale. Mes amis sont géniaux.
2. Mon père est assez libéral. Mes profs sont assez libéraux. Mes grands-parents sont assez libéraux.
3. Les employés de Mme Lebeau sont très sérieux. Le patron de Mme Lebeau est très sérieux. Les filles de Mme Lebeau sont très sérieuses.
4. Cet écrivain est très original. Ces dessinateurs sont très originaux. Ces artistes françaises sont très originales.
5. Tes soeurs ne sont pas très sportives. Mon frère n'est pas très sportif. Nos cousins ne sont pas très sportifs.
6. La nouvelle élève est très mignonne. Tes copines sont très mignonnes. Le copain d'Isabelle est très mignon.

7 EXCHANGES discussing preferences

Answers will vary.

1. –Préfères-tu les personnes sportives ou intellectuelles?
   –Je préfère les personnes sportives (intellectuelles).
2. –Préfères-tu les personnes imaginatives ou réalistes?
   –Je préfère les personnes imaginatives (réalistes).
3. –Préfères-tu les personnes actives ou paresseuses?
   –Je préfère les personnes actives (paresseuses).
4. –Préfères-tu les personnes intuitives ou logiques?
   –Je préfère les personnes intuitives (logiques).
5. –Préfères-tu les personnes calmes ou ambitieuses?
   –Je préfère les personnes calmes (ambitieuses).
6. –Préfères-tu les personnes sérieuses ou originales?
   –Je préfère les personnes sérieuses (originales).
7. –Préfères-tu les personnes consciencieuses ou négligentes?
   –Je préfère les personnes consciencieuses (négligentes).
8. –Préfères-tu les personnes ennuyeuses ou impulsives?
   –Je préfère les personnes impulsives (ennuyeuses).

Language note Remind students that since **personne** is always feminine, the accompanying adjectives must also be feminine.

8 COMPREHENSION describing people's personalities

1. Elle est ponctuelle.
2. Elle est sportive (active).
3. Elle est spirituelle.
4. Elle est généreuse.
5. Elle est musicienne.
6. Elle est paresseuse.
7. Elle est ambitieuse.
8. Elle est heureuse.

SECTION D

Communicative function
Pointing out people and things

Teaching Resource Options

PRINT

Workbook PE, pp. 17–22
Reprise/Unit 1 Resource Book
- Audioscript, p. 113
- Communipak, pp. 190–213
- Family Involvement, pp. 104–105
- Workbook TE, pp. 87–92

Assessment
- Lesson 2 Quiz, pp. 118–119
- Portfolio Assessment, pp. 235–244
- Audioscript for Quiz 2, p. 117
- Answer Keys, pp. 277–280

AUDIO & VISUAL

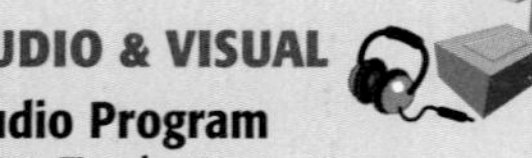

Audio Program
CD 1 Track 11
CD 15 Track 2

Overhead Transparencies
15 *Comment sont-ils?*

TECHNOLOGY

Power Presentations
Test Generator CD-ROM/McDougal Littell Assessment System

Review c'est vs. il est

Teaching note You may want to have students give the English equivalents of the sentences in the chart.

Have them notice that:
C'est can mean *it is, he is, she is.*
Il est can mean *he is, it is.*
Elle est can mean *she is, it is.*

Have students form sentences about the people and possessions in **Transparency 15,** contrasting **c'est** and **il est.**

C'est M. Duval.
Il est heureux.
M. Duval a un vélo.
C'est un Peugeot.
Il est grand.
C'est un nouveau vélo., etc.

D *C'est* ou *il est*

Compare the use of **c'est** and **il/elle est** to describe people or things.

	C'est + NAME **C'est** + ARTICLE + NOUN + (ADJECTIVE) **C'est** + ARTICLE + ADJECTIVE + NOUN	**Il/Elle est** + ADJECTIVE
	C'est André. **C'est** un copain. **C'est** un copain généreux.	**Il est** sympathique.
	C'est Stéphanie. **C'est** une cousine. **C'est** une fille très drôle.	**Elle est** intelligente.
	C'est le vélo de Paul. **C'est** un bon vélo.	**Il est** vieux.
	C'est une Renault. **C'est** une petite voiture.	**Elle est** rapide *(fast).*

→ **C'est** is also used with **mon** and **ma.**
C'est **mon copain.** C'est **ma cousine.**

→ Note the negative and plural forms of **c'est:**
C'est Paul. **Ce n'est pas** Éric.
Ce sont mes copains. **Ce ne sont pas** mes cousins.

→ Note the two ways of referring to professions:
Voici Madame Rémi. **Elle est** architecte.
C'est une architecte.

À votre tour!

OBJECTIFS
Now you can ...
- describe people

1   ***Autoportrait*** *(Self-portrait)*

PARLER/ÉCRIRE Faites votre autoportrait dans une lettre à un(e) correspondant(e) français(e). Mentionnez
- les aspects positifs de votre personnalité
- quelques *(a few)* aspects négatifs.

Si possible, donnez des exemples pour vos qualités et vos petits défauts *(defects).*

STRATEGY Writing
List some adjectives that describe your strengths and your weaknesses. Then think of examples or situations to illustrate each adjective and write your composition.

QUALITÉS	DÉFAUTS
______	______
______	______

PORTFOLIO ASSESSMENT

Depending on your goals and objectives, you may or may not wish to assign all of the activities in the **À votre tour!** section.

You will probably choose only one oral and one written activity to go into the students' portfolios for Unit 1.

The following activity is a good portfolio topic:
WRITTEN Activity 1

9 Présentations

PARLER/ÉCRIRE Luc présente certaines personnes et montre certaines choses à ses amis. Jouez le rôle de Luc.

- Marie
- une cousine
- canadienne
- une fille géniale

CREPERIE
C'est Marie.
C'est ma cousine.
Elle est canadienne.
C'est une fille géniale.

1
- ma mère
- pharmacienne
- généreuse

2
- Monsieur Sanchez
- mon prof d'espagnol
- mexicain
- très strict
- un bon prof

3
- mes voisins
- des gens intéressants
- aimables et polis

4
- Attila
- mon chien
- un terrier
- très intelligent

5
- mon vélo
- anglais
- un VTT
- trop petit pour moi

6
- la voiture de mon oncle
- une Renault
- une voiture française
- confortable
- économique

2 La personne mystérieuse

PARLER/ÉCRIRE En groupe de trois ou quatre, choisissez une personne connue et décrivez-la en un ou deux paragraphes.

Ensuite, lisez cette description au reste de la classe. Qui va découvrir l'identité de cette personne mystérieuse?

Personnes connues
- un acteur
- une actrice
- un chanteur
- une chanteuse
- un(e) athlète

9 ROLE PLAY describing people and things

1. C'est ma mère. Elle est pharmacienne. Elle est généreuse.
2. C'est M. Sanchez. C'est mon prof d'espagnol. Il est mexicain. Il est très strict. C'est un bon prof.
3. Ce sont mes voisins. Ce sont des gens très intéressants. Ils sont aimables et polis.
4. C'est Attila. C'est mon chien. C'est un terrier. Il est très intelligent.
5. C'est mon vélo. C'est un vélo anglais. C'est un VTT. Il est trop petit pour moi.
6. C'est la voiture de mon oncle. C'est une Renault. C'est une voiture française. Elle est confortable. Elle est économique.

À VOTRE TOUR!

1 WRITTEN SELF-EXPRESSION describing oneself

Chère Michèle,
Je m'appelle Laure. Je suis sportive et dynamique en général. J'aime jouer au tennis et au volley, et j'aime nager. Je suis assez optimiste et très spontanée, mais pas très tolérante (je n'aime pas les personnes malhonnêtes ou bêtes) et je ne suis pas toujours patiente (je n'aime pas attendre le bus!). Mes parents et mes amis sont très sympathiques. Je suis très heureuse. Et toi? Parle-moi de toi.
Ton amie,
Laure

2 COMMUNICATION describing famous people

Cette personne est acteur. Il est sensible et sympathique. Il est assez drôle, mais il peut être sérieux aussi. Il est très intéressant et dynamique. Il joue dans le film «Sixth Sense». (C'est Bruce Willis.)

LECTURE

Un jeu: Qui est-ce?

Objectives

- Reading for pleasure
- Reading for information

Lecture Un jeu: Qui est-ce?

Quatre amies sont à la table d'un café à Paris.

Ces amies sont de quatre nationalités différentes. Il y a ...

une Française · une Américaine · une Anglaise · une Allemande

Elles ont aussi des professions différentes. Il y a ...

une étudiante · une photographe · une journaliste · une pianiste

Lisez ce que disent ces quatre amies et déterminez par déduction logique la nationalité et la profession de chacune.

Sylvie

Je suis souvent à Paris pour mon travail, mais je n'habite pas à Paris. Je parle français et anglais. Je parle aussi allemand parce que mon père est allemand, mais je ne suis pas allemande. Je travaille pour un journal, mais je ne suis pas journaliste.

Pauline

J'habite à Paris. Je parle très bien français, mais je ne suis pas française. En fait, je ne suis pas européenne. J'aime cependant l'histoire européenne, mais je ne suis pas étudiante.

PRE-READING ACTIVITY

Have students read the title and skim over the format of the reading.

What does it remind them of?
[a reading game, matching each person with a profession and a nationality]

What kind of reading is required?
[careful reading and logical thinking]

Christine

Moi aussi, je suis souvent à Paris. J'adore cette ville! Je parle français et allemand. J'aime beaucoup la musique mais je ne suis pas musicienne. En ce moment, je suis en train de préparer un article sur le jazz en Europe.

Olga

Je suis à Paris parce que je suis en vacances. Je parle assez bien français. Au lycée, c'est ma matière favorite. Je parle aussi allemand, mais ce n'est pas ma langue maternelle.

SUGGESTIONS:

- Copiez les grilles° à droite sur une feuille de papier.
- Pour trouver la solution, procédez par élimination successive. (Par exemple: Pauline dit qu'elle n'est pas française. Mettez un «X» dans la case° «française».)

grilles *grids* **case** *box*

	française	américaine	anglaise	allemande
Sylvie				
Pauline	X			
Christine				
Olga				

	étudiante	photographe	journaliste	pianiste
Sylvie				
Pauline				
Christine				
Olga				

CLASSROOM MANAGEMENT Group reading practice

Have students work in small groups to try to identify the four people.

The recorder **(le/la secrétaire)** will make a copy of the two grids.

Observation activity Have students reread the text, looking for nouns used with descriptive adjectives:

déduction logique
l'histoire européenne
matière favorite
langue maternelle
élimination successive

a) Do the adjectives come before or after the nouns?
b) Can they tell if the adjectives are masculine or feminine?

Les nationalités

Answers

Pauline n'est pas européenne. Donc, elle est américaine.

Olga n'est pas française. (Elle parle français seulement assez bien.) Elle n'est pas allemande. Elle n'est pas américaine. (C'est Pauline qui est américaine.) Donc, elle est anglaise.

Sylvie n'est pas allemande. Donc, elle est française.

Christine est allemande.

	française	américaine	anglaise	allemande
Sylvie	√	X	X	X
Pauline	X	√	X	X
Christine	X	X	X	√
Olga	X	X	√	X

Les professions

Answers

Olga va à l'école. Donc, elle est étudiante.

Sylvie n'est pas journaliste, mais elle travaille pour un journal. Elle est donc photographe.

Christine n'est pas musicienne. Elle est donc journaliste.

Pauline est pianiste.

	étudiante	photographe	journaliste	pianiste
Sylvie	X	√	X	X
Pauline	X	X	X	√
Christine	X	X	√	X
Olga	√	X	X	X

Leçon 3

Main Topic Talking about people and their activities

Teaching Resource Options

PRINT 

Workbook PE, pp. 23–26
Activités pour tous PE, pp. 29–31
Block Scheduling Copymasters, pp. 25–32
Reprise/Unit 1 Resource Book
- *Activités pour tous* TE, pp. 125–127
- Audioscript, pp. 145, 146–148
- Communipak, pp. 190–213
- Lesson Plans, pp. 128–129
- Block Scheduling Lesson Plans, pp. 130–131
- Absent Student Copymasters, pp. 130–135
- Video Activities, pp. 138–143
- Videoscript, p. 144
- Workbook TE, pp. 121–124

AUDIO & VISUAL 

Audio Program
CD 1 Track 12
CD 6 Tracks 15–20

Overhead Transparencies
5 *Annecy*

TECHNOLOGY 

Online Workbook

VIDEO PROGRAM

VIDEO DVD

LEÇON 3

Allons dans un café!

TOTAL TIME: 2:02 min.
DVD Disk 1
Videotape 1 (COUNTER: 15:59 min.)

Teaching suggestion Use **Transparency 5** to show the location of the café and the lake.

Cultural notes

- **Le Lac d'Annecy** is a beautiful clear-water lake surrounded by mountains. There is a bicycle path around the lake, and in Annecy there is a park on the lake shore with walking paths and benches for people-watching. Steamboats **(les bateaux à vapeur)** offer different types of excursions with stops at several ports around the lake.
- Point out the "i" sign in the photo on the bottom left. Many cities in France have central bureaus **(le syndicat d'initiative)** where one can get tourist information, including maps **(un plan de la ville)**, a listing of cultural activities in the area, and information on lodging.

LEÇON 3

VIDÉO-SCÈNE

VIDÉO DVD AUDIO

Allons dans un café!

Dans l'épisode précédent, Armelle a parlé de son nouveau copain. Dans cet épisode, nous allons faire la connaissance du nouveau copain d'Armelle. Il s'appelle Pierre et il a quinze ans et demi.

Près du lac d'Annecy

Armelle arrive à son rendez-vous. Pierre l'attend.

Salut, Pierre!
Ça va?
Oui, ça va.
Et toi?
Ça va.

Qu'est-ce qu'on fait?
Je ne sais pas ... on peut faire une promenade?
Tu sais, je suis un peu fatiguée.
Alors, ... euh ... allons dans un café.

Il y a un café là-bas.
D'accord, allons-y!

Les deux amis traversent la rue.

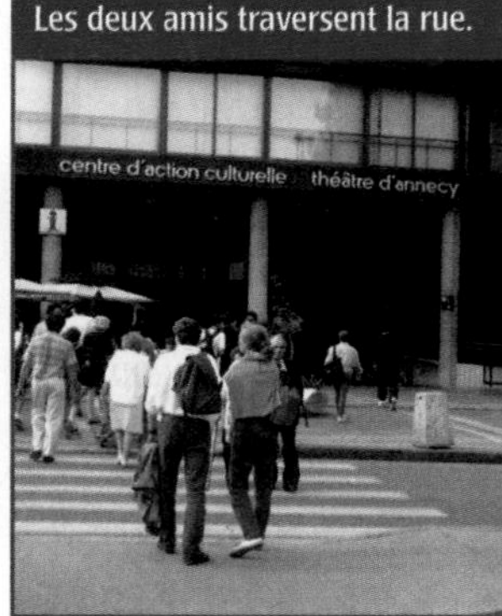

Il y a beaucoup de circulation aujourd'hui.

Fais attention!

INCLUSION

Metacognitive, Gifted & Talented Have students discuss the meaning of the word "idiom." Ask them to make a list of commonly used idioms in English, such as to eat quickly (chow down), to rain hard (raining cats and dogs), to sleep (to doze, to snooze), etc.. Have students discuss the importance of learning idiomatic expressions and their significance to understanding a culture.

Au café
Tu as soif?
et j'ai
aussi.

Tu veux un sandwich?
Non, j'ai plutôt envie d'une glace ...

Pierre appelle le garçon.
S'il vous plaît ...

Vous désirez?
Une glace à la framboise et un diabolo-menthe ...

Et pour vous, monsieur?
Une orange pressée. Merci!

Le garçon apporte les boissons et la glace.

Soudain, Pierre voit quelqu'un.
Tiens, regarde là-bas!

Qui est-ce?
?
à suivre ...

Compréhension

1. Comment s'appelle le nouveau copain d'Armelle?
2. Où vont Pierre et Armelle?
3. Pourquoi est-ce que Pierre doit faire attention?
4. Qu'est-ce qu'Armelle commande?°
5. Qu'est-ce que Pierre commande?
6. Qu'est-ce qui se passe° à la fin de la scène?

commande *orders* **se passe** *happens*

Cultural notes

- **Un diabolo-menthe** is made by adding green mint syrup **(du sirop de menthe)** to lemon-flavored soda **(une limonade).**
- **Une orange pressée** is freshly squeezed orange juice served with water and sugar on the side.

Compréhension

Answers

1. Il s'appelle Pierre.
2. Ils vont dans un café.
3. Pierre doit faire attention parce qu'il y a beaucoup de circulation.
4. Elle commande une glace à la framboise et un diabolo-menthe.
5. Il commande une orange pressée.
6. Pierre voit quelqu'un dans la rue.

Additional questions

1. Qu'est-ce que Pierre propose d'abord *(at first)* à Armelle? [Il propose de faire une promenade.]
2. Qu'est-ce qu'il propose ensuite? [Il propose d'aller dans un café.}

SECTION A

Communicative function
Talking about one's possessions, needs, and feelings

Teaching Resource Options

PRINT 

Workbook PE, pp. 23–26
Reprise/Unit 1 Resource Book
Communipak, pp. 190–213
Workbook TE, pp. 121–124

AUDIO & VISUAL 

Overhead Transparencies
16 *Expressions avec* ***avoir***

TECHNOLOGY 

Power Presentations

Vocabulary note **La grippe** is a *grippe* or *flu.*

 **Review** forms of **avoir**

Looking ahead The mastery of **avoir** is essential for the formation of the passé composé, which is the topic of the next unit.

Language note The imperative of **avoir** is not used frequently. You may wish to introduce it with the following expressions:

N'**aie** pas peur.
Ayez confiance.
N'**ayons** pas l'air ridicule.

Be sure students pronounce these forms correctly.

aie /e/
ayez /eje/
ayons /ejɔ̃/

New material **avoir peur, avoir sommeil, avoir l'air**

If students ask The questions that correspond to these expressions are:

De quoi avez-vous besoin?
What do you need?
De quoi avez-vous envie?
What do you feel like having, doing?

A Les expressions avec *avoir*

Review the forms of the verb **avoir** *(to have)*.

J'	**ai**	un portable.	Nous	**avons**	un rendez-vous.
Tu	**as**	un problème.	Vous	**avez**	une nouvelle voiture.
Il/Elle/On	**a**	un examen.	Ils/Elles	**ont**	beaucoup de copains.

VOCABULAIRE Quelques expressions avec *avoir*

Quel âge as-tu?
J'ai cinq ans.

▶ *How to talk about age:*

Quel âge as-tu?	***How old are*** *you?*
Ma mère **a 39 ans.**	*My mother* ***is 39 (years old).***

▶ *How to describe certain feelings and states:*

avoir faim/soif	*to be hungry/thirsty*	Tu **as faim**?
avoir chaud/froid	*to be hot, warm/cold*	Nous **avons froid.**
avoir raison/tort	*to be right/wrong*	Les élèves **ont tort.**
avoir peur	*to be afraid*	Je **n'ai pas peur.**
avoir sommeil	*to be sleepy, tired*	Mon frère **a sommeil.**
avoir de la chance	*to be lucky*	Vous **avez de la chance.**
avoir l'air + ADJECTIVE	*to seem, look*	Marc **a l'air** fatigué.

▶ *How to express needs, desires and intentions:*

avoir besoin de + NOUN OR INFINITIVE

J'ai besoin d'argent.	***I need*** *money.*
Nous **avons besoin de** travailler.	*We* ***need*** *to work.*

avoir envie de + NOUN OR INFINITIVE

Alice **a envie d'**une glace.	*Alice* ***wants*** *an ice cream.*
Qu'est-ce que tu **as envie de** manger?	*What* ***do*** *you* ***feel like*** *eating?*

avoir l'intention de + INFINITIVE

Léa **a l'intention de** voyager.	*Léa* ***intends*** *to travel.*

▶ *How to ask what's wrong:*

Qu'est-ce que tu as?	*What's wrong (with you)?*
Qu'est-ce qu'il y a?	*What's the matter?*

LANGUAGE NOTE Expressions with *avoir*

Remind students that French uses **avoir** in many expressions where English uses the verb *to be.*

Point out that the words following **avoir** are nouns, not adjectives:

J'ai faim. [= *I have hunger.*]
J'ai peur. [= *I have fear.*]

Remind students that when talking about age, the word **ans** is never left out.

J'ai dix ans.
[= *I have ten years (of age).*]

1 Le bonheur *(Happiness)*

PARLER/ÉCRIRE Expliquez pourquoi les personnes suivantes sont heureuses.

▶ nous / un bon prof de français
Nous avons un bon prof de français.

1. vous / des parents généreux
2. moi / des copains sympathiques
3. toi / un nouveau portable
4. Éric / une nouvelle copine
5. nous / une grande maison
6. les profs / des élèves intelligents
7. les Lacour / des voisins aimables
8. ma soeur / un job intéressant

2 Oh là là!

PARLER/ÉCRIRE Que disent les personnes suivantes?

3 Projets

PARLER/ÉCRIRE Dites ce que les personnes suivantes ont envie de faire. Dites aussi de quoi elles ont besoin.

une raquette
un job
un vélo
un passeport
une batte
un maillot de bain
un baladeur
un télescope
dix dollars

▶ Philippe / jouer au baseball
Philippe a envie de jouer au baseball. Il a besoin d'une batte.

1. nous / aller à la campagne
2. Mme Lasalle / visiter l'Égypte
3. vous / nager
4. toi / écouter tes CD
5. moi / jouer au tennis
6. Hélène / regarder les étoiles *(stars)*
7. Patrick / gagner de l'argent
8. mes copains / manger une pizza

Language note After **avoir l'air,** the adjective usually agrees with the subject:

Philippe a l'air heureux.
Mélanie a l'air heureuse.

It may also remain in the masculine singular to agree with **l'air:**

Mélanie a l'air heureux.

1 DESCRIPTION saying what people have

1. Vous avez des parents généreux.
2. J'ai des copains sympathiques.
3. Tu as un nouveau portable.
4. Éric a une nouvelle copine.
5. Nous avons une grande maison.
6. Les profs ont des élèves intelligents.
7. Les Lacour ont des voisins aimables.
8. Ma soeur a un job intéressant.

Expansion (using **parce que**)

Nous sommes heureux parce que nous avons un bon prof de français.

2 COMPREHENSION describing feelings and conditions

1. J'ai chaud.
2. J'ai peur.
3. J'ai tort.
4. J'ai sommeil.
5. J'ai de la chance.
6. J'ai froid.
7. J'ai soif.

Expansion (to activate **avoir l'air**)

Point to the following drawings and ask:

(3) **Est-ce qu'il a l'air content?**
(4) **Est-ce qu'il a l'air fatigué?**
(5) **Est-ce qu'elle a l'air heureuse ou malheureuse?**

3 COMPREHENSION expressing wishes and needs

1. Nous avons envie d'aller à la campagne. Nous avons besoin d'un vélo.
2. Mme Lasalle a envie de visiter l'Égypte. Elle a besoin d'un passeport.
3. Vous avez envie de nager. Vous avez besoin d'un maillot de bain.
4. Tu as envie d'écouter tes CD. Tu as besoin d'un baladeur.
5. J'ai envie de jouer au tennis. J'ai besoin d'une raquette.
6. Hélène a envie de regarder les étoiles. Elle a besoin d'un télescope.
7. Patrick a envie de gagner de l'argent. Il a besoin d'un job.
8. Mes copains ont envie de manger une pizza. Ils ont besoin de dix dollars.

PERSONALIZATION Projets

Use the cues in Act. 3 to ask individual students similar questions.

Bob, est-ce que tu as envie de jouer au baseball?

[if so] **Alors, de quoi as-tu besoin? Anne et Barbara, avez-vous envie de jouer au baseball aussi?,** etc.

INCLUSION Multisensory

Divide the class into teams for playing charades. Have students take turns choosing an expression with **avoir** from the list on page 56 and acting it out. Each team will guess the expression in the infinitive form. The guessing student must say and write the expression correctly on the board to win the point for his/her team.

SECTION B

Communicative function
Describing what people are doing

Teaching Resource Options

PRINT

Workbook PE, pp. 23–26
Reprise/Unit 1 Resource Book
Communipak, pp. 190–213
Workbook TE, pp. 121–124

AUDIO & VISUAL

Overhead Transparencies
17 *Expressions avec **faire***

TECHNOLOGY

Power Presentations

Review present tense of **faire**

Pronunciation faisons /fəzɔ̃/

Language note
faire (faisable) → *feasible*

Review Remind students that **faire** is used in many weather expressions:

Il fait beau. **Il fait froid.**

New material faire la cuisine, faire la vaisselle.

Review Ask students if they remember other expressions with **faire:**

faire un match
faire un voyage
faire un pique-nique
faire des achats

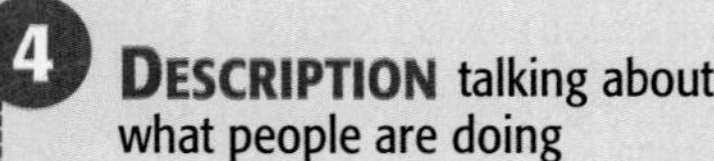

4 DESCRIPTION talking about what people are doing

1. –Qu'est-ce que vous faites?
–Nous faisons les courses.
2. –Qu'est-ce que tu fais?
–Je fais la cuisine.
3. –Qu'est-ce qu'il fait?
–Il fait la vaisselle.
4. –Qu'est-ce qu'elles font?
–Elles font leurs devoirs.

B Les expressions avec *faire*

Review the forms of the verb **faire** *(to do)*.

Je	**fais**	un sandwich.	Nous	**faisons**	attention.
Tu	**fais**	tes devoirs.	Vous	**faites**	un voyage.
Il/Elle/On	**fait**	une promenade.	Ils/Elles	**font**	la vaisselle.

Faire is one of the most common French verbs. Its basic meaning is *to do, to make.*
Qu'est-ce que **tu fais**? *What are you doing?*

VOCABULAIRE Quelques expressions avec *faire*

▶ ***How to talk about activities one is engaged in:***

faire { **du** / **de la** / **des** } + SCHOOL SUBJECT — *to study*; + SPORT OR PASTIME — *to be active in, to do*

Nous **faisons de l'anglais.**
Mes amis **font du roller.**
Il **fait de la photo.**

→ In negative sentences, **faire du, de la, des (de l')** become **faire de (d').**
–Vous **faites de la** gymnastique aujourd'hui?
–Non, nous **ne faisons pas de** gymnastique.

▶ ***How to talk about many common activities:***

faire attention	*to pay attention, be careful*	**Fais attention!**
faire ses devoirs	*to do one's homework*	Tu **fais tes devoirs.**
faire une promenade	*to go for a walk, ride*	Je **fais une promenade.**
faire la cuisine	*to cook, to do the cooking*	Nous **faisons la cuisine.**
faire la vaisselle	*to do the dishes*	Qui **fait la vaisselle**?
faire les courses	*to do the (food) shopping*	Papa **fait les courses.**

4 *Qu'est-ce qu'ils font?*

PARLER/ÉCRIRE Complétez les dialogues et dites ce que font les personnes suivantes.

1. 
–Qu'est-ce que vous … ?
–Nous …

2. 
–Qu'est-ce que tu … ?
–Je …

3. –Qu'est-ce qu'il … ?
–Il …

4. 
–Qu'est-ce qu'elles … ?
–Elles …

5 Études professionnelles

PARLER/ÉCRIRE Pour chaque personne, choisissez un sujet d'étude et une profession.

PERSONNES	SUJETS D'ÉTUDE	PROFESSIONS
Éric	l'informatique	artiste
Véronique	la biologie	avocat(e)
Sylvie	les arts plastiques	chimiste
mon copain	l'allemand	interprète
ma copine	la chimie	programmeur (programmeuse)
la fille des voisins	le droit *(law)*	médecin

▶ **Éric fait de la chimie. Il veut être chimiste.**

6 Conversation

PARLER Demandez à vos camarades s'ils font les choses suivantes. (Vous pouvez continuer la conversation avec des questions comme **où**? **quand**? **avec qui**?)

▶ le ski

1. le jogging
2. la gymnastique
3. la photo
4. le camping
5. le vélo
6. le ski nautique
7. le skate
8. le théâtre
9. la danse
10. le roller

Tu fais du ski?
Oui, je fais du ski.
(Non, je ne fais pas de ski.)

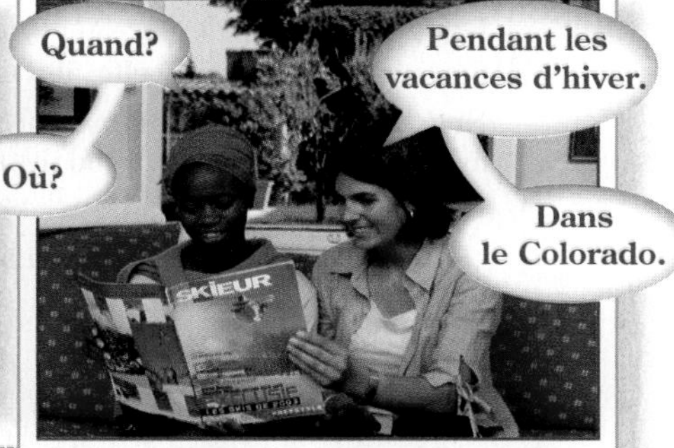
Quand?
Pendant les vacances d'hiver.
Où?
Dans le Colorado.

7 Questions personnelles PARLER/ÉCRIRE

1. Fais-tu des maths? de l'espagnol? de la chimie? de l'informatique?
2. En général, quand fais-tu tes devoirs, avant ou après le dîner?
3. Est-ce que tu fais attention quand le professeur parle? quand tu as un examen? quand tu traverses *(cross)* la rue?
4. Qui fait les courses dans ta famille? dans quel supermarché?
5. Est-ce que tu aimes faire la cuisine? Quelles sont tes spécialités?
6. Est-ce que tu fais la vaisselle de temps en temps *(from time to time)*? Généralement, qui fait la vaisselle chez toi?
7. Est-ce que tu aimes faire des promenades? Quelles sortes de promenades fais-tu? des promenades à pied? à vélo? en voiture?

5 COMPREHENSION making logical statements about people's studies

Véronique fait de l'allemand. Elle veut être interprète.
Sylvie fait de la biologie. Elle veut être médecin.
Mon copain fait du droit. Il veut être avocat.
Ma copine fait des arts plastiques. Elle veut être artiste.
La fille des voisins fait de l'informatique. Elle veut être programmeuse.

Expansion (alternate response format):

Éric veut être chimiste.
Il fait de la chimie et de l'informatique.
Il ne fait pas de droit.

6 EXCHANGES discussing leisure activities

Answers will vary.
–Tu fais … ?
–Oui, je fais … (Non, je ne fais pas de …)
–Quand?
– …
–Où?
– …
–Avec qui?
–Avec …

1. du jogging (jogging)
2. de la gymnastique (gymnastique)
3. de la photo (photo)
4. du camping (camping)
5. du vélo (vélo)
6. du ski nautique (ski nautique)
7. du skate (skate)
8. du théâtre (théâtre)
9. de la danse (danse)
10. du roller (roller)

7 COMMUNICATION answering personal questions

Answers will vary.

1. Oui, je fais des maths / de l'espagnol / de la chimie / de l'informatique. (Non, je ne fais pas de maths / d'espagnol / de chimie / d'informatique.)
2. En général, je fais mes devoirs avant (après) le dîner.
3. Oui, je fais attention quand le professeur parle / j'ai un examen / je traverse la rue. (Non, je ne fais pas attention quand le professeur parle / j'ai un examen / je traverse la rue.)
4. Ma mère fait (Ma soeur fait / Mes parents font / Je fais) les courses dans ma famille. Elle fait (Ils font / Je fais) les courses au supermarché de mon quartier.
5. Oui, j'aime faire la cuisine. Mes spécialités sont (les spaghetti, la salade niçoise, la pizza). (Non, je n'aime pas faire la cuisine.)
6. Oui, je fais la vaisselle de temps en temps (souvent). (Non, je ne fais pas la vaisselle.) Généralement, (mon père / mon frère / ma mère) fait la vaisselle chez moi.
7. Oui, j'aime faire des promenades. Je fais des promenades à pied / à vélo / en voiture. (Non, je n'aime pas faire de promenades.)

SECTION C

Communicative function
Asking questions

Teaching Resource Options

PRINT 

Workbook PE, pp. 23–26
Reprise/Unit 1 Resource Book
Audioscript, p. 145
Communipak, pp. 190–213
Family Involvement, pp. 136–137
Workbook TE, pp. 121–124

Assessment
Lesson 3 Quiz, pp. 150–151
Portfolio Assessment, pp. 235–244
Audioscript for Quiz 3, pp. 148–149
Answer Keys, pp. 277–280

AUDIO & VISUAL 

Audio Program
CD 1 Track 13
CD 15 Track 3

TECHNOLOGY

Power Presentations
Test Generator CD-ROM/McDougal Littell Assessment System

 **Review** inverted questions.

Pronunciation The final **"d"** of singular verbs is pronounced as a /t/ in inversion.

/t/
Vend-elle des ordinateurs?

8 EXCHANGES getting to know one's classmates

Answers will vary.

1. –Dans quelle rue habites-tu?
–J'habite dans la rue (Bonaparte).
2. –À quels sports joues-tu?
–Je joue (au tennis et au volley).
3. –Quand fais-tu tes devoirs?
–Je fais mes devoirs (avant le dîner).
4. –Quelle classe préfères-tu?
–Je préfère la classe de (français).
5. –Combien de frères et de soeurs as-tu?
–J'ai (deux frères et une soeur). (Je n'ai pas de frères / pas de soeurs.)
6. –Quels programmes regardes-tu à la télé?
–Je regarde (les films d'aventures et les sports).
7. –Quel type de musique aimes-tu?
–J'aime (le rock et le rap).
8. –Dans quel magasin achètes-tu tes CD?
–J'achète mes CD (à la Fnac).

C Les questions avec inversion

There are several ways of asking questions in French. When the subject of the sentence is a pronoun, questions can be formed by INVERTING (that is, *reversing the order* of) the subject and the verb.

Compare the two ways of asking the same question:

WITH INTONATION	WITH INVERSION
Tu as un vélo?	**As-tu** un vélo?
Vous êtes français?	**Êtes-vous** français?
Elle vend des ordinateurs?	**Vend-elle** des ordinateurs?
Ils habitent à Québec?	**Habitent-ils** à Québec?

YES/NO QUESTIONS can be formed with inversion according to the pattern:

VERB + SUBJECT PRONOUN (+ REST OF SENTENCE)
Parlez-vous français?

→ In inverted questions, the verb and the subject pronoun are joined with a hyphen.

→ In inverted questions, the sound / t / is pronounced between the verb and the subject pronouns **il, elle, ils, elles,** and **on.**

Note that if the **il/elle/on**-form of the verb ends in a vowel, the letter **-t-** is inserted between the verb and the pronoun.

Il a un job. **A-t-il** un bon job?
Elle travaille. **Travaille-t-elle** beaucoup?

INFORMATION QUESTIONS are formed with inversion according to the pattern:

INTERROGATIVE EXPRESSION + VERB + SUBJECT PRONOUN (+ REST OF SENTENCE)	
Où **habites-tu**?	Avec qui **dînez-vous** ce soir?
Quand **travaille-t-il**?	Pourquoi **sont-ils** en retard?

8   Conversation

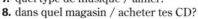

PARLER Posez des questions à vos camarades. Utilisez l'inversion.

▶ où / habiter?

1. dans quelle rue / habiter?
2. à quels sports / jouer?
3. quand / faire tes devoirs?
4. quelle classe / préférer?
5. combien de frères et de soeurs / avoir?
6. quels programmes / regarder à la télé?
7. quel type de musique / aimer?
8. dans quel magasin / acheter tes CD?

LANGUAGE NOTES

▶ Inverted questions are typically used in more formal conversations.
- In less formal conversations, French speakers form questions with **est-ce que.**
- In casual conversations, information questions are frequently formed by putting the question word(s) at the end of the sentence and using a rising intonation:

Tu habites **où**?
Vous parlez **à qui**?
Il s'appelle **comment**?

▶ Point out that if the verb ends in **-d** or **-t,** there is no need to insert a **-t-.**

Répond-elle au téléphone?

9 Conversation

PARLER Demandez à vos camarades de parler des personnes suivantes en utilisant l'inversion.

▶ ton copain
- aimer la musique?

—Parle-moi de ton copain.
—D'accord!
—Aime-t-il la musique?
—Oui, il aime la musique. (Non, il n'aime pas la musique.)

1. ta copine
   - être sportive?
   - faire du jogging?
   - avoir un vélo?
2. tes voisins
   - être sympathiques?
   - avoir des enfants?
   - parler français?
3. ta tante
   - habiter à Denver?
   - parler français?
   - être professeur?
4. tes cousins
   - aimer le rock?
   - avoir beaucoup de CD?

À votre tour!

OBJECTIFS

Now you can …
- talk about your activities
- express your feelings

1  Situation: Au Café

PARLER You are in a café in Paris with your partner. Ask your partner …
- if he/she is thirsty
- if he/she is hungry
- if he/she feels like eating a sandwich
- what he/she feels like doing afterwards **(après)**
- what he/she intends to do tonight **(ce soir)**

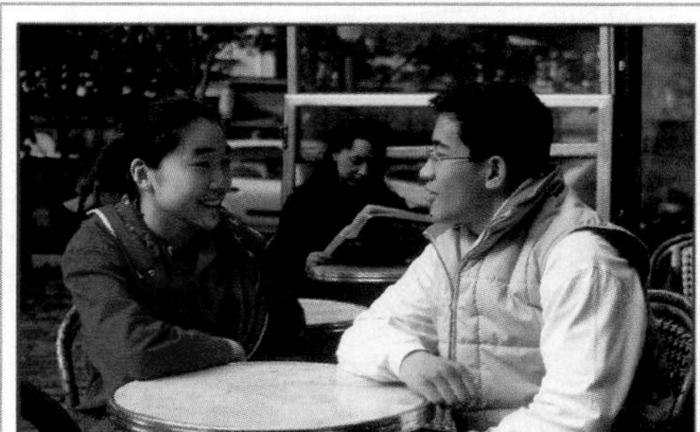

2 Correspondance

ÉCRIRE You have just gotten a new French e-mail pal. Write a letter describing yourself and your favorite activities. Ask your French friend for corresponding information. Mention:

- your name
- how old you are
- how many brothers and sisters you have
- a few artistic activities you do
- a few outdoor activities
- a few things you do to help at home

▶ **Je m'appelle [Nico]. Et toi?**

ACTIVITÉS ARTISTIQUES	ACTIVITÉS EXTÉRIEURES
le piano	le VTT
le dessin (art)	le roller
la poterie	la photo
la photo	le skate
la danse	le vélo
??	le jogging
	la natation
	le ski
	??

PORTFOLIO ASSESSMENT

Depending on your goals and objectives, you may or may not wish to assign all of the activities in the **À votre tour!** section. You will probably choose only one oral and one written activity to go into the students' portfolios for Unit 1.

The following activities are good portfolio topics:

ORAL: Activity 1; WRITTEN: Activity 2

EXPANSION Activity 9

Have students ask other students about you in French. Agree **(C'est vrai!)** or disagree **(Ce n'est pas vrai!)** with your students' answers.

S1: **Notre prof, aime-t-il/elle le rock?**
S2: **Non, il/elle n'aime pas le rock.**
T: **C'est vrai! Je n'aime pas le rock.**

9 EXCHANGES talking about friends and relatives

Answers will vary.

1. –Parle-moi de ta copine.
   –D'accord!
   –Est-elle sportive?
   –Oui, elle est sportive.
   –Fait-elle du jogging?
   –Oui, elle fait du jogging.
   –A-t-elle un vélo?
   –Oui, elle a un vélo. (Non, elle n'a pas de vélo.)
2. –Parle-moi de tes voisins.
   –D'accord!
   –Sont-ils sympathiques?
   –Oui, ils sont sympathiques.
   –Ont-ils des enfants?
   –Oui, ils ont des enfants. (Non, ils n'ont pas d'enfants.)
   –Parlent-ils français?
   –Oui, ils parlent français.
3. –Parle-moi de ta tante.
   –D'accord!
   –Habite-t-elle à Denver?
   –Oui, elle habite à Denver.
   –Parle-t-elle français?
   –Oui, elle parle français. (Non, elle ne parle pas français.)
   –Est-elle professeur?
   –Oui, elle est professeur.
4. –Parle-moi de tes cousins.
   –D'accord!
   –Aiment-ils le rock?
   –Oui, ils aiment le rock. (Non, ils n'aiment pas le rock.)
   –Ont-ils beaucoup de CD?
   –Oui, ils ont beaucoup de CD.

À VOTRE TOUR!

1 EXCHANGES casual conversation

- –As-tu soif? (Est-ce que tu as soif?)
  –Oui, j'ai soif. (Non, je n'ai pas soif.)
- –As-tu faim? (Est-ce que tu as faim?)
  –Oui, j'ai faim. (Non, je n'ai pas faim.)
- –As-tu envie de manger de sandwich? (Est-ce que tu as envie de manger un sandwich?)
  –Oui, j'ai envie de manger un sandwich. (Non, je n'ai pas envie de manger de sandwich.)
- –Qu'as-tu envie de faire après? (Qu'est-ce que tu as envie de faire après?)
  –J'ai envie de faire une promenade (du vélo) après.
- –Qu'as-tu l'intention de faire ce soir? (Qu'est-ce que tu as l'intention de faire ce soir?)
  –J'ai l'intention (d'aller au cinéma) ce soir.

2 WRITTEN SELF-EXPRESSION describing weekend plans

Answers will vary.
Chère Christine,
Je m'appelle Anne. J'ai quinze ans. Quel âge as-tu? J'ai une soeur. Combien de frères et de soeurs as-tu? Je fais de la photo et de la danse. Quelles activités artistiques fais-tu? Je fais du vélo et du ski. Quelles activités extérieures fais-tu? Chez moi, je fais la vaisselle et je fais la cuisine de temps en temps. Et toi, qu'est-ce que tu fais à la maison?
Bisous!
Anne

LECTURE

Les objets parlent!

Objective

- Reading for pleasure

Lecture Les objets parlent!

Il est minuit. Est-ce que tout le monde° dort?° Non, les différents objets de la maison n'ont pas sommeil aujourd'hui. Ils parlent de leur travail. Chacun° décrit ce qu'il fait d'une façon° humoristique. Lisez ce qu'il dit. Pouvez-vous deviner° quel est l'objet qui parle?

tout le monde *everyone* **dort** *is asleep* **Chacun** *Each one* **d'une façon** *in a manner* **deviner** *guess*

1. la voiture

2. le téléviseur

3. le réfrigérateur

4. le lave-vaisselle

5. la cuisinière

6. le radiateur

PRE-READING QUESTION

Have students read the title and skim over the format of the reading.

Can they guess what they will do with this reading?
[match each object with what it is saying]

A
Quand il fait froid, vous avez besoin de moi parce que j'ai chaud. Quand il fait chaud, j'ai froid et vous n'avez pas besoin de moi. Je travaille pour vous en hiver. En été, j'ai sommeil et je dors.°
je dors *I sleep*
B
Je n'ai pas froid et je n'ai pas chaud. Je n'ai pas soif et je n'ai pas très faim. En général, je ne travaille pas quand vous travaillez, mais je travaille quand vous ne travaillez pas. Je finis mon travail quand vous avez sommeil.
C
Je n'ai jamais chaud. J'ai froid en hiver et j'ai froid en été aussi. Je n'ai pas de chance parce que je dois travailler pour vous le jour et la nuit. Je n'ai jamais sommeil.
D
Je travaille dans votre cuisine. En général, je travaille avant le dîner. Quand je travaille, j'ai toujours chaud. Et quand j'ai chaud, vous devez faire attention!
E
Je travaille aussi dans votre cuisine. Vous avez besoin de moi après le dîner, surtout° si vous n'avez pas envie de faire la vaisselle. J'ai toujours très soif. Et quand je finis mon travail, j'ai très chaud.
surtout *especially*
F
Pendant la semaine vous avez besoin de moi pour aller à votre travail. Le week-end, vous avez besoin de moi pour faire les courses. Je travaille aussi pour vous quand vous avez envie de faire une promenade à la campagne.° Je n'ai pas faim, mais j'ai soif de temps en temps.
la campagne *the countryside*

CLASSROOM MANAGEMENT Pair reading

Divide the class into pairs.

See how quickly each pair can match the six descriptions with the corresponding pictures.

When a pair is finished, check its work.

Ont-ils trouvé les bonnes réponses?

Les objets parlent

Answers
1. la voiture (F)
2. le téléviseur (B)
3. le réfrigérateur (C)
4. le lave-vaisselle (E)
5. la cuisinière (D)
6. le radiateur (A)

Observation activity

Have students reread the descriptions to find expressions with **avoir** and **faire.**

Answers

Expressions with *faire*

A. il fait froid
il fait chaud
D. faire attention
E. faire la vaisselle
F. faire les courses
faire une promenade

Expressions with *avoir*

A. vous avez besoin de moi
j'ai chaud
j'ai froid
vous n'avez pas besoin de moi
j'ai sommeil
B. Je n'ai pas froid
je n'ai pas chaud
Je n'ai pas soif
je n'ai pas très faim
vous avez sommeil
C. Je n'ai jamais chaud.
J'ai froid
j'ai froid
je n'ai pas de chance
Je n'ai jamais sommeil.
D. j'ai toujours chaud
j'ai chaud
E. Vous avez besoin de moi
vous n'avez pas envie de
j'ai toujours très soif
j'ai très chaud
F. Pendant la semaine vous avez besoin de moi
Le week-end, vous avez besoin de moi
vous avez envie de
Je n'ai pas faim
j'ai soif

Leçon 4

Main Topics Going to places: talking about past actions and future plans

Teaching Resource Options

PRINT 

Workbook PE, pp. 27–32
Activités pour tous PE, pp. 33–35
Block Scheduling Copymasters, pp. 33–39
Reprise/Unit 1 Resource Book
- *Activités pour tous* TE, pp. 159–161
- Audioscript, pp. 180, 181–184
- Communipak, pp. 190–213
- Lesson Plans, pp. 162–163
- Block Scheduling Lesson Plans, pp. 164–166
- Absent Student Copymasters, pp. 167–170
- Video Activities, pp. 173–178
- Videoscript, p. 179
- Workbook TE, pp. 153–158

AUDIO & VISUAL 

Audio Program
CD 1 Track 14
CD 6 Tracks 21–26

TECHNOLOGY 

Online Workbook

VIDEO PROGRAM

VIDEO DVD

LEÇON 4

Ça, c'est drôle!

TOTAL TIME: 1:41 min.
DVD Disk 1
Videotape 1 (COUNTER: 18:07 min.)

VIDÉO-SCÈNE

Ça, c'est drôle!

Dans l'épisode précédent, Pierre et Armelle sont allés dans un café. Pendant la conversation, Pierre a remarqué quelqu'un dans la rue.

Qui est la personne que Pierre a vue? C'est Corinne qui revient de la bibliothèque.
Tu vois la fille qui vient là-bas? C'est ma cousine.
Ça, par exemple! Corinne est ta cousine?

Ouais. Tu connais Corinne?
Bien sûr! C'est ma meilleure amie.

Ça, c'est drôle! On invite Corinne?
Oui, si tu veux.

Attends une minute. Je vais la chercher.

Pierre traverse la rue pour retrouver Corinne.
Eh bien, qu'est-ce que tu fais là?
Je viens de la bibliothèque. Et toi?
Et moi, je viens du café d'en face ...

CROSS-CULTURAL OBSERVATION

Point out the way Pierre and Corinne greet each other and remind students that **la bise** is a common form of greeting among French people.

Comment saluez-vous vos amis?

Quelle est la différence entre la salutation des amis en France et aux États-Unis?

Language note **Tu viens prendre un pot?** *(Do you want to come have something to drink?)* is a familiar expression, often used as an invitation.

Tu es là depuis longtemps?
Non, je viens d'arriver ... Enfin, je suis là depuis vingt minutes. Tu viens prendre un pot?

Ah, je dois rentrer chez moi.
Allez, allez ... Viens donc! Je vais te présenter à ma copine.

Tiens, tu as une copine maintenant!
Eh bien, oui ... Allez, viens, viens!

Au café, Corinne est très surprise de revoir son amie Armelle.

Corinne sait maintenant qui est le nouveau copain d'Armelle.

Alors, si je comprends bien, ton nouveau copain ...
Eh bien, c'est ton cousin Pierre!

Corinne s'installe au café et les trois amis continuent leur conversation.

Compréhension

1. Qui est la personne qui passe dans la rue?
2. Pourquoi est-ce qu'Armelle est surprise?
3. Que fait Pierre ensuite?°
4. Qu'est-ce que Pierre propose à Corinne? Est-ce que Corinne accepte?
5. Pourquoi est-ce que Corinne est surprise quand elle voit Armelle?

ensuite *next*

Compréhension

Answers

1. C'est Corinne.
2. Parce que Corinne est la cousine de Pierre.
3. Il va chercher Corinne.
4. Il propose à Corinne de prendre un pot avec lui. Oui, elle accepte.
5. Corinne est surprise parce que le nouveau copain d'Armelle est son cousin Pierre.

INCLUSION

Structured Introduce the expression **venir de** + infinitive, which appears in the **Vidéo-scène**. Have each student make ten verb flashcards. The first student chooses a card and asks if his/her partner wants to do the activity. The second student replies negatively, saying that he/she has just done that activity.

–Tu veux manger?
–Non, je viens de manger.

SECTION A

Communicative function
Talking about where one is going and what one is going to do

Teaching Resource Options

PRINT 

Workbook PE, pp. 27–32
Reprise/Unit 1 Resource Book
Communipak, pp. 190–213
Workbook TE, pp. 153–158

AUDIO & VISUAL

Overhead Transparencies
1 & 1(o) *La France*

TECHNOLOGY

Power Presentations

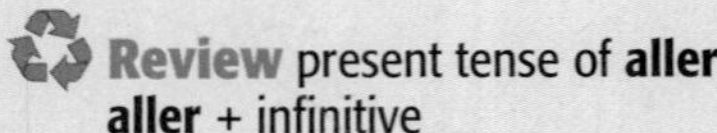

Review present tense of **aller; aller** + infinitive

Teaching tip Use the map of France on **Transparency 1** to practice the forms of **aller.** Have students come to the front and point out a destination on the map.

T: **X, où est-ce que tu vas?**
X: **Je vais à Nice.**
T: **Où va X?**
Class: **Elle va à Nice.**

A Le verbe *aller*; la construction *aller* + infinitif

Review the forms of the verb **aller** *(to go)* in the following sentences.

aller			aller + INFINITIVE
Je	**vais**	à la plage.	Je **vais nager** à la piscine.
Tu	**vas**	chez toi.	Tu **vas dîner** au restaurant.
Alice	**va**	au stade.	Elle **va regarder** un match de foot.
Nous	**allons**	à Paris.	Nous **allons visiter** le musée d'Orsay.
Vous	**allez**	au musée.	Vous **allez regarder** des sculptures.
Mes amis	**vont**	au café.	Ils **vont retrouver** des copains.

To express what they ARE GOING (OR NOT GOING) TO DO, the French use the construction:

aller + INFINITIVE

Je **vais jouer** au foot. — *I **am going to play** soccer.*
Nous **n'allons pas travailler.** — *We **are not going to work.***

→ Note the expression:

aller chercher — *to go get* / *to pick up*

Alice **va chercher** son cousin à l'aéroport.
Je dois **aller chercher** un livre à la bibliothèque.

LANGUAGE NOTE Indicating place

In French, the PLACE one is going must always be expressed with the verb **aller.** In English, the place name is often left out.

Ils vont au lycée en voiture.
(or **Ils y vont en voiture.** *They go by car.*)

The pronoun **y** is presented in Lesson 18.

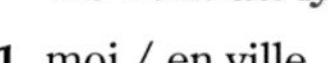

1 Où et comment?

PARLER/ÉCRIRE Dites où vont les personnes suivantes. Dites aussi comment elles vont à chaque endroit en utilisant l'une des expressions à droite.

à pied · à vélo · en bus · en taxi · en voiture · en métro · en avion

▶ les élèves / au lycée
Les élèves vont au lycée.
Ils vont au lycée en bus (à vélo, en métro ...).

1. moi / en ville
2. mon copain / à l'école
3. nous / à la campagne *(countryside)*
4. les voisins / au supermarché
5. les touristes / à l'aéroport
6. ma mère / à son travail
7. vous / à Fort-de-France
8. toi / en France

2 Bonnes décisions

PARLER/ÉCRIRE Pour le premier janvier, les personnes suivantes prennent de bonnes décisions. Dites si oui ou non elles vont faire les choses suivantes.

▶ Monsieur Laboule / grossir?
Il ne va pas grossir.

1. moi / réussir à mes examens?
2. toi / être en retard?
3. les élèves / étudier?
4. nous / écouter le prof?
5. Monsieur Nicot / fumer *(smoke)*?
6. vous / faire attention en classe?
7. Christine / regarder des films stupides?
8. la secrétaire / perdre *(waste)* son temps?

3 Qu'est-ce qu'ils vont aller chercher?

PARLER/ÉCRIRE Dites ce que les personnes suivantes vont aller chercher.

les billets *(tickets)*
son passeport
des CD de rock
un pull
un sandwich
un jus de fruit

▶ J'ai soif. **Je vais aller chercher un jus de fruit.**

1. Tu as froid.
2. Nous organisons une soirée.
3. François va aller au Japon.
4. Vous allez au concert.
5. Les enfants ont faim.

4 Aller, avoir ou faire?

ÉCRIRE Complete the following sentences with the appropriate forms of **aller, avoir** and **faire.** Be logical in your choice of verbs.

1. Charlotte — une raquette. Elle — sur le court. Elle — un match de tennis.
2. Nous — au supermarché. Nous — les courses. Nous — besoin d'argent pour payer.
3. Tu — une promenade. Tu — en ville. Tu — rendez-vous avec une copine.
4. Je — dans ma chambre. Je — mes devoirs. Je (J') — une classe demain.
5. Vous — un passeport. Vous — un voyage. Vous — au Canada.
6. Mes copains — besoin d'exercice. Ils — au parc. Ils — du jogging.

INCLUSION

Cumulative Have students practice the expression **aller chercher** and expressions with **avoir**. Tell students to make flashcards of **avoir** expressions in the infinitive form. The first student chooses a card and makes a statement using the **je**-form. The second student asks what the first student is going to go get.

–J'ai faim.
–Qu'est-ce que tu vas aller chercher?
–Je vais aller chercher un sandwich.

1 COMPREHENSION describing where people are going and how they get there

Answers will vary.

1. Je vais en ville. Je vais en ville (à pied, en métro).
2. Mon copain va à l'école. Il va à l'école (en bus, à vélo).
3. Nous allons à la campagne. Nous allons à la campagne (en voiture, en bus).
4. Les voisins vont au supermarché. Ils vont au supermarché (en voiture, en métro).
5. Les touristes vont à l'aéroport. Ils vont à l'aéroport (en taxi, en voiture).
6. Ma mère va à son travail. Elle va à son travail (à pied, en bus).
7. Vous allez à Fort-de-France. Vous allez à Fort-de-France (en avion, en voiture).
8. Tu vas en France. Tu vas en France en avion.

Language note **En** is used for transportation you get *into:* **en taxi, en bus,** etc. **À** is used for transportation you *ride on:* **à moto, à vélo,** etc.

2 COMPREHENSION describing New Year's resolutions

1. Je vais réussir à mes examens.
2. Tu ne vas pas être en retard.
3. Les élèves vont étudier.
4. Nous allons écouter le prof.
5. Monsieur Nicot ne vas pas fumer.
6. Vous allez faire attention en classe.
7. Christine ne va pas regarder de films stupides.
8. La secrétaire ne va pas perdre son temps.

3 COMPREHENSION describing what people are getting

1. Tu vas aller chercher un pull.
2. Nous allons aller chercher des CD de rock.
3. Il va aller chercher son passeport.
4. Vous allez aller chercher les billets.
5. Ils vont aller chercher un sandwich.

Personalization Ask students under what circumstances they go get the items listed in the box.

– **Philippe, quand vas-tu aller chercher un pull?**
– **Je vais aller chercher un pull quand j'ai froid.**, etc.

4 COMPREHENSION using the right verb

1. Charlotte a une raquette. Elle va sur le court. Elle fait un match de tennis.
2. Nous allons au supermarché. Nous faisons les courses. Nous avons besoin d'argent pour payer.
3. Tu fais une promenade. Tu vas en ville. Tu as rendez-vous avec une copine.
4. Je vais dans ma chambre. Je fais mes devoirs. J'ai une classe demain.
5. Vous avez un passeport. Vous faites un voyage. Vous allez au Canada.
6. Mes copains ont besoin d'exercice. Ils vont au parc. Ils font du jogging.

SECTION B

Communicative function
Talking about where one is coming from and what one has just done

Teaching Resource Options

PRINT 
Workbook PE, pp. 27–32
Reprise/Unit 1 Resource Book
Communipak, pp. 190–213
Workbook TE, pp. 153–158

AUDIO & VISUAL 
Overhead Transparencies
18 *Où vont-ils? D'où viennent-ils?*

TECHNOLOGY 
Power Presentations

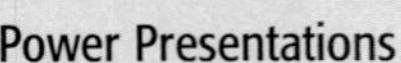 **Review** present tense of **venir**

Teaching tip Have students make up sentences about people in **Transparency 18.**

To practice **aller:**
Pierre et Alain vont au stade.

To practice **revenir:**
Sophie et Hélène reviennent de la bibliothèque.

New material **venir de**

Teaching note If students have difficulty remembering the meaning of **venir de** + infinitive, tell them that it literally means to come from *doing something.* **Je viens de rencontrer Marc.** *(I'm coming from meeting Marc.)*

 **PRACTICE** finding out who is coming to a party

1. –Est-ce que tu viens?
–Bien sûr, je viens.
2. –Et vous, est-ce que vous venez?
–Non, nous ne venons pas.
3. –Marc et Véronique viennent, n'est-ce pas?
–Bien sûr, ils viennent.
4. –Est-ce que Pauline vient?
–Non, elle ne vient pas.

B Le verbe *venir*; la construction *venir de* + infinitif

Review the forms of **venir** *(to come)* in the following sentences.

PRESENT				
	Je **viens**	du café.	Nous **venons**	du restaurant.
	Tu **viens**	de la plage.	Vous **venez**	de l'hôtel.
	Alice **vient**	de Lyon.	Mes amis **viennent**	du stade.

→ The following verbs are conjugated like **venir:**

devenir *to become*	Vous **devenez** très bons en français! Bravo!
revenir *to come back*	Ma copine **revient** de Monaco demain!

To express what they HAVE JUST DONE, the French use the construction:

venir de + INFINITIVE

Je **viens de rencontrer** Marc.	***I (have) just met*** *Marc.*
Ton frère **vient de téléphoner.**	*Your brother* ***(has) just called.***
Mes copains **viennent d'arriver.**	*My friends* ***(have) just arrived.***

MES AMIS VIENNENT DU STADE.

MES AMIS VIENNENT D'ARRIVER.

5 Qui vient?

PARLER/ÉCRIRE Philippe veut savoir qui vient à sa boum. Complétez les dialogues avec les formes appropriées de **venir.**

1. —Est-ce que tu … ?
—Bien sûr, je …
2. —Et vous, est-ce que vous … ?
—Non, nous ne … pas. Nous allons chez nos cousins ce jour-là.
3. —Marc et Véronique … , n'est-ce pas?
—Bien sûr, ils … Ils aiment danser.
4. —Est-ce que Pauline … ?
—Non, elle ne … pas. Elle est malade *(sick).*

REVIEW AND RE-ENTRY Times

PROP: Clock with movable hands

Use a clock to review times and practice the forms of **revenir.**

Mélanie [clock at 10:00]
Mélanie revient à dix heures.

toi [clock at 11:00]
Tu reviens à onze heures.

nous [clock at 9:30]
Nous revenons …, etc.

6 Qu'est-ce qu'ils viennent de faire?

PARLER/ÉCRIRE Regardez les illustrations et dites ce que les personnes viennent de faire. Utilisez votre imagination!

▶ **Maxime vient de jouer au tennis. (Maxime vient de perdre son match.)**

▶ Maxime

1. Christine

2. M. Lebrun

3. Sabine

4. M. et Mme Masson

5. mes copains

7 Avant et après

PARLER/ÉCRIRE Dites ce que les personnes de la colonne A viennent de faire en choisissant une activité de la colonne B. Dites ce qu'elles vont faire après, en choisissant une activité de la colonne C.

A	B	C
moi	dîner	nager
toi	mettre *(set)* la table	dîner
nous	faire les courses	regarder la télé
Monsieur Leblanc	arriver à la plage	téléphoner à la police
mes copains	arriver à la maison	préparer le dîner
vous	avoir un accident	acheter une moto
	gagner à la loterie	aller au cinéma
	finir les devoirs	rentrer à la maison

▶ **Je viens de dîner. Je vais aller au cinéma (regarder la télé).**

6 COMMUNICATION talking about what just happened

Answers will vary.

1. Christine vient de téléphoner (de parler à sa copine).
2. M. Lebrun vient d'acheter des vêtements (de faire les courses).
3. Sabine vient de rencontrer un garçon sympathique (d'avoir un rendez-vous).
4. M. et Mme Masson viennent de dîner (de rencontrer leurs amis au restaurant).
5. Mes copains viennent de réussir à l'examen (de gagner un match de foot).

7 COMPREHENSION describing recent activities and subsequent plans

Answers will vary.

Je viens de faire les courses. Je vais préparer le dîner.
Tu viens de mettre la table. Tu vas dîner.
Nous venons d'arriver à la plage. Nous allons nager.
M. Leblanc vient de dîner. Il va regarder la télé.
Mes copains viennent d'avoir un accident. Ils vont téléphoner à la police.
Vous venez de gagner à la loterie. Vous allez acheter une moto.

UN JEU Avant et après

You can use Act. 7 as a game. Divide the class into teams of three or four students. Each team takes a sheet of paper and a pencil.

At a given signal, the first student in each team writes two sentences using elements from Columns A, B, and C. **(Tu viens de mettre la table. Tu vas dîner.)**

The second student then writes another pair of sentences and passes the paper to the third student, etc.

The game is played against the clock. For example, you may set a 5-minute time limit. When the time is up, the groups exchange papers for peer correction. The team with the most correct sentences is the winner.

SECTION C

Communicative function
Discussing how long things have been going on

Teaching Resource Options

PRINT 

Workbook PE, pp. 27–32
Reprise/Unit 1 Resource Book
Audioscript, p. 180
Communipak, pp. 190–213
Family Involvement, pp. 171–172
Workbook TE, pp. 153–158

Assessment
Lesson 4 Quiz, pp. 186–187
Portfolio Assessment, pp. 235–244
Audioscript for Quiz 4, p. 185
Answer Keys, pp. 277–280

AUDIO & VISUAL 

Audio Program
CD 1 Track 15
CD 15 Track 4

TECHNOLOGY 

Power Presentations
Test Generator CD-ROM/McDougal Littell Assessment System

New material Use of **depuis**

Expansion You may also wish to teach the expression **depuis quelle heure?** *(since what time?)*.

COMMUNICATION describing how long certain things have been going on

Answers will vary.
1. Je fais du français (depuis plus d'un an).
2. Je vais dans ce lycée (depuis plus de deux ans.)
3. Je connais mon meilleur copain/ma meilleure copine (depuis plus de cinq ans).
4. Nous habitons dans notre maison/appartement (depuis plus de dix ans).
5. Mes voisins habitent ici (depuis moins d'un an).
6. J'ai un vélo (depuis plus de cinq ans).

9 DESCRIPTION saying how long people have been doing things

1. Ma cousine est infirmière depuis décembre.
2. M. Arnaud travaille pour Air France depuis deux ans.
3. Vous utilisez cet ordinateur depuis six semaines.
4. Nous faisons de l'informatique depuis trois mois.
5. Ma tante est avocate depuis six ans.
6. Nos voisins viennent dans ce club depuis juin.

C Le présent avec *depuis*

Read the following pairs of sentences. In each pair, the first sentence describes what people are doing. The second sentence describes how long they have been doing this. Compare the verbs in French and English:

Nous **habitons** à Genève.	*We **live** in Geneva.*
Nous **habitons** à Genève **depuis mai.**	*We **have been living** in Geneva **since May.***
J'**étudie** le français.	*I **am studying** French.*
J'**étudie** le français **depuis deux ans.**	*I **have been studying** French **for two years.***

To express what people have been doing since or for a certain time, the French use the construction:

PRESENT + **depuis** + { DURATION OF ACTIVITY / STARTING POINT IN TIME	Je **travaille** ici **depuis** cinq jours. Je **travaille** ici **depuis** lundi.

➔ Note the interrogative expressions:

depuis quand?	*since when?*	**Depuis quand** es-tu ici?
depuis combien de temps?	*how long?*	**Depuis combien de temps** attends-tu?

8 Expression personnelle

PARLER/ÉCRIRE Complétez les phrases suivantes avec l'une des expressions suggérées.

1. Je fais du français …
2. Je vais dans ce lycée …
3. Je connais mon meilleur copain (ma meilleure copine) …
4. Nous habitons dans notre maison (notre appartement) …
5. Mes voisins habitent ici …
6. J'ai un vélo …

- depuis moins *(less)* d'un an
- depuis plus *(more)* d'un an
- depuis plus de deux ans
- depuis plus de cinq ans
- depuis plus de dix ans

9 Depuis quand?

PARLER/ÉCRIRE Dites depuis quand les personnes suivantes font certaines choses.

▶ vous/attendre le bus/dix minutes

J'attends le bus depuis dix minutes.

1. ma cousine / être infirmière / décembre
2. Monsieur Arnaud / travailler pour Air France / deux ans
3. vous / utiliser cet ordinateur / six semaines
4. nous / faire de l'informatique / trois mois
5. ma tante / être avocate / six ans
6. nos voisins / venir dans ce club / juin

CLASSROOM MANAGEMENT Pairs

Have students complete the expressions in Act. 8 in pairs. They may want to use expressions like
Moi aussi, je …
Nous aussi, nous …
Mes voisins aussi, ils …

– **Je fais du français depuis plus d'un an.**
– **Moi aussi, je fais du français depuis plus d'un an.**

À votre tour!

OBJECTIFS
Now you can ...
- talk about your plans
- say what you have just done

1 Conversation dirigée

PARLER Vincent rencontre sa cousine Aurélie dans un café. Jouez les deux rôles.

Vincent		Aurélie
Says hello to Aurélie and asks her what she is doing.	→ ←	Says she is waiting for her friend Philippe.
Asks her how long she has been waiting.	→ ←	Answers since 3 o'clock.
Asks her what she is going to do if (**si**) Philippe does not come.	→ ←	Says that she is going to go to a movie.
Asks if he can come with her.	→	Says of course and suggests that they go to the movies now.

2 Dans la rue

PARLER It is Saturday afternoon. You meet your partner in town. Ask your partner ...
- where he/she is coming from
- what he/she has just been doing
- where he/she is going to go now
- what he/she is going to do

3 Depuis quand?

PARLER/ÉCRIRE Demandez à cinq personnes différentes depuis combien de temps elles habitent dans votre ville. Donnez les résultats de votre enquête oralement ou par écrit.

Ma ville:	
Nom:	
1. Éric	habite ici depuis ...
2.	
3.	

4 Le week-end prochain

ÉCRIRE/PARLER Dans un court paragraphe, décrivez vos projets pour le week-end prochain. Ensuite, comparez vos réponses avec les réponses de vos camarades. Vous pouvez mentionner ...
- où vous allez aller (quand et avec qui)
- ce que vous allez faire
- ce que vous n'allez pas faire

LESSON REVIEW
CLASSZONE.COM

À VOTRE TOUR!

1 ROLE PLAY acting out a conversation

V: Salut, Aurélie! Qu'est-ce que tu fais?
A: J'attends mon copain Philippe.
V: Depuis quand est-ce que tu attends?
A: Depuis trois heures.
V: Qu'est-ce que tu vas faire si Philippe ne vient pas?
A: Je vais aller au cinéma.
V: Est-ce que je peux venir avec toi?
A: Bien sûr! Allons au cinéma maintenant!

2 EXCHANGES talking about recent activities and future plans

Answers will vary.
- —D'où viens-tu? (D'où est-ce que tu viens?)
  —Je viens (du cinéma).
- —Qu'est-ce que tu viens de faire? (Que viens-tu de faire?)
  —Je viens de (voir un film).
- —Où est-ce que tu vas maintenant? (Où vas-tu maintenant?)
  —Je vais (au café).
- —Qu'est-ce que tu vas faire?
  —Je vais (retrouver des amis).

3 INTERVIEWING taking a poll

Depuis combien de temps habites-tu (est-ce que tu habites / habitez-vous / est-ce que vous habitez) dans cette ville?

Éric (M. Dupont / Claire) habite dans cette ville depuis (un an / dix ans / six mois).

4 WRITTEN SELF-EXPRESSION describing weekend plans

Answers will vary.
Le week-end prochain, je vais aller à la campagne avec mes copains. Je vais faire du camping, du vélo et des promenades à pied. Je ne vais pas étudier. Je ne vais pas jouer au tennis. Je vais jouer au volley.

À VOTRE TOUR!

Select those activities which are most appropriate for your students.

In the **Conversation dirigée,** you may want to have students work in trios, with two performing the dialogue and one acting as monitor **(le moniteur/la monitrice)** and checking the answer key.

PORTFOLIO ASSESSMENT

You will probably choose only one oral and one written activity to go into the students' portfolios for Unit 1. The following activities are good portfolio topics:

ORAL Activity 2
WRITTEN Activity 4

LECTURE
Un déjeuner gratuit

Objectives
- Reading for pleasure
- Drawing logical conclusions

Lecture Un déjeuner gratuit

Un jeune homme et une jeune fille sont dans un restaurant. Ils viennent de déjeuner. Qui va payer le repas?° «C'est simple, dit le jeune homme, nous allons jouer à un jeu.° Regardons les personnes qui passent dans la rue. Nous allons essayer° de deviner° où vont aller ces personnes. Si je devine correctement leur destination, c'est toi qui paies. Si tu devines correctement, c'est moi qui paie.» «D'accord!» répond la jeune fille.

Cinq personnes passent dans la rue.
- La première personne est un homme avec un paquet.°
- La seconde personne est une dame très élégante.
- La troisième personne est un jeune homme aux cheveux longs.°
- La quatrième personne est une petite fille de douze ans.
- La cinquième personne est une vieille dame avec une canne.

«Puisque° j'ai inventé le jeu, c'est moi qui vais commencer», dit le jeune homme. «Bon, d'accord, dit la jeune fille. Quels sont tes pronostics?»

«Eh bien, voilà, répond le jeune homme, ce n'est pas très difficile.
- L'homme avec le paquet va aller à la poste.
- La dame élégante va aller à la parfumerie.
- Le jeune homme aux cheveux longs va aller chez le coiffeur.
- La petite fille va aller à la pâtisserie.
- La vieille dame va aller à la pharmacie.»

«Tes choix sont logiques, dit la jeune fille, mais je crois° que tu as tort. Voici mes pronostics:
- L'homme avec le paquet va aller à la pâtisserie.
- La dame élégante va aller à la pharmacie.
- Le jeune homme aux cheveux longs va aller à la parfumerie.
- La petite fille va aller chez le coiffeur.
- La vieille dame va aller à la poste.»

repas *meal* **jeu** *game* **essayer** *to try* **deviner** *to guess* **paquet** *package*
aux cheveux longs *with long hair* **Puisque** *Since* **crois** *believe*

PRE-READING ACTIVITY

Have students look at the drawing. Can they guess where each of the five people is going?

Où va l'homme avec le paquet?
Où va la dame élégante?
Où va le jeune homme aux cheveux longs?
Où va la petite fille?
Où va la vieille dame avec la canne?

Have students write their guesses on a piece of paper.

«Tu as vraiment beaucoup d'imagination, dit le jeune homme à la jeune fille. J'espère° aussi que tu as assez d'argent pour payer mon repas!»

«Tu es vraiment très sûr de toi, répond la jeune fille. Avant de° déclarer victoire, regarde donc où vont les cinq passants!»

Le jeune homme et la jeune fille regardent les cinq personnes aller à leur destination. Comme° la jeune fille l'a prédit,° l'homme avec le paquet va à la pâtisserie. La dame élégante va à la pharmacie. Le jeune homme aux cheveux longs va à la parfumerie. La petite fille va chez le coiffeur. La vieille dame va à la poste.

«Alors, qui a gagné?» demande la jeune fille.

«Euh ... eh bien, c'est toi. Mais vraiment, tu as une chance extraordinaire! Comment est-ce que tu as pu deviner correctement la destination de chaque personne?»

«Ce n'est pas par chance. J'habite dans ce quartier° depuis dix ans. Alors, je connais° tout le monde° ici ... L'homme avec le paquet est allé à la pâtisserie parce que c'est lui le pâtissier. La dame élégante est allée à la pharmacie parce que son fils est malade. La petite fille est allée chez le coiffeur pour voir son père qui est le propriétaire° de la boutique. La vieille dame est allée à la poste parce qu'elle écrit° tous les jours à son petit-fils qui habite au Japon.»

«Et le jeune homme aux cheveux longs?»

«Ah oui, le jeune homme aux cheveux longs ... Et bien, c'est mon fiancé et demain, c'est mon anniversaire. Alors, j'ai pensé° qu'il m'achèterait° un petit cadeau ... Voilà, c'est très simple. Et merci pour cet excellent repas!»

espère *hope* **Avant de** *Before* **Comme** *As* **a prédit** *predicted* **quartier** *neighborhood* **connais** *know* **tout le monde** *everyone* **propriétaire** *owner* **écrit** *writes* **ai pensé** *thought* **achèterait** *would buy*

Avez-vous compris?

Qui sont ces personnes?

1. L'homme avec le paquet est ...
   a. le pâtissier
   b. le coiffeur
   c. un étudiant
2. La dame très élégante va acheter ...
   a. des croissants
   b. des médicaments
   c. des timbres *(stamps)*
3. Le jeune homme aux cheveux longs est ...
   a. le fils de la dame élégante
   b. le fiancé de la jeune fille
   c. le pâtissier
4. La petite fille de douze ans est ...
   a. la soeur du jeune homme
   b. la nièce de la dame élégante
   c. la fille du coiffeur
5. La vieille dame a un petit-fils qui ...
   a. est au Japon
   b. travaille à la poste
   c. est malade

Observation activity

Have the students reread the story, finding examples of:

(a) **aller** + infinitive,
Qui va payer
nous allons jouer
nous allons essayer
où vont aller ces personnes
c'est moi qui vais commencer
va aller (10 times in the two bulleted lists)

(b) **venir de** + infinitive,
Ils viennent de déjeuner.

(c) present tense with **depuis.**
J'habite dans ce quartier depuis dix ans.

Avez-vous compris?

Answers

1. a
2. b
3. b
4. c
5. a

POST-READING ACTIVITY

Have students take out their papers and read their answers.

How many made the same guesses as **le jeune homme?**

Did any of them guess all the destinations correctly?

TESTS DE CONTRÔLE

Teaching Resource Options

PRINT 

Reprise/Unit 1 Resource Book
Assessment
Unit 1 Test, pp. 245–252
Portfolio Assessment, pp. 235–244
Multiple Choice Test Items, pp. 264–268
Listening Comprehension Performance Test, pp. 253–354
Reading Comprehension Performance Test, pp. 259–261
Speaking Performance Test, pp. 255–258
Writing Performance Test, pp. 262–263
Test Scoring Tools, pp. 269–272
Audioscript for Tests, pp. 273–276
Answer Keys, pp. 277–280

AUDIO & VISUAL 

Audio Program
CD 15 Tracks 5–9

TECHNOLOGY 

Test Generator CD-ROM/McDougal Littell Assessment System

1 COMPREHENSION finding the word that doesn't fit

1. maison
2. argent
3. voisin
4. mignon
5. ordinateur
6. pénible
7. juste

2 COMPREHENSION using the right adjective

1. une voiture japonaise / des ordinateurs japonais
2. un homme riche / des personnes riches
3. une tante généreuse / des grands-parents généreux
4. une artiste originale / des écrivains originaux
5. des garçons ponctuels / des filles ponctuelles
6. une amie sportive / des copains sportifs
7. ma cousine canadienne / mes copines canadiennes

3 COMPREHENSION using the right verb form

1. Nous sommes américains. / Mes cousins sont français.
2. Tu as quinze ans. / Quel âge ont tes cousins?
3. Vous faites un barbecue. / Les voisins font un pique-nique.
4. Je vais à un concert. / Mes amis vont à un match de foot.
5. Mon copain vient chez moi. / Les touristes viennent au musée.

Tests de contrôle

By taking the following tests, you can check your progress in French and also prepare for the unit test. Write your answers on a separate sheet of paper.

1 L'intrus *(The intruder)*

Review...
• vocabulary: pp. 32-34, 37, 47-48

In each of the following categories, there is an item that does not fit. It is the intruder. Find it.

▶ Objets:	voiture	(copain)	portable	guitare
1. Personnes:	voisin	copine	maison	camarade
2. Identité:	nom	prénom	âge	argent
3. Famille:	mari	voisin	neveu	petit-fils
4. Nationalités:	russe	mignon	chinois	suisse
5. Professions:	ordinateur	écrivain	avocat	comptable
6. Qualités:	aimable	pénible	ambitieux	génial
7. Défauts *(faults)*:	impoli	égoïste	paresseux	juste

2 Le bon adjectif

Review...
• adjective forms: pp. 46, 48

Complete the following descriptions with the appropriate forms of the adjectives in parentheses.

1. (japonais)	une voiture ...	des ordinateurs ...
2. (riche)	un homme ...	des personnes ...
3. (généreux)	une tante ...	des grands-parents ...
4. (original)	une artiste ...	des écrivains ...
5. (ponctuel)	des garçons ...	des filles ...
6. (sportif)	une amie ...	des copains ...
7. (canadien)	ma cousine ...	mes copines ...

3 Le bon verbe

Review...
• irregular verbs: pp. 44, 56, 58, 66, 68

Complete the following sentences with the appropriate forms of the verbs in parentheses.

1. (être)	Nous — américains.	Mes cousins — français.
2. (avoir)	Tu — quinze ans.	Quel âge — tes cousins?
3. (faire)	Vous — un barbecue.	Les voisins — un pique-nique.
4. (aller)	Je — à un concert.	Mes amis — à un match de foot.
5. (venir)	Mon copain — chez moi.	Les touristes — au musée.

4 Contextes et dialogues

Choose the logical completions.

1. *Thomas parle avec Émilie.*

T: Tu **(as / es)** faim?
E: Non, je **(vais / viens de)** dîner.
T: Est-ce que tu as **(envie / besoin)** d'aller au cinéma?
E: Oui, je voudrais voir «Titanic».
T: Tu as **(tort / raison)**. C'est un très bon film. À quelle heure est-ce qu'il commence?
E: À huit heures.
T: Oh là là! Il est huit heures dix. Nous sommes **(en retard/ en avance)**!

2. *Laura arrive seule (alone) à la boum de Nicolas.*

N: Comment? Tu ne **(viens / vas)** pas avec ton frère?
L: Non, il est à la maison.
N: Qu'est-ce qu'il **(va / fait)**?
L: Il **(est en train / vient)** d'étudier.
N: Pourquoi?
L: Il a **(envie / besoin)** de préparer l'examen de maths.
N: Ah, dommage!

3. *Marc parle à Lise, une nouvelle copine.*

M: Tu **(vas / viens)** de Québec?
L: Oui, je suis canadienne.
M: **(Quand / Depuis quand)** est-ce que tu habites à Québec?
L: Depuis toujours. C'est la ville où **(je suis née / j'habite)**.

4. *Pauline rencontre son copain Daniel.*

P: Oh là là, tu **(regardes / as l'air)** fatigué.
D: C'est vrai. Je **(vais / viens de)** faire un match de foot.
P: Est-ce que tu as **(besoin / envie)** d'un soda?
D: Ah oui, j'ai très **(soif / faim)**.

Review...
- expressions and constructions: pp. 44, 56, 58, 66, 68, 70

5 Composition: Un copain / Une copine

Write a paragraph of eight sentences describing a friend of yours. Be sure to mention:

- your friend's name
- how old he/she is
- his/her nationality
- where he/she lives
- how long he/she has lived there
- two personality traits
- two physical traits
- if he/she is a very good friend

STRATEGY Writing

1. Make notes in French listing the above information.
2. Organize your ideas and write your paragraph.
3. Read over your paragraph checking spelling and agreement.

4 COMPREHENSION choosing the logical word or phrase

1. T: Tu as faim?
E: Non, je viens de dîner.
T: Est-ce que tu as envie d'aller au cinéma?
E: Oui, je voudrais voir «Titanic».
T: Tu as raison. C'est un très bon film. À quelle heure est-ce qu'il commence?
E: À huit heures.
T: Oh là là! Il est huit heures dix. Nous sommes en retard!
2. N: Comment? Tu ne viens pas avec ton frère?
L: Non, il est à la maison.
N: Qu'est-ce qu'il fait?
L: Il est en train d'étudier.
N: Pourquoi?
L: Il a besoin de préparer l'examen de maths.
N: Ah, dommage!
3. M: Tu viens de Québec?
L: Oui, je suis canadienne.
M: Depuis quand est-ce que tu habites à Québec?
L: Depuis toujours. C'est la ville où je suis née.
4. P: Oh là là, tu as l'air fatigué.
D: C'est vrai. Je viens de faire un match de foot.
P: Est-ce que tu as envie d'un soda?
D: Ah oui, j'ai très soif.

5 WRITTEN SELF-EXPRESSION describing a friend

Answers will vary.
Ma meilleure amie s'appelle Karine. Elle a seize ans. Karine est américaine. Elle habite à Miami. Elle habite à Miami depuis six ans. Elle est généreuse et intelligente. Elle est petite et blonde. C'est une très bonne amie!

Pre-AP skill: Self edit.

VOCABULAIRE

Language Learning Benchmarks

FUNCTION
- Express needs p. 57
- Use and understand expressions indicating emotion p. 57

CONTEXT
- Converse in face-to-face social interactions pp. 38, 39
- Listen in social interactions p. 71
- Listen to audio or video texts pp. 30–31, 42–43, 54–55, 64–65
- Use authentic materials when reading: media p. 41
- Use authentic materials when reading: pp. 32, 39, 40, 41
- Write letters p. 61
- Write short guided compositions p. 50

TEXT TYPE
- Use and understand learned expressions when speaking and listening p. 49
- Use and understand questions when speaking and listening pp. 33, 45, 59, 60
- Create simple paragraphs when writing pp. 51, 71, 75
- Understand important ideas and some details in highly contextualized authentic texts when reading pp. 32, 39, 40, 41

CONTENT
- Understand and convey information about
  –family p. 35
  –friends p. 33
  –transportation p. 67
  –professions and work pp. 36–37

ASSESSMENT
- Show no significant pattern of error when obtaining information pp. 61, 71
- Show no significant pattern of error when providing information pp. 61, 71
- Understand oral and written discourse, with few errors in comprehension, when reading pp. 62–63, 73, 81–84
- Demonstrate culturally appropriate behavior when understanding and expressing important ideas and some detail p. 61

Vocabulaire

POUR COMMUNIQUER

Introducing people

Je te présente ...	*I introduce to you ...*
Je voudrais vous présenter ...	*I would like to introduce ... to you.*
Enchanté(e).	*Glad to meet you.*

Making a phone call

Est-ce que je pourrais parler à ... ?	*Could I speak to ... ?*
Ne quittez pas.	*Hold on.*
Je suis désolé(e) ...	*I am sorry ...*
Je rappellerai.	*I'll call back.*

Talking about future plans

Qu'est-ce que tu voudrais faire plus tard?	*What would you like to do later on?*
Je voudrais être [médecin].	*I'd like to be [a doctor].*

Asking what's wrong

Qu'est-ce que tu as?	*What's wrong (with you)?*
Qu'est-ce qu'il y a?	*What's the matter?*

MOTS ET EXPRESSIONS

L'identité

l'âge	*age*	**une adresse**	*address*
un domicile	*place of residence*	**la date**	*date*
le lieu	*place*	**la date de naissance**	*birthday*
un nom	*name, last name*	**une nationalité**	*nationality*
un numéro de téléphone	*phone number*	**une profession**	*profession*
un prénom	*first name*		

Les gens

un ami	*friend*	**une amie**	*friend*
un copain	*friend*	**une copine**	*friend*
un camarade	*classmate, friend*	**une camarade**	*classmate, friend*
un voisin	*neighbor*	**une voisine**	*neighbor*
les gens	*people*	**une personne**	*person*

La famille

un parent	*parent, relative*	**une famille**	*family*
un enfant	*child*	**une enfant**	*child*
le mari	*husband*	**la femme**	*wife*
le père	*father*	**la mère**	*mother*
le beau-père	*stepfather, father-in-law*	**la belle-mère**	*stepmother, mother-in-law*
le fils	*son*	**la fille**	*daughter*
le frère	*brother*	**la soeur**	*sister*
le demi-frère	*stepbrother, half brother*	**la demi-soeur**	*stepsister, half sister*
l'oncle	*uncle*	**la tante**	*aunt*
le cousin	*cousin*	**la cousine**	*cousin*
le neveu	*nephew*	**la nièce**	*niece*
le grand-père	*grandfather*	**la grand-mère**	*grandmother*
le petit-fils	*grandson*	**la petite-fille**	*granddaughter*

Les professions

un acteur	**une actrice**	*actor (actress)*
un avocat	**une avocate**	*lawyer*
un cinéaste	**une cinéaste**	*filmmaker*
un comptable	**une comptable**	*accountant*
un dentiste	**une dentiste**	*dentist*
un dessinateur	**une dessinatrice**	*designer, draftsperson*
un docteur	**[un docteur]**	*doctor*
un écrivain	**[un écrivain]**	*writer*
un employé de bureau	**une employée de bureau**	*office worker*
un homme d'affaires	**une femme d'affaires**	*businessperson*
un infirmier	**une infirmière**	*nurse*
un informaticien	**une informaticienne**	*computer specialist*
un ingénieur	**[un ingénieur]**	*engineer*
un journaliste	**une journaliste**	*journalist*
un mannequin	**[un mannequin]**	*fashion model*
un médecin	**[un médecin]**	*doctor*
un patron	**une patronne**	*boss*
un pharmacien	**une pharmacienne**	*pharmacist*
un photographe	**une photographe**	*photographer*
un programmeur	**une programmeuse**	*programmer*
un secrétaire	**une secrétaire**	*secretary*
un technicien	**une technicienne**	*technician*
un vendeur	**une vendeuse**	*salesperson*
un vétérinaire	**une vétérinaire**	*veterinarian*
un bureau		*office*

Adjectifs

actif (-ive)	*active*	**libéral** (pl. **-aux)**	*liberal*
aimable	*pleasant, nice*	**malheureux (-euse)**	*unhappy*
ambitieux (-euse)	*ambitious*	**meilleur**	*best*
bête	*dumb, silly*	**mignon(ne)**	*cute*
consciencieux (-euse)	*conscientious*	**musicien(ne)**	*musical*
content	*happy*	**naïf (-ïve)**	*naive*
curieux (-euse)	*curious*	**original** (pl. **-aux)**	*original*
drôle	*funny*	**paresseux (-euse)**	*lazy*
égoïste	*selfish*	**pauvre**	*poor*
ennuyeux (-euse)	*boring*	**pénible**	*boring*
généreux (-euse)	*generous*	**poli**	*polite*
génial (pl. **-aux)**	*great*	**ponctuel(le)**	*punctual*
heureux (-euse)	*happy*	**riche**	*rich*
imaginatif (-ive)	*imaginative*	**sensible**	*sensitive*
impoli	*impolite*	**sérieux (-euse)**	*serious*
impulsif (-ive)	*impulsive*	**spirituel(le)**	*witty*
injuste	*unfair*	**sportif (-ive)**	*athletic*
intellectuel(le)	*intellectual*	**sympathique, sympa**	*nice*
intuitif (-ive)	*intuitive*	**timide**	*shy*
juste	*fair*	**triste**	*sad*

Adjectifs qui précèdent le nom

beau (belle)	*beautiful*	**mauvais**	*bad*
bon (bonne)	*good*	**nouveau (nouvelle)**	*new*
grand	*big*	**petit**	*small*
jeune	*young*	**vieux (vieille)**	*old*
joli	*pretty*		

Adjectifs de nationalité

allemand(e)	*German*	**français(e)**	*French*
américain(e)	*American*	**haïtien(ne)**	*Haitian*
anglais(e)	*English*	**indien(ne)**	*Indian*
belge	*Belgian*	**italien(ne)**	*Italian*
cambodgien(ne)	*Cambodian*	**japonais(e)**	*Japanese*
canadien(ne)	*Canadian*	**mexicain(e)**	*Mexican*
chinois(e)	*Chinese*	**portoricain(e)**	*Puerto Rican*
coréen(ne)	*Korean*	**russe**	*Russian*
cubain(e)	*Cuban*	**suisse**	*Swiss*
espagnol(e)	*Spanish*	**vietnamien(ne)**	*Vietnamese*

Adjectifs: la famille

célibataire	*single*	**plus âgé(e)**	*older*
divorcé(e)	*divorced*	**plus jeune**	*younger*
marié(e)	*married*	**unique**	*only*

Expressions avec *être*

être d'accord (avec)	*to agree (with)*	**être à l'heure**	*to be on time*
être en train de + INFINITIVE	*to be busy …*	**être en avance**	*to be early*
être à + NAME OF PERSON	*to belong to …*	**être en retard**	*to be late*

Expressions avec *avoir*

avoir de la chance	*to be lucky*	**avoir l'air** + ADJECTIVE	*to seem, look*
avoir chaud	*to be hot, warm*	**avoir besoin de** + NOUN	*to need (something)*
avoir faim	*to be hungry*	**avoir besoin de** + INFINITIVE	*to have to (do something)*
avoir froid	*to be cold*	**avoir envie de** + NOUN	*to want (something)*
avoir peur	*to be afraid*	**avoir envie de** + INFINITIVE	*to feel like (doing something)*
avoir raison	*to be right*	**avoir l'intention de** + INFINITIVE	*to intend, plan to (do something)*
avoir soif	*to be thirsty*		
avoir sommeil	*to be sleepy, tired*		
avoir tort	*to be wrong*		
avoir … ans	*to be … years old*		

Expressions avec *faire*

faire attention	*to pay attention, be careful*
faire la cuisine	*to cook, to do the cooking*
faire la vaisselle	*to do the dishes*
faire les courses	*to do the (food) shopping*
faire ses devoirs	*to do one's homework*
faire une promenade	*to go for a walk, ride*
faire du (de la) + SCHOOL SUBJECT	*to study*
faire du (de la) + SPORT OR PASTIME	*to play, do*

Verbes irréguliers

aller	*to go*
aller + INFINITIVE	*to be going (to do)*
aller chercher	*to go get, to pick up*
venir	*to come*
venir de + INFINITIVE	*to have just (done)*
devenir	*to become*
revenir	*to come back*

Expressions utiles

assez	*rather, pretty*
très	*very*
trop	*too*
depuis	*since*
depuis quand?	*since when?*
depuis combien de temps?	*how long?*
plus tard	*later*

INTERLUDE 1

Le concert des Diplodocus

Objectives

- Reading a longer text for enjoyment
- Vocabulary expansion in context

Teaching Resource Options

PRINT 

Workbook PE, pp. 33–34
Activités pour tous PE, pp. 37–39
Reprise/Unit 1 Resource Book
Activités pour tous TE, pp. 215–217
Workbook TE, pp. 219–230

Pronunciation

Diplodocus /diplɔdɔkys/

Interlude 1

LE CONCERT DES Diplodocus

PRE-READING STRATEGY Avant de lire

Before you begin reading an article in a magazine, you probably glance at the title and the illustrations to get a general idea about the topic. Use this same approach when reading French. For example, with this story ...

- First, look at the title and study the headings and the four cartoons.
- Then, with a partner, try to guess what will happen in the story.
- Finally, as you read, see how many of your guesses are right.

Expressions utiles

To talk about when things happen:

tôt ≠ tard	*early ≠ late*	Catherine doit rentrer **tôt** ce soir.
la première fois	*the first time*	C'est **la première fois** qu'elle rentre **tard**.
la troisième fois	*the third time*	C'est **la troisième fois** qu'elle entend ce groupe.
la dernière fois	*the last time*	C'est **la dernière fois** qu'elle va au concert.
la prochaine fois	*next time*	**La prochaine fois** elle va préparer son examen.

PRE-READING QUESTIONS

Introduce the topic of the story by asking:

Aimez-vous la musique?
Avez-vous un groupe favori?
Allez-vous souvent au concert?
À quelle heure devez-vous rentrer après un concert?

AVANT DE LIRE

As students look at the illustrations and try to figure out what will happen in the story, you can list their guesses on the board.

Then, as they read each scene, you can check off which ones were correct.

SCÈNE 1

Chez les Lagrange: 7 heures et demie

DIS DONC, CATHERINE, OÙ VAS-TU?
JE VAIS CHEZ SUZANNE.

Les Lagrange viennent de dîner. Catherine, la fille aînée,° met son manteau. Sa mère veut savoir où elle va ce soir.

—Dis donc, Catherine, où vas-tu?
—Je vais chez Suzanne.
—Chez Suzanne? Mais c'est la troisième fois que tu vas chez elle cette semaine. Qu'est-ce que tu vas faire là-bas?
—Euh … , je vais étudier avec elle. Nous allons préparer ensemble l'examen de maths.
—Dans ce cas, d'accord. Mais promets-moi de rentrer tôt à la maison.
—Sois tranquille, Maman. Je vais revenir à onze heures.

Mots utiles

ensemble ≠ seul	*together ≠ alone*
être tranquille	*to relax, be calm*

aînée *older*

Avez-vous compris?

1. Qu'est-ce que Catherine va faire chez Suzanne?
2. À quelle heure est-ce qu'elle doit rentrer?

Chez les Lagrange: 7 heures et demie

Avez-vous compris?

Answers
1. Elle va étudier avec Suzanne.
2. Elle doit rentrer à onze heures.

INCLUSION

Synthetic/analytic Have students make a list of all of the verbs in the story, identifying the infinitive of each verb. Tell them to look up any verbs they do not understand (or assign them each a verb to look up). Have students write the meanings of the unknown verbs in their notebooks.

Alternatively, you could divide the class in quarters and have each group concentrate on one scene. A secretary for each group could write the verb list for his/her group's scene on the board.

Au Café de l'Esplanade: 8 heures

SCÈNE 2

Au Café de l'Esplanade: 8 heures

TU VIENS?
JE VOUDRAIS BIEN VENIR, MAIS ...

En réalité Catherine ne va pas chez Suzanne. Elle va au Café de l'Esplanade. Pourquoi va-t-elle là-bas? Parce que ce soir elle a rendez-vous avec son copain Jean-Michel.

Catherine arrive au café à huit heures. Jean-Michel est là depuis dix minutes.

—Salut, Catherine, ça va?

—Oui, ça va.

—Dis, j'ai une surprise!

—Ah bon? Quoi?

—Je viens d'acheter deux billets pour le concert des Diplodocus.

—Pour ce soir?

—Oui, pour ce soir. Tu viens?

—Euh ... Je voudrais bien venir, mais ... j'ai un problème.

Catherine explique la situation à Jean-Michel. Elle explique en particulier qu'elle doit être chez elle à onze heures.

—Ce n'est pas un problème. J'ai ma moto. Je vais te ramener chez toi après le concert.

—Bon, alors d'accord.

Et Catherine et Jean-Michel vont au concert sur la moto de Jean-Michel.

Mots utiles

avoir rendez-vous	*to have c*
un billet	*ticket*
ramener	*to bring* *take ho*

Avez-vous compris?

1. Est-ce que Catherine va chez Suzanne pour étudier? Pourquoi pas?
2. Quelle est la surprise de Jean-Michel?
3. Quel est le problème de Catherine?

Avez-vous compris?

Answers

1. Non, Catherine ne va pas chez Suzanne. Elle a rendez-vous avec son copain Jean-Michel au Café de l'Esplanade.
2. Il a deux billets pour le concert des Diplodocus.
3. Elle doit rentrer chez elle à onze heures.

INCLUSION

Structured Have students discuss the meaning of the word "cognate" Have students discuss why cognates are useful in learning a foreign language and why false cognates can create difficulties. Tell the students to skim Scenes 1–4, making a list of the words they believe to be cognates. As they read a second time for comprehension, they can note which words were cognates or false cognates.

SCÈNE 3

Au concert: 9 heures moins le quart

VOUS ÊTES UNE FAN DES DIPLODOCUS?
OUI, ILS SONT SUPER-COOLS!

Ce soir les Diplodocus vont donner leur grand concert de l'année. Il y a beaucoup de monde dans la salle. Il y a aussi la télévision. Jean-Michel et Catherine viennent d'arriver. Une journaliste s'approche de° Catherine.

—Bonjour, mademoiselle, vous êtes une fan des Diplodocus?

—Oui, ils sont super-cools! J'ai tous leurs CD.

—Vous venez souvent ici?

—Non, je ne viens pas très souvent. C'est la première fois que je viens cette année.

—Merci, mademoiselle.

Le concert commence. Tout le monde crie et applaudit. C'est vraiment un concert extraordinaire.

Mots utiles

beaucoup de monde	*a lot of people*
la salle	*concert hall*
crier	*to shout, scream*

s'approche de *comes over to*

Avez-vous compris?

1. Avec qui est-ce que Catherine parle dans la salle?
2. Qu'est-ce que Catherine pense des Diplodocus?
3. Comment est le concert?

Au concert: 9 heures moins le quart

Avez-vous compris?

Answers
1. Catherine parle avec une journaliste.
2. Elle pense qu'ils sont super-cools.
3. Le concert est extraordinaire.

Chez les Lagrange: 11 heures

Avez-vous compris?

Answers

1. Elle rentre à l'heure.
2. Ils ne sont pas contents.
3. Elle décide qu'elle ne va plus jamais mentir à ses parents.

SCÈNE 4

Chez les Lagrange: 11 heures

Jean-Michel vient de raccompagner Catherine. Catherine rentre chez elle. Elle regarde sa montre. Ouf! Il est exactement onze heures.

Catherine va dans le salon. Ses parents sont en train de regarder la télé. En exclusivité, il y a justement° un reportage° sur le concert des Diplodocus.

—D'où viens-tu, Catherine?

—Euh … eh bien, je viens de chez Suzanne.

REGARDE CETTE FILLE! TU NE TROUVES PAS QUE VOUS VOUS RESSEMBLEZ?
EUH, C'EST QUE …

ILS SE RESSEMBLENT COMME DEUX GOUTTES D'EAU.

(En ce moment apparaît l'interview de Catherine.)

—Tiens, c'est curieux … Regarde cette fille. Tu ne trouves pas que vous vous ressemblez comme deux gouttes d'eau?

—Euh … c'est que …

—Inutile d'insister. La prochaine fois, dis la vérité.° C'est plus simple.

Confuse, Catherine va dans sa chambre. Cette expérience lui a donné° une bonne leçon. C'est la première fois qu'elle a menti à ses parents. C'est aussi la dernière.

Mots utiles

apparaître	*to appear*
confus	*ashamed*
mentir	*to lie*

justement *at that moment* **reportage** *news story* **dis la vérité** *tell the truth* **lui a donné** *gave her*

Avez-vous compris?

1. Est-ce que Catherine rentre à l'heure ou en retard?
2. Quelle est la réaction de ses parents quand ils regardent l'interview de Catherine à la télé?
3. Qu'est-ce que Catherine décide?

MORE ON READING VOCABULARY

In later units, students will learn about partial cognates and false cognates. You may want to point out the following:

- partial cognate (in Scene 3)
  commencer *to commence, to begin*
- false cognate (in Scene 3)
  crier *to yell,* NOT *to cry*

The text also has some words borrowed from English: **interview, fan, cool.**

READING STRATEGY L'Art de la lecture

When you read a new selection in French, you should first go through it quickly to get the general meaning. Then you can go back and work out the meanings of new words and expressions. Some of these may be so unfamiliar that you will need to look them up: these words and expressions are glossed for you or listed in the **Mots utiles** boxes.

Sometimes, though, you will not need a dictionary to find out the meanings of unfamiliar French words. You will be able to guess them because they look like English words. For example, it is not hard to understand **un concert** or **une surprise**.

Words that look alike in French and English and have similar meanings are called COGNATES or **mots apparentés** *(related words)*. French-English cognates help make reading easier, but they present certain problems:

- They are never pronounced the same in French and English.
- They are often spelled somewhat differently in the two languages.
- They may not have quite the same meaning in the two languages.

Exercice de lecture

Make a list of ten cognates that you encountered in the reading.

- Which words are spelled exactly the same in French and English?
- Which words are spelled differently?

Billetterie Fnac
dans votre magasin Fnac
0 892 68 FNAC (2,21FTTC/mn)
3615 Fnac (2,21FTTC/mn)
www.fnac.com
fnac .com
L'ÉVÉNEMENT RAI DE L'ANNÉE !
CHEB
MAMI à BERCY
LE SAMEDI 29 DÉCEMBRE
NOUVEL ALBUM
DELLALI
BEUR FM

READING STRATEGY L'Art de la lecture

Exercice de lecture

Answers

- arrive, minutes, surprise, concert, situation, commence, moment, simple, parents
- préparer, examen, maths, tranquille, réalité, problème, en particulier, télévision, journaliste, s'approche, applaudit, extraordinaire, raccompagner, exclusivité, curieux, ressemblez, insister, expérience, leçon

IMAGES DU MONDE FRANCOPHONE
La France et l'Europe

Teaching Resource Options

PRINT

Workbook PE, pp. 33–44
Activités pour tous PE, pp. 37–39
Reprise/Unit 1 Resource Book
Activités pour tous TE, pp. 215–217
Lesson Plans, pp. 231–232
Block Scheduling Lesson Plans, pp. 233–234
Workbook TE, pp. 219–230

AUDIO & VISUAL

Overhead Transparencies
1 & 1(o) *La France*
3 & 3(o) *L'Europe*

Cultural background The presidential term of office in the Fifth Republic was originally 7 years. This was modified by a referendum held in September 2000, and as of 2002, French presidents now serve a five-year term with no limit on the number of times they may be reelected.

Compréhension du texte

Vrai ou faux?

1. Les Français sont 60 millions. [V]
2. La fête nationale de la France est le 15 juin. [F]
3. La devise de la France est «Justice et Liberté». [F]
4. Un autre nom pour Paris est «la Ville éternelle». [F]
5. En France, le président est élu pour cinq ans. [V]
6. La Provence est une province française. [V]
7. En hiver, on fait du ski en Savoie. [V]
8. Le champagne est un vin français. [V]
9. Strasbourg est en Normandie. [F]

Challenge activity

Identifiez ...

1. le 14 juillet [C'est la fête nationale.]
2. la «Ville lumière» [Paris]
3. les départements français [Il y a 96 départements français.]
4. Strasbourg [C'est la capitale de l'Alsace et un grand centre politique et commercial européen.]
5. la Provence [C'est une province française.]
6. le «Jardin de la France» [C'est la Touraine]

Culture notes

- **La Tour Eiffel** was designed by **Alexandre Gustave Eiffel** for **l'Exposition universelle** of 1888. It is 984 feet (300 meters) high.
- (bottom) View of **le pont Alexandre III** with **la Tour Eiffel** in the background. The bridge was built for **l'Exposition universelle** of 1900.

La France et L'Europe

La France et ses Régions

- **La France est un pays° de l'Europe de l'ouest.**
- **Elle a une population de 60 millions d'habitants.**
- **C'est une république avec un président élu° pour cinq ans.**
- **Le drapeau° français est bleu, blanc et rouge.**
- **La fête nationale est le 14 juillet.**
- **La devise° de la France est «Liberté, Égalité, Fraternité».**

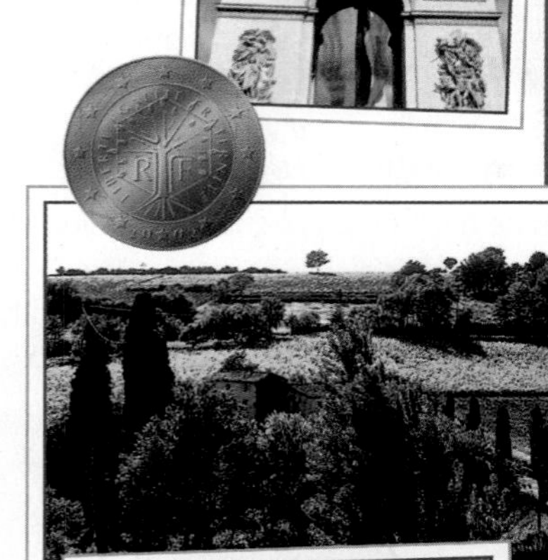

La France est divisée° administrativement en 22 grandes régions et 96 départements. Les grandes régions correspondent plus ou moins° aux anciennes° provinces françaises. Chaque° province a son histoire, ses coutumes° et ses traditions.

Paris est la capitale de la France. C'est une très grande ville. Onze millions de personnes (c'est-à-dire, presque° un Français sur six) habitent dans la région parisienne. Avec ses parcs, ses jardins, ses grandes avenues, ses musées et ses monuments, Paris est une très belle ville. C'est aussi un grand centre artistique et intellectuel. Voilà pourquoi on appelle souvent Paris la «Ville lumière».°

pays *country* **élu** *elected* **drapeau** *flag* **devise** *motto* **divisée** *divided* **plus ou moins** *more or less* **anciennes** *former* **Chaque** *Each* **coutumes** *customs* **presque** *almost* **«Ville lumière»** *"City of Light"*

TEACHING NOTE Checking comprehension

For each spread of the cultural essays, the Teacher's Edition contains two reading comprehension activities. Choose the one best fitted to the needs of your class.

- **Compréhension du texte: Vrai ou faux?** With regular classes you may read the true-false questions aloud to check whether students have understood.
- **Challenge activity** With faster-paced classes, you may prefer to do the identification questions and have the students generate the responses.

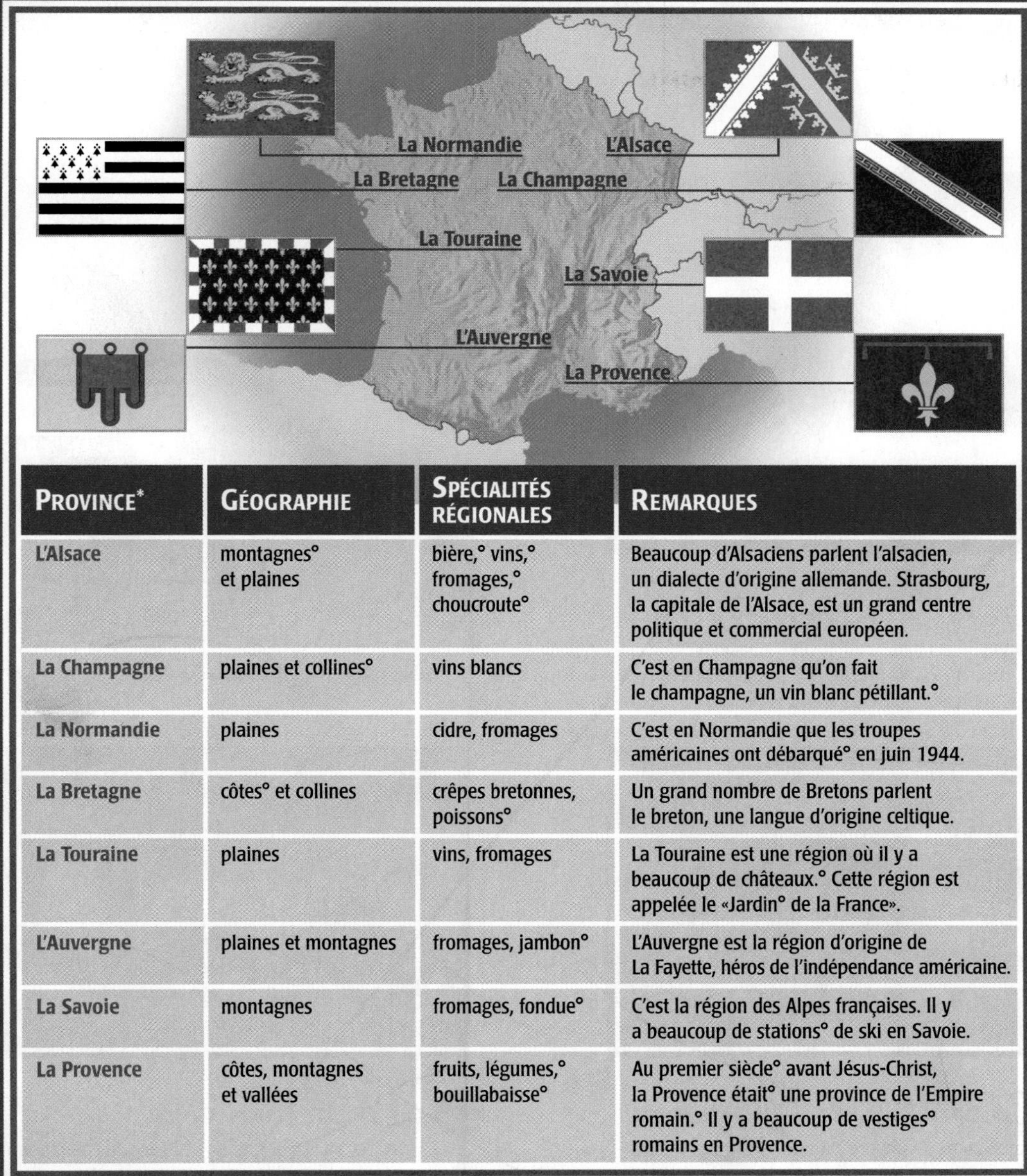

PROVINCE*	GÉOGRAPHIE	SPÉCIALITÉS RÉGIONALES	REMARQUES
L'Alsace	montagnes° et plaines	bière,° vins,° fromages,° choucroute°	Beaucoup d'Alsaciens parlent l'alsacien, un dialecte d'origine allemande. Strasbourg, la capitale de l'Alsace, est un grand centre politique et commercial européen.
La Champagne	plaines et collines°	vins blancs	C'est en Champagne qu'on fait le champagne, un vin blanc pétillant.°
La Normandie	plaines	cidre, fromages	C'est en Normandie que les troupes américaines ont débarqué° en juin 1944.
La Bretagne	côtes° et collines	crêpes bretonnes, poissons°	Un grand nombre de Bretons parlent le breton, une langue d'origine celtique.
La Touraine	plaines	vins, fromages	La Touraine est une région où il y a beaucoup de châteaux.° Cette région est appelée le «Jardin° de la France».
L'Auvergne	plaines et montagnes	fromages, jambon°	L'Auvergne est la région d'origine de La Fayette, héros de l'indépendance américaine.
La Savoie	montagnes	fromages, fondue°	C'est la région des Alpes françaises. Il y a beaucoup de stations° de ski en Savoie.
La Provence	côtes, montagnes et vallées	fruits, légumes,° bouillabaisse°	Au premier siècle° avant Jésus-Christ, la Provence était° une province de l'Empire romain.° Il y a beaucoup de vestiges° romains en Provence.

*These names correspond to the traditional provinces. For the names of the regions of France, see map on page R13.

montagnes *mountains* **bière** *beer* **vins** *wines* **fromages** *cheeses* **choucroute** *sauerkraut* **collines** *hills* **pétillant** *sparkling* **ont débarqué** *landed* **côtes** *coastline* **poissons** *fish* **châteaux** *castles* **Jardin** *Garden* **jambon** *ham* **fondue** *melted cheese dish* **stations** *resorts* **légumes** *vegetables* **bouillabaisse** *fish chowder* **siècle** *century* **était** *was* **romain** *Roman* **vestiges** *ruins*

Cultural expansion

- **D'autres provinces françaises**

  l'Aquitaine, la Bourgogne *(Burgundy)*, **le Dauphiné, la Franche-Comté, le Languedoc la Lorraine, la Picardie, le Poitou**

- **La France à l'époque romaine**

  The Romans occupied and colonized the French territory (then known as **la Gaule**) for a period of about 600 years.

  By 121 B.C., they had conquered the southern part of Gaul, which they named Provincia (hence the present name **Provence**). Julius Caesar (known in French as **Jules César**) conquered the rest of Gaul in the Gallic Wars (58 to 51 B.C.).

  The Romanization of Gaul led to a flourishing period in French history called **l'époque gallo-romaine.** During that period, Latin became the language of the land. (Modern French is called a Romance language because it is derived from Latin, the language of the Romans.)

  Beginning shortly after 400 A.D., Germanic tribes started to invade Roman Gaul. One of these tribes was the Franks (**les Francs**). In 496, their king Clovis defeated the last Roman governor of Gaul and became the first king of France. (The land thus became known as France, country of the Franks.)

Language note To make the distinction between B.C. and A.D., the French use the expressions:

avant Jésus-Christ /ʒezy kri/
après Jésus-Christ

Although they may be abbreviated (**av. J-C** and **apr. J-C**), these expressions are always spoken as words, not letters.

Geography Activity Divide the class into teams of three or four. Have each team pick a region of France and prepare a bulletin board display.

TEACHING NOTES Cultural photo essays

The cultural photo essays introduce students to various parts of the French-speaking world.

- The cultural photo essay may be covered in class or assigned as outside reading.
- The material does not need to be done in sequence; it may be introduced as desired.
- Some teachers may prefer to present the material in small segments while students are working on other lessons.
- Students can test their knowledge of the material presented in this cultural essay by completing the quiz entitled **Le savez-vous?** on p. 97.

Sur les routes de France

Compréhension du texte

Vrai ou faux?

1. Le Mont-Saint-Michel est un château fortifié. [F]
2. Le Futuroscope est un parc à thème. [V]
3. Carcassonne est une ville très moderne. [F]
4. À Chambord, il y a une très grande cathédrale. [F]
5. Le lac d'Annecy est situé dans une grande plaine. [F]
6. Le pont du Gard est un monument très ancien. [V]
7. À Grasse, il y a beaucoup de champs *(fields)* de fleurs. [V]

Challenge activity

Nommez ...

1. une région où on cultive les fleurs [Grasse]
2. un très grand château [Chambord]
3. une ville entourée de remparts [Carcassonne]
4. un parc à thème [le Futuroscope]
5. une île avec une église fortifiée [le Mont-Saint-Michel]
6. un monument construit par les Romains [le pont du Gard]
7. un lac dans une région de montagne [le lac d'Annecy]

Language note

François I[er] = François Premier

Cultural note **Le Futuroscope** is located 8 km to the north of Poitiers.

Sur les routes de France

1 Le Mont-Saint-Michel

On appelle le Mont-Saint-Michel la «Merveille° de l'Occident». C'est une île où se trouve° une église protégée° par des remparts.

2 Le château de Chambord

Le château de Chambord est un château de la Loire. Construit° en 1519 par le roi° François 1er, ce château a 440 pièces,° 63 escaliers° et exactement 365 cheminées.° En été, il est illuminé la nuit.°

3 Le Futuroscope

Avec ses attractions audio-visuelles, le Futuroscope est l'un des plus grands parcs à thème du monde.° Ici on peut voyager virtuellement dans l'espace ou plonger° au fond° de l'océan.

Merveille *Wonder* **se trouve** *is located* **protégée** *protected* **Construit** *Built* **roi** *King* **pièces** *rooms* **escaliers** *staircases* **cheminées** *fireplaces* **la nuit** *at night* **du monde** *in the world* **plonger** *to dive* **au fond** *to the depths*

Teaching note

This double spread shows some of the most typical and better known sites of France.

You may want to expand on the topic by bringing to class your own resources: posters, pictures, travel brochures, etc.

4 *Carcassonne*

Carcassonne est une ville médiévale entourée° de remparts.

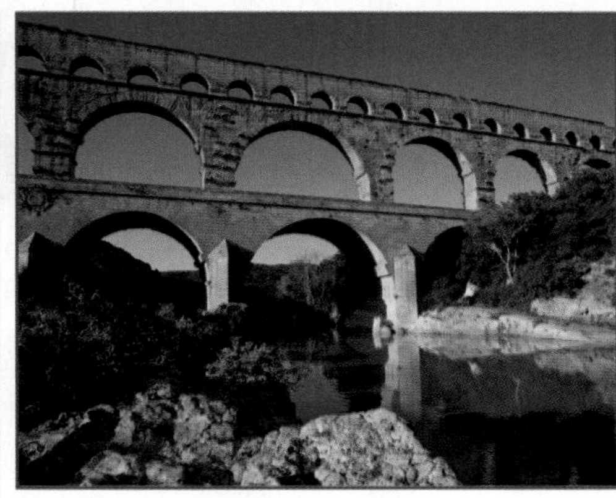

5 *Le pont du Gard*

Le pont du Gard a trois niveaux° différents. Construit par les Romains en l'an 19 avant Jésus-Christ, ce monument est resté° intact pendant deux mille ans.

6 *Grasse*

Dans la région de Grasse, on cultive des fleurs.° Ces fleurs sont utilisées par l'industrie de la parfumerie. Les parfums français sont vendus dans le monde entier.

7 *Le lac d'Annecy*

Le lac d'Annecy est situé dans les Alpes. En été, on fait de la voile et de la planche à voile. En hiver, on fait du ski dans les stations de ski de la région.

ET VOUS?

Indiquez les trois endroits que vous aimeriez le plus visiter. Expliquez pourquoi et comparez vos préférences avec vos camarades.

ntourée *surrounded* **niveaux** *levels* **est resté** *has remained*
eurs *flowers*

Cultural expansion

- **Le pont du Gard** In Roman times, the pont du Gard was used as an aqueduct to supply water to the city of Nîmes.
- The rose fields are harvested for commercial use. The inset photo is of the Fragonard perfume factory and museum in **Grasse.**
- **Les Alpes** Les Jeux Olympiques d'Hiver 1992 ont eu lieu à Albertville dans les Alpes françaises.

Et vous?

Answers will vary.

- Je voudrais visiter le lac d'Annecy parce que j'aime faire de la planche à voile.
- Je voudrais visiter le Futuroscope parce que j'aime les parcs à thème. Les attractions audio-visuelles sont amusantes.
- Je voudrais visiter le château de Chambord parce que je veux explorer ce grand château.

INCLUSION

Sequential Divide the class into groups of 3 or 4 students. Have each group choose one of the sites on pages 88–89. One member from each group will read the passage to the class. Then have each group create a travel brochure in French, including important information and pictures of the site. Each group will give a presentation about its site and distribute copies of its brochure to the rest of the class.

Le calendrier des fêtes

Cultural notes: Les fêtes

- Since France has historically been a Catholic country, many of these holidays have a religious origin. Now most of them have become secular holidays.
- **Le jour de l'an—Les étrennes** It is also the custom in France to give money **(des étrennes)** to people who have been of service over the year, such as the mail carrier **(le facteur)** and the building superintendent **(le/la concierge).**
- **La fête des Rois** *(Epiphany)* This holiday is of Catholic origin, commemorating the arrival of the Three Kings **(les rois mages)** on the Twelfth Night of Christmas. The object that is put in the cake is known as **une fève.**
- **La Chandeleur** Celebrated on February 2, this holiday (also of Catholic origin) commemorates the presentation of Christ in the temple and the purification of the Virgin Mary.

Compréhension du texte

Vrai ou faux?

1. Noël est le 25 décembre. [V]
2. En France, on célèbre la fête du Travail en septembre. [F]
3. L'anniversaire de l'Armistice est célébré le 11 novembre. [V]
4. En France, le premier mai est un jour de fête. [V]
5. Le jour de la Chandeleur, on fait des crêpes. [V]
6. À Mardi Gras, on mange un gâteau appelé «la galette des rois». [F]
7. Le soir du 14 juillet, beaucoup de Français dansent dans les rues. [V]
8. Le «réveillon» est un concert de musique. [F]

Challenge activity

Identifiez ...

1. le 14 juillet [la fête nationale]
2. le 11 novembre [l'anniversaire de l'Armistice]
3. la «galette des rois» [un gâteau qu'on mange pour célébrer la fête des Rois]
4. la Chandeleur [un fête quand on fait des crêpes]
5. les «étrennes» [un cadeau que les grands-parents donne à leurs petits-enfants le jour de l'an]
6. le réveillon [un repas léger qu'on mange à Noël après la messe de minuit]
7. le «père Noël» [l'homme qui met des cadeaux dans les chaussures des enfants]

Le calendrier des fêtes°

Entre le 1er janvier et le 31 décembre, on célèbre beaucoup de fêtes en France. Voici quelques-unes de ces fêtes.

DATE	FÊTE
1er janvier	le jour de l'an
6 janvier	la fête des Rois°
2 février	la Chandeleur°
février ou mars (un mardi)	Mardi Gras
mars ou avril (un dimanche)	Pâques°
1er mai	la fête du Travail°
14 juillet	la fête nationale
1er novembre	la Toussaint°
11 novembre	l'anniversaire de l'Armistice
25 décembre	Noël

Le jour de l'an

Ce jour-là, la coutume est de rendre visite à ses grands-parents. Les grands-parents donnent un peu d'argent à leurs petits-enfants. Cela s'appelle «les étrennes».

La fête des Rois

Pour célébrer cette fête, on mange un gâteau spécial qui s'appelle la «galette des rois». Dans ce gâteau, il y a un petit objet de porcelaine. La personne qui trouve cet objet est le roi ou la reine.° Tout le monde félicite le roi et la reine du jour.

La Chandeleur

Le jour de la Chandeleur, il est traditionnel de faire des crêpes. Chaque° personne fait une crêpe en tenant° une pièce de monnaie° dans la main gauche. On fait sauter° la crêpe. Si la crêpe tombe bien° dans la poêle,° c'est bon signe. Cela signifie qu'on aura° de l'argent toute l'année.°

fêtes *holidays* **les Rois** *Three Kings* **Chandeleur** *Candlemas* **Pâques** *Easter* **fête du Travail** *Labor Day* **Toussaint** *All Saints' Day* **reine** *queen* **Chaque** *Each* **en tenant** *while holding* **pièce de monnaie** *coin* **fait sauter** *flips* **tombe bien** *lands right* **poêle** *frying pan* **aura** *will have* **toute l'année** *all year long*

CULTURAL NOTE D'autres fêtes

- **Le premier mai** On this holiday people traditionally buy a small bouquet of lilies of the valley **(un bouquet de muguet).**
- **Le premier novembre** In many French families, it is traditional to go to the cemetery on this day to place flowers on the graves of one's family and relatives.
- **Le onze novembre** This holiday, with its military parade, commemorates the end of World War I **(le 11 novembre 1918).** In the United States it is celebrated as Veterans' Day.

Mardi Gras

Cette fête s'appelle aussi le Carnaval. Elle a lieu° 40 jours avant Pâques. C'est une fête très joyeuse. Le Carnaval de Nice, en Provence, est très célèbre.° Il y a des défilés° de chars,° des bals masqués et on danse dans les rues.

Le 14 juillet

Les Français célèbrent leur fête nationale le 14 juillet. Cette fête commémore le commencement de la Révolution française en 1789. À Paris, il y a un défilé militaire sur les Champs-Élysées. Le soir, il y a des orchestres dans les rues et tout le monde danse. Il y a aussi un grand feu d'artifice.°

Noël

Noël est la fête de la famille. Dans les familles catholiques, on va à la messe° de minuit. Après la messe, il y a le «réveillon». Le réveillon est un repas léger:° huîtres,° boudin blanc° ... et champagne. Le jour de Noël, on fait un grand repas familial.

La veille° de Noël, les petits enfants mettent leurs chaussures devant° la cheminée.° Est-ce que le père Noël va passer cette nuit? Et qu'est-ce qu'il va mettre dans leurs chaussures?

COMPARAISONS CULTURELLES

Quelles fêtes sont les mêmes en France et aux États-Unis? Quelles fêtes sont différentes? Choisissez une fête typiquement américaine et décrivez-la.

lieu *takes place* **célèbre** *famous* **défilés** *parades* **chars** *floats* **u d'artifice** *fireworks* **messe** *Mass* **léger** *light* **huîtres** *oysters* **oudin blanc** *meatless milk-based sausage* **veille** *night before* **evant** *in front of* **cheminée** *fireplace*

CULTURAL NOTE Les jours fériés

- Legal holidays **(les jours fériés)** also include:

  le lundi de Pâques

  le 8 mai (the anniversary of the end of World War II in 1945)

  l'Ascension (Ascension Day, Thursday 40 days after Easter)

  le lundi de la Pentecôte (Pentecost, Sunday 50 days after Easter)

  l'Assomption le 15 août
- **La fête des Rois, la Chandeleur,** and **Mardi Gras** are traditional (but not legal) holidays. Not all families celebrate them.

Cultural notes

- **Mardi Gras** Traditionally the period of Lent **(le carême),** beginning on Ash Wednesday **(le mercredi des Cendres),** represented 40 days of penance and fasting in preparation for Easter. The last day one could celebrate and feast before Lent was "fat" Tuesday or **Mardi Gras. Mardi Gras** or **Carnaval** is also celebrated in other French-speaking regions as well as regions that have had historical ties to France, such as **Québec, la Nouvelle-Orléans,** and **Haïti.** *(See also pp. 261 and 267.)* The top photo on this page is the **Carnaval de Nice, France.**
- **Le 14 juillet** In the United States, this holiday is often referred to as Bastille Day. On July 14, 1789, a Parisian mob stormed **la Bastille,** a royal fortress, where they expected to find weapons to arm themselves for an uprising. In the photo, troops of the Foreign legion march on the Champs-Élysées during France's Bastille Day Parade.
- **L'Arc de triomphe** at **la place Charles-de-Gaulle** was designed for **Napoleon** by **Chalgrin,** but wasn't completed until 1836. **La tombe du Soldat Inconnu** (tomb of the Unknown Soldier) and **la Flamme du Souvenir** *(eternal flame)* are found under the arch.
- **Noël** The way **Noël** is celebrated varies from family to family. Many people now have their Christmas dinner on Christmas Eve. For them, **le réveillon** is not a light meal but a hearty one.
- Traditionally on Christmas Day one serves turkey **(la dinde de Noël).** There is also a special cake called **la bûche de Noël** because it is rolled up like a log **(une bûche)** and is covered with chocolate frosting.
- It is only small children who leave their shoes next to the fireplace for **le père Noël** to fill. Parents place gifts **(un cadeau)** for older children under the Christmas tree **(l'arbre de Noël).**
- The family may listen to carols **(un chant, un cantique de Noël)** while they all sign the New Year's greetings **(la carte de voeux)** that they will send to friends and relatives.

Le Tour de France

Photo note In the photo on this page, members of the United States Postal Service team ride from Epernay to Château-Thierry during the fourth stage of the 89th Tour de France in 2002.

Compréhension du texte

Vrai ou faux?

1. Le Tour de France est une course cycliste. [V]
2. C'est une course réservée exclusivement aux champions français. [F]
3. Cette course a lieu *(takes place)* en été. [V]
4. Il y a approximativement 200 coureurs. [V]
5. Le leader porte un maillot jaune. [V]
6. Tous les coureurs finissent la course. [F]
7. Lance Armstrong est un coureur anglais. [F]
8. La Grande Boucle féminine est une course cycliste. [V]

Challenge activity

Identifiez ...

1. le Tour de France [une grande course cycliste qui a lieu en été en France, qui a 20 étapes, qui finit à Paris, etc.]
2. une étape [Il y a environ 20 étapes du Tour de France. Chaque jour, il y a une étape de 40 à 300 kilomètres.]
3. une étape contre la montre [les coureurs courent individuellement]
4. le «maillot jaune» [Le coureur qui a le temps total minimum (le leader) porte le maillot jaune.]
5. Lance Armstrong [C'est un coureur américain qui a gagné le Tour de France en 1999, 2000, 2001 et 2002.]
6. La Grande Boucle féminine [C'est un Tour de France pour les femmes.]

Le Tour de France

En juillet, un grand événement sportif passionne° les Français de tout âge. Cet événement c'est le Tour de France. Le Tour de France est la plus grande° course° cycliste du monde. C'est aussi la plus longue et la plus difficile.

Une course d'endurance

Le Tour de France est une course d'endurance. Il commence vers° le 1er juillet dans une ville de province. Il finit trois semaines plus tard à Paris, en général sur les Champs-Élysées. Pendant ces trois semaines, les coureurs° parcourent° environ° 3 800 kilomètres. Chaque année, l'itinéraire est un peu différent, mais il finit toujours à Paris.

Le Tour de France est divisé° en 20 étapes° environ. Chaque jour, il y a une étape. Ces étapes ont de 40 à 300 kilomètres. Les étapes les plus difficiles et les plus dangereuses sont les étapes de montagne. Beaucoup de coureurs abandonnent dans les Alpes ou les Pyrénées. Il y a aussi deux ou trois étapes «contre la montre».° Dans ces étapes, les coureurs courent° individuellement.

Le maillot° jaune

À la fin de chaque étape, les officiels établissent le classement° général. Ce classement est basé sur le temps total de tous les coureurs. Le premier au classement général est le coureur qui a le temps total minimum. Ce coureur porte le fameux «maillot jaune».

passionne *captivates the interest of* **la plus grande** *the biggest* **course** *race* **vers** *around* **coureurs** *racers* **parcourent** *cove*
environ *about* **divisé** *divided* **étapes** *stages* **«contre la montre»** *"against the clock"* **courent** *race* **maillot** *jersey*
classement *ranking*

Pre-reading questions

In preparation for this reading, ask who in the class is interested in cycling and racing.

Qui fait du vélo?
Avez-vous jamais fait une course de vélo?
En été, regardez-vous le Tour de France à la télé?

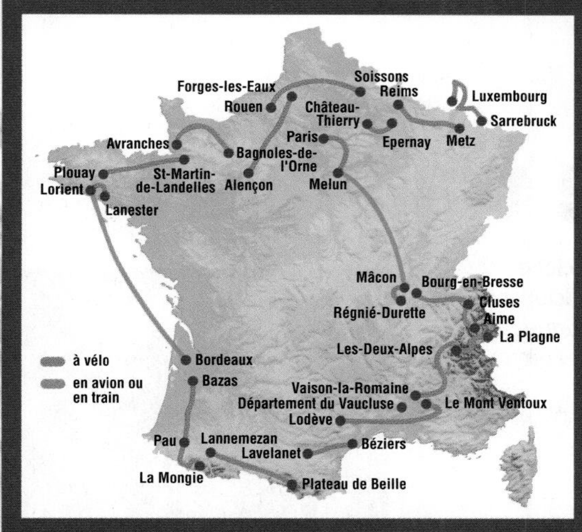

LE TOUR 2002 en chiffres

Date de départ	le 6 juillet au Grand Duché du Luxembourg
Date d'arrivée	le 28 juillet à Paris (Champs-Élysées)
Distance totale	3 300 kilomètres environ
Nombre d'étapes	21
Étape la plus longue	Vaison-la-Romaine – Les-Deux-Alpes: 226,5 kilomètres
Étape la plus courte	Luxembourg – Luxembourg: 7 kilomètres
Nom du vainqueur°	Lance Armstrong (États-Unis)

Les participants

Chaque année, environ 200 coureurs participent au Tour de France. Ces coureurs sont répartis° en équipes° différentes. La majorité des coureurs sont français, mais il y a aussi des Italiens, des Espagnols, des Belges, des Allemands, des Luxembourgeois, des Hollandais, des Anglais ... et des Américains! En fait, le grand héros moderne est un champion américain, Lance Armstrong. Il a gagné sept Tours de France (en 1999, 2000, 2001, 2002, 2003, 2004 et 2005) après sa victoire sur le cancer.

La Grande Boucle féminine

Il y a aussi un Tour de France féminin. La Grande Boucle féminine ne suit pas° le même° itinéraire que le Tour masculin, mais généralement elle finit aussi à Paris sur les Champs-Élysées.

CONNEXIONS Courses cyclistes

Consultez les sites Internet du Tour de France et de la Grande Boucle féminine pour découvrir l'itinéraire de cette année. Qui ont été les champions?

vainqueur *winner* **répartis** *divided* **équipes** *teams*
ne suit pas *does not follow* **même** *same*

Language note

1 kilomètre = *0.6 miles*

Cultural notes

- In the top photo, from left, **Joseba Beloki** (2nd), **Lance Armstrong** (1st), and **Raimondas Rumsas** (3rd) celebrate their winning the **Tour de France** in 2002.
- **La Grande Boucle féminine** est divisée en 11 étapes sur une distance d'environ 850 kilomètres. In the photo, from left, Judith Arndt, Joane Somarriba, and Fabiana Luperini ride through Superdevoluy, France in August 2001.

Supplementary vocabulary

LES PARTIES DE LA BICYCLETTE

la selle *seat*
le cadre *frame*
le guidon *handlebar*
le frein (la poignée de frein) *brake (handbrake)*
la roue *wheel*
le rayon *spoke*
le garde-boue *fender*
le pédalier *chain transmission*
la pédale *pedal*
la chaîne *chain*
le changement de vitesse (le dérailleur) *derailleur*
le porte-bagages *(luggage) rack*
le pneu *tire*
le phare *light*

INCLUSION

Sequential Have students make a list of ten nouns and ten verbs that are new to them. They will then look up the words and write the definitions in their notebooks. Ask the class which words they chose, making a list of the new nouns and verbs with their definitions on the board for the class to copy. Then, read the passages on pages 92–93 aloud as the students follow along in their books. Have students repeat a passage after you read it, assigning two sentences to each student.

Ici aussi, on parle français

Cultural expansion: L'Union européenne

The European Union (EU) consists of fifteen member countries: France, Germany, Italy, Belgium, the Netherlands, Luxembourg, Great Britain, Ireland, Spain, Portugal, Greece, Denmark, Austria, Finland, and Sweden.

The European Union has its own institutions, including:

- a LEGISLATIVE branch **(le Parlement européen)** that has sessions for one week every month in **Strasbourg;** during the other three weeks, the working committees meet in **Brussels;** the general secretariat has its offices in **Luxembourg.**
- an EXECUTIVE branch with a cabinet **(le Conseil de l'Union européenne)** that meets nine months in **Brussels** and then three months in **Luxembourg;** and also an executive commission **(la Commission européenne).**
- a JUDICIAL branch **(la Cour de Justice),** which is located in **Luxembourg.**

Cultural note Le Luxembourg

In Luxembourg, French is the primary language of instruction in the high schools, while German is the language of instruction in the elementary schools.

Photo notes

- The top photo shows the **Mont des Arts** in Brussels.
- The middle photo shows Old Luxembourg City.
- The bottom photo is a panoramic view of Monaco.

IMAGES DU MONDE FRANCOPHONE

Ici aussi, on parle français

Le français est non seulement° la langue officielle de la France. C'est aussi l'une des langues officielles dans quatre autres° pays° européens: la Belgique, le Luxembourg, la Suisse et Monaco. Dans ces pays, une partie de la population parle français.

La Belgique

La Belgique est un pays de 10 millions d'habitants, situé° au nord-est de la France. C'est une monarchie avec un roi. Le roi actuel° s'appelle Albert II. La capitale de la Belgique est Bruxelles. Bruxelles est le siège° de certaines institutions de l'Union européenne.

La Belgique a trois langues officielles: le français, le néerlandais° et l'allemand. Trente-cinq pour cent (35%) des Belges parlent français.

Le Luxembourg

Le Luxembourg est un petit pays de 450 000 (quatre cent cinquante mille) habitants situé à l'est° de la Belgique. Les langues officielles sont le français, l'allemand et le luxembourgeois, qui est un dialecte allemand.

La capitale du pays s'appelle aussi Luxembourg. Comme° Bruxelles, cette ville est un centre européen important.

Monaco

Situé sur la Méditerranée près de l'Italie, Monaco est un tout petit° pays avec une population de 30 000 personnes. Les habitants de Monaco s'appellent les Monégasques. Monaco est une principauté° gouvernée par un prince, le prince Rainier. La langue officielle est le français.

Chaque année a lieu° le Grand Prix de Monaco. C'est une course automobile très difficile qui est disputée° dans les rues de la ville.

seulement *only* **autres** *other* **pays** *countries* **situé** *located* **actuel** *present* **siège** *seat* **néerlandais** *Dutch* **est** *east* **Comme** *Like* **tout petit** *very small* **principauté** *principality* **a lieu** *takes place* **disputée** *held*

La Suisse 

La Suisse est un pays de 7 millions d'habitants situé à l'est de la France. La Suisse est la plus ancienne république d'Europe. C'est une république fédérale qui est divisée en 23 cantons.

Il y a quatre langues nationales en Suisse: l'allemand, le français, l'italien et le romanche. On parle français dans les cantons de l'ouest. La ville de Genève est située dans la partie française. C'est le siège de certaines agences des Nations unies et de la Croix-Rouge° Internationale.

La Suisse est un pays de vallées et de hautes° montagnes: les Alpes. En hiver, beaucoup de touristes européens et américains vont en Suisse pour faire du ski.

Quelques faits supplémentaires

En Belgique et au Luxembourg, on utilise les euros, comme en France. En Suisse, on utilise les francs suisses.

Le français qu'on parle en Belgique et en Suisse est un peu différent du français de France. Par exemple, quand on compte ...

on dit:		au lieu de:
70	septante	soixante-dix
80	octante (ou huitante)	quatre-vingts
90	nonante	quatre-vingt-dix

CONNEXIONS Voyage en Europe francophone

Avec deux ou trois camarades, choisissez un de ces pays européens francophones et préparez une petite brochure touristique. Présentez les sites à visiter et les activités que le pays offre aux touristes.

Croix *Cross* **hautes** *high*

Cultural notes

- **La Suisse** Switzerland, like France (or Gaul), was colonized by the Romans for about 500 years. You can find its Latin name, **Helvetia,** on Swiss postage stamps.
- The photo is a shot of **le Mont Cervin** (the Matterhorn), which is 4,478 meters high, as seen from Gornergrat.

Compréhension du texte

Vrai ou faux?

1. Bruxelles est la capitale de la Belgique. [V]
2. La capitale du Luxembourg s'appelle Luxembourg. [V]
3. Au Luxembourg, on parle français et italien. [F]
4. Monaco est une petite ville suisse. [F]
5. La Suisse est gouvernée par un roi. [F]
6. La Suisse a quatre langues nationales. [V]
7. En hiver, on fait du ski en Suisse. [V]
8. Les Monégasques sont les habitants de Monaco. [V]
9. Le siège de la Croix-Rouge Internationale est à Genève. [V]
10. Les Suisses utilisent l'euro. [F]

Challenge activity

Identifiez ...

1. Bruxelles [la capitale de la Belgique]
2. le roi Albert II [le roi de la Belgique]
3. Luxembourg [un petit pays situé à l'est de la Belgique / la capitale du Luxembourg]
4. le prince Rainier [le leader de Monaco]
5. un(e) Monégasque [un habitant de Monaco]
6. le Grand Prix de Monaco [une course automobile qui est disputée dans les rues de la ville de Monaco]

Rencontres ... au Futuroscope

Compréhension du texte

Vrai ou faux?

1. Le Futuroscope est un musée d'art moderne. [F]
2. Les principaux visiteurs sont des jeunes. [V]
3. Il y a beaucoup d'attractions audio-visuelles. [V]
4. Le thème principal est la protection de l'environnement. [F]
5. Cécile va souvent au Futuroscope. [F]
6. Atlantis est une ville sous la mer. [V]
7. Clément va au Futuroscope avec ses copains. [V]
8. Il joué à un jeu vidéo géant. [V]
9. Monsieur Bertin a beaucoup aimé l'attraction de «l'Astrotour.» [F]

Rencontres ... au Futuroscope

Chaque° année, le Futuroscope attire° des millions de visiteurs, principalement des jeunes, qui viennent avec leurs parents, leurs amis ou leur école. Ce grand parc à thème futuristique offre un grand nombre d'attractions audio-visuelles. Des techniques cinématographiques très sophistiquées donnent aux spectateurs l'impression d'hyper-réalité. Ces spectateurs deviennent participants dans un monde° virtuel fantastique. Ils sont catapultés dans l'espace. Ils explorent les mystères du monde sous-marin.° Ils voyagent dans la jungle tropicale. Ils vivent° à l'époque des dinosaures.

Le magazine *Info-jeunes* a demandé à plusieurs° visiteurs de décrire leurs expériences.

Cécile (16 ans)

C'est la première fois° que je viens ici. J'ai beaucoup aimé «Le Défi° d'Atlantis». On plonge° dans la mer et on découvre la cité d'Atlantis. Là, on participe à une course° de chars° pour sauver° la ville. Il faut° éviter° beaucoup d'obstacles différents. C'est génial.

Clément (15 ans)

J'habite dans la région. Alors, je viens assez souvent avec mes copains. Aujourd'hui nous sommes allés à «Métropole Défi». C'est un jeu vidéo géant où on joue par équipes. Il faut passer par un labyrinthe, sauter° sur un trampoline aérien, éviter des barrières magnétiques et affronter° toutes sortes° de dangers. C'est super!

Monsieur Bertin (38 ans)

Je suis allé à «Astrotour» avec mes deux enfants. Ils ont beaucoup aimé ce voyage dans l'espace, mais moi, j'ai eu le vertige. Quand je suis sorti, j'avais mal à la tête et mal à l'estomac. Les sensations fortes,° c'est bien ... mais c'est pas pour moi.

CONNEXION Parc à thème français

Imaginez que vous allez visiter le Futuroscope avec deux ou trois camarades. Préparez votre visite. Pour cela, cherchez le site du Futuroscope sur l'Internet et choisissez trois attractions qui vous intéressent. Décrivez ces attractions.

Chaque *Each* **attire** *attracts* **monde** *world* **sous-marin** *underwater* **vivent** *live* **plusieurs** *several* **fois** *time* **Défi** *Challenge* **plonge** *dives* **course** *race* **chars** *chariots* **sauver** *to save* **il faut** *one must* **éviter** *avoid* **sauter** *jump* **affronter** *confront* **toutes sortes** *all kinds* **fortes** *strong*

LE SAVEZ-VOUS?

1. Les Français votent pour leur président ...
   a. tous les trois ans
   b. tous les cinq ans
   c. tous les sept ans
2. La fête nationale française est ...
   a. le 4 juillet
   b. le 14 juillet
   c. le 11 novembre
3. La Bretagne est une province ...
   a. de la Belgique
   b. de la Suisse
   c. de la France
4. Pour skier, les Français vont ...
   a. en Savoie
   b. en Touraine
   c. en Champagne
5. Les Romains ont construit *(built)* ...
   a. le château de Chambord
   b. le Mont-Saint-Michel
   c. le pont du Gard
6. Le Futuroscope est ...
   a. une ville très moderne
   b. un film de science-fiction
   c. un parc à thème
7. La «galette des rois» est ...
   a. un gâteau
   b. une fête
   c. un parfum
8. À Paris, il y a un grand défilé militaire ...
   a. le 1er mai
   b. le 14 juillet
   c. le Mardi Gras
9. Le Tour de France est ...
   a. une course automobile
   b. une course cycliste
   c. un match de foot
10. Le Tour de France finit ...
    a. à Paris
    b. dans les Alpes
    c. au Futuroscope
11. Lance Armstrong est un ...
    a. astronaute
    b. champion cycliste
    c. coureur automobile *(racing driver)*
12. Bruxelles est la capitale ...
    a. de la Belgique
    b. de la Suisse
    c. du Luxembourg
13. Le plus petit pays où on parle français est ...
    a. Monaco
    b. le Luxembourg
    c. la Suisse
14. Le Grand Prix de Monaco est ...
    a. une course automobile
    b. un festival de cinéma
    c. une décoration militaire
15. En Suisse, on utilise ...
    a. l'euro
    b. la livre sterling
    c. le franc suisse

Un jeu Le savez-vous?

Divide the class into teams of two or three.

When you give the signal, have them begin the quiz. If they wish, they can refer back to the pertinent sections.

The first team to answer the 15 items correctly is the winner.

Le savez-vous?

Teaching strategy

Le savez-vous?

This quiz will help students check how well they have remembered the information presented in *Images du monde francophone.*

If students have only covered parts of the cultural photo essay, you may want to assign only selected items corresponding to what they have read.

PAGES	CORRESPONDING ITEMS
86–87	1, 2, 3, 4
88–89	5, 6
90–91	7, 8
92–93	9, 10, 11
94–95	12, 13, 14, 15

Le savez-vous?

Answers

1. b	**9.** b
2. b	**10.** a
3. c	**11.** b
4. a	**12.** a
5. c	**13.** a
6. c	**14.** a
7. a	**15.** c
8. b	

Expansion activities PLANNING AHEAD

Games

• Pierrot le Fou

Arrange students in one large circle or in small circles. Give each student a picture prompt of a destination (beach, mountains, stadium, pool, cinema, etc.), which he or she holds up at about chest level so that classmates can see it clearly. The first student (who holds the stadium, for example) says: «*Pierrot le Fou est allé au cinéma.*» The student holding the cinema picture says, «*Non, il n'est pas allé au cinéma. Il est allé au parc.*» The student holding the park prompt then says: «*Non, il n'est pas allé au parc. Il est allé à la piscine,*» and so on. You should ring a bell or generate a signal at brief, regular intervals. The student who is speaking when the signal sounds is out of the game and must sit down. Reward the last few students left standing with one point each.

Pacing Suggestion: Upon completion of Leçon 6.

• Écrivez vite!

Create two decks of cards. Write the time expressions from page 126 on one set. On the other set, write infinitives of verbs that are conjugated with *avoir* in the *passé composé.* Divide the class into two or three teams and have one member of each team come up to the board. Draw a card from each deck and have each player write a sentence using the two elements. Set a time limit for each round. Award a point for each correct sentence, then have a new set of players come up to the board.

Pacing Suggestion: Upon completion of Leçon 7.

Bulletin Boards

• Un voyage à Paris

Have students create a three-day travel itinerary for a trip to Paris. Working in pairs or small groups, they should select a hotel for the tour group and tell what monuments, museums, and other sights the tour group will visit each day. After students have written up their final itineraries, have them display the itineraries with photos or illustrations on a visually appealing bulletin board. You may wish to have the class vote on their favorite travel itinerary.

Pacing Suggestion: Upon completion of Leçon 5.

Projects

• L'histoire de Paris

Students will create a time line of major events during one century of Parisian history. Prepare a list of six to eight events and their dates and give them to students. Students should then write out sentences from the list in French using the *passé composé.* Have each student create a time line illustrated with drawings, photos, etc. Expand the project by assigning interested students events from the histories of francophone cities around the world, such as Abidjan, Arles, Bordeaux, Dakar, Fort-de-France, Marseille, Montreal, New Orleans, Nice, Pointe-à-Pitre, Port-au-Prince, Rabat, Strasbourg, and Tunis.

Pacing Suggestion: Upon completion of Leçon 6.

• Qu'est-ce que tu as fait le week-end dernier?

Students will work in pairs to create a phone conversation in which they discuss what they did and where they went over the weekend. The students will ask each other several questions and respond using the *passé composé.* Have students write a rough draft of their conversations, and then exchange their drafts with another pair for proofreading. Students should then record their conversations on audiocassette.

Pacing Suggestion: Upon completion of Leçon 7.

Music

• *Il pleut, il pleut, Bergère*

You may want to teach your students the romantic song *Il pleut, il pleut, Bergère,* which is set in the French countryside. You can find the complete lyrics on the Internet.

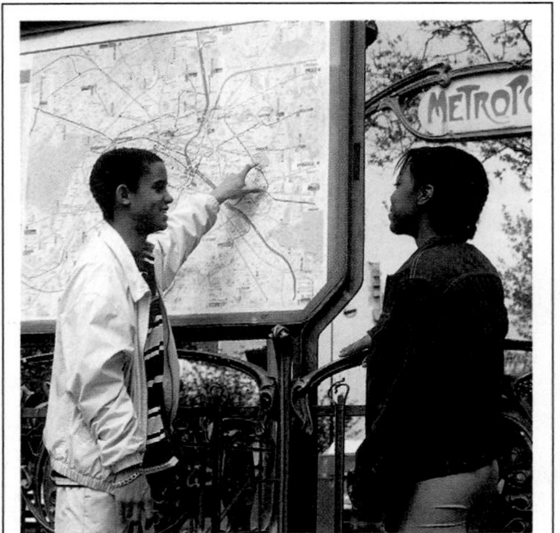

«Il pleut, il pleut, Bergère,
Presse tes blancs moutons,
Allons sous ma chaumière,
Bergère, vite, allons;
J'entends sur le feuillage,
L'eau qui tombe à grand bruit:
Voici, voici l'orage;
Voilà l'éclair qui luit.»

Pacing Suggestion: Upon completion of Leçon 8.

Storytelling

• Une mini-histoire

After reviewing the formation of the *passé composé,* model a mini-story (using puppets, student actors, or photos) about several things imaginary people did yesterday. Repeat the story, allowing time for students to repeat or complete the sentences. Then, have students write and read aloud a longer story that fits their own personalities and lifestyles. Their new version should incorporate vocabulary from the original story, including the word *hier,* several verbs in *passé composé,* and at least one sentence using the *passé composé* and *ne … pas.*

Pacing Suggestion: Upon completion of Leçon 6.

Hands-on Crafts

• La maison d'être

Have students construct a diorama or draw a floor plan of a house. The house should have more than one floor. You may wish to have several groups construct one room each and then combine them into a single structure. Then, have students demonstrate the verbs that describe movement and that are conjugated in the *passé composé* with *être* (for example: *entrer, monter, descendre,* etc.), by using a small doll or figurine that moves in, out, up, down, and around the house.

Pacing Suggestion: Upon completion of Leçon 5.

Recipe

• Mousse au chocolat

La mousse au chocolat is such a popular dessert it can be found in almost every restaurant and café in Paris. Students may wish to experiment by adding coffee flavoring.

Pacing Suggestion: Upon completion of Leçon 8.

Clé

200 grammes = approx. 7 ounces
100 grammes = approx. 3.5 ounces

End of Unit

• Mon voyage favori

Each student will create a poster about the best vacation or trip they ever had or about an imaginary vacation. First, have the class brainstorm a list of verbs they might want to use in a paragraph about a vacation. Then, have students make notes about the information they want to incorporate in their paragraph, such as where they went, who their traveling companions were, what they did, and what they saw. Then, have students combine the events into one or two paragraphs about their vacation. Students will exchange paragraphs with a classmate for proofreading, then copy the finished paragraphs onto a poster board. To complete the posters, students will add photographs, illustrations, and memorabilia.

Rubric **A** = 13–15 pts. **B** = 10–12 pts. **C** = 7–9 pts. **D** = 4–6 pts. **F** = < 4 pts.

Criteria	Scale
Vocabulary Use	1 2 3 4 5
Grammar/Spelling Accuracy	1 2 3 4 5
Creativity	1 2 3 4 5

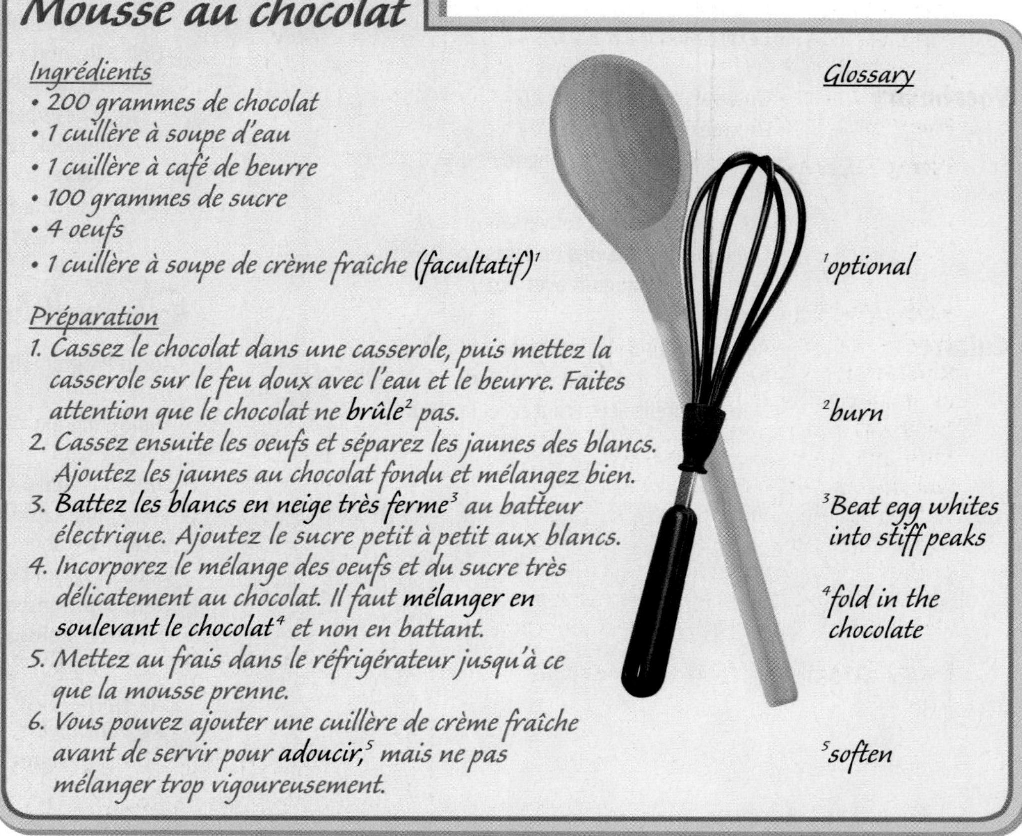

Mousse au chocolat

Ingrédients

- *200 grammes de chocolat*
- *1 cuillère à soupe d'eau*
- *1 cuillère à café de beurre*
- *100 grammes de sucre*
- *4 oeufs*
- *1 cuillère à soupe de crème fraîche (facultatif)*[1]

Préparation

1. *Cassez le chocolat dans une casserole, puis mettez la casserole sur le feu doux avec l'eau et le beurre. Faites attention que le chocolat ne brûle[2] pas.*
2. *Cassez ensuite les oeufs et séparez les jaunes des blancs. Ajoutez les jaunes au chocolat fondu et mélangez bien.*
3. *Battez les blancs en neige très ferme[3] au batteur électrique. Ajoutez le sucre petit à petit aux blancs.*
4. *Incorporez le mélange des oeufs et du sucre très délicatement au chocolat. Il faut mélanger en soulevant le chocolat[4] et non en battant.*
5. *Mettez au frais dans le réfrigérateur jusqu'à ce que la mousse prenne.*
6. *Vous pouvez ajouter une cuillère de crème fraîche avant de servir pour adoucir,[5] mais ne pas mélanger trop vigoureusement.*

Glossary

[1] *optional*
[2] *burn*
[3] *Beat egg whites into stiff peaks*
[4] *fold in the chocolate*
[5] *soften*

Planning Guide CLASSROOM MANAGEMENT

OBJECTIVES

Communication

- Describe your own weekend activities: whether you stay home or go to town *pp. 102, 104*
- Talk about your other leisure activities *pp. 103, 105, 115*
- Describe what you see when you go for a walk or a drive in the country *pp. 106, 122*
- Describe what you did yesterday, last weekend, or last summer *pp. 110, 111, 123, 125, 126, 133, 134*
- Talk more generally about what happened in the past *pp. 112, 137*

Grammar

- Le passé composé avec *avoir pp. 110–111*
- Le passé composé: forme négative *p. 113*
- Les questions au passé composé *p. 114*
- Les verbes *prendre* et *mettre p. 116*
- Le verbe *voir p. 122*
- Quelques participes passés irréguliers *p. 123*
- *Quelqu'un, quelque chose* et leurs contraires *p. 124*
- Le passé composé du verbe *aller p. 125*
- Les verbes comme *sortir* et *partir p. 132*
- Le passé composé avec *être p. 133*
- L'expression *il y a p. 137*

Vocabulary

- Un week-end en ville *p. 102*
- Un week-end à Paris *p. 104*
- Un week-end à la campagne *p. 106*
- Quand? *p. 112*
- Expressions pour la conversation *p. 115*
- Quelques expressions de temps *p. 126*
- Les verbes conjugués avec *être p. 134*

Culture

- Aperçu culturel–Le week-end *pp. 100–101*
- Au jour le jour–Le métro de Paris *pp. 104–105*
- Note culturelle–Les Français et la nature *p. 107*

PROGRAM RESOURCES

Print

- Workbook PE, *pp. 45–82*
- *Activités pour tous* PE, *pp. 41–59*
- Block Scheduling Copymasters, *pp. 41–72*
- *Français pour hispanophones*
- *Lectures pour tous*
- Teacher to Teacher Copymasters
- Teaching Proficiency through Reading and Storytelling
- Unit 2 Resource Book
  - Lessons 5–8 Resources
    - Workbook TE
    - *Activités pour tous* TE
    - Absent Student Copymasters
    - Family Involvement
    - Video Activities
    - Videoscripts
    - Audioscripts
    - Assessment Program
  - Unit 2 Resources
    - Communipak
    - *Activités pour tous* TE Reading
    - Workbook TE Reading and Culture Activities
    - Assessment Program
    - Answer Keys

Audiovisual

- Audio Program PE CD 2 Tracks 1–10
- Audio Program Workbook CD 7 Tracks 1–25
- *Chansons* Audio CD
- Sing Along: Grammar and Vocabulary Songs CD
- Video Program Leçons 5–8
- Warm-Up Transparencies
- Overhead Transparencies
  - 2c *L'Afrique, L'Europe, L'Asie;*
  - 4a *Paris;*
  - 4b *Paris métro;*
  - 6 *Les matières;*
  - 7 *Quelques objets;*
  - 18 *Où vont-ils? D'où viennent-ils?;*
  - 19 *Activités du week-end;*
  - 20 *À la maison;*
  - 21 *Le bus et le métro;*
  - 22 *Un week-end à la campagne;*
  - 23 *À la campagne;*
  - 24 *Chez les Durand;*
  - 25 *Les verbes conjugués avec* ***être***

Technology

- Online Workbook
- ClassZone.com
- McDougal Littell Assessment System/Test Generator CD-ROM
- EasyPlanner CD-ROM
- Power Presentations on CD-ROM
- Take-Home Tutor CD-ROM

Assessment Program Options

Lesson Quizzes
Portfolio Assessment
Unit Test Form A
Unit Test Form B
Listening Comprehension Performance Test
Speaking Performance Test
Reading Comprehension Performance Test
Writing Performance Test
Multiple Choice Test Items
Test Scoring Tools
Audio Program CD 16 Tracks 1–9
Answer Keys
McDougal Littell Assessment System/Test Generator CD-ROM

Pacing Guide SAMPLE LESSON PLAN

DAY	DAY	DAY	DAY	DAY
1 **Unité 2 Opener** **Leçon 5** • Aperçu culturel–Le week-end • Vocabulaire–Un week-end en ville	**2** **Leçon 5** • Vocabulaire–Un week-end à Paris • Au jour le jour–Le métro de Paris • Vocabulaire–Un week-end à la campagne	**3** **Leçon 5** • Vocabulaire–Un week-end à la campagne *(continued)* • Note culturelle–Les Français et la nature **Leçon 6** • Vidéo-scène–Pierre a un rendez-vous	**4** **Leçon 6** • Le passé composé avec *avoir* • Vocabulaire–Quand?	**5** **Leçon 6** • Le passé composé: forme négative • Les questions au passé composé
6 **Leçon 6** • Vocabulaire–Expressions pour la conversation • Les verbes *prendre* et *mettre*	**7** **Leçon 6** • À votre tour! • Lecture–Dans l'ordre, s'il vous plaît!	**8** **Leçon 7** • Vidéo-scène–Les achats de Corinne • Le verbe *voir*	**9** **Leçon 7** • Quelques participes passés irréguliers • *Quelqu'un, quelque chose* et leurs contraires	**10** **Leçon 7** • *Quelqu'un, quelque chose* et leurs contraires *(continued)* • Le passé composé du verbe *aller*
11 **Leçon 7** • Vocabulaire–Quelques expressions de temps • À votre tour!	**12** **Leçon 7** • Lecture–Quatre amis **Leçon 8** • Vidéo-scène–Tu es sorti?	**13** **Leçon 8** • Les verbes comme *sortir* et *partir* • Le passé composé avec *être* • Vocabulaire–Les verbes conjugués avec *être*	**14** **Leçon 8** • Vocabulaire–Les verbes conjugués avec *être* *(continued)* • L'expression *il y a*	**15** **Leçon 8** • À votre tour! • Lecture–Ici tout va bien!
16 • Tests de contrôle	**17** • Interlude–Camping de printemps	**18** • Unit 2 Test		

Student Text Listening Activity Scripts
AUDIO PROGRAM

▶ LEÇON 5 LE FRANÇAIS PRATIQUE Les activités du week-end

• Aperçu culturel: Le week-end *p. 100* CD 2, TRACK 1

Les jeunes Français profitent du week-end pour sortir. Ils sortent souvent avec leurs copains. L'après-midi, ils vont dans les magasins ou au café. Le soir, ils vont au cinéma ou au concert. Parfois, ils vont à la campagne avec leurs parents. Pour beaucoup de Français, le week-end est aussi l'occasion de rendre visite aux autres membres de la famille.

Samedi

1. Le samedi, Mathilde suit des cours de théâtre à la Maison des Jeunes de la ville où elle habite. Les MJC (Maisons des Jeunes et de la Culture) offrent un grand choix d'activités artistiques et culturelles: ciné-club, photo, poterie, batik, etc. On peut aussi suivre des cours de danse, de gymnastique et de judo.
2. Le samedi après-midi, Karine et Sophie adorent «faire les magasins». Cela ne signifie pas nécessairement qu'elles achètent quelque chose. Elles regardent simplement . . .
3. Quand Julien et ses copains n'ont rien de spécial à faire, ils vont au café. Là, ils discutent, ou bien ils regardent les gens qui passent dans la rue.
4. Le samedi soir, les jeunes Français aiment sortir. Ce soir Sabine va au ciné avec sa bande de copains.

Dimanche

5. Le dimanche, Sophie va souvent dîner chez ses grands-parents qui ont une maison à la campagne.
6. Le dimanche après-midi, Michel fait une promenade à la campagne avec sa famille.
7. Le dimanche soir, Claire est à la maison. Elle finit ses devoirs pour les cours de lundi.

• Vocabulaire A

Un week-end en ville *p. 102* CD 2, TRACK 2

Écoutez le dialogue.

A: Qu'est-ce que tu vas faire ce week-end?
B: Je vais sortir avec des copains. Et toi?
A: Moi, je vais travailler.

Activités de week-end

Écoutez et répétez.

On va en ville pour aller dans les magasins. #
. . . pour faire des achats #
. . . pour chercher un nouveau CD #

On va au ciné pour voir un film. #

On va au café pour rencontrer des copains. #
. . . pour retrouver des amis #

On va au stade pour assister à un match de foot. #
. . . pour assister à un concert de rock #

On va à la piscine pour nager. #

On va à la plage pour prendre un bain de soleil. #

On reste à la maison pour aider ses parents. #
. . . pour laver la voiture #
. . . pour nettoyer le garage #
. . . pour ranger sa chambre #
. . . pour ranger ses affaires #

• Vocabulaire B

Un week-end à Paris *p. 104* CD 2, TRACK 3

Écoutez les dialogues.

Premier dialogue

A: Qu'est-ce que tu vas faire samedi après-midi?
B: Je vais voir un film au Quartier Latin.
A: Comment vas-tu aller là-bas?
B: Je vais aller à pied.

Deuxième dialogue

C: Qu'est-ce que tu vas faire samedi soir?
D: Je vais assister à un concert à la Villette.
C: Comment vas-tu aller là-bas?
D: Je vais prendre le métro.

Dans le métro

Écoutez et répétez.

Je vais acheter un billet de métro. #
Je vais acheter un ticket de métro. #
Je vais prendre la direction Balard. #
Je vais monter à Opéra. #
Je vais descendre à Concorde. #

• Vocabulaire C

Un week-end à la campagne *p. 106* CD 2, TRACK 4

Écoutez le dialogue.

A: Où allez-vous passer le week-end?
B: Nous allons passer le week-end à la campagne.
A: Quand est-ce que vous allez partir?
B: Nous allons partir samedi matin.
A: Et quand est-ce que vous allez rentrer?
B: Nous allons rentrer dimanche soir.

À la campagne

Écoutez et répétez.

Quand on est à la campagne, on peut faire un pique-nique. #
. . . faire une promenade à cheval #
. . . faire un tour à vélo #
. . . faire une randonnée à pied #
. . . aller à la pêche #

Quelques endroits et quelques animaux

Écoutez et répétez.

une forêt # un arbre # une feuille # un écureuil # un oiseau # une rivière # un lac # un poisson #

une ferme # une prairie # un champ # une plante # une fleur # une vache # un cochon # un canard # un lapin # une poule # un cheval #

▶ LEÇON 6 Pierre a un rendez-vous

• Vidéo-scène *p. 108* CD 2, TRACK 5

Claire: Dans cette unité, nous allons faire la connaissance de Madame et Monsieur Duval, les parents de Pierre. Nous sommes samedi aujourd'hui. Pierre est chez lui.
Cet après-midi, Pierre a rendez-vous avec Armelle. Il s'apprête à partir quand sa mère lui demande ce qu'il va faire . . .
Mme D: Dis donc, Pierre, pourquoi est-ce que tu mets ta veste?
Pierre: Je vais sortir.
Mme D: Où vas-tu?
Pierre: J'ai rendez-vous avec Armelle . . . Nous allons au cinéma.
Mme D: Une seconde . . . Dis-moi, est-ce que tu as fini ton travail?
Pierre: Mais oui, tu sais bien, je l'ai fini hier soir.
Mme D: Et tu as rangé ta chambre?
Pierre: Bien sûr que j'ai rangé ma chambre. J'ai même passé l'aspirateur.
Mme D: Est-ce que tu as téléphoné à ta tante Caroline? C'est son anniversaire aujourd'hui.
Pierre: T'en fais pas, je n'ai pas oublié. Je lui ai téléphoné hier soir.
Pierre: Dis, Maman, je peux partir?
Mme D: Mais oui! Amuse-toi bien.

pause for oral response

Claire: Pierre embrasse sa mère. Puis, il sort et va à son rendez-vous avec Armelle . . .

À votre tour!

• Situation: Un voyage au Canada *p. 117* CD 2, TRACK 6

Pauline a passé la semaine dernière au Canada. Jean-Claude lui pose quelques questions. Écoutez la conversation entre Pauline et Jean-Claude.

Jean-Claude: Dis, Pauline, comment est-ce que tu as voyagé au Canada?
Pauline: J'ai voyagé en train.
Jean-Claude: Tu as visité Québec ou Montréal?
Pauline: J'ai visité Québec, et après j'ai visité Montréal.
Jean-Claude: Tu as rencontré des jeunes Canadiens?
Pauline: Oui, j'ai rencontré beaucoup de jeunes très sympathiques.
Jean-Claude: Tu as parlé français ou anglais?
Pauline: J'ai parlé français, bien sûr!
Jean-Claude: Dis! Est-ce que tu as acheté des souvenirs?
Pauline: Oui, j'ai acheté un tee-shirt pour mon copain et un livre sur le Canada pour ma soeur.
Jean-Claude: Et pour moi?
Pauline: Pour toi? Zut! Je n'ai rien acheté!

▶ LEÇON 7 Les achats de Corinne

• Vidéo-scène *p. 120* CD 2, TRACK 7

Claire: Samedi dernier, Pierre est allé à un rendez-vous avec Armelle. Il est parti de chez lui à deux heures.
Pierre a retrouvé Armelle. Puis ils sont allés au cinéma. Là, ils ont vu *L'Homme invisible.*
Après le film, ils ont fait une promenade en ville.
Ensuite, ils sont allés dans un café. Là, ils ont vu Corinne.
Au café, les trois amis parlent de leurs activités.
Pierre: Ça va?
Corinne: D'où venez-vous comme ça?
Pierre: Nous sommes allés au ciné.
Corinne: Qu'est-ce que vous avez vu?
Pierre: *L'Homme invisible.*
Corinne: Moi, je l'ai vu la semaine dernière. C'est super, hein?
Pierre: Oui, c'est pas mal!
Armelle: Et toi, qu'est-ce que tu as fait?
Corinne: Eh bien, tu vois, j'ai fait des achats.
Armelle: Qu'est-ce que tu as acheté?
Corinne: Ben, tu vois, j'ai acheté un tee-shirt . . . J'ai aussi acheté des magazines . . .
Ah, tiens . . . j'ai acheté quelque chose de marrant!
Pierre: Qu'est-ce que c'est?
Corinne: C'est un crocodile!
Pierre: C'est vrai, c'est marrant!
Corinne: Tu le veux? Je te le donne.
Claire: Pierre a accepté le cadeau de sa cousine. Puis, vers sept heures, Pierre, Armelle et Corinne sont rentrés chez eux.
Corinne et Armelle ont pris le bus.
Pierre est rentré chez lui à pied.

À votre tour!

• Situation: Au cinéma *p. 127* CD 2, TRACK 8

Le week-end dernier, Sandrine est allée au cinéma avec un copain. Jean-Jacques veut savoir ce qu'ils ont fait.

Jean-Jacques: Dis, Sandrine, avec qui est-ce que tu es allée au cinéma?
Sandrine: Avec mon cousin Bernard.
Jean-Jacques: À quel ciné êtes-vous allés?
Sandrine: Au Studio Saint-Germain.
Jean-Jacques: Quel film est-ce que vous avez vu?
Sandrine: Nous avons vu *Shrek*. C'est une comédie américaine.
Jean-Jacques: Et qu'est-ce que vous avez fait après le film?
Sandrine: Nous sommes allés dans un restaurant.
Jean-Jacques: Qu'est-ce que vous avez mangé?
Sandrine: Moi, j'ai mangé une pizza et Bernard a mangé un hamburger avec des frites.

▶ LEÇON 8 Tu es sorti?

• Vidéo-scène *p. 130* CD 2, TRACK 9

Claire: Dans l'épisode précédent, Pierre est allé au cinéma avec Armelle. Après le film, ils sont allés dans un café où ils ont rencontré Corinne. Corinne a donné quelque chose à Pierre.
Il est maintenant sept heures et demie. Les Duval sont prêts à dîner, mais Pierre n'est pas rentré.
Monsieur Duval s'impatiente un peu.
M. D: Tu sais où est Pierre?
Mme D: Mais oui, il est sorti . . .
M. D: Il est sorti, il est sorti . . . Mais il sort tout le temps en ce moment . . . Quand est-ce qu'il est parti?
Mme D: Je ne sais pas, moi . . . Vers deux heures . . .
M. D: Il est parti à deux heures et il n'est pas encore rentré!?
Mme D: Ne te fâche pas, Jacques! C'est samedi aujourd'hui . . .
Claire: À ce moment, la porte s'ouvre. C'est Pierre qui rentre.
M. D: Tiens, le voilà!
Pierre: Bonsoir, Maman . . . Bonsoir, Papa . . .
Claire: M. Duval n'est pas très content. Il veut savoir où est allé Pierre.
M. D: Alors, tu es sorti, comme ça?
Pierre: Eh, ben, oui . . . Je suis allé au ciné avec Armelle.
M. D: Tu es allé au cinéma? C'est bien joli ça, mais je parie que tu as oublié ton examen!
Pierre: Quel examen?
M. D: Eh bien, ton examen de maths!
Pierre: Mais non, Papa. C'est toi qui as oublié! Tu sais bien que je l'ai passé la semaine dernière et que j'ai eu la meilleure note de la classe.
M. D: Ah oui, c'est vrai.
Pierre: On a rencontré Corinne. Regarde ce qu'elle m'a donné!
M. D: C'est marrant!
Claire: M. Duval a retrouvé sa bonne humeur . . . La famille passe à la salle à manger pour le dîner.
M. D: Bon! Passons à table!

À votre tour!

• Situation: Lundi matin *p. 137* CD 2, TRACK 10

Aujourd'hui, nous sommes lundi matin. Éric et Chantal parlent de leur week-end.

Éric: Salut, Chantal! Ça va?
Chantal: Oui, ça va, merci.
Éric: Tu es sortie samedi dernier?
Chantal: Oui, je suis allée à une boum chez ma cousine Alice.
Éric: Qu'est-ce que vous avez fait?
Chantal: Eh bien, on a écouté de la musique et on a dansé un peu.
Éric: À quelle heure es-tu rentrée chez toi?
Chantal: À onze heures.
Éric: Et dimanche, tu es restée chez toi?
Chantal: Non, j'ai fait un tour à la campagne avec mes parents. Après, on est allé dîner dans un restaurant chinois.
Éric: Qu'est-ce que tu as fait quand tu es rentrée chez toi?
Chantal: J'ai fait mes devoirs et après, j'ai vu un film à la télé.

Complete videoscripts, plus Workbook and Assessment audioscripts, are available in the Unit Resource Books.

Main Theme
- Talking about the past

COMMUNICATION
- Describing what you do on weekends
- Telling where you go and how you get there
- Telling about your leisure time activities
- Describing the countryside
- Talking about the past
- Telling about a series of events
- Writing a postcard

CULTURES
- Learning about what French teens do on weekends
- Learning about Paris
- Learning how to ride the Paris subway
- Learning about the French people's love of nature

CONNECTIONS
- Connecting to Math: Using logic to sequence events
- Connecting to Math: Using deductive reasoning to figure out a puzzle
- Connecting to Science: Finding out about animals
- Connecting to Geography: Reading a map
- Connecting to Creative Writing: Writing a postcard and writing a story
- Connecting to English: Recognizing cognate patterns

COMPARISONS
- Comparing how teens in France and the U.S. spend the weekend
- Comparing how people in France and the U.S. appreciate the countryside
- Recognizing cognate patterns
- Learning about cognates

COMMUNITIES
- Using French when taking public transportation
- Using French when you travel

Le week-end, enfin!

LE FRANÇAIS PRATIQUE

THÈME ET OBJECTIFS

Culture

In this unit, you will learn ...
- what French young people do on weekends
- how to take the subway in Paris

Communication

You will learn how ...
- to describe your own weekend activities: whether you stay home or go to town
- to talk about your other leisure activities
- to describe what you see when you go for a walk or a drive in the country

You will also be able ...
- to describe what you did yesterday, last weekend, or last summer
- to talk more generally about what happened in the past

TEACHING STRATEGIES

This is an important unit. It reviews and expands on the material presented in Unit 7 of **Discovering French, *Nouveau!–Bleu.***

- If students completed this unit last year, move through these lessons quickly, doing only selected activities and focusing on the expansion material
  –farm and outdoor vocabulary (Leçon 5)
  –extended listing of verbs conjugated with **être** (Leçon 8)
  –new expressions: **déjà, il y a** + time, etc. (Leçons 6 and 8)
- If students did not complete Unit 7, almost everything in this unit will be new to them. Allow enough time for students to master the material.

quatre-vingt-dix-neuf
Unité 2 99

Linguistic objectives

PRIMARY
- the passé composé

SECONDARY
- common irregular verbs–**voir, mettre, prendre, sortir, partir**

Teaching Resource Options

PRINT 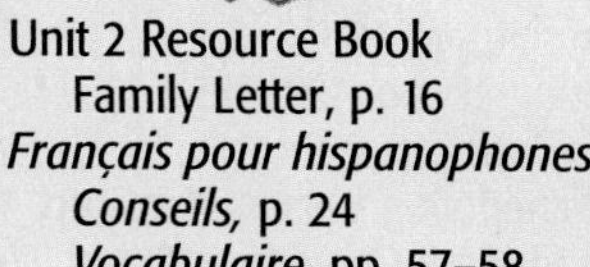

Unit 2 Resource Book
Family Letter, p. 16
Français pour hispanophones
Conseils, p. 24
Vocabulaire, pp. 57–58

AUDIO & VISUAL 

Audio Program
Chansons CD

TECHNOLOGY 

EasyPlanner CD-ROM

Leçon 5

Main Topic Talking about weekend activities

Teaching Resource Options

PRINT 

Workbook PE, pp. 45–52
Activités pour tous PE, pp. 41–43
Block Scheduling Copymasters, pp. 41–48
Unit 2 Resource Book
- *Activités pour tous* TE, pp. 9–11
- Audioscript, pp. 30, 32–37
- Communipak, pp. 152–173
- Lesson Plans, pp. 12–13
- Block Scheduling Lesson Plans, pp. 14–15
- Absent Student Copymasters, pp. 17–20
- Video Activities, pp. 23–27
- Videoscript, pp. 28–29
- Workbook TE, pp. 1–8

AUDIO & VISUAL 

Audio Program
CD 2 Track 1
CD 7 Tracks 1–6

TECHNOLOGY

Online Workbook

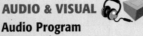

VIDEO PROGRAM

VIDEO DVD

LEÇON 5

Le français pratique Les activités du week-end

TOTAL TIME: 4:11 min.
DVD Disk 1
Videotape 1 (COUNTER: 20:04 min.)

Introduction
(20:04–21:01 min.)

Section 1: Un week-end en ville
(21:02–23:08 min.)

Section 2: Un week-end à la campagne
(23:09–24:15 min.)

LEÇON 5

LE FRANÇAIS PRATIQUE
VIDÉO DVD AUDIO

Les activités du week-end

Aperçu culturel ... Le week-end

Les jeunes Français profitent du week-end pour sortir. Ils sortent souvent avec leurs copains. L'après-midi, ils vont dans les magasins ou au café. Le soir, ils vont au cinéma ou au concert. Parfois, ils vont à la campagne avec leurs parents. Pour beaucoup de Français, le week-end est aussi l'occasion de rendre visite aux autres membres de la famille.

Samedi

1. Le samedi, Mathilde suit des cours de théâtre à la Maison des Jeunes de la ville où elle habite. Les MJC (Maisons des Jeunes et de la Culture) offrent un grand choix d'activités artistiques et culturelles: ciné-club, photo, poterie, batik, etc. On peut aussi suivre des cours de danse, de gymnastique et de judo.

2. Le samedi après-midi, Karine et Sophie adorent «faire les magasins». Cela ne signifie pas nécessairement qu'elles achètent quelque chose. Elles regardent simplement ...

3. Quand Julien et ses copains n'ont rien de spécial à faire, ils vont au café. Là, ils discutent, ou bien ils regardent les gens qui passent dans la rue.

TEACHING NOTE

Have students read this **Aperçu culturel** twice:
- at the beginning of the unit—quickly for general information
- at the end of the lesson—with greater attention to details

INCLUSION

Alphabetic/phonetic Have students copy the text of numbers 1–7 into their notebooks, marking liaisons and underling silent endings on the third person plural conjugations of verbs. Then have students record themselves reading the text. Supply the students with a grading rubric that includes how you will evaluate their pronunciation. Categories could include pacing, proper use of liaison and silent letters, and intonation.

4. Le samedi soir, les jeunes Français aiment sortir. Ce soir Sabine va au ciné avec sa bande de copains.

5. Le dimanche, Sophie va souvent dîner chez ses grands-parents qui ont une maison à la campagne.

Dimanche

6. Le dimanche après-midi, Michel fait une promenade à la campagne avec sa famille.

7. Le dimanche soir, Claire est à la maison. Elle finit ses devoirs pour les cours de lundi.

COMPARAISONS CULTURELLES

Faites un sondage *(poll)* parmi vos camarades de classe. Comment les jeunes Américains de votre région passent-ils le week-end? Quelles sont les similarités et les différences avec les activités des jeunes Français?

Et vous?

Imaginez que vous allez passer le week-end en France chez une des personnes ci-dessus *(above)*. Qui choisissez-vous? Pourquoi?

INCLUSION

Structured Have students copy the entire conjugation of the verb **préférer** from Appendix D, page R20. Tell them to put a box around all of the e's with an *accent aigu* **(é)** and a circle around the e's with an *accent grave* **(è)**, beginning with the infinitive. Have students say the verb forms aloud and underline in red those forms that are pronounced identically. Tell them to copy all of the spelling change verbs from Appendix D into their notebooks, say them aloud, and underline in red those forms with identical pronunciations.

Questions sur le texte

1. Qu'est-ce que Karine et Sophie adorent faire le samedi après-midi? [Elles adorent faire les magasins.]
2. Qu'est-ce que Julien et ses copains font au café? [Ils discutent ou ils regardent les gens qui passent dans la rue.]
3. Où est-ce que Mathilde suit des cours de théâtre? [à la Maison des Jeunes]
4. Qu'est-ce que les MJC offrent? [un grand choix d'activités artistiques et culturelles: ciné-club, photo, poterie, batik, cours de danse, cours de gymnastique, cours de judo]
5. Avec qui est-ce que Sabine va au ciné? [avec sa bande de copains]
6. Chez qui est-ce que Sophie va souvent le dimanche? [chez ses grands-parents]
7. Qu'est-ce que Michel fait le dimanche après-midi? [Il fait une promenade à la campagne avec sa famille.]
8. Qu'est-ce que Claire fait le dimanche soir? [Elle finit ses devoirs pour les cours de lundi.]

Cultural notes

- **L'école** Most French elementary school students do not have classes on Wednesday, but attend school until noon on Saturday. Most secondary school students **(collégiens et lycéens)** have classes on Wednesday morning and not on Saturday, although some **lycées** give exams on Saturday morning.
- **Le café** The café is a popular meeting place for French teenagers. When the weather is nice, they prefer talking and studying **à la terrasse.** When it is not, they meet inside, **à l'intérieur.**
- **La Maison des Jeunes** Because of strong support by the central government, even small towns in France have a **Maison des Jeunes et de la Culture.** The MJC offers French students some of the same activities that are offered as extracurricular activities in American schools.
- **Le dimanche en famille** In France, Sunday is traditionally reserved for family gatherings which may include grandparents, uncles, aunts, and cousins. There is usually a carefully prepared **déjeuner,** which may last for two hours.

SECTION A

Communicative function
Discussing weekend activities

Teaching Resource Options

PRINT 

Workbook PE, pp. 45–52
Unit 2 Resource Book
 Audioscript, p. 130
 Communipak, pp. 152–173
 Video Activities, pp. 24–25
 Videoscript, p. 28
 Workbook TE, pp. 1–8

AUDIO & VISUAL 

Audio Program
CD 2 Track 2

Overhead Transparencies
19 *Activités du week-end*
20 *À la maison*

VIDEO PROGRAM

VIDEO DVD

LEÇON 5

Section 1: Un week-end en ville
(21:02–23:08 min.)

Supplementary vocabulary

faire les magasins *to go shopping*
faire du shopping

Language note In French Canada, *to go shopping* = **magasiner** or **faire du magasinage.**

Casual speech **Cinéma** is often shortened to **ciné.**

Language note Compare:

rencontrer *to meet (by chance)*
retrouver *to meet (as planned)*

Looking ahead Verbs like **nettoyer** are formally reviewed in Lesson 11.

Language note **Ranger** is conjugated like **nager.** Note the form **nous rangeons.**

Looking ahead The following irregular verbs are reviewed or presented in this unit:

prendre (Lesson 6)
voir (Lesson 7)
sortir (Lesson 8)

A VOCABULAIRE Un week-end en ville

—Qu'est-ce que tu vas faire ce week-end?

Je vais | **sortir** avec des copains.
 travailler
 rester à la maison

sortir *to go out*

Qu'est-ce que tu vas faire ce week-end?
Je vais rester à la maison.

Activités de week-end

	OÙ?	POUR FAIRE QUOI?	
On va ...	en ville	aller dans les magasins.	
		faire des achats *(to go shopping)*	
		chercher un nouveau CD	**chercher** *to look for*
	au ciné	voir un film.	**voir** *to see*
	au café	rencontrer des copains.	
		retrouver des amis	
	au stade	assister à un match de foot.	**assister à** *to attend*
		assister à un concert de rock	
	à la piscine	nager.	
	à la plage	prendre un bain de soleil *(sunbath)*	**prendre** *to take*
		bronzer	**bronzer** *to get a tan*
On reste ...	à la maison	aider ses parents.	
		laver la voiture	**laver** *to wash*
		nettoyer le garage	**nettoyer*** *to clean*
		ranger sa chambre	**ranger** *to pick up*
		ranger ses affaires *(things)*	**ranger** *to put away*

*Note the forms of **nettoyer** in the present tense: je **nettoie**, tu **nettoies**, il **nettoie**, nous **nettoyons**, vous **nettoyez**, ils **nettoient**

INCLUSION

Structured Review the conjugation of the verb **ranger**. Have students write the forms in their notebooks, underlining the "e" in the first person plural form. Then, write sentences on the board with blank spaces for the verb. Ask students to go to board and fill in the blanks with the correct verb form.

Finally, create five simple question using **ranger** for the students to answer.

1 Et vous?

PARLER/ÉCRIRE Indiquez vos préférences en complétant les phrases suivantes. Comparez vos réponses avec vos camarades.

1. Le week-end, je préfère …
   - rester à la maison
   - sortir avec mes copains
   - faire du baby-sitting
   - ?
2. Quand je sors avec mes copains, je préfère …
   - aller dans les magasins
   - voir un film
   - dîner au restaurant
   - ?
3. En général, je préfère assister à …
   - un concert de jazz
   - un concert de rock
   - un concert de musique classique
   - ?
4. Quand je vais à la plage ou à la piscine, je préfère …
   - nager
   - rencontrer d'autres *(other)* gens
   - prendre un bain de soleil
   - ?
5. En général, je préfère faire mes achats …
   - dans un grand centre commercial
   - dans le quartier où j'habite
   - au centre-ville *(downtown)*
   - ?
6. Quand je veux être utile *(helpful)* à la maison, je préfère …
   - laver la voiture
   - nettoyer la cuisine
   - ranger ma chambre
   - ?

2 Conversation

PARLER Avec vos camarades de classe, faites des conversations selon le modèle.

Où vas-tu ce week-end?
CENTRE SPORTIF COURS DES LIONS
PISCINE
Je vais à la piscine.
Qu'est-ce que tu vas faire là-bas?
PISCINE
Je vais nager.

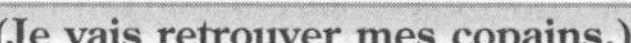
(Je vais retrouver mes copains.)

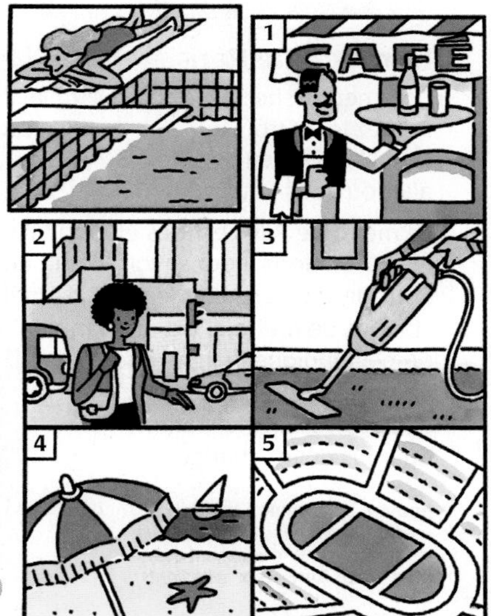

CLASSROOM MANAGEMENT Et toi?

Divide the class into groups of four or five students. Designate one person as a recorder **(un/une secrétaire).**

Individual group members take turns indicating their preferences.

Le week-end, je préfère faire du baby-sitting.

Each **secrétaire** tallies the responses of his/her group and then reports the results back to the entire class. For example:

La majorité préfère sortir avec des copains.

1 COMMUNICATION describing weekend activities

Answers will vary.
1. Le week-end, je préfère (sortir avec mes copains).
2. Quand je sors avec mes copains, je préfère (voir un film).
3. En général, je préfère assister à (un concert de rock).
4. Quand je vais à la plage ou à la piscine, je préfère (nager).
5. En général, je préfère faire mes achats (au centre-ville).
6. Quand je veux être utile à la maison, je préfère (nettoyer la cuisine).

Variation (challenge level)
- Paired interview activity
  –Dis, Frank, qu'est-ce que tu préfères faire le week-end?
  –Je préfère sortir avec mes copains. Et toi, Sylvia?

You may first want to practice the corresponding questions for each item:

2. Qu'est-ce que tu préfères faire quand tu sors avec tes copains?
3. En général, à quelle sorte de concert est-ce que tu préfères assister?
4. Quand tu vas à la plage ou à la piscine, qu'est-ce que tu préfères faire?
5. En général, où est-ce que tu préfères faire tes achats?
6. Quand tu veux être utile à la maison, qu'est-ce que tu préfères faire?

Reporting activity
- Teacher asks students about the results of their interviews.
  –Dis-nous, Sylvia, qu'est-ce que Frank préfère faire le week-end?
  –Il préfère sortir avec ses copains.

2 COMMUNICATION discussing weekend plans

Answers will vary.
1. –Où vas-tu ce week-end?
   –Je vais au café.
   –Qu'est-ce que tu vas faire là-bas?
   –Je vais (retrouver mes copains).
2. –Où vas-tu ce week-end?
   –Je vais en ville.
   –Qu'est-ce que tu vas faire là-bas?
   –Je vais (aller dans les magasins).
3. –Où vas-tu ce week-end?
   –Je vais rester à la maison.
   –Qu'est-ce que tu vas faire là-bas?
   –Je vais (ranger ma chambre).
4. –Où vas-tu ce week-end?
   –Je vais à la plage.
   –Qu'est-ce que tu vas faire là-bas?
   –Je vais (nager).
5. –Où vas-tu ce week-end?
   –Je vais au stade.
   –Qu'est-ce que tu vas faire là-bas?
   –Je vais (assister à un concert).

SECTION B

Communicative function
Discussing weekend plans

Teaching Resource Options

PRINT 

Workbook PE, pp. 45–52
Unit 2 Resource Book
 Audioscript, p. 31
 Communipak, pp. 152–173
 Workbook TE, pp. 1–8

AUDIO & VISUAL 

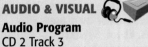

Audio Program
CD 2 Track 3

Overhead Transparencies
21 *Le bus et le métro*
4a *Paris*
4b *Paris métro*

Pronunciation **ticket** /tike/

Language note

pied → *pedal, pedestal*
monter → *to mount (climb, go up)*
descendre → *to descend (go down)*

Realia note **Le RER**

In addition to the métro, Paris has a high-speed transit system called the **RER (Réseau Express Régional)** which connects the suburbs to the center of the city. This system, which runs underground when in Paris, is taken by nearly one million commuters every day.

AU JOUR LE JOUR

Cultural note

Pour voyager plus économiquement, on peut acheter:

- **un carnet** de 10 tickets
- **une Carte Orange** *(monthly commuter pass)* ou **une Carte Intégrale** *(yearly commuter pass)* qui permet d'utiliser le métro quand on veut pour un prix forfaitaire
- **une carte Paris Visite** *(tourist pass)* valable pour quelques jours

B VOCABULAIRE Un week-end à Paris

Qu'est-ce que tu vas faire samedi après-midi?
Je vais voir un film.

—Qu'est-ce que tu vas faire samedi après-midi?

Je vais | voir un film au Quartier Latin.
 | assister à un concert à la Villette
 | faire une promenade sur les Champs-Élysées

—Comment vas-tu aller là-bas?

Je vais | marcher.
 | **aller à pied**
 | prendre | le bus
 | | le métro

aller à pied *to walk*

Dans le métro

Je vais acheter | **un billet** *(ticket)* de métro.
 | **un ticket** de métro

Je vais | prendre la direction Balard.
 | **monter** à Opéra
 | **descendre** à Concorde

RATP
SNCF
CARNET
dans Paris
00071129 J BCY A15

monter *to get on*
descendre *to get off*

Au jour le jour

Le métro de Paris

Comment visiter Paris? C'est simple! Faites comme les Parisiens. Prenez le métro! Le métro de Paris est pratique et très économique. Un billet de métro coûte 1,30 euros. Avec ce billet vous pouvez° aller où vous voulez.°

Le métro de Paris est très étendu.° Il y a 16 lignes différentes et 297 stations. Pour savoir° comment aller à votre destination, vous devez° consulter le plan° du métro. Dans certaines stations de métro, il y a un plan lumineux.° Ce plan indique la ligne que vous devez prendre, et si c'est nécessaire, la station où vous devez changer.

pouvez *can* **voulez** *want*
étendu *spread out, extensive*
savoir *to know* **devez** *have to*
plan *map* **lumineux** *with lights*

Si vous voulez visiter:	Votre station de métro:
l'Arc de Triomphe	Étoile
la Tour Eiffel	Trocadéro
le Centre Pompidou	Châtelet
le Louvre	Louvre
le Musée d'Orsay	Solférino
les Invalides	Invalides
les Champs-Élysées	Étoile ou Franklin-Roosevelt

WARM-UP Dans le métro REVIEW

Show the **Vignette culturelle** on using the métro from Video Module 14 of **Discovering French, *Nouveau!–Bleu.***

Have students narrate the action in French.

3 À Paris en métro

PARLER Regardez le plan du métro. Utilisez ce plan pour répondre aux questions suivantes.

1. Béatrice habite près de l'Arc de Triomphe. Où est-ce qu'elle prend le métro pour aller à l'école?
   a. à Étoile
   b. à Montparnasse Bienvenüe
   c. à Trocadéro
2. Des touristes veulent visiter le Centre Pompidou. Où est-ce qu'ils vont descendre?
   a. à Opéra
   b. à République
   c. à Châtelet
3. Isabelle a rendez-vous avec un copain dans un café des Champs-Élysées. Elle prend le métro. À quelle station est-ce qu'elle va descendre?
   a. à Invalides
   b. à Franklin-Roosevelt
   c. à Bastille
4. Thomas et Christine vont aller voir une exposition. Ils descendent du métro à Solférino. Quel musée est-ce qu'ils vont visiter?
   a. le Louvre
   b. le Centre Pompidou
   c. le Musée d'Orsay
5. Des étudiants américains sont dans un hôtel du Quartier Latin. Ce matin, ils prennent le métro et descendent à Trocadéro. Quel monument est-ce qu'ils vont visiter?
   a. la Tour Eiffel **c.** l'Arc de Triomphe
   b. l'Opéra de la Bastille
6. Delphine et Lucie viennent de voir un film aux Champs-Élysées. Elles vont dîner dans un restaurant près de l'Opéra. Elles prennent le métro à Franklin-Roosevelt. À quelle station est-ce qu'elles vont changer de métro?
   a. à Concorde **b.** à Opéra **c.** à Étoile

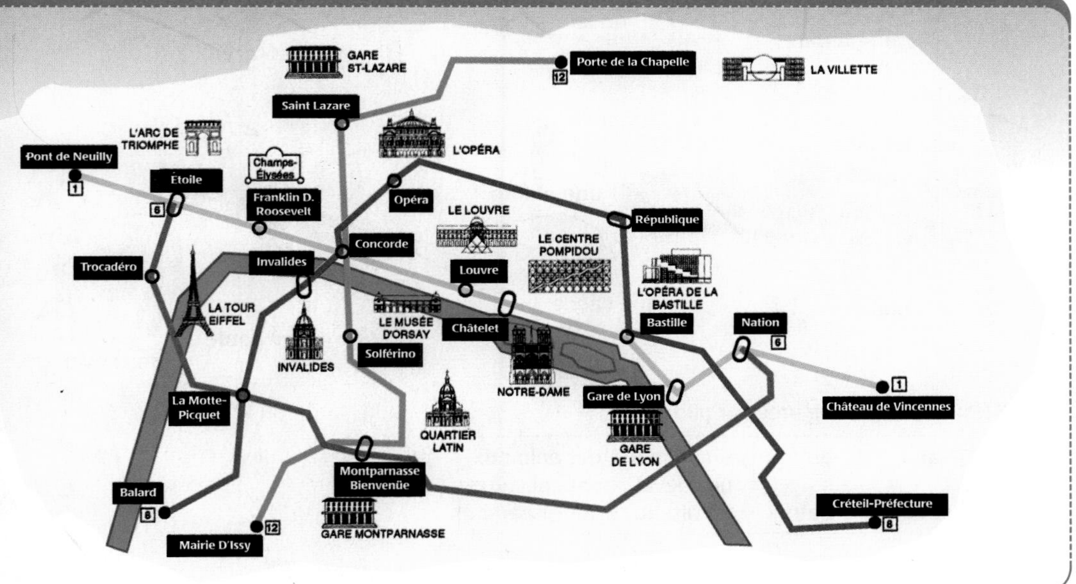

USING THE MÉTRO MAP

Have students describe how to get from one station to another.

▶ la Gare de Lyon → la Tour Eiffel

1. la Tour Eiffel → le Centre Pompidou
2. le Centre Pompidou → l'Opéra
3. l'Opéra → l'Arc de Triomphe, etc.

▶ **À la Gare de Lyon, nous prenons la ligne 1 direction Pont de Neuilly. Nous descendons à Étoile où nous prenons une correspondance. À Étoile, nous prenons la ligne 6 direction Nation et nous descendons à Trocadéro. Nous sommes à la Tour Eiffel.**

3 COMPREHENSION
understanding a subway map

1. a **2.** b **3.** b **4.** c **5.** a **6.** a

Expansion

- Madame Bellin va prendre un train à la Gare Montparnasse. Elle est à la station de métro Concorde. Quelle direction est-ce qu'elle va prendre? [a]
  a. Mairie d'Issy
  b. Pont de Neuilly
  c. Château de Vincennes
- Jérôme habite près de la station Trocadéro. Il a une copine qui habite à République. Combien de fois *(times)* est-ce qu'il doit changer de métro quand il va chez elle? [a or b]
  a. une fois [if he changes at la Motte-Piquet]
  b. deux fois [if he changes first at Étoile and then at Concorde]
  c. trois fois

Teaching tip Using **Transparency 4a,** point out the location of the monuments on the map of Paris.

Teaching note This is a simplified subway map without all of the lines and stops. Model the names of the stations so that students learn to pronounce them correctly.

Cultural note The station **Étoile** has been renamed **Charles de Gaulle Étoile** in honor of **Charles de Gaulle,** who was President of France from 1958–1969. Places in Paris named for famous Americans include **la station** and **l'avenue Franklin D. Roosevelt, l'avenue du Président Kennedy,** and **la rue Franklin.**

SECTION C

Communicative function
Discussing weekend plans

Teaching Resource Options

PRINT

Workbook PE, pp. 45–52
Unit 2 Resource Book
- Audioscript, p. 31
- Communipak, pp. 152–173
- Family Involvement, pp. 21–22
- Video Activities, pp. 26–27
- Videoscript, p. 29
- Workbook TE, pp. 1–8

Assessment
- Lesson 5 Quiz, pp. 39–40
- Portfolio Assessment, Reprise/Unit 1 URB, pp. 235–244
- Audioscript for Quiz 5, p. 38
- Answer Keys, pp. 222–225

AUDIO & VISUAL

Audio Program
CD 2 Track 4
CD 16 Track 1

Overhead Transparencies
22 *Un week-end à la campagne*
23 *À la campagne*

TECHNOLOGY

Test Generator CD-ROM/McDougal Littell Assessment System

VIDEO PROGRAM

LEÇON 5

Section 2: Un week-end à la campagne
(23:09–24:15 min.)

Looking ahead The irregular verb **partir** is presented in Lesson 8.

Supplementary vocabulary

un champ de blé *wheat field*
un champ de maïs *cornfield*
un âne *donkey*
une chèvre *goat*
un mouton sheep
un cygne *swan*
un dindon *turkey*

C VOCABULAIRE Un week-end à la campagne

—Où allez-vous **passer** le week-end?
Nous allons passer le week-end **à la campagne** *(in the country).*

Nous allons | **partir** samedi matin.
| **rentrer** dimanche soir

passer *to spend (time)*

partir *to leave*
rentrer *to come back*

—Quand on est à la campagne, on peut ...
faire un pique-nique
faire | **une promenade** *(walk, ride)* | **un tour** *(walk, ride)* | **une randonnée** *(hike, long ride)* | **à pied** | **à vélo** | **à cheval** *(on horseback)*
aller à la pêche *(to go fishing)*

À la campagne

Quelques endroits — **Quelques animaux**

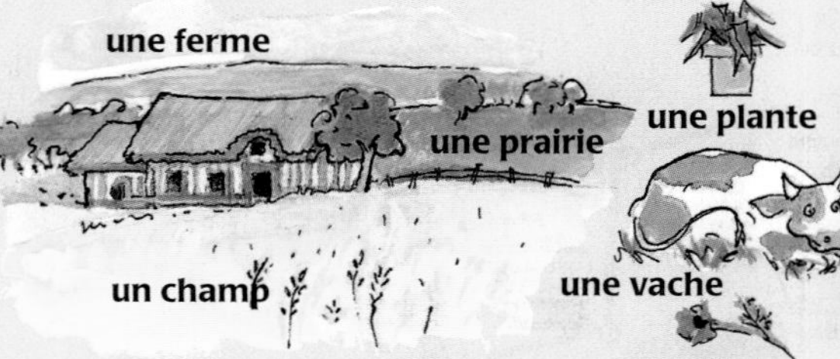

→ Note the following irregular plurals.

-al	→	-aux	un anim**al**	des anim**aux**
			un chev**al**	des chev**aux**
-eau	→	-eaux	un ois**eau**	des ois**eaux**

EXTRA PRACTICE À la campagne

PROP: Transparency 23 *(À la campagne)*

Ask comprehension questions about the animals shown on the transparency.

Quels animaux savent nager? [le poisson, le canard]

Quels animaux savent voler *(to fly)*? [l'oiseau, le canard]

Quel animal nous donne du lait? [la vache]

Quels animaux habitent dans les arbres? [l'écureuil, l'oiseau]

NOTE culturelle

Les Français et la nature

Les Français adorent la nature et les animaux. Les gens qui habitent dans les grandes villes aiment avoir des fleurs et des plantes dans leur appartement. Le week-end, ils vont souvent à la campagne chez des amis ou chez des parents.° Le dimanche, quand il fait beau, ils font des pique-niques sur l'herbe° et des promenades dans les champs ou dans les forêts. Les jeunes peuvent faire des randonnées à vélo ou aller à la pêche dans les lacs et les rivières.

parents *relatives* **l'herbe** *grass*

Et vous?

- Est-ce qu'il y a des plantes ou des fleurs chez vous?
- Est-ce que vous allez parfois à la campagne ou dans la forêt? Où?
- Où est-ce que vous aimez faire des pique-niques?
- Qu'est-ce que vous faites quand vous êtes à la campagne?

4 Les photos de Jean-Claude

PARLER Quand il va à la campagne, Jean-Claude aime prendre des photos. Regardez ces photos et faites correspondre chaque photo avec le commentaire de Jean-Claude.

1. Cet homme sur le lac, c'est mon oncle Édouard. Il adore aller à la pêche, mais il n'a pas de chance. En général, il ne prend pas de poissons.
2. C'est le printemps. Il y a des fleurs dans les champs. Ce lapin n'a pas peur de moi.
3. C'est l'automne. Les arbres perdent leurs feuilles. Devant l'arbre, il y a un écureuil.
4. Pendant les vacances d'été, je rends souvent visite à mes grands-parents. Ils ont une ferme en Normandie. Dans la prairie à côté de leur ferme il y a un cheval et des vaches.
5. Le fermier vient de passer. Les poules mangent. Les oiseaux aussi. L'écureuil sur la branche attend son tour *(turn)*.

CLASSROOM MANAGEMENT Group Writing Practice

As a follow-up to Act. 4, divide the students into five groups. Label five sheets of paper from A to E and give one sheet to each group. Passing the paper from one student to another, each group writes a description of the illustration corresponding to the letter on the paper. *Students may not look at the descriptions on the bottom of the page.* When they have finished, you may have the groups turn in their papers to you or exchange their descriptions for peer correction.

Et vous?

Answers will vary.

- Oui, il y a des plantes et des fleurs chez moi. (Non, il n'y a pas de plantes ou de fleurs chez moi.)
- Oui, je vais parfois à la campagne (dans la forêt). (Non, je ne vais jamais à la campagne [dans la forêt].) Je vais à la campagne (dans le Vermont). Je vais dans la forêt (près de chez moi).
- J'aime faire des pique-niques (à la plage).
- Quand je suis à la campagne, je (fais une promenade à vélo et je regarde les animaux).

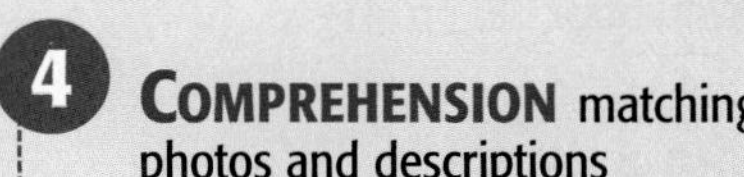

4 COMPREHENSION matching photos and descriptions

1. D
2. E
3. B
4. A
5. C

Leçon 6

Main Topic Describing what happened in the past

Teaching Resource Options

PRINT 

Workbook PE, pp. 53–60
Activités pour tous PE, pp. 45–47
Block Scheduling Copymasters, pp. 49–56
Unit 2 Resource Book
- *Activités pour tous* TE, pp. 49–51
- Audioscript, pp. 69, 70–72
- Communipak, pp. 152–173
- Lesson Plans, pp. 52–53
- Block Scheduling Lesson Plans, pp. 54–55
- Absent Student Copymasters, pp. 56–60
- Video Activities, pp. 63–67
- Videoscript, p. 68
- Workbook TE, pp. 41–48

AUDIO & VISUAL 

Audio Program
CD 2 Track 5
CD 7 Tracks 7–13

TECHNOLOGY 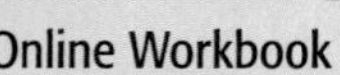

Online Workbook

VIDEO PROGRAM

VIDEO DVD

 **LEÇON 6**

Pierre a un rendez-vous

TOTAL TIME: 1:20 min.
DVD Disk 1
Videotape 1 (COUNTER: 24:22 min.)

VIDÉO-SCÈNE

VIDÉO DVD AUDIO 

Pierre a un rendez-vous

Dans cette unité, nous allons faire la connaissance de Madame et Monsieur Duval, les parents de Pierre. Nous sommes samedi aujourd'hui. Pierre est chez lui.

Cet après-midi, Pierre a rendez-vous avec Armelle. Il s'apprête à partir quand sa mère lui demande ce qu'il va faire ...

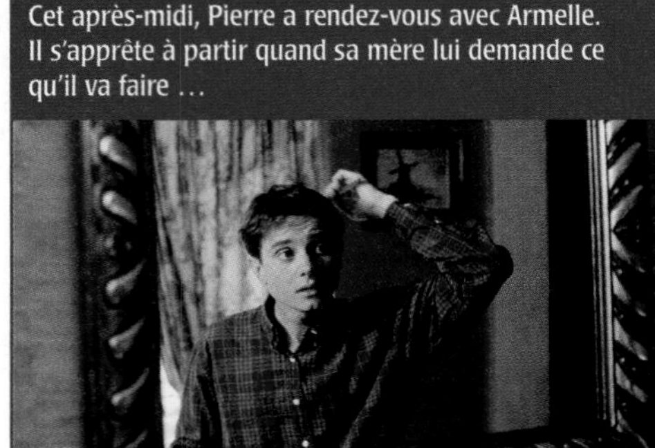

Dis donc, Pierre, pourquoi est-ce que tu mets ta veste?
Je vais sortir.

Où vas-tu?
J'ai rendez-vous avec Armelle ... Nous allons au cinéma.

Une seconde ... Dis-moi, est-ce que tu as fini ton travail?

Mais oui, tu sais bien, je l'ai fini hier soir.

CROSS-CULTURAL UNDERSTANDING

Have students compare the questions asked by Pierre's mother with those typically asked by American parents. Are they similar or different?

Remind students that many French schools have classes on Saturday morning.

Language note
passer l'aspirateur = *to vacuum*

Language note The expressions **(ne) t'en fais pas** and **(ne) vous en faites pas** *(don't worry)* come from **s'en faire.** In casual spoken French, the **ne** of negative expressions is often omitted.

Et tu as rangé ta chambre?

Bien sûr que j'ai rangé ma chambre. J'ai même passé l'aspirateur.

Est-ce que tu as téléphoné à ta tante Caroline? C'est son anniversaire aujourd'hui.

T'en fais pas, je n'ai pas oublié. Je lui ai téléphoné hier soir.

Dis, Maman, je peux partir?
Mais oui! Amuse-toi bien.

Pierre embrasse sa mère. Puis, il sort et va à son rendez-vous avec Armelle ...
à suivre ...

Compréhension

1. Où et quand se passe la scène?
2. Qu'est-ce que Madame Duval veut savoir?
3. Qu'est-ce qu'elle demande aussi?
4. Qu'est-ce que Pierre a fait hier soir?
5. Où va Pierre à la fin de la scène?

Compréhension
Answers
1. La scène se passe samedi, chez Pierre.
2. Madame Duval veut savoir où Pierre va.
3. Elle demande s'il a fini son travail.
4. Hier soir, Pierre a fini son travail et il a téléphoné à sa tante Caroline.
5. À la fin de la scène, Pierre va à son rendez-vous avec Armelle.

SECTION A

Communicative function
Talking about what happened in the past

Teaching Resource Options

PRINT 
Workbook PE, pp. 53–60
Unit 2 Resource Book
Communipak, pp. 152–173
Workbook TE, pp. 41–48

AUDIO & VISUAL 
Overhead Transparencies
2c *L'Afrique, l'Europe, l'Asie*
7 *Quelques objets*

TECHNOLOGY 
Power Presentations

 **Review** passé composé with **avoir**

Teaching tip Using **Transparency 2c** have students point to places on the map and say that they have visited them.
J'ai visité [Dakar].

A Le passé composé avec *avoir*

MAINTENANT
QU'EST-CE QUE TU VAS FAIRE?
JE VAIS TRAVAILLER DANS LE JARDIN.
APRÈS
MAIS, QU'EST-CE QUE TU AS FAIT?
EH BIEN, J'AI TRAVAILLÉ DANS LE JARDIN!

To describe past actions, the French use a past tense called the PASSÉ COMPOSÉ. Note the forms of the passé composé in the following sentences.

J'**ai acheté** un jean.	*I* ***bought*** *a pair of jeans.*
Marc **a choisi** une veste.	*Marc* ***chose*** *a jacket.*
Nous **avons attendu** nos copains.	*We* ***waited for*** *our friends.*

FORMS

The passé composé consists of two words. For most verbs, the passé composé is formed as follows:

PRESENT of **avoir** + PAST PARTICIPLE

PASSÉ COMPOSÉ	PRESENT of **avoir**	+ PAST PARTICIPLE
J'**ai** **visité** Paris.	j' **ai**	**visité**
Tu **as** **visité** Québec.	tu **as**	
Il/Elle/On **a** **visité** un musée.	il/elle/on **a**	
Nous **avons** **visité** Dakar.	nous **avons**	
Vous **avez** **visité** Genève.	vous **avez**	
Ils/Elles **ont** **visité** Monaco.	ils/elles **ont**	

WARM-UP Qu'est-ce que tu as acheté?

PROP: Transparency 7 *(Quelques objets)*
Have students stand if they recently bought one of the items shown on the transparency. Ask them what they bought, where they bought it, for what price, etc.

Levez-vous si vous avez acheté un de ces objets.
–Qu'est-ce que tu as acheté, X?
–J'ai acheté un CD.
–Où est-ce que tu as acheté ce CD?
–À la Fnac., etc.

The past participle of regular verbs ending in **-er, -ir,** and **-re** is formed by replacing the infinitive ending as follows:

	INFINITIVE ENDING		PAST PARTICIPLE ENDING		
VERBS IN -er	-er	→	-é	travailler	J'ai **travaillé.**
VERBS IN -ir	-ir	→	-i	finir	Nous avons **fini.**
VERBS IN -re	-re	→	-u	attendre	Sophie a **attendu.**

USES

The passé composé is used to describe actions and events *that took place in the past.* It has several English equivalents.

J'ai visité Montréal. { ***I visited*** *Montreal.* / ***I have visited*** *Montreal.* / ***I did visit*** *Montreal.* }

1 Au grand magasin

PARLER/ÉCRIRE Dites ce que chacun a acheté le week-end dernier *(last weekend).*

▶ Stéphanie

Stéphanie a acheté un jean.

1. Isabelle

2. nous
3. moi

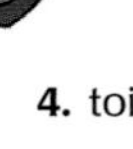

4. toi

5. on

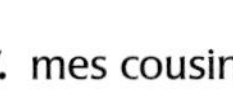

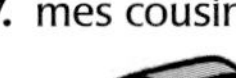

6. Alice
7. mes cousins

8. M. Simard

2  La fête

PARLER Ce week-end, Grégoire et Amélie organisent une fête. Jouez les deux rôles.

▶ inviter nos copains

1. finir les décorations
2. nettoyer la maison
3. ranger le salon
4. louer un DVD
5. choisir la musique
6. apporter la chaîne hi-fi
7. chercher des sodas
8. acheter les pizzas

1 DESCRIPTION saying what people bought

1. Isabelle a acheté un maillot de bain.
2. Nous avons acheté des CD.
3. J'ai acheté un portable.
4. Tu as acheté un vélo.
5. On a acheté des chaussures.
6. Alice a acheté une raquette.
7. Mes cousins ont acheté un appareil-photo.
8. M. Simard a acheté un imper(méable).

2 ROLE PLAY discussing party preparations

1. Amélie: As-tu fini les décorations?
   Grégoire: Oui, j'ai fini les décorations.
2. Amélie: As-tu nettoyé la maison?
   Grégoire: Oui, j'ai nettoyé la maison.
3. Amélie: As-tu rangé le salon?
   Grégoire: Oui, j'ai rangé le salon.
4. Amélie: As-tu loué un DVD?
   Grégoire: Oui, j'ai loué un DVD.
5. Amélie: As-tu choisi la musique?
   Grégoire: Oui, j'ai choisi la musique.
6. Amélie: As-tu apporté la chaîne hi-fi?
   Grégoire: Oui, j'ai apporté la chaîne hi-fi.
7. Amélie: As-tu cherché des sodas?
   Grégoire: Oui, j'ai cherché des sodas.
8. Amélie: As-tu acheté les pizzas?
   Grégoire: Oui, j'ai acheté les pizzas.

Variation (in plural) Mme Simard asks Grégoire and Amélie the questions.
–Avez-vous choisi la musique?
–Oui, nous avons choisi la musique., etc.

PERSONALIZATION La boum

Ask students to discuss a recent party they planned or attended.

Tu es allé(e) à une boum récemment.
Est-ce que tu as apporté des CD?
Est-ce que quelqu'un a apporté des DVD?
Est-ce que quelqu'un a joué de la guitare?
Qui a acheté les pizzas?
Qui a nettoyé la maison?, etc.

Teaching Resource Options

PRINT

Workbook PE, pp. 53–60
Unit 2 Resource Book
Communipak, pp. 152–173
Workbook TE, pp. 41–48

AUDIO & VISUAL 

Overhead Transparencies
24 *Chez les Durand*
20 *À la maison*

TECHNOLOGY 

Power Presentations

 **Review** expressions of time

Teaching tip Have students relate the sequence of events shown on **Transparency 24,** using the new adverbs.

3 DESCRIPTION saying what people did last Saturday

- Samedi matin, Claire a rangé sa chambre. Samedi après-midi, elle a attendu une copine. Ensuite, elle a assisté à un concert avec elle. Samedi soir, elle a fini ses devoirs. Ensuite, elle a répondu à une lettre.
- Samedi matin, Paul et Vincent ont nettoyé le garage. Samedi après-midi, ils ont joué au tennis. Ils ont perdu. Samedi soir, ils ont écouté la radio. Ils ont entendu un concert.
- Samedi matin, nous avons travaillé dans le jardin. Samedi après-midi, nous avons retrouvé des amis. Nous avons visité un musée. Samedi soir, nous avons préparé le dîner. Nous avons mangé une pizza.
- Samedi matin, vous avez aidé vos parents. Samedi après-midi, vous avez acheté des vêtements. Vous avez choisi une casquette. Samedi soir, vous avez rendu visite à des amis. Vouz avez dîné chez eux.

4 COMMUNICATION describing what one did at certain times in the past

Answers will vary.

1. Hier, avant le dîner, j'ai (fini mes devoirs et j'ai répondu à une lettre. Ensuite, j'ai regardé la télé).
2. Après le dîner, j'ai (rangé ma chambre, j'ai joué de la guitare et j'ai rendu visite à ma copine).
3. Ce matin, pendant la classe, les élèves (ont parlé français et ils ont réussi à un examen).
4. À la maison samedi dernier, j'ai (attendu mon copain et j'ai joué au tennis avec lui).
5. Chez mon copain, nous avons (joué aux jeux vidéo et nous avons écouté la radio).
6. Pour ma fête d'anniversaire, j'ai (dîné au restaurant avec ma famille).
7. Pour la fête de Thanksgiving, nous avons (assisté à un match de football américain et nous avons dîné chez ma tante).
8. Pendant les vacances, mes copains et moi, nous avons (joué au volley et nous avons assisté à beaucoup de concerts).

VOCABULAIRE Quand?

hier	*yesterday*	**Hier**, nous avons joué au volley.
samedi dernier	*last Saturday*	**Samedi dernier**, nous avons joué au foot.
avant	*before*	J'ai fait mes devoirs **avant** le week-end.
après	*after*	Vous avez lavé la vaisselle **après** le dîner?
pendant	*during*	**Pendant** les vacances, nous avons voyagé.
d'abord	*first*	**D'abord**, j'ai acheté du pain *(bread)*.
ensuite	*then*	**Ensuite**, j'ai préparé des sandwichs.
finalement	*finally*	**Finalement**, nous avons mis *(set)* la table.
enfin	*at last*	**Enfin**, nous avons dîné.

Pendant les vacances, nous avons voyagé.

3 *Samedi dernier*

PARLER/ÉCRIRE Dites ce que les personnes suivantes ont fait samedi dernier.

	CLAIRE	PAUL ET VINCENT	NOUS	VOUS
samedi matin	• ranger sa chambre	• nettoyer le garage	• travailler dans le jardin	• aider vos parents
samedi après-midi	• attendre une copine • assister à un concert avec elle	• jouer au tennis • perdre	• retrouver des amis • visiter un musée	• acheter des vêtements • choisir une casquette
samedi soir	• finir ses devoirs • répondre à une lettre	• écouter la radio • entendre un concert	• préparer le dîner • manger une pizza	• rendre visite à des amis • dîner chez eux

▶ **Samedi matin, Claire a rangé sa chambre. Samedi après-midi, elle a …**

4 *Et vous?*

PARLER/ÉCRIRE Dites ce que vous avez fait. Si possible, décrivez deux ou trois activités pour chaque moment. Attention: n'utilisez pas le verbe **aller.**

1. Hier avant le dîner, j' …
2. Après le dîner, j' …
3. Ce matin, pendant la classe, les élèves …
4. À la maison samedi dernier, j' …
5. Chez mon copain, nous …
6. Pour ma fête d'anniversaire, j'ai …
7. Pour la fête de Thanksgiving, nous …
8. Pendant les vacances, mes copains et moi, nous …

UN JEU Samedi dernier

PROPS: 4 index cards labeled **Claire, Paul et Vincent, nous, vous** for each group

Divide the students into groups of four. Give an index card (in order above) to each student in the group. At a given signal, S1 writes the first sentence in Act. 3, using the subject on his/her card: **(Claire [a rangé sa chambre].)**

At the same time, the other three students write the first sentence using the subjects on their cards. S1 then passes his/her card to S2, S2 passes his/her card to S3, etc. Students continue until they have written five sentences on each card. The first group to finish with the most correct sentences is the winner.

B Le passé composé: forme négative

Compare the affirmative and negative forms of the passé composé in the sentences below.

AFFIRMATIVE	NEGATIVE	
J'ai **invité** Paul.	Je **n'ai pas invité** Marc.	*I **did not invite** Marc.*
Éric **a vendu** sa guitare.	Il **n'a pas vendu** son vélo.	*He **did not sell** his bike.*

In the negative, the passé composé is formed as follows:

PASSÉ COMPOSÉ (negative)	= PRESENT of **avoir** (negative)	+ PAST PARTICIPLE
Je **n'ai pas étudié.**	je **n'ai pas**	**étudié**
Tu **n'as pas étudié.**	tu **n'as pas**	
Il/Elle/On **n'a pas étudié.**	il/elle/on **n'a pas**	
Nous **n'avons pas étudié.**	nous **n'avons pas**	
Vous **n'avez pas étudié.**	vous **n'avez pas**	
Ils/Elles **n'ont pas étudié.**	ils/elles **n'ont pas**	

5  Conversation

PARLER Demandez à vos camarades s'ils ont fait les choses suivantes le week-end dernier.

▶ jouer au basket? ▶ étudier?

Tu as joué au basket?
Tu as étudié?
Oui, j'ai joué au basket.
Non, je n'ai pas étudié.

1. travailler?
2. surfer sur le Net?
3. jouer aux jeux vidéo?
4. organiser une soirée?
5. assister à un match de foot?
6. ranger ta chambre?
7. retrouver des amis?
8. finir un livre?
9. choisir des vêtements?
10. perdre *(waste)* ton temps *(time)*?
11. rendre visite à un copain?
12. rendre visite à tes cousins?

6 Tant pis! *(Too bad!)*

PARLER/ÉCRIRE Les personnes suivantes n'ont pas certaines choses. Expliquez ce qu'elles n'ont pas fait.

▶ Françoise n'a pas sa raquette.
Elle n'a pas joué au tennis.

1. Vous n'avez pas de chaîne hi-fi.
2. Nous n'avons pas nos maillots de bain.
3. Vous n'avez pas de billets *(tickets)*.
4. Les élèves n'ont pas de chance.
5. Marc n'a pas de patience.
6. Tu n'as pas de télé.
7. Caroline n'a pas de livres.
8. Je n'ai pas faim.

dîner
nager
étudier
jouer au tennis
réussir à l'examen
attendre son copain
écouter vos CD
regarder le match de foot
assister au concert

EXPANSION Activity 5

Have students record their partner's answers to each item with **oui** or **non.** As a follow-up, ask the students questions.

–Patrick, est-ce qu'Isabelle a travaillé?
–Non, elle n'a pas travaillé.

Continue asking until you get an affirmative response for each item.

INCLUSION

Metacognitive As a quick review, ask students to generate the forms of the verb **avoir**. Then, ask one or two students to create a chart on the board, showing the placement of the elements of a negative sentence [noun/pronoun + **ne (n')** + form of **avoir** + **pas** + past participle]. Have them write this chart in their notebooks. Give sentences in the affirmative, and have students generate the negative.

SECTION B

Communicative function
Talking about what did not happen in the past

 **Review** passé composé in the negative

Teaching tip Have students form sentences about **Transparency 20,** explaining what people did not do yesterday. **Hier, ils n'ont pas lavé la voiture.**

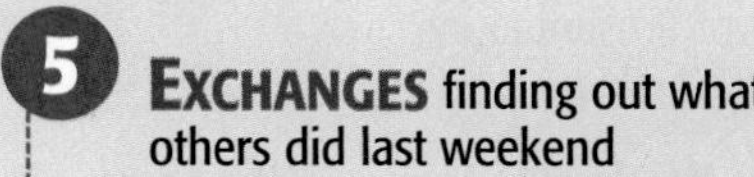

5 EXCHANGES finding out what others did last weekend

Answers will vary.
1. –Tu as travaillé?
–Oui, j'ai travaillé. (Non, je n'ai pas travaillé.)
2. –Tu as surfé sur le Net?
–Oui, j'ai surfé sur le Net. (Non, je n'ai pas surfé sur le Net.)
3. –Tu as joué aux jeux vidéo?
–Oui, j'ai joué aux jeux vidéo. (Non, je n'ai pas joué aux jeux vidéo.)
4. –Tu as organisé une soirée?
–Oui, j'ai organisé une soirée. (Non, je n'ai pas organisé de soirée.)
5. –Tu as assisté à un match de foot?
–Oui, j'ai assisté à un match de foot. (Non, je n'ai pas assisté à un match de foot.)
6. –Tu as rangé ta chambre?
–Oui, j'ai rangé ma chambre. (Non, je n'ai pas rangé ma chambre.)
7. –Tu as retrouvé des amis?
–Oui, j'ai retrouvé des amis. (Non, je n'ai pas retrouvé d'amis.)
8. –Tu as fini un livre?
–Oui, j'ai fini un livre. (Non, je n'ai pas fini de livre.)
9. –Tu as choisi des vêtements?
–Oui, j'ai choisi des vêtements. (Non, je n'ai pas choisi de vêtements.)
10. –Tu as perdu ton temps?
–Oui, j'ai perdu mon temps. (Non, je n'ai pas perdu mon temps.)
11. –Tu as rendu visite à un copain?
–Oui, j'ai rendu visite à un copain. (Non, je n'ai pas rendu visite à un copain.)
12. –Tu as rendu visite à tes cousins?
–Oui, j'ai rendu visite à mes cousins. (Non, je n'ai pas rendu visite à mes cousins.)

Language note Remind students to use **pas de** in the negative for items 4, 7, 8, and 9.

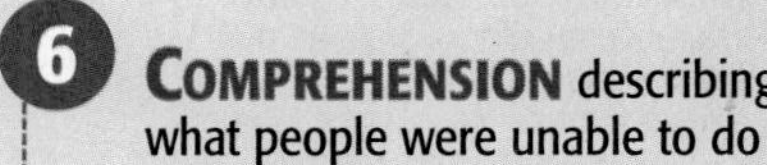

6 COMPREHENSION describing what people were unable to do

1. Vous n'avez pas écouté vos CD.
2. Nous n'avons pas nagé.
3. Vous n'avez pas assisté au concert.
4. Ils n'ont pas réussi à l'examen.
5. Il n'a pas attendu son copain.
6. Tu n'as pas regardé le match de foot.
7. Elle n'a pas étudié.
8. Je n'ai pas dîné.

SECTION C

Communicative function
Asking questions about the past

Teaching Resource Options

PRINT 
Workbook PE, pp. 53–60
Unit 2 Resource Book
Communipak, pp. 152–173
Workbook TE, pp. 41–48

TECHNOLOGY 
Power Presentations

 **Review** questions in the passé composé

7 COMMUNICATION finding out what others did yesterday

Answers will vary.
1. –Avec qui est-ce que tu as étudié?
–J'ai étudié avec (ma copine).
2. –Qui est-ce que tu as rencontré après la classe?
–J'ai rencontré (ma soeur).
3. –Où est-ce que tu as dîné?
–J'ai dîné (au restaurant).
4. –À quelle heure est-ce que tu as dîné?
–J'ai dîné à (six heures).
5. –Quel programme est-ce que tu as regardé à la télé?
–J'ai regardé (un film).
6. –Quelle station de radio est-ce que tu as écoutée?
–J'ai écouté (WZOO).
7. –Quel magazine est-ce que tu as regardé?
–J'ai regardé *(Okapi)*.
8. –Quand est-ce que tu as préparé tes devoirs?
–J'ai préparé mes devoirs (avant le dîner).

Variation (with inversion)
À qui as-tu téléphoné?

Vocabulary expansion
une émission *[radio/TV] program*

8 ROLE PLAY asking about past activities

1. –Zoé a téléphoné.
–Ah bon! À quelle heure est-ce qu'elle a téléphoné?
–Elle a téléphoné à six heures.
2. –Comment est-ce qu'elle a voyagé au Canada?
–Elle a voyagé au Canada en train.
3. –Où est-ce qu'elle a acheté un pull?
–Elle a acheté un pull au Bon Marché.
4. –Avec qui est-ce qu'il a visité Moscou?
–Il a visité Moscou avec sa mère.
5. –Où est-ce qu'il a trouvé un job?
–Il a trouvé un job dans un café.
6. –Où est-ce qu'ils ont dîné?
–Ils ont dîné à l'Écluse.
7. –Quand est-ce qu'ils ont téléphoné?
–Ils ont téléphoné lundi.
8. –Quand est-ce qu'elle a visité Genève?
–Elle a visité Genève en octobre.

Variation (with inversion)
–Ah bon! Avec qui a-t-elle joué?

C Les questions au passé composé

Note how questions are asked in the passé composé.

Tu as travaillé ce week-end?	***Did you work*** *this weekend?*
Est-ce que Paul a travaillé aussi?	***Did Paul work*** *too?*
Qu'est-ce que tu as acheté?	***What did you buy?***
Où est-ce qu'Alice a acheté cette veste?	***Where did Alice buy*** *that jacket?*

Questions in the passé composé are formed according to the following pattern:

INTERROGATIVE FORM of **avoir** + PAST PARTICIPLE

YES/NO QUESTIONS		
INTONATION	**Tu as ... ?**	**Tu as** travaillé?
WITH **est-ce que**	**Est-ce que tu as ... ?**	**Est-ce que tu as** travaillé?

INFORMATION QUESTIONS		
WITH **est-ce que**	**Quand est-ce que tu as ... ?** **Qu'est-ce que tu as ... ?**	**Quand est-ce que tu as** dîné? **Qu'est-ce que tu as** mangé?

→ When the subject of the question is a pronoun, inversion may be used.

As-tu ... ? **As-tu** dîné? **A-t-il ... ?** **A-t-il** travaillé?

7 Conversation

PARLER Demandez à vos camarades ce qu'ils ont fait hier. Si c'est nécessaire, imaginez une réponse.

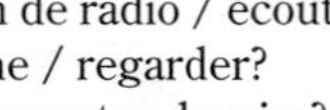

À qui est-ce que tu as téléphoné?
J'ai téléph à mon on (à une cop aux voisins

▶ à qui / téléphoner?

1. avec qui / étudier?
2. qui / rencontrer après la classe?
3. où / dîner?
4. à quelle heure / dîner?
5. quel programme / regarder à la télé?
6. quelle station de radio / écouter?
7. quel magazine / regarder?
8. quand / préparer tes devoirs?

8 Bavardages

PARLER Lisez ce que les personnes suivantes ont fait. Avec un(e) camarade, parlez de leurs activités.

▶ Léa a joué au tennis. (avec qui? avec Éric)
—Léa a joué au tennis.
—Ah bon! Avec qui est-ce qu'elle a joué?
—Elle a joué avec Éric.

1. Zoé a téléphoné. (à quelle heure? à six heures)
2. Anne a voyagé au Canada. (comment? en train)
3. Laure a acheté un pull. (où? au Bon Marché)
4. Luc a visité Moscou. (avec qui? avec sa mère)
5. Paul a trouvé un job. (où? dans un café)
6. Éric et Lise ont dîné en ville. (où? à l'Écluse)
7. Les voisins ont téléphoné. (quand? lundi)
8. Caroline a visité Genève. (quand? en octobre)

LANGUAGE NOTE Inversion

Inversion may also be used with information questions:
Où as-tu dîné?
À quelle heure avez-vous fini?
Pourquoi a-t-il travaillé?
Avec qui a-t-elle étudié?

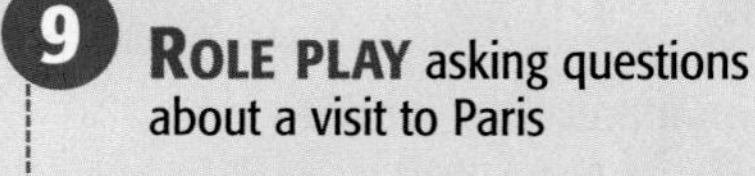

9  Un week-end à Paris

PARLER Des camarades de classe ont passé un week-end à Paris. Posez-leur des questions sur leur voyage.

▶ quand / visiter Paris? en avril

1. comment / voyager? en métro
2. où / dîner? au Pied de Cochon
3. qui / rencontrer? beaucoup de gens sympa
4. quel musée / visiter? le Musée d'Orsay
5. quels souvenirs / acheter? des posters
6. à quel concert / assister? à un concert de jazz

Quand est-ce que vous avez visité Paris?
Nous avons visité Paris en avril.

10   Questions et réponses

PARLER Léa demande à Paul ce qu'il a fait samedi dernier. Jouez les deux rôles avec un/une camarade. Posez des questions et choisissez une réponse logique.

▶ acheter à la librairie *(bookstore)* LÉA: **Qu'est-ce que tu as acheté à la librairie?**
PAUL: **J'ai acheté un dictionnaire.**

- regarder à la télé
- écouter à la radio
- acheter pour l'anniversaire de ton père
- apporter à la fête
- vendre à ton cousin
- manger au restaurant
- choisir à Mod'Shop

une pizza	des CD de rock
une cravate	un dictionnaire
des tee-shirts	un film d'aventures
un concert de jazz	mon vélo

VOCABULAIRE Expressions pour la conversation

▶ ***How to ask people if they have ever done something:***

déjà	*ever, already*	– Est-ce que tu as **déjà** visité Paris? – Oui, j'ai **déjà** visité Paris.
ne ... jamais	*never*	– Non, je **n'**ai **jamais** visité Paris.

11 Conversation

PARLER Demandez à vos camarades s'ils ont déjà fait les choses suivantes. (S'ils répondent affirmativement, demandez des précisions avec des questions comme **quand? où? avec qui? pourquoi?** etc.)

▶ visiter Québec?

1. voyager en avion?
2. dîner dans un restaurant vietnamien?
3. manger des escargots *(snails)*?
4. gagner à la loterie?
5. jouer dans un film?
6. participer à un marathon?
7. visiter le Futuroscope?
8. assister à un concert de rock?

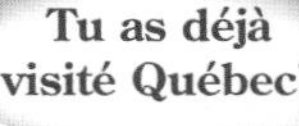
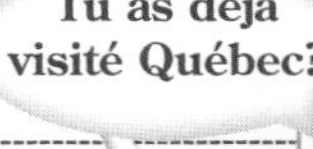

Tu as déjà visité Québec?
Oui, j'ai déjà visité Québec.
Quand?
Pendant les vacances.
(Je n'ai jamais visité Québec.)

PACING

Depending on your time schedule, you may decide to do only three of Act. 7, 8, 9, 10, and 11.

The others may be assigned for extra practice for students who need it.

9 ROLE PLAY asking questions about a visit to Paris

1. –Comment est-ce que vous avez voyagé?
   –Nous avons voyagé en métro.
2. –Où est-ce que vous avez dîné?
   –Nous avons dîné au Pied de Cochon.
3. –Qui est-ce que vous avez rencontré?
   –Nous avons rencontré beaucoup de gens sympa.
4. –Quel musée est-ce que vous avez visité?
   –Nous avons visité le Musée d'Orsay.
5. –Quels souvenirs est-ce que vous avez acheté?
   –Nous avons acheté des posters.
6. –À quel concert est-ce que vous avez assisté?
   –Nous avons assisté à un concert de jazz.

Personalization Have students create similar conversations about a city they have visited.

10 ROLE PLAY talking about last Saturday's activities

- Léa: Qu'est-ce que tu as regardé à la télé?
  Paul: J'ai regardé un film d'aventures.
- Léa: Qu'est-ce que tu as écouté à la radio?
  Paul: J'ai écouté un concert de jazz.
- Léa: Qu'est-ce que tu as acheté pour l'anniversaire de ton père?
  Paul: J'ai acheté une cravate.
- Léa: Qu'est-ce que tu as apporté à la fête?
  Paul: J'ai apporté des CD de rock.
- Léa: Qu'est-ce que tu as vendu à ton cousin?
  Paul: J'ai vendu mon vélo à mon cousin.
- Léa: Qu'est-ce que tu as mangé au restaurant?
  Paul: J'ai mangé une pizza.
- Léa: Qu'est-ce que tu as choisi à Mod'Shop?
  Paul: J'ai choisi des tee-shirts.

Supplementary vocabulary

You may want to introduce:

ne ... pas encore *(not yet)*

Je n'ai pas encore dîné.

11 EXCHANGES getting to know the backgrounds of one's classmates

Answers will vary.
–Tu as déjà ... ?
–Oui, j'ai déjà ... (Non, je n'ai jamais ...)
–Où?
–...
–Avec qui?
–Avec ...
–Quand?
–...
–Pourquoi ...
–Parce que ...

1. voyagé en avion
2. dîné dans un restaurant vietnamien
3. mangé des escargots (d'escargots)
4. gagné à la loterie
5. joué dans un film
6. participé à un marathon
7. visité le Futuroscope
8. assisté à un concert de rock

Variations

with est-ce que:
–Est-ce que tu as déjà visité Québec?
with inversion:
–As-tu déjà visité Québec?

SECTION D

Communicative function
Describing actions

Teaching Resource Options

PRINT 

Workbook PE, pp. 53–60
Unit 2 Resource Book
Audioscript, p. 69
Communipak, pp. 152–173
Family Involvement, pp. 61–62
Workbook TE, pp. 41–48

Assessment
Lesson 6 Quiz, pp. 74–75
Portfolio Assessment, Reprise/Unit 1 URB, pp. 235–244
Audioscript for Quiz 6, p. 73
Answer Keys, pp. 222–225

AUDIO & VISUAL 

Audio Program
CD 2 Track 6
CD 16 Track 2

Overhead Transparencies
6 *Les matières*

TECHNOLOGY

Power Presentations
Test Generator CD-ROM/McDougal Littell Assessment System

Looking ahead The passé composé of **prendre** and **mettre** is presented in Lesson 7.

Pronunciation Be sure students pronounce the plural forms of **prendre** correctly:

prenons /prənɔ̃/
prenez /prəne/
prennent /prɛn/

Language note

apprendre → *apprentice*
comprendre → *comprehend*
promettre (promis) → *promise*

If students ask The French equivalent of *to permit/promise someone to do something* is **permettre/promettre à** quelqu'un **de** faire quelque chose.

COMPREHENSION making logical statements

1. comprennent
2. prend
3. prennent
4. promets
5. permets
6. mettons
7. apprenez
8. comprends

D Les verbes *prendre* et *mettre*

Review the forms of the verbs **prendre** *(to take)* and **mettre** *(to put, put on)*.

INFINITIVE	prendre		mettre	
PRESENT	Je **prends**	un taxi.	Je **mets**	ma veste.
	Tu **prends**	ton vélo.	Tu **mets**	un pull.
	Il/Elle/On **prend**	le métro.	Il/Elle/On **met**	un CD.
	Nous **prenons**	nos livres.	Nous **mettons**	la télé.
	Vous **prenez**	le bus.	Vous **mettez**	la radio.
	Ils/Elles **prennent**	des photos.	Ils/Elles **mettent**	des sandales.

Prendre

→ When used with meals, foods, and beverages, **prendre** means *to have.*

Qu'est-ce que **tu prends**? — *What **are you having**?*
Je prends un café et un croissant. — ***I'm having** a cup of coffee and a croissant.*

→ The following verbs are conjugated like **prendre:**

apprendre	*to learn*	Nous **apprenons** le français.
apprendre à + INFINITIVE	*to learn how to*	Charlotte **apprend** à danser.
comprendre	*to understand*	Les élèves **comprennent** le prof.

Mettre

→ **Mettre** has the following meanings:

to put on, wear (clothes) — Tu **mets** ta nouvelle veste?
to turn on (the radio, TV) — **Mets** la radio, s'il te plaît.
to set (the table) — Qui va **mettre** la table?

→ The following verbs are conjugated like **mettre:**

permettre	*to let, allow, permit*	**Permets**-tu à ton frère d'écouter tes CD?
promettre	*to promise*	Je **promets** d'être patient.

12 Quel verbe?

PARLER/ÉCRIRE Complétez les phrases avec l'un des verbes suggérés. Soyez logique.

1. Les élèves ne … pas la question du professeur.
2. Philippe … des photos avec son nouvel appareil-photo.
3. Les touristes … un taxi pour aller au musée.
4. Je … d'être sérieux et de travailler plus.
5. Pourquoi est-ce que tu ne … pas à ton frère d'écouter tes CD?
6. Quand il pleut, nous … un imper.
7. Est-ce que vous … à faire du ski?
8. Je ne … pas pourquoi tu es fâché *(upset)*.

apprendre
comprendre
prendre
mettre
permettre
promettre

TEACHING TIP

Using **Transparency 6,** have students say which subjects they are studying. You could also have students take a survey to find out who's studying which subjects.

INCLUSION

Alphabetic/Phonetic Point out to the students that **je prends, tu prends, il/elle/on prend** are nasal and **nous prenons, vous prenez, ils/elles prennent** are non-nasal. Then have them say each form of the verb **prendre** three times. Tell them to write the words in their notebooks, including phonetic transcriptions.

13 Questions personnelles PARLER/ÉCRIRE

1. Quand tu vas à l'école, est-ce que tu prends le bus? Et tes copains?
2. Est-ce que tu comprends l'espagnol? le russe? le vietnamien? Et tes parents?
3. Est-ce que tu apprends à jouer du piano? à jouer de la guitare? à jouer au tennis?
4. Quels vêtements est-ce que tu mets quand il fait chaud? quand il fait froid?
5. Quand tu étudies, est-ce que tu mets la radio? la télé? un CD?

À votre tour!

OBJECTIFS

Now you can ...
- talk about past activities

1 Situation: Un voyage au Canada

PARLER Your partner is back from a short trip to French-speaking Canada. Ask your partner ...

- how he/she traveled
- if he/she visited Montreal or Quebec
- if he/she met any Canadian students
- if he/she spoke French or English
- if he/she bought souvenirs (**des souvenirs**), and if so, what

2 Interviews: Hier soir

ÉCRIRE/PARLER Faites une liste de cinq choses que vous avez faites hier soir. Interviewez trois camarades et demandez-leur s'ils ont fait ces choses. Comparez vos réponses.

Zoé, as-tu regardé la télé hier soir?
As-tu aidé ta mère?
Oui, j'ai regardé la télé.
Non, je n'ai pas aidé ma mère.

Mes activités	Zoé
regarder la télé	✓
aider ma mère	x
ranger ma chambre	
téléphoner à un copain	
étudier	

3 Le week-end dernier

ÉCRIRE/PARLER Écrivez un petit paragraphe où vous décrivez plusieurs choses que vous avez faites le week-end dernier. Donnez des détails. Vous pouvez utiliser les suggestions suivantes.

- téléphoner (à qui? quand?)
- rencontrer (qui? où?)
- visiter (quoi? quand? avec qui?)
- acheter (quelles choses? où?)
- regarder (quels programmes? quand?)
- dîner (où? avec qui? quand?)

Ensuite, comparez vos réponses aux réponses de vos camarades.

LESSON REVIEW
CLASSZONE.COM

PORTFOLIO ASSESSMENT

Depending on your goals and objectives, you may or may not wish to assign all of the activities in the **À votre tour!** section. You will probably choose only one oral and one written activity to go into the students' portfolios for Unit 2.

The following activities are good portfolio topics:

ORAL: Activity 1
WRITTEN: Activity 3

13 COMMUNICATION answering personal questions

Answers will vary.
1. Oui, quand je vais à l'école, je prends le bus. Mes copains vont à l'école à pied.
2. Oui, je comprends l'espagnol. Non, mes parents ne comprennent pas le russe.
3. Oui, j'apprends à jouer du piano / de la guitare / au tennis. (Non, je n'apprends pas à jouer du piano / de la guitare / au tennis.)
4. Quand il fait chaud, je mets (un short). Quand il fait froid, je mets (un manteau).
5. Quand j'étudie, je mets la radio. Je ne mets pas de CD.

À VOTRE TOUR!

Teaching note Tell students not to use the verb **aller** in their responses.

1 GUIDED CONVERSATION discussing a trip

Answers will vary.
–Comment est-ce que tu as voyagé?
–(J'ai voyagé en train.)
–Est-ce que tu as visité Montréal ou Québec?
–(J'ai visité Montréal.)
–Est-ce que tu as rencontré des étudiants canadiens?
–(Oui, j'ai rencontré des étudiants canadiens.)
–As-tu parlé français ou anglais?
–(J'ai parlé français.)
–As-tu acheté des souvenirs?
–(Oui, j'ai acheté des souvenirs.)
–Qu'est-ce que tu as acheté?
–(J'ai acheté deux affiches et un tee-shirt.)

2 INTERVIEWING taking a poll

Answers will vary.
–As-tu rangé ta chambre hier soir?
–Oui, j'ai rangé ma chambre.
–As-tu téléphoné à un copain hier soir?
–Non, je n'ai pas téléphoné à un copain.
–As-tu étudié hier soir?
–Oui, j'ai étudié. (Non, je n'ai pas étudié.)
–As-tu écouté tes CD hier soir?
–Non, je n'ai pas écouté mes CD.
–As-tu fait tes devoirs hier soir?
–Oui, j'ai fait mes devoirs.

3 WRITTEN SELF-EXPRESSION describing weekend activities

Answers will vary.
Samedi matin, j'ai téléphoné à mon amie. J'ai rencontré mon amie en ville à dix heures. J'ai visité le musée du cinéma avec elle. Nous avons acheté des posters de cinéma au musée. Ensuite, le soir, j'ai regardé un match de foot à la télé. À sept heures et demie, j'ai dîné au restaurant avec mes parents.

LECTURE

Dans l'ordre, s'il vous plaît!

Objectives

- Reading for pleasure
- Developing logical thinking

Teaching note Have students write out the unscrambled paragraphs.

Dans l'ordre, s'il vous plaît!

Answers

A. Un dîner entre copains
Mon copain a fait les courses.
Ma copine a préparé le repas.
Nous avons dîné.
Après le dîner, j'ai fait la vaisselle.

B. Le concert
Hélène et Nicole ont acheté le journal.
Elles ont regardé la page des spectacles.
Elles ont choisi un concert très intéressant.
Nicole a acheté les billets.
Elles ont assisté au concert.
Pendant le concert, elles ont retrouvé des copains.
Après le concert, elles ont dîné ensemble.

Lecture Dans l'ordre, s'il vous plaît!

Les paragraphes suivants décrivent certains événements passés. Malheureusement,° l'ordre logique des phrases n'a pas été respecté. Reconstituez les paragraphes en mettant les phrases dans l'ordre logique.

Malheureusement *Unfortunately*

A. Un dîner entre copains

Nous avons dîné.

Ma copine a préparé le repas.

Mon copain a fait les courses.

Après le dîner, j'ai fait la vaisselle.

B. Le concert

Elles ont regardé la page des spectacles.

Nicole a acheté les billets.

Hélène et Nicole ont acheté le journal.°

Elles ont assisté au concert.

Après le concert, elles ont dîné ensemble.

Elles ont choisi un concert très intéressant.

Pendant le concert, elles ont retrouvé des copains

journal *newspaper*

PRE-READING QUESTION

Have students read the title and skim over the format of the reading.

Can they guess what they will be doing? [reorganizing the sequence of the sentences for each short reading]

C. Un match de tennis

Nous avons fini le match à quatre heures.

J'ai gagné le deuxième set et le match.

Pascal a perdu le premier set.

Nous avons fait un match.

Après le match, nous avons fait une promenade à vélo.

Hier après-midi, j'ai joué au tennis avec mon cousin Pascal.

D. Une invitation

Sa soeur Françoise a répondu.

Nous avons dîné dans un restaurant japonais.

Samedi, j'ai téléphoné à Marie-Laure.

Alors, j'ai invité Françoise au restaurant.

Elle a accepté mon invitation.

Elle a dit que Marie-Laure n'était° pas à la maison.

était *was*

E. Un job d'été

J'ai trouvé un job dans un supermarché.

Avec l'argent que j'ai gagné, j'ai acheté une chaîne hi-fi.

L'été dernier, je n'ai pas voyagé.

J'ai travaillé là-bas pendant deux mois.

J'ai cherché un job.

CLASSROOM MANAGEMENT Pair/Group Reading Practice

Read the instructions with the entire class. Then divide the students into pairs or small groups, and see how many paragraphs each group can unscramble within a given time limit.

C. Un match de tennis
Hier après-midi, j'ai joué au tennis avec mon cousin Pascal.
Nous avons fait un match.
Pascal a perdu le premier set.
J'ai gagné le deuxième set et le match.
Nous avons fini le match à quatre heures.
Après le match, nous avons fait une promenade à vélo.

D. Une invitation
Samedi, j'ai téléphoné à Marie-Laure.
Sa soeur Françoise a répondu.
Elle a dit que Marie-Laure n'était pas à la maison.
Alors, j'ai invité Françoise au restaurant.
Elle a accepté mon invitation.
Nous avons dîné dans un restaurant japonais.

E. Un job d'été
L'été dernier, je n'ai pas voyagé.
J'ai cherché un job.
J'ai trouvé un job dans un supermarché.
J'ai travaillé là-bas pendant deux mois.
Avec l'argent que j'ai gagné, j'ai acheté une chaîne hi-fi.

Observation activity Have students reread their paragraphs, paying attention to the passé composé forms of the verbs.

OPTIONAL: Have students reword their paragraphs in the present tense.

Leçon 7

Main Topic Describing what happened in the past

Teaching Resource Options

PRINT 

Workbook PE, pp. 61–66
Activités pour tous PE, pp. 49–51
Block Scheduling Copymasters, pp. 57–64
Unit 2 Resource Book
- *Activités pour tous* TE, pp. 83–85
- Audioscript, pp. 105, 106–108
- Communipak, pp. 152–173
- Lesson Plans, pp. 86–87
- Block Scheduling Lesson Plans, pp. 88–89
- Absent Student Copymasters, pp. 90–94
- Video Activities, pp. 97–103
- Videoscript, p. 104
- Workbook TE, pp. 77–82

AUDIO & VISUAL

Audio Program
CD 2 Track 7
CD 7 Tracks 14–19

TECHNOLOGY 

Online Workbook

VIDEO PROGRAM

VIDEO DVD

LEÇON 7

Les achats de Corinne

TOTAL TIME: 2:28 min.
DVD Disk 1
Videotape 1 (COUNTER: 25:48 min.)

Photo culture note Because of the many canals criss-crossing the medieval center of town, Annecy is known as "the Venice of France." The numerous cafés and restaurants along the banks of the canals are a favorite gathering place for people of all ages.

VIDÉO-SCÈNE

VIDÉO DVD AUDIO

Les achats de Corinne

Samedi dernier, Pierre est allé à un rendez-vous avec Armelle. Il est parti de chez lui à deux heures.

Pierre a retrouvé Armelle. Puis ils sont allés au cinéma. Là, ils ont vu *L'Homme invisible*.

Après le film, ils ont fait une promenade en ville.

Ensuite, ils sont allés dans un café. Là, ils ont vu Corinne.

Ça va?

Au café, les trois amis parlent de leurs activités.

D'où venez-vous comme ça?
Nous sommes allés au ciné.

Qu'est-ce que vous avez vu?
L'Homme invisible.

120 cent vingt
Unité 2

CROSS-CULTURAL OBSERVATION

Dating, as an institution, does not exist in France. Young people tend to go out in groups **(la bande de copains)** rather than in pairs. In fact, there is no equivalent of the verb "to date," and the noun for it, **un rendez-vous,** is the same as the word used for an appointment with the dentist or other business appointment.

Moi, je l'ai vu la semaine dernière. C'est super, hein?
Oui, c'est pas mal!
Et toi, qu'est-ce que tu as fait?
Eh bien, tu vois, j'ai fait des achats.

Qu'est-ce que tu as acheté?
Ben, tu vois, j'ai acheté un tee-shirt ... J'ai aussi acheté des magazines ...

Ah tiens ... j'ai acheté quelque chose de marrant!
Qu'est-ce que c'est?

C'est un crocodile!

C'est vrai, c'est marrant!
Tu le veux? Je te le donne.

Pierre a accepté le cadeau de sa cousine. Puis, vers sept heures, Pierre, Armelle et Corinne sont rentrés chez eux.

Corinne et Armelle ont pris le bus.

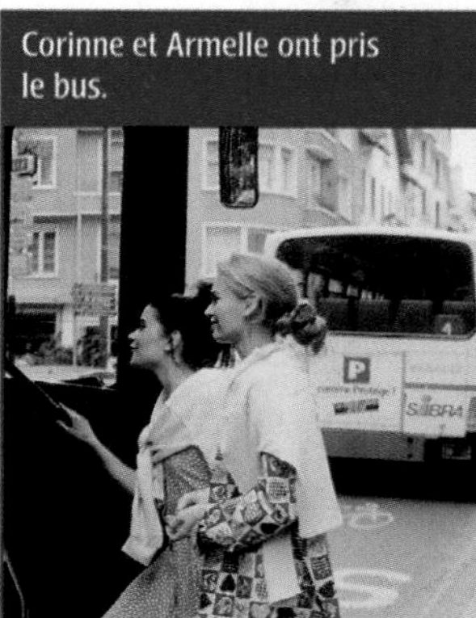

Pierre est rentré chez lui à pied.

à suivre ...

Compréhension

1. Où sont allés Pierre et Armelle samedi après-midi?
2. Où sont-ils allés après? Qui ont-ils rencontré?
3. Qu'est-ce que Corinne a acheté?
4. Qu'est-ce qu'elle a donné à Pierre?

Language notes

- Note the omission of **ne** in **c'est pas mal.**
- The adjective **marrant** *(amusing, funny)* is frequently used by French young people.
  C'est marrant!
  Il est marrant, ce crocodile!

Teaching note Play the video with the sound muted. Tell the class to work in pairs to write conversations based on what they see. Afterward, play the video with the sound on to see how close their conversations come to the one on the video.

Compréhension

Answers

1. Samedi après-midi, Pierre et Armelle sont allés au cinéma.
2. Après, ils sont allés dans un café. Ils ont rencontré Corinne.
3. Corinne a acheté un tee-shirt, des magazines et un crocodile.
4. Elle a donné le crocodile à Pierre.

Additional questions

1. Qu'est-ce que Pierre et Armelle ont vu au cinéma? [*L'Homme invisible.*]
2. À quelle heure les amis sont-ils rentrés chez eux? [vers sept heures]

SECTION A

Communicative function
Talking about what one sees

Teaching Resource Options

PRINT 

Workbook PE, pp. 61–66
Unit 2 Resource Book
Communipak, pp. 152–173
Workbook TE, pp. 77–82

AUDIO & VISUAL 

Overhead Transparencies
23 *À la campagne*

TECHNOLOGY 

Power Presentations

 **Review** the verb **voir**

Teaching tip Practice the verb **voir** with various farm animals on **Transparency 23.**

Michelle [point to cow] **Michelle voit une vache.**
Nous [point to horse] **Nous voyons un cheval.**, etc.

Language notes

- **Aller voir, rendre visite à,** and **faire une visite à** mean *to visit people.* **Visiter** means *to visit a place.*
- **vue** → *view*
  vision → *vision*

 **COMPREHENSION** describing what people are seeing

1. Nous voyons la Tour Eiffel.
2. Ils voient la Statue de la Liberté.
3. Tu vois des avions.
4. Je vois des poissons.
5. Vous voyez des oiseaux et des écureuils.
6. Elle voit des lapins et des poules.
7. On voit des plantes et des fleurs.

 **COMMUNICATION** answering personal questions

Answers will vary.
1. Oui, je vois bien. Je n'ai pas besoin de lunettes. Je ne porte pas de verres de contact.
2. Oui, je vois souvent mes cousins / mes grands-parents. Je vois mes cousins / mes grands-parents le week-end.
3. Oui, le week-end prochain je vais voir un film. Je vais voir le film au cinéma avec mes copains. Je vais voir *Le Seigneur des anneaux.*

A Le verbe *voir*

Note the forms of the irregular verb **voir** *(to see).*

INFINITIVE	voir	
PRESENT	Je **vois** le prof. Tu **vois** ta copine. Il/Elle/On **voit** un film.	Nous **voyons** un western. Vous **voyez** une comédie. Ils/Elles **voient** souvent leurs copains.

→ Note the expression **aller voir** *(to go see).*

—Tu vas **aller voir** le film? — *Are you going **to go see** the movie?*
—Je ne peux pas. Je dois **aller voir** ma tante. — *I can't. I have **to go see** my aunt.*

1 *Qu'est-ce qu'on voit?*

PARLER/ÉCRIRE Dites ce que les personnes voient dans les circonstances suivantes.

▶ Patrick est au cinéma.
Il voit un film d'aventures.

1. Nous sommes à Paris.
2. Les touristes visitent New York.
3. Tu es à l'aéroport.
4. Je nage dans une rivière.
5. Vous faites une promenade dans la forêt.
6. Mélanie visite une ferme.
7. On est au jardin botanique.

des avions
des poissons
des plantes et des fleurs
des oiseaux et des écureuils
des lapins et des poules
la Statue de la Liberté
la Tour Eiffel
un film d'aventures

2 *Questions personnelles* PARLER/ÉCRIRE

1. Est-ce que tu vois bien? Est-ce que tu as besoin de lunettes? Est-ce que tu portes des verres de contact *(contact lenses)*?
2. Est-ce que tu vois souvent tes cousins? tes grands-parents? Quand?
3. Est-ce que tu vas voir un film le week-end prochain *(next)*? Où? Avec qui? Quel film est-ce que tu vas voir?

CLASSROOM MANAGEMENT

Pair Practice The **Questions personnelles** activities lend themselves to pair practice. Have students in pairs or in small groups take turns asking each other the questions.

As a follow-up, students can report to the class what they have found out about their partner.

INCLUSION

Synthetic/Analytic Show students the two stems in the verb **voir (voi-** and **voy-)**. Have them write them in their notebooks, drawing a boot around the forms with **voi-** to show how they form an "L" shape or boot. Then, write the stems on the board and have students generate the verb forms.

B Quelques participes passés irréguliers

Many irregular verbs have irregular PAST PARTICIPLES.
Note the PAST PARTICIPLES of the following verbs.

avoir	**eu**	Cet hiver, Cécile **a eu** la grippe *(flu)*.
être	**été**	Moi, **j'ai été** malade *(sick)*.
faire	**fait**	Nous **n'avons pas fait** nos devoirs.
mettre	**mis**	Est-ce que tu **as mis** la table?
prendre	**pris**	Je **n'ai pas pris** ton appareil-photo.
voir	**vu**	Nous **n'avons pas vu** François après la classe.

→ The verb **être** has two meanings in the passé composé. Compare:

Juliette **a été** malade. — *Juliette* ***has been*** *sick.*
Elle **a été** à l'hôpital. — *She* ***went*** *to the hospital.*

→ Verbs conjugated like **mettre** and **prendre** have similar past participles.

promettre — **promis** — **J'ai promis** d'aider mon grand-père.
comprendre — **compris** — Nous **n'avons pas compris** la question.

→ The passé composé of **il y a** is **il y a eu**.

Il y a eu un bon film à la télé. — ***There was*** *a good movie on TV.*

3 Qu'est-ce qu'ils ont fait?

PARLER/ÉCRIRE Expliquez ce que les personnes suivantes ont fait samedi dernier.

▶ Éric (prendre le métro / être en ville)
Éric a pris le métro. Il a été en ville.

1. vous (être dans les magasins / faire des achats)
2. nous (mettre des jeans / être à la campagne / faire un pique-nique)
3. les touristes (voir l'Arc de Triomphe / prendre des photos)
4. moi (mettre mon maillot de bain / prendre un bain de soleil)
5. toi (faire une promenade à vélo / avoir un accident / être à l'hôpital)
6. Léa (avoir envie de sortir *(go out)* / faire un tour en ville)

4  Conversation

PARLER Demandez à vos camarades s'ils ont fait les choses suivantes le week-end dernier. Si oui, continuez le dialogue (par exemple, avec **où? quand? comment? pourquoi? avec qui?**).

▶ faire un pique-nique?

Tu as fait un pique-nique?
Oui, j'ai fait un pique-nique.
Où?
À la campagne.
Avec qui?
Avec ma famille.

(Non, je n'ai pas fait de pique-nique.)

1. faire un tour en voiture?
2. faire des achats?
3. avoir un rendez-vous?
4. être à la campagne?
5. être en ville?
6. prendre des photos?
7. voir un film?
8. voir tes cousins?

cent vingt-trois
Leçon 7 123

LANGUAGE NOTE The imperfect

In past tense narration, the verbs **être** and **avoir** (and **faire** in expressions of weather) are usually used in the imperfect to describe background conditions.

J'étais au café.
J'avais rendez-vous avec un copain.
Il faisait beau.

(The imperfect is formally presented in Unit 6, but you may wish to introduce the forms here for recognition.)

In the exercises of this unit, **être** and **avoir** are used in the passé composé to describe past events.

SECTION B

Communicative function
Talking about the past

 **Review** irregular past participles

3 DESCRIPTION saying what people did last weekend

1. Vous avez été dans les magasins. Vous avez fait des achats.
2. Nous avons mis des jeans. Nous avons été à la campagne. Nous avons fait un pique-nique.
3. Les touristes ont vu l'Arc de Triomphe. Ils ont pris des photos.
4. J'ai mis mon maillot de bain. J'ai pris un bain de soleil.
5. Tu as fait une promenade à vélo. Tu as eu un accident. Tu as été à l'hôpital.
6. Léa a eu envie de sortir. Elle a fait un tour en ville.

4 EXCHANGES talking about last weekend's activities

Answers will vary.

1. –Tu as fait un tour en voiture?
   –Oui, j'ai fait un tour en voiture. (Non, je n'ai pas fait de tour en voiture.)
   –Où?
   –En ville.
   –Pourquoi?
   –Parce que j'ai eu envie d'acheter des vêtements.
2. –Tu as fait des achats?
   –Non, je n'ai pas fait d'achats.
3. –Tu as eu un rendez-vous?
   –Oui, j'ai eu un rendez-vous. (Non, je n'ai pas eu de rendez-vous).
   –Où?
   –À la plage.
   –Quand?
   –Dimanche matin.
4. –Tu as été à la campagne?
   –Oui, j'ai été à la campagne. (Non, je n'ai pas été à la campagne.)
   –Où?
   –Chez ma grand-mère.
   –Pourquoi?
   –Parce que j'aime rendre visite à ma grand-mère.
5. –Tu as été en ville?
   –Oui, j'ai été en ville. (Non, je n'ai pas été en ville.)
   –Où?
   –À la bibliothèque.
   –Pourquoi?
   –Parce que j'ai eu envie de chercher un livre.
6. –Tu as pris des photos?
   –Oui, j'ai pris des photos. (Non, je n'ai pas pris de photos.)
   –Où?
   –À Paris.
   –Quand?
   –La semaine dernière.
7. –Tu as vu un film?
   –Oui, j'ai vu un film. (Non, je n'ai pas vu de film.)
   –Où?
   –Au cinéma de mon quartier.
   –Avec qui?
   –Avec mes copains.
8. –Tu as vu tes cousins?
   –Non, je n'ai pas vu mes cousins.

Language note Remind students to use **pas de** in the negative for items 1–3, 6, and 7.

SECTION C

Communicative function
Identifying people and things

Teaching Resource Options

PRINT  

Workbook PE, pp. 61–66
Unit 2 Resource Book
Communipak, pp. 152–173
Workbook TE, pp. 77–82

AUDIO & VISUAL 

Overhead Transparencies
18 *Où vont-ils? D'où viennent-ils?*

TECHNOLOGY

Power Presentations

 **Review quelqu'un, quelque chose, ne ... personne, ne ... rien**

New material

ne ... personne and **ne ... rien** in the passé composé

Language notes

- **Jamais** *(never)* can also stand alone.
- You may want to point out the use of **de** after these expressions: **J'ai acheté quelque chose de marrant.**
- In questions, **quelque chose** and **quelqu'un** correspond to *anything* and *anyone, anybody.*

 **ROLE PLAY** answering questions in the negative

1. L'inspecteur: Vous avez vu quelque chose? M. Dupont: Non, je n'ai rien vu.
2. L'inspecteur: Vous avez entendu quelqu'un? M. Dupont: Non, je n'ai entendu personne.
3. L'inspecteur: Vous avez entendu quelque chose? M. Dupont: Non, je n'ai rien entendu.
4. L'inspecteur: Vous avez parlé à quelqu'un? M. Dupont: Non, je n'ai parlé à personne.
5. L'inspecteur: Vous avez observé quelque chose? M. Dupont: Non, je n'ai rien observé.
6. L'inspecteur: Vous avez téléphoné à quelqu'un? M. Dupont: Non, je n'ai téléphoné à personne.
7. L'inspecteur: Vous avez fait quelque chose? M. Dupont: Non, je n'ai rien fait.

Teaching notes

- Make sure that students do not use **pas** in their negative sentences.
- If students find this activity difficult, have them write out their answers and draw boxes around the negative expressions.

1. Non, je [ne] vois [rien]., etc.

C *Quelqu'un, quelque chose* et leurs contraires

Note how the following expressions are used in the present and the passé composé.

quelqu'un *(somebody, someone)*	**ne ... personne** *(nobody, not anyone)*
J'invite **quelqu'un.** J'ai invité **quelqu'un.**	Je **n'**invite **personne.** Je **n'**ai invité **personne.**

quelque chose *(something)*	**ne ... rien** *(nothing, not anything)*
Je fais **quelque chose.** J'ai fait **quelque chose.**	Je **ne** fais **rien.** Je **n'**ai **rien** fait.

➔ The above expressions can be the subject of the sentence.

Quelqu'un a téléphoné. **Personne n'**a travaillé.

Ne ... personne and **ne ... rien** are negative expressions that require **ne** before the verb.

➔ In one-word answers, **personne** and **rien** can stand alone.

—Qui as-tu rencontré? —Qu'est que tu as fait?
—**Personne.** —**Rien.**

➔ In the passé composé, the word order is:

ne + **avoir** + PAST PARTICIPLE + **personne** **ne** + **avoir** + **rien** + PAST PARTICIPLE	Je **n'**ai vu **personne.** Je **n'**ai **rien** vu.

5   Un cambriolage *(A burglary)*

PARLER Le week-end dernier, l'appartement de Monsieur Dupont a été cambriolé *(burglarized)*. L'inspecteur de police pose certaines questions à Monsieur Dupont, qui répond négativement.
Jouez les deux rôles.

▶ voir quelqu'un?

1. voir quelque chose?
2. entendre quelqu'un?
3. entendre quelque chose?
4. parler à quelqu'un?
5. observer quelque chose?
6. téléphoner à quelqu'un?
7. faire quelque chose?

LANGUAGE NOTE Prepositions

The expressions **quelque chose** and **quelqu'un** can also be used after prepositions:

–Tu penses **à quelque chose**?
–Je ne pense **à rien**.
–Vous avez parlé **à quelqu'un**?
–Non, nous n'avons parlé **à personne**.

D Le passé composé du verbe *aller*

Note the forms of the passé composé of the verb **aller** in the sentences below. Pay attention to forms of the past participle.

Samedi, Éric **est allé** au musée.	*On Saturday, Eric* ***went*** *to the museum.*
Anne et Alice **sont allées** à une fête.	*Anne and Alice* ***went*** *to a party.*

The passé composé of **aller** is formed with **être** according to the pattern:

PRESENT of **être** + PAST PARTICIPLE

→ The past participle takes endings to agree with the subject.

	MASCULINE		FEMININE	
AFFIRMATIVE	je suis	allé	je suis	allée
	tu es	allé	tu es	allée
	il est	allé	elle est	allée
	nous sommes	allés	nous sommes	allées
	vous êtes	allés	vous êtes	allées
	ils sont	allés	elles sont	allées
NEGATIVE	je ne suis pas	allé	je ne suis pas	allée
INTERROGATIVE	tu es	allé?	tu es	allée?
	es-tu	allé?	es-tu	allée?
	est-ce que tu es	allé?	est-ce que tu es	allée?

6 *Qui est allé où?*

PARLER/ÉCRIRE Dites où ces personnes sont allées ce week-end en complétant les phrases suivantes.

Philippe

Claire

Patrick et Ousmane

Mélanie et Sylvie

▶ Patrick et Ousmane sont allés au musée.

SAMEDI MATIN
1. … allé en ville.
2. … allées au stade.
3. … allée à la plage.
4. … allés à la pêche.

SAMEDI SOIR
5. … allée au cinéma.
6. … allés à un concert.
7. … allées à un rendez-vous.
8. … allé chez Corinne.

DIMANCHE
9. … allées à une boum.
10. … allé au restaurant.
11. … allée à la campagne.
12. … allés au café.

SECTION D

Communicative function
Talking about where one went

 **Review** passé composé of **aller**

Language note When **vous** is used to address one person, the past participle remains in the singular: **allé(e).**

Madame Dupont, est-ce que vous êtes **allée** à Québec?

Looking ahead Only **aller** is introduced in this lesson, so that students can become familiar with the passé composé forms.

Other verbs conjugated with **être** are introduced in Lesson 8.

Teaching tip Using **Transparency 18,** have students say where people went yesterday.

EXPANSION: Have them say where people went and what they did there.

Pierre et Alain sont allés au stade. Ils ont joué au foot.

 **PRACTICE** saying where people went

1. Philippe est allé en ville.
2. Mélanie et Sylvie sont allées au stade.
3. Claire est allée à la plage.
4. Patrick et Ousmane sont allés à la pêche.
5. Claire est allée au cinéma.
6. Patrick et Ousmane sont allés à un concert.
7. Mélanie et Sylvie sont allées à un rendez-vous.
8. Philippe est allé chez Corinne.
9. Mélanie et Sylvie sont allées à une boum.
10. Philippe est allé au restaurant.
11. Claire est allée à la campagne.
12. Patrick et Ousmane sont allés au café.

PERSONALIZATION Qui est allé où?

Have students keep a weekend journal in which they list where they and their friends and relatives went. Encourage them to use as many forms of **aller** as possible.

Samedi matin, je suis allé(e) à la bibliothèque.
Ma mère est allée en ville.
Dimanche, nous sommes allés au restaurant., etc.

INCLUSION

Multisensory Have one student point to various people, using the passé composé of the verb **aller** to say the person or people went **(Jean est allé. Vous êtes allés.),** while another student writes each form on the board. Have the first student repeat each sentence as you underline the verb endings.

Teaching Resource Options

PRINT 

Workbook PE, pp. 61–66
Unit 2 Resource Book
Audioscript, p. 105
Communipak, pp. 152–173
Family Involvement, pp. 95–96
Workbook TE, pp. 77–80

Assessment
Lesson 7 Quiz, pp. 110–111
Portfolio Assessment, Reprise/Unit 1 URB, pp. 235–244
Audioscript for Quiz 7, p. 109
Answer Keys, pp. 222–225

AUDIO & VISUAL 

Audio Program
CD 2 Track 8
CD 16 Track 3

Overhead Transparencies
6 *Les matières*

TECHNOLOGY

Test Generator CD-ROM/McDougal Littell Assessment System

7 COMPREHENSION making logical statements about past events

Answers will vary.
Je suis allé(e) au café. J'ai retrouvé des copains.
Jérôme est allé au stade. Il a vu un match de foot.
Juliette est allée chez les voisins. Elle a fait du baby-sitting.
Nous sommes allé(e)s au supermarché. Nous avons fait des courses.
Vous êtes allé(e)(s) au ciné. Vous avez vu un film.
M. Renaud est allé au centre commercial. Il a fait des achats.
Les touristes sont allés à l'aéroport. Ils ont pris l'avion.
Tu es allé(e) dans une discothèque. Tu as dansé.

 **Review** expressions of time

Language note Point out that **un an** *(year)* is used when years are considered as units to be counted:

Nathalie a seize ans.

In other cases, **une année** is generally preferred.

Ma cousine a passé une année entière en France.

7 *Où et quoi?*

PARLER/ÉCRIRE Pour chaque personne, choisissez un endroit où elle est allée et dites ce qu'elle a fait là-bas. Soyez logique!

▶ **Juliette est allée dans une discothèque. Elle a dansé.**

QUI?	OÙ?	QUOI?
moi	au café	bronzer
Jérôme	au ciné	danser
Juliette	au stade	faire des achats
nous	à l'aéroport	voir un film
vous	au supermarché	faire les courses
M. Renaud	au centre commercial	faire du baby-sitting
les touristes	à la plage	retrouver des copains
toi	dans une discothèque	voir un match de foot
	chez les voisins	prendre l'avion

VOCABULAIRE Quelques expressions de temps

maintenant	**avant**	**après**
aujourd'hui	**hier**	**demain**
ce matin	**hier matin**	**demain matin**
cet après-midi	**hier après-midi**	**demain après-midi**
ce soir *(tonight)*	**hier soir**	**demain soir**
lundi	**lundi dernier** *(last)*	**lundi prochain** *(next)*
ce week-end	**le week-end dernier**	**le week-end prochain**
cette semaine	**la semaine dernière**	**la semaine prochaine**
ce mois-ci	**le mois dernier**	**le mois prochain**
cet été	**l'été dernier**	**l'été prochain**
cette année *(year)*	**l'année dernière**	**l'année prochaine**

8   *Conversation*

PARLER Demandez à vos camarades de décrire ce qu'ils ont fait et ce qu'ils vont faire.

Qu'est-ce que tu as fait ... ?

Qu'est-ce que tu vas faire ... ?

▶ ce matin
1. hier soir
2. samedi soir
3. dimanche matin
4. l'été dernier
5. le mois dernier

▶ ce soir
6. demain matin
7. demain soir
8. samedi prochain
9. le mois prochain
10. l'été prochain

COMPREHENSION Time expressions

To review the meanings of time expressions, introduce the following gestures:

maintenant (students point down to floor)
avant (students point backwards over their shoulders)
après (students point forward)

Give an expression of time and have students give the appropriate gesture.

Hier soir, j'ai regardé la télé. (students point backwards)
Cette semaine, je reste chez moi. (students point down)
Demain matin, je vais nettoyer ma chambre. (students point forward), etc.

9 Occupations

PARLER Composez des dialogues en faisant les substitutions suggérées.

▶ voir le prof après la classe?
aller à la bibliothèque

Tu as vu le prof après la classe?
Ah non, je n'ai pas eu le temps.
Qu'est-ce que tu as fait alors?
Je suis allée à la bibliothèque.

1. faire tes devoirs?
   aller au ciné
2. ranger ta chambre?
   aller en ville
3. faire les courses?
   aller à un rendez-vous
4. aider ton petit frère?
   aller au café
5. rendre visite à ta grand-mère?
   ??
6. préparer l'examen?
   ??

À votre tour!

OBJECTIFS

Now you can ...
- talk about places you have gone and what you did there

1 Situation: Au cinéma

PARLER Your partner went to a movie last weekend with a friend. You want to know what they did.

Ask your partner ...
- with whom he/she went to the movies
- to which movie theater they went
- which movie they saw
- what they did afterwards

2 Une carte postale

LIRE/ÉCRIRE Lisez la carte postale de Philippe.

Ma chère Christine,
Il a fait très beau ce week-end. Nous sommes allés à la campagne. Nous avons fait une promenade à pied. Nous avons vu beaucoup d'animaux. J'ai pris des photos. Le soir, nous sommes allés dans un restaurant.
Je t'embrasse,
Philippe

Mlle Christine Lukas
146, rue Jeanne d'Arc
37000 Tours
FRANCE

Maintenant, écrivez une carte postale à un copain (une copine). Dans cette carte, décrivez votre week-end. Dites où vous êtes allés et ce que vous avez fait.

PORTFOLIO ASSESSMENT

Depending on your goals and objectives, you may or may not wish to assign all of the activities in the **À votre tour!** section. You will probably choose only one oral and one written activity to go into the students' portfolios for Unit 2.

The following activities are good portfolio topics:

ORAL: Activity 1
WRITTEN: Activity 2

8 EXCHANGES finding out what classmates did and what they plan to do

Answers will vary.
1. –Qu'est-ce que tu as fait hier soir?
   –J'ai (regardé la télé).
2. –Qu'est-ce que tu as fait samedi soir?
   –Je suis allé(e) (à une boum).
3. –Qu'est-ce que tu as fait dimanche matin?
   –J'ai (fait une promenade à vélo).
4. –Qu'est-ce que tu as fait l'été dernier?
   –J'ai (voyagé en France).
5. –Qu'est-ce que tu as fait le mois dernier?
   –Je suis allé[e] (chez mes grands-parents).
6. –Qu'est-ce que tu vas faire demain matin?
   –Je vais (aller à la campagne).
7. –Qu'est-ce que tu vas faire demain soir?
   –Je vais (aller à une boum).
8. –Qu'est-ce que tu vas faire samedi prochain?
   –Je vais (aller à la pêche).
9. –Qu'est-ce que tu vas faire le mois prochain?
   –Je vais (aller à Montréal).
10. –Qu'est-ce que tu vas faire l'été prochain?
    –Je vais (travailler).

9 EXCHANGES talking about past activities

–Tu as ... ?
–Ah, non, je n'ai pas eu le temps.
–Qu'est-ce que tu as fait alors?
–Je suis allé(e) ...
1. fait tes devoirs/au ciné
2. rangé ta chambre/en ville
3. fait les courses/à un rendez-vous
4. aidé ton petit frère/au café
5. rendu visite à ta grand-mère/(à la plage)
6. préparé l'examen/(à un concert)

Teaching note The abbreviation "??" means that students should provide an original response.

À VOTRE TOUR!

1 GUIDED CONVERSATION talking about going to the movies

Answers will vary.
–Avec qui es-tu allé(e) au cinéma?
–Je suis allé(e) au cinéma (avec ma copine).
–À quel cinéma êtes-vous allé(e)s?
–Nous sommes allé(e)s (au Ciné Montparnasse).
–Quel film avez-vous vu?
–Nous avons vu *(Fantômas)*.
–Qu'est-ce que vous avez fait après le film?
–(Nous sommes allé(e)s au café La Rotonde).

2 WRITTEN SELF-EXPRESSION writing a postcard

Answers will vary.
Mon cher Marc,
Il a fait mauvais ce week-end. Je ne suis pas allée au stade. J'ai invité mes copains et mes copines. Nous avons organisé une petite boum. Nous avons fait les courses. Ensuite, nous avons préparé des sandwichs et des gâteaux. Nous avons choisi des CD de rock. À huit heures, nous avons mangé et nous avons dansé.
Je t'embrasse,
Claire

LECTURE

Quatre amies

Objectives

- Reading for pleasure
- Developing logical thinking

Lecture Quatre amies

Quatre amies sont dans un café. Elles s'appellent:

Ariane, Béatrice, Florence et Michèle.

Ces filles parlent de ce qu'elles ont fait samedi dernier. Écoutez bien ce qu'elles disent. Pouvez-vous trouver le nom de chaque fille?

- Qui est Ariane?
- Qui est Béatrice?
- Qui est Florence?
- Qui est Michèle?

fille numéro un

Samedi après-midi, j'ai fait des achats. Je suis d'abord allée au Printemps où j'ai acheté une robe. J'ai aussi acheté une cravate pour l'anniversaire de mon père. Ensuite, je suis allée à la Boîte à Musique où j'ai écouté des CD, mais là je n'ai rien acheté. Après, j'ai téléphoné à mon copain Jean-Luc. Nous sommes allés Chez Luigi, un très bon restaurant italien. Après, nous sommes allés à un concert de reggae.

Cette fille s'appelle ...

Samedi matin, j'ai fait les courses. Samedi après-midi, je suis allée au cinéma. J'ai vu une comédie américaine très très drôle. Au cinéma, j'ai retrouvé mon cousin Laurent. Après le film, nous sommes allés dans un café. À six heures, Laurent est allé à un rendez-vous. Moi, le soir, je suis allée à la boum de ma copine Isabelle. Là, j'ai beaucoup dansé. J'ai aussi fait la connaissance d'un garçon très sympathique!

Cette fille s'appelle ...

fille numéro deux

PRE-READING QUESTION

Have students look over the format of the reading.

Can they guess what they are going to be asked to do? [use the information given to discover the identities of each of the four people at the table]

Pour trouver la solution, il faut savoir les choses suivantes:

- Ariane parle italien, mais elle déteste la cuisine italienne.
- Les parents de Béatrice sont divorcés.
- Florence n'aime pas danser.
- Samedi dernier, Michèle n'a pas dépensé d'argent.

Suggestion: Cherchez d'abord le nom de la fille qui n'a rien dépensé. Procédez ensuite par élimination progressive.

fille numéro trois

Samedi après-midi, j'ai fait un tour en ville. D'abord, je suis allée à la bibliothèque. J'ai pris un livre sur l'art mexicain. Ensuite, je suis allée chez ma cousine Frédérique. J'ai dîné chez elle. Après le dîner, nous sommes allées au théâtre. C'est Frédérique qui a payé les billets.

Cette fille s'appelle ...

Samedi matin, je suis allée à mon cours de gym avec Amélie. À midi, nous sommes allées dans un restaurant où nous avons mangé une excellente pizza. Après, nous sommes allées au musée voir une exposition° de photos. Ensuite, je suis rentrée chez moi° et j'ai dîné avec mes parents. Après le dîner, je suis allée dans ma chambre et j'ai commencé mes devoirs. J'ai beaucoup de travail pour lundi!

Cette fille s'appelle ...

fille numéro quatre

exposition *exhibit* **je suis rentrée chez moi** *I went home*

CLASSROOM MANAGEMENT Pair/Group Reading Practice

Go over the instructions carefully with the entire class.

Then have students work in groups of two or three to find the solution.

Quatre amies

Answers

1. Béatrice
2. Ariane
3. Michèle
4. Florence

Explication

a. Les filles numéros 1, 2 et 4 ont dépensé de l'argent. La fille numéro 3 n'a rien dépensé. C'est Michèle.
b. Les filles numéros 1 et 4 aiment la cuisine italienne. Ariane, qui n'aime pas la cuisine italienne, est donc la fille numéro 2.
c. La fille numéro 4 qui a dîné avec ses parents ne peut pas être Béatrice parce que les parents de Béatrice sont divorcés. C'est donc Florence.
d. Béatrice est la fille numéro 1.

Pre-AP skill: Draw conclusions.

Observation activity Have the students reread the fourth monologue, finding examples of the passé composé. Indicate:

(a) which ones are formed with **avoir,**
nous avons mangé
j'ai dîné
j'ai commencé

(b) which are formed with **être.**
je suis allée
nous sommes allées
je suis rentrée

Leçon 8

Main Topic Describing what happened in the past

Teaching Resource Options

PRINT 

Workbook PE, pp. 67–72
Activités pour tous PE, pp. 53–55
Block Scheduling Copymasters, pp. 65–72
Unit 2 Resource Book
- *Activités pour tous* TE, pp. 119–121
- Audioscript, pp. 141, 143–146
- Communipak, pp. 152–173
- Lesson Plans, pp. 122–123
- Block Scheduling Lesson Plans, pp. 124–126
- Absent Student Copymasters, pp. 127–130
- Video Activities, pp. 133–139
- Videoscript, p. 140
- Workbook TE, pp. 113–118

AUDIO & VISUAL

Audio Program
CD 2 Track 9
CD 7 Tracks 20–25

TECHNOLOGY

Online Workbook

VIDEO PROGRAM

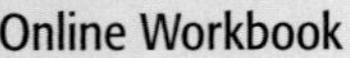

VIDEO DVD

Leçon 8

Tu es sorti?

Total time: 1:52 min.
DVD Disk 1
Videotape 1 (Counter: 28:21 min.)

Looking ahead Students will encounter reflexive verbs formally in Lesson 19. Help them understand:

M. Duval s'impatiente *(is getting impatient).*
Ne te fâche pas *(don't get angry).*

LEÇON 8

VIDÉO-SCÈNE

VIDÉO DVD AUDIO

Tu es sorti?

Dans l'épisode précédent, Pierre est allé au cinéma avec Armelle. Après le film, ils sont allés dans un café où ils ont rencontré Corinne. Corinne a donné quelque chose à Pierre.

Il est maintenant sept heures et demie. Les Duval sont prêts à dîner, mais Pierre n'est pas rentré.

Monsieur Duval s'impatiente un peu.

Tu sais où est Pierre?
Mais oui, il est sorti ...

Il est sorti, il est sorti ... Mais il sort tout le temps en ce moment ... Quand est-ce qu'il est parti?
Je ne sais pas, moi ... Vers deux heures ...
Il est parti à deux heures et il n'est pas encore rentré!?
Ne te fâche pas, Jacques! C'est samedi aujourd'hui ...

À ce moment, la porte s'ouvre. C'est Pierre qui rentre.

Tiens, le voilà!

Cross-cultural understanding

Have students discuss similarities and differences in parental attitudes in France and the United States.

Are family dinner hours the same or different?

Would their parents get angry if they were gone between 2:00 and 7:30 P.M. on a Saturday?

Is their parents' concern about homework the same or different?

M. Duval n'est pas très content. Il veut savoir où est allé Pierre.
Alors, tu es sorti, comme ça?
Eh ben, oui ... Je suis allé au ciné avec Armelle.
Tu es allé au cinéma? C'est bien joli, ça, mais je parie que tu as oublié ton examen!
Quel examen?
Eh bien, ton examen de maths!

Mais non, Papa. C'est toi qui as oublié! Tu sais bien que je l'ai passé la semaine dernière et que j'ai eu la meilleure note de la classe.

Ah oui, c'est vrai.

On a rencontré Corinne. Regarde ce qu'elle m'a donné!
C'est marrant!

Monsieur Duval a retrouvé sa bonne humeur ... La famille passe à la salle à manger pour le dîner.
Bon! Passons à table!
FIN

Compréhension

1. Où se passe la scène?
2. Pourquoi M. Duval est-il impatient?
3. Qu'est-ce qu'il demande à sa femme?
4. Qu'est-ce qu'il demande à Pierre?
5. Que répond Pierre?
6. Qu'est-ce qu'il montre à son père?
7. Que font Pierre et ses parents après?

Pronunciation **examen** /egzamɛ̃/

Looking ahead The superlative **(la meilleure note)** is presented in Lesson 27.

Compréhension

Answers

1. La scène se passe chez les Duval.
2. Monsieur Duval est impatient parce que Pierre n'est pas encore rentré.
3. Il demande quand Pierre est parti.
4. Il demande à Pierre s'il a oublié son examen de maths.
5. Pierre répond qu'il a passé l'examen la semaine dernière et qu'il a eu la meilleure note de la classe.
6. Il montre le crocodile à son père.
7. Après, ils passent à la salle à manger.

SECTION A

Communicative function
Talking about the past

Teaching Resource Options

PRINT 

Workbook PE, pp. 67–72
Unit 2 Resource Book
Communipak, pp. 152–173
Workbook TE, pp. 113–118

TECHNOLOGY  

Power Presentations

New material Verbs conjugated like **sortir** and **partir**

Teaching notes

- Point out that in the passé composé, the past participles **sorti** and **parti** agree with the subject.
- Be sure students notice that in the passé composé the verb **dormir** (as well as the verbs listed below) is conjugated with **avoir.**

Supplementary vocabulary

Others verbs like **dormir:**
mentir *to lie, to tell lies*
sentir *to feel, to smell*
servir *to serve*

 **COMMUNICATION** answering personal questions

Answers will vary.

1. En général, je pars à l'école à (sept heures et demie).
2. Ce matin, je suis parti(e) à (huit heures moins vingt).
3. En général, mes parents partent de la maison avant (après) moi.
4. Oui, je vais partir en vacances cet été. Je vais partir en France (au Canada, dans le Maine). (Non, je ne vais pas partir en vacances cet été.)
5. Oui, je suis parti(e) en vacances l'été dernier. Je suis allé(e) en Espagne (à la campagne, au Mexique). (Non, je ne suis pas parti[e] en vacances l'été dernier.)
6. Oui, je sors souvent le week-end. Je sors avec (mon copain). (Non, je ne sors pas souvent le week-end.)
7. Oui, je suis sorti(e) le week-end dernier. Je suis allé(e) (au concert). (Non, je ne suis pas sorti[e] le week-end dernier.)
8. Oui, en général, je dors bien. Je dors (huit heures). (Non, en général, je ne dors pas bien. Je dors [six heures].)
9. La nuit dernière, j'ai dormi (sept heures).

If students ask Point out the difference between:

partir à *to leave for*
Papa **part à** son bureau à 7 heures.

partir de *to leave (from)*
Je **pars de** la maison à 7 heures 30.

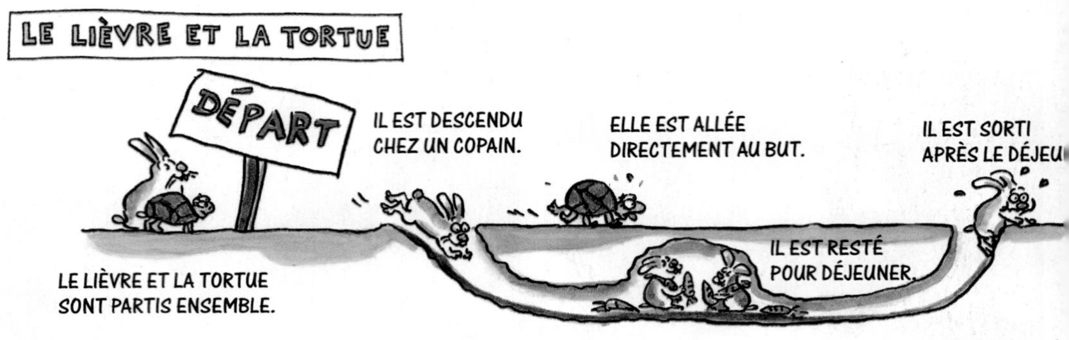

LE LIÈVRE ET LA TORTUE
DÉPART
LE LIÈVRE ET LA TORTUE SONT PARTIS ENSEMBLE.
IL EST DESCENDU CHEZ UN COPAIN.
ELLE EST ALLÉE DIRECTEMENT AU BUT.
IL EST RESTÉ POUR DÉJEUNER.
IL EST SORTI APRÈS LE DÉJEU

A Les verbes comme *sortir* et *partir*

A few verbs ending in **-ir** are conjugated like **sortir** *(to go out, get out)* and **partir** *(to leave)*.

INFINITIVE	sortir	partir	ENDINGS
PRESENT	Je **sors** avec un ami.	Je **pars** à midi.	-s
	Tu **sors** demain soir?	Tu **pars** dimanche?	-s
	Éric **sort** avec Sophie.	Il/Elle/On **part** dans une heure.	-t
	Nous **sortons** ce soir.	Nous **partons** en voiture.	-ons
	Vous **sortez** souvent?	Vous **partez** en vacances?	-ez
	Ils/Elles **sortent** samedi.	Ils/Elles **partent** en juillet.	-ent
PASSÉ COMPOSÉ	Je **suis sorti(e).**	Je **suis parti(e).**	

→ The passé composé of **sortir** and **partir** is formed with **être.**

→ **Dormir** *(to sleep)* follows the same pattern. However, its passé composé is formed with **avoir.**

PRESENT	je **dors**	nous **dormons**
	tu **dors**	vous **dormez**
	il/elle/on **dort**	ils/elles **dorment**
PASSÉ COMPOSÉ	j'ai **dormi**	

1 *Questions personnelles* PARLER/ÉCRIRE

1. En général, à quelle heure est-ce que tu pars à l'école?
2. À quelle heure est-ce que tu es parti(e) ce matin?
3. En général, est-ce que tes parents partent de la maison avant ou après toi?
4. Est-ce que tu vas partir en vacances cet été? Où vas-tu aller?
5. Est-ce que tu es parti(e) en vacances l'été dernier? Où es-tu allé(e)?
6. Est-ce que tu sors souvent le week-end? Avec qui?
7. Est-ce que tu es sorti(e) le week-end dernier? Où es-tu allé(e)?
8. En général, est-ce que tu dors bien? Combien d'heures dors-tu?
9. Combien d'heures as-tu dormi la nuit dernière?

LANGUAGE NOTE Present tense stems

Point out that in the present, verbs of this type have two stems.
singular stem: **sor-, par-, dor-**
plural stem: **sort-, part-, dorm-**
Note: The plural stem is the infinitive minus **-ir**.

You may also wish to have your students conjugate the present tense forms of **mentir, sentir,** and **servir.**

SECTION B

Communicative function
Talking about the past

IL EST MONTÉ DANS UN ARBRE
POUR VOIR OÙ ÉTAIT LA TORTUE.

ELLE EST PASSÉE DEVANT
L'ARBRE AVANT LE LIÈVRE.

LE LIÈVRE
EST ARRIVÉ
LE DERNIER.

ARRIVÉE

LA TORTUE EST ARRIVÉE
LA PREMIÈRE.

B Le passé composé avec *être*

Review passé composé with **être**

Note the forms of the passé composé in the following sentences:

Olivier **est allé** au cinéma.	*Olivier **went** to the movies.*
Laure **est sortie** avec un copain.	*Laure **went out** with a friend.*
Claire et Hélène **ne sont pas parties** à la campagne.	*Claire and Hélène **did not leave** for the country.*

The passé composé of certain verbs of motion like **aller, sortir,** and **partir** is formed according to the pattern:

PRESENT of **être** (affirmative or negative) + PAST PARTICIPLE

→ When the passé composé is formed with **être**, the past participle agrees with the subject.

Claire et Hélène ne sont pas parties à la campagne.

2 *Qui est sorti?*

PARLER/ÉCRIRE Dites qui est sorti et qui n'est pas sorti ce week-end.

▶ Charlotte a vu un film à la télé.
Elle n'est pas sortie.

1. Nous avons étudié.
2. Michèle et Monique ont dîné au restaurant.
3. Vous avez fait une promenade à vélo.
4. Jacqueline a fait du baby-sitting.
5. Monsieur Dupont a travaillé dans le jardin.
6. Tu as vu un copain au café.
7. J'ai organisé une soirée chez moi.
8. François et Vincent sont allés au ciné.
9. Vous avez dormi.
10. Les voisins ont fait un pique-nique.

2 COMPREHENSION saying who went out last weekend

1. Nous ne sommes pas sorti(e)s.
2. Elles sont sorties.
3. Vous êtes sorti(e)(s).
4. Elle n'est pas sortie.
5. Il n'est pas sorti.
6. Tu es sorti(e).
7. Je ne suis pas sorti(e).
8. Ils sont sortis.
9. Vous n'êtes pas sorti(e)(s).
10. Ils sont sortis.

COMPREHENSION Destinations and arrival times REVIEW

PROPS: Map (or transparency) of France, clock with movable hands

Imagine that the class is visiting France.

Je suis allé(e) à Dijon. [point to Dijon]
Je suis arrivé(e) à midi. [move clock to 12]

Have pairs of students come up to show where they went and when they arrived.

X et Y, vous êtes allé(e)s à Dijon.
Vous êtes arrivé(e)s à 2h35.
Venez nous montrer la ville et l'heure.

Teaching Resource Options

PRINT 

Workbook PE, pp. 67–72
Unit 2 Resource Book
Communipak, pp. 152–173
Workbook TE, pp. 113–118

AUDIO & VISUAL

Overhead Transparencies
25 *Les verbes conjugués avec* **être**
4a *Paris*

Looking ahead In Level Three students will learn that some of these verbs can be used both transitively (+ direct object) and intransitively (with no direct object). When used transitively, they are always conjugated with **avoir:**

Paul **a monté** les valises.
Nous **avons passé** un examen hier.

Language note **Entrer** may also be followed by:

à Elle **est entrée à** l'hôtel.
chez Qui **est entré chez** moi?

If students ask **Rentrer** and **revenir** mean *to return* in the sense of *to come back.* However, *to return an object* is expressed by **rendre:**

Je dois **rendre** ces livres à la bibliothèque.

Teaching note Be sure students note that the past participles of **venir, revenir,** and **devenir** end in **-u** (not **-i**).

Supplementary vocabulary

You may wish to present the following passé composé expressions with **être:**

être né
Annie **est née** à Montréal.
*Annie **was born** in Montreal.*

être mort
Ma tante **est morte** en 1995.
*My aunt **died** in 1995.*

VOCABULAIRE Les verbes conjugués avec *être*

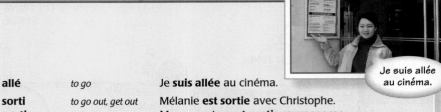

aller	**allé**	*to go*	Je **suis allée** au cinéma.
sortir	**sorti**	*to go out, get out*	Mélanie **est sortie** avec Christophe.
partir	**parti**	*to leave*	Mes parents **sont partis** en vacances.
arriver	**arrivé**	*to arrive*	Vous **êtes arrivés** à midi.
entrer	**entré**	*to enter, come in*	Nous **sommes entrés** dans le café.
rentrer	**rentré**	*to return, go home, get back*	Nous **sommes rentrés** lundi.
retourner	**retourné**	*to return*	Léa **est retournée** à Paris.
monter	**monté**	*to go up*	Alice **est montée** dans sa chambre.
		to get on	Les touristes **sont montés** dans le bus.
descendre	**descendu**	*to go down*	Anne **est descendue** dans la cave *(cellar)*.
		to get off	Je **suis descendu** de l'avion à Nice.
passer	**passé**	*to pass, go by*	Cécile **est passée** par *(by)* le parc.
rester	**resté**	*to stay*	Les touristes **sont restés** à l'hôtel.
tomber	**tombé**	*to fall*	L'enfant **est tombé** dans la rue.
venir	**venu**	*to come*	Quand est-ce que vous **êtes venus**?
revenir	**revenu**	*to come back*	Paul **est revenu** hier.
devenir	**devenu**	*to become*	Christine **est devenue** très pâle.

→ Note how **entrer** is used with a PREPOSITION in French.

Nous **sommes entrés**	**dans**	le restaurant.
*We **entered***	–	*the restaurant.*

→ When **passer** means *to spend (time)*, it is conjugated with **avoir**.
J'**ai passé** une semaine à Lyon. *I **spent** a week in Lyon.*

→ The verb **arriver** may also mean *to happen* as in the following expression:
Qu'est-ce qui est arrivé? *What happened?*

3 Un week-end à Paris

PARLER/ÉCRIRE Des copains ont passé un week-end à Paris. Dites ce que chacun a fait.

1. nous / arriver à Paris à neuf heures
2. mes copains / monter à la Tour Eiffel
3. Catherine / descendre dans le métro
4. vous / passer par l'Arc de Triomphe
5. Éric / rester une heure dans un café
6. Nathalie / venir au Musée d'Orsay avec nous
7. Isabelle et Christine / sortir avec des copains
8. moi / retourner à l'hôtel en taxi
9. nous / partir dimanche soir
10. Léa et Zoé / rentrer chez elles

TEACHING NOTE Être verbs

Use **Transparency 25** to practice **être** verbs with a series of related sentences and accompanying gestures. (Note that **devenir** is not included on the transparency.) Have students perform the gestures as you say the sentences. For example:

Ce matin, je suis allé(e) au stade. (walking)
Je suis arrivé(e). (stop walking)
Je suis entré(e). (opening door)
Je suis resté(e) là-bas trois heures. (sit down, mime watching game)
Je suis sorti(e) du stade. (waving backwards)
Je suis rentré(e) à la maison. (waving hello)

4 *Oui ou non?*

PARLER/ÉCRIRE Lisez ce que les personnes ont fait et dites si oui ou non elles ont fait les choses entre parenthèses.

▶ Nous avons fait une promenade. (rester à la maison?)

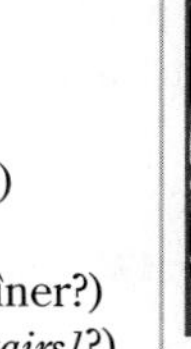

1. Philippe a travaillé l'été dernier. (partir en vacances?)
2. Claire est restée chez elle. (sortir?)
3. Les touristes ont pris un taxi. (arriver à l'heure à l'aéroport?)
4. Ma cousine a eu la grippe *(flu)*. (venir chez nous?)
5. Vous avez rendu *(returned)* les livres. (passer à la bibliothèque?)
6. Mes copains ont raté *(missed)* le dernier bus. (rentrer à pied?)
7. Jean-François est resté dans sa chambre. (descendre pour le dîner?)
8. Ma grand-mère a eu un accident. (tomber dans les escaliers *[stairs]*?)

5 *Un séjour à Paris*

LIRE/ÉCRIRE Béatrice a visité Paris. Dans son agenda elle a pris quelques notes. Regardez bien ses notes et répondez aux questions.

mercredi 18 juin	arrivée-gare de Lyon, 8h30 hôtel Esmeralda visite du Louvre dîner à l'Hippopotame
jeudi 19 juin	matin: visite du musée Picasso midi: rendez-vous avec Claudine cinéma soir: dîner chez Claudine
vendredi 20 juin	matin: Tour Eiffel après-midi: Bon Marché pantalon, 2 chemises (60 euros) soir: dîner avec Marc, discothèque
samedi 21 juin	départ-aéroport d'Orly 11h15

1. Quel jour est-ce que Béatrice est arrivée à Paris?
2. Quel jour est-ce qu'elle est partie de Paris?
3. Combien de temps est-elle restée?
4. Comment est-elle arrivée à Paris?
5. Comment est-elle partie?
6. Dans quel hôtel est-elle restée?
7. Quel jour est-ce qu'elle est montée à la Tour Eiffel?
8. Quel jour est-ce qu'elle a visité le Louvre? Quel autre *(other)* musée a-t-elle visité?
9. Quel jour est-ce qu'elle a fait des achats? Où est-elle allée? Qu'est-ce qu'elle a acheté? Combien d'argent a-t-elle dépensé?
10. Où a-t-elle dîné le premier jour?
11. Avec qui a-t-elle dîné le deuxième jour?
12. Quand est-ce qu'elle a dîné avec Marc? Qu'est-ce qu'ils ont fait après?

6  *Conversation*

PARLER Demandez à vos camarades si oui ou non ils ont fait les choses suivantes.

(Non, je ne suis pas allée au Japon.)

▶ aller au Japon

1. aller au Tibet
2. visiter Beijing
3. monter dans un hélicoptère
4. faire un voyage en ballon
5. descendre dans un sous-marin *(submarine)*
6. voir les pyramides d'Égypte
7. dîner dans un restaurant japonais
8. sortir avec une personne célèbre *(famous)*

PACING

Challenge Activity Have small groups of students invent an original series of sentences/gestures and teach them to the rest of the class.

In Act. 5–9, students will be narrating past events using the passé composé with both **être** and **avoir** verbs. Depending on your time schedule, you may present only three of these activities now and come back to the others at a later time for review.

3 DESCRIPTION saying what people did in Paris

1. Nous sommes arrivés à Paris à neuf heures.
2. Mes copains sont montés à la Tour Eiffel.
3. Catherine est descendue dans le métro.
4. Vous êtes passé(e)(s) par l'Arc de Triomphe.
5. Éric est resté une heure dans un café.
6. Nathalie est venue au Musée d'Orsay avec nous.
7. Isabelle et Christine sont sorties avec des copains.
8. Je suis retourné(e) à l'hôtel en taxi.
9. Nous sommes partis dimanche soir.
10. Léa et Zoé sont rentrées chez elles.

4 COMPREHENSION drawing logical conclusions about past events

1. Il n'est pas parti en vacances.
2. Claire n'est pas sortie.
3. Ils sont arrivés à l'heure à l'aéroport. (Ils ne sont pas arrivés à l'heure à l'aéroport.)
4. Elle n'est pas venue chez nous.
5. Vous êtes passé(e)(s) à la bibliothèque.
6. Ils sont rentrés à pied.
7. Il n'est pas descendu pour le dîner.
8. Elle est tombée dans les escaliers.

5 COMPREHENSION describing a visit to Paris

1. Elle est arrivée à Paris mercredi (le 18 juin).
2. Elle est partie de Paris samedi (le 21 juin).
3. Elle est restée quatre jours à Paris.
4. Elle est arrivée en train.
5. Elle est partie en avion.
6. Elle est restée à l'hôtel Esmeralda.
7. Elle est montée à la Tour Eiffel vendredi (le 20 juin).
8. Elle a visité le Louvre mercredi (le 18 juin). Elle a visité le Musée Picasso.
9. Elle a fait des achats vendredi (le 20 juin). Elle est allée au Bon Marché. Elle a acheté un pantalon et deux chemises. Elle a dépensé 60 euros.
10. Le premier jour, elle a dîné à l'Hippopotame.
11. Le deuxième jour, elle a dîné avec Claudine.
12. Elle a dîné avec Marc vendredi (le 20 juin). Ils sont allés à la discothèque.

6 EXCHANGES finding out about the backgrounds of one's classmates

Answers will vary.

1. –Est-ce que tu es allé(e) au Tibet?
   –Oui (Non), je (ne) suis (pas) allé(e) au Tibet.
2. tu as visité/j'ai visité
3. tu es monté(e)/je suis monté(e)
4. tu as fait/j'ai fait
5. tu es descendu(e)/je suis descendu(e)
6. tu as vu/j'ai vu
7. tu as dîné/j'ai dîné
8. tu es sorti(e)/je suis sorti(e)

Variation (with **ne ... jamais**):
Non, je ne suis jamais allé(e) au Japon.

Teaching Resource Options

PRINT 

Workbook PE, pp. 67–72
Unit 2 Resource Book
- Audioscript, p. 142
- Communipak, pp. 152–173
- Family Involvement, pp. 131–132
- Workbook TE, pp. 113–118

Assessment
- Lesson 8 Quiz, pp. 148–149
- Portfolio Assessment, Reprise/Unit 1 URB, pp. 235–244
- Audioscript for Quiz 8, p. 147
- Answer Keys, pp. 222–225

AUDIO & VISUAL 

Audio Program
CD 2 Track 10
CD 16 Track 4

Overhead Transparencies
19 *Activités du week-end*

TECHNOLOGY 

Power Presentations
Test Generator CD-ROM/McDougal Littell Assessment System

7 DESCRIPTION describing what people did on July 14th

1. Vous avez regardé le défilé.
2. Zoé est passée sur les Champs-Élysées.
3. Nous avons vu le feu d'artifice.
4. Marc a écouté la musique militaire.
5. Mes amies sont montées à la Tour Eiffel.
6. Vous êtes allé(e)(s) au concert public.
7. Tu as retrouvé tes copains.
8. Nous sommes sorti(e)s avec nos cousins.
9. Éric et Léa ont dansé dans la rue.
10. Je suis rentré(e) très tard.

8 ROLE PLAY talking about past events

1. –Qu'est-ce que tu as fait hier après-midi?
   –Je suis allé(e) en ville.
   –Tu as fait des achats?
   –Non, j'ai vu un film.
2. Je suis resté(e)/Tu as regardé/j'ai fait
3. Je suis allé(e)/Tu es rentré(e)/j'ai pris
4. Je suis parti(e)/Tu es allé(e)/j'ai fait
5. J'ai visité/Tu es monté(e)/j'ai eu
6. Je suis allé(e)/Tu es descendu(e)/j'ai été

9 DESCRIPTION writing about past events

Le week-end dernier, je suis allée chez ma cousine Nathalie qui habite à Versailles. Nous avons joué au ping-pong, et après, nous sommes sorties. Nous avons pris le bus et nous sommes allées en ville pour faire des achats. Nous avons rencontré des copains et nous sommes allées au café avec eux. Nous sommes restés une heure là-bas. Après, nous sommes partis et nous sommes allés dans un restaurant italien où nous avons mangé une excellente pizza. Ensuite, nous sommes allés au cinéma où nous avons vu un western. Nathalie est restée en ville, mais moi, j'ai pris le bus et je suis rentrée chez moi.

7 Le 14 juillet

PARLER/ÉCRIRE Dites ce que ces personnes ont fait pour la fête nationale (le 14 juillet).

1. vous / regarder le défilé *(parade)*
2. Zoé / passer sur les Champs-Élysées
3. nous / voir le feu d'artifice *(fireworks)*
4. Marc / écouter la musique militaire
5. mes amies / monter à la Tour Eiffel
6. vous / aller au concert public
7. toi / retrouver tes copains
8. nous / sortir avec nos cousins
9. Éric et Léa / danser dans la rue
10. moi / rentrer très tard

8 Qu'est-ce que tu as fait?

PARLER Composez des dialogues en faisant les substitutions suggérées.

Qu'est-ce que tu as fait samedi soir?
Je suis sorti.
Tu es allé au ciné?
Non, j'ai dîné avec un copain.

1. • hier après-midi • aller en ville • faire des achats? • voir un film
2. • hier soir • rester chez moi • regarder la télé? • faire mes devoirs
3. • dimanche matin • aller chez ma grand-mère • rentrer en bus? • prendre un taxi
4. • le week-end dernier • partir à la campagne • aller à la pêche? • faire un pique-nique
5. • l'été dernier • visiter Paris • monter à la Tour Eiffel? • avoir le vertige *(feel dizzy)*
6. • pendant les vacances • aller dans l'Arizona • descendre dans le Grand Canyon? • être trop fatigué(e)

9 Une lettre

PARLER/ÉCRIRE Complétez la lettre de Véronique à Frédéric avec le passé composé des verbes suggérés.

Cher Frédéric,
Le week-end dernier, je (aller) chez ma cousine Nathalie qui habite à Versailles. Nous (jouer) au ping-pong et après, nous (sortir). Nous (prendre) le bus et nous (aller) en ville pour faire des achats. Nous (rencontrer) des copains et nous (aller) au café avec eux. Nous (rester) une heure là-bas. Après, nous (partir) et nous (aller) dans un restaurant italien où nous (manger) une excellente pizza. Ensuite, nous (aller) au cinéma où nous (voir) un western. Nathalie (rester) en ville, mais moi, je (prendre) le train et je (rentrer) chez moi.

Je t'embrasse,
Véronique

Maintenant composez une lettre où vous décrivez votre week-end.

EXPANSION Activity 8

- **Variation** Have groups prepare similar dialogues using **vous** and **nous.**
- **Teaching tip** Have students work in pairs. S1 identifies with a person on **Transparency 19.** S2 asks where he/she went and what he/she did.

INCLUSION

Cumulative, Gifted & Talented Have students write a short story in which they must use all of the verbs that are conjugated with **être** in the passé composé. Once they have written their stories, they will work with a partner to peer edit them. They will then act out the stories, either by themselves or using puppets.

C L'expression *il y a*

Note the use of **il y a** *(ago)* in the following sentences.

Marc a téléphoné **il y a une heure.**	*Marc called **an hour ago.***
Je suis allé à Paris **il y a six mois.**	*I went to Paris **six months ago.***

To express how long ago a certain event took place, the French use the expression:

il y a + ELAPSED TIME

10 Quand?

Nicolas a acheté un chien il y a un mois.

PARLER/ÉCRIRE Dites quand les personnes suivantes ont fait certaines choses.

▶ Nicolas / acheter un chien / un mois

1. Annette / téléphoner / une semaine
2. Isabelle / organiser une soirée / dix jours
3. Pauline / partir en Italie / deux jours
4. Christine / téléphoner / deux heures
5. Thomas / rentrer de Québec / cinq jours
6. Jérôme / venir / deux jours

À votre tour!

OBJECTIFS
Now you can ...
- talk about weekend events
- write mini-stories

1 Situation: Lundi matin

PARLER It is Monday morning. With your partner, talk about what you both did last weekend.

You may ask each other ...:
- if you went out Saturday night
- where you went and what you did
- at what time you came home
- if you stayed home on Sunday (if not, where you went and what you did)

2 Racontez une histoire

ÉCRIRE Choisissez l'une des histoires suivantes. Utilisez votre imagination et complétez cette histoire. Ajoutez un minimum de cinq phrases.

- Dimanche dernier, je ne suis pas resté(e) chez moi. J'ai pris le bus et je suis allé(e) en ville. Dans la rue, j'ai rencontré Philippe, mon copain français. Nous sommes allés dans un café. Ensuite, ...
- Le week-end dernier, j'ai été invité(e) par mes cousins qui habitent à la campagne. Je suis arrivé(e) chez eux vendredi soir. Samedi matin, nous ...
- La nuit dernière, j'ai entendu un bruit *(noise)* très très étrange. Je suis sorti(e) de mon lit. J'ai mis mes vêtements. Ensuite, ...
- L'été dernier, mes parents ont acheté une caravane *(camping trailer)*. Alors, évidemment nous ne sommes pas restés chez nous. Nous avons fait un grand voyage. Nous sommes partis le ... et nous ...

GROUP WRITING PRACTICE

Divide the class into groups of four to six students. Assign each group a story from Act. 2 to complete.

Once the assignment is completed, each group will elect a spokesperson **(un porte-parole)** who will read the story aloud.

PORTFOLIO ASSESSMENT

You will probably choose only one oral and one written activity to go into the students' portfolios for Unit 2. The following **À votre tour!** activities are good portfolio topics:

ORAL: Activity 1
WRITTEN: Activity 2

SECTION C

Communicative function
Expressing how long ago things happened

New material **il y a** + elapsed time

10 DESCRIPTION saying when past actions occurred

1. Annette a téléphoné il y a une semaine.
2. Isabelle a organisé une soirée il y a dix jours.
3. Pauline est partie en Italie il y a deux jours.
4. Christine a téléphoné il y a deux heures.
5. Thomas est rentré de Québec il y a cinq jours.
6. Jérôme est venu il y a deux jours.

Activité supplémentaire Choisissez un événement important de votre vie et dites quand cet événement a eu lieu. Utilisez l'expression **il y a.**

J'ai visité Washington il y a six mois.

À VOTRE TOUR!

1 GUIDED CONVERSATION discussing weekend activities

Answers will vary.
–Est-ce que tu es sorti(e) samedi soir?
–Oui, je suis sorti(e) samedi soir. (Non, je ne suis pas sorti[e] samedi soir.)
–Où es-tu allé(e) et qu'est-ce que tu as fait?
–Je suis allé(e) (au cinéma) et j'ai (vu un film).
–À quelle heure es-tu rentré(e) chez toi?
–Je suis rentré(e) chez moi (à dix heures).
–Est-ce que tu es resté(e) chez toi dimanche?
–Oui, je suis resté(e) chez moi dimanche. (Non, je ne suis pas resté(e) chez moi. J'ai rendu visite à mon copain. Nous avons joué au basket.)

2 CREATIVE WRITING telling a story

Answers will vary.
- Ensuite, je suis allé[e] au cinéma. Philippe est rentré chez lui pour étudier. J'ai vu un film ennuyeux. Je suis sorti[e] du cinéma avant la fin du film. J'ai acheté un magazine et j'ai pris le bus pour rentrer chez moi.
- Samedi matin, nous avons préparé des sandwichs et des boissons. Nous sommes partis à vélo. Nous avons fait un tour dans la campagne. À midi, nous avons fait un pique-nique près d'un lac. Ensuite, nous avons nagé dans le lac.
- Ensuite, je suis descendu[e] au rez-de-chaussée. J'ai écouté et j'ai entendu ce bruit. J'ai eu peur. J'ai allumé la lumière et j'ai compris la solution du mystère: la porte n'était pas fermée.
- Nous sommes partis le 3 juillet et nous sommes allés dans le Vermont. Nous avons fait du camping près d'une ferme. Nous avons vu beaucoup d'animaux. Les gens de la ferme ont été très gentils. Ensuite, le 10 juillet, nous sommes partis et nous sommes allés au Canada, près de Québec. Là, nous avons visité la ville. Nous avons parlé français tout le temps. Nous sommes restés là-bas cinq jours. Puis nous sommes rentrés chez nous.

LECTURE

Ici tout va bien!

Objectives

- Reading for pleasure
- Reading for information

Monsieur Petit travaille pour une compagnie internationale. Dans son travail, il voyage beaucoup. Cette année, il est allé au Canada. Il est resté deux mois là-bas. Sa femme est allée avec lui, mais leur fils Antoine, 18 ans, est resté à la maison. Un jour ils ont reçu° la lettre suivante.

ont reçu *received*

Chers parents,

J'espère que votre voyage est agréable. Ici tout va bien. Samedi dernier je suis allé déjeuner chez ma nouvelle copine, Véronique, et ensuite nous sommes sortis. Véronique et sa soeur Annick sont venues à la maison. Je leur ai proposé de faire une promenade dans votre nouvelle voiture. (J'ai trouvé les clés sur le bureau de Papa.) Nous sommes d'abord allés à la campagne. Ensuite, nous sommes allés au restaurant. Après, nous sommes allés écouter du jazz dans un club. Finalement, à minuit, j'ai raccompagné Véronique et Annick chez elles.

PRE-READING ACTIVITY

Have students read the title: **Ici tout va bien!** *(Here everything's fine!)*

Then have them look at the illustration. Does it fit with the title? What kind of news do they think the letter will contain?

J'ai eu un petit problème avec la voiture, mais heureusement ce n'est pas très grave. Voilà ce qui s'est passé.° Quand je suis arrivé chez Véronique, sa sœur a crié: « Attention, il y a un chat! » J'ai vu le chat, mais je n'ai pas vu le mur. Alors, BANG, je suis rentré dans le mur de la maison de Véronique. Rassurez-vous, nous sommes sortis indemnes° de cet accident. C'est l'essentiel, n'est-ce pas?

Je vous embrasse et je vous attends avec impatience.

Antoine

P.S. Les parents de Véronique ne sont pas très contents. Ils vous attendent aussi avec impatience.

ce qui s'est passé *what happened* **sommes sortis indemnes** *came out OK*

Mots utiles

heureusement	*fortunately*	Heureusement, Antoine n'a pas fait de mal *(did not hurt)* au chat.
maleureusement	*unfortunately*	Malheureusement, il est rentré dans le mur.

Vrai ou faux?

1. Les parents d'Antoine sont au Canada.
2. La nouvelle copine d'Antoine s'appelle Annick.
3. Le père d'Antoine a une nouvelle voiture.
4. Antoine, Véronique et Annick sont sortis samedi soir.
5. Ils sont rentrés à onze heures.
6. Avec la voiture, Antoine est rentré dans un arbre.
7. Les jeunes sont sortis indemnes de l'accident.
8. La voiture est sortie indemne de l'accident.

Pronunciation **indemne** /ɛ̃dɛm/

Observation activity Have students reread the letter, finding examples of verbs in the passé composé.

Which ones are formed with **être**?
- je suis allé
- nous sommes sortis (twice)
- (elles) sont venues
- nous sommes allés (3 times)
- ce qui s'est passé
- je suis arrivé
- je suis rentré

Note the forms of the past participles for these verbs.

Looking ahead Formation of adverbs is introduced in Lesson 26.

Vrai ou faux?

Answers
1. C'est vrai!
2. C'est faux!
3. C'est vrai!
4. C'est vrai!
5. C'est faux!
6. C'est faux!
7. C'est vrai!
8. C'est faux!

POST-READING PAIR ACTIVITIES

- Imaginez la conversation entre Monsieur et Madame Petit quand ils ont lu *(read)* la lettre d'Antoine.
- Monsieur (ou Madame) Petit décide de téléphoner immédiatement à Antoine. Imaginez la conversation.

TESTS DE CONTRÔLE

Teaching Resource Options

PRINT 

Unit 2 Resource Book

Assessment
Unit 2 Test, pp. 189–198
Portfolio Assessment, Reprise/Unit 1 URB, pp. 235–244
Multiple Choice Test Items, pp. 211–215
Listening Comprehension Performance Test, pp. 199–200
Reading Comprehension Performance Test, pp. 205–207
Speaking Performance Test, pp. 201–204
Writing Performance Test, pp. 208–210
Test Scoring Tools, pp. 216–217
Audioscript for Tests, pp. 218–221
Answer Keys, pp. 222–225

AUDIO & VISUAL 

Audio Program
CD 16 Tracks 5–9

TECHNOLOGY 

Test Generator CD-ROM/McDougal Littell Assessment System

1 COMPREHENSION choosing the right word

1. Elle fait des achats.
2. Je vais sortir.
3. Elle aime bronzer.
4. Cet après-midi, je vais ranger ma chambre.
5. Il va en ville à pied.
6. Au stade, nous avons assisté à un bon match.
7. Julie achète un billet de métro.
8. Nous allons partir samedi et rentrer dimanche.
9. Regarde l'oiseau dans l'arbre.
10. Dans cette rivière, il y a beaucoup de poissons.

2 COMPREHENSION choosing the right verb

1. Il comprend l'arabe.
2. Avant le dîner, on met la table.
3. Il dort.
4. Le bus part dans dix minutes.
5. Je suis tombé de vélo.
6. Claire est rentrée chez elle à dix heures.

Tests de contrôle

By taking the following tests, you can check your progress in French and also prepare for the unit test. Write your answers on a separate sheet of paper.

Review...
- vocabulary: pp. 102, 104, 106

1 Le choix logique

Complete each of the following sentences with the option that logically fits.

1. Julie est en ville. Elle fait — . **(des achats / ses devoirs / la vaisse**
2. Ce soir, je ne vais pas rester à la maison. Je vais — . **(étudier / sortir / aider ma mère)**
3. Léa prend un bain de soleil. Elle aime — . **(bronzer / nager / laver sa voiture)**
4. Cet après-midi, je vais — ma chambre. **(chercher / ranger / laver)**
5. Patrick aime marcher. Il va en ville — . **(en bus / en métro / à pied)**
6. Au stade, nous avons — à un bon match. **(assisté / regardé / écouté)**
7. Julie achète un — de métro. **(billet / arbre / champ)**
8. Nous allons — samedi et rentrer dimanche. **(partir / aller / rester)**
9. Regarde — dans l'arbre. **(le lapin / la vache / l'oiseau)**
10. Dans cette rivière, il y a beaucoup de — . **(fleurs / feuilles / poissons)**

Review...
- verbs: pp. 116, 132, 134

2 Le verbe logique

Complete each of the following sentences with the appropriate option.

1. Luc habite en Égypte. Il — l'arabe. **(met / prend / comprend)**
2. Avant le dîner, on — la table. **(met / prend / fait)**
3. Nicolas est dans sa chambre. Il — . **(dort / sort / part)**
4. Le bus — dans dix minutes. **(sort / part / va)**
5. J'ai eu un accident. Je suis — de vélo. **(tombé / venu / monté)**
6. Claire est — chez elle à dix heures. **(rentrée / sortie / devenue)**

Review...
- passé composé: regular and irregular past participles: pp. 110-111, 123

3 Samedi dernier

Complete the following sentences with the PASSÉ COMPOSÉ of the verbs in parentheses.

1. Nous — à un match. **(assister)**
2. Tu — tes copains. **(attendre)**
3. Vous — vos devoirs. **(finir)**
4. J'— des vêtements. **(choisir)**
5. Mes soeurs — au volley. **(jouer)**
6. Léa — à un mail. **(répondre)**
7. J'— une promenade. **(faire)**
8. Vous — en ville. **(être)**
9. Nous — un film. **(voir)**
10. Tu — des CD. **(mettre)**
11. Alice — un accident. **(avoir)**
12. Marc et Paul — des photos. **(prendre)**

4 Être ou avoir?

Complete the following sentences with the PASSÉ COMPOSÉ of the verbs in parentheses.

1. Pauline — chez elle. Elle — sa chambre. **(rester / ranger)**
2. Nous — Paris. Nous — à la Tour Eiffel. **(visiter / monter)**
3. Isabelle et Céline — des copines. Elles — au cinéma. **(retrouver / aller)**
4. Léa — avec Éric. Ils — dans un restaurant chinois. **(sortir / dîner)**
5. Mes copains — aux jeux vidéo. Après, ils — un film. **(jouer / regarder)**
6. Le train — de Paris à 8 heures. Il — à Marseille à midi 30. **(partir / arriver)**

Review...
- passé composé: pp. 110-111, 133-134

5 Contextes et dialogues

Complete the following dialogues with the appropriate options.

1. *Paul et Léa parlent du week-end.*
   - **P:** Tu fais **(une chose / quelque chose)** ce week-end?
   - **L:** Non, je ne fais **(pas / rien)**.
   - **P:** Est-ce que tu as **(déjà / d'abord)** visité le zoo de Vincennes?
   - **L:** Non, je n'ai **(jamais / rien)** été là-bas.
   - **P:** Allons-y *(Let's go there)* samedi **(prochain / dernier)**.
   - **L:** Bonne idée. **(Dans / Pendant)** la visite, je vais prendre des photos des animaux.
2. *Antoine rencontre Zoé au café.*
   - **A:** Tu attends **(quelqu'un / quelque chose)**?
   - **Z:** Non, je n'attends **(personne / une personne)**.
   - **A:** Tu veux aller voir *Fantômas* au Majestic?
   - **Z:** J'ai **(déjà / souvent)** vu ce film.
   - **A:** Quand?
   - **Z:** **(Depuis / Il y a)** deux jours.
   - **A:** Dommage!

Review...
- expressions and constructions: pp. 112, 115, 124, 126, 137

6 Composition: Un week-end à Paris

Imagine that you won a round-trip ticket for a weekend in Paris. Write a paragraph in which you describe what you did, using the PASSÉ COMPOSÉ.

Mention ...

- how many days you stayed in Paris
- when you left
- what places or monuments you saw
- how you went there (on foot? by subway?)
- where else you went
- whom you met
- what you bought
- which day you came back

STRATEGY Writing

1	2	3
Sketch out your responses in French.	Write your paragraph, using the passé composé.	Read over what you have written, checking spelling and verb forms.

INCLUSION

Cumulative Prepare students for the **Tests de contrôle** with a brief review of the passé composé. Write a chart of the passé composé on the board, and have students explain the structure to you. Then, have them generate verbs that take **être,** and write them on the board.

3 COMPREHENSION forming the passé composé

1. Nous avons assisté à un match.
2. Tu as attendu tes copains.
3. Vous avez fini vos devoirs.
4. J'ai choisi des vêtements.
5. Mes soeurs ont joué au volley.
6. Léa a répondu à un mail.
7. J'ai fait une promenade.
8. Vous avez été en ville.
9. Nous avons vu un film.
10. Tu as mis des CD.
11. Alice a eu un accident.
12. Marc et Paul ont pris des photos.

4 COMPREHENSION using the passé composé

1. Pauline est restée chez elle. Elle a rangé sa chambre.
2. Nous avons visité Paris. Nous sommes monté(e)s à la Tour Eiffel.
3. Isabelle et Céline ont retrouvé des copines. Elles sont allées au cinéma.
4. Léa est sortie avec Éric. Ils ont dîné dans un restaurant chinois.
5. Mes copains ont joué aux jeux vidéo. Après, ils ont regardé un film.
6. Le train est parti de Paris à 8 heures. Il est arrivé à Marseille à midi 30.

5 COMPREHENSION completing a dialogue

1. P: Tu fais quelque chose ce week-end?
   L: Non, je ne fais rien.
   P: Est-ce que tu as déjà visité le zoo de Vincennes?
   L: Non, je n'ai jamais été là-bas.
   P: Allons-y samedi prochain.
   L: Bonne idée! Pendant la visite, je vais prendre des photos des animaux.
2. A: Tu attends quelqu'un?
   Z: Non, je n'attends personne.
   A: Tu veux aller voir *Fantômas* au Majestic?
   Z: J'ai déjà vu ce film.
   A: Quand?
   Z: Il y a deux jours.
   A: Dommage!

6 WRITTEN SELF-EXPRESSION writing about a trip to Paris

L'été dernier, j'ai passé deux jours à Paris. Je suis parti(e) de chez moi le 23 juillet et je suis arrivé(e) à Paris le 24 juillet. J'ai pris le métro. J'ai vu la Tour Eiffel et l'Arc de Triomphe. J'ai fait une promenade aux Champs-Élysées. J'ai rencontré une amie au Bon Marché. Nous avons acheté des vêtements. Je suis rentré(e) chez moi le 25 juillet.

VOCABULAIRE

Language Learning Benchmarks

FUNCTION
- Understand and express important ideas and some detail pp. 118–119, 128–129

CONTEXT
- Converse in face-to-face social interactions pp. 123, 126
- Listen in social interactions pp. 101, 113, 117
- Listen to audio or video texts pp. 100–101, 108–109, 120–121, 130–131
- Use authentic materials when reading
  - –short narratives p. 138
  - –tickets p. 104
  - –brochures p. 105
- Write letters p. 127
- Write short guided compositions pp. 117, 137, 141

TEXT TYPE
- Use and understand learned expressions when speaking and listening pp. 115, 126, 124
- Use and understand questions when speaking and listening pp. 115, 117, 123
- Create simple paragraphs when writing pp. 117, 137, 141
- Understand important ideas and some details in highly contextualized authentic texts when reading pp. 135, 138

CONTENT
- Understand and convey information about
  - –schedules p. 135
  - –leisure activities pp. 103, 135
  - –likes and dislikes p. 103
  - –animals p. 107
  - –transportation p. 105
  - –travel pp. 117, 135

ASSESSMENT
- Show no significant pattern of error when
  - –engaging in conversations pp. 171, 127, 137
  - –providing information pp. 117, 122, 132, 134
- Understand oral and written discourse, with few errors in comprehension, when reading pp. 139, 145, 146, 147, 149

Vocabulaire

POUR COMMUNIQUER

Talking about past events

Qu'est-ce qui est arrivé?	*What happened?*
J'ai attendu mon ami.	*I waited for my friend.*
Il n'est pas venu.	*He didn't come.*

Saying how long ago something happened

Marc a téléphoné il y a une heure.	*Marc phoned an hour ago.*

MOTS ET EXPRESSIONS

En métro

un billet (de métro)	*subway ticket*
un ticket (de métro)	*subway ticket*
monter	*to get on*
descendre	*to get off*

À la campagne

un arbre	*tree*
un champ	*field*
un lac	*lake*
un bain de soleil	*sunbath*
la campagne	*country(side)*
une ferme	*farm*
une feuille	*leaf*
une fleur	*flower*
une forêt	*forest*
une plante	*plant*
une prairie	*prairie*
une rivière	*river*

Les animaux

un canard	*duck*
un cheval (des chevaux)	*horse*
un cochon	*pig*
un écureuil	*squirrel*
un lapin	*rabbit*
un oiseau (des oiseaux)	*bird*
un poisson	*fish*
une poule	*hen*
une vache	*cow*

Verbes réguliers

aider	*to help*
assister à	*to attend*
bronzer	*to get a tan*
chercher	*to look for*
laver	*to wash*
nager	*to swim*
nettoyer (je nettoie)	*to clean*
passer	*to spend (time)*
ranger	*to pick up; to put away*
rencontrer	*to meet*
rentrer	*to come back; to go home*
rester	*to stay*
retrouver	*to meet*
travailler	*to work*

Verbes irréguliers

mettre	*to put, put on*
permettre	*to let, allow, permit*
promettre	*to promise*
partir	*to leave*
sortir	*to go out*
dormir	*to sleep*
prendre	*to take*
apprendre (à)	*to learn*
comprendre	*to understand*
voir	*to see*
aller voir	*to go see*

Expressions avec *aller*

aller à la pêche	*to go fishing*
aller à pied	*to walk*
aller dans les magasins	*to go shopping*

Expressions avec *faire*

faire des achats	*to go shopping*
faire un pique-nique	*to have a picnic*
faire une promenade	*to go for a walk, ride*
faire une randonnée	*to for a hike, long ride*
faire un tour à cheval	*to go for a horseback ride*
faire un tour à pied	*to go for a walk*
faire un tour à vélo	*to go for a bike ride*

Verbes conjugués avec *être*

aller	*to go*
arriver	*to arrive; to happen*
descendre	*to go down; to get off*
devenir	*to become*
entrer	*to enter, come in*
monter	*to go up; to get on*
partir	*to leave*
passer	*to pass, go by*
rentrer	*to return, go home, to get back*
rester	*to stay*
retourner	*to return*
revenir	*to come back*
sortir	*to go out, get out*
tomber	*to fall*
venir	*to come*

Expressions affirmatives et négatives

quelqu'un	*somebody*
quelque chose	*something*
déjà	*already, ever*
ne ... personne	*nobody*
ne ... rien	*nothing*
ne ... jamais	*never*

Expressions de temps

après	*after*
avant	*before*
d'abord	*first*
enfin	*at last*
ensuite	*then*
finalement	*finally*
pendant	*during*
hier	*yesterday*
hier matin	*yesterday morning*
hier soir	*last night, yesterday evening*
l'été dernier	*last summer*
l'année dernière	*last year*
maintenant	*now*
aujourd'hui	*today*
ce matin	*this morning*
ce mois-ci	*this month*
ce soir	*tonight*
demain	*tomorrow*
demain après-midi	*tomorrow afternoon*
lundi prochain	*next Monday*
la semaine prochaine	*next week*

TEST PREP CLASSZONE.COM FLASHCARDS AND MORE!

INTERLUDE 2

Camping de printemps

Objectives

- Reading a longer text for enjoyment
- Vocabulary expansion in context

Teaching Resource Options

PRINT

Workbook PE, pp. 73–82
Activités pour tous PE, pp. 57–59
Unit 2 Resource Book
Activités pour tous TE, pp. 175–177
Workbook TE, pp. 179–188

A. Les préparatifs

Cultural background

For many French young people, camping is an inexpensive way to spend a vacation. Most people go to public campgrounds. Some, however, prefer to find a campsite in an isolated area **(le camping sauvage).** In some areas camping in the wild is now forbidden.

Interlude 2

Camping de printemps

PRE-READING STRATEGY Avant de lire

The title of the reading is easy to understand. This is a story about camping in the springtime. Have you ever been camping? What are some of the things one can enjoy on a camping trip? Can you think of any possible discomforts or problems one might encounter?

As you will see, this is a story about three boys who set out on a peaceful weekend trip only to find some unexpected excitement.

A. Les préparatifs

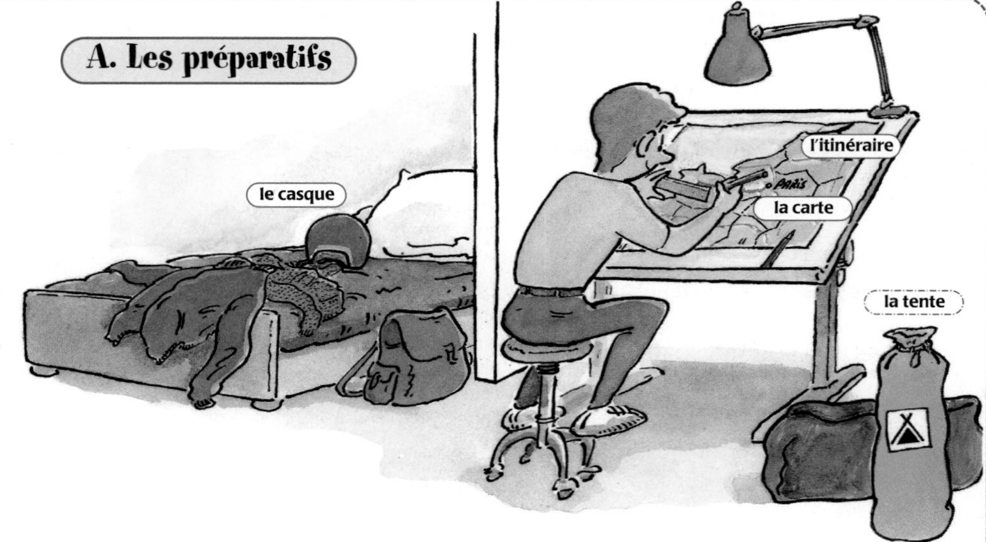

Il a fait très froid ce printemps et Jean-Christophe n'a pas encore° eu l'occasion d'utiliser la tente de camping qu'il a reçue° pour son anniversaire. Finalement, la semaine dernière, la météo° a annoncé du beau temps pour toute la semaine. Jean-Christophe a donc décidé de faire du camping ce week-end. Il a proposé à Vincent et à Thomas, deux copains de lycée, de venir avec lui. Les deux garçons ont accepté avec plaisir l'invitation de Jean-Christophe. Oui, mais où aller?

pas encore *not yet* **a reçue** *received* **météo** *weather report*

Mots utiles

utiliser	*to use*
donc	*therefore, so*
seulement	*only*
puisque	*since*
prêt(e)	*ready*

SETTING THE SCENE

Have students look at the photographs and the map of Normandy on the facing page.

Some facts about this region:

GEOGRAPHY
Shipping Ports: Le Havre, Cherbourg
Atlantic Resorts: Deauville
Agriculture: butter, cheese, apples

HISTORY
- 9th century: arrival of Vikings (Norsemen)
- 1066: the Normans under **Guillaume le Conquérant** invaded England
- 1431: **Jeanne d'Arc** burned at the stake in Rouen
- 16th century: Norman settlers set out for **la Nouvelle-France** (now eastern Canada)
- 1944: Allies landed on Normandy beaches on D-Day **(le Jour J),** June 6, 1944

Giverny

Une maison normande

Vauville

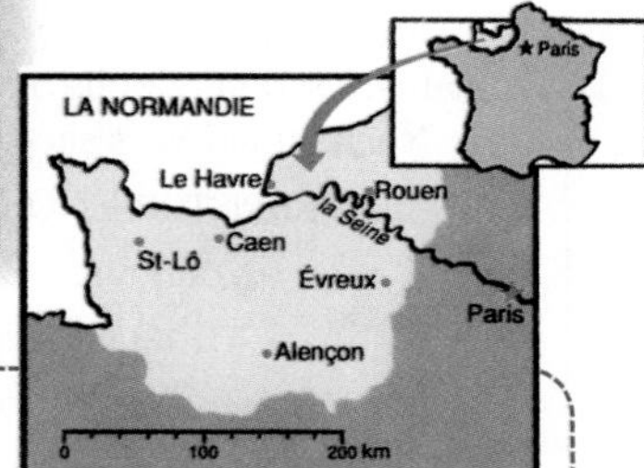

JEAN-CHRISTOPHE: Allons en Normandie!

VINCENT: Bonne idée, c'est une région que je ne connais° pas très bien.

THOMAS: Et ce n'est pas très loin, c'est seulement à 200 kilomètres d'ici. Avec nos scooters, on peut faire ça dans la journée.

JEAN-CHRISTOPHE: Bon, puisque vous êtes d'accord, je vais préparer l'itinéraire. Rendez-vous samedi matin chez moi à huit heures. D'accord?

VINCENT: D'accord!

THOMAS: D'accord, et à samedi.

le porte-bagages

le scooter

Vendredi soir après le dîner, Jean-Christophe a pris une carte et il a choisi un itinéraire qu'il a marqué au crayon rouge. Ensuite, il est allé dans sa chambre et il a choisi quelques vêtements qu'il a mis dans un grand sac avec sa tente. Puis, il est allé au garage et il a mis le sac sur le porte-bagages de son scooter. Tout est maintenant prêt pour le départ.

connais *know*

Avez-vous compris?

1. Pourquoi est-ce que Jean-Christophe veut faire du camping?
2. Où est-ce que les trois garçons ont l'intention d'aller? Est-ce loin?
3. Comment vont-ils voyager?

Cultural notes

- **Giverny** is the former home and garden of the impressionist painter, **Claude Monet** (1840–1926). In his later years, he created many paintings of the gardens at Giverny. This sumptuously beautiful site is open to the public and easy to get to from Paris.
- **Vauville** is a village at the tip of the Cotentin peninsula in the Manche region.
- **Normandy** is responsible for more than a quarter of the dairy and beef production in France. One of the most famous French cheeses, **le Camembert,** comes from the Auge region of Normandy, to the southeast of Caen.

Avez-vous compris?

Answers

1. Il veut utiliser sa nouvelle tente de camping et il va faire beau ce week-end.
2. Ils veulent aller en Normandie. Non, ce n'est pas loin.
3. Ils vont prendre leurs scooters.

B. Une longue journée

Avez-vous compris?

Answers

1. Les garçons ont déjeuné à midi.
2. Ils ont décidé de s'arrêter vers six heures.
3. Le bord de la rivière n'est pas l'endroit idéal parce qu'il y a beaucoup de moustiques.

B. Une longue journée

Samedi matin à huit heures, Vincent et Thomas sont arrivés en scooter chez Jean-Christophe. Jean-Christophe a mis son casque. Il est monté sur° son scooter et les trois garçons sont partis en direction de la Normandie ...

À midi, ils se sont arrêtés° et ils ont fait un pique-nique, puis ils sont remontés sur leurs scooters et ils ont continué leur route. En fin d'après-midi, ils sont arrivés en Normandie. Vers six heures, Jean-Christophe a donné le signal de l'arrêt.°

JEAN-CHRISTOPHE: On s'arrête ici pour la nuit?

VINCENT: Oui, je suis fatigué.

THOMAS: Moi aussi. Où est-ce qu'on va camper?

Jean-Christophe a regardé la carte.

JEAN-CHRISTOPHE: Il y a une rivière près d'ici. Ça vous va?

VINCENT: Oui, bien sûr.

THOMAS: Allons-y.

Quelques minutes plus tard, les garçons sont arrivés au bord de la rivière. Ils sont descendus de leurs scooters et ils ont commencé à préparer le terrain pour la nuit. Malheureusement, ce n'est pas l'endroit idéal pour camper.

THOMAS: Zut! Un moustique!

VINCENT: Aïe! Moi aussi, je me suis fait piquer° par un moustique.

JEAN-CHRISTOPHE: Aïe! Et moi aussi!

VINCENT: C'est la rivière qui attire° ces sales bêtes° ... Si nous restons ici, nous allons être dévorés.°

JEAN-CHRISTOPHE: Tu as raison. Allons un peu plus loin.

Mots utiles

en fin de	*at the end of*
vers	*toward, around*
fatigué(e)	*tired*
au bord de	*at the edge of*
un moustique	*mosquito*

est monté sur *got on*
se sont arrêtés *stopped*
le signal de l'arrêt *the sign to stop*
je me suis fait piquer *I got stung*
attire *attracts*
sales bêtes *nasty beasts*
dévorés *eaten up*

Avez-vous compris?

1. À quelle heure est-ce que les garçons ont déjeuné?
2. À quelle heure est-ce qu'ils ont décidé de s'arrêter pour la nuit?
3. Pourquoi est-ce que le bord de la rivière n'est pas l'endroit idéal

C. Un endroit tranquille

Jean-Christophe et ses deux copains ont pris leur matériel de camping et ils sont remontés sur leurs scooters. Quelques kilomètres plus loin, ils ont trouvé une prairie isolée° et ils ont décidé de s'arrêter là pour la nuit. Jean-Christophe et Thomas ont commencé à monter° la tente. Vincent est allé chercher du bois pour faire un feu. Il est vite revenu avec une nouvelle° pour ses copains.

VINCENT: Regardez, il y a une vache là-bas.

JEAN-CHRISTOPHE: Ce n'est pas une vache. C'est un taureau.

THOMAS: Est-ce qu'il est dangereux?

JEAN-CHRISTOPHE: Euh … je ne sais pas.

Brusquement, le taureau s'est mis à° courir dans la direction des garçons.

VINCENT: Il n'a pas l'air très content.

THOMAS: C'est vrai! Il n'est certainement pas très heureux qu'on occupe son territoire.

VINCENT: On reste ici?

JEAN-CHRISTOPHE: Non, il vaut mieux partir!

Et, à nouveau,° les trois garçons ont pris leur matériel et ils sont repartis. Finalement, à huit heures, ils sont arrivés près d'une forêt.

THOMAS: Ici, au moins, il n'y a pas de taureau furieux.

VINCENT: Et pas de moustiques.

JEAN-CHRISTOPHE: Alors, c'est ici que nous allons camper.

Jean-Christophe a vite installé la tente. Vincent a allumé un feu et Thomas a préparé un excellent dîner. Tout le monde a mangé avec appétit. Après le dîner, Vincent a pris sa guitare et ses copains ont chanté avec lui. Enfin, à dix heures et demie, les trois garçons sont allés dans la tente, heureux d'avoir trouvé un endroit si tranquille pour passer la nuit.

Mots utiles

un feu	*fire*
courir	*to run*
il vaut mieux	*it is better*
au moins	*at least*
allumer	*to light*
tout le monde	*everyone*

isolée *isolated* **monter** *to put up, pitch* **une nouvelle** *news* **s'est mis à** *began to* **à nouveau** *again*

Avez-vous compris?

1. Pourquoi est-ce que les garçons n'ont pas fait de camping dans la prairie isolée?
2. Quels sont les avantages de l'endroit près de la forêt?
3. Comment ont-ils passé la soirée?

C. Un endroit tranquille

Avez-vous compris?

Answers

1. Il y a un taureau dans la prairie.
2. Il n'y a pas de taureau et pas de moustiques.
3. Ils ont mangé un excellent dîner. Vincent a joué de la guitare et ils ont chanté.

D. Une nuit mouvementée

Pronunciation **les gars** /le ga/

Exercice de lecture

Answers
- luggage rack (baggage-carrier) [**porter:** to carry; **le bagage:** baggage]
- day [**le jour:** day]
- news [**nouveau, nouvelle:** new]

D. Une nuit mouvementée

Cette nuit-là, Vincent n'a pas très bien dormi. Vers trois heures du matin, il est sorti de la tente pour prendre l'air. Soudain, il a vu une lueur bleue dans le ciel ... Puis une lueur rouge ... Puis une lueur verte ... Il est rentré dans la tente pour alerter ses copains.

VINCENT: Dites, les gars,° je viens de voir quelque chose d'extraordinaire.

JEAN-CHRISTOPHE: Quoi?

VINCENT: Il y a des lueurs dans le ciel.

THOMAS: Mais, mon pauvre vieux, ce sont des éclairs.

VINCENT: Des éclairs? Tu as déjà vu des éclairs bleus, rouges et verts, toi?

JEAN-CHRISTOPHE: Tu as rêvé!

Tout à coup, des explosions ont interrompu le silence de la nuit. Bang! Poum! Bang! Bang! Poum!

Mots utiles

un éclair	*(flash of) lightning*
rêver	*to dream*
tout à coup	*suddenly*
un bruit	*noise*
en vitesse	*very quickly, fast*
fou (folle)	*crazy*

gars = garçons

READING STRATEGY L'Art de la lecture

You may have noticed that in French, as in English, certain words are related to one another: they belong to the same WORD FAMILY. For instance:

une soirée *(evening)*	is related to	**un soir** *(evening)*
la fin *(end)*	is related to	**finir** *(to finish)*
en vitesse *(very quickly)*	is related to	**vite** *(quickly)*

Often you will discover the meaning of a word or expression you have not seen before if you can relate it to a word you already know.

Exercice de lecture

Can you guess the meanings of these words from the story? What words that you recognize are they related to?

- Jean-Christophe a mis le sac sur **le porte-bagages** de son scooter.
- On peut faire 200 kilomètres dans **la journée**.
- Vincent est revenu avec **une nouvelle** pour ses copains.

Jean-Christophe a ouvert° la tente. Il a entendu des bruits étranges, puis des voix humaines très près. Bientôt° une douzaine d'hommes armés ont encerclé la tente. Les garçons sont sortis de la tente en vitesse.

Le chef de la bande d'hommes a demandé à Jean-Christophe:

LE CHEF: Qu'est-ce que vous faites ici?

JEAN-CHRISTOPHE: Euh, eh bien, nous faisons du camping.

LE CHEF: Du camping? Mais vous êtes complètement fous. Vous voulez mourir?°

JEAN-CHRISTOPHE: *(tremblant)* Euh, non, pourquoi?

LE CHEF: Comment? Vous n'avez pas vu la pancarte quand vous êtes entrés dans cette forêt?

JEAN-CHRISTOPHE: Euh, non.

LE CHEF: Regardez-la quand vous partirez.° Et maintenant, décampez° en vitesse.

Les trois garçons ont vite démonté° la tente, puis ils ont quitté les lieux° précipitamment.° Quand ils sont sortis de la forêt, ils ont vu une énorme pancarte avec cette inscription:

DANGER
TERRAIN MILITAIRE
MANOEUVRES DE PRINTEMPS
DÉFENSE ABSOLUE D'ENTRER°

Dimanche soir, Jean-Christophe est rentré chez lui, fatigué, mais content d'avoir utilisé sa tente.

a ouvert *opened* **Bientôt** *Soon* **mourir** *to die* **partirez** *will leave* **décampez** *break camp and leave* **ont démonté** *took down* **ont quitté les lieux** *left* **précipitamment** *very quickly* **défense absolue d'entrer** *absolutely no trespassing*

Avez-vous compris?

1. Qu'est-ce que Vincent a vu à trois heures du matin?
2. Pourquoi est-ce que le chef dit que les garçons sont complètement fous?
3. Que dit la pancarte?

Many French-English cognates follow predictable patterns. Knowing the patterns will make it easier for you to recognize new words. From time to time in the readings, cognate patterns will be introduced in small boxes, like the ones below.

Cognate pattern: -ant ↔ *-ing*

tremblant ↔ *trembling*
amusant ↔ *?*
intéressant ↔ *?*

Cognate pattern: -ment ↔ *-ly*

certainement ↔ *certainly*
complètement ↔ *?*
brusquement ↔ *?*

Cognate pattern: é- ↔ *s-*

étrange ↔ *strange*
un état ↔ *?*
étudier ↔ *?*

Cognate pattern: -x ↔ *-ce*

une voix ↔ *voice*
un choix ↔ *?*
un prix ↔ *?*

Avez-vous compris?

Answers

1. Vincent a vu des lueurs dans le ciel.
2. Parce qu'ils ont fait du camping dans un terrain militaire.
3. La pancarte dit qu'il y a des manoeuvres de printemps et qu'il est dangereux d'entrer.

Cognate patterns

Answers

amusant ↔ *amusing*
intéressant ↔ *interesting*

complètement ↔ *completely*
brusquement ↔ *brusquely*

un état ↔ *state*
étudier ↔ *to study*

un choix ↔ *choice*
un prix ↔ *price*

Additional cognate practice

irritant ↔ *irritating*
troublant ↔ *troubling*

calmement ↔ *calmly*
rarement ↔ *rarely*

étable ↔ *stable*
étranger ↔ *stranger*

paix ↔ *peace*

Expansion activities PLANNING AHEAD

Games

• Concours orthographique

First, divide the class into two teams and have one member of each team come to the front of the room. Give the player from Team A an infinitive, subject pronoun, and the opportunity to spell the correct conjugation of the verb for the given subject pronoun. The player then needs to use that word correctly in a question or sentence. If the player from Team A does this correctly, that team receives a point, and a new team member comes to the front of the room. If the student from Team A makes a mistake, Team A does not receive a point, and the word passes to the player from Team B. The team with the most points wins.

Pacing Suggestion: Upon completion of Leçon 10.

• Au supermarché j'achète . . .

After reviewing the use of definite, indefinite, and partitive articles, divide the class into two teams. The first person on Team A begins by saying *«Au supermarché j'achète»* plus one food item. The first person on Team B continues by saying *«Au supermarché j'achète»,* the food item the person from Team A mentioned, plus a second food item. Teams will take turns adding items to the list. If someone responds incorrectly, the turn passes to the other team. If the other team lists all the items in the correct order, they get a point and so on.

Pacing Suggestion: Upon completion of Leçon 11.

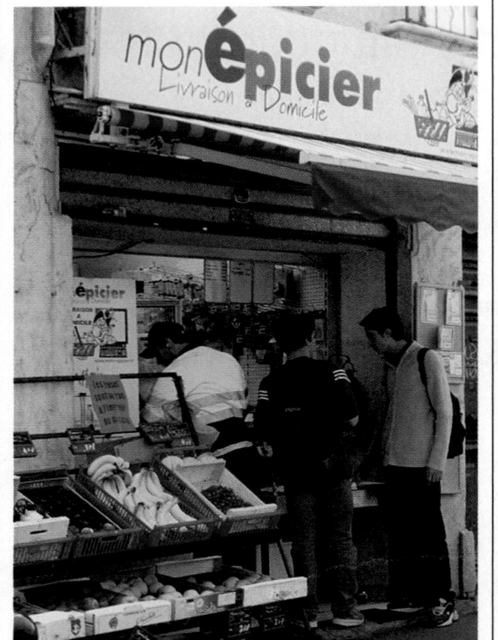

Projects

• De l'eau minérale

Bring to class a variety of French bottled waters and allow students to taste each one. Have the class vote on their favorite. Explain the difference between *l'eau minérale gazeuse* (naturally carbonated mineral water), *l'eau minérale gazéifiée* (mineral water with carbonation added) and *l'eau minérale plate* (non-carbonated mineral water). Save the bottles or labels to decorate your classroom or to use as props in shopping skits.

Pacing Suggestion: Upon completion of Leçon 9.

• Au supermarché

Divide the class into several groups. Each group will choose one of the shops presented on pages 152–153 and create a poster. First, have the groups research the kinds of items sold in their store. Have students create an illustration of the storefront, or several shelves in the shop, on poster board or butcher paper. Then, have students fill in the shelves with photos or illustrations of products sold at the shop. Finally, have students name the store and label the items they have for sale. Each group should present their poster to the class. (As an alternative you may have students set up "shops" around the classroom, and take turns shopping at various stores.)

Pacing Suggestion: Upon completion of Leçon 9.

• Ma recette

Have students select an item they know how to cook and write the recipe in French. Students will write a list of ingredients (including measurements) and a list of steps involved in the preparation of the dish. Have students exchange their recipes with a classmate for proofreading, then write the final copy on a recipe card. Students may also provide a photograph of the dish, or plan a day when students bring in actual dishes for a class potluck meal.

Pacing Suggestion: Upon completion of Leçon 12.

Music

• *Dame Tartine*

Teach the class the French children's rhyme *Dame Tartine.* Divide the class into several groups and have each group work with one verse of the rhyme. First, have each group look up unfamiliar words and summarize the verse. Then, have each group present their verse to the class. As an alternative you may wish to lead a class discussion on the first verse.

Il était une dame Tartine
Dans un palais de beurre frais.
La muraille était de farine.
Le parquet était de croquets,
La chambre à coucher
De crème de lait,
Le lit de biscuits,
Les rideaux d'anis.

Elle épousa Monsieur Gimblette,
Coiffé d'un beau fromage blanc;
Son chapeau était de galette,
Son habit de vol-au-vent;
Culotte en nougat,
Gilet de chocolat,
Bas de caramel
Et souliers de miel.

Pacing Suggestion: Upon completion of Leçon 9.

Bulletin Boards

• À mon magasin

Have students make store fliers showing the foods and beverages their store offers for sale and the price of each item. You may wish to assign various kinds of shops *(pâtisserie, boucherie, boulangerie,* etc.) to students to ensure that a good variety of stores is represented.

Pacing Suggestion: Upon completion of Leçon 9.

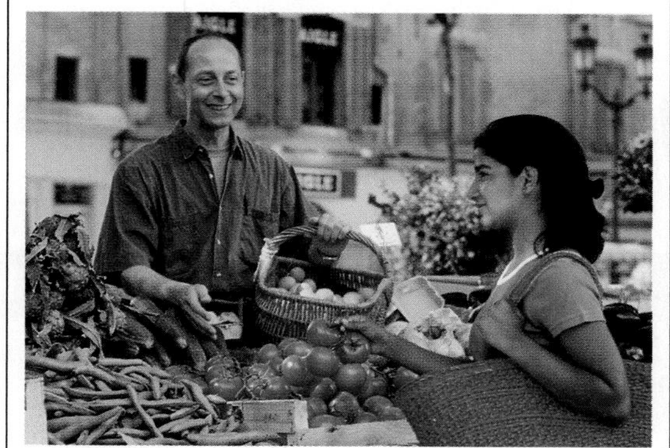

Hands-on Crafts

• Mon repas

Give students a large piece of construction paper (at least 12" x 18"). Either give them actual utensils as patterns, or make templates for a plate, spoon, fork, knife, glass, etc. Students should trace around the objects or patterns and put them in the appropriate positions on their "placemat." Then, have them cut out color pictures of the foods and beverage(s) that would make a complete meal (*petit déjeuner, déjeuner* and *dîner*), arrange them attractively on the plate, and glue them in their appropriate places. If there is room, students could add phrases connected with food or eating, such as *Bon appétit!* Students could also use their "meals" to practice the partitive.

Pacing Suggestion: Upon completion of Leçon 12.

Storytelling

• Une mini-histoire

After reviewing the use of definite, indefinite, and partitive articles, model a mini-story (using puppets, student actors, or photos) about what you plan to have for dinner. Give a set of target words to use in the story. Repeat the story, allowing time for students to repeat or complete the sentences. Then have students write and read aloud a longer story, elaborating on the original one. Their new versions should include vocabulary from the original story.

Pacing Suggestion: Upon completion of Leçon 11.

Recipe

• Sucre à la crème à l'érable

Canada is a leading producer of maple syrup and maple sugar. You may want to bring in a sample of pure maple syrup for students to taste.

Pacing Suggestion: Upon completion of Leçon 12.

Clé
250 milliliters = approx. 8.5 ounces
10 milliliters = approx. .5 ounce
5 milliliters = approx. .25 ounce

End of Unit

• Faisons les courses!

Divide the class into shoppers and shopkeepers. Divide the shopkeepers into those who work at the *boucherie,* those who work at the *pâtisserie,* and so on. The employees of each shop should create a poster advertising what they have for sale, including the price of each item. Have the shoppers plan a meal and create a shopping list of the items they will need, complete with quantities. Tell the shoppers they have 25€ to spend. When the shoppers and shopkeepers are ready, give students 20 minutes to shop. All conversations must be in French. As they complete each transaction, the shoppers should have the shopkeepers initial their shopping lists. The shoppers should also keep track of how much they spend for each item. As a wrap-up, discuss the experience as a class.

Rubric **A** = 13–15 pts. **B** = 10–12 pts. **C** = 7–9 pts. **D** = 4–6 pts. **F** = < 4 pts.

Criteria	Scale
Vocabulary Use	1 2 3 4 5
Grammar/Spelling Accuracy	1 2 3 4 5
Creativity	1 2 3 4 5

Sucre à la crème à l'érable

Ingrédients
- *250 ml de sucre **d'érable**[1]*
- *250 ml de **cassonade**[2]*
- *250 ml de crème*
- *10 ml de beurre*
- *5 ml de vanille*

Préparation
1. *Dans une grande casserole, mettez le sucre, la cassonade et la crème.*
2. *Faites cuire sur un **feu moyen.**[3]*
3. ***Remuez**[4] le mélange constamment jusqu'à ce qu'une **goutte**[5] du mélange jetée dans de l'eau froide reste **molle.**[6]*
4. *Retirez la casserole du feu.*
5. *Ajoutez le beurre et la vanille et mélangez bien.*
6. *Beurrez un plat (carré ou rectangulaire).*
7. ***Versez**[7] le mélange dans le plat et mettez-le dans le réfrigérateur quelques heures.*
8. *Coupez en **carrés**[8] pour servir.*

Pour huit personnes.

Glossary
[1] *maple*
[2] *brown sugar*
[3] *medium heat*
[4] *stir*
[5] *drop*
[6] *soft*
[7] *pour*
[8] *squares*

Planning Guide CLASSROOM MANAGEMENT

OBJECTIVES

Communication
- Talk about your favorite foods and beverages *pp. 156, 158*
- Order in a French café or restaurant *p. 156*
- Shop for food in a French market *p. 160*
- Express what you want to do, what you can do, and what you must do *p. 166*

Grammar
- Les verbes *vouloir, pouvoir* et *devoir* *p. 166*
- L'article partitif: *du, de la* *p. 168*
- L'article partitif dans les phrases négatives *p. 170*
- Le verbe *boire* *p. 176*
- Les verbes comme *acheter, préférer* et *payer* *p. 177*
- Le choix des articles *pp. 178–179*
- Expressions de quantité *p. 188*
- L'adjectif *tout* *p. 190*
- L'expression *il faut* *p. 191*

Vocabulary
- Les repas *p. 154*
- Au café *p. 156*
- Un repas *p. 158*
- Les courses *p. 160*
- Quelques verbes *p. 177*
- Les quantités *p. 186*
- Expressions de quantité avec *de* *p. 188*
- D'autres expressions de quantité *p. 189*

Culture
- Aperçu culturel—Où faites-vous les courses? *pp. 152–153*
- Flash d'information—Les fast-foods en France *p. 154*
- Flash d'information—Le pourboire *p. 156*
- Flash d'information—L'eau minérale *p. 157*
- Au jour le jour—Déjeuner à Québec *pp. 162–163*
- Lecture—La recette du croque-monsieur *pp. 192–193*

PROGRAM RESOURCES

Print

- Workbook PE, *pp. 83–120*
- *Activités pour tous* PE, *pp. 61–79*
- Block Scheduling Copymasters, *pp. 73–104*
- *Français pour hispanophones*
- *Lectures pour tous*
- Teacher to Teacher Copymasters
- Teaching Proficiency through Reading and Storytelling
- Unit 3 Resource Book
  - Lessons 9–12 Resources
    - Workbook TE
    - *Activités pour tous* TE
    - Absent Student Copymasters
    - Family Involvement
    - Video Activities
    - Videoscripts
    - Audioscripts
    - Assessment Program
  - Unit 3 Resources
    - Communipak
    - *Activités pour tous* TE Reading
    - Workbook TE Reading and Culture Activities
    - Assessment Program
    - Answer Keys

Audiovisual

- Audio Program PE CD 2 Tracks 11–21
- Audio Program Workbook CD 8 Tracks 1–24
- *Chansons* Audio CD
- Sing Along: Grammar and Vocabulary Songs CD
- Video Program Leçons 9–12
- Warm-Up Transparencies
- Overhead Transparencies
  - 26 *La table;*
  - 27 *Menu: Café des Hauteurs;*
  - 28 *Le petit déjeuner;*
  - 29 *Le déjeuner et le dîner;*
  - 30 *Fruits et légumes;*
  - 31 *Quel article?;*
  - 32 *À la cantine;*
  - 33 *Quelques quantités;*
  - 34 *Expressions de quantité avec* **de**

Technology

- Online Workbook
- ClassZone.com
- McDougal Littell Assessment System/Test Generator CD-ROM
- EasyPlanner CD-ROM
- Power Presentations on CD-ROM
- Take-Home Tutor CD-ROM

Assessment Program Options

Lesson Quizzes
Portfolio Assessment
Unit Test Form A
Unit Test Form B
Listening Comprehension Performance Test
Speaking Performance Test
Reading Comprehension Performance Test
Writing Performance Test
Multiple Choice Test Items
Test Scoring Tools
Audio Program CD 17 Tracks 1–9
Answer Keys
McDougal Littell Assessment System/Test Generator CD-ROM

Pacing Guide SAMPLE LESSON PLAN

DAY	DAY	DAY	DAY	DAY
1 Unité 3 Opener Leçon 9 • Aperçu culturel–Où faites-vous les courses? • Vocabulaire–Les repas	**2** Leçon 9 • Vocabulaire–Au café	**3** Leçon 9 • Vocabulaire–Un repas • Vocabulaire–Les courses	**4** Leçon 9 • Vocabulaire–Les courses *(continued)* • Au jour le jour–Déjeuner à Québec	**5** Leçon 10 • Vidéo-scène–Au supermarché • Les verbes *vouloir, pouvoir* et *devoir*
6 Leçon 10 • L'article partitif: *du, de la* • L'article partitif dans les phrases négatives	**7** Leçon 10 • À votre tour! • Lecture–Histoire de chien	**8** Leçon 11 • Vidéo-scène–Jérôme invite ses copains • Le verbe *boire*	**9** Leçon 11 • Les verbes comme *acheter, préférer* et *payer* • Vocabulaire–Quelques verbes	**10** Leçon 11 • Le choix des articles • À votre tour!
11 Leçon 11 • Lecture–Nourriture et langage	**12** Leçon 12 • Vidéo-scène–L'addition, s'il vous plaît! • Vocabulaire–Les quantités	**13** Leçon 12 • Expressions de quantité • Vocabulaire–Expressions de quantité avec *de* • Vocabulaire–D'autres expressions de quantité	**14** Leçon 12 • L'adjectif *tout* • L'expression *il faut*	**15** Leçon 12 • À votre tour! • Lecture–La recette du croque-monsieur
16 • Tests de contrôle	**17** • Interlude–Quatre surprises	**18** • Unit 3 Test		

Student Text Listening Activity Scripts

AUDIO PROGRAM

▶ LEÇON 9 LE FRANÇAIS PRATIQUE La nourriture et les boissons

• Aperçu culturel: Où faites-vous les courses? *p. 152* CD 2, TRACK 11

Quand on est pressé, on peut faire les courses au supermarché. Là, on trouve tous les produits nécessaires à la préparation des repas. Quand on a le temps, on peut acheter ces produits dans des boutiques spécialisées. Dans chaque quartier, il y a une boulangerie, une pâtisserie, une boucherie, une crémerie et une épicerie.

1. Pour le pain et les croissants, on va à la boulangerie. Le pain préféré des Français est la «baguette». C'est un pain long et croustillant.
   Les pâtisseries vendent aussi du pain et toutes sortes de gâteaux: tartes, brioches, éclairs, etc. Certaines pâtisseries vendent des glaces et des bonbons.
2. Pour la viande (boeuf, veau, poulet), on va à la boucherie. Pour le porc, les saucisses et les plats préparés, on va à la charcuterie.
3. Pour le lait, le beurre et les oeufs, on va à la crémerie. Les crémeries vendent aussi des fromages. La France produit 400 différentes sortes de fromage. Quand on aime le fromage, on a le choix!
4. L'épicerie est une sorte de petit supermarché. Ici on vend toutes sortes de produits différents: lait, fromages, riz, spaghetti, jus de fruits, eau minérale, etc. Les épiceries ont aussi un choix limité de fruits et de légumes.
5. Dans beaucoup de villes françaises, il y a un marché en plein air. Le marché a lieu un jour fixe de la semaine, le mardi ou le vendredi, par exemple. Les fermiers de la région viennent au marché vendre les produits de leurs fermes. On a, par conséquent, un grand choix de légumes et de fruits frais.

• Vocabulaire A

Les repas *p. 154* CD 2, TRACK 12

Écoutez le dialogue.

A: Où est-ce que tu vas déjeuner? **B:** Je vais déjeuner à la cantine de l'école.

Les repas

Maintenant écoutez et répétez.

un repas # le petit déjeuner # le déjeuner # le dîner # la cuisine # la nourriture #

La table

Je vais mettre la table. # une serviette # une fourchette # une assiette # une cuillère # un couteau # un verre # une tasse #

• Vocabulaire B

Au café *p. 156* CD 2, TRACK 13

Écoutez le dialogue.

Madame Moreau calls the waiter.

A: S'il vous plaît, monsieur!
B: Vous désirez, madame?
A: Je voudrais un croque-monsieur.
B: Et comme boisson?
A: Donnez-moi un café, s'il vous plaît.

The waiter brings the check.

B: Voici l'addition, madame.
A: Est-ce que le service est compris?
B: Oui, madame.

• Vocabulaire C

Un repas *p. 158* CD 2, TRACK 14

Les plats–

Pour le petit déjeuner

Écoutez et répétez.

J'adore le pain. #
J'aime les céréales. #
Je n'aime pas tellement la confiture. #
Je déteste les oeufs sur le plat. #

Pour le déjeuner et le dîner

Écoutez et répétez.

les hors-d'oeuvre # le jambon # le saucisson # le melon # la soupe # le céleri #
la viande # le poulet # le rosbif # le veau # le porc #
le poisson # le thon # la sole # le saumon #
les autres plats # les spaghetti # les frites # le riz #
la salade et le fromage # la salade # le fromage # le yaourt #
le dessert # le gâteau # la tarte # la glace #
les boissons # l'eau # l'eau minérale # le lait # le jus d'orange # le jus de pomme # le jus de raisin #
les ingrédients # le beurre # la margarine # le sel # le sucre # le poivre # le ketchup # la mayonnaise # la moutarde #

• Vocabulaire D

Les courses *p. 160* CD 2, TRACK 15

Écoutez le dialogue.

Monsieur Dumas va au marché.

A: Vous désirez, monsieur?
B: Je voudrais un kilo de tomates et une livre de carottes.
A: Et avec ça?
B: Donnez-moi aussi une douzaine d'oeufs.
A: C'est tout?
B: Oui, c'est tout. Ça fait combien?
A: Alors, ça fait quatre euros cinquante.

▶ LEÇON 10 Au supermarché

• Vidéo-scène *p. 164* CD 2, TRACK 16

Claire: Nous sommes samedi. Pierre a décidé d'aller faire un pique-nique à la campagne demain avec sa copine Armelle et sa cousine Corinne. Cet après-midi, les trois amis vont faire les courses pour le pique-nique. Ils vont au supermarché.
D'abord, ils prennent un chariot.
Pierre: Qu'est-ce qu'on achète?
Armelle: Euh . . . bon, d'abord, achetons du pain.
Claire: Ils vont à la boulangerie.
Pierre: Deux baguettes, s'il vous plaît. Merci.
Claire: À la charcuterie, Pierre, Armelle et Corinne décident ce qu'ils vont acheter.
Pierre: Qu'est-ce que je prends pour les sandwichs? Du saucisson?
Corrine: Ah, non, prends plutôt du jambon!
Pierre: Armelle, tu veux du jambon?
Armelle: Oui, j'aime mieux ça.
Pierre: Bon alors, je prends du jambon.
Claire: À la crémerie, ils ont un grand choix de produits.
Pierre: Je prends du fromage?
Armelle: Ah non, prends plutôt du yaourt.
Claire: Après, ils vont choisir leurs boissons.
Pierre: Qu'est-ce que je prends comme boisson? Il y a de l'eau minérale . . . du jus d'orange et de la limonade . . . Qu'est-ce que vous voulez?
Armelle: De la limonade!
Corinne: D'accord pour la limonade.
Pierre: On prend des fruits?
Corinne: Oui, c'est bon pour la santé!
Claire: Ils pèsent les fruits sur la balance.
Enfin, ils vont à la caisse. Pierre met les provisions dans son filet.
Pierre: Bon, j'emporte tout ça chez moi. On se voit demain pour le pique-nique. Allez, salut Armelle.
Armelle: Salut, à demain.
Corinne: Oui, à demain.
Claire: À la cuisine, Pierre range les provisions.
Voilà–tout est prêt pour le pique-nique!

#	pause for oral response

À votre tour!

• Les repas d'hier *p. 171* CD 2, TRACK 17

Corinne pose des questions à Pierre sur les repas d'hier.

Corinne: À quelle heure est-ce que tu as pris le petit déjeuner hier?
Pierre: À sept heures et demie.
Corinne: Et qu'est-ce que tu as mangé?
Pierre: J'ai mangé du pain avec du beurre et de la confiture.
Corinne: Et où est-ce que tu as déjeuné?
Pierre: À la cantine de l'école.
Corinne: Tu as bien déjeuné?
Pierre: Oui . . . Comme hors-d'oeuvre, j'ai pris de la salade de tomate. Après, j'ai mangé du poulet rôti avec des frites et de la salade. Comme dessert, j'ai mangé de la glace . . .
Corinne: Tu as dîné chez toi?
Pierre: Non, je suis allé dans un restaurant chinois avec Armelle.
Corinne: Qu'est-ce que vous avez mangé?
Pierre: Du poisson avec du riz.
Corinne: Tu as aimé?
Pierre: Euh, non, pas tellement.

▶ LEÇON 11 Jérôme invite ses copains

• Vidéo-scène *p. 174* CD 2, TRACK 18

Claire: Dans le dernier épisode, Pierre, Armelle et Corinne ont fait les courses pour un pique-nique.

Dans ce nouvel épisode, vous allez faire la connaissance de Jérôme. Jérôme est le grand frère de Pierre. Il a 19 ans. Il est étudiant à l'université. Maintenant il n'habite plus avec sa famille. Il a un appartement en ville avec d'autres étudiants. De temps en temps, il revient chez ses parents. Ce soir, par exemple . . .

Jérôme est allé au cinéma avec Bernard, son camarade de chambre, et Cécile, une copine d'université. Après le film, les trois amis sont allés chez les parents de Jérôme. Maintenant ils sont dans la cuisine.

Jérôme: Vous voulez boire quelque chose?
Cécile: Oui, je veux bien.
Bernard: Oui, moi aussi.
Jérôme: Il y a du jus de pomme et de la limonade. Cécile, qu'est-ce que tu veux?
Cécile: Je préfère la limonade.
Jérôme: Et toi, Bernard? Tu préfères le jus de pomme ou la limonade?
Bernard: Donne-moi donc aussi de la limonade . . .

Dis, Jérôme, j'ai un peu faim. Tu n'as pas quelque chose à manger?

Jérôme: Attends, je vais voir.

Il y a du pain. Je peux faire des sandwichs. Il y a du jambon et du pâté. Qu'est-ce que vous préférez?

Cécile: Moi, je préfère le jambon.
Jérôme: Et toi, Bernard?
Bernard: Moi aussi, je préfère le jambon.
Claire: Les amis mangent avec grand appétit.
Jérôme: Tiens, il y a des yaourts.
Bernard: Apporte-les. C'est excellent pour la santé.
Cécile: Et pour la ligne!
Claire: Les amis ont fini leur repas. Bernard et Cécile partent.
Bernard: Salut!
Jérôme: Salut! . . . À demain! Salut, Cécile!
Cécile: Salut! Et merci pour cet excellent repas.
Bernard: Oui, merci!
Claire: Jérôme reste chez ses parents pour la nuit.

À votre tour!

• Une invitation à dîner *p. 181* CD 2, TRACK 19

Sophie invite son camarade Julien à dîner.

Sophie: Dis, Julien! Est-ce que tu veux venir chez moi demain soir?
Julien: Oui, je veux bien. Merci.
Sophie: C'est moi qui vais faire la cuisine et je voudrais savoir ce que tu aimes. Est-ce que tu manges de la viande?
Julien: Bien sûr! Je ne suis pas végétarien!
Sophie: Qu'est-ce que tu préfères–le poulet ou le rosbif?
Julien: J'adore le poulet.
Sophie: Quels légumes est-ce que tu veux avec ça?
Julien: Tu sais, je ne suis pas difficile . . . J'aime bien les haricots verts.
Sophie: Et qu'est-ce que tu préfères comme dessert–de la glace ou du gâteau?
Julien: Hmm, je préfère le gâteau.
Sophie: Très bien, je vais faire un gâteau au chocolat . . . Et qu'est-ce que tu bois avec tes repas?
Julien: De l'eau minérale!
Sophie: Bon, très bien. Alors, à demain soir!

▶ LEÇON 12 L'addition, s'il vous plaît!

• Vidéo-scène *p. 184* CD 2, TRACK 20

Claire: Hier soir, Jérôme est revenu chez ses parents avec ses copains Bernard et Cécile. Les trois copains ont mangé et bu ce que Pierre avait acheté pour le pique-nique. Maintenant, on est dimanche matin. Pierre va à la cuisine.

Là, il a une mauvaise surprise!

Un peu plus tard, Jérôme arrive à la cuisine.

Pierre: Dis donc, Jérôme, viens voir ici! C'est toi qui as bu les bouteilles de limonade?
Jérôme: Euh . . . oui, c'est moi . . . avec mes copains qui sont venus hier soir.
Pierre: Et les tranches de jambon? Où est-ce qu'elles sont?
Jérôme: Ben . . . on les a mangées.
Pierre: Et les pots de yaourt? C'est aussi vous qui les avez pris?
Jérôme: Ben oui, c'est nous . . . Pourquoi?
Pierre: Pourquoi?! . . . Alors là vraiment, tu exagères! Tes copains et toi, vous avez mangé et bu tout ce que j'ai acheté pour notre pique-nique!
Jérôme: Quel pique-nique?
Pierre: Le pique-nique qu'on doit faire aujourd'hui avec Armelle et Corinne.
Jérôme: Oh, excuse-moi. Je ne savais pas. Écoute, je vais te donner de l'argent pour faire les courses.
Pierre: Pour faire les courses? Mais Jérôme, c'est dimanche et le supermarché est fermé. Heureusement, il y a une solution.
Jérôme: Quelle solution?
Pierre: Eh ben, il faut nous inviter au restaurant.
Jérôme: Qui, nous?
Pierre: Eh ben, Corinne, Armelle et moi.
Jérôme: Bon! D'accord.
Claire: Au restaurant, Pierre, Armelle, Corinne et Jérôme ont bien mangé! Jérôme appelle le garçon.
Jérôme: Monsieur, l'addition, s'il vous plaît.
Claire: Le garçon a apporté l'addition à Jérôme.
Pierre: Qu'est-ce qu'il y a?
Jérôme: Eh bien, dis donc, ton pique-nique me coûte drôlement cher!
Claire: Tout le monde remercie Jérôme pour le repas.

À votre tour!

• Le pique-nique *p. 191* CD 2, TRACK 21

Stéphanie et Clément vont organiser un pique-nique pour leurs copains.

Clément: Qu'est-ce qu'on achète pour le pique-nique?
Stéphanie: D'abord, il faut du pain pour les sandwichs.
Clément: Et qu'est-ce qu'on va mettre dans les sandwichs? Du jambon ou du fromage?
Stéphanie: Du jambon.
Clément: Combien de tranches est-ce qu'on va acheter?
Stéphanie: Voyons, nous sommes huit. Achetons seize tranches de jambon.
Clément: On achète des fruits?
Stéphanie: Oui, achetons deux kilos de pommes et un kilo de poires.
Clément: Et comme boisson, on achète de la limonade ou du jus de fruits?
Stéphanie: De la limonade.
Clément: Combien de bouteilles?
Stéphanie: Trois bouteilles.
Clément: Bon, d'accord! Allons au supermarché maintenant.

Complete videoscripts, plus Workbook and Assessment audioscripts, are available in the Unit Resource Books.

Main Theme

- People and possessions

COMMUNICATION

- Talking about favorite foods and beverages
- Ordering in a French café or restaurant
- Shopping for food in a French market
- Expressing what you want to do, can do, and must do

CULTURES

- Learning about shopping in France
- Learning about what is served in restaurants in France and Quebec
- Learning about French fast food
- Learning about French tipping practices
- Learning about French water consumption

CONNECTIONS

- Connecting to Math: Calculating the prices from a menu
- Connecting to English: Relating French and English food expression
- Connecting to Cooking: Making a *croque-monsieur*
- Connecting to English: Recognizing cognate patterns

COMPARISONS

- Comparing food shopping in France and the U.S.
- Comparing food expressions in France and Quebec
- Comparing French and English food expressions

COMMUNITIES

- Having a class potluck party
- Using French to order in restaurants

Bon appétit!

LE FRANÇAIS PRATIQUE

LEÇON 9 **La nourriture et les boissons**

VIDÉO-SCÈNES

LEÇON 10 **Au supermarché**

LEÇON 11 **Jérôme invite ses copains**

LEÇON 12 **L'addition, s'il vous plaît!**

THÈME ET OBJECTIFS

Culture

In this Unit, you will learn ...

- where French people do their shopping
- what kinds of foods are typically served in French and Québecois restaurants

Communication

You will learn how ...

- to talk about your favorite foods and beverages
- to order in a French café or restaurant
- to shop for food in a French market

You will also be able ...

- to express what you want to do, what you can do and what you must do

TEACHING STRATEGIES

This unit reviews and expands on material presented in Unit 8 of **Discovering French, *Nouveau!–Bleu.***

If students finished **Discovering French, *Nouveau!–Bleu*** last year, move quickly through Lessons 9, 10, and 11, doing only selected activities and concentrating on the expansion vocabulary.

Thoroughly present Lesson 12, since it introduces all new structures.

If the students did not reach Unit 8 of **Discovering French, *Nouveau!–Bleu*** last year, almost everything in this unit will be new to them. Allow enough time for students to assimilate the material.

cent cinquante et un
Unité 3 151

Linguistic objectives

REVIEW
- the partitive article
- **vouloir, pouvoir, devoir**

EXPANSION
- contrastive uses of definite, indefinite, and partitive articles
- expressions of quantity
- **il faut**

Teaching Resource Options

PRINT 

Unit 3 Resource Book
  Family Letter, p. 17
Français pour hispanophones
  Conseils, pp. 25–26
  Vocabulaire, pp. 59–60

AUDIO & VISUAL 

Audio Program
Chansons CD

TECHNOLOGY 

EasyPlanner CD-ROM

Leçon 9

Main Topic Talking about food and meals

Teaching Resource Options

PRINT 

Workbook PE, pp. 83–90
Activités pour tous PE, pp. 61–63
Block Scheduling Copymasters, pp. 73–80
Unit 3 Resource Book
- *Activités pour tous* TE, pp. 9–11
- Audioscript, pp. 33, 35–40
- Communipak, pp. 152–174
- Lesson Plans, pp. 12–13
- Block Scheduling Lesson Plans, pp. 14–16
- Absent Student Copymasters, pp. 18–22
- Video Activities, pp. 25–29
- Videoscript, pp. 31–32
- Workbook TE, pp. 1–8

AUDIO & VISUAL 

Audio Program
CD 2 Track 11
CD 8 Tracks 1–6

TECHNOLOGY 

Online Workbook

VIDEO PROGRAM

VIDEO DVD

LEÇON 9

Le français pratique La nourriture et les boissons

TOTAL TIME: 7:45 min.
DVD Disk 1
Videotape 1 (COUNTER: 30:28 min.)

Introduction
(30:28–31:18 min.)

Section 1: Le couvert
(31:19–31:53 min.)

Section 2: Les repas
(31:54–34:43 min.)

Section 3: Les courses
(34:44–38:13 min.)

LEÇON 9

LE FRANÇAIS PRATIQUE
VIDÉO DVD AUDIO

La nourriture et les boissons

Aperçu culturel ... Où faites-vous les courses?

Quand on est pressé,° on peut faire les courses au supermarché. Là, on trouve tous les produits° nécessaires à la préparation des repas. Quand on a le temps, on peut acheter ces produits dans des boutiques spécialisées. Dans chaque quartier,° il y a une boulangerie, une pâtisserie, une boucherie, une crémerie et une épicerie.

pressé *in a hurry* **produits** *products* **quartier** *neighborhood*

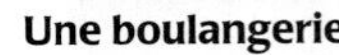
Une boulangerie

Une pâtisserie

1. Pour le pain et les croissants, on va à la boulangerie. Le pain préféré des Français est la «baguette». C'est un pain long et croustillant.°

Les pâtisseries vendent aussi du pain et toutes sortes de gâteaux: tartes, brioches, éclairs, etc. Certaines pâtisseries vendent des glaces et des bonbons.

croustillant *with a crunchy crust*

Une boucherie

Une charcuterie

2. Pour la viande (boeuf, veau, poulet), on va à la boucherie. Pour le porc, les saucisses et les plats préparés, on va à la charcuterie.

TEACHING NOTE

Have students read this **Aperçu culturel** twice:
- at the beginning of the unit—quickly for general information
- at the end of the lesson—with greater attention to details.

Une crémerie

3. Pour le lait, le beurre et les oeufs, on va à la crémerie. Les crémeries vendent aussi des fromages. La France produit 400 différentes sortes de fromage. Quand on aime le fromage, on a le choix!°

choix *choice*

Une épicerie

4. L'épicerie est une sorte de petit supermarché. Ici on vend toutes sortes de produits différents: lait, fromages, riz, spaghetti, jus de fruits, eau minérale, etc. Les épiceries ont aussi un choix limité de fruits et de légumes.

5. Dans beaucoup de villes françaises, il y a un marché en plein air.° Le marché a lieu un jour fixe de la semaine, le mardi ou le vendredi, par exemple. Les fermiers de la région viennent au marché vendre les produits de leurs fermes. On a, par conséquent, un grand choix de légumes et de fruits frais.°

marché en plein air *outdoor market* **frais** *fresh*

Un marché en plein air

COMPARAISONS CULTURELLES

Est-ce que dans votre quartier il y a des boutiques spécialisées comme en France? Qu'est-ce qu'on achète dans ces boutiques?

Et vous?

Selon vous *(In your opinion)*, quels sont les avantages et les inconvénients respectifs du supermarché et des boutiques spécialisées (par exemple, prix, qualité du service, rapidité des courses, etc.)?

Questions sur le texte

1. À quelle boutique spécialisée est-ce qu'on va pour acheter le pain et les croissants? [à la boulangerie]
2. Qu'est-ce que les pâtisseries vendent? [du pain, toutes sortes de gâteaux (tartes, brioches, éclairs), des glaces, des bonbons]
3. Pour quels produits est-ce qu'on va à la boucherie? [pour la viande (boeuf, veau, poulet)]
4. Où est-ce qu'on va pour le porc, les saucisses et les plats préparés? [à la charcuterie]
5. Qu'est-ce que les crémeries vendent? [le lait, le beurre, les oeufs, les fromages]
6. Qu'est-ce qu'on vend à l'épicerie? [toutes sortes de produits différents: lait, fromages, riz, spaghetti, jus de fruits, eau minérale, fruits, légumes]
7. Dans beaucoup de villes françaises, il y a un marché en plein air. Quand est-ce que le marché a lieu? [un jour fixe de la semaine]

Cultural notes

- As the number of small boutiques is declining in France, certain changes are taking place. For example, in many areas you will find a **boulangerie-pâtisserie** which sells both bread and pastry. Similarly, it is not uncommon to find a **boucherie** which also sells pork and sausages. At the **épicerie,** there is generally a **rayon crémerie** where you can buy milk, eggs and cheese.
- Other French breads are **la ficelle** (thinner than the baguette), **un épi** (a loaf shaped like a cornstalk), **le pain de campagne** (a round loaf), and **les petits pains** (rolls).
- **Une brioche** is a light sweet roll.
- In Quebec, many people go to the local **dépanneur** when shopping for small quantities of groceries. **Le dépanneur** is similar to a French **épicerie.** One can also find numerous small multi-ethnic shops, especially in neighborhoods of Montreal. For general grocery shopping, however, supermarkets are the most popular throughout Quebec.
- In small French towns, supermarkets are often on the outskirts of town, since they were built more recently. The outdoor market is usually in a square in the center of town.

SECTION A

Communicative function
Discussing meals and table settings

Teaching Resource Options

PRINT 

Workbook PE, pp. 83–90
Unit 3 Resource Book
- Audioscript, p. 133
- Communipak, pp. 152–174
- Video Activities, pp. 26–27
- Videoscript, pp. 30–31
- Workbook TE, pp. 1–8

AUDIO & VISUAL 

Audio Program
CD 2 Track 12

Overhead Transparencies
26 *La table*

VIDEO PROGRAM

VIDEO DVD

LEÇON 9

Section 1: Le couvert
(31:19–31:53 min.)

Section 2: Les repas
(31:54–34:43 min.)

 **Review** meals, table setting

Cultural note Since dinner is generally not served until 8 p.m. in France, school children generally have a **goûter** in the late afternoon. This may simply be a **pain au chocolat** or a **pain aux raisins** bought on the way home from school, or hot chocolate and cookies at home.

Language note In French Canada, the meals are **le déjeuner** *(breakfast)*, **le dîner** *(lunch)*, and **le souper** *(dinner)*. The corresponding verbs are **déjeuner, dîner,** and **souper.**

Supplementary vocabulary

un bol *deep bowl*
une soucoupe *saucer*
une cuillère à café *teaspoon*
une cuillère à soupe *tablespoon*
une nappe *tablecloth*

Cultural note In French table settings, the fork is often placed with the tines facing down. Similarly, the spoon is placed with the "bowl" facing down.

A VOCABULAIRE Les repas

—Où est-ce que tu vas **déjeuner**?

Je vais déjeuner | à **la cantine de l'école.**
au restaurant
chez moi

déjeuner *to have lunch*
la cantine *cafeteria*

Les repas

Noms		Verbes	
un repas	*meal*		
le petit déjeuner	*breakfast*	**prendre le petit déjeuner**	*to have breakfast*
le déjeuner	*lunch*	**déjeuner**	*to have lunch*
le dîner	*dinner*	**dîner**	*to have dinner*
la cuisine	*cooking, cuisine*		
la nourriture	*food*		

La table

FLASH d'information

Les fast-foods en France
Quand ils ont faim, les jeunes Français vont souvent dans un fast-food. Ces restaurants, simples et bon marché, servent des repas à l'américaine (salades, poulet ou hamburgers, frites) ou des plats italiens (pizzas, paninis).

TEACHING STRATEGY La table

PROP: Transparency 26 *(La table)*

Use **Transparency 26** to teach the names of the items for the place setting. Then ask what pieces are missing at each setting.

Qu'est-ce qui manque à Caroline?
[Elle n'a pas de fourchette.]

1 *Et vous?*

PARLER/ÉCRIRE Indiquez vos préférences en complétant les phrases suivantes.

1. Mon repas préféré est …	• le petit déjeuner • le déjeuner	• le dîner • … ?
2. Pendant la semaine, je déjeune …	• à la cantine • chez moi	• dans un fast-food • … ?
3. En général, nous dînons …	• entre cinq heures et six heures • entre six heures et sept heures	• entre sept heures et huit heures • … ?
4. En semaine, je prends mon petit déjeuner …	• seul(e) • avec mes frères et soeurs	• avec toute ma *(my whole)* famille • … ?
5. Le week-end, je préfère déjeuner …	• chez moi • chez mes copains	• au restaurant avec ma famille • dans un fast-food avec mes copains
6. La nourriture de la cantine de l'école est …	• mauvaise • assez bonne	• bonne • excellente
7. Je préfère la nourriture …	• mexicaine • italienne	• chinoise • … ?
8. Quand je dois aider pour le repas, je préfère …	• faire les courses • mettre la table	• faire la vaisselle • … ?

2 *Quels ustensiles?*

PARLER/ÉCRIRE Vous avez commandé *(ordered)* les choses suivantes. Dites de quels ustensiles vous avez besoin.

▶ Pour le steak …

▶ Pour le steak, j'ai besoin d'un couteau.

1. Pour la soupe …
2. Pour le beurre *(butter)* …
3. Pour le café …
4. Pour la glace …
5. Pour le thé …
6. Pour la viande *(meat)* …
7. Pour les spaghetti …
8. Pour la limonade …

TEACHING NOTE Et vous?

Act. 1 can be adapted to different formats.

- a paired activity
  –Dis, Thérèse, quel est ton repas préféré?
  –C'est le petit déjeuner. Et toi?
- a reporting activity
  Teacher asks another student about the paired conversations.
  –Philippe, dis-moi, quel est le repas préféré de Thérèse?
- a survey activity
  Les élèves qui préfèrent le petit déjeuner, levez la main.

1 COMMUNICATION indicating one's preferences

Answers will vary.

1. Mon repas préféré est (le dîner).
2. Pendant la semaine, je déjeune (à la cantine).
3. En général, nous dînons (entre six heures et sept heures).
4. En semaine, je prends mon petit déjeuner (avec toute ma famille).
5. Le week-end, je préfère déjeuner (dans un fast-food avec mes copains).
6. La nourriture de la cantine de l'école est (assez bonne).
7. Je préfère la nourriture (italienne).
8. Quand je dois aider pour le repas, je préfère (mettre la table).

2 COMPREHENSION selecting appropriate tableware

Answers will vary.

1. Pour la soupe, j'ai besoin d'une cuillère (d'une assiette).
2. Pour le beurre, j'ai besoin d'un couteau.
3. Pour le café, j'ai besoin d'une tasse (d'une cuillère).
4. Pour la glace, j'ai besoin d'une cuillère.
5. Pour le thé, j'ai besoin d'une tasse (d'une cuillère).
6. Pour la viande, j'ai besoin d'un couteau et d'une fourchette (d'une assiette).
7. Pour les spaghetti, j'ai besoin d'une fourchette (d'une cuillère, d'une assiette).
8. Pour la limonade, j'ai besoin d'un verre.

Supplementary vocabulary

une paille *(drinking) straw*

Teaching note France is famous for its cuisine. Many top chefs from around the world studied at culinary schools in Paris. Have students brainstorm about how French would be useful in careers in the culinary field.

SECTION B

Communicative function
Ordering food in a café

Teaching Resource Options

PRINT 

Workbook PE, pp. 83–90
Unit 3 Resource Book
Audioscript, p. 33
Communipak, pp. 152–174
Video Activities, pp. 26–27
Videoscript, pp. 30–31
Workbook TE, pp. 1–8

AUDIO & VISUAL 

Audio Program
CD 2 Track 13

Overhead Transparencies
27 *Menu: Café des Hauteurs*

VIDEO PROGRAM

VIDÉO DVD

LEÇON 9

Section 2: Les repas
(31:54–34:43 min.)

Looking ahead

- A recipe for **un croque-monsieur** appears in the *Lecture* of Lesson 12 (pp. 192–193).
- The forms of **payer** are presented in Lesson 11.

Teaching tip Use **Transparency 27** to have students practice vocabulary and act out dialogues like the one on this page. The waiter can also add up the bill, using prices on the menu.

Cultural note The **Café des Hauteurs** in the Musée d'Orsay is located on the upper level near the old clock of the train station. Remodeling of the Gare d'Orsay was begun in 1980. President François Mitterrand inaugurated the new art museum on December 1, 1986.

Supplementary vocabulary

une pizza au fromage
une pizza au chorizo *pepperoni pizza*
une pizza aux champignons *mushroom pizza*
un express *espresso coffee*
un café au lait *large coffee with warm milk*

Cultural note In Quebec one says:

un yogourt /jɔgur/
une crème glacée *ice cream*
une limonade *American-style lemonade*

B VOCABULAIRE Au café

▶ Pour commander:

commander *to order*

—S'il vous plaît, monsieur/mademoiselle!
—**Vous désirez?** *(May I help you?)*
—Je voudrais un croque-monsieur.
—Et **comme** *(for, as)* boisson?
—Donnez-moi un café, s'il vous plaît.

▶ Pour payer:

—**L'addition**, s'il vous plaît.
Est-ce que **le service** est **compris**?

payer *to pay*
l'addition *(f)* *check, bill*
le service *tip, service charge*
compris *included*

S'il vous plaît, monsieur.
Vous désirez?
Je voudrais un croque-monsieur.

FLASH d'information

En France le service, ou **pourboire**° (15%), est compris dans l'addition. Souvent les gens laissent° quelques pièces de monnaie° comme pourboire supplémentaire.°

pourboire *tip* **laissent** *leave* **pièces de monnaie** *small change (coins)* **supplémentaire** *extra*

Au café

un plat *(dish)*
- un croissant
- **un croque-monsieur** *(grilled ham-and-cheese sandwich)*
- un sandwich
  - un sandwich au **saucisson** *(salami)*
  - un sandwich au **fromage** *(cheese)*
  - un sandwich au **jambon** *(ham)*
  - un steak-frites *(steak with French fries)*
- une omelette
  - une omelette **nature** *(plain)*
  - une omelette aux **champignons** *(mushrooms)*
- une pizza
  - une pizza aux **anchois** *(anchovies)*
- une salade
  - une salade verte
  - une salade de tomates

un dessert
- **un yaourt** *(yogurt)*
  - un yaourt **nature**
  - un yaourt **à la fraise** *(strawberry)*
- **une glace** *(ice cream)*
  - une glace **au chocolat**
  - une glace **à la vanille**

une boisson *(beverage)*
- un café
- **un chocolat** *(cocoa, hot chocolate)*
- **un thé** *(tea)*
  - **un thé glacé** *(iced tea)*
- **un soda** *(carbonated soft drink)*
- **une limonade** *(lemon soda)*
- **une eau minérale** *(mineral water)*

LANGUAGE NOTE *à* and *de* with foods

Note the use of **à** and **de** in describing foods:

à + definite article *(flavored) with, containing*
un sandwich au jambon
une glace à la vanille
une pizza aux anchois
une tarte aux pommes

de *made from, consisting entirely of*
un jus d'orange
une salade de tomates

3 S'il vous plaît!

PARLER/ÉCRIRE Commandez les choses suivantes.

▶ **S'il vous plaît, je voudrais un café!**

4 Au «Balto»

PARLER Vous êtes dans un café qui s'appelle Le Balto. Le garçon arrive. Complétez les deux dialogues suivant les instructions. Ensuite, jouez ces dialogues avec vos camarades de classe.

A

—Bonjour, monsieur (mademoiselle). Vous désirez?

Ask for a sandwich.—

—Quelle sorte de sandwich?

Ask for a sandwich of your choice.—

—Et comme boisson?

Ask for your favorite cold drink.—

You are ready to pay.

Ask for the check.—

—Voilà.

The waiter gives you the check.

Ask if the tip is included.—

—Oui, monsieur (mademoiselle). Il est compris dans le prix *(price).*

B

—Bonjour, mademoiselle (monsieur). Vous désirez?

Ask if they have ice cream.—

—Mais, bien sûr, mademoiselle (monsieur).

Ask for your favorite kind of ice cream.—

—Et comme boisson?

Ask for iced tea.—

—Je regrette, mais nous n'avons pas cela.

Ask for another beverage.—

—Très bien, mademoiselle (monsieur).

FLASH d'information

Les Français consomment beaucoup d'eau minérale: en moyenne *(on the average)* 120 litres par an. Ces eaux minérales viennent de sources *(springs)* situées dans les régions volcaniques. Elles contiennent des minéraux qui sont bons pour la santé *(health)*. On distingue entre:

l'eau plate *(still water)* l'eau gazeuse *(sparkling water)*

3 ROLE PLAY ordering foods and beverages

1. S'il vous plaît, je voudrais un croissant.
2. S'il vous plaît, je voudrais un thé.
3. S'il vous plaît, je voudrais un thé glacé.
4. S'il vous plaît, je voudrais un sandwich au jambon.
5. S'il vous plaît, je voudrais un sandwich au fromage.
6. S'il vous plaît, je voudrais un croque-monsieur.
7. S'il vous plaît, je voudrais une glace à la vanille.
8. S'il vous plaît, je voudrais une salade verte.
9. S'il vous plaît, je voudrais une salade de tomates.
10. S'il vous plaît, je voudrais un yaourt.
11. S'il vous plaît, je voudrais une omelette aux champignons.

4 ROLE PLAY ordering in a cafe

Answers will vary.

(A)
—Je voudrais un sandwich.
—Donnez-moi (un sandwich au fromage), s'il vous plaît.
—Je voudrais (une limonade).
—L'addition, s'il vous plaît.
—Est-ce que le service est compris?

(B)
—Avez-vous des glaces?
—Je voudrais une glace (au chocolat, au café, à la fraise, à la framboise *(raspberry),* à la vanille).
—Donnez-moi un thé glacé, s'il vous plaît.
—Alors, donnez-moi un soda.

INCLUSION

Multisensory Have students prepare flashcards by drawing or cutting out of magazines pictures of the food items listed on page 156. Ask them to write phonetic transcriptions on each card to help them with pronunciation. Pair strong and at-risk students and have them role play the dialogue from Activity 4 *Au «Balto».*

SECTION C

Communicative function
Discussing food preferences

Teaching Resource Options

PRINT 

Workbook PE, pp. 83–90
Unit 3 Resource Book
Audioscript, p. 34
Communipak, pp. 152–174
Workbook TE, pp. 1–8

AUDIO & VISUAL 

Audio Program
CD 2 Track 14

Overhead Transparencies
28 *Le petit déjeuner*
29 *Le déjeuner et le dîner*

Looking ahead The vocabulary items of this section are activated using only definite and indefinite articles. In Lessons 10, 11, and 12, these items are practiced in contexts where the partitive article is appropriate.

Supplementary vocabulary

LE PETIT DÉJEUNER
le pain grillé / un toast
un oeuf à la coque *soft-boiled egg*
des oeufs brouillés *scrambled eggs*
in Canada:
des rôties *toast*
des oeufs à la poêle *fried eggs*

LE DÉJEUNER ET LE DÎNER
hors-d'oeuvre
le pâté

viandes
l'agneau *lamb*
le boeuf *beef*
un bifteck *minute steak*
un rôti de boeuf *roast beef*
un steak */stɛk/*
une côtelette de porc *pork chop*

La viande peut être...
saignante *(rare)*
à point *(medium)*
bien cuite *(well done)*

poissons
l'espadon (m.) *swordfish*
la morue *cod*

ingrédients
le vinaigre
l'huile (f.) *oil*
la farine *flour*

C VOCABULAIRE Un repas 

Pour exprimer ses préférences:

–Quel est ton plat **préféré**? — **préféré** *favorite*

–C'est le **poulet rôti**. — **le poulet rôti** *roast chicken*

Quel est ton plat préféré?
C'est le poulet rôti.

J'adore ...	*I love*	**Je n'aime pas tellement ...**	*I don't like ... that much*
J'aime ...	*I like*	**Je déteste ...**	*I hate*

Les plats

Pour le petit déjeuner

le pain

les céréales *(f.)*

la confiture

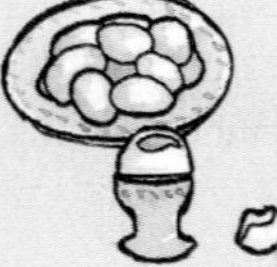
un oeuf

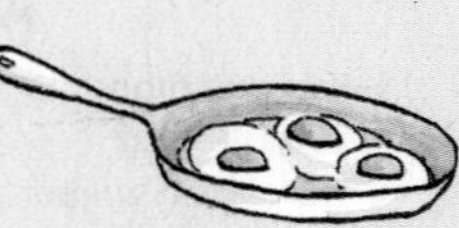
des oeufs sur le plat

Pour le déjeuner et le dîner

les hors-d'oeuvre *(m.)* *(appetizers)*	**le jambon** *(ham)* **la soupe**	**le saucisson** *(salami)* **le céleri**	**le melon**
la viande *(meat)*	**le poulet** *(chicken)* **le porc**	**le rosbif** *(roast beef)*	**le veau** *(veal)*
le poisson *(fish)*	**le thon** *(tuna)*	**la sole**	**le saumon** *(salmon)*
les autres plats *(m.)*	**les spaghetti** *(m.)*	**les frites** *(f.) (French fries)*	**le riz** *(rice)*
la salade et le fromage	**la salade**	**le fromage** *(cheese)*	**le yaourt**
le dessert	**le gâteau** *(cake)*	**la tarte** *(pie)*	**la glace**
les boissons *(f.)* *(beverages)*	**l'eau** *(f.) (water)* **le jus d'orange**	**l'eau minérale** **le jus de pomme** *(apple)*	**le lait** *(milk)* **le jus de raisin** *(grape)*
les ingrédients *(m.)*	**le beurre** *(butter)* **la margarine**	**le sel** *(salt)* **le sucre** *(sugar)* **le poivre** *(pepper)*	**le ketchup** **la mayonnaise** **la moutarde** *(mustard)*

CULTURAL NOTES

Beverages

French young people often order fruit and vegetable juices (e.g., **un jus d'orange, un jus de tomate**) when they go to a café or fast-food restaurant.

French **jus de raisin** can be made from red or yellow grapes. It is lighter in taste than its American counterpart.

In France, customers mix their own lemonade by ordering **un citron pressé.** The waiter brings them freshly-squeezed lemon juice, ice, sugar, and a pitcher of water. Similarly, one can order **une orange pressée.**

5 Préférences personnelles

PARLER/ÉCRIRE Dites si oui ou non vous aimez les choses suivantes.

- J'adore …
- J'aime beaucoup …
- Je n'aime pas tellement …
- Je déteste …

▶ **J'adore le poisson. (Je n'aime pas tellement le poisson.)**

6 S'il vous plaît

PARLER Vous dînez avec un(e) ami(e) français(e). Demandez-lui les choses suivantes.

S'il te plaît, passe-moi le sel.
Merci.
Tiens. Voilà le sel.

7 Invités (Guests)

PARLER Vous avez invité des camarades chez vous. Demandez-leur leurs préférences.

▶ poisson ou viande?

1. saumon ou thon?
2. jambon ou rosbif?
3. poulet ou veau?
4. oeufs sur le plat ou oeufs brouillés *(scrambled)*?
5. spaghetti ou frites?
6. fromage ou yaourt?
7. gâteau au chocolat ou gâteau à l'orange?
8. glace au café ou glace à la vanille?

Tu préfères le poisson ou la viande?

Je préfère la viande.

(Je préfère le poisson.)

8 Et les autres?

PARLER/ÉCRIRE Complétez les phrases suivantes en indiquant les préférences alimentaires de chacun. Si c'est nécessaire, utilisez votre imagination.

Mon copain Ma copine Mon père Ma mère Mon chien Mon chat	aime beaucoup n'aime pas tellement déteste	??

▶ La tarte

Unlike a typical American pie, a French **tarte** consists of a bottom crust topped with a layer of neatly arranged fruit which is sealed with an apricot glaze.

5 COMMUNICATION indicating food preferences

Answers will vary.
1. (J'adore) la soupe.
2. (Je n'aime pas tellement) le poulet rôti.
3. (J'aime beaucoup) l'eau minérale.
4. (Je déteste) le fromage.
5. (Je n'aime pas tellement) les céréales.
6. (Je déteste) les oeufs sur le plat.
7. (Je n'aime pas tellement) le riz.
8. (J'adore) la glace.
9. (J'adore) le gâteau.

6 ROLE PLAY passing food at table

–S'il te plaît, passe-moi …
–Tiens. Voilà …
–Merci.
1. le beurre
2. la confiture
3. le pain
4. le poivre
5. la salade
6. le fromage
7. la tarte
8. l'eau
9. le sucre

7 ROLE PLAY asking friends their food preferences

Answers will vary.
1. –Tu préfères le saumon ou le thon?
   –Je préfère le saumon (le thon).
2. –Tu préfères le jambon ou le rosbif?
   –Je préfère le jambon (le rosbif).
3. –Tu préfères le poulet ou le veau?
   –Je préfère le poulet (le veau).
4. –Tu préfères les oeufs sur le plat ou les oeufs brouillés?
   –Je préfère les oeufs sur le plat (brouillés).
5. –Tu préfères les spaghetti ou les frites?
   –Je préfère les spaghetti (les frites).
6. –Tu préfères le fromage ou le yaourt?
   –Je préfère le fromage (le yaourt).
7. –Tu préfères le gâteau au chocolat ou le gâteau à l'orange?
   –Je préfère le gâteau au chocolat (à l'orange).
8. –Tu préfères la glace au café ou la glace à la vanille?
   –Je préfère la glace au café (à la vanille).

Expansion Have students write down their partner's preferences. As a follow-up, quickly ask individual students which foods their partners like best.

(numéro 1)
–Colette, qu'est-ce que Charles préfère?
–Il préfère le thon., etc.

8 COMMUNICATION describing food preferences of one's friends and family

Answers will vary.
Mon copain (aime beaucoup les frites).
Ma copine (n'aime pas tellement la glace).
Mon père (déteste le yaourt).
Ma mère (aime beaucoup le café).
Mon chien (n'aime pas tellement le lait).
Mon chat (déteste le fromage).

SECTION D

Communicative function
Shopping for food

Teaching Resource Options

PRINT 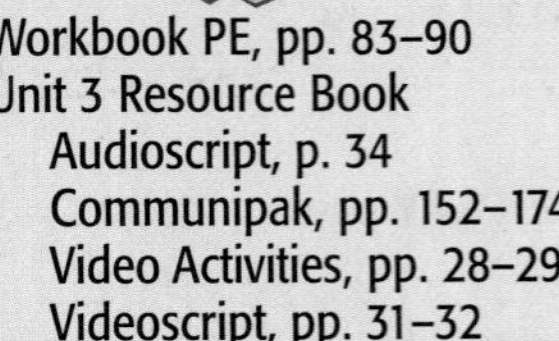

Workbook PE, pp. 83–90
Unit 3 Resource Book
Audioscript, p. 34
Communipak, pp. 152–174
Video Activities, pp. 28–29
Videoscript, pp. 31–32
Workbook TE, pp. 1–8

AUDIO & VISUAL 

Audio Program
CD 2 Track 15

Overhead Transparencies
30 *Fruits et légumes*

VIDEO PROGRAM

VIDÉO  DVD 

LEÇON 9

Section 3: Les courses
(34:44–38:13 min.)

 **Review** fruits and vegetables

Looking ahead Additional quantities are presented in Lesson 12, p. 186.

Cultural note At an outdoor market, the vendor usually selects the fruits and vegetables and puts them in a bag for the customer.

Supplementary vocabulary

FRUITS
un abricot *apricot*
un ananas *pineapple*
un citron *lemon*
une framboise *raspberry*
un melon *canteloupe*
le raisin *grape*
une pastèque *watermelon*
une pêche *peach*

LÉGUMES
un avocat *avocado*
un brocoli
un chou-fleur *cauliflower*
un concombre *cucumber*
des épinards (m.) *spinach*
un poivron *green pepper*
une aubergine *eggplant*

D VOCABULAIRE Les courses *(food shopping)*

Pour faire les courses au marché:

–**Vous désirez?**
Je voudrais **un kilo** de tomates.
une livre de carottes.

un kilo *kilo (1,000 grams = 2.2 lbs)*
une livre *pound (500 grams)*

–**Et avec ça?** *(Anything else?)*
Donnez-moi aussi **une douzaine** d'oeufs.

une douzaine *dozen*

–**C'est tout?** *(Is that all?)*
Oui, c'est tout.
Ça fait combien? *(How much does that come to?)*

–Alors, ça fait quatre euros cinquante.

Fruits et légumes

COMPREHENSION Fruits and vegetables REVIEW

PROPS: Plastic fruits and vegetables

Place the items on a desk ("market stand").

Have students "buy" and distribute them.

X, viens au marché et achète une pomme.
Maintenant, donne la pomme à Y.

Frequently ask who has what.

Qui a la pomme? [Y]
Qui a l'orange? [Z]

9 Les courses

PARLER/ÉCRIRE Vous allez préparer les plats suivants. Décrivez les légumes et les fruits que vous allez acheter.

▶ des frites **Je vais acheter des pommes de terre.**

1. une salade de tomates
2. une salade de fruits
3. une soupe de légumes
4. une tarte aux fruits
5. un repas végétarien
6. une grande salade

10  Au marché

PARLER Vous faites les courses au marché. Complétez le dialogue avec le marchand en suivant les instructions. Jouez ce dialogue avec un(e) camarade.

Vous désirez, mademoiselle?

Ask for one vegetable and give the quantity you want.

Et avec ça?

Ask for two of your favorite fruits and specify the quantities.

Say that is all and ask how much it will cost.

Give the money to the vendor.

Merci, et au revoir.

Say good-bye.

11 Qu'est-ce que vous préférez?

PARLER/ÉCRIRE Indiquez vos préférences.

▶ pour le petit déjeuner: un oeuf ou des céréales? **Je préfère des céréales (un oeuf).**

1. pour le petit déjeuner: un pamplemousse ou une orange?
2. après le déjeuner: une pomme ou une poire? des cerises ou des fraises?
3. avec le poulet: des haricots verts ou des petits pois?
4. avec le bifteck: des pommes de terre ou des carottes?
5. comme salade: une salade de tomates ou une salade de concombre *(cucumber)*?
6. pour le dessert: une tarte aux pommes ou une tarte aux poires?
7. comme glace: une glace à la vanille ou une glace à la fraise?

9 COMMUNICATION preparing a shopping list

Answers will vary.
1. Je vais acheter des tomates.
2. Je vais acheter (des pamplemousses, des oranges, des bananes, des pommes, des poires, des fraises, des cerises).
3. Je vais acheter (des tomates, des carottes, des haricots verts, des petits pois).
4. Je vais acheter (des pommes, des poires, des fraises, des cerises).
5. Je vais acheter des légumes et des fruits.
6. Je vais acheter (une salade, des carottes, des tomates).

10 ROLE PLAY shopping in an outdoor market

–Je voudrais (un kilo de carottes).
–Donnez-moi aussi (deux pommes et un kilo de fraises).
–Oui, c'est tout. Ça fait combien?
–Voilà (huit) euros.
–Au revoir, monsieur.

11 COMMUNICATION expressing one's preferences

1. Je préfère une orange (un pamplemousse).
2. Je préfère une pomme (une poire). Je préfère des cerises (des fraises).
3. Je préfère des haricots verts (des petits pois).
4. Je préfère des pommes de terre (des carottes).
5. Je préfère une salade de tomates (une salade de concombre).
6. Je préfère une tarte aux pommes (une tarte aux poires).
7. Je préfère une glace à la vanille (une glace à la fraise).

Pre-AP skill: Communicate preferences.

OPTIONAL: If the fruits and vegetables are light in weight and if the class is well behaved, manipulate the props as follows:

Y, donne-moi la pomme, s'il te plaît. Attention, je vais lancer la pomme à X. [Toss the apple to X.]

Qui a l'orange? X? Bien, lance l'orange à Y.

INCLUSION

Repetitive Using **Transparency 30** with the overlay **30(o),** point to each food item and have students repeat it three times. Then, take off the vocabulary overlay and ask them to identify each item. Have them work in pairs to act out Activity 10.

AU JOUR LE JOUR

Objectives

- Reading authentic documents
- Reading for information

Teaching Resource Options

PRINT 

Family Involvement, pp. 23–24

Assessment

Lesson 9 Quiz, pp. 42–43
Portfolio Assessment, Reprise/Unit 1 URB, pp. 235–244
Audioscript for Quiz 9, p. 41
Answer Keys, pp. 224–228

AUDIO & VISUAL 

Audio Program
CD 17 Track 1

TECHNOLOGY 

Test Generator CD-ROM/McDougal Littell Assessment System

Anticipatory structure du/de la

In the following responses, you will want to prompt the correct answers, using the partitive.

Dans une omelette western, il y a du jambon.

Dans la crêpe, il y a de la crème glacée.

Tell students that these articles will be formally presented in the next lesson.

Au jour le jour

Déjeuner à Québec

Vous voyagez au Canada. Aujourd'hui vous êtes à Québec. Où allez-vous déjeuner? Si vous voulez, vous pouvez aller à l'Omelette.

Regardez le menu. Les omelettes sont évidemment la spécialité de ce restaurant, mais il y a d'autres plats au menu.

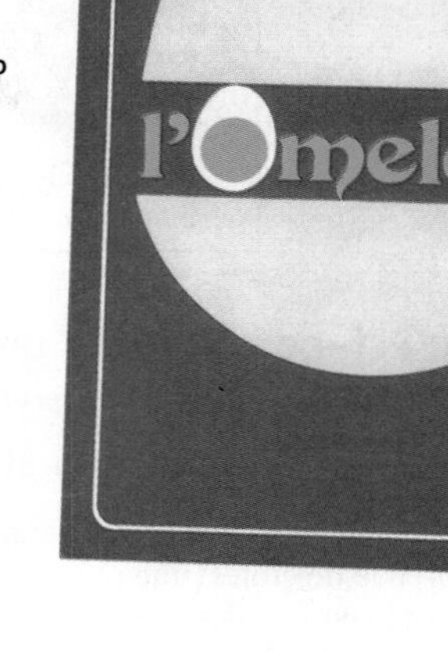

LE MENU

Les omelettes

1. Combien d'omelettes différentes y a-t-il au menu?
2. Parmi *(Among)* ces omelettes, quelle est votre omelette favorite? Combien est-ce qu'elle coûte?
3. Qu'est-ce qu'il y a dans une omelette espagnole? dans une omelette western?
4. Dans quelles omelettes est-ce qu'il y a des tomates? des pommes de terre? des oignons?

Les salades et les plats divers

1. Allez-vous prendre une salade ou une soupe? Qu'est-ce que vous avez choisi?
2. Comment dit-on «hamburger» à Québec?
3. Qu'est-ce que vous allez choisir si vous avez très faim?
4. Qu'est-ce que vous allez commander si vous n'avez pas très faim?

Les crêpes et les desserts

1. Comment dit-on «glace» à Québec?
2. Choisissez une crêpe. Qu'est-ce qu'il y a dans cette crêpe?
3. Quel dessert avez-vous choisi? Quel est son ingrédient principal?

Les boissons

1. Comment dit-on «boisson» à Québec? Comment dit-on «soda»?
2. Qu'est-ce que vous avez choisi comme boisson?

UN REPAS COMPLET

1. Imaginez que vous allez prendre un repas complet.
   - Vous voulez dépenser seulement 10 dollars. Choisissez un plat principal, un dessert et une boisson.
     Qu'est-ce que vous avez choisi?
     Combien coûte votre repas?
   - Vous avez très faim. Choisissez un plat froid, un plat chaud, un dessert et une boisson.
     Qu'est-ce que vous avez choisi?
     Combien coûte votre repas?
2. Avec un(e) camarade qui va jouer le serveur (la serveuse), composez et jouez un dialogue où vous commandez votre repas.

OBSERVATION ACTIVITY

Have students read the menu and try to find Canadian expressions that are different from French expressions.

un hambourgeois (un hamburger)
une crème glacée (une glace)
un breuvage (une boisson)
une liqueur douce (un soda/une boisson gazeuse)

Also: **un bleuet (une myrtille)**

OMELETTES

Omelette nature Plain omelette	5,50
Omelette aux fines herbes Omelette with fine herbs	5,95
Omelette aux champignons et fromage Omelette with mushrooms and cheese	6,50
Omelette jambon et fromage Omelette with ham and cheese	6,50
Omelette espagnole: tomates pelées, poivrons et oignons Omelette with tomatoes, green peppers and onions	6,50
Omelette lyonnaise: oignons Omelette with onions	5,95
Omelette niçoise: tomates pelées et fonds d'artichauts Omelette with tomatoes and artichoke hearts	6,50
Omelette paysanne: lardons, pommes de terre, fines herbes et oignons hachés Omelette with thick bacon, potatoes, onions and fine herbs	6,50
Omelette western: jambon, pommes de terre et oignons Omelette with ham, potatoes and onions	6,50
Omelette provençale: tomates pelées, ail et persil Omelette with tomatoes, garlic and parsley	6,50

SALADES

Salade maison House salad	3,25
Salade César Caesar salad	3,95
Salade de poulet Chicken salad	6,75

DIVERS

Soupe aux pois Canadian pea soup	2,75
Soupe à l'oignon gratinée Baked French onion soup	4,00
Croque-monsieur Grilled bread with ham and cheese	6,25
Hambourgeois deluxe Hamburger deluxe garnished	6,75

CRÊPES FRANÇAISES À LA POÊLE

Fraises et crème glacée Strawberries and ice cream	5,50
Pêches et crème glacée Peaches and ice cream	5,50
Poires et crème glacée Pears and ice cream	5,50
Ananas et crème glacée Pineapple and ice cream	5,50
Bleuets et crème glacée Blueberries and ice cream	5,50

DESSERTS

Tarte au sucre Sugar pie	3,50
Tarte aux pommes Apple pie	3,00
Mousse au chocolat Chocolate mousse	2,95
Shortcake aux fraises Strawberry shortcake	3,50
Gâteau Forêt noire Black Forest cake	3,50
Gâteau au fromage Cheesecake	3,50
Salade de fruits Fruit salad	3,50
Fraises à la crème Strawberries with cream	3,50
Cassata maison House Italian ice cream	3,50

BREUVAGES

Jus d'orange Orange juice	1,75
Jus de pomme Apple juice	1,75
Jus de pamplemousse Grapefruit juice	1,75
Nectar de poire Pear juice	1,95
Nectar d'abricot Apricot juice	1,95
Jus de tomate Tomato juice	1,95
Liqueurs douces Soft drinks	1,95

Bon Appétit!

Le menu

Answers will vary.

Les omelettes

1. Il y a 10 omelettes différentes au menu.
2. Mon omelette favorite est (l'omelette aux champignons et fromage). Elle coûte (6,50$).
3. Dans une omelette espagnole, il y a des tomates pelées, des poivrons et des oignons. Dans une omelette western, il y a du jambon, des pommes de terre et des oignons.
4. Il y a des tomates dans l'omelette espagnole, l'omelette niçoise et l'omelette provençale. Il y a des pommes de terre dans l'omelette paysanne et l'omelette western. Il y a des oignons dans l'omelette espagnole, l'omelette lyonnaise, l'omelette paysanne et l'omelette western.

Les salades et les plats divers

1. Je vais prendre une salade (une soupe). J'ai choisi la salade maison (la soupe à l'oignon gratinée).
2. À Québec, on dit «hambourgeois».
3. Si j'ai très faim, je vais choisir (l'omelette paysanne et la soupe aux pois).
4. Si je n'ai pas très faim, je vais commander (une salade César).

Les crêpes et les desserts

1. À Québec, on dit «crème glacée».
2. Dans la crêpe (fraises et crème glacée), il y a (des fraises et de la crême glacée).
3. J'ai choisi (la mousse au chocolat). Son ingrédient principal est (le chocolat).

Les boissons

1. À Québec, on dit «breuvage».
2. J'ai choisi (un jus de pomme).

Un repas complet

Answers will vary.

1. • J'ai choisi une salade César, une mousse au chocolat et du jus d'orange. Mon repas coûte (8,65$).
   • J'ai choisi (la salade maison, la soupe aux pois, le gâteau au fromage et le jus de pomme). Mon repas coûte (11,25$).
2. –Bonjour mademoiselle (monsieur). Vous désirez?
   –Je voudrais l'omelette lyonnaise.
   –Et comme boisson?
   –Je voudrais un jus de tomate.
   –Est-ce que vous voulez un dessert?
   –Je voudrais le gâteau Forêt noire.
   –Très bien, mademoiselle (monsieur).

Pronunciation

la poêle /pwal/ *frying pan*

Cultural note **La soupe aux pois** *(split pea soup)* and **la tarte au sucre** *(maple sugar pie)* are traditional French Canadian dishes.

Leçon 10

Main Topic Talking about food

Teaching Resource Options

PRINT 

Workbook PE, pp. 91–96
Activités pour tous PE, pp. 65–67
Block Scheduling Copymasters, pp. 81–88
Unit 3 Resource Book
- *Activités pour tous* TE, pp. 51–53
- Audioscript, pp. 70, 72–74
- Communipak, pp. 152–174
- Lesson Plans, pp. 54–55
- Block Scheduling Lesson Plans, pp. 56–57
- Absent Student Copymasters, pp. 58–61
- Video Activities, pp. 64–68
- Videoscript, p. 69
- Workbook TE, pp. 45–50

AUDIO & VISUAL 

Audio Program
CD 2 Track 16
CD 8 Tracks 7–12

TECHNOLOGY 

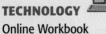

Online Workbook

VIDEO PROGRAM

VIDEO
DVD

LEÇON 10

Au supermarché

TOTAL TIME: 5:14 min.
DVD Disk 1
Videotape 1 (COUNTER: 38:18 min.)

LEÇON 10

VIDÉO-SCÈNE 
VIDÉO DVD AUDIO

Au supermarché

Nous sommes samedi. Pierre a décidé d'aller faire un pique-nique à la campagne demain avec sa copine Armelle et sa cousine Corinne. Cet après-midi, les trois amis vont faire les courses pour le pique-nique. Ils vont au supermarché.

D'abord, ils prennent un chariot.

Qu'est-ce qu'on achète?
Euh ... bon, d'abord, achetons du pain.

Ils vont à la boulangerie.
Deux baguettes, s'il vous plaît. Merci.

À la charcuterie, Pierre, Armelle et Corinne décident ce qu'ils vont acheter.
Qu'est-ce que je prends pour les sandwiches. Du saucisson?
Ah, non, prends plutôt du jambon!

Armelle, tu veux du jambon?
Oui, j'aime mieux ça.
Bon alors, je prends du jambon.

CULTURAL NOTE Au supermarché

At many French supermarkets, people must insert a 1-euro coin to release their shopping cart. After they have loaded their groceries in the car, they return the shopping cart and retrieve their money.

The departments inside the **supermarché** correspond to the traditional specialty stores (see pp. 152–153): **(la) boulangerie, (la) charcuterie, (la) crémerie,** etc.

In French supermarkets, customers weigh their fruits and vegetables. They place the item on the scale, push the corresponding picture, and then place the printed price sticker on the plastic bag.

Like Pierre, many French people take their own bag **(un filet)** or basket **(un panier)** when they go shopping for groceries.

À la crémerie, ils ont un grand choix de produits.

Après, ils vont choisir leurs boissons.

On prend des fruits?
Oui, c'est bon pour la santé!

Ils pèsent les fruits sur la balance.

Enfin, ils vont à la caisse. Pierre met les provisions dans son filet.

Bon, j'emporte tout ça chez moi. On se voit demain pour le pique-nique. Allez, salut Armelle.
Salut, à demain.
Oui, à demain.

À la cuisine, Pierre range les provisions.

Voilà - tout est prêt pour le pique-nique!

à suivre ...

Compréhension

1. Où vont Pierre, Armelle et Corinne?
2. Qu'est-ce qu'ils achètent au rayon° boulangerie?
3. Qu'est-ce qu'ils achètent au rayon charcuterie?
4. Quelles boissons achètent-ils?
5. Qu'est-ce qu'ils vont faire demain?

rayon *section*

Language note French young people often say **Salut!** instead of **Au revoir!** when saying good-bye to someone.

Compréhension

Answers
1. Ils vont au supermarché.
2. Ils achètent du pain (deux baguettes).
3. Ils achètent du jambon.
4. Ils achètent de la limonade.
5. Ils vont faire un pique-nique.

SECTION A

Communicative function
Talking about what one wants, can do, or must do

Teaching Resource Options

PRINT
Workbook PE, pp. 91–96
Unit 3 Resource Book
Communipak, pp. 152–174
Workbook TE, pp. 45–50

TECHNOLOGY
Power Presentations

 **Review vouloir, pouvoir, devoir**

Language note
vouloir → *volunteer* **(volontaire)**
pouvoir → *power*

Language note The past participle **dû** has an accent circonflexe to distinguish it from the partitive article **du,** as in **du poulet.**

Supplementary vocabulary
You may wish to introduce the expression:
vouloir dire *to mean*
Qu'est-ce que **vous voulez dire**?
Que **veut dire** ce mot?

New material **devoir** + noun

Language note The verb **devoir** cannot stand alone.
–Est-ce que je **dois travailler** ce soir?
–Oui, tu **dois travailler.**
*Yes, you **should (work).***
*Yes, you **have to (work).***

QU'EST-CE QUE TU VEUX, MINOU?
JE VOUDRAIS DU LAIT.
LAIT

A Les verbes *vouloir, pouvoir* et *devoir*

Note the forms of the irregular verbs **vouloir**, **pouvoir**, and **devoir**.

INFINITIVE	vouloir	pouvoir	devoir
PRESENT	je **veux** tu **veux** il/elle/on **veut** nous **voulons** vous **voulez** ils/elles **veulent**	je **peux** tu **peux** il/elle/on **peut** nous **pouvons** vous **pouvez** ils/elles **peuvent**	je **dois** tu **dois** il/elle/on **doit** nous **devons** vous **devez** ils/elles **doivent**
PASSÉ COMPOSÉ	**j'ai voulu**	**j'ai pu**	**j'ai dû**

Vouloir means *to want.* It can be followed by a NOUN or an INFINITIVE.

Veux-tu une glace? — ***Do you want** an ice cream cone?*
Voulez-vous déjeuner avec nous? — ***Do you want** to have lunch with us?*

→ To express a request politely, the French use **je voudrais** instead of **je veux**.

Je voudrais une glace. — ***I would like** an ice cream cone.*
Je voudrais déjeuner. — ***I would like** to have lunch.*

→ To accept an offer, the French often use the expression **je veux bien.**

—Tu veux déjeuner avec moi? — *Do you want to have lunch with me?*
—Oui, **je veux bien.** — *Yes, **I would love to.***

Pouvoir has several English equivalents.

can	Est-ce que tu **peux** faire les courses?	***Can** you do the food shopping?*
may	Est-ce que je **peux** entrer?	***May** I come in?*
to be able	Jacques **ne peut pas** venir ce soir.	*Jacques **is not able** to come tonight.*

Devoir is usually followed by an INFINITIVE. Note its English equivalents.

should	Nous **devons** étudier ce soir.	*We **should** study tonight.*
must	Vous **ne devez pas** sortir.	*You **must not** go out.*
have	Je **dois** préparer le dîner.	*I **have to** fix dinner.*

→ When **devoir** is followed by a NOUN, it means *to owe.*

Je **dois** vingt euros à mon frère. — *I **owe** my brother 20 euros.*

GROUP CONVERSATION Samedi prochain

- Have students each write down two things that they want to do next Saturday.
- Then divide the class into groups of four or five students and let each group come to a consensus on the one thing the members want to do.

Sample exchanges:
Paul: **Je veux aller à la plage samedi matin.**
Anne: **Je ne peux pas. Je dois travailler. Qui veut aller au cinéma samedi soir? ...**
The spokesperson **(le porte-parole)** will report back to the entire class what the group has decided.

1 Le dîner

PARLER/ÉCRIRE Pour le dîner, chacun veut faire une chose différente.

▶ Claire / aller dans un restaurant chinois
Claire veut aller dans un restaurant chinois.

1. nous / dîner en ville
2. Olivier / rester à la maison
3. toi / manger un steak
4. vous / commander une pizza
5. moi / aller dans un restaurant vietnamien
6. Jérôme et Patrick / faire un pique-nique
7. Isabelle / dîner à huit heures
8. David et François / dîner à sept heures

2 C'est impossible!

PARLER/ÉCRIRE Les personnes suivantes n'ont pas certaines choses. Dites quelle activité de la liste elles ne peuvent pas faire.

▶ Marc n'a pas sa raquette.
Il ne peut pas jouer au tennis.

1. Nous n'avons pas de vélo.
2. Je n'ai pas mon maillot de bain.
3. Éric n'a pas de couteau.
4. Tu n'as pas de fourchette.
5. Nous n'avons pas nos livres.
6. Alice n'a pas de portable.
7. Les touristes n'ont pas d'appareil-photo.
8. Vous n'avez pas d'ordinateur.
9. Léa n'a pas son baladeur.

étudier
écouter le CD
nager
jouer au tennis
prendre des photos
manger un steak
manger des spaghetti
faire une promenade à la campagne
téléphoner
surfer sur le Net

3 Que doivent-ils faire?

PARLER/ÉCRIRE Dites ce que les personnes doivent faire pour atteindre *(to reach)* leurs objectifs.

▶ Marc veut manger une pizza.
Il doit aller dans un restaurant italien.

1. Je veux manger des tacos.
2. Tu veux manger un hamburger.
3. Monsieur Legros veut maigrir.
4. Mes copains veulent préparer un repas.
5. Vous voulez réussir à l'examen.
6. Nous voulons gagner de l'argent.

étudier
trouver un job
aller au marché
faire les courses
faire de l'exercice
aller dans un restaurant italien
aller dans un restaurant mexicain
aller dans un fast-food

1 DESCRIPTION saying what people want to do

1. Nous voulons dîner en ville.
2. Olivier veut rester à la maison.
3. Tu veux manger un steak.
4. Vous voulez commander une pizza.
5. Je veux aller dans un restaurant vietnamien.
6. Jérôme et Patrick veulent faire un pique-nique.
7. Isabelle veut dîner à huit heures.
8. David et François veulent dîner à sept heures.

Variation (with the passé composé)
Claire a voulu aller dans un restaurant chinois.

2 COMPREHENSION determining what people are unable to do

1. Nous ne pouvons pas faire de promenade à la campagne.
2. Je ne peux pas nager.
3. Il ne peut pas manger de steak.
4. Tu ne peux pas manger de spaghetti.
5. Nous ne pouvons pas étudier.
6. Elle ne peut pas téléphoner.
7. Ils ne peuvent pas prendre de photos.
8. Vous ne pouvez pas surfer sur le Net.
9. Elle ne peut pas écouter le CD.

Language note Be sure students use **pas de** in the following items:

1. **Nous ne pouvons pas faire de promenade à la campagne.**
3. **Il ne peut pas manger de steak.**
4. **Tu ne peux pas manger de spaghetti.**
7. **Ils ne peuvent pas prendre de photos.**

3 COMPREHENSION indicating what people should do to attain a goal

1. Je dois aller dans un restaurant mexicain.
2. Tu dois aller dans un fast-food.
3. Il doit faire de l'exercice.
4. Ils doivent aller au marché (faire les courses).
5. Vous devez étudier.
6. Nous devons trouver un job.

INCLUSION

Synthetic/Analytic Show students the similar pattern in the verb beginnings **(veu-/voul-, peu-/pouv-, doi-/dev-).** Have them write the conjugations in their notebooks, drawing a box around the forms with **veu-, peu-** and **doi-** to show how they form an "L" or boot. Then, write the beginnings on the board and have students generate the verb forms.

SECTION B

Communicative function
Discussing quantities

Teaching Resource Options

PRINT 
Workbook PE, pp. 91–96
Unit 3 Resource Book
Communipak, pp. 152–174
Workbook TE, pp. 45–50

AUDIO & VISUAL 
Overhead Transparencies
31 *Quel article?*

TECHNOLOGY
Power Presentations

 **Review** partitive article with foods and beverages

Looking ahead The use of partitive articles with nouns designating things other than foods and beverages (e.g., Tu as **de l'argent**?) is introduced in Lesson 11.

B L'article partitif: *du, de la*

Look carefully at the pictures below.

The pictures on the left represent *whole* items: a whole chicken, a whole melon, a whole head of lettuce, a whole pie. The nouns are introduced by INDEFINITE ARTICLES: **un, une.**

The pictures on the right represent a *part* or *some quantity* of these items: a serving of chicken, a piece of melon, some leaves of lettuce, a slice of pie. The nouns are introduced by PARTITIVE ARTICLES: **du, de la.**

Voici ...	Voilà ...
un poulet	**du** poulet
un melon	**du** melon
une salade	**de la** salade
une tarte	**de la** tarte

FORMS

The partitive article has the following forms:

MASCULINE	**du** **de l'** (+ VOWEL SOUND)	**du** fromage, **du** pain **de l'**argent
FEMININE	**de la** **de l'** (+ VOWEL SOUND)	**de la** salade, **de la** limonade **de l'**eau

USES

Partitive articles are used to refer to A CERTAIN QUANTITY or A CERTAIN AMOUNT of something. Note how they are used in the sentences below.

Voici **du pain** ... et voilà **de la confiture.**	*Here is* **some bread** ... *and there is* **some jam.**
Philippe mange **du fromage.**	*Philippe is eating* **(some) cheese.**
Nous achetons **de l'eau minérale.**	*We are buying* **(some) mineral water.**
—Est-ce que tu veux **de la salade**?	*Do you want* **(any, some) salad**?
—Oui, donne-moi **de la salade.**	*Yes, give me* **some salad.**

Est-ce que tu veux de la salade?
Oui, donne-moi de la salade.

LANGUAGE COMPARISON

While the words *some* or *any* are often omitted in English, the articles **du** and **de la** must be used in French.

TEACHING STRATEGY

L'article partitif PROP: Transparency 31 *(Quel article?)*

Use **Transparency 31** to practice *a whole* vs. *a part / quantity* of something. Cover up the words and have students identify the picture.

(whole chicken) **Voilà un poulet.**
(piece of pie) **Voilà de la tarte.**, etc.

INCLUSION

Repetitive Write the forms of the partitive on the board and say them aloud. Students should write each form three times while simultaneously repeating the words aloud. Write a list of expressions containing the partitive on the board so that students can copy the words into their notebooks while saying them aloud and underlining each partitive.

4 Pique-nique

PARLER Béatrice a invité ses copains à un pique-nique. Elle leur demande s'ils ont faim ou soif et elle leur offre quelque chose. Jouez les rôles de Béatrice et de ses copains. Faites les substitutions suggérées.

Tu as soif?
Oh là là, oui, j'ai soif.
Tu veux de la limonade?
Oui, donne-moi de la limonade, s'il te plaît.

1. faim
   du poulet
2. soif
   de l'eau minérale
3. soif
   du jus d'orange
4. faim
   de la glace
5. faim
   du jambon
6. soif
   du thé glacé
7. soif
   du jus de pomme
8. faim
   du pain et du fromage

5 Une invitation

PARLER Vous avez invité des copains à déjeuner chez vous. Offrez à vos copains le choix entre les choses suivantes. Ils vont indiquer leurs préférences.

▶ (le) lait ou (l')eau?

1. (la) soupe ou (le) melon?
2. (le) saucisson ou (le) jambon?
3. (le) poisson ou (la) viande?
4. (le) rosbif ou (le) poulet?
5. (le) saumon ou (la) sole?
6. (le) ketchup ou (la) mayonnaise?
7. (le) beurre ou (la) margarine?
8. (le) fromage ou (le) yaourt?
9. (le) gâteau ou (la) glace?
10. (le) jus d'orange ou (l') eau minérale?

Tu veux du lait ou de l'eau?
Je voudrais de l'eau (du lait).

6 Au «Petit Vatel»

PARLER Vous déjeunez au restaurant Le Petit Vatel. Vous demandez les choses suivantes au serveur (à la serveuse). Jouez les dialogues avec un(e) camarade.

—Je voudrais du pain, s'il vous plaît.

—Voilà du pain, monsieur (mademoiselle).

▶ 

1 

2 

3 

4 

5 

6 

7 

TEACHING PROJECT Les repas REVIEW

PROPS: One large paper plate per student

Have students illustrate their paper plates with drawings or pictures of at least five food items for one meal of the day. (They should write their names on the back of the plate.) Then in small groups, students take turns telling what they have for the particular meal.

FOLLOW-UP: Collect the plates and redistribute them so that each student has another student's plate. Then have them write what this person is having.

For example:

Alice prend du poisson, du riz et des petits pois. Comme dessert, elle prend des fraises et de la glace.

4 ROLE PLAY offering food and drink

1. –Tu as faim?
   –Oh là là, oui, j'ai faim.
   –Tu veux du poulet?
   –Oui, donne-moi du poulet, s'il te plaît.
2. –Tu as soif?
   –Oh là là, oui, j'ai soif.
   –Tu veux de l'eau minérale?
   –Oui, donne-moi de l'eau minérale, s'il te plaît.
3. –Tu as soif?
   –Oh là là, oui, j'ai soif.
   –Tu veux du jus d'orange?
   –Oui, donne-moi du jus d'orange, s'il te plaît.
4. –Tu as faim?
   –Oh là là, oui, j'ai faim.
   –Tu veux de la glace?
   –Oui, donne-moi de la glace, s'il te plaît.
5. –Tu as faim?
   –Oh là là, oui, j'ai faim.
   –Tu veux du jambon?
   –Oui, donne-moi du jambon, s'il te plaît.
6. –Tu as soif?
   –Oh là là, oui, j'ai soif.
   –Tu veux du thé glacé?
   –Oui, donne-moi du thé glacé, s'il te plaît.
7. –Tu as soif?
   –Oh là là, oui, j'ai soif.
   –Tu veux du jus de pomme?
   –Oui, donne-moi du jus de pomme, s'il te plaît.
8. –Tu as faim?
   –Oh là là, oui, j'ai faim.
   –Tu veux du pain et du fromage?
   –Oui, donne-moi du pain et du fromage, s'il te plaît.

Variation Let the students vary their dialogues by choosing other foods and beverages.

5 EXCHANGES offering foods and beverages and expressing preferences

Answers will vary.

1. –Tu veux de la soupe ou du melon?
   –Je voudrais de la soupe (du melon).
2. –Tu veux du saucisson ou du jambon?
   –Je voudrais du saucisson (du jambon).
3. –Tu veux du poisson ou de la viande?
   –Je voudrais du poisson (de la viande).
4. –Tu veux du rosbif ou du poulet?
   –Je voudrais du rosbif (du poulet).
5. –Tu veux du saumon ou de la sole?
   –Je voudrais du saumon (de la sole).
6. –Tu veux du ketchup ou de la mayonnaise?
   –Je voudrais du ketchup (de la mayonnaise).
7. –Tu veux du beurre ou de la margarine?
   –Je voudrais du beurre (de la margarine).
8. –Tu veux du fromage ou du yaourt?
   –Je voudrais du fromage (du yaourt).
9. –Tu veux du gâteau ou de la glace?
   –Je voudrais du gâteau (de la glace).
10. –Tu veux du jus d'orange ou de l'eau minérale?
    –Je voudrais du jus d'orange (de l'eau minérale).

6 ROLE PLAY requesting items in a restaurant

1. –Je voudrais du poivre, s'il vous plaît.
   –Voilà du poivre, monsieur (mademoiselle).
2. –Je voudrais de l'eau minérale, s'il vous plaît.
   –Voilà de l'eau minérale, monsieur (mademoiselle).
3. –Je voudrais du fromage, s'il vous plaît.
   –Voilà du fromage, monsieur (mademoiselle).
4. –Je voudrais de la salade, s'il vous plaît.
   –Voilà de la salade, monsieur (mademoiselle).
5. –Je voudrais du sucre, s'il vous plaît.
   –Voilà du sucre, monsieur (mademoiselle).
6. –Je voudrais de la tarte, s'il vous plaît.
   –Voilà de la tarte, monsieur (mademoiselle).
7. –Je voudrais du thé, s'il vous plaît.
   –Voilà du thé, monsieur (mademoiselle).

SECTION C

Communicative function
Making negative statements

Teaching Resource Options

PRINT 

Workbook PE, pp. 91–96
Unit 3 Resource Book
Audioscript, p. 71
Communipak, pp. 152–174
Family Involvement, pp. 62–63
Workbook TE, pp. 45–50

Assessment
Lesson 10 Quiz, pp. 76–77
Portfolio Assessment, Reprise/Unit 1 URB, pp. 235–244
Audioscript for Quiz 10, p. 75
Answer Keys, pp. 224–228

AUDIO & VISUAL

Audio Program
CD 2 Track 17
CD 17 Track 2

Overhead Transparencies
28 *Le petit déjeuner*
29 *Le déjeuner et le dîner*

TECHNOLOGY
Power Presentations

Review partitive article in the negative

ROLE PLAY offering and requesting items in a restaurant

1. –Qu'est-ce que vous désirez avec votre steak?
–Je voudrais des frites.
–Voulez-vous aussi de la salade?
–Merci, pas de salade.
2. –Qu'est-ce que vous désirez dans votre café?
–Je voudrais du lait.
–Voulez-vous aussi du sucre?
–Merci, pas de sucre.
3. –Qu'est-ce que vous désirez sur votre pizza?
–Je voudrais des olives.
–Voulez-vous aussi du saucisson?
–Merci, pas de saucisson.
4. –Qu'est-ce que vous désirez dans votre sandwich?
–Je voudrais du jambon.
–Voulez-vous aussi du beurre?
–Merci, pas de beurre.
5. –Qu'est-ce que vous désirez sur votre gâteau?
–Je voudrais de la crème.
–Voulez-vous aussi du chocolat?
–Merci, pas de chocolat.
6. –Qu'est-ce que vous désirez sur votre salade?
–Je voudrais de la mayonnaise.
–Voulez-vous aussi du poivre?
–Merci, pas de poivre.

Language note French people often say **«Merci»** to mean **«Non, merci»** especially if the context is clear: **«Merci, pas de ketchup.»**

C L'article partitif dans les phrases négatives

Note the forms of the partitive articles in the negative sentences below.

AFFIRMATIVE	NEGATIVE	
Tu veux **du pain**?	Non, merci, je **ne** veux **pas de pain.**	***I don't** want **(any) bread.***
Tu as pris **de la tarte**?	Non, je **n'**ai **pas** pris **de tarte.**	***I didn't** have **(any) pie.***
Tu bois **du café**?	Non, je **ne** bois **jamais de café.**	***I never** drink **(any) coffee.***
Il y a **de l'eau minérale**?	Non, il **n'**y a **plus d'eau minérale.**	*There is **no more mineral water.***

After NEGATIVE EXPRESSIONS, such as **ne ... pas, ne ... jamais,** and **ne ... plus** *(no more)*:

du, de la (de l') → de (d')

→ Note the use of **pas de** in short answers.
Non, merci, **pas de café** pour moi. — ***No coffee** for me, thanks.*

7   Au café

PARLER Le serveur (La serveuse) propose certaines choses aux clients. Jouez les rôles en faisant les substitutions suggérées.

1. avec votre steak
des frites
de la salade
2. dans votre café
du lait
du sucre
3. sur votre pizza
des olives
du saucisson
4. dans votre sandwich
du jambon
du beurre
5. sur votre gâteau
de la crème
du chocolat
6. sur votre salade
de la mayonnaise
du poivre

8 Un végétarien

PARLER/ÉCRIRE François est végétarien. Il ne mange pas de viande, mais il aime d'autres choses. Hier il a déjeuné au restaurant. Dites si oui ou non il a mangé les choses suivantes.

▶ le poulet?
—**Non, il n'a pas mangé de poulet.**

▶ la salade?
—**Oui, il a mangé de la salade.**

1. le thon?
2. le rosbif?
3. le veau?
4. le riz?
5. le jambon?
6. le porc?
7. la glace?
8. le gâteau?

TEACHING STRATEGY Les phrases négatives

PROPS: Transparencies 28, 29 *(Le petit déjeuner; Le déjeuner et le dîner)*

Use **Transparencies 28** and **29** to practice the affirmative and negative articles. Point to an item and ask a question.

–Tu veux du café?
–Oui, je veux du café. (Non, je ne veux pas de café.)

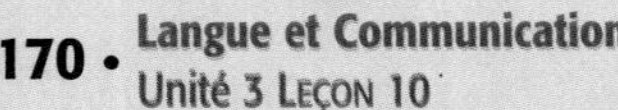

9 Les courses

PARLER/ÉCRIRE Zoé a fait les courses ce matin mais elle a oublié *(forgot)* certaines choses. Comparez la liste de Zoé avec ses achats. Dites ce qu'elle a acheté et ce qu'elle n'a pas acheté.

Zoé a acheté du pain. Elle n'a pas acheté de fromage.

pain, fromage, riz, sel, poivre, sucre, céleri, jus d'orange, margarine, ketchup, confiture, beurre, lait, eau minérale, glace, café

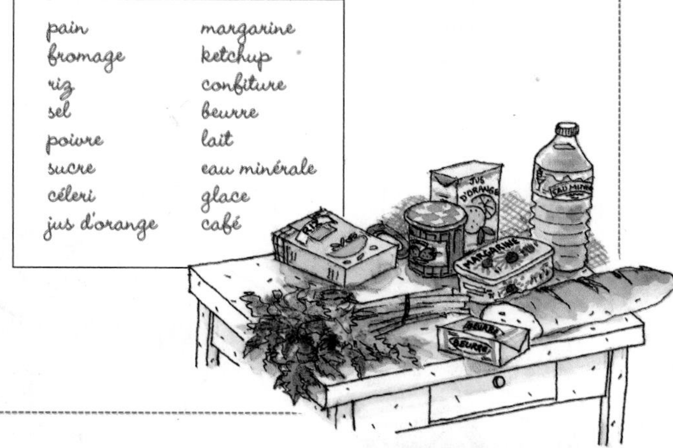

À votre tour!

OBJECTIFS

Now you can ...
- talk about foods and food preferences

1 Les repas d'hier

PARLER/ÉCRIRE Demandez à plusieurs camarades ce qu'ils ont pris hier au petit déjeuner, au déjeuner et au dîner. Inscrivez les résultats de votre enquête dans un tableau.

NOM	PETIT DÉJEUNER	DÉJEUNER	DÎNER
Sylvie	des céréales, du lait, ...	du poulet, ...	
1.			

2 Invitation

PARLER/ÉCRIRE Vous allez inviter votre partenaire à dîner chez vous.

- Faites une liste de cinq choses que vous allez servir.
- Demandez à votre partenaire s'il/si elle mange ces choses.
- Si nécessaire, modifiez votre menu.

QUICHE LORRAINE
au Lait Frais, au Jambon Supérieur, aux Lardons Fumés et à l'Emmental
CAMEMBERT
-20% GRATUIT
Paturages

LESSON REVIEW
CLASSZONE.COM

WRITING ACTIVITY Les repas d'hier

Have students use their interview charts as the basis for a written composition. Have them select one person they interviewed and write a short paragraph about what he/she had and did not have for the three meals.

Pour le petit déjeuner, Sylvie a pris des céréales et du lait. Elle n'a pas pris de café.

Pour le déjeuner, ...

8 COMPREHENSION describing which foods a person has eaten

1. Oui, il a mangé du thon. (Non, il n'a pas mangé de thon.)
2. Non, il n'a pas mangé de rosbif.
3. Non, il n'a pas mangé de veau.
4. Oui, il a mangé du riz.
5. Non, il n'a pas mangé de jambon.
6. Non, il n'a pas mangé de porc.
7. Oui, il a mangé de la glace.
8. Oui, il a mangé du gâteau.

9 COMPREHENSION saying what someone did and did not buy

Catherine a acheté du riz, de la confiture, du jus d'orange, de la margarine, de l'eau minérale, du céleri, du beurre et du pain.
Elle n'a pas acheté de fromage, de sel, de poivre, de sucre, de ketchup, de lait, de glace et de café.

À VOTRE TOUR!

1 INTERVIEWING taking a poll

Answers will vary.
–Qu'est-ce que tu as pris au petit déjeuner hier?
–J'ai pris du thé et des céréales.
–Qu'est-ce que tu as pris au déjeuner hier?
–J'ai pris du jus de pomme et un sandwich au jambon.
–Qu'est-ce que tu as pris au dîner hier?
–J'ai pris du poulet rôti, des carottes et du riz.

Petit déjeuner: du thé, du lait, du jus d'orange, du jus de pamplemousse, du jus de pomme, du pain, des croissants, de la confiture, des céréales, etc.
Déjeuner: un hamburger, une pizza, un sandwich, de la salade, du yaourt, etc.
Dîner: du poulet, de la viande, du rosbif, du jambon, du poisson, des pommes de terre, des carottes, des petits pois, etc.

2 WRITTEN SELF-EXPRESSION creating a menu

Answers will vary.
- du poulet, du riz, des haricots verts, du lait et de la tarte
- –Est-ce que tu manges du poulet?
  –Non, je suis végétarien.
  –Dans ce cas, je vais servir du poisson. Est-ce que tu manges du riz et des haricots verts?
  –Oui, je mange du riz et des haricots verts.
  –Est-ce que tu bois du lait?
  –Non, je ne bois pas de lait.
  –Dans ce cas, je vais servir de l'eau minérale. Manges-tu de la tarte?
  –Oui, je mange de la tarte.

LECTURE

Histoire de chien

Objective

- Reading for pleasure

Lecture Histoire de chien

Un chien entre dans un café. Il s'assied° à une table, puis il appelle° le garçon. Le garçon arrive.

—Vous désirez?
—Je voudrais un sandwich au jambon.
—Avec ou sans° moutarde?
—Avec de la moutarde.
—Et avec ça?
—Donnez-moi aussi une salade.
—Avec de la vinaigrette?
—Oui, avec de la vinaigrette.
—Et que voulez-vous comme boisson?
—Donnez-moi de l'eau.
—De l'eau minérale?
—Oui, de l'eau minérale.
—Je vous apporte ça tout de suite.

s'assied *sits down* **appelle** *calls* **sans** *without*

Café le Vendôme

	PRIX
un sandwich au jambon	
moutarde	
une salade vinaigrette	
eau minérale	
Service et Taxe Compris	

PRE-READING ACTIVITY

Have students read the title and look at the cartoons.

- What do they think the dog is ordering in the first cartoon?
- What do they think the man and the waiter are saying in the second cartoon?

Then let them read the story to find out if their guesses were correct.

Un client a vu la scène. Très étonné,° il dit au garçon:

—Ça, vraiment, c'est extraordinaire!

Le garçon répond:

—Oui, vraiment, c'est extraordinaire. Ce chien vient ici depuis dix ans, et c'est la première fois qu'il commande de l'eau avec son repas. D'habitude° il prend toujours du jus de tomate.

étonné *astonished* **D'habitude** *Usually*

Vrai ou faux?

1. Le chien commande un sandwich au fromage.
2. Le chien veut de la moutarde.
3. Le chien prend une salade.
4. Le chien ne veut pas de vinaigrette.
5. Le chien prend de l'eau minérale.
6. D'habitude le chien commande du jus de tomate.

Vrai ou faux?

Answers

1. faux
2. vrai
3. vrai
4. faux
5. vrai
6. vrai

OBSERVATION ACTIVITY

Have students reread the scene, finding examples of the partitive. [de la moutarde, de la vinaigrette, de l'eau, de l'eau minérale, du jus de tomate]

For each example that students find, ask them if they themselves want the item. Elicit both affirmative and negative responses.

Example: **"Avec de la moutarde."**

–Et toi, X, avec ton sandwich, tu veux de la moutarde?

–Oui, je veux de la moutarde. (Non, je ne veux pas de moutarde.)

Leçon 11

Main Topic Discussing preferences

Teaching Resource Options

PRINT 

Workbook PE, pp. 97–102
Activités pour tous PE, pp. 69–71
Block Scheduling Copymasters, pp. 89–96
Unit 3 Resource Book
- *Activités pour tous* TE, pp. 85–87
- Audioscript, pp. 104, 106–109
- Communipak, pp. 152–174
- Lesson Plans, pp. 88–89
- Block Scheduling Lesson Plans, pp. 90–91
- Absent Student Copymasters, pp. 92–94
- Video Activities, pp. 97–102
- Videoscript, p. 103
- Workbook TE, pp. 79–84

AUDIO & VISUAL

Audio Program
CD 2 Track 18
CD 8 Tracks 13–18

TECHNOLOGY 

Online Workbook

VIDEO PROGRAM

VIDEO DVD

LEÇON 11

Jérôme invite ses copains

TOTAL TIME: 2:28 min.
DVD Disk 1
Videotape 1 (COUNTER: 43:38 min.)

VIDÉO-SCÈNE

VIDÉO DVD AUDIO

Jérôme invite ses copains

Dans le dernier épisode, Pierre, Armelle et Corinne ont fait les courses pour un pique-nique.

Dans ce nouvel épisode, vous allez faire la connaissance de Jérôme. Jérôme est le grand frère de Pierre. Il a 19 ans. Il est étudiant à l'université. Maintenant il n'habite plus avec sa famille. Il a un appartement en ville avec d'autres étudiants. De temps en temps, il revient chez ses parents. Ce soir, par exemple …

Jérôme est allé au cinéma avec Bernard, son camarade de chambre, et Cécile, une copine d'université. Après le film, les trois amis sont allés chez les parents de Jérôme. Maintenant ils sont dans la cuisine.

Vous voulez boire quelque chose?
Oui, je veux bien.
Oui, moi, aussi.

Il y a du jus de pomme et de la limonade. Cécile, qu'est-ce que tu veux?
Je préfère la limonade.
Et toi, Bernard? Tu préfères le jus de pomme ou la limonade?
Donne-moi donc aussi de la limonade.

Dis, Jérôme, j'ai un peu faim. Tu n'as pas quelque chose à manger?
Attends, je vais voir.

Il y a du pain.
Je peux faire des sandwichs. Il y a du jambon et du pâté. Qu'est-ce que vous préférez?
Moi, je préfère le jambon.

Et toi, Bernard?
Moi aussi, je préfère le jambon.

Les amis mangent avec grand appétit.

Tiens, il y a des yaourts.
Apporte-les. C'est excellent pour la santé.
Et pour la ligne!

Les amis ont fini leur repas. Bernard et Cécile partent.

Salut!
Salut! ... À demain! Salut, Cécile!

Salut! Et merci pour cet excellent repas.
Oui, merci!

Jérôme reste chez ses parents pour la nuit. **à suivre ...**

Compréhension

1. Qui est Jérôme?
2. Où habite-t-il?
3. Qu'est-ce qu'il a fait ce soir?
4. Qu'est-ce que les amis boivent?°
5. Qu'est-ce qu'ils mettent dans leurs sandwichs?
6. Qu'est-ce qu'ils mangent ensuite?
7. Qu'est-ce qu'ils font après le repas?

boivent *drink*

Teaching note Have the students compare the way Jérôme says good-bye to Cécile and Bernard. He shakes Bernard's hand: **Jérôme serre la main à Bernard. Ils se serrent la main.** He kisses Cécile on the cheek: **Jérôme donne une bise à Cécile. Ils se font la bise.**

Language note

la ligne *figure*
Note: **la figure** corresponds to the English *face*.

Compréhension

Answers

1. Jérôme est le frère de Pierre.
2. Il habite un appartement en ville.
3. Il est allé au cinéma avec ses copains. Après, ils sont allés chez les parents de Jérôme.
4. Ils boivent de la limonade.
5. Ils mettent du jambon dans leurs sandwichs.
6. Ils mangent des yaourts.
7. Bernard et Cécile partent. Jérôme reste chez ses parents.

SECTION A

Communicative function
Talking about what one is drinking

Teaching Resource Options

PRINT 

Workbook PE, pp. 97–102
Unit 3 Resource Book
Communipak, pp. 152–174
Workbook TE, pp. 79–84

TECHNOLOGY 

Power Presentations

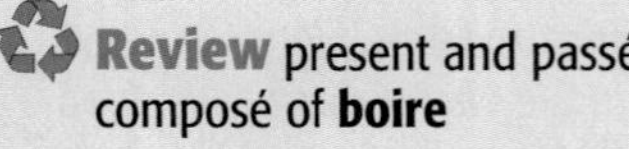

Review present and passé composé of **boire**

A Le verbe *boire*

Note the forms of the irregular verb **boire** *(to drink)*.

INFINITIVE	boire	
PRESENT	Je **bois** du lait. Tu **bois** du soda. Il/Elle/On **boit** de l'eau.	Nous **buvons** du café. Vous **buvez** du thé glacé. Ils/Elles **boivent** du jus d'orange.
PASSÉ COMPOSÉ	J'**ai bu** de l'eau minérale.	

1 *Nous avons soif!*

PARLER/ÉCRIRE Dites ce que les personnes suivantes boivent. Vous pouvez utiliser les expressions suggérées ou autre chose *(something else)*.

1. À la boum, tu …
2. Au petit déjeuner, je …
3. Au pique-nique, nous …
4. À la cantine de l'école, vous …
5. Chez nous, nous …
6. Les personnes qui veulent maigrir …
7. Ma copine …
8. Mes grands-parents …
9. Quand il fait chaud, on …
10. Quand il fait froid, on …

du lait
du café
de l'eau
de l'eau minérale
de la limonade
du thé glacé
du jus d'orange
du citron pressé
??

1 COMMUNICATION saying what people are drinking

Answers will vary.
1. À la boum, tu bois (de la limonade).
2. Au petit déjeuner, je bois (du jus d'orange).
3. Au pique-nique, nous buvons (de l'eau minérale).
4. À la cantine de l'école, vous buvez (du lait).
5. Chez nous, nous buvons (du thé glacé).
6. Les personnes qui veulent maigrir boivent (de l'eau).
7. Ma copine boit (du citron pressé).
8. Mes grands-parents boivent (du café).
9. Quand il fait chaud, on boit (du thé glacé).
10. Quand il fait froid, on boit (du thé).

PERSONALIZATION

Nous avons soif! Ask students what they drank with their meals recently.

X, qu'est-ce que tu as bu au petit déjeuner ce matin?
Y, qu'est-ce que tu as bu au dîner hier soir?
Z, qu'est-ce que tu as bu au déjeuner hier?

INCLUSION

Alphabetic/Phonetic Model the sound of the "e" as it changes in each verb **(achète → achetons, préfère → préférons).** Write the conjugations of **acheter** and **préférer** on the board, underlining the "e" that changes in pronunciation. Have students repeat each conjugation aloud three times, noting the changes in mouth position. Then, have them write the conjugations in their notebooks with phonetic transcriptions.

B Les verbes comme *acheter, préférer* et *payer*

Verbs like **acheter, préférer,** and **payer** have a STEM CHANGE in the **je-, tu-, il-,** and **ils-** forms of the present tense.

INFINITIVE	acheter	préférer	payer
STEM CHANGE	e → è	é → è	y → i
PRESENT	j' **achète** tu **achètes** il/elle/on **achète** nous **achetons** vous **achetez** ils/elles **achètent**	je **préfère** tu **préfères** il/elle/on **préfère** nous **préférons** vous **préférez** ils/elles **préfèrent**	je **paie** tu **paies** il/elle/on **paie** nous **payons** vous **payez** ils/elles **paient**
PASSÉ COMPOSÉ	j'**ai acheté**	j'**ai préféré**	j'**ai payé**

VOCABULAIRE Quelques verbes

acheter	*to buy*	J'**achète** du pain et du fromage.
amener	*to bring (someone)*	J'**amène** un copain au pique-nique.
préférer	*to prefer*	Je **préfère** dîner au restaurant.
espérer	*to hope*	J'**espère** avoir un «A» à l'examen.
payer	*to pay, pay for*	Je **paie** l'addition.
envoyer	*to send*	J'**envoie** un mail à mon cousin.
nettoyer	*to clean*	Je **nettoie** le garage.

2 Substitutions

PARLER/ÉCRIRE Faites de nouvelles phrases avec les sujets entre parenthèses.

1. Vous amenez des copains à la fête. (toi, François, Cécile et Christine)
2. Vous envoyez un mail au professeur. (moi, ma copine, les élèves)
3. Vous espérez aller à Montréal cet été. (le professeur, toi, mes parents)
4. Vous nettoyez le garage. (moi, Marc, nous)
5. Vous payez la note *(bill)*. (ma soeur, tu, nous)

3 Questions personnelles

PARLER/ÉCRIRE Parlons de toi.

1. Qu'est-ce que tu achètes avec ton argent?
2. Quand tu vas au restaurant avec des copains, en général qui paie? Et quand tu vas au restaurant avec ta famille?
3. Qu'est-ce que tu espères faire ce week-end? cet été? après le lycée?
4. Quand tu vas à une soirée, est-ce que tu amènes des copains? Qui? Qui as-tu amené à la dernière soirée? Qui vas-tu amener à la prochaine soirée?
5. Quand tu es en vacances, est-ce que tu envoies des cartes postales? À qui?

TEACHING NOTES Stem-changing verbs

- Point out that the **nous**- and **vous**- forms as well as the entire passé composé are regular.
- Point out that the stem change occurs when the verb ends in a silent e (**-e, -es, -ent).**

j'amène	**nous amenons**
tu amènes	**vous amenez**
il/elle amène	**ils/elles amènent**

For extra practice, have students conjugate **amener, espérer,** and **envoyer** by drawing a "boot" shape around the forms with silent endings.

SECTION B

Communicative function
Discussing purchases and preferences

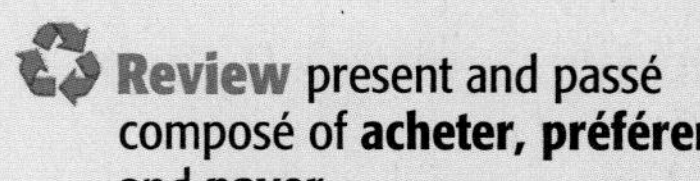
Review present and passé composé of **acheter, préférer,** and **payer**

Language note **Amener** means *to bring someone.* **Apporter** means *to bring something.*

Je vais amener mes copains au pique-nique.
Je vais apporter des sandwichs au pique-nique.

Supplementary vocabulary

répéter *to repeat*

2 PRACTICE using stem-changing verbs

1. Tu amènes des copains à la fête.
François amène des copains à la fête.
Cécile et Christine amènent des copains à la fête.
2. J'envoie un mail au professeur.
Ma copine envoie un mail au professeur.
Les élèves envoient un mail au professeur.
3. Le professeur espère aller à Montréal cet été.
Tu espères aller à Montréal cet été.
Mes parents espèrent aller à Montréal cet été.
4. Je nettoie le garage.
Marc nettoie le garage.
Nous nettoyons le garage.
5. Ma soeur paie la note.
Tu paies la note.
Nous payons la note.

3 COMMUNICATION answering personal questions

1. Avec mon argent, j'achète (des livres et des CD).
2. Quand je vais au restaurant avec des copains, en général je paie (ils paient, nous payons ensemble). Quand je vais au restaurant avec ma famille, (mes parents paient).
3. Ce week-end, j'espère (aller au cinéma). Cet été, j'espère (voyager). Après le lycée, j'espère (aller à l'université).
4. Oui, quand je vais à une soirée, j'amène des copains. (Non, quand je vais à une soirée, je n'amène pas de copains.) J'amène (ma copine). À la dernière soirée, j'ai amené (mon amie Sylvie et mon copain Pierre). À la prochaine soirée, je vais amener (ma cousine Anne).
5. Oui, quand je vais en vacances, j'envoie des cartes postales. (Non, quand je vais en vacances, je n'envoie pas de cartes postales). J'envoie des cartes postales à (mes amies et à ma tante).

SECTION C

Communicative function
Discussing items in a general or specific sense

Teaching Resource Options

PRINT 
Workbook PE, pp. 97–102
Unit 3 Resource Book
Communipak, pp. 152–174
Workbook TE, pp. 79–84

AUDIO & VISUAL 

Overhead Transparencies
28 *Le petit déjeuner*
29 *Le déjeuner et le dîner*
30 *Fruits et légumes*

TECHNOLOGY 
Power Presentations

New material contrastive uses of definite, indefinite, and partitive articles

4 **ROLE PLAY** talking about yesterday's activities

1. Jérôme: Qu'est-ce que tu as fait hier?
   Armelle: J'ai déjeuné en ville.
   Jérôme: Ah bon? Qu'est-ce que tu as mangé?
   Armelle: J'ai mangé de la soupe et du poulet.
2. Jérôme: Qu'est-ce que tu as fait hier?
   Armelle: Je suis allée à un pique-nique.
   Jérôme: Ah bon? Qu'est-ce que tu as apporté?
   Armelle: J'ai apporté de l'eau minérale et du jus d'orange.
3. Jérôme: Qu'est-ce que tu as fait hier?
   Armelle: J'ai dîné dans un restaurant japonais.
   Jérôme: Ah bon? Qu'est-ce que tu as commandé?
   Armelle: J'ai commandé du poisson et du riz.
4. Jérôme: Qu'est-ce que tu as fait hier?
   Armelle: J'ai dîné chez un copain.
   Jérôme: Ah bon? Qu'est-ce que tu as mangé?
   Armelle: J'ai mangé du rosbif et de la salade.

Language note Partitive articles must be used with each noun in a series.

C Le choix des articles

Articles are used much more frequently in French than in English. The choice of a DEFINITE, INDEFINITE, or PARTITIVE article depends on what is being described.

USE	TO DESCRIBE		
the DEFINITE article **le, la, l', les**	a noun used in the GENERAL sense	J'aime **le** gâteau. *(As a rule) I like cake.*	
	a SPECIFIC thing	Voici **le** gâteau. *Here is the cake (I baked).*	
the INDEFINITE article **un, une, des**	one (or several) WHOLE items	Voici **un** gâteau. *Here is a (whole) cake.*	
the PARTITIVE article **de, de la, de l'**	SOME, A PORTION or A CERTAIN AMOUNT of something	Voici **du** gâteau. *Here is some (a serving, a piece of) cake.*	

4   **Activités**

PARLER Jérôme et Armelle parlent de ce qu'ils ont fait. Jouez les dialogues en faisant les substitutions suggérées.

1. déjeuner en ville
   manger?
   soupe et poulet
2. aller à un pique-nique
   apporter?
   eau minérale et jus d'orange
3. dîner dans un restaurant japonais
   commander?
   poisson et riz
4. dîner chez un copain
   manger?
   rosbif et salade

Qu'est-ce que tu as fait hier?
J'ai fait les courses.
Ah bon? Qu'est-ce que tu as acheté?
J'ai acheté de la limonade et du lait.

→ The DEFINITE article is used generally after the following verbs:

aimer	Mes amis **aiment la** glace.
préférer	Moi, je **préfère le** gâteau.

→ The PARTITIVE article is often (but not always) used after the following verbs and expressions:

voici	**boire**	**acheter**	**avoir**
voilà	**manger**	**vendre**	**vouloir**
il y a	**prendre**	**commander**	

Depending on the context, however, the definite and indefinite articles may also be used with the above verbs.

Je commande **la glace.**	*I am ordering* ***the ice cream (on the menu).***
Je commande **une glace.**	*I am ordering* ***an ice cream (= one serving).***
Je commande **de la glace.**	*I am ordering* ***(some) ice cream.***

→ The French do not use the partitive article with a noun that is the subject of the sentence.

	Il y a **du lait** et **de la glace** dans le réfrigérateur.
BUT:	**Le lait** et **la glace** sont dans le réfrigérateur.

→ The partitive article may also be used with nouns other than foods.

As-tu **de l'argent**?	*Do you have* ***(any, a certain amount of) money?***
Cet artiste a **du talent.**	*This artist has* ***(some, a certain amount of) talent.***

5 Quand on aime quelque chose ...

PARLER/ÉCRIRE Dites ce que les personnes suivantes aiment et expliquez ce qu'elles ont fait.

▶ M. Lebeuf / la viande (acheter)

Monsieur Lebeuf aime la viande. Alors, il a acheté de la viande.

1. Philippe / la salade (manger)
2. Claire / la sole (commander)
3. Madame Brochet / le poisson (acheter)
4. Marc / l'eau minérale (boire)
5. Sylvie / la confiture (prendre)
6. Mademoiselle Lafontaine / l'eau (prendre)
7. Véronique / le fromage (acheter)
8. Madame Jarret / le rosbif (commander)

Teaching note Point out that **aimer** and **préférer** are used to introduce nouns in the general sense.

Teaching tip Ask questions about **Transparency 30:**

–Qu'est-ce que tu préfères, les tomates ou les carottes?
–Je préfère les tomates.
–Qu'est-ce que tu achètes?
–J'achète des tomates.

Teaching tip Use **Transparencies 28** and **29** to practice the definite and partitive articles. Point to a food or beverage. Then have students say if they like the item and whether or not they would like some.

J'aime le jambon. Je veux du jambon.
Je n'aime pas la soupe. Je ne veux pas de soupe.

5 DESCRIPTION describing food preferences and past actions

1. Philippe aime la salade. Alors, il a mangé de la salade.
2. Claire aime la sole. Alors, elle a commandé de la sole.
3. Mme Brochet aime le poisson. Alors, elle a acheté du poisson.
4. Marc aime l'eau minérale. Alors, il a bu de l'eau minérale.
5. Sylvie aime la confiture. Alors, elle a pris de la confiture.
6. Mlle Lafontaine aime l'eau. Alors, elle a pris de l'eau.
7. Véronique aime le fromage. Alors, elle a acheté du fromage.
8. Mme Jarret aime le rosbif. Alors, elle a commandé du rosbif.

INCLUSION

Metacognitive Review the forms of the definite, indefinite, and partitive articles. Copy the chart from page 178 onto the board and have students explain to you the use of each article. Have them copy the chart in their notebooks. Then, show them pictures of various whole food items and parts of foods. Call on individuals to use the food in a sentence showing you which article would be used.

Teaching Resource Options

PRINT 

Workbook PE, pp. 97–102
Unit 3 Resource Book
Audioscript, p. 105
Communipak, pp. 152–174
Family Involvement, pp. 95–96
Workbook TE, pp. 79–84

Assessment
Lesson 11 Quiz, pp. 111–112
Portfolio Assessment, Reprise/Unit 1 URB, pp. 235–244
Audioscript for Quiz 11, p. 110
Answer Keys, pp. 224–228

AUDIO & VISUAL 

Audio Program
CD 2 Track 19
CD 17 Track 3

Overhead Transparencies
32 *À la cantine*

TECHNOLOGY 

Test Generator CD-ROM/McDougal Littell Assessment System

6 DESCRIPTION describing what people are having for lunch

1. Guillaume mange du fromage, de la soupe et un sandwich. Il boit de l'eau.
2. Frédéric mange du poisson, des petits pois et une orange. Il boit du jus de tomate.
3. Caroline mange du rosbif (un steak), des haricots verts et une poire. Elle boit du lait.
4. Delphine mange du poulet, de la salade et une pomme. Elle boit du thé.

7 COMMUNICATION talking about foods and food preferences

Answers will vary.
1. J'aime (la pizza, le lait).
2. Je n'aime pas (les haricots verts, le jus d'orange).
3. Mon dessert préféré est (le gâteau au chocolat, la glace).
4. À la cantine de l'école, il y a souvent (des frites, de la salade).
5. Il n'y a pas souvent de (steak, rosbif).
6. Ce matin, au petit déjeuner, j'ai bu du (lait, jus de pomme).
7. Hier soir, j'ai mangé (du poulet, des petits pois, des carottes).
8. Dans notre réfrigérateur, il y a (du lait, des légumes, des fruits, de la moutarde, des oeufs).
9. Le jour de mon anniversaire, je voudrais manger (du rosbif avec des frites et de la tarte aux fraises).

Cultural note Most French restaurants offer one or more **prix fixe** menus. One can also order individual dishes **à la carte** (from the extended menu). In Quebec, a **prix fixe** menu is called **la table d'hôte.**

6 À la cantine

PARLER/ÉCRIRE Nous sommes à la cantine du lycée Descartes. Décrivez ce que mangent et boivent les élèves.

▶ Christine
Christine mange du poisson, des frites et une pomme. Elle boit du lait.

7 Expression personnelle

PARLER/ÉCRIRE Complétez les phrases avec le nom d'un plat ou d'une boisson.

1. J'aime ...
2. Je n'aime pas ...
3. Mon dessert préféré est ...
4. À la cantine de l'école, il y a souvent ...
5. Il n'y a pas souvent de ...
6. Ce matin, au petit déjeuner, j'ai bu ...
7. Hier soir, j'ai mangé ...
8. Dans notre réfrigérateur, il y a ...
9. Le jour de mon anniversaire, je voudrais manger ...

UN JEU À la cantine

Divide students into small groups. Give them 30 seconds to study the foods and beverages in Act. 6. Then have students close their books. At a given signal, the groups list as many items as they can recall as the recorder writes them down.

After two or three minutes, call time and have the groups exchange their lists for peer correction. The winning team is the group with the most correct items.

À votre tour!

OBJECTIFS

Now you can …
- order a meal
- plan a menu

1 Au «Relais Régal»

LIRE/PARLER Vous voyagez en France avec des copains. Vous déjeunez au Relais Régal. Choisissez un menu et expliquez ce menu à vos copains.

Je vais choisir le menu …
Comme hors-d'oeuvre, il y a …
Il y a aussi …
Comme plat principal, il y a …
Il y a aussi …
Comme dessert, il y a …
Comme boisson, il y a …

Relais Régal

MENU TOURISTIQUE à 9,50 €	MENU RÉGAL à 12 €	MENU GASTRONOMIQUE à 18 €
soupe à l'oignon ou melon	salade de tomates ou saucisson	jambon d'Auvergne ou saumon fumé
poulet rôti	rôti de boeuf	rôti de porc ou sole meunière
salade	salade	salade
glace	fromage	fromage
café	tarte aux pommes	gâteau au chocolat
	café ou thé	eau minérale et café

2 Une invitation à dîner

PARLER Imagine that you are inviting a friend to dinner. Since you are a good host/hostess, you want to serve what your friend likes. Ask …

- at what time he/she has dinner
- if he/she eats meat
- if so, what meat he/she prefers
- if he/she likes vegetables
- what vegetables he/she prefers
- if he/she prefers cake or ice cream
- what he/she drinks

3 Un client difficile

PARLER You are a waiter/waitress in a French restaurant. Today you have a customer who is very hard to please: every time you suggest something, this customer says that he/she does not like it. With a partner, act out the skit.

4 Un bon repas

PARLER/ÉCRIRE You and a classmate have decided to prepare a fancy meal. You will make a suggestion for the first course and your classmate will accept or refuse. If he/she refuses, he/she will make another suggestion. Take turns suggesting the courses. Continue the conversation until you agree on your menu. Then prepare your shopping list.

—Comme hors-d'oeuvre, on peut manger du saucisson.
—Je n'aime pas le saucisson, mais on peut manger du melon.
—D'accord, moi aussi, j'aime le melon. Achetons un melon.

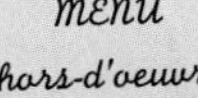

menu
hors-d'oeuvre
plat principal
légumes
dessert
boisson

Courses
• melon

PORTFOLIO ASSESSMENT

Depending on your goals and objectives, you may or may not wish to assign all of the activities in the **À votre tour!** section. You will probably choose only one oral and one written activity to go into the students' portfolios for Unit 3.

The following activities are good portfolio topics:
ORAL: Activities 1, 2, 3
WRITTEN: Activity 4

À VOTRE TOUR!

1 DESCRIPTION discussing menus

Answers will vary.
Je vais choisir le menu régal à 12 euros. Comme hors d'oeuvre, il y a de la salade de tomates ou du saucisson. Comme plat principal, il y a du rôti de boeuf. Ensuite, il y a de la salade et du fromage. Comme dessert, il y a de la tarte aux pommes. Comme boisson, il y a du café ou du thé.

Expansion Students can explain what they like and don't like:
J'aime la soupe à l'oignon.
Je n'aime pas tellement le melon.

2 GUIDED CONVERSATION finding out someone's preferences

Answers will vary.
–À quelle heure est-ce que tu dînes?
–Je dîne à (six) heures.
–Est-ce que tu manges de la viande?
–Oui (Non), je (ne) mange (pas de) de la viande.
–Quelle viande est-ce que tu préfères?
–Je préfère (le poulet et le steak).
–Est-ce que tu aimes les légumes?
–Oui (Non), j'aime (je n'aime pas) les légumes.
–Quels légumes est-ce que tu préfères?
–Je préfère (les pommes de terre et les petits pois).
–Est-ce que tu préfères le gâteau ou la glace?
–Je préfère le gâteau (la glace).
–Qu'est-ce que tu bois?
–Je bois (du thé et de l'eau).

3 ROLE PLAY ordering in a restaurant

–Bonjour monsieur (mademoiselle). Est-ce que vous voulez de la soupe à l'oignon?
–Non, je n'aime pas la soupe à l'oignon.
–Est-ce que vous voulez du rosbif?
–Non, je n'aime pas le rosbif.
–Est-ce que vous voulez du porc?
–Non, je n'aime pas tellement le porc.
–Est-ce que vous voulez de la salade?
–Non, je n'aime pas la salade.

Variation The customer refuses the first two suggestions and then accepts the third one.

4 EXCHANGES offering foods and beverages and expressing preferences

Answers will vary.
–Comme hors d'oeuvre, on peut manger du jambon.
–D'accord, moi aussi, j'aime le jambon. Achetons du jambon.
–Comme plat principal, on peut manger du poisson.
–Je n'aime pas le poisson, mais on peut manger du poulet.
–D'accord, moi aussi, j'aime le poulet. Achetons du poulet.
–Comme légumes, on peut manger des petits pois et du riz.
–J'aime le riz, mais je n'aime pas les petits pois. On peut manger des carottes.
–D'accord, moi aussi, j'aime le riz et les carottes. Achetons du riz et des carottes.

LECTURE

Nourriture et langage

Objectives

- Reading for pleasure
- Development of cultural awareness

Lecture Nourriture et langage

Qu'est-ce qu'un «navet»?° Cela dépend à qui ou de quoi vous parlez. Pour le cuisinier,° un navet est un légume, mais pour le cinéphile,° c'est un très mauvais film. Une «patate» est le terme familier qu'on emploie pour désigner une pomme de terre, mais c'est aussi une personne stupide et maladroite.° Une «bonne poire» peut être servie au dessert, mais c'est aussi une personne généreuse, mais naïve.

Il existe beaucoup d'expressions françaises qui utilisent le vocabulaire de l'alimentation. Voici certaines de ces expressions. Est-ce que vous pouvez deviner leur sens?°

navet *turnip* **cuisinier** *cook* **cinéphile** *movie lover* **maladroite** *clumsy* **deviner leur sens** *guess what they mean*

1 Jean-Claude dit à ses copains:
«Ce week-end j'ai vu un navet.»
Qu'est-ce qu'il veut dire?
- Je suis allé à la campagne.
- J'ai acheté des légumes.
- J'ai vu un mauvais film.

2 Corinne dit à son cousin:
«Tu racontes° des salades.»
Qu'est-ce qu'elle veut dire?
- Tu manges trop.
- Tu es végétarien.
- Tu ne dis pas la vérité.

racontes *are talking about*

3 Cécile dit à sa copine:
«Je n'ai pas un radis.»
Qu'est-ce qu'elle veut dire?
- Je n'ai pas d'argent.
- Je n'ai pas de copain.
- Je ne veux pas aller au supermarché.

PRE-READING ACTIVITY

Ask students to think of English expressions in which foods are used figuratively, e.g.:

a lemon: a car that has problems
to go bananas: to go crazy
it's a piece of cake: it's very easy
he's a big cheese: he's an important person

Have them look at the pictures: can they imagine how these foods might be used in French expressions?

4 Guillaume dit à ses copains:
«Mon oncle Gérard a du pain sur la planche.»°
Qu'est-ce qu'il veut dire?
- Mon oncle est très riche.
- Mon oncle a beaucoup de travail.
- Mon oncle est boulanger.

planche *board*

5 Mélanie dit à Claire:
«Ce n'est pas du gâteau.»
Qu'est-ce qu'elle veut dire?
- C'est mauvais.
- C'est difficile.
- Ce n'est pas intéressant.

6 Carole dit à son frère:
«Occupe-toi° de tes oignons.»
Qu'est-ce qu'elle veut dire?
- Va chez le dentiste.
- Va dans la cuisine et prépare le repas.
- Occupe-toi de tes affaires.

occupe-toi *mind*

COMPARAISONS DE LANGUE

En anglais, il existe aussi beaucoup d'expressions qui utilisent le vocabulaire de l'alimentation. Par exemple,

It's a piece of cake! *He's a good egg.* *She tried to butter me up.*

Connaissez-vous d'autres expressions? Si vous voulez, vous pouvez développer une version anglaise de ce quiz et l'envoyer à une classe correspondante en France.

Nourriture et langage

Answers

1. «Ce weekend, j'ai vu un navet.» = J'ai vu un mauvais film.
2. «Tu racontes des salades.» = Tu ne dis pas la vérité.
3. «Je n'ai pas un radis.» = Je n'ai pas d'argent.
4. «Mon oncle Gérard a du pain sur la planche.» = Mon oncle a beaucoup de travail.
5. «Ce n'est pas du gâteau.» = C'est difficile.
6. «Occupe-toi de tes oignons.» = Occupe-toi de tes affaires.

Leçon 12

Main Topic Discussing quantities

Teaching Resource Options

PRINT 

Workbook PE, pp. 103–108
Activités pour tous PE, pp. 73–75
Block Scheduling Copymasters, pp. 97–104
Unit 3 Resource Book
- *Activités pour tous* TE, pp. 119–121
- Audioscript, pp. 141, 143–146
- Communipak, pp. 152–174
- Lesson Plans, pp. 122–123
- Block Scheduling Lesson Plans, pp. 124–126
- Absent Student Copymasters, pp. 127–130
- Video Activities, pp. 133–139
- Videoscript, p. 140
- Workbook TE, pp. 113–118

AUDIO & VISUAL 

Audio Program
CD 2 Track 20
CD 8 Tracks 19–24

TECHNOLOGY 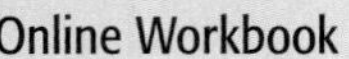

Online Workbook

VIDEO PROGRAM

LEÇON 12

L'addition, s'il vous plaît!

TOTAL TIME: 2:21 min.
DVD Disk 1
Videotape 1 (COUNTER: 46:12 min.)

Looking ahead Agreement of past participles with a preceding direct object is presented in Lesson 15.

Casual speech One often hears French people say **ben** instead of **bien** when the word is used as a filler.

Teaching note Play the video with the sound muted. Tell the class to work in pairs to write conversations based on what they see. Afterward, play the video with the sound on to see how close their conversations come to the one on the video.

LEÇON 12

VIDÉO-SCÈNE

L'addition, s'il vous plaît!

Hier soir, Jérôme est revenu chez ses parents avec ses copains Bernard et Cécile. Les trois copains ont mangé et bu ce que Pierre avait acheté pour le pique-nique. Maintenant, on est dimanche matin. Pierre va à la cuisine.

Là, il a une mauvaise surprise!

Un peu plus tard, Jérôme arrive à la cuisine.

Dis donc, Jérôme, viens voir ici! C'est toi qui as bu les bouteilles de limonade?
Euh, oui, c'est moi ... avec mes copains qui sont venus hier soir.

Et les tranches de jambon? Où est-ce qu'elles sont?
Ben ... on les a mangées.

Et les pots de yaourt? C'est aussi vous qui les avez pris?
Ben oui, c'est nous ... Pourquoi?
Pourquoi?! ... Alors là vraiment, tu exagères! Tes copains et toi, vous avez mangé et bu tout ce que j'ai acheté pour notre pique-nique!

Quel pique-nique?
Le pique-nique qu'on doit faire aujourd'hui ave
Armelle et Corinne.

Heureusement, il y a une solution.
Quelle solution?
Eh ben, il faut nous inviter au restaurant.
Qui, nous?
Eh ben, Corinne, Armelle et moi.
Bon! D'accord.

Au restaurant. Pierre, Armelle, Corinne et Jérôme ont bien mangé! Jérôme appelle le garçon.

Monsieur, l'addition, s'il vous plaît.

Le garçon a apporté l'addition à Jérôme.

Qu'est-ce qu'il y a?
Eh bien, dis donc, ton pique-nique me coûte drôlement cher!

Tout le monde remercie Jérôme pour le repas.

Compréhension

1. Quel jour sommes-nous aujourd'hui?
2. Quelle mauvaise surprise Pierre a-t-il?
3. Qu'est-ce que Jérôme propose d'abord à Pierre?
4. Pourquoi est-ce que cette solution ne marche pas?
5. Quelle autre solution Pierre propose-t-il?
6. Pourquoi est-ce que le pique-nique coûte cher à Jérôme?

Language note

Je ne savais pas = *I didn't know.* Treat this as an anticipatory construction. The imperfect is presented in Lesson 23.

Cultural note Large supermarkets **(hypermarchés)** are generally open until 9 o'clock at night. Sunday they are closed all day, as are most stores. (In Paris, small convenience stores are open longer hours and on Sundays, and in big cities, some supermarkets are open until noon on Sundays.) In the provinces, on business days, stores are generally closed from noon until 2:00, and the farther south one goes, the longer the lunch hour will be. Sunday morning in most places, the open-air market sells fresh fruits, vegetables, and meat.

Casual speech The expression **drôlement** often replaces **très** as an intensifier.

Compréhension

Answers

1. Aujourd'hui, c'est dimanche.
2. Jérôme et ses copains ont mangé tout ce que Pierre a acheté pour le pique-nique.
3. Il veut lui donner de l'argent pour faire les courses.
4. C'est dimanche et le supermarché est fermé.
5. Il propose d'aller au restaurant.
6. Parce que le repas au restaurant coûte cher.

Teaching Resource Options

PRINT 

Workbook PE, pp. 103–108
Unit 3 Resource Book
Communipak, pp. 152–174
Workbook TE, pp. 113–118

AUDIO & VISUAL

Overhead Transparencies
33 *Quelques quantités*

Language notes

un pain au chocolat *croissant-like pastry with chocolate inside*
des gâteaux secs *cookies*
des bonbons *hard candies*

Cultural notes

- **un litre** is slightly less than a quart
- **une livre** = 500 grammes (1.1 U.S. pounds)
- **un kilo** = 1 000 grammes (2.2 U.S. pounds)
- One can ask for **une demi-livre de beurre** **200 grammes de jambon**

Supplementary vocabulary

une part/une portion de pizza
In French Canada, **une pointe de pizza.**

DONNEZ-MOI AUSSI DEUX CROISSANTS, TROIS ÉCLAIRS, QUATRE PAINS AU CHOCOLAT, ...
GLACIER PATISSIER
ET AVEC ÇA?
ET AUSSI UN PAQUET DE GÂTEAUX SECS, UNE BOÎTE DE CHOCOLATS, UN KILO DE BONBONS, ...

VOCABULAIRE Les quantités

Je vais acheter ...

un kilo de pommes

une douzaine d'oeufs

un litre de lait

CAFÉ
un paquet de café

un sac d'oranges

une boîte de céréales

une bouteille d'eau minérale

BEURRE
BEURRE
une livre de beurre

une boîte de thon

un pot de mayonnaise

un morceau de fromage

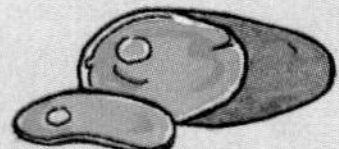
une tranche de jambon

un morceau	*piece*
un paquet	*pack, package*
un pot	*jar*
un sac	*bag*
une boîte	*box, can*
une bouteille	*bottle*
une tranche	*slice*

➔ To express quantity, the French use the construction:

EXPRESSION OF QUANTITY + **de** + NOUN

Les courses

PARLER Jean-Paul va faire les courses. Il demande à sa mère ce qu'il faut acheter. Jouez les deux rôles.

1. des poires
   un kilo
2. du lait
   deux litres
3. des fraises
   une livre
4. des oeufs
   une douzaine
5. de la margarine
   un pot
6. du fromage
   un grand morceau
7. du jambon
   trois tranches
8. des enveloppes
   un paquet
9. de la limonade
   une bouteille
10. du thon
    deux boîtes

Les courses de Monsieur Finbec

PARLER/ÉCRIRE Monsieur Finbec a fait les courses ce matin. Dites ce qu'il a acheté en complétant les phrases avec des quantités. Soyez logique!

1. D'abord, Monsieur Finbec est passé à la crémerie *(dairy store)*. Là, il a acheté deux bouteilles (trois litres) de lait, … de beurre, … de yaourt et … de fromage.
2. Après, il est passé chez le marchand de fruits et légumes. Il a acheté … de pommes, … de tomates et … d'oranges.
3. Ensuite, il est allé à l'épicerie *(grocery shop)* où il a acheté … de thon, … de café, … d'eau minérale et … de jambon.
4. Finalement, il est passé à la papeterie *(stationery store)* où il a acheté … d'enveloppes.

ROLE PLAY planning a shopping list

1. Jean-Paul: Est-ce que je dois acheter des poires?
   Sa mère: Oui, achète un kilo de poires.
2. Jean-Paul: Est-ce que je dois acheter du lait?
   Sa mère: Oui, achète deux litres de lait.
3. Jean-Paul: Est-ce que je dois acheter des fraises?
   Sa mère: Oui, achète une livre de fraises.
4. Jean-Paul: Est-ce que je dois acheter des oeufs?
   Sa mère: Oui, achète une douzaine d'oeufs.
5. Jean-Paul: Est-ce que je dois acheter de la margarine?
   Sa mère: Oui, achète un pot de margarine.
6. Jean-Paul: Est-ce que je dois acheter du fromage?
   Sa mère: Oui, achète un grand morceau de fromage.
7. Jean-Paul: Est-ce que je dois acheter du jambon?
   Sa mère: Oui, achète trois tranches de jambon.
8. Jean-Paul: Est-ce que je dois acheter des enveloppes?
   Sa mère: Oui, achète un paquet d'enveloppes.
9. Jean-Paul: Est-ce que je dois acheter de la limonade?
   Sa mère: Oui, achète une bouteille de limonade.
10. Jean-Paul: Est-ce que je dois acheter du thon?
    Sa mère: Oui, achète deux boîtes de thon.

Photo note Point out the wicker basket **(un panier)** used for food shopping.

DESCRIPTION determining quantities

Answers will vary.

1. … une livre (un paquet) de beurre, un pot de yaourt et un morceau (deux morceaux) de fromage.
2. … un kilo (deux kilos, une livre) de pommes, une livre (un kilo, deux kilos) de tomates et un sac (une livre, un kilo) d'oranges.
3. … deux boîtes (une boîte, trois boîtes) de thon, un paquet (deux paquets) de café, trois bouteilles (deux litres, une bouteille) d'eau minérale et cinq tranches (deux tranches, une tranche, une livre) de jambon.
4. … un paquet (deux paquets) d'enveloppes.

EXTRA PRACTICE Le réfrigérateur

Have students make a list of food and beverages in their refrigerator at home. They should list at least six items and give a quantity for each one.

Dans mon réfrigérateur, il y a …

- **deux bouteilles de lait**
- **six tranches de jambon**
- **une douzaine d'oeufs**
- **une livre de beurre**
- **un sac de pommes**
- **deux pots de yaourt.**

SECTION A

Communicative function
Discussing quantities

Teaching Resource Options

PRINT 

Workbook PE, pp. 103–108
Unit 3 Resource Book
Communipak, pp. 152–174
Workbook TE, pp. 113–118

AUDIO & VISUAL 

Overhead Transparencies
34 *Expressions de quantité avec* **de**

TECHNOLOGY 

Power Presentations

New material expressions of quantity

Language note In sentences like **J'aime beaucoup la limonade,** the expression **beaucoup** modifies the verb **aime;** it does not introduce **limonade.**

Language note You may wish to review the negative expression of quantity: **plus de.**

Je **n'**ai **plus de** fromage.

Teaching tip Use **Transparency 34** to practice expressions of quantity.

–**Que mange Jean-Pierre?**
–**Il mange trop de spaghetti et peu de cerises.**

Casual speech

pas mal de *quite a few*

If students ask In the expression **combien de,** the phrase **de** + NOUN may come after the verb:

Combien as-tu **d'argent?**
Combien veux-tu **de sandwichs?**

A Expressions de quantité

In the sentences on the right, the expression of quantity **beaucoup** *(much, many, a lot)* is used to introduce nouns.

Tu manges **du** pain?	Oui, je mange **beaucoup de** pain.
Tu as **de l'**argent?	Non, je n'ai pas **beaucoup d'**argent.
Tu bois **de la** limonade?	Oui, je bois **beaucoup de** limonade.
Tu as **des** copains?	Oui, j'ai **beaucoup de** copains.

Many, but not all, expressions of quantity introduce nouns according to the construction:

EXPRESSION OF QUANTITY + **de** + NOUN

VOCABULAIRE Expressions de quantité avec *de*

assez de	*enough*	Est-ce que tu as **assez d'**argent?
beaucoup de	*a lot, much, very much* *a lot, many*	Philippe n'a pas **beaucoup de** patience. Nous avons **beaucoup de** copains.
trop de	*too much* *too many*	M. Legros mange **trop de** viande. Nous avons **trop d'**examens.
peu de	*little, not much* *few, not many*	Tu as **peu de** patience. Vous avez **peu de** livres intéressants.
un peu de	*a little, a little bit of*	Donne-moi **un peu de** fromage.
combien de	*how much* *how many*	**Combien d'**argent as-tu? **Combien de** sandwichs veux-tu?

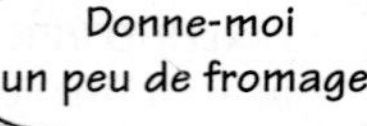

→ When the above expressions of quantity do not introduce nouns, they are used without **de.**

J'étudie **beaucoup.** *I study **a lot**.*
Vous mangez **trop.** *You eat **too much**.*

LANGUAGE NOTE Expressions of quantity

Point out that **beaucoup** and **trop** are one-word expressions that often correspond to two words in English:

beaucoup = *very much*
trop = *too much*

The French never say "très beaucoup" or "trop beaucoup." They do say:

beaucoup trop = *much too much*

3 Réponses personnelles

PARLER/ÉCRIRE Répondez aux questions suivantes en utilisant une des expressions suggérées dans des phrases affirmatives ou négatives.

▶ Tu as de l'argent?
Oui, j'ai beaucoup (assez) d'argent
(Non, je n'ai pas beaucoup d'argent.)

assez beaucoup trop peu

1. Tu as des copains sympathiques?
2. Tu as des profs intéressants?
3. Tu as des vacances?
4. Tu as des examens?
5. Tu manges du pain?
6. Tu bois du lait?
7. Tu fais de l'exercice?
8. Tu fais des progrès en français?

4 Conversation

PARLER Demandez à vos camarades s'ils font les choses suivantes. Ils vont répondre en utilisant une expression de quantité.

▶ étudier

Est-ce que tu étudies?
J'étudie beaucoup (trop, peu).

(Je n'étudie pas beaucoup [assez].)

1. travailler
2. téléphoner
3. dormir
4. voyager
5. chatter sur le Net
6. regarder la télé
7. sortir le week-end
8. écouter la radio

VOCABULAIRE D'autres expressions de quantité

un(e) autre	*another*	Veux-tu **un autre** croissant?
d'autres	*other*	As-tu fait **d'autres** sandwichs?
plusieurs	*several*	J'ai acheté **plusieurs** livres.
quelques	*some, a few*	Nous avons invité **quelques** amis.

5 Au pique-nique

PARLER Vous avez invité vos camarades à un pique-nique. Offrez-leur une seconde fois *(another time)* les choses suivantes. Ils vont accepter ou refuser.

▶ une orange

Tu veux une autre orange?

Oui, merci, donne-moi une autre orange.

(Non, merci, je n'ai pas faim.)

1. un sandwich
2. une tranche de pizza
3. un morceau de fromage
4. une pomme
5. un verre de limonade
6. un paquet de chips

INCLUSION

Cumulative, Gifted & Talented Hold a brainstorming session in which students discuss what comprises a healthful diet. Have students keep a food journal for a week, noting what they ate at each meal or for snacks and what they drank. Make sure they use the partitive or expressions of quantity when appropriate. For math practice, they could calculate the calories.

3 COMMUNICATION answering personal questions with expressions of quantity

Answers will vary.
1. Oui, j'ai (assez) de copains sympathiques. (Non, je n'ai pas [beaucoup] de copains sympathiques.)
2. Oui, j'ai (beaucoup) de profs intéressants. (Non, je n'ai pas [assez] de profs intéressants.)
3. Oui, j'ai (assez) de vacances. (Non, je n'ai pas [beaucoup] de vacances.)
4. Oui, j'ai (trop) d'examens. (Non, je n'ai pas [beaucoup] d'examens.)
5. Oui, je mange (beaucoup) de pain. (Non, je ne mange pas [trop] de pain.)
6. Oui, je bois (assez) de lait. (Non, je ne bois pas [beaucoup] de lait.)
7. Oui, je fais (beaucoup) d'exercice. (Non, je ne fais pas [assez] d'exercice.)
8. Oui, je fais (beaucoup) de progrès en français. (Non, je ne fais pas [assez] de progrès en français.)

Teaching note Be sure students use **de** and not **des** or **du** after the expression of quantity.

4 EXCHANGES talking about regular activities

Answers will vary.
1. –Est-ce que tu travailles?
   –Je travaille (trop). (Je ne travaille pas [assez].)
2. –Est-ce que tu téléphones?
   –Je téléphone (beaucoup). (Je ne téléphone pas [beaucoup].)
3. –Est-ce que tu dors?
   –Je dors (beaucoup). (Je ne dors pas [assez].)
4. –Est-ce que tu voyages?
   –Je voyage (peu). (Je ne voyage pas [beaucoup].)
5. –Est-ce que tu chattes sur le Net?
   –Je chatte (beaucoup) sur le Net. (Je ne chatte pas [beaucoup] sur le Net.)
6. –Est-ce que tu regardes la télé?
   –Je regarde (trop) la télé. (Je ne regarde pas [trop] la télé.)
7. –Est-ce que tu sors le week-end?
   –Je sors (beaucoup) le week-end. (Je ne sors pas [assez] le week-end.)
8. –Est-ce que tu écoutes la radio?
   –J'écoute (beaucoup) la radio. (Je n'écoute pas [assez] la radio.)

Language note Note that these expressions of quantity do not use **de.** They are followed directly by a noun.

5 ROLE PLAY offering foods

1. –Tu veux un autre sandwich?
   –Oui, merci, donne-moi un autre sandwich. (Non, merci, je n'ai pas faim.)
2. –Tu veux une autre tranche de pizza?
   –Oui, merci, donne-moi une autre tranche de pizza. (Non, merci, je n'ai pas faim.)
3. –Tu veux un autre morceau de fromage?
   –Oui, merci, donne-moi un autre morceau de fromage. (Non, merci, je n'ai pas faim.)
4. –Tu veux une autre pomme?
   –Oui, merci, donne-moi une autre pomme. (Non, merci, je n'ai pas faim.)
5. –Tu veux un autre verre de limonade?
   –Oui, merci, donne-moi un autre verre de limonade. (Non, merci, je n'ai pas soif.)
6. –Tu veux un autre paquet de chips?
   –Oui, merci, donne-moi un autre paquet de chips. (Non, merci, je n'ai pas faim.)

SECTION B

Communicative function
Discussing quantities

Teaching Resource Options

PRINT 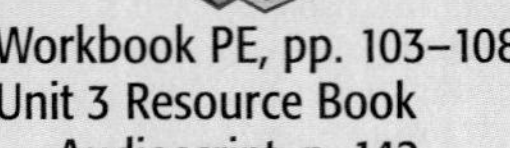

Workbook PE, pp. 103–108
Unit 3 Resource Book
Audioscript, p. 142
Communipak, pp. 152–174
Family Involvement, pp. 131–132
Workbook TE, pp. 113–118

Assessment
Lesson 12 Quiz, pp. 148–149
Portfolio Assessment, Reprise/Unit 1 URB, pp. 235–244
Audioscript for Quiz 12, p. 147
Answer Keys, pp. 224–228

AUDIO & VISUAL 

Audio Program
CD 2 Track 21
CD 17 Track 4

TECHNOLOGY 

Power Presentations
Test Generator CD-ROM/McDougal Littell Assessment System

New material The adjective **tout**

Language note The word **toujours** *(always)* evolved from the expression **tous les jours** *(every day).*

6 DESCRIPTION saying that people are finishing all the food

1. Valérie a mangé tout le fromage.
2. Frédéric a fini tous les gâteaux.
3. Sophie a bu tout le jus d'orange.
4. Jean-Claude a pris toute la tarte.
5. Juliette a mangé toutes les fraises.
6. Éric a bu toute l'orangeade.
7. Delphine a pris toutes les cerises.
8. Marc a fini tous les desserts.

7 COMMUNICATION saying how often one does certain things

Answers will vary.
1. Je regarde la télé (tous les soirs).
2. Je fais mon lit (tous les matins).
3. Je range ma chambre (tous les week-ends).
4. Je vais au cinéma (toutes les semaines).
5. Je vais en ville (tous les samedis).
6. Je vais au restaurant (tous les dimanches).
7. Mon père (Ma mère) fait les courses (tous les jeudis).
8. Le professeur donne un examen (toutes les semaines).
9. Je vois mon copain (tous les jours).

B L'adjectif *tout*

The adjective **tout (le)** agrees in gender and number with the noun it introduces.
Note the four forms of **tout** *(all)*:

	SINGULAR	PLURAL		
MASCULINE	**tout (le)**	**tous (les)**	**tout le** groupe	**tous les** garçons
FEMININE	**toute (la)**	**toutes (les)**	**toute la** classe	**toutes les** filles

→ Note the following English equivalents:

tout le, toute la	*all the*	J'ai bu **toute la limonade.**
	the whole	Alain a mangé **tout le gâteau.**
tous les, toutes les	*all (the)*	**Tous les** invités *(guests)* sont ici.
	every	Je fais les courses **toutes les semaines.**

→ In the above expressions, the definite article **(le, la, les)** may be replaced by a possessive or a demonstrative adjective.

J'ai invité **tous mes copains.** *I invited **all my friends.***

→ **Tout** is used in several common expressions:

tout le monde	*everybody, everyone*	Où est **tout le monde?**
tout le temps	*all the time*	Olivier mange **tout le temps.**

→ **Tout** may be used alone with the meaning *all, everything.*

Tout est possible. ***Everything** is possible.*

6 La gourmandise *(Gluttony)*

PARLER/ÉCRIRE Les personnes suivantes sont des gourmands *(gluttons)*. Expliquez pourquoi.

▶ Patrick / manger / la glace
Patrick a mangé toute la glace.

1. Valérie / manger / le fromage
2. Frédéric / finir / les gâteaux
3. Sophie / boire / le jus d'orange
4. Jean-Claude / prendre / la tarte
5. Juliette / manger / les fraises
6. Éric / boire / l'orangeade
7. Delphine / prendre / les cerises
8. Marc / finir / les desserts

7 Quand?

PARLER/ÉCRIRE Voici certaines choses que nous faisons régulièrement. Complétez les phrases par **tous (toutes) les** + expression de temps.

▶ J'écoute mes CD tous les jours (tous les week-ends).
▶ Je téléphone à mes cousins toutes les semaines (tous les dimanches, tous les mois).

1. Je regarde la télé ...
2. Je fais mon lit ...
3. Je range ma chambre ...
4. Je vais au cinéma ...
5. Je vais en ville ...
6. Je vais au restaurant ...
7. Mon père (Ma mère) fait les courses ...
8. Le professeur donne un examen ...
9. Je vois mon copain ...

SUPPLEMENTARY VOCABULARY

tous les trois mois *every three months*
toutes les deux semaines *every two weeks, every other week*
deux fois par jour *twice a day*
trois fois par semaine *three times a week*

INCLUSION

Sequential Have students copy the **tout** forms chart into their notebooks and underline the endings. Then, pronounce each word, emphasizing the different endings. Have students repeat each form three times.

C L'expression *il faut*

Note the use of the expression **il faut** in the following sentences.

À l'école, **il faut étudier.** — *At school, **one has to study.***
Pour être heureux, **il faut avoir des amis.** — *To be happy, **you (people, we) must have friends.***
Pour aller en Chine, **il faut avoir** un visa. — *To go to China, **it is necessary to have** a visa.*

To express a GENERAL OBLIGATION or NECESSITY, the French use the construction:

il faut + INFINITIVE

→ To express what one SHOULD NOT do, the French use **il ne faut pas** + INFINITIVE.

Il ne faut pas perdre son temps. — ***You should not** waste your time.*

→ To express PURPOSE, the French use the construction **pour** + INFINITIVE.

Pour réussir, il faut travailler. — ***(In order) to succeed,** you have to work.*

8 Oui ou non?

PARLER/ÉCRIRE Dites ce qu'il faut faire et ce qu'il ne faut pas faire.

▶ Pour réussir à l'examen
- étudier
- être paresseux

Pour réussir à l'examen, il faut étudier.
Il ne faut pas être paresseux.

1. Pour être en bonne santé *(health)* ...
   - faire de l'exercice
   - fumer *(smoke)*
   - manger trop de viande
   - boire de l'eau minérale
2. Pour être heureux ...
   - être pessimiste
   - avoir des amis sympathiques
   - avoir beaucoup d'argent
   - être égoïste
3. Quand on est en classe ...
   - écouter le professeur
   - dormir
   - mâcher *(chew)* du chewing-gum
   - répondre aux questions
4. Quand on est invité à dîner ...
   - être poli avec tout le monde
   - manger tous les plats
   - manger avec les mains
   - remercier *(thank)* l'hôtesse

À votre tour!

OBJECTIFS
Now you can ...
- prepare a shopping list

1 Le pique-nique

PARLER/ÉCRIRE Avec votre partenaire, vous avez décidé d'organiser un pique-nique pour huit personnes. Décidez des choses que vous allez acheter et en quelles quantités. Écrivez votre liste de courses.

LESSON REVIEW
CLASSZONE.COM

On achète du thon?
D'accord, achetons du thon.
Combien de boîtes est-ce qu'on achète?
cinq boîtes de thon
Achetons cinq boîtes.

WRITING PROJECT Pour réussir ...

PROPS: 1 large sheet of paper and 1 marker for each group

In small groups, have students give advice to first-year students on how to succeed in French class. They should write at least five sentences using the expression **il faut (il ne faut pas).**

When the groups have finished, ask a spokesperson **(un porte-parole)** to read aloud the list of recommendations. You may wish to display the projects throughout the classroom.

Pour réussir dans la classe de français, il faut faire attention en classe.
il ne faut pas perdre son temps., etc.

SECTION C

Communicative function
Expressing obligation or necessity

New material **il faut** + infinitive

Looking ahead **il faut que** + subjunctive is presented in Lesson 35.

Language note **Il faut** may also be followed by a noun.
Est-ce qu'il faut du fromage? *Do we need cheese?*

8 COMPREHENSION describing what is necessary in certain situations

1. Pour être en bonne santé, il faut faire de l'exercice. Il ne faut pas fumer. Il ne faut pas manger trop de viande. Il faut boire de l'eau minérale.
2. Pour être heureux, il ne faut pas être pessimiste. Il faut avoir des amis sympathiques. Il faut (il ne faut pas) avoir beaucoup d'argent. Il ne faut pas être égoïste.
3. Quand on est en classe, il faut écouter le professeur. Il ne faut pas dormir. Il ne faut pas mâcher du chewing-gum. Il faut répondre aux questions.
4. Quand on est invité à dîner, il faut être poli avec tout le monde. Il ne faut pas manger tous les plats. Il ne faut pas manger avec les mains. Il faut remercier l'hôtesse.

Expansion Have students give appropriate advice for the following cues:
- **Pour organiser une boum (une fête d'anniversaire) ...**
- **Pour réussir dans la vie** *(life)* **...**

À VOTRE TOUR!

1 GUIDED CONVERSATION creating a shopping list

Answers will vary.
- –On achète (de l'eau minérale)?
  –D'accord, achetons de (l'eau minérale).
  –Combien de (bouteilles) est-ce qu'on achète?
  –Achetons (trois bouteilles).
- –On achète (du fromage)?
  –D'accord, achetons (du fromage).
  –Combien de (kilos) est-ce qu'on achète?
  –Achetons (un kilo).
- –On achète (des melons)?
  –D'accord, achetons (des melons).
  –Combien de (melons) est-ce qu'on achète?
  –Achetons (deux melons).
- –On achète (de la mayonnaise)?
  –D'accord, achetons (de la mayonnaise).
  –Combien de (pots) est-ce qu'on achète?
  –Achetons (un pot).

Liste d'achats
trois bouteilles d'eau minérale
un kilo de fromage
deux melons
un pot de mayonnaise

LECTURE
La recette du croque-monsieur

Objective
- Reading a recipe

Photo culture note The menu in the photograph also lists **un croque-madame.** This sandwich is similar to a **croque-monsieur,** but with a fried egg on top.

Lecture La recette du croque-monsieur

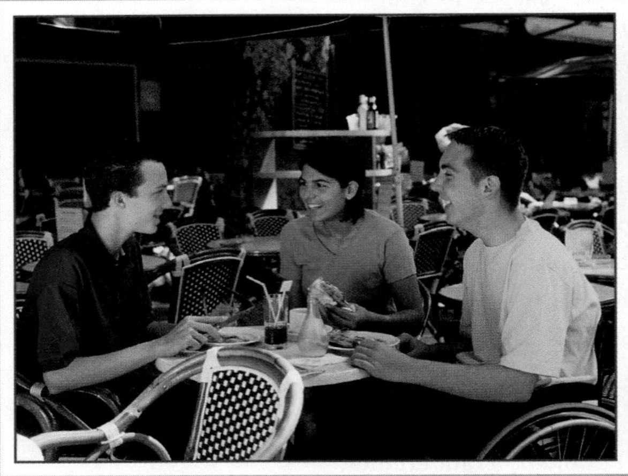

Vous êtes dans un café en France et vous avez faim. Qu'est-ce que vous allez commander? Peut-être un sandwich ou une salade. Si vous préférez manger quelque chose de chaud, vous pouvez choisir une omelette ou une pizza. Ou bien, vous pouvez faire comme beaucoup de jeunes Français et commander un «croque-monsieur».

Les croque-monsieur sont des sandwichs chauds faits avec du jambon et du fromage. Pour manger un croque-monsieur, vous n'avez pas besoin d'aller en France. Vous pouvez le préparer chez vous. Voici une recette très simple.

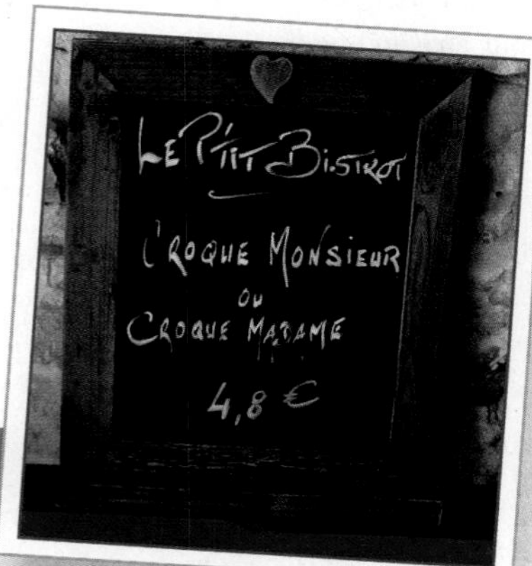

Les ingrédients

Pour faire deux croque-monsieur, il faut:°

- 4 tranches de pain
- 2 tranches de jambon
- 4 tranches de gruyère°
- un peu de beurre
- un peu de gruyère râpé°
- de la moutarde de Dijon (facultatif°)

(Les tranches de jambon et de fromage doivent avoir les mêmes dimensions que les tranches de pain.)

il faut *one needs* **gruyère** *a type of cheese* **râpé** *grated* **facultatif** *optional*

PRE-READING ACTIVITY

Have students skim the reading.

- Can they guess the meaning of the title? [a recipe]
- How does one read a recipe–quickly or carefully? [when cooking, one must read carefully!]

La recette

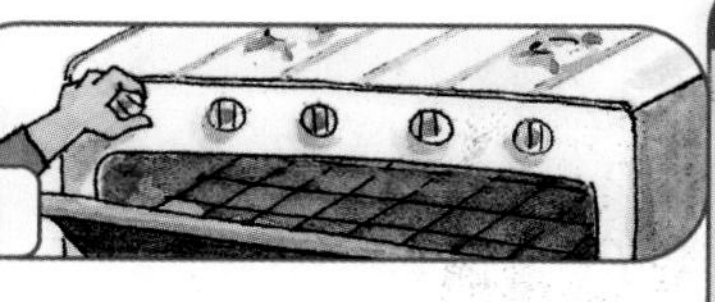

1. Allumez le gril° du four.

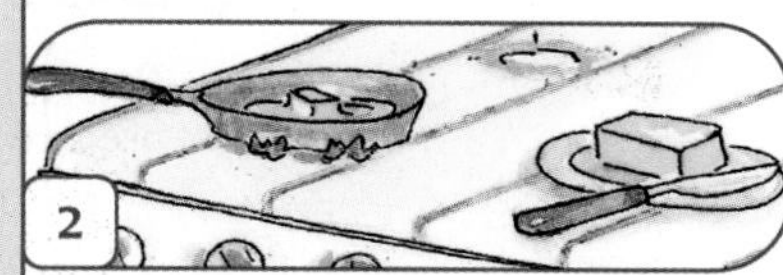

2. Dans une poêle,° faites fondre° un peu de beurre.

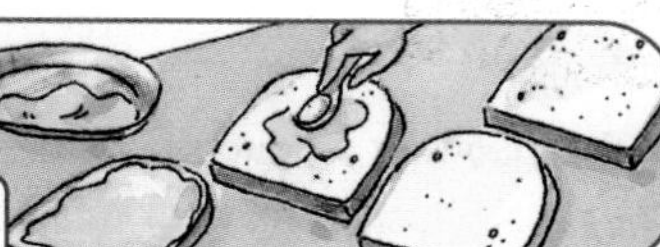

3. Avec une cuillère à café, passez le beurre fondu sur les tranches de pain.

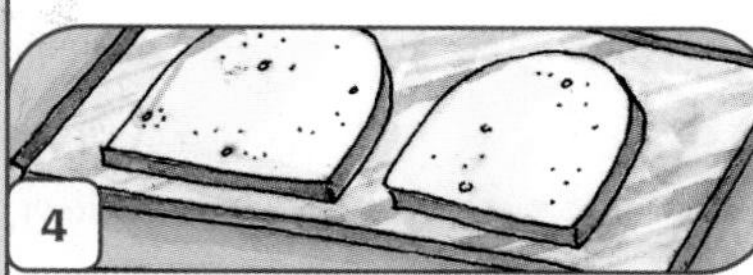

4. Sur une plaque,° mettez deux tranches de pain (côté beurré° contre° la plaque).

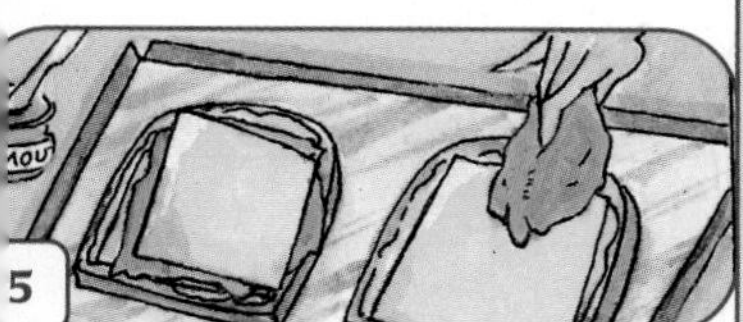

5. Sur chaque tranche, mettez successivement:
   - un peu de moutarde
   - une tranche de fromage
   - une tranche de jambon
   - une autre tranche de fromage

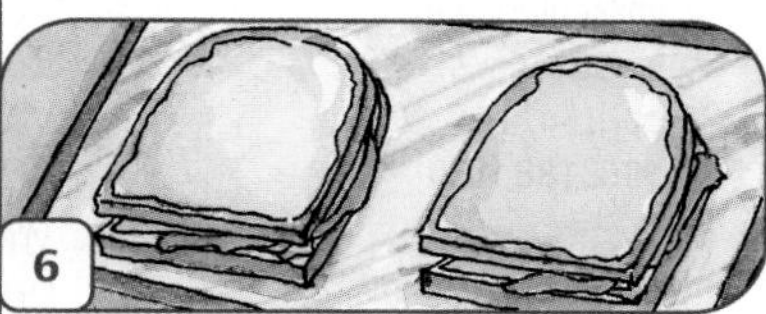

6. Recouvrez avec une autre tranche de pain beurré (côté beurré à l'extérieur).

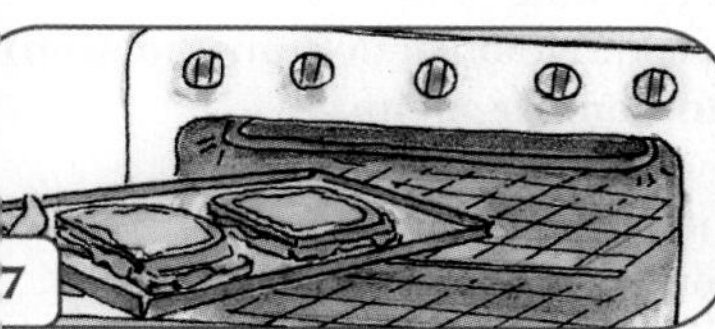

7. Mettez les deux croque-monsieur au four pendant trois minutes.

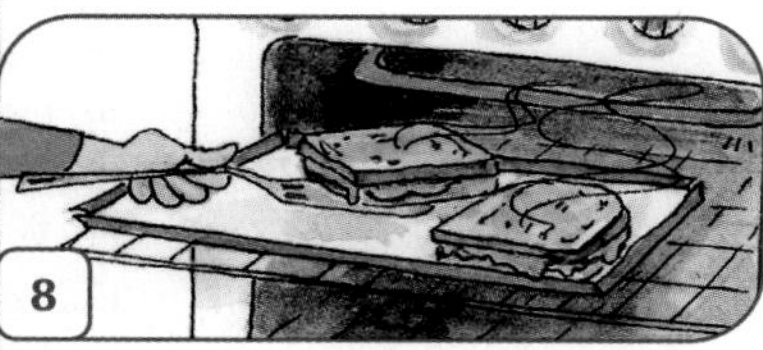

8. Avec une spatule, retournez les deux croque-monsieur. Remettez° au four pendant une ou deux minutes.

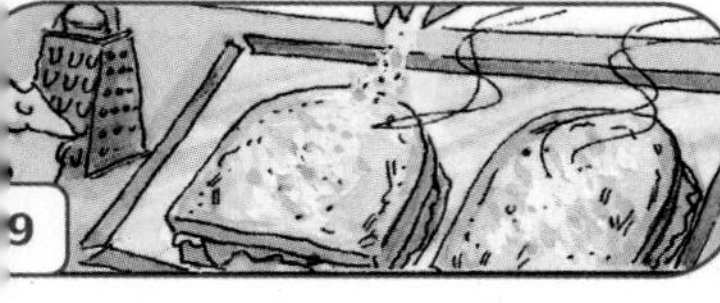

9. Mettez le gruyère râpé sur les croque-monsieur. Remettez au four pendant une minute.

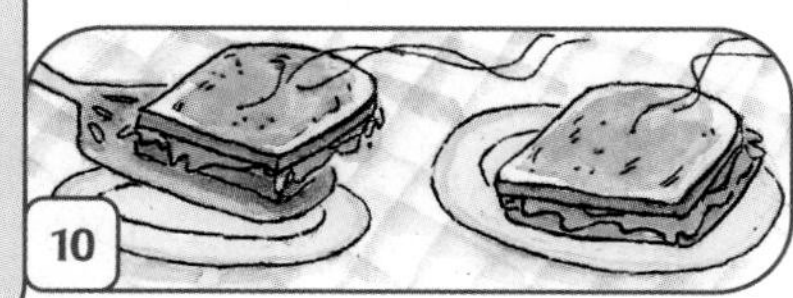

10. Retirez° du four et mettez les deux croque-monsieur sur deux assiettes. Mangez chaud. Bon appétit!

***À noter:** Vous pouvez faire aussi des «croque-madame». Pour cela, mettez un oeuf frit sur chaque croque-monsieur.

gril *broiler* **poêle** *frying pan* **fondre** *melt* **plaque** *baking sheet* **côté beurré** *buttered side* **contre** *against* **Remettez** *Put back* **Retirez** *Take out*

Questions sur le texte

1. À quel sandwich américain le croque-monsieur vous fait-il penser? [grilled ham and cheese]
2. La recette vous paraît-elle difficile? [Non, elle paraît facile.]

POST-READING ACTIVITY

Invite students to prepare a **croque-monsieur** at home.

TESTS DE CONTRÔLE

Teaching Resource Options

PRINT 

Unit 3 Resource Book

Assessment
Unit 3 Test, pp. 191–200
Portfolio Assessment, Reprise/Unit 1 URB, pp. 235–244
Multiple Choice Test Items, pp. 213–217
Listening Comprehension Performance Test, pp. 201–202
Reading Comprehension Performance Test, pp. 207–209
Speaking Performance Test, pp. 203–206
Writing Performance Test, pp. 210–212
Test Scoring Tools, pp. 218–219
Audioscript for Tests, pp. 220–223
Answer Keys, pp. 224–228

AUDIO & VISUAL 

Audio Program
CD 17 Tracks 5–9

TECHNOLOGY 

Test Generator CD-ROM/McDougal Littell Assessment System

1 COMPREHENSION categorizing food

1. Le beurre est un produit laitier.
2. Le veau est une viande.
3. Une orange est un fruit.
4. Le gâteau est un dessert.
5. Une poire est un fruit.
6. La tarte est un dessert.
7. Les haricots sont un légume.
8. Une pomme est un fruit.
9. Les petits pois sont un légume.
10. Le jambon est une viande.
11. Le fromage est un produit laitier.
12. Un pamplemousse est un fruit.

2 COMPREHENSION choosing the right word

1. En général, on déjeune à midi.
2. Voici une tasse pour le café.
3. Et voilà un couteau pour le steak.
4. Voulez-vous un sandwich au jambon?
5. Préfères-tu manger une pizza ou un croque-monsieur?
6. Après le repas, le serveur apporte l'addition.
7. Je vais mettre du sucre dans mon thé.
8. J'ai acheté une douzaine d'oeufs.
9. Où est la bouteille de jus d'orange?
10. Papa a acheté une livre de beurre.
11. Veux-tu un morceau de fromage?
12. Tu grossis parce que tu manges trop.
13. J'ai mis trop de sel dans la soupe.
14. Donne-moi un autre croissant, s'il te plaît.
15. J'ai acheté plusieurs CD.

Tests de contrôle

By taking the following tests, you can check your progress in French and also prepare for the unit test. Write your answers on a separate sheet of paper.

1 Les catégories

Review...
- vocabulary: pp. 158, 160

Determine to which of the categories on the right the following products belong.

▶ le porc — **Le porc est une viande.**

1. le beurre
2. le veau
3. une orange
4. le gâteau
5. une poire
6. la tarte
7. les haricots
8. une pomme
9. les petits pois
10. le jambon
11. le fromage
12. un pamplemousse

viande
produit laitier *(dairy product)*
légume
fruit
dessert

2 Le choix logique

Review...
- vocabulary and constructions: pp. 154, 156, 158, 186, 188, 189

Complete the following sentences with the appropriate options.

1. En général, on — à midi. **(déjeune / prend le petit déjeuner)**
2. Voici — pour le café. **(une tasse / une fourchette)**
3. Et voilà — pour le steak. **(une cuillère / un couteau)**
4. Voulez-vous un sandwich — ? **(aux champignons / au jambon)**
5. Préfères-tu manger une pizza ou — ? **(un croque-monsieur / une boisson)**
6. Après le repas, le serveur apporte *(brings)* — . **(l'addition / le menu)**
7. Je vais mettre — dans mon thé. **(du poivre / du sucre)**
8. J'ai acheté une douzaine — . **(d'oeufs / de petits pois)**
9. Où est — de jus d'orange? **(le paquet / la bouteille)**
10. Papa a acheté — de beurre. **(une livre / un litre)**
11. Veux-tu — de fromage? **(une boîte / un morceau)**
12. Tu grossis parce que tu manges — . **(assez / trop)**
13. J'ai mis — sel dans la soupe. **(trop / trop de)**
14. Donne-moi — croissant, s'il te plaît. **(un autre / quelques)**
15. J'ai acheté — CD. **(beaucoup / plusieurs)**

3 La bonne forme

Review...
- irregular verbs: pp, 166, 176

Complete the following sentences with the appropriate forms of the verbs in parentheses.

1. **(vouloir)** Mes copains — aller au cinéma. Est-ce que tu — voir ce film?
2. **(pouvoir)** Élise — organiser une boum samedi. Est-ce que vous — venir?
3. **(devoir)** Je — rentrer chez moi. Nous — faire nos devoirs.
4. **(boire)** Vous — du jus d'orange. Mes copains — du jus de raisin.

4 Contextes et dialogues

Complete the following dialogues with the appropriate options.

1. *Zoé et Julie sont au restaurant.*

Z: Est-ce que tu veux **(du / le)** poulet?
J: Non, je n'aime pas **(la / de la)** viande.
Z: Il y a aussi **(un / du)** saumon.
J: Excellent! J'adore **(le / du)** poisson!

2. *Claire et Thomas entrent dans une boulangerie.*

C: J'achète **(le / du)** pain?
T: Bien sûr, nous n'avons pas **(de / du)** pain à la maison.
C: Est-ce que je prends aussi **(une / de la)** tarte?
T: Écoute, moi je préfère **(le / du)** gâteau au chocolat.
C: Bon, je vais prendre **(un / du)** gâteau.

Review...
- use of articles: pp. 168, 170, 178-179

5 Composition: Un repas à l'école

In a short paragraph describe a recent meal you had at school. Use the PASSÉ COMPOSÉ in complete sentences. Mention ...

- at what time you had lunch
- what you ate
- what you drank
- what you had for dessert
- what food you liked
- what food you did not like

STRATEGY Writing

1	2	3
Note down your answers to the above questions.	Write out your paragraph.	Check your composition to be sure you have used the appropriate passé composé forms. Also check whether you used the correct articles.

3 COMPREHENSION using the right verb form

1. Mes copains veulent aller au cinéma. Est-ce que tu veux voir ce film?
2. Élise peut organiser une boum samedi. Est-ce que vous pouvez venir?
3. Je dois rentrer chez moi. Nous devons faire nos devoirs.
4. Vous buvez du jus d'orange. Mes copains boivent du jus de raisin.

4 COMPREHENSION choosing the right word

1. Z: Est-ce que tu veux du poulet?
J: Non, je n'aime pas la viande.
Z: Il y a aussi du saumon.
J: Excellent! J'adore le poisson!
2. C: J'achète du pain?
T: Bien sûr, nous n'avons pas de pain à la maison.
C: Est-ce que je prends aussi une tarte?
T: Écoute, moi je préfère le gâteau au chocolat.
C: Bon, je vais prendre un gâteau.

5 WRITTEN SELF-EXPRESSION

Answers will vary.
Hier, j'ai déjeuné à midi. J'ai mangé un sandwich au jambon et une orange. J'ai bu du lait. J'ai mangé du gâteau au chocolat pour le dessert. J'ai aimé le gâteau! Je n'ai pas aimé l'orange.

VOCABULAIRE

Language Learning Benchmarks

FUNCTION
- Make requests pp. 157, 159, 161, 169, 170
- Express needs p. 155
- Describe and compare pp. 162, 171, 183

CONTEXT
- Converse in face-to-face social interactions pp. 159, 169
- Listen in social interactions p. 171
- Listen to audio or video texts pp. 152–153, 164–165, 174–175, 184–185
- Use authentic materials when reading pp. 163, 172, 192–193
- Write short guided compositions p. 195

TEXT TYPE
- Use and understand
  - –learned expressions when speaking and listening pp. 169, 187, 189, 190
  - –questions when speaking and listening pp. 170, 178
  - –polite commands when speaking and listening pp. 159, 161, 169, 170
- Create simple paragraphs when writing p. 195
- Understand important ideas and some details in highly contextualized authentic texts when reading pp. 162–163, 181

CONTENT
- Understand and convey information about
  - –likes and dislikes pp. 159, 161, 180
  - –shopping pp. 153, 161
  - –prices pp. 161, 162
  - –size and quantity p. 187
  - –food and customs pp. 161, 162–163, 192–193

ASSESSMENT
- Show no significant pattern of error when
  - –engaging in conversations pp. 171, 181, 191
  - –expressing likes and dislikes pp. 171, 181
- Understand oral and written discourse, with few errors in comprehension, when reading pp. 173, 182–183, 198–202

Vocabulaire

POUR COMMUNIQUER

Ordering at a café

Vous désirez?	*What would you like?*
Et comme dessert?	*And for dessert?*
Le service est compris.	*The tip (service charge) is included.*

Expressing food preferences

Quel est ton plat préféré?	*What is your favorite dish?*
J'adore …	*I love …*
Je n'aime pas tellement …	*I don't like … that much.*

Shopping for food

Vous désirez?	*May I help you? What would you like?*
Et avec ça?	*Anything else?*
C'est tout?	*Is that all?*
Ça fait combien?	*How much does that come to?*

MOTS ET EXPRESSIONS

Au restaurant

un couteau	*knife*	**l'addition**	*check, bill*
le déjeuner	*lunch*	**une assiette**	*plate*
le dîner	*dinner*	**la cantine**	*cafeteria*
le petit déjeuner	*breakfast*	**une cuillère**	*spoon*
un plat	*dish*	**la cuisine**	*cooking, cuisine*
le pourboire	*tip*	**une fourchette**	*fork*
un repas	*meal*	**une serviette**	*napkin*
le service	*tip, service charge*	**une tasse**	*cup*
un verre	*glass*		

La nourriture

les anchois	*anchovies*	**une banane**	*banana*
le beurre	*butter*	**une boisson**	*beverage, drink*
le céleri	*celery*	**une carotte**	*carrot*
un champignon	*mushroom*	**les céréales**	*cereal*
un chocolat	*hot chocolate, cocoa*	**une cerise**	*cherry*
un croque-monsieur	*grilled ham and cheese*	**la confiture**	*jam*
un dessert	*dessert*	**l'eau**	*water*
le fromage	*cheese*	**l'eau minérale**	*mineral water*
un fruit	*fruit*	**une fraise**	*strawberry*
le gâteau	*cake*	**les frites**	*French fries*
des haricots verts	*green beans*	**la glace**	*ice cream*
un hors-d'oeuvre	*appetizer*	**une glace à la vanille**	*vanilla ice cream*
un ingrédient	*ingredient*	**une glace au chocolat**	*chocolate ice cream*
le jambon	*ham*	**une limonade**	*lemon soda*
le jus d'orange	*orange juice*	**la margarine**	*margarine*
le jus de pomme	*apple juice*	**la mayonnaise**	*mayonnaise*
le jus de raisin	*grape juice*	**la moutarde**	*mustard*
le ketchup	*ketchup, catsup*	**la nourriture**	*food*
le lait	*milk*	**une omelette**	*omelet*

La nourriture (suite)

un légume	*vegetable*
le melon	*melon*
un oeuf	*egg*
un oeuf sur le plat	*fried egg*
le pain	*bread*
un pamplemousse	*grapefruit*
des petits pois	*peas*
un plat	*dish*
le poisson	*fish*
le poivre	*pepper*
le porc	*pork*
le poulet	*chicken*
le poulet rôti	*roast chicken*
le riz	*rice*
le rosbif	*roast beef*
le saucisson	*salami*
le saumon	*salmon*
le sel	*salt*
un soda	*soft drink*
les spaghetti	*spaghetti*
le sucre	*sugar*
un thé	*tea*
un thé glacé	*iced tea*
le thon	*tuna*
le veau	*veal*
un yaourt	*yogurt*
un yaourt à la fraise	*strawberry yogurt*
une omelette nature	*plain omelet*
une orange	*orange*
une poire	*pear*
une pomme	*apple*
une pomme de terre	*potato*
une salade	*salad, lettuce*
la sole	*sole*
la soupe	*soup*
la tarte	*pie*
une tomate	*tomato*
la viande	*meat*

Les quantités

un kilo	*kilogram*
un litre	*liter*
un morceau	*piece*
un paquet	*pack, package*
un pot	*jar*
un sac	*bag*
une boîte	*box; can*
une bouteille	*bottle*
une douzaine	*dozen*
une livre	*pound*
une tranche	*slice*

Expressions de quantité

assez de	*enough*
beaucoup de	*much, many, a lot of*
combien de	*how much, how many*
peu de	*not much, not many, few*
un peu de	*a little, a little bit of*
trop de	*too much, too many*
ne ... plus de	*no more*
un(e) autre	*another*
d'autres	*other*
plusieurs	*several*
quelques	*some, a few*

Verbes réguliers

acheter (j'achète)	*to buy*
amener (j'amène)	*to bring (someone)*
commander	*to order*
déjeuner	*to have lunch*
détester	*to dislike, to hate*
dîner	*to have dinner*
envoyer (j'envoie)	*to send*
espérer (j'espère)	*to hope*
nettoyer (je nettoie)	*to clean*
payer (je paie)	*to pay, pay for*
préférer (je préfère)	*to prefer*

Expressions avec *tout*

tout/toute/tous/toutes	*all*
tout le/toute la	*all the, the whole*
tous les/toutes les	*all (the), every*
tout le monde	*everybody, everyone*
tout le temps	*all the time*

Verbes irréguliers

boire	*to drink*
devoir	*must, to have (to); to owe*
pouvoir	*can, may, to be able*
vouloir	*to want*
mettre la table	*to set the table*
prendre le petit déjeuner	*to have breakfast*
il faut + INFINITIVE	*one must, one has to, it is necessary*

FLASHCARDS AND MORE!

INTERLUDE 3

Quatre surprises

Objectives

- Reading a longer text for enjoyment
- Vocabulary expansion in context

Teaching Resource Options

PRINT 

Workbook PE, pp. 109–120
Activités pour tous PE, pp. 77–79
Unit 3 Resource Book
Activités pour tous TE, pp. 175–177
Workbook TE, pp. 179–190

L'invitation

Avez-vous compris?

Answers

1. Paul et David sont deux étudiants américains.
2. Nathalie est une correspondante de la soeur de Paul.
3. Natalie habite une chambre d'étudiante au 125, rue de Sèvres, au sixième étage. (à Paris)
4. Nathalie invite les deux garçons à déjeuner chez elle.

Interlude 3

Quatre Surprises

PRE-READING STRATEGY Avant de lire

The title of this reading is easy to understand: "Four Surprises."

Take a moment to skim over the story, reading the paragraphs below the subheads. The first section is entitled **L'invitation**. Can you figure out what kind of an invitation it is?

Now look at the pictures. What do you think the four surprises are? Write down your four guesses on a piece of paper. Then read the story to see how many you got right.

L'invitation

Paul et David sont deux étudiants américains. Avec l'argent qu'ils ont économisé cette année, ils ont décidé de passer un mois en France. Ils viennent d'arriver à Paris. Malheureusement, ils n'ont pas d'amis français.

PAUL: Tu connais des gens à Paris?
DAVID: Non, je ne connais personne. Et toi?
PAUL: Moi non plus. Attends, si! Ma soeur Christine a une correspondante° française qui habite à Paris. Je crois° que j'ai son nom dans mon carnet d'adresses.

Paul regarde dans son carnet d'adresses.

PAUL: Voilà. La copine de ma soeur s'appelle Nathalie Descroix. J'ai son numéro de téléphone ...
DAVID: Eh bien, téléphone-lui!
PAUL: Bon, d'accord. Je vais lui téléphoner.

Paul compose° le numéro de Nathalie. Celle-ci° répond. Paul explique qu'il est le frère de Christine et qu'il est à Paris avec un copain. Nathalie propose d'inviter les deux garçons à déjeuner.

NATHALIE: Tu es libre mardi en huit?°
PAUL: Oui, bien sûr.
NATHALIE: Est-ce que tu veux déjeuner chez moi avec ton copain?
PAUL: Avec grand plaisir. Où est-ce que tu habites?
NATHALIE: J'habite une modeste chambre d'étudiante au 125, rue de Sèvres.
PAUL: À quel étage?
NATHALIE: Au sixième étage. Donc, je vous attends° mardi en huit à midi. Mais je vous préviens, ce sera° un repas très simple.
PAUL: Merci beaucoup pour ton invitation. À bientôt.
NATHALIE: Au revoir, à bientôt.

Dans son carnet, Paul note la date du 8 juillet.

Avez-vous compris?

1. Qui sont Paul et David?
2. Qui est Nathalie?
3. Où habite Nathalie?
4. Qu'est-ce que Nathalie propose

Mots utiles

un carnet d'adresses	*address book*
expliquer	*to explain*
libre	*free*
un étage	*floor*
prévenir	*to warn, tell in advance*

correspondante *pen pal* **crois** *believe, think*
compose *dials* **Celle-ci** *The latter (= Nathalie)*
mardi en huit *a week from Tuesday*
je vous attends *I'm expecting you* **sera** *will be*

Première surprise

Le 8 juillet, Paul et David ont mis leurs plus beaux vêtements. Ils ont acheté un gros bouquet de fleurs et il sont allés chez Nathalie.

Arrivé devant l'immeuble° du 125, rue de Sèvres, Paul a regardé son carnet. «Nathalie habite au sixième étage.» Paul et David sont entrés dans l'immeuble. Puis ils ont monté les escaliers et compté les étages. «Deux, trois, quatre, cinq, six.»

PAUL: Nous sommes au sixième étage.

DAVID: Et voilà la chambre de Nathalie.

Sur une porte, il y a en effet° une carte avec le nom: DESCROIX.

Paul a sonné. Pas de réponse.
Il a sonné deux fois,° trois fois, quatre fois ... Toujours pas de réponse.

DAVID: Tu es sûr que Nathalie habite ici?

PAUL: Mais oui. Son nom est inscrit° sur la porte.

DAVID: Regarde, il y a une enveloppe sous le tapis.

PAUL: C'est sûrement pour nous.

Paul a ouvert° l'enveloppe. Il a trouvé° des clés avec la note suivante:°

Mots utiles

gros, grosse	*big, large*
les escaliers	*stairs*
compter	*to count*
sonner	*to ring (the doorbell)*
un tapis	*rug*
une clé	*key*

Chers amis,

Excusez-moi si je ne suis pas ici pour vous accueillir.° Ce matin, j'ai dû aller à l'hôpital rendre visite à une amie qui a eu un accident. Ce n'est pas grave, mais je ne serai pas de retour° avant trois heures.

Entrez chez moi et faites comme chez vous. Le déjeuner est préparé. Ne m'attendez pas.

À bientôt,

N.D.

Avez-vous compris?

1. Quel jour est-ce que Paul et David sont allés chez Nathalie?
2. Comment sont-ils montés chez elle?
3. Quelle est la première surprise?

immeuble *(apartment) building* **en effet** *in fact* **fois** *times* **inscrit** *written* **a ouvert** *opened* **a trouvé** *found* **suivante** *following* **pour vous accueillir** *to welcome you* **je ne serai pas de retour** *I won't be back*

Première surprise

Avez-vous compris?

Answers

1. Paul et David sont allés chez Nathalie le 8 juillet.
2. Ils ont monté les escaliers.
3. La première surprise est que Nathalie n'est pas chez elle, mais elle a laissé une note avec des clés.

Deuxième surprise

Looking ahead The imperfect is introduced in Lesson 23.

Deuxième surprise

Paul a pris les clés et il a ouvert la porte.

Une autre surprise attend les deux garçons. En effet, ce n'est pas dans «une modeste chambre d'étudiante» qu'ils sont entrés, mais dans un appartement relativement petit, mais très moderne et très confortable.

Et sur la table de la salle à manger est servi un magnifique repas froid. Il y a du saumon fumé,° du poulet rôti° avec de la mayonnaise, une salade, un grand nombre de fromages différents et, comme dessert, un énorme gâteau au chocolat.

DAVID: Nathalie a parlé d'un repas très simple, mais en réalité, elle a préparé un véritable festin.°
PAUL: C'est vrai. Nous allons nous régaler!°
DAVID: On commence?
PAUL: Non! Attendons Nathalie. C'est plus poli.
DAVID: Tu as raison. Attendons-la!

Paul et David ont attendu, mais il est maintenant une heure et Nathalie n'est toujours pas là.

DAVID: J'ai faim.
PAUL: Moi aussi, j'ai une faim de loup.°
DAVID: Alors, déjeunons! Après tout, Nathalie a dit de ne pas attendre.

Les garçons ont pris plusieurs tranches° de saumon fumé. «Hm, c'est délicieux.» Puis, ils ont mangé du poulet rôti. «Fameux° aussi!» Puis ils ont pris de la salade et ils ont goûté à tous les fromages. Finalement, ils sont arrivés au dessert. Ils ont pris un premier morceau de gâteau au chocolat, puis un deuxième, puis un autre et encore° un autre ... Bientôt, ils ont fini tout le gâteau.

DAVID: Quel repas merveilleux! Nathalie est une excellente cuisinière.°
PAUL: C'est vrai ... Mais, euh, maintenant je suis fatigué.
DAVID: Euh, moi aussi ...

Paul et David ont quitté la table. Ils se sont assis° sur le sofa. Quelques minutes plus tard, ils sont complètement endormis.°

Pendant qu'ils dormaient° le téléphone a sonné plusieurs fois. Dring, dring, dring, dring, dring ... Mais personne n'a répondu.

du saumon fumé *smoked salmon* **rôti** *roast* **véritable festin** *real feast*
Nous allons nous régaler! *We're going to enjoy a delicious meal!*
j'ai une faim de loup *I'm as hungry as a wolf* **tranches** *slices*
Fameux *Great* **encore** *still* **cuisinière** *cook* **se sont assis** *sat down*
endormis *asleep* **dormaient** *were sleeping*

Mots utiles

énorme	*enormous*
commencer	*to begin*
poli(e)	*polite*
plusieurs	*several*
goûter	*to taste*

Avez-vous compris?

1. Quelle est la deuxième surprise?
2. Qu'est-ce qu'il y a pour le déjeuner? Qu'est-ce que Paul et David pensent du repas?
3. Pourquoi n'ont-ils pas répondu au téléphone?

Avez-vous compris?

Answers

1. L'appartement est très moderne et très confortable.
2. Il y a du saumon fumé, du poulet rôti avec de la mayonnaise, une salade, des fromages et un gâteau au chocolat. Ils pensent que le repas est merveilleux.
3. Ils n'ont pas répondu au téléphone parce qu'ils dormaient.

Troisième surprise

Il est maintenant trois heures. Quelqu'un est entré dans l'appartement. Paul et David se sont réveillés.°

DAVID: Tiens, voilà Nathalie.

PAUL: Bonjour, Nathalie.

Mais la personne qui est entrée n'est pas Nathalie. C'est une dame d'une cinquantaine d'années,° très élégante. Elle a l'air très surprise.

LA DAME: Qu'est-ce que vous faites ici?

Paul et David, à leur tour,° sont très surpris.

PAUL: Nous attendons notre amie Nathalie.

LA DAME: Votre amie Nathalie n'habite pas ici.

DAVID: Mais alors, chez qui sommes-nous?

LA DAME: Vous êtes chez moi.

PAUL: Mais alors, qui êtes-vous?

Maintenant la dame sourit.

LA DAME: Je suis la tante de Nathalie et vous, vous êtes certainement ses amis. À votre accent, je vois que vous êtes américains. Elle m'a parlé de vous.

PAUL: Oh, excusez-nous, madame. Nathalie s'est trompée° quand elle nous a donné son adresse. Elle a dit qu'elle habitait° au sixième étage.

La dame semble s'amuser.°

LA DAME: Mais non, elle ne s'est pas trompée. Nathalie habite bien° une chambre d'étudiante au sixième, l'étage au-dessus. C'est vous qui vous êtes trompés! Vous êtes ici au cinquième étage.

DAVID: Au cinquième étage? Je ne comprends pas! Nous avons compté les étages.

LA DAME: Votre erreur est bien excusable. Notre premier étage en France correspond au deuxième étage américain. Ainsi, vous avez pensé être au sixième étage. En réalité, vous êtes seulement au cinquième.

PAUL: Ça, par exemple!°

DAVID: Et le repas?

LA DAME: Je l'ai préparé pour des amis qui viennent passer la journée à Paris.

PAUL: Et la note sous le tapis?

LA DAME: Je l'ai écrite pour dire à mes amis que … Mais, au fait,° où sont-ils?

Le téléphone sonne à nouveau. La dame va répondre. Elle revient au bout de quelques minutes.

LA DAME: Ce sont justement mes amis qui viennent de téléphoner. Ils m'ont dit qu'ils ont téléphoné plusieurs fois. Ils ont eu une panne° …

PAUL: Tout s'explique!°

LA DAME: Pour vous et pour moi, mais pas pour Nathalie. Ma nièce vous attend certainement. Allez vite chez elle!

Mots utiles

sourire	*to smile*	**une erreur**	*mistake, error*
sembler	*to seem*	**à nouveau**	*again*
au-dessus	*above*	**au bout de**	*at the end of*

Avez-vous compris?

1. Qui est la personne qui est entrée dans l'appartement? Pourquoi a-t-elle l'air très surprise?
2. Quelle est la troisième surprise?
3. Pour qui le repas a-t-il été préparé?

se sont réveillés *woke up*
d'une cinquantaine d'années *about fifty years old*
à leur tour *in turn* **s'est trompée** *made a mistake*
habitait *lived* **s'amuser** *to be amused*
bien *indeed* **Ça, par exemple!** *What do you know!*
au fait *as a matter of fact* **panne** *breakdown*
Tout s'explique! *That explains everything!*

Troisième surprise

Looking ahead **Nathalie s'est trompée …** Reflexive verbs are introduced in Lesson 19.

Looking ahead **Je l'ai écrite …** Agreement of past participle with a preceding direct object is presented in Lesson 15.

Cultural background

- The typical Parisian apartment buildings, dating to the late 19th and early 20th centuries, usually have seven floors. The ground floor **(le rez-de-chaussée)** often houses shops. The next five floors **(le premier étage au cinquième étage)** have apartments.
- The top floor **(le sixième étage)** originally contained maids' rooms, one for each of the apartments in the building. Most of these have now been converted to student rooms or small studios.

Avez-vous compris?

Answers

1. Ce n'est pas Nathalie. C'est une dame très élégante. C'est la tante de Nathalie. Elle est surprise de voir Paul et David chez elle.
2. La troisième surprise est qu'ils ne sont pas au sixième étage.
3. Le repas a été préparé pour des amis de la dame qui viennent passer la journée à Paris.

Quatrième et dernière surprise

Avez-vous compris?

Answers

1. Nathalie habite à l'étage supérieur.
2. Nathalie a invité les garçons la semaine prochaine. «Mardi en huit» signifie le mardi de la semaine prochaine.
3. Ils ont déjà trop mangé.

Quatrième et dernière surprise

Paul et David sont montés à l'étage supérieur.
Ils ont sonné à l'appartement de Nathalie.
Celle-ci a ouvert la porte.

PAUL: Bonjour! Nathalie?

Nathalie a l'air étonnée.

NATHALIE: Oui, c'est moi. Et vous, vous êtes … ?

PAUL: Je suis Paul. Et voici mon copain David.

NATHALIE: Ah, enchantée! Quelle bonne surprise!

Paul, à son tour, est très étonné de l'air surpris de Nathalie.

PAUL: Euh … nous nous excusons de° …

NATHALIE: Ne vous excusez pas. Je suis très contente de vous voir. Vous avez de la chance car° j'avais l'intention d'aller au cinéma cet après-midi.

PAUL: Au cinéma? Et l'invitation à déjeuner?

NATHALIE: Quel déjeuner? … Ah, oui. J'espère que vous n'avez pas changé d'avis. Je compte absolument sur vous mardi prochain.

DAVID: Comment? Ce n'est pas pour aujourd'hui?

PAUL: Tu as dit «mardi huit». Nous sommes bien le 8 juillet aujourd'hui!

NATHALIE: Non, j'ai dit «mardi en huit». C'est différent. «Mardi en huit» signifie le mardi de la semaine prochaine. Mais au fait, vous avez probablement faim. Malheureusement, je n'ai rien préparé. Ah, si, attendez. J'ai un gâteau au chocolat. Je vais le chercher.°

DAVID: Euh, non merci. Pas aujourd'hui.

NATHALIE: Comment? Vous n'aimez pas le gâteau au chocolat?

DAVID: Si, mais …

nous nous excusons de *we're sorry to*
car = parce que **Je vais le chercher.** *I'll go get it.*

Mots utiles

supérieur(e)	*higher*
étonné(e)	*astonished, surprised*
changer d'avis	*to change one's mind*
signifier	*to mean*

Avez-vous compris?

1. Qui habite à l'étage supérieur?
2. Quelle est la quatrième surprise de Paul et de David et la cause de leur erreur?
3. Pourquoi est-ce qu'ils ne veulent pas manger le gâteau de Nathalie?

READING STRATEGY L'Art de la lecture

By now you know that there is not always a word-for-word correspondence between French and English. For example, the French say **je m'appelle** … *(I call myself …)*, whereas Americans normally say *my name is* … However, you can frequently guess what a French phrase means, even though in English you would express it differently.

For example, in the story you have just read, when Nathalie's aunt enters the apartment, **elle a l'air très surprise** (word-for-word: *"she has the air very surprised"*). You know what this description means, even though in normal English you would word it differently, saying: *she looks (or seems) very surprised.*

Exercice de lecture

How would you express the following phrases in everyday English? (You may want to go back to the story and see how they are used.)

- **mardi en huit** *("Tuesday in eight")*
- **à bientôt** *("till soon")*
- **être de retour** *("to be of return")*
- **faites comme chez vous** *("do as at your house")*

Cognate pattern: ^ ↔ *-s-*

un hôpital ↔ *hospital*
une forêt ↔ *?*
un poulet rôti ↔ *?*

Cognate pattern: -(vowel) ↔ *-te*

poli ↔ *polite*
absolu ↔ *?*
favori ↔ *?*

Cognate pattern: -té ↔ *-ty*

la réalité ↔ *reality*
la société ↔ *?*
l'autorité ↔ *?*

Cognate pattern: -eur ↔ *-or*

une erreur ↔ *error*
un inspecteur ↔ *?*
un réfrigérateur ↔ *?*

READING STRATEGY
L'Art de la lecture

Exercise de lecture

mardi en huit *a week from Tuesday* (p. 198)
à bientôt *see you soon* (p. 198)
être de retour *to return* (p. 199)
faites comme chez vous *make yourself at home* (p. 199)

Language note For the French, a week (from Tuesday to Tuesday) is considered as eight days: **huit jours.** Therefore, a week from Tuesday is **mardi en huit.**

Similarly, two weeks (from Tuesday to the Tuesday in two weeks) is considered as 15 days: **quinze jours.**

Cognate patterns

Answers
une forêt ↔ *forest*
un poulet rôti ↔ *roast chicken*
la société ↔ *society*
l'autorité ↔ *authority*
absolu ↔ *absolute*
favori ↔ *favorite*
un inspecteur ↔ *inspector*
un réfrigérateur ↔ *refrigerator*

Additional cognate practice

une bête ↔ *beast*
une fête ↔ *feast*
un mât ↔ *mast*
un hôte ↔ *host*
la liberté ↔ *liberty*
la générosité ↔ *generosity*
la publicité ↔ *publicity*
séparé ↔ *separate*
résolu ↔ *resolute*
impoli ↔ *impolite*
un professeur ↔ *professor*
un auteur ↔ *author*

Note also **-eur** ↔ **-er**
un danseur ↔ *dancer*
un programmeur ↔ *programmer*

Expansion activities PLANNING AHEAD

Games

• Jeunes auteurs

Have students write a sentence about a broad topic, such as "things I like to do," "my favorite movie," or "a person I admire." Each sentence must contain a factual error. For example, *«J'aime La Menace Fantôme parce que c'est un dessin animé.»* Students should then take turns reading their sentences aloud. The first student to raise his or her hand and identify the factual error reads the next sentence.

Pacing Suggestion: Upon completion of Leçon 13.

• Refaites les phrases

First, have students work in pairs to write six sentences. Each sentence must include an object pronoun. Then have students cut apart the words of each sentence and put the pieces of each sentence into an envelope. Have students trade envelopes with another group. When you give the signal, groups will race to see which group can be the first to put all the sentences back together in a logical order.

Pacing Suggestion: Upon completion of Leçon 15.

Projects

• Les artistes francophones

Some francophone singers and actors have made the transition to American music and movies. Céline Dion, Gérard Depardieu, and Juliette Binoche are some examples of this trend. Have students research on the Internet or at the library (or at a video or music store) to find out the names of other francophone singers and actors. Play some of the music and movies they research for the class. Discuss what movies and music students like and why they like it.

Pacing Suggestion: Upon completion of Leçon 16.

• Revue de film

Students will write a review of their favorite movie for a French teen magazine. First, have students select a movie to review. Then, have them provide relevant information about the movie, including the setting, the names of the actors, and a summary of the plot. Once they are finished, have students exchange their reviews with another student for proofreading, and then make a final draft. Finally, have students find a photograph or create an illustration to accompany their movie review.

Pacing Suggestion: Upon completion of Leçon 16.

Bulletin Boards

• Marquise des films

Collect movie advertisements from local or national newspapers and from the Web. Have students create French movie posters for a marquee-style bulletin board. Students can decide on which movies they want to have showing at "their" theater. Students may choose to emphasize certain themes, such as foreign films or action films. Their posters should illustrate the movies of their choice (at least six or seven), and list show times and prices of admission.

Pacing Suggestion: Upon completion of Leçon 13.

Music

• *Le dernier qui a parlé*

Play *Le dernier qui a parlé* (on your *Chansons* CD) for students. Have them read the lyrics and listen to it once to get the gist of the song. As they listen, have students jot down one or two questions about the meaning and rate their understanding of the song on a scale of 1–10. After they listen to the song a second time, have them rate their comprehension again. See if they can answer any of their questions from the first round and have them jot down any new questions they may have. After they have repeated the process a third time, have pairs of students discuss any unanswered questions. Finally, have a class discussion about the song's meaning.

Pacing Suggestion: Upon completion of Leçon 13.

Storytelling

• Une mini-histoire

After reviewing the verb *connaître,* model a short conversation (using puppets, student actors, or photos) in which you discuss several people and places you know. Repeat the story, allowing time for students to repeat or complete the sentences. Then, have students write and read aloud their own, longer, conversation. Their new versions should include vocabulary from the original dialogue.

Pacing Suggestion: Upon completion of Leçon 15.

End of Unit

• Les cinéastes

Bring in any French movie on videotape or DVD that students have chosen. With the volume turned down, play 1–2 minute segments at a time, and have students work in pairs or groups to write their own dialogue. When students have completed an entire scene, have them trade their dialogues with another pair or group to check for any errors. Finally, have student-*cinéastes* present their dialogues to the rest of the class.

Pacing Suggestion: Upon completion of Leçon 16.

Rubric **A** = 13–15 pts. **B** = 10–12 pts. **C** = 7–9 pts. **D** = 4–6 pts. **F** = < 4 pts.

Criteria	Scale
Vocabulary Use	1 2 3 4 5
Grammar/Spelling Accuracy	1 2 3 4 5
Creativity	1 2 3 4 5

Hands-on Crafts

• Les marque-pages

Each student will create a bookmark out of cardboard. Have students use felt, ribbon, yarn, and other materials to decorate their bookmarks. First, have students cut the cardboard into the shape and size of a bookmark. Then, have them cover the cardboard with felt, using glue to attach the felt. After the glue dries, have students attach sequins and designs (cut out of paper or more felt) to the covering of the bookmarks as decorations. Students may choose to decorate their bookmarks to look like animals, flowers, abstract designs, or words in French. Have each student make a list of their favorite book titles, poems, authors, and genres of literature (in French) and display their bookmarks with these lists.

Pacing Suggestion: Upon completion of Leçon 16.

Recipe

• Le pop-corn sucré

Some French movie theaters now serve popcorn, but most Americans would be surprised to find out that the popcorn is sweetened, not salty. Try out this recipe and rent a French movie for students to enjoy with their popcorn.

Pacing Suggestion: Upon completion of Leçon 13.

Clé
50 grammes = approx. 1.75 ounces
30 grammes = approx. 1 ounce

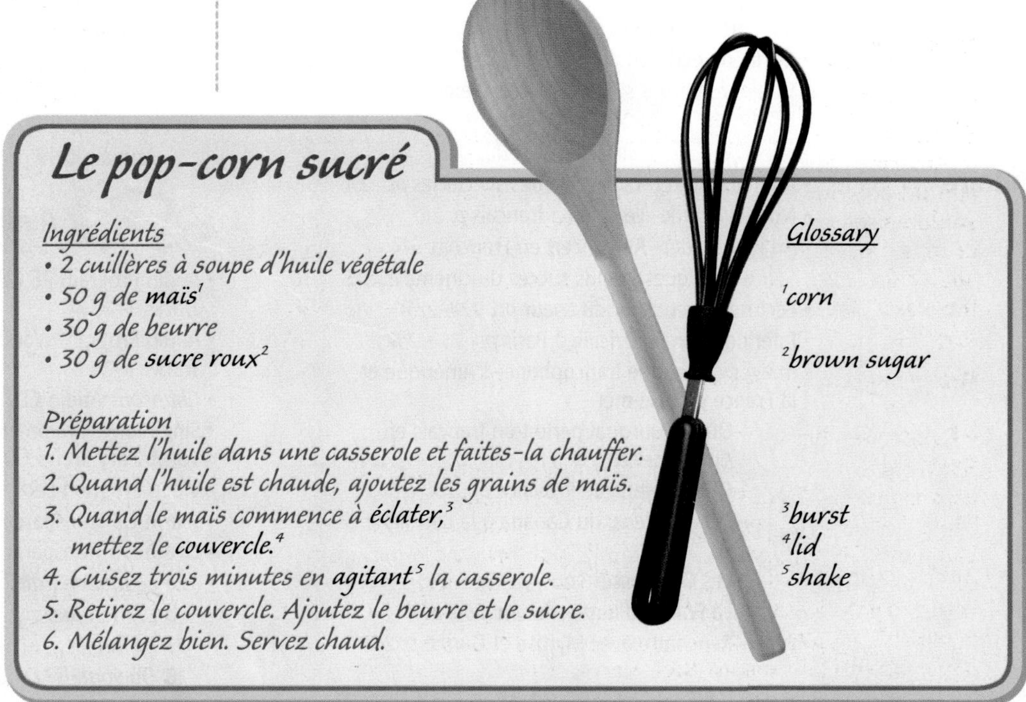

Le pop-corn sucré

Ingrédients
- 2 cuillères à soupe d'huile végétale
- 50 g de maïs[1]
- 30 g de beurre
- 30 g de sucre roux[2]

Préparation
1. Mettez l'huile dans une casserole et faites-la chauffer.
2. Quand l'huile est chaude, ajoutez les grains de maïs.
3. Quand le maïs commence à éclater,[3] mettez le couvercle.[4]
4. Cuisez trois minutes en agitant[5] la casserole.
5. Retirez le couvercle. Ajoutez le beurre et le sucre.
6. Mélangez bien. Servez chaud.

Glossary
[1] corn
[2] brown sugar
[3] burst
[4] lid
[5] shake

Planning Guide CLASSROOM MANAGEMENT

OBJECTIVES

Communication
- Describe and discuss various forms of entertainment *pp. 208, 210, 239*
- Discuss the types of movies you like *p. 210*
- Talk about your favorite stars *pp. 207, 209*
- Extend, accept, and turn down invitations *pp. 212–213*
- Describe your relationships with other people *p. 228*

Grammar
- Les pronoms compléments: *me, te, nous, vous p. 218*
- Les pronoms *me, te, nous, vous* à l'impératif *p. 220*
- Les pronoms compléments à l'infinitif *p. 222*
- Le verbe *connaître p. 228*
- Les pronoms compléments *le, la, les pp. 230–231*
- Les compléments d'objet direct au passé composé *p. 233*
- Les verbes *dire, lire* et *écrire p. 238*
- Les pronoms compléments *lui, leur pp. 240–241*
- L'ordre des pronoms *p. 243*
- Le verbe *savoir; savoir* ou *connaître p. 244*

Vocabulary
- Les spectacles *p. 208*
- Au cinéma *p. 210*
- Les invitations *pp. 212–213*
- Rapports et services personnels *p. 219*
- On lit, on écrit, on dit *p. 239*
- Quelques verbes suivis d'un complément indirect *p. 240*

Culture
- Aperçu culturel–Le monde des spectacles *pp. 206–207*
- Note culturelle–Le cinéma français *p. 210*
- Au jour le jour–Au concert en France *p. 214*
  - –Quelques grands succès du cinéma *p. 215*
- Lecture–Le courrier du coeur *pp. 224–225*
- Interlude–Un Américain à Paris *pp. 252–257*
- Images du monde francophone–L'Amérique et la France d'outre-mer
  - –Où et pourquoi parle-t-on français en Amérique? *p. 259*
  - –Québec, la Belle Province *pp. 260–261*
  - –Les Acadiens: du Canada à la Louisiane *pp. 262–263*
  - –Les Connaissez-vous? *pp. 264–265*
  - –La France d'outre-mer *pp. 266–267*
  - –Rencontre avec Myrtise et Garine *p. 268*

PROGRAM RESOURCES

Print

- Workbook PE, *pp. 121–156*
- *Activités pour tous* PE, *pp. 81–99*
- Block Scheduling Copymasters, *pp. 105–136*
- *Français pour hispanophones*
- *Lectures pour tous*
- Teacher to Teacher Copymasters
- Teaching Proficiency through Reading and Storytelling
- Unit 4 Resource Book
  - Lessons 13–16 Resources
    - Workbook TE
    - *Activités pour tous* TE
    - Absent Student Copymasters
    - Family Involvement
    - Video Activities
    - Videoscripts
    - Audioscripts
    - Assessment Program
  - Unit 4 Resources
    - Communipak
    - *Activités pour tous* TE Reading
    - Workbook TE Reading and Culture Activities
    - Assessment Program
    - Answer Keys

Audiovisual

- Audio Program PE CD 3 Tracks 1–10
- Audio Program Workbook CD 9 Tracks 1–24
- *Chansons* Audio CD Track 2
- Sing Along: Grammar and Vocabulary Songs CD
- Video Program Leçons 13–16
- Warm-Up Transparencies
- Overhead Transparencies
  - 2a *Le monde francophone;*
  - 2b *L'Amérique;*
  - 13 *La famille;*
  - 18 *Où vont-ils? D'où viennent-ils?;*
  - 24 *Chez les Durand;*
  - 28 *Le petit déjeuner;*
  - 29 *Le déjeuner et le dîner;*
  - 35 *Les spectacles;*
  - 36 *Qu'est-ce qu'on fait?;*
  - 37 *Rapports et services personnels;*
  - 38 *Les gens et les choses;*
  - 39 *On lit, on écrit, on dit*

Technology

- Online Workbook
- ClassZone.com
- McDougal Littell Assessment System/Test Generator CD-ROM
- EasyPlanner CD-ROM
- Power Presentations on CD-ROM
- Take-Home Tutor CD-ROM

Assessment Program Options

Lesson Quizzes
Portfolio Assessment
Unit Test Form A
Unit Test Form B
Listening Comprehension Performance Test
Speaking Performance Test
Reading Comprehension Performance Test
Writing Performance Test
Multiple Choice Test Items
Test Scoring Tools
Audio Program CD 18 Tracks 1–17
Answer Keys
McDougal Littell Assessment System/Test Generator CD-ROM

Pacing Guide SAMPLE LESSON PLAN

DAY	DAY	DAY	DAY	DAY
1 Unité 4 Opener Leçon 13 • Aperçu culturel–Le monde des spectacles • Vocabulaire–Les spectacles	**2** Leçon 13 • Vocabulaire–Les spectacles *(continued)* • Vocabulaire–Au cinéma • Note culturelle–Le cinéma français	**3** Leçon 13 • Vocabulaire–Les invitations • Au jour le jour–Au concert en France	**4** Leçon 14 • Vidéo-scène–Un petit service • Les pronoms compléments: *me, te, nous, vous*	**5** Leçon 14 • Vocabulaire–Rapports et services personnels • Les pronoms *me, te, nous, vous* à l'impératif
6 Leçon 14 • Les pronoms *me, te, nous, vous* à l'impératif *(continued)* • Les pronoms compléments à l'infinitif	**7** Leçon 14 • À votre tour! • Lecture–Le courrier du coeur	**8** Leçon 15 • Vidéo-scène–Dans une boutique de disques • Le verbe *connaître*	**9** Leçon 15 • Les pronoms compléments *le, la, les*	**10** Leçon 15 • Les pronoms compléments *le, la, les (continued)* • Les compléments d'objet direct au passé composé
11 Leçon 15 • À votre tour! • Lecture–Au jardin du Luxembourg	**12** Leçon 16 • Vidéo-scène–La voisine d'en bas • Les verbes *dire, lire* et *écrire* • Vocabulaire–On lit, on écrit, on dit	**13** Leçon 16 • Les pronoms compléments *lui, leur* • Vocabulaire–Quelques verbes suivis d'un complément indirect	**14** Leçon 16 • L'ordre des pronoms	**15** Leçon 16 • Le verbe *savoir; savoir* ou *connaître* • À votre tour!
16 Leçon 16 • Lecture–Es-tu une personne généreuse?	**17** • Tests de contrôle • Interlude–Un Américain à Paris	**18** • Unit 4 Test		

Student Text Listening Activity Scripts
AUDIO PROGRAM

▶ LEÇON 13 LE FRANÇAIS PRATIQUE Allons au spectacle

• Aperçu culturel: Le monde des spectacles *p. 206* CD 3, TRACK 1

Musique ou cinéma? Quel spectacle choisir quand on veut sortir? Pour la majorité des Français, le cinéma est de loin le spectacle favori. Les jeunes y vont généralement avec leurs copains le samedi après-midi ou le samedi soir. Leurs films préférés sont les films d'aventures et les films comiques.

Quand ils ont assez d'argent pour acheter des billets, les jeunes vont aussi au concert. Là, ils peuvent écouter et applaudir leurs chanteurs et leurs groupes favoris.

1. Ces jeunes font la queue pour aller voir le dernier film de leurs acteurs préférés.
2. Le Stade de France, près de Paris, a une capacité de 85 000 spectateurs. On vient ici pour voir les matchs de foot internationaux et aussi pour écouter les grandes stars de la chanson et du rock.
3. Cette actrice française est parfaitement bilingue. Pour son rôle d'infirmière dans le film *Le Patient anglais,* Juliette Binoche a obtenu l'Oscar de la meilleure actrice de soutien. Elle a aussi joué le rôle principal dans le film *Chocolat.*
4. Grand, costaud, sympathique, Gérard Depardieu est l'acteur préféré des Français. Acteur aux multiples talents, il joue des rôles très différents dans un grand nombre de films. Il a joué le rôle principal dans le film *Cyrano.*
5. Après de brillantes études scientifiques au lycée, Audrey Tautou a décidé de devenir actrice. Aujourd'hui c'est l'une des jeunes stars du cinéma français. Elle est connue pour son rôle d'Amélie, une jeune fille naïve, mais optimiste et généreuse.
6. MC Solaar est né à Dakar, au Sénégal, mais il est de nationalité française. C'est le «Monsieur Rap» français. Dans ses chansons, il exprime des messages positifs contre la violence et pour la paix universelle.
7. La princesse Erika, chanteuse française de reggae, est la petite fille d'une princesse africaine. Très généreuse, elle donne des concerts pour les enfants des pays du tiers monde.

• Vocabulaire A

Les spectacles *p. 208* CD 3, TRACK 2

Écoutez la conversation.

A: Vous sortez souvent?
B: Moi, je vais au concert une fois par mois.
C: Moi, je vais au concert plusieurs fois par an.

Maintenant écoutez et répétez.

On va au cinéma pour voir un film. #
. . . pour voir un acteur. #
. . . pour voir une actrice. #

On va au théâtre pour voir une pièce de théâtre. #
. . . pour voir une comédie musicale. #

On va au concert pour entendre un orchestre. #
. . . pour entendre un groupe. #
. . . pour entendre un chanteur. #
. . . pour entendre une chanteuse. #
. . . pour entendre une chanson. #

On va au musée pour voir une exposition. #

On va au stade pour assister à un match. #
. . . pour voir une équipe. #
. . . pour voir un joueur. #
. . . pour voir une joueuse. #

Quand on va à un concert . . .
On laisse la voiture au parking. #
On cherche des sodas. #
On cherche sa place. #
On trouve sa place. #
Après, on garde le programme. #
On n'oublie pas l'événement. #

• Vocabulaire B

Au cinéma *p. 210* CD 3, TRACK 3

Écoutez le dialogue.

A: Quel film est-ce qu'on joue?
B: On joue *Tigre et dragon.*
A: Quel genre de film est-ce?
B: C'est un film d'aventures.
A: À quelle heure commence la séance?
B: Elle commence à huit heures et demie.
A: Combien coûtent les billets?
B: Les places coûtent 7 euros.

Maintenant, écoutez et répétez.

un film d'aventures # un film policier # un film d'horreur #
un film de science-fiction # un drame psychologique #
un dessin animé # une comédie # une comédie musicale #

• Vocabulaire C

Les invitations *p. 212* CD 3, TRACK 4

Écoutez les dialogues.

Premier dialogue

Jérôme accepte une invitation.

A: Dis, Jérôme, est-ce que tu es libre samedi?
B: Oui, je suis libre.
A: Est-ce que tu veux sortir avec moi?
B: Oui, je veux bien. Avec plaisir!

Deuxième dialogue

Armelle refuse une invitation.

A: Dis, Armelle, est-ce que tu es libre dimanche après-midi?
B: Non, je regrette. Je suis occupée.
A: Et dimanche soir, tu es libre? Tu veux aller au cinéma?
B: Je suis désolée. Je voudrais bien, mais je n'ai pas le temps. Je dois étudier.

▶ LEÇON 14 Un petit service

• Vidéo-scène *p. 216* CD 3, TRACK 5

Claire: Ce week-end, il y a un grand concert à Annecy. Pierre voudrait bien aller au concert avec Armelle, mais il a un problème. Il n'a pas assez d'argent pour acheter les billets. Heureusement, Pierre a une ressource: son frère Jérôme.

Pierre est à la maison. Il lit des bandes dessinées.

Jérôme arrive. Pierre est très content de voir son frère.

Pierre: Tiens, Jérôme! Quelle bonne surprise! Ça va?
Jérôme: Oui, ça va, ça va.
Pierre: Dis, dis, dis, Jérôme . . .
Jérôme: Oui?
Pierre: Est-ce que je peux te demander un petit service? Est-ce que tu peux me prêter de l'argent?
Jérôme: Te prêter de l'argent? Non, mais dis donc, tu exagères! Je t'ai prêté cent francs la semaine dernière . . . que tu ne m'as pas rendus!
Claire: Pierre s'excuse.
Pierre: Euh . . . oui, excuse-moi . . .
Claire: Mais il insiste un peu . . .
Pierre: Alors, vraiment, tu ne peux pas m'aider?
Jérôme: Non! Bon, et puis d'abord, est-ce que tu peux me dire pourquoi tu as besoin d'argent?
Pierre: Euh . . . c'est que je voudrais inviter ma copine Armelle au concert de Mano Negra . . . Et . . . je suis fauché!
Jérôme: Ah ça, c'est bien toi! . . . Bon! Tu veux combien?
Pierre: Oh . . . tu peux me prêter deux cents francs?
Claire: D'abord, Jérôme refuse . . .
Jérôme: Ah non! C'est trop!

Pierre: Bon, ben alors, prête-moi cent francs . . . S'il te plaît!
Jérôme: Tiens, voilà . . . Et écoute-moi bien . . . C'est la dernière fois que je te prête de l'argent! T'as compris? . . .
Pierre: Ouais, ouais, ouais j'ai compris . . . Merci, Jérôme! T'es vraiment super!
Claire: Maintenant, Pierre peut inviter Armelle au concert. Il est très heureux!

À votre tour!

• À Québec *p. 223* CD 3, TRACK 6

C'est la première fois que Gérard rend visite à sa cousine Françoise à Québec. Écoutez leur conversation.

Gérard: Dis, est-ce que tu peux me montrer la Citadelle?
Françoise: Mais oui, on peut aller là-bas samedi prochain, si tu veux.
Gérard: J'aime beaucoup le hockey. Est-ce que tu peux m'amener à un match?
Françoise: Bien sûr. On peut aller voir les Remparts dimanche soir. C'est une très bonne équipe.
Gérard: Je voudrais prendre des photos pendant le match. Est-ce que tu peux me prêter ton appareil-photo?
Françoise: Oui, je vais l'apporter.
Gérard: Demain matin, je voudrais faire une promenade dans le Vieux Québec. Est-ce que tu peux me prêter un plan de la ville?
Françoise: Mais oui! Tiens, le voilà!

▶ LEÇON 15 Dans une boutique de disques

• Vidéo-scène *p. 226* CD 3, TRACK 7

Claire: Dans l'épisode précédent, Pierre a emprunté cent francs à son frère Jérôme. Avec cet argent, il a acheté deux billets pour le concert de Mano Negra.

Cet après-midi, Pierre et Armelle sont allés au concert.

Après le concert, ils sont allés dans un magasin de disques pour acheter le dernier compact de ce groupe.

Dans le magasin, Armelle parle à l'employé. Pendant ce temps, Pierre écoute de la musique.

Armelle: Pardon, monsieur. Est-ce que vous avez le dernier CD de Mano Negra?
Clerk: Je regrette, mais nous ne l'avons plus. Nous avons vendu le dernier ce matin. Mais nous avons d'autres CD de ce groupe . . . Tenez, vous connaissez ce compact?
Armelle: Non, je ne le connais pas . . . Et toi, Pierre, tu le connais?
Pierre: Oui, je le connais. Il est super!
Clerk: Vous voulez l'écouter?
Armelle: Oui, je vais l'écouter.
Claire: Armelle écoute le compact. Puis elle demande à Pierre son opinion.
Armelle: Je l'achète?
Pierre: Bien sûr. Si tu l'aimes bien, achète-le.
Claire: Armelle paie le compact. Elle demande à Pierre s'il veut venir l'écouter chez elle.
Armelle: Tu veux venir l'écouter chez moi?
Pierre: Bonne idée! Allons chez toi!
Claire: Pierre et Armelle sortent du magasin. Les deux amis vont chez Armelle.

À votre tour!

• Quelques activités récentes *p. 234* CD 3, TRACK 8

Zaïna parle de ses activités récentes à son copain Patrick. Écoutez leurs conversations.

Première conversation

Zaïna: La semaine dernière, je suis allée au ciné et j'ai vu le dernier film de Ben Affleck. Et toi, est-ce que tu l'as vu?
Patrick: Oui, je l'ai vu samedi soir.
Zaïna: Comment est-ce que tu as trouvé ce film?
Patrick: Je l'ai beaucoup aimé. Et toi?
Zaïna: Bof . . . Comme ci, comme ça.

Deuxième conversation

Zaïna: Tu sais qui j'ai rencontré hier?
Patrick: Non, qui?
Zaïna: Ta cousine Stéphanie!
Patrick: Ah bon? Où est-ce que tu l'as rencontrée?
Zaïna: Dans la rue!
Patrick: Qu'est-ce que vous avez fait?
Zaïna: Eh bien, nous sommes allées dans un café et nous avons parlé un peu.

▶ LEÇON 16 La voisine d'en bas

• Vidéo-scène *p. 236* CD 3, TRACK 9

Claire: Dans l'épisode précédent, Armelle a acheté un nouveau compact. Armelle a proposé à Pierre d'écouter ce compact chez elle. Pierre a accepté l'invitation d'Armelle.

Maintenant les deux amis sont chez Armelle. Armelle met le compact qu'elle a acheté.

Armelle voudrait danser, mais Pierre ne semble pas très intéressé.

Soudain, le téléphone sonne. Armelle répond.

Pierre: Qui est-ce qui t'a téléphoné?
Armelle: C'est le voisin d'en haut.
Pierre: Et qu'est-ce qu'il t'a dit?
Armelle: Il m'a demandé de baisser le volume.
Claire: Après quelques minutes, le téléphone sonne à nouveau. Armelle répond.
Pierre: C'est qui cette fois?
Armelle: C'est la voisine d'en bas.
Pierre: Et qu'est-ce qu'elle veut?
Armelle: Elle m'a demandé d'augmenter le volume. Elle m'a dit que c'était son groupe préféré!
Pierre: Et qu'est-ce que tu lui as répondu?
Armelle: Je lui ai répondu que je ne pouvais pas faire ça. Mais je l'ai invitée à venir écouter la musique ici.
Claire: Quelqu'un sonne à la porte.

C'est la voisine d'en bas qui arrive. Elle est venue écouter son groupe préféré!

À votre tour!

• Une soirée musicale *p. 245* CD 3, TRACK 10

Sylvie parle à Robert d'une soirée musicale qu'elle doit organiser.

Sylvie: J'organise une soirée musicale. Est-ce que tu veux participer?
Robert: Ben . . . oui . . . je veux bien!
Sylvie: Est-ce que tu sais chanter?
Robert: Euh, non . . . Je chante faux.
Sylvie: Est-ce que tu sais faire des claquettes?
Robert: Non, je ne sais pas.
Sylvie: Alors, qu'est-ce que tu sais faire?
Robert: Je sais jouer de la guitare.
Sylvie: Parfait! Je t'engage pour jouer de la guitare! Dis, Robert, est-ce que tu connais de bons chanteurs?
Robert: Oui, je connais un bon chanteur. Mon cousin Luc chante très bien.
Sylvie: Super! Invitons-le.

Complete videoscripts, plus Workbook and Assessment audioscripts, are available in the Unit Resource Books.

Main Theme

- People and possessions

COMMUNICATION
- Describing and discussing entertainment
- Discussing movies
- Talking about favorite stars
- Extending, accepting, and turning down invitations
- Describing relationships with others
- Writing a letter

CULTURES
- Learning where French young people like to go in their free time
- Learning what kind of entertainment French teens prefer
- Learning about the history and cultures of Canada, Louisiana, Haiti, Martinique, Guadeloupe, Tahiti, and French Guiana

CONNECTIONS
- Connecting to English: Figuring out related words
- Connecting to History: Learning about the French in America and France's overseas territories
- Researching French-speaking singers and actors

COMPARISONS
- Comparing movie titles in French and English
- Comparing French and American music, schedules, tipping practices, gift giving, and building floor names
- Comparing French expressions in France and Quebec
- Comparing French and Creole expressions
- Learning about France's influence in the Americas

COMMUNITIES
- Using French when you travel
- Using French to write a letter to a French friend

Loisirs et spectacles!

LE FRANÇAIS PRATIQUE

LEÇON 13 **Allons au spectacle**

VIDÉO-SCÈNES

LEÇON 14 **Un petit service**

LEÇON 15 **Dans une boutique de disques**

LEÇON 16 **La voisine d'en bas**

THÈME ET OBJECTIFS

Culture

In this unit, you will learn ...
- where French young people like to go in their free time
- what kind of entertainment they prefer

Communication

You will learn how ...
- to describe and discuss various forms of entertainment
- to discuss the types of movies you like
- to talk about your favorite stars
- to extend, accept, and turn down invitations

You will also learn how ...
- to describe your relationships with other people

TEACHING STRATEGIES

Lesson 13 contains entirely new functional vocabulary related to leisure activities. Lessons 14, 15, and 16 of this unit are a review and expansion of the last two lessons (27 and 28) of **Discovering French, *Nouveau!–Bleu.***

If the students finished **Discovering French, *Nouveau!–Bleu*** last year, emphasize Lesson 13, then move through the rest of the unit quickly, doing only selected activities and focusing on the EXPANSION material.

If the students did not finish **Discovering French, *Nouveau!–Bleu*** last year, this entire unit will be new.

Linguistic objectives

REVIEW
- object pronouns: form and position
- **connaître**
- **lire, dire, écrire**

EXPANSION
- object pronouns in infinitive constructions (Lesson 14)
- direct object pronouns in the passé composé (Lesson 15)
- double object pronouns (Lesson 16)
- **savoir** vs. **connaître** (Lesson 16)

Teaching Resource Options

PRINT 

Unit 4 Resource Book
  Family Letter, p. 17
Français pour hispanophones
  Conseils, pp. 27–28
  Vocabulaire, pp. 61–62

AUDIO & VISUAL 

Audio Program
Chansons CD

TECHNOLOGY 

EasyPlanner CD-ROM

PHOTO NOTE

The teens are standing in front of the **Palais Omnisports Bercy.** This venue hosts many concerts and sporting events.

Leçon 13

Main Topic Talking about entertainment activities

Teaching Resource Options

PRINT 

Workbook PE, pp. 121–128
Activités pour tous PE, pp. 81–83
Block Scheduling Copymasters, pp. 105–112
Unit 4 Resource Book
- *Activités pour tous* TE, pp. 9–11
- Audioscript, pp. 31, 33–37
- Communipak, pp. 150–167
- Lesson Plans, pp. 12–13
- Block Scheduling Lesson Plans, pp. 14–16
- Absent Student Copymasters, pp. 18–21
- Video Activities, pp. 24–28
- Videoscript, pp. 29–30
- Workbook TE, pp. 1–8

AUDIO & VISUAL 

Audio Program
CD 3 Track 1
CD 9 Tracks 1–6

TECHNOLOGY 

Online Workbook

VIDEO PROGRAM

VIDEO DVD

LEÇON 13

Le français pratique Allons au spectacle!

TOTAL TIME: 4:15 min.
DVD Disk 1
Videotape 1 (COUNTER: 48:48 min.)

Introduction
(48:48–50:08 min.)

Section 1: Le cinéma
(50:09–51:14 min.)

Section 2: Les invitations
(51:15–53:03 min.)

LEÇON 13

LE FRANÇAIS PRATIQUE
VIDÉO DVD AUDIO

Allons au spectacle

Aperçu culturel ... Le monde des spectacles

Musique ou cinéma? Quel spectacle choisir quand on veut sortir? Pour la majorité des Français, le cinéma est de loin le spectacle favori. Les jeunes y vont généralement avec leurs copains le samedi après-midi ou le samedi soir. Leurs films préférés sont les films d'aventures et les films comiques.

Quand ils ont assez d'argent pour acheter des billets, les jeunes vont aussi au concert. Là, ils peuvent écouter et applaudir leurs chanteurs et leurs groupes favoris.

Au cinéma

1. Ces jeunes font la queue pour aller voir le dernier film de leurs acteurs préférés.

Le Stade de France

2. Le Stade de France, près de Paris, a une capacité de 85 000 spectateurs. On vient ici pour voir les matchs de foot internationaux et aussi pour écouter les grandes stars de la chanson et du rock.

Juliette Binoche

3. Cette actrice française est parfaitement bilingue. Pour son rôle d'infirmière dans le film *Le Patient anglais*, Juliette Binoche a obtenu l'Oscar de la meilleure actrice de soutien. Elle a aussi joué le rôle principal dans le film *Chocolat*.

TEACHING STRATEGY

Have students read this cultural introduction twice:
- at the beginning of the unit—quickly for general information
- at the end of the lesson—with greater attention to details

By looking at the pictures, students can discover the meanings of many of the new words.

Photo culture note **File d'attente avec billets** = *waiting line (for people) with tickets.* In France, once people have bought their tickets, they get into another line to wait to enter the theater.

Cultural notes **Gérard Depardieu** (born in 1948) has starred in *Jean de Florette, Cyrano de Bergerac,* and *The Man in the Iron Mask.* He is pictured with French actress Carole Bouquet.

Pronunciation **MC Solaar** se dit /ɛmsi sɔlar/

Gérard Depardieu

4. Grand, costaud, sympathique, Gérard Depardieu est l'acteur préféré des Français. Acteur aux multiples talents, il joue des rôles très différents dans un grand nombre de films. Il a joué le rôle principal dans le film *Cyrano.*

Audrey Tautou

5. Après de brillantes études scientifiques au lycée, Audrey Tautou a décidé de devenir actrice. Aujourd'hui c'est l'une des jeunes stars du cinéma français. Elle est connue° pour son rôle d'Amélie, une jeune fille naïve, mais optimiste et généreuse.

connue *known*

MC Solaar

6. MC Solaar est né à Dakar, au Sénégal, mais il est de nationalité française. C'est le «Monsieur Rap» français. Dans ses chansons, il exprime des messages positifs contre la violence et pour la paix universelle.

Princesse Erika

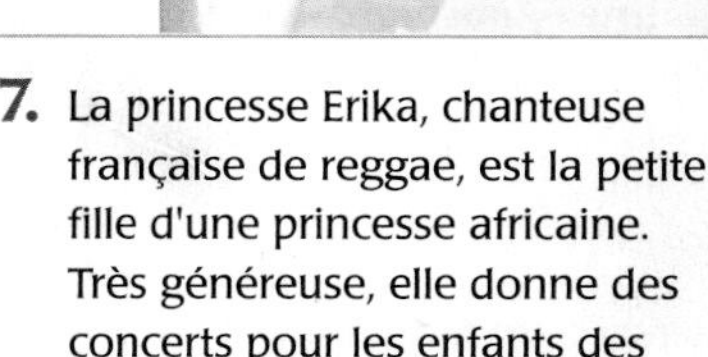

7. La princesse Erika, chanteuse française de reggae, est la petite fille d'une princesse africaine. Très généreuse, elle donne des concerts pour les enfants des pays du tiers monde.

COMPARAISONS CULTURELLES

Allez dans un magasin de musique ou consultez des sites sur l'Internet pour obtenir des exemples de chansons de MC Solaar ou de la princesse Erika ... ou d'un autre chanteur français. Comparez cette musique à la musique américaine. Quelles sont les ressemblances et les différences?

Et vous?

Faites une liste des actrices et des acteurs français que vous connaissez. Dans quels films ont-ils joué?

UN JEU Vrai ou faux?

Read each of the following statements once, and have students mark them **V (vrai)** or **F (faux).** How many got all ten right?

1. Pour la majorité des Français, le théâtre est le spectacle favori. [F]
2. Les jeunes Français aiment les concerts. [V]
3. Au Stade de France, il y a souvent des concerts de rock. [V]
4. Juliette Binoche est chanteuse. [F]
5. Gérard Depardieu a joué le rôle principal dans le film *Cyrano*. [V]
6. Audrey Tautou est programmeuse. [F]
7. MC Solaar est né en France. [F]
8. La princesse Erika donne des concerts pour les enfants des pays du tiers monde. [V]

SECTION A

Communicative function
Talking about entertainment

Teaching Resource Options

PRINT 

Workbook PE, pp. 121–128
Unit 4 Resource Book
Audioscript, pp. 31–32
Communipak, pp. 150–167
Workbook TE, pp. 1–8

AUDIO & VISUAL 

Audio Program
CD 3 Track 2

Overhead Transparencies
35 *Les spectacles*

If students ask Point out the two English equivalents of the expression:

par semaine *per week*
a week

Supplementary vocabulary

combien de fois? *how often? how many times?*
un ballet
un danseur / une danseuse
une peinture
un peintre
un tableau
un(e) artiste
une sculpture
un sculpteur

1 EXCHANGES expressing preferences

Answers will vary.

1. –Qui est ton actrice favorite?
–C'est (Reese Witherspoon).
2. –Qui est ta chanteuse favorite?
–C'est (Jewel).
3. –Qui est ton chanteur favori?
–C'est (Beck).
4. –Quel est ton orchestre favori?
–C'est (le Boston Symphony Orchestra).
5. –Quel est ton groupe favori?
–C'est (Dave Matthews Band).
6. –Quelle est ta chanson favorite?
–C'est («All Star»).
7. –Qui est ton joueur de basket favori?
–C'est (Shaquille O'Neal).
8. –Qui est ta joueuse de tennis favorite?
–C'est (Venus Williams).
9. –Qui est ton joueur de baseball favori?
–C'est (Pedro Martinez).
10. –Qui est ton joueur de football favori?
–C'est (Carlos Ruiz).
11. –Quelle est ton équipe de baseball favorite?
–C'est l'équipe des L.A. Dodgers. (Ce sont les Dodgers.)
12. –Quelle est ton équipe de basket favorite?
–C'est l'équipe des Lakers. (Ce sont les Lakers.)

A VOCABULAIRE Les spectacles 

–Tu sors souvent?

Oui, je sors assez souvent.

Je vais au concert	**une fois** *(once)*	**par semaine.**
	deux fois *(twice)*	**par mois**
	trois fois *(three times)*	**par an**

On va ... pour ...

au cinéma (au ciné) voir **un film.** / **un acteur/une actrice**

au théâtre voir **une pièce de théâtre** *(play).* / **une comédie musicale** *(musical)*

au concert entendre **un orchestre** *(band, orchestra).* / **un groupe** / **un chanteur/une chanteuse** *(singer)* / **une chanson** *(song)*

au musée voir **une exposition** *(exhibit).*

au stade assister à **un match** *(game).*
voir **une équipe** *(team).* / **un joueur/une joueuse** *(player)*

Quand on va à un concert ...

On **laisse** la voiture au parking.
On **cherche** des sodas.
On **cherche** sa place *(seat).*
On **trouve** sa place.
Après, on **garde** le programme.
On n'**oublie** pas l'événement *(event).*

laisser	*to leave, to let*
chercher	*to get, pick up*
chercher	*to look for*
trouver	*to find*
garder	*to keep*
oublier	*to forget*

TEACHING STRATEGY Les spectacles

PROP: Transparency 35 *(Les spectacles)*

Ask questions about the people in the transparency; ask where they are and what they are doing.

Où sont ces jeunes?
Qu'est-ce qu'ils font?

1 Conversation

PARLER Demandez à vos camarades qui sont leurs personnes favorites.
[Attention: **favori** (m.), **favorite** (f.)]

▶ l'acteur

Qui est ton acteur favori?
C'est Brad Pitt.
UGC

1. l'actrice
2. la chanteuse
3. le chanteur
4. l'orchestre
5. le groupe
6. la chanson
7. le joueur de basket
8. la joueuse de tennis
9. le joueur de baseball
10. le joueur de football
11. l'équipe de baseball
12. l'équipe de basket

2 Combien de fois?

PARLER/ÉCRIRE Décrivez vos loisirs en choisissant un élément de chaque colonne.

Je vais	au cinéma au théâtre au concert au musée au stade	une fois par semaine une ou deux fois par mois une ou deux fois par an plusieurs fois par an pratiquement jamais

3 Questions personnelles PARLER/ÉCRIRE

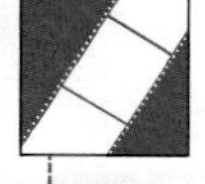

1. Est-ce que tu es allé(e) au cinéma récemment *(recently)*? Où? Quel film est-ce que tu as vu? Comment as-tu trouvé le film? bon ou mauvais?
2. Qui sont tes acteurs et tes actrices préférés? Dans quels films jouent-ils?

3. Est-ce que tu vas souvent au concert? Quel genre de musique est-ce que tu préfères? le rock? le rap? le reggae? la musique classique?
4. Est-ce que tu joues dans un orchestre? dans un groupe musical? Comment s'appelle-t-il?

5. Est-ce qu'il y a un théâtre dans ton école? Si oui, est-ce que tu aimes assister aux pièces? Quelle pièce as-tu vu récemment?
6. Est-ce que tu as joué dans une pièce de théâtre ou dans une comédie musicale? Quel rôle? As-tu eu peur d'oublier ton texte?

7. Est-ce que tu joues dans une équipe? Dans quelle sorte d'équipe? basket? baseball? football? hockey?
8. Est-ce que tu assistes aux matchs de football de ton école? Comment est-ce que tu encourages les joueurs?

9. Est-ce qu'il y a un musée dans ta ville? Comment s'appelle-t-il?
10. Est-ce que tu es allé(e) à une exposition récemment? Où? Qu'est-ce que tu as vu?

2 COMMUNICATION describing how often one attends certain events

- Je vais au cinéma (une ou deux fois par mois).
- Je ne vais pratiquement jamais au théâtre.
- Je vais au concert (plusieurs fois par an).
- Je vais au musée (une ou deux fois par an).
- Je vais au stade (une fois par semaine).

If students ask In conversation, one may omit the **ne** with **pratiquement jamais** *(practically never)*.

Realia note **Le Passeport spectacles** is a card that gives a reduction on the price of a movie or a play.

3 COMMUNICATION answering personal questions

Answers will vary.

1. Oui, je suis allé(e) au cinéma récemment. (Non, je ne suis pas allé(e) au cinéma récemment.) Je suis allé(e) au cinéma de mon quartier. J'ai vu *Harry Potter*. Je l'ai trouvé bon.
2. Mon acteur préféré c'est (Mark Wahlberg). Il joue dans le film *(The Trouble with Charlie)*. Il a joué aussi dans *(The Perfect Storm)*. Mon actrice préférée c'est (Audrey Tautou). Elle a joué dans *(Amélie)*.
3. Oui, je vais souvent au concert. (Non, je ne vais pas souvent au concert.) Je préfère (le reggae).
4. Oui, je joue dans un orchestre (dans un groupe musical). (Non, je ne joue pas dans un orchestre [dans un groupe musical].) Il s'appelle («Cool Age»).
5. Oui, il y a un théâtre dans mon école. Oui, j'aime assister aux pièces. Récemment, j'ai vu (*Rhinocéros* d'Ionesco).
6. Oui, j'ai joué dans une pièce de théâtre (dans une comédie musicale). (Non, je n'ai pas joué dans une pièce de théâtre [dans une comédie musicale].) J'ai joué le rôle de Dorothy dans *The Wizard of Oz*. Oui, j'ai eu peur d'oublier mon texte. (Non, je n'ai pas eu peur d'oublier mon texte.)
7. Oui, je joue dans une équipe de basket (de baseball, de football). (Non, je ne joue pas dans une équipe.)
8. Oui, j'assiste aux matchs de football de mon école. (Non, je n'assiste pas aux matchs de football de mon école.) Je crie pour encourager les joueurs.
9. Oui, il y a un musée dans ma ville. (Non, il n'y a pas de musée dans ma ville.) Il s'appelle (le Musée des Beaux Arts).
10. Oui, je suis allé(e) à une exposition récemment. (Non, je ne suis pas allé(e) à une exposition). J'ai vu (une exposition sur les ordinateurs au Musée des Sciences).

SECTION B

Communicative function
Talking about movies

Teaching Resource Options

PRINT 

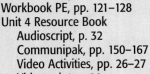

Workbook PE, pp. 121–128
Unit 4 Resource Book
Audioscript, p. 32
Communipak, pp. 150–167
Video Activities, pp. 26–27
Videoscript, p. 29
Workbook TE, pp. 1–8

AUDIO & VISUAL 

Audio Program
CD 3 Track 3

VIDEO PROGRAM

VIDÉO DVD

LEÇON 13

Section 1: Le cinéma
(50:09–51:14 min.)

Supplementary vocabulary

un documentaire *documentary*
un film d'épouvante *horror movie*
un western /wɛstɛrn/ *western*

Note culturelle

Teaching note The **Note culturelle** may be used for reading practice and vocabulary expansion. The vocabulary in heavy print is for recognition only. Students are not responsible for using it actively in exercises.

Cultural note Normalement, au cinéma en France il y a une séance à 2, 4, 6, 8, 10 heures, ou à 3, 5, 7, 9 heures.

Questions sur le texte

1. Quel est l'équivalent français de l'Oscar? [le César]
2. Quand a lieu la soirée de gala? [en février]
3. Où? [à Paris, au théâtre des Champs-Élysées]
4. Quand est-ce que les Français célèbrent la Fête du Cinéma? [en juillet]
5. Combien de jours dure-t-elle? [trois jours]
6. Est-ce qu'on paie plus ou moins d'argent pendant la Fête du Cinéma? [moins]

B VOCABULAIRE Au cinéma

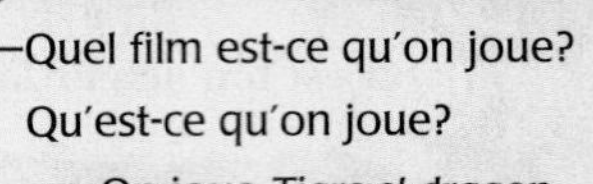

–Quel film est-ce qu'on joue?
Qu'est-ce qu'on joue?
On joue *Tigre et dragon*.

–Quelle **sorte** | Quel **genre** de film est-ce?
C'est un film d'aventures.

une sorte *kind, sort*
un genre *type, kind*

–À quelle heure **commence** le film? | **la séance**
Il/Elle commence à huit heures et demie.

commencer *to begin*
la séance *show*

–Combien **coûtent** **les billets?** | **les places**
Ils/Elles coûtent 7 euros.

coûter *to cost*
un billet *ticket*

Quel genre de film est-ce?

C'est ...
- **un film d'aventures** *(action movie)*
- **un film policier** *(detective movie)*
- **un film d'horreur**
- **un film de science-fiction**
- **un drame psychologique**
- **un dessin animé** *(cartoon)*
- **une comédie**
- **une comédie musicale**

NOTE culturelle

Le cinéma français

La France produit beaucoup de films. Chaque année,° une sélection de ces films est présentée à un jury qui décide du meilleur film. Les résultats sont annoncés à une soirée de gala qui a lieu° à Paris en février au théâtre des Champs-Elysées. Le meilleur film, le meilleur acteur et la meilleure actrice reçoivent° un **César** qui est l'équivalent de l'«Oscar» américain.

En juillet, les Français célèbrent la **Fête du cinéma.** Pendant les trois jours de cette fête, ils peuvent voir tous° les films qu'ils veulent pour un prix très réduit.°

chaque année *every year* **a lieu** *takes place*
reçoivent *receive* **tous** *all* **réduit** *reduced*

Fédération Nationale des Cinémas Français
LA FÊTE DU CINÉMA 1.2.3 Juillet

COMPREHENSION ACTIVITY

Prepare a list of well-known French and American movies (or bring in the film section of your local newspaper). Read the titles of the films and have the students identify the type of movie

La Menace fantôme
C'est un film de science-fiction.
Cendrillon
C'est un dessin animé.
Frankenstein
C'est un film d'horreur.
Le Seigneur des anneaux
C'est un film d'aventures.
Amélie
C'est une comédie.

4  Au cinéma

PARLER Ce soir, vous avez décidé d'aller au cinéma. Choisissez un film de la liste. Demandez à un(e) camarade s'il (si elle) veut venir avec vous. Votre partenaire va vous demander des précisions. Composez le dialogue en suivant les instructions et jouez ce dialogue en classe.

VOUS: Est-ce que tu veux aller au *(name of movie theater)?*
PARTENAIRE: *Ask what is playing.*
VOUS: ...
PARTENAIRE: *Ask what kind of movie it is.*
VOUS: ...
PARTENAIRE: *Ask what the tickets cost.*
VOUS: ...
PARTENAIRE: *Ask when the movie starts.*
VOUS: ...
PARTENAIRE: *Decide whether you want to go or not and give your reasons why.*

LES FILMS DE LA SEMAINE

CINÉMA	FILM	PREMIÈRE SÉANCE À	PRIX DES BILLETS
Vox	LA MENACE FANTÔME	18 h 30	8€
Majestic	LES PIRATES DE L'ÎLE ROUGE	20 h	7€
Palace	LES EXTRA-TERRESTRES CONTRE-ATTAQUENT	19 h 30	8€
Gaumont	Astérix et Obélix: Mission Cléopâtre	19 h	7€
Studio 25	LE RETOUR DE DRACULA	19 h 45	8€

CONNEXIONS

Do you know the names of any French movie stars? The next time you go to a video store, look for French movies on the shelf for "foreign films". Make a list of the main actors and actresses that appear in more than three movies. Have any of them appeared in American movies too?

INCLUSION

Multisensory, Gifted & Talented Tell students to write a review of the last movie they saw. Have them start by saying when and where they saw the film, how much the tickets cost, and what type of movie it was. They should then give a summary, tell whether they liked the movie, and say if they would recommend the film to others and why.

Next, have students work in pairs to edit their reviews. Once the reviews are edited, you could either have students videotape themselves doing a movie review show or put their essays together in newspaper format.

4 EXCHANGES talking about going to the movies

Answers will vary.
V: Est-ce que tu veux aller au Palace?
P: Quel film est-ce qu'on joue? (Qu'est-ce qu'on joue?)
V: On joue *Les Extra-terrestres contre-attaquent.*
P: Quelle sorte de film est-ce? (Quel genre de film est-ce?)
V: C'est un film de science-fiction.
P: Combien coûtent les billets? (Combien coûtent les places?)
V: Ils (Elles) coûtent 8 euros.
P: À quelle heure commence le film?
V: Il commence à sept heures et demie (à 19 heures 30).
P: Je veux bien. (Je ne peux pas. Je dois aider ma mère.)

Pre-AP skill: Respond to questions with thorough answers.

Realia note **Cinéscope** gives a listing of films playing in Paris. This issue shows *Astérix et Obélix: Mission Cléopâtre.* This film is the second in the series of live action films that showcase the characters from the famous *Astérix* comic books by René Goscinny and Albert Uderzo. Christian Clavier plays Astérix and Gérard Depardieu plays Obélix.

Teaching note Have the students go to the website for a movie theater in France, Quebec, or another French-speaking area. Are any of the same movies currently playing at a local theater? Are the films aimed at children and teenagers similar or different from movies they have seen? Where were most of the films made? Based on the descriptions or trailers, would the students be interested in seeing any of the movies with which they are not familiar?

SECTION C

Communicative function
Extending and accepting invitations

Teaching Resource Options

PRINT

Workbook PE, pp. 121–128
Unit 4 Resource Book
- Audioscript, p. 32
- Communipak, pp. 150–167
- Video Activities, pp. 27–28
- Videoscript, p. 29–30
- Workbook TE, pp. 1–8

AUDIO & VISUAL

Audio Program
CD 3 Track 4

Overhead Transparencies
36 *Qu'est-ce qu'on fait?*

VIDEO PROGRAM

VIDÉO DVD

LEÇON 13

Section 2: Les invitations
(51:15–53:03 min.)

5 EXCHANGES inviting friends to go out

–Qu'est-ce que tu fais ... ?
–Je suis libre.
–Tu veux ... avec moi?
–Oui, avec plaisir. Quel(le) ... ?
–...
–Où?
–(endroit)
–D'accord!
–Alors, à ...

1. dimanche/voir un film/Quel film?/*Les aventures des Cybernautes.*/Au Cyrano./dimanche
2. lundi soir/voir une pièce de théâtre/Quelle pièce?/*Roméo et Juliette.*/Au Théâtre Français./lundi soir
3. mardi soir/aller au concert/Quel concert?/Le concert de Manu Chao./À l'Olympia./mardi soir
4. mercredi après-midi/voir une exposition/Quelle exposition?/L'exposition Cézanne./Au Musée d'Orsay./mercredi après-midi
5. demain/assister à un match de football/Quel match?/France-Italie./Au Parc des Princes./demain
6. Answers will vary.

C VOCABULAIRE Les invitations

Comment inviter quelqu'un:

–Dis, Jérôme, est-ce que tu es **libre** samedi?
Oui, je suis libre.
Non, | je ne suis pas libre.
| je suis **occupé(e)**

libre *free*

occupé *busy*

–Est-ce que tu veux | sortir | avec moi?
| dîner
| aller au cinéma
| voir une exposition

5 Invitations

Créez des dialogues où vous invitez des copains aux spectacles suivants.

Qu'est-ce que
tu fais samedi?
Je suis
libre.

Tu veux voir
un film avec moi?
Oui, avec plaisir.
Quel film?

▶ samedi

1. dimanche

2. lundi soir

3. mardi soir

4. mercredi après-midi

SITUATIONS

Read aloud the following situations and ask students to respond.

1. Pierre veut inviter Suzanne au ciné samedi soir. Qu'est-ce qu'il demande?
2. Marc veut savoir si Cécile a des projets pour le week-end. Qu'est-ce qu'il demande?
3. Monique invite Thomas au Café Sélect, mais il a rendez-vous avec une autre copine. Comment est-ce qu'il répond?
4. Michelle invite Christine à la discothèque. Christine adore danser mais elle a trop de devoirs ce soir. Comment est-ce qu'elle répond?

► *Comment accepter l'invitation:*

'accord.
ui, je veux bien.
'olontiers!
vec plaisir!
ui, super! Bonne idée!

d'accord	*OK, all right*

volontiers	*Sure! I'd love to!*
le plaisir	*pleasure*
une idée	*idea*

► *Comment refuser poliment l'invitation:*

e regrette.
e suis désolé(e).
e voudrais bien ... *(I would like to)*
e te remercie ... *(I thank you)*

mais ... je ne peux pas.
j'ai d'autres **projets**
je n'ai pas **le temps**
je dois travailler

regretter	*to be sorry*
désolé	*very sorry*

un projet	*plan*
le temps	*time*

u Rex.

D'accord.

Alors, à samedi!

5. demain **6.** ??

MATCH de FOOTBALL
France - Italie
le Parc des Princes

??
??

6  Situations

PARLER Avec vos camarades, composez des dialogues correspondant aux situations suivantes. Jouez ces dialogues en classe.

Béatrice

1. Béatrice téléphone à Jean-Paul.
Elle propose d'aller à un concert de rock.
Jean-Paul demande quand.
Béatrice répond samedi.
Jean-Paul accepte.

Jean-Paul

2. Ousmane veut sortir avec Amélie. Elle n'est pas libre samedi, mais elle est libre dimanche. Ousmane invite Amélie dans un restaurant japonais. Elle accepte l'invitation.

Amélie et Ousmane

Grégoire et Zoé

3. Grégoire propose à Zoé d'aller au cinéma lundi et au théâtre jeudi. Zoé n'aime pas tellement Grégoire. Elle refuse les deux invitations en inventant des excuses différentes.

INCLUSION

Multisensory Have students act out the vocabulary for accepting and refusing an invitation using appropriate facial expressions and gestures. Have them work in pairs: one extends an invitation, the other accepts or refuses. Tell students to write down their dialogue and refer to it as needed.

Cultural notes

- Born in Paris to Spanish parents, **Manu Chao** is a solo artist who writes music and sings in several languages, including French, Spanish, and English. For several years, he traveled through Latin America and Western Africa and recorded local music with a portable studio. His lyrics talk about the state of the world, immigrants, and the fight for life.
- **Paul Cézanne** (1839–1906), an Impressionist painter, used strokes of bright colors to emphasize the contour of his simplified shapes and figures. A permanent Cézanne exhibit is located on the upper level of the Musée d'Orsay next to the Café des Hauteurs.

If students ask Point out the difference between **heure, temps,** and **fois.**

- **l'heure** *time (on a clock)*
  Vous avez l'heure?
  Do you have the time (of day)?
- **le temps** *(an amount of) time*
  Vous avez le temps?
  Do you have the time (to do something)?
- **la fois** *time, occasion*
  Je suis allé(e) trois fois au cinéma.
  I went to the movies three times.

6 ROLE PLAY extending, accepting, and refusing invitations

1. B: Allô, Jean-Paul? C'est Béatrice. Est-ce que tu veux aller au concert de rock avec moi?
J: Quand?
B: Samedi.
J: Oui, volontiers (avec plaisir/d'accord)!

2. O: Dis, Amélie, est-ce que tu veux sortir avec moi samedi?
A: Je regrette (Je suis désolée/Je voudrais bien), Ousmane, mais je suis occupée. Mais je suis libre dimanche.
O: Tu veux aller dans un restaurant japonais?
A: Oui, avec plaisir (volontiers/d'accord)!

3. G: Zoé, est-ce que tu veux aller au cinéma lundi avec moi?
Z: Je regrette (Je suis désolée/Je voudrais bien), mais je dois travailler.
G: Alors, est-ce que tu veux aller au théâtre jeudi?
Z: Je te remercie, mais j'ai d'autres projets.
G: Ah, je suis désolé! Au revoir, Zoé.
Z: Au revoir, Grégoire.

AU JOUR LE JOUR

Objectives

- Reading authentic realia
- Reading for information

Teaching Resource Options

PRINT 

Workbook PE, pp. 121–128
Unit 4 Resource Book
Communipak, pp. 150–167
Family Involvement, pp. 22–23
Workbook TE, pp. 1–8

Assessment
Lesson 13 Quiz, pp. 39–40
Portfolio Assessment, Reprise/Unit 1 URB, pp. 235–244
Audioscript for Quiz 13, p. 38
Answer Keys, pp. 252–256

AUDIO & VISUAL

Audio Program
CD 18 Track 1

TECHNOLOGY 

Test Generator CD-ROM/McDougal Littell Assessment System

Au concert en France

Au concert en France

Answers

1. Un concert est annoncé.
2. Le chanteur s'appelle Pascal Obispo. Oui, je le connais. (Non, je ne le connais pas.) Il est français.
3. Le concert a lieu à Bercy.
4. C'est jeudi, le 6 mai.
5. La séance est à 20 h 30.
6. On peut téléphoner à Bercy ou on peut acheter les billets à www.ticketnet.fr ou à la Fnac.

Teaching note Find samples of Pascal Obispo's or other French artists' music online or through a library or record store. Play the music for the students, and ask them whether they hear similarities and differences between the French music and their favorite music.

Realia note Have the students go to the website of the **Palais Omnisports Bercy** in Paris or another concert venue in a francophone country. Who will be performing there soon? Are sporting events held there as well?

Au jour le jour

Au concert en France

1. Quel spectacle est annoncé sur cette affiche?
2. Comment s'appelle le chanteur? Est-ce que tu le connais? De quelle nationalité est-il?
3. Où a lieu *(takes place)* le concert?
4. Quel jour a lieu le concert?
5. À quelle heure est la séance?
6. Comment est-ce qu'on peut réserver les billets?

PORTFOLIO ASSESSMENT

You will probably choose only one oral and one written activity to go into the students' portfolios for Unit 4. The following activities are good portfolio topics:

ORAL: Activity 4 (page 211)
Activity 6 (p. 213)

Quelques grands succès du cinéma

Voici les titres français et les titres anglais de dix grands succès du cinéma. Ces titres ne sont pas placés dans le même ordre. Pouvez-vous faire correspondre les titres français et les titres anglais de ces films?

CINÉMA REX	
1. **Autant en emporte le vent**	a. Star Wars
2. **Le jour le plus long**	b. Schindler's List
3. **Cendrillon**	c. Harry Potter and the Sorcerer's Stone
4. **La guerre des étoiles**	d. The Lord of the Rings
5. **Harry Potter à l'école des sorciers**	e. The English Patient
6. **Il faut sauver le soldat Ryan**	f. Gone with the Wind
7. **La liste de Schindler**	g. Cinderella
8. **Le Patient anglais**	h. Saving Private Ryan
9. **L'empire contre-attaque**	i. The Longest Day
10. **Le Seigneur des anneaux**	j. The Empire Strikes Back

Discussion

Choisissez l'un de ces films et discutez de ce film avec vos camarades. Voici quelques questions que vous pouvez poser:

- Quelle sorte de film est-ce?
- Qui sont les acteurs principaux?
- Où as-tu vu ce film? (au cinéma? à la télévision? sur cassette vidéo?)
- Quand as-tu vu ce film?
- Est-ce que tu as aimé ce film? Pourquoi ou pourquoi pas?

Un jeu

En groupe, choisissez l'un des films de la liste ou un film que vous avez vu récemment. Composez un petit paragraphe où vous décrivez ce film. Le porte-parole *(spokesperson)* du groupe va lire la description au reste de la classe qui va essayer de deviner *(try to guess)* le titre du film.

C'est un film américain assez ancien. C'est un film historique qui a lieu pendant la guerre civile américaine. On assiste au siège d'Atlanta.

L'acteur principal est Clark Gable. Il joue le rôle de Rhett Butler, un homme riche.

L'actrice principale est Vivien Leigh. Elle joue le rôle de Scarlett O'Hara.

LE TITRE DU FILM:
AUTANT EN EMPORTE LE VENT

UN JEU Au cinéma Rex

Have students number their papers from 1 to 10. At a given signal (e.g., **À vos marques, prêts, partez!**), have them match the English titles at the top of the page with their French equivalents by writing the corresponding letter next to the appropriate number.

The first student to finish with the correct answers is the winner.

Quelques grands succès du cinéma

Quelques grands succès du cinéma

Answers

1. f (**Autant en emporte le vent** = *Gone with the Wind*)
2. i (**Le jour le plus long** = *The Longest Day*)
3. g (**Cendrillon** = *Cinderella*)
4. a (**La guerre des étoiles** = *Star Wars*)
5. c (**Harry Potter à l'école des sorciers** = *Harry Potter and the Sorcerer's Stone*)
6. h (**Il faut sauver le soldat Ryan** = *Saving Private Ryan*)
7. b (**La liste de Schindler** = *Schindler's List*)
8. e (**Le Patient anglais** = *The English Patient*)
9. j (**L'empire contre-attaque** = *The Empire Strikes Back*)
10. d (**Le Seigneur des anneaux** = *The Lord of the Rings*)

Discussion

Answers will vary.
—Quelle sorte de film est *(La Guerre des étoiles)?*
—C'est un film (de science-fiction).
—Qui sont les acteurs principaux?
—Les acteurs principaux sont (Mark Hamill, Carrie Fisher et Harrison Ford).
—Où as-tu vu ce film?
—J'ai vu ce film (à la télévision).
—Quand as-tu vu ce film?
—J'ai vu ce film (la semaine dernière).
—Est-ce que tu as aimé ce film?
—Oui, j'ai beaucoup aimé ce film.
—Pourquoi?
—Parce que (j'aime la science-fiction).

Leçon 14

Main Topic Talking about friends and acquaintances

Teaching Resource Options

PRINT 

Workbook PE, pp. 129–134
Activités pour tous PE, pp. 85–87
Block Scheduling Copymasters, pp. 113–120
Unit 4 Resource Book
- *Activités pour tous* TE, pp. 47–49
- Audioscript, pp. 68, 70–73
- Communipak, pp. 150–167
- Lesson Plans, pp. 50–51
- Block Scheduling Lesson Plans, pp. 52–54
- Absent Student Copymasters, pp. 55–58
- Video Activities, pp. 61–66
- Videoscript, pp. 67
- Workbook TE, pp. 41–46

AUDIO & VISUAL

Audio Program
CD 3 Track 5
CD 9 Tracks 7–12

TECHNOLOGY 

Online Workbook

VIDEO PROGRAM

VIDEO DVD **LEÇON 14**

Un petit service

TOTAL TIME: 3:15 min.
DVD Disk 1
Videotape 1 (COUNTER: 53:09 min.)

Vidéo-scène
(53:09–55:20 min.)

Expansion culturelle
(55:21–56:26 min.)

Looking ahead Agreement of object pronouns with past participles is presented in Lesson 15.

LEÇON 14 — VIDÉO-SCÈNE — VIDÉO DVD AUDIO

Un petit service

Ce week-end, il y a un grand concert à Annecy. Pierre voudrait bien aller au concert avec Armelle, mais il a un problème. Il n'a pas assez d'argent pour acheter les billets. Heureusement, Pierre a une ressource: son frère Jérôme.

Pierre est à la maison. Il lit des bandes dessinées.

Jérôme arrive. Pierre est très content de voir son frère.

Tiens, Jérôme! Quelle bonne surprise! Ça va?
Oui, ça va, ça va.

Dis, dis, dis, Jérôme ...
Oui?

Est-ce que je peux te demander un petit service? Est-ce que tu peux me prêter de l'argent?
Te prêter de l'argent? Non, mais dis donc, tu exagères! Je t'ai prêté cent francs la semaine dernière ... que tu ne m'as pas rendus!

cent francs = *approximately* quinze euros

PERSONALIZATION

Ask students whether their siblings ever help them out when they need money.

Est-ce que ton frère ou ta soeur te prête de l'argent?
Est-ce que tu prêtes de l'argent à tes amis?

Pierre s'excuse.
Euh ... oui, excuse-moi ...

Mais il insiste un peu ...
Alors, vraiment, tu ne peux pas m'aider?
Non!

Bon, et puis d'abord, est-ce que tu peux me dire pourquoi est-ce que tu as besoin d'argent?
Euh ... c'est que je voudrais inviter ma copine Armelle au concert de Mano Negra ... Et ... je suis fauché!

Ah ça, c'est bien toi! ... Bon! Tu veux combien?
Oh ... tu peux me prêter deux cents francs?

D'abord, Jérôme refuse . . .
Ah non! C'est trop!
Bon, ben alors, prête-moi cent francs ... S'il te plaît!

Tiens, voilà ... Et écoute-moi bien ... C'est la dernière fois que je te prête de l'argent! T'as compris? ...
Ouais, ouais, ouais j'ai compris ... Merci, Jérôme! T'es vraiment super!

Maintenant, Pierre peut inviter Armelle au concert. Il est très heureux!
à suivre ...

deux cents francs = *approximately* trente euros

Compréhension

1. Quel est le problème de Pierre?
2. Qu'est-ce qu'il demande à Jérôme?
3. Combien d'argent est-ce que Jérôme a prêté à Pierre la semaine dernière?
4. Combien d'argent est-ce que Pierre veut aujourd'hui?
5. Combien d'argent est-ce que Jérôme lui donne?

Casual speech

fauché *broke*
ben alors *well ...*
ouais *yeah*

In spoken French, **tu es** and **tu as** are frequently elided to **t'es** and **t'as.**

Cultural note **Mano Negra** was an internationally known pop music group whose members were of French, Hispanic, and North African origin. They sang in many languages, but not in English. **Manu Chao** was a member of this group. (See page 213 of this Teacher's Edition for more information on Manu Chao.)

Compréhension

Answers

1. Pierre veut aller au concert avec Armelle, mais il n'a pas assez d'argent pour acheter les billets.
2. Il demande à Jérôme de lui prêter de l'argent.
3. Jérôme a prêté 100 francs (±15 euros) à Pierre la semaine dernière.
4. Aujourd'hui Pierre veut 200 francs (±30 euros).
5. Jérôme lui donne 100 francs (±15 euros).

SECTION A

Communicative function
Referring to oneself and to those one is addressing

Teaching Resource Options

PRINT 

Workbook PE, pp. 129–134
Unit 4 Resource Book
Communipak, pp. 150–167
Workbook TE, pp. 41–46

Overhead Transparencies
37 *Rapports et services personnels*

TECHNOLOGY 

Power Presentations

Looking ahead The pronouns **me, te, nous, vous** are introduced first because they are so frequent in conversation. Students can become familiar with their forms and position without concerning themselves with the distinction between direct and indirect objects.

(Third person pronouns are introduced in Lessons 15 and 16.)

Pronunciation There is liaison after **nous** and **vous** when the verb begins with a vowel sound.

A Les pronoms compléments: *me, te, nous, vous*

The words in heavy type are called OBJECT PRONOUNS.

Note the form and position of these pronouns in the sentences below.

—Tu **me** parles?	*Are you talking **to me**?*
—Oui, **je** te parle!	*Yes, I'm talking **to you**!*
—Tu **nous** invites au concert?	*Are you inviting **us** to the concert?*
—Oui, je **vous** invite.	*Yes, I'm inviting **you**.*

FORMS

The object pronouns that correspond to **je, tu, nous,** and **vous** are:

je	**me (m')**	*me, to me*	Éric **me** téléphone.	Il **m'**invite.
tu	**te (t')**	*you, to you*	Anne **te** parle.	Elle **t'**écoute aussi.
nous	**nous**	*us, to us*	Tu **nous** téléphones.	Tu **nous** invites.
vous	**vous**	*you, to you*	Je **vous** parle.	Je **vous** écoute.

→ **Me** and **te** become **m'** and **t'** before a VOWEL SOUND.

POSITION

In French, object pronouns come IMMEDIATELY BEFORE the verb.

AFFIRMATIVE	NEGATIVE
Je **te** téléphone ce soir.	Je ne **te** téléphone pas demain.
Tu **nous** invites au cinéma.	Tu ne **nous** invites pas au concert.

COMPREHENSION Avez-vous compris?

Have students indicate which object pronoun they hear by using gestures. For example:

me: point to self
te: point to a classmate
nous: point to everyone
vous: point to the teacher

Prepare sentences like the following:

Jacques est actif!
Il te présente à ses copains.
Il nous amène à la plage.
Il vous rend visite le samedi.
Il m'aide souvent.

Suzanne est généreuse.
Elle nous prête ses livres., etc.

1 Conversation

PARLER Demandez à vos camarades s'ils vont faire les choses suivantes pour vous. Ils vont accepter.

▶ inviter au ciné?
—Tu m'invites au ciné, d'accord?
—D'accord, je t'invite au ciné.

1. inviter au concert?
2. téléphoner ce soir?
3. aider à faire le problème de maths?
4. passer tes notes de français?
5. attendre après la classe?
6. amener au musée?
7. rendre visite ce week-end?
8. apporter un sandwich?

2 Mes amis et moi

PARLER/ÉCRIRE Choisissez trois personnes de la liste et dites ce qu'elles font ou ce qu'elles ne font pas pour vous. Pour cela, utilisez les verbes suggérés dans des phrases de votre choix. Utilisez aussi votre imagination!

- mon frère
- ma soeur
- mon copain
- ma copine
- mes voisins
- mes cousins
- mes professeurs
- mon chien
- mon chat
- ma grand-mère

aimer
écouter
obéir *(to obey)*
téléphoner
comprendre
parler
inviter
rendre visite

▶ **Mon chien m'aime mais il ne m'obéit pas.**
▶ **Ma copine me téléphone tous les jours après le dîner.**

VOCABULAIRE Rapports et services personnels

présenter ... à	*to introduce ... to*	Je **présente** mon copain **à mes parents.**
apporter ... à	*to bring ... to*	Tu **apportes** un cadeau *(gift)* **à ta mère.**
donner ... à	*to give ... to*	Éric **donne** son adresse **à Pauline.**
montrer ... à	*to show ... to*	Nous **montrons** nos photos **à nos amis.**
prêter ... à	*to lend, loan ... to*	Anne **prête** son vélo **à Valérie.**
rendre ... à	*to give back ... to*	Je **rends** le dictionnaire **au prof.**

Je rends le dictionnaire au prof.
ROBERT

3 Pas de problème!

PARLER/ÉCRIRE Les personnes soulignées ont besoin de certaines choses. Heureusement, elles ont des amis qui les aident. Expliquez cela d'après le modèle. Faites des phrases en utilisant le pronom qui correspond à la personne soulignée.

▶ Tu as soif. (Béatrice / apporter de la limonade)
Pas de problème! Béatrice t'apporte de la limonade.

1. Nous avons faim. (Marc / apporter des sandwichs)
2. Vous organisez une soirée. (Céline / prêter ses CD)
3. Je ne comprends pas la leçon. (Pauline / montrer ses notes)
4. Tu veux prendre une photo. (Nicolas / prêter son appareil-photo)
5. Je veux téléphoner à Sophie. (Sa cousine / donner son numéro de téléphone)
6. Nous allons à Paris. (Thomas / donner l'adresse de son copain français)
7. Vous voulez étudier. (Philippe / rendre vos livres)
8. Tu veux faire une promenade à la campagne. (Vincent / rendre ton vélo)
9. Tu veux rencontrer de nouveaux copains. (Sophie / présenter à ses amis)

TEACHING STRATEGY Rapports et services personnels

PROP: Transparency 37 *(Rapports et services personnels)*

Use the transparency to activate the new vocabulary by asking questions.

For example:

Qui montre des photos à ses amis?
Qu'est-ce que Bernard montre à ses amis?
Est-ce que Bernard me montre ses photos?

1 EXCHANGES asking favors

1. –Tu m'invites au concert, d'accord?
–D'accord, je t'invite au concert.
2. –Tu me téléphones ce soir, d'accord?
–D'accord, je te téléphone ce soir.
3. –Tu m'aides à faire le problème de maths, d'accord?
–D'accord, je t'aide à faire le problème de maths.
4. –Tu me passes tes notes de français, d'accord?
–D'accord, je te passe mes notes de français.
5. –Tu m'attends après la classe, d'accord?
–D'accord, je t'attends après la classe.
6. –Tu m'amènes au musée, d'accord?
–D'accord, je t'amène au musée.
7. –Tu me rends visite ce week-end, d'accord?
–D'accord, je te rends visite ce week-end.
8. –Tu m'apportes un sandwich, d'accord?
–D'accord, je t'apporte un sandwich.

Variation (in the plural with **nous/vous**)

–Tu nous invites au ciné, d'accord?
–D'accord, je vous invite au ciné.

Variation (in the negative) **De mauvaise humeur**

–Tu m'invites au ciné, d'accord?
–Mais non, je ne t'invite pas au ciné!

2 COMMUNICATION making personal statements

Answers will vary.
- Mes cousins ne me rendent pas visite ce soir.
- Ma soeur m'écoute quand je parle à mes parents.
- Mes voisins m'invitent au ciné.

Photo culture note The girl is holding a **Robert** dictionary. Robert is a large publisher of French dictionaries and other reference works.

Language note Remind students that **rendre** is conjugated like **vendre.**

Je rends les livres à la bibliothèque.
J'ai rendu l'appareil-photo à Paul.

3 DESCRIPTION describing services

1. Pas de problème! Marc nous apporte des sandwichs.
2. Pas de problème! Céline vous prête ses CD.
3. Pas de problème! Pauline me montre ses notes.
4. Pas de problème! Nicolas te prête son appareil-photo.
5. Pas de problème! Sa cousine me donne son numéro de téléphone.
6. Pas de problème! Thomas nous donne l'adresse de son copain français.
7. Pas de problème! Philippe vous rend vos livres.
8. Pas de problème! Vincent te rend ton vélo.
9. Pas de problème! Sophie te présente à ses amis.

SECTION B

Communicative function
Giving orders.

Teaching Resource Options

PRINT

Workbook PE, pp. 129–134
Unit 4 Resource Book
  Communipak, pp. 150–167
  Workbook TE, pp. 41–46

AUDIO & VISUAL

Overhead Transparencies
28 *Le petit déjeuner*
29 *Le déjeuner et le dîner*

TECHNOLOGY

Power Presentations

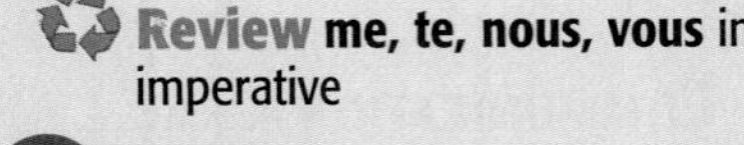

Review me, te, nous, vous in imperative

4 ROLE PLAY borrowing things

1. –S'il te plaît, prête-moi ton baladeur.
   –Pourquoi?
   –Je voudrais écouter ce nouveau CD.
   –Bon, d'accord! Voilà mon baladeur.
2. –S'il te plaît, prête-moi ta batte.
   –Pourquoi?
   –Je voudrais jouer au baseball.
   –Bon, d'accord! Voilà ma batte.
3. –S'il te plaît, prête-moi ton portable.
   –Pourquoi?
   –Je voudrais téléphoner à un copain.
   –Bon, d'accord! Voilà mon portable.
4. –S'il te plaît, prête-moi 4 euros.
   –Pourquoi?
   –Je voudrais acheter un magazine.
   –Bon, d'accord! Voilà 4 euros.
5. –S'il te plaît, prête-moi 8 euros.
   –Pourquoi?
   –Je voudrais aller au cinéma.
   –Bon, d'accord! Voilà 8 euros.
6. –S'il te plaît, prête-moi 20 euros.
   –Pourquoi?
   –Je voudrais acheter un cadeau pour l'anniversaire d'un copain.
   –Bon, d'accord! Voilà 20 euros.

5 COMPREHENSION asking favors

Answers will vary.
1. S'il te plaît, apporte-moi (donne-moi) un sandwich.
2. S'il te plaît, donne-moi son numéro de téléphone.
3. S'il te plaît, rends-moi (apporte-moi/donne-moi) mon livre de français.
4. S'il te plaît, montre-moi où est le supermarché.
5. S'il te plaît, prête-moi (donne-moi) dix euros.
6. S'il te plaît, prête-moi (apporte-moi) ta mini-chaîne.
7. S'il te plaît, montre-moi où est la gare.
8. S'il te plaît, donne-moi son adresse.

B Les pronoms *me, te, nous, vous* à l'impératif

Look at the following commands. Compare the position and form of the object pronouns.

AFFIRMATIVE	NEGATIVE
Téléphone-**moi** ce soir.	Ne **me** téléphone pas après onze heures.
Invite-**moi** au concert.	Ne **m'**invite pas au théâtre.
Apportez-**nous** une pizza.	Ne **nous** apportez pas de sandwichs.

In AFFIRMATIVE commands, the object pronoun comes AFTER the verb and is attached with a hyphen.
→ Note: **me** becomes **moi.**

In NEGATIVE commands, the object pronoun comes BEFORE the verb.

4 Emprunts *(Borrowing things)*

PARLER Demandez à vos camarades de vous prêter certaines choses et expliquez pourquoi.

S'il te plaît, prête-moi ton vélo.
Pourquoi?

Je voudrais aller à la campagne.

1. ton baladeur
   écouter ce nouveau CD
2. ta batte
   jouer au baseball
3. ton portable
   téléphoner à un copain
4. 4 euros
   acheter un magazine
5. 8 euros
   aller au cinéma
6. 20 euros
   acheter un cadeau pour l'anniversaire d'un copain

5 S'il te plaît

PARLER Vous êtes dans les situations suivantes. Demandez à vos camarades de faire certaines choses pour vous. Utilisez les verbes de la liste.

donner montrer prêter rendre apporter

▶ J'ai soif.
… un verre d'eau.
S'il te plaît, apporte-moi (donne-moi) un verre d'eau.

1. J'ai faim.
   … un sandwich.
2. Je voudrais téléphoner à Marc.
   … son numéro de téléphone.
3. Je voudrais étudier ce soir.
   … mon livre de français.
4. Je vais acheter de la limonade.
   … où est le supermarché.
5. Je n'ai pas d'argent.
   … dix euros.
6. Je voudrais organiser une boum.
   … ta mini-chaîne.
7. Je dois prendre le train.
   … où est la gare.
8. Je voudrais aller chez ta cousine.
   … son adresse.

WARM-UP ACTIVITY

PROP: Transparencies 28, 29 *(Le petit déjeuner; Le déjeuner et le dîner)*

Ask students to point out various items on the transparencies.

Montre-moi le jus d'orange.
Montre-nous le sel., etc.

INCLUSION

Metacognitive Ask students to generate the object pronouns **me, te, nous,** and **vous.** Then, ask one or two students to create a chart on the board, showing the placement of the elements of commands in the affirmative and the negative. Have the class write this chart in their notebooks. Then, give sentences in the affirmative and ask students to tell you the negative.

6 Un voyage à Québec

PARLER Vous faites un voyage à Québec. Demandez certains services aux personnes suivantes.

▶ au garçon de café
- apporter un sandwich

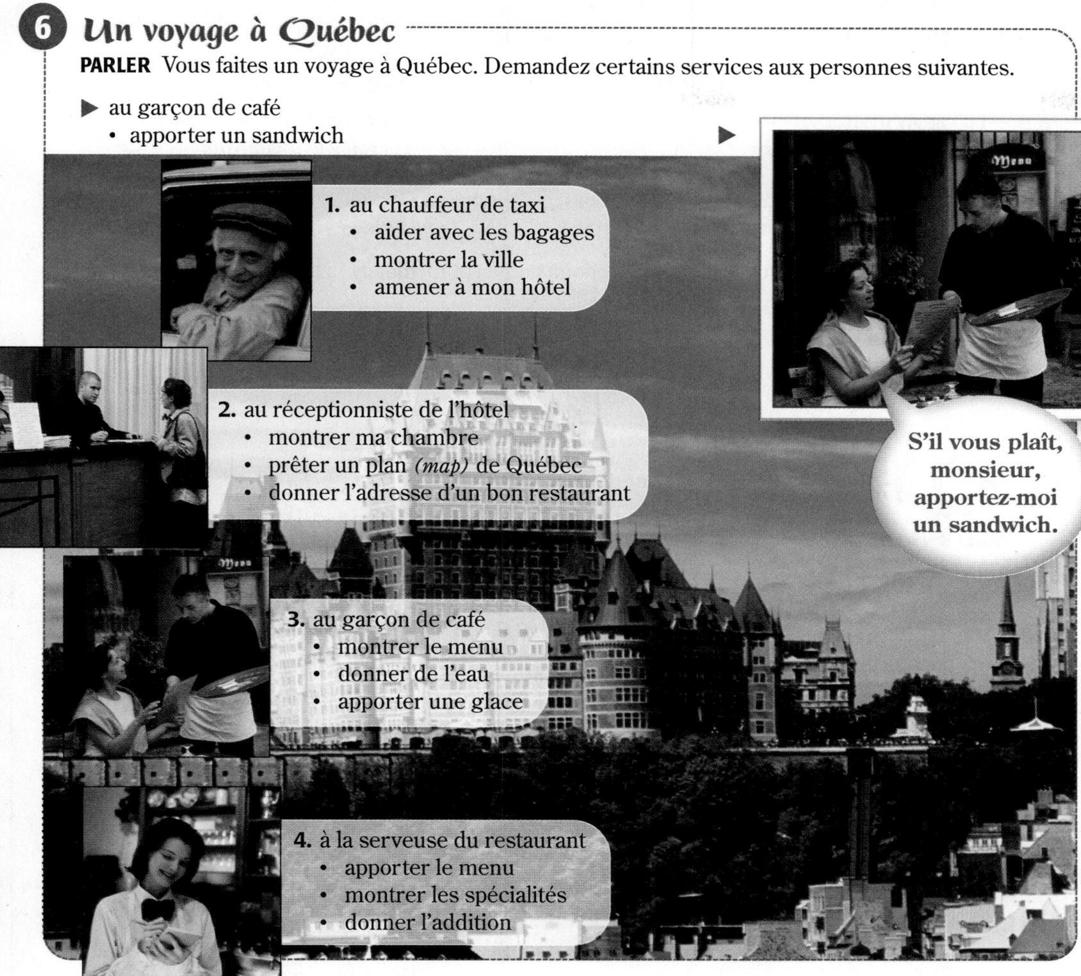

1. au chauffeur de taxi
• aider avec les bagages
• montrer la ville
• amener à mon hôtel
2. au réceptionniste de l'hôtel
• montrer ma chambre
• prêter un plan (map) de Québec
• donner l'adresse d'un bon restaurant
3. au garçon de café
• montrer le menu
• donner de l'eau
• apporter une glace
4. à la serveuse du restaurant
• apporter le menu
• montrer les spécialités
• donner l'addition
S'il vous plaît, monsieur, apportez-moi un sandwich.

7 Non, merci!

PARLER Demandez à vos camarades de ne pas faire certaines choses et expliquez pourquoi.

▶ téléphoner ce soir (Je dois étudier.)
—Ne me téléphone pas ce soir.
—Ah bon? Pourquoi?
—Je dois étudier.

1. téléphoner demain (Je ne suis pas chez moi.)
2. rendre visite samedi (Je vais chez mes cousins.)
3. attendre après la classe (Je vais chez le dentiste.)
4. envoyer un mail (Je n'ai pas d'ordinateur.)
5. prêter tes CD (Je n'ai pas de baladeur.)
6. parler en espagnol (Je ne comprends pas.)

6 ROLE PLAY asking for services when traveling

1. S'il vous plaît, monsieur, aidez-moi avec les bagages / montrez-moi la ville / amenez-moi à mon hôtel.
2. S'il vous plaît, monsieur, montrez-moi ma chambre / prêtez-moi un plan de Québec / donnez-moi l'adresse d'un bon restaurant.
3. S'il vous plaît, monsieur, montrez-moi le menu / donnez-moi de l'eau / apportez-moi une glace.
4. S'il vous plaît, madame (mademoiselle), apportez-moi le menu / montrez-moi les spécialités / donnez-moi l'addition.

Variation (with **nous**) **S'il vous plaît, apportez-nous un sandwich (des sandwichs).**

Photo culture note The **Château Frontenac** (1893) is a luxury hotel perched high above the St. Lawrence River on Cape Diamond. The hotel's turreted outline lends a medieval flavor to the skyline of Quebec City. Because of its historical importance, UNESCO has designated Old Quebec a world heritage treasure **(un joyau du patrimoine mondial).**

7 ROLE PLAY turning down offers of services

1. —Ne me téléphone pas demain.
   —Ah bon? Pourquoi?
   —Je ne suis pas chez moi.
2. —Ne me rends pas visite samedi.
   —Ah bon? Pourquoi?
   —Je vais chez mes cousins.
3. —Ne m'attends pas après la classe.
   —Ah bon? Pourquoi?
   —Je vais chez le dentiste.
4. —Ne m'envoie pas de mail.
   —Ah bon? Pourquoi?
   —Je n'ai pas d'ordinateur.
5. —Ne me prête pas tes CD.
   —Ah bon? Pourquoi?
   —Je n'ai pas de baladeur.
6. —Ne me parle pas en espagnol.
   —Ah bon? Pourquoi?
   —Je ne comprends pas.

Teaching note You can practice shorter dialogues first by omitting the reasons.

Teaching note Be sure students use **pas de** in number 4.

Ne m'envoie pas de mail.

SECTION C

Communicative function
Making and responding to requests

Teaching Resource Options

PRINT 

Workbook PE, pp. 129–134
Unit 4 Resource Book
Audioscript, p. 69
Communipak, pp. 150–167
Family Involvement, pp. 59–60
Workbook TE, pp. 41–46

Assessment
Lesson 14 Quiz, pp. 75–76
Portfolio Assessment, Reprise/Unit 1 URB, pp. 235–244
Audioscript for Quiz 14, p. 74
Answer Keys, pp. 252–256

AUDIO & VISUAL 

Audio Program
CD 3 Track 6
CD 18 Track 2

TECHNOLOGY 

Power Presentations
Test Generator CD-ROM/McDougal Littell Assessment System

New material object pronouns with infinitive constructions

8 ROLE PLAY borrowing things

1. –S'il te plaît, prête-moi ton vélo.
   –D'accord, je vais te prêter mon vélo. (Non, je ne vais pas te prêter mon vélo.)
2. –S'il te plaît, prête-moi ton stylo.
   –D'accord, je vais te prêter mon stylo. (Non, je ne vais pas te prêter mon stylo.)
3. –S'il te plaît, prête-moi ton appareil-photo.
   –D'accord je vais te prêter mon appareil-photo. (Non, je ne vais pas te prêter mon appareil-photo.)
4. –S'il te plaît, prête-moi ta radio.
   –D'accord, je vais te prêter ma radio. (Non, je ne vais pas te prêter ma radio.)
5. –S'il te plaît, prête-moi ton livre.
   –D'accord, je vais te prêter mon livre. (Non, je ne vais pas te prêter mon livre.)
6. –S'il te plaît, prête-moi ton baladeur.
   –D'accord, je vais te prêter mon baladeur. (Non, je ne vais pas te prêter mon baladeur.)
7. –S'il te plaît, prête-moi ton portable.
   –D'accord, je vais te prêter mon portable. (Non, je ne vais pas te prêter mon portable.)

Variation (with **pouvoir**)
–Est-ce que tu peux me prêter ta raquette?
–Bien sûr, je peux te prêter ma raquette.
(Excuse-moi, mais je ne peux pas te prêter ma raquette.)

C Les pronoms compléments à l'infinitif

Note the position of the object pronouns when used with an infinitive.

—Tu vas **m'inviter** au concert?	*Are you going to **invite me** to the concert?*
—Bien sûr, je vais **t'inviter.**	*Of course I'm going to **invite you.***
—Tu peux **nous prêter** 20 euros?	*Can you **lend us** 20 euros?*
—Non, je ne peux pas **vous prêter** 20 euros.	*No, I cannot **lend you** 20 euros.*

In an infinitive construction, the object pronoun comes immediately BEFORE the infinitive.

SUBJECT AND VERB +	OBJECT PRONOUN +	INFINITIVE ...
Je vais	**te**	téléphoner demain.
Je ne peux pas	**vous**	inviter dimanche.

8  Prête-moi ...

PARLER Demandez à vos copains de vous prêter les choses suivantes. Ils vont accepter ou refuser.

S'il te plaît, prête-moi ta raquette.
D'accord, je vais te prêter ma raquette.

(Non, je ne vais pas te prêter ma raquette.)

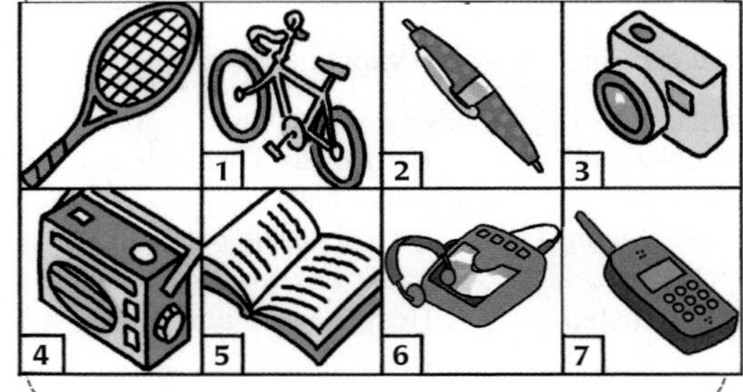

9   Désolé!

PARLER Demandez à votre camarade de faire certaines choses pour vous. Votre camarade ne peut pas les faire et va vous donner une raison pour son refus.

▶ prêter 20 euros
—Dis, prête-moi 20 euros, s'il te plaît.
—Désolé(e), mais je ne peux pas te prêter 20 euros.
—Ah bon? Pourquoi?
—Je n'ai pas d'argent.

1. inviter ce week-end
2. donner l'adresse de Pauline
3. amener au concert
4. montrer tes photos
5. acheter un sandwich
6. aider à faire le problème de maths

RAISONS
Je n'ai pas mon album.
Je n'ai pas d'argent.
Je vais aller à la campagne.
Je n'ai pas compris.
Je suis fauché(e) *(broke)*.
Je ne sais pas où elle habite.
Je n'ai pas de voiture.

INCLUSION

Synthetic/Analytic Write sentences that include object pronouns and the infinitive on the board. Have students come to the board to label the parts of each sentence. Then, tell them to copy the resulting chart in their notebooks. Write out the pattern of this type of sentence on the board (subject + verb + object pronoun + infinitive) and have students create new sentences by following the pattern.

À votre tour!

OBJECTIFS

Now you can …
- ask others to do things for you

1 Échanges

PARLER Negotiate an exchange of services or favors with a classmate. Continue the dialogue until you both agree to a fair trade-off. You may want to use verbs like **inviter, donner, prêter, acheter, vendre,** and **aider.**

Dis, Tom, invite-moi au ciné!
D'accord, je t'invite au ciné si tu m'invites au restaurant après.
Écoute, je ne peux pas t'inviter au restaurant, mais je peux t'acheter une glace.
Bon, d'accord.
CINÉMA I

2 À Québec

PARLER You are visiting your friend who lives in Quebec. Since this is your first time there, you ask your friend to do a few things for you. (You may use the suggestions in parentheses or think of something else.) Your friend will accept and tell you when he/she is going to do these things.

Ask your partner to do at least three of the following things:
- to show you … (la Citadelle? le Vieux Québec? his/her school? …)
- to take **(amener)** you … (to a hockey game? to a concert? …)
- to introduce you … (to his/her friends? to his/her cousins? …)
- to lend you … (his/her bicycle? his/her camera? …)
- to give you … (a map [**un plan**] of Quebec? the address [**l'adresse**] of a good restaurant? …)
- to invite you … (to the theater? to the movies? …)

Dis, Françoise, montre-moi la Citadelle.
D'accord, je vais te montrer la Citadelle demain après-midi (samedi matin, dimanche …).

PORTFOLIO ASSESSMENT

You will probably choose only one oral and one written activity to go into the students' portfolios for Unit 4. The following activities are good portfolio topics:

ORAL: Activities 1, 2

9 ROLE PLAY making and refusing requests

Answers will vary.
–Dis, …, s'il te plait.
–Désolé(e), mais je ne peux pas …
–Ah bon. Pourquoi?
–Je …

1. invite-moi ce week-end/t'inviter ce week-end/Je vais aller à la campagne.
2. donne-moi l'adresse de Pauline/te donner son adresse/Je ne sais pas où elle habite.
3. amène-moi au concert/t'amener au concert/Je n'ai pas de voiture.
4. montre-moi tes photos/te montrer mes photos/Je n'ai pas mon album.
5. achète-moi un sandwich/t'acheter un sandwich/Je suis fauché(e).
6. aide-moi à faire le problème de maths /t'aider à faire le problème de maths/Je n'ai pas compris le problème.

À VOTRE TOUR!

1 GUIDED CONVERSATION negotiating for favors

Answers will vary.
–Dis, Clara, prête-moi ton vélo, s'il te plaît!
–D'accord, je te prête mon vélo si tu m'aides à faire le problème de maths.
–Écoute, je ne peux pas t'aider à faire le problème de maths, mais je peux te montrer mes notes.
–Bon, d'accord.

2 GUIDED CONVERSATION asking for tourist information

Answers will vary.
- –Dis, montre-moi le Vieux Québec (ton école).
  –D'accord, je vais te montrer le Vieux Québec (mon école) ce soir (samedi après-midi).
- –Dis, amène-moi au concert (au match de hockey).
  –D'accord, je vais t'amener au concert (au match de hockey) demain (dimanche).
- –Dis, présente-moi à tes amis (tes cousins).
  –D'accord, je vais te présenter à mes amis (mes cousins).
- –Dis, prête-moi ton vélo (ton appareil-photo).
  –D'accord, je vais te prêter mon vélo (mon appareil-photo).
- –Dis, donne-moi un plan de Québec (l'adresse d'un bon restaurant).
  –D'accord, je vais te donner un plan de Québec (l'adresse d'un bon restaurant).
- –Dis, invite-moi au théâtre (au cinéma).
  –D'accord, je vais t'inviter au théâtre (au cinéma).

Photo culture note Following the defeat of the French on September 12, 1759, the British built the **Citadelle** to protect Quebec City from further attacks. Visitors to the Citadelle may witness the changing of the guard **(la relève de la garde)** by the Royal 22nd Regiment.

LECTURE
Le courrier du coeur

Objectives
- Reading for pleasure
- Developing logical thinking

Lecture Le courrier du coeur

Voici trois lettres adressées à Lucile, une conseillère° qui a réponse à tous vos problèmes sentimentaux. Les réponses de Lucile sont sur la page de droite. Attention, les réponses ne sont pas dans le même ordre que les lettres.
Est-ce que vous pouvez faire correspondre chaque lettre avec la réponse de Lucile?

conseillère *advisor*

Chère Lucile,

J'ai 16 ans. J'ai des parents généreux, des amis sympathiques ... et pourtant° je suis malheureux. Voici mon problème: je suis amoureux d'°une jeune fille très timide. En classe, elle me regarde tout le temps, mais elle ne me parle jamais. Et pourtant, je suis sûr qu'elle me trouve sympathique.

Qu'est-ce que je dois faire? Est-ce que vous pouvez m'aider?

Désespéré

Chère Lucile,

J'ai un copain. Il s'appelle Christian et il est très sympa. Il dit qu'il m'aime ... Le problème est que j'ai une rivale. Non, ce n'est pas une autre fille. C'est la moto de Christian. Le week-end, il passe plus de temps° avec elle qu'avec moi. Qu'est-ce que je peux faire contre une moto? Répondez-moi vite, s'il vous plaît.

Désolée

Chère Lucile,

Ce week-end, je dois sortir avec un garçon qui m'a offert° une bouteille° de parfum très cher pour mon anniversaire. Le problème est que je déteste ce parfum. Quand je le mets, je suis toujours malade. Je ne veux pas offenser mon ami, mais il m'est impossible de mettre son parfum. Qu'est-ce que vous me conseillez de faire?

Allergique

pourtant *however* **amoureux de** *in love with* **plus de temps** *more time* **a offert** *gave* **bouteille** *bottle*

PRE-READING ACTIVITY

Draw a picture of a heart on the board and label the picture:
un coeur
Point to the letters in the text:
le courrier
Ask students if they can guess the meaning of **le courrier du coeur.**

Ask students if they read "advice to the lovelorn" columns in English. Who gives the best advice?
Est-ce que vous lisez régulièrement le courrier du coeur en anglais?
Qui donne les meilleurs conseils?

Chère Désolée,

Cher Désespéré,

Chère Allergique,

Vous avez tort d'être jalouse. Bien sûr, votre rivale a des séductions mécaniques que vous n'avez pas. Mais elle ne peut pas parler ni° penser et surtout elle ne peut pas aimer.

Votre problème est que vous avez peur de monter à moto … et vous avez raison!

Lucile

Soyez honnête avec vous-même. Votre véritable allergie n'est pas le parfum. C'est le garçon qui vous a offert ce parfum. Êtes-vous sûre de vos sentiments envers lui?

Lucile

Qui est le plus timide? Votre amie ou vous? Si vous êtes vraiment amoureux d'elle, faites le premier pas.

Lucile

ni *or*

COMMENT ÉCRIRE À UN AMI FRANÇAIS:

- Mettez la date en haut et à droite de la page.
- Commencez votre lettre avec le nom de votre ami(e):
  Cher Paul,
  Chère Nathalie,
  Si vous connaissez très bien cette personne, vous pouvez écrire:
  Mon cher Paul,
  Ma chère Nathalie,
- Écrivez votre lettre.
- Terminez votre lettre par l'une des formules suivantes:
  Je t'embrasse,
  Je t'embrasse affectueusement,
  Bien à toi,
  Amicalement,
  ou plus simplement:
  Ton ami(e)
- Signez lisiblement.

Le courrier du coeur

Answers
Chère Désolée, Vous avez tort …
Chère Allergique, Soyez honnête …
Cher Désespéré, Qui est le plus timide? …

Observation activity Have students reread the letters, finding examples of the object pronouns **me** and **vous.**

Answers
- **Désespéré**
  elle me regarde
  elle ne me parle jamais
  elle me trouve sympathique
- **Désolée**
  il m'aime
  s'il vous plaît
- **Allergique**
  qui m'a offert
  il m'est impossible
  vous me conseillez
- **Lucile** (2nd letter)
  C'est le garçon qui vous a offert

Writing project

- Have students write their names and addresses on a slip of paper and put all the slips in a box.
- Each student draws the name of a classmate, writes that person a postcard in French, and sends it in the U.S. mail.
- The recipient reads the card and then turns it in to the teacher for credit.

Variation The students could exchange e-mail addresses and send e-mails instead of postcards.

Portfolio assessment The postcards or e-mails may be placed in each student's portfolio.

POST-READING ACTIVITIES

- Have the students work in pairs or small groups and decide which of Lucile's answers they like. Why or why not?
- [optional challenge activity] Have the groups each compose a short *Chère Lucile* letter of their own, adapting sentences from the book. Then have each group pass its letter on to the next group, which will compose a short answer.

Leçon 15

Main Topic Talking about people and possessions

Teaching Resource Options

PRINT 

Workbook PE, pp. 135–140
Activités pour tous PE, pp. 89–91
Block Scheduling Copymasters, pp. 121–128
Unit 4 Resource Book
- *Activités pour tous* TE, pp. 83–85
- Audioscript, pp. 104, 105–107
- Communipak, pp. 150–167
- Lesson Plans, pp. 86–87
- Block Scheduling Lesson Plans, pp. 88–89
- Absent Student Copymasters, pp. 90–93
- Video Activities, pp. 96–102
- Videoscript, p. 103
- Workbook TE, pp. 77–82

AUDIO & VISUAL 

Audio Program
CD 3 Track 7
CD 9 Tracks 13–18

TECHNOLOGY

Online Workbook

VIDEO PROGRAM

VIDEO DVD

LEÇON 15

Dans une boutique de disques

TOTAL TIME: 2:03 min.
DVD Disk 1
Videotape 1 (COUNTER: 56:32 min.)

Cultural notes

- Remind students that France officially changed its currency system on January 1, 1999. 100 francs equals approximately 15 euros.
- **Mano Negra** was an internationally known pop music group whose members were of French, Hispanic, and North African origin. **Manu Chao** was a member of this group.

Teaching note Have the students go to a French online music store. Are they familiar with any of the artists? After they have listened to some samples of songs that are sung in French, ask them if they are similar or different from the music they listen to.

Dans une boutique de disques

Dans l'épisode précédent, Pierre a emprunté cent francs à son frère Jérôme. Avec cet argent, il a acheté deux billets pour le concert de Mano Negra.

Cet après-midi, Pierre et Armelle sont allés au concert.

Après le concert, ils sont allés dans un magasin de disques pour acheter le dernier compact de ce groupe.

Dans le magasin, Armelle parle à l'employé. Pendant ce temps, Pierre écoute de la musique.

CLASSIQUE
Pardon, monsieur. Est-ce que vous avez le dernier CD de Mano Negra?

Je regrette, mais nous ne l'avons plus. Nous avons vendu le dernier ce matin. Mais nous avons d'autres CD de ce groupe ... Tenez, vous connaissez ce compact?
Non, je ne le connais pas ...

CROSS-CULTURAL OBSERVATION

In the United States, many more people are shopping online. Do a survey in your class to see how many students purchase music this way. Afterwards, go online to see if you can find any information about this trend in France. Is it becoming more popular there also? If you have a French pen pal or e-pal, ask him/her if French teenagers are going online more often to buy their music.

Armelle écoute le compact. Puis elle demande à Pierre son opinion.

Je l'achète?

Bien sûr. Si tu l'aimes bien, achète-le.

Armelle paie le compact. Elle demande à Pierre s'il veut venir l'écouter chez elle.

Pierre et Armelle sortent du magasin. Les deux amis vont chez Armelle.

Compréhension

1. Que font Pierre et Armelle après le concert?
2. Qu'est-ce qu'Armelle veut acheter?
3. Pourquoi est-ce qu'elle ne peut pas l'acheter?
4. Qu'est-ce que l'employé lui propose?
5. Est-ce qu'elle achète le compact?
6. Qu'est-ce qu'elle propose à Pierre?

INCLUSION

Cumulative Review the forms of the verb **vouloir** by writing the conjugation on the board. Have students repeat each form. Have them point out where **vouloir** appears in the *Vidéo-scène*. Then have them generate five sentences using **vouloir** + infinitive.

Teaching note Have the students compare the way Armelle interacts with the salesman and Pierre. She speaks formally with the salesman, using **vous.** In contrast, she speaks casually with Pierre, using **tu.**

Compréhension

Answers

1. Après le concert, Pierre et Armelle vont dans un magasin de disques.
2. Armelle veut acheter le dernier CD de Mano Negra.
3. Elle ne peut pas l'acheter parce que le magasin a vendu le dernier CD ce matin.
4. L'employé lui propose un autre CD de ce groupe.
5. Oui, elle l'achète.
6. Elle lui propose d'aller écouter le CD chez elle.

SECTION A

Communicative function
Talking about whom or what one knows

Teaching Resource Options

PRINT 
Workbook PE, pp. 135–140
Unit 4 Resource Book
Communipak, pp. 150–167
Workbook TE, pp. 77–82

AUDIO & VISUAL 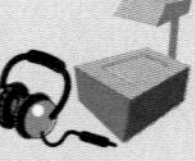
Overhead Transparencies
2b *L'Amérique*

TECHNOLOGY
Power Presentations

 **Review** present and passé composé of **connaître**

New material **faire la connaissance de, reconnaître**

Teaching note Point out that the circumflex is used only when the next letter is a **"t."** It replaces an **"s"** which has been dropped.

Looking ahead The verbs **connaître** and **savoir** are contrasted in Lesson 16.

Language note

connaître → *connoisseur* (one who has expert knowledge and keen discrimination in some field)

reconnaître → *reconnaissance* (an exploratory survey or examination to recognize enemy positions, installations, etc.)

 Le verbe *connaître*

Note the forms of the irregular verb **connaître** *(to know)*.

INFINITIVE		connaître		
PRESENT TENSE	Je	**connais** Philippe.	Nous	**connaissons** Québec.
	Tu	**connais** sa soeur.	Vous	**connaissez** cet hôtel.
	Il/Elle/On	**connaît** les voisins.	Ils/Elles	**connaissent** ce café.
PASSÉ COMPOSÉ	J'**ai**	**connu** Paul l'été dernier.		

→ **Connaître** means *to know* in the sense of *to be acquainted* or *familiar with.* It is used primarily with PEOPLE and PLACES.

→ In the passé composé, **connaître** means *to meet for the first time.*

Où **as-tu connu** François? *Where* ***did you meet*** *François?*

→ Note also the expression **faire la connaissance de** *(to meet, to get to know)*.

Où **as-tu fait la connaissance de** François?

→ The verb **reconnaître** *(to recognize)* is conjugated like **connaître.**

Je n'**ai** pas **reconnu** ta cousine.

WARM-UP Map work

PROP: Transparency 2b *(L'Amérique)*

Ask students if they are familiar with the cities you point out.

–X, est-ce que tu connais Montréal?
–Oui, je connais Montréal.
–Y, est-ce que X connaît Montréal?
–Oui, [elle] connaît Montréal.
–Et toi, est-ce que tu connais Montréal?
–Non, je ne connais pas Montréal., etc.

1 Dix ans après

PARLER/ÉCRIRE Les élèves du Lycée Turgo reviennent à leur école dix ans après. Dites quelles personnes et quelles choses chacun reconnaît.

▶ Paul / Isabelle
Paul reconnaît Isabelle.

1. Florence / ses copains
2. nous / le prof d'anglais
3. vous / la directrice *(principal)*
4. moi / la bibliothèque
5. toi / le gymnase
6. mes copains / la cantine

2 Tu connais?

PARLER Demandez à vos camarades s'ils connaissent les personnes ou les choses suivantes.

1 DESCRIPTION describing what people recognize

1. Florence reconnaît ses copains.
2. Nous reconnaissons le prof d'anglais.
3. Vous reconnaissez la directrice.
4. Je reconnais la bibliothèque.
5. Tu reconnais le gymnase.
6. Mes copains reconnaissent la cantine.

2 EXCHANGES talking about familiar people and places

Answers will vary.

1. –Tu connais cette ville?
   –Oui, c'est Paris. (Non, je ne connais pas cette ville.)
2. –Tu connais cette cathédrale?
   –Oui, c'est Notre Dame. (Non, je ne connais pas cette cathédrale.)
3. –Tu connais cette personne?
   –Oui, c'est Astérix. (Non, je ne connais pas cette personne.)
4. –Tu connais ce drapeau?
   –Oui, c'est le drapeau français. (Non, je ne connais pas ce drapeau.)
5. –Tu connais ce drapeau?
   –Oui, c'est le drapeau canadien. (Non, je ne connais pas ce drapeau.)
6. –Tu connais ce sport?
   –Oui, c'est le baseball. (Non, je ne connais pas ce sport.)
7. –Tu connais cet homme?
   –Oui, c'est Batman. (Non, je ne connais pas cet homme.)

Expansion

–Est-ce que tes parents connaissent ce monument?
–Mais oui, ils connaissent ce monument. C'est la statue de la Liberté. (Non, ils ne connaissent pas ce monument.)

INCLUSION

Structured Review the forms of the verb **connaître.** Have students write the forms in their notebooks. Then, write sentences on the board, leaving blank spaces for the verb. Ask several students to go to board and fill in the blanks with the verb form. Then, ask five questions using **connaître** for the students to answer aloud.

SECTION B

Communicative function
Talking about people and things

Teaching Resource Options

PRINT 

Workbook PE, pp. 135–140
Unit 4 Resource Book
Communipak, pp. 150–167
Workbook TE, pp. 77–82

AUDIO & VISUAL 

Overhead Transparencies
13 *La famille*

TECHNOLOGY
Power Presentations

Review pronouns **le, la, les**

Pronunciation There is liaison after **les** when the following verb begins with a vowel sound.
–Où sont **les billets?**
–Je **les** ai.

Teaching note At this level, you may prefer to teach the pronouns **le/la/les** primarily for recognition. If so, do only two or three exercises in this section.

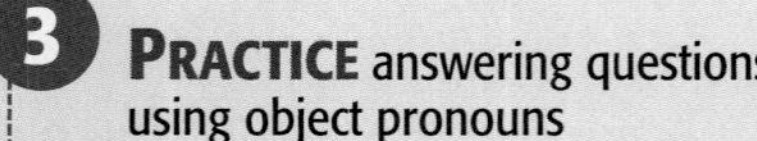

3 PRACTICE answering questions using object pronouns

1. Oui, je les connais.
2. Oui, je l'invite.
3. Oui, je l'aide.
4. Oui, je les écoute.
5. Oui, je la connais.
6. Oui, je le regarde.
7. Oui, je les trouve.
8. Oui, je les garde.
9. Oui, je l'attends.
10. Oui, je la cherche.

B Les pronoms compléments *le, la, les*

In each of the questions below, the noun in heavy type comes directly after the verb. It is the DIRECT OBJECT of the verb. Note the form and position of the DIRECT OBJECT PRONOUNS that are used to replace them.

Tu connais **Patrick**?	Oui, je **le** connais.	*Yes, I know **him.***
Tu vois souvent **Anne**?	Oui, je **la** vois souvent.	*Yes, I see **her** often.*
Tu connais **mes copains**?	Oui, je **les** connais bien.	*Yes, I know **them** well.*
Tu invites **tes copines**?	Oui, je **les** invite.	*Yes, I invite **them.***

FORMS

Direct object pronouns have the following forms:

	SINGULAR	PLURAL			
MASCULINE	**le (l')** *him, it*	**les** *them*	Je **le** connais.	Je l'aime.	Je **les** invite.
FEMININE	**la (l')** *her, it*		Je **la** connais.	Je l'aime.	Je **les** invite.

→ Note that **le** and **la** become **l'** before a vowel sound.

The direct object pronouns **le, la, l',** and **les** can refer to PEOPLE and THINGS.

Tu vois **Hélène**? Oui, je **la** vois. *Yes, I see **her.***

Tu vois **cette affiche**? Oui, je **la** vois. *Yes, I see **it.***

3 Le bon choix

PARLER/ÉCRIRE Complétez les réponses aux questions suivantes. Pour cela, remplacez les noms soulignés par les pronoms **le, la, l'** ou **les.**

▶ Tu connais Cécile? — **Oui, je la connais. C'est ma voisine.**

1. Tu connais Pierre et Alain? — Oui, je ... connais. Ce sont des copains.
2. Tu invites Sylvie? — Oui, je ... invite. C'est une bonne copine.
3. Tu aides ta mère? — Oui, je ... aide. Elle a beaucoup de travail.
4. Tu écoutes ces chanteurs? — Oui, je ... écoute. Ils sont excellents.
5. Tu connais cette comédie? — Oui, je ... connais. Elle est très drôle.
6. Tu regardes le film? — Oui, je ... regarde. Il est amusant.
7. Tu trouves tes notes? — Oui, je ... trouve. Elles sont dans mon sac.
8. Tu gardes tes magazines? — Oui, je ... garde. Ils sont intéressants.
9. Tu attends le bus? — Oui, je ... attends. Il arrive dans cinq minutes.
10. Tu cherches ta casquette? — Oui, je ... cherche. Où est-elle?

TEACHING STRATEGY Les pronoms compléments

PROP: Transparency 13 *(La famille)*

As a warm-up, ask about the family relationships of the people in the transparency.

Comment s'appelle la soeur d'Éric?, etc.

Then ask questions about the people pictured; have students use pronouns in their responses.

Tu connais M. Moreau?
Oui, je le connais., etc.

Tu invites Éric à la boum?
Oui, je l'invite., etc.

Tu vas inviter Sandrine aussi?
Oui, je vais l'inviter., etc.

POSITION

In general, the object pronouns **le, la, l',** and **les** come BEFORE the verb.

	AFFIRMATIVE	NEGATIVE
Qui connaît **Éric**?	Je **le** connais.	Tu ne **le** connais pas.

→ In AFFIRMATIVE COMMANDS, the pronouns come AFTER the verb and are connected to it by a hyphen. In NEGATIVE COMMANDS, they come BEFORE the verb.

	AFFIRMATIVE	NEGATIVE
J'invite **Sylvie**?	Oui, invite-**la.**	Non, ne **l'**invite pas.
J'achète **les billets**?	Oui, achète-**les.**	Non, ne **les** achète pas.

→ In INFINITIVE constructions, the pronouns come BEFORE the infinitive.

	AFFIRMATIVE	NEGATIVE
Qui va regarder **le film**?	Je vais **le** regarder.	Marc ne va pas **le** regarder.
Tu veux écouter **ces CD**?	Je veux **les** écouter.	Je ne veux pas **les** écouter.

→ The verbs **attendre, chercher, écouter,** and **regarder** take direct objects in French, but not in English. Compare:

attendre	Nous **attendons**		le bus.	Nous l'**attendons.**
	*We **are waiting***	***for***	*the bus.*	*We **are waiting for** it.*
chercher	Thomas **cherche**		son sac.	Il le **cherche.**
	*Thomas **is looking***	***for***	*his bag.*	*He **is looking for** it.*
écouter	Béatrice **écoute**		ses amis.	Elle les **écoute.**
	*Béatrice **listens***	***to***	*her friends.*	*She **listens** to them.*
regarder	Pierre **regarde**		Nicole.	Il la **regarde.**
	*Pierre **looks***	***at***	*Nicole.*	*He **looks** at her.*

4 Un pique-nique

PARLER/ÉCRIRE Vous allez à la campagne avec des copains. Décidez si oui ou non vous allez prendre les choses suivantes.

1. ton frisbee
2. ta radiocassette
3. tes CD
4. ta raquette de tennis
5. tes lunettes de soleil
6. ton vélo
7. tes livres
8. ton baladeur
9. ton portable
10. ton pull

▶ ton appareil-photo?

Tu prends ton appareil-photo?
Oui, je le prends.
(Non, je ne le prends pas.)

Language note Point out (or let students discover) that the position for **le, la, les** is the same as for **me, te, nous, vous.**

Supplementary vocabulary
You may want to introduce the construction **le voici (voilà):**
–Où sont les billets?
–Ah, **les voilà.**

4 EXCHANGES deciding what to take along

1. –Tu prends ton frisbee?
   –Oui, je le prends. (Non, je ne le prends pas.)
2. –Tu prends ta radiocassette?
   –Oui, je la prends. (Non, je ne la prends pas.)
3. –Tu prends tes CD?
   –Oui, je les prends. (Non, je ne les prends pas.)
4. –Tu prends ta raquette de tennis?
   –Oui, je la prends. (Non, je ne la prends pas.)
5. –Tu prends tes lunettes de soleil?
   –Oui, je les prends. (Non, je ne les prends pas.)
6. –Tu prends ton vélo?
   –Oui, je le prends. (Non je ne le prends pas.)
7. –Tu prends tes livres?
   –Oui, je les prends. (Non, je ne les prends pas.)
8. –Tu prends ton baladeur?
   –Oui, je le prends. (Non, je ne le prends pas.)
9. –Tu prends ton portable?
   –Oui, je le prends. (Non, je ne le prends pas.)
10. –Tu prends ton pull?
    –Oui, je le prends. (Non, je ne le prends pas.)

Variation (with apporter)
–Tu apportes ton appareil-photo?
–Oui, je l'apporte. (Non, je ne l'apporte pas.)

RE-ENTRY AND REVIEW

The following common verbs take a direct object in French:

PEOPLE
aider *to help*
amener *to bring*
inviter *to invite*

PEOPLE & THINGS
aimer *to like, love*
attendre *to wait for*
chercher *to look for*
connaître *to know*
écouter *to listen to*
regarder *to look at, watch*
voir *to see*

THINGS
acheter *to buy*
apporter *to bring*
avoir *to have*
choisir *to choose*
finir *to finish*
mettre *to put, to wear*
prendre *to take*
vendre *to sell*

Teaching Resource Options

PRINT

Workbook PE, pp. 135–140
Unit 4 Resource Book
Communipak, pp. 150–167
Workbook TE, pp. 77–82

AUDIO & VISUAL

Overhead Transparencies
24 *Chez les Durand*

TECHNOLOGY

Power Presentations

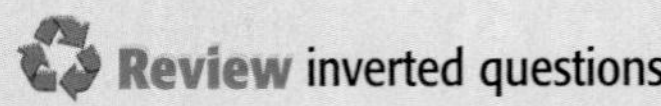

Review inverted questions.

5 COMMUNICATION talking about activities

Answers will vary.
–Est-ce que tu ... (chose/personne)?
–Oui (Non), je (ne) ... (pas).

1. regardes /les regarde	**6.** étudies /les étudie
2. écoutes /les écoute	**7.** ranges /la range
3. invites /l'invite	**8.** vois /les vois
4. aides /l'aide	**9.** aimes /l'aime
5. connais /les connais	**10.** aimes /l'aime

6 ROLE PLAY making plans

–On ... (endroit/chose/personne)?
–Oui, ... !

1. visite/visitons-la	**4.** achète/achetons-les
2. prend/prenons-le	**5.** visite/visitons-la
3. achète/achetons-le	**6.** invite/invitons-les

Cultural note Inaugurated in 1986, the **Cité des Sciences et de l'Industrie** presents ongoing scientific and industrial displays for both learning and fun. The **Cité** is the largest structure inside the **Parc de la Villette.**

7 COMPREHENSION making logical decisions

Alors ... !

1. achète-les	**5.** invite-la
2. ne l'achète pas	**6.** ne les invite pas
3. ne la regarde pas	**7.** ne l'attends pas
4. regarde-le	**8.** attends-le

8 ROLE PLAY talking about what one plans to do

–Quand est-ce que tu vas ... (chose/personne)?
–Je vais ... (jour).
1. voir/la voir
2. voir/le voir
3. écouter/l'écouter
4. acheter/les acheter
5. rencontrer/le rencontrer
6. inviter/les inviter

5 Conversation

PARLER Demandez à vos camarades s'ils font les choses suivantes. Ils vont répondre en utilisant un pronom.

▶ regarder souvent la télé?
—Est-ce que tu regardes souvent la télé?
—Oui, je la regarde souvent. (Non, je ne la regarde pas souvent.)

1. regarder les matchs de foot à la télé?
2. écouter tes CD?
3. inviter souvent ton copain chez toi?
4. aider ta mère à la maison?
5. connaître bien tes voisins?
6. étudier tes leçons le dimanche?
7. ranger souvent ta chambre?
8. voir tes grands-parents le week-end?
9. aimer le rap?
10. aimer la cuisine chinoise?

6 À Paris

PARLER Vous êtes à Paris avec des copains. Vous décidez de faire les choses suivantes.

▶ visiter le Musée d'Orsay?

On visite le Musée d'Orsay?
entrée
Oui, visitons-le!

1. visiter la Cité des Sciences?
2. prendre le métro?
3. acheter le plan *(map)* de Paris?
4. acheter ces affiches?
5. visiter cette église?
6. inviter nos copains français?

7 Décisions

PARLER Dites à vos copains de faire ou de ne pas faire certaines choses suivant la situation.

▶ Catherine est sympathique. (inviter?)
—Alors, invite-la!

▶ Thomas et Patrick sont pénibles. (inviter?)
—Alors, ne les invite pas!

1. Ces chemises sont super. (acheter?)
2. Cette veste est trop chère. (acheter?)
3. Cette comédie est stupide. (regarder?)
4. Ce film est intéressant. (regarder?)
5. Nathalie est une bonne copine. (inviter?)
6. Jérôme et Marc sont snobs. (inviter?)
7. Isabelle est toujours en retard. (attendre?)
8. Marc vient dans dix minutes. (attendre?)

8 Pas maintenant!

PARLER Jean-Paul demande à sa copine Christine quand elle va faire certaines choses. Jouez les deux rôles.

▶ visiter le Musée d'Orsay? (samedi après-midi)

1. voir l'Exposition Matisse? (dimanche)
2. voir le nouveau film de Depardieu? (vendredi soir)
3. écouter le nouveau CD de MC Solaar? (ce soir)
4. acheter les billets pour le concert? (demain)
5. rencontrer ton cousin Éric? (la semaine prochaine)
6. inviter tes copains? (le week-end prochain)

Quand est-ce que tu vas visiter le Musée d'Orsay?
MUSÉE d'Orsay
Je vais le visiter samedi après-midi.

UN JEU Relay race

Select five different objects and gather two of each set (e.g., classroom items, plastic fruit).

Divide the class into two teams and seat each team in a circle. Give the five items to Student 1 (S1) of each team. The winner is the first team to pass all the items around the circle.

S2: **Donne-moi le cahier, s'il te plaît.**
S1: (passing notebook to S2): **Le voilà.**
S2: **Merci.**
S3: **Donne-moi le cahier, s'il te plaît.**
S2: (passing notebook to S3): **Le voilà.**
S3: **Merci.** (and so on around the circle)
(Meanwhile, S2 asks for the next object)
S2 (to S1): **Donne-moi les stylos,...**

C Les compléments d'objet direct au passé composé

The sentences below are in the PASSÉ COMPOSÉ. Note the position of the DIRECT OBJECT PRONOUNS in the sentences on the right. Note also the forms of the PAST PARTICIPLE.

As-tu invité **Marc**?	Oui, je **l'**ai **invité.**
As-tu invité **Juliette**?	Non, je ne **l'**ai pas **invitée.**
As-tu invité **tes cousins**?	Non, je ne **les** ai pas **invités.**
As-tu invité **tes amies**?	Oui, je **les** ai **invitées.**

In the passé composé, the direct object pronoun comes immediately BEFORE the verb **avoir.**

	AFFIRMATIVE	NEGATIVE
Voici Paul.	Je **l'**ai invité.	Je ne **l'**ai pas invité.

In the passé composé, the past participle AGREES with a DIRECT OBJECT, if that direct object comes BEFORE the verb. Compare:

NO AGREEMENT (direct object follows the verb)	AGREEMENT (direct object comes before the verb)
Marc a **vu** Nicole et Sylvie?	Oui, il [les] a vu[es].
Éric n'a pas **apporté** sa guitare?	Non, il ne [l'] a pas **apporté**[e].

→ When the past participle ends in **-é, -i,** or **-u,** the masculine and feminine forms SOUND THE SAME.

→ When the past participle ends in **-s** or **-t,** the feminine forms SOUND DIFFERENT from the masculine forms.

(mon vélo)	Je l'ai **pris.**	Je l'ai **mis** dans le garage.
(ma guitare)	Je l'ai **prise.**	Je l'ai **mise** dans ma chambre.

9 Hier soir

PARLER Demandez à vos camarades s'ils ont fait les choses suivantes hier soir.

▶ regarder la télé?
—Tu as regardé la télé?
—Oui, je l'ai regardée.
(Non, je ne l'ai pas regardée.)

1. écouter la radio?
2. apprendre la leçon?
3. aider tes parents?
4. ranger ta chambre?
5. écouter tes CD?
6. faire la vaisselle?
7. faire tes devoirs?
8. faire ton lit?

10 Chaque chose à sa place

PARLER Demandez à vos camarades où ils ont mis certaines choses.

▶ ta bicyclette (au garage)
—Où as-tu mis ta bicyclette?
—Je l'ai mise au garage.

1. la glace (au réfrigérateur)
2. les assiettes (dans la cuisine)
3. la limonade (sur la table)
4. les livres (sur le bureau)
5. ton argent (à la banque)

SECTION C

Communicative function
Talking about people and things in the past

New material agreement of past participle with object pronouns.

Teaching tip Ask questions about **Transparency 24;** have students answer in the passé composé, using pronouns.
Est-ce qu'ils ont fait les courses? nettoyé la maison? préparé le dîner? mis la table? invité leurs amis? fait la vaisselle?

Language note You may wish to point out that there is similar agreement of the past participle with **me, te, nous, vous** when these pronouns are DIRECT objects.
Marc nous a invités. Claire, je ne t'ai pas vue hier.

9 COMMUNICATION talking about past activities

Answers will vary.
1. –Tu as écouté la radio?
–Oui, je l'ai écoutée. (Non, je ne l'ai pas écoutée.)
2. –Tu as appris la leçon?
–Oui, je l'ai apprise. (Non, je ne l'ai pas apprise.)
3. –Tu as aidé tes parents?
–Oui, je les ai aidés. (Non, je ne les ai pas aidés.)
4. –Tu as rangé ta chambre?
–Oui, je l'ai rangée. (Non, je ne l'ai pas rangée.)
5. –Tu as écouté tes CD?
–Oui, je les ai écoutés. (Non, je ne les ai pas écoutés.)
6. –Tu as fait la vaisselle?
–Oui, je l'ai faite. (Non, je ne l'ai pas faite.)
7. –Tu as fait tes devoirs?
–Oui, je les ai faits. (Non, je ne les ai pas faits.)
8. –Tu as fait ton lit?
–Oui, je l'ai fait. (Non, je ne l'ai pas fait.)

Pronunciation Be sure students pronounce the final consonants in the following items:
2. /apriz/ **6.** /fɛt/

10 ROLE PLAY talking about where things have been placed

1. –Où as-tu mis la glace?
–Je l'ai mise au réfrigérateur.
2. –Où as-tu mis les assiettes?
–Je les ai mises dans la cuisine.
3. –Où as-tu mis la limonade?
–Je l'ai mise sur la table.
4. –Où as-tu mis les livres?
–Je les ai mis sur le bureau.
5. –Où as-tu mis l'argent?
–Je l'ai mis à la banque.

Pronunciation Be sure students pronounce the final consonant /miz/ in items 1, 2, 3.

Variation (with commands)
–Où est-ce que je mets ta bicyclette?
–Mets-la au garage.

TEACHING NOTE Agreement of the past participle

The agreement of the past participle is a difficult concept even for native speakers of French.

Consequently, at this level, it is more important to focus on the correct forms and placement of the object pronouns.

You may want to wait until the students are comfortable with the word order before you draw their attention to the agreement of the past participle.

Teaching Resource Options

PRINT 

Workbook PE, pp. 135–140
Unit 4 Resource Book
- Audioscript, p. 104
- Communipak, pp. 150–167
- Family Involvement, pp. 94–95
- Workbook TE, pp. 77–82

Assessment
- Lesson 15 Quiz, pp. 109–110
- Portfolio Assessment, Reprise/Unit 1 URB, pp. 235–244
- Audioscript for Quiz 15, p. 108
- Answer Keys, pp. 252–256

AUDIO & VISUAL

Audio Program
CD 3 Track 8
CD 18 Track 3

Overhead Transparencies
38 *Les gens et les choses*

TECHNOLOGY 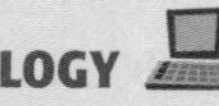

Test Generator CD-ROM/McDougal Littell Assessment System

11 COMPREHENSION describing past activities

1. Non, il l'a laissée à la maison.
2. Non, il les a oubliés dans l'autobus.
3. Non, il l'a oubliée dans le magasin.
4. Non, il ne l'a pas pris.
5. Non, il ne les a pas gardés.
6. Non, il l'a perdu.
7. Non, il ne les a pas trouvés.
8. Non, il les a laissés chez un copain.

À VOTRE TOUR!

1 GUIDED CONVERSATION searching for missing items

Answers will vary.
–Qu'est-ce que tu cherches?
–Je cherche (mon portable).
–Quand est-ce que tu l'as perdu?
–Je l'ai perdu (hier soir).
–Est-ce que tu l'as laissé à la maison?
–Oui, c'est possible.

2 GUIDED CONVERSATION describing recent activities

Answers will vary.
–Récemment, j'ai … Et toi, tu l'as … ?
–Oui, je l'ai … (Non, je ne l'ai pas …)
–Ah bon. Quand?/Où?/Avec qui?
–Je l'ai … (jour/endroit/personne)
- vu
- regardé
- écouté
- acheté (1st time)/acheté(e)
- rencontré (1st time)/rencontré(e)

11 Jean Pertout

PARLER/ÉCRIRE Jean Pertout n'a jamais rien. Expliquez pourquoi il n'a pas les choses suivantes dans des phrases affirmatives ou négatives. Soyez logique!

▶ Il a le journal? (trouver)
Non, il ne l'a pas trouvé.

▶ Il a les billets? (perdre)
Non, il les a perdus.

1. Il a sa raquette? (laisser à la maison)
2. Il a ses livres? (oublier dans l'autobus)
3. Il a sa casquette? (oublier dans le magasin)
4. Il a son portable? (prendre)
5. Il a les magazines? (garder)
6. Il a son appareil-photo? (perdre)
7. Il a les billets de cinéma? (trouver)
8. Il a les CD? (laisser chez un copain)

À votre tour!

OBJECTIFS
Now you can …
- express yourself more fluently using pronouns

1 Un objet perdu

PARLER Your partner is looking for something **(son portable? son livre de français? ses lunettes? sa casquette? … ?).**

Ask your partner
- what he/she is looking for
- when he/she lost it
- if he/she left it at home

If appropriate, offer some helpful suggestions.
- if he/she forgot it on the school bus **(dans le car)**
- how he/she is going to find it

2 Quelques activités réce

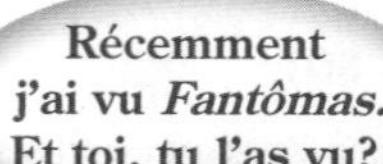
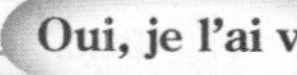

PARLER/ÉCRIRE Faites une liste de quatre choses que vous avez faites récemment. Par exemple:
- voir (quel film? quel match sportif?)
- regarder (quel programme de télé?)
- écouter (quel CD? quel concert?)
- acheter (quelle chose?)
- rencontrer (qui?)

Puis demandez à vos camarades s'ils ont fait les mêmes choses. Si oui, demandez des détails.

Récemment j'ai vu *Fantômas.* Et toi, tu l'as vu?
Oui, je l'ai vu
Ah bon. Où?
Je l'ai vu samedi dernier au Cinéplex.

SUPPLEMENTARY CONVERSATION

Distribute the following guidelines and have students prepare the conversation in pairs.

Your partner often talks about his/her new French friend Florence. Ask your partner …
- when he/she met Florence
- where he/she met her
- if he/she sees her often
- if he/she saw her last weekend
- if he/she invites her often
- if he/she invited her to his/her birthday party **(une fête d'anniversaire)**
- if he/she is going to bring her to school one day

Lecture Au jardin du Luxembourg*

Alain fait une promenade au jardin du Luxembourg. Sur un banc il y a une jeune fille. Elle est jolie. Alain ne la connaît pas, mais il voudrait bien faire sa connaissance. Oui, mais comment?

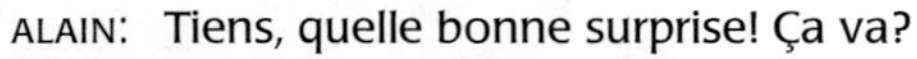

Alain a une idée. Il s'approche de la jeune fille et commence une conversation.

*A park in Paris that is popular with students.

ALAIN: Tiens, quelle bonne surprise! Ça va?

LA FILLE: Oui, ça va! Mais … je ne vous connais pas!

ALAIN: Comment, vous ne me connaissez pas? C'est moi, Alain.

LA FILLE: Vous êtes peut-être Alain, mais je ne vous connais pas.

ALAIN: Mais si, mais si … Je vous ai rencontrée cet été en Angleterre. Vous vous souvenez° bien maintenant!

LA FILLE: J'ai passé mes vacances en Italie.

ALAIN: Tiens, c'est bizarre … Pourtant,° j'ai une excellente mémoire … Où donc° est-ce que je vous ai rencontrée? Ah, oui! Je vous ai rencontrée chez ma cousine, Laure Blanchet! Vous la connaissez bien?

LA FILLE: Non, je ne la connais pas.

ALAIN: Bon, ça n'a pas d'importance. Est-ce que je peux vous inviter à prendre quelque chose dans un café?

LA FILLE: Non, merci! Et ce jeune homme qui vient là-bas … vous le reconnaissez, n'est-ce pas?

Alain regarde dans la direction indiquée par la jeune fille. Il voit un jeune homme grand et athlétique.

ALAIN: Non, je ne le reconnais pas.

LA FILLE: C'est mon copain!

ALAIN: Ah bon, euh … je vois … Eh bien, au revoir!

vous vous souvenez *you remember* **Pourtant** *And yet* **Où donc** *So where*

Vrai ou faux?

1. Alain a rencontré la jeune fille en Angleterre.
2. La jeune fille a rencontré Alain chez Laure Blanchet.
3. Alain veut faire la connaissance de la jeune fille.
4. La jeune fille veut faire la connaissance d'Alain.

PRE-READING ACTIVITY

Have students look at the picture.

- Ask the boys how they would go about starting up a conversation with the girl if they were Alain.

  Imaginez que vous êtes Alain. Qu'est-ce que vous allez dire à la jeune fille?

- Ask the girls how they would respond to someone like Alain.

  Imaginez que vous êtes la jeune fille. Comment est-ce que vous allez répondre?

Portfolio assessment You will probably choose only one oral and one written activity to go into the students' portfolios for Unit 4. The following activities are good portfolio topics:

ORAL: Activity 1
ORAL/WRITTEN: Activity 2

LECTURE
Au jardin du Luxembourg

Objective

- Reading for pleasure

Language note Have the students notice the use of **vous:** an expression of politeness and an indication that the two young people are not school friends.

Observation activities

1. Have students reread the scene, finding examples of object pronouns used:
   (a) with verbs in the present tense,
   Answers
   Alain ne la connait pas
   je ne vous connais pas (twice)
   vous ne me connaissez pas
   Vous la connaissez
   je ne la connais pas
   je peux vous inviter
   vous le reconnaissez
   je ne le reconnais pas
   (b) with verbs in the passé composé.
   Je vous ai rencontrée (twice)
2. Have students read the scene aloud, identifying the conversational fillers: **tiens, pourtant, où donc, bon, euh, je vois, eh bien.** Encourage students to use such fillers in their own conversations.
3. Note the use of **mais si** to contradict a negative statement.

Post-reading activity Have students in pairs create and act out similar dialogues in which one person (either a boy or a girl) tries to strike up a conversation with someone they do not know. Have them use the formal **vous.**

Vrai ou faux?

Answers
1. C'est faux!
2. C'est faux!
3. C'est vrai!
4. C'est faux!

Leçon 16

Main Topic Talking about others

Teaching Resource Options

PRINT 

Workbook PE, pp. 117–119
Activités pour tous PE, pp. 93–95
Block Scheduling Copymasters, pp. 129–136
Unit 4 Resource Book
- *Activités pour tous* TE, pp. 117–119
- Audioscript, pp. 141, 142–145
- Communipak, pp. 150–167
- Lesson Plans, pp. 120–121
- Block Scheduling Lesson Plans, pp. 122–124
- Absent Student Copymasters, pp. 125–129
- Video Activities, pp. 132–139
- Videoscript, p. 140
- Workbook TE, pp. 111–116

AUDIO & VISUAL

Audio Program
CD 3 Track 9
CD 9 Tracks 19–24

TECHNOLOGY 

Online Workbook

VIDEO PROGRAM

LEÇON 16

La voisine d'en bas

TOTAL TIME: 1:59 min.
DVD Disk 1
Videotape 1 (COUNTER: 58:41 min.)

LEÇON 16

VIDÉO-SCÈNE

La voisine d'en bas

Dans l'épisode précédent, Armelle a acheté un nouveau compact. Armelle a proposé à Pierre d'écouter ce compact chez elle. Pierre a accepté l'invitation d'Armelle.

Maintenant les deux amis sont chez Armelle. Armelle met le compact qu'elle a acheté.

Armelle voudrait danser, mais Pierre ne semble pas très intéressé.

Soudain, le téléphone sonne. Armelle répond.

Qui est-ce qui t'a téléphoné?
C'est le voisin d'en haut.

Et qu'est-ce
qu'il t'a dit?
Il m'a demandé de
baisser le volume.

Après quelques minutes, le
téléphone sonne à nouveau.
Armelle répond.

C'est qui cette
fois?
C'est la voisine
d'en bas.

Et qu'est-ce
qu'elle veut?
Elle m'a demandé
'augmenter le volume.
e m'a dit que c'était son
groupe préféré!

Et qu'est-ce que
tu lui as répondu?
Je lui ai répondu que
je ne pouvais pas faire ça.
Mais je l'ai invitée à venir
écouter la musique ici.

Quelqu'un sonne à la porte.

C'est la voisine d'en bas qui arrive. Elle est venue écouter
son groupe préféré!
FIN

Compréhension

1. Où se passe la scène?
2. Qui téléphone d'abord? Pourquoi?
3. Qui téléphone ensuite? Pourquoi?
4. Qu'est-ce qu'Armelle propose à sa voisine?

Compréhension

Answers

1. La scène se passe chez Armelle.
2. Le voisin d'en haut téléphone d'abord. Il lui demande de baisser le volume.
3. La voisine d'en bas téléphone ensuite. Elle lui demande d'augmenter le volume parce que c'est son groupe favori.
4. Armelle l'invite à écouter la musique chez elle.

SECTION A

Communicative function
Describing what people say, read, and write

Teaching Resource Options

PRINT  

Workbook PE, pp. 141–146
Unit 4 Resource Book
Communipak, pp. 150–167
Workbook TE, pp. 111–116

AUDIO & VISUAL 

Overhead Transparencies
39 *On lit, on écrit, on dit*

TECHNOLOGY 

Power Presentations

Review present and passé composé of **dire** and **écrire**

New material present and passé composé of **lire** and **décrire**

Observation and review
Have students note the form **dites.** Ask what other verbs have **vous**-forms that end in **-tes:**

vous êtes
vous faites

DESCRIPTION reporting what people say

1. Nous disons que nous avons aimé le film.
2. Tu dis que le film est mauvais.
3. Je dis que les acteurs jouent bien.
4. Sophie dit qu'elle n'aime pas l'actrice principale.
5. Frédéric et Marc disent que le film est trop long.
6. Vous dites que les billets sont trop chers.

A Les verbes *dire, lire* et *écrire*

The verbs **dire** *(to say, tell)*, **lire** *(to read)*, and **écrire** *(to write)* are irregular.

INFINITIVE	dire	lire	écrire
PRESENT	je **dis** tu **dis** il/elle/on **dit** nous **disons** vous **dites** ils/elles **disent**	je **lis** tu **lis** il/elle/on **lit** nous **lisons** vous **lisez** ils/elles **lisent**	j' **écris** tu **écris** il/elle/on **écrit** nous **écrivons** vous **écrivez** ils/elles **écrivent**
PASSÉ COMPOSÉ	j'ai **dit**	j'ai **lu**	j'ai **écrit**

→ The verb **décrire** *(to describe)* is conjugated like **écrire.**

LANGUAGE COMPARISON

Que (qu') is often used after **dire** and similar verbs to introduce a clause. In English, the equivalent *that* is often left out. In French, **que** must be used.

Pierre dit **que** le film est génial. — *Pierre says* ***(that)*** *the movie is great.*
Je pense **qu'**il a raison. — *I think* ***(that)*** *he's right.*

Après le film

PARLER/ÉCRIRE Des copains sont allés au cinéma. Maintenant ils parlent du film. Décrivez ce que chacun dit.

▶ Pauline / le film est bon — **Pauline dit que le film est bon.**

1. nous / nous avons aimé le film
2. toi / le film est mauvais
3. moi / les acteurs jouent bien
4. Sophie / elle n'aime pas l'actrice principale
5. Frédéric et Marc / le film est trop long
6. vous / les billets sont trop chers

INCLUSION

Repetitive Present the conjugations of the verbs **dire, lire,** and **écrire** by writing the forms on board and modeling the pronunciation. Have the class repeat each form aloud three times, then have them write the conjugations in their notebooks three times.

Sequential Review the sound of the pronoun **on.** Have students read each expression in the vocabulary box on page 239, noting the feeling of the nasal in **on lit** and **on dit,** and the /n/ sound in **on écrit.** Then have them work in pairs to ask each other questions using the new vocabulary.

–Qu'est-ce qu'on lit?
–On lit un journal.

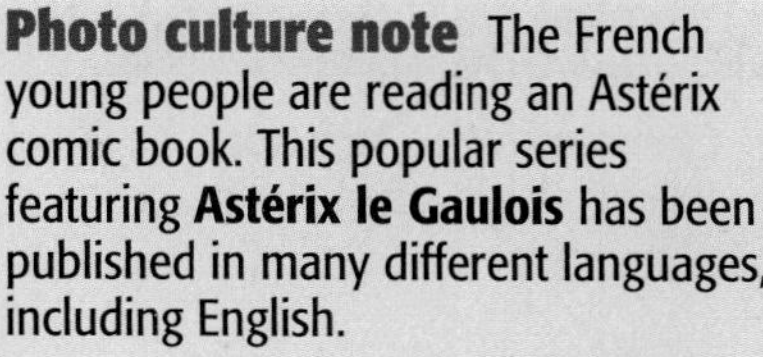

Photo culture note The French young people are reading an Astérix comic book. This popular series featuring **Astérix le Gaulois** has been published in many different languages, including English.

Language note In 2004, the French Ministry of Culture declared that the term **un courriel** should be used in official documents to refer to *e-mail* instead of the English derived words **un mail** and **un mél**. **Un courriel**, which is a blend of another term meaning *e-mail*, **courrier électronique**, is already widely used in Quebec, Canada, but many French people continue to use the words **un mail** and **un mél**.

VOCABULAIRE On lit, on écrit, on dit

On lit ...

un journal (*pl.* **journaux**)	*paper, newspaper*	**une bande dessinée**	*comic strip*
		une histoire	*story, history*
un magazine	*magazine*	**une revue**	*magazine*
un roman	*novel*		

On écrit ...

un mail (un mél)	*e-mail*	**une carte**	*card*
un journal	*diary, journal*	**une carte postale**	*postcard*
un poème	*poem*	**une lettre**	*letter*

On dit ...

un mensonge	*lie*	**la vérité**	*truth*

Je lis une bande dessinée.

→ The French have two words that mean *to tell.*

dire	*to tell or say (something)*	**Dites**-nous la vérité.
raconter	*to tell or narrate (a story)*	**Racontez**-nous une histoire.

2 À la bibliothèque

PARLER/ÉCRIRE Les étudiants suivants sont à la bibliothèque. Dites ce que chacun lit et ce que chacun écrit.

▶ Jérôme (un magazine / une lettre) **Jérôme lit un magazine. Après, il écrit une lettre.**

1. nous (un magazine de sport / des lettres)
2. Antoine (un livre d'histoire / des notes)
3. Françoise et Adèle (un article scientifique / un poème)
4. toi (une lettre / une carte postale à Jacques)
5. vous (un livre de français / un résumé *[summary]*)
6. moi (une carte postale / une lettre à Sylvie)
7. Annie (un mail / une réponse)

3 Questions personnelles PARLER/ÉCRIRE

1. Quels journaux et quels magazines est-ce que tu lis?
2. Est-ce que tu lis des bandes dessinées? Quelle est ta bande dessinée favorite?
3. En général, est-ce que tu aimes lire? Est-ce que tu as lu un bon livre récemment? Quel est le titre de ce livre?
4. Est-ce que tu as lu un roman cet été? Quel roman?
5. En classe, est-ce que tu écris avec un stylo ou avec un crayon? Et quand tu écris une lettre?
6. Quand tu es en vacances, est-ce que tu écris des cartes postales? À qui est-ce que tu as écrit l'été dernier?
7. Est-ce que tu as écrit une lettre récemment? À qui as-tu écrit?
8. Est-ce que tu dis toujours la vérité? D'après toi, est-ce que les journalistes disent toujours la vérité? Et les hommes et les femmes politiques? Quand est-ce qu'ils disent des mensonges?

2 DESCRIPTION saying what people are reading and writing

1. Nous lisons un magazine de sport. Après, nous écrivons des lettres.
2. Antoine lit un livre d'histoire. Après, il écrit des notes.
3. Françoise et Adèle lisent un article scientifique. Après, elles écrivent un poème.
4. Tu lis une lettre. Après, tu écris une carte postale à Jacques.
5. Vous lisez un livre de français. Après, vous écrivez un résumé.
6. Je lis une carte postale. Après, j'écris une lettre à Sylvie.
7. Annie lit un mail. Après, elle écrit une réponse.

Variation (in the passé composé): **Jérôme a lu un magazine. Après, il a écrit une lettre.**

3 COMMUNICATION answering personal questions

Answers will vary.

1. Je lis *(Phosphore).*
2. Oui, je lis des bandes dessinées. (Non, je ne lis pas de bandes dessinées.) Ma bande dessinée favorite est *(Astérix).*
3. Oui, en général, j'aime lire. (Non, en général, je n'aime pas lire.) Oui, j'ai lu un bon livre récemment. (Non, je n'ai pas lu de bon livre récemment.) Le titre de ce livre c'est *(For Whom the Bell Tolls).*
4. Oui, j'ai lu un roman cet été. (Non, je n'ai pas lu de roman cet été.) Il s'appelle *(The Hobbit).*
5. En classe, j'écris avec (un crayon). Quand j'écris une lettre, j'écris avec (un stylo).
6. Oui, quand je suis en vacances, j'écris des cartes postales. (Non, quand je suis en vacances, je n'écris pas de cartes postales.) L'été dernier, j'ai écrit à (mes copains).
7. Oui, j'ai écrit une lettre récemment. (Non, je n'ai pas écrit de lettre récemment.) J'ai écrit à (ma grand-mère).
8. Oui, je dis toujours la vérité. (Oui, en général, je dis la vérité. / Non, je ne dis pas toujours la vérité.) D'après moi, les journalistes / les hommes et les femmes politiques ne disent pas toujours la vérité. (D'après moi, les journalistes / les hommes et les femmes politiques disent toujours la vérité.) Ils disent quelquefois des mensonges quand (ils veulent être populaires).

LISTENING ACTIVITY

PROPS: Blue and red index cards; Transparency 39 *(On lit, on écrit, on dit)*

As you identify the items on the transparency, have students listen for the gender. If the item is masculine, have them raise the blue card. If it is feminine, have them raise the red card.

For example:

Voici un journal. [blue]
Aimez-vous ce magazine? [blue]
Montrez-moi la carte postale. [red]

SECTION B

Communicative function
Talking about others

Teaching Resource Options

PRINT 

Workbook PE, pp. 141–146
Unit 4 Resource Book
Communipak, pp. 150–167
Workbook TE, pp. 111–116

AUDIO & VISUAL 

Overhead Transparencies
37 *Rapports et services personnels*

TECHNOLOGY

Powerpoint Presentations

 **Review** pronouns **lui, leur**

Language note **Lui** and **leur** sometimes correspond to *for him/her, for them.*

(à ma mère)
Je lui achète un cadeau.
I buy a present for her.

(à mes amis)
Je leur garde des places.
I save seats for them.

Language notes

- You may want to point out that the verbs in the first group take only an indirect object.
- The verbs in the second group often take both a direct object and an indirect object.
- If students ask, mention that **écrire** and **parler** may take two objects:
  Je parle français au prof.
  J'écris une lettre à mes cousins.

Supplementary vocabulary

Other common verbs which may be used with indirect objects:

apporter … à *to bring (to)*
envoyer … à *to send (to)*
lire … à *to read (to)*

Extra practice Have students restate the model sentences using indirect object pronouns. E.g.

Je **lui** écris.
Je **lui** parle.

B Les pronoms compléments *lui, leur*

In the questions below, the nouns in heavy type are INDIRECT OBJECTS. These nouns represent PEOPLE and are introduced by **à.**

Note the form and position of the INDIRECT OBJECT PRONOUNS that are used to replace the indirect objects in the answers.

Tu parles **à Jean-Paul**?	Oui, je **lui** parle.
Tu téléphones **à Christine**?	Non, je ne **lui** téléphone pas.
Tu écris **à tes copains**?	Oui, je **leur** écris.
Tu rends visite **à tes cousines**?	Non, je ne **leur** rends pas visite.

FORMS

INDIRECT OBJECT PRONOUNS replace **à** + nouns representing PEOPLE

They have the following forms:

	SINGULAR	PLURAL	
MASCULINE or FEMININE	**lui** *(to) him, (to) her*	**leur** *(to) them*	Je **lui** parle. Je **leur** parle.

VOCABULAIRE Quelques verbes suivis d'un complément indirect

écrire à	*to write (to)*	J'**écris à ma cousine.**
parler à	*to speak, talk to*	Je **parle à mon professeur.**
rendre visite à	*to visit*	Nous **rendons visite à nos amis.**
répondre à	*to answer*	Les élèves **répondent au professeur.**
téléphoner à	*to phone, call*	Stéphanie **téléphone à Éric.**
acheter … à	*to buy for*	Madame Masson **achète** un vélo **à son fils.**
demander … à	*to ask for*	Philippe **demande** 10 euros **à son père.**
dire … à	*to say, tell (to)*	Je **dis** toujours la vérité **à mes parents.**
donner … à	*to give (to)*	Thomas **donne** son adresse **à un copain.**
emprunter … à	*to borrow from*	J'**emprunte** un livre **à mon prof.**
montrer … à	*to show (to)*	Je **montre** mon album de photos **à Pauline.**
prêter … à	*to lend, loan (to)*	Marc ne **prête** pas son portable **à son frère.**

LANGUAGE COMPARISON

▶ The verbs **téléphoner, répondre,** and **demander** take indirect objects in French, but not in English. Compare:

Je **téléphone**	**à**	Isabelle.	Je **lui téléphone.**
I am calling		*Isabelle.*	*I am calling her.*

Je téléphone à
Isabelle.

TEACHING STRATEGY *lui, leur*

PROP: Transparency 37 *(Rapports et services personnels)*

Use the pictures on the transparency to review the verbs on p. 219.

a) Recognition questions: **Qui apporte un cadeau à sa mère?** [Michel]

b) Production questions: **Que fait Michel?** [Il apporte un cadeau à sa mère.]

Then use these sentences to introduce or review the concept of indirect object pronouns.

Est-ce que Michel apporte un cadeau à sa mère? [Oui, il lui apporte un cadeau.]

POSITION

The position of **lui** and **leur** is the same as that of the other object pronouns.

	AFFIRMATIVE	NEGATIVE
PRESENT TENSE	Je **lui** parle.	Je ne **lui** parle pas.
IMPERATIVE	Parle-**lui**.	Ne **lui** parle pas.
INFINITIVE CONSTRUCTION	Je vais **lui** parler.	Je ne vais pas **lui** parler.
PASSÉ COMPOSÉ	Je **lui** ai parlé.	Je ne **lui** ai pas parlé.

→ In the passé composé, there is NO AGREEMENT with a preceding indirect object. Compare:

	INDIRECT OBJECT (no agreement)	DIRECT OBJECT (agreement)
Voici **Nathalie.**	Je **lui** ai téléphoné.	Je **l'**ai invitée.
Voici **mes copains.**	Je **leur** ai parlé.	Je **les** ai rencontrés dans la rue.

4 Générosité

PARLER/ÉCRIRE Dites quelles choses vous prêtez aux personnes suivantes.

▶ Christine veut faire une promenade à la campagne.
Je lui prête mon vélo.

1. Éric et Vincent veulent prendre des photos.
2. Thomas veut téléphoner.
3. Catherine veut écrire à son copain.
4. Antoine et Jacques veulent faire un film.
5. Isabelle veut écouter un CD.
6. Paul et Marc veulent étudier la leçon.

mon caméscope *(camcorder)*
mon baladeur
mes notes
mon appareil-photo
mon portable
mon vélo
mon stylo

5 Questions personnelles

PARLER/ÉCRIRE Dans tes réponses, utilise les pronoms **lui** ou **leur.**

1. Le week-end, est-ce que tu rends visite à ton copain? à ta copine?
2. Pendant les vacances, est-ce que tu rends visite à tes cousins? à tes grands-parents?
3. Est-ce que tu écris souvent à tes grands-parents? à quelle occasion?
4. Est-ce que tu demandes des conseils *(advice)* à ta mère? à tes copains? à ton prof?
5. Est-ce que tu donnes des conseils à ton frère? à ta copine?
6. Quand tu as un problème, est-ce que tu parles à tes parents? à ton copain?
7. Est-ce que tu demandes de l'argent à tes parents? Pour quelle(s) raison(s)?
8. Est-ce que tu prêtes tes CD à ton frère? à ta soeur? à tes copains?
9. Est-ce que tu empruntes beaucoup de choses à tes copains? Qu'est-ce que tu leur empruntes?

COMPREHENSION Indirect objects

PROPS: Pairs of objects (2 pens, 2 pencils, 2 books, 2 postcards, etc.)

First have various students distribute the objects:

X, prends les deux crayons.
Donne le crayon rouge à Y.
Ne lui donne pas le crayon bleu.
Donne le crayon bleu à Z.

Then ask the class about the actions, using the passé composé.

Est-ce que X a donné le crayon rouge à Y?
Oui, il lui a donné le crayon rouge.
Est-ce qu'il lui a donné le crayon bleu?
Non, il ne lui a pas donné le crayon bleu., etc.

Teaching note Be sure students see that **lui** and **leur** come before the verb, except in affirmative commands.

4 DESCRIPTION indicating what you are loaning to whom

1. Je leur prête mon appareil-photo.
2. Je lui prête mon portable.
3. Je lui prête mon stylo.
4. Je leur prête mon caméscope.
5. Je lui prête mon baladeur.
6. Je leur prête mes notes.

5 COMMUNICATION answering personal questions

Answers will vary.

1. Oui, je lui rends visite. (Non, je ne lui rends pas visite.)
2. Oui, je leur rends visite pendant les vacances. (Non, je ne leur rends pas visite pendant les vacances.)
3. Oui, je leur écris souvent. (Non, je ne leur écris pas souvent.) Je leur écris (pour leur anniversaire).
4. Oui, je lui demande des conseils. (Non, je ne lui demande pas de conseils.) Oui, je leur demande des conseils. (Non, je ne leur demande pas de conseils.) Oui, je lui demande des conseils. (Non, je ne lui demande pas de conseils.)
5. Oui, je lui donne des conseils. (Non, je ne lui donne pas de conseils.)
6. Oui, quand j'ai un problème, je leur parle. (Non, quand j'ai un problème, je ne leur parle pas.) Oui, quand j'ai un problème, je lui parle. (Non, quand j'ai un problème, je ne lui parle pas.)
7. Oui, je leur demande de l'argent. (Non, je ne leur demande pas d'argent.) Je leur demande de l'argent pour (aller voir un film).
8. Oui, je lui prête mes CD. (Non, je ne lui prête pas mes CD.) Oui, je leur prête mes CD. (Non, je ne leur prête pas mes CD.)
9. Oui, je leur emprunte beaucoup de choses. (Non, je ne leur emprunte pas beaucoup de choses.) Je leur emprunte (des livres).

Teaching Resource Options

PRINT

Workbook PE, pp. 141–146
Unit 4 Resource Book
Communipak, pp. 150–167
Workbook TE, pp. 111–116

TECHNOLOGY 

Power Presentations

6 ROLE PLAY discussing purchases

A: Qu'est-ce que tu achètes à … ?
J: Je vais … acheter …
A: Ah bon, et qu'est-ce que tu … as acheté l'année dernière?
J: Je … ai acheté … aussi.
A: Vraiment? Tu n'as pas beaucoup d'imagination!

1. ta mère pour son anniversaire/lui/des fleurs/lui/lui/des fleurs
2. à tes grands-parents pour Noël/leur/une boîte de chocolats/leur/leur/une boîte de chocolats
3. à ton copain pour sa fête/lui/une casquette/lui/lui/casquette
4. à tes cousins jumeaux pour leur anniversaire/leur/des tee-shirts/leur/leur/des tee-shirts

Personalization Let students make up their own dialogues based on the model.

7 DESCRIPTION describing what people are doing for others

1. Oui, il lui écrit.
2. Oui, il l'écoute.
3. Oui, elle le comprend.
4. Oui, elle lui répond.
5. Oui, elle leur rend visite.
6. Oui, il l'attend après la classe.
7. Oui, il les voit souvent.
8. Oui, il lui dit la vérité.

Variation (in the negative) **Non, Isabelle ne l'invite pas. Non, Florence ne lui téléphone pas.**

8 COMMUNICATION explaining how you would react in given situations

Answers will vary.

1. Je (ne) lui parle (pas) français. Je (ne) l'invite (pas). Je (ne) le présente (pas) à mes copains. Je (ne) lui téléphone (pas).
2. Je (ne) l'attends (pas) à l'aéroport. Je (ne) lui montre (pas) ma ville. Je (ne) l'invite (pas) chez moi. Je (ne) lui achète (pas de) un cadeau.
3. Je (ne) l'invite (pas) chez moi. Je (ne) lui montre (pas) mes photos. Je (ne) lui dis (pas) toujours la vérité.
4. Je (ne) lui parle (pas). Je (ne) l'invite (pas). Je (ne) l'aide (pas).
5. Je (ne) lui dis (pas) oui. Je (ne) lui dis (pas) non. Je (ne) lui prête (pas) mon CD.
6. Je (ne) lui écris (pas). Je (ne) l'oublie (pas). Je (ne) lui téléphone (pas) souvent. Je (ne) lui envoie (pas de) un mail.

6  Cadeaux

PARLER Anne veut savoir ce que Joël va acheter et pour qui. Jouez les deux rôles.

▶ ANNE: **Qu'est-ce que tu achètes à <u>ton père</u> pour <u>son anniversaire</u>?**
JOËL: **Je vais lui acheter <u>une cravate</u>.**
ANNE: **Ah bon, et qu'est-ce que tu lui as acheté l'année dernière?**
JOËL: **Je lui ai acheté une cravate aussi.**
ANNE: **Vraiment? Tu n'as pas beaucoup d'imagination!**

1. ta mère / son anniversaire
   des fleurs
2. tes grands-parents / Noël
   une boîte de chocolats
3. ton copain / sa fête
   une casquette
4. tes cousins jumeaux *(twin)* / leur anniversaire
   des tee-shirts

7 Entre copains

PARLER/ÉCRIRE Dites ce que font les personnes suivantes pour leurs copains en répondant affirmativement aux questions. (Attention: Utilisez un pronom complément d'objet **direct** ou **indirect.**)

▶ Isabelle invite sa copine?
Oui, elle l'invite.

▶ Florence téléphone à Philippe?
Oui, elle lui téléphone.

1. Thomas écrit à Stéphanie?
2. Nicolas écoute Caroline?
3. Hélène comprend Patrick?
4. Catherine répond à Olivier?
5. Corinne rend visite à ses copains?
6. Jean-Claude attend Cécile après la classe?
7. Frédéric voit souvent ses cousines?
8. Jérôme dit la vérité à Éric?

8 Décisions

PARLER/ÉCRIRE Lisez les situations suivantes et dites ce que vous allez faire pour les personnes en question. Utilisez le pronom complément d'objet **direct** ou **indirect** qui convient.

▶ Un ami est à l'hôpital.
• rendre visite? **Je lui rends visite. (Je ne lui rends pas visite.)**

1. Il y a un étudiant français à votre école. Cet étudiant ne parle pas anglais.
   • parler français? • présenter à vos copains?
   • inviter? • téléphoner?
2. Vous avez un correspondant *(pen pal)* français qui arrive dans votre ville.
   • attendre à l'aéroport? • inviter chez vous?
   • montrer votre ville? • acheter un cadeau?
3. Vous avez une amie qui est très curieuse … et très bavarde *(talkative)*.
   • inviter chez vous? • dire toujours la vérité?
   • montrer vos photos?
4. Il y a une nouvelle élève dans votre classe. Cette fille est très timide.
   • parler? • aider?
   • inviter?
5. Un copain veut emprunter votre CD favori. En général, cet ami rend rarement les choses qu'il emprunte.
   • dire oui? • prêter votre CD?
   • dire non?
6. Votre meilleure copine est en France.
   • écrire? • téléphoner souvent?
   • oublier? • envoyer un mail?

TEACHING NOTE Verbs

You may want to have students make up a chart showing which verbs are commonly used with which types of objects.

VERB + DIRECT OBJECT

aider	**écouter**	**prendre**
aimer	**garder**	**regarder**
amener	**inviter**	**rencontrer**
attendre	**laisser**	**trouver**
chercher	**mettre**	**vendre**
connaître	**oublier**	**voir**

C L'ordre des pronoms

The questions below contain both a DIRECT and an INDIRECT object.
Note the sequence of the corresponding pronouns in the answers.

—Léa, tu **me** prêtes **ton vélo** ?
Oui, je **te** **le** prête.

—Tu donnes **ta photo** **à ta copine** ?
Oui, je **la** **lui** donne.

—Éric, tu **nous** prêtes **tes CD** ?
Non, je ne **vous** **les** prête pas.

—Tu prêtes **ton vélo** **à tes cousins** ?
Non, je ne **le** **leur** prête pas.

—Claire **nous** laisse **sa chaîne hi-fi** ?
Oui, elle **nous** **la** laisse.

—Tu montres **tes notes** **à ton copain** ?
Oui, je **les** **lui** montre.

When the following object pronouns are used in the same sentence, the order is:

me **te** **nous** **vous**	before	**le** **la** **les**

le **la** **les**	before	**lui** **leur**

9 Conversation

PARLER Demandez à vos camarades de faire les choses suivantes. Ils vont répondre oui ou non, en utilisant des pronoms.

▶ prêter tes CD?
—Tu me prêtes tes CD?
—Oui, je te les prête.
(Non, je ne te les prête pas.)

1. prêter ton portable?
2. donner ton numéro de téléphone?
3. donner dix dollars?
4. dire toujours la vérité?
5. montrer tes photos?
6. montrer la photo de ta copine?
7. prêter ton scooter?
8. présenter tes copains?

10 Pourquoi pas?

PARLER/ÉCRIRE Complétez les dialogues suivants en utilisant des pronoms.

▶ —Est-ce que Pierre montre ses photos à ses cousins?
—Non, **il ne les leur montre pas.** Ils sont trop curieux.

1. —Est-ce que Stéphanie prête sa raquette à son frère?
—Non, ... Il ne joue pas au tennis.
2. —Est-ce que Marc prête son appareil-photo à Claire?
—Non, ... Elle casse *(breaks)* tout.
3. —Est-ce que Catherine montre son journal à sa petite soeur?
—Non, ... Elle est indiscrète.
4. —Est-ce que Patrick prête ses CD à ses copains?
—Non, ... Ils détestent le rock.

VERB + INDIRECT OBJECT
parler à
rendre visite à
répondre à
téléphoner à

VERB + DIRECT & INDIRECT OBJECTS

acheter	**écrire**	**présenter**
apporter	**emprunter**	**raconter**
demander	**lire**	**rendre**
dire	**montrer**	
donner	**prêter**	

SECTION C

Communicative function
Talking about what one does for others

New material double object pronouns

If students ask You may want to indicate that the pronouns **me, te, nous, vous** come before **le, la, les,** except in affirmative commands.

Tu veux ces photos? Alors, je te les donne.
Tu as mon crayon? Alors, donne-le-moi, s'il te plaît.

9 COMMUNICATION discussing what you do for others

1. –Tu me prêtes ton portable?
–Oui, je te le prête. (Non, je ne te le prête pas.)
2. –Tu me donnes ton numéro de téléphone?
–Oui, je te le donne. (Non, je ne te le donne pas.)
3. –Tu me donnes dix dollars?
–Oui, je te les donne. (Non, je ne te les donne pas.)
4. –Tu me dis toujours la vérité?
–Oui, je te dis toujours la vérité. (Non, je ne te dis pas toujours la vérité.)
5. –Tu me montres tes photos?
–Oui, je te les montre. (Non, je ne te les montre pas.)
6. –Tu me montres la photo de ta copine?
–Oui, je te la montre. (Non, je ne te la montre pas.)
7. –Tu me prêtes ton scooter?
–Oui, je te le prête. (Non, je ne te le prête pas.)
8. –Tu me présentes tes copains?
–Oui, je te les présente. (Non, je ne te les présente pas.)

10 DESCRIPTION explaining why people do not do certain things

1. Non, elle ne la lui prête pas.
2. Non, il ne le lui prête pas.
3. Non, elle ne le lui montre pas.
4. Non, il ne les leur prête pas.

Extra practice Have students answer the following questions using pronouns.

Est-ce que Christophe vend ses CD à ses cousins? [Oui (Non), il (ne) le leur vend (pas).]
Est-ce que Philippe vend ses CD à Patricia? [Oui (Non), il (ne) les lui vend (pas).]
Est-ce que le garçon montre le menu aux clients? [Oui (Non), il (ne) le leur montre (pas).]
Est-ce que le guide montre le Louvre aux touristes? [Oui (Non), il (ne) le leur montre (pas).]

SECTION D

Communicative function
Talking about what one knows

Teaching Resource Options

PRINT 

Workbook PE, pp. 141–146
Unit 4 Resource Book
- Audioscript, p. 141
- Communipak, pp. 150–167
- Family Involvement, pp. 130–131
- Workbook TE, pp. 111–116

Assessment
- Lesson 16 Quiz, pp. 147–148
- Portfolio Assessment, Reprise/Unit 1 URB, pp. 235–244
- Audioscript for Quiz 16, p. 146
- Answer Keys, pp. 252–256

AUDIO & VISUAL

Audio Program
CD 3 Track 10
CD 18 Track 4

Overhead Transparencies
18 *Où vont-ils? D'où viennent-ils?*

TECHNOLOGY 

Power Presentations
Test Generator CD-ROM/McDougal Littell Assessment System

New material present and passé composé of **savoir;** distinction between **savoir** and **connaître**

Language notes
- In the passé composé, **savoir** may mean *to find out.*
  I knew (I found out) why you went to Brussels.
- **Savoir** may be used with a noun to describe something that has been learned, studied, or memorized.
  Tu sais la réponse?
  Tu sais la date de l'examen?
  To indicate familiarity, one can say:
  Tu connais la réponse?

D Le verbe *savoir; savoir* ou *connaître*

Note the forms of the verb **savoir** *(to know).*

INFINITIVE	savoir	
PRESENT	Je **sais** où tu habites. Tu **sais** quand je pars. Il/Elle/On **sait** avec qui tu sors.	Nous **savons** qui vous êtes. Vous **savez** où je travaille. Ils/Elles **savent** que tu es anglaise.
PASSÉ COMPOSÉ	J'**ai su** pourquoi tu es allé à Bruxelles.	

→ The construction **savoir** + INFINITIVE means *to know how to do something.*

Savez-vous faire la cuisine? ***Do you know how** to cook? (**Can you** cook?)*

→ Both **savoir** and **connaître** mean *to know.* The chart shows when to use **connaître** and when to use **savoir.**

Connaître means *to know* in the sense of *to be acquainted with* or *to be familiar with.*		
connaître + PEOPLE	Je **connais Jacqueline.**	Je ne **connais** pas **sa cousine.**
connaître + PLACES	Marc **connaît Lyon.**	Il **connaît un bon restaurant.**

Savoir means *to know* in the sense of *to know information* or *to know how.*	
savoir *(used alone)*	Je **sais**! Mon frère ne **sait** pas.
savoir + que ...	Je **sais que** tu parles français.
savoir + si *(if, whether)* ...	**Sais**-tu **si** Paul a une moto?
savoir + INTERROGATIVE EXPRESSION ...	Je **sais où** tu habites. Je **sais qui** a téléphoné. Je ne **sais** pas **comment** je dois répondre. Je ne **sais** pas **pourquoi** Claire ne vient pas.
savoir + INFINITIVE	Nous **savons jouer** aux jeux vidéo.

11 Qu'est-ce qu'ils savent faire?

PARLER/ÉCRIRE Expliquez ce que les personnes suivantes savent faire.

▶ Stéphanie joue aux cartes. **Elle sait jouer aux cartes.**

1. Vous jouez au tennis.
2. Nous parlons français.
3. Je joue de la guitare.
4. Mon oncle fait la cuisine.
5. Tu nages.
6. Catherine pilote un avion.
7. Anne et Éric dansent le rock.
8. Ces garçons chantent.
9. Je développe mes photos.
10. Vous programmez un ordinateur.

TEACHING STRATEGY *savoir* vs. *connaître*

Read the following English sentences and have students indicate whether the corresponding French sentence would use **savoir** (S) or **connaître** (C).

1. I know [Mr. Jones]. (C)
2. I know where he lives. (S)
3. I know that he speaks French. (S)
4. I know how to speak French, too. (S)
5. Do you know [Louisville]? (C)
6. Do you know a good restaurant there? (C)
7. We know [Lincoln High School]. (C)
8. We know who the principal **(le proviseur)** is. (S)
9. We don't know him/her well. (C).

12 Dommage!

PARLER Proposez à vos camarades de faire certaines choses. Ils vont refuser en expliquant pourquoi. (Ils peuvent considérer les suggestions de la liste.)

▶ On va à la plage?

1. On va à la discothèque?
2. On fait un match?
3. On prépare le dîner?
4. On s'inscrit *(join)* à la chorale?
5. On regarde un film italien?
6. On invite les étudiants mexicains?

chanter
danser
jouer au tennis
nager
parler italien
parler espagnol
faire la cuisine

On va à la plage?
Je ne sais pas nager.
LA PLAGE
Dommage!

13 Une fille bien informée

PARLER/ÉCRIRE Dites que Florence connaît les personnes suivantes. Dites aussi ce qu'elle sait à leur sujet *(about them)*.

▶ Jacques / où il habite
Florence connaît Jacques.
Elle sait où il habite.

1. Véronique / où elle habite
2. Monsieur Moreau / où il travaille
3. Paul / quand il joue au tennis
4. Annie / avec qui elle va au cinéma
5. Robert / à quelle heure il vient
6. Thérèse / qui est son acteur favori
7. cette fille / quels films elle aime

14 Connaître ou savoir?

PARLER/ÉCRIRE Complétez les phrases avec **sait** ou **connaît.**

1. Philippe … Alice.
2. Sophie ne … pas mes cousins.
3. Frédéric … un bon restaurant.
4. Stéphanie ne … pas à quelle heure est le film.
5. Thomas … où est le cinéma.
6. Jérôme … le propriétaire *(owner)* du cinéma.
7. Juliette … qui joue dans le film.
8. Pauline ne … pas cet acteur.

À votre tour!

OBJECTIFS
Now you can …
• talk about what you know

1 Une soirée musicale

PARLER You are organizing a musical talent show and you are looking for participants. Ask your partner …

- if he/she knows how to play the guitar
- if he/she knows how to dance
- what (other things) he/she knows how to do
- if he/she knows some good singers
- if he/she knows a good band

TEACHING TIP

Ask questions about the people on **Transparency 18.**

–Est-ce que tu connais Pierre?
–Oui, je le connais.
–Est-ce que tu sais où il va?
–Oui, je sais qu'il va au stade.
–Est-ce que tu sais où il habite?
–Non, je ne sais pas où il habite.

PORTFOLIO ASSESSMENT

You will probably choose only one oral and one written activity to go into the students' portfolios for Unit 4. The following activity is a good portfolio topic:

ORAL: Activity 1

11 DESCRIPTION saying what people know how to do

1. Vous savez jouer au tennis.
2. Nous savons parler français.
3. Je sais jouer de la guitare.
4. Il sait faire la cuisine.
5. Tu sais nager.
6. Elle sait piloter un avion.
7. Ils savent danser le rock.
8. Ils savent chanter.
9. Je sais développer mes photos.
10. Vous savez programmer un ordinateur.

Personalization Ask students personal questions based on these cues.

- about themselves
  –X, est-ce que tu sais jouer aux cartes?
  –Oui, je sais (non, je sais pas) jouer aux cartes.
- about others
  –Pierre, est-ce que tes amis savent jouer aux cartes?
  –Oui, ils savent (non, ils ne savent pas) jouer aux cartes.

12 ROLE PLAY making and reacting to suggestions

1. Je ne sais pas danser.
2. Je ne sais pas jouer au tennis.
3. Je ne sais pas faire la cuisine.
4. Je ne sais pas chanter.
5. Je ne sais pas parler italien.
6. Je ne sais pas parler espagnol.

13 DESCRIPTION describing what someone knows

Florence connaît … Elle sait …

14 PRACTICE describing what people know

1. connaît
2. connaît
3. connaît
4. sait
5. sait
6. connaît
7. sait
8. connaît

À VOTRE TOUR!

1 GUIDED CONVERSATION finding out what someone knows

Answers will vary.
–Est-ce que tu sais jouer de la guitare?
–Oui, je sais jouer de la guitare. (Non, je ne sais pas jouer de la guitare.)
–Est-ce que tu sais danser?
–Oui, je sais danser. (Non, je ne sais pas danser.)
–Quelles autres choses est-ce que tu sais faire?
–Je sais (jouer du saxophone).
–Est-ce que tu connais de bons chanteurs?
–Oui, je connais de bons chanteurs. (Non, je ne connais pas de bons chanteurs.)
–Est-ce que tu connais un bon groupe?
–Oui, je connais un bon groupe. (Non, je ne connais pas de bon groupe.)

LECTURE

Es-tu une personne généreuse?

Objectives

- Reading for pleasure
- Developing logical thinking

Lecture Es-tu une personne généreuse?

Tu as beaucoup d'amis, n'est-ce pas? Mais es-tu vraiment une personne généreuse? Voici un test simple. Analyse les huit situations suivantes. Réponds aux questions par oui ou par non.

1. Ce soir, il y a une comédie très intéressante à la télé. Ta mère (ou ton père) a beaucoup de travail à la cuisine. Est-ce que tu l'aides?

A. Oui, je l'aide.
B. Non, je ne l'aide pas.

2. Tu as l'intention d'aller à un match de hockey ce soir avec tes copains. Ton petit frère qui a neuf ans veut vous accompagner. Est-ce que tu l'amènes au match?

A. Oui, je l'amène.
B. Non, je ne l'amène pas.

3. Tu vas au cinéma. Le film va commencer dans une minute. Ta copine n'est pas arrivée. Est-ce que tu l'attends?

A. Oui, je l'attends.
B. Non, je ne l'attends pas.

4. Ta grand-mère est malade. Est-ce que tu lui téléphones pour prendre de ses nouvelles?

A. Oui, je lui téléphone.
B. Non, je ne lui téléphone pas.

PRE-READING ACTIVITY

Have students skim the title and look at the format of the reading: multiple-choice questions followed by an interpretation section.

Ask students: What kind of reading do they think this is? [a personality quiz–to help them see how generous they are]

5. Tu es dans l'autobus. Une vieille dame monte dans le bus mais il n'y a pas de siège° pour elle. Est-ce que tu lui donnes ton siège?

A. Oui, je lui donne mon siège.
B. Non, je ne lui donne pas mon siège.

siège *seat*

6. Un camarade de classe a perdu ses notes d'histoire. Est-ce que tu lui prêtes tes notes avant l'examen?

A. Oui, je lui prête mes notes.
B. Non, je ne lui prête pas mes notes.

7. Des copains organisent une fête, mais ils n'ont pas de chaîne hi-fi. Est-ce que tu leur prêtes ta nouvelle radiocassette?

A. Oui, je la leur prête.
B. Non, je ne la leur prête pas.

8. Tu as un billet pour le concert de ton groupe favori. Ta cousine voudrait aussi aller au concert, mais elle n'a pas de billet. Est-ce que tu lui donnes ton billet?

A. Oui, je le lui donne.
B. Non, je ne le lui donne pas.

INTERPRÉTATION:

Combien de réponses «A» avez-vous?

- de 6 à 8 — Bravo! Tu es une personne généreuse et bien élevée. Tu as certainement beaucoup d'amis.
- de 3 à 5 — Tu as assez bon caractère, mais tu n'es pas toujours très sociable.
- 1 ou 2 — La générosité n'est pas ta qualité principale. Fais un effort!
- 0 — Sans commentaire!

Observation activity Have students reread responses in the personality quiz.

- How do they know when **l'** and **lui** refer to *him* and when they refer to *her?* [from context]
- Have them match each object pronoun with its antecedent.

Answers
1. l' = ta mère (ou ton père)
2. l' = ton petit frère
3. l'= ta copine
4. lui = ta grand-mère
5. lui = une vieille dame
6. lui = un camarade de classe
7. la = ta nouvelle radiocassette
leur = des copains
8. le = ton billet
lui = ta cousine

POST-READING ACTIVITIES

Divide the class into groups of three or four students.

- Have each group think of another situation in which people show their generosity.
- Have them write up their idea in a quiz format and present it to the rest of the class.

TESTS DE CONTRÔLE

Teaching Resource Options

PRINT 

Unit 4 Resource Book

Assessment

Unit 4 Test, pp. 187–196
Portfolio Assessment, Reprise/Unit 1 URB, pp. 235–244
Multiple Choice Test Items, pp. 209–213
Listening Comprehension Performance Test, pp. 197–198
Reading Comprehension Performance Test, pp. 203–205
Speaking Performance Test, pp. 199–202
Writing Performance Test, pp. 206–208
Comprehensive Test 1, Units 1–4, pp. 214–239
Test Scoring Tools, pp. 240–243
Audioscript for Tests, pp. 244–251
Answer Keys, pp. 252–256

AUDIO & VISUAL

Audio Program
CD 18 Tracks 5–17

TECHNOLOGY 

Test Generator CD-ROM/McDougal Littell Assessment System

1 COMPREHENSION choosing the right word

1. Je vais assister à une exposition au musée.
2. À quelle heure commence le film?
3. Julien cherche son sac mais il ne le trouve pas.
4. Il oublie tout.
5. Catherine est occupée.
6. Je suis désolé mais je ne peux pas sortir avec toi.
7. Léa montre ses photos à sa cousine.
8. Est-ce que tu peux apporter tes CD à la boum?
9. Il emprunte 10 euros à son copain.
10. Est-ce que tu peux me donner ton numéro de téléphone?

2 COMPREHENSION choosing the right verb form

1. J'écris une lettre à ma cousine. Et vous, à qui écrivez-vous?
2. Antoine lit un livre. Ses copains lisent des magazines.
3. Est-ce que vous dites la vérité? Moi, je la dis toujours.
4. Nous connaissons Léa. Elle connaît nos copains.
5. Mes amis savent jouer du piano. Moi, je ne sais pas.

Tests de contrôle

By taking the following tests, you can check your progress in French and also prepare for the unit test. Write your answers on a separate sheet of paper.

1 Le choix logique

Review ...
- vocabulary and constructions: pp. 208, 210, 212-213, 219, 240

Complete each of the following sentences with the appropriate option.

1. Je vais — une exposition au musée. **(assister à / voir)**
2. À quelle heure — le film? **(commence / joue)**
3. Julien cherche son sac mais il ne le — pas. **(trouve / laisse)**
4. Thomas n'a pas bonne mémoire. Il — tout. **(garde / oublie)**
5. Catherine est —. Elle fait ses devoirs. **(libre / occupée)**
6. Je suis — mais je ne peux pas sortir avec toi. **(malheureux / désolé)**
7. Léa — ses photos à sa cousine. **(prend / montre)**
8. Est-ce que tu peux — tes CD à la boum? **(apporter / rendre)**
9. Marc n'a pas d'argent. Il — 10 euros à son copain. **(prête / emprunte)**
10. Est-ce que tu peux me — ton numéro de téléphone? **(donner / prêter)**

2 La bonne forme

Review ...
- irregular verbs: pp. 228, 238, 244

Complete the following sentences with the appropriate forms of the verbs in parentheses.

1. **(écrire)** J'— une lettre à ma cousine. Et vous, à qui — -vous?
2. **(lire)** Antoine — un livre. Ses copains — des magazines.
3. **(dire)** Est-ce que vous — la vérité? Moi, je la — toujours.
4. **(connaître)** Nous — Léa. Elle — nos copains.
5. **(savoir)** Mes amis — jouer du piano. Moi, je ne — pas.

3 Les relations personnelles

Review ...
- object pronouns: pp. 230-231, 233, 240-241

Complete the following sentences with the appropriate DIRECT or INDIRECT OBJECT PRONOUNS that correspond to the people in parentheses.

1. (Pauline) Nicolas — téléphone. Il — invite au barbecue.
2. (Éric) Nous — connaissons bien. Nous — avons rendu visite hier.
3. (mes copains) Je — ai invités à la boum. Je — ai demandé d'apporter des CD.
4. (le professeur) Les élèves — écoutent. Ils — demandent des conseils *(advice)*.
5. (ta cousine) Tu — écris pour son anniversaire. Tu ne — vois pas souvent.
6. (Léa et Zoé) Vous — parlez souvent. Vous — trouvez très sympathiques.
7. (Catherine) Est-ce que tu — as écrit? Est-ce que tu — as donné ton adresse?
8. (Nicolas) Je — ai rencontré samedi. Je — ai prêté mon vélo.

4 Contextes et dialogues

Complete the following dialogues with the appropriate options.

1. *Julien organise une boum. Élodie lui parle.*

É: Dis, tu **(me / m')** invites à ta boum?
J: Bien sûr! Je vais **(te / t')** inviter.
É: Tu invites Nicolas aussi?
J: Nicolas? Qui est-ce?
É: C'est mon cousin. Tu **(l' / lui)** as rencontré hier.
J: Ah oui, c'est vrai. Eh bien, donne- **(me / moi)** son numéro de téléphone. Je vais **(le / lui)** téléphoner.

2. *Léa parle à Thomas de Pauline.*

L: Tu **(sais / connais)** Pauline?
T: Bien sûr.
L: Tu **(sais / connais)** où elle habite?
T: Oui, j'ai son adresse. Pourquoi? Tu veux **(la / lui)** voir?
L: Oui, je **(la / lui)** ai prêté mes notes et elle ne **(me les / le leur)** a pas rendues.
T: Tiens, voilà son adresse.
L: Merci.

Review …
- use of object pronouns, **savoir** vs. **connaître**: pp. 218, 220, 230-231, 233, 243, 244

5 Composition: Un(e) ami(e)

Write a paragraph describing your relationship with one of your friends (real or imaginary). Mention …

- your friend's name
- since when you have known him/her
- if you know where he/she was born
- if you know his/her parents
- if you see him/her often
- when you saw him/her last
- if you invited him/her to your birthday
- what present he/she gave you

STRATEGY Writing

1 Briefly note your answers to the above questions.

2 Write out your paragraph, incorporating the information requested.

3 Check whether you used **savoir** and **connaître** correctly.

Look over all the verbs: some should be in the present and others in the passé composé.

Also check your use of object pronouns and their position.

3 COMPREHENSION choosing the right pronoun

1. Nicolas lui téléphone. Il l'invite au barbecue.
2. Nous le connaissons bien. Nous lui avons rendu visite hier.
3. Je les ai invités à la boum. Je leur ai demandé d'apporter des CD.
4. Les élèves l'écoutent. Ils lui demandent des conseils.
5. Tu lui écris pour son anniversaire. Tu ne la vois pas souvent.
6. Vous leur parlez souvent. Vous les trouvez très sympathique.
7. Est-ce que tu lui as écrit? Est-ce que tu lui as donné ton adresse?
8. Je l'ai rencontré samedi. Je lui ai prêté mon vélo.

4 COMPREHENSION choosing the right word

1. **É:** Dis, tu m'invites à ta boum?
J: Bien sûr! Je vais t'inviter.
É: Tu invites Nicolas aussi?
J: Nicolas? Qui est-ce?
É: C'est mon cousin. Tu l'as rencontré hier.
J: Ah oui, c'est vrai. Eh bien, donne-moi son numéro de téléphone. Je vais lui téléphoner.

2. **L:** Tu connais Pauline?
T: Bien sûr.
L: Tu sais où elle habite?
T: Oui, j'ai son adresse. Pourquoi? Tu veux la voir?
L: Oui, je lui ai prêté mes notes et elle ne me les a pas rendues.
T: Tiens, voilà son adresse.
L: Merci.

5 WRITTEN SELF-EXPRESSION

Answers will vary.
Mon ami s'appelle Marc. Je le connais depuis deux ans. Il est né en France. Je ne connais pas ses parents. Je le vois souvent. Je l'ai vu il y a une semaine. Je l'ai invité à ma fête d'anniversaire. Il m'a donné le nouveau CD de Pascal Obispo.

VOCABULAIRE

Language Learning Benchmarks

FUNCTION
- Make requests pp. 212, 213, 220, 221, 222
- Use and understand expressions indicating emotion pp. 212, 213

CONTEXT
- Converse in face-to-face social interactions pp. 212, 213
- Listen in social interactions p. 234
- Listen to audio or video texts pp. 206–207, 216–217, 226–227, 236–237
- Use authentic materials when reading advertisements pp. 211, 214, 215
- Write letters p. 225
- Write short guided compositions p. 215

TEXT TYPE
- Use and understand
  - –learned expressions when speaking and listening p. 209
  - –sentences and strings of sentences when speaking and listening p. 215
  - –questions when speaking and listening pp. 219, 220, 233
  - –polite commands when speaking and listening pp. 220, 221, 232
- Create simple paragraphs when writing p. 249
- Understand important ideas and some details in highly contextualized authentic texts when reading pp. 214, 215

CONTENT
- Understand and convey information about
  - –schedules pp. 211, 253–254, 255–256
  - –leisure activities p. 209
  - –prices pp. 253–254
  - –buildings and monuments pp. 229, 255–256
  - –cultural and historical figures pp. 265, 269
  - –places and events pp. 260, 267, 268, 269
  - –transportation p. 221
  - –travel p. 221

Vocabulaire

POUR COMMUNIQUER

Extending an invitation

Est-ce que tu es libre samedi?	*Are you free Saturday?*
Non, je suis occupé(e).	*No, I'm busy.*

Accepting an invitation

D'accord!	*OK. All right.*
Oui, je veux bien.	*Yes, I want to.*
Volontiers!	*Sure! I'd love to!*
Avec plaisir!	*With pleasure.*
Bonne idée!	*Good idea.*

Turning down an invitation

Je regrette.	*I'm sorry.*
Je suis désolé(e).	*I'm (very) sorry.*
Je voudrais bien, mais ...	*I'd like to, but ...*
Je te remercie mais ...	*I thank you, but ...*
J'ai d'autre projets.	*I have other plans.*
Je n'ai pas le temps.	*I don't have the time.*

MOTS ET EXPRESSIONS

Spectacles

un dessin animé	*cartoon*
un drame psychologique	*psychological drama*
un film	*movie*
un film d'aventures	*action movie*
un film d'horreur	*horror movie*
un film de science-fiction	*science fiction movie*
un film policier	*detective movie*
un groupe	*group*
un match	*game*
un orchestre	*band, orchestra*
une chanson	*song*
une comédie	*comedy*
une comédie musicale	*musical*
une équipe	*team*
une exposition	*exhibit*
une pièce de théâtre	*play*

Personnes

un acteur	*actor*
un chanteur	*singer*
un joueur	*player*
une actrice	*actress*
une chanteuse	*singer*
une joueuse	*player*

Au cinéma

un billet	*ticket*
un genre	*type, kind*
une place	*seat*
une séance	*show, showing*
une sorte	*kind, sort*

On lit, on dit, on écrit

un journal (des journaux)	*(news)paper; diary, journal*
un magazine	*magazine*
un mail (mél)	*e-mail*
un mensonge	*lie*
un poème	*poem*
un roman	*novel*
une bande dessinée	*comic strip*
une carte	*card*
une carte postale	*postcard*
une histoire	*story; history*
une lettre	*letter*
une revue	*magazine*
la vérité	*truth*

Verbes réguliers

chercher	*to get, to pick up; to look for*
commencer	*to begin*
coûter	*to cost*
garder	*to keep*
laisser	*to let, to leave*
oublier	*to forget*
raconter	*to tell, narrate (a story)*
regretter	*to be sorry*
remercier	*to thank*
trouver	*to find*

Verbes irréguliers

connaître	*to know, to be familiar with*
savoir	*to know*
savoir + INFINITIVE	*to know how to*
dire	*to tell, say*
écrire	*to write*
lire	*to read*

Verbes suivis d'un complément indirect

parler à	*to speak, talk to*
rendre visite à	*to visit*
répondre à	*to answer*
téléphoner à	*to phone, call*

Verbes suivis de deux compléments

acheter … à	*to buy … for*
apporter … à	*to bring … to*
demander … à	*to ask … of*
dire … à	*to say, tell … to*
donner … à	*to give … to*
écrire … à	*to write … to*
emprunter … à	*to borrow … from*
montrer … à	*to show … to*
présenter … à	*to introduce … to*
prêter … à	*to lend, loan … to*
rendre … à	*to give back … to*

Compléments d'objet direct

me	*me*
te	*you*
le (l')	*him, it*
la (l')	*her, it*
nous	*us*
vous	*you*
les	*them*

Compléments d'objet indirect

me	*(to) me*
te	*(to) you*
lui	*(to) him*
lui	*(to) her*
nous	*(to) us*
vous	*(to) you*
leur	*(to) them*

Expressions de temps

une fois	*once*
deux fois	*twice*
trois fois	*three times*
par semaine	*a week, per week*
par mois	*a month, per month*
par an	*a year, per year*

FLASHCARDS AND MORE!

Language Learning Benchmarks *(continued)*

ASSESSMENT

- Show no significant pattern of error when
  - –engaging in conversations pp. 223, 234, 245
  - –obtaining information pp. 234, 245
- Understand oral and written discourse, with few errors in comprehension, when reading pp. 225–226, 235, 252–256
- Demonstrate culturally appropriate behavior when making requests p. 223

INTERLUDE 4

Un Américain à Paris

Objectives

- Reading for information
- Expanding cross-cultural awareness

Teaching Resource Options

PRINT

Workbook PE, pp. 147–156
Activités pour tous PE, pp. 97–99
Unit 4 Resource Book
Activités pour tous TE, pp. 169–171
Workbook TE, pp. 173–182

Interlude 4

Un Américain ~ À Paris ~

PRE-READING STRATEGY Avant de lire

Look at the title of this reading. Have you ever visited France or another foreign country? When we travel, we know we will find differences in language as well as in other customs. In China, for example, we would expect to hear people speak Chinese and to have our meals served with chopsticks.

What kinds of differences would you expect to discover in France? The American in this reading encountered some difficulties he did not anticipate.

Allez-vous visiter la France un jour? Si vous allez en France, vous observerez° certaines différences entre la vie quotidienne en France et aux États-Unis.

Ces différences ne sont pas très importantes, mais elles existent tout de même. Et parfois, elles sont la source de petits problèmes.

Voici certains problèmes qui sont arrivés à Harry Hapless, un touriste américain qui ne connaît pas très bien les habitudes françaises. Pouvez-vous expliquer la cause de ces problèmes?

observerez *will observe*

Mots utiles

la vie quotidienne	*daily life*	**une habitude**	*custom*
tout de même	*all the same, nevertheless*	**expliquer**	*to explain*
1			
le lendemain matin	*the next morning*	**seulement**	*only*
ouvert ≠ fermé	*open ≠ closed*	**un jour férié**	*holiday*
2			
lent	*slow*	**la note**	*bill*
dur	*hard, tough*	**un pourboire**	*tip*
le mécontentement	*displeasure*	**compris**	*included*
3			
un cadeau	*gift, present*	**ouvrir**	*to open*
énorme	*large, enormous*	**l'amour**	*love*
sonner	*to ring (the doorbell)*	**le deuil**	*mourning*

SETTING THE SCENE

This reading deals with intercultural differences and possible misunderstandings.

Note: Students who have read **Les quatre surprises** (Unit 3) will find that one of Harry Hapless's difficulties involves a similar situation: differences in floor numbering.

As a special challenge, you may ask students to identify this parallel situation.

1 Harry Hapless arrive en France le 30 avril au soir. Il prend un taxi et va directement à son hôtel. Le lendemain matin, qui est un mercredi, Harry dit: «J'ai besoin d'argent. Je vais aller changer des dollars à la banque.» La première banque où il va est fermée. La deuxième et la troisième aussi. En fait,° toutes les banques sont fermées ce matin. Pourquoi?

- En France, les banques sont ouvertes seulement l'après-midi.
- En France, les banques sont fermées le mercredi.
- En France, le premier mai est un jour férié.

En fait *in fact*

RÉPONSE

2 Un soir, Harry Hapless va au restaurant et commande un steak-frites. Le service est lent. Le steak est dur.° Les frites sont froides. Le serveur n'est pas poli ... Et l'addition est très chère: 30 euros! Pour montrer son mécontentement, Harry laisse un petit pourboire: deux euros seulement. L'attitude du serveur change. Il est maintenant très aimable avec Harry. Pourquoi?

- Le serveur a des remords.°
- Le serveur aime les touristes américains.
- En France, le pourboire est compris dans l'addition.

dur *tough* **le remords** *regrets, remorse*

RÉPONSE

3 Un jour, Harry Hapless est invité à dîner chez Jacques Lachance, son copain d'université. Harry, qui est un homme poli, veut apporter un cadeau à Madame Lachance, la femme de son copain. Oui, mais quoi? Harry sait que les Françaises aiment beaucoup les fleurs. Il passe chez une marchande de fleurs. Il regarde les roses, les tulipes, les bégonias, les géraniums ... Finalement il choisit un énorme pot de chrysanthèmes. La marchande prend le pot, l'enveloppe dans du joli papier, décore le paquet° avec un ruban° et le donne à Harry. Très content de son achat, Harry arrive chez les Lachance. Il sonne. Son ami Jacques lui ouvre la porte. Harry entre et présente son cadeau à Madame Lachance. Celle-ci° le prend et remercie° Harry profusément ... Mais quand elle ouvre le paquet, elle a l'air consternée. Pourquoi?

- Madame Lachance est allergique aux fleurs.
- En France, les chrysanthèmes sont un signe de grand amour.
- En France, les chrysanthèmes sont un signe de deuil.

paquet *package* **ruban** *ribbon* **Celle-ci** *The latter* **remercie** *thanks*

RÉPONSE

TEACHING STRATEGY

Tell students not to turn the page until they have done the following activities.

- Have students select a response for each situation.
- When the class has finished the readings on the page, tabulate the responses on the board.

Épisode 1	**(a)**	**3**
	(b)	**8**
	(c)	**13**
Épisode 2	**etc.**	

- Then have students turn the page to read the explanations.

Interprétation

1 En France, le premier mai est un jour férié.

En France et dans beaucoup d'autres pays, le premier mai est la fête du Travail. Évidemment, on ne travaille pas ce jour-là. Les magasins, les bureaux et les banques sont fermés. (Aux États-Unis, la fête du Travail est le premier lundi de septembre.)

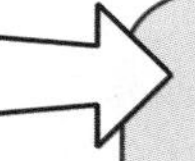

2 En France, le pourboire est compris dans l'addition.

Puisque le service de 15% (quinze pour cent) est compris dans l'addition, en général on laisse seulement quelques petites pièces de monnaie au serveur.

3 En France, les chrysanthèmes sont un signe de deuil.

Le premier novembre, qui est la fête de la Toussaint,° les Français honorent leurs défunts.° Traditionnellement on va au cimetière° et on met des pots de chrysanthèmes sur la tombe des gens de sa famille.

la Toussaint *All Saints' Day* **défunts** *dead* **cimetière** *cemetery*

Mots utiles

4

avoir mal aux dents	*to have a toothache*	**un étage**	*floor (of a building)*
un rendez-vous	*appointment*	**un peintre**	*painter*
un immeuble	*building*	**un renseignement**	*information*

5

la veille	*the day before*	**rappeler**	*to remind*
le vol	*flight*	**la note**	*bill*

4 Harry Hapless a mal aux dents. Il a rendez-vous chez un dentiste qui habite dans un immeuble ancien. Arrivé dans cet immeuble, Harry demande à la concierge° à quel étage habite le dentiste. La concierge lui répond: «Le docteur Ledentu? C'est au cinquième étage, mais aujourd'hui l'ascenseur ne marche pas.»° Harry dit: «Ça ne fait rien,° je vais monter à pied.»

Harry monte les escaliers et compte les étages: deux, trois, quatre, cinq. «Je suis au cinquième étage», dit Harry, et il sonne. Un homme en blanc ouvre la porte. Ce n'est pas un dentiste mais un peintre. Harry lui explique qu'il a rendez-vous avec le docteur Ledentu. Le peintre lui répond: «Je ne connais pas le docteur Ledentu. Ici, c'est chez Madame Masson. Je repeins son appartement. Allez voir la concierge.»

Quel est le problème?

- Harry s'est trompé° d'étage.
- La concierge a donné un mauvais° renseignement à Harry.
- Ce jour-là, le docteur Ledentu s'est déguisé en° peintre.

concierge *building superintendent* **ne marche pas** *isn't working*
Ça ne fait rien *That doesn't matter* **s'est trompé** *made a mistake*
mauvais *wrong* **s'est déguisé en** *disguised himself as*

RÉPONSE

5 Finalement, les vacances de Harry Hapless finissent. La veille de son départ il téléphone à la compagnie aérienne pour confirmer l'heure de son vol. L'employée lui rappelle que son avion est à 8 h 15. Elle lui recommande d'être à l'aéroport une heure et demie avant le départ.

Le lendemain, Harry veut profiter° de son dernier jour en France. Le matin, il fait une promenade à pied et prend quelques photos. À midi, il déjeune dans un bon restaurant. L'après-midi, il va dans les magasins et achète quelques souvenirs. Puis il retourne à son hôtel, paie sa note et prend un taxi. Arrivé à l'aéroport, il regarde sa montre et dit: «Il est 6 heures 15. J'ai encore deux heures avant le départ de mon avion.» Puis il va au comptoir° de la compagnie aérienne. Là, l'hôtesse lui dit: «Mais, Monsieur Hapless, le dernier avion pour New York est parti il y a dix minutes.»

Qu'est-ce qui s'est passé?°

- En France, les avions sont souvent en avance.
- L'employée a donné à Harry un mauvais renseignement.
- Harry ne sait pas comment fonctionne l'heure officielle.

RÉPONSE

profiter *to take advantage* **comptoir** *counter* **Qu'est-ce qui s'est passé?** *What happened?*

Realia notes There are two airports serving Paris: Orly, 14 km to the south, and Roissy-Charles de Gaulle, 23 km to the north. International flights fly in and out of both of them, but there tends to be more domestic traffic at Orly. Ask students questions about the flight schedule:

1. Quel est le premier vol de Paris à New York? [8:25]
2. Combien de temps dure le vol moyen *(average)* entre Paris et New York? [7 heures] Et entre Paris et Nice? [1.5 heures]
3. Vous avez beaucoup de travail à Paris jeudi, donc vous ne pouvez pas perdre *(can't waste)* trop de temps loin de votre bureau. Quel est le dernier vol d'Air France que vous devez prendre pour arriver à Nice avant votre dîner à 20 heures? [celui de 15:45]
4. Vous voulez partir en fin d'après-midi pour Nice de Charles de Gaulle. Quel est le numéro du vol? [AF 7715]

Interprétation

4 Harry s'est trompé d'étage.

Il y a une différence d'un étage entre les étages français et américains. Voici la correspondance entre ces étages:

ÉTAGES FRANÇAIS	ÉTAGES AMÉRICAINS
rez-de-chaussée	*first floor*
premier étage	*second (not first) floor*
deuxième étage	*third (not second) floor*
dix-neuvième étage	*twentieth (not nineteenth) floor*

Ainsi, quand Harry Hapless pensait° qu'il était° au cinquième étage, il était en réalité au quatrième étage.

pensait *thought* **était** *was*

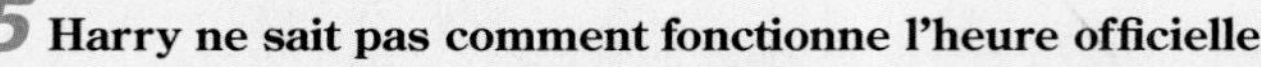

5 Harry ne sait pas comment fonctionne l'heure officielle.

En France, on utilise l'heure officielle pour donner l'heure des trains, des avions, etc. L'heure officielle commence à 0 heure le matin et finit à 23 heures 59 le soir.

Harry Hapless pensait que son avion était à 8 h 15 du soir (ou 20 h 15 à l'heure officielle). En réalité, l'avion était à 8 h 15 du matin.

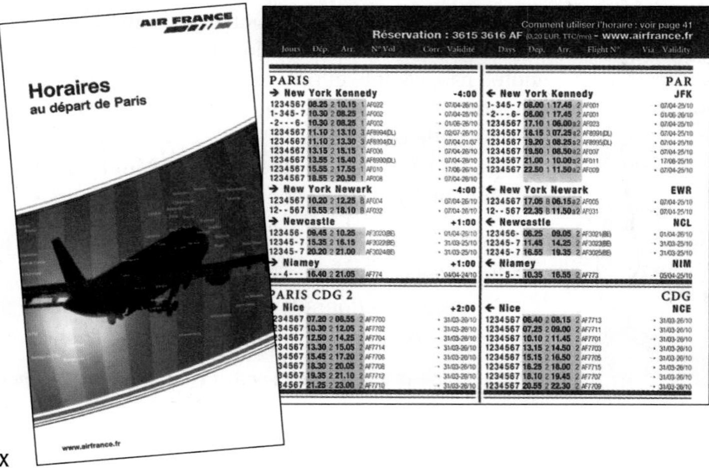

Comment utiliser l'horaire : voir page 41
Réservation : 3615 3616 AF (0,20 EUR TTC/mn) - www.airfrance.fr

Jours	Dép.	Arr.	N° Vol	Corr.	Validité
PARIS					
→ New York Kennedy					**-4:00**
1234567	08.25 2	10.15 1	AF022		• 07/04-26/10
1-345-7	10.30 2	08.25 1	AF002		• 07/04-25/10
-2---6-	10.30 2	08.25 1	AF002		• 01/06-26/10
1234567	11.10 2	13.10 3	AF8994(DL)		• 02/07-26/10
1234567	11.10 2	13.30 3	AF8994(DL)		• 07/04-01/07
1234567	13.15 2	15.15 1	AF006		• 07/04-26/10
1234567	13.55 2	15.40 3	AF8990(DL)		• 07/04-26/10
1234567	15.55 2	17.55 1	AF010		• 17/06-26/10
1234567	18.55 2	20.50 1	AF008		• 07/04-26/10
→ New York Newark					**-4:00**
1234567	10.20 2	12.25 B	AF004		• 07/04-26/10
12--567	15.55 2	18.10 B	AF032		• 07/04-26/10
→ Newcastle					**+1:00**
123456-	09.45 2	10.25	AF3020(BE)		• 01/04-26/10
12345-7	15.35 2	16.15	AF3022(BE)		• 31/03-25/10
12345-7	20.20 2	21.00	AF3024(BE)		• 31/03-25/10
→ Niamey					**+1:00**
---4---	16.40 2	21.05	AF774		• 04/04-24/10
PARIS CDG 2					
→ Nice					**+2:00**
1234567	07.20 2	08.55 2	AF7700		• 31/03-26/10
1234567	10.30 2	12.05 2	AF7702		• 31/03-26/10
1234567	12.50 2	14.25 2	AF7704		• 31/03-26/10
1234567	13.30 2	15.05 2	AF7714		• 31/03-26/10
1234567	15.45 2	17.20 2	AF7706		• 31/03-26/10
1234567	18.30 2	20.05 2	AF7708		• 31/03-26/10
1234567	19.35 2	21.10 2	AF7712		• 31/03-26/10
1234567	21.25 2	23.00 2	AF7710		• 31/03-26/10

Days	Dep.	Arr.	Flight N°	Via	Validity
					PAR
← New York Kennedy					**JFK**
1-345-7	08.00 1	17.45 2	AF001		• 07/04-25/10
-2---6-	08.00 1	17.45 2	AF001		• 01/06-26/10
1234567	17.10 1	06.00a2	AF023		• 07/04-25/10
1234567	18.15 3	07.25a2	AF8991(DL)		• 07/04-25/10
1234567	19.20 3	08.25a2	AF8995(DL)		• 07/04-25/10
1234567	19.50 1	08.50a2	AF007		• 07/04-25/10
1234567	21.00 1	10.00a2	AF011		• 17/06-25/10
1234567	22.50 1	11.50a2	AF009		• 07/04-25/10
← New York Newark					**EWR**
1234567	17.05 B	06.15a2	AF005		• 07/04-25/10
12--567	22.35 B	11.50a2	AF031		• 07/04-25/10
← Newcastle					**NCL**
123456-	06.25	09.05 2	AF3021(BE)		• 01/04-26/10
12345-7	11.45	14.25 2	AF3023(BE)		• 31/03-25/10
12345-7	16.55	19.35 2	AF3025(BE)		• 31/03-25/10
← Niamey					**NIM**
----5--	10.35	16.55 2	AF773		• 05/04-25/10
					CDG
← Nice					**NCE**
1234567	06.40 2	08.15 2	AF7713		• 31/03-26/10
1234567	07.25 2	09.00 2	AF7711		• 31/03-26/10
1234567	10.10 2	11.45 2	AF7701		• 31/03-26/10
1234567	13.15 2	14.50 2	AF7703		• 31/03-26/10
1234567	15.15 2	16.50 2	AF7705		• 31/03-26/10
1234567	16.25 2	18.00 2	AF7715		• 31/03-26/10
1234567	18.10 2	19.45 2	AF7707		• 31/03-26/10
1234567	20.55 2	22.30 2	AF7709		• 31/03-26/10

READING STRATEGY L'Art de la lecture

Sometimes you can guess the meaning of a new French word because it looks like an English word that you know. For example, in Episode 4 you encountered the phrase:

Harry monte **les escaliers** ...

Perhaps the word **escaliers** reminded you of *escalator*, and then you figured out that he must be going up the stairs.

Exercice de lecture

Were you able to figure out the following words by using your knowledge of English?

Episode 3: Il passe chez **une marchande de fleurs.**

Hint: What does a merchant do?

Episode 3: Elle **enveloppe** le pot dans du joli papier.

Hint: What happens when you are envelopped in fog?

Episode 3: Madame Lachance a l'air **consternée.**

Hint: How do people feel when they are in a state of consternation?

Episode 4: C'est au cinquième étage, mais **l'ascenseur** ne marche pas.

Hint: What does a hot-air balloon do when it ascends?

READING STRATEGY L'Art de la lecture

Exercice de lecture

Answers

Episode 3

- A merchant is someone who sells or vends things.
  Une marchande de fleurs is a *flower vendor*.
- You are surrounded or wrapped in fog.
  Envelopper un cadeau means *to wrap a present.*
- They are in a state of confusion or dismay.
  Avoir l'air consterné(e) means *to look confused, or dismayed.*

Episode 4

It rises or goes up.
Something that rises or goes up inside a building is **un ascenseur**—an elevator.

Language note Remind students that in the expression **avoir l'air,** the adjective may agree with the subject or with **air.** See the **Language note** on page 56.

IMAGES DU MONDE FRANCOPHONE

L'Amérique et la France d'outre-mer

Teaching Resource Options

PRINT

Workbook PE, pp. 147–156
Activités pour tous PE, pp. 97–99
Unit 4 Resource Book
Activités pour tous TE, pp. 169–171
Lesson Plans, pp. 183–184
Block Scheduling Lesson Plans, pp. 185–186
Workbook TE, pp. 173–182

AUDIO & VISUAL

Overhead Transparencies
2a *Le monde francophone*
2b *L'Amérique*

Compréhension du texte

Vrai ou faux?

1. Autrefois la Nouvelle-Angleterre s'appelait la «Nouvelle-France». [F]
2. Dans la province de Québec, on parle français. [V]
3. Les «Franco-Américains» sont des Américains d'origine canadienne. [V]
4. Autrefois la Louisiane française était plus grande que la Louisiane d'aujourd'hui. [V]
5. La Louisiane est devenue indépendante en 1803. [F]
6. La capitale d'Haïti s'appelle Saint-Domingue. [F]
7. Toussaint Louverture est un héros de l'indépendance haïtienne. [V]
8. La Guadeloupe est une île espagnole. [F]

Challenge activity

Identifiez ...

1. la «Nouvelle-France» [nom d'une grande partie du Canada quand elle appartenait à la France]
2. Robert Cavelier de la Salle [l'explorateur français qui a descendu tout le Mississippi et qui a nommé le territoire «Louisiane»]
3. Louis XIV [le roi de France en l'honneur de qui Louisiane a été nommée]
4. Toussaint Louverture [un héros de l'indépendance haïtienne]
5. Saint-Domingue [Haïti s'appelait Saint-Domingue quand c'était une colonie française]

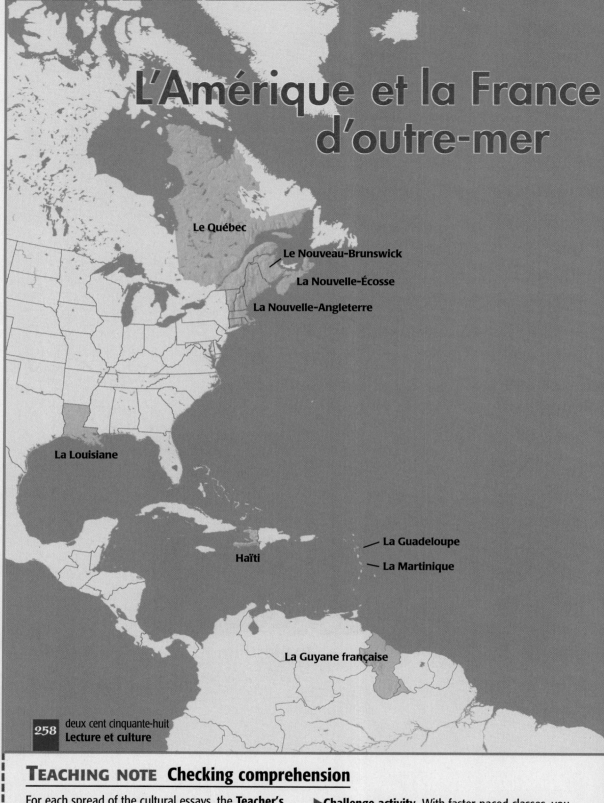

L'Amérique et la France d'outre-mer

Le Québec
Le Nouveau-Brunswick
La Nouvelle-Écosse
La Nouvelle-Angleterre
La Louisiane
Haïti
La Guadeloupe
La Martinique
La Guyane française

TEACHING NOTE Checking comprehension

For each spread of the cultural essays, the **Teacher's Edition** contains two reading comprehension activities. Choose the one best fitted to the needs of your class.

▶**Compréhension du texte: Vrai ou faux?** With regular classes you may read the true-false questions aloud to check whether students have understood.

▶**Challenge activity** With faster-paced classes, you may prefer to do the identification questions and have the students generate the responses.

ù et pourquoi parle-t-on français en Amérique?

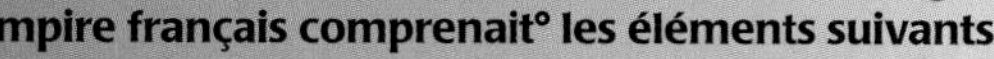

x dix-septième et dix-huitième siècles,° la France avait° un vaste empire colonial Amérique. Ceci explique la présence de la langue française sur ce continent. mpire français comprenait° les éléments suivants:

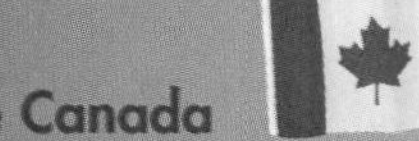

Canada

Autrefois, une grande partie du Canada était° française. Ce territoire s'appelait° la Nouvelle-France. En 1763, après une guerre° entre les Français et les Anglais, le territoire est devenu une colonie britannique. Beaucoup de Canadiens d'origine française ont cependant gardé° leurs coutumes, leurs traditions … et leur langue. Aujourd'hui, la majorité des Québécois° parlent français. On parle français aussi dans certaines parties de l'Ontario et des Provinces Maritimes (la Nouvelle-Écosse° et le Nouveau-Brunswick).

Aux dix-neuvième et vingtième siècles, un grand nombre de familles québécoises ont émigré aux États-Unis, principalement dans les états de la Nouvelle-Angleterre (le Maine, le Vermont, le New Hampshire, le Massachusetts, le Connecticut et le Rhode Island). Aujourd'hui, leurs descendants, les «Franco-Américains», sont deux millions.

Louisiane

En 1682, un explorateur français, Robert Cavelier de La Salle, est parti de la région des Grands Lacs en direction du golfe du Mexique. Après un long et difficile voyage, il a descendu tout le Mississippi. Il a donné aux territoires qu'il a traversés° le nom de Louisiane, en l'honneur du roi° de France, Louis XIV. (À cette époque, la Louisiane était toute la vallée du Mississippi.) La Louisiane est devenue espagnole en 1763, et française à nouveau en 1802. Finalement, en 1803, la France a vendu la Louisiane aux États-Unis pour 80 millions de francs.

Autrefois, on parlait° français à la Nouvelle-Orléans. Aujourd'hui, certaines familles parlent encore français dans la région des bayous.

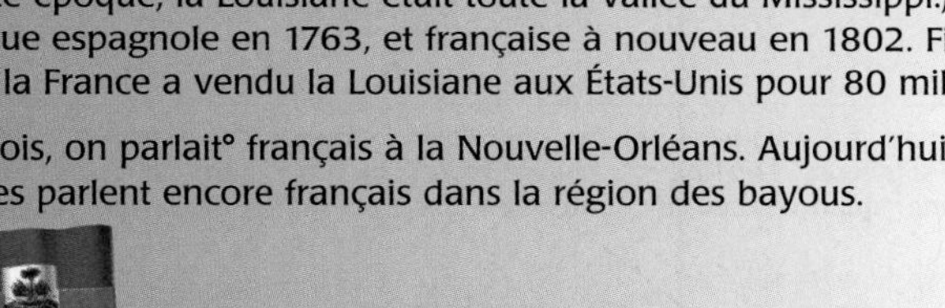

aïti

Autrefois, Haïti était une colonie française et s'appelait Saint-Domingue. En 1801, les esclaves° noirs, sous la direction de leur chef Toussaint Louverture, se sont révoltés contre les Français. En 1804, ils ont obtenu leur indépendance. Haïti est devenue la première république noire. Aujourd'hui, beaucoup d'Haïtiens parlent français et créole.

Martinique et la Guadeloupe

Autrefois ces deux îles étaient des colonies françaises. Aujourd'hui, ce sont des départements français d'outre-mer.° À la Martinique et à la Guadeloupe, vous êtes en France, comme si vous étiez° à Paris.

siècles *centuries* **avait** *had* **comprenait** *included* **était** *was* **s'appelait** *was called* **guerre** *war*
ont … gardé *kept* **Québécois** *people of Quebec* **Nouvelle-Écosse** *Nova Scotia* **a traversés** *crossed*
roi *king* **parlait** *used to speak* **esclaves** *slaves* **d'outre-mer** *overseas*
comme si vous étiez *as if you were*

Pourquoi parle-t-on français en Amérique?

Photo cultural notes

- *Top:* The **Musée du Fort** is located across from the château Frontenac in Quebec City. It has an exposition on the six sieges of Québec that happened between 1629 and 1775.
- *Middle:* The Saint Louis Cathedral overlooks **Jackson Square** in New Orleans, LA. The square is a popular spot for visitors to eat **beignets**, a sort of donut, and watch performing artists. Taking a horse-drawn carriage ride through the French Quarter (**le Vieux Carré**) is another highlight.
- *Bottom:* A woman wearing a traditional costume from Martinique participates in the Fort-de-France Carnival parade.

Cultural expansion

- **Quelques dates**
  1534–1536 Jacques Cartier explore la région du Saint-Laurent. Il prend possession du Canada au nom du roi de France.
  1604 Les premières familles françaises arrivent en Acadie (aujourd'hui la Nouvelle-Écosse).
  1608 Samuel de Champlain fonde Québec et devient gouverneur de la Nouvelle-France.
  1642 Fondation de Montréal
  1672 Jolliet et le père Marquette atteignent le Mississippi par le Wisconsin.
  1713 La France cède l'Acadie à l'Angleterre.
  1759 Les Anglais battent les Français à Québec.
  1763 La France cède la Nouvelle-France à l'Angleterre.
- **La Nouvelle-France vers 1700** Le territoire français en Amérique du Nord s'étendait du Labrador jusqu'au golfe du Mexique. Il comprenait:
  —l'Acadie et une partie de Terre-Neuve *(Newfoundland)*
  —la province de Québec et les territoires du Nord-Ouest
  —la région des Grands Lacs
  —le bassin du Mississippi jusqu'aux montagnes Rocheuses (À cette époque le territoire anglais comprenait les 13 colonies américaines, une partie de la côte atlantique canadienne, et la baie de l'Hudson.)
- **Haïti**
  —30% des Haïtiens comprennent le français.
  —La devise d'Haïti est «L'union fait la force»

TEACHING NOTES Cultural photo essays

- The cultural photo essay may be covered in class or assigned as outside reading.
- The material does not need to be done in sequence; it may be introduced as desired.
- Some teachers may prefer to present the material in small segments while students are working on other lessons.
- Students can test their knowledge of the material presented in this cultural essay by completing the quiz entitled **Le savez-vous?** on p. 269.

Québec, la Belle Province

Compréhension du texte

Vrai ou faux?

1. Montréal est la capitale de la province de Québec. [F]
2. Le drapeau québécois est bleu, blanc et rouge, comme le drapeau français. [F]
3. Il y a un métro à Montréal. [V]
4. Pendant les fêtes de Carnaval à Québec, il fait généralement très froid. [V]
5. La Saint-Jean est la fête nationale de la province de Québec. [V]
6. Cette fête est célébrée le premier juillet. [F]
7. En France, on dit «au revoir». À Québec, on dit «bonjour». [V]

Challenge activity

Identifiez ...

1. la «Belle Province» [le Québec]
2. «Je me souviens.» [la devise du Québec]
3. «Bonhomme» [la mascotte du Carnaval]
4. la Saint-Jean [la fête nationale de la province de Québec, le 24 juin]

Photo cultural notes

- **Le Château Frontenac** is the most famous building in Quebec city. American architect Bruce Price designed it in a medieval French style, with a copper roof and many turrets. Built in 1893, it sits on the former site of the headquarters of the 17th century governor of la Nouvelle-France, le Comte de Frontenac. Currently, the building is a hotel.
- Underground Montreal **(La ville souterraine)** is a collection of shops, cinemas, and restaurants connected by underground walkways and the Métro. This photo was taken in Place Montréal Trust.

IMAGES DU MONDE FRANCOPHONE

Le Château Frontenac, Québec

Québec, la Belle Province

Les Canadiens francophones° représentent presque° trente pour cent de la population canadienne. Ils habitent principalement dans la province de Québec, qu'on appelle souvent «la Belle Province».

- La ville de Québec est la capitale administrative de cette province, mais la plus grande ville est Montréal.
- Le drapeau° québécois est bleu avec une croix° blanche et des fleurs de lys. Ce sont les emblèmes de l'ancienne France.
- La devise° du Québec est «Je me souviens».° Les Québécois se souviennent de leurs traditions, de leur culture et de leur langue.

Avec plus de° trois millions d'habitants, Montréal est la deuxième ville du Canada, après Toronto. C'est aussi la deuxième ville d'expression française du monde,° après Paris. Montréal est à la fois° une ville moderne avec des gratte-ciel et une ville historique avec des quartiers° anciens. Le «Vieux Montréal» est typiquement français avec ses cafés, ses restaurants et ses boutiques. Au centre de la ville, il y a aussi une immense ville souterraine° avec un métro et de longues galeries où on trouve des restaurants, des magasins, des cinémas, etc. En hiver, quand il fait très froid, c'est ici que les Montréalais font leur «magasinage».°

francophones *French-speaking* **presque** *almost* **drapeau** *flag* **croix** *cross* **devise** *motto* **«Je me souviens»** *"I remember"* **plus de** *more than* **du monde** *in the world* **à la fois** *at the same time* **quartiers** *districts* **souterraine** *underground* **«magasinage»** *shopping*

CONNEXIONS
Visite à Québec

Imaginez que vous allez passer un week-end à Québec avec deux ou trois camarades. Établissez le programme de votre visite pour samedi et dimanche. Pour cela, cherchez sur l'Internet les sites officiels de Québec (en français, bien sûr!). Expliquez votre programme au reste de la classe.

La Ville Souterraine, Montréal

Dictionnaire franco-québécois

Aliments et boissons

FRANÇAIS	QUÉBÉCOIS	FRANÇAIS	QUÉBÉCOIS
une pomme de terre	une patate	les bonbons	les friandises
le pop-corn	le maïs soufflé	les myrtilles	les bleuets
un toast	une rôtie	une boisson gazeuse	une liqueur douce
un oeuf sur le plat	un oeuf à la poêle		

Carnaval à Québec

On célèbre le Carnaval de façons différentes dans les différentes parties du monde français. À Québec, le Carnaval, c'est la fête de la neige. En février, il y a dix jours de fêtes, d'activités et de compétitions diverses. La grande attraction est la course° de canoës sur le Saint-Laurent. Vingt équipes de cinq hommes participent à cette course très dangereuse et très mouvementée.° Il y a aussi des courses de voiture sur glace,° et des concours° de sculpture de glace et de neige. (Si on n'a pas peur du froid, on peut aussi mettre un maillot de bain et prendre un «bain de neige».)

La mascotte du Carnaval, c'est «Bonhomme», un grand bonhomme de neige° avec un bonnet rouge. Le premier jour du Carnaval, Bonhomme couronne° la reine° du Carnaval. Ensuite, il y a un grand feu d'artifice° et la fête commence!

La Saint-Jean à Québec

La Saint-Jean a lieu° le 24 juin. C'est la fête nationale de la province de Québec. La Saint-Jean est une fête particulièrement importante pour les Québécois d'expression française. Elle est célébrée avec grande joie dans la ville de Québec.

Le matin, il y a des processions et des défilés° dans les rues de la ville. À midi, on pique-nique sur l'herbe. L'après-midi, il y a des compétitions sportives. Le soir, la ville entière assiste à un concert de musique folklorique et populaire sur les plaines d'Abraham, le grand parc historique. On chante et on allume un feu de joie° gigantesque. À minuit, il y a un feu d'artifice. «Vive le Québec!» «Vive les Québécois!»

Le français au Québec

Le français qu'on parle à Québec est généralement semblable° au français qu'on parle en France. Mais il y a certaines différences. Notez, par exemple, comment on dit les choses suivantes en français et en québécois.

français	québécois	français	québécois
Au revoir!	Bonjour!	la glace	la crème glacée
le week-end	la fin de semaine	la pastèque	le melon d'eau
le petit déjeuner	le déjeuner	le chewing-gum	la gomme
le déjeuner	le dîner	faire des achats	magasiner
le dîner	le souper	faire du shopping	dépenser

Comprenez-vous les phrases suivantes?

- Bonjour et bonne fin de semaine!
- Je vais magasiner. Et toi?
- Après le dîner, qu'est-ce que tu préfères comme dessert? du melon d'eau ou de la crème glacée?

course *race* **mouvementée** *action-packed* **glace** *ice* **concours** *contests*
bonhomme de neige *snowman* **couronne** *crowns* **reine** *queen* **feu d'artifice** *fireworks*
a lieu *takes place* **défilés** *parades* **feu de joie** *bonfire* **semblable** *similar*

Cultural expansion **La fête du Canada** *(Canada Day)* est célébrée le premier juillet.

Photo cultural notes

- Top: People attending the Winter Carnival in Quebec enjoy a giant ice sculpture.
- Bottom: Spectators watch the St. Jean parade.

Teaching note Have students find music from Quebec. They could choose either the music of contemporary artists or traditional music. Have them compare and contrast it with music from their own culture.

Vêtements

FRANÇAIS	QUÉBÉCOIS
un short	une culotte courte
un sweat	un molleton
un pull	un chandail
un maillot de bain	un costume de bain

Les magasins

FRANÇAIS	QUÉBÉCOIS
une épicerie	un dépanneur
un snack-bar	un casse-croûte
un grand magasin	un magasin à rayons, un mail

Les Acadiens: du Canada à la Louisiane

Compréhension du texte

Vrai ou faux?

1. Les «cajuns» habitent en Louisiane. [V]
2. Le mot «cajun» vient du mot «canadien». [F]
3. L'Acadie est un ancien territoire français au Canada. [V]
4. L'Acadie est devenue anglaise en 1713. [V]
5. Le «grand dérangement» a été une période très malheureuse pour les Acadiens. [V]
6. Beaucoup d'Acadiens sont venus en Louisiane. [V]

Challenge activity

Identifiez ...

1. le mot «cajun» [vient du mot «acadien»]
2. l'Acadie [C'est un ancien territoire français que la France a cédé à l'Angleterre en 1713. Aujourd'hui, c'est la Nouvelle-Écosse.]
3. le «grand dérangement» [En juin 1755, le gouverneur anglais a expulsé les Acadiens. L'armée a brûlé les maisons, a détruit les villages et a déporté la population.]
4. *Evangeline* [C'est un poème de Longfellow qui raconte l'histoire tragique d'Évangéline Bellefontaine et de son fiancé, Gabriel Lajeunesse.]

Photo note Contemporary artist Robert Dafford has painted a series of paintings called "Le grand dérangement," of which this image of the Acadians in Philadelphia in 1755 is a part. The series depicts the exile of the Acadians from Acadia.

Realia note Point out the logo for le Conseil pour **le développement du français en Louisiane.** You may want to have your students visit CODOFIL's website to make them aware of how this organization promotes the French language in Louisiana.

Les Acadiens: du Canada à la Louisiane

Prenez une carte de la Louisiane et regardez bien la région à l'ouest et au sud de la Nouvelle-Orléans. Les paroisses° de cette région ont des noms français: Lafourche, Terrebonne, Vermilion, Saint Martin, Acadia, Lafayette, Iberville et, plus au nord, Avoyelles, Évangéline, Pointe Coupée.

Ici nous sommes au centre du pays° «cajun». Le mot° «cajun» vient du mot français «acadien». Dans ces paroisses en effet,° la majorité de la population est d'origine acadienne et beaucoup de gens comprennent le français. Qui sont les Acadiens? Quelle est leur origine? Pourquoi parlent-ils français?

Voici leur histoire ...

L'histoire des Acadiens commence non pas en Louisiane mais au Canada. Les Acadiens sont en effet les descendants des premiers colons° français au Canada. Ces colons sont arrivés en 1604 dans l'est du Canada. Là, ils ont établi une colonie très prospère qu'ils ont appelée l'Acadie. (Cette région est aujourd'hui la Nouvelle-Écosse.) En 1713, la France a signé un traité° qui a cédé l'Acadie à l'Angleterre. L'Acadie est devenue une colonie britannique, mais les Acadiens ont voulu rester fidèles° à leurs traditions françaises. Ils ont décidé de préserver leur culture et leur langue. Ils ont refusé de prêter serment° à la couronne° britannique.

«Le Grand Dérangement», Philadelphia, Pennsylvania, 1755, Robert Dafford.

Le gouverneur anglais a décidé alors d'expulser° les Acadiens. En juin 1755, l'armée anglaise a attaqué les villages acadiens sans° défense. Toute la population a été faite prisonnière. Le gouverneur a donné l'ordre de brûler° les maisons, de détruire° les villages et finalement de déporter la population. Pour la majorité des Acadiens, un long et terrible exode° a commencé.

paroisses *parishes (counties)* **pays** *country* **mot** *word* **en effet** *as a matter of fact* **colons** *colonists* **traité** *treaty* **fidèles** *faithful* **prêter serment** *pledge allegiance* **couronne** *crown* **expulser** *expel* **sans** *without* **brûler** *burn* **détruire** *destroy* **exode** *exodus*

C'est l'époque° du «grand dérangement».°
es soldats° anglais ont séparé les familles.
es hommes ont été déportés d'abord, puis
s femmes et les enfants. Des groupes sont
rivés dans le Massachusetts, d'autres en
rginie, d'autres en Géorgie, d'autres dans les
ntilles° ... Finalement, les familles acadiennes
sont regroupées.° Certaines ont décidé d'aller
Louisiane qui était alors une colonie française.

es premiers Acadiens sont arrivés en Louisiane
ers 1760, après un voyage de 3 000 kilomètres
cinq ans d'exode. Là, ils ont reconstruit°
urs maisons, leurs écoles, leurs églises. Ils ont
ommencé une nouvelle existence où ils étaient°
nalement libres.

e nouveaux immigrants sont arrivés en pays
ajun»: des Allemands, des Espagnols, des
nglais, des Africains et des Antillais ... Certains
nt appris le français et sont devenus Acadiens
adoption. Aujourd'hui, les Acadiens sont très
ombreux,° peut-être un million, peut-être plus.

Évangéline

Le grand poète américain, Longfellow, a immortalisé l'exode cruel et tragique des Acadiens dans son poème *Evangeline.* Ce poème est basé sur une histoire vraie. Évangéline Bellefontaine, une jeune Acadienne, est fiancée à Gabriel Lajeunesse. Au moment où ils vont se marier, Évangéline et Gabriel sont déportés en Louisiane. Malheureusement, ils prennent des bateaux différents. Évangéline passe le reste de sa vie à rechercher la trace de son fiancé. Finalement, elle trouve Gabriel au moment où il va mourir.°

Aujourd'hui, on peut voir la statue d'Évangéline à côté de l'église Saint Martin de Tours à St. Martinville (Louisiane).

époque *period* **dérangement** *turmoil* **soldats** *soldiers*
Antilles *West Indies* **se sont regroupées** *regrouped*
ont reconstruit *rebuilt* **étaient** *were*
nombreux *numerous* **mourir** *to die*

Photo cultural notes

- Top: This couple is dancing at the Crawfish Festival in Breaux Bridge, LA.
- Bottom: This statue of Evangeline is located in St. Martinville, Louisiana.

Teaching tip For extra credit, encourage students to read Longfellow's poem "Evangeline".

Teaching note Have students research Cajun music. They could look for world music programs on local public radio or on the Internet. How is this music similar to music with which they are familiar? How is it different?

Les Connaissez-vous?

Cultural note **Les Huguenots** est le nom donné au 17e siècle aux Protestants français. Pendant les Guerres de religion, beaucoup de Huguenots ont quitté la France pour l'Amérique.

Compréhension du texte

Vrai ou faux?

1. Paul Revere est un patriote américain d'origine française. [V]
2. Jean-Baptiste Point du Sable a fondé Louisville. [F]
3. La Fayette est né à Philadelphie. [F]
4. À 20 ans, La Fayette était général dans l'armée américaine. [V]
5. La Fayette était un ami de George Washington. [V]
6. Jean Laffite était le gouverneur de la Louisiane. [F]
7. Les soeurs Grimké ont milité contre l'esclavage. [V]
8. John Charles Frémont était un explorateur et un homme politique américain. [V]

Photo notes

- Paul Revere: portrait by John Singleton Copley (1738–1815). Oil on canvas (Museum of Fine Arts, Boston)
- Jean-Baptiste Point du Sable: bronze sculpture by Marion Perkins (Du Sable Museum of African American History, Chicago)
- Le marquis de La Fayette in 1792: portrait by Court (Musée de Versailles)
- Jean Laffite: color engraving by E. H. Suydam, 1930

Les Connaissez-vous?

Connaissez-vous les personnes suivantes? Qu'est-ce qu'elles ont en commun? Au moins° deux choses. Elles sont d'origine française et chacune a sa place dans l'histoire américaine.

Paul Revere (1735–1818)

La famille de Paul Revere s'appelait° Rivoire. C'était une famille huguenote d'origine française. Dans sa vie, Paul Revere a exercé un grand nombre de métiers:° soldat, commerçant,° imprimeur,° graveur,° orfèvre° ... Si Paul Revere est resté célèbre, c'est à cause du rôle qu'il a joué pendant la Révolution américaine.

Jean-Baptiste Point du Sable (17??–1814)

Venait-il° du Canada? de la Louisiane ou de Saint-Domingue? On ne connaît pas bien les origines de ce Français d'ascendance africaine. On sait que, vers° 1780, il est venu dans la région des Grands Lacs pour faire le commerce de la fourrure° avec les Indiens. Il a établi plusieurs comptoirs° dans la région. Pour sa maison, il a choisi un site près du lac Michigan. Autour de cette maisor s'est développé un petit village qui a grandi° très vite et est devenu Chicago. Aujourd'hui, on considère Jean-Baptiste Point du Sable comme le fondateur° de la troisième ville des États-Unis.

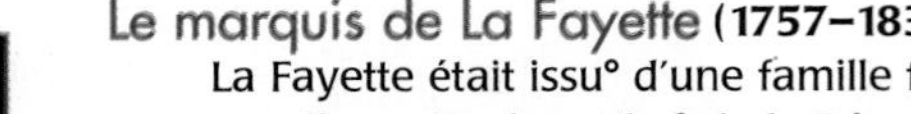

Le marquis de La Fayette (1757–1834)

La Fayette était issu° d'une famille française très célèbre et très riche. À dix-huit ans, il a entendu parler° de la Révolution américaine. Il a alors décidé de rejoindre° les patriotes américains et de combattre° avec eux contre les Anglais Malheureusement, sa famille et ses amis se sont opposés à ses projets et le roi de France lui a interdit° de partir. Que faire?

La Fayette n'a pas hésité longtemps. Il est allé en Espagne où il a acheté un bateau avec son propre° argent et il est parti pour l'Amérique. Dès° son arrivée La Fayette s'est engagé° dans l'armée américaine. À vingt ans, le Congrès continental l'a nommé général. Il est devenu l'ami de Washington, avec qui il a participé aux grandes batailles de la guerre de l'Indépendance. La Fayette est l'un des grands héros de la Révolution américaine.

Jean Laffite (1780–18??)

Jean Laffite est un héros de légende. C'était le chef d'un groupe de contrebandiers° qui opérait dans la région de la Nouvelle-Orléans. C'était aussi un ardent patriote. Jean Laffite a défendu victorieusement la Nouvelle-Orléans quand les Anglais ont attaqué cette ville en 1814. Après la guerre, il a reconstitué son groupe de contrebandiers, puis il a mystérieusement disparu° ..

Au moins *At least* **s'appelait** *was named* **métiers** *professions* **commerçant** *businessman* **imprimeur** *printer* **graveur** *engraver* **orfèvre** *silversmith* **Venait-il?** *Did he come?* **vers** *around* **commerce de la fourrure** *fur trade* **comptoirs** *trading posts* **a grandi** *grew* **fondateur** *founder* **était issu** *came* **a entendu parler** *heard about* **rejoindre** *join* **combattre** *fight* **a interdit** *forbad* **propre** *own* **Dès** *Immediately on* **s'est engagé** *enlisted* **contrebandiers** *smugglers* **a ... disparu** *disappeared*

ɔhn James Audubon (1785–1851)

Où est né Audubon? À la Nouvelle-Orléans? À Haïti? En France? Les origines de ce grand artiste restent mystérieuses. Après avoir fait ses études en France, Audubon est arrivé à Philadelphie en 1803. Puis, pendant trente ans, il a passé sa vie à voyager et à peindre° la nature autour de lui. Dans son oeuvre° *Les oiseaux d'Amérique,* Audubon combine le talent artistique avec l'esprit d'observation scientifique.

arah Grimké (1792–1873) et Angélina Grimké (1805–1879)

Sarah et Angélina Grimké étaient issues d'une famille huguenote française émigrée en Amérique au XVIIIe siècle. Les deux soeurs ont consacré° leur vie° à l'abolition de l'esclavage° aux États-Unis. Par leurs écrits° et leurs discours,° elles ont joué un rôle très important dans la lutte° pour l'émancipation des Noirs et pour les droits° de la femme. Leur neveu,° Archibald Grimké (1849–1930), a continué leur lutte contre° la discrimination. Il a été vice-président de la NAACP (Association nationale pour l'avancement des personnes de couleur).

ɔhn Charles Frémont (1813–1890)

Né en Géorgie, Frémont était le fils d'un officier français. Est-ce un héros ou un aventurier? Peut-être les deux! Frémont a commencé sa carrière comme professeur de mathématiques, mais bien vite, il a abandonné ce métier pour devenir explorateur. C'est l'un des grands explorateurs de l'Ouest. Il a exploré les montagnes Rocheuses,° le Nevada, l'Oregon. Arrivé en Californie en 1846, il a proclamé l'indépendance de ce territoire espagnol. Puis il est devenu gouverneur et sénateur du nouvel état. En 1856, Frémont a été le candidat républicain aux élections présidentielles. Battu,° Frémont a continué à défendre ses idées alors révolutionnaires: l'abolition de l'esclavage, la construction d'un chemin de fer° transcontinental qui rejoindrait° le Pacifique. Plus tard, Frémont a été gouverneur du territoire de l'Arizona.

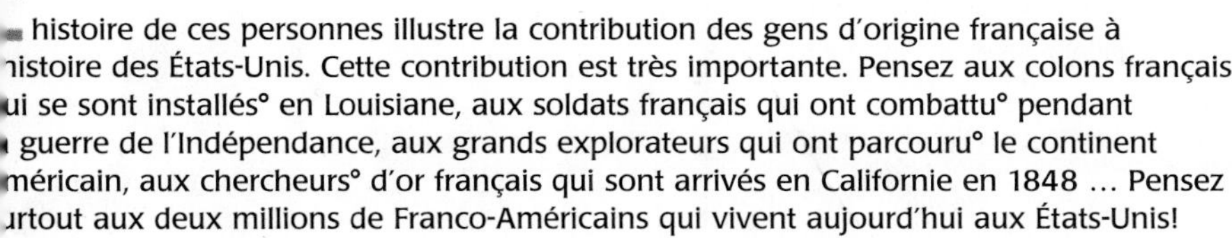

histoire de ces personnes illustre la contribution des gens d'origine française à ıistoire des États-Unis. Cette contribution est très importante. Pensez aux colons français ui se sont installés° en Louisiane, aux soldats français qui ont combattu° pendant guerre de l'Indépendance, aux grands explorateurs qui ont parcouru° le continent méricain, aux chercheurs° d'or français qui sont arrivés en Californie en 1848 ... Pensez ırtout aux deux millions de Franco-Américains qui vivent aujourd'hui aux États-Unis!

CONNEXIONS Histoire américaine

Avec deux ou trois camarades, choisissez une de ces personnes présentées ici. Expliquez pourquoi vous trouvez cette personne intéressante et écrivez une courte biographie d'elle. (Sources: sites Internet, encyclopédies)

eindre *paint* **oeuvre** *work* **ont consacré** *devoted* **vie** *life* **esclavage** *slavery* **écrits** *writings*
scours *speeches* **lutte** *struggle* **droits** *rights* **neveu** *nephew* **contre** *against* **Rocheuses** *Rocky*
attu *Defeated* **chemin de fer** *railroad* **rejoindrait** *would link* **se sont installés** *settled* **ont combattu** *fought*
ıt parcouru *traveled through* **chercheurs** *seekers*

Photo notes

- John James Audubon: self-portrait
- Les soeurs Grimké: portrait of Angelina Grimké
- John Charles Frémont: shown as the presidential candidate of the new Republican party, on a lithograph poster of 1856

Poster project Encourage the students to search the Internet for information on these historic figures. The school library may also have relevant materials.

Cultural expansion Les Français en Amérique

- **les explorateurs**
  Champlain, La Salle, Marquette, Cadillac, Du Luth et Jolliet ont exploré la Nouvelle-France au 17e siècle.
- **les alliés des «insurgents» américains**
  L'armée française, commandée par **le général de Rochambeau,** et la marine française, commandée par **l'amiral de Grasse,** ont joué un rôle décisif à la bataille de Yorktown (1783).
- **les chercheurs d'or**
  Pendant la «ruée vers l'or» *(gold rush)* au milieu du 19e siècle, les Français représentaient 20% de la population de San Francisco.

La France d'outre mer

Language note **La France métropolitaine** refers to all of France that is located in Europe, to the exclusion of the **Départements d'outre-mer.** (Note the similar expression, "the continental United States," which refers to the 48 contiguous states, but does not include Alaska and Hawaii.)

Cultural expansion

- **Les Départements d'outre-mer:**
  D.O.M. (pronounced /dɔm/)
  la Martinique
  la Guadeloupe
  la Guyane française
  l'île de la Réunion
- **Les Territoires d'outre-mer:**
  T.O.M. (pronounced /tɔm/)
  la Polynésie française
  la Nouvelle-Calédonie
  Wallis et Futuna
  Mayotte
  les Terres australes et antarctiques françaises
  St-Pierre-et-Miquelon

Les **Départements d'outre-mer** sont administrés comme les départements métropolitains. **Les Territoires d'outre-mer** ont une forme de gouvernement local et sont donc plus indépendants.

NOTE Since 1985, St-Pierre-et-Miquelon is a **collectivité territoriale,** and not a **département.**

IMAGES DU MONDE FRANCOPHONE

La France d'outre-mer

Il y a une France métropolitaine et une France d'outre-mer. La France d'outre-mer est constituée par° un certain nombre de départements et de territoires dispersés dans le monde entier.° Les départements et territoires d'outre-mer font partie intégrante de la France. Leurs habitants sont citoyens° français. Ils ont les mêmes droits et les mêmes obligations que tous les Français.

Voici quelques-uns de ces territoires et départements:

Département/Territoire	Population	Capitale	Produits
La Martinique	350 000	Fort-de-France	sucre, bananes, ananas°
La Guadeloupe	400 000	Basse-Terre	sucre, bananes, ananas
La Guyane française	100 000	Cayenne	fruits tropicaux, sucre, bananes, riz,° tabac°
La Polynésie française	200 000	Papeete	fruits tropicaux, café, vanille, noix de coco°

Le créole

Quelle est la langue officielle de la Martinique? C'est le français, bien sûr! Mais à la maison et avec leurs amis, les jeunes Martiniquais parlent créole. Le créole reflète la personnalité et l'histoire de la Martinique. Cette langue originale est née du contact entre les Européens et les esclaves noirs. Influencé par les langues africaines, le créole contient° des mots d'origine française, anglaise, espagnole et portugaise. On parle aussi créole à la Guadeloupe et en Guyane française.

Voici certaines expressions créoles:

créole	français
Ça ou fé?	Comment allez-vous?
Moin bien.	Je vais bien.
Ça ou lé?	Qu'est-ce que vous voulez?
Moin pa savé.	Je ne sais pas.

Et voici un proverbe créole:

Gros poisson ka mangé piti.	Les gros poissons mangent les petits.

constituée par *made up of* **dans le monde entier** *around the world*
citoyens *citizens* **ananas** *pineapple* **riz** *rice* **tabac** *tobacco*
noix de coco *coconuts* **contient** *contains*

e Carnaval à la Martinique

À la Martinique, le Carnaval est toujours une fête° extraordinaire. C'est la fête de la musique, de la danse, du rythme, de l'exubérance. C'est surtout la fête de la bonne humeur.

On prépare le Carnaval des mois à l'avance° ... Finalement la semaine du Carnaval arrive. Le lundi, les jeunes gens mettent leurs masques et leurs costumes. Dans les rues, les orchestres de musique créole (clarinette, tambour° et banjo) jouent des airs typiques. Tout le monde chante et danse ... Le mardi, c'est le jour des diables.° Ce jour-là, tout le monde porte des vêtements rouges.

Le Carnaval finit le mercredi. Ce jour-là, on met des vêtements blancs et noirs. Le soir, on brûle° «Vaval», une immense effigie de papier mâché qui représente le Carnaval. Le Carnaval est fini. «Au revoir, Vaval! À l'année prochaine!»

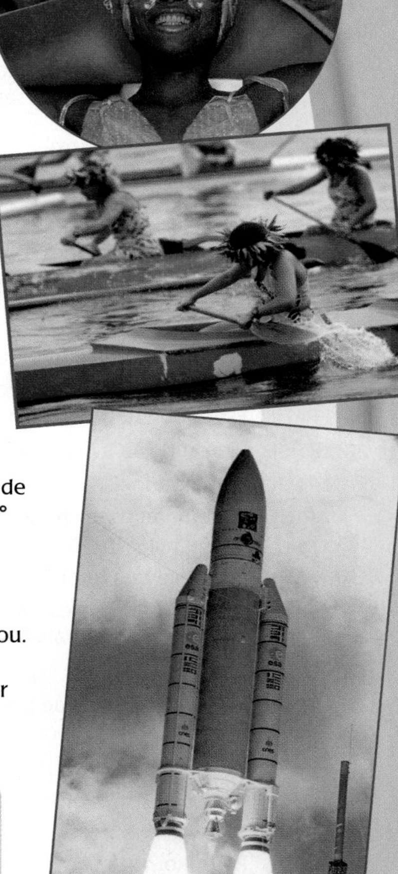

es fêtes de juillet à Tahiti

Tahiti est la plus grande île de la Polynésie française. En juillet, Tahiti est en fête. Il y a des danses folkloriques. Il y a des cérémonies traditionnelles. Il y a des défilés.° Il y a des épreuves° sportives. Mais le grand événement est la course de pirogues.° Chaque village a son équipage.° Ces équipages s'entraînent° pendant des semaines. Finalement le jour de la course arrive. Les équipages sont prêts.° Le signal du départ est donné. Qui va gagner cette année?

a Guyane française

Située au nord-est de l'Amérique du Sud, la Guyane française est un pays de forêt équatoriale. Autrefois, la Guyane était une colonie pénale où étaient° déportés les criminels condamnés aux travaux forcés.° (Le bagne° le plus célèbre se trouvait° sur la fameuse «Île du Diable».°)

Avec la technologie moderne, le caractère de la Guyane a complètement changé. C'est en Guyane, en effet, que se trouve le centre spatial de Kourou. De ce centre sont lancées° les fusées° Ariane. Ces fusées, construites° par la France en coopération avec d'autres pays européens, sont utilisées pour le lancement de satellites européens, japonais ... et américains.

CONNEXIONS En France d'outre-mer

Avec deux ou trois camarades, choisissez un département ou territoire d'outre-mer que vous aimeriez visiter. Préparez un poster illustré de photos. (Sources: sites Internet, brochures touristiques)

---

fête *festival* **à l'avance** *in advance* **tambour** *drum* **diables** *devils* **brûle** *burn* **défilés** *parades* **épreuves** *competitions* **course de pirogues** *canoe race* **équipage** *crew* **s'entraînent** *train* **prêts** *ready* **étaient** *were* **travaux forcés** *forced labor* **bagne** *prison* **se trouvait** *was located* **«Île du Diable»** *Devil's Island* **lancées** *launched* **fusées** *rockets* **construites** *built*

Compréhension du texte

Vrai ou faux?

1. Les habitants de la Martinique sont français. [V]
2. La capitale de la Guadeloupe s'appelle Fort-de-France. [F]
3. La Guyane française fait partie de la France d'outre-mer. [V]
4. Pendant le Carnaval à la Martinique, on danse dans les rues. [V]
5. À la fin du Carnaval, on brûle «Vaval». [V]
6. Les jeunes Martiniquais parlent français et créole. [V]
7. Les grandes fêtes de Tahiti ont lieu en janvier. [F]
8. L'Île du Diable est à Tahiti. [F]

Challenge activity

Identifiez ...

1. la France d'outre-mer [C'est un certain nombre de départements et de territoires dispersés dans le monde entier qui font partie intégrante de la France.]
2. Basse-Terre [C'est la capitale de la Guadeloupe.]
3. la Polynésie française [C'est un territoire français. Sa capitale est Papeete. Ses produits sont les fruits tropicaux, le café, la vanille et la noix de coco.]
4. «Vaval» [C'est une effigie de papier mâché qui représente le Carnaval à la Martinique. On la brûle à la fin du Carnaval.]
5. le créole [On parle créole à la Martinique, à la Guadeloupe et en Guyane française. C'est une langue influencée par les langues africaines. Le créole a des mots d'origine française, anglaise, espagnole et portugaise.]
6. Kourou [Le centre spatial de Kourou en Guyane lance les fusées Ariane.]
7. l'Île du Diable [C'est une île à la Guyane française ou se trouvait le bagne le plus célèbre.]

Photo notes

- Middle: Women wearing leaf headdresses compete in a canoe race in Papeete, Tahiti.
- Bottom: The Ariane-5 rocket takes off from the European Space Agency (ESA) spaceport in Kourou, French Guiana.

Cultural expansion La Polynésie française: Elle comprend 130 petites îles du Pacifique Sud. L'île la plus connue est Tahiti.

Culture project Invite students who are interested in science to go to the Internet and find sites describing the **Ariane Spaceport** in French Guiana.

Rencontre avec Myrtise et Garine

Cultural note Les Haïtiens aux États-Unis Pour des raisons politiques et économiques, beaucoup d'Haïtiens ont émigré aux États-Unis. Ils vivent principalement en Floride, à New York et à Boston. Il y a aussi une communauté haïtienne à Montréal.

Compréhension du texte

1. Comment s'appellent les deux jeunes filles? [Myrtise et Garine]
2. Qu'est-ce qu'elles préparent aujourd'hui? [du lambi avec du riz et de la sauce pois]
3. Quelle est la nationalité de Garine? [américaine]
4. Quelle est la nationalité de Myrtise? [haïtienne]
5. Quel âge avait Myrtise quand elle est venue aux États-Unis? [12 ans]
6. Quelles langues parle-t-elle avec ses parents? [français et créole]
7. Qu'est-ce que Myrtise étudie à l'université? [la psychologie]
8. Qu'est-ce qu'elle veut faire plus tard? [être psychologue pour enfants / retourner en Haïti]
9. Et Garine? [Elle étudie les sciences sociales. / Elle veut être avocate.]

Culture project Have students prepare a Haitian dish for their classmates. Sources: cookbooks, Internet sites

Rencontre avec Myrtise et Garine

Myrtise Maurice et Garine Jean-Philippe sont étudiantes dans une université américaine. Elles sont amies et habitent dans le même appartement. Je les ai rencontrées chez elles. Elles étaient en train de faire la cuisine.

JEAN-PAUL: Bonjour, Myrtise! Bonjour, Garine! Qu'est-ce que vous faites?

MYRTISE: Nous préparons un repas haïtien. Nous avons des invités ce soir.

JEAN-PAUL: Qu'est-ce qu'il y a au menu?

MYRTISE: Du lambi° avec du riz et de la «sauce pois».

JEAN-PAUL: Qu'est-ce que c'est?

MYRTISE: Le lambi, c'est un gros coquillage° qu'on trouve partout dans les Antilles. Et la sauce pois, c'est une sauce avec des haricots rouges.

JEAN-PAUL: Et toi, Garine, qu'est-ce que tu fais?

GARINE: Je fais des «bananes pesées». Ce sont des bananes frites. C'est aussi une spécialité haïtienne.

JEAN-PAUL: Vous êtes haïtiennes toutes les deux?

GARINE: Non, moi, je suis américaine, mais mes parents sont nés en Haïti.

JEAN-PAUL: Et toi, Myrtise?

MYRTISE: Moi, je suis haïtienne. Je suis venue ici à l'âge de douze ans avec ma famille.

JEAN-PAUL: Est-ce que tu parles français avec tes parents?

MYRTISE: Bien sûr! Nous parlons français et créole.

JEAN-PAUL: Et toi, Garine?

GARINE: Je comprends le créole, mais à la maison, mes parents préfèrent que je parle français.

JEAN-PAUL: Qu'est-ce que tu étudies à l'université?

GARINE: J'étudie les sciences sociales. Et après, je vais faire des études de droit.° Je voudrais être avocate.

JEAN-PAUL: Et toi, Myrtise?

MYRTISE: Je fais des études de psychologie. Je voudrais être psychologue pour enfants.

JEAN-PAUL: Ici, aux États-Unis?

MYRTISE: Non, après mes études je compte° retourner en Haïti.

JEAN-PAUL: Pourquoi?

MYRTISE: Parce que c'est mon pays... Il y a beaucoup de choses à faire là-bas...

GARINE: Au fait, Jean-Paul, est-ce que tu veux dîner avec nous?

JEAN-PAUL: Oui, avec plaisir!

lambi *conch* **coquillage** *shellfish* **droit** *law* **compte** *plan*

CONNEXIONS Haïti

Avec deux ou trois camarades, préparez une présentation sur l'un des sujets suivants:

- l'histoire d'Haïti
- la musique haïtienne
- la cuisine haïtienne

LE SAVEZ-VOUS?

1. La Louisiane a été nommée ainsi en l'honneur ...
   a. d'une province française
   b. d'une jeune fille française nommée Louisette
   c. du roi de France Louis XIV
2. Toussaint Louverture est ...
   a. un explorateur français
   b. le premier gouverneur de la Louisiane
   c. le chef des esclaves haïtiens révoltés contre les Français
3. Aujourd'hui, la Martinique et la Guadeloupe sont ...
   a. des pays indépendants
   b. des départements français
   c. des colonies espagnoles
4. La devise du Québec est ...
   a. «Je me souviens.»
   b. «Vive la différence!»
   c. «Vive le français!»
5. Après Paris, la deuxième ville d'expression française du monde est ...
   a. Québec
   b. Montréal
   c. la Nouvelle-Orléans
6. À Paris on dit «Au revoir». À Québec on dit ...
   a. «Bonjour»
   b. «Bonne nuit»
   c. «Bon voyage»

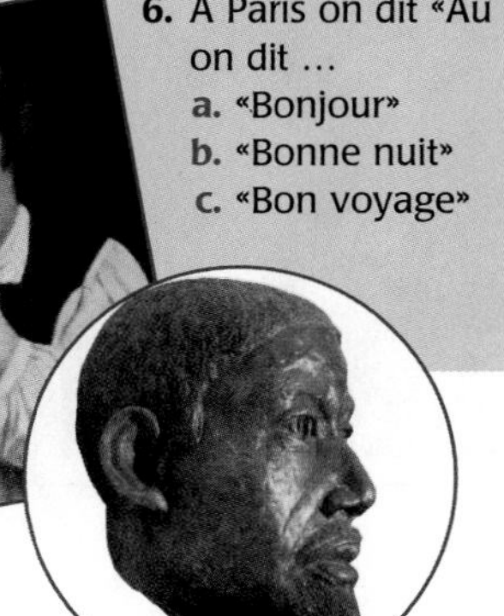

7. Le mot «cajun» vient du mot français ...
   a. «acadien»
   b. «canadien»
   c. «indien»
8. Avant de venir en Louisiane, les Acadiens habitaient *(lived)* ...
   a. au Mexique
   b. en Nouvelle-Angleterre
   c. dans l'est du Canada
9. Certaines villes américaines sont nommées Lafayette en l'honneur ...
   a. d'un explorateur français
   b. d'un général canadien
   c. d'un héros de la Révolution américaine
10. L'un des premiers gouverneurs de Californie était d'origine française. Il s'appelle ...
    a. Paul Revere
    b. John Charles Frémont
    c. John James Audubon
11. Tahiti est une île ...
    a. canadienne
    b. française
    c. haïtienne
12. Les jeunes Martiniquais parlent français et ...
    a. créole
    b. espagnol
    c. italien

Teaching strategy Le savez-vous?

This quiz will help students check how well they have remembered the information presented in **Images du monde francophone.**

If students have only covered parts of the cultural photo essay, you may want to assign only selected items corresponding to what they have read.

PAGES	CORRESPONDING ITEMS
258–259	1, 2, 3
260–261	4, 5, 6
262–263	7, 8
264–265	9, 10
266–267	11, 12

Le savez-vous?

Le savez-vous?

Answers

1. c
2. c
3. b
4. a
5. b
6. a
7. a
8. c
9. c
10. b
11. b
12. a

Questions supplémentaires

1. Au Canada, on parle français principalement dans ... [c]
   a. le Manitoba
   b. l'Ontario
   c. la province de Québec
2. Les Franco-Américains sont ... [a]
   a. des Américains d'origine québécoise
   b. des Américains qui habitent en France
   c. des Français qui habitent aux États-Unis
3. Aujourd'hui Haïti est ... [c]
   a. une colonie française
   b. un pays d'expression anglaise
   c. une république indépendante
4. Le 24 juin, à Québec on célèbre ... [b]
   a. le Carnaval
   b. la fête de la Saint-Jean
   c. la fête nationale de la France

Expansion activities PLANNING AHEAD

Games

• La question est . . .

Before class, prepare Jeopardy!™-style clues and questions for several categories: *les parties du corps, les sports, la santé, les expressions de temps . . .* , etc. For example: clue = *Michelle Kwan fait ce sport.* Question = *Qu'est-ce que c'est que le patinage?* To play, divide the class into three or four teams. Choose a category. After reading the first clue from that category, call on the first student who raises his or her hand. The student must provide an appropriate question. If the student answers correctly, the team gets one point and the student chooses the next category. If the student answers incorrectly, the first student from another team to raise his or her hand may try to provide the correct question. The team with the most points wins.

Pacing Suggestion: Upon completion of Leçon 18.

Projects

• Les sports dans les pays francophones

Have students work in small groups to research the sports that are popular in, or unique to, francophone countries and regions. Assign to each group one of the following topics to research:

- what sports people play
- what sports people watch
- what sports, if any, are unique to the place
- how a sport is played (if it is relatively unknown in the United States)
- the names and brief biographies of any famous athletes from the region

Have groups present their findings to the class.

Pacing Suggestion: Upon completion of Leçon 17.

• Aidez-moi!

Have students work in pairs or small groups to create a self-help video script with suggestions for getting ready quickly in the morning. First, students will decide on at least four tips to present. Have them write a script for the video, complete with visual demonstrations; however, students should be cautioned against visually demonstrating dressing, showering, etc. Then, have students trade scripts with another group for proofreading. Encourage groups to use props as they present the scripts to the class. Students should only mime actions, not actually perform them. They might also want to rehearse and videotape their scripts.

Pacing Suggestion: Upon completion of Leçon 19.

Bulletin Boards

• Les athlètes francophones

Have students investigate former Olympic athletes from francophone countries. Students may research a specific event or Olympic Games to find a francophone athlete to write about. Have each student prepare a small poster that tells the athlete's name, country of origin, Olympic events he or she participated in, and in what year(s). Ask students to provide any other interesting information about the athlete, and if possible, to include a photo. Create an *"Athlètes francophones"* bulletin board using the posters. As a variation, you may wish to have students investigate francophone athletes who hope to participate in the next summer and/or winter Olympics.

Pacing Suggestion: Upon completion of Leçon 17.

Music

• *Les passantes*

Distribute the words to Georges Brassens' *Les passantes,* which is available on your *Chansons* CD. Have students look up key words and discuss whether they think it is happy song or a sad song. Ask them to cite words from the song to back up their opinions. You may also want to have students see how many names of parts of the body they can find in the lyrics.

Pacing Suggestion: Upon completion of Leçon 17.

Storytelling

• Une mini-histoire

After reviewing the *passé composé* of reflexive verbs, model a short conversation (using puppets, student actors, or photos) based on a fictional character who needs improvement with hygiene. Repeat the story, allowing time for students to repeat or complete the sentences. Then, have students write and read aloud a longer conversation, elaborating on the original one with advice for the character and summaries of their own self-care routines. Their new versions should include vocabulary from the original dialogue.

Pacing Suggestion: Upon completion of Leçon 20.

Hands-on Crafts

• Ma marionnette

Have students use socks, felt, yarn, buttons, etc., to make puppets. Starting with a sock, have students glue, stitch, or draw on eyes, a nose, mouth, hair, etc. Students may fashion their puppets after a person or an animal. Encourage them to be creative. Have students use the puppets to act out skits, conversations, or short stories.

Pacing Suggestion: Upon completion of Leçon 19.

End of Unit

• Soyez en forme!

Students will work in pairs to prepare a skit in which a trainer and client discuss an exercise program. The trainer will ask the client about his or her exercise habits and recommend a training program so the client can lead a more healthful lifestyle. They will include information such as what activities they want the client to do, on which days of the week, and for how many minutes a day. Have students trade dialogues with another pair for proofreading. Then have them write a final draft, rehearse their lines, and present their skits for the class. Alternatively, students may wish to present the dialogue using puppets.

Rubric **A** = 13–15 pts. **B** = 10–12 pts. **C** = 7–9 pts. **D** = 4–6 pts. **F** = < 4 pts.

Criteria	Scale
Vocabulary Use	1 2 3 4 5
Grammar/Spelling Accuracy	1 2 3 4 5
Creativity	1 2 3 4 5

Recipe

• Salade niçoise

This traditional French salad is simple and nutritious. It includes raw vegetables and provides lots of protein. Serve for lunch or as an appetizer at dinner with plenty of French bread. As a variation, add green beans or anchovies to the salad.

Pacing Suggestion: Upon completion of Leçon 17.

Salade niçoise

Ingrédients

- *4 tomates, coupées en huit quartiers*
- *1 poivron[1] vert et 1 poivron rouge, coupés en bandes.[2]*
- *2 oeufs durs[3]*
- *2 poivrades (petits artichauts provençaux), coupés en quatre.*
- *20 olives noires dénoyautées[4]*
- *1 oignon haché*
- *1 boîte de thon[5] au naturel*
- *1 gousse d'ail,[6] coupée en dés*
- *5 cuillères à soupe huile d'olive*
- *2 cuillères à soupe de vinaigre de vin rouge*
- *une pincée de sel*
- *une pincée de poivre*

Préparation

1. *Mettez les tomates au réfrigérateur dans une passoire,[7] sur une assiette, saupoudrées de sel.*
2. *Ôtez[8] les coques[9] des oeufs, puis coupez-les en quatre.*
3. *Mettez le thon dans un grand saladier, puis émiettez[10]-le. Ajoutez les oeufs, l'ail, l'oignon, les poivrons, les tomates et les poivrades et mélangez.*
4. *Mélangez l'huile d'olive, le vinaigre de vin rouge, le poivre et le sel.*
5. *Versez la vinaigrette sur la salade et mélangez.*

Pour quatre personnes.

Glossary

[1]pepper, [2]strips
[3]hard-boiled eggs
[4]pitted
[5]tuna
[6]clove of garlic
[7]strainer
[8]take off, [9]shell
[10]crumble

Planning Guide CLASSROOM MANAGEMENT

OBJECTIVES

Communication
- Name and describe your favorite sports *p. 274*
- Talk about your daily activities and personal care *pp. 293, 294, 296*
- Identify various parts of the body and describe a person's physical features *pp. 276, 292*
- Explain what you do to stay fit *p. 276*
- Let a doctor know what is wrong when you feel sick or are in pain *p. 278*

Grammar
- Le pronom *y p. 282*
- Le pronom *en pp. 284–285*
- L'usage de l'article défini avec les parties du corps *p. 292*
- Les verbes réfléchis *p. 293*
- La construction: *je me lave les mains p. 296*
- L'impératif des verbes réfléchis *p. 303*
- Le passé composé des verbes réfléchis *p. 304*
- L'infinitif des verbes réfléchis *p. 305*

Vocabulary
- Les sports individuels *p. 274*
- Un peu de gymnastique *p. 276*
- La santé *p. 278*
- Quelques expressions de temps *p. 283*
- Pour exprimer son opinion *p. 287*
- Les occupations de la journée *p. 294*
- La toilette *p. 296*
- Quelques verbes réfléchis *p. 302*

Culture
- Aperçu culturel–Le sport en France *pp. 272–273*
- Au jour le jour–À l'Air marin *p. 279*

PROGRAM RESOURCES

Print

- Workbook PE, *pp. 157–190*
- *Activités pour tous* PE, *pp. 101–119*
- Block Scheduling Copymasters, *pp. 137–168*
- *Français pour hispanophones*
- *Lectures pour tous*
- Teacher to Teacher Copymasters
- Teaching Proficiency through Reading and Storytelling
- Unit 5 Resource Book
  - Lessons 17–20 Resources
    - Workbook TE
    - *Activités pour tous* TE
    - Absent Student Copymasters
    - Family Involvement
    - Video Activities
    - Videoscripts
    - Audioscripts
    - Assessment Program
  - Unit 5 Resources
    - Communipak
    - *Activités pour tous* TE Reading
    - Workbook TE Reading and Culture Activities
    - Assessment Program
    - Answer Keys

Audiovisual

- Audio Program PE CD 3 Tracks 11–20
- Audio Program Workbook CD 10 Tracks 1–27
- *Chansons* Audio CD Track 5
- Sing Along: Grammar and Vocabulary Songs CD
- Video Program Leçons 17–20
- Warm-Up Transparencies
- Overhead Transparencies
  - 9 *Quelques endroits;*
  - 30 *Fruits et légumes;*
  - 40 *Quelques sports individuels;*
  - 41 *Les parties du corps;*
  - 42 *La santé;*
  - 43 *Les occupations de la journée;*
  - 44 *La toilette;*
  - 45 *Quelques verbes réfléchis*

Technology

- Online Workbook
- ClassZone.com
- McDougal Littell Assessment System/Test Generator CD-ROM
- Easy Planner CD-ROM
- Power Presentations on CD-ROM
- Take-Home Tutor CD-ROM

Assessment Program Options

Lesson Quizzes
Portfolio Assessment
Unit Test Form A
Unit Test Form B
Listening Comprehension Performance Test
Speaking Performance Test
Reading Comprehension Performance Test
Writing Performance Test
Multiple Choice Test Items
Test Scoring Tools
Audio Program CD 19 Tracks 1–9
Answer Keys
McDougal Littell Assessment System/Test Generator CD-ROM

Pacing Guide SAMPLE LESSON PLAN

DAY	DAY	DAY	DAY	DAY
1 Unité 5 Opener Leçon 17 • Aperçu culturel–Le sport en France • Vocabulaire–Les sports individuels	**2** Leçon 17 • Vocabulaire–Un peu de gymnastique	**3** Leçon 17 • Vocabulaire–La santé • Au jour le jour	**4** Leçon 18 • Vidéo-scène–Un vrai sportif • Le pronom *y*	**5** Leçon 18 • Vocabulaire–Quelques expressions de temps
6 Leçon 18 • Le pronom *en* • Vocabulaire–Pour exprimer son opinion	**7** Leçon 18 • À votre tour! • Lecture–Quel sport est-ce?	**8** Leçon 19 • Vidéo-scène–Jérôme se lève? • L'usage de l'article défini avec les parties du corps	**9** Leçon 19 • Les verbes réfléchis • Vocabulaire–Les occupations de la journée	**10** Leçon 19 • Vocabulaire–Les occupations de la journée *(continued)* • La construction: *je me lave les mains*
11 Leçon 19 • Vocabulaire–La toilette • À votre tour!	**12** Leçon 19 • Lecture–Pauvre Monsieur Bernard!	**13** Leçon 20 • Vidéo-scène–J'ai voulu me dépêcher • Vocabulaire–Quelques verbes réfléchis	**14** Leçon 20 • L'impératif des verbes réfléchis • Le passé composé des verbes réfléchis	**15** Leçon 20 • Le passé composé des verbes réfléchis *(continued)* • L'infinitif des verbes réfléchis
16 Leçon 20 • À votre tour! • Lecture–La gymnastique du matin	**17** • Tests de contrôle • Interlude–Le véritoscope	**18** • Unit 5 Test		

Student Text Listening Activity Scripts
AUDIO PROGRAM

▶ LEÇON 17 LE FRANÇAIS PRATIQUE Le sport, c'est la santé

• Aperçu culturel: Le sport en France *p. 272* CD 3, TRACK 11

«Un esprit sain dans un corps sain» dit le proverbe. Les jeunes Français mettent ce proverbe en action en pratiquant toutes sortes de sports. Soixante-quinze pour cent sont inscrits dans un club sportif. À l'école ils font de la gymnastique et du jogging. Ils jouent aussi au foot, au volley et au basket. En dehors de l'école, la pratique des sports varie avec les saisons: ski en hiver, tennis et natation au printemps et en été, planche à voile et escalade pendant les vacances.

1. La planche à voile est un sport très populaire sur les plages de la Méditerranée et de l'Atlantique. On peut aussi pratiquer ce sport à la Martinique.
2. À Noël et pendant les vacances de février, beaucoup de jeunes Français vont dans les stations de sports d'hiver des Alpes et des Pyrénées. Là, ils font du ski et surtout du snowboard (ou surf des neiges). Deux jeunes Françaises, Isabelle Blanc et Karine Ruby, sont les championnes olympiques de cette spécialité.
3. L'escalade est un sport de montagne qu'on peut pratiquer en été. En ville, les jeunes peuvent s'entraîner pour ce sport dans des installations spécialisées.
4. Le vélo tout terrain, ou VTT, est un autre sport de montagne. Aujourd'hui, beaucoup de Français utilisent leur VTT pour circuler en ville.
5. Le roller est le nouveau sport à la mode dans les grandes villes et principalement à Paris. Tous les vendredis soirs, 10 000 jeunes Parisiens font la traversée de leur ville en roller. Ils sont accompagnés par des policiers, eux aussi en roller.
6. Le football reste le sport favori des jeunes Français. Pendant la semaine, ils pratiquent ce sport au lycée ou dans les clubs sportifs. Le week-end, ils regardent leurs équipes favorites à la télé. Zinedine Zidane, un Français d'origine algérienne, est l'un des meilleurs joueurs du monde. Grâce à lui, l'équipe de France a gagné la Coupe d'Europe et la Coupe du Monde.
7. Dans les clubs sportifs, les jeunes Français pratiquent d'autres sports, comme le tennis, l'escrime, la gymnastique rythmique sportive (pour les filles) et le judo (pour les garçons). Ce sport de combat a été rendu populaire par les champions olympiques français.

• Vocabulaire A

Les sports individuels *p. 274* CD 3, TRACK 12

Écoutez le dialogue.

A: Tu es sportive?
B: Oui, je fais du sport.
A: Quels sports est-ce que tu pratiques?
B: Je fais de la gymnastique et du jogging.
A: Est-ce que tu cours beaucoup?
B: Je cours 20 kilomètres par semaine.

Quelques sports individuels

Écoutez et répétez.

le jogging # le patinage # le patin à roulettes # le roller # le skate #
le ski # le ski nautique # le surf # le snowboard # le surf des neiges #
le vélo # le VTT # l'escalade # la marche à pied # la gymnastique #
l'équitation # la natation # la voile # la planche à voile #

• Vocabulaire B

Un peu de gymnastique *p. 276* CD 3, TRACK 13

Écoutez et répétez.

Je lève le bras droit. #
Je lève le bras gauche. #
Je plie les jambes. #
Je mets les mains derrière le dos. #
Je mets les mains sur la tête. #

Les parties du corps

Écoutez et répétez.

l'épaule #
le bras #
la main #
un doigt #
le dos #
le coeur #
le ventre #
l'estomac #
la jambe #
le genou #
le pied #
la tête #
la figure #
les cheveux #
un oeil #
les yeux #
le nez #
une oreille #
la bouche #
une dent #
le cou #

• Vocabulaire C

La santé *p. 278* CD 3, TRACK 14

Écoutez les dialogues.

Premier dialogue

Lundi matin

A: Ça va, Grégoire?
B: Non, ça ne va pas. Je ne me sens pas bien.
A: Qu'est-ce que tu as?
B: Je suis malade. Je suis fatigué. J'ai un rhume.
A: Où est-ce que tu as mal?
B: J'ai mal à la tête et j'ai mal aux oreilles.

Deuxième dialogue

Mercredi matin

A: Salut, Grégoire. Ça va? Tu es en forme?
B: Oui, ça va mieux. Aujourd'hui, je me sens bien. Je suis en bonne santé.

▶ LEÇON 18 Un vrai sportif

• Vidéo-scène *p. 280* CD 3, TRACK 15

Claire: Aimez-vous le sport? Comme beaucoup de jeunes Français, Pierre et Armelle font du sport assez souvent. En hiver, ils font du ski dans les Alpes. En été, ils font de la natation et de la planche à voile sur le lac d'Annecy.

Ce matin, ils font du jogging . . .

En route ils voient quelqu'un qui fait du jogging aussi.

Armelle: Tiens, regarde. C'est pas Jérôme là-bas?
Pierre: Si, si, c'est lui.
Armelle: Il fait souvent du jogging?
Pierre: Oh . . . Il en fait de temps en temps. Comme nous.
Claire: Armelle et Pierre disent bonjour à Jérôme.
Pierre: Salut!
Armelle: Salut!
Jérôme: Salut!
Pierre: D'où viens-tu?
Jérôme: Je viens du gymnase.
Armelle: Tu y vas souvent?
Jérôme: Ah oui! J'y vais tous les matins.
Armelle: Jérôme, c'est quoi ton sport préféré?
Jérôme: Oh, tu sais, j'aime tous les sports. Mais maintenant ma spécialité, c'est le parapente.
Armelle: Ah bon? Où est-ce que tu en fais?
Jérôme: À Talloires, au-dessus du lac. J'y vais tous les week-ends.
Armelle: Tu vas y aller le week-end prochain?

Jérôme: Bien sûr. Je vais même participer à une compétition samedi matin avec mes copains. J'ai des chances de gagner.
Armelle: Et tu n'as pas peur?
Jérôme: Non, pourquoi?
Armelle: Parce que c'est dangereux, non?
Jérôme: Mais non, c'est pas dangereux quand on est en forme, comme moi . . .
Allez, au revoir.
Claire: Jérôme continue son jogging.
Armelle: Au revoir, champion!
Claire: Armelle semble impressionnée par les exploits de Jérôme.
Armelle: Dis donc, ton frère, c'est un vrai sportif!
Pierre: Tu parles!
Claire: Pierre, lui, n'est pas très impressionné.

À votre tour!

• Vacances à la Martinique *p. 287* CD 3, TRACK 16

Corinne vient de passer ses vacances à la Martinique. Armelle veut savoir ce que Corinne a fait là-bas. Écoutez la conversation entre les deux filles.

Armelle: Tu es souvent allée à la plage pendant tes vacances?
Corinne: Oui, j'y suis allée tous les jours.
Armelle: Tu as fait de la planche à voile?
Corinne: Oui, j'en ai fait de temps en temps.
Armelle: Est-ce que tu as pris des photos?
Corinne: Bien sûr, j'en ai pris.
Armelle: Et évidemment, tu as rencontré des garçons sympathiques!
Corinne: Oui, j'en ai rencontré beaucoup!
Armelle: Alors, tu as passé de bonnes vacances.
Corinne: Oui, excellentes!

► LEÇON 19 Jérôme se lève?

• Vidéo-scène *p. 290* CD 3, TRACK 17

Claire: Dans l'épisode précédent, Jérôme nous a parlé de son sport préféré. Aujourd'hui, c'est samedi. Jérôme doit participer à une compétition de parapente.
Ce matin, cependant, Jérôme a oublié de se réveiller. C'est son camarade Bernard qui va le réveiller.
Bernard: Dis, Jérôme! Tu te lèves?!
Jérôme: Oui, je me lève . . . Quelle heure est-il?
Bernard: Il est huit heures. Eh! Lève-toi! La compétition commence à dix heures.
Jérôme: Bon, bon . . . Je me lève.
Claire: Jérôme se lève.
Puis, il va dans la salle de bains. Là, il se regarde dans la glace.
Il se brosse les dents.
Puis, il se lave. Enfin il s'habille.
Bernard s'impatiente un peu. Il appelle Jérôme.
Bernard: Jérôme, qu'est-ce que tu fais?
Jérôme: Je m'habille!
Bernard: Dépêche-toi! On part dans une minute.
Jérôme: J'arrive!
Claire: Jérôme se dépêche. Il quitte sa chambre et descend les escaliers à toute vitesse . . .
Soudain, on entend un grand bruit!
Jérôme: AAAAG!!!

À votre tour!

• La routine quotidienne *p. 297* CD 3, TRACK 18

Armelle veut savoir quand Pierre fait certaines choses.

Armelle: À quelle heure est-ce que tu te réveilles?
Pierre: Je me réveille à sept heures moins dix.
Armelle: Et tu te lèves immédiatement après?
Pierre: Non, j'attends un peu. En général, je me lève à sept heures.
Armelle: À quelle heure est-ce que tu pars pour l'école?
Pierre: Je pars à huit heures moins le quart.
Armelle: Et quand est-ce que tu rentres chez toi?
Pierre: En général, à cinq heures.
Armelle: Tu te couches à quelle heure?
Pierre: Quand j'ai fini mes devoirs . . . À dix heures, généralement.

► LEÇON 20 J'ai voulu me dépêcher

• Vidéo-scène *p. 300* CD 3, TRACK 19

Claire: Dans l'épisode précédent, Jérôme devait participer à une compétition de parapente, mais il ne s'est pas levé à l'heure. Il a voulu se dépêcher. Mais il est tombé dans les escaliers et il s'est cassé la jambe.
Évidemment, il n'a pas pu participer à la compétition.
Maintenant il est dans le living de son appartement. Pierre lui téléphone.
Pierre: Alors, cette compétition, ça s'est bien passé?
Jérôme: Euh . . . Pas vraiment. J'ai eu un accident.
Pierre: Pas grave, j'espère.
Jérôme: Je me suis cassé la jambe.
Pierre: Tu t'es cassé la jambe?! Comment ça? . . . Pendant la compétition?
Jérôme: Euh, non, . . . ce matin . . .
Claire: Pierre, très surpris, veut savoir ce qui s'est passé.
Pierre: Eh ben, alors quoi? Qu'est-ce qui t'est arrivé?
Jérôme: Eh bien, voilà . . . J'étais en retard, alors j'ai voulu me dépêcher. Et paf! Je suis tombé dans l'escalier!
Pierre: Mon pauvre vieux! Est-ce qu'on peut te rendre visite?
Jérôme: Oui, si tu veux.
Claire: Peu après, Pierre et Armelle arrivent chez Jérôme.
Pierre: Comment ça va?
Jérôme: Ça va mieux.
Pierre: Tiens, on t'a apporté des magazines.
Armelle: Dis, Jérôme, je peux écrire quelque chose sur ton plâtre?
Jérôme: Oui, vas-y.
Claire: Armelle prend un stylo et écrit sur le plâtre de Jérôme.
Armelle: À Jérôme, Super champion de parapente, Armelle.

À votre tour!

• Un sondage *p. 306* CD 3, TRACK 20

Corinne veut savoir à quelle heure ses amis se sont couchés hier soir et à quelle heure ils se sont levés ce matin.

Corinne: Dis, Armelle, à quelle heure est-ce que tu t'es levée ce matin?
Armelle: À sept heures et quart.
Corinne: Et toi, Jérôme?
Jérôme: Hm . . . moi, . . . je me suis levé à huit heures.
Corinne: Et à quelle heure est-ce que tu t'es couché hier soir?
Jérôme: À onze heures et demie.
Corinne: Et toi, Bernard?
Bernard: Moi, je me suis couché à minuit.
Corinne: Et à quelle heure est-ce que tu t'es levé ce matin?
Bernard: À six heures et demie, comme d'habitude.
Corinne: Excuse-moi, Armelle, j'ai oublié de te demander . . . À quelle heure est-ce que tu t'es couchée hier soir?
Armelle: À dix heures.
Corinne: Merci à vous tous!

Complete videoscripts, plus Workbook and Assessment audioscripts, are available in the Unit Resource Books.

Main Theme
- People and possessions

COMMUNICATION
- Naming and describing favorite sports
- Talking about daily activities and personal care
- Identifying parts of the body
- Describing a person's physical features
- Explaining what you do to stay fit
- Telling a doctor what's wrong

CULTURES
- Learning which sports the French enjoy
- Learning about how the French keep in shape
- Learning how to make *salade niçoise*

CONNECTIONS
- Connecting with Journalism: Conducting an interview
- Connecting with Writing: Writing a journal
- Researching French sports and athletes

COMPARISONS
- Recognizing prefixes in English and French
- Comparing sports practiced in France and the U.S.
- Comparing word order of nouns modifying nouns in French and English
- Identifying French sports words that came from English

COMMUNITIES
- Using French to communicate with a doctor when you're sick
- Using French to talk about healthful lifestyles

Vive le sport!

THÈME ET OBJECTIFS

Culture

In this unit, you will learn ...
- what sports French people enjoy
- how they keep in shape

Communication

You will learn how ...
- to name and describe your favorite sports
- to talk about your daily activities and personal care

You will also learn ...
- to identify various parts of the body and describe a person's physical features
- to explain what you do to stay fit
- to let a doctor know what is wrong when you feel sick or in pain

TEACHING STRATEGIES

Depending on your school curriculum, you may prefer to present Unit 6 ahead of Unit 5.

	Unit 5	Unit 6
MAIN TOPIC	sports and health	the home
RELATED FUNCTIONS	describing daily activities	narrating past events
STRUCTURES	reflexive verbs	imperfect and passé composé
	y and **en**	**qui** and **que**

deux cent soixante et onze
Unité 5 271

Linguistic objectives

- the pronouns **y** and **en**
- the reflexive verbs: present, imperative, passé composé, infinitive constructions

Teaching Resource Options

PRINT 

Unit 5 Resource Book
Family Letter, p. 17
Français pour hispanophones
Conseils, p. 29
Vocabulaire, pp. 63–64

AUDIO & VISUAL 

Audio Program
Chansons CD

TECHNOLOGY 

EasyPlanner CD-ROM

PHOTO CULTURE NOTES

- The people in the photo are practicing sports along the Seine in Paris. The city closes the banks of the Seine to automobile traffic during much of the day on Sundays and holidays from March to November. **Promeneurs, cyclistes,** and **rollers** are welcome to enjoy the roadways.
- The bridge in the background is the **Pont Neuf.** Completed in 1607 and inaugurated and named by Henri IV, it is the oldest bridge in Paris. It was the first stone bridge to be built without houses on it. It connects the **Île de la Cité** to both banks of the Seine.

Leçon 17

Main Topic Talking about sports and health

Teaching Resource Options

PRINT 

Workbook PE, pp. 157–164
Activités pour tous PE, pp. 101–103
Block Scheduling Copymasters, pp. 137–144
Unit 5 Resource Book
- *Activités pour tous* TE, pp 9–11
- Audioscript, pp. 32, 34–38
- Communipak, pp. 148–165
- Lesson Plans, pp. 12–13
- Block Scheduling Lesson Plans, pp. 14–16
- Absent Student Copymasters, pp. 18–21
- Video Activities, pp. 24–28
- Videoscript, pp. 29–31
- Workbook TE, pp. 1–8

AUDIO & VISUAL 

Audio Program
CD 3 Track 11
CD 10 Tracks 1–6

TECHNOLOGY 

Online Workbook

VIDEO PROGRAM

LEÇON 17

Le français pratique Le sport, c'est la santé

TOTAL TIME: 9:53 min.
DVD Disk 1
Videotape 1 (COUNTER: 1:00:56 min.)

Introduction
(1:00:56–1:05:09 min.)

Section 1: Un peu de gymnastique
(1:05:10–1:09:08 min.)

Section 2: La santé
(1:09:09–1:10:49 min.)

Le sport, c'est la santé

Aperçu culturel ... Le sport en France

«Un esprit sain dans un corps sain»[1] dit le proverbe. Les jeunes Français mettent ce proverbe en action en pratiquant toutes sortes de sports. 75% sont inscrits° dans un club sportif. À l'école ils font de la gymnastique et du jogging. Ils jouent aussi au foot, au volley et au basket. En dehors° de l'école, la pratique des sports varie avec les saisons: ski en hiver, tennis et natation au printemps et en été, planche à voile et escalade pendant les vacances.

[1] "A healthy mind *(spirit)* in a healthy body"
inscrits *registered* **dehors** *outside*

1. La planche à voile est un sport très populaire sur les plages de la Méditerranée et de l'Atlantique. On peut aussi pratiquer ce sport à la Martinique.

2. À Noël et pendant les vacances de février, beaucoup de jeunes França[...] vont dans les stations de sports d'hiver des Alpes et des Pyrénées. Là, ils font du ski et surtout° du snowboa[...] (ou surf des neiges). Deux jeunes Françaises, Isabelle Blanc et Karine Ruby, sont [...] championnes olympiques d[...] cette spécialité.

surtout *especially*

3. L'escalade est un sport de montagne qu'on peut pratiquer en été. En ville, les jeunes peuvent s'entraîner° pour ce sport dans des installations spécialisées.

s'entraîner *to train*

4. Le vélo tout terrain°, ou VTT, est un autre sport de montagne. Aujourd'hui beaucoup de Français utilisent leur VTT pour circuler° en ville.

vélo tout terrain *mountain biking* **circuler** *to get around*

TEACHING STRATEGY

Have students read this comprehension text twice:
- at the beginning of the unit—quickly for general information
- at the end of the lesson—with greater attention to details

By looking at the pictures, students can discover the meanings of many of the new words.

Le roller est le nouveau sport à la mode° dans les grandes villes et principalement à Paris. Tous les vendredis soirs, 10 000 jeunes Parisiens font la traversée° de leur ville en roller. Ils sont accompagnés par des policiers, eux aussi en roller.

à la mode *fashionable* **traversée** *crossing*

6. Le football reste le sport favori des jeunes Français. Pendant la semaine, ils pratiquent ce sport au lycée ou dans des clubs sportifs. Le week-end, ils regardent leurs équipes favorites à la télé. Zinedine Zidane, un Français d'origine algérienne, est l'un des meilleurs joueurs du monde. Grâce à° lui, l'équipe de France a gagné la Coupe d'Europe et la Coupe du Monde.

grâce à *thanks to*

7. Dans les clubs sportifs, les jeunes Français pratiquent d'autres sports, comme le tennis, l'escrime°, la gymnastique rythmique sportive (pour les filles) et le judo (pour les garçons). Ce sport de combat a été rendu° populaire par les champions olympiques français.

escrime *fencing* **rendu** *made*

COMPARAISONS CULTURELLES

Pourquoi faites-vous du sport? Voici la réponse des Français à cette question:

- pour le plaisir 80%
- pour la santé *(health)* 70%
- pour rencontrer des gens 27%
- pour le look 22%
- pour la compétition 12%

Faites un sondage dans votre classe et déterminez pourquoi vous faites du sport. Comparez les réponses avec les réponses des Français.

Et vous?

Est-ce que vous pratiquez les mêmes sports que les jeunes Français? Expliquez.

Questions sur le texte

1. Quel sport est très populaire sur les plages françaises? [la planche à voile]
2. Où est-ce que beaucoup de jeunes Français vont faire du ski? [dans les stations de sports d'hiver des Alpes et des Pyrénées]
3. Qui sont Isabelle Blanc et Karine Ruby? [Ce sont deux Françaises qui sont championnes olympiques de snowboard.]
4. Où est-ce qu'on pratique l'escalade? [à la montagne ou en ville dans des installations spécialisées]
5. Que veut dire VTT? [vélo tout terrain]
6. Quand est-ce qu'on peut faire la traversée de Paris en roller? [le vendredi soir]
7. Quel est le sport favori des jeunes Français? [le football]
8. Qui est Zinedine Zidane? [C'est un joueur de football d'origine algérienne qui a aidé l'équipe de France à gagner la Coupe d'Europe et la Coupe du Monde.]
9. Quels sports est-ce qu'on peut pratiquer dans les clubs sportifs? [le tennis, l'escrime, la gymnastique rythmique sportive, le judo]

SECTION A

Communicative function
Discussing sports

Teaching Resource Options

PRINT

Workbook PE, pp. 157–164
Unit 5 Resource Book
 Audioscript, p. 32
 Communipak, pp. 148–165
 Workbook TE, pp. 1–8

AUDIO & VISUAL

Audio Program
CD 3 Track 12

Overhead Transparencies
40 *Quelques sports individuels*

Language note
courant → *current*

Pronunciation
surf /sœrf/

Language note Remind students of the construction:
jouer à + TEAM SPORTS
Je joue au hockey (au foot, au basket).

Supplementary vocabulary

le judo
le karaté
le yoga
l'athlétisme (m.) *track and field*
l'aviron (m.) *rowing, crew*
le ski de fond *cross-country skiing*
la moto
l'alpinisme (m.) *mountain climbing*
la plongée sous-marine *scuba diving*
le deltaplane *hang gliding*
le parapente *parasailing*
le parachutisme

Language note Explain to students how to pronounce **snowboard (snōborde).**

Teaching note Tell students to look at the **Quelques sports individuels** vocabulary box and guess which French words for sports came from English. **(le jogging, le roller, le skateboard, le skate, le surf, le snowboard)**

A VOCABULAIRE Les sports individuels

–Tu es **sportif (sportive)**?
–Oui, je fais du sport.
–Quels sports est-ce que tu **pratiques**?
–Je fais de la gymnastique et du jogging.
–Est-ce que tu **cours** beaucoup?
–Je cours 20 kilomètres par semaine.

pratiquer *to practice*

courir *to run*

INFINITIVE	courir	
PRESENT TENSE	je **cours** tu **cours** il/elle/on **court**	nous **courons** vous **courez** ils/elles **courent**
PASSÉ COMPOSÉ	j'ai **couru**	

MARATHON DE PARIS
J'aime courir!

Quelques sports individuels

le jogging
le patinage *(ice skating)*
le patin à roulettes *(roller skating)*
le roller *(in-line skating)*
le skate(board)
le ski
le ski nautique *(waterskiing)*
le surf *(surfboarding)*
le snowboard, le surf des neiges
le vélo *(cycling)*
le VTT *(mountain biking)*
l'escalade *(f.) (rock climbing)*
la marche à pied *(hiking)*
la gym(nastique)
l'équitation *(f.) (horseback riding)*
la natation *(swimming)*
la voile *(sailing)*
la planche à voile *(windsurfing)*

➔ To talk about individual sports, the French use the construction:

faire { **du** / **de la** / **de l'** } + NAME OF SPORT

Je **fais du vélo.**
Éric **fait de la voile.**
Nous **faisons de l'escalade.**

In negative sentences, **du/de la → de.**

Je **ne** fais **pas de** ski.

COMMENT, PHILIPPE! TU ES EN VACANCES ET TU NE FAIS PAS DE SPORT?
C'EST QUE J'HÉSITE ENTRE LE TENNIS, LE VOLLEY, LE GOLF, LA NATATION, LA VOILE, LA PLANCHE À VOILE, LE SKI NAUTIQUE...

TEACHING STRATEGY Les sports

PROP: Transparency 40 *(Quelques sports individuels)*

Introduce the sports by pointing to the people on the transparency.

Pierre fait du jogging.
Michèle fait de l'escalade.
Est-ce qu'elle fait du vélo?
Non, elle fait de l'escalade.

When students are familiar with the sports in the affirmative, introduce the negative construction.

Est-ce que Pierre fait du snowboard?
Non, il ne fait pas de snowboard.
Et toi, [David], est-ce que tu fais du snowboard?, etc.

1 Le sport et vous

PARLER/ÉCRIRE Indiquez vos préférences en complétant les phrases suivantes.

1. Je fais du sport …
   - tous les jours
   - une fois par semaine
   - trois fois par semaine
   - pratiquement jamais
2. Je fais du sport parce que …
   - c'est amusant
   - c'est bon pour la santé *(health)*
   - c'est obligatoire à mon école
   - ?
3. Je préfère courir …
   - seul(e) *(alone)*
   - avec un copain ou une copine
   - avec mon chien
   - ?
4. Je préfère faire de la natation …
   - dans une piscine
   - dans un lac
   - dans une rivière
   - à la mer *(ocean)*
5. En hiver, mon sport préféré est …
   - le ski
   - le patinage
   - le surf des neiges
   - ?
6. En été, mon sport préféré est …
   - l'équitation
   - la voile
   - le ski nautique
   - ?
7. Dans mon quartier, les jeunes font …
   - du roller
   - du skate
   - du jogging
   - ?
8. Je voudrais apprendre à faire …
   - du surf
   - du parachutisme
   - du parapente *(parasailing)*
   - de la plongée sous-marine *(scuba diving)*
   - de l'escalade

2 Et vos camarades?

PARLER Demandez à vos camarades s'ils pratiquent les sports suivants. S'ils répondent que **oui,** continuez le dialogue avec des questions comme **où? quand? avec qui?**

▶ **—Tu fais du jogging?**
—Oui, je fais du jogging.
—(Non, je ne fais pas de jogging.)
—Où?
—Je fais du jogging dans les rues de mon quartier.
(dans le parc de la ville, …).

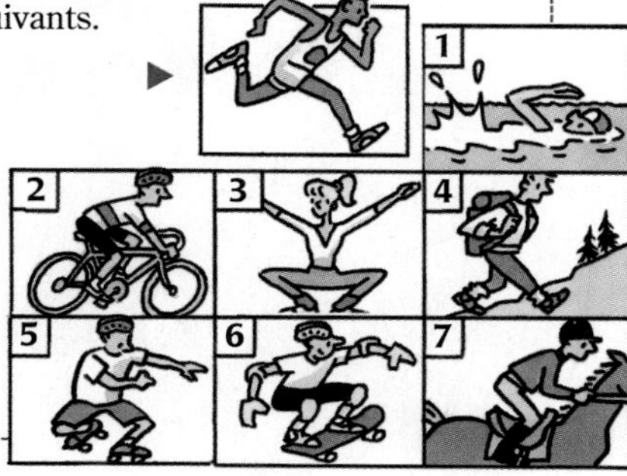

3 Le sport et la géographie

PARLER/ÉCRIRE Dites quels sports individuels on pratique dans les régions suivantes.

▶ À la Martinique … **À la Martinique, on fait de la voile, du ski nautique, de la planche à voile …**

1. À Hawaii …
2. Dans le Colorado …
3. En Floride …
4. En Californie …
5. Dans ma région, en été …
6. Dans ma région, en hiver …

INCLUSION

Repetitive Review the articles for each sport from the vocabulary box on p. 274, having students repeat the name of each sport three times. Then drill the use of **faire du/de la/de l'** + sport. Write the name of a sport on the board and ask students to generate a sentence. (example: **Je fais du roller.**) Next, pair strong and at-risk students and have them ask each other five questions about the sports they practice.

1 COMPREHENSION expressing preferences

Answers will vary.
1. Je fais du sport (tous les jours).
2. Je fais du sport parce que (c'est bon pour la santé).
3. Je préfère courir (avec un copain ou une copine).
4. Je préfère faire de la natation (dans un lac).
5. En hiver, mon sport préféré est (le surf des neiges).
6. En été, mon sport préféré est (la voile).
7. Dans mon quartier, les jeunes font (du roller).
8. Je voudrais apprendre à faire (du parachutisme).

Language note Point out that alone or by oneself is **seul(e).**

Teaching note You may wish to have students do this activity in a chain.

S1: **Je fais du sport [trois fois par semaine].**
S2: **Je fais du sport [tous les jours]. Je fais du sport parce que [c'est bon pour la santé]. Et toi, Isabelle?,** etc.

2 EXCHANGES talking about sports

Answers will vary.
–Tu fais … ?
–Oui, je fais … (Non, je ne fais pas de …)
–Où?
–Je fais … (endroit).
–Quand?
–Je fais …(jour, nombre de fois par semaine).
–Avec qui?
–Je fais … avec (personne)/seul(e).
1. de la natation (natation)
2. du vélo (vélo)
3. de la gymnastique (gymnastique)
4. de la marche à pied (marche à pied)
5. du patin à roulettes/du roller (patin à roulettes/roller)
6. du skate (skate)
7. de l'équitation (d'équitation)

3 COMPREHENSION matching sports and regions

Answers will vary.
1. À Hawaii, on fait (de la voile, de la planche à voile, du surf, du ski nautique, de la natation).
2. Dans le Colorado, on fait (du ski, de l'alpinisme, de la marche à pied).
3. En Floride, on fait (de la natation, de la planche à voile, de la voile, du ski nautique, du jogging).
4. En Californie, on fait (du jogging, du skate, de la natation, de la voile, de la planche à voile, du ski nautique, du surf).
5. Dans ma région, en été, on fait (de la natation, de la planche à voile, de l'équitation, du roller, du skate, du surf).
6. Dans ma région, en hiver, on fait (du ski, du patinage, de la marche à pied).

SECTION B

Communicative function
Identifying parts of the body

Teaching Resource Options

PRINT

Workbook PE, pp. 157–164
Unit 5 Resource Book
- Audioscript, p. 33
- Communipak, pp. 148–165
- Video Activities, p. 26
- Videoscript, p. 30
- Workbook TE, pp. 1–8

AUDIO & VISUAL 

Audio Program
CD 3 Track 13

Overhead Transparencies
41 *Les parties du corps*

VIDEO PROGRAM

VIDÉO DVD
LEÇON 17

Section 1: Un peu de gymnastique
(1:05:10–1:09:08 min.)

Language notes

- Point out the use of the definite article **(le, la, les)** with parts of the body.
  Je lève **le** bras droit.
  *I raise **my** right arm.*
  This construction is formally presented in Leçon 19.
- The verb **lever** is conjugated like **acheter: je lève, nous levons**

Supplementary vocabulary

baisser *to lower*

Language note

Les cheveux is usually plural. **Un cheveu** is a single strand of hair.

Supplementary vocabulary

le visage *face*	**le poignet** *wrist*
le front *forehead*	**le pouce** *thumb*
le menton *chin*	**les ongles** (m.) *nails*
les lèvres (f.) *lips*	**la taille** *waist*
la langue *tongue*	**la hanche** *hip*
la gorge *throat*	**la cheville** *ankle*
le coude elbow	**le doigt de pied** *toe*
la peau *skin*	
le sang *blood*	

Note the plural **les genoux.**

B VOCABULAIRE Un peu de gymnastique 

Je lève le bras droit.

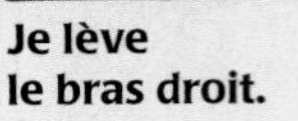
lever* *to raise*

Je lève le bras gauche.

Je plie les jambes.

plier *to bend*

Je mets les mains derrière le dos.

Je mets les mains sur la tête.

Lever* is conjugated like **acheter: je lève, tu lèves, il lève, nous levons, vous levez, ils lèvent.**

Les parties du corps

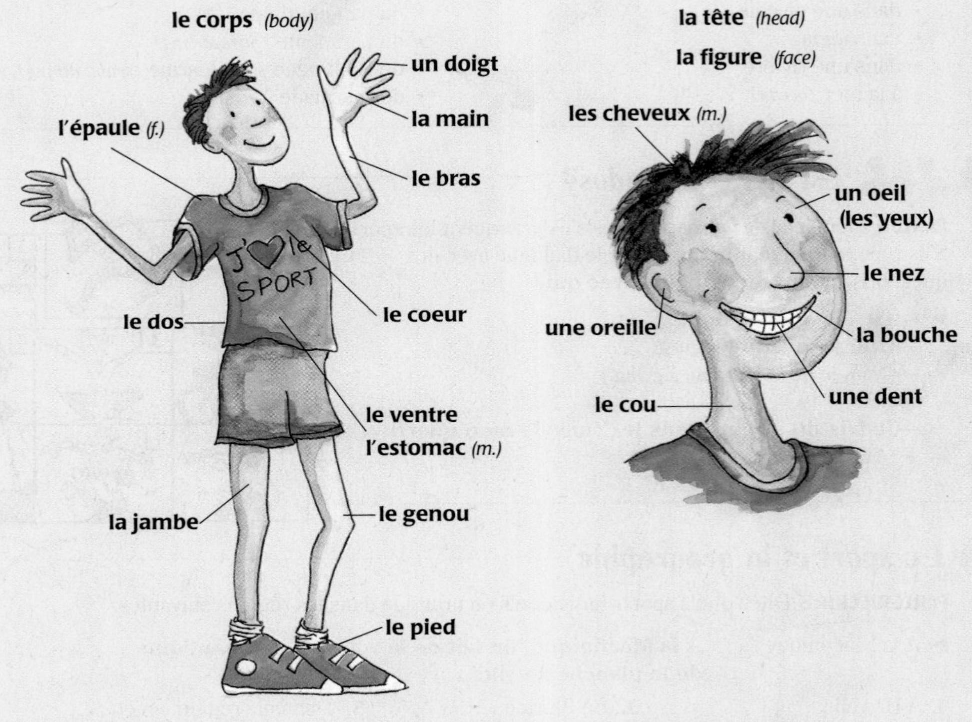

TEACHING STRATEGY

Les parties du corps
PROP: Transparency 41 *(Les parties du corps)*

Ask students to stand. Call out a part of the body and have students point to the appropriate part.

Montrez-moi votre dos.
Montrez-moi vos oreilles.

Verify by pointing to the correct body part on the transparency.

INCLUSION

Cumulative Review the forms of stem-changing verbs. Write the forms of the verbs **acheter** and **lever** on the board and underline the **nous-** and **vous-** forms. Have students repeat each conjugation three times, emphasizing the sound of the first "e."

«Jacques a dit»

PARLER Le jeu de **«Jacques a dit»** est l'équivalent du jeu américain *«Simon says»*. Jouez à ce jeu avec vos camarades. Vous pouvez utiliser les instructions suivantes ou créer d'autres instructions.

▶ Jacques a dit / touchez les cheveux

Jacques a dit
«Touchez les cheveux.»

1. levez la main droite
2. levez la jambe gauche
3. levez la tête
4. mettez la main gauche derrière le dos
5. mettez la main droite sur l'oreille gauche
6. mettez un doigt sur le nez
7. mettez deux doigts sur la bouche
8. ouvrez *(open)* la bouche
9. fermez *(close)* les yeux
10. mettez les mains autour *(around)* du cou
11. pliez les genoux
12. montrez vos dents
13. mettez les mains sur les épaules
14. touchez votre pied gauche avec la main droite

5 Anatomie

PARLER/ÉCRIRE Complétez les phrases suivantes avec la partie du corps qui convient.

▶ On mange …
On mange avec la bouche et les dents.

1. On regarde avec …
2. On court avec …
3. On écoute avec …
4. On joue au foot avec …
5. On respire *(breathes)* par …
6. On joue au basket avec …
7. On joue de la guitare avec …
8. On porte un chapeau sur …

4 COMPREHENSION responding to commands with physical movements

1. Jacques a dit «Levez la main droite.»
2. Jacques a dit «Levez la jambe gauche.»
3. Jacques a dit «Levez la tête.»
4. Jacques a dit «Mettez la main gauche derrière le dos.»
5. Jacques a dit «Mettez la main droite sur l'oreille gauche.»
6. Jacques a dit «Mettez un doigt sur le nez.»
7. Jacques a dit «Mettez deux doigts sur la bouche.»
8. Jacques a dit «Ouvrez la bouche.»
9. Jacques a dit «Fermez les yeux.»
10. Jacques a dit «Mettez les mains autour du cou.»
11. Jacques a dit «Pliez les genoux.»
12. Jacques a dit «Montrez vos dents.»
13. Jacques a dit «Mettez les mains sur les épaules.»
14. Jacques a dit «Touchez votre pied gauche avec la main droite.»

5 DESCRIPTION describing physical actions

1. On regarde avec les yeux.
2. On court avec les jambes (les pieds).
3. On écoute avec les oreilles.
4. On joue au foot avec les pieds (les jambes).
5. On respire par le nez.
6. On joue au basket avec les bras (les mains) et les jambes.
7. On joue de la guitare avec les mains (les doigts).
8. On porte un chapeau sur la tête.

Expansion Have students make up additional cues.

ACTIVITY Une chanson

You may wish to teach your class the song "Tête, épaules, genoux et pieds." It is sung to the tune of "There's a Tavern in the Town." Have students touch the appropriate body parts as they sing.

Tête, épaules, genoux et pieds,
genoux et pieds (bis)
J'ai deux yeux, un nez, une bouche et
deux oreilles
Tête, épaules, genoux et pieds,
genoux et pieds.

SECTION C

Communicative function
Talking about one's health

Teaching Resource Options

PRINT 

Workbook PE, pp. 157–164
Unit 5 Resource Book
- Audioscript, p. 33
- Communipak, pp. 148–165
- Family Involvement, pp. 22–23
- Video Activities, pp. 27–28
- Videoscript, p. 31
- Workbook TE, pp. 1–8

Assessment
- Lesson 17 Quiz, pp. 40–41
- Portfolio Assessment, Reprise/Unit 1 URB, pp. 235–244
- Audioscript for Quiz 17, p. 39
- Answer Keys, pp. 214–218

AUDIO & VISUAL 

Audio Program
CD 3 Track 14
CD 19 Track 1

Overhead Transparencies
42 *La santé*

TECHNOLOGY

Test Generator CD-ROM/McDougal Littell Assessment System

VIDEO PROGRAM

LEÇON 17

Section 2: La santé
(1:09:09–1:10:49 min.)

Supplementary vocabulary

J'ai mal à la gorge. *I have a sore throat.*
tousser: Je tousse. *I am coughing.*
éternuer: J'éternue. *I am sneezing.*

Prenez du sirop *(cough syrup).*
Prenez de l'aspirine.

6 ROLE PLAY describing injuries and ailments

1. –Où as-tu mal?
   –J'ai mal à la main.
2. –Où as-tu mal?
   –J'ai mal à la tête.
3. –Où as-tu mal?
   –J'ai mal aux dents.
4. –Où as-tu mal?
   –J'ai mal au nez.
5. –Où as-tu mal?
   –J'ai mal au dos.
6. –Où as-tu mal?
   –J'ai mal au cou.
7. –Où as-tu mal?
   –J'ai mal aux oreilles.

C VOCABULAIRE La santé 

Ça va?
Non, ça ne va pas.
Qu'est-ce que tu as?
J'ai un rhume.

–Ça va?

☺	☹
Oui, **ça va.**	Non, **ça ne va pas.**
Je suis **en forme** *(in shape).*	Je ne suis pas en forme.
Je suis **en bonne santé** *(health).*	Je suis en mauvaise santé.
Je me **sens** *(feel)* bien.	Je ne me sens pas bien.
Ça va **mieux** *(better).*	

–Qu'est-ce que tu as? *(What's wrong? What's the matter?)*

Je suis | **malade** *(sick).* / **fatigué(e)** *(tired)*
J'ai | **la grippe** *(flu).* / **un rhume** *(cold)*

–Où est-ce que tu as mal? *(Where does it hurt?)*

J'ai mal	**à la tête.**	*(I have a headache. My head hurts.)*
	au ventre	*(I have a stomachache. My stomach hurts.)*
	au dos	*(I have a sore back. My back hurts.)*
	aux oreilles	*(I have an earache. My ears hurt.)*

➔ To indicate where you have a pain or where you are sore, use the construction:

avoir mal { **au** (à l') / **à la** (à l') / **aux** } + PART OF THE BODY

6 Aïe! *(Ouch!)*

PARLER Demandez à vos camarades où ils ont mal.

▶ **—Où as-tu mal?**
—J'ai mal au pied.

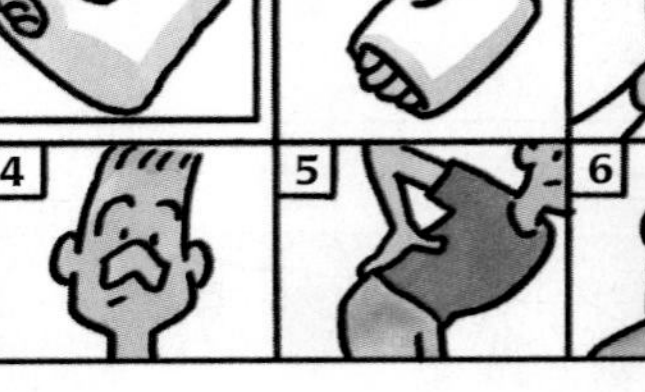

7 Questions personnelles PARLER/ÉCRIRE

1. Qu'est-ce que tu fais pour rester en bonne santé?
2. Est-ce que tu es en forme? Qu'est-ce que tu fais pour rester en forme?
3. Est-ce que tu as mal à la tête quand tu étudies trop? Quel médicament *(medicine)* est-ce que tu prends quand tu as mal à la tête? Et quand tu as mal au ventre?
4. Est-ce que tu as eu la grippe l'année dernière? Où est-ce que tu as eu mal?
5. Quels sports est-ce que tu pratiques? Est-ce que tu as mal après avoir pratiqué ces sports? Où?
6. Est-ce que tu es allé(e) chez le dentiste récemment? Pourquoi? Est-ce que ça va mieux maintenant?

TEACHING STRATEGY La santé

PROP: Transparency 42 *(La santé)*

Say a sentence and have students mime the action. Verify by pointing to the appropriate person on the transparency.

Vous êtes fatigués. (students yawn)
Point to person yawning.
Juliette est fatiguée aussi.

8  Ça va?

PARLER Créez des dialogues, suivant le modèle, en choisissant un élément de chaque colonne.

A la partie du corps	B le problème
les yeux	courir
le nez	manger trop de chocolats
les dents	faire de la marche
les pieds	regarder la télé
les doigts	travailler dans le jardin
la tête	jouer de la guitare
le ventre	être piqué *(stung)* par un moustique
les jambes	??
le dos	

Au jour le jour

En été, beaucoup de Français passent leurs vacances dans les terrains de camping. Ces terrains de camping sont généralement bien équipés. Ils offrent souvent la possibilité de pratiquer différents sports.

Imaginez que, l'été prochain, vous allez faire du camping en France avec des copains. Vous êtes chargé(e) de trouver un terrain de camping.

Regardez la brochure.

- Comment s'appelle ce terrain de camping?
- Où est-il situé? (à la mer? à la campagne? à la montagne?)
- Combien coûte le séjour *(stay)* de deux semaines en juillet? en juin?
- Comment est-ce que vous pouvez obtenir des informations sur ce camping?

air marin *sea air* **tir à l'arc** *archery* **pédalos** *pedal boats*
location *rental* **vélo-cross** *dirt bike (circuit)*
emplacement délimité *marked camp site*
inclus gratuitement *included at no extra cost*
animations *organized social activities*

À L'AIR MARIN
SPECIAL SALON

Vous trouverez cet été:
- Piscine
- Tennis
- Tir à l'arc
- Volleyball
- Pétanque
- Ping-pong
- Canoës
- Planches à voile
- Pédalos
- Ski nautique
- Voile
- Promenade à cheval
- Pêche
- Location de bicyclettes
- Vélo-cross
- Mini-golf
- Excursions

Votre emplacement délimité
PRIX SPÉCIAL JUILLET - AOÛT
2 semaines 4 personnes
620€
inclus gratuitement:
- piscine
- électricité
- animations
- soirées dansantes

JUIN ET SEPTEMBRE
2 semaines 4 personnes
500€

INFORMATIONS ET RESERVATIONS:
TÉL. 04.67.21.64.90
CAMPING L'AIR MARIN
34450 VIAS-SUR-MER - FRANCE

info@camping-air-marin.fr

CLASSROOM MANAGEMENT Group Reading Activity

- Choisissez trois ou quatre camarades. Dans votre groupe, analysez la liste des activités et des sports proposés dans la brochure.
- Faites une liste de quatre sports aquatiques *(water sports)* en les classant par ordre de préférence.
- Faites une liste de six autres sports ou activités en les classant par ordre de préférence.
- Comparez vos listes avec celles des autres groupes.

7 COMMUNICATION answering personal questions

Answers will vary.
1. Pour rester en bonne santé, je (fais du jogging).
2. Oui, je suis en forme. (Non, je ne suis pas en forme.) Pour rester en forme, je fais (de la natation deux fois par semaine).
3. Oui, j'ai mal à la tête quand j'étudie trop. (Non, je n'ai pas mal à la tête quand j'étudie trop.) Quand j'ai mal à la tête, je prends (de l'aspirine). Quand j'ai mal au ventre, je (prends du thé).
4. Oui, j'ai eu la grippe l'année dernière. (Non, je n'ai pas eu la grippe l'année dernière.) J'ai eu mal (à la tête, aux oreilles et au ventre).
5. Je pratique (la natation et la marche à pied). (Je fais de la natation et de la marche à pied.) (Je ne pratique pas de sport.) Après avoir pratiqué ces sports, j'ai mal (aux jambes). (Je n'ai pas mal.)
6. Oui, je suis allé(e) chez le dentiste récemment. (Non, je ne suis pas allé[e] chez le dentiste récemment.) Je suis allé(e) chez le dentiste parce que j'ai eu mal aux dents. Oui, ça va mieux maintenant. (Non, ça ne va pas mieux.)

8 COMPREHENSION talking about health problems and their causes

Answers will vary.
–Ça va?
–Non, j'ai mal ...
–Vraiment? Qu'est-ce que tu as fait?
–J'ai ...
- au nez/été piqué par un moustique
- aux dents/mangé trop de chocolats
- aux pieds/fait de la marche
- aux doigts/joué de la guitare
- à la tête/regardé la télé
- au ventre/mangé trop de chocolats
- aux jambes/couru
- au dos/travaillé dans le jardin

AU JOUR LE JOUR

Objectives
- Reading authentic realia
- Reading for information

Questions sur la brochure

Answers
- Le terrain de camping s'appelle «L'Air marin».
- Il est situé à la mer.
- En juillet, le séjour de deux semaines coûte 620 euros. En juin, le séjour de deux semaines coûte 500 euros.
- On peut téléphoner au 04.67.21.64.90 ou on peut envoyer une lettre ou un mail.

Leçon 18

Main Topic Talking about one's activities

Teaching Resource Options

PRINT

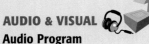

Workbook PE, pp. 165–168
Activités pour tous PE, pp. 105–107
Block Scheduling Copymasters, pp. 145–152
Unit 5 Resource Book
- *Activités pour tous* TE, pp. 47–49
- Audioscript, pp. 69, 70–73
- Communipak, pp. 148–165
- Lesson Plans, pp. 50–51
- Block Scheduling Lesson Plans, pp. 52–54
- Absent Student Copymasters, pp. 55–57
- Video Activities, pp. 60–67
- Videoscript, p. 68
- Workbook TE, pp. 43–46

AUDIO & VISUAL

Audio Program
CD 3 Track 15
CD 10 Tracks 7–12

TECHNOLOGY

Online Workbook

VIDEO PROGRAM

LEÇON 18

Un vrai sportif

TOTAL TIME: 2:01 min.
DVD Disk 1
Videotape 1 (COUNTER: 1:10:54 min.)

LEÇON 18

VIDÉO-SCÈNE

Un vrai sportif

Aimez-vous le sport? Comme beaucoup de jeunes Français, Pierre et Armelle font du sport assez souvent. En hiver ils font du ski dans les Alpes. En été, ils font de la natation et de la planche à voile sur le lac d'Annecy.

Ce matin, ils font du jogging ...

En route, ils voient quelqu'un qui fait du jogging aussi.

Tiens, regarde. C'est pas Jérôme là-bas?
Si, si, c'est lui.

Il fait souvent du jogging?
Oh ... Il en fait de temps en temps. Comme nous.

Salut!
Salut!
Salut!

Armelle et Pierre disent bonjour à Jérôme.

D'où viens-tu?
Je viens du gymnase.
Tu y vas souvent?
Ah oui! J'y vais tous les matins.

CULTURAL NOTE Le parapente

Le parapente *(parasailing)* is a spectacular and exciting sport practiced in the mountainous areas of France. One wears a harness with a colorful rectangular parachute and takes a running jump off a high cliff or overhang.

By changing the angle of the parachute, one can direct one's flight, riding air currents up and down.

One makes one's landing in a specially designated circular area situated below the jump-off point.

In Annecy, **les parapentistes** jump from the Col de la Forclaz, 600 meters (2,000 feet) above Lake Annecy, and land near the picturesque village of Talloires.

Casual speech In casual speech, **c'est quoi ...?** often replaces the standard **Quel est ...?** construction.

C'est quoi ton sport préféré?
(Quel est ton sport préféré?)
Also: **C'est qui ...?**
(Qui est ...?)

Language note

Tu parles! *You must be joking!*

Jérôme, c'est quoi ton sport préféré?
Oh, tu sais, j'aime tous les sports. Mais maintenant ma spécialité, c'est le parapente.

Ah bon? Où est-ce que tu en fais?
À Talloires, au-dessus du lac. J'y vais tous les week-ends.

Tu vas y aller le week-end prochain?
Bien sûr. Je vais même participer à une compétition samedi matin avec mes copains. J'ai des chances de gagner.

Et tu n'as pas peur?
Non, pourquoi?
Parce que c'est dangereux, non?
Mais, non, c'est pas dangereux quand on est en forme, comme moi ...

Jérôme continue son jogging.

Au revoir, champion!

Dis donc, ton frère, c'est un vrai sportif!

Armelle semble impressionnée par les exploits de Jérôme.

Tu parles!

Pierre, lui, n'est pas très impressionné. **à suivre ...**

Compréhension

1. Qui est-ce que Pierre et Armelle rencontrent?
2. D'où vient Jérôme?
3. Quel est son sport préféré maintenant?
4. Qu'est-ce qu'il va faire samedi matin?

Compréhension

Answers

1. Ils rencontrent Jérôme.
2. Il vient du gymnase.
3. Son sport préféré est le parapente.
4. Il va participer à une compétition.

The video shows parasailing in the Alps in the winter, but it is also a very popular summer sport, especially in Annecy.

SECTION A

Communicative function
Talking about location

Teaching Resource Options

PRINT 

Workbook PE, pp. 165–168
Unit 5 Resource Book
Communipak, pp. 148–165
Workbook TE, pp. 43–46

AUDIO & VISUAL 

Overhead Transparencies
9 *Quelques endroits*

TECHNOLOGY 

Power Presentations

Language notes

- The pronoun **y** does NOT replace place names introduced by **de.**
- In infinitive constructions, **y** comes before the infinitive.
  Je vais **y** aller demain.
- Because of liaison, the imperative **tu**-forms of **aller** and all **-er** verbs keep the final **«s»** before the pronoun **y.**
- Usually **à** + PEOPLE is replaced by the indirect object pronoun **lui/leur.**
  Tu parles **au professeur?**
  Oui, je **lui** parle.
  Tu réponds **à tes cousins?**
  Oui, je **leur** réponds.

Teaching tip Ask questions about the places shown on **Transparency 9,** and have students respond using **y.**

Est-ce que Marc va à l'église?
Oui, il y va., etc.

A Le pronom *y*

Note the use of the pronoun **y** *(there)* in the answers to the following questions.

Tu vas souvent **à la plage**?	Oui, j'**y** vais souvent en été.
Tu vas **au club** de sports le soir?	Non, je n'**y** vais pas.
Est-ce que tu vas **chez ton copain**?	Oui, j'**y** vais assez souvent.
Est-ce que ta raquette est **dans ta chambre**?	Non, elle n'**y** est pas.
Tu es allé **en France**?	Oui, j'**y** suis allé.
Est-ce qu'Éric est allé **chez son cousin**?	Non, il n'**y** est pas allé.

The pronoun **y** is the equivalent of the English *there.* It replaces names of places introduced by PREPOSITIONS OF PLACE such as **à, en, dans, chez,** etc.

Like other object pronouns, **y** comes BEFORE the verb, except in affirmative commands.

→ Note the word order in negative sentences.
Je **n'y** vais **pas.** — Je **n'y** suis **pas** allé.

→ Note the position of **y** in affirmative commands. There is liaison between the verb and **y.**
On va **au stade**? — Oui, allons-**y**!
Je vais **à la bibliothèque**? — Oui, vas-**y**!

→ The expression **Vas-y**! is used to encourage people.
Vas-y! — *Go on! Go ahead! Keep going!*

→ The pronoun **y** may also replace **à** + NOUN designating a THING.
Tu joues **au foot**? — Oui, j'**y** joue.
Tu réponds **à cette lettre**? — Non, je n'**y** réponds pas.

→ Note the following conversational expressions with **y.**
Vas-y! — *Go on! Go ahead! Keep going!*
On y va? — *Should we go? Are we going?*
Allons-y! — *Let's go!*

TEACHING STRATEGY Les pronoms *y* et *en*

This lesson presents the pronouns **y** and **en,** which are frequently used in everyday spoken French.

- RECOGNITION An awareness of the uses of **y** and **en** will increase students' oral comprehension.
- PRODUCTION Students do not need to master these pronouns in order to express themselves adequately at this level.

You may wish to present this lesson rapidly, focusing on recognition rather than production. (Depending on your goals and objectives, it is also possible to postpone this lesson until later.)

VOCABULAIRE Quelques expressions de temps

souvent	*often*	L'été, je vais **souvent** à la plage.
quelquefois	*sometimes*	Je joue **quelquefois** au volley.
de temps en temps	*from time to time*	Je vais **de temps en temps** à la campagne.
parfois	*occasionally*	Je fais **parfois** une promenade à vélo.
rarement	*seldom, rarely*	Je vais **rarement** chez mon cousin.
ne ... presque jamais	*almost never*	Je **ne** vais **presque jamais** au théâtre.

1 Conversation

PARLER Demandez à vos camarades s'ils vont aux endroits suivants. Ils vont répondre en utilisant une expression de temps.

▶ à la piscine?

Tu vas à la piscine?
Oui, j'y vais de temps en temps (souvent).

(Non, je n'y vais presque jamais.)

1. à la bibliothèque?
2. au gymnase?
3. à la campagne?
4. au concert?
5. en ville?
6. au supermarché?
7. dans les magasins?
8. chez ton copain (ta copine)?
9. chez tes grands-parents?
10. chez le dentiste?

2 Pas le week-end!

PARLER/ÉCRIRE Le week-end on ne fait pas ce qu'on fait pendant la semaine. Exprimez cela en utilisant le pronom **y**.

▶ Nous déjeunons à la cantine de l'école.
Le week-end, nous n'y déjeunons pas.

1. On va à l'école.
2. Ma mère va à son travail.
3. Je vais à la bibliothèque.
4. Les élèves sont en classe.
5. Vous restez chez vous.
6. Ma tante déjeune au restaurant.
7. Nous jouons au foot.
8. Vous jouez au volley.

3 Questions personnelles

PARLER/ÉCRIRE Utilisez le pronom **y** dans vos réponses.

1. Maintenant, es-tu en classe?
2. Le samedi, vas-tu au cinéma?
3. Le dimanche, dînes-tu au restaurant?
4. Le week-end, restes-tu chez toi?
5. Es-tu allé(e) en France?
6. Es-tu allé(e) à Tahiti?
7. Es-tu monté(e) à la Statue de la Liberté?
8. Es-tu descendu(e) dans le Grand Canyon?

UNE ENQUÊTE Visites et sorties

Take a survey to determine which American city has been visited by the greatest number of students.

- Have students name cities they have visited and write these on the board (e.g., New York, Chicago, Miami, San Antonio).
- For each city ask:
  Qui est allé à [New York]?

Count how many students respond:
J'y suis allé(e).

ALTERNATE Conduct a similar survey about where students went last weekend (e.g., **au cinéma, en ville, chez un copain, à la campagne,** etc.).

Pronunciation

de temps en temps /dətɑ̃zɑ̃tɑ̃/

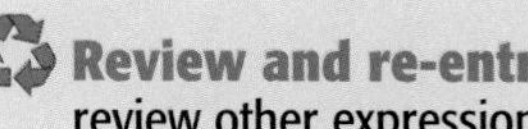

 **Review and re-entry** You may review other expressions of time:
une (deux, trois, plusieurs) fois par jour (semaine, mois, etc.)
tout le temps
tous les jours
toutes les semaines

1 EXCHANGES finding out how often people go to certain places

Answers will vary.
–Tu vas ... ?
–Oui, j'y vais souvent (quelquefois/de temps en temps/parfois/rarement).
(–Non, je n'y vais presque jamais.)

Variation (in passé composé) Ask whether your classmates went to these places last week.
–Est-ce que tu es allé(e) à la piscine la semaine dernière?
–Oui, j'y suis allé(e). (Non, je n'y suis pas allé(e).)

2 DESCRIPTION saying what people do not do on weekends

1. Le week-end, on n'y va pas.
2. Le week-end, elle n'y va pas.
3. Le week-end, je n'y vais pas.
4. Le week-end, ils n'y sont pas.
5. Le week-end, vous n'y restez pas.
6. Le week-end, elle n'y déjeune pas.
7. Le week-end, nous n'y jouons pas.
8. Le week-end, vous n'y jouez pas.

3 COMMUNICATION answering personal questions

Answers will vary.
1. Oui, j'y suis. (Non, je n'y suis pas.)
2. Oui, j'y vais le samedi. (Non, je n'y vais pas le samedi.)
3. Oui, le dimanche, j'y dîne. (Non, le dimanche, je n'y dîne pas.)
4. Oui, le week-end, j'y reste. (Non, le week-end, je n'y reste pas.)
5. Oui, j'y suis allé(e). (Non, je n'y suis pas allé[e].)
6. Oui, j'y suis allé(e). (Non, je n'y suis pas allé[e].)
7. Oui, j'y suis monté(e). (Non, je n'y suis pas monté[e].)
8. Oui, j'y suis descendu(e). (Non, je n'y suis pas descendu[e].)

Extra cues
5. au Canada? au Mexique? à Puerto-Rico?
7. à la Tour Eiffel?

SECTION B

Communicative function
Talking about quantities

Teaching Resource Options

PRINT 

Workbook PE, pp. 165–168
Unit 5 Resource Book
Communipak, pp. 148–165
Workbook TE, pp. 43–46

AUDIO & VISUAL 

Overhead Transparencies
40 *Quelques sports individuels*
30 *Fruits et légumes*

TECHNOLOGY

Power Presentations

Language notes

- In the passé composé, the past participle does not agree with **en.**
- In infinitive constructions, **en** comes before the infinitive.
  –Tu vas faire du jogging?
  –Oui, je vais en faire.
- Because of liaison, the imperative **tu-** forms of **-er** verbs keep their final **«s»** before the pronoun **en.**
  Achète des fruits.
  Achètes-en.

Teaching tip Ask students questions about the sports shown on **Transparency 40.**
–Est-ce que tu fais du jogging?
–Oui, j'en fais. (Non, je n'en fais pas.)

Teaching tip Ask whether the market shown on **Transparency 30** sells or has certain items. Students respond using **en.**

- **–Est-ce qu'on vend des oranges?**
  –Oui, on en vend.
- **–Est-ce qu'on vend du fromage?**
  –Non, on n'en vend pas.
- **–Est-ce qu'il y a des tomates?**
  –Oui, il y en a.
- **–Est-ce qu'il y a du riz?**
  –Non, il n'y en a pas.

B Le pronom *en*

Note the use of the pronoun **en** in the answers to the questions below.

Tu fais **du jogging**?	Oui, j'**en** fais.
Vous avez fait **de la gymnastique**?	Oui, nous **en** avons fait.
Tu veux **de l'eau minérale**?	Oui, merci, j'**en** veux bien.
Tu as mangé **des spaghetti**?	Oui, j'**en** ai mangé.
Tu ne fais pas **de ski,** n'est-ce pas?	Non, je n'**en** fais pas.
Tu ne veux pas **de frites,** n'est-ce pas?	Non, je n'**en** veux pas.

POSITION

Like other object pronouns, **en** comes BEFORE the verb except in affirmative commands.

→ Liaison is required after **en** when the verb begins with a vowel sound.

J'en ai.  Tu n'en as pas. 

→ Note the position of **en** in negative sentences.

Je ne fais pas **de sport.**	Je n'**en** fais pas.
Je n'ai pas acheté **de pain.**	Je n'**en** ai pas acheté.

→ Note the position of **en** in affirmative commands. There is liaison between the verb and **en.**

Fais **de la gymnastique.**	Fais-**en!**
Prends **de l'eau minérale.**	Prends-**en!**

→ Note the position of **en** with **il y a.**

Est-ce qu'il y a **des pommes**?	Oui, il y **en** a.
	Non, il n'y **en** a pas.

4 Vive les loisirs! 

PARLER Demandez à vos camarades s'ils pratiquent les sports suivants ou les activités suivantes.

▶ de la photo

1. du ski nautique
2. de la voile
3. de la planche à voile
4. de la danse moderne
5. de l'escalade
6. du patin à roulettes
7. du patinage
8. du camping
9. du ski
10. du surf
11. du roller
12. du VTT
13. du skate
14. du snowboard

(Non, je n'en fais pas.)

PACING

Depending on your schedule, you may choose to do only two or three of Act. 4, 5, 6, and 7.

INCLUSION

Structured Write a chart for the position of the pronoun **en** on the board. Tell students to copy it into their notebooks. Ask them to repeat after you as you use **en** in affirmative, negative and imperative sentences. Then, ask them questions and have them answer using **en** in the affirmative, negative and imperative.

USES

The pronoun **en** replaces	**du, de la (de l')** / **des** / **de (d')**	+	NOUN
Je voudrais **de la limonade.**	J'**en** voudrais.		*I would like **some.***
On a acheté **des croissants.**	On **en** a acheté.		*We bought **some.***
Je ne veux pas **de fromage.**	Je n'**en** veux pas.		*I don't want **any.***

LANGUAGE COMPARISON

→ The pronoun **en** is often the equivalent of the English pronoun *some, any.* While these pronouns are sometimes omitted in English, **en** must always be used in French.

Tu as **de l'argent**? Oui, j'**en** ai. *Yes, I have **(some).***
Non, je n'**en** ai pas. *No, I don't have **any.***

Tu as un baladeur?
Oui, j'en ai un.

Other uses of en

→ **En** replaces a noun introduced by **un** or **une.**

Tu as **un baladeur**? Oui, j'en ai **un.** *Yes, I have **one.***

→ Note that **un** and **une** are not used in negative sentences.

Tu as **une voiture**? Non, je n'**en** ai pas. *No, I don't have **one.***

→ **En** replaces the preposition **de** + NOUN.

Tu viens **de la plage**? Oui, j'**en** viens. *Yes, I am coming **from there.***
Tu parles **de tes projets**? Non, je n'**en** parle pas. *No, I don't talk **about them.***
Tu as besoin **de ton livre**? Oui, j'**en** ai besoin. *Yes, I need **it.***

→ **En** replaces a noun introduced by a NUMBER.

Marc a **trois frères**. Et toi? Moi, j'**en** ai **deux.** *I have **two.***
Sandrine a **trente CD.** Moi, j'**en** ai **trente** aussi. *I also have **thirty.***

Sandrine a trente CD. Moi, j'en ai trente aussi.

→ **En** replaces **de** + NOUN after an expression of QUANTITY.

Tu as **beaucoup d'amis**? Oui, j'**en** ai **beaucoup.** *Yes, I have **many.***
Tu as **assez d'argent**? Non, je n'**en** ai pas **assez.** *No, I don't have **enough.***

5  Un régime de championne

PARLER Un journaliste interviewe une athlète. Jouez les deux rôles.

▶ faire du jogging? (tous les matins)

1. faire de la gymnastique? (tous les jours)
2. faire du vélo? (avant le dîner)
3. faire de la marche à pied? (quelquefois)
4. boire du jus d'orange? (au petit déjeuner)
5. boire de l'eau minérale? (à tous les repas)
6. manger du yaourt? (très souvent)
7. manger des produits naturels? (tout le temps)
8. donner des interviews? (de temps en temps)
9. prendre des vacances? (rarement)

TEACHING NOTE

With fast-paced classes, you may want to contrast the pronouns **le, la, les,** and **en:**

Je mange **le gâteau.**
Je **le** mange. *I am eating it.*

Je mange **du gâteau.**
J'**en** mange. *I am eating some.*

Point out that in the passé composé, there is no agreement of the past participle with **en.**

J'ai mangé **la glace.**
Je **l'**ai mangé**e.**

J'ai mangé **de la glace.**
J'**en** ai mangé.

4 EXCHANGES talking about sports and leisure activities

Answers will vary.

1. –Tu fais du ski nautique?
   –Oui, j'en fais. (Non, je n'en fais pas.)
2. –Tu fais de la voile?
   –Oui, j'en fais. (Non, je n'en fais pas.)
3. –Tu fais de la planche à voile?
   –Oui, j'en fais. (Non, je n'en fais pas.)
4. –Tu fais de la danse moderne?
   –Oui, j'en fais. (Non, je n'en fais pas.)
5. –Tu fais de l'escalade?
   –Oui, j'en fais. (Non, je n'en fais pas.)
6. –Tu fais du patin à roulettes?
   –Oui, j'en fais. (Non, je n'en fais pas.)
7. –Tu fais du patinage?
   –Oui, j'en fais. (Non, je n'en fais pas.)
8. –Tu fais du camping?
   –Oui, j'en fais. (Non, je n'en fais pas.)
9. –Tu fais du ski?
   –Oui, j'en fais. (Non, je n'en fais pas.)
10. –Tu fais du surf?
    –Oui, j'en fais. (Non, je n'en fais pas.)
11. –Tu fais du roller?
    –Oui, j'en fais. (Non, je n'en fais pas.)
12. –Tu fais du VTT?
    –Oui, j'en fais. (Non, je n'en fais pas.)
13. –Tu fais du skate?
    –Oui, j'en fais. (Non, je n'en fais pas.)
14. –Tu fais du snowboard?
    –Oui, j'en fais. (Non, je n'en fais pas.)

Language notes

- In negative sentences, **en** may also correspond to *none.*
  Vous avez des billets?
  Nous n'**en** avons pas.
  *We have **none.***
- **Un** and **une** are not used in negative sentences. Note in the example that **une voiture** becomes **(pas) de voiture** and **en** replaces **de** + NOUN. Compare:
  Oui, j'ai **une voiture.**
  J'en ai **une.**
  Non, je n'ai pas **de voiture.**
  Je n'**en** ai pas.

Teaching notes

- These last three uses of **en** are presented mainly for recognition.
- Point out that **J'en ai besoin** literally means *I have need of it.*

5 ROLE PLAY asking about physical training

1. –Vous faites de la gymnastique?
   –Oui, j'en fais tous les jours.
2. –Vous faites du vélo?
   –Oui, j'en fais avant le dîner.
3. –Vous faites de la marche à pied?
   –Oui, j'en fais quelquefois.
4. –Vous buvez du jus d'orange?
   –Oui, j'en bois au petit déjeuner.
5. –Vous buvez de l'eau minérale?
   –Oui, j'en bois à tous les repas.
6. –Vous mangez du yaourt?
   –Oui, j'en mange très souvent.
7. –Vous mangez des produits naturels?
   –Oui, j'en mange tout le temps.
8. –Vous donnez des interviews?
   –Oui, j'en donne de temps en temps.
9. –Vous prenez des vacances?
   –J'en prends rarement.

Teaching Resource Options

PRINT  

Workbook PE, pp. 165–168
Unit 5 Resource Book
- Audioscript, p. 69
- Communipak, pp. 148–165
- Family Involvement, pp. 58–59
- Workbook TE, pp. 43–46

Assessment
- Lesson 18 Quiz, pp. 75–76
- Portfolio Assessment, Reprise/Unit 1 URB, pp. 235–244
- Audioscript for Quiz 18, p. 74
- Answer Keys, pp. 214–218

AUDIO & VISUAL 

Audio Program
CD 3 Track 16
CD 19 Track 2

TECHNOLOGY 

Power Presentations
Test Generator CD-ROM/McDougal Littell Assessment System

6 ROLE PLAY giving logical explanations

–Tu … ?
–Non, je n'en … pas.
–Ah bon? Pourquoi est-ce que tu n'en … pas?
–Je …

1. manges du sucre/mange/manges/J'ai mal aux dents.
2. veux de l'eau/veux/veux/Je n'ai pas soif.
3. veux du gâteau/veux/veux/Je n'ai pas faim.
4. fais du jogging/fais/fais/J'ai mal aux pieds.
5. fais du camping/fais/fais/Je n'ai pas de tente.
6. prends des photos/prends/prends/Je n'ai pas d'appareil-photo.
7. fais de l'espagnol/fais/fais/Je ne suis pas doué(e) pour les langues.

7 EXCHANGES finding out what friends eat and drink

Answers will vary.
–Est-ce que tu (manges/bois) … ?
–Oui, j'en mange/bois (quelquefois/de temps en temps/parfois/rarement). (Non, je n'en [mange/bois] presque jamais.)

1. de la salade
2. de la glace
3. du fromage
4. du yaourt
5. des frites
6. du jus d'orange
7. du jus de tomate
8. du lait
9. de l'eau
10. de l'eau minérale
11. du thé

8 EXCHANGES talking about possessions

Answers will vary.
–Tu as … ?
–Oui, j'en ai … (Non, je n'en ai pas.)

1. un portable/un
2. un appareil-photo/un
3. un vélo/un
4. une guitare/une
5. une montre/une
6. un chien/un
7. un poisson rouge/un
8. une raquette de tennis/une
9. une batte de baseball/une
10. un ballon de basket/un

6 Pourquoi pas?

PARLER Nicolas demande à ses copains s'ils font certaines choses. Ils répondent négativement et expliquent pourquoi. Jouez les rôles et soyez logiques.

▶ manger de la viande?
—Tu manges de la viande?
—Non, je n'en mange pas.
—Ah bon? Pourquoi est-ce que tu n'en manges pas?
—Je suis végétarien(ne).

1. manger du sucre?
2. vouloir de l'eau?
3. vouloir du gâteau?
4. faire du jogging?
5. faire du camping?
6. prendre des photos?
7. faire de l'espagnol?

Je n'ai pas d'appareil-photo.
Je n'ai pas de tente.
Je n'ai pas soif.
Je n'ai pas faim.
J'ai mal aux pieds.
J'ai mal aux dents.
Je suis végétarien(ne).
Je ne suis pas doué(e) (*gifted*) pour les langues.

7 Et vous?

PARLER Demandez à vos camarades s'ils mangent et s'ils boivent les choses suivantes.

manger …		boire …	
▶	1	6	7
2	3	8	9
4	5	10	11

—Est-ce que tu manges du poisson?
—Oui, j'en mange de temps en temps (souvent, tous les jours, quelquefois).
(Non, je n'en mange presque jamais.)

8 Nos possessions

PARLER Demandez à vos camarades s'ils ont les choses suivantes.

▶ une radiocassette

1. un portable
2. un appareil-photo
3. un vélo
4. une guitare
5. une montre
6. un chien
7. un poisson rouge (*goldfish*)
8. une raquette de tennis
9. une batte de baseball
10. un ballon de basket

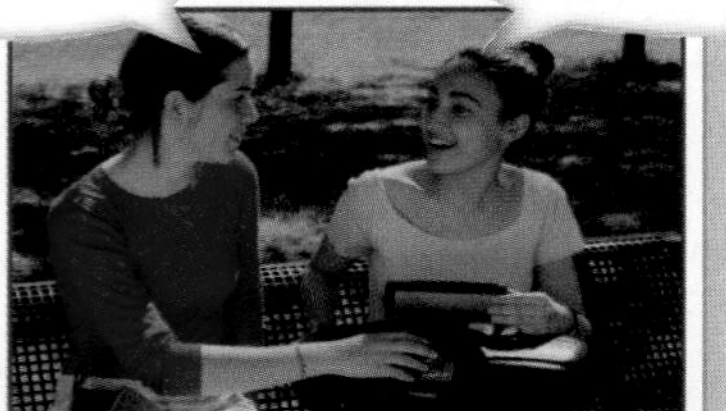

Tu as une radiocassette?
Oui, j'en ai une.

(Non, je n'en ai pas.)

9 Questions personnelles

PARLER/ÉCRIRE Utilisez le pronom **en** dans vos réponses.

1. Est-ce que tu as mangé des céréales ce matin? Est-ce que tu as bu du jus d'orange? du lait?
2. Est-ce que tu as fait du baby-sitting la semaine dernière? Pour qui?
3. Est-ce que tu as acheté des vêtements le week-end dernier? Où?
4. L'été dernier, est-ce que tu as fait de la natation? de la voile? de la planche à voile? Où?
5. Est-ce que tu as gagné de l'argent pendant les vacances? Comment?
6. Est-ce que tu as déjà fait du camping? Où? Quand? Avec qui?
7. Est-ce que tu as déjà fait du ski? du ski nautique? de l'escalade? Où? Quand?

INCLUSION

Multisensory Have students create three sets of flashcards with the forms of the verb **croire** and the names of sports and adjectives from the two boxes in Activity 10. One student lays out three flashcards, and the other creates a sentence with them. Have students say the resulting sentences and write them in their notebooks. Then have the partners switch roles.

VOCABULAIRE Pour exprimer son opinion

à mon avis	*in my opinion*	**À mon avis,** le français est une langue facile.
selon moi	*according to me*	**Selon moi,** le rugby est un sport trop violent.
d'après moi	*according to me*	**D'après moi,** la natation est un très bon exercice.
je pense que	*I think (that)*	**Je pense que** le jogging est un excellent sport.
je trouve que	*I think (that)*	**Je trouve qu'**on ne fait pas assez de sport à l'école.
je crois que	*I believe (that)*	**Je crois que** pour rester en forme, il faut faire du sport.

→ **Penser** *(to think)* and **trouver** *(to find)* are regular **-er** verbs.

INFINITIVE	croire *(to believe)*	
PRESENT TENSE	je **crois** tu **crois** il/elle/on **croit**	nous **croyons** vous **croyez** ils/elles **croient**
PASSÉ COMPOSÉ	j'ai **cru**	

10 Vous et le sport

PARLER/ÉCRIRE Exprimez votre opinion sur les sports suivants.

le VTT	le football américain	est un sport	dangereux	trop violent
le jogging	le karaté		intéressant	très bon pour la santé
la planche à voile	le surf des neiges		amusant	passionnant *(exciting)*
la marche à pied	l'escalade		difficile	ennuyeux *(boring)*

▶ **À mon avis, (Je crois que) l'escalade est un sport très dangereux.**

À votre tour!

OBJECTIFS

Now you can ...
- discuss your favorite sports
- answer questions using **y** and **en**

1 Vive le sport!

ÉCRIRE Faites une liste de quatre sports que vous aimez. Décrivez où et quand vous pratiquez ces sports.

<u>le jogging</u>
J'aime faire du jogging.
J'en fais dans mon quartier.
J'en fais deux ou trois fois par semaine.

<u>le volley</u>
J'aime jouer au volley.
J'y joue souvent à l'école.
J'y joue après les cours.

2 Vacances à la Martinique

PARLER Your partner went to Martinique for spring vacation. Ask your partner at least four questions. For instance, ask if he/she ...

- bought some souvenirs **(des souvenirs)**
- went sailing **(faire de la voile)**
- went to the beach every day
- met French young people
- often went to a restaurant
- took many photographs
- went windsurfing

OBSERVATION ACTIVITY

Ask students which French verb is conjugated like **croire** in the present and passé composé. **[voir]**

PORTFOLIO ASSESSMENT

You will probably choose only one oral and one written activity to go into the students' portfolios for Unit 5. The following activities are good portfolio topics:

ORAL/WRITTEN: Activity 2
WRITTEN: Activity 1

9 COMMUNICATION answering personal questions

Answers will vary.
1. Oui, j'en ai (Non, je n'en ai pas) mangé ce matin. Oui, j'en ai (Non, je n'en ai pas) bu.
2. Oui, j'en ai (Non, je n'en ai pas) fait la semaine dernière. J'en ai fait pour ...
3. Oui, j'en ai (Non, je n'en ai pas) acheté le week-end dernier. J'en ai acheté ...
4. Oui, j'en ai (Non, je n'en ai pas) fait l'été dernier. J'en ai fait ...
5. Oui, j'en ai (Non, je n'en ai pas) gagné pendant les vacances. J'ai ...
6. Oui, j'en ai déjà fait. (Non, je n'en ai jamais fait.) J'en ai fait ...
7. Oui, j'en ai déjà fait. (Non, je n'en ai jamais fait.) J'en ai fait ...

Supplementary vocabulary

Je crois que oui. *I think so.*
Je ne crois pas. *I don't think so.*
Voir, c'est croire. *Seeing is believing.*

10 COMMUNICATION expressing one's opinions about sports

Answers will vary.
- Je crois que le jogging est un sport ennuyeux (assez passionant, très bon pour la santé).
- Selon moi (Je crois que, À mon avis) la planche à voile est un sport (dangereux, très intéressant).
- Je crois que le football américain est un sport (trop violent, très amusant).
- Je trouve que l'escalade est un sport (passionnant, très dangereux).

À VOTRE TOUR!

1 WRITTEN SELF-EXPRESSION describing favorite sports

Answers will vary.
<u>le football</u>
J'aime jouer au football.
J'y joue deux fois par semaine au stade.
J'y joue avec mes copains.
<u>le ski</u>
J'aime faire du ski.
J'en fais chaque week-end en hiver.
J'en fais à la montagne.

2 GUIDED CONVERSATION discussing vacation activities

- –As-tu acheté des souvenirs?
  –Oui, j'en ai acheté. (Non, je n'en ai pas acheté.)
- –As-tu fait de la voile?
  –Oui, j'en ai fait. (Non, je n'en ai pas fait.)
- –Es-tu allé(e) à la plage chaque jour?
  –Oui, j'y suis allé(e) chaque jour. (Non, je n'y suis pas allé[e].)
- –As-tu rencontré des jeunes Français?
  –Oui, j'en ai rencontré. (Non, je n'en ai pas rencontré.)
- –Es-tu allé(e) souvent au restaurant?
  –Oui, j'y suis allé(e) souvent. (Non, je n'y suis pas allé[e] souvent.)
- –As-tu pris beaucoup de photos?
  –Oui, j'en ai pris beaucoup. (Non, je n'en ai pas pris beaucoup.)
- –As-tu fait de la planche à voile?
  –Oui, j'en ai fait. (Non, je n'en ai pas fait.)

LECTURE
Quel sport est-ce?

Objectives
- Reading for pleasure
- Developing logical thinking

Quel sport est-ce?
Answers
1. C'est le snowboard.
2. C'est le tennis.
3. C'est le ski nautique.
4. C'est le football.
5. C'est le jogging.
6. C'est le parapente.
7. C'est le skate.
8. C'est l'équitation.

Lecture Quel sport est-ce?

Pouvez-vous identifier les sports suivants? Lisez les définitions et faites correspondre chaque définition avec l'illustration correspondante.

1. C'est un sport d'hiver. Aux États-Unis, on en fait dans le Colorado, mais on n'en fait pas en Floride. En France, on en fait en Savoie, mais on n'en fait pas en Normandie.

2. Ce sport est d'origine anglaise, mais aujourd'hui on y joue dans tous les pays du monde. En général, on y joue à deux,° mais on peut aussi y jouer à quatre. On n'y joue jamais à six.

3. C'est un sport d'été. Pour pratiquer ce sport, il est nécessaire de savoir nager. On en fait à la mer° ou sur un lac, mais on n'en fait pas en piscine.

4. C'est un sport d'équipe très populaire en France et dans les pays africains d'expression française. On y joue sur un terrain° rectangulaire avec un ballon rond. On peut utiliser les pieds et la tête, mais pas les mains. En semaine, les jeunes y jouent à l'école. Le week-end, ils regardent les matchs professionnels à la télé.

à deux *with two people* **à la mer** *at the ocean* **terrain** *field*

PRE-READING ACTIVITY

Have students read the title and look at the format of the reading. Ask them:

What type of reading activity will this be?
[a game: matching sports with their definitions]

POST-READING ACTIVITY

Jeu des définitions

Avec un ou deux camarades, choisissez un sport et écrivez une définition. Lisez votre définition à haute voix.

Les autres membres de la classe vont essayer de deviner le sport que vous avez décrit.

5 Ce sport ne nécessite pas d'équipement spécial et il ne coûte rien. Tout le monde peut le pratiquer: hommes et femmes, jeunes et vieux. On peut en faire en toute saison, à toute heure de la journée et n'importe où:° en ville et à la campagne, dans la rue ou dans les parcs publics. C'est un excellent sport pour la santé, spécialement pour le coeur, pour les poumons° et pour les muscles des jambes.

6 C'est un sport dangereux. Ce n'est pas un sport pour tout le monde, mais on peut le pratiquer à tout âge. Quand on en fait, on a l'impression de voler° comme un oiseau.

7 Ce sport nécessite un équipement spécial et un excellent sens de l'équilibre. On peut le pratiquer dans la rue, mais ce n'est pas un sport pour tout le monde. Quand on en fait, il est recommandé de porter un casque.°

8 Pour pratiquer ce sport, on doit aller à la campagne. On peut en faire seul,° mais généralement on en fait en groupe. On ne peut pas en faire sans° un fidèle° compagnon qui a quatre pattes° et qui ne parle pas.

n'importe où *anywhere* **poumons** *lungs* **voler** *to fly* **casque** *helmet* **seul** *alone* **sans** *without* **fidèle** *faithful* **pattes** *feet*

? le football

? le skate

? le jogging

? le tennis

LANGUAGE COMPARISON

Compare the word order in French and English when one noun modifies another:

un sport d'hiver

a winter sport.

How many other examples of this pattern can you find in the reading?

Vous pouvez utiliser des phrases comme:

On peut en faire ... (où? en quelle saison?)
On peut le pratiquer ... (où? en quelle saison?)
On y joue ... (à combien?)
Pour le pratiquer, on a besoin de ... (quoi?)

Par exemple:

On peut en faire au parc en été. On y joue à deux ou à quatre personnes.
Pour le pratiquer, on a besoin d'une balle et d'une raquette.
Quel sport est-ce?
[le tennis]

Observation activity Have students reread the definitions, finding sentences that use the object pronouns **y, en,** and **le.**

- Which verb is found with **en? [faire: on en fait en Savoie = on fait du ski en Savoie]**
- Which verb is found with **y? [jouer: on y joue à deux = on joue au tennis à deux]**
- Which verb is found with **le? [pratiquer: on peut le pratiquer dans la rue = on peut pratiquer ce sport dans la rue]**

Language comparison

Answers
(3) un sport d'été = a summer sport
(4) un sport d'équipe = a team sport

Expansion Note how **tout** can correspond to any:

à tout âge → *at any age*

Ask the students how many other examples of this they can find in the reading.

(5) en toute saison, à toute heure
(6) à tout âge

Supplementary vocabulary

L'ÉQUIPEMENT SPORTIF
un ballon (de foot, de basket)
une balle (de tennis, de ping-pong)
des skis
des patins à glace *ice skates*
des patins à roulettes *roller skates*
des rollers *in-line skates*
une planche *surfboard*
une planche à voile *windsurf board*
un skate *skateboard*
un snowboard *snowboard*
un vélo de course *racing bike*
un vélo tout terrain *mountain bike*

Leçon 19

Main Topic Discussing one's daily routine

Teaching Resource Options

PRINT 

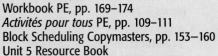

Workbook PE, pp. 169–174
Activités pour tous PE, pp. 109–111
Block Scheduling Copymasters, pp. 153–160
Unit 5 Resource Book
- *Activités pour tous* TE, pp. 83–85
- Audioscript, pp. 103, 104–106
- Communipak, pp. 148–165
- Lesson Plans, pp. 86–87
- Block Scheduling Lesson Plans, pp. 88–90
- Absent Student Copymasters, pp. 91–93
- Video Activities, pp. 96–101
- Videoscript, p. 102
- Workbook TE, pp. 77–82

AUDIO & VISUAL

Audio Program
CD 3 Track 17
CD 10 Tracks 13–19

TECHNOLOGY

Online Workbook

VIDEO PROGRAM

LEÇON 19

Jérôme se lève?

TOTAL TIME: 4:16 min.
DVD Disk 1
Videotape 1 (COUNTER: 1:13:01 min.)

Looking ahead

- **Jérôme a oublié de se réveiller.** *Jérôme forgot to wake up.* The use of the infinitive with reflexive verbs is presented in Lesson 20.
- **Lève-toi!** *Get up!* The command forms of reflexive verbs are presented in Lesson 20.

LEÇON 19

VIDÉO-SCÈNE

VIDÉO DVD AUDIO

Jérôme se lève?

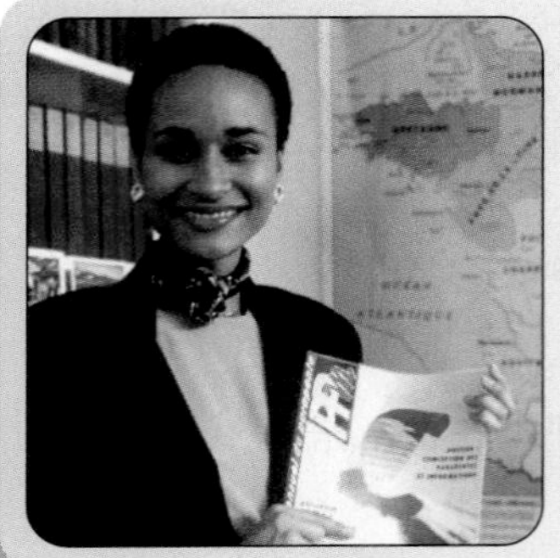

Dans l'épisode précédent, Jérôme nous a parlé de son sport préféré. Aujourd'hui, c'est samedi. Jérôme doit participer à une compétition de parapente.

Ce matin, cependant, Jérôme a oublié de se réveiller. C'est son camarade Bernard qui va le réveiller.

Dis, Jérôme! Tu te lèves?!
Oui, je me lève ... Quelle heure est-il?
Il est huit heures. Eh! Lève-toi! La compétition commence à dix heures.

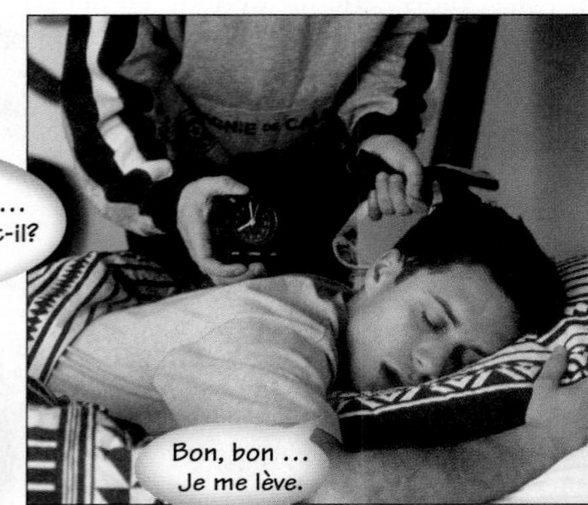

Bon, bon ... Je me lève.

Jérôme se lève.

Puis, il va dans la salle de bains. Là, il se regarde dans la glace.

Il se brosse les dents.

Puis, il se lave.

Enfin il s'habille.

Bernard s'impatiente un peu. Il appelle Jérôme.
Jérôme, qu'est-ce que tu fais?

Je m'habille!

J'arrive!

Jérôme se dépêche. Il quitte sa chambre et descend les escaliers à toute vitesse ... Soudain, on entend un grand bruit!
AAAG!!
à suivre ...

Compréhension

1. Où se passe la scène?
2. Pourquoi est-ce que Bernard vient dans la chambre de Jérôme?
3. Que fait Jérôme dans la salle de bains?
4. Qu'est-ce qui est arrivé à Jérôme en descendant les escaliers?

Compréhension

Answers

1. La scène se passe dans la chambre de Jérôme.
2. Il veut le réveiller.
3. Il se regarde dans la glace, il se brosse les dents et il se lave.
4. Il est tombé.

SECTION A

Communicative function
Describing appearance

Teaching Resource Options

PRINT 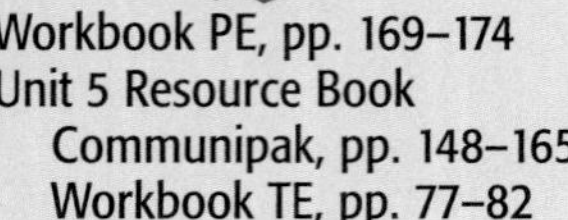

Workbook PE, pp. 169–174
Unit 5 Resource Book
Communipak, pp. 148–165
Workbook TE, pp. 77–82

TECHNOLOGY 

Power Presentations

1 COMMUNICATION answering personal questions

Answers will vary.
1. J'ai les yeux bleus (bruns, noirs).
2. J'ai les cheveux courts (longs).
3. Oui, elle a les yeux marron. (Non, elle n'a pas les yeux marron. Elle a les yeux bleus.)
4. Oui, il a les cheveux blonds. (Non, il n'a pas les cheveux blonds. Il a les cheveux bruns.)
5. Dans la classe, Paul a les yeux bleus. (Dans la classe, Paul et Marie ont les yeux bleus.)
6. Michèle a les cheveux noirs. (Michèle et Patrick ont les cheveux noirs.) Sandra a les cheveux longs. Sandra et Simon ont les cheveux frisés.

Review and re-entry

You may want to review the parts of the body by playing «Jacques a dit» (see p. 277).

Supplementary vocabulary

LA COULEUR DES YEUX
verts
noisette *hazel*
pervenche *blue-mauve*
bleu clair *light blue*
bleu foncé *dark blue*

LA COULEUR DES CHEVEUX
châtains *chestnut, light brown*
roux *red*

A L'usage de l'article défini avec les parties du corps

Note the use of the definite article in the sentences below.

J'ai **les** cheveux bruns.	*I have brown hair. (**My** hair is brown.)*
Tu as **les** yeux bleus.	*You have blue eyes. (**Your** eyes are blue.)*
Lève **la** main.	*Raise **your** hand.*
Ferme **les** yeux.	*Close **your** eyes.*

LANGUAGE COMPARISON

In French, parts of the body are usually introduced by the DEFINITE article **le, la,** or **les**, and not by a possessive adjective as in English

1 Questions personnelles PARLER/ÉCRIRE

1. Est-ce que tu as les yeux bleus, bruns ou noirs?
2. Est-ce que tu as les cheveux courts *(short)* ou longs?
3. Est-ce que ta copine a les yeux marron?
4. Est-ce que ton copain a les cheveux blonds?
5. Qui a les yeux bleus dans la classe?
6. Qui a les cheveux noirs? Qui a les cheveux longs? Qui a les cheveux frisés *(curly)*?

WARM-UP J'ai mal

Divide the class into pairs.

The first student (S1) describes a pain.

The second student (S2) points to the corresponding body part, and then describes another pain. The first student (S1) then points to the body part, and the dialogue continues until one student makes a mistake.

S1: **J'ai mal au ventre.**
S2: **Ah, tu as mal au ventre.** *(points to stomach)* **Moi, j'ai mal à la tête.**
S1: **Tu as mal à la tête?** *(points to head)* **Moi, j'ai mal au dos.**, etc.

SECTION B

Communicative function
Describing one's daily routine

B Les verbes réfléchis

À quelle heure est-ce que tu te lèves?

Je me lève à sept heures.

Getting up, washing, and *getting dressed* are activities that we do every day. In French, these activities are expressed by REFLEXIVE VERBS.

Note the forms of the French reflexive verbs in the sentences below.

Je **me lève** à sept heures.	*I **get up** at seven.*
Tu **te laves.**	*You **wash up.***
Nous **nous habillons.**	*We **are getting dressed.***

REFLEXIVE VERBS are formed according to the following pattern:

REFLEXIVE VERB = REFLEXIVE PRONOUN + VERB

Note the forms of the reflexive verbs **se laver** *(to wash up)* and **s'habiller** *(to get dressed):*

INFINITIVE	**se laver**	**s' habiller**
PRESENT	je **me lave** tu **te laves** il/elle/on **se lave**	je **m' habille** tu **t' habilles** il/elle/on **s' habille**
	nous **nous lavons** vous **vous lavez** ils/elles **se lavent**	nous **nous habillons** vous **vous habillez** ils/elles **s' habillent**
NEGATIVE	je **ne me lave pas**	je **ne m' habille pas**
INTERROGATIVE	Est-ce que **tu te laves**?	Est-ce que **tu t' habilles**?

→ Reflexive pronouns represent the same person as the SUBJECT.

Éric **se** lave.	*Éric is washing **(himself).***
Nous **nous** habillons.	*We are getting **(ourselves)** dressed.*

→ Reflexive pronouns come immediately BEFORE the verb.
Note that **me, te,** and **se** become **m', t',** and **s'** before a vowel sound.

IL LAVE SON ENFANT.

IL SE LAVE.

TEACHING NOTE Cartoon

- In the first picture, the elephant is performing an action for someone else (another elephant):
  He is washing his child.
- In the second picture, the elephant is performing an action on himself.
  He is washing himself.

In the second sentence, the object pronoun **se** represents the same person as the subject **(l'éléphant).**

It is called a REFLEXIVE PRONOUN because the action is "reflected back" on the subject.

Teaching Resource Options

PRINT 

Workbook PE, pp. 169–174
Unit 5 Resource Book
Communipak, pp. 148–165
Workbook TE, pp. 77–82

AUDIO & VISUAL 

Overhead Transparencies
43 *Les occupations de la journée*

TECHNOLOGY 

Power Presentations

2 PRACTICE saying that people are washing up

1. Patrick se lave.
2. Nathalie se lave.
3. Éric et Olivier se lavent.
4. Corinne se lave.
5. Nous nous lavons.
6. Vous vous lavez.
7. Je me lave.
8. Tu te laves.

Variation (with **s'habiller**)
Elle s'habille.

Supplementary vocabulary

se déshabiller *to get undressed, to take off one's clothes*

Looking ahead Additional vocabulary related to personal care is introduced in Section C of this lesson.

3 PRACTICE describing what people are doing

1. s'	5. m'
2. vous	6. se
3. nous	7. te
4. se	8. me

4 COMPREHENSION saying whether or not people are resting

1. Elle ne se repose pas.
2. Tu ne te reposes pas.
3. Je ne me repose pas.
4. Il se repose.
5. Ils ne se reposent pas.
6. Nous nous reposons.
7. Vous vous reposez.
8. Elle se repose.
9. Je ne me repose pas.
10. Ils (ne) se reposent (pas).

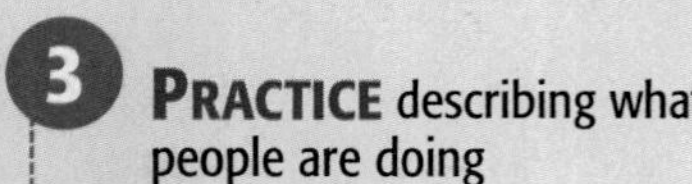

2 *Après le match de basket*

PARLER/ÉCRIRE Des copains ont joué au basket. Après le match, ils se lavent.

▶ Stéphanie **Stéphanie se lave.**

1. Patrick
2. Nathalie
3. Éric et Olivier
4. Corinne
5. nous
6. vous
7. moi
8. toi

VOCABULAIRE Les occupations de la journée

se réveiller	*to wake up*	Je **me réveille** à sept heures.
se lever	*to get up*	Le dimanche, nous **nous levons** à neuf heures.
se laver	*to wash, to wash up*	Tu **te laves** avant le petit déjeuner.
s'habiller	*to get dressed*	Vincent **s'habille** pour la boum.
se promener	*to go for a walk*	Tu **te promènes** avec tes copains.
se reposer	*to rest*	Le week-end, nous **nous reposons.**
se coucher	*to go to bed*	Je **me couche** à neuf heures.

→ **Se lever** and **se promener** are conjugated like **acheter.**

je **me lève**	nous **nous levons**
je **me promène**	nous **nous promenons**

Tu te promènes?
Oui, j'aime beaucoup me promener.

3 *Qu'est-ce qu'ils font?*

PARLER/ÉCRIRE Complétez les phrases avec le pronom réfléchi qui convient.

▶ Thomas <u>se</u> lève à huit heures.

1. Les élèves ... habillent pour aller à l'école.
2. Vous ... lavez après le match de foot.
3. Nous ... promenons à la campagne.
4. Le dimanche, mes parents ... reposent.
5. Je ... habille bien pour aller au restaurant.
6. À quelle heure est-ce que Brigitte ... lève?
7. À quelle heure est-ce que tu ... couches?
8. Le lundi, je ... réveille à sept heures moins le quart.

4 *Après le dîner*

PARLER/ÉCRIRE Dites si oui ou non les personnes suivantes se reposent après le dîner.

▶ Nous étudions.
Nous ne nous reposons pas.

1. Madame Boulot travaille.
2. Tu fais la vaisselle.
3. Je range ma chambre.
4. Monsieur Canard lit le journal.
5. Les élèves préparent l'examen.
6. Nous regardons la télé.
7. Vous dormez.
8. Sophie écoute ses CD.
9. Je fais mes devoirs.
10. Mes copains vont au stade.

TEACHING STRATEGY Les occupations de la journée

PROP: Transparency 43 *(Les occupations de la journée)*

Ask questions about the people shown on the transparency.

Que fait Jean?
Il se lave.
Est-ce qu'il se repose?
Non, il ne se repose pas. Il se lave., etc.

5 Expression personnelle

PARLER/ÉCRIRE Complétez les phrases suivantes en utilisant les suggestions entre parenthèses.

1. En général, je me réveille ... (à quelle heure?)
2. Le dimanche, je me lève ... (à quelle heure?)
3. Je me lave ... (avant ou après le petit déjeuner?)
4. Je m'habille ... (dans ma chambre ou dans la salle de bains?)
5. Le week-end, je me promène souvent ... (en ville ou à la campagne?)
6. En général, je me repose ... (avant ou après le dîner?)
7. En général, je me couche ... (à quelle heure?)

6 Équivalences

PARLER/ÉCRIRE Lisez ce que font les personnes suivantes. Décrivez leurs activités en utilisant un verbe réfléchi équivalent à l'expression soulignée.

▶ Tu <u>vas au lit</u>.
Tu te couches.

1. Catherine <u>met une belle robe</u>.
2. Nous <u>faisons une promenade</u> à la campagne.
3. Le dimanche, ma mère <u>ne travaille pas</u>.
4. Philippe <u>ouvre *(opens)* les yeux</u>.
5. Mes copains <u>font une promenade</u> en ville.
6. Je <u>sors du</u> lit à six heures et demie.
7. Tu <u>prends un bain *(bath)*</u>.
8. Vous <u>allez au lit</u>.
9. Tu <u>mets tes vêtements</u>.

7 Conversation

PARLER Avec vos camarades, discutez de ce que vous faites en différentes circonstances.

À quelle heure?	À quelle heure?	Où?	Comment?
	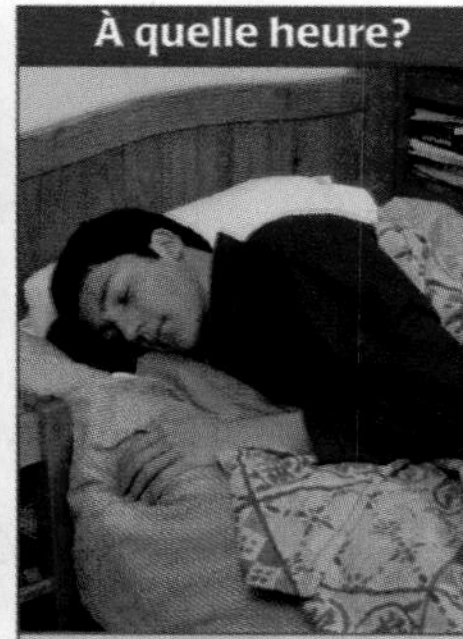		
▶ le lundi? le dimanche? pendant les vacances? **(se lever)**	pendant la semaine? le samedi soir? pendant les vacances? **(se coucher)**	le week-end? avec ta famille? avec tes copains? **(se promener)**	quand tu vas à l'école? quand il fait chaud? quand il fait froid? quand tu vas à une boum? **(s'habiller)**

▶ **—À quelle heure est-ce que tu te lèves le lundi?**
—Je me lève à sept heures et demie.

INCLUSION

Alphabetic/phonetic Review the sounds of the stem-changing verbs **se lever** and **se promener.** Have students say each conjugation three times and write the phonetic transcription in their notebooks.

5 COMMUNICATION giving details about one's normal routine

Answers will vary.
1. En général, je me réveille à (sept) heures.
2. Le dimanche, je me lève à (huit heures et demie).
3. Je me lave avant (après) le petit déjeuner.
4. Je m'habille dans ma chambre (dans la salle de bains).
5. Le week-end, je me promène souvent en ville (à la campagne).
6. En général, je me repose avant (après) le dîner.
7. En général, je me couche à (dix) heures.

6 DESCRIPTION making logical statements about what people are doing

1. Elle s'habille.
2. Nous nous promenons à la campagne.
3. Elle se repose.
4. Il se réveille.
5. Ils se promènent en ville.
6. Je me lève à six heures et demie.
7. Tu te laves.
8. Vous vous couchez.
9. Tu t'habilles.

7 EXCHANGES getting more details about a friend's activities

Answers will vary.

- —À quelle heure est-ce que tu te lèves le dimanche?
  —Le dimanche, je me lève à (neuf heures et quart).
  —À quelle heure est-ce que tu te lèves pendant les vacances?
  —Pendant les vacances, je me lève à (dix heures).
- —À quelle heure est-ce que tu te couches pendant la semaine?
  —Pendant la semaine, je me couche à (dix heures et demie).
  —À quelle heure est-ce que tu te couches le samedi soir?
  —Le samedi, je me couche à (minuit).
  —À quelle heure est-ce que tu te couches pendant les vacances?
  —Pendant les vacances, je me couche à (onze heures).
- —Où est-ce que tu te promènes le week-end?
  —Le week-end, je me promène (à la plage).
  —Où est-ce que tu te promènes avec ta famille?
  —Avec ma famille, je me promène (à la montagne).
  —Où est-ce que tu te promènes avec tes copains?
  —Avec mes copains, je me promène (dans le quartier).
- —Comment est-ce que tu t'habilles quand tu vas à l'école?
  —Quand je vais à l'école, je m'habille avec (un pantalon et une chemise).
  —Comment est-ce que tu t'habilles quand il fait chaud?
  —Quand il fait chaud, je m'habille avec (un short et un tee-shirt).
  —Comment est-ce que tu t'habilles quand il fait froid?
  —Quand il fait froid, je m'habille avec (un manteau et des gants).
  —Comment est-ce que tu t'habilles quand tu vas à une boum?
  —Quand je vais à une boum, je m'habille bien.

Teaching note Help students formulate the appropriate questions.

SECTION C

Communicative function
Describing one's daily routine

Teaching Resource Options

PRINT 

Workbook PE, pp. 169–174
Unit 5 Resource Book
- Audioscript, p. 103
- Communipak, pp. 148–165
- Family Involvement, pp. 94–95
- Workbook TE, pp. 77–82

Assessment
- Lesson 19 Quiz, pp. 108–109
- Portfolio Assessment, Reprise/Unit 1 URB, pp. 235–244
- Audioscript for Quiz 19, p. 107
- Answer Keys, pp. 214–218

AUDIO & VISUAL 

Audio Program
CD 3 Track 18
CD 19 Track 3

Overhead Transparencies
44 *La toilette*

TECHNOLOGY 

Power Presentations
Test Generator CD-ROM/McDougal Littell Assessment System

Pronunciation **shampooing**
/ʃɑ̃pwɛ̃/

Supplementary vocabulary

mettre ou utiliser …
- **du parfum**
- **de l'eau de cologne**
- **de l'eau de toilette**
- **du déodorant**
- **du mascara**
- **du vernis à ongles** *nail polish*
- **de la crème à raser**
- **une lame de rasoir** *razor blade*

se couper les ongles *(nails)*
ou **se limer** *(to file)* **les ongles avec …**
- **des ciseaux**
- **une lime à ongles** *nail file*

se nettoyer les dents avec …
- **du fil dentaire** *dental floss*

Photo culture note Instead of installed shower plumbing, French bathtubs often have a hose with handheld shower spray. Shower curtains are not necessary.

C La construction: *je me lave les mains*

Note the use of REFLEXIVE VERBS and the DEFINITE ARTICLE.

Je **me lave les** mains.	*I **am washing my** hands.*
Tu **te laves la** figure.	*You **are washing your** face.*
Stéphanie **se brosse les** dents.	*Stéphanie **is brushing her** teeth.*

EST-CE QUE TU TE LAVES LA FIGURE?
NON, JE ME LAVE LES MAINS.

To describe actions that one performs on one's body, French speakers use the construction:

SUBJECT +	REFLEXIVE VERB +	DEFINITE ARTICLE +	PART OF THE BODY
Je	**me lave**	**les**	**cheveux.**

VOCABULAIRE La toilette

Les articles de toilette

une brosse à dents

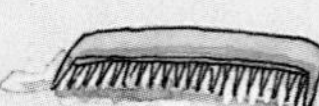
un peigne

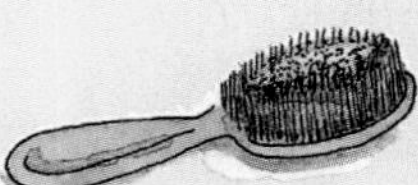
une brosse à cheveux

du shampooing

du rouge à lèvres

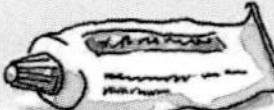
du dentifrice

du savon

un rasoir

se laver (les cheveux)	*to wash (one's hair)*	Est-ce que tu **te laves** les cheveux tous les jours?
se brosser (les dents)	*to brush (one's teeth)*	Je **me brosse** les dents après le dîner.
se maquiller	*to put on make-up*	Corinne **se maquille.**
se peigner	*to comb one's hair*	Éric **se peigne** souvent.
se raser	*to shave*	Mon père **se rase.**

Claire se brosse les dents.

Jérôme se lave la figure.

Zoé se brosse les cheveux.

TEACHING STRATEGY La toilette

PROP: Transparency 44 *(La toilette)*

Ask questions about objects and actions shown on the transparency.

Avec quoi est-ce que tu te peignes? [avec un peigne]

Qu'est-ce que tu fais avec un rasoir? [Je me rase.], etc.

PORTFOLIO ASSESSMENT

You will probably choose only one oral and one written activity to go into the students' portfolios for Unit 5. The following activity is a good portfolio topic:

ORAL/WRITTEN: Post-reading activity, p. 299

8 Dans la salle de bains

PARLER/ÉCRIRE Les personnes suivantes sont dans la salle de bains. Dites ce qu'elles font en utilisant les éléments des colonnes A, B, C et D dans des phrases logiques. Combien de phrases pouvez-vous faire en cinq minutes?

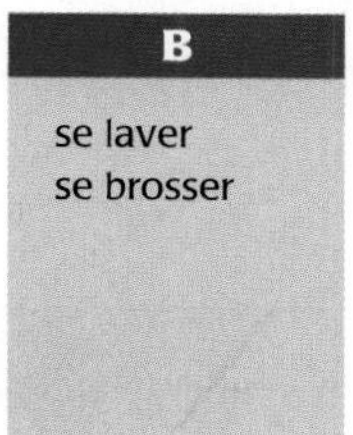
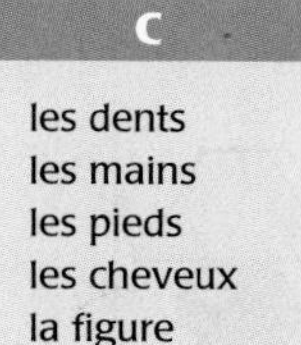

A	B	C	D
je	se laver	les dents	du shampooing
tu	se brosser	les mains	du dentifrice
Jacqueline		les pieds	du savon
Paul et Marc		les cheveux	une brosse à dents
nous		la figure	une brosse à cheveux
vous			

▶ **Je me lave les mains avec du savon.**

9 Questions personnelles PARLER/ÉCRIRE

1. Est-ce que tu te brosses toujours les dents après le dîner?
2. Avec quel dentifrice est-ce que tu te brosses les dents?
3. Est-ce que tu te laves les mains avec de l'eau chaude ou de l'eau froide?
4. Avec quel savon est-ce que tu te laves?
5. Avec quel shampooing est-ce que tu te laves les cheveux?
6. Est-ce que tu te peignes souvent pendant la journée *(day)*?
7. Est-ce que les filles de ton âge se maquillent?
8. Est-ce que les garçons de ton âge se rasent?

À votre tour!

OBJECTIFS

Now you can ...
- talk about your daily routine

LESSON REVIEW
CLASSZONE.COM

1 La routine quotidienne *(Daily routine)*

PARLER/ÉCRIRE Sur une feuille de papier, écrivez à quelle heure vous faites les choses suivantes. Puis demandez à trois camarades à quelle heure ils font les mêmes choses. Est-ce que quelqu'un a la même routine quotidienne que vous?

▶ se réveiller?
se lever?
partir pour l'école?
rentrer à la maison?
se coucher?

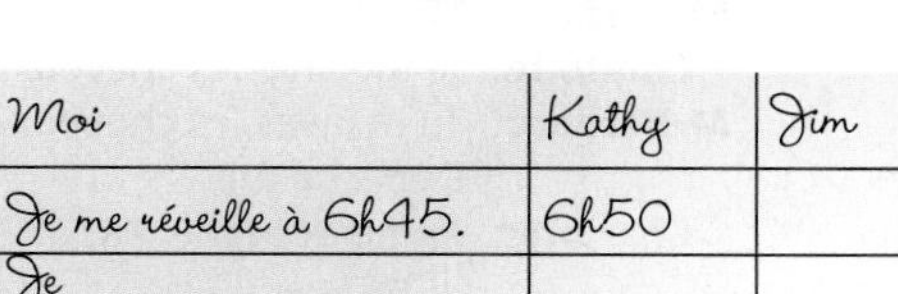

Moi	Kathy	Jim
▶ Je me réveille à 6h45.	6h50	
Je		
Je		
Je		
Je		

UN JEU Dans la salle de bains

You can treat Act. 8 as a team game. Divide the class into teams of three. Each team picks a person from column A and decides what that subject is doing. All three team members must then write the same sentence down correctly.

Then the team formulates another sentence using elements of columns A, B, C, and D, and again all three members write it down.

The game is played against the clock. The team whose three members have written the greatest number of correct sentences in five minutes is the winner.

8 COMPREHENSION making logical statements about others' daily routine

Answers will vary.
- Je me brosse les dents avec du dentrifrice et une brosse à dents.
- Tu te laves les cheveux avec du shampooing.
- Jacqueline se lave les mains avec du savon.
- Paul et Marc se brossent les cheveux avec une brosse à cheveux.
- Nous nous brossons les dents avec une brosse à dents.
- Vous vous brossez les cheveux avec une brosse à cheveux.

9 COMMUNICATION answering personal questions

Answers will vary.
1. Oui, je me brosse toujours les dents après le dîner. (Non, je ne me brosse pas toujours les dents après le dîner.)
2. Je me brosse les dents avec le dentifrice (marque).
3. Je me lave les mains avec de l'eau chaude (avec de l'eau froide).
4. Je me lave avec le savon (marque).
5. Je me lave les cheveux avec le shampooing (marque).
6. Oui, je me peigne souvent pendant la journée. (Non, je ne me peigne pas souvent pendant la journée.)
7. Oui, les filles de mon âge se maquillent. (Non, les filles de mon âge ne se maquillent pas.)
8. Oui, les garçons de mon âge se rasent. (Non, les garçons de mon âge ne se rasent pas.)

À VOTRE TOUR!

1 INTERVIEW taking a poll

Answers will vary.
- Je me lève à (sept heures). À quelle heure est-ce que tu te lèves?
- Je pars pour l'école à (sept heures et demie). À quelle heure est-ce que tu pars pour l'école?
- Je rentre à la maison à (trois heures et quart). À quelle heure est-ce que tu rentres à la maison?
- Je me couche à (dix heures et demie). À quelle heure est-ce que tu te couches?

Teaching note As a preparation for this activity, review the appropriate questions. Be sure students realize that not all the verbs are reflexive, e.g.:

À quelle heure est-ce que tu te réveilles?
À quelle heure est-ce que tu pars pour l'école?

Supplementary vocabulary

prendre un bain *to take a bath*
prendre une douche *to take a shower*

LECTURE
Pauvre Monsieur Bernard!

Objective

- Reading for pleasure

Lecture Pauvre Monsieur Bernard!

Il est sept heures du matin. Monsieur Bernard se réveille. Il se lève et va à la salle de bains.

La salle de bains est occupée.

M. Bernard: Toc, toc, toc!°
Mme Bernard: Oui?
M. Bernard: C'est toi, Monique?
Mme Bernard: Oui, c'est moi. Je me lave.
M. Bernard: Ah, excuse-moi. Je vais revenir.

Et Monsieur Bernard retourne dans sa chambre.

Monsieur Bernard retourne à la salle de bains, mais elle est encore occupée.

M. Bernard: Toc, toc … Monique?
Charlotte: Non, Papa! C'est Charlotte.
M. Bernard: Mais qu'est-ce que tu fais?
Charlotte: Je me lave les cheveux.
M. Bernard: Tu te laves les cheveux? … Dépêche-toi!
Charlotte: Je me dépêche, Papa.

Monsieur Bernard retourne dans sa chambre.

Toc, toc, toc! *Knock, Knock!*

How to express yourself when you are in a rush

être pressé(e)	*to be in a hurry, a rush*
être prêt(e)	*to be ready*
toujours	*still*
ne … (pas) encore	*still, not yet*
se dépêcher	*to hurry, to hurry up*
tout de suite	*right away*
à toute vitesse	*very quickly*

PRE-READING ACTIVITY

Have students look at the pictures. Ask what they do in the morning to get ready for school.

Regardez les images.
Qu'est-ce que vous faites le matin avant de partir pour l'école?
[**Je me réveille à sept heures. Je me lève. Je me lave.**, etc.]

lonsieur Bernard retourne à la salle de
ains, mais elle est toujours occupée.

/I. Bernard: Toc, toc, toc!!! Comment Charlotte, tu es encore dans la salle de bains?!
François: Ce n'est pas Charlotte. C'est François.
/I. Bernard: Qu'est-ce que tu fais?
François: Je me brosse les dents.
/I. Bernard: Tu te brosses les dents … Tu te brosses les dents … Mais, dépêche-toi! Je suis très pressé ce matin!

Monsieur Bernard retourne à la salle de bains. Cette fois, elle n'est plus° occupée. Monsieur Bernard se lave. Il se rase. Il s'habille à toute vitesse. Puis il va dans la salle à manger.

Dans la salle à manger, la famille prend le petit déjeuner.

Mme Bernard: Tu veux du café, François?
M. Bernard: Quelle heure est-il?
Mme Bernard: Il est huit heures.
M. Bernard: Ah, mon Dieu!° Non, merci! Je suis pressé. J'ai un rendez-vous° avec le patron à huit heures et demie. Je dois partir tout de suite. Au revoir.
Mme Bernard: Au revoir.
Charlotte: Au revoir, Papa.
François: Au revoir, et bonne journée!°

Monsieur Bernard met son manteau et son chapeau. Il sort de chez lui sans° prendre de petit déjeuner. Pauvre Monsieur Bernard!

ne … plus *no longer* **mon Dieu** *my goodness* **rendez-vous** *appointment* **bonne journée** *have a good day* **sans** *without*

e **suis** très **pressée** ce matin.
st-ce que tout le monde **est prêt**?
/ous êtes **toujours** au lit?
/ous **n'êtes pas encore** habillés?
)épêche-toi, Monique.
)épêchez-vous, les enfants.
)escendez **tout de suite.**
faut partir **à toute vitesse.**

Observation activity Have the students reread the scene, finding examples of reflexive verbs used:

(a) alone
- **7:00** M. Bernard se réveille. Il se lève
- **7:05** Je me lave
- **7:20** (Dépêche-toi!) Je me dépêche
- **7:30** (dépêche-toi)
- **7:40** M. Bernard se lave. Il se rase. Il s'habille

(b) with parts of the body.
- **7:20** Je me lave les cheveux. Tu te laves les cheveux?
- **7:30** Je me brosse les dents. Tu te brosses les dents

Questions sur le texte

Mettez en ordre les actions de Monsieur Bernard.

Monsieur Bernard …

____ a. met son manteau et son chapeau
____ b. s'habille à toute vitesse
____ c. se lave
____ d. sort de chez lui
____ e. se lève
____ f. se rase
____ g. se réveille
____ h. va dans la salle à manger

Answers
1. g **2.** e **3.** c **4.** f **5.** b **6.** h **7.** a **8.** d

Pre-AP skill: Sequence information.

POST-READING ACTIVITY

Have students in groups of four or five prepare **un sketch** similar to the reading above. They should write a script, rehearse their roles, and perform the skit for the class. Encourage students to use props and visual aids to enhance their presentations. You may wish to videotape the performances.

INCLUSION

Cumulative Review the forms of the imperative of **se dépêcher,** writing them on the board. Call out a noun or pronoun and have students say a sentence using the imperative of **se dépêcher:**

–Martine et Caroline.
–Dépêchez-vous!

Leçon 20

Main Topic Describing past activities

Teaching Resource Options

PRINT 

Workbook PE, pp. 175–180
Activités pour tous PE, pp. 113–115
Block Scheduling Copymasters, pp. 161–168
Unit 5 Resource Book
- *Activités pour tous* TE, pp. 117–119
- Audioscript, pp. 139, 140–143
- Communipak, pp. 148–165
- Lesson Plans, pp. 120–121
- Block Scheduling Lesson Plans, pp. 122–124
- Absent Student Copymasters, pp. 125–128
- Video Activities, pp. 131–137
- Videoscript, p. 138
- Workbook TE, pp. 111–116

AUDIO & VISUAL 

Audio Program
CD 3 Track 19
CD 10 Tracks 20–27

TECHNOLOGY

Online Workbook

VIDEO PROGRAM

VIDEO DVD

Leçon 20

J'ai voulu me dépêcher

Total time: 1:51 min.
DVD Disk 1
Videotape 1 (Counter: 1:17:22 min.)

Vocabulary notes

se casser *to break*
un plâtre *cast*

Language note Students may note the use of the following very similar terms:

l'escalier *staircase*
les escaliers *stairs*

VIDÉO DVD AUDIO

J'ai voulu me dépêcher

Dans l'épisode précédent, Jérôme devait participer à une compétition de parapente, mais il ne s'est pas levé à l'heure. Il a voulu se dépêcher. Mais il est tombé dans les escaliers et il s'est cassé la jambe.

Évidemment, il n'a pas pu participer à la compétition.

Maintenant il est dans le living de son appartement. Pierre lui téléphone.

Alors, cette compétition, ça s'est bien passé?

Euh ...
Pas vraiment. J'ai eu un accident.

Pas grave, j'espère.

Je me suis cassé la jambe.

Pierre, très surpris, veut savoir ce qui s'est passé.
Eh ben, alors quoi? Qu'est-ce qui t'est arrivé?
Eh bien, voilà … J'étais en retard, alors j'ai voulu me dépêcher. Et paf! je suis tombé dans l'escalier!

Mon pauvre vieux! Est-ce qu'on peut te rendre visite?

Oui, si tu veux.

Peu après, Pierre et Armelle arrivent chez Jérôme.
Comment ça va?
Ça va mieux.
Tiens, on t'a apporté des magazines.
PARAPENTE

is, Jérôme, je peux
crire quelque chose
sur ton plâtre?
Oui, vas-y.

Armelle prend un stylo et écrit sur le plâtre de Jérôme.
À Jérôme, Super champion de parapente, Armelle.
FIN

Compréhension

1. Qu'est-ce qui est arrivé à Jérôme?
2. Qu'est-ce que Pierre veut savoir?
3. Que fait Armelle avec son stylo?

Compréhension

Answers

1. Il est tombé dans l'escalier et il s'est cassé la jambe.
2. Il veut savoir ce qui s'est passé (s'il peut rendre visite à Jérôme).
3. Elle écrit quelque chose sur le plâtre de Jérôme.

Teaching Resource Options

PRINT 

Workbook PE, pp. 175–180
Unit 5 Resource Book
Communipak, pp. 148–165
Workbook TE, pp. 111–116

AUDIO & VISUAL 

Overhead Transparencies
45 *Quelques verbes réfléchis*

TECHNOLOGY 

Power Presentations

Teaching tip Ask questions about the people in **Transparency 45.**

–Que fait M. Dupont?
–Il se dépêche., etc.

Photo culture note Students use public transportation to get to school, not school buses.

Teaching note se souvenir
Practice the forms of **venir** with a transformation activity.

Robert vient au concert.
Tu # Tu viens au concert.
Nous # Nous venons au concert., etc.

If you wish, have students write out the sentences on the board. Then in a similar way, practice the forms of **se souvenir.**

Robert se souvient du concert.
Je # Je me souviens du concert., etc.

Supplementary vocabulary

se préparer *to get ready*
se rappeler *to remember*
se tromper *to make a mistake*
s'intéresser à *to be interested in*
s'occuper de *to take care of*
se rendre compte de *to realize*

VERBS CONJUGATED LIKE **sortir:**
se sentir bien/mal *to feel good/bad*
se servir de *to use*

1 COMPREHENSION drawing logical conclusions

1. Je me dépêche.
2. Nous nous arrêtons au café.
3. Elle ne s'amuse pas.
4. Ils ne s'arrêtent pas.
5. Vous vous excusez.
6. Tu te souviens de tout.
7. Nous nous amusons.
8. Je ne me souviens pas de son numéro de téléphone.

Avant
AMUSEZ-VOUS BIEN!
Après
MAIS QU'EST-CE QUE VOUS AVEZ FAIT?
NOUS NOUS SOMMES BIEN AMUSÉS!

VOCABULAIRE Quelques verbes réfléchis

s'amuser	*to have fun*	Je **m'amuse** toujours quand je suis avec mes copains.
s'arrêter	*to stop*	Le bus **s'arrête** devant l'école.
se dépêcher	*to hurry*	Marc **se dépêche** parce qu'il a un rendez-vous.
s'excuser	*to apologize*	Je **m'excuse** parce que j'ai tort.
se souvenir (de)	*to remember*	Est-ce que tu **te souviens de** moi?

Le bus s'arrête devant l'école.

→ **Se souvenir** is conjugated like **venir.**

Je **me souviens.** Nous **nous souvenons.**

1 Oui ou non?

PARLER/ÉCRIRE Lisez la description des personnes suivantes et dites si oui ou non elles font les choses entre parenthèses.

▶ Ces garçons sont impolis. (s'excuser?)
Ils ne s'excusent pas.

1. Je suis pressé *(in a hurry)*. (se dépêcher?)
2. Nous avons soif. (s'arrêter au café?)
3. Pauline est triste. (s'amuser?)
4. Les joueurs *(players)* continuent le match. (s'arrêter?)
5. Vous êtes polis. (s'excuser?)
6. Tu as une bonne mémoire. (se souvenir de tout?)
7. Nous sommes à une boum. (s'amuser?)
8. Je ne peux pas téléphoner à Marc. (se souvenir de son numéro de téléphone?)

COMPREHENSION Warm-up movements

Give commands and have the class do (or mime) the activities.

Levez-vous.
Brossez-vous les cheveux.
Brossez-vous les dents.
Lavez-vous les mains.
Asseyez-vous.
Parlez. ...Taisez-vous.

Continue with individual students, using **tu.**

X, lève-toi.
Lave-toi les cheveux.
Brosse-toi les dents., etc.

Note: This prepares students for the structures in Section A.

A L'impératif des verbes réfléchis

Note the affirmative and negative forms of the imperative of the verb **se reposer** *(to rest)*.

AFFIRMATIVE		NEGATIVE	
Repose-toi!	*Rest!*	**Ne te repose pas!**	*Don't rest!*
Reposons-nous!	*Let's rest!*	**Ne nous reposons pas!**	*Let's not rest!*
Reposez-vous!	*Rest!*	**Ne vous reposez pas!**	*Don't rest!*

→ In AFFIRMATIVE commands, reflexive pronouns come AFTER the verb and are attached to it by a hyphen. Note that **te** becomes **toi.**

→ In NEGATIVE commands, reflexive pronouns come BEFORE the verb.

→ The following reflexive verbs are often used in the imperative:

se taire	*to be quiet*	**Tais-toi!**	**Taisez-vous!**
s'asseoir	*to sit down*	**Assieds-toi!**	**Asseyez-vous!**

2 Publicité

PARLER/ÉCRIRE Vous travaillez pour une agence de publicité *(ad agency)* française. Complétez les messages publicitaires avec une expression de la liste.

Lavez-vous les mains avec ...
Lavez-vous les cheveux avec ...
Brossez-vous les dents avec ...
Brossez-vous les cheveux avec ...
Réveillez-vous en musique avec ...
Rasez-vous avec ...

le dentifrice SOURIRE
le rasoir BLIP
le savon SUAVE
la brosse à dents DENTAL
RADIO TAM TAM
le shampooing CAPELLO
la brosse à cheveux PILOU

3 En colonie de vacances *(At camp)*

PARLER/ÉCRIRE Dites à vos camarades de faire les choses entre parenthèses.

▶ Il est sept heures! (se réveiller)
Il est sept heures! Réveille-toi!

1. Il est sept heures dix. (se lever)
2. Voici du savon! (se laver)
3. Voici un peigne! (se peigner)
4. Il fait très beau! (se promener)
5. Tu es en retard! (se dépêcher)
6. Voici une chaise! (s'asseoir)
7. Tu vas à la fête *(party)*! (s'amuser)
8. Tu as tort! (s'excuser)

4 Que répondre?

PARLER/ÉCRIRE Votre copain français vous parle. Dites-lui ce qu'il doit faire. Pour cela, choisissez une expression de la liste.

s'amuser
se dépêcher
se reposer
se coucher
s'habiller bien
s'arrêter à la banque
se promener à la campagne

▶ Je suis fatigué. **—Alors, repose-toi!**

1. J'ai un bus dans dix minutes.
2. Je vais à un concert avec des copains.
3. Je vais à un mariage.
4. J'ai sommeil.
5. J'ai besoin d'air pur.
6. J'ai besoin d'argent.

PROJET Une publicité

Have students work in groups to prepare a poster or advertising slogan for a personal care product of their choice. Encourage them to use reflexive verbs.

The group with the most original poster will receive «L'Oscar de la Publicité» (a prize of your choice).

INCLUSION

Metacognitive As a quick review, ask students to generate the forms of the verb **se reposer.** Then, ask one or two students to create a chart on the board, showing the placement of the elements of affirmative and negative commands using the verb. Have the class write this chart in their notebooks. Give sentences in the affirmative imperative and have students generate the negative imperative.

SECTION A

Communicative function
Giving orders

Teaching notes

- Remind students that in the imperative, subject pronouns are dropped.
- Note that **se taire** and **s'asseoir** are irregular. Students are only expected to use them in the imperative.

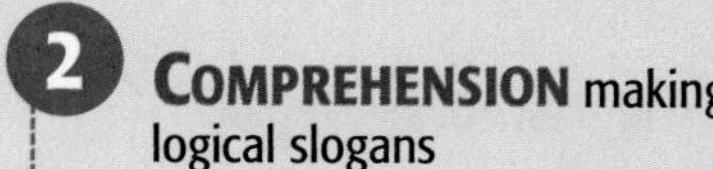

2 COMPREHENSION making logical slogans

Lavez-vous les mains avec le savon Suave!
Lavez-vous les cheveux avec le shampooing Capello!
Brossez-vous les dents avec le dentifrice Sourire (la brosse à dents Dental)!
Brossez-vous les cheveux avec la brosse à cheveux Pilou!
Réveillez-vous en musique avec Radio Tam Tam!
Rasez-vous avec le rasoir Blip!

Teaching note Students may use names of existing products or make up their own names of products to complete the slogans in Act. 2.

3 ROLE PLAY telling friends what to do

1. Il est sept heures dix! Lève-toi!
2. Voici du savon! Lave-toi!
3. Voici un peigne! Peigne-toi!
4. Il fait très beau! Promène-toi!
5. Tu es en retard! Dépêche-toi!
6. Voici une chaise! Assieds-toi!
7. Tu vas à la fête! Amuse-toi!
8. Tu as tort! Excuse-toi!

4 ROLE PLAY giving a friend logical advice

1. –Alors, dépêche-toi!
2. –Alors, amuse-toi!
3. –Alors, habille-toi bien!
4. –Alors, couche-toi!
5. –Alors, promène-toi à la campagne!
6. –Alors, arrête-toi à la banque!

SECTION B

Communicative function
Talking about the past

Teaching Resource Options

PRINT 

Workbook PE, pp. 175–180
Unit 5 Resource Book
Communipak, pp. 148–165
Workbook TE, pp. 111–116

AUDIO & VISUAL 

Overhead Transparencies
43 *Les occupations de la journée*
40 *Quelques sports individuels*

TECHNOLOGY 

Power Presentations

Teaching note This simplified rule of agreement should be sufficient at this level. If students ask, the more general rule is that the past participle of a reflexive verb agrees with a preceding direct object.

Usually the reflexive pronoun functions as the direct object. In some cases, however, the reflexive pronoun functions as an indirect object. (In the case of **se laver les mains, les mains** is the direct object, and **se** is the indirect object.)

The distinction between direct and indirect object reflexive pronouns is formally presented in Level Three.

5 DESCRIPTION describing what people did yesterday

1. Catherine s'est réveillée à 7h30.
2. Jean-Paul s'est levé à 8h10.
3. Monsieur Poly s'est rasé.
4. Christine s'est dépêchée pour prendre son bus.
5. Madame Dumont s'est habillée élégamment pour aller au restaurant.
6. Alice et Céline se sont promenées en ville.
7. Mon grand-père s'est reposé.
8. Mes soeurs se sont couchées à dix heures.

6 COMPREHENSION saying who had fun last weekend

1. Je me suis amusé(e).
2. Elle s'est amusée.
3. Vous ne vous êtes pas amusé(e)(s).
4. Elle ne s'est pas amusée.
5. Tu t'es amusé(e).
6. Nous nous sommes amusé(e)s.
7. Il ne s'est pas amusé.
8. Elles se sont amusées.

B Le passé composé des verbes réfléchis

Note the forms of the passé composé of the reflexive verb **se laver.**

	MASCULINE FORMS	FEMININE FORMS
AFFIRMATIVE	je **me suis** **lavé** tu **t'es** **lavé** il/on **s'est** **lavé**	je **me suis** **lavée** tu **t'es** **lavée** elle **s'est** **lavée**
	nous **nous sommes** **lavés** vous **vous êtes** **lavé(s)** ils **se sont** **lavés**	nous **nous sommes** **lavées** vous **vous êtes** **lavée(s)** elles **se sont** **lavées**
NEGATIVE	je **ne me suis pas** **lavé**	je **ne me suis pas** **lavée**
INTERROGATIVE	tu **t'es** **lavé**? est-ce que tu **t'es** **lavé**?	tu **t'es** **lavée**? est-ce que tu **t'es** **lavée**?

The passé composé of reflexive verbs is formed as follows:

SUBJECT + REFLEXIVE PRONOUN + PRESENT of **être** + PAST PARTICIPLE

In general (but not always) the past participle agrees with the subject.

Éric s'est promen**é**. Mélanie s'est promen**ée.**

→ There is no agreement in the construction: REFLEXIVE VERB + PART OF BODY. Compare:

AGREEMENT	NO AGREEMENT
se laver Paul et Vincent se sont lav**és**.	**se laver les mains** Ils se sont lav**é** les mains.

5 Hier

PARLER/ÉCRIRE Décrivez ce que les personnes suivantes ont fait hier.

▶ Frédéric / se lever à sept heures
Frédéric s'est levé à sept heures.

1. Catherine / se réveiller à 7 h 30
2. Jean-Paul / se lever à 8 h 10
3. Monsieur Poly / se raser
4. Christine / se dépêcher pour prendre son bus
5. Madame Dumont / s'habiller élégamment pour aller au restaurant
6. Alice et Céline / se promener en ville
7. mon grand-père / se reposer
8. mes soeurs / se coucher à dix heures

6 Qui s'est amusé?

PARLER/ÉCRIRE Lisez ce que les personnes ont fait le week-end dernier et dites si oui ou non elles se sont amusées.

▶ Nous avons travaillé.
Nous ne nous sommes pas amusés.

1. Je suis allé à une boum.
2. Isabelle est sortie avec un copain.
3. Vous avez préparé l'examen.
4. Madame Lanson a travaillé.
5. Tu as vu une comédie très drôle.
6. Nous avons rencontré des copains à la plage.
7. Mon oncle a nettoyé son appartement.
8. Anne et Sophie sont allées danser.

TEACHING STRATEGY Le passé et le futur

PROP: Transparency 43 *(Les occupations de la journée)*

Have students narrate the actions shown on the transparency in the passé composé.

Ce matin, je me suis levé(e) à sept heures.
Je me suis lavé(e) et je me suis habillé(e).

Then have students narrate the actions in the future.

Ce soir, je vais me laver les cheveux.
Je vais me coucher à dix heures.
Demain, je vais me promener avec un copain.

7  Et vous?

PARLER Demandez à vos camarades s'ils ont fait les choses suivantes dimanche dernier.

1. se lever tôt *(early)*?
2. se lever après dix heures?
3. se laver les cheveux?
4. se promener en ville?
5. s'amuser avec des copains?
6. se promener avec ta famille?
7. se reposer?
8. se coucher tôt?

▶ s'arrêter dans un café?

Tu t'es arrêtée dans un café?
Oui, je me suis arrêtée dans un café.

(Non, je ne me suis pas arrêtée dans un café.)

C L'infinitif des verbes réfléchis

Note the position of the reflexive pronoun in the following sentences.

Je vais **me promener.**	*I am going **to take a walk.***
Nous n'allons pas **nous reposer.**	*We are not going **to rest.***

In an INFINITIVE construction, the reflexive pronoun comes immediately BEFORE the infinitive.

→ Note that the reflexive pronoun always represents the same person as the subject.

Tu vas **te** promener. **Véronique** va **se** promener.

8 En ville

PARLER/ÉCRIRE Les personnes suivantes sont en ville. Dites où chacune va s'arrêter.

▶ J'ai faim.

à la poste
à la gare *(station)*
dans une banque
dans un magasin de vêtements
dans un café
dans une pizzeria
dans un parc

Je vais m'arrêter dans une pizzeria.

1. Tu as soif.
2. Vous voulez acheter une chemise.
3. Isabelle veut acheter des timbres *(stamps)*.
4. Nous voulons regarder les horaires *(schedules)* de train.
5. Les touristes veulent changer de l'argent.
6. J'ai envie de m'asseoir.

9 Vive le week-end!

PARLER/ÉCRIRE Dites ce que les personnes suivantes vont faire ce week-end.

▶ Nous aimons la nature. (se promener à la campagne)
Nous allons nous promener à la campagne.

1. J'aime dormir. (se lever à onze heures)
2. Tu aimes faire des achats. (se promener en ville)
3. Vous êtes fatigués. (se reposer)
4. Catherine va danser. (s'habiller élégamment)
5. Nous allons à une boum. (s'amuser)
6. Mes copains vont au ciné. (se coucher tard *[late]*)

WARM-UP Ce week-end

PROP: Transparency 40 *(Quelques sports individuels)*

Point to various pictures and ask students whether they are going to do that activity this weekend. Elicit both affirmative and negative responses.

–Qu'est-ce que vous allez faire ce week-end? X, est-ce que tu vas faire du VTT?
–Oui, je vais faire du VTT.
(Optional continuation: **Où? Avec qui?**)
(–Non, je ne vais pas faire de VTT.)

7 EXCHANGES finding out what friends did last Sunday

Answers will vary.
–Tu t'es … ?
–Oui, je me suis … (Non, je ne me suis pas …)
1. levé(e) tôt
2. levé(e) après dix heures
3. lavé les cheveux
4. promené(e) en ville
5. amusé(e) avec des copains
6. promené(e) avec ta famille/promené(e) avec ma famille
7. reposé(e)
8. couché(e) tôt

Expansion When appropriate, students can continue the conversation.

–Tu t'es levé(e) tôt?
–Oui, je me suis levé(e) tôt. Je me suis levé(e) à 6 heures.
ou: **(Non, je ne me suis pas levé(e) tôt. Je me suis levé(e) à 10h30.)**

SECTION C

Communicative function
Talking about future plans

Teaching note Have students suggest other common verbs that are used to introduce an infinitive:

j'aime: j'aime me promener
je veux: je veux me reposer
je dois: je dois me dépêcher
je peux: je peux me coucher tôt ce soir

Have students give the negative forms of the sentences, and write them on the board.

Underline **ne** and **pas,** showing that they go around the first verb.

Je <u>n</u>'aime <u>pas</u> me promener., etc.

8 COMPREHENSION describing where people are going to stop

1. Tu vas t'arrêter dans un café.
2. Vous allez vous arrêter dans un magasin de vêtements.
3. Elle va s'arrêter à la poste.
4. Nous allons nous arrêter à la gare.
5. Ils vont s'arrêter dans une banque.
6. Je vais m'arrêter dans un parc.

9 DESCRIPTION saying what people are going to do

1. Je vais me lever à onze heures.
2. Tu vas te promener en ville.
3. Vous allez vous reposer.
4. Elle va s'habiller élégamment.
5. Nous allons nous amuser.
6. Ils vont se coucher tard.

Teaching Resource Options

PRINT

Workbook PE, pp. 175–180
Unit 5 Resource Book
- Audioscript, p. 139
- Communipak, pp. 148–165
- Family Involvement, pp. 129–130
- Workbook TE, pp. 111–116

Assessment
- Lesson 20 Quiz, pp. 145–146
- Portfolio Assessment, Reprise/Unit 1 URB, pp. 235–244
- Audioscript for Quiz 20, p. 144
- Answer Keys, pp. 214–218

AUDIO & VISUAL

Audio Program
CD 3 Track 20
CD 19 Track 4

TECHNOLOGY

Test Generator CD-ROM/McDougal Littell Assessment System

1 WRITTEN SELF-EXPRESSION describing what one did yesterday

Answers will vary. See student page for sample journal entry.

Questions sur le texte

Vrai ou faux?

1. D'habitude, Stéphanie se lève à sept heures et quart. [V]
2. Elle a pris le petit déjeuner avec sa soeur. [F]
3. Stéphanie a une classe d'anglais à huit heures et demie. [F]
4. Elle a eu un examen de français assez difficile. [V]
5. Après le déjeuner, Stéphanie et ses amies se sont promenées en ville. [V]
6. Stéphanie a aidé sa mère à préparer le dîner. [V]
7. Après le dîner, Stéphanie est sortie avec Catherine. [F]

2 INTERVIEW taking a poll

Answers will vary.
–À quelle heure tu t'es couché(e) hier soir?
–Je me suis couché(e) à (dix) heures.
–À quelle heure tu t'es levé(e) ce matin?
–Je me suis levé(e) à (sept) heures.

À votre tour!

OBJECTIFS
Now you can …
- describe yesterday's activities

1 Une page de journal

LIRE/ÉCRIRE Dans son journal, Stéphanie décrit les événements de la journée. Lisez le journal de Stéphanie et écrivez votre propre *(own)* journal—réel ou imaginaire—pour la journée d'hier.

mardi 18 avril

Je me suis levée à sept heures et quart comme d'habitude. Puis, je me suis lavée et je me suis habillée. (J'ai mis un jean et ma nouvelle chemise bleue.) J'ai pris le petit déjeuner avec mes parents (café au lait, pain grillé avec beurre et confiture). Ensuite, j'ai pris le bus et je suis arrivée au lycée à huit heures et demie pour la classe de français. Nous avons eu un examen assez difficile, mais je pense que j'ai réussi.

À midi et demi, j'ai déjeuné à la cantine avec ma copine Catherine. Après le déjeuner, nous nous sommes promenées en ville. Nous nous sommes arrêtées dans les magasins mais nous n'avons rien acheté. Ensuite, nous sommes rentrées au lycée pour la classe d'anglais.

Après les cours, je suis rentrée directement chez moi. Je me suis reposée un peu et j'ai commencé mes devoirs. Puis j'ai aidé ma mère à préparer le dîner. Nous avons dîné à sept heures et demie.

Après le dîner, je suis montée dans ma chambre et j'ai fini mes devoirs. Ensuite, j'ai téléphoné à Catherine pour organiser la boum de samedi. J'ai lu un peu et je me suis couchée à dix heures et demie.

2 Un sondage

PARLER/ÉCRIRE Choisissez cinq camarades et demandez à chacun:

- à quelle heure il/elle s'est couché(e) hier soir
- à quelle heure il/elle s'est levé(e) ce matin

Inscrivez les résultats sur une feuille de papier et déterminez qui a le plus besoin de sommeil et qui a le moins besoin de sommeil.

Nom:	(lune)	(soleil)	heures de sommeil
Jennifer	10 h 15	6 h 45	8 heures 30 minutes

PORTFOLIO ASSESSMENT

You will probably choose only one oral and one written activity to go into the students' portfolios for Unit 5. The following activity is a good portfolio topic:

WRITTEN: Activity 1

INCLUSION

Cumulative, Gifted and Talented To review the the passé composé of reflexive verbs, play the **Vidéo-scène** from **Leçon 19** with the sound turned down. Working in pairs, the students will narrate the action in the passé composé. Afterward, you could have several students perform the narration with the video in front of the class. Alternatively, the students could use the printed **Vidéo-scène** from pages 290–291 to write the narration.

Lecture La gymnastique du matin

Scène 1

Il est sept heures du matin.

À cette heure, tout le monde met la télé pour regarder l'émission° du célèbre° Monsieur Muscle. Cette émission s'appelle «La gymnastique du matin».

À sept heures précises, Monsieur Muscle entre en scène.° C'est un homme jeune et athlétique. Il commence la leçon de gymnastique:

Couchez-vous sur le dos.
Une, deux, une, deux, levez la tête!
Une, deux, une, deux, levez les jambes!
Et maintenant, levez-vous.
Une, deux, une, deux, levez les bras!
Une, deux, une, deux, pliez les jambes!
Une, deux, une, deux, ... !

Et tout le monde lève la tête, lève les jambes, lève les bras et plie les jambes avec Monsieur Muscle.

Scène 2

Il est neuf heures du matin. Un homme rentre chez lui. Il a l'air pâle et fatigué. Sa femme est inquiète.°

Femme: Ça ne va pas?
Homme: Non, ça ne va pas.
Femme: Qu'est-ce que tu as?
Homme: J'ai mal à la tête, j'ai mal aux jambes, j'ai mal aux bras. J'ai mal partout.°
Femme: Est-ce que tu veux prendre ton petit déjeuner?
Homme: Non, je suis trop fatigué!
Femme: Mon pauvre chéri,° tu travailles trop. Repose-toi un peu!
Homme: Tu as raison, je vais me coucher.

Et l'homme est allé dans sa chambre. Là, il s'est regardé longuement° dans la glace. Puis, il s'est déshabillé° et il s'est couché.

Cet homme, vous l'avez certainement reconnu, c'est le célèbre Monsieur Muscle!

émission *program* **célèbre** *famous* **en scène** *on stage* **inquiète** *worried* **partout** *all over* **chéri** *darling* **longuement** *for a long time* **s'est déshabillé** *got undressed*

Mots utiles

Be careful not to confuse:

se reposer	*to rest*	Claire est fatiguée. Elle a envie de **se reposer.**
rester	*to stay*	Ce soir, elle ne va pas sortir. Elle va **rester** chez elle.

PRE-READING ACTIVITY

Have students look at the cartoons and guess the topic of the reading. [exercising] Then ask questions, such as:

Est-ce que vous faites de la gymnastique le matin?
Est-ce qu'il y a des émissions *(programs)* de gymnastique à la télé?
Quand vous vous levez, est-ce que vous mettez une cassette vidéo de gymnastique?
Après, est-ce que vous êtes en forme ou est-ce que vous vous sentez fatigué(e)?

LECTURE

La gymnastique du matin

Objective

- Reading for pleasure

Observation activity Have the students reread the scenes, finding examples of reflexive verbs used:

(a) in commands (couchez-vous, levez-vous, repose-toi),
(b) in the passé composé (il s'est regardé, il s'est déshabillé, il s'est couché), and
(c) with an infinitive (je vais me coucher).

Post-reading activity

Have students act out the scenes or make up a short exercise class of their own.

TESTS DE CONTRÔLE

Teaching Resource Options

PRINT 

Unit 5 Resource Book

Assessment
Unit 5 Test, pp. 181–190
Portfolio Assessment, Reprise/Unit 1 URB, pp. 235–244
Multiple Choice Test Items, pp. 203–207
Listening Comprehension Performance Test, pp. 192–193
Reading Comprehension Performance Test, pp. 197–199
Speaking Performance Test, pp. 193–196
Writing Performance Test, pp. 200–202
Test Scoring Tools, pp. 208–209
Audioscript for Tests, pp. 210–213
Answer Keys, pp. 214–218

AUDIO & VISUAL 

Audio Program
CD 19 Tracks 5–9

TECHNOLOGY 

Test Generator CD-ROM/McDougal Littell Assessment System

1 COMPREHENSION choosing the right word or phrase

1. Mélanie aime courir.
2. Mon sport préféré est la natation.
3. À la montagne, on peut faire de l'escalade.
4. J'ai joué au foot et maintenant j'ai mal aux jambes.
5. Elle a mal aux dents.
6. Quand on mange trop, on a mal au ventre.
7. Il est malade.
8. Elle est en forme.
9. Éric va chez le coiffeur parce qu'il a les cheveux longs.
10. Pauline se lave les mains avant le dîner.
11. Assieds-toi sur cette chaise.
12. Taisez-vous, s'il vous plaît.

2 COMPREHENSION using the right verb

1. Je me promène souvent dans ce parc.
2. Quand j'ai tort, je m'excuse.
3. Julien se dépêche parce qu'il veut être à l'heure.
4. Vous vous lavez les mains avant le dîner.
5. Nous nous reposons quand nous sommes fatigués.
6. Mes parents se lèvent à 7 heures du matin.
7. Au cirque, les petits enfants s'amusent beaucoup.
8. Le bus s'arrête devant le théâtre.

Tests de contrôle

By taking the following tests, you can check your progress in French and also prepare for the unit test. Write your answers on a separate sheet of paper.

Review...
- vocabulary and constructions: pp. 274, 276, 278, 292, 303

1 Le choix logique

Complete each of the following sentences with the appropriate option.

1. Mélanie aime —. Elle fait du jogging tous les jours. **(courir / faire les courses)**
2. J'adore aller à la piscine. Mon sport préféré est —. **(la voile / la natation)**
3. À la montagne, on peut faire —. **(de l'escalade/ du ski nautique)**
4. J'ai joué au foot et maintenant j'ai mal —. **(aux jambes / à l'épaule)**
5. Ma mère va chez le dentiste. Elle a mal —. **(aux dents / au dos)**
6. Quand on mange trop, on a mal —. **(au cou / au ventre)**
7. Pierre a la grippe. Il est —. **(mauvais / malade)**
8. Élodie fait du sport. Elle est —. **(en forme / en avance)**
9. Éric va chez le coiffeur parce qu'il a — cheveux longs. **(les / ses)**
10. Pauline — les mains avant le dîner. **(lave / se lave)**
11. — sur cette chaise. **(Arrête-toi / Assieds-toi)**
12. Vous parlez trop. — , s'il vous plaît. **(Taisez-vous / Dépêchez-vous)**

Review...
- reflexive verbs: pp. 293, 294, 302

2 Le bon verbe

Complete each of the following sentences with the appropriate form of the reflexive verb which logically fits.

s'amuser
s'arrêter
se dépêcher
s'excuser
se laver
se lever
se promener
se reposer

1. J'aime marcher. Je — souvent dans ce parc.
2. Quand j'ai tort, je —.
3. Julien — parce qu'il veut être à l'heure.
4. Vous — les mains avant le dîner.
5. Nous — quand nous sommes fatigués.
6. Mes parents — à 7 heures du matin.
7. Au cirque *(circus)*, les petits enfants — beaucoup.
8. Le bus — devant le théâtre.

3 Samedi dernier

Explain what people did by completing the following statements with the PASSÉ COMPOSÉ of the verbs in parentheses.

1. Nous — à huit heures. **(se lever)**
2. Ma grand-mère —. **(se reposer)**
3. Je — à minuit. **(se coucher)**
4. Léa et Zoé — à la boum. **(s'amuser)**
5. Vous — pour être à l'heure. **(se dépêcher)**
6. Mes cousins — à la campagne. **(se promener)**

Review...
- passé composé of reflexive verbs: p. 304

4 Contextes et dialogues

Complete the following dialogues with **y** or **en**, as appropriate.

(1) *Monsieur Lenard s'est levé tôt (early) pour faire les courses. Madame Lenard lui parle.*

Mme L: Tu es allé à la boulangerie?
M. L: Oui, j'— suis allé.
Mme L: Tu as pris du pain?
M. L: Bien sûr, j'— ai pris.
Mme L: Tu as acheté des croissants?
M. L: Oui, j'— ai acheté quatre.
Mme L: Magnifique! Allons prendre le petit déjeuner.

(2) *Nicolas et Pauline parlent de leurs sports préférés.*

N: Tu fais du jogging?
P: Oui, j'— fais tous les jours.
N: Tu joues au tennis?
P: J'— joue assez souvent.
N: Tu as une raquette?
P: Bien sûr, j'— ai une.
N: Tu veux aller au tennis club?
P: D'accord, Allons- — !

Review...
- use of *y* and *en:* pp. 282, 284

5 Composition: La routine quotidienne

In a short paragraph, describe some aspects of your daily life. Use complete sentences and respond to the following questions ...

- In general **(En général)**, at what time do you get up?
- At what time did you get up today?
- Do you wash your hair every day?
- Do you often comb your hair?
- Do you hurry to go to school?
- Do you rest before dinner?
- Do you brush your teeth after dinner?
- At what time did you go to bed yesterday?

STRATEGY Writing

1. Note your answers to the above questions.
2. Use your notes to write out your paragraph.
3. Read over your paragraph, paying special attention to the reflexive verbs. Note that some are in the present and others should be in the passé composé.

3 COMPREHENSION saying what people did

1. Nous <u>nous sommes levé(e)s</u> à huit heures.
2. Ma grand-mère <u>s'est reposée</u>.
3. Je <u>me suis couché(e)</u> à minuit.
4. Léa et Zoé <u>se sont amusées</u> à la boum.
5. Vous <u>vous êtes dépêché(e)(s)</u> pour être à l'heure.
6. Mes cousins <u>se sont promenés</u> à la campagne.

4 COMPREHENSION completing a dialogue

1. Mme L: Tu es allé à la boulangerie?
   M. L: Oui, j'<u>y</u> suis allé.
   Mme L: Tu as pris du pain?
   M. L: Bien sûr, j'<u>en</u> ai pris.
   Mme L: Tu as acheté des croissants?
   M. L: Oui, j'<u>en</u> ai acheté quatre.
   Mme L: Magnifique! Allons prendre le petit déjeuner.
2. N: Tu fais du jogging?
   P: Oui, j'<u>en</u> fais tous les jours.
   N: Tu joues au tennis?
   P: J'<u>y</u> joue assez souvent.
   N: Tu as une raquette?
   P: Bien sûr, j'<u>en</u> ai une.
   N: Tu veux aller au tennis club?
   P: D'accord, Allons-<u>y</u>!

5 WRITTEN SELF-EXPRESSION

En général, je me lève à huit heures. Aujourd'hui, je me suis levé(e) à six heures. Je ne me lave pas les cheveux tous les jours. Je me peigne souvent les cheveux. Je me dépêche d'aller à l'école. Je me repose avant le dîner. Je me brosse les dents après le dîner. Hier, je me suis couché(e) à onze heures.

VOCABULAIRE

Language Learning Benchmarks

FUNCTION
- Understand and express important ideas and some detail p. 306

CONTEXT
- Converse in face-to-face social interactions p. 275
- Listen in social interactions pp. 273, 277
- Listen to audio or video texts pp. 272–273, 280–281, 290–291, 300-301
- Use authentic materials when reading: short narratives p. 306
- Use authentic materials when reading: brochures p. 279
- Write short guided compositions pp. 306, 309

TEXT TYPE
- Use and understand
  - –learned expressions when speaking and listening p. 283
  - –questions when speaking and listening pp. 285, 286, 295
  - –polite commands when speaking and listening p. 303
  - –ideas and some details in highly contextualized authentic texts when reading p. 279

CONTENT
- Understand and convey information about
  - –health p. 278
  - –likes and dislikes p. 275

ASSESSMENT
- Understand oral and written discourse, with few errors in comprehension, when reading pp. 279, 288–289, 312, 313, 315, 316
- Show no significant pattern of error when
  - –engaging in conversations p. 287
  - –obtaining information pp. 287, 297, 306
  - –understanding some ideas and familiar details p. 306
  - –providing information p. 287

Vocabulaire

POUR COMMUNIQUER

Talking about one's health

Je suis en forme.	*I am in shape.*	**Qu'est-ce que tu as?**	*What's wrong? What's the matter?*
Je suis en bonne santé.	*I am in good health.*	**Où est-ce que tu as mal?**	*Where does it hurt?*
Je me sens bien.	*I feel fine.*		
Ça va mieux.	*I'm feeling better.*		

MOTS ET EXPRESSIONS

Sports individuels

le jogging	*jogging*	**l'équitation**	*horseback riding*
le patin à roulettes	*rollerskating*	**l'escalade**	*rock climbing*
le patinage	*skating*	**la gym(nastique)**	*gymnastics*
le roller	*in-line skating*	**la marche à pied**	*hiking*
le skate(board)	*skateboarding*	**la natation**	*swimming*
le ski nautique	*waterskiing*	**la planche à voile**	*windsurfing*
le ski	*skiing*	**la voile**	*sailing*
le snowboard	*snowboarding*		
le surf	*surfboarding*		
le surf des neiges	*snowboarding*		
le vélo	*cycling*		
le VTT	*mountain biking*		

Les parties du corps

un bras	*arm*	**un genou**	*knee*	**une bouche**	*mouth*
les cheveux	*hair*	**un nez**	*nose*	**une dent**	*tooth*
un coeur	*heart*	**un oeil (les yeux)**	*eye(s)*	**une épaule**	*shoulder*
un corps	*body*	**un pied**	*foot*	**la figure**	*face*
un cou	*neck*	**un ventre**	*stomach*	**une jambe**	*leg*
un doigt	*finger*			**une main**	*hand*
un dos	*back*			**une oreille**	*ear*
un estomac	*stomach*			**une tête**	*head*

La toilette

du dentifrice	*toothpaste*	**du rouge à lèvres**	*lipstick*	**une brosse à cheveux**	*hairbrush*
un peigne	*comb*	**du savon**	*soap*	**une brosse à dents**	*toothbrush*
un rasoir	*razor*	**du shampooing**	*shampoo*		

Adjectifs

malade	*sick*	**prêt**	*ready*
fatigué	*tired*	**sportif (-ive)**	*athletic*
pressé	*in a hurry, in a rush*		

Verbes réguliers

lever (je lève)	*to raise*
plier	*to bend*
pratiquer	*to practice*

Verbes irréguliers

courir	*to run*
croire	*to believe*

Expressions avec *avoir*

avoir mal	*to be in pain*
avoir mal à la tête	*to have a headache*
avoir mal au ventre	*to have a stomachache*
avoir mal au dos	*to have a backache*
avoir mal aux oreilles	*to have an earache*
avoir la grippe	*to have the flu*
avoir un rhume	*to have a cold*

Expressions avec *faire*

faire du sport	*to play sports*
faire de la voile	*to sail*
faire de l'escalade	*to do rock climbing*
faire du ski	*to ski*
faire du vélo	*to bike*

Verbes réfléchis

s'amuser	*to have fun*
s'arrêter	*to stop*
se brosser (les dents)	*to brush (one's teeth)*
se coucher	*to go to bed*
se dépêcher	*to hurry*
s'excuser	*to apologize*
s'habiller	*to get dressed*
se laver (les cheveux)	*to wash (one's hair)*
se lever	*to get up*
se maquiller	*to put on make-up*
se peigner	*to comb one's hair*
se promener	*to go for a walk*
se raser	*to shave*
se reposer	*to rest*
se réveiller	*to wake up*
se souvenir (de)	*to remember*

Phrases utiles

Assieds-toi.	**Asseyez-vous.**	*Sit down. Be seated.*
Tais-toi.	**Taisez-vous.**	*Be quiet.*

Expressions de temps

à toute vitesse	*(very) quickly*
de temps en temps	*from time to time*
ne ... pas encore	*not yet*
ne ... presque jamais	*almost never*
parfois	*occasionally*
quelquefois	*sometimes*
rarement	*seldom, rarely*
souvent	*often*
toujours	*still, always*
tout de suite	*right away*

Pour exprimer son opinion

à mon avis	*in my opinion*
selon moi	*according to me*
d'après moi	*according to me*
je pense que	*I think (that)*
je trouve que	*I think (that)*
je crois que	*I believe (that)*

FLASHCARDS AND MORE!

INTERLUDE 5

Le véritoscope

Objective

- Reading for pleasure

Teaching Resource Options

PRINT 

Workbook PE, pp. 181–190
Activités pour tous PE, pp. 117–119
Unit 5 Resource Book
Activités pour tous TE, pp. 167–169
Workbook TE, pp. 171–180

1 Une mauvaise nouvelle

Avez-vous compris?

Answers
1. Quelqu'un a pris de l'argent dans la caisse.
2. Il manque cinq cents euros.

Interlude 5

Le véritoscope

PRE-READING STRATEGY Avant de lire

Avec un «microscope», nous pouvons voir des objets très petits (*micro* = petit). Avec un «télescope», nous pouvons voir des choses qui sont loin de nous (*télé* = distance).

Par conséquent, avec un «véritoscope», nous pouvons voir la vérité. Mais, comment fonctionne cette machine imaginaire? Vous allez le découvrir en lisant cette histoire.

1 Une mauvaise nouvelle

Ce matin, Monsieur Dumas, avocat, est arrivé tard° à son bureau. Quand il est entré, Julien, le comptable, l'attendait.°

—Monsieur, je voudrais vous parler en privé.
—Mais qu'est-ce qu'il y a, Julien?
—Eh bien, monsieur, c'est arrivé encore une fois.
—Quoi?
—Quelqu'un a pris de l'argent dans la caisse.
—Combien?
—Cinq cents euros.
—Vous êtes sûr?
—Absolument sûr. J'ai compté l'argent hier soir et je l'ai recompté ce matin. Il manque cinq cents euros.
—Bien, bien, merci! Je vais voir ce que je peux faire.

Mots utiles

en privé	*in private*
qu'est-ce qu'il y a	*what's wrong*
encore une fois	*once again*
compter	*to count*
il manque ...	*... is missing*

tard *late* **l'attendait** *was waiting for him*

Avez-vous compris?

1. Monsieur Dumas a un problème. Qu'est-ce que c'est?
2. Selon le comptable, combien d'argent est-ce qu'il manque dans la caisse?

2 Monsieur Dumas, en train de bricoler

Seul dans son bureau, Monsieur Dumas a réfléchi à la situation. C'est la troisième fois en deux mois que «quelqu'un» s'est servi dans la caisse. La première fois, c'était° cent euros. La deuxième fois, c'était deux cents euros. Et maintenant, c'est cinq cents euros.

«Si cela continue comme cela,° je vais bientôt° être ruiné» a pensé Monsieur Dumas. «Oui, mais que faire? Appeler° la police? C'est inutile. La police a d'autres choses à faire. Renvoyer tous mes employés? C'est impossible. Un seul est coupable ... Ah, j'ai trouvé la solution ...»

Le week-end suivant. Monsieur Dumas n'est pas sorti comme d'habitude. Il n'a pas dîné en ville. Il n'est pas allé au théâtre. Il n'a pas joué au bridge à son club ... Il est resté chez lui. Et qu'est-ce qu'il a fait chez lui? Il est descendu dans son atelier. Il a travaillé jour et nuit sur un «projet spécial». Il faut dire° que Monsieur Dumas n'est pas seulement un brillant avocat. C'est aussi un bricoleur de génie.°

Mots utiles

seul	*alone*
réfléchir	*to think, reflect*
se servir	*to help or serve oneself*
renvoyer	*to fire (an employee)*
un seul	*only one person*
coupable	*guilty*

c'était *it was* **comme cela** *like that* **bientôt** *soon* **Appeler** *Call* **Il faut dire** *It should be said* **bricoleur de génie** *brilliant tinkerer*

Avez-vous compris?

1. Pourquoi est-ce que Monsieur Dumas ne peut pas renvoyer tous ses employés?
2. Comment a-t-il passé son week-end?

2 Monsieur Dumas, en train de bricoler

Avez-vous compris?

Answers

1. Il ne peut pas renvoyer tous ses employés parce qu'un seul est coupable.
2. Il a travaillé sur un «projet spécial».

3 La réunion de lundi matin

Lundi, Monsieur Dumas est sorti de chez lui avec un mystérieux paquet sous le bras. Puis il est allé à son bureau. Là, il a convoqué° tous ses employés pour une réunion.°

À dix heures, tout le monde était assis° autour de° la grande table dans la salle de réunion.° Il y avait° Alice et Claudine, les deux assistantes de Monsieur Dumas, Julien, le comptable, Madeleine, la réceptionniste, Gilbert, le secrétaire, et Pierrot, le garçon de courses.°

Mots utiles

se dénoncer	*to give oneself up*
l'affaire sera réglée	*the matter will be settled*
puisque	*since*
s'allumer	*to light up*
rien à craindre	*nothing to fear*

Monsieur Dumas est entré dans la salle avec son mystérieux paquet. Il a posé le paquet au centre de la table. Puis il a pris la parole.°

—J'ai le regret de vous annoncer qu'il y a un voleur° parmi° vous.

Silence dans la salle.

Monsieur Dumas a continué.

—À trois reprises° différentes, quelqu'un a pris de l'argent dans la caisse. Si le coupable se dénonce, je lui demanderai° de restituer° l'argent et l'affaire sera réglée. Est-ce que le coupable veut se dénoncer?

Personne n'a répondu.

—Eh bien, puisque personne n'est coupable, vous ne verrez pas° d'inconvénient à vous soumettre au test de vérité.

a convoqué *called together* **réunion** *meeting* **assis** *seated* **autour de** *around* **salle de réunion** *conference room* **Il y avait** *There were* **garçon de courses** *errand boy* **a pris la parole** *began to speak* **voleur** *thief* **parmi** *among* **reprises** *occasions* **demanderai** *will ask* **de restituer** *to return* **ne verrez pas** *won't see*

Monsieur Dumas a ouvert° le mystérieux paquet. Les employés ont vu une étrange machine. L'élément central était un petit récipient rempli° d'eau. À ce récipient étaient attachés des électrodes, des fils électriques et un compteur.

—Cette machine s'appelle un véritoscope. C'est une machine ultrasensible qui capte° les impulsions nerveuses de l'individu.° Son fonctionnement est très simple. Elle est reliée° à une lampe dans mon bureau. Vous mettez la main dans l'eau et vous dites une phrase. Si vous dites la vérité, rien ne se passe.° Si vous ne dites pas la vérité, la machine détecte votre nervosité et la lampe qui est dans mon bureau s'allume. Évidemment,° cette machine fonctionne seulement° dans l'obscurité° la plus complète.

—Qu'est-ce qu'on fait? a demandé Madeleine, la réceptionniste.

—Et bien, vous allez tour à tour° mettre la main dans l'eau et vous allez dire: «Ce n'est pas moi qui ai pris l'argent.»

—Mais puisque personne n'est coupable ..., a dit Pierrot, le garçon de courses.

—Alors, vous n'avez rien à craindre. C'est simplement un test pour confirmer votre innocence.

Avez-vous compris?

1. Qu'est-ce que Monsieur Dumas annonce à ses employés à la réunion de lundi matin?
2. Comment fonctionne le véritoscope?

a ouvert *opened* **rempli (d')** *filled (with)* **capte** *picks up* **individu** *person* **reliée** *linked* **rien ne se passe** *nothing happens* **Évidemment** *Obviously* **seulement** *only* **obscurité** *darkness* **tour à tour** *one after the other*

Avez-vous compris?

Answers

1. Il annonce qu'il y a un voleur parmi les employés.
2. La machine est reliée à une lampe dans le bureau de M. Dumas. On met la main dans l'eau et on dit une phrase. Si on dit la vérité, rien ne se passe. Si on ne dit pas la vérité, la lampe dans son bureau s'allume.

4 Le moment de vérité

Avez-vous compris?

Answers

1. Ils mettent la main dans l'eau et ils disent la phrase.
2. Julien n'a pas la main verte. Alors, il n'a pas mis la main dans l'eau.

4 Le moment de vérité

Monsieur Dumas a éteint° les lumières et il est sorti. Il est allé à son bureau où il a attendu dix minutes. Puis il est retourné dans la salle de réunion.

—Alors, est-ce que la lampe s'est allumée? a demandé Alice, la première assistante.

—Non, elle ne s'est pas allumée, a répondu Monsieur Dumas.

—Vous voyez, personne ici n'est malhonnête, a ajouté Claudine, la seconde assistante.

—Est-ce qu'on peut sortir? a demandé Gilbert, le secrétaire.

—Attendez un peu, a dit Monsieur Dumas. Montrez-moi d'abord vos mains.

Tout le monde a levé les mains.

—Eh bien, maintenant, je sais qui est le coupable. Voilà, j'ai oublié de vous dire que dans le liquide il y a un produit incolore qui devient vert au contact de la peau.

—C'est vrai, j'ai la main verte, a dit Madeleine.

—Et moi aussi, a dit Pierrot.

—Mais vous, Julien, a dit Monsieur Dumas, vous avez la main blanche. Expliquez-nous donc pourquoi vous n'avez pas voulu vous soumettre au test du véritoscope!

Mots utiles

une lumière	*light*
un produit	*(chemical) product*
incolore	*colorless*
la peau	*skin*

Avez-vous compris?

1. Que font les employés pendant l'absence de Monsieur Dumas?
2. Comment Monsieur Dumas sait-il que c'est Julien le coupable?

a éteint *turned off*

READING STRATEGY
L'Art de la lecture

READING STRATEGY L'Art de la lecture

You have probably noticed that in French, as in English, new words can be formed by adding PREFIXES. Here are some common French prefixes:

- **re-** (or **r-**) meaning *again, back, away, over*

recompter (re- + compter)	*to count again, recount*
revenir (re- + venir)	*to come back*
renvoyer (r- + envoyer)	*to send away, fire*
refaire (re- + faire)	*to do over, redo*

Exemples: Julien **a recompté** l'argent de la caisse.
Monsieur Dumas ne veut pas **renvoyer** tous ses employés.

- **in-** (or **im-**) meaning *not* and corresponding to the English *in-, un-, dis-, -less*

un inconvénient (in- + convénient)	*inconvenience*
incertain (in- + certain)	*uncertain*
incolore (in- + colore)	*colorless*

Exemples: Nous ne voyons pas d'**inconvénient** à ce test.
Monsieur Dumas a mis un produit **incolore** dans l'eau.

- **dé-** (or **d-**) corresponding to the English *dis-* or *des-*

découvrir (dé- + couvrir)	*to discover*
décrire (d- + écrire)	*to describe*

Exemple: Vous allez **découvrir** cela en lisant cette histoire.

- **mal-** meaning *evil* and corresponding to the English *un-, dis-, bad, evil*

malheureux (mal- + heureux)	*unfortunate, unhappy*
malhonnête (mal- + honnête)	*dishonest*
la malchance (mal- + chance)	*bad luck*
un malfaiteur (mal- + faiteur)	*evildoer*

Exemple: —Vous voyez, personne ici n'est **malhonnête**, a ajouté Claudine.

- **sous-** (or **sou-**) meaning *under* and corresponding to the English *sub-*

soumettre (sous- + mettre)	*to submit*

Exemple: Vous n'avez pas voulu vous **soumettre** au test du véritoscope.

Expansion activities PLANNING AHEAD

Games

• Le trésor à ma maison

Draw a floor plan of a house and make a photocopy for each student. As a class, decide on a common starting point (such as the front door of the house). Divide the class into pairs. Instruct one of the players in each pair to draw (in pencil) a treasure chest somewhere on the map without letting his or her partner see the map or the location of the treasure. The other partner should ask "yes" or "no" questions about the direction in which to proceed in order to find the treasure on the plan. (For example, students might ask, *«Est-ce que je dois entrer dans la salle à manger?»*) Once students are familiar with the game, they can erase the original treasure chest and play again as a timed competition between pairs.

Pacing Suggestion: Upon completion of Leçon 21.

Projects

• Le témoin

Have students work in pairs to role-play a scene in which one student plays a police officer and the other a witness to a crime. The "police officer" will ask the witness to describe the suspect in detail while he or she takes notes. The "police officer" will then read back the description to make sure he or she has everything correct. Have partners trade roles.

Pacing Suggestion: Upon completion of Leçon 23.

Bulletin Boards

• Mon journal

Students will use the *passé composé* and *imparfait* to write a newspaper article about a recent community or school event. Have students write a first draft that includes all the pertinent information (who, what, when, where, why, and how). Have students trade articles with another classmate for proofreading. Then have students create a final draft on the computer, setting up the article in columns like a real newspaper article. If possible, have students include a photograph with their articles. Create a bulletin board of local events by pasting up the created articles.

Pacing Suggestion: Upon completion of Leçon 24.

Music

• *Quelque chose de Tennessee*

Play *Quelque chose de Tennessee,* available on your *Chansons* CD, for students. First, have students listen to the song. Give students a copy of the lyrics and have them read along as they listen a second time. Then ask students to select a phrase or sentence from the song that they like or find interesting. Have students get together in small groups to share and discuss the phrases and sentences they have selected. Finally, hold a class discussion about the song.

Pacing Suggestion: Upon completion of Leçon 23.

Storytelling

• Un conte de fée moderne

Students will work in pairs to write a modern fairy tale using the *passé composé* and *imparfait.* You may wish to provide students with some additional vocabulary, such as *Il était une fois … , le prince/la princesse, la fée, la sorcière,* etc. First, have students outline their story, then write a first draft. After exchanging stories with another group for proofreading, have students write a final draft of their story. Next, have each group create illustrations on blank transparencies to accompany their story. Finally, have students read their stories aloud while showing the class the illustrations.

Pacing Suggestion: Upon completion of Leçon 24.

• Une mini-histoire

After reviewing the *imparfait,* model a short conversation (using puppets, student actors, or photos) in which you describe someone you remember from your childhood. Repeat the description, allowing time for students to repeat or complete the sentences. Then have students write and read aloud a longer description from their own childhood, elaborating on your story. Their new versions should include some vocabulary from your version.

Pacing Suggestion: Upon completion of Leçon 23.

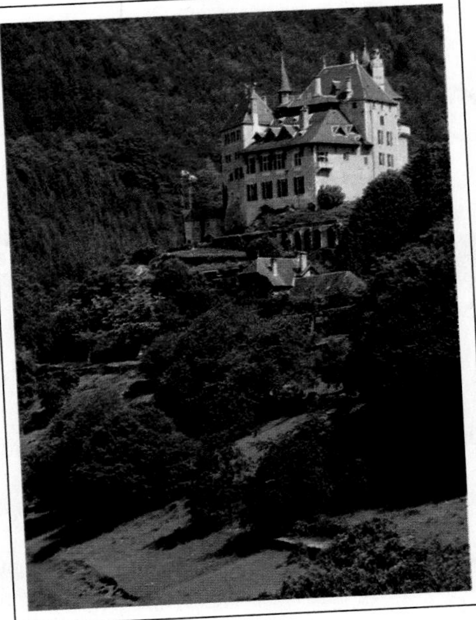

End of Unit

• Les albums

Each student will create a scrapbook for a vacation, holiday, or special event. The scrapbook can be based on their own experiences or on an imagined event. Each scrapbook page should include 4–5 photographs or illustrations. Students can use their own photos or cut pictures from magazines. Under each photo, have students write a short paragraph describing what they did, where they were, how they felt, and so on. Encourage students to use connecting words to create more sophisticated sentences. Finally, have them decorate the cover of their scrapbooks with a collage.

Rubric **A** = 13–15 pts. **B** = 10–12 pts. **C** = 7–9 pts. **D** = 4–6 pts. **F** = < 4 pts.

Criteria	Scale
Vocabulary Use	1 2 3 4 5
Grammar/Spelling Accuracy	1 2 3 4 5
Creativity	1 2 3 4 5

Hands-on Crafts

• Les châteaux de sucre

Have students work in small groups to make *châteaux* out of sugar cubes. First, students will research various French *châteaux* online or at the library and select one to create in miniature. Have each group find photos of their *château.* To build the models, students will need sugar cubes, a paste made of confectioner's sugar and water, and a base made of cardboard. Each group should also provide a sheet of information about the *château* to display with their model. Once the models are completed, set up an exhibit and allow students to "visit" each of the castles. If possible, create a large map of France on which to display the castles in their approximate locations.

Pacing Suggestion: Upon completion of Leçon 22.

Recipe

• Tartelettes aux fruits

Fruit tarts are on display in the window of almost every French bakery. These simple but delicious tarts can be made with peaches, plums, pears, kiwis, strawberries, and other fruit.

Pacing Suggestion: Upon completion of Leçon 22.

Clé

230 grammes = approx. 8 ounces
220° Celsius = 428° Fahrenheit
3 centimeters = approx. 1 inch

Tartelettes aux fruits

Ingrédients

- *230 grammes de* ***pâte feuilletée***[1] *toute prête*
- *deux poires, deux pêches, et deux prunes* ***coupées en tranches fines***[2]
- *du beurre fondu*
- *du sucre en poudre*
- *de la* ***confiture d'abricots***[3] *chaude*

Préparation

1. *Préchauffez le four à 220° Celsius.*
2. *Saupoudrez une surface de farine.*
3. *Étendez la pâte jusqu'à 3 centimètres du bord.*
4. ***Découpez***[4] *des ronds dans la pâte en utilisant un verre ou un petit bol.*
5. ***Brossez***[5] *la pâte avec du beurre fondu.*
6. *Mettez les tranches de fruit en cercle sur chaque rond et saupoudrez avec du sucre en poudre.*
7. *Mettez les ronds au four 20 minutes ou jusqu'à ce que la pâte* ***croustille***[6] *et le fruit soit cuit.*
8. *Laissez les tartelettes refroidir, puis brossez-les avec un peu de confiture d'abricots chaude.*

Pour cinq personnes.

Glossary

[1] *flaky pastry*
[2] *cut into thin slices*
[3] *apricot jam*
[4] *cut*
[5] *brush*
[6] *turns crispy*

Planning Guide CLASSROOM MANAGEMENT

OBJECTIVES

Communication

- Tell where you live *pp. 322–323*
- Describe your house, its rooms, and its furnishings *pp. 322–323, 324–325*
- Say what you were doing at a certain time in the past *pp. 338–339, 340, 343, 344*
- Describe the background of a past action *pp. 338–339, 340, 344, 352*
- Talk about what you used to do on a regular basis *pp. 338–339, 340, 341, 343*

Grammar

- Le verbe *vivre p. 330*
- Révision: Le passé composé *p. 331*
- Le pronom relatif *qui p. 332*
- Le pronom relatif *que p. 333*
- L'imparfait: formation *pp. 338–339*
- L'imparfait du verbe *être p. 340*
- L'usage de l'imparfait: événements habituels *p. 341*
- L'usage de l'imparfait: actions progressives *p. 344*
- L'usage de l'imparfait: circonstances d'un événement *p. 352*
- Résumé: L'usage de l'imparfait et du passé composé *p. 354*

Vocabulary

- La résidence *pp. 322–323*
- Le mobilier et l'équipement de la maison *pp. 324–325*
- Quelques actions *p. 326*
- Quelques expressions de temps *p. 343*
- Un accident *p. 350*

Culture

- Aperçu culturel—Chez nous *pp. 320–321*
- Note culturelle—Les étages français *p. 322*
- Flash d'information—Les WC *p. 323*
- Au jour le jour—Les petites annonces *p. 327*
- Flash d'information—Les châteaux français *p. 330*
- Lecture—À l'école autrefois *pp. 346–347*
- Note culturelle—Les écoles françaises d'autrefois *p. 347*

PROGRAM RESOURCES

Print

- Workbook PE, *pp. 191–228*
- *Activités pour tous* PE, *pp. 121–139*
- Block Scheduling Copymasters, *pp. 169–200*
- *Français pour hispanophones*
- *Lectures pour tous*
- Teacher to Teacher Copymasters
- Teaching Proficiency through Reading and Storytelling
- Unit 6 Resource Book
  - Lessons 21–24 Resources
    - Workbook TE
    - *Activités pour tous* TE
    - Absent Student Copymasters
    - Family Involvement
    - Video Activities
    - Videoscripts
    - Audioscripts
    - Assessment Program
  - Unit 6 Resources
    - Communipak
    - *Activités pour tous* TE Reading
    - Workbook TE Reading and Culture Activities
    - Assessment Program
    - Answer Keys

Audiovisual

- Audio Program PE CD 4 Tracks 1–9
- Audio Program Workbook CD 11 Tracks 1–21
- *Chansons* Audio CD Track 8
- Sing Along: Grammar and Vocabulary Songs CD
- Video Program Leçons 21–24
- Warm-Up Transparencies
- Overhead Transparencies
  - 4a *Paris;*
  - 5 *Annecy;*
  - 11a *Quelques activités: Les verbes en **-er**;*
  - 11b *Quelques activités: Les verbes en **-er** (cont.);*
  - 12a *Quelques activités: Les verbes en **-ir**;*
  - 12b *Quelques activités: Les verbes en **-re**;*
  - 19 *Activités du week-end;*
  - 25 *Les verbes conjugués avec **être**;*
  - 35 *Les spectacles;*
  - 46 *La résidence;*
  - 47 *Les parties de la maison;*
  - 48 *Le mobilier et l'équipement de la maison;*
  - 49 *L'imparfait: Les événements habituels;*
  - 50 *Maintenant et avant;*
  - 51 *L'imparfait: Les actions progressives;*
  - 52 *Un accident*

Technology

- Online Workbook
- ClassZone.com
- McDougal Littell Assessment System/Test Generator CD-ROM
- EasyPlanner CD-ROM
- Power Presentations on CD-ROM
- Take-Home Tutor CD-ROM

Assessment Program Options

Lesson Quizzes
Portfolio Assessment
Unit Test Form A
Unit Test Form B
Listening Comprehension Performance Test
Speaking Performance Test
Reading Comprehension Performance Test
Writing Performance Test
Multiple Choice Test Items
Test Scoring Tools
Audio Program CD 20 Tracks 1–9
Answer Keys
McDougal Littell Assessment System/Test Generator CD-ROM

Pacing Guide SAMPLE LESSON PLAN

DAY	DAY	DAY	DAY	DAY
1 Unité 6 Opener Leçon 21 • Aperçu culturel–Chez nous • Vocabulaire–La résidence • Note culturelle	**2** Leçon 21 • Vocabulaire–Le mobilier et l'équipement de la maison	**3** Leçon 21 • Vocabulaire–Quelques actions • Au jour le jour–Les petites annonces	**4** Leçon 22 • Vidéo-scène–C'est quelqu'un que tu connais • Le verbe *vivre*	**5** Leçon 22 • Révision: Le passé composé
6 Leçon 22 • Le pronom relatif *qui* • Le pronom relatif *que*	**7** Leçon 22 • À votre tour! • Lecture–Qu'est-ce qu'ils achètent?	**8** Leçon 23 • Vidéo-scène–À Menthon-Saint-Bernard • L'imparfait: formation	**9** Leçon 23 • L'imparfait: formation *(continued)* • L'imparfait du verbe *être*	**10** Leçon 23 • L'usage de l'imparfait: événements habituels
11 Leçon 23 • Vocabulaire–Quelques expressions de temps • L'usage de l'imparfait: actions progressives	**12** Leçon 23 • À votre tour! • Lecture–À l'école autrefois	**13** Leçon 24 • Vidéo-scène–Montrez-moi vos papiers! • Petit vocabulaire–Un accident	**14** Leçon 24 • L'usage de l'imparfait: circonstances d'un événement	**15** Leçon 24 • Résumé: L'usage de l'imparfait et du passé composé
16 Leçon 24 • À votre tour! • Lecture–Au voleur!	**17** • Tests de contrôle • Interlude–La maison hantée	**18** • Unit 6 Test		

Student Text Listening Activity Scripts
AUDIO PROGRAM

▶ LEÇON 21 LE FRANÇAIS PRATIQUE La maison

• Aperçu culturel: Chez nous *p. 320* CD 4, TRACK 1

La majorité des Français (55%) habitent dans des maisons individuelles. Dans la banlieue des villes, beaucoup de gens habitent dans des lotissements où les maisons sont modernes mais souvent identiques. Dans les petites villes et à la campagne, les maisons sont généralement anciennes et différentes les unes des autres. Dans le centre des grandes villes, les gens habitent en appartement, dans des immeubles de cinq ou six étages.

1. En France, les maisons individuelles sont généralement entourées d'un petit jardin avec des fleurs au printemps et en été. (Les Français aiment beaucoup cultiver les fleurs!)
2. Le salon, salle de séjour ou «living» est souvent la plus grande pièce de la maison. Il y a un sofa, des fauteuils et d'autres meubles modernes ou anciens. Beaucoup de familles françaises ont des meubles anciens qui sont transmis de génération en génération. Dans les appartements modernes, la salle à manger est l'extension du salon.
3. Les cuisines françaises sont généralement plus petites et aussi bien équipées que les cuisines américaines. C'est dans la cuisine qu'on prend le petit déjeuner le matin.
4. Les jeunes Français aiment décorer leur chambre avec des photos ou des posters. Cette chambre est leur domaine privé où ils étudient, écoutent de la musique et utilisent leur ordinateur. Parce que le salon est réservé à la famille, c'est dans leur chambre qu'ils invitent leurs amis.
5. La majorité des maisons françaises ont seulement une ou deux salles de bains. Ainsi, les jeunes Français doivent partager la salle de bains avec leurs frères et soeurs, et parfois avec leurs parents. Dans les maisons anciennes, les toilettes et la salle de bains sont séparées.

• Vocabulaire A

La résidence *p. 322* CD 4, TRACK 2

A: Où habites-tu?
B: J'habite dans la banlieue.
A: Dans quel genre de maison?
B: J'habite dans un appartement, dans un grand immeuble moderne.
A: À quel étage habites-tu?
B: J'habite au neuvième étage.

La maison *p. 323* CD 4, TRACK 3

Écoutez et répétez.

Les parties de la maison
le toit # le grenier # les escaliers # le premier étage # le rez-de-chaussée # le garage # le sous-sol # le jardin #

Les pièces de la maison
la chambre à coucher # la salle de bains # les toilettes # les WC # la cuisine # le living # le salon # la salle à manger # la cave #

Une pièce
le couloir # la fenêtre # la porte # une clé # le sol # le mur # le plafond #

• Vocabulaire B

Le mobilier et l'équipement de la maison *p. 324* CD 4, TRACK 4

Écoutez et répétez.

Dans le salon/Dans le living
un tableau # une étagère # un sofa # un tapis # un fauteuil #

Dans la salle à manger
des rideaux # une table # une chaise

Dans la cuisine
un grille-pain # des placards # un évier # une cuisinière # un four # un four à micro-ondes # un lave-vaisselle # une machine à laver # un réfrigérateur # un appareil #

Dans une chambre
un placard # une lampe # un meuble # un bureau # un lit #

Dans la salle de bains
une douche # une baignoire # une glace # un lavabo #

▶ LEÇON 22 C'est quelqu'un que tu connais

• Vidéo-scène *p. 328* CD 4, TRACK 5

Claire: Est-ce que vous vous souvenez de Corinne? C'est la cousine de Pierre. Aujourd'hui, elle est chez Pierre avec sa copine Armelle. Les trois amis écoutent de la musique.
Sur la table, il y a un album de photos. Armelle veut le regarder.
Armelle: Dis, Pierre, est-ce que je peux regarder l'album qui est sur la table?
Pierre: Oui, bien sûr.
Armelle: Qui est-ce, ce petit garçon qui joue de la trompette?
Pierre: C'est quelqu'un que tu connais.
Armelle: C'est vrai? Qui est-ce?
Pierre: Eh bien, c'est moi quand j'avais sept ans.
Armelle: Vraiment?
Corinne: Mais oui, c'est lui. Tu sais, quand il était petit, Pierre était beaucoup moins mignon que maintenant.
Pierre: Ha . . .
Armelle: Et cette petite fille qui joue sur la plage?
Corinne: Comment? Tu ne me reconnais pas?
Armelle: C'est toi?
Corinne: Eh bien oui, c'est moi.
Pierre: C'est vrai que pour Corinne c'est le contraire! Elle était beaucoup plus jolie quand elle était petite.
Corinne: Toi, tais-toi!
Armelle: Dis donc Pierre, où est-ce-que tu habitais quand tu étais petit?
Pierre: J'habitais à Menthon-Saint-Bernard!
Armelle: Vraiment? C'est un petit village que j'aime beaucoup.
Corinne: C'est vrai! C'est un village qui est très sympa.
Pierre: Si vous voulez, on peut y faire un tour en scooter samedi prochain.
Corinne: D'accord.
Armelle: Et tu me montreras la maison où tu habitais?
Pierre: Bien sûr!

pause for oral response

À votre tour!

• Une devinette *p. 334* CD 4, TRACK 6

Écoutez la devinette.

–C'est une ville qui est en France. C'est une ville qui a beaucoup de monuments. C'est une ville que les touristes américains aiment visiter . . .
–C'est Paris?
–Oui, c'est Paris.

▶ LEÇON 23 À Menthon-Saint-Bernard

• Vidéo-scène *p. 336* CD 4, TRACK 7

Claire: Dans l'épisode précédent, Pierre a proposé à Armelle et à Corinne de faire un tour à Menthon-Saint-Bernard, le village où il habitait quand il était petit.

Menthon-Saint-Bernard est un village très pittoresque, à une dizaine de kilomètres d'Annecy. Il y a un vieux château . . . beaucoup de chalets . . . et une plage sur le lac.

Pierre, Armelle et Corinne viennent d'arriver à Menthon-Saint-Bernard.

Ils vont d'abord à l'école primaire.

Pierre: Tu vois cette école?
Armelle: Oui.
Pierre: C'est l'école où j'allais quand j'étais petit. Et là, c'est la cour où je jouais avec mes copains.
Armelle: Il paraît que tu étais une vraie terreur!
Pierre: Au contraire! J'étais un élève-modèle!
Claire: Ensuite, les trois amis vont à la plage.
Pierre: Ça, c'est la plage où nous allions en été. Tu te souviens, Corinne? C'est là où je t'ai appris à nager.
Corinne: Pas du tout! C'est moi qui t'ai appris à nager.
Pierre: Ah oui, peut-être . . .
Claire: Puis, ils vont à l'ancienne maison de Pierre.
Pierre: Et voilà la maison où nous habitions. Tu veux la voir?
Armelle: Oui, je veux bien.
Corinne: Dis donc, elle a beaucoup changé, ta maison.
Pierre: C'est vrai.
Claire: Pierre explique comment était sa maison autrefois.
Pierre: Là, il y avait des fleurs. Là, il y avait une table et des chaises. En été, c'était là où nous dînions quand il faisait beau.
Armelle: C'était où, ta chambre?
Pierre: C'était la chambre là-haut.
Corinne: Et là, c'était ma chambre quand je venais vous voir en été.
Pierre: Là, c'était le salon. Et là, c'était la salle à manger. Et ici, c'était la porte de la cuisine.

(sound of burglar alarm going off)

Claire: En touchant la porte de la cuisine, Pierre déclenche l'alarme.

Corinne et Armelle pensent qu'il vaut mieux partir.

Les trois amis retournent à leurs scooters. Mais qu'est-ce qu'ils voient?

▶ LEÇON 24 Montrez-moi vos papiers!

• Vidéo-scène *p. 348* CD 4, TRACK 8

Claire: Dans l'épisode précédent, Pierre a montré à Armelle et à sa cousine Corinne la maison où il habitait quand il était petit. Mais quand il a voulu ouvrir la porte de la cuisine, l'alarme s'est déclenchée.

L'alarme a alerté un gendarme qui passait dans le quartier.

Pierre: Oh, non . . . !
Claire: Le gendarme a l'air sévère.
Gendarme: Montrez-moi vos papiers. Qu'est-ce que vous faisiez ici?
Claire: Les amis montrent leurs papiers d'identité.

Pierre explique ce qu'ils faisaient.

Pierre: Euh, nous nous promenions . . . Je voulais montrer cette maison à ma copine.
Gendarme: Pourquoi cette maison?
Pierre: Euh, c'est la maison où j'habitais quand j'étais petit.
Gendarme: Vous ne saviez pas que c'était une propriété privée?
Pierre: Euh, si . . . mais il n'y avait personne . . . Alors, on est entré.
Gendarme: Bon, ça va pour cette fois . . . Mais ne recommencez pas!
Claire: Le gendarme est parti . . . Les trois amis retrouvent leur bonne humeur.

À votre tour!

• Thanksgiving *p. 355* CD 4, TRACK 9

Le dernier jour de Thanksgiving était le 28 novembre. Il faisait très froid! Mes parents ont invité mes tantes, mes oncles et mes cousins pour célébrer la fête chez nous. Ma mère et moi, nous avons préparé le repas ensemble. Tout le monde est arrivé à trois heures. Nous avons mangé un grand dîner. Il y avait de la dinde, des pommes de terre, des haricots verts, des carottes, du pain, de la tarte aux pommes et de la glace. Après le dîner, nous avons regardé un match de football américain à la télé. Notre équipe a gagné! C'était une fête très amusante!

Complete videoscripts, plus Workbook and Assessment audioscripts, are available in the Unit Resource Books.

Main Theme
- People and possessions

COMMUNICATION
- Talking about where you live
- Describing your home's rooms and furnishings
- Telling about past actions
- Describing the background of a past action
- Talking about what you used to do on a regular basis

CULTURES
- Learning about French home life
- Learning about French houses
- Learning about French castles
- Learning about French schools of the past

CONNECTIONS
- Connecting to Math: Using deductive reasoning to solve a puzzle
- Connecting to English: Recognizing cognate patterns
- Reading real estate ads

COMPARISONS
- Comparing homes in France and the U.S.
- Comparing building floor names in France and the U.S.
- Learning about cognates

COMMUNITIES
- Using French to find an apartment
- Using French to describe an accident to the police

Chez nous

THÈME ET OBJECTIFS

Culture

In this unit, you will learn ...
- what the French mean when they talk about **chez moi**
- what French houses look like

Communication

You will learn how ...
- to tell where you live
- to describe your house, its rooms, and its furnishings

You will also learn to describe past events with more precision. You will be able ...
- to say what you were doing at a certain time in the past
- to describe the background of a past action
- to talk about what you used to do on a regular basis

TEACHING STRATEGIES

This is a core unit of **Discovering French, *Nouveau!–Blanc.***
- You may want to present Lesson 21 fairly rapidly since it reviews and expands on the household vocabulary presented in Lesson 13 of **Discovering French, *Nouveau!–Bleu.***
- You will want to concentrate on Lessons 23 and 24, which introduce the imperfect and focus on the NARRATION OF PAST EVENTS and the contrastive uses of the imperfect and the passé composé.

trois cent dix-neuf
Unité 6 319

Linguistic objectives

PRIMARY
- the IMPERFECT, its forms and various uses, as contrasted with the passé composé

SECONDARY
- **qui** and **que, vivre**

Teaching Resource Options

PRINT 

Unit 6 Resource Book
Family Letter, p. 17
Français pour hispanophones
Conseils, p. 30
Vocabulaire, pp. 65–66

AUDIO & VISUAL 

Audio Program
Chansons CD

TECHNOLOGY 

EasyPlanner CD-ROM

Leçon 21

Main Topic Describing where one lives

Teaching Resource Options

PRINT 

Workbook PE, pp. 191–198
Activités pour tous PE, pp. 121–123
Block Scheduling Copymasters, pp. 169–176
Unit 6 Resource Book
- *Activités pour tous* TE, pp. 9–11
- Audioscript, pp. 31, 33–37
- Communipak, pp. 150–167
- Lesson Plans, pp. 12–13
- Block Scheduling Lesson Plans, pp. 14–16
- Absent Student Copymasters, pp. 18–21
- Video Activities, pp. 24–28
- Videoscript, pp. 29–30
- Workbook TE, pp. 1–8

AUDIO & VISUAL 

Audio Program
CD 4 Track 1
CD 11 Tracks 1–6

TECHNOLOGY

Online Workbook

VIDEO PROGRAM

Leçon 21

Le français pratique La maison

Total time: 8:06 min.
DVD Disk 2
Videotape 2 (Counter: 0:09 min.)

Introduction
(0:09–1:12 min.)

Section 1: Visite de la ville
(1:13–3:46 min.)

Section 2: Les parties de la maison
(3:47–5:11 min.)

Section 3: Le mobilier et l'équipement de la maison
(5:12–8:15 min.)

La maison

Aperçu culturel ... Chez nous

La majorité des Français (55%) habitent dans des maisons individuelles. Dans la banlieue des villes, beaucoup de gens habitent dans des lotissements où les maisons sont modernes mais souvent identiques. Dans les petites villes et à la campagne, les maisons sont généralement anciennes et différentes les unes des autres. Dans le centre des grandes villes, les gens habitent en appartement, dans des immeubles de cinq ou six étages.

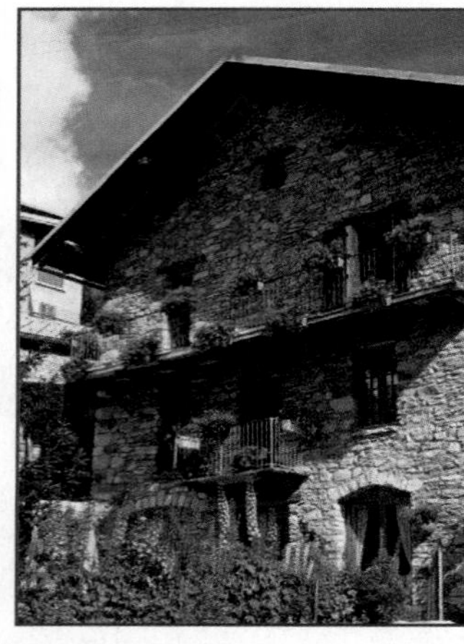

1. En France, les maisons individuelles sont généralement entourées d'un petit jardin avec des fleurs au printemps et en été. (Les Français aiment beaucoup cultiver les fleurs!)

2. Le salon, salle de séjour ou «living» est souvent la plus grande pièce de la maison. Il y a un sofa, des fauteuils et d'autres meubles modernes ou anciens. Beaucoup de familles françaises ont des meubles anciens qui sont transmis de génération en génération. Dans les appartements modernes, la salle à manger est l'extension du salon.

Teaching strategy

Have students read this cultural introduction twice:
- at the beginning of the unit—quickly, for general content
- at the end of the lesson—with greater attention to details

By looking at the pictures, students can discover the meanings of many of the new words.

3. Les cuisines françaises sont généralement plus petites et aussi bien équipées que les cuisines américaines. C'est dans la cuisine qu'on prend le petit déjeuner le matin.

4. Les jeunes Français aiment décorer leur chambre avec des photos ou des posters. Cette chambre est leur domaine privé où ils étudient, écoutent de la musique et utilisent leur ordinateur. Parce que le salon est réservé à la famille, c'est dans leur chambre qu'ils invitent leurs amis.

5. La majorité des maisons françaises ont seulement une ou deux salles de bains. Ainsi, les jeunes Français doivent partager la salle de bains avec leurs frères et soeurs, et parfois avec leurs parents. Dans les maisons anciennes, les toilettes et la salle de bains sont séparées.

COMPARAISONS CULTURELLES

Quelles similarités et quelles différences voyez-vous entre les maisons aux États-Unis et les maisons en France? Comparez les pièces suivantes:

- le salon
- la salle à manger
- la cuisine
- la chambre
- la salle de bains

Questions sur le texte

1. En général, où vivent les Français dans les grandes villes? [en appartement, dans des immeubles de cinq ou six étages]
2. Où est-ce que les gens dans les petites villes et à la campagne préfèrent habiter? [dans des maisons qui sont généralement anciennes et différentes les unes des autres]
3. De quoi sont entourées les maisons individuelles? [d'un petit jardin avec des fleurs]
4. D'habitude, quelle est la plus grande pièce de la maison? [le salon, la salle de séjour, le living]
5. En général, comment sont les cuisines françaises? [plus petites et aussi bien équipées que les cuisines américaines]
6. Où est-ce que les Français prennent le petit déjeuner le matin? [dans la cuisine]
7. Avec quoi est-ce que les jeunes Français aiment décorer leur chambre? [des photos ou des posters]
8. Dans les maisons anciennes, est-ce que les toilettes se trouvent dans la salle de bains? [non]

CROSS-CULTURAL OBSERVATION

The most common building material in the older, more traditional French houses was stone. Nowadays, the most common building material is cement. Ask students how this compares to the homes built in their area. Point out that lumber is not as common a building material in Europe as it is in North America.

SECTION A

Communicative function
Describing where one lives

Teaching Resource Options

PRINT

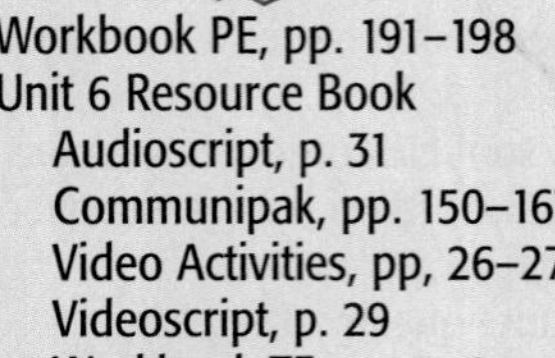

Workbook PE, pp. 191–198
Unit 6 Resource Book
Audioscript, p. 31
Communipak, pp. 150–167
Video Activities, pp, 26–27
Videoscript, p. 29
Workbook TE, pp. 1–8

AUDIO & VISUAL

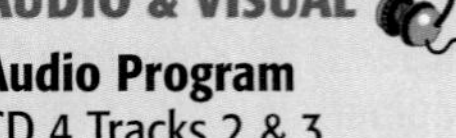

Audio Program
CD 4 Tracks 2 & 3

Overhead Transparencies
46 *La résidence*
47 *Les parties de la maison*

VIDEO PROGRAM

VIDÉO DVD

LEÇON 21

Section 1: Visite de la ville
(1:13–3:46 min.)

Section 2: Les parties de la maison
(3:47–5:11 min.)

Teaching tip Much of this vocabulary is familiar to the students. Use **Transparency 46** to review known items and to introduce the new words such as **le centre-ville, la banlieue, individuelle, une ferme, l'étage, le rez-de-chaussée.**

Cultural note In French, the term **appartement** is used to refer to both rental apartments **(en location)** and condominiums **(en copropriété).**

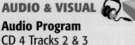

Review and re-entry
You may want to review ordinal numbers quickly at this time. They are formally reintroduced in Lesson 26.

Note culturelle

Photo note Point out the elevator buttons, with **RC** for **rez-de-chaussée.**

A VOCABULAIRE La résidence

À quel étage habites-tu?
Au rez-de-chaussé

—Où habites-tu?
J'habite
dans une ville.
dans le centre-ville
dans un quartier | **moderne** / **ancien**
dans la banlieue
dans un lotissement
dans un village
à la campagne

le centre-ville *downtown*
un quartier *district, section, part*
ancien(ne) *old*
la banlieue *suburbs*
un lotissement *subdivision*

—Dans quel genre de maison?
J'habite
dans un immeuble.
dans un appartement
dans une maison individuelle

un immeuble *apartment building*
un appartement *apartment*

—À quel **étage** habites-tu?
J'habite
au rez-de-chaussée.
au premier (1er) étage
au troisième (3e) étage
au neuvième (9e) étage

un étage *floor*
le rez-de-chaussée *ground floor*

1 *Questions personnelles* PARLER/ÉCRIRE

1. Dans quelle ville (ou quel village) habites-tu? Depuis combien de temps est-ce que tu habites là?
2. Si tu habites dans une grande ville, est-ce que tu habites dans le centre ou dans un autre quartier?
3. Dans quel genre de maison habites-tu?
4. Si tu habites dans un immeuble, à quel étage est ton appartement? Si tu habites dans une maison, à quel étage est ta chambre?
5. Combien de pièces est-ce qu'il y a chez toi? Combien de chambres à coucher?
6. Quelle est la pièce la plus *(most)* confortable? la plus grande? Quelle est la pièce où vous passez le plus de temps en famille?
7. Est-ce que votre cuisine est grande? De quelle couleur sont les murs? De quelle couleur est le sol? et le plafond?
8. Est-ce qu'il y a un grenier chez toi? Qu'est-ce qu'il y a dans ce grenier?

NOTE culturelle

Il y a une différence d'un étage entre les étages français et les étages américains.

- Le rez-de-chaussée correspond au premier étage américain.
- Le premier étage français correspond au deuxième étage américain.
- Le deuxième étage français correspond au troisième étage américain.

INCLUSION

Multisensory, Gifted and Talented Have students draw a floor plan of their own house, saying and labeling the parts, including phonetic transcriptions. Then have them work in pairs. The first student describes his/her house to a second student who will draw the floor plan without looking at the first student's drawing. Then they'll switch roles. Each person then describes his/her partner's house to the class.

Les parties de la maison

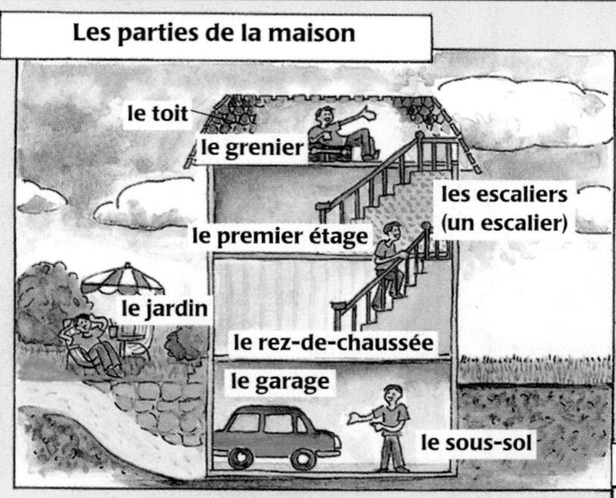

Les pièces de la maison

la chambre (à coucher) *([bed]room)*
la salle de bains *(bathroom)*
les toilettes (les WC) *(toilet)*
la cuisine *(kitchen)*
le living *(informal living room)*
le salon *(formal living room)*
la salle à manger *(dining room)*
la cave *(cellar)*

Une pièce *(room)*

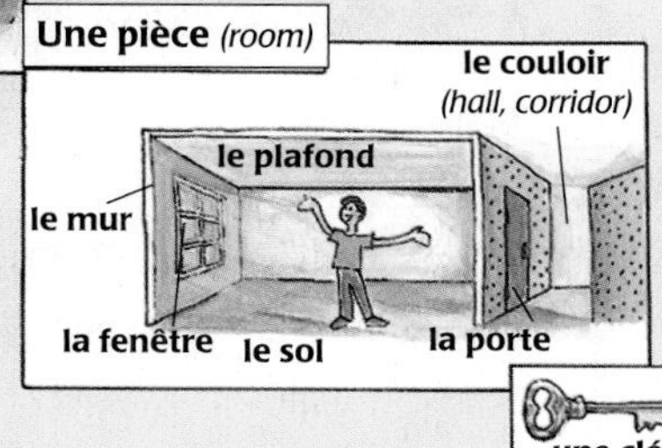

une clé

FLASH d'information

In French homes, the toilet typically is in a small room separate from the bathroom. **WC** (an abbreviation for the British *water closet*) is pronounced double vécé or simply vécé.

2 Un jeu de logique

ÉCRIRE Lisez les phrases suivantes et décidez si elles sont logiques ou non. Écrivez les lettres correspondant à vos réponses sur une feuille de papier *(sheet of paper)*. Vous allez découvrir le mot français qui correspond à *skyscraper.*

1. On se lave dans la salle de bains.
2. On dort dans la salle à manger.
3. On monte au premier étage par l'escalier.
4. On sort de la maison par la fenêtre.
5. On peut mettre des posters sur les murs.
6. On met les vieilles choses au grenier.
7. Le réfrigérateur est dans la cuisine.
8. La cave est généralement au sous-sol.
9. On marche sur le plafond.
10. Un écureuil peut se promener sur le toit.

	logique	pas logique
1.	G	F
2.	U	R
3.	A	V
4.	X	T
5.	T	B
6.	E	M
7.	C	O
8.	I	S
9.	T	E
10.	L	K

1	2	3	4	5	6	-	7	8	9	10

1 COMMUNICATION answering personal questions

Answers will vary.
1. J'habite à (Salem). J'habite là depuis (cinq ans).
2. J'habite dans le centre (un autre quartier).
3. J'habite dans une maison individuelle (un appartement).
4. Mon appartement est au (troisième étage). / Ma chambre est au (premier étage).
5. Il y a (six) pièces chez moi. Il y a (trois) chambres à coucher.
6. La pièce la plus confortable est (ma chambre). La pièce la plus grande est (le salon). La pièce où nous passons le plus de temps en famille est (le living).
7. Oui, notre cuisine est grande. (Non, notre cuisine n'est pas grande.) Les murs sont (jaunes). Le sol est (blanc). Le plafond est (blanc).
8. Oui, il y a un grenier chez moi. (Non, il n'y a pas de grenier chez moi.) Dans ce grenier, il y a (des skis, une vieille guitare, des meubles, des jouets et des valises).

Supplementary vocabulary

les volets *shutters*
la cheminée *fireplace; chimney*

Language note In French there are three words for room:

une pièce *any type of room*
une salle *a large room*
une chambre *a bedroom*

2 COMMUNICATION drawing logical conclusions

1. logique (G)
2. pas logique (R)
3. logique (A)
4. pas logique (T)
5. logique (T)
6. logique (E)
7. logique (C)
8. logique (I)
9. pas logique (E)
10. logique (L)

Réponse **(un) GRATTE-CIEL**

COMPREHENSION Dans la salle de classe

Give a series of commands and have students perform the actions. For example:

Levez-vous! Montez sur la chaise!
Regardez le sol! Sautez!
Montrez le plafond!
Descendez de la chaise!
Asseyez-vous!

Other commands:
Montrez la fenêtre!
Regardez le plafond!
Touchez le mur!
Ouvrez la porte!
Allez dans le couloir!

SECTION B

Communicative function
Describing one's home

Teaching Resource Options

PRINT  

Workbook PE, pp. 191–198
Unit 6 Resource Book
- Audioscript, p. 32
- Communipak, pp. 150–167
- Video Activities, pp. 27–28
- Videoscript, pp. 29–30
- Workbook TE, pp. 1–8

AUDIO & VISUAL 

Audio Program
CD 4 Track 4

Overhead Transparencies
48 *Le mobilier et l'équipement de la maison*

VIDEO PROGRAM

LEÇON 21

Section 3: Le mobilier et l'équipement de la maison
(5:12–8:15 min.)

Language note For *sofa,* one can also say **un divan, un canapé.**

3 DESCRIPTION describing where in the house certain items are located

Les livres sont sur les étagères.
Les vêtements sont dans le placard.
L'ordinateur est sur le bureau.
Les assiettes propres sont dans le placard.
Les assiettes sales sont dans le lave-vaisselle.
Les chemises sales sont dans la machine à laver.
Le tapis est sur le sol.
Le lavabo est dans la salle de bains.
L'évier est dans la cuisine.

Variations (in pairs)
A. –Où est le lait?
–Il est dans le réfrigérateur.
B. –Qu'est-ce qu'il y a sur le bureau?
–Il y a des livres.

4 ROLE PLAY discussing placement of furniture

Answers will vary.
–Où est-ce que je mets … ?
–Mets-… dans …
1. le grille-pain/le/la cuisine
2. la glace/la/le salon (la salle de bains)
3. le four à micro-ondes/le/la cuisine
4. l'étagère/la/le salon (la chambre)
5. le lit/le/la chambre
6. le tapis/le/le salon (la salle à manger)
7. le réfrigérateur/le/la cuisine
8. le fauteuil/le/le salon (le living)
9. le bureau/le/la chambre (le salon)
10. le sofa/le/le salon (le living)
11. la table/la/la salle à manger (la cuisine, le salon)

B VOCABULAIRE Le mobilier *(furniture)* et l'équipement de la maison

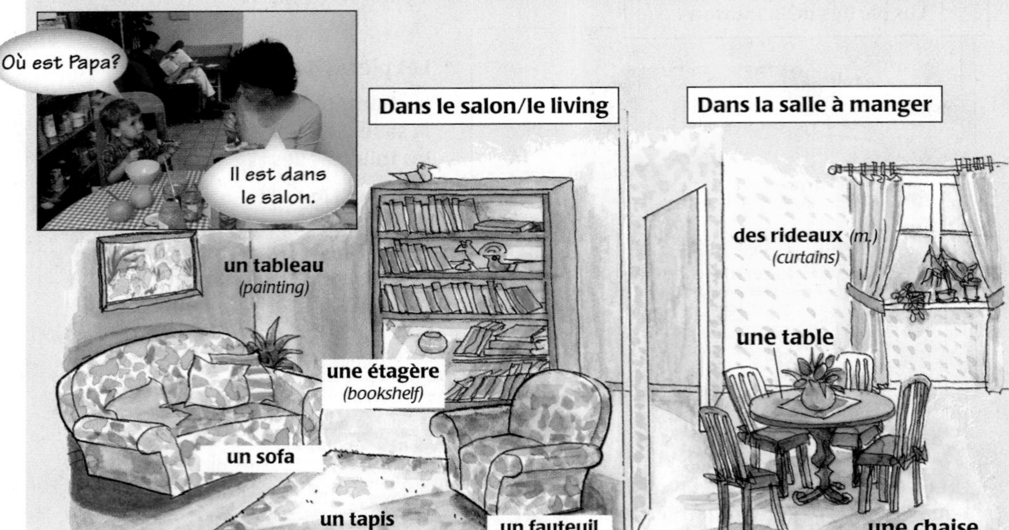

3 Chaque chose à sa place

PARLER/ÉCRIRE Dites où se trouvent *(are located)* normalement les choses de la colonne de gauche.

le lait		le bureau
les livres		la cuisine
les vêtements		les étagères
l'ordinateur		la machine à laver
les assiettes propres *(clean)*	sur	le lave-vaisselle
les assiettes sales *(dirty)*	dans	le placard
les chemises sales		le réfrigérateur
le tapis		la salle de bains
le lavabo		le sol
l'évier		la table

▶ **Le lait est dans le réfrigérateur.**

4 Déménagements *(Moving)*

PARLER Vous aidez votre copine française à emménager *(to move in)* dans sa nouvelle maison. Faites des dialogues suivant le modèle. Soyez logique!

Où est-ce que je mets la lampe?
Mets-la dans le salon.

UN JEU Où est Félix?

PROPS: Transparency 48 *(Le mobilier et l'équipement de la maison),* a cut-out of Félix the cat, p. 15

One student (S1) comes to the front, turns off the overhead projector, and places the cut-out of Félix in a specific location on the transparency. First, students ask questions to determine the room Félix is in. Then, they try to determine his exact location in the room. When a student guesses correctly, S1 verifies the response by turning on the projector. This student then comes to the front and the game continues as before.

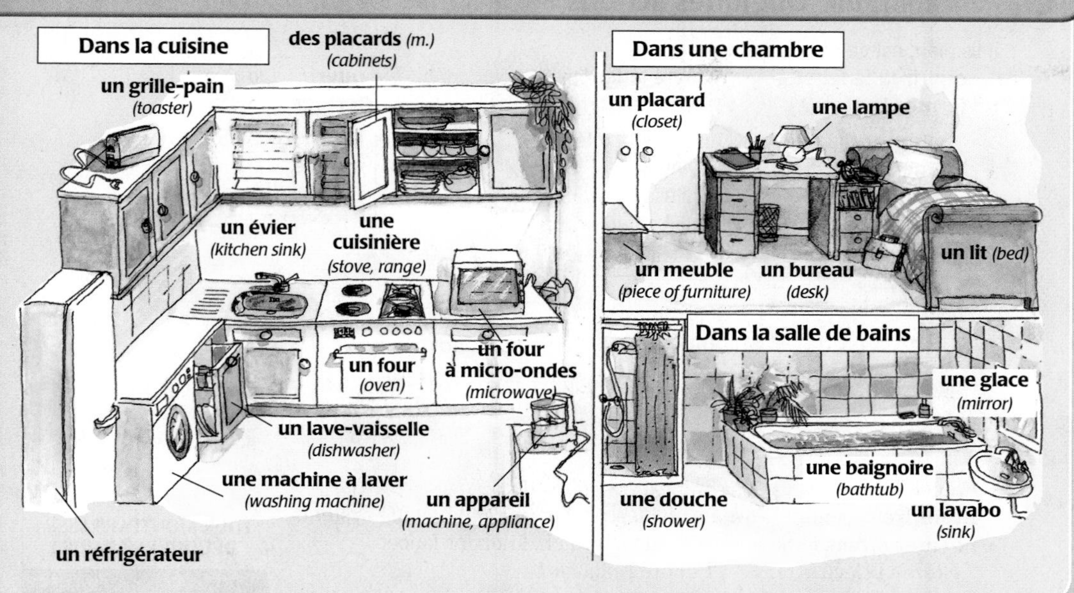

5 *Chez vous*

PARLER/ÉCRIRE Décrivez le mobilier et l'équipement de votre maison. Donnez des détails. (Vous pouvez utiliser les adjectifs de la liste dans des phrases affirmatives ou négatives.)

1. Dans le salon, il y a …
   ▶ **Dans le salon, il y a un sofa vert. Il est assez vieux, mais il est très confortable. Il y a aussi …**
2. Dans ma chambre, il y a …
3. Dans la cuisine, …
4. Dans la salle à manger, …

- grand(e) ≠ petit(e)
- ancien(ne) ≠ moderne
- vieux (vieille) *(old)* ≠ neuf (neuve) *(new)*
- confortable ≠ inconfortable
- pratique
- joli(e)

6 *Ma chambre* PARLER/ÉCRIRE

1. Est-ce que ta chambre est une grande ou une petite pièce?
2. De quelle couleur sont les murs?
3. Est-ce qu'il y a des posters sur les murs? Qu'est-ce qu'ils représentent?
4. Est-ce qu'il y a un tapis sur le sol?
5. Combien de fenêtres est-ce qu'il y a? De quelle couleur sont les rideaux?
6. Est-ce que ta chambre a une salle de bains indépendante?
7. En général, est-ce que tu fermes *(close)* la porte quand tu es dans ta chambre?
8. Est-ce qu'il y a un couloir entre ta chambre et la chambre de tes parents?

S1: **Où est Félix?**
S2: **Est-ce qu'il est dans le salon?**
S1: **Oui, il y est.**
S2: **Est-ce qu'il est derrière le sofa?**
S1: **Non, il n'est pas derrière le sofa.**
S3: **Est-ce qu'il est sur le sofa?**
S1: **Mais oui!**

SUGGESTION: You may wish to review the prepositions on p. 15 before doing this activity.

VARIATION: Play this game in teams. If a team receives an affirmative response, it may ask another question.

Supplementary vocabulary

un aspirateur *vacuum cleaner*
un buffet *cupboard*
un climatiseur *air conditioner*
un congélateur *freezer*
un frigo *fridge*
un sèche-linge *clothes dryer*
un tiroir *drawer*
une commode *dresser*
la moquette *wall-to-wall carpet*
une table de nuit *night table*

Language note For *washing machine,* one can also say **un lave-linge.**

5 COMMUNICATION describing one's home

Answers will vary.
1. Dans le salon, il y a un grand sofa et des fauteuils anciens. Ils ne sont pas très confortables, mais ils sont jolis. Il y a aussi un tapis, une petite table et des rideaux bleus.
2. Dans ma chambre, il y a un lit très confortable. Il y a aussi un bureau moderne. Il y a une lampe sur le bureau. Il y a des étagères assez petites, mais elles sont très pratiques. Les murs de ma chambre sont blancs. Il y a des posters de Paris sur les murs. Il y a deux fenêtres avec des rideaux bleus.
3. Dans la cuisine, il y a une grande table ancienne, très jolie. Il y a aussi un réfrigérateur, une cuisinière, un four à micro-ondes, un évier très moderne et un lave-vaisselle. Il n'y a pas de machine à laver parce que la machine à laver est au sous-sol. Il y a trois fenêtres avec des rideaux jaunes. Les murs sont jaunes aussi.
4. Dans la salle à manger, il y a un tapis moderne et une grande table. Il y a six chaises très jolies. Il y a deux fenêtres avec des rideaux rouges. Les murs sont blancs.

6 COMMUNICATION describing one's room

Answers will vary.
1. Ma chambre est une grande (petite) pièce.
2. Les murs sont (jaunes).
3. Oui, il y a des posters sur les murs. (Non, il n'y a pas de posters sur les murs.) Les posters sont de (Montréal).
4. Oui, il y a un tapis sur le sol. (Non, il n'y a pas de tapis sur le sol.)
5. Il y a (trois) fenêtres. Les rideaux sont bleus et jaunes.
6. Oui, ma chambre a une salle de bains indépendante. (Non, ma chambre n'a pas de salle de bains indépendante.)
7. Oui, en général, je ferme la porte quand je suis dans ma chambre. (Non, en général, je ne ferme pas la porte quand je suis dans ma chambre.)
8. Oui, il y a un couloir entre ma chambre et la chambre de mes parents. (Non, il n'y a pas de couloir entre ma chambre et la chambre de mes parents.)

SECTION C

Communicative function
Making requests

Teaching Resource Options

PRINT 

Workbook PE, pp. 191–198
Unit 6 Resource Book
Communipak, pp. 150–167
Family Involvement, pp. 22–23
Workbook TE, pp. 1–8

Assessment
Lesson 21 Quiz, pp. 39–40
Portfolio Assessment, Reprise/Unit 1 URB, pp. 235–244
Audioscript for Quiz 21, p. 38
Answer Keys, pp. 216–220

AUDIO & VISUAL 

Audio Program
CD 20 Track 1

Overhead Transparencies
4a *Paris*

TECHNOLOGY 

Test Generator CD-ROM/McDougal Littell Assessment System

Language note

ouvert → *overt*
ouverture → *overture*
couvert → *covert*
couvre-feu (cover the fire, "lights out") → *curfew*

COMPREHENSION making logical requests

S'il te plaît, est-ce que tu peux ... ?
1. fermer la fenêtre
2. mettre (allumer) la télé
3. éteindre la radio
4. ouvrir la porte du garage
5. allumer le four
6. éteindre cette lampe
7. éteindre (fermer) le chauffage
8. éteindre la climatisation

Variation

- Using the **vous**-form.
  S'il vous plaît, est-ce que vous pouvez mettre l'air conditionné?
- Using the imperative.
  Mets l'air conditionné, s'il te plaît!

Supplementary vocabulary

la climatisation *air conditioning*

C VOCABULAIRE Quelques actions

S'il te plaît, est-ce que tu peux ...

ouvrir la fenêtre?	Ouvre la fenêtre!
fermer la porte?	Ferme la porte!
allumer / **mettre** / **éteindre** la télé? la radio?	Allume / Mets / Éteins la télé! la radio!

ouvrir	*to open*
fermer	*to close*
allumer	*to turn on*
mettre	*to put on*
éteindre	*to turn off*

INFINITIVE	**ouvrir** *(to open)*	
PRESENT	j' **ouvre** tu **ouvres** il/elle/on **ouvre**	nous **ouvrons** vous **ouvrez** ils/elles **ouvrent**
PASSÉ COMPOSÉ	j'ai **ouvert**	

→ French has two ways of saying *to turn off.*
Éteindre is generally used with electrical power and heating systems.
Fermer means to turn off any sort of switch, knob, or faucet.
Éteins l'électricité. **Ferme** l'eau.

→ Note the expression **fermer à clé** *(to lock).*
J'ai **fermé** la porte **à clé.**

→ The following verbs are conjugated like **ouvrir:**

couvrir	*to cover*	Sophie **a couvert** son lit.
découvrir	*to discover*	Nous **avons découvert** un joli fauteuil.

TOUR MONTPARNASSE : DÉCOUVREZ PARIS !

7 S'il te plaît!

PARLER Demandez à vos camarades de faire certaines choses en complétant les phrases avec l'expression qui convient.

▶ Il fait chaud! (l'air conditionné)

1. Il fait froid. (la fenêtre)
2. Je voudrais regarder le match France-Italie. (la télé)
3. Je n'aime pas ce genre de musique. (la radio)
4. Je voudrais prendre mon vélo. (la porte du garage)
5. Je vais faire un gâteau. (le four)
6. Il faut économiser l'énergie. (cette lampe)
7. J'ai chaud. (le chauffage *[the heating]*)
8. J'ai froid. (la climatisation *[air conditioning]*)

S'il te plaît, est-ce que tu peux mettre l'air conditionné?

TEACHING NOTES

- Point out that in the present tense **ouvrir** is conjugated like a regular **-er** verb. The past participle **ouvert** is irregular.
- **Éteindre** *(to extinguish or turn off)* is irregular. However, at this time students need to know only the infinitive and the imperative **tu**-form. If you wish, you can introduce for recognition the **vous**-form: **éteignez**, and the passé composé: **j'ai éteint.**

PHOTO CULTURE NOTE

The **Tour Montparnasse** was built in 1973. This steel and glass **gratte-ciel** is 690 ft. (209 m.) tall. The observatory on the 56th floor allows visitors to get a panoramic view of Paris.

Notice the orange print that says, «Ouvert tous les jours, tous les soirs». Point out that **ouvert** means *open*.

Au jour le jour

Les petites annonces

Quand on veut trouver un logement, on peut lire les petites annonces du journal. Ces annonces présentent une liste d'appartements à louer avec une courte description et le prix du loyer *(rent).*

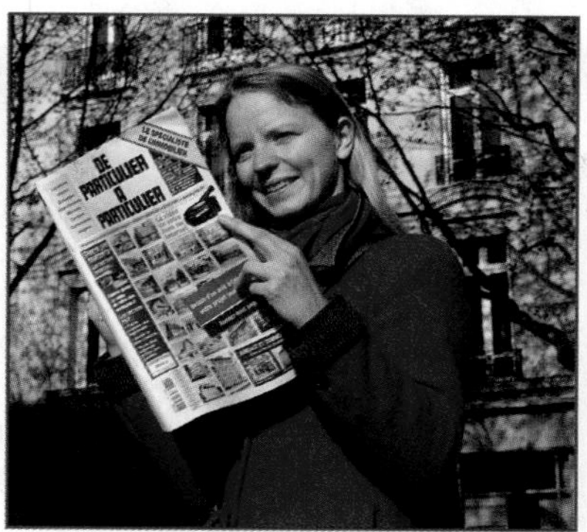

Quel appartement?

Analysez les petites annonces et choisissez un appartement pour les personnes suivantes:

- un(e) étudiant(e)
- une personne célibataire
- une famille qui a deux enfants
- une famille qui a un enfant (un seul parent travaille)
- une famille qui a un enfant (les deux parents travaillent)

QUARTIER LATIN
chambre d'étudiant
avec s.d.b.
possibilité cuisine
300 €
Tél: 01-42-21-35-64

MONTMARTRE
dans immeuble rénové
bel appt.
2 ch., s.d.b., w.c.
cuisine équipée
grand living
1 000 €
Tél: 01-44-61-12-49

PARC MONCEAU
immeuble ancien
2 ch., balcon
double living
tout confort
1 500 €
Tél: 01-45-12-70-36

NATION
immeuble moderne
studio, s.d.b.
kitchenette
550 €
Tél: 01-42-28-54-85

PASSY
superbe 5 pièces
3 ch., 2 bains
h. cft.
3 000 €
Tél: 01-46-95-16-02

Au téléphone

Vous avez décidé de louer l'un des cinq appartements. Vous téléphonez à l'agence immobilière *(real estate agency)* qui a mis l'annonce. Un agent, joué par un(e) camarade, vous répond. Composez et jouez le dialogue suivant.

- Confirmez le numéro de téléphone que vous appelez.
  Allô, monsieur (mademoiselle). C'est bien le ... ?
- Dites que vous êtes intéressé(e) par l'annonce.
  Je suis intéressé(e) par ...
- Demandez des détails sur l'appartement. Par exemple:
  Où est-il situé?
  Est-ce que l'immeuble est moderne ou ancien?
  Combien de pièces est-ce qu'il y a?
  Combien de salles de bain?
  Est-ce que la cuisine est bien équipée?
  Quels appareils est-ce qu'il y a?
  Est-ce qu'il y a un living?
  Est-ce qu'il est grand ou petit?
  Quel est le prix de l'appartement?
- Demandez quand vous pouvez visiter l'appartement.

Une année à Paris

Imaginez que vous allez passer une année à Paris avec un(e) ami(e). Avec votre camarade, décidez de l'appartement que vous allez louer. Expliquez les raisons de votre choix. Vous pouvez considérer les éléments suivants:

- nombre de pièces
- confort
- prix

PORTFOLIO ASSESSMENT

You will probably choose only one oral and one written activity to go into the students' portfolios for Unit 6. The following activity is a good portfolio topic:

ORAL: Au téléphone, p. 327

INCLUSION

Metacognitive Review the forms of **ouvrir,** then have students generate the forms of the verbs **couvrir** and **découvrir** and write them on the board. Have students write all three verb conjugations in their notebooks.

AU JOUR LE JOUR

Objectives

- Reading authentic realia
- Reading for information

Quel appartement?

Answers

- un(e) étudiant(e) – Quartier Latin
- une personne célibatatire – Nation
- une famille qui a deux enfants – Passy
- une famille qui a un enfant (un seul parent travaille) – Montmartre (Parc Monceau)
- une famille qui a un enfant (deux parents travaillent) – Parc Monceau (Montmartre)

Abbreviations

s.d.b. = salle de bains
w.c. = *water closet* (les toilettes)
ch. = chambre
h. cft. = haut confort

Au téléphone

Answers will vary.
–Allô!
–Allô, monsieur (mademoiselle). C'est bien le (01-45-12-70-36)?
–Oui.
–Je suis intéressé(e) par l'annonce d'un appartement dans (le Parc Monceau). Pouvez-vous me donner des détails sur l'appartement?
–Oui, bien sûr!
–Où est-il situé?
–Il est situé dans un immeuble ancien près du Parc Monceau.
–Combien de pièces est-ce qu'il y a?
–Il y a quatre pièces.
–Combien de salles de bains est-ce qu'il y a ?
–Il y a une salle de bains.
–Est-ce que la cuisine est bien équipée?
–Oui, il y a un lave-vaisselle, un four à micro-ondes et beaucoup de placards.
–Est-ce qu'il y a un living?
–Oui, il y a un living.
–Est-il grand ou petit?
–Il est grand.
–Quel est le prix de l'appartement?
–L'appartement coûte 1 500 euros.
–Quand est-ce que je peux visiter l'appartement?
–Vous pouvez le visiter demain à midi.
–Bon. Je vais venir demain à midi. À demain!

Une année à Paris

Answers will vary.
Nous avons trouvé un appartement très près de notre travail et aussi près des magasins. L'appartement a quatre pièces. Il y a deux chambres, une cuisine et un living. La cuisine est bien équipée avec un lave-vaisselle et un four à micro-ondes. Le living est assez grand et très confortable et le prix n'est pas trop cher. Il coûte seulement 1 000 euros.

Teaching tip Use **Transparency 4a** to point out the location of these areas.

Leçon 22

Main Topic Making clarifications

Teaching Resource Options

PRINT 

Workbook PE, pp. 199–204
Activités pour tous PE, pp. 125–127
Block Scheduling Copymasters, pp. 177–184
Unit 6 Resource Book
- *Activités pour tous* TE, pp. 47–49
- Audioscript, pp. 69, 70–72
- Communipak, pp. 150–167
- Lesson Plans, pp. 50–51
- Block Scheduling Lesson Plans, pp. 52–53
- Absent Student Copymasters, pp. 54–58
- Video Activities, pp. 61–67
- Videoscript, p. 69
- Workbook TE, pp. 41–46

AUDIO & VISUAL 

Audio Program
CD 4 Track 5
CD 11 Tracks 7–11

Overhead Transparencies
5 *Annecy*

TECHNOLOGY 

Online Workbook

VIDEO PROGRAM

LEÇON 22

C'est quelqu'un que tu connais

TOTAL TIME: 1:24 min.
DVD Disk 2
Videotape 2 (COUNTER: 8:21 min.)

C'est quelqu'un que tu connais

Est-ce que vous vous souvenez de Corinne? C'est la cousine de Pierre. Aujourd'hui, elle est chez Pierre avec sa copine Armelle. Les trois amis écoutent de la musique.

Sur la table, il y a un album de photos. Armelle veut le regarder.

Dis, Pierre, est-ce que je peux regarder l'album qui est sur la table?
Oui, bien sûr.

Qui est-ce, ce petit garçon qui joue de la trompette?
C'est quelqu'un que tu connais.

C'est vrai? Qui est-ce?
Eh bien, c'est moi quand j'avais sept ans.
Vraiment?

Mais oui, c'est lui. Tu sais, quand il était petit, Pierre était beaucoup moins mignon que maintenant.
Ha ...

INCLUSION

Cumulative Review the forms of the verbs **connaître** and **reconnaître.** Tell students to produce the conjugations and write them on the board. Then ask them questions using the verbs and have them answer using the correct form of the verbs. You could show them photos of famous people from magazines and ask:

Est-ce que vous reconnaissez cette personne?
Est-ce que vous connaissez cette personne?

Et cette petite fille qui joue sur la plage?
Comment? Tu ne me reconnais pas?
C'est toi?
Eh bien oui, c'est moi.
C'est vrai que pour Corinne c'est le contraire! Elle était beaucoup plus jolie quand elle était petite.
Toi, tais-toi!

Dis donc Pierre, où est-ce que tu habitais quand tu étais petit?
J'habitais Menthon-Saint-Bernard!

Vraiment? C'est un petit village que j'aime beaucoup.
C'est vrai! C'est un village qui est très sympa.
Si vous voulez, on peut y faire un tour en scooter samedi prochain.
D'accord.

Et tu me montreras la maison où tu habitais?
Bien sûr!
à suivre . . .

Compréhension

1. Qu'est-ce qu'Armelle veut regarder?
2. Qui est le petit garçon sur la photo?
3. Qui est la petite fille?
4. Qu'est-ce que Pierre propose de faire samedi prochain?

Looking ahead

- The imperfect is presented in Lesson 23. Have students use the context to try to figure out the meanings of the imperfect forms used here: **j'avais, il/elle était, tu habitais,** etc.
- The future tense **(tu me montreras)** is presented in Lesson 31.

Teaching tip Point out the location of Menthon-Saint-Bernard on **Transparency 5.** Located on the eastern shore of Lac d'Annecy, it is just a short ride from the town of Annecy.

Compréhension

Answers

1. Elle veut regarder l'album qui est sur la table.
2. C'est Pierre quand il avait sept ans.
3. C'est Corinne.
4. Il veut faire un tour en scooter à Menthon-Saint-Bernard.

SECTION A

Communicative function
Describing where one lives

Teaching Resource Options

PRINT 

Workbook PE, pp. 199–204
Unit 6 Resource Book
Communipak, pp. 150–167
Workbook TE, pp. 41–46

AUDIO & VISUAL 

Overhead Transparencies
35 *Les spectacles*
25 *Les verbes conjugués avec* **être**

TECHNOLOGY 

Power Presentations

Language note Point out that **habiter** means *to live* in the sense of *to inhabit.*

Supplementary vocabulary
survivre *to survive*

Language note (borrowed words/expressions)
bon vivant → *a person who enjoys good food and drink*
savoir-vivre → *good breeding, good manners*
joie de vivre → *joy of living*

1 COMMUNICATION talking about where one lives

Answers will vary.
1. J'habite dans un immeuble (un lotissement, une maison individuelle).
2. Nous vivons dans notre maison (appartement) depuis (dix) ans.
3. Avant, nous avons vécu dans une autre ville (un autre état, un autre pays).
4. Dans ma région, on vit (assez bien).
5. L'état où on vit le mieux est (la Californie, le Texas, le Massachussetts).
6. Un jour, je voudrais vivre à Québec (à Paris, à New York).
7. Pour bien vivre, il faut être riche (avoir beaucoup de vacances, avoir des ami[e]s).

PARDON, MONSIEUR,
C'EST VOUS
QUI HABITEZ ICI?

FLASH d'information

La France a un très grand nombre de châteaux historiques qui sont ouverts au public. Le plus célèbre de ces châteaux est le château de Versailles, près de Paris. C'est ici qu'a vécu Louis XIV° ou le «Roi Soleil»° (1638–1715), l'un des grands rois de l'histoire de France.

Louis XIV *Louis Quatorze* **Roi Soleil** *Sun King*

A Le verbe *vivre*

Note the forms of the irregular verb **vivre** *(to live)*.

INFINITIVE	vivre	
PRESENT TENSE	Je **vis** à Paris. Tu **vis** à Québec. Il/Elle/On **vit** bien en France.	Nous **vivons** à la campagne. Vous **vivez** simplement. Ils/Elles **vivent** bien.
PASSÉ COMPOSÉ	J'**ai vécu** deux ans à Toulouse.	

→ Both **vivre** and **habiter** mean *to live.* **Habiter** is used only in the sense of *to live in a place.* Compare:

*Alice **lives** in Paris.*	*She **lives** well.*
Alice **vit** à Paris. Alice **habite** à Paris.	Elle **vit** bien. –

JE VIS POUR MANGER!

PROVERBE
Il faut manger pour vivre et non pas vivre pour manger.

1 Expression personnelle PARLER/ÉCRIRE

1. J'habite ... (dans un immeuble? dans un lotissement? dans une maison individuelle? ... ??)
2. Nous vivons dans notre maison (appartement) depuis ... (un an? cinq ans? ... ??)
3. Avant, nous avons vécu ... (dans une autre ville? dans un autre état? ... ??)
4. Dans ma région, on vit ... (assez bien? bien? assez mal? ... ??)
5. L'état où on vit le mieux *(the best)* est ... (la Californie? le Texas? ... ??)
6. Un jour, je voudrais vivre ... (à Québec? à Paris? ... ??)
7. Pour bien vivre, il faut ... (être riche? avoir beaucoup de vacances? ... ??)

TEACHING STRATEGY Où vivez-vous?

Divide the classroom into four French-speaking cities: **Paris, Québec, Dakar,** and **Fort-de-France.**

Point out various students and indicate where they are living.

Voici Marie. Elle vit à Paris.
Marie, où est-ce que tu vis?
[Marie]: **Je vis à Paris.**

Robert et Paul vivent à Québec.
Robert et Paul, où vivez-vous?
[R et P]: **Nous vivons à Québec.**

Similarly, use the "cities" to talk about where students lived last year.

Anne a vécu à Dakar l'année dernière., etc.

B Révision: Le passé composé

Review the forms of the PASSÉ COMPOSÉ in the following pairs of sentences.

WITH **AVOIR**	WITH **ÊTRE**
J'**ai visité** le Canada.	Je **suis allé(e)** à Québec.
Stéphanie **a pris** le bus.	Elle **est descendue** au centre-ville.
Les touristes **ont visité** Paris.	Ils **sont montés** à la Tour Eiffel.
Éric m'**a téléphoné.**	Il **n'est pas venu** chez moi.

Où est-ce que tu es allé?
Je suis allé à Québec.

→ The passé composé of most verbs is formed with **avoir.**

→ The passé composé of several verbs of MOTION *(going, coming, staying)* is formed with **être.** (The past participles of these verbs agree with the subject.)

aller (allé)	**passer (passé)**	**monter (monté)**	**partir (parti)**	**venir (venu)**
entrer (entré)	**rester (resté)**	**descendre (descendu)**	**sortir (sorti)**	

→ The passé composé of REFLEXIVE verbs is formed with **être.**

Alice **s'est promenée** en ville. Paul et Marc **se sont reposés.**

2 À Montréal

PARLER/ÉCRIRE Les personnes suivantes habitent à Montréal. Dites ce qu'elles ont fait hier.

▶ mes parents (aller à l'Opéra de Montréal / voir «Carmen»)
Mes parents sont allés à l'Opéra de Montréal. Ils ont vu «Carmen».

1. moi (sortir / prendre le bus / faire une promenade dans le Vieux Montréal)
2. Stéphanie (passer à la Place Ville Marie / acheter des vêtements / choisir un jean)
3. toi (passer à la bibliothèque municipale / rendre les livres / choisir d'autres livres)
4. nous (prendre le métro / monter à Bonaventure / descendre à Mont-Royal)
5. les touristes (visiter le Parc Olympique / monter à la Tour Olympique / acheter des souvenirs)
6. Claire et Sophie (faire une promenade / s'arrêter dans une crêperie / manger une crêpe)
7. vous (se promener / s'arrêter au Parc du Mont-Royal / se reposer)

3 Conversations

PARLER Des copains discutent de ce qu'ils ont fait. Jouez les rôles en faisant les substitutions.

Qu'est-ce que tu as fait samedi soir?
Je suis allé au cinéma.
Et après?
J'ai dîné chez ma cousine.

1. hier après-midi faire des achats rentrer chez moi	3. après le dîner finir mes devoirs se coucher	5. dimanche soir aider ma mère voir un film à la télé
2. à midi passer à la bibliothèque déjeuner à la cantine	4. samedi après-midi acheter des vêtements sortir avec des copains	6. samedi matin ranger ma chambre se promener

CULTURAL NOTES À Montréal

The urban area of Montreal is the second largest city in Canada. Montreal's size and predominantly French flavor make it the commercial, industrial, and entertainment center of Quebec. Visitor sites include:

La Place Ville Marie: a shopping area.
La Place Bonaventure: a subterranean shopping complex connected to other underground "neighborhoods" by the **métro.**
Le Parc Mont-Royal: a huge **espace vert** in the middle of the city with a lookout at the top of the mount.
Le Parc Olympique: a major attraction built for the 21st Olympiad in 1976.
Le vieux Montréal: a dynamic renovated area characterized by narrow cobblestone streets flanked on either side by restaurants, sidewalk cafés, boutiques, and souvenir shops.

SECTION B

Communicative function
Talking about the past

Review passé composé with **avoir** and **être**

Teaching tip Have students describe the actions on the **Transparency 35** in the passé composé.
Qui est allé au cinéma?
Ask follow-up questions:
Est-ce qu'elle s'est amusée?

Review and re-entry

Other verbs of motion include:

arriver (arrivé) **devenir (devenu)**
rentrer (rentré) **revenir (revenu)**
tomber (tombé)

You may wish to review these verbs using **Transparency 25.**

Language note Remind students that with reflexive verbs, the past participle usually agrees with the reflexive pronoun, which is usually the same as the subject.

2 DESCRIPTION narrating past events

1. Je suis sorti(e). J'ai pris le bus. J'ai fait une promenade dans le Vieux Montréal.
2. Stéphanie est passée à la Place Ville Marie. Elle a acheté des vêtements. Elle a choisi un jean.
3. Tu es passé(e) à la bibliothèque municipale. Tu as rendu les livres. Tu as choisi d'autres livres.
4. Nous avons pris le métro. Nous sommes monté(e)s à Bonaventure. Nous sommes descendu(e)s à Mont-Royal.
5. Les touristes ont visité le Parc Olympique. Ils sont montés à la Tour Olympique. Ils ont acheté des souvenirs.
6. Claire et Sophie on fait une promenade. Elles se sont arrêtées dans une crêperie. Elles ont mangé des crêpes.
7. Vous vous êtes promené(e)(s). Vous vous êtes arrêté(e)(s) au Parc du Mont-Royal. Vous vous êtes reposé(e)(s).

3 ROLE PLAY talking about recent activities

–Qu'est ce-que tu as fait … ?
–Je …
–Et après?
–Je …

1. hier après-midi/J'ai fait des achats./Je suis rentré(e) chez moi.
2. à midi/Je suis passé(e) à la bibliothèque./J'ai déjeuné à la cantine.
3. après le dîner/J'ai fini mes devoirs./Je me suis couché(e).
4. samedi après-midi/J'ai acheté des vêtements./Je suis sorti(e) avec des copains.
5. dimanche soir/J'ai aidé ma mère./J'ai vu un film à la télé.
6. samedi matin/J'ai rangé ma chambre./Je me suis promené(e).

SECTION C

Communicative function
Describing people or things in more detail

Teaching Resource Options

PRINT 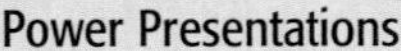

Workbook PE, pp. 199–204
Unit 6 Resource Book
Communipak, pp. 150–167
Workbook TE, pp. 41–46

TECHNOLOGY

Power Presentations

Language note Point out that in the first example:
qui refers to people **(des copines)**; it replaces the subject **elles.**

In the second example:
qui refers to a thing **(un immeuble)**; it replaces the subject **il.**

Teaching note You may wish to introduce the concept of ANTECEDENT: the noun or pronoun that is represented by the relative pronoun.

Point out that the verb that follows **qui** must agree with the antecedent of **qui.**

J'ai des amis **qui** habitent à Québec.
C'est vous **qui** habitez ici?

4 PRACTICE using qui in descriptions

1. Je parle à une dame qui attend le bus.
2. Je regarde des maisons qui ont une architecture intéressante.
3. Je rends visite à une copine qui habite dans la banlieue.
4. Je vais dans un café qui sert d'excellents sandwichs.
5. J'entre dans un magasin qui vend des CD.
6. Je rencontre des copains qui vont à un concert.
7. Je vois des touristes qui prennent des photos.
8. Je prends un bus qui va au centre-ville.

5 COMMUNICATION indicating preferences

Answers will vary.
1. Je préfère une maison qui a (un beau jardin).
2. Je préfère un quartier qui est (très animé).
3. Je préfère une ville qui a (un grand parc).
4. Je préfère des voisins qui sont (sympathiques).
5. Je préfère des magasins qui vendent (des vêtements bon marché).
6. Je préfère des copains qui aiment (la musique).
7. Je préfère un appartement qui est (moderne).
8. Je préfère des professeurs qui donnent (de bons conseils).

C Le pronom relatif *qui*

RELATIVE PRONOUNS are used to CONNECT, or RELATE, sentences to one another. Note below how the two sentences on the left are joined into a single sentence on the right with the relative pronoun **qui.**

J'ai des copines. Elles habitent à Paris.	J'ai des copines **qui** habitent à Paris. *I have friends **who (that)** live in Paris.*
J'habite dans un immeuble. Il a 20 étages.	J'habite dans un immeuble **qui** a 20 étages. *I live in a building **that** has 20 stories.*

The relative pronoun **qui** *(who, that, which)* may refer to PEOPLE or THINGS.
It is the SUBJECT of the verb that follows it.

4 En ville

PARLER/ÉCRIRE Mélanie est en ville. Elle décrit ce qu'elle voit et ce qu'elle fait. Jouez le rôle de Mélanie.

▶ Je rencontre un copain. Il va au cinéma. **Je rencontre un copain qui va au cinéma.**

1. Je parle à une dame. Elle attend le bus.
2. Je regarde des maisons. Elles ont une architecture intéressante.
3. Je rends visite à une copine. Elle habite dans la banlieue.
4. Je vais dans un café. Il sert *(serves)* d'excellents sandwichs.
5. J'entre dans un magasin. Il vend des CD.
6. Je rencontre des copains. Ils vont à un concert.
7. Je vois des touristes. Ils prennent des photos.
8. Je prends un bus. Il va au centre-ville.

5 Au choix

PARLER/ÉCRIRE Pour chaque catégorie, choisissez ce que vous préférez.

▶ une station de radio / jouer du rock ou de la musique classique?

1. une maison / avoir une piscine ou un beau jardin?
2. un quartier / être très calme ou très animé *(lively)*?
3. une ville / avoir beaucoup de magasins ou un grand parc?
4. des voisins / être sympathiques ou très riches?
5. des magasins / vendre des vêtements chers ou bon marché?
6. des copains / aimer les sports ou la musique?
7. un appartement / être moderne ou ancien?
8. des professeurs / donner de bonnes notes ou de bons conseils *(advice)*?

Je préfère une station de radio qui joue du rock (qui joue de la musique classique).

D Le pronom relatif *que*

Note below how the two sentences on the left are joined into a single sentence on the right with the RELATIVE PRONOUN **que**.

J'ai des voisins. Je les invite souvent. } J'ai des voisins **que** j'invite souvent. *I have neighbors* ***whom (that)*** *I often invite.*

Nous allons dans un café. Je ne le connais pas. } Nous allons dans un café **que** je ne connais pas. *We are going to a café* ***that*** *I do not know.*

Nous allons dans un café que je ne connais pas.

Ah, bon? C'est vrai?

The relative pronoun **que** *(whom, that, which)* may refer to PEOPLE or THINGS. It is the DIRECT OBJECT of the verb that follows it.

LANGUAGE COMPARISON

Although in English the object pronouns *whom, that,* and *which* are often omitted, in French the pronoun **que** cannot be left out.

Voici l'affiche **que** je viens d'acheter. *Here's the poster* ***(that)*** *I just bought.*

→ **Que** becomes **qu'** before a vowel sound.
Alice regarde le magazine **qu'**elle a acheté.

The choice between **qui** and **que** is determined by their function in the sentence:
- **qui** is the SUBJECT of the verb that follows it
- **que** is the DIRECT OBJECT of the verb that follows it

Compare:

SUBJECT (of **a**)	DIRECT OBJECT (of **je connais**)
Alice est une fille **qui** a beaucoup d'humour.	C'est une fille **que** je connais bien.
Paris est une ville **qui** a de beaux monuments.	C'est une ville **que** je connais bien.

6 Expression personnelle

PARLER/ÉCRIRE Complétez les phrases suivantes avec une idée personnelle.

▶ … une ville que je voudrais visiter.
Paris (Québec, San Francisco) est une ville que je voudrais visiter.

1. … une ville que j'aime.
2. … un magazine que je lis.
3. … une émission de télé *(TV show)* que j'aime regarder.
4. … un film que je voudrais voir.
5. … une actrice que je voudrais rencontrer.
6. … un acteur que j'admire beaucoup.
7. … une personne que j'aimerais *(would like)* connaître.

7 Oui ou non?

PARLER/ÉCRIRE Expliquez ce que vous faites et ce que vous ne faites pas, suivant le modèle.

▶ le français est une langue (parler bien?)
Le français est une langue que je (ne) parle (pas) bien.

1. la biologie est une matière (étudier?)
2. l'espagnol est une langue (comprendre?)
3. San Francisco est une ville (connaître?)
4. mes voisins sont des gens (voir souvent?)
5. le président des États-Unis est une personne (admirer?)
6. Oprah Winfrey est une personne (trouver intéressante?)

SECTION D

Communicative function
Describing people or things in more detail

Language note Point out that in the first example:
que refers to people **(des voisins);** it replaces the direct object **les.**
In the second example:
que refers to a thing **(un café);** it replaces the direct object **le.**

Teaching note At this level, you may want to present a practical (but simplified) rule of thumb:
Use **qui** if the next element is a verb: … **qui** est …
Use **que** if the next elements are a subject and a verb: … **que** je connais …

6 COMMUNICATION expressing one's thoughts

Answers will vary.
1. (Québec) est une ville que j'aime.
2. *(Phosphore)* est un magazine que je lis.
3. (Le journal) est une émission de télé que j'aime regarder.
4. *(Fantômas)* est un film que je voudrais voir.
5. (Audrey Tautou) est une actrice que je voudrais rencontrer.
6. (Gérard Depardieu) est un acteur que j'admire beaucoup.
7. (Le président) est une personne que j'aimerais connaître.

Personalization Have students complete open-ended sentences about their immediate environment.
M./Mme/Mlle X est un prof qui/que (qu') …
Y est un lycée qui/que (qu') …
Z est une ville qui/que (qu') …

7 COMMUNICATION talking about one's actions

Answers will vary.
1. La biologie est une matière que j'étudie (que je n'étudie pas).
2. L'espagnol est une langue que je comprends (que je ne comprends pas).
3. San Francisco est une ville que je connais (que je ne connais pas).
4. Mes voisins sont des gens que je vois souvent (que je ne vois pas souvent).
5. Le président des États-Unis est une personne que j'admire (que je n'admire pas).
6. Oprah Winfrey est une personne que je trouve intéressante (que je ne trouve pas intéressante).

LANGUAGE NOTE

Agreement of past participle For recognition, you may present the agreement of the past participle with the preceding direct object **que.**

Voici **un musée** [**que**] j'ai visité.

Voici **une ville** [**que**] j'ai visité[e].

INCLUSION

Synthetic/analytic Review the grammatical parts of the sentence by putting some sample sentences on the board. Then, link the sentences using **qui** or **que** and ask students to identify the same parts of the sentence. Afterward, write pairs of sentences on the board and have the students link them using **qui** or **que.**

J'ai des copines. Elles habitent à Paris.
J'ai des copines qui habitent à Paris.

Teaching Resource Options

PRINT 

Workbook PE, pp. 199–204
Unit 6 Resource Book
- Audioscript, p. 69
- Communipak, pp. 150–167
- Family Involvement, pp. 59–60
- Workbook TE, pp. 41–46

Assessment
- Lesson 22 Quiz, pp. 74–75
- Portfolio Assessment, Reprise/Unit 1 URB, pp. 235–244
- Audioscript for Quiz 22, p. 73
- Answer Keys, pp. 216–220

AUDIO & VISUAL 

Audio Program
CD 4 Track 6
CD 20 Track 2

TECHNOLOGY 

Test Generator CD-ROM/McDougal Littell Assessment System

8 DESCRIPTION describing ongoing actions

1. Léa écoute le CD qu'elle a acheté.
2. Pauline lit le magazine qu'elle a pris à la bibliothèque.
3. Marc téléphone à la fille qu'il a rencontrée au café.
4. Nous dînons avec les amis que nous avons retrouvés.
5. Tu parles du film que tu as vu.
6. Catherine met la robe qu'elle a choisie.
7. Mes copains regardent le DVD qu'ils ont loué.
8. Je mange la pizza que j'ai commandée.

Teaching note This activity should be done orally. If it is prepared in writing, you will need to explain that the past participle agrees with **que,** which is a preceding direct object.
3. la fille qu'il a rencontr**ée** ...
4. les amis que nous avons retrouv**és** ...
6. la robe qu'elle a chois**ie** ...
8. la pizza que j'ai command**ée** ...

Variation (with **venir de**)
Alice regarde le magazine qu'elle vient d'acheter.

9 PRACTICE using qui and que

1. qui	5. qui
2. qui	6. que
3. que	7. qui
4. que	8. que

8 *Qu'est-ce qu'ils font?*

PARLER/ÉCRIRE Des amis sont allés en ville cet après-midi. Dites ce qu'ils font maintenant.

▶ Zoé / lire le livre/ acheter
Zoé lit le livre qu'elle a acheté.

1. Léa / écouter le CD / acheter
2. Pauline / lire le magazine / prendre à la bibliothèque
3. Marc / téléphoner à la fille/ rencontrer au café
4. nous / dîner avec les amis / retrouver
5. tu / parler du film / voir
6. Catherine / mettre la robe / choisir
7. mes copains / regarder le DVD / louer
8. je / manger la pizza / commander

9 La visite de la ville

PARLER/ÉCRIRE Jean-Pierre montre sa ville à un copain américain. Complétez ses phrases avec **qui** ou **que.** ▶

Voici le bus qui va au centre-ville.
Voici le bus que je prends pour aller à l'école.

1. Voici une boutique ... vend des cartes postales.
2. Voici une boutique ... n'est pas très chère.
3. Voici un musée ... je visite souvent.
4. Voici un monument ... tu dois visiter.
5. Voici un restaurant ... sert des spécialités régionales.
6. Voici le restaurant ... je préfère.
7. Voici un hôtel ... est très confortable.
8. Voici un hôtel ... les guides touristiques recommande

10 *Commentaires personnels*

PARLER/ÉCRIRE Complétez les phrases en utilisant votre imagination.

▶ J'ai un copain qui ...
J'ai un copain qui joue du piano (qui habite à Chicago, etc.).

▶ J'ai une copine que ...
J'ai une copine que j'invite souvent chez moi (que mes parents aiment bien, etc.).

1. J'ai une copine qui ...
2. J'ai un copain que ...
3. J'ai des voisins qui ...
4. J'ai des voisins que ...
5. J'habite dans une ville qui ...
6. J'habite dans une ville que ...
7. J'ai une chambre qui ...

À votre tour!

OBJECTIFS
Now you can ...
- use **qui** and **que** in descriptio

1  *Une devinette*

PARLER/ÉCRIRE Décrivez en 5 ou 6 phrases une personne, un endroit ou un objet, mais ne mentionnez pas son nom. Proposez cette devinette à vos camarades.

> C'est une ville qui est en France. C'est une ville qui a beaucoup de monuments. C'est une ville que les touristes américains aiment visiter ...
>
> (Réponse: **Paris**)

UN JEU Qui est-ce?

Divide the class into four teams. One student comes forward and chooses a well-known personality that the class will try to discover. The teams take turns asking the student yes/no questions with **qui** and **que.** For example:

Est-ce que c'est une personne qui joue dans des films?

Est-ce que c'est une personne qu'on voit à la télé?, etc.

SCORING: Teams earn points as follows: 1 point if their question is grammatically correct; 2 points if their question is grammatically correct and the answer is **oui.**

Lecture Qu'est-ce qu'ils achètent?

Quatre personnes font des achats dans un centre commercial. Chaque personne achète quelque chose de différent. Lisez les descriptions suivantes et identifiez la chose que chaque personne achète.

- **Amélie** est en train de décorer sa chambre. Elle va dans un magasin qui vend des livres, des souvenirs et beaucoup d'autres objets. L'objet qu'elle achète est en papier° et représente son groupe favori. C'est quelque chose qu'elle peut mettre au mur de sa chambre.

- **Frédéric** veut acheter quelque chose pour l'anniversaire de sa mère. Le cadeau° qu'il choisit est fabriqué en France. C'est quelque chose qui sent° très, très bon.

- **Madame Durand** veut acheter un cadeau pour sa nièce qui va se marier l'été prochain. Elle va dans un magasin qui vend des appareils électroménagers°. Là, elle achète un appareil qu'on trouve généralement dans la cuisine. C'est une chose que beaucoup de personnes utilisent pour préparer leurs repas.

- **Monsieur Pascal** veut acheter quelque chose pour les amis qui l'ont invité à dîner chez eux. Il choisit quelque chose qu'on peut manger. Mais attention! Ce n'est pas très recommandé pour les personnes qui veulent maigrir.

en papier *made of paper* **cadeau** *present, gift* **sent** *smells*
appareils électroménagers *kitchen appliances*

Amélie **Frédéric** **Madame Durand** **Monsieur Pascal**	**achète**				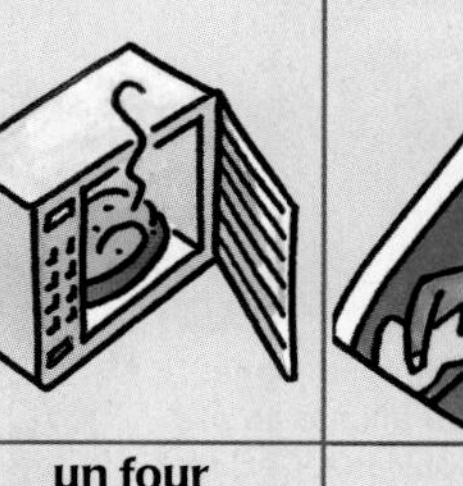
		une bouteille de parfum	**une boîte de chocolats**	**un four à micro-ondes**	**un poster**

PRE-READING ACTIVITY

Have students read the title of the selection and skim the reading.

Who are the **ils** of the title?
[Amélie, Frédéric, Mme Durand, M. Pascal]

What four objects are being bought?
[une bouteille de parfum, une boîte de chocolats, un four à micro-ondes, un poster]

Have the class guess who will buy each object.

Qui va acheter la bouteille de parfum?
Qui va acheter la boîte de chocolats?, etc.

10 COMMUNICATION making personal comments

Answers will vary.
1. J'ai une copine qui (joue au basket).
2. J'ai un copain que (j'admire).
3. J'ai des voisins qui (sont très sympathiques).
4. J'ai des voisins que (je trouve sympathiques).
5. J'habite dans une ville qui (est très animée).
6. J'habite dans une ville que (j'aime).
7. J'ai une chambre qui (est au premier étage).

À VOTRE TOUR!

1 WRITTEN SELF-EXPRESSION making up riddles

Answers will vary.
C'est un objet très pratique. C'est un objet qu'on trouve dans les bibliothèques et dans les librairies. C'est un objet qui a beaucoup de pages et qui donne beaucoup d'informations et de définitions. C'est un objet qu'on utilise pour étudier. Qu'est-ce que c'est? (Réponse: un dictionnaire)

C'est une ville qui est la plus ancienne du Canada. C'est une ville qui est très jolie. C'est une ville que les touristes américains aiment visiter pour parler français parce que c'est une ville qui est dans une province francophone du Canada. (Réponse: Québec)

LECTURE
Qu'est-ce qu'ils achètent?

Objectives
- Reading for pleasure
- Developing logical thinking

Qu'est-ce qu'ils achètent?
Answers
- Amélie achète un poster.
- Frédéric achète une bouteille de parfum.
- Madame Durand achète un four à micro-ondes.
- Monsieur Pascal achète une boîte de chocolats.

Observation activity Have students reread the descriptions, identifying the relative pronouns **qui** and **que** and their antecedents.

Answers
A: un magasin qui; l'objet qu'; quelque chose qu'
F: Le cadeau qu'; quelque chose qui
Mme: sa nièce qui; un magasin qui; un appareil qu'; une chose que
M.: les amis qui; quelque chose qu'; les personnes qui

Leçon 23

Main Topic Talking about what one used to do

Teaching Resource Options

PRINT 

Workbook PE, pp. 205–210
Activités pour tous PE, pp. 129–131
Block Scheduling Copymasters, pp. 185–192
Unit 6 Resource Book
- *Activités pour tous* TE, pp. 83–85
- Audioscript, pp. 104, 105–108
- Communipak, pp. 150–167
- Lesson Plans, pp. 86–87
- Block Scheduling Lesson Plans, pp. 88–89
- Absent Student Copymasters, pp. 90–93
- Video Activities, pp. 96–102
- Videoscript, p. 103
- Workbook TE, pp. 77–82

AUDIO & VISUAL

Audio Program
CD 4 Track 7
CD 11 Tracks 12–16

Overhead Transparencies
5 *Annecy*

TECHNOLOGY

Online Workbook

VIDEO PROGRAM

VIDEO DVD
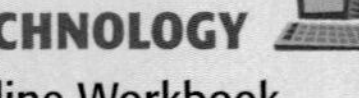

LEÇON 23

À Menthon-Saint-Bernard

TOTAL TIME: 3:58 min.
DVD Disk 2
Videotape 2 (COUNTER: 9:51 min.)

Teaching tip Point out the location of Menthon-Saint-Bernard on **Transparency 5.**

LEÇON 23

VIDÉO-SCÈNE

VIDÉO DVD AUDIO

À Menthon-Saint-Bernard

Dans l'épisode précédent, Pierre a proposé à Corinne et à Armelle de faire un tour à Menthon-Saint-Bernard, le village où il habitait quand il était petit.

Menthon-Saint-Bernard est un village très pittoresque, à une dizaine de kilomètres d'Annecy.

Il y a un vieux château ...

... beaucoup de chalets

... et une plage sur le lac.

Pierre, Armelle et Corinne viennent d'arriver à Menthon-Saint-Bernard.

Ils vont d'abord à l'école primaire.

Tu vois cette école?
Oui.
C'est l'école où j'allais quand j'étais petit. Et là, c'est la cour où je jouais avec mes copains.

Il paraît que tu étais une vraie terreur!
Au contraire! J'étais un élève-modèle!

Ensuite, les trois amis vont à la plage.

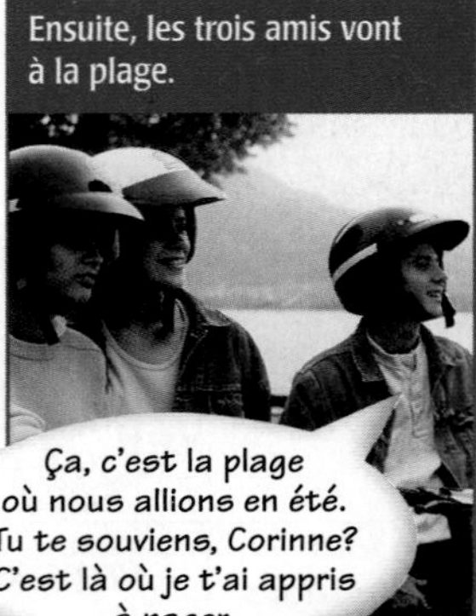

Ça, c'est la plage où nous allions en été. Tu te souviens, Corinne? C'est là où je t'ai appris à nager.

Pas du tout! C'est moi qui t'ai appris à nager.
Ah oui, peut-être ...

Puis, ils vont à l'ancienne maison de Pierre.

Et voilà la maison où nous habitions. Tu veux la voir?
Oui, je veux bien.

Dis donc, elle a
beaucoup changé,
ta maison.
est vrai.

Pierre explique comment était sa maison autrefois.

Là, il y avait des fleurs.
Là, il y avait une table et
des chaises. En été, c'était
là où nous dînions quand
il faisait beau.

En touchant la porte de la cuisine, Pierre déclenche l'alarme.

Corinne et Armelle pensent qu'il vaut mieux° partir.

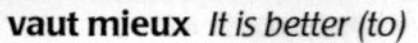
Il vaut mieux *It is better (to)*

Les trois amis retournent à leurs scooters. Mais qu'est-ce qu'ils voient?

Compréhension

1. Où est Menthon-Saint-Bernard?
2. Où les amis vont-ils d'abord?
3. Où vont-ils ensuite?
4. Où vont-ils finalement?
5. Qu'est-ce qui arrive là-bas?

Casual speech

C'était où, ta chambre? is casual spoken style for **Où était ta chambre?**

Compréhension

Answers

1. Menthon-Saint-Bernard est un village près d'Annecy.
2. Ils vont à l'école où Pierre allait quand il était petit.
3. Ils vont à la plage.
4. Ils vont à l'ancienne maison de Pierre.
5. Quand il touche la porte, il déclenche l'alarme.

SECTION A

Communicative function
Talking about the past

Teaching Resource Options

PRINT  

Workbook PE, pp. 205–210
Unit 6 Resource Book
Communipak, pp. 150–167
Workbook TE, pp. 77–82

AUDIO & VISUAL 

Overhead Transparencies

11a, 11b *Quelques activités: Les verbes en* ***-er***
12a *Quelques activités: Les verbes en* ***-ir***
12b *Quelques activités: Les verbes en* ***-re***
19 *Activités du week-end*

TECHNOLOGY 

Power Presentations

Teaching note Have the students, reread the **vidéo-scène** and find examples of the imperfect, e.g.:

le village où il habitait quand il était petit *the town where he lived (used to live) when he was small*
l'école où j'allais *the school where I went (used to go)*
la cour où je jouais *the schoolyard where I played (used to play)*
la plage où nous allions *the beach where we went (used to go)*
la maison où nous habitions *the house where we lived (used to live)*
il y avait des fleurs *there were (there used to be) flowers*
c'était là où nous dînions quand il faisait beau *it was there where we had (used to have) dinner when it was nice out*
c'était ma chambre quand je venais vous voir *that was (used to be) my room when I came (would come) to visit you*

In Sections A and B of this lesson students will learn the forms of the imperfect. In Section C they will see how the imperfect is used to talk about habitual actions in the past.

A L'imparfait: formation

In French, as in English, people use different tenses to talk about the past.

- The most common past tense is the PASSÉ COMPOSÉ, which you have been using.
- Another frequently used past tense is the IMPERFECT, or L'IMPARFAIT.

In the French sentences below, the verbs are in the IMPERFECT.

Où est-ce que tu **habitais** avant? J'**habitais** à Bordeaux.	*Where **did** you **live** before?* *I **lived (used to live)** in Bordeaux.*
Qu'est-ce que vous **faisiez** à six heures? Nous **finissions** nos devoirs.	*What **were** you **doing** at six?* *We **were finishing** our homework.*

The imperfect is a *simple* tense. It consists of *one* word. It is formed as follows:

IMPERFECT STEM + IMPERFECT ENDINGS

→ For all verbs (except **être**) the imperfect stem is derived as follows:

IMPERFECT STEM = **nous**-form of PRESENT *minus* **-ons**

→ The IMPERFECT ENDINGS are the *same* for all verbs.

WARM-UP Activités

PROPS: Transparencies 11a, 11b, 12a, 12b, 19

Use these transparencies to review the **nous**-forms of familiar verbs (in preparation for the presentation of the imperfect). Use questions like the following to elicit affirmative and negative answers.

- **Est-ce que vous étudiez beaucoup?**
  Oui, nous étudions beaucoup.
- **Est-ce que vous aidez vos parents?**
  Oui, nous aidons nos parents.
- **Est-ce que vous perdez vos livres?**
  Non, nous ne perdons pas nos livres.
- **Est-ce que vous grossissez?**
  Non, nous ne grossissons pas.

TYPE OF VERB	REGULAR -er	-ir	-re	IRREGULAR	IMPERFECT ENDINGS
INFINITIVE	parler	finir	vendre	faire	
PRESENT	nous **parlons**	**finissons**	**vendons**	**faisons**	
IMPERFECT STEM	**parl-**	**finiss-**	**vend-**	**fais-**	
IMPERFECT	je **parlais**	**finissais**	**vendais**	**faisais**	**-ais**
	tu **parlais**	**finissais**	**vendais**	**faisais**	**-ais**
	il/elle/on **parlait**	**finissait**	**vendait**	**faisait**	**-ait**
	nous **parlions**	**finissions**	**vendions**	**faisions**	**-ions**
	vous **parliez**	**finissiez**	**vendiez**	**faisiez**	**-iez**
	ils/elles **parlaient**	**finissaient**	**vendaient**	**faisaient**	**-aient**
NEGATIVE	je **ne parlais pas**				
INTERROGATIVE	est-ce que tu **parlais**? **parlais-tu**?				

→ Note how the above pattern applies to other verbs:

acheter:	nous **achet**ons	→ j'**achetais**	lire:	nous **lis**ons	→ je **lisais**
manger:	nous **mange**ons	→ je **mangeais**	écrire:	nous **écriv**ons	→ j'**écrivais**
			prendre:	nous **pren**ons	→ je **prenais**
sortir:	nous **sort**ons	→ je **sortais**	voir:	nous **voy**ons	→ je **voyais**
dormir:	nous **dorm**ons	→ je **dormais**	boire:	nous **buv**ons	→ je **buvais**

→ Note the imperfect forms of the following expressions:

il y a → **il y avait** il neige → **il neigeait** il pleut → **il pleuvait**

1 Les voisins

PARLER/ÉCRIRE Vous habitez dans un immeuble à Genève. Dites où chaque personne de l'immeuble habitait avant.

▶ Catherine / à Lyon
Avant, Catherine habitait à Lyon.

1. Jérôme / à Bordeaux
2. Alice et Thomas / à la campagne
3. vous / dans la banlieue
4. toi / chez tes grands-parents
5. moi / dans un lotissement
6. nous / à San Francisco
7. Marc et André / à Paris
8. les Dupont / à Strasbourg

2 Pendant la classe

PARLER/ÉCRIRE Hier pendant la classe de français, personne n'écoutait le professeur. Chacun faisait autre chose. Dites ce que chacun faisait.

▶ Paul / regarder Juliette
Paul regardait Juliette.

1. Sophie / se regarder dans une glace
2. Jacques / manger du chocolat
3. vous / vous amuser
4. toi / te peigner
5. vous / parler à vos amis
6. moi / finir le problème de maths
7. nous / finir les exercices d'anglais
8. Pauline / répondre à une lettre

INCLUSION

Repetitive After teaching verbs in the imperfect, have several students copy the chart from page 339 onto the board. Ask students to repeat the verbs from the chart several times while looking at the endings. Then, generate the imperfect forms of several more verbs and ask students to highlight the stem and endings in two different colored chalks.

Pronunciation In the imperfect, the vowel of the stem of **faire** is pronounced /ə/, as in **je.**

je faisais /ʒəfəzɛ/

This is the same as in the present tense:

nous faisons /nufəzɔ̃/

Spelling notes

- For verbs like **manger,** the **"e"** of the stem is dropped in the **nous**- and **vous-**forms because it is not needed before **-ions** and **-iez.**
- Similarly, verbs like commencer change the **"ç"** to **"c"** in the **nous**- and **vous**-forms:
  je commençais
  nous commencions

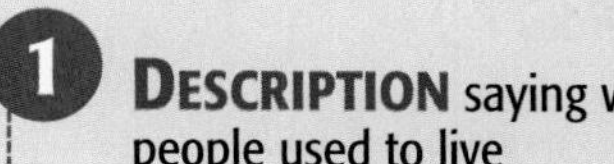

1 DESCRIPTION saying where people used to live

1. Avant, Jérôme habitait à Bordeaux.
2. Avant, Alice et Thomas habitaient à la campagne.
3. Avant, vous habitiez dans la banlieue.
4. Avant, tu habitais chez tes grands-parents.
5. Avant, j'habitais dans un lotissement.
6. Avant, nous habitions à San Francisco.
7. Avant, Marc et André habitaient à Paris.
8. Avant, les Dupont habitaient à Strasbourg.

Variation (with **travailler**)
Avant, Catherine travaillait à Lyon.

2 DESCRIPTION saying what people were doing in class

1. Sophie se regardait dans une glace.
2. Jacques mangeait du chocolat.
3. Vous vous amusiez.
4. Tu te peignais.
5. Vous parliez à vos amis.
6. Je finissais le problème de maths.
7. Nous finissions les exercices d'anglais.
8. Pauline répondait à une lettre.

Teaching Resource Options

PRINT 
Workbook PE, pp. 205–210
Unit 6 Resource Book
Communipak, pp. 150–167
Workbook TE, pp. 77–82

AUDIO & VISUAL 
Overhead Transparencies
49 *L'imparfait: Les événements habituels*

TECHNOLOGY
Power Presentations

3 COMPREHENSION saying what people were and were not doing yesterday

1. Oui, nous jouions aux cartes.
2. Non, vous ne jouiez pas au volley.
3. Non, tu ne te promenais pas à vélo.
4. Non, Charles n'attendait pas le bus.
5. Oui, Corinne dormait.
6. Non, Sylvie et Claire ne faisaient pas de jogging.
7. Oui, je faisais mes devoirs.
8. Oui, ma mère écrivait des lettres.
9. Oui, François lisait un livre.
10. Non, nous ne faisions pas de promenade.

Teaching note Items 6 to 10 contain irregular verbs. Help students generate the correct forms.

SECTION B

Communicative function
Describing where people were

4 DESCRIPTION saying where people were and what they were doing

1. Nous étions au café. Nous buvions une limonade.
2. Alice était à la bibliothèque. Elle lisait un livre.
3. Vous étiez à la maison. Vous faisiez la vaisselle.
4. Tu étais dans ta chambre. Tu écrivais une lettre.
5. Les touristes étaient au jardin public. Ils prenaient des photos.
6. Mon grand-père était chez lui. Il dormait.
7. J'étais chez les voisins. Je faisais du baby-sitting.
8. Nous étions dans la rue. Nous faisions du roller.
9. Léa était au restaurant. Elle prenait un café.

3 La tempête de neige *(The blizzard)*

PARLER/ÉCRIRE À cause de la tempête de neige, tout le monde était à la maison hier. Dites si oui ou non les personnes suivantes faisaient les choses indiquées pendant la tempête.

▶ Robert (jouer au foot?)
Non, Robert ne jouait pas au foot.

▶ Sophie (regarder la télé?)
Oui, Sophie regardait la télé.

1. nous (jouer aux cartes?)
2. vous (jouer au volley?)
3. toi (te promener à vélo?)
4. Charles (attendre le bus?)
5. Corinne (dormir?)
6. Sylvie et Claire (faire du jogging?)
7. moi (faire mes devoirs?)
8. ma mère (écrire des lettres?)
9. François (lire un livre?)
10. nous (faire une promenade?)

B L'imparfait du verbe *être*

The imperfect of **être** has an irregular stem **ét-**. The endings are regular.

j' **étais**	*I was*	nous **étions**	*we were*
tu **étais**	*you were*	vous **étiez**	*you were*
il/elle/on **était**	*he/she/one was*	ils/elles **étaient**	*they were*

→ The imperfect of **être** is used to tell where people *were* or how they *were feeling*. It is NOT used to describe what they WERE DOING. Compare:

IMPERFECT of **être**		IMPERFECT of verb of action	
J'**étais** chez moi.	*I* ***was*** *at home.*	J'**étudiais.**	***I was studying.***
Alice **était** malade.	*Alice* ***was*** *sick.*	Elle **regardait** la télé.	*She* ***was watching*** *TV.*

4 L'accident de voiture

PARLER/ÉCRIRE Hier, il y a eu un accident de voiture dans le quartier. Dites où chacun était et ce que chacun faisait au moment de l'accident.

▶ Thomas (au supermarché / faire les courses)
Thomas était au supermarché. Il faisait les courses.

1. nous (au café / boire une limonade)
2. Alice (à la bibliothèque / lire un livre)
3. vous (à la maison / faire la vaisselle)
4. toi (dans ta chambre / écrire une lettre)
5. les touristes (au jardin public / prendre des photos)
6. mon grand-père (chez lui / dormir)
7. moi (chez les voisins / faire du baby-sitting)
8. nous (dans la rue / faire du roller)
9. Léa (au restaurant / prendre un café)

PERSONALIZATION

Qu'est-ce que tu faisais? Have students pick a major news event or other happening and say where they were at the time and what they were doing.

INCLUSION

Structured First ask students to give you some verbs in the infinitive. Ask them to generate the imperfect and the passé composé for each verb. On the board, make a chart with two columns with the headings **Habituellement** and **Un jour**. Then, have the students create a sentence for each verb, using the imperfect or the passé composé and placing it in the proper column.

C L'usage de l'imparfait: événements habituels

In the sentences below, people are talking about the past. On the left, they describe what they *used to do* regularly. On the right, they describe what they *did* on a particular occasion. Compare the verbs in each pair of sentences.

Habituellement *(Usually)* ...	Un jour ...
Je **regardais** les matchs de foot.	J'**ai regardé** un film.
Nous **allions** au cinéma.	Nous **sommes allés** à un concert.
Paul **sortait** avec Nathalie.	Il **est sorti** avec Nicole.

Although both the IMPERFECT and the PASSÉ COMPOSÉ are used to talk about the past, each has a different function.

The **IMPERFECT** is used to describe ***habitual actions and conditions*** that existed in the past. It describes what people **USED TO DO**, what **USED TO BE.**

Quand j'**étais** jeune, nous **habitions** à la campagne.	*When I **was** young, we **lived (used to live)** in the country.*
J'**allais** souvent à la pêche.	*I often **used to go (would go)** fishing.*

The **PASSÉ COMPOSÉ** is used to describe ***specific past events.*** It describes what people **DID**, what **TOOK PLACE**, what **HAPPENED.**

Ma mère **a acheté** une voiture.	*My mother **bought** a car.*
Hier, nous **sommes allés** en ville.	*Yesterday we **went** downtown.*

5 Quand j'étais petit(e) ...

PARLER/ÉCRIRE Décrivez ce que vous faisiez quand vous étiez petit(e) en complétant les phrases suivantes.

1. Ma famille et moi, nous habitions ...
   - dans le centre-ville
   - dans la banlieue
   - à la campagne
   - ??
2. J'allais à l'école ...
   - à pied
   - en bus
   - à vélo
   - ??
3. À la télé, je regardais surtout *(mainly)* ...
   - les dessins animés
   - les films d'action
   - les sports
   - ??
4. Mes amis et moi, nous jouions ...
   - aux jeux vidéo
   - au baseball
   - au football
   - ??
5. Comme animal, j'avais ...
   - un hamster
   - une tortue
   - un chat
   - ??
6. Je collectionnais ...
   - les timbres *(stamps)*
   - les posters
   - les poupées *(dolls)*
   - ??
7. Le soir, je me couchais ...
   - juste après le dîner
   - à neuf heures
   - à dix heures
   - ??
8. Je voulais être ...
   - pilote
   - astronaute
   - acteur/actrice
   - ??

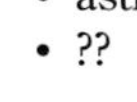

SECTION C

Communicative function
Describing what one used to do

Teaching tip Have students describe **Transparency 49** in the imperfect, saying what the children used to do in the past.

Quand il était petit, Alain allait à l'école à pied., etc.

As a warm-up, have students describe the children's actions in the present.

5 COMMUNICATION talking about one's past

Answers will vary.
1. Ma famille et moi, nous habitions (dans la banlieue).
2. J'allais à l'école (à pied).
3. À la télé, je regardais surtout (les dessins animés).
4. Mes amis et moi, nous jouions (au baseball).
5. Comme animal, j'avais (un hamster).
6. Je collectionnais (les poupées).
7. Le soir, je me couchais (à huit heures).
8. Je voulais être (pilote).

Expansion Use the questions to make a class survey.

First select an age, and then tabulate the responses.

Quand nous avions [huit] ans, nous habitions ...

dans le centre-ville	12	60%
dans la banlieue	6	30%
à la campagne	2	10%

GUIDED COMPOSITION Quand j'avais ... ans

Have students select an age and write out their answers to Act. 5 in a descriptive paragraph.

Quand j'avais [6] ans, ma famille et moi, nous habitions..., etc.

OPTIONAL FOLLOW-UP: Divide the class into groups of four or five students. Students place their paragraphs in a pile face down and each student takes a paper. One student reads his/her paragraph aloud and the other members of the group guess which student wrote the composition.

Teaching Resource Options

PRINT 

Workbook PE, pp. 205–210
Unit 6 Resource Book
Communipak, pp. 150–167
Workbook TE, pp. 77–82

AUDIO & VISUAL

Overhead Transparencies
50 *Maintenant et avant*

6 COMPREHENSION describing life 100 years ago

1. Beaucoup de gens habitaient à la campagne.
2. On ne vivait pas dans des gratte-ciel.
3. On mangeait des produits naturels.
4. On voyageait en train.
5. Les jeunes ne jouaient pas aux jeux vidéo.
6. Les gens n'avaient pas de réfrigérateurs.
7. Les maisons n'avaient pas d'air conditionné.
8. Les gens travaillaient beaucoup.
9. Tout le monde n'allait pas à l'université.
10. On ne regardait pas les nouvelles à la télé.

7 COMMUNICATION comparing the past and the present

Answers will vary.
Maintenant, il habite dans une grande maison à la campagne.
Maintenant, il a une voiture chère.
Maintenant, il porte des vêtements élégants.
Maintenant, il dîne dans des restaurants chers.
Maintenant, il fait du ski nautique, de l'équitation et du tennis.
Maintenant, il voyage dans son avion personnel.
Maintenant, il passe ses vacances dans sa grande maison en Espagne.

Avant, il habitait dans une vieille maison en ville.
Avant, il avait un vélo.
Avant, il portait de vieux vêtements.
Avant, il ne dînait pas au restaurant (il dînait seul dans un petit restaurant).
Avant, il ne faisait pas de sport. Il n'avait pas le temps. (Avant, il faisait du football, du vélo.)
Avant, il ne voyageait pas. (Avant, il voyageait en train, dans sa vieille voiture.)
Avant, il passait ses vacances chez lui (chez ses parents à la campagne, il faisait du camping).

6 Il y a cent ans *(One hundred years ago)*

PARLER/ÉCRIRE Dites si oui ou non on faisait les choses suivantes il y a cent ans.

▶ on / travailler avec des ordinateurs?
On ne travaillait pas avec des ordinateurs.

1. beaucoup de gens / habiter à la campagne?
2. on / vivre dans des gratte-ciel *(skyscrapers)*?
3. on / manger des produits naturels?
4. on / voyager en train?
5. les jeunes / jouer aux jeux vidéo?
6. les gens / avoir des réfrigérateurs?
7. les maisons / avoir l'air conditionné?
8. les gens / travailler beaucoup?
9. tout le monde / aller à l'université?
10. on / regarder les nouvelles *(news)* à la télé?

7 Un millionnaire

PARLER/ÉCRIRE Monsieur Michel a gagné dix millions d'euros à la loterie. Cet événement a changé sa vie *(life)*. Décrivez sa vie maintenant et sa vie avant. Utilisez les phrases suggérées et votre imagination.

Maintenant

▶ **Maintenant, Monsieur Michel vit à la campagne. Il habite ...**

Avant

▶ **Avant, Monsieur Michel vivait en ville. Il habitait ...**

- dans quel genre de maison / habiter?
- quelle voiture / avoir?
- quels vêtements / porter?
- dans quel restaurant / dîner?
- quels sports / faire?
- comment / voyager?
- où / passer ses vacances?

WARM-UP Il y a cent ans

Have students close their books. Read the statements of Act. 6 and have the students indicate whether they are **vrai** or **faux**.

Il y a cent ans, on travaillait avec des ordinateurs. [faux]

Il y a cent ans, beaucoup de gens habitaient à la campagne. [vrai], etc.

VOCABULAIRE Quelques expressions de temps

Événements spécifiques		Événements habituels	
un soir	*one evening*	**le soir**	*in the evening*
		tous les soirs	*every evening*
mardi	*Tuesday*	**le mardi**	*on Tuesdays*
un mardi	*one Tuesday*	**tous les mardis**	*every Tuesday*
un jour	*one day*	**chaque jour**	*every day*
le 4 mai	*on May 4*	**tous les jours**	*every day*
une fois	*once*	**d'habitude**	*usually*
deux fois	*twice*	**habituellement**	*usually*
plusieurs fois	*several times*	**autrefois**	*in the past*
		parfois	*sometimes*

SAÏGON
2bis, rue de l'Aumône Vieille
Aix en Provence
04 42 26 05 48
OUVERT TOUS LES JOURS
MIDI ET SOIR

8 En vacances

PARLER/ÉCRIRE Décrivez les vacances des personnes suivantes. Pour cela, complétez les phrases avec **allait** ou **est allé(e).**

▶ Un dimanche, Frédéric **est allé** chez sa tante.
▶ Le dimanche, Isabelle **allait** au restaurant.

1. L'après-midi, Philippe … à la piscine.
2. Tous les mardis, Mélanie … à un concert de jazz.
3. Le matin, Vincent … au marché.
4. Plusieurs fois, Paul … au concert.
5. D'habitude, Marc … à la plage.
6. Le samedi soir, Pauline … à la discothèque.
7. Le 3 août, Sylvie … à Monaco.
8. Un jour, Anne … chez sa grand-mère.
9. Une fois, mon cousin … au cirque.
10. Le 14 juillet, Claudine … voir le feu d'artifice *(fireworks)*.

9  Une fois n'est pas coutume *(Once does not make a habit.)*

PARLER Valérie demande à Patrick s'il faisait les choses suivantes tous les jours pendant les vacances. Patrick dit qu'un jour il a fait des choses différentes. Jouez les deux rôles.

▶ aller à la piscine (à la plage)

1. jouer au volley (au rugby)
2. déjeuner chez toi (au restaurant)
3. dîner à sept heures (à neuf heures)
4. sortir avec Monique (avec Sylvie)
5. aller à la discothèque (à un concert)
6. danser le rock (le cha-cha-cha)
7. rentrer à onze heures (à minuit)
8. se lever à neuf heures (à midi)

Review and re-entry

Remind students that they are familiar with most of these expressions. The following expressions are new: **Chaque jour, d'habitude, habituellement, autrefois, parfois**

Supplementary vocabulary

un matin
le matin
tous les matins
un après-midi
l'après-midi
tous les après-midi

8 DESCRIPTION describing habitual and specific events

1. allait
2. allait
3. allait
4. est allé
5. allait
6. allait
7. est allée
8. est allée
9. est allé
10. est allée

9 ROLE PLAY talking about past activities

1. Valérie: Tu jouais tous les jours au volley?
   Patrick: Oui, mais un jour j'ai joué au rugby.
2. Valérie: Tu déjeunais tous les jours chez toi?
   Patrick: Oui, mais un jour j'ai déjeuné au restaurant.
3. Valérie: Tu dînais tous les jours à sept heures?
   Patrick: Oui, mais un jour j'ai dîné à neuf heures.
4. Valérie: Tu sortais tous les jours avec Monique?
   Patrick: Oui, mais un jour je suis sorti avec Sylvie.
5. Valérie: Tu allais tous les jours à la discothèque?
   Patrick: Oui, mais un jour je suis allé à un concert.
6. Valérie: Tu dansais tous les jours le rock?
   Patrick: Oui, mais un jour j'ai dansé le cha-cha-cha.
7. Valérie: Tu rentrais tous les jours à onze heures?
   Patrick: Oui, mais un jour je suis rentré à minuit.
8. Valérie: Tu te levais tous les jours à neuf heures?
   Patrick: Oui, mais un jour je me suis levé à midi.

SECTION D

Communicative function
Describing actions that were in progress

Teaching Resource Options

PRINT 

Workbook PE, pp. 205–210
Unit 6 Resource Book
Communipak, pp. 150–167
Family Involvement, pp. 94–95
Workbook TE, pp. 77–82

Assessment
Lesson 23 Quiz, pp. 110–111
Portfolio Assessment, Reprise/Unit 1 URB, pp. 235–244
Audioscript for Quiz 23, p. 109
Answer Keys, pp. 216–220

AUDIO & VISUAL 

Audio Program
CD 20 Track 3

Overhead Transparencies
51 *L'imparfait: Les actions progressives*

TECHNOLOGY 

Power Presentations
Test Generator CD-ROM/McDougal Littell Assessment System

10 DESCRIPTION describing ongoing past actions

1. Mes parents regardaient la télé. Je faisais la vaisselle. Ma soeur rangeait sa chambre.
2. Le professeur racontait une histoire. Nous écoutions. Tu prenais des notes.
3. J'étais avec mes copains. Nous faisions une promenade. On regardait le ciel.
4. Nous jouions aux cartes. Les voisins dînaient. Mon grand-père dormait.

11 ROLE PLAY finding out where people were and what they were doing

–Où étais-tu ... ?
–J'étais ...
–Qu'est-ce que tu faisais?
–Je (J') ...
–Et qu'est-ce que tu as fait après?
–Je (J') ...

1. après le déjeuner/au garage/Je réparais mon vélo./J'ai joué au basket.
2. à cinq heures/dans le jardin/J'aidais mon père./Je suis sorti(e).
3. avant le dîner/dans la rue/Je faisais du roller./J'ai fini mes devoirs.
4. à sept heures/chez un copain/Je dînais avec lui./Je suis rentré(e) chez moi.

Personalization Have students in pairs make up their own personal dialogues on a similar model.

D L'usage de l'imparfait: actions progressives

Compare the uses of the IMPERFECT and the PASSÉ COMPOSÉ in the following sentences.

À sept heures, je **regardais** un film.	*At seven, I **was watching** a movie.*
Après le film, je **suis sorti.**	*After the movie, I **went out.***
Nous **attendions** Marc au café.	*We **were waiting** for Marc at the café.*
Finalement, il **est arrivé.**	*Finally, he **arrived.***

The **IMPERFECT** is used to describe ***actions that were in progress*** at a certain point in time. It describes what **WAS GOING ON**, what people **WERE DOING.**

À sept heures, je **faisais** mes devoirs. *At seven, I **was doing** my homework.*

→ The imperfect is used to express the English construction *was/were + ... ing.*

The **PASSÉ COMPOSÉ** is used to describe ***specific actions that occurred at a specific time.*** It describes what **TOOK PLACE**, what people **DID.**

À sept heures, quelqu'un **a téléphoné.** *At seven, someone **phoned.***

10 À ce moment-là ...

PARLER/ÉCRIRE Décrivez ce que les personnes faisaient quand les choses suivantes sont arrivées.

1. Quelqu'un a téléphoné après le dîner.
   - mes parents / regarder la télé
   - moi / faire la vaisselle
   - ma soeur / ranger sa chambre
2. Ce matin, le directeur est venu dans notre classe.
   - le prof / raconter une histoire
   - nous / écouter
   - toi / prendre des notes
3. Hier soir, j'ai vu un OVNI *(UFO)*.
   - moi / être avec mes copains
   - nous / faire une promenade
   - on / regarder le ciel *(sky)*
4. Samedi dernier, il y a eu un tremblement de terre *(earthquake)*.
   - nous / jouer aux cartes
   - les voisins / dîner
   - mon grand-père / dormir

11 Conversations

PARLER Hier Isabelle a téléphoné à ses copains mais personne n'a répondu. Maintenant elle veut savoir où chacun était et ce qu'il faisait. Jouez les dialogues.

▶ **—Où étais-tu à midi?**
—J'étais au café.
—Qu'est-ce que tu faisais?
—J'attendais ma copine.
—Et qu'est-ce que tu as fait après?
—Je suis allé au ciné avec elle.

1. après le déjeuner / au garage / réparer mon vélo / jouer au basket
2. à cinq heures / dans le jardin / aider mon père / sortir
3. avant le dîner / dans la rue / faire du roller / finir mes devoirs
4. à sept heures / chez un copain / dîner avec lui / rentrer chez moi

VIDEO ACTIVITY Actions progressives

Replay video Leçon 23. After main actions in the video, push the pause button and ask individual students what people were doing, e.g.:

- Pierre, Armelle, and Corinne arriving at the school **Qu'est-ce que Pierre, Armelle et Corinne faisaient quand j'ai arrêté la cassette vidéo/le DVD? [Ils arrivaient à l'école primaire.]**
- walking in the school yard **[Ils visitaient l'école.]**
- going by the lake shore **[Ils passaient par la plage.]**
- looking at the house **[Ils regardaient la maison.]**

Teaching tip Have students describe what the people on **Transparency 51** were doing at 5:30 P.M. when Philippe telephoned.

–Qu'est-ce qu'Isabelle faisait quand Philippe a téléphoné?
–Elle réparait son vélo.

À votre tour!

OBJECTIFS

Now you can ...
- say what people were doing at a certain time in the past
- describe what you used to do when you were younger

1 Une enquête (A survey)

PARLER/ÉCRIRE Vous êtes un(e) journaliste français(e) qui faites une enquête sur les jeunes Américains. Vous voulez savoir comment ils occupent leurs soirées.

Choisissez quatre camarades et demandez à chacun ...
- ce qu'il/elle faisait hier soir à six heures
- ce qu'il/elle faisait hier soir à huit heures
- ce qu'il/elle faisait hier soir à dix heures

Inscrivez les résultats de votre enquête sur une feuille de papier.

	à 6 heures	à 8 heures	à 10 heures
1. Claudia	Claudia aidait sa mère.	Claudia faisait ses devoirs.	Elle surfait sur le Net.
2. Jim			

2 Notre enfance (Our childhood)

PARLER Avec un(e) camarade discutez de votre enfance. Vous pouvez parler des sujets suivants.

La vie quotidienne
- Dans quelle ville habitiez-vous?
- À quelle école alliez-vous?
- Comment est-ce que vous y alliez?
- Quelles classes est-ce que vous aimiez? (et aussi, quelles classes est-ce que vous n'aimiez pas?)

Les loisirs
- Est-ce que vous regardiez souvent la télé?
- Quelle était votre émission *(program)* favorite?
- Qui était votre acteur favori? et votre actrice favorite?
- Qui était votre groupe favori?
- Qu'est-ce que vous faisiez le week-end?
- Qu'est-ce que vous faisiez pendant les vacances?

3 À huit heures hier

En un petit paragraphe de 10 lignes, dites quelles étaient les occupations de votre famille hier à huit heures du soir. Mettez les verbes à l'imparfait. Vous pouvez utiliser les verbes suivants:

parler / travailler / téléphoner / étudier / regarder / écouter / jouer / préparer / dîner / être / avoir / faire / se promener / se reposer

Mon père regardait la télé. Il y avait un bon film. Mes frères jouaient aux cartes.

À VOTRE TOUR!

1 INTERVIEW taking a poll

Answers will vary.
Qu'est-ce que tu faisais hier soir à (six) heures?
1. À six heures, Susan dînait. À huit heures, Susan faisait la vaisselle. À dix heures, Susan regardait la télé.
2. À six heures, Bob faisait ses devoirs. À huit heures, Bob écoutait ses CD. À dix heures, Bob parlait au téléphone.
3. À six heures, Lisa aidait son frère. À huit heures, Lisa mangeait un snack. À dix heures, Lisa lisait un roman.
4. À six heures, Michael se promenait à vélo. À huit heures, Michael buvait de la limonade. À dix heures, Michael lisait des bandes dessinées.

2 GUIDED CONVERSATION discussing one's childhood

Answers will vary.
La vie quotidienne
- Quand j'étais jeune, j'habitais à Quincy.
- J'allais à Montclair School.
- J'y allais à pied.
- J'aimais la classe d'histoire, mais je n'aimais pas la classe de maths.

Les loisirs
- Je regardais assez souvent la télé.
- Mes émissions favorites étaient les matchs de baseball.
- Mon acteur favori était Will Smith et mon actrice favorite était Julia Roberts.
- Mon groupe favori était les Backstreet Boys.
- Le week-end, je jouais au baseball et j'écoutais des CD.
- Pendant les vacances, ma famille faisait du camping et nous nagions dans les lacs.

3 WRITTEN SELF-EXPRESSION describing past actions

Answers will vary.
Hier soir à huit heures, ma mère travaillait. Mon père était à la maison. Il téléphonait à mon grand-père. Il lui parlait des prochaines vacances. Ma soeur étudiait dans sa chambre. Elle préparait son examen. Moi, je me reposais. J'écoutais mes CD et je jouais aux jeux vidéo dans ma chambre. Mon frère préparait le dîner. Il faisait du bruit et ma soeur n'était pas contente.

PORTFOLIO ASSESSMENT

Depending on your goals and objectives, you may or may not wish to assign all of the activities in the **À votre tour!** section. You will probably choose only one oral and one written activity to go into the students' portfolios for Unit 6.

The following activities are good portfolio topics:

ORAL: Activities 1, 2
WRITTEN: Activity 3

LECTURE

À l'école autrefois

Objectives

- Reading for pleasure
- Reading for information

Observation activity Have students reread the grandfather's reminiscences, noticing which verbs are in the imperfect and which are in the passé composé.

For each verb ask them:

Pourquoi est-ce que ce verbe est à l'imparfait (au passé composé)?

(a) Le verbe décrit des événements habituels.

j'allais à l'école à pied
je me levais tôt le matin
je rentrais le soir
j'allais à l'école de garçons
nous portions tous un tablier gris
les filles portaient des tabliers bleus
Nous arrivions à l'école à 8 h.
Une cloche annonçait
on arrivait
on était puni
on se battait
Il n'hésitait pas
on parlait en classe
on faisait des bêtises
on apprenait beaucoup
un bateau qui faisait le commerce

(b) Le verbe décrit une condition ou une circonstance.

j'étais jeune
nous habitions
il n'y avait pas de car scolaire
je n'avais pas de vélo
c'était long
il pleuvait
il neigeait
il faisait noir
Les écoles d'autrefois n'étaient pas mixtes
il y avait une école pour les garçons
C'était obligatoire!
il y avait une grande récréation
on était amis
Il y avait un seul maître
C'était un homme petit
il était sévère
il était juste
Tout le monde le respectait
je n'aimais pas ce travail

(c) Le verbe décrit un événement ou une action spécifique.

Les gens du village l'ont beaucoup regretté
il a pris sa retraite
j'ai passé mon certificat
j'ai quitté l'école
je suis allé en ville
j'ai trouvé un travail
je me suis engagé

Lecture À l'école autrefois

Juliette passe souvent des vacances chez son grand-père. Celui-ci° habite dans un petit village où il a toujours vécu. Il aime raconter à Juliette la vie° du village autrefois. Aujourd'hui il décrit l'école où il allait.

«Quand j'étais jeune, nous habitions dans une ferme située à six kilomètres du village. À cette époque-là, il n'y avait pas de car scolaire° et je n'avais pas de vélo. Alors, j'allais à l'école à pied. Six kilomètres aller° et six kilomètres retour.° C'était long, surtout quand il pleuvait ou quand il neigeait. Évidemment,° je me levais tôt le matin et en hiver, quand je rentrais le soir, il faisait noir.°

Les écoles d'autrefois n'étaient pas mixtes comme aujourd'hui. Il y avait une école pour les garçons et une école pour les filles. Moi, évidemment, j'allais à l'école de garçons. En classe, nous portions tous un tablier° gris. (À leur école, les filles portaient des tabliers bleus.) C'était obligatoire!

Nous arrivions à l'école à huit heures. Une cloche° annonçait le commencement des classes. (Quand on arrivait en retard, on était puni!) À dix heures, il y avait une grande récréation.° Souvent mes camarades et moi, on se battait° pendant la récréation, mais après on était amis.

Il y avait un seul° maître pour toute l'école. C'était un homme petit, mais très costaud.° Il n'hésitait pas à nous tirer° les oreilles quand on parlait en classe ou quand on faisait des bêtises.° C'est vrai, il était sévère, mais il était juste et avec lui on apprenait beaucoup. Tout le monde le respectait. Les gens du village l'ont beaucoup regretté° quand il a pris sa retraite.°

À quatorze ans, j'ai passé mon certificat et j'ai quitté l'école. Je suis allé en ville où j'ai trouvé un travail dans une usine.° Je n'aimais pas ce travail. Alors, je me suis engagé° sur un bateau qui faisait le commerce avec l'Amérique du Sud. Mais ça, c'est une autre histoire ... »

celui-ci *the latter* **la vie** *life* **car scolaire** *school bus* **aller = pour aller à l'école** **retour = pour rentrer à la maison** **Évidemment = Bien sûr** **il faisait noir** *it was dark* **tablier** *smock* **cloche** *bell* **récréation** *recess* **se battait** *used to fight* **seul** *only one* **costaud** *strong* **tirer** *to pull* **bêtises** *silly things* **ont regretté** *missed* **a pris sa retraite** *retired* **usine** *factory* **je me suis engagé** *I signed on*

PRE-READING ACTIVITY

Have students look at these two pages quickly and discover the subject of the reading.

Have them study the photos and guess the meanings of the captions.

Ask them:

Est-ce que vous allez à l'école à pied?
Est-ce que vous portez des tabliers en classe?
Est-ce que vous portez des tabliers blancs en laboratoire de sciences?
Est-ce que les professeurs vous tirent les oreilles quand vous faites des bêtises?

NOTE culturelle

Les écoles françaises d'autrefois

Autrefois, l'école était obligatoire jusqu'à l'âge de 14 ans. À la fin de leur scolarité, les élèves des écoles primaires passaient un examen et recevaient un diplôme appelé le «certificat d'études». En général, la discipline était très stricte et les élèves devaient étudier beaucoup pour obtenir leur certificat.

Le maître était sévère mais il était juste.

À dix heures, il y avait une grande récréation.

Vrai ou faux?

1. Autrefois, les enfants allaient à l'école en car scolaire, c'est-à-dire en bus.
2. Autrefois, les écoles étaient mixtes, c'est-à-dire les filles et les garçons allaient en classe ensemble.
3. Autrefois, les filles portaient des tabliers bleus et les garçons portaient des tabliers gris.
4. Autrefois, dans les villages, le maître était très respecté.
5. Autrefois, on pouvait quitter l'école à quatorze ans.

POST-READING ACTIVITIES

Using Grand-père's text as a model, have pairs of students write a brief description of their elementary school days. Whenever possible, have students who attended the same elementary school work together.

Vrai ou faux?

Answers

1. C'est faux! (Ils allaient à l'école à pied.)
2. C'est faux! (Les écoles n'étaient pas mixtes.)
3. C'est vrai!
4. C'est vrai!
5. C'est vrai!

Leçon 24

Main Topic Describing the circumstances of an event

Teaching Resource Options

PRINT 

Workbook PE, pp. 211–218
Activités pour tous PE, pp. 133–135
Block Scheduling Copymasters, pp. 193–200
Unit 6 Resource Book
- *Activités pour tous* TE, pp. 121–123
- Audioscript, pp. 142, 143–145
- Communipak, pp. 150–167
- Lesson Plans, pp. 124–125
- Block Scheduling Lesson Plans, pp. 126–128
- Absent Student Copymasters, pp. 129–131
- Video Activities, pp. 134–140
- Videoscript, p. 141
- Workbook TE, pp. 113–120

AUDIO & VISUAL 

Audio Program
CD 4 Track 8
CD 11 Tracks 17–21

TECHNOLOGY
Online Workbook

VIDEO PROGRAM

VIDEO DVD

LEÇON 24

Montrez-moi vos papiers!

TOTAL TIME: 1:39 min.
DVD Disk 2
Videotape 2 (COUNTER: 13:55 min.)

Cultural note **Les gendarmes** are a military unit created by Napoleon as part of the French army. They maintain order in the countryside. The police are separate from the **gendarmes** and are generally found only in cities. The **Compagnie républicaine de sécurité (CRS)** reinforces the police and is similar to our National Guard.

LEÇON 24

VIDÉO-SCÈNE

VIDÉO DVD AUDIO

Montrez-moi vos papiers!

Dans l'épisode précédent, Pierre a montré à Armelle et à sa cousine Corinne la maison où il habitait quand il était petit.

Mais quand il a voulu ouvrir la porte de la cuisine, l'alarme s'est déclenchée.

L'alarme a alerté un gendarme qui passait dans le quartier.

Le gendarme a l'air sévère.

Les amis montrent leurs papiers d'identité.

Pierre explique ce qu'ils faisaient.

Euh, nous nous promenions ... Je voulais montrer cette maison à ma copine.

Pourquoi
cette maison?

Euh, c'est
la maison où j'habitais
quand j'étais petit.

Vous ne saviez pas
que c'était une
propriété privée?
Euh, si ... mais
il n'y avait personne ...
Alors, on est entré.

Bon, ça va pour cette fois ...
Mais ne recommencez pas!

Le gendarme est parti ... Les trois amis retrouvent leur bonne humeur.

FIN

Compréhension

1. Qui arrive sur la scène?
2. Qu'est-ce qu'il demande?
3. Comment Pierre explique-t-il sa présence ici?
4. Que fait le gendarme à la fin de la scène?

Compréhension

Answers

1. Un gendarme arrive sur la scène.
2. Il demande leurs papiers.
3. Il explique qu'il voulait montrer la maison à sa copine parce que c'est la maison où il habitait quand il était petit.
4. Il dit qu'ils ne doivent pas recommencer et il part.

Teaching Resource Options

PRINT 

Workbook PE, pp. 211–218
Unit 6 Resource Book
Communipak, pp. 150–167
Workbook TE, pp. 113–120

AUDIO & VISUAL

Overhead Transparencies
52 *Un accident*

UN ACCIDENT

PETIT VOCABULAIRE Un accident

Qu'est-ce qui est arrivé?	*What happened?*
Un accident a eu lieu.	*An accident took place.*
un conducteur (une conductrice)	*driver*
un témoin	*witness*
un panneau	*(traffic) sign*
heurter	*to run into*
traverser	*to cross*

INCLUSION

Alphabetic/Phonetic Pronounce the vocabulary from the **Un accident** box and have students repeat after you. Write the two sentences on the board and ask students to mark the liaison. Have them pronounce the sounds /Ø/ **in lieu,** /y/ in **eu** and /œ/ in **heurter,** showing how the similar spellings are pronounced differently. Have them write phonetic transcriptions in their notebooks.

1 Un accident

PARLER Savez-vous observer? Imaginez que vous avez assisté à la scène de l'accident représenté par les illustrations à gauche. Regardez bien ces illustrations et faites attention aux détails. Puis, répondez aux questions suivantes.

1. Quelle heure était-il?
   - Il était une heure.
   - Il était deux heures.
   - Il était six heures.
2. Quel temps faisait-il?
   - Il faisait beau.
   - Il pleuvait.
   - Il neigeait.
3. Combien de personnes est-ce qu'il y avait dans la rue?
   - Il y avait une personne.
   - Il y avait deux personnes.
   - Il y avait trois personnes.
4. Combien de personnes est-ce qu'il y avait dans la voiture?
   - Il y avait une personne.
   - Il y avait deux personnes.
   - Il y avait trois personnes.
5. Qui était le conducteur?
   - C'était un jeune homme.
   - C'était une jeune fille.
   - C'était un vieux monsieur.
6. Qui a traversé la rue?
   - le garçon
   - la dame
   - le chien
7. Qu'est-ce que la voiture a fait?
   - Elle a continué sa route.
   - Elle est entrée dans le magasin d'antiquités.
   - Elle a heurté le panneau de stop.
8. Qu'est-ce que la dame a fait?
   - Elle a téléphoné à la police.
   - Elle est partie.
   - Elle a aidé le conducteur.
9. Qu'est-ce que le conducteur a fait?
   - Il est resté dans la voiture.
   - Il est sorti de sa voiture.
   - Il a parlé aux témoins de l'accident.
10. Qu'est-ce que le garçon a fait?
    - Il a parlé au conducteur.
    - Il est parti avec son chien.
    - Il a pris une photo de l'accident.
11. Qu'est-ce qui est arrivé ensuite?
    - Le jeune homme est entré dans le magasin.
    - Une voiture de police est arrivée.
    - Une ambulance a transporté le jeune homme à l'hôpital.

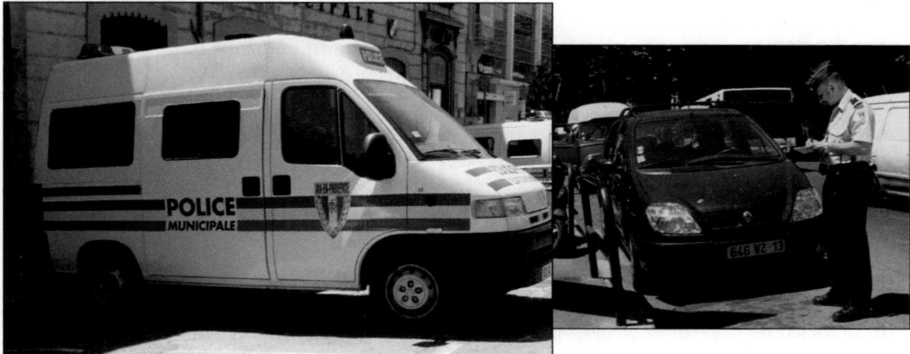

1 COMPREHENSION
understanding past narrations

1. Il était deux heures.
2. Il neigeait.
3. Il y avait deux personnes.
4. Il y avait une personne.
5. C'était un jeune homme.
6. Le chien a traversé la rue.
7. Elle a heurté le panneau de stop.
8. Elle a téléphoné à la police.
9. Il est sorti de sa voiture.
10. Il est parti avec son chien.
11. Une voiture de police est arrivée.

Extra practice Make questions of the wrong options and have the class answer in the negative.

Est-ce qu'il était une heure?
Non, il n'était pas une heure.
Est-ce qu'il était six heures?
Non, il n'était pas six heures.

Then confirm the correct answer.

Alors, quelle heure était-il?
Il était deux heures.

GRAMMAR DISCOVERY

Use inductive questions to help students observe how the two past tenses are used.

- Sentences 1 to 5 describe the scene or the circumstances of the accident. Which tense is used: the imperfect or the passé composé?

Write on the board:
imperfect = CIRCUMSTANCE, SCENE

- Sentences 6 to 11 describe specific things that happened. Which tense is used: the imperfect or the passé composé?

Write on the board:
passé composé = WHAT HAPPENED

Pre-AP skill: Analyze language used.

SECTION A

Communicative function
Describing the circumstances of an event

Teaching Resource Options

 **PRINT** 

Workbook PE, pp. 211–218
Unit 6 Resource Book
 Communipak, pp. 150–167
 Workbook TE, pp. 113–120

TECHNOLOGY 

Power Presentations

2 DESCRIPTION explaining why people did not do certain things

1. Catherine n'est pas allée à la classe de français parce qu'elle avait la grippe.
2. Jérôme n'est pas allé au cinéma parce qu'il avait mal à la tête.
3. Isabelle n'est pas allée au restaurant parce qu'elle n'avait pas faim.
4. Marc n'est pas allé au stade parce qu'il était fatigué.
5. Thomas n'est pas allé au concert parce qu'il n'avait pas de billet.
6. Hélène n'est pas allée au musée parce qu'elle voulait ranger sa chambre.
7. Monsieur Panisse n'est pas allé au bureau parce que c'était samedi.
8. Nous ne sommes pas allé(e)s à la plage parce qu'il faisait froid.
9. Vous n'êtes pas allé(e)s en ville parce qu'il pleuvait.

A L'usage de l'imparfait: circonstances d'un événement

In the sentences below, an accident is described.
Note the use of the PASSÉ COMPOSÉ and the IMPERFECT.

The **PASSÉ COMPOSÉ** is used to describe a ***well-defined action,*** completed at a specific point in time. (The mention of time may be omitted.)

Hier, Pauline **a vu** un accident.	*Yesterday Pauline **saw** an accident.*
Elle **a téléphoné** à la police.	*She **called** the police.*
Une ambulance **est arrivée.**	*An ambulance **arrived.***

The **IMPERFECT** is used to describe ***conditions and circumstances*** that form the ***background*** of another past action.

TIME AND WEATHER

Il **était** deux heures.	*It **was** two (o'clock).*
La visibilité **était** mauvaise.	*The visibility **was** poor.*
Il **neigeait.**	*It **was snowing.***

OUTWARD APPEARANCE; PHYSICAL, MENTAL, OR EMOTIONAL STATE

Le conducteur **était** un homme jeune.	*The driver **was** a young man.*
Il **portait** un manteau gris.	*He **was wearing** a gray coat.*
Il **n'était pas** prudent.	*He **was not** careful.*

EXTERNAL CIRCUMSTANCES

Il n'y avait pas d'autres passagers.	***There were no** other passengers.*
La voiture **allait** vite.	*The car **was going** fast.*

OTHER ACTIONS IN PROGRESS

Pauline **allait** en ville.	*Pauline **was going** downtown.*
Sa copine l'**attendait.**	*Her friend **was waiting** for her.*

2 Pourquoi pas?

PARLER/ÉCRIRE Ces personnes ne sont pas allées à certains endroits. Expliquez pourquoi.

▶ Patrick / au lycée (il est malade). **Patrick n'est pas allé au lycée parce qu'il était malade.**

1. Catherine / à la classe de français (elle a la grippe)
2. Jérôme / au cinéma (il a mal à la tête)
3. Isabelle / au restaurant (elle n'a pas faim)
4. Marc / au stade (il est fatigué)
5. Thomas / au concert (il n'a pas de billet)
6. Hélène / au musée (elle veut ranger sa chambre)
7. Monsieur Panisse / au bureau (c'est samedi)
8. nous / à la plage (il fait froid)
9. vous / en ville (il pleut)

INCLUSION

Sequential Generate sentences using the passé composé and the imperfect and have students identify the parts of speech. Then, give a list of verbs that can be used to describe conditions, and have students put them in the imperfect. Give a list of verbs that could be used to describe specific events, and have students put them in the passé composé. Ask them to put the conjugated verbs in sentences and sequence them to create a logical story.

3 Excuses

PARLER Expliquez à un(e) camarade pourquoi vous n'avez pas fait certaines choses.

Tu as fait du jogging hier?
Non, je n'ai pas fait de jogging.
Ah bon? Pourquoi pas?
J'avais mal aux jambes.

1. étudier avoir mal à la tête	4. aller en classe être malade
2. faire les courses être fatigué(e)	5. écrire à Cécile n'avoir pas son adresse
3. dîner au restaurant n'avoir pas assez d'argent	6. faire tes devoirs vouloir regarder la télé

4 Un coup de chance *(A stroke of luck)*

PARLER/ÉCRIRE L'été dernier vous étiez à Paris. Racontez votre coup de chance. (Dans votre narration, choisissez bien entre l'imparfait et le passé composé.)

1. C'est le 3 juillet.
2. Il est deux heures.
3. Il fait chaud.
4. J'ai soif.
5. Je vais dans un café.
6. Je commande une limonade.
7. Une femme entre dans le café.
8. Elle porte des lunettes noires.
9. Je reconnais la grande chanteuse Bella Labelle.
10. Je me lève.
11. Je lui demande un autographe.
12. Elle me donne un autographe, sa photo et un billet pour son prochain concert.

5 Pas de chance

PARLER Vous passez l'année scolaire en France. Hier soir, vous avez eu un petit accident. En rentrant chez vous, vous avez été heurté(e) par une moto et vous êtes tombé(e) dans la rue. Vous passez au poste de police. Répondez (en français, bien sûr) aux questions de l'inspecteur de police.

—À quelle heure avez-vous eu votre accident?
Say that it was nine o'clock.
—Où étiez-vous?
Say that you were on Boulevard Victor Hugo.
—Qu'est-ce que vous faisiez?
Say that you were going home.
—Vous avez traversé la rue et une moto vous a heurté(e)?
Answer affirmatively and say that you fell in the street.
—Avez-vous noté la marque *(make)* de la moto?
Say that it was a Peugeot.
— Avez-vous noté son numéro?
Answer negatively and say that the visibility was bad.
— Avez-vous vu le conducteur de la moto?
Answer affirmatively. Say that it was a tall man with a mustache **(une moustache).**
— Quels vêtements est-ce qu'il portait?
Say that he was wearing jeans and a black sweater.
— Est-ce que vous avez téléphoné à la police?
Answer negatively and say that you were too upset **(énervé).**
— Merci, nous allons faire notre enquête.

PERSONALIZATION Un coup de chance

Using Act. 4 as a model, have students describe a real or imaginary encounter with their favorite celebrity or sports figure.

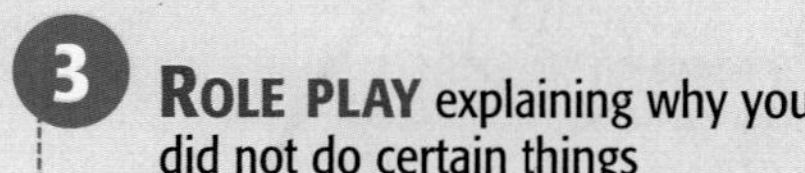

3 ROLE PLAY explaining why you did not do certain things

1. –Tu as étudié hier?
   –Non, je n'ai pas étudié.
   –Ah bon? Pourquoi pas?
   –J'avais mal à la tête.
2. –Tu as fait les courses hier?
   –Non, je n'ai pas fait les courses.
   –Ah bon? Pourquoi pas?
   –J'étais fatigué(e).
3. –Tu as dîné au restaurant hier?
   –Non, je n'ai pas dîné au restaurant.
   –Ah bon? Pouquoi pas?
   –Je n'avais pas assez d'argent.
4. –Tu es allé(e) en classe hier?
   –Non, je ne suis pas allé(e) en classe.
   –Ah bon? Pourquoi pas?
   –J'étais malade.
5. –Tu as écrit à Cécile hier?
   –Non, je n'ai pas écrit à Cécile.
   –Ah bon? Pourquoi pas?
   –Je n'avais pas son adresse.
6. –Tu as fait tes devoirs hier?
   –Non, je n'ai pas fait mes devoirs.
   –Ah bon? Pourquoi pas?
   –Je voulais regarder la télé.

4 DESCRIPTION narrating a past event

1. C'était le 3 juillet.
2. Il était deux heures.
3. Il faisait chaud.
4. J'avais soif.
5. Je suis allé(e) dans un café.
6. J'ai commandé une limonade.
7. Une femme est entrée dans le café.
8. Elle portait des lunettes noires.
9. J'ai reconnu la grande chanteuse Bella Labelle.
10. Je me suis levé(e).
11. Je lui ai demandé un autographe.
12. Elle m'a donné un autographe, sa photo et un billet pour son prochain concert.

Teaching strategy Before doing this activity, have students determine whether each sentence represents:
- a circumstance (1, 2, 3, 4, 8)
- a main action (5, 6, 7, 9, 10, 11, 12)

5 ROLE PLAY reporting an accident

Il était neuf heures.
J'étais sur le Boulevard Victor Hugo.
Je rentrais chez moi. (Je rentrais à la maison.)
Oui. Je suis tombé(e) dans la rue.
C'était une Peugeot.
Non. La visibilité était mauvaise.
Oui. C'était un homme grand avec une moustache.
Il portait un jean et un pull noir.
Non, j'étais trop énervé(e).

SECTION B

Communicative function
Describing the past

Teaching Resource Options

PRINT 

Workbook PE, pp. 211–218
Unit 6 Resource Book
- Audioscript, p. 142
- Communipak, pp. 150–167
- Family Involvement, pp. 132–133
- Workbook TE, pp. 113–120

Assessment
- Lesson 24 Quiz, pp. 147–148
- Portfolio Assessment, Reprise/Unit 1 URB, pp. 235–244
- Audioscript for Quiz 24, p. 146
- Answer Keys, pp. 216–220

AUDIO & VISUAL

Audio Program
CD 4 Track 9
CD 20 Track 4

TECHNOLOGY 

Power Presentations
Test Generator CD-ROM/McDougal Littell Assessment System

Language note You may want to point out that the choice of tense depends on the speaker's point of view.

Il **a plu** hier.
*It **rained** yesterday.*
(The rain is the main event.)

Il **pleuvait** hier ...
quand **nous sommes sortis.**
*It **was raining** yesterday ...*
*when we **went out.***
(The rain is a circumstance and not a main event.)

6 DESCRIPTION describing a past event and its circumstances

1. Il a mis sa veste parce qu'il faisait froid.
2. Il a pris sa moto parce qu'il voulait être à l'heure.
3. Il est tombé parce qu'il y avait de la neige.
4. Il est allé à l'hôpital parce qu'il était blessé.
5. Il est resté dix jours à l'hôpital parce qu'il avait une jambe cassée.
6. Il a aimé l'hôpital parce que tout le monde était gentil avec lui.
7. Il est rentré chez lui parce qu'il pouvait marcher avec des béquilles.

B Résumé: L'usage de l'imparfait et du passé composé

In talking about the past, the French use both the IMPERFECT and the PASSÉ COMPOSÉ. The choice of tense reflects the type of actions or events that are being described.

IMPERFECT	PASSÉ COMPOSÉ
HABITUAL OR REPEATED ACTIONS Le samedi soir, nous **allions** au cinéma.	**SPECIFIC AND ISOLATED ACTIONS** Samedi dernier, nous **sommes allés** au concert.
PROGRESSIVE ACTIONS J'**allais** en ville ...	**ACTIONS THAT TAKE PLACE AT A GIVEN TIME OR FOR A GIVEN PERIOD** ... quand j'**ai rencontré** ma cousine.
CIRCUMSTANCES OF A MAIN EVENT Il **pleuvait.**	**MAIN EVENT** Nous **sommes allés** dans un café.

6 Un accident qui finit bien

PARLER/ÉCRIRE Racontez au passé l'accident de Philippe. Pour cela, combinez les deux phrases avec **parce que.** (Notez que la première phrase décrit une action précise: utilisez le passé composé. La seconde phrase décrit les circonstances: utilisez l'imparfait.)

▶ Philippe va en ville. Il a un rendez-vous chez le dentiste.
Philippe est allé en ville parce qu'il avait un rendez-vous chez le dentiste.

1. Il met sa veste. Il fait froid.
2. Il prend sa moto. Il veut être à l'heure.
3. Il tombe. Il y a de la neige *(snow)*.
4. Il va à l'hôpital. Il est blessé *(hurt)*.
5. Il reste dix jours à l'hôpital. Il a une jambe cassée *(broken)*.
6. Il aime l'hôpital. Tout le monde est gentil *(nice)* avec lui.
7. Il rentre chez lui. Il peut marcher avec des béquilles *(crutches)*.

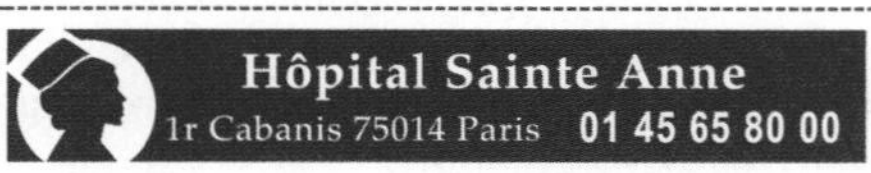

Hôpital Sainte Anne
1r Cabanis 75014 Paris 01 45 65 80 00

7  Pas possible!

PARLER Avec un(e) camarade, racontez les événements suivants en faisant les substitutions suggérées.

▶ **—J'ai vu Oprah Winfrey.**
—Pas possible! Où étais-tu?
—J'étais à l'aéroport.
—Qu'est-ce que tu faisais?
—J'attendais un avion.
—Alors, qu'est-ce que tu as fait?
—Et bien, j'ai pris sa photo.

1. rencontrer Brad Pitt
   à Hollywood
   visiter les studios de télévision
   demander un autographe
2. voir un accident
   dans un café
   lire un magazine
   téléphoner à la police
3. voir un ours *(bear)*
   à la campagne
   faire du jogging
   partir à toute vitesse
4. assister à l'arrivée du Tour de France sur les Champs-Élysées
   se promener avec des amis
   prendre des photos

EXPANSION Le plus-que-parfait

You may wish to introduce the pluperfect **(plus-que-parfait)** for recognition.

- It is formed as follows:

IMPERFECT of **avoir** or **être** + past participle

J'**avais téléphoné** à un copain.
*I **had called** a friend.*

J'**étais allé(e)** au ciné avec lui.
*I **had gone** to the movies with him.*

- It is used to describe what people HAD DONE in the past and what HAD HAPPENED before another past event or action took place.

8 Êtes-vous un bon témoin?

PARLER/ÉCRIRE Imaginez que vous avez été le témoin de la scène suivante. La police vous pose quelques questions. Répondez.

1. Quelle heure était-il?
2. Est-ce qu'il y avait beaucoup de clients dans la banque?
3. Combien de personnes sont entrées?
4. Comment était l'homme physiquement? Était-il grand ou petit? blond ou brun? Quel âge avait-il?
5. Quels vêtements portait-il?
6. Décrivez l'aspect physique de la femme.
7. Décrivez ses vêtements. Portait-elle une jupe longue ou courte *(short)*?

8. À qui est-ce que l'employé a donné l'argent?
9. Qu'est-ce que l'homme a fait avec l'argent?
10. Où est-ce que la femme a mis l'argent?

11. Quelle heure était-il quand les deux bandits sont sortis?
12. Quel temps faisait-il?
13. Est-ce qu'il y avait d'autres voitures dans la rue?
14. Qu'est-ce que les bandits ont fait?
15. Décrivez leur voiture.

À votre tour!

OBJECTIFS

Now you can ...
- describe the background of past events

1 Thanksgiving

PARLER/ÉCRIRE Décrivez votre dernier dîner de Thanksgiving avec des verbes à **l'imparfait** et au **passé composé.**

Voici ce que vous pouvez décrire:

Les circonstances ...
- La date: le jour?
- L'heure?
- L'endroit: la ville? chez vous? chez des amis?
- Les invités: combien étaient-ils? qui étaient-ils?
- Le repas: qu'est-ce qu'il y avait à manger? à boire?

Ce que vous avez fait ...
- Qui avez-vous vu? De quoi avez-vous parlé?
- Qu'est-ce que vous avez mangé? bu?
- Qu'est-ce que vous avez fait avant le dîner? pendant? après?
- Qu'est-ce que les autres personnes ont fait?

PAIR PRACTICE

Have students in pairs take turns asking and answering questions about their compositions in Act. 1.

Quel événement as-tu décrit?
C'était quel jour?
C'était à quelle heure?
Quel était l'endroit?
Combien y avait-il d'invités?, etc.

PORTFOLIO ASSESSMENT

You will probably choose only one oral and one written activity to go into the students' portfolios for Unit 6. The following activity is a good portfolio topic:

ORAL/WRITTEN: Activity 1

Expansion Have your students talk or write about another past event, such as a birthday party or a wedding.

7 ROLE PLAY discussing a past event and its circumstances

–J'ai ...
–Pas possible! Où étais-tu?
–J'étais ...
–Qu'est-ce que tu faisais?
–Je ...
–Qu'est-ce que tu as fait?
–Je (J') ...

1. rencontré Brad Pitt/à Hollywood/visitais les studios de télévision/Je lui ai demandé un autographe.
2. vu un accident/dans un café/lisais un magazine/J'ai téléphoné à la police.
3. vu un ours/à la campagne/faisais du jogging/Je suis parti(e) à toute vitesse.
4. assisté à l'arrivée du Tour de France/sur les Champs-Élysées/me promenais avec des amis/J'ai pris des photos.

8 COMPREHENSION describing a past event and its circumstances

1. Il était 10 heures.
2. Non, il n'y avait pas de clients dans la banque.
3. Deux personnes sont entrées.
4. L'homme était petit et brun. Il avait peut-être 30 ans.
5. Il portait un costume marron, un chapeau marron, une cravate orange et des chaussures noires.
6. La femme était grande et blonde.
7. Elle portait une jupe longue et bleue, un chemisier vert et des lunettes de soleil.
8. L'employé a donné l'argent à l'homme.
9. L'homme a donné l'argent à la femme.
10. La femme a mis l'argent dans son sac.
11. Il était 10h05 quand les deux bandits sont sortis.
12. Il pleuvait.
13. Non, il n'y avait pas d'autres voitures.
14. Les bandits sont montés dans la voiture.
15. C'était une petite voiture rouge.

À VOTRE TOUR!

1 WRITTEN SELF-EXPRESSION describing a past event

Answers will vary.

1. Le Thanksgiving de l'an dernier était jeudi 28 novembre. Il faisait assez beau mais très froid. Nous sommes allés chez mes grands-parents. Nous avons dîné à trois heures de l'après-midi. Le repas était formidable. Il y avait de la dinde rôtie, des pommes de terre et des haricots verts. Pour le dessert, il y avait de la tarte aux pommes. Pendant que nous mangions, il a commencé à neiger. Après le repas, nous sommes sortis pour faire une petite promenade. C'était très beau. Il y avait de la neige dans la campagne. Après, vers neuf heures, nous sommes rentrés à la maison.

Supplementary vocabulary

le cidre
la dinde *turkey*
la farce *stuffing*
la purée de pommes de terre *mashed potatoes*
la tarte au potiron *pumpkin pie*
la tarte aux pommes

LECTURE

Au voleur!

Objective

- Reading for pleasure

Lecture Au voleur!

Philippe est au café avec sa copine Martine. Il raconte une histoire curieuse.

—C'était jeudi dernier. Comme il pleuvait, je me suis arrêté dans ce café. Il était une heure de l'après-midi. J'étais assis° ici, à la même table qu'aujourd'hui. Je mangeais un sandwich.

assis *seated*

Tout à coup,° j'ai entendu du bruit. J'ai regardé à la fenêtre. J'ai vu un homme qui courait. Il portait une casquette et des lunettes noires, et à la main, il avait un sac de dame. Il courait très, très vite ...

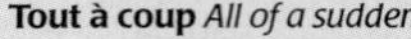

Tout à coup *All of a sudden*

Derrière, il y avait une petite dame qui courait aussi. Mais elle ne courait pas aussi vite que le voleur. Elle criait: «Au voleur! Au voleur! Arrêtez-le! Arrêtez-le!»

J'ai entendu une sirène. C'était une voiture de police qui venait en sens inverse.° La voiture de police s'est arrêtée. Deux policiers sont descendus pour bloquer le passage au bandit.

en sens inverse *from the opposite direction*

PRE-READING ACTIVITY

Have students look at the pictures and read the first line of the story.

À votre avis, pourquoi est-ce que c'est «une histoire curieuse»?

Un policier a sorti° son revolver et il a tiré en l'air. Le voleur a eu très peur et il est tombé dans la rue. Je me suis levé pour voir ce qui se passait.

a sorti *pulled out*

C'est alors que j'ai vu quelque chose de très curieux. Le bandit s'est levé, il a serré la main du policier et il lui a dit: «Bravo, c'est parfait!» Puis il a enlevé° sa casquette et ses lunettes de soleil.

a enlevé *took off*

J'ai tout de suite reconnu Jean-Paul Maldonado, le célèbre° acteur de cinéma. Je suis sorti et j'ai vu les projecteurs et la caméra qui filmait la scène. J'ai compris que j'assistais au tournage° de son nouveau film *Le Crime ne paie pas.*

—Tu lui as parlé? a demandé Martine.

—Non, je voulais lui demander un autographe, mais je n'ai pas osé.°

Je suis rentré chez moi, content d'avoir vu mon acteur favori.

célèbre *famous* **tournage** *filming* **n'ai pas osé** *didn't dare*

Cognate pattern: -que ↔ *-ck, -k, -c*

moquer ↔ *to mock*	**un chèque** ↔ *?*
bloquer ↔ *?*	**la banque** ↔ *?*
masquer ↔ *?*	**la musique** ↔ *?*

POST-READING ACTIVITY

Ask students to pretend that they are Martine, and have them phone or write a friend recounting what Philippe just told them.

Philippe vient de me raconter une histoire très curieuse. Jeudi dernier, il était dans un café près de la fenêtre …

Observation activity Have the students reread the story, noticing which verbs are in the imperfect and which are in the passé composé. For each verb, ask them:

Pourquoi est-ce que ce verbe est à l'imparfait (au passé composé)?

(a) Le verbe décrit les circonstances d'un événement.

c'était jeudi dernier
il pleuvait
Il était une heure
J'étais assis
Il portait une casquette
il avait un sac de dame
il y avait une petite dame
c'était une voiture de police

(b) Le verbe décrit une action progressive.

Je mangeais un sandwich.
un homme qui courait
Il courait très, très vite …
une petite dame qui courait
elle ne courait pas aussi vite
elle criait
une voiture de police qui venait
ce qui se passait
la caméra qui filmait
j'assistais au tournage
je voulais lui demander

(c) Le verbe décrit un événement ou une action spécifique.

je me suis arrêté dans ce café
j'ai entendu du bruit
J'ai regardé à la fenêtre.
J'ai vu un homme
J'ai entendu une sirène
La voiture de police s'est arrêtée.
Deux policiers sont descendus
Un policier a sorti son revolver
il a tiré en l'air
Le voleur a eu très peur
il est tombé
Je me suis levé
j'ai vu quelque chose
Le bandit s'est levé
il a serré la main
il lui a dit
il a enlevé sa casquette
J'ai tout de suite reconnu
Je suis sorti
j'ai vu les projecteurs
J'ai compris
Tu lui as parlé?
a demandé Martine
je n'ai pas osé
Je suis rentré

Cognate patterns

Answers

bloquer ↔ *to block*
masquer ↔ *to mask*
un chèque ↔ *check*
la banque ↔ *bank*
la musique ↔ *music*

TESTS DE CONTRÔLE

Teaching Resource Options

PRINT

Unit 6 Resource Book

Assessment

Unit 6 Test, pp. 183–192
Portfolio Assessment, Reprise/Unit 1 URB, pp. 235–244
Multiple Choice Test Items, pp. 205–209
Listening Comprehension Performance Test, pp. 193–194
Reading Comprehension Performance Test, pp. 199–201
Speaking Performance Test, pp. 195–198
Writing Performance Test, pp. 202–204
Test Scoring Tools, pp. 210–211
Listening Script for Tests, pp. 212–215
Answer Keys, pp. 216–220

AUDIO & VISUAL

Audio Program
CD 20 Tracks 5–9

TECHNOLOGY

Test Generator CD-ROM/McDougal Littell Assessment System

1 COMPREHENSION Finding the word that doesn't fit

1. le couloir
2. jardin
3. un lit
4. un lave-vaisselle
5. un grille-pain
6. le mur
7. le toit
8. ouvert

2 COMPREHENSION Using **qui** and **que**

1. Comment s'appelle la fille qui a téléphoné hier soir?
2. Qui est le garçon que tu as rencontré ce matin?
3. Est-ce que tu aimes la veste que j'ai achetée?
4. Où est le CD qui était sur cette table?
5. J'habite dans une maison qui a un grand jardin.

3 COMPREHENSION Using the imperfect

1. Nous habitions dans une ferme. Nous avions beaucoup d'animaux.
2. Mon père travaillait beaucoup. Il ne gagnait pas beaucoup d'argent.
3. J'allais souvent au cinéma. J'aimais beaucoup les westerns.
4. Vous étiez très sportifs. Vous faisiez du jogging tous les jours.
5. Les gens voyageaient en train. Ils ne prenaient pas l'avion.
6. Tu étais un bon élève. Tu réussissais à tes examens.

Tests de contrôle

By taking the following tests, you can check your progress in French and also prepare for the unit test. Write your answers on a separate sheet of paper.

1 L'intrus

Review...
• vocabulary: pp. 322-326, 330

The following sentences can be completed logically by 3 of the 4 suggested options. Find the option that does NOT fit and circle it.

▶ Éric est sportif. Il fait —. **(du ski / du camping / de la natation / du foot)**

1. Nous habitons dans —. **(la banlieue / le couloir / le centre-ville / un immeu**
2. Les WC sont au —. **(sous-sol / rez-de-chaussée / 1er étage / jardin)**
3. Dans la cuisine, il y a —. **(un four / une cuisinière / un évier / un lit)**
4. Dans la salle de bains, il y a —. **(un lave-vaisselle / une douche / une baignoire / un lavabo)**
5. Au salon, il y a —. **(un grille-pain / un tapis / des tableaux / un fauteuil)**
6. Fermez — , s'il vous plaît. **(la fenêtre / le mur / la porte / le placard)**
7. Allumez —. **(la télé / le toit / la radio / le four)**
8. Mon oncle a — un an à Paris. **(vécu / habité / ouvert / travaillé)**

2 Qui ou que?

Review...
• pronouns **qui** and **que**: pp. 332, 333

Complete the following sentences with **qui** or **que**, as appropriate.

1. Comment s'appelle la fille — a téléphoné hier soir?
2. Qui est le garçon — tu as rencontré ce matin?
3. Est-ce que tu aimes la veste — j'ai achetée?
4. Où est le CD — était sur cette table?
5. J'habite dans une maison — a un grand jardin.

3 Autrefois!

Review...
• imperfect forms: pp. 338-339, 340

Complete the following sentences with the IMPERFECT of the verbs in parentheses.

1. Nous — **(habiter)** dans une ferme. Nous — **(avoir)** beaucoup d'animaux.
2. Mon père — **(travailler)** beaucoup. Il ne — **(gagner)** pas beaucoup d'argent.
3. J'— **(aller)** souvent au cinéma. J'— **(aimer)** beaucoup les westerns.
4. Vous — **(être)** très sportifs. Vous — **(faire)** du jogging tous les jours.
5. Les gens — **(voyager)** en train. Ils ne — **(prendre)** pas l'avion.
6. Tu — **(être)** un bon élève. Tu — **(réussir)** à tes examens.

4 Contextes et dialogues

Complete the following dialogues with the forms of the IMPERFECT or PASSÉ COMPOSÉ of the verbs in parentheses, as appropriate.

(1) *Julien parle à Thomas.*

J: Où est-ce que tu — **(être)** hier à onze heures?
T: Chez moi. Je — **(regarder)** la télé.
J: Et tes parents?
T: Ils — **(être)** dans leur chambre. Ils — **(dormir)**.
J: Ah, je comprends maintenant pourquoi personne ne (n') — **(répondre)** quand je (j') — **(téléphoner)**.

(2) *Pauline parle à Élodie.*

P: Tu — **(sortir)** hier soir?
É: Non, je — **(rester)** à la maison.
P: Comment? C'— **(être)** samedi.
É: Oui, mais je — **(être)** fatiguée et je ne — **(vouloir)** pas sortir.

Review...
- uses of the imperfect and passé composé: pp. 344, 352, 354

5 Contextes

Marc, a young Canadian, is describing a bike ride he took with his brother many years ago. Complete his description with the appropriate forms of the IMPERFECT or PASSÉ COMPOSÉ of the verbs in parentheses.

Quand j'— **(être)** petit, ma famille — **(habiter)** à la campagne. Mon petit frère et moi, nous — **(se promener)** souvent dans la nature. Un jour, nous — **(prendre)** nos VTT et nous — **(aller)** dans la forêt. Il — **(faire)** beau et nous — **(avoir)** chaud. Tout à coup *(suddenly)*, j'— **(entendre)** du bruit. Nous — **(s'arrêter)** et nous — **(voir)** un énorme animal. Il — **(être)** brun et il — **(porter)** des grandes cornes *(antlers)*. C'— **(être)** un orignal *(moose)*. Mon frère, qui — **(avoir)** très peur, — **(partir)**. Moi, je — **(rester)**. Heureusement *(fortunately)*, j'— **(avoir)** mon appareil-photo et je (j') — **(prendre)** cette photo.

Review...
- uses of the imperfect and passé composé: pp. 341, 344, 352, 354

6 Composition: Une promenade à la campagne

In a short paragraph, describe a real or imaginary walk in the country. Use complete sentences. Mention ...

- what day of the week it was
- how the weather was
- if you were warm or cold
- what clothes you were wearing
- what animals you saw
- if you took any pictures
- what else you did
- when you came home

STRATEGY Writing

1. Write out brief answers to the above questions.
2. Organize your notes into a paragraph, using complete sentences.
3. Check over your paragraph, paying special attention to the use of the imperfect and the passé composé.

4 COMPREHENSION Using the imperfect and the passé composé

1. J: Où est-ce que tu étais hier à onze heures?
T: Chez moi. Je regardais la télé.
J: Et tes parents?
T: Ils étaient dans leur chambre. Ils dormaient.
J: Ah, je comprends maintenant pourquoi personne n'a répondu quand j'ai téléphoné.

2. P: Tu es sortie hier soir?
É: Non, je suis restée à la maison.
P: Comment? C'était samedi.
É: Oui, mais j'étais fatiguée et je ne voulais pas sortir.

5 COMPREHENSION Using the imperfect and the passé composé

Quand j'étais petit, ma famille habitait à la campagne. Mon petit frère et moi, nous nous promenions souvent dans la nature. Un jour, nous avons pris nos VTT et nous sommes allés dans la forêt. Il faisait beau et nous avions chaud. Tout à coup, j'ai entendu du bruit. Nous nous sommes arrêtés et nous avons vu un énorme animal. Il était brun et il portait des grandes cornes. C'était un orignal. Mon frère, qui avait très peur, est parti. Moi, je suis resté. Heureusement, j'avais mon appareil-photo et j'ai pris cette photo.

6 WRITTEN SELF-EXPRESSION Writing about a past event

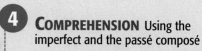

Answers will vary.
L'automne dernier, j'ai fait une promenade à la campagne avec ma soeur. C'était samedi. Il faisait beau et froid. Nous avions froid. Je portais un manteau et ma soeur portait une veste. Nous avons vu beaucoup d'oiseaux et de lapins. Ma soeur a pris des photos des vaches dans une ferme. Nous avons fait un pique-nique au bord d'un lac. Nous sommes rentrées chez nous à sept heures du soir.

VOCABULAIRE

Language Learning Benchmarks

FUNCTION
- Make requests p. 326
- Understand and express important ideas and some detail pp. 355, 359
- Describe and compare p. 321

CONTEXT
- Converse in face-to-face social interactions pp. 327, 343, 353
- Listen in social interactions p. 345
- Listen to audio or video texts pp. 320–321, 328–329, 336–337, 348–349
- Use authentic materials when reading: advertisements p. 327
- Write short guided compositions pp. 345, 359

TEXT TYPE
- Use and understand learned expressions when speaking and listening pp. 324, 326
- Use and understand questions when speaking and listening pp. 331, 344, 353, 354
- Use and understand polite commands when speaking and listening p. 326
- Understand important ideas and some details in highly contextualized authentic texts when reading p. 327

CONTENT
- Understand and convey information about home pp. 321, 322–323
- Understand and convey information about rooms pp. 321, 324–325
- Understand and convey information about school and campus life p. 347

Vocabulaire

POUR COMMUNIQUER

Talking about an accident

Qu'est-ce qui est arrivé?	*What happened?*
Un accident a eu lieu.	*An accident took place.*

Talking about what happened

J'ai attendu Paul.	*I waited for Paul.*
Il n'est pas venu.	*He didn't come.*

Talking about habitual past actions

Tous les jours j'allais à l'école.	*Every day I went to school.*
Je prenais le métro.	*I used to take the subway.*

Describing a past scene

Il faisait beau.	*It was beautiful weather.*
Il y avait un joli jardin.	*There was a pretty garden.*
Les gens dansaient.	*The people were dancing.*

MOTS ET EXPRESSIONS

Personnes

un conducteur	*driver*
un témoin	*witness*
une conductrice	*driver*

La ville

le centre-ville	*downtown*
un lotissement	*subdivision*
un panneau	*(traffic) sign*
un quartier	*district, neighborhood*
la banlieue	*suburbs*

La résidence

un appartement	*apartment*
un couloir	*hall, corridor*
un escalier	*staircase*
les escaliers	*stairs*
un étage	*floor*
le premier étage	*second floor*
un garage	*garage*
un grenier	*attic*
un immeuble	*apartment building*
un jardin	*yard*
un living	*(informal) living room*
un mur	*wall*
un plafond	*ceiling*
le rez-de-chaussée	*ground floor, first floor*
un salon	*(formal) living room*
le sol	*floor*
un sous-sol	*basement*
un toit	*roof*
une cave	*cellar*
une chambre (à coucher)	*(bed)room*
une clé	*key*
une cuisine	*kitchen*
une fenêtre	*window*
une pièce	*room*
une porte	*door*
une salle à manger	*dining room*
une salle de bains	*bathroom*
les toilettes	*toilet*
les WC	*toilet*

Le mobilier et l'équipement de la maison

un appareil	*machine, appliance*
un bureau	*desk*
un évier	*kitchen sink*
un fauteuil	*armchair*
un four à micro-ondes	*microwave*
un four	*oven*
un grille-pain	*toaster*
un lavabo	*sink*
un lave-vaisselle	*dishwasher*
un lit	*bed*
un meuble	*piece of furniture*
le mobilier	*furniture*
un placard	*closet; cabinet*
un réfrigérateur	*refrigerator*
un rideau (des rideaux)	*curtain*
un sofa	*sofa, couch*
un tableau	*painting*
un tapis	*rug, carpet*
une baignoire	*bathtub*
une chaise	*chair*
une cuisinière	*stove, range*
une douche	*shower*
une étagère	*bookshelf*
une glace	*mirror*
une lampe	*lamp*
une machine à laver	*washing machine*
une table	*table*

Verbes réguliers

allumer	*to turn on*
fermer	*to turn off*
heurter	*to run into, to crash into*
traverser	*to cross*

Verbes irréguliers

éteindre	*to turn off*
mettre	*to turn on*
vivre	*to live*
ouvrir	*to open*
couvrir	*to cover*
découvrir	*to discover*

Expressions utiles: événements habituels

le soir	*in the evening*
tous les soirs	*every evening*
le mardi	*on Tuesdays*
tous les mardis	*every Tuesday*
chaque jour	*every day*
tous les jours	*every day*
autrefois	*in the past*
parfois	*sometimes*
d'habitude	*usually*
habituellement	*usually*

événements spécifiques

un soir	*one evening*
mardi	*Tuesday*
un mardi	*one Tuesday*
un jour	*one day*
le 4 mai	*on May 4*
une fois	*once*
deux fois	*twice*
plusieurs fois	*several times*

Adjectif

ancien(ne)	*old*

TEST PREP CLASSZONE.COM — FLASHCARDS AND MORE!

Language Learning Benchmarks *(continued)*

ASSESSMENT

- Show no significant pattern of error when obtaining information p. 345
- Show no significant pattern of error when providing information p. 345
- Communicate effectively with some pattern of error, which may interfere slightly with full comprehension when understanding and expressing important ideas and some detail pp. 334, 345, 355
- Understand oral and written discourse, with few errors in comprehension, when reading pp. 335, 347, 363–367

INTERLUDE 6

La maison hantée

Objective

- Reading for pleasure

Teaching Resource Options

PRINT

Workbook PE, pp. 219–228
Activités pour tous PE, pp. 137–139
Unit 6 Resource Book
Activités pour tous TE, pp. 169–171
Workbook TE, pp. 173–182

Teaching note If students read this selection in class, you may wish to play a tape of Halloween music and sound effects to enhance the atmosphere.

Interlude 6

La Maison hantée

PRE-READING STRATEGY Avant de lire

Quand quelqu'un mentionne une maison hantée, à quoi pensez-vous?

- à une maison abandonnée?
- à des bruits étranges?
- à un fantôme qui se manifeste de temps en temps?

Et vous-même, avez-vous peur des fantômes ou aimez-vous explorer les maisons abandonnées?

Dans l'histoire que vous allez lire, Jean-François et son copain vont visiter une maison qui a la réputation d'être hantée. Qu'est-ce qu'ils vont trouver?

Une vieille maison hantée

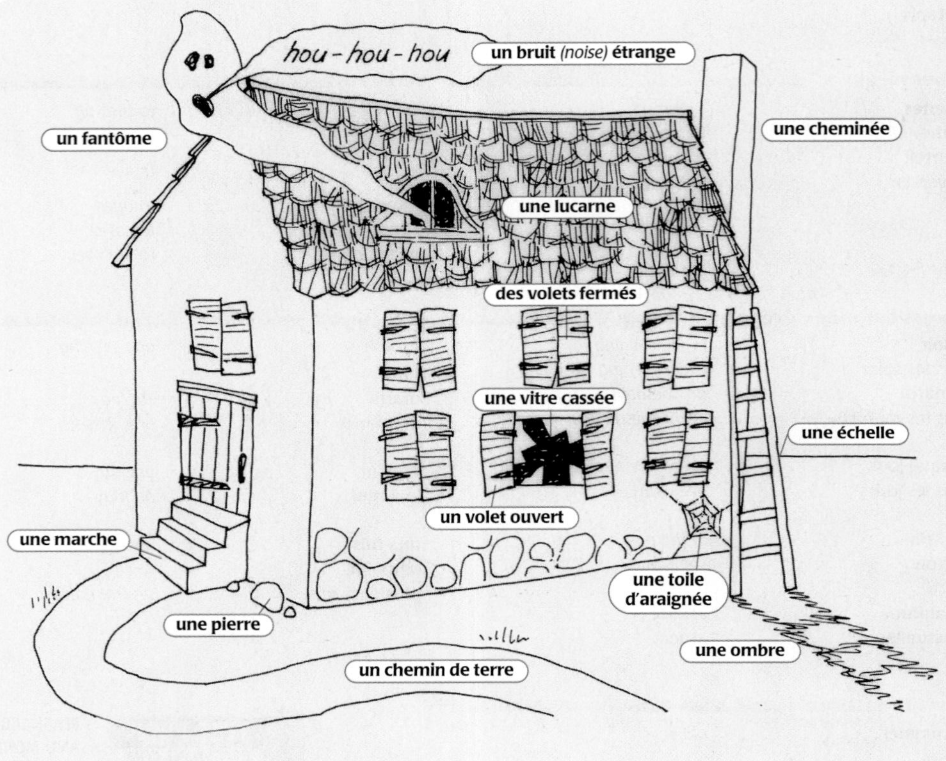

A Le défi

Je m'appelle Jean-François Dupré. J'ai 21 ans et je suis étudiant. J'habite à Paris, mais en réalité je ne suis pas parisien. Ma famille est originaire de province.°

Quand j'avais 14 ans, ma famille s'est installée° à Marcillac, une petite ville dans le centre de la France. La raison de ce déplacement° est que mon père venait d'être nommé sous-directeur de la banque locale. Nous avons vécu deux ans là-bas.

Comme nous étions nouveaux au village, je n'avais pas beaucoup d'amis. J'avais un camarade de classe qui s'appelait Benoît. Nous étions voisins, mais nous n'étions pas vraiment copains. Nous allions ensemble° à l'école, et parfois nous jouions au foot après les classes, mais c'était tout.

Benoît avait 14 ans comme moi, mais il était plus grand et beaucoup plus fort que moi. Ce qui m'irritait en lui, c'est qu'il voulait toujours avoir raison et quand nous jouions à un jeu, il voulait toujours gagner.

Mots utiles

un défi	*challenge, dare*
comme	*since*
plutôt	*rather*
dans ce cas	*in that case*

Un jour, pendant les vacances de printemps, Benoît m'a demandé: «Dis, Jean-François, est-ce que tu veux aller explorer la maison hantée avec moi?» La maison hantée, c'était une vieille ferme abandonnée à deux kilomètres du village. J'avais bien envie d'aller visiter la maison hantée, mais je ne voulais pas y aller avec Benoît. Je lui ai répondu …

—Non, merci! Je ne me sens pas très bien aujourd'hui.

—Tu ne te sens pas très bien? Ah, oh, … dis plutôt que tu te dégonfles° …

—Non, je ne me dégonfle pas.

—Si, tu te dégonfles parce que tu as peur des fantômes … Ha, ha, ha!

—Je n'ai pas peur des fantômes plus que toi.

—Alors, dans ce cas, viens avec moi. Si tu ne viens pas, je vais dire à tout le monde que tu es une poule mouillée.°

Avez-vous compris?

1. Qui est Jean-François?
2. Pourquoi est-ce que Jean-François n'aimait pas Benoît?
3. Quel est le défi de Benoît?

originaire de province *comes from one of the French provinces* **s'est installée** *settled*
déplacement *move* **ensemble** *together* **tu te dégonfles** *you are losing courage (lit. becoming deflated)*
une poule mouillée *"chicken" (lit. wet hen)*

A. Le défi

Avez-vous compris?

Answers

1. Il est étudiant. Quand il avait 14 ans, sa famille vivait à Marcillac, une petite ville dans le centre de la France.
2. Benoît voulait toujours avoir raison et il voulait toujours gagner.
3. Il voulait aller explorer une maison hantée avec Jean-François.

B. L'expédition

Avez-vous compris?

Answers

1. La maison avait un air sinistre. On disait qu'elle était habitée par le fantôme d'un ancien fermier.
2. Il pensait qu'il y avait peut-être un fantôme. Il avait peur.
3. Il voulait donner une leçon à Benoît.

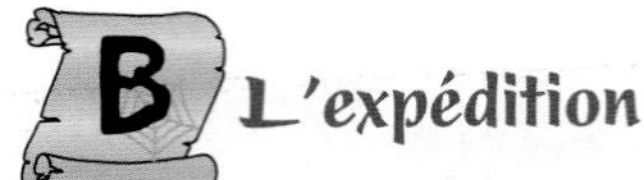

L'expédition

J'ai bien été obligé d'accepter le défi de Benoît. Je suis allé chez moi prendre une lampe de poche et je suis parti avec Benoît ... sans rien dire à mes parents.

Nous sommes sortis du village et nous sommes allés dans la direction de la maison hantée. Nous avons d'abord pris un chemin de terre, puis nous avons marché à travers champs. Finalement, nous sommes arrivés devant la ferme. J'ai regardé ma montre. Il était six heures et demie. La nuit commençait à tomber.

La ferme était une grande maison rectangulaire de deux étages avec un grenier. Dans le village, on disait qu'elle était habitée par le fantôme d'un ancien° fermier, assassiné par des brigands° au siècle dernier. C'est vrai que, isolée au milieu des champs, la ferme avait un aspect sinistre ...

J'ai pris une pierre que j'ai lancée dans la porte et j'ai crié:

—Fantôme, es-tu là?

—Arrête, a dit Benoît, on ne sait jamais ...

—On ne sait jamais quoi? lui ai-je répondu.

—Euh, rien!

—Alors, on entre?

—Écoute, Jean-François, on peut peut-être revenir demain. Regarde, il pleut.

C'est vrai, la pluie commençait à tomber. À vrai dire, j'avais aussi un peu peur, mais je voulais donner une leçon à Benoît. Alors, je lui ai dit:

—Dis donc, Benoît, tu ne veux pas entrer dans la maison, hein? C'est toi la poule mouillée!

—Non, mais dis donc, ça ne va pas?°

Mots utiles

une lampe de poche	*flashlight*
à travers champs	*across the fields*
au siècle dernier	*in the last centu[ry] 100 years ag[o]*
au milieu de	*in the middle of*
lancer	*to throw*

Avez-vous compris?

1. Pourquoi la maison avait-elle la réputation d'être hantée?
2. Que voulait dire Benoît quand il a dit: «On ne sait jamais ...»?
3. Pourquoi est-ce-que Jean-François a insisté pour visiter la maison?

ancien *former* **brigands** *robbers* **ça ne va pas?** *are you crazy?*

Dans la maison hantée

Nous avons donc décidé d'entrer dans la maison. Oui, mais comment? La porte était fermée. Les volets aussi étaient fermés à l'exception d'un volet du salon. Nous avons cassé une vitre et nous sommes entrés par la fenêtre. À l'intérieur, il faisait très noir. J'ai allumé ma lampe de poche et nous avons exploré les pièces du rez-de-chaussée.

La maison était vraiment abandonnée. Le salon, la salle à manger, la cuisine, tout était vide … Maintenant, on entendait la pluie qui tombait de plus en plus fort. C'était sinistre …

J'ai dit à Benoît: «Tu me suis?° Nous allons explorer le premier étage.» Je n'avais vraiment pas envie d'aller au premier étage, mais je voulais voir ce que Benoît allait faire.

«D'accord, je te suis, mais ne va pas trop vite», a-t-il répondu. Nous avons monté l'escalier en faisant très attention° car° les marches n'étaient pas très solides. Le premier étage était encore plus désolé et plus sinistre que le rez-de-chaussée. Des piles de vieux journaux traînaient° sur le sol. Les murs étaient couverts de toiles d'araignées. Dans la salle de bains, le lavabo et la baignoire étaient cassés.

Tout à coup, l'orage s'est mis à éclater. Un coup de tonnerre, suivi d'un autre coup de tonnerre … Puis, entre les coups de tonnerre, un bruit beaucoup plus étrange.

Hou, hou, hou, hou, hou …

—Tu as entendu? m'a demandé Benoît.

—Oui, j'ai entendu.

Hou, hou, hou …

Le bruit étrange venait du grenier.

Hou, hou, hou …

J'ai dit à Benoît: —Je vais voir ce que c'est.

—Non, non, c'est le fantôme. Ne monte pas. Reste avec moi. J'ai peur …, a supplié Benoît.

—Écoute, reste ici si tu veux, mais moi, je vais dans le grenier.

Mots utiles

vide	*empty*
de plus en plus fort	*harder and harder*
se mettre à	*to begin to*
supplier	*to beg*

Avez-vous compris?

1. Décrivez l'intérieur de la maison.
2. Décrivez l'orage.
3. Pourquoi Benoît ne voulait-il pas monter au grenier?

Tu me suis? *Are you following me?* **en faisant très attention** *being very careful* **car** *because* **traînaient** *were lying around*

C. Dans la maison hantée

Avez-vous compris?

Answers

1. À l'intérieur, il faisait très noir. La maison était abandonnée. Tout était vide.
2. La pluit tombait de plus en plus fort. Il y avait des coups de tonnerre.
3. Il avait entendu un bruit étrange. Il pensait que le fantôme était dans le grenier et il avait peur.

D. Le fantôme

Avez-vous compris?

Answers

1. Il ne voulait pas montrer à Benoît qu'il avait peur.
2. C'était une chouette.
3. C'était Benoît la «poule mouillée» et pas Jean-François.

D Le fantôme

Moi aussi, j'avais terriblement peur, mais je ne pouvais plus reculer. Alors, je suis allé jusqu'à l'échelle qui menait au grenier.

Hou, hou, hou …

Je ne sais pas comment j'ai eu la force de monter à l'échelle, mais bientôt j'étais dans le grenier. J'ai alors vu le «fantôme». C'était une chouette effrayée par l'intrusion de visiteurs dans son domaine. Alors, j'ai ouvert une lucarne et la chouette s'est envolée dans la nature … J'ai regardé dehors. J'ai vu aussi une ombre qui courait. C'était Benoît.

Je lui ai crié: «Hé, Benoît! N'aie pas peur! J'ai découvert le fantôme … C'est une vieille chouette. Attends-moi!»

Mais Benoît ne m'a pas entendu. Et il a continué à courir à toute vitesse dans la direction du village.

Mots utiles

reculer	*to back up, back down*
mener	*to lead*
bientôt	*soon*
une chouette	*owl*
effrayer	*to frighten*
s'envoler	*to fly off*
dehors	*outside*

Avez-vous compris?

1. Pourquoi est-ce que Jean-François a dit qu'il ne pouvait pas reculer?
2. Qu'est-ce qui était à l'origine du bruit mystérieux?
3. Quelle leçon Jean-François a-t-il donnée à Benoît?

READING STRATEGY L'Art de la lecture

There are many French words that closely resemble English words, but whose meanings differ to some extent. These are called PARTIAL COGNATES. Some of the partial cognates in this story are familiar to you:

grand	may mean	*grand*	but it often corresponds to	*big, large*
répondre	may mean	*to respond*	but it often corresponds to	*answer*

Exercice de lecture

Can you find the more usual meanings of the following partial cognates from the story?

un fantôme	may mean	*phantom*	but it often corresponds to	??
commencer	may mean	*to commence*	but it often corresponds to	??
marcher	may mean	*to march*	but it often corresponds to	??
crier	may mean	*to cry (out)*	but it often corresponds to	??

Some expressions in French are considered IDIOMATIC because they cannot be translated word for word into English. For example, French has many IDIOMS built on the word **un coup** *(a stroke or blow)*. Here are a few that are found in the **Interlude** stories:

tout à coup	*all at once*	**Tout à coup**, l'orage a éclaté.
un coup de tonnerre	*thunder clap*	J'ai entendu **un coup de tonnerre**.
un coup de téléphone	*phone call*	Il y a eu **un coup de téléphone** pour toi.
un coup d'oeil	*glance*	Donne **un coup d'oeil** à cet article.

Cognate pattern: -er ↔ *-ate*

participer ↔ *to participate*
estimer ↔ ?
créer ↔ ?

Cognate pattern: -é ↔ *-ated, -ate*

assassiné ↔ *assassinated*
séparé ↔ *separate, separated*
isolé ↔ ?
désolé ↔ ?

READING STRATEGY
L'Art de la lecture

Exercice de lecture
Answers
un fantôme = *ghost*
commencer = *to begin*
marcher = *to walk; to work*
crier = *to scream, to yell*

Cognate patterns
Answers
estimer ↔ *to estimate*
créer ↔ *to create*
isolé ↔ *isolated*
désolé ↔ *desolate*
Also:
anticiper ↔ *to anticipate*
anticipé ↔ *anticipated*
initier ↔ *to initiate*
initié ↔ *initiated*
tolérer ↔ *to tolerate*
toléré ↔ *tolerated*
consacrer ↔ *to consecrate*
consacré ↔ *consecrated*

Expansion activities PLANNING AHEAD

Games

• Loto™!

Write the clothing, accessories, colors, patterns, and fabrics from Leçon 25 on individual slips of paper and put the slips of paper in a bag. Give each student a blank Loto™! card (a 5" x 5" grid of blank squares). Have students fill in the card with clothes, accessories, colors, patterns, and fabrics. Then, randomly call out vocabulary items as you draw them from the bag. If a student has that item on his or her card, he or she puts a scrap of paper over the number. The first player to cover five items, vertically, horizontally, or diagonally, calls out «Loto™!» That player must then verify the items by naming them aloud in French.

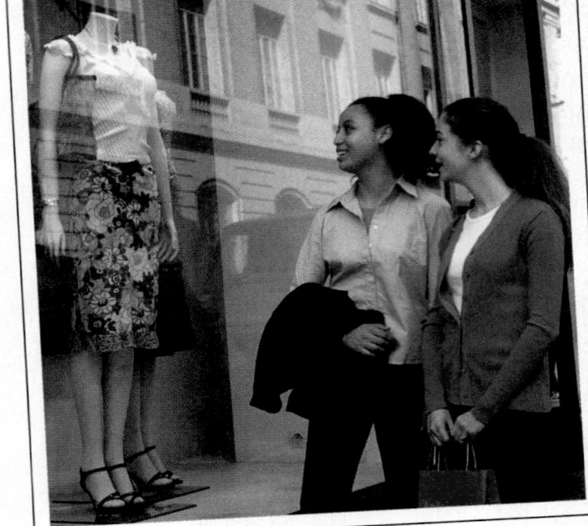

Pacing Suggestion: Upon completion of Leçon 25.

• Comptez!

Have students count in various patterns, or up to a certain number, until someone makes a mistake. At the start of each new pattern, give the first student a number with which to start the pattern. For example, have students start with 22,000 and count up by thousands. When a student makes a mistake, have him or her start over with a new pattern.

Pacing Suggestion: Upon completion of Leçon 26.

• La personne mystérieuse

After reviewing the comparative and superlative of adjectives, have a student volunteer sit at the front of the room blindfolded. Select a second student to be *la personne mystérieuse. La personne mystérieuse* will sit next to the blindfolded volunteer. The rest of the class will give one-sentence clues describing the mystery person to the blindfolded student. After each clue, the blindfolded student will try to guess the identity of the mystery person. When he or she guesses correctly, the student who provided the last clue goes up to the front of the room and becomes the contestant. Set a time limit for each round.

Pacing Suggestion: Upon completion of Leçon 27.

Projects

• La photo

Have students select an old family photo or an old photo of a historical figure or figures from a textbook. Then have them write a description of the photo. They will tell who the people are, what they were wearing, where they were, and what they were doing at the time of the photo. (You may need to provide students with vocabulary for some of the clothing items.) Have students trade paragraphs with a classmate for proofreading before writing their final drafts.

Pacing Suggestion: Upon completion of Leçon 25.

• Il vous plaît?

After reviewing the forms of *celui* and *lequel,* have students work in small groups to create a skit in which friends discuss an outfit or article of clothing they'd like to buy. They will discuss what they think of the various items, compare items, and get help from a salesperson. Have students trade dialogues with another group for proofreading. Finally, have students rehearse their skits and present them to the class.

Pacing Suggestion: Upon completion of Leçon 28.

Bulletin Boards

• Le comparatif et le superlatif

Have students look through newspaper and magazine advertisements to find photographs that illustrate the use of the comparative and the superlative. Each student will select an image, then glue or tape it to a piece of construction paper. Students will then write a caption that describes the photo, have a classmate proofread the caption, and rewrite the caption on the construction paper below the photo. Use the students' posters to create a comparative/superlative bulletin board.

Pacing Suggestion: Upon completion of Leçon 27.

Music

• Dis-moi

Play *Dis-moi* for students. A copy of the song is provided on your *Chansons* CD. First, have students listen to the song. Give students a copy of the lyrics and have them read along as they listen a second time. Then, have students work in small groups to discuss any questions they may have about the song's meaning.

Pacing Suggestion: Upon completion of Leçon 25.

Storytelling

• Complétez l'histoire

Have students work in pairs to create a fill-in-the-blank conversation in which they discuss buying an article of clothing. Under each blank that students leave in the conversation, ask them to write what kind of word should go in the blank (a color, an article of clothing, an adjective, etc.). Next, have pairs trade paragraphs for proofreading. Then have each pair write a final draft of their paragraphs, keeping the blanks open. Have each group pair up with a group other than their proofreaders. Without showing this second group their conversation, students will ask for words to fill in the blanks. Then they will read the conversation aloud, filling in the words provided, typically with humorous results.

Pacing Suggestion: Upon completion of Leçon 27.

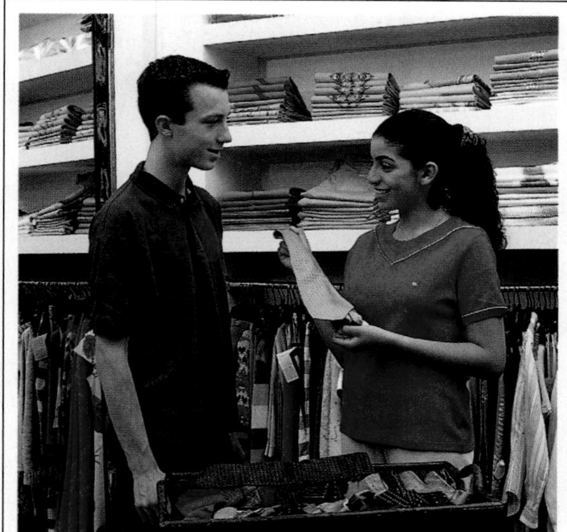

End of Unit

• Vous êtes le dessinateur/ la dessinatrice!

Students will design their own fashions. Each student will design an outfit, as well as accessories and shoes. Have students write detailed descriptions of their outfits, including colors, patterns, and materials. They may wish to include information about where one would wear the items and the weather or time of year in which one would wear them. When they are satisfied with the first drafts of their descriptions, students will trade papers with classmates for proofreading. After students have made the final drafts of their descriptions, they will draw sketches of their outfits.

Rubric **A** = 13–15 pts. **B** = 10–12 pts. **C** = 7–9 pts. **D** = 4–6 pts. **F** = < 4 pts.

Criteria	Scale
Vocabulary Use	1 2 3 4 5
Grammar/Spelling Accuracy	1 2 3 4 5
Creativity	1 2 3 4 5

Hands-on Crafts

• La présentation de collections

Have students trace the outline of a human figure on a square piece of cardboard or poster board and then cut it out without tearing the figure or the board around it. (Students may choose to cut more than one figure out of their cardboard "frames.") Then, have students use assorted fabric scraps, if available, or create designs on paper, to "dress" their cut-out people. They can do this by laying the fabric or paper design across the cut-out figure and pressing the square of cardboard down on top of it. The place where the figure was cut from the cardboard should go right on top of the cut-out to hold the fabric firmly in place. Students should then draw a background for their figures on their cardboard backgrounds; a fashion runway for models, for example. Finally, divide students into groups and have group members visit and describe each other's cut-outs, and their cut-outs' clothing and "milieux."

Pacing Suggestion: Upon completion of Leçon 28.

Recipe

• Ratatouille

The cuisine of southern France uses lots of garlic, onions, olives, and tomatoes, all of which grow well in the area. *Ratatouille* is typical of the cuisine of southern France. It can be served hot or cold.

Pacing Suggestion: Upon completion of Leçon 28.

Ratatouille

Ingrédients

- *huile d'olive*
- *1 gros oignon, émincé*
- *1 poivron, coupé en dés*
- *3 boîtes de tomates à l'étuvée*
- *herbes de Provence (thym, laurier)*
- *2 gousses d'ail, hachées et cuites jusqu'à ce qu'elles soient tendres*
- *1* ***aubergine,***[1] *coupée en dés (cuite avant la classe)*
- *2 à 3* ***courgettes,***[2] *coupées en dés (cuites avant la classe)*
- *sel, poivre*

Préparation

1. *Faites chauffer de l'huile d'olive dans une* ***poêle,***[3] *puis ajoutez l'oignon émincé et le poivron.*
2. *Quand l'oignon et le poivron sont tendres,* ***rajoutez***[4] *les boîtes de tomates, les herbes et l'ail haché.*
3. *Ajoutez l'aubergine, les courgettes, le sel et le poivre. Faites* ***mijoter***[5] *pendant 10 minutes.*
4. *Ajoutez l'aubergine et les courgettes au mélange de tomates et mélangez bien. Faites cuire quelques minutes.*

Pour 6 personnes.

Glossary

[1] *eggplant*
[2] *zucchini*
[3] *frying pan*
[4] *add*
[5] *simmer*

Planning Guide CLASSROOM MANAGEMENT

OBJECTIVES

Communication
- Describe your clothes and other accessories: their color, design, fabric or material, size and fit *pp. 372–375*
- Shop in a French department store *p. 377*
- Count beyond 100 *p. 382*
- Rank items in a series *p. 382*
- Make comparisons *pp. 390, 393–394*
- Ask people to make a choice *pp. 400–401*

Grammar
- Les nombres de 100 à 1 000 000 *p. 382*
- Les nombres ordinaux *p. 382*
- Révision: Les adjectifs irréguliers *p. 383*
- Les adjectifs *beau, nouveau, vieux* *p. 384*
- Les adverbes en *-ment* *p. 385*
- Le comparatif des adjectifs *p. 390*
- Le comparatif des adverbes *p. 393*
- Le superlatif des adjectifs *p. 394*
- Le pronom interrogatif *lequel* *p. 400*
- Le pronom démonstratif *celui* *p. 401*

Vocabulary
- Les vêtements *pp. 372–373*
- D'autres choses que l'on porte *p. 374*
- La description des vêtements *p. 375*
- Où et comment acheter des vêtements *p. 377*
- Quelques adjectifs *p. 391*
- Quelques adverbes *p. 393*

Culture
- Aperçu culturel—Les jeunes Français et la mode *pp. 370–371*
- Au jour le jour—Tailles et pointures *p. 379*
- Lecture—Quelques records *pp. 396–397*
- Images du monde francophone—L'Afrique
  - —Le français en Afrique *pp. 422–423*
  - —L'Afrique occidentale *p. 424*
  - —L'Afrique du nord *p. 425*
  - —Images d'Afrique *pp. 426–427*
  - —Masques africains *pp. 428–429*
  - —Rencontre avec René Philombe *p. 430*

PROGRAM RESOURCES

Print

- Workbook PE, *pp. 229–264*
- *Activités pour tous* PE, *pp. 141–159*
- Block Scheduling Copymasters, *pp. 201–232*
- *Français pour hispanophones*
- *Lectures pour tous*
- Teacher to Teacher Copymasters
- Teaching Proficiency through Reading and Storytelling
- Unit 7 Resource Book
  - Lessons 25–28 Resources
    - Workbook TE
    - *Activités pour tous* TE
    - Absent Student Copymasters
    - Family Involvement
    - Video Activities
    - Videoscripts
    - Audioscripts
    - Assessment Program
  - Unit 7 Resources
    - Communipak
    - *Activités pour tous* TE Reading
    - Workbook TE Reading and Culture Activities
    - Assessment Program
    - Answer Keys

Audiovisual

- Audio Program PE CD 4 Tracks 10–20
- Audio Program Workbook CD 12 Tracks 1–24
- *Chansons* Audio CD Track 6
- Sing Along: Grammar and Vocabulary Songs CD
- Video Program Leçons 25–28
- Warm-Up Transparencies
- Overhead Transparencies
  - 2a *Le monde francophone;*
  - 2c *L'Afrique, L'Europe, L'Asie;*
  - 7 *Quelques objets;*
  - 8 *Possessions;*
  - 53 *Les vêtements;*
  - 54 *Les vêtements de sport et les chaussures;*
  - 55 *Les accessoires et les articles personnels;*
  - 55(o) *Les accessoires et les articles personnels (overlay);*
  - 56 *La description des vêtements;*
  - 57 *Dans une boutique;*
  - 58 *Le comparatif des adjectifs;*
  - 59 *Le superlatif des adjectifs*

Technology

- Online Workbook
- ClassZone.com
- McDougal Littell Assessment System/Test Generator CD-ROM
- Easy Planner CD-ROM
- Power Presentations on CD-ROM
- Take-Home Tutor CD-ROM

Assessment Program Options

Lesson Quizzes
Portfolio Assessment
Unit Test Form A
Unit Test Form B
Listening Comprehension Performance Test
Speaking Performance Test
Reading Comprehension Performance Test
Writing Performance Test
Multiple Choice Test Items
Test Scoring Tools
Audio Program CD 21 Tracks 1–18
Answer Keys
McDougal Littell Assessment System/Test Generator CD-ROM

Pacing Guide SAMPLE LESSON PLAN

DAY	DAY	DAY	DAY	DAY
1 Unité 7 Opener Leçon 25 • Aperçu culturel–Les jeunes Français et la mode • Vocabulaire–Les vêtements	**2** Leçon 25 • Vocabulaire–Les vêtements *(continued)* • Vocabulaire–D'autres choses que l'on porte	**3** Leçon 25 • Vocabulaire–La description des vêtements	**4** Leçon 25 • Vocabulaire–La description des vêtements *(continued)* • Vocabulaire–Où et comment acheter des vêtements	**5** Leçon 25 • Vocabulaire–Où et comment acheter des vêtements *(continued)* • Au jour le jour–Tailles et pointures
6 Leçon 26 • Vidéo-scène–Armelle compte son argent • Les nombres de 100 à 1 000 000	**7** Leçon 26 • Les nombres ordinaux • Révision: Les adjectifs irréguliers • Les adjectifs *beau, nouveau, vieux*	**8** Leçon 26 • Les adverbes en *-ment*	**9** Leçon 26 • À votre tour! • Lecture–Le 5 000 mètres	**10** Leçon 27 • Vidéo-scène–Corinne a une idée • Le comparatif des adjectifs
11 Leçon 27 • Vocabulaire–Quelques adjectifs • Le comparatif des adverbes	**12** Leçon 27 • Le comparatif des adverbes *(continued)* • Vocabulaire–Quelques adverbes • Le superlatif des adjectifs	**13** Leçon 27 • Le superlatif des adjectifs *(continued)* • À votre tour! • Lecture–Quelques records	**14** Leçon 28 • Vidéo-scène–Les vieilles robes de Mamie • Le pronom interrogatif *lequel*	**15** Leçon 28 • Le pronom démonstratif *celui*
16 Leçon 28 • À votre tour! • Lecture–Monsieur Belhomme cherche une veste	**17** • Tests de contrôle • Interlude–L'affaire des bijoux	**18** • Unit 7 Test		

Student Text Listening Activity Scripts

AUDIO PROGRAM

▶ LEÇON 25 LE FRANÇAIS PRATIQUE Achetons des vêtements!

• Aperçu culturel: Les jeunes Français et la mode *p. 370* CD 4, TRACK 10

Les jeunes Français, filles et garçons, aiment avoir une bonne présentation. Ils font très attention à leur «look» et veulent être à la mode. Parce que leur budget est assez limité, ils n'achètent pas beaucoup de vêtements, mais quand ils achètent quelque chose de nouveau, ils insistent sur le style et la qualité. Beaucoup de jeunes achètent leurs vêtements dans des chaînes de magasins spécialisés dans la «mode-jeunes» ou dans la «mode-sports» où les prix sont raisonnables. Ils ajoutent une note personnelle à leur look en portant des accessoires intéressants: bagues, colliers, foulards, ceintures et boucles d'oreilles pour les filles, lunettes de soleil et sacs pour les garçons.

1. En France, comme aux États-Unis, le jean et le tee-shirt constituent l'uniforme des jeunes. Avec un tee-shirt on peut communiquer beaucoup de choses. On peut dire, par exemple, «Embrassez-moi! Je suis français!»
2. Les jeunes Français font particulièrement attention aux choix de leurs chaussures. D'accord, la pointure est importante, mais aussi la forme, le style et la couleur.
3. Chez les jeunes, le choix des vêtements est souvent le moyen d'affirmer sa personnalité.
4. En France, la mode est généralement très chère. Beaucoup de Français attendent donc la période des soldes pour acheter leurs vêtements. Pendant les soldes, les boutiques font des réductions de 30 à 50% sur le prix des vêtements. Légalement, les soldes ont lieu deux fois par an: en janvier et en juillet.
5. Saint-Laurent, Dior, Chanel . . . Ces grands noms ont fait la réputation de la mode française. Au printemps et en automne, tous les «grands couturiers» présentent leurs nouvelles collections à une clientèle internationale.

• Vocabulaire A

Les vêtements *p. 372* CD 4, TRACK 11

Regardez l'illustration. Écoutez et répétez.

Au rayon des vêtements

Pour hommes et femmes

un blazer # une veste # un pantalon # un manteau # un imper # une chemise # un blouson # un pull # un jean # des chaussettes #

Pour hommes

un costume #

Pour femmes

un tailleur # une robe # un chemisier # une jupe # des collants #

Au rayon des vêtements de sports

un polo # un tee-shirt # un short # un maillot de bain # un sweat # un survêtement #

Au rayon des chaussures

des sandales # des bottes # des baskets # des tennis #

• Vocabulaire B

D'autres choses que l'on porte *p. 374* CD 4, TRACK 12

Écoutez et répétez.

Les accessoires et les articles personnels

un chapeau # une casquette # une cravate # un foulard # des gants # une ceinture # un portefeuille # des lunettes de soleil # un sac # un parapluie #

Les bijoux

une bague # des boucles d'oreilles # un bracelet # un collier # une chaîne avec une médaille #

• Vocabulaire C

La description des vêtements *p. 375* CD 4, TRACK 13

Les couleurs

Écoutez le dialogue.

A: De quelle couleur est ton nouveau polo?
B: Il est bleu et vert.

Le dessin

Écoutez le dialogue.

A: Aimes-tu ce tissu à rayures?
B: Oui, il est assez joli, mais je préfère le tissu uni.

Répétez:

uni # à rayures # à carreaux # à fleurs # à pois #

Les tissus et les autres matières

Écoutez le dialogue.

A: Cette chemise est en coton?
B: Non, elle est en laine. C'est une chemise de laine.

Répétez:

le coton # le nylon # le polyester # le velours # le velours côtelé # la laine # la toile # la soie # l'argent # l'or # le cuir # le caoutchouc # le plastique # la fourrure #

• Vocabulaire D

Où et comment acheter des vêtements *p. 377* CD 4, TRACK 14

Écoutez les conversations.

Premier dialogue

Au rayon des vêtements

A: Vous désirez?
B: Je voudrais essayer cette veste.
A: Quelle est votre taille?
B: Je porte du 40.
A: Est-ce que cette veste vous va?
B: Non, elle ne me va pas. Elle est trop courte.
A: Est-ce que ce pull vous plaît?
B: Oui, il me plaît. Il est super!
A: Et est-ce que cette jupe vous plaît?
B: Non, elle ne me plaît pas. Elle est affreuse!

Deuxième dialogue

Au rayon des chaussures

A: Vous désirez?
B: Je cherche des sandales.
A: Quelle est votre pointure?
B: Je fais du 37.
A: Est-ce que ces sandales vous vont?
B: Oui, elles me vont bien.
A: Vous voulez acheter ces chaussures?
B: Je ne suis pas décidée. Je vais réfléchir. Merci.

▶ LEÇON 26 Armelle compte son argent

• Vidéo-scène *p. 380* CD 4, TRACK 15

Claire: Dimanche prochain, Pierre va célébrer son anniversaire. À cette occasion, il a organisé une grande soirée pour tous ses amis . . . et particulièrement pour Armelle.

Pour cette occasion, Armelle voudrait mettre quelque chose de spécial et d'original. Oui, mais voilà, elle a un problème commun à beaucoup de jeunes.

Cet après-midi, Corinne est allée chez Armelle.

Armelle: Cent, cent cinquante, deux cents, deux cent cinquante, deux cent soixante-dix, deux cent quatre-vingt-dix . . .
Corinne: Mais, qu'est-ce que tu fais?
Armelle: Tu vois, je compte mon argent.
Corinne: Pourquoi?
Armelle: Je voudrais m'acheter une nouvelle robe pour aller à la soirée de Pierre.
Corinne: Qu'est-ce que tu cherches?
Armelle: Quelque chose d'original et de pas trop cher!
Corinne: Combien d'argent as-tu?
Armelle: Euh . . . seulement trois cent trente francs.
Corinne: Évidemment, ce n'est pas beaucoup. Écoute, je connais une boutique dans la rue Carnot. Généralement ils ont des soldes! On peut y aller, si tu veux.
Armelle: Oui. Quand?
Corinne: Eh bien, pourquoi pas maintenant?
Armelle: D'accord, allons-y.
Claire: Armelle et Corinne sortent pour faire leurs achats.

À votre tour!

• Préparatifs de voyage *p. 386* CD 4, TRACK 16

Cet été, Sandrine va faire un voyage. Avant son départ, elle va faire des achats. Écoutez ce qu'elle dit.

Je vais aller dans un grand magasin pour faire des achats. D'abord, je vais aller au rayon des vêtements de sports. Là, je vais acheter un maillot de bain et des tee-shirts. Je vais dépenser 75 euros. Ensuite, je vais aller au rayon des chaussures parce que j'ai besoin de nouvelles sandales. Je vais dépenser 40 euros. Finalement, je vais aller au rayon des chemises. Je vais acheter trois chemises de coton. Je vais dépenser 60 euros.

▶ LEÇON 27 Corinne a une idée

• Vidéo-scène *p. 388* CD 4, TRACK 17

Claire: Armelle voudrait acheter une nouvelle robe pour aller à la soirée de Pierre. Elle cherche quelque chose d'original, mais de pas trop cher. Corinne lui a suggéré d'aller dans une boutique qui a souvent des soldes.

Armelle et Corinne sont maintenant dans cette boutique.

Corinne: Qu'est-ce que tu penses de cette jupe et de cette veste?
Armelle: Oui, c'est pas mal . . . mais ce n'est pas très original.
Corinne: Regarde cette robe! Elle est plus jolie?
Armelle: Oui, tu as raison! Elle est beaucoup plus jolie.
Mais elle est aussi beaucoup plus chère! Regarde le prix!
Corinne: Oh là là! Je parie que c'est la robe la plus chère du magasin!
Et cette robe-ci? Elle est moins chère?
Armelle: Euh . . . oui, elle est moins chère, mais elle est moins jolie.
Et regarde, elle est trop longue pour moi.
Vraiment, ces robes sont chères.
Corinne: J'ai une idée . . .
Armelle: Quoi?
Corinne: J'ai une grand-mère qui a des tas de robes anciennes très chouettes. On peut aller chez elle. Je suis sûre qu'on va trouver quelque chose d'intéressant. Qu'est-ce que tu en penses?
Armelle: Oui, excellente idée! Allons chez ta grand-mère!
Claire: Les deux amies sortent du magasin pour aller chez la grand-mère de Corinne.

À votre tour

• Situation: En visite *p. 395* CD 4, TRACK 18

Finalement Jérôme est venu aux États-Unis. Il passe quelques jours à Boston.

- –Je sais qu'il y a beaucoup de musées intéressants à Boston. Quel est le musée le plus intéressant?
  –Le musée le plus intéressant est le Museum of Fine Arts.
- –Je voudrais dîner dans un restaurant de poisson, mais je n'ai pas beaucoup d'argent. Quel est le restaurant de poisson le meilleur marché?
  –Le restaurant de poisson le meilleur marché est Chez Antoine.
- –Je voudrais acheter des CD parce que j'aime beaucoup la musique américaine. Quelle est la boutique qui offre la meilleure sélection de CD?
  –La boutique qui offre la meilleure sélection de CD est Musique Stop.
- –Finalement, je voudrais acheter des vêtements, mais je ne veux pas trop dépenser. Quelle est la boutique qui offre les meilleurs prix?
  –La boutique qui offre les meilleurs prix est Maison de Mode.

▶ LEÇON 28 Les vieilles robes de Mamie

• Vidéo-scène *p. 398* CD 4, TRACK 19

Claire: Dans l'épisode précédent, Armelle est allée dans une boutique avec Corinne pour acheter une robe, mais elle n'a rien trouvé d'intéressant. Corinne a proposé à Armelle d'aller chez sa grand-mère qui a une collection de robes anciennes. Les deux amies viennent d'arriver chez la grand-mère de Corinne.

La grand-mère de Corinne est dans son jardin. Elle n'entend pas la sonnette. Les deux amies retrouvent la grand-mère au jardin.

Corinne: Bonjour, Mamie.
Mamie: Bonjour, ma chérie. Je suis contente de te voir.
Armelle: Bonjour, madame.
Mamie: Bonjour, Armelle.
Corinne: Dis, Mamie, on peut aller voir tes vieilles robes?
Mamie: Lesquelles?
Corinne: Tu sais bien, celles que tu m'as montrées le mois dernier.
Mamie: Ah oui, tu veux dire celles qui sont dans le grenier?
Corinne: Oui, c'est ça.
Mamie: Mais bien sûr, allez les voir si ça vous amuse!
Claire: Les deux amies sont montées au grenier. Là, elles découvrent des choses très intéressantes.
Armelle: C'est vrai, il y a des tas de robes géniales ici!
Corinne: Laquelle est-ce que tu vas choisir?
Armelle: Je ne sais pas . . . Celle-ci peut-être.
Je crois que je vais essayer celle-ci aussi . . . et celle-là! Et toi?
Corinne: Je vais essayer celle-ci . . . et celle-là.
Tu ne veux pas essayer ce chapeau?
Claire: Corinne et Armelle essaient toutes sortes de robes . . .
Armelle: Celui-ci me va très bien . . . ! Et toi, essaie donc celui-là!
Claire: Le jour de la boum, la soirée de Pierre a commencé, mais Armelle et Corinne ne sont pas là . . .
Finalement les voilà qui arrivent.
Pierre: Bonsoir, Armelle. Bonsoir, Corinne. Elles sont géniales, vos robes! Où est-ce que vous les avez achetées?
Claire: Les robes de «chez Mamie» ont beaucoup de succès!

À votre tour!

• Emprunts *p. 403* CD 4, TRACK 20

Écoutez Jérôme qui va vous dire ce qu'il fait quand il a besoin de certaines choses.

Modèle: Si je n'ai pas mon portable, j'emprunte celui de mon frère Pierre.

1. Si je n'ai pas mon livre de français, j'emprunte celui de mon ami Bernard.
2. Si je n'ai pas mes clés, j'emprunte celles de Bernard.
3. Si je n'ai pas mon appareil-photo, j'emprunte celui de mon père.
4. Si je n'ai pas ma calculatrice, j'emprunte celle de mon frère.
5. Quand j'ai besoin d'un baladeur, j'emprunte celui de Bernard.
6. Si j'ai oublié mes CD, j'emprunte ceux d'Armelle.
7. Si j'oublie mes lunettes de soleil, j'emprunte celles de Bernard.
8. Si j'ai oublié mes notes, j'emprunte celles de Cécile.

Complete videoscripts, plus Workbook and Assessment audioscripts, are available in the Unit Resource Books.

Main Theme
- Shopping for clothing

COMMUNICATION
- Describing clothes and accessories
- Counting and ranking items in a series
- Making comparisons
- Asking people to make choices

CULTURES
- Learning where the French buy their clothes
- Learning about how French people dress
- Learning about the cultures of French-speaking Africa
- Learning about French fashion

CONNECTIONS
- Connecting to Math: Using deductive reasoning to figure out a puzzle
- Connecting to History: Learning about world records
- Connecting to English: Using context to figure out the meaning of words
- Connecting to Social Studies: Learning about the francophone countries of Africa
- Connecting to Art: Learning about African masks
- Researching African countries using the Internet and brochures
- Researching African masks using art books and the Internet

COMPARISONS
- Comparing attitudes of teens in France and the U.S. toward fashion and clothing
- Comparing the superlative in French and English
- Recognizing cognate patterns
- Learning about France's influence on Africa

COMMUNITIES
- Using French when shopping
- Presenting a class fashion show

Soyez à la mode!

LE FRANÇAIS PRATIQUE

THÈME ET OBJECTIFS

Culture
In this unit, you will learn where French people buy their clothes and how they dress.

Communication
You will learn how ...
- to describe your clothes and other accessories: their color, design, fabric or material, size and fit
- to shop in a French department store

You will also learn how ...
- to count beyond 100
- to rank items in a series
- to make comparisons
- to ask people to make a choice

TEACHING STRATEGY

This unit focuses on clothes, a topic that is of high interest to most students. It is a "change-of-pace" unit that contains relatively simple linguistic structures.

If your students completed the entire clothing unit of **Discovering French *Nouveau!–Bleu*** last year, you may wish to move through these lessons at an accelerated pace. Here are two pacing strategies:

Lesson 25 (Le français pratique)

ACCELERATED PACE
Cover entirely, with emphasis on Section D.

REGULAR PACE
Focus on Sections A and B, presenting C and D for recognition.

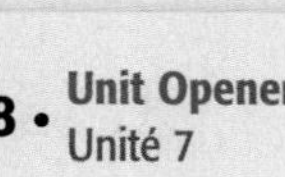

Linguistic objectives

- numbers beyond 100
- ordinal numbers
- irregular adjectives
- adverbs in **-ment**
- comparative and superlative constructions
- interrogative and demonstrative pronouns

Teaching Resource Options

PRINT 

Unit 7 Resource Book
Family Letter, p. 17
Français pour hispanophones
Conseils, p. 31
Vocabulaire, pp. 67–69

AUDIO & VISUAL 

Audio Program
Chansons CD

TECHNOLOGY

EasyPlanner CD-ROM

Lessons 26, 27, 28

ACCELERATED PACE
Present for review, doing one activity per section.

REGULAR PACE
Teach all sections and do as many activities as needed.

Leçon 25

Main Topic Shopping for clothing

Teaching Resource Options

PRINT 

Workbook PE, pp. 229–236
Activités pour tous PE, pp. 141–143
Block Scheduling Copymasters, pp. 201–208
Unit 7 Resource Book
- *Activités pour tous* TE, pp. 9–11
- Audioscript, pp. 31, 34–38
- Communipak, pp. 148–168
- Lesson Plans, pp. 12–13
- Block Scheduling Lesson Plans, pp. 14–16
- Absent Student Copymasters, pp. 18–21
- Video Activities, pp. 24–28
- Videoscript, pp. 29–30
- Workbook TE, pp. 1–8

AUDIO & VISUAL

Audio Program
CD 4 Track 10
CD 12 Tracks 1–6

TECHNOLOGY 

Online Workbook

VIDEO PROGRAM

Leçon 25

Le français pratique Achetons des vêtements

Total time: 12:34 min.
DVD Disk 2
Videotape 2 (Counter: 15:41 min.)

Section 1: Les vêtements
(15:49–17:24 min.)

Section 2: Les accessoires
(17:25–21:13 min.)

Section 3: La description des vêtements
(21:14–23:25 min.)

Section 4: L'achat des vêtements
(23:26–28:15 min.)

LEÇON 25

LE FRANÇAIS PRATIQUE
VIDÉO DVD AUDIO

Achetons des vêtements!

Aperçu culturel ... Les jeunes Français et la mode

Les jeunes Français, filles et garçons, aiment avoir une bonne présentation. Ils font très attention à leur «look» et veulent être à la mode. Parce que leur budget est assez limité, ils n'achètent pas beaucoup de vêtements, mais quand ils achètent quelque chose de nouveau, ils insistent sur le style et la qualité. Beaucoup de jeunes achètent leurs vêtements dans des chaînes de magasins spécialisés dans la «mode-jeunes» ou dans la «mode-sports» où les prix sont raisonnables. Ils ajoutent une note personnelle à leur look en portant des accessoires intéressants: bagues, colliers, foulards, ceintures et boucles d'oreilles pour les filles, lunettes de soleil et sacs pour les garçons.

1. En France, comme aux États-Unis, le jean et le tee-shirt constituent l'uniforme des jeunes. Avec un tee-shirt on peut communiquer beaucoup de choses. On peut dire, par exemple, «Embrassez-moi! Je suis français!»

2. Les jeunes Français font particulièrement attention aux choix de leurs chaussures. D'accord, la pointure est importante, mais aussi la forme, le style et la couleur.

Teaching strategy

Have students read this cultural introduction:
- at the beginning of the unit—quickly, for general content
- at the end of the lesson—with greater attention to details

By looking at the pictures, students can discover the meanings of many of the new words.

4. En France, la mode est généralement très chère. Beaucoup de Français attendent donc la période des soldes pour acheter leurs vêtements. Pendant les soldes, les boutiques font des réductions de 30 à 50% sur le prix des vêtements. Légalement, les soldes ont lieu deux fois par an: en janvier et en juillet.

3. Chez les jeunes, le choix des vêtements est souvent le moyen d'affirmer sa personnalité.

5. Saint-Laurent, Dior, Chanel ... Ces grands noms ont fait la réputation de la mode française. Au printemps et en automne, tous les «grands couturiers» présentent leurs nouvelles collections à une clientèle internationale.

COMPARAISONS CULTURELLES

Comparez l'attitude des jeunes Américains et des jeunes Français dans les domaines suivants:

- importance du look
- importance de la mode
- importance des vêtements
- achat des vêtements
- choix des chaussures
- façon de s'habiller

Et vous?

Dans toute la France, tous les magasins et toutes les boutiques ont des soldes deux fois par an exactement les mêmes jours. (C'est la législation!) Selon vous *(in your opinion)*, quels sont les avantages et les désavantages du système français? Préférez-vous ce système au système américain?

CULTURAL EXPANSION

Have students bring in pictures of French fashions from American or French fashion magazines. Ask questions like:

Comment s'appelle ce couturier (cette couturière)?
Aimez-vous cette robe (ce manteau, cette chemise)?, etc.

Cultural note Some other French designers:

Agnès B	**Christian Lacroix**
Vanessa Bruno	**Lanvin**
Jean Cacharel	**Guy Laroche**
Céline	**Thierry Mugler**
Chloé	**Paco Rabanne**
André Courrèges	**Nina Ricci**
Jean-Paul Gaultier	**Sonia Rykiel**
Hubert de Givenchy	**Martine Sitbon**
Hermès	**Louis Vuitton**

Questions sur le texte

1. Pour les Français, qu'est-ce qui est très important? [le look, être à la mode]
2. Sur quoi est-ce que les jeunes Français insistent quand ils achètent des vêtements? [sur le style et la qualité]
3. Où est-ce qu'ils achètent des vêtements de qualité à des prix raisonnables? [dans des chaînes de magasins spécialisés dans la mode-jeunes ou dans la mode-sports]
4. Comment est-ce qu'ils ajoutent une note personnelle à leur façon de s'habiller? [en portant des accessoires intéressants: bagues, colliers, foulards, ceintures, boucles d'oreilles, lunettes de soleil, sacs]
5. En France, quels vêtements constituent l'uniforme des jeunes? [le jean et le tee-shirt]
6. À quoi est-ce que les jeunes Français font particulièrement attention? [aux choix de leurs chaussures]
7. Pourquoi est-ce que beaucoup de jeunes attendent la période des soldes? [parce que les boutiques font des réductions de 30 à 50% sur le prix des vêtements]
8. Quand est-ce que les «grands couturiers» présentent leurs collections? [au printemps et en automne]

SECTION A

Communicative function
Discussing clothing

Teaching Resource Options

PRINT

Workbook PE, pp. 229–236
Unit 7 Resource Book
Audioscript, pp. 31–32
Communipak, pp. 148–168
Video Activities, pp. 25–26
Videoscript, p. 29
Workbook TE, pp. 1–8

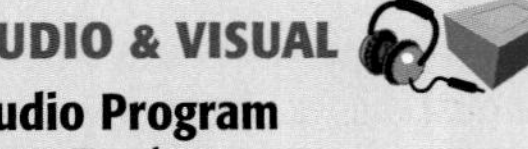

AUDIO & VISUAL

Audio Program
CD 4 Track 11

Overhead Transparencies
53 *Les vêtements*
54 *Les vêtements de sport et les chaussures*

VIDEO PROGRAM

LEÇON 25

Section 1: Les vêtements
(15:49–17:24 min.)

Review clothing vocabulary

Pronunciation

blazer /blazœr/
jean /dʒin/

Supplementary vocabulary

un débardeur *tank top*
des bas *ladies' stockings*
une poche *pocket*
une manche *sleeve*
une chemise à manches courtes (à manches longues)
des chaussures de sport *sports shoes, running shoes*

A VOCABULAIRE Les vêtements

Je vais | **porter** un pantalon et un blouson.
mettre ma veste bleue

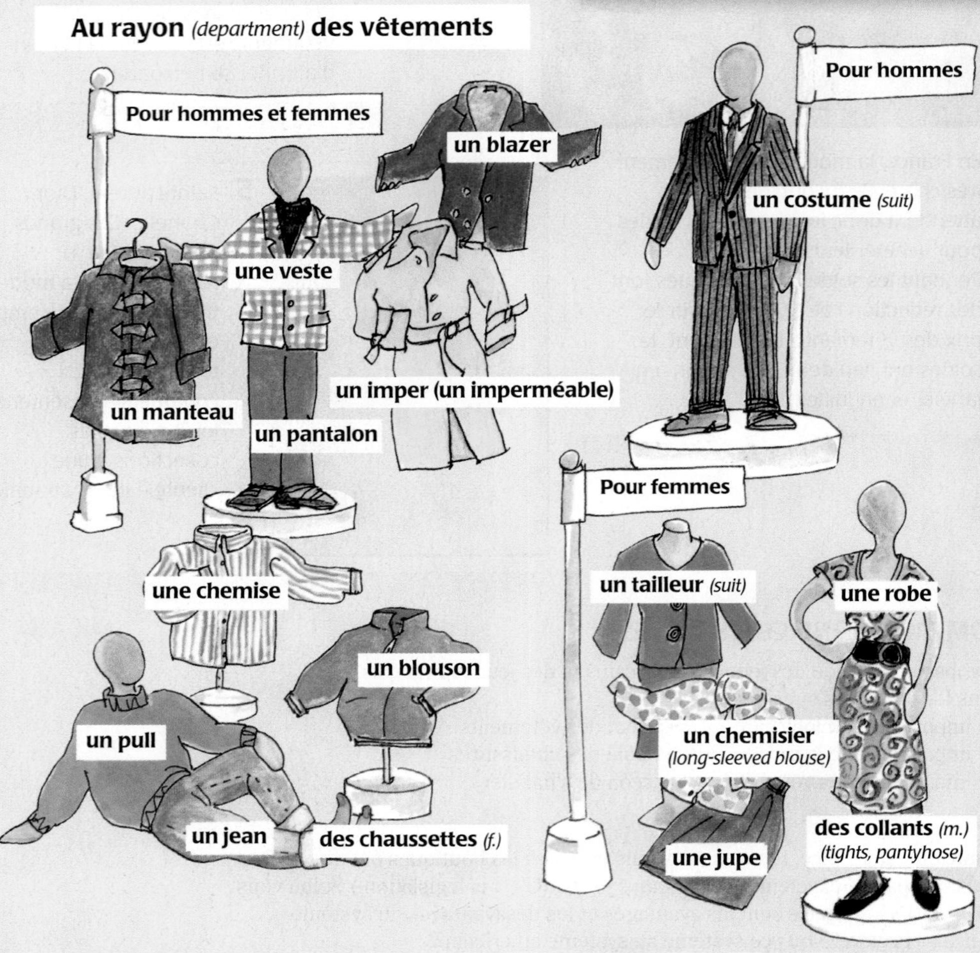

COMPREHENSION Clothes REVIEW

PROPS: A bag of old clothes in large sizes Give students various items of clothing.

X, montre-nous la veste.
Y, montre-nous la cravate....
Qui a la veste? [X], etc.

If appropriate, have students try items on.

Z, mets le chapeau. Ah, c'est très joli!
Qui porte le chapeau? [Z]

Have students move the clothing around.

X, mets la veste sur la chaise de Z.
Où est la veste? [sur la chaise de Z]
Z, donne la veste à W.
Qui a la veste maintenant? [W], etc.

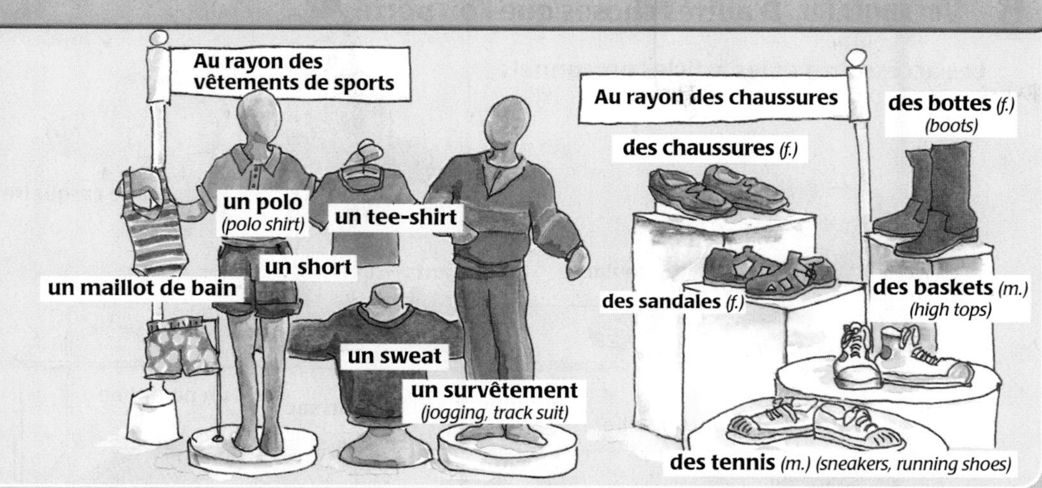

1 Qu'est-ce que tu vas mettre?

PARLER Choisissez les vêtements que vous allez porter dans les circonstances suivantes. Indiquez votre choix dans une conversation avec un(e) camarade.

▶ Il fait très froid ce matin.
—Il fait très froid ce matin.
—Qu'est-ce que tu vas mettre?
—Je vais mettre un pull, un jean et un manteau.

1. Il va pleuvoir.
2. La météo *(weather forecast)* a annoncé de la neige.
3. Je vais jouer au tennis.
4. Je vais aller à la plage.
5. Je suis invité(e) à un mariage.
6. Je vais sortir avec mon nouveau copain (ma nouvelle copine).
7. Mon copain français m'a invité(e) à dîner.
8. Je vais faire une promenade à cheval.

2 Les valises

PARLER/ÉCRIRE Nommez cinq choses que vous allez mettre dans votre valise *(suitcase)* dans les circonstances suivantes.

1. Vous allez faire du camping cet été.
2. Vous allez faire du ski cet hiver.
3. Vous allez passer une semaine à la campagne en avril.
4. Vous allez passer deux semaines à la Martinique en juin.
5. Vous allez passer une semaine à Québec en février.
6. Vous allez visiter Paris en juillet.

INCLUSION

Multisensory Have students work in pairs to tell what items of clothing each of them is wearing. Tell them to write their descriptions in their notebooks, and then read them to the class while the person whose clothing is being described stands up and points to his/her clothing as it is mentioned.

Pronunciation

sweat /swit/

Language note In Quebec, the following words are generally used:

un costume de bain *swimsuit*
un chandail *sweater*
un coton ouaté *sweatshirt*
un gaminet *T-shirt*
une culotte courte *shorts*

1 EXCHANGES talking about what to wear

Answers will vary.
–(situation)
–Qu'est-ce que tu vas mettre?
–Je vais mettre …

1. un imperméable et des bottes
2. un manteau et des bottes
3. un polo, un short et des tennis
4. un maillot de bain, un tee-shirt et un short
5. une chemise, une cravate et un costume (une robe élégante) et des chaussures
6. un jean, un chemisier (une chemise), un blouson et des baskets
7. un chemisier, une jupe, une veste (un pantalon, une chemise, un blazer) et des chaussures
8. un jean, un pull et des bottes

2 COMMUNICATION planning what to pack for a trip

Answers will vary.

1. Je vais prendre mon survêtement, mon imper, mes baskets (mes tennis), deux shorts, des tee-shirts, un pull, mon maillot de bain et un pantalon.
2. Je vais prendre mon blouson, des pulls, des pantalons, des chaussettes, des chaussures et mes bottes.
3. Je vais prendre mon imperméable, un jean, un sweat, des tee-shirts, un short, des chaussettes et mes tennis.
4. Je vais prendre des robes (deux pantalons, deux chemises), deux shorts, des tee-shirts et des polos, mon maillot de bain, mes sandales et des tennis.
5. Je vais prendre mon manteau, un blouson, trois pantalons, trois pulls, des chaussettes, des chemises, des chaussures et mes bottes.
6. Je vais prendre deux robes, deux jupes, des tee-shirts, des chemisiers et une veste (quatre pantalons, un blazer, cinq chemises, trois polos), un pull, des collants (des chaussettes), des chaussures et des tennis.

Expansion Have students list the toilet articles they would take along.

Photo notes

1. un camping
2. une piste de ski
3. à la campagne en France
4. Le Diamant Palms et Rocher du Diamant à la Martinique
5. Rue du Petit-Champlain à Québec
6. un bateau-mouche et Notre-Dame à Paris

SECTION B

Communicative function
Talking about jewelry and accessories

Teaching Resource Options

PRINT  

Workbook PE, pp. 229–236
Unit 7 Resource Book
- Audioscript, p. 32
- Communipak, pp. 148–168
- Video Activities, pp. 26–27
- Videoscript, pp. 29–30
- Workbook TE, pp. 1–8

AUDIO & VISUAL 

Audio Program
CD 4 Tracks 12 & 13

Overhead Transparencies
55 *Les accessoires et les articles personnels*
56 *La description des vêtements*

VIDEO PROGRAM

VIDEO DVD

LEÇON 25

Section 2: Les accessoires
(17:25–21:13 min.)

Section 3: La description des vêtements
(21:14–23:25 min.)

Supplementary vocabulary

un mouchoir *handkerchief*
une écharpe *heavy scarf*
un porte-clés *key ring*
un porte-monnaie *coin purse*
une barrette *barrette*

COMMUNICATION talking about choosing presents

Answers will vary.
1. Pour mon meilleur copain, je vais acheter (une casquette).
2. Pour ma petite soeur, je vais acheter (des boucles d'oreilles).
3. Pour mon petit frère, je vais acheter (un portefeuille).
4. Pour ma cousine, je vais acheter (un bracelet).
5. Pour ma meilleure copine, je vais acheter (une chaîne avec une médaille).
6. Pour ma soeur aînée, je vais acheter (un foulard).
7. Pour ma mère, je vais acheter (des lunettes de soleil).
8. Pour mon prof de français, je vais acheter (un chapeau).

B VOCABULAIRE D'autres choses que l'on porte

Les accessoires et les articles personnels

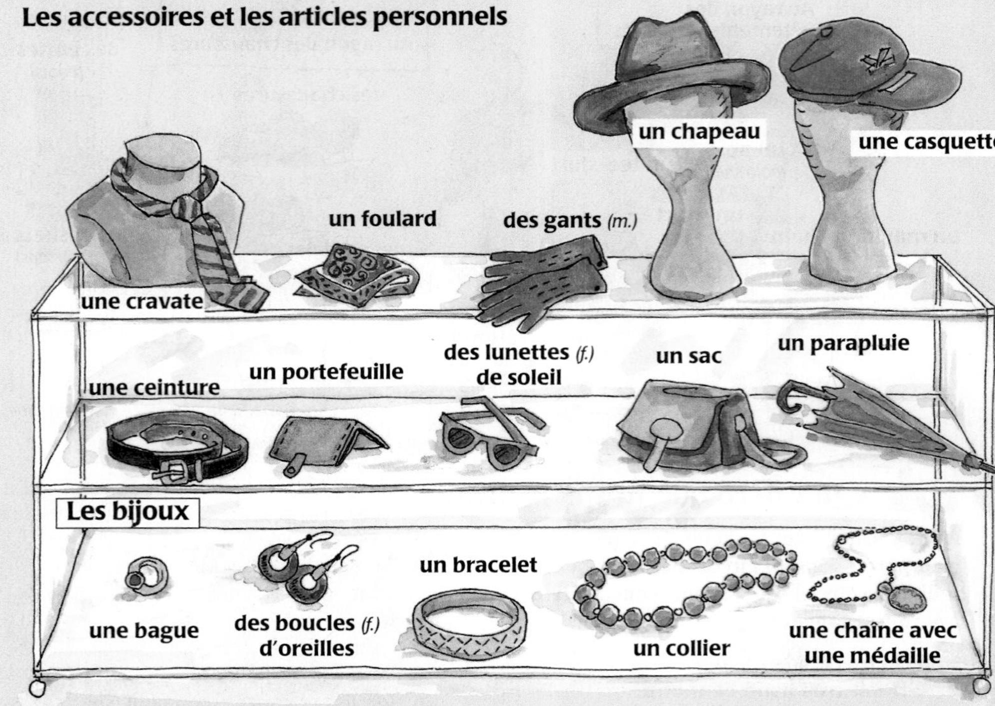

3 Joyeux anniversaire!

PARLER/ÉCRIRE C'est l'anniversaire des personnes suivantes. Vous allez acheter un cadeau différent pour chaque personne. Dites ce que vous allez choisir. Utilisez votre imagination!

▶ mon père

1. mon meilleur copain
2. ma petite soeur
3. mon petit frère
4. ma cousine
5. ma meilleure copine
6. ma soeur aînée *(older)*
7. ma mère
8. mon prof de français

UN JEU Loto!

PROPS: One 9-square Bingo card for each student

Pass out the cards. In each row of their cards, students quickly sketch three items from the corresponding shelf in the above illustration (e.g., **une cravate, un foulard, une casquette** in the top row, etc.).

In pairs, S1 mentions an item from his/her card **(Je vais acheter une cravate)** and marks an "X" through the appropriate square. If S2 has the same item, he/she also marks the item. Then S2 mentions an item and marks it with an "X." The first student to cross out all the squares is the winner.

C VOCABULAIRE La description des vêtements

Les couleurs

—**De quelle couleur** est ton nouveau polo?

—Il est bleu et vert.

la couleur *color*

De quelle couleur est ton nouveau polo?
Il est bleu et vert.

    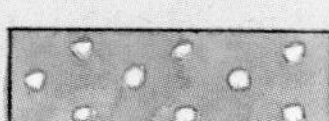

blanc (blanche) · **gris(e)** · **rouge** · **orange*** · **bleu(e)** · **marron*** · **bleu clair***

noir(e) · **beige** · **rose** · **jaune** · **vert(e)** · **violet (violette)** · **bleu foncé***

➔ Colors indicated by an asterisk are invariable.
Paul porte une chemise **bleu foncé** et des chaussures **marron.**

Le dessin

—Aimes-tu **ce tissu à rayures**?

—Oui, il est assez joli, mais je préfère le tissu uni.

le dessin *pattern, design*
le tissu *fabric*

uni · **à rayures** · **à carreaux** · **à fleurs** · **à pois**

Les tissus et les autres matières

la matière *material*

—Cette chemise est **en coton**?

—Non, elle est **en laine. C'est une chemise de laine.**

le coton	**le velours** *(velvet)*	**la laine** *(wool)*
le nylon	**le velours côtelé** *(corduroy)*	**la toile** *(linen, canvas)*
le polyester		**la soie** *(silk)*
l'argent *(m.) (silver)*	**le cuir** *(leather)*	**la fourrure** *(fur)*
l'or *(m.) (gold)*	**le caoutchouc** *(rubber)*	
	le plastique	

4 Et vous?

PARLER/ÉCRIRE Décrivez en détail (couleur, dessin, matière) les vêtements des personnes suivantes.

1. Moi, je porte …
2. Le/la prof porte …
3. L'élève à ma gauche porte …
4. L'élève à ma droite porte …
5. L'élève devant *(in front of)* moi porte …
6. L'élève derrière *(behind)* moi porte …

SPEAKING ACTIVITY Fashion show

Have students bring old "rummage sale"-type clothing to class. Each student selects an item of clothing and puts it on. In small groups, students prepare a short fashion show by describing the clothes their classmates are wearing. They should mention the color of the item, the fabric, and the pattern.

INCLUSION

Repetitive Have students make flashcards with the names of colors on one side and color swatches on the other. Say the names of the colors as students point to the colors on their cards and then repeat after you. Do this three times per color. Then, working in pairs, one student points to a color and a second student says the name of the color.

SECTION C

Communicative function
Describing clothing

Teaching tip Ask questions about the people on **Transparency 56.**

Qui porte une jupe à pois?
Est-ce que Jean porte une veste unie ou à carreaux?
Qu'est-ce que Corinne porte?, etc.

Supplementary vocabulary

brun *dark brown*
mauve

Pronunciation

polyester /pɔliɛstɛr/
caoutchouc /kautʃu/

Teaching note Have students compare the two constructions:

- une chemise **en coton** *(a shirt made of cotton)*
- une chemise **de coton** *(a cotton shirt)*

Note that with metals only **en** is generally used:

- une bague **en or**
- un bracelet **en argent**

Supplementary vocabulary

le bois *wood*
le cuivre *copper, brass*

4 DESCRIPTION describing in detail what people are wearing

Answers will vary.

1. Je porte un jean noir (une jupe de laine rouge), un tee-shirt en coton (un chemisier blanc à fleurs), des chaussettes jaunes (des collants noirs), des chaussures en cuir noir, une chaîne en or (des boucles d'oreilles en argent).
2. Il porte un pantalon en coton beige (en laine grise), une veste en laine verte (un blazer en laine bleu foncé), un polo en coton blanc uni (une chemise à rayures bleues et une cravate en soie verte unie), des chaussettes beiges (bleues) et des chaussures en cuir marron (noir)./Elle porte un tailleur jaune en laine et un chemisier orange et blanc à pois (une jupe en coton rose et un chemisier blanc et rose à fleurs), des collants et des chaussures en cuir blanc.
3. Il porte un jean en coton bleu uni (un pantalon marron), un tee-shirt à bandes horizontales violettes et bleues (une chemise en coton à carreaux beiges et marron), un blouson en cuir noir (une veste en laine verte), des chaussettes bleues à pois (beiges unies) et des baskets (des chaussures marron en cuir).
4. Elle porte une robe blanche en coton (un jean noir et un chemisier violet uni), des sandales blanches en cuir (des bottes violettes en caoutchouc et des chaussettes en coton) et des boucles d'oreilles et un bracelet en argent (en or).
5. Il porte un jean en coton bleu (un pantalon en laine noire), un polo à rayures (une chemise blanche) et des tennis (des chaussures noires).
6. Elle porte une robe en coton bleu (une jupe bleu foncé, une chemisier à pois), des sandales de cuir marron (des chaussures bleu foncé) et des boucles d'oreilles en or (une chaîne en argent).

Teaching Resource Options

PRINT 

Workbook PE, pp. 229–236
Unit 7 Resource Book
- Audioscript, p. 33
- Communipak, pp. 148–168
- Video Activities, pp. 27–28
- Videoscript, p. 30
- Workbook TE, pp. 1–8

AUDIO & VISUAL 

Audio Program
CD 4 Track 14

Overhead Transparencies
57 *Dans une boutique*

VIDEO PROGRAM

VIDEO DVD

LEÇON 25

Section 4: L'achat des vêtements
(23:26–28:15 min.)

5 DESCRIPTION describing what people wore on past occasions

- Vendredi au bureau, elle portait une chemisier blanc, une veste violette à rayures, une jupe violette, des chaussures noires et des lunettes.
- Samedi soir, à la discothèque, elle portait un chemisier bleu clair à fleurs rouges et jaunes, une large ceinture verte, une jupe rouge unie, des chaussures rouges, des boucles d'oreilles et deux bracelets en plastique vert.
- Dimanche après-midi, à la plage, elle portait des lunettes de soleil, un chapeau à pois, un maillot de bain à rayures, un grand sac jaune, rouge et vert et des bracelets en plastique.

6 COMMUNICATION talking about what certain items are made of

Answers will vary.

1. Une chemise peut être en coton, en nylon, en polyester, en velours, en laine, en toile ou en soie.
2. Un pantalon peut être en coton, en toile, en polyester, en velours, en velours côtelé, en laine, en cuir ou en soie.
3. Un blouson peut être en cuir, en laine, en toile, en fourrure, en nylon, en polyester, en soie, en velours ou en velours côtelé.
4. Un sac peut être en cuir, en plastique, en coton, en toile, en soie ou en velours.
5. Un portefeuille peut être en cuir, en nylon ou en plastique.
6. Des chaussures peuvent être en cuir, en toile ou en plastique.
7. Une veste peut être en laine, en toile, en coton, en polyester, en cuir, en velours, en velours côtelé, en soie ou en fourrure.
8. Une ceinture peut être en cuir, en plastique, en nylon, en toile ou en soie.
9. Un pull peut être en laine ou en coton.
10. Des bottes peuvent être en cuir ou en caoutchouc.
11. Une bague peut être en argent ou en or.
12. Des boucles d'oreilles peuvent être en argent, en or ou en plastique.

5 La transformation de Mademoiselle Jolivet

PARLER/ÉCRIRE Décrivez ce que portait Mademoiselle Jolivet en différentes circonstances.

- Vendredi au bureau, elle portait …
- Samedi soir, à la discothèque, …
- Dimanche après-midi, à la plage, …

AU BUREAU	À LA DISCOTHÈQUE	À LA PLAGE

6 En quelle matière?

PARLER/ÉCRIRE Dites en quelle matière peuvent être les choses suivantes.

▶ une cravate
Une cravate peut être en coton, en laine ou en soie.

1. une chemise
2. un pantalon
3. un blouson
4. un sac
5. un portefeuille
6. des chaussures
7. une veste
8. une ceinture
9. un pull
10. des bottes
11. une bague
12. des boucles d'oreilles

7 Conversation

PARLER Dites au vendeur (à la vendeuse) ce que vous voulez acheter et ce que vous préférez.

caoutchouc ou cuir?
1 coton ou polyester?
2 laine ou velours
3 toile ou velours côtelé?
4 cuir ou plastique?
5 laine ou soie?

Vous désirez?
Je cherche des bottes.
En caoutchouc ou en cuir?
Je préfère les bottes de caoutchouc (de cuir).

8 Questions personnelles PARLER/ÉCRIRE

1. Quelle est ta couleur préférée? Quels vêtements as-tu de cette couleur?
2. Est-ce que tu as un portefeuille? une montre? une chaîne? En quelle matière sont-ils?
3. Est-ce que tu portes une chemise? De quelle couleur est-elle? En quel tissu?
4. Est-ce que tu as des chemises avec un dessin particulier? Décris ces dessins.
5. Imagine que tu achètes une cravate pour l'anniversaire de ton oncle favori. Quelle couleur choisis-tu? Quel dessin?

UN JEU Vingt questions

PROPS: Full-length pictures of people wearing different types of clothing

Line the pictures up on the chalkboard, identifying them as A, B, C, etc.

Have one student choose one of the pictures. The others in the class try to identify the person by asking up to 20 yes/no questions.

D VOCABULAIRE Où et comment acheter des vêtements

J'aime être **à la mode** *(in fashion).*

J'achète mes vêtements ...

dans une boutique	**dans une boutique de soldes** *(discount shop)*
dans un magasin	**dans un grand magasin** *(department store)*
sur catalogue	**sur Internet**

–Vous désirez?
Je **cherche** des chaussettes.
Je voudrais **essayer** cette veste.

essayer *to try on*

–Quelle est votre **taille**? / votre **pointure**
Je **fais** / Je **porte** du 40.

la taille *(clothing) size*
la pointure *shoe size*

J'achète mes vêtements dans une boutique.

Moi aussi!

–Est-ce que ce pantalon **vous va** *(fit you)*?
Oui, **il me va bien.**
Non, **il ne me va pas.**
Non, il est trop **grand.** ≠ **petit**
court *(short)* ≠ **long** *(f.* **longue)**
étroit *(tight)* ≠ **large** *(wide, baggy)*

–Est-ce que ce pull **vous plaît?** *(Do you like this sweater? [lit: Does it please you?])*

Oui, **il me plaît.**
Il est joli.
super
élégant
bon marché *(inexpensive)*
en solde *(on sale)*

Non, **il ne me plaît pas.**
Il est **moche** *(ugly).*
affreux *(f.* **affreuse)** *(awful)*
ridicule *(ridiculous)*
trop cher *(f.* **chère)** *(expensive)*

–Vous avez choisi?
Oui, je vais acheter ces chaussures.
Non, je ne suis pas **décidé(e).**
je vais **réfléchir** *(think it over)*
je vais chercher **quelque chose d'autre** *(something else)*

Vous avez choisi?

Non, je vais réfléchir.

→ Note the plural forms of the following expressions:

Est-ce que **ces chaussures vous vont**?
Oui, **elles me vont** très bien.

Est-ce que **ces lunettes vous plaisent**?
Non, **elles ne me plaisent pas** beaucoup.

7 ROLE PLAY expressing one's preferences while shopping

–Vous désirez?
–Je cherche ...
–En ... ?
–Je préfère ...

1. une chemise/En coton ou en polyester?/les chemises de coton (de polyester)
2. une veste/En laine ou en velours?/les vestes de velours (de laine)
3. un pantalon/En toile ou en velours côtelé?/les pantalons de toile (de velours côtelé)
4. un portefeuille/En cuir ou en plastique?/les portefeuilles de cuir (de plastique)
5. un foulard/En laine ou en soie?/les foulards de soie (de laine)

8 COMMUNICATION answering personal questions

Answers will vary.

1. Ma couleur préférée est (le violet). J'ai des (chemises et une jupe) de cette couleur.
2. Oui, j'ai un portefeuille. Il est en (cuir). Oui, j'ai une montre. Elle est en (argent). Oui, j'ai une chaîne. Elle est en (or). (Non, je n'ai pas de portefeuille / de montre / de chaîne.)
3. Oui, je porte une chemise. Elle est (blanche). Elle est en (coton). (Non, je ne porte pas de chemise.)
4. Oui, j'ai une chemise avec un dessin particulier. C'est une chemise bleue avec des oiseaux violets et roses. (Non, je n'ai pas de chemise avec un dessin particulier.)
5. Je choisis une cravate (bleue) à (rayures).

Teaching note In item 1, have students use **le (l')** to name their favorite colors.
C'est le bleu (**le rouge, l'orange,** etc.).

SECTION D

Communicative function
Shopping for clothing

Teaching tip Use the drawings in **Transparency 57** to present the vocabulary.
Regardez Pierre.
Est-ce que sa veste vous plaît?, etc.

Vocabulary notes

- The French also use **cool** /kul/
Ce blouson est très cool.
- **bon marché** is invariable:
des chaussures bon marché
- For **quelque chose d'autre,** one can also say **autre chose.**

Supplementary vocabulary

confortable
chic
classique

Teaching Resource Options

PRINT 

Workbook PE, pp. 229–236
Unit 7 Resource Book
Communipak, pp. 148–168
Family Involvement, pp. 22–23
Workbook TE, pp. 1–8

Assessment
Lesson 25 Quiz, pp. 40–41
Portfolio Assessment, Reprise/Unit 1 URB, pp. 235–244
Audioscript for Quiz 25, p. 39
Answer Keys, pp. 254–258

AUDIO & VISUAL 

Audio Program
CD 21 Track 1

TECHNOLOGY

Test Generator CD-ROM/McDougal Littell Assessment System

9 COMMUNICATION answering personal questions

Answers will vary.

1. Oui, il y a des grands magasins dans la ville où j'habite. / Oui, il y en a. (Non, il n'y a pas de grands magasins dans la ville où j'habite. / Non, il n'y en a pas.) Ils s'appellent Au Bon Marché et Le Printemps.
2. Oui, il y a des boutiques de vêtements. / Oui, il y en a. (Non, il n'y a pas de boutiques de vêtements. / Non, il n'y en a pas.) Elles s'appellent La Boutique Chic et Chez La Mode. Dans ces boutiques, on vend des vêtements bon marché (élégants, super, affreux, trop chers).
3. Quand j'achète des vêtements, la chose la plus importante est le style (la qualité, le prix).
4. Oui, quand j'achète des vêtements (ou des chaussures), j'essaie beaucoup de choses avant de prendre une décision. (Non, je n'essaie pas beaucoup de choses avant de prendre une décision.)

10 ROLE PLAY describing how clothes fit

1. –Cette robe vous va?
–Non, elle est trop grande (longue).
2. –Cette veste vous va?
–Non, elle est trop étroite (petite).
3. –Ce manteau vous va?
–Non, il est trop grand (long).
4. –Ce sweat vous va?
–Non, il est trop petit (court).
5. –Ce costume vous va?
–Non, il est trop court (petit).
6. –Ces tennis te vont?
–Non, ils sont trop grands.

9 Questions personnelles PARLER/ÉCRIRE

1. Est-ce qu'il y a des grands magasins dans la ville où tu habites, ou près de ta ville? Comment est-ce qu'ils s'appellent?
2. Est-ce qu'il y a des boutiques de vêtements? Comment est-ce qu'elles s'appellent? Quel genre de vêtements est-ce qu'on vend dans ces boutiques?
3. Quand tu achètes des vêtements, quelle est la chose la plus importante? le style? la qualité? le prix?
4. Quand tu achètes des vêtements (ou des chaussures), est-ce que tu essaies beaucoup de choses avant de prendre une décision?

10 Qu'est-ce qui ne va pas?

PARLER Jouez le dialogue entre vendeurs et clients sur la base des illustrations.

▶ **—Ce pantalon vous va?**
—Non, il est trop court.

▶ 

1 

2 

3 

4 

5 

6 

11 Questions et réponses

PARLER Vous travaillez dans une boutique de vêtements. Posez des questions à un(e) client(e) qui va vous répondre en choisissant une réponse logique.

QUESTIONS	RÉPONSES
1. —Vous désirez?	a. Je fais du 38.
2. —Ce manteau vous va?	b. Non, je vais réfléchir.
3. —Ces bottes vous vont?	c. Je voudrais essayer ce manteau.
4. —Quelle est votre pointure?	d. Non, il est trop court.
5. —Comment trouvez-vous cette veste?	e. Oui, elles sont très confortables.
6. —Vous avez choisi?	f. Elle me plaît beaucoup, mais elle est un peu chère.

Au jour le jour

Tailles et pointures

Les tailles et les pointures sont différentes en France et aux États-Unis. Le tableau suivant présente les équivalences entre ces tailles et ces pointures.

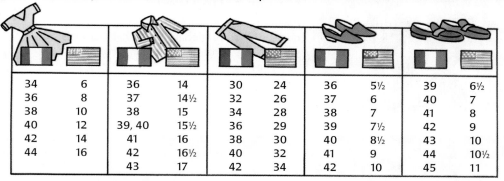

34	6	36	14	30	24	36	5½	39	6½
36	8	37	14½	32	26	37	6	40	7
38	10	38	15	34	28	38	7	41	8
40	12	39, 40	15½	36	29	39	7½	42	9
42	14	41	16	38	30	40	8½	43	10
44	16	42	16½	40	32	41	9	44	10½
		43	17	42	34	42	10	45	11

  **Shopping**

PARLER Vous avez passé une semaine à Paris. La veille *(day before)* de votre départ, vous allez dans différentes boutiques. Complétez les dialogues avec le vendeur (la vendeuse). Jouez ces dialogues avec un(e) camarade.

A

—Vous désirez, monsieur (mademoiselle)?
—*Say that you are looking for a jacket.*

—Est-ce que cette veste vous va?
—*Say that it does not fit you and say why: too short? tight? …*

—Et cette veste bleue? Est-ce qu'elle vous plaît?
—*Say you like it and think it is very elegant and ask how much it costs.*

—Trois cents euros.
—*Say that it is too expensive and that you are going to look for something else.*

B

—Vous désirez?
—*Say that you are looking for a pair of shoes: indicate the type and color.*

—Quelle est votre pointure?
—*Give your French shoe size.*

—Est-ce que vous voulez essayer ces chaussures?
—*Answer affirmatively … Having tried them on, say that they fit and ask what they cost.*

—Cent euros. Elles sont en solde.
—*Say that you are buying them.*

TAILLES ET POINTURES

PROPS: Magazine pictures of men and women

Introduce the people in the pictures to the class and have students estimate their clothing sizes, and write these on the board.

Voici Monsieur Bernard.
Quelle est la taille de sa chemise? [16]
Quelle est la pointure de ses chaussures? [10]

Maintenant Monsieur Bernard est en France dans un grand magasin.
Quelle est sa taille de chemise en France? [41]
Quelle est sa pointure? [43]

11 ROLE PLAY shopping for clothes

1. –Vous désirez?
   (c) –Je voudrais essayer ce manteau.
2. –Ce manteau vous va?
   (d) –Non, il est trop court.
3. –Ces bottes vous vont?
   (e) –Oui, elles sont très confortables.
4. –Quelle est votre pointure?
   (a) –Je fais du 38.
5. –Comment trouvez-vous cette veste?
   (f) –Elle me plaît beaucoup, mais elle est un peu chère.
6. –Vous avez choisi?
   (b) –Non, je vais réfléchir.

AU JOUR LE JOUR

Objective

- Reading a size chart

12 ROLE PLAY shopping for clothes

(A) –Je cherche une veste.
–Non, cette veste ne me va pas. Elle est trop (courte / étroite).
–Oui, elle me plaît beaucoup. Je pense qu'elle est très élégante. Combien est-ce qu'elle coûte?
–C'est trop cher. Je vais chercher autre chose.

(B) –Je cherche des (chaussures noires en cuir).
–Je fais du (39).
–Oui. Elles me vont bien. Combien est-ce qu'elles coûtent?
–D'accord. Je les achète.

Teaching note Many famous fashion designers are based in Paris. Have students brainstorm about how French might be useful for jobs in the fashion industry.

Leçon 26

Main Topic Describing clothing

Teaching Resource Options

PRINT 

Workbook PE, pp. 237–242
Activités pour tous PE, pp. 145–147
Block Scheduling Copymasters, pp. 209–216
Unit 7 Resource Book
- *Activités pour tous* TE, pp. 49–51
- Audioscript, pp. 72, 73–75
- Lesson Plans, pp. 52–53
- Block Scheduling Lesson Plans, pp. 54–56
- Absent Student Copymasters, pp. 57–60
- Video Activities, pp. 63–70
- Videoscript, p. 71
- Workbook TE, pp. 43–48

AUDIO & VISUAL 

Audio Program
CD 4 Track 15
CD 12 Tracks 7–12

TECHNOLOGY 

Online Workbook

VIDEO PROGRAM

VIDEO DVD

LEÇON 26

Armelle compte son argent

TOTAL TIME: 2:07 min.
DVD Disk 2
Videotape 2 (COUNTER: 28:21 min.)

Vidéo-scène
(28:28–29:37 min.)

Expansion culturelle
(29:38–30:28 min.)

Teaching note Use this video sequence to familiarize students with the French franc, the former monetary unit of France. French coins and bills were replaced by Euro currency in 2002.

LEÇON 26

VIDÉO-SCÈNE

VIDÉO DVD AUDIO

Armelle compte son argent

Dimanche prochain, Pierre va célébrer son anniversaire. À cette occasion, il a organisé une grande soirée pour tous ses amis … et particulièrement pour Armelle.

Pour cette occasion, Armelle voudrait mettre quelque chose de spécial et d'original. Oui, mais voilà, elle a un problème commun à beaucoup de jeunes.

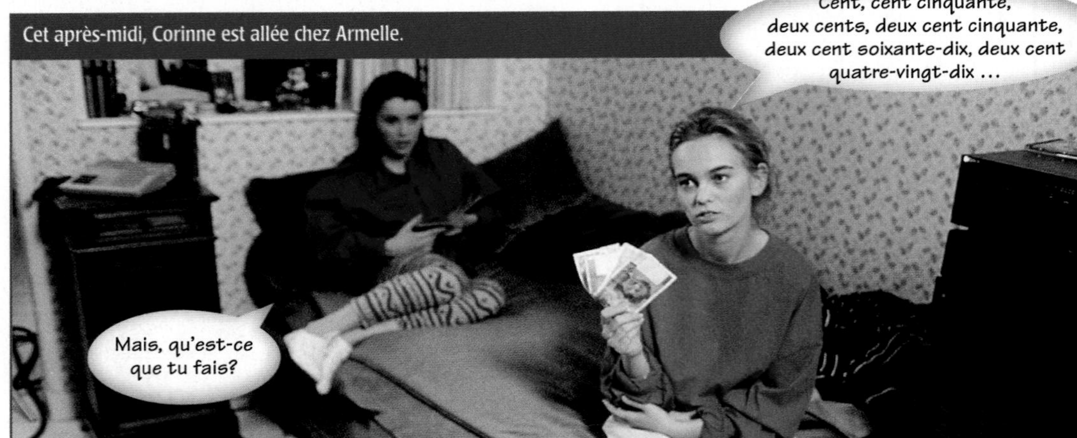

Cet après-midi, Corinne est allée chez Armelle.
Cent, cent cinquante, deux cents, deux cent cinquante, deux cent soixante-dix, deux cent quatre-vingt-dix …
Mais, qu'est-ce que tu fais?

Tu vois, je compte mon argent.

Pourquoi?
Je voudrais m'acheter une nouvelle robe pour aller à la soirée de Pierre.

PERSONALIZATION

Have students calculate how much 330 F would be in euros using this formula:

[price in francs + (price in francs/2)]/10

[330 +115] = 445   445/10 = 44.50 euros

How much would that be in dollars? (Have them check the Internet or the newspaper to find the current exchange rate.) Do they know stores in their area where one would be able to get a good party outfit for that price?

rmelle et Corinne sortent pour faire eurs achats.

à suivre ...

Compréhension

1. Où se passe la scène?
2. Quel est le problème d'Armelle?
3. Combien d'argent a-t-elle?
4. Qu'est-ce que Corinne lui suggère?

Compréhension

Answers

1. La scène se passe chez Armelle.
2. Elle veut acheter une nouvelle robe pour la soirée de Pierre, mais elle n'a pas beaucoup d'argent.
3. Elle a 330 francs.
4. Elle lui suggère d'aller dans une boutique dans la rue Carnot qui a souvent des soldes.

INCLUSION

Cumulative To prepare students for learning numbers above 100, review numbers from 1–100. Tell them to find examples of numbers in the **Vidéo-scène** text. Point out how the numbers from 1–99 (**cinquante, soixante-dix,** and **quatre-vingt-dix** in this case) follow the **cent** or **deux cent** to form higher numbers. Have them write out the numbers from 1–100 in their notebooks. Tell them to look at **deux cents** and **deux cent cinquante** and see if they notice that there is no "s" on the end of **cent** when it is modified.

SECTION A

Communicative function
Asking about prices

Teaching Resource Options

PRINT

Workbook PE, pp. 237–242
Unit 7 Resource Book
 Communipak, pp. 148–168
 Workbook TE, pp. 43–48

AUDIO & VISUAL

Overhead Transparencies
55, 55(o) *Les accessoires et les articles personnels*

TECHNOLOGY

Power Presentations

 **Review** numbers up to 1,000

New material Numbers over 1,000

Language notes

- Multiples of **cent** take an **s,** unless they are followed by another number: **deux cents** but, **deux cent trente.** Multiples of **mille** do not take an **s: deux mille.**
- In French, a space (rather than a comma) is used to indicate thousands and millions. Sometimes a period is used instead of a space.

1 ROLE PLAY asking for prices

–Pardon, monsieur, combien coûte ... ?
–Il/Elle/Ils coûte(nt) ...
–Merci.

- le téléviseur/Il coûte mille six cents euros.
- la voiture/Elle coûte vingt-trois mille euros.
- l'ordinateur/Il coûte mille cent euros.
- le vélo/Il coûte deux cent trente euros.
- les gants/Ils coûtent vingt euros.
- le blouson/Il coûte cent vingt euros.
- le manteau/Il coûte cent soixante-dix euros.

Expansion When students hear the price have them indicate whether or not they will buy the item.
–Bon, je vais l'acheter. (Euh, c'est un peu cher. Je ne vais pas l'acheter.)

SECTION B

Communicative function
Indicating sequence

 **Review** ordinal numbers

Language notes

- **21e = vingt et unième** /vɛ̃teynjɛm/
- Numbers like 1, 2, 3, etc. are called CARDINAL numbers.

A Les nombres de 100 à 1 000 000

100	**cent**	500	**cinq cents**	2 000	**deux mille**
101	**cent un**	510	**cinq cent dix**	5 000	**cinq mille**
110	**cent dix**				
200	**deux cents**	600	**six cents**	10 000	**dix mille**
250	**deux cent cinquante**	900	**neuf cents**	100 000	**cent mille**
420	**quatre cent vingt**	1 000	**mille**	1 000 000	**un million**

1  *C'est combien?*

PARLER Vous faites des achats en France. Choisissez trois articles et demandez combien ils coûtent. Un(e) camarade va vous répondre.

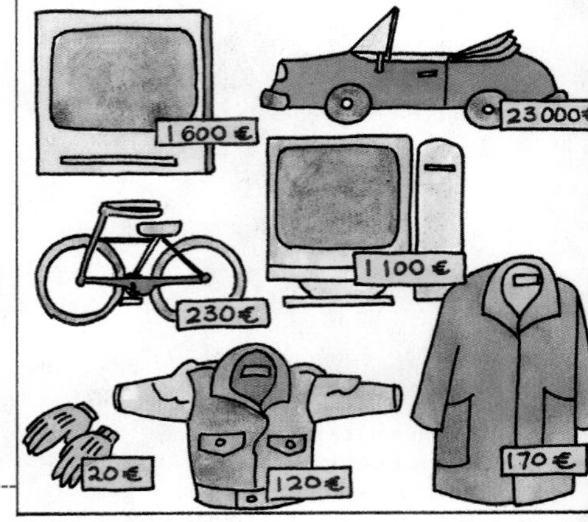

B Les nombres ordinaux

ORDINAL NUMBERS (*first, second, third, fourth,* etc.) are used to indicate rank or order.

In French, ordinal numbers are formed according to the following pattern:

ORDINAL NUMBER	=	NUMBER (minus **-e**, if any)	+	**ième**

	EXCEPTIONS:
deux → **deuxième**	un(e) → **premier (première)**
trois → **troisième**	cinq → **cinquième**
onz~~e~~ → **onzième**	neuf → **neuvième**
cent → **centième**	

WARM-UP Shopping for accessories

PROPS: Transparencies 55, 55(o) *(Les accessoires et les articles personnels)*

After you have filled in the price tags on the overlay for Transparency 55, ask students to select three items. Then have them say the articles they have chosen, and how much the bill comes to.

J'ai choisi une bague pour 90 euros, des lunettes de soleil pour 65 euros et un sac pour 50 euros. Ça fait 205 euros.

To practice numbers over 1,000, you can repeat the activity with higher-priced items.

2 *La course* (*The race*)

PARLER/ÉCRIRE Vous avez participé à une course de dix kilomètres avec des camarades. Dites dans quel ordre ils sont arrivés.

▶ Stéphanie (18)

1. Nathalie (25)
2. Jean-Pierre (6)
3. Jérôme (12)
4. Éric (1)
5. Philippe (40)
6. Pauline (9)
7. François (10)
8. Corinne (17)
9. Isabelle (100)

C Révision: Les adjectifs irréguliers

Many irregular adjectives have endings that follow predictable patterns.

Irregular FEMININE endings:

-on	-onne	bon	bonne
-ien	-ienne	canadien	canadienne
-el	-elle	naturel	naturelle
-et	-ète	discret	discrète
-er	-ère	cher	chère
-eux	-euse	généreux	généreuse
-f	-ve	attentif	attentive

Irregular MASCULINE PLURAL ending:

-al	-aux	normal	normaux

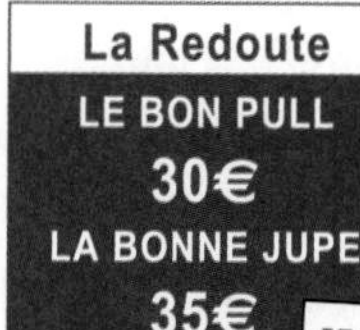

3 *Substitutions*

PARLER/ÉCRIRE Remplacez les mots soulignés par les mots entre parenthèses et faites les changements nécessaires.

1. Philippe porte <u>un pantalon</u> vert. (une chemise, des chaussettes, un pull)
2. Je vais acheter <u>un costume</u> italien. (des chaussures, une veste, une ceinture)
3. Est-ce que <u>cet imper</u> est anglais? (ce foulard, ces lunettes, cette cravate)
4. <u>Ce tee-shirt</u> est mignon. (cette robe, ces chemises, ce maillot de bain)
5. <u>Cette bague</u> est trop chère. (ce bracelet, ces boucles d'oreilles, ces colliers)
6. <u>Cette vendeuse</u> est très sérieuse. (ce vendeur, ces employés, mes copines)
7. <u>Nathalie</u> est sportive. (Éric, Paul et David, mes cousines)
8. <u>Cette casquette</u> est originale. (ces sandales, ce chapeau, ces tee-shirts)
9. <u>Ces produits</u> sont naturels. (ces couleurs, ce textile, cette boisson)
10. En classe, <u>Jean-Paul</u> est très attentif. (ses copains, Mélanie, Isabelle et Sophie)

PRACTICE WITH ORDINAL NUMBERS

Have students bring in the sports statistics from the local Sunday paper.

- To practice lower numbers, ask them questions about team rankings.

  Quelle est la première équipe cette semaine? Quelle est la position des Yankees? [Ils sont en troisième position.]

- To practice higher numbers, ask them about rankings of individual athletes in areas such as RBIs, points scored, etc.

2 PRACTICE ranking people

1. Nathalie est arrivée vingt-cinquième.
2. Jean-Pierre est arrivé sixième.
3. Jérôme est arrivé douzième.
4. Éric est arrivé premier.
5. Philippe est arrivé quarantième.
6. Pauline est arrivée neuvième.
7. François est arrivé dixième.
8. Corinne est arrivée dix-septième.
9. Isabelle est arrivée centième.

Language note If students write out this activity, remind them that **arrivé** agrees with the subject.

SECTION C

Communicative function
Describing people and things

Review irregular adjectives

Language notes

- In the plural, these adjectives follow the regular pattern and add an **-s: des filles génér<u>euses</u>**
- However, adjectives that end in **-eux** do not change in the masculine plural: **des garçons génér<u>eux</u>**

Additional examples

-on	**mignon**	**-eux**	**sérieux**
-ien	**italien**	**-f**	**sportif**
-el	**ponctuel**	**-al**	**original**
-et	**secret**		

3 PRACTICE using descriptive adjectives

1. Philippe porte une chemise verte, des chaussettes vertes et un pull vert.
2. Je vais acheter des chaussures italiennes, une veste italienne et une ceinture italienne.
3. Est-ce que ce foulard est anglais? / ces lunettes sont anglaises? / cette cravate est anglaise?
4. Cette robe est mignonne. / Ces chemises sont mignonnes. / Ce maillot de bain est mignon.
5. Ce bracelet est trop cher. / Ces boucles d'oreilles sont trop chères. / Ces colliers sont trop chers.
6. Ce vendeur est très sérieux. / Ces employés sont très sérieux. / Mes copines sont très sérieuses.
7. Éric est sportif. / Paul et David sont sportifs. / Mes cousines sont sportives.
8. Ces sandales sont originales. / Ce chapeau est original. / Ces tee-shirts sont originaux.
9. Ces couleurs sont naturelles. / Ce textile est naturel. / Cette boisson est naturelle.
10. En classe, ses copains sont très attentifs. / Mélanie est très attentive. / Isabelle et Sophie sont très attentives.

SECTION D

Communicative function
Describing people and things

Teaching Resource Options

PRINT 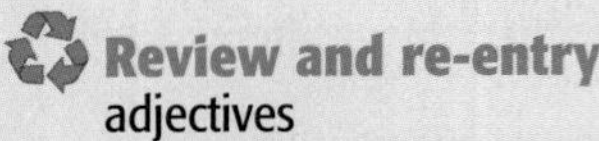

Workbook PE, pp. 237–242
Unit 7 Resource Book
Communipak, pp. 148–168
Workbook TE, pp. 43–48

TECHNOLOGY

Power Presentations

 **Review and re-entry**
adjectives

Pronunciation Note that **vieil** and **vieille** are both pronounced /vjɛj/. Be sure students do not pronounce an /l/ sound.

Language note In spoken French, the use of **des** instead of **de** is more and more common. This is especially true when the following adjective is stressed.

4 DESCRIPTION describing one's environment

1. belle / nouvelle / vieille
2. bel / nouvel / vieil
3. belles / nouvelles / vieilles
4. belle / nouvelle / vieille
5. bel / nouvel / vieil
6. un vieux tee-shirt / des vieilles chaussures
7. vieilles / belles
8. vieilles / belles

Personalization Have students list three items they own: something old, something new, and something beautiful.

J'ai de vieilles chaussures, un nouvel ordinateur et une belle maison.

D Les adjectifs *beau, nouveau, vieux*

The adjectives **beau** *(beautiful, pretty, good-looking)*, **nouveau** *(new)*, and **vieux** *(old)* are irregular.

	SINGULAR		
MASCULINE (+ VOWEL)	le **beau** costume le **bel**‿imper	le **nouveau** costume le **nouvel**‿imper	le **vieux** costume le **vieil**/l/imper
FEMININE	la **belle** veste	la **nouvelle** veste	la **vieille** veste

	PLURAL		
MASCULINE (+ VOWEL)	les **beaux** costumes les **beaux**/z/impers	les **nouveaux** costumes les **nouveaux**/z/impers	les **vieux** costumes les **vieux**/z/impers
FEMININE	les **belles** vestes	les **nouvelles** vestes	les **vieilles** vestes

The adjectives **beau, nouveau,** and **vieux** usually come BEFORE the noun.

→ When the noun begins with a vowel sound, liaison is required.
les **vieux**/z/acteurs   les **nouvelles**/z/actrices

→ Often **des** → **de** before a plural adjective.
Ce sont **des** sandales.   Ce sont **de** vieilles sandales.

LANGUAGE COMPARISON

In French, there are two adjectives that correspond to the English new:

nouveau (nouvelle)	*new (to the owner)*	Mes parents ont une **nouvelle** voiture.
neuf (neuve)	*brand-new*	Ce n'est pas une voiture **neuve.**

4 Expression personnelle

PARLER/ÉCRIRE Décrivez les choses suivantes. Utilisez la forme appropriée de **beau, nouveau** ou **vieux.**

▶ J'ai un … vélo.
J'ai un beau vélo. (J'ai un vieux vélo.)

1. Notre école est une … école.
2. Mon immeuble est un … immeuble.
3. À Québec, il y a beaucoup de … maisons.
4. Les voisins ont une … voiture.
5. Je voudrais acheter un … ordinateur.
6. Quand je travaille dans le jardin, je mets un … tee-shirt et de … chaussures.
7. Au Marché aux puces *(flea market)*, on peut acheter de … choses.
8. Dans les musées, on peut voir de … voitures.

5 Pas d'accord

PARLER Léa n'est pas d'accord avec les achats de Jean. Jouez les deux rôles.

▶ ma chemise
—Comment trouves-tu ma nouvelle chemise?
—Elle est assez belle.
—Assez belle? Tu ne l'aimes pas?
—Si, mais je préfère ta vieille chemise.

1. mon imper
2. mon blouson
3. mes chaussures
4. ma casquette
5. mes baskets
6. mon jean

INCLUSION

Alphabetic/phonetic Model the pronunciation of the forms of **bel, nouvel,** and **vieil**. Say the masculine version that preceeds a vowel and the feminine form and ask them if they notice a difference in pronunciation:

bel appartement, belle voiture
nouvel ordinateur, nouvelle veste
vieil ami, vieille amie

Then have students repeat the forms aloud three times. Finally, have them write down phonetic transcriptions of all the forms in their notebooks.

E Les adverbes en *-ment*

To tell HOW we do certain things, we use ADVERBS OF MANNER. In English, most adverbs of manner end in ***-ly.*** In French, many adverbs of manner end in **-ment.**

Tu parles **calmement.**	*You speak **calmly.***
Nous étudions **sérieusement.**	*We study **seriously.***
J'attends **patiemment.**	*I am waiting **patiently.***

French adverbs of manner are formed from adjectives according to the following patterns:

- Most adjectives (regular and irregular)

FEMININE ADJECTIVE + **ment**

normal	**normale**	→	**normal**ement		sérieux	**sérieuse**	→	**sérieuse**ment
calme	**calme**	→	**calm**ement		actif	**active**	→	**active**ment
					naturel	**naturelle**	→	**naturelle**ment

→ When the adjective ends in **-i** or **-é,** the adverb is derived from the masculine form.
poli → **poli**ment   **spontané** *(spontaneous)* → **spontané**ment

→ Adverbs based on ordinal numbers follow the regular pattern.
premier **première** → **première**ment *first*   **deuxième** → **deuxième**ment

- Adjectives ending in **-ant** and **-ent**

-ant	→	**-amment**	élégant	→	élégamment
-ent	→	**-emment**	patient	→	patiemment

6 Expression personnelle

PARLER/ÉCRIRE Dites comment vous faites les choses suivantes en complétant les phrases avec un adverbe de la liste.

▶ Je parle français …
Je parle français facilement (difficilement, lentement).

1. J'étudie …
2. Je fais mes devoirs …
3. J'écoute le professeur …
4. J'aide mes amis …
5. Je parle à mes parents …
6. J'attends mes amis …
7. J'arrive à l'école …
8. Quand j'ai un problème, j'agis *(act)* …
9. Quand je vais à un match de baseball, je m'habille …

attentivement
calmement
difficilement *(with difficulty)*
facilement *(easily)*
généreusement
lentement *(slowly)*
patiemment
poliment
ponctuellement
prudemment
rapidement
sérieusement
simplement

7 Comment?

PARLER/ÉCRIRE Dites comment ces personnes agissent *(act).*

▶ Jean-Claude est calme. (faire tout)
Il fait tout calmement.

1. Catherine est rapide. (lire le livre)
2. Jean-Pierre est actif. (faire du sport)
3. Alice est généreuse. (aider ses amis)
4. Nicolas est consciencieux. (faire ses devoirs)
5. Paul est élégant. (s'habiller)
6. Mélanie est intelligente. (répondre au professeur)

CLASSROOM MANAGEMENT Pair Practice

Use Act. 6 as a point of departure for pair work.

- Have students write out their answers.
Je parle français difficilement.
- Then have them discuss their answers in pairs.
–Moi, je parle français difficilement. Et toi, Sophie?
–Moi, je parle français lentement.
- Have them write down how their partner does each of the things.
Sophie parle français lentement.

5 ROLE PLAY asking for opinions

J: Comment trouves-tu … ?
L: … est assez …
J: Assez … ? Tu ne … aimes pas?
L: Si, mais je préfère …

1. mon nouvel imper/Il/beau/beau/l'/ton vieil imper
2. mon nouveau blouson/Il/beau/beau/l'/ton vieux blouson
3. mes nouvelles chaussures/Elles/belles/belles/les/tes vieilles chaussures
4. ma nouvelle casquette/Elle/belle/belle/l'/ta vieille casquette
5. mes nouveaux baskets/Ils/beaux/beaux/les/tes vieux baskets
6. mon nouveau jean/Il/beau/beau/l'/ton vieux jean

Language note Si is used instead of **oui** in response to a negative question.

SECTION E
Communicative function
Describing actions

Language note However:
lent *(slow)* → **lentement**

Pronunciation The endings **-amment** and **-emment** are pronounced like **amant** /amɑ̃/.

6 COMMUNICATION describing how you do things

Answers will vary.
1. J'étudie (attentivement, facilement).
2. Je fais mes devoirs sérieusement (patiemment, difficilement).
3. J'écoute le professeur attentivement (patiemment, poliment).
4. J'aide mes amis généreusement (simplement, facilement).
5. Je parle à mes parents poliment (calmement, sérieusement).
6. J'attends mes amis patiemment (calmement).
7. J'arrive à l'école ponctuellement.
8. Quand j'ai un problème, j'agis prudemment (patiemment, calmement).
9. Quand je vais à un match de baseball, je m'habille simplement (rapidement, prudemment).

Teaching note Before doing this activity, model the pronunciation of the adverbs in the list.

7 DESCRIPTION saying how people do things

1. Elle lit le livre rapidement.
2. Il fait du sport activement.
3. Elle aide ses amis généreusement.
4. Il fait ses devoirs consciencieusement.
5. Il s'habille élégamment.
6. Elle répond au professeur intelligemment.

Variation (using the imperfect)
Autrefois, ces personnes agissaient de la même manière.
Jean-Claude faisait tout calmement.

Teaching Resource Options

PRINT 

Workbook PE, pp. 237–242
Unit 7 Resource Book
Audioscript, p. 72
Communipak, pp. 148–168
Family Involvement, pp. 61–62
Workbook TE, pp. 43–48

Assessment
Lesson 26 Quiz, pp. 77–78
Portfolio Assessment, Reprise/Unit 1 URB, pp. 235–244
Audioscript for Quiz 26, p. 76
Answer Keys, pp. 254–258

AUDIO & VISUAL 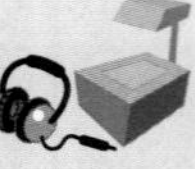

Audio Program
CD 4 Track 16
CD 21 Tracks 2 & 3

TECHNOLOGY 

Test Generator CD-ROM/McDougal Littell Assessment System

À VOTRE TOUR!

1 GUIDED CONVERSATION
shopping in a department store

–À quel étage vas-tu?
–Je vais au (sixième) étage.
–Qu'est-ce que tu vas acheter?
–Je vais acheter (un baladeur).
–Combien veux-tu dépenser?
–Je veux dépenser (cinquante) euros.
–Est-ce que c'est un cadeau?
–Oui, c'est un cadeau. (Non, c'est pour moi.)
–Pour qui?
–Pour ma soeur.

Language note Have students observe how the ordinals are abbreviated in French.
Note: The feminine **première** may be abbreviated **1ère** or **1re**.

Photo culture note Les Galeries Lafayette is a large chain of department stores headquartered in Paris. It offers a wide selection of clothing, from designer labels to more modestly priced items.

À votre tour!

OBJECTIFS
Now you can …
• shop in a French department store

1 Situation: Au grand magasin

PARLER You meet your partner at a department store. Ask your partner …

- which floor he/she is going to
- what he/she is going to buy
- how much he/she wants to spend
- if the item is a present and, if so, for whom

ÉTAGE	RAYONS
rez-de-chaussée	parfums, accessoires
1er	librairie, papeterie
2e	équipement ménager
3e	vêtements d'hommes
4e	vêtements de femmes
5e	articles de sport, vêtements d'enfants
6e	photo et équipement stéréo

2 Préparatifs de voyage

ÉCRIRE/PARLER Vous allez faire un voyage en France cet été. Faites une liste de trois choses que vous devez acheter avant votre départ. Choisissez un(e) partenaire et comparez vos listes d'achats.

LISTE D'ACHATS
1.
2.
3.

Ensuite, imaginez que vous allez ensemble *(together)* dans un grand magasin de votre ville pour acheter ces choses. Avec votre partenaire, composez un dialogue où vous dites …

- dans quel magasin vous allez aller
- à quels rayons vous allez faire vos achats
- combien d'argent vous allez dépenser

UN JEU À quel étage?

PROPS: Bells, a bag containing slips of paper with the names of articles that can be bought **au grand magasin**

Divide the class into two or three teams, lined up in rows. Each team has a bell. Have students open their books to the store directory on p. 386.

Draw an item from the bag and ask on which floor it can be found. The first team to ring its bell and answer correctly wins a point.

–Pardon, s'il vous plaît, les appareils-photo, c'est à quel étage?
–C'est au sixième étage.
–Merci!

(Possible cues: **les skis, les chaînes hi-fi, les ceintures, les parfums, les cravates, les réfrigérateurs,** …)

Lecture Le 5 000 mètres

Six amis font du sport régulièrement. Le week-end dernier, ils ont fait une course de 5 000 mètres. Chacun portait un maillot de couleur différente: bleu, rouge, vert, jaune, orange et rose.

Lisez attentivement les descriptions suivantes. Avec ces renseignements, déterminez l'ordre d'arrivée des coureurs et la couleur de leurs maillots.

1. Stéphanie est arrivée immédiatement avant Nicolas.
2. Christine portait un maillot bleu.
3. Le maillot vert est arrivé premier.
4. Nicolas est arrivé quatrième.
5. André est arrivé avant Nicolas mais il n'était pas le premier.
6. Le maillot rouge est arrivé deuxième.
7. Paul portait un maillot vert.
8. Le dernier portait un maillot jaune.
9. Christine est arrivée entre Nicolas et Thomas.
10. Stéphanie portait un maillot orange.

SUGGESTIONS:

- Sur une feuille de papier, faites une grille semblable à la grille suivante.
- Lisez le texte plusieurs fois. À chaque fois, remplissez la grille avec des nouvelles informations.

ordre d'arrivée	nom	couleur du maillot
1		
2		
3		
4		
5		
6		

Mots utiles

une course *race*
un coureur *runner*
un maillot *athletic T-shirt*

PORTFOLIO ASSESSMENT

You will probably choose only one oral and one written activity to go into the students' portfolios for Unit 7. The following activities are good portfolio topics:

ORAL: Activity 1
ORAL/WRITTEN: Activity 2

EXPANSION Activity 2

Students could do Act. 2 in pairs. First they write the shopping list and compose the dialogue; then they record it.

2 GUIDED CONVERSATION

making plans for a trip

Answers will vary.
1. un maillot de bain
2. des lunettes de soleil
3. un sac

–On va au Bon Marché?
–D'accord, allons-y!
–Je vais faire mes achats au rayon des vêtements de femmes. Je vais acheter un maillot de bain. Et toi?
–Je vais au rayon accessoires au rez-de-chaussée. Je veux acheter des lunettes de soleil et un sac.
–Combien d'argent veux-tu dépenser?
–Je veux dépenser vingt euros Et toi?
–Je veux dépenser cinquante euros.

LECTURE

Le 5 000 mètres

Objectives

- Reading for pleasure
- Developing logical thinking

Pre-reading activity

Have students look at the illustration and guess what type of reading activity this is. [a logic game]

Teaching note Have students observe that
5 000 mètres = 5 kilomètres.
Ask:
Comment appelle-t-on cette course en anglais? [5K]

Group reading Have students work in groups of three or four to discover the solution. The first group to fill in the grid correctly is the winner.

Le 5 000 mètres

Answers
1. Paul, vert
2. André, rouge
3. Stéphanie, orange
4. Nicolas, rose
5. Christine, bleu
6. Thomas, jaune

Observation activity Have the students reread the instructions to find the words with **-ment(s):**

régulièrement
attentivement
renseignements
immédiatement

- In which words does **-ment** correspond to *-ly*? [régulièrement, attentivement, immédiatement]
- In which word does it not? [renseignements]

Leçon 27

Main Topic Expressing comparisons

Teaching Resource Options

PRINT 

Workbook PE, pp. 243–248
Activités pour tous PE, pp. 149–151
Block Scheduling Copymasters, pp. 217–224
Unit 7 Resource Book
- *Activités pour tous* TE, pp. 85–87
- Audioscript, pp. 105, 106–108
- Communipak, pp. 148–168
- Lesson Plans, pp. 88–89
- Block Scheduling Lesson Plans, pp. 90–91
- Absent Student Copymasters, pp. 92–95
- Video Activities, pp. 98–103
- Videoscript, p. 104
- Workbook TE, pp. 79–84

AUDIO & VISUAL 

Audio Program
CD 4 Track 17
CD 12 Tracks 13–18

TECHNOLOGY
Online Workbook

VIDEO PROGRAM

VIDEO DVD

LEÇON 27

Corinne a une idée

TOTAL TIME: 1:45 min.
DVD Disk 2
Videotape 2 (COUNTER: 30:33 min.)

Photo note 2000 francs = approximately 305 euros

LEÇON 27

VIDÉO-SCÈNE

VIDÉO DVD AUDIO 

Corinne a une idée

Armelle voudrait acheter une nouvelle robe pour aller à la soirée de Pierre. Elle cherche quelque chose d'original, mais de pas trop cher. Corinne lui a suggéré d'aller dans une boutique qui a souvent des soldes.

Armelle et Corinne sont maintenant dans cette boutique.

Qu'est-ce que tu penses de cette jupe et de cette veste?
Oui, c'est pas mal ... mais ce n'est pas très original.

Regarde cette robe! Elle est plus jolie?
Oui, tu as raison! Elle est beaucoup plus jolie.

Mais elle est aussi beaucoup plus chère! Regarde le prix!
2000
Oh là là! Je parie que c'est la robe la plus chère du magasin!

Et cette robe-ci? Elle est moins chère?
Euh ... oui, elle est moins chère, mais elle est moins jolie.

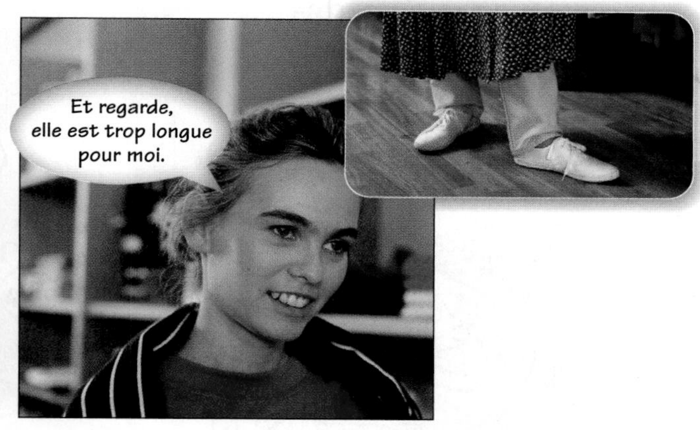

Et regarde, elle est trop longue pour moi.

Vraiment, ces robes sont chères.
J'ai une idée ...
Quoi?
J'ai une grand-mère qui a des tas de robes anciennes très chouettes. On peut aller chez elle. Je suis sûre qu'on va trouver quelque chose d'intéressant. Qu'est-ce que tu en penses?
Oui, excellente idée! Allons chez ta grand-mère!

Les deux amies sortent du magasin pour aller chez la grand-mère de Corinne.

Compréhension

1. Où sont Armelle et Corinne?
2. Qu'est-ce qu'elles font là?
3. Pourquoi est-ce qu'Armelle n'achète rien?
4. Quelle solution Corinne propose-t-elle à son amie?

Casual speech

des tas de = beaucoup de
Literally, **tas** means *piles.*

Compréhension

Answers
1. Elles sont dans une boutique.
2. Elles cherchent une robe pour Armelle.
3. Les robes sont trop chères.
4. Elle lui propose d'aller chez sa grand-mère, qui a beaucoup de robes anciennes.

SECTION A

Communicative function
Making comparisons

Teaching Resource Options

PRINT

Workbook PE, pp. 243–248
Unit 7 Resource Book
Communipak, pp. 148–168
Workbook TE, pp. 79–84

AUDIO & VISUAL 

Overhead Transparencies
7 *Quelques objets*

TECHNOLOGY 

Power Presentations

Teaching tip Write prices in the tags on **Transparency 7,** with two prices that are the same. Have students make statements using **plus cher que, moins cher que,** and **aussi cher que.**

Language note Remind students that adjectives also agree when used in comparisons:

Cette robe est plus chère.

Language note The comparative of **bon** is irregular ONLY in the **plus** form.

La tarte aux pommes est moins (aussi) bonne que la tarte aux poires.

 Le comparatif des adjectifs

MA VOITURE EST PLUS GRANDE ET PLUS CONFORTABLE.

OUI, MAIS ELLE EST MOINS RAPIDE!

Note how comparisons are expressed in the following sentences:

La veste est **plus** chère **que** le pull.	*The jacket is **more** expensive **than** the sweater.*
La moto est **plus** rapide **que** la voiture.	*The motorcycle is faster **than** the car.*
Le pull est **moins** cher **que** le blouson.	*The sweater is **less** expensive **than** the jacket.*
La moto est **moins** confortable **que** la voiture.	*The motorcycle is **less** comfortable **than** the car.*
Paul est **aussi** intelligent **que** toi.	*Paul is **as** intelligent **as** you.*
Tu n'es pas **aussi** sérieux **que** lui.	*You are not **as** serious **as** he (is).*

COMPARISONS with adjectives are expressed according to the following pattern:

+ **plus**	ADJECTIVE (+ **que** ...)	**plus cher (que)**	*more expensive (than)*
− **moins**		**moins cher (que)**	*less expensive (than)*
= **aussi**		**aussi cher (que)**	*as expensive (as)*

→ LIAISON is required after **plus** and **moins.**
plus‿intelligent moins‿intelligent

→ STRESS pronouns are used after **que.**
Paul est plus grand que **toi.** Tu es moins grand que **lui.**

→ The comparative of **bon/bonne** *(good)* is **meilleur/meilleure** *(better).*
La tarte aux pommes est **bonne.** La tarte aux poires est **meilleure.**

SPEAKING ACTIVITY Les tailles *(heights)*

Have students stand and arrange themselves in a row according to their heights.

Levez-vous et mettez-vous en rang d'après votre taille.

Starting at the end with the tallest person, students compare themselves first to the student in front and then to the student behind. For example:

PHILIPPE: **Je suis plus grand que Michelle.**
MICHELLE: **Je suis moins grande que Philippe et plus grande que Jacques.**
JACQUES: **Je suis moins grand que Michelle et plus grand que Suzanne.**, etc.

SUGGESTION: If you have a large class, you may wish to divide the students into two or three rows.

1 Et vous?

PARLER/ÉCRIRE Choisissez une personne de la colonne B et comparez-vous à cette personne en utilisant au moins deux adjectifs de la colonne A.

	A	B
je suis	jeune grand(e) optimiste patient(e) sportif (sportive) sérieux (sérieuse) bon(ne) en français bon(ne) en maths	mon copain ma copine mon frère ma soeur mes camarades de classe ??

▶ Je suis plus jeune que mon frère. Je ne suis pas aussi grand que lui. Je suis moins bon en maths, mais je suis meilleur en français.

VOCABULAIRE Quelques adjectifs

Les personnes

fort *(strong)*	≠	**faible** *(weak)*
gentil (gentille) *(nice)*	≠	**méchant** *(mean, nasty)*

Les choses

chaud *(warm, hot)*	≠	**froid** *(cold)*
facile *(easy)*	≠	**difficile** *(difficult)*
rapide *(fast)*	≠	**lent** *(slow)*
léger (légère) *(light)*	≠	**lourd** *(heavy)*
cher (chère) *(expensive)*	≠	**bon marché** *(inexpensive, cheap)*
utile *(useful)*	≠	**inutile** *(useless)*

Mon sac est plus lourd que ton sac.

→ **Bon marché** is invariable. Its comparative form is **meilleur marché.**

LANGUAGE COMPARISON

In French there are two words that mean *fast:* **rapide** (an adjective), and **vite** (an adverb). Compare their use:

Cette voiture est **rapide.** — *This car is **fast.***
Elle va **vite.** — *It goes **fast.***

INCLUSION

Metacognitive Ask students to generate some adjectives. Teach comparisons with adjectives. Then, ask one or two students to create a chart on the board, showing the placement of the elements of a comparative sentence. Have them write this chart in their notebooks. Afterward, have pairs create ten comparative sentences about objects in the classroom.

1 COMMUNICATION expressing comparisons

Answers will vary.
- Je suis plus jeune que ma soeur. Je (ne) suis (pas) plus grand(e) qu'elle. Je suis aussi sportif (sportive) qu'elle.
- Je suis aussi bon(ne) en français que mon copain. Je suis meilleur(e) en maths que lui. Je suis moins sportif (sportive) que lui.
- Je suis moins optimiste que ma copine. Je suis plus sérieux (sérieuse) qu'elle. Je suis aussi patient(e) qu'elle.
- Je suis aussi sérieux (sérieuse) que mes camarades de classe. Je suis moins patient (patiente) qu'eux. Je suis meilleur(e) en français qu'eux.

Language note
faible → *feeble (weak)*
gentil → *gentle (nice)*
facile → *facility (space that makes something possible, easy)*
rapide → *rapid*
utile → *utility (something useful)*

Language note Remind students that when referring to people, the French use the expression **avoir chaud / froid.**

Compare:
J'ai trop chaud.
Le café est trop chaud.

Vocabulary note Note also the adverb **rapidement** *(quickly).*
J'ai fait mes devoirs très rapidement.

Teaching Resource Options

PRINT 

Workbook PE, pp. 243–248
Unit 7 Resource Book
Communipak, pp. 148–168
Workbook TE, pp. 79–84

AUDIO & VISUAL 

Overhead Transparencies
58 *Le comparatif des adjectifs*

TECHNOLOGY 

Power Presentations

2 COMMUNICATION expressing comparisons

1. Le français est plus (moins, aussi) utile que l'italien.
2. Paris est moins grand que New York.
3. La Californie est aussi (plus, moins) jolie que la Floride.
4. King Kong est moins (plus, aussi) méchant que Dracula.
5. Spiderman est moins (aussi, plus) fort que Tarzan.
6. Les filles sont aussi (moins, plus) indépendantes que les garçons.
7. Les adultes sont moins (plus, aussi) idéalistes que les jeunes.
8. L'argent est moins (aussi, plus) important que l'amitié.
9. Les Yankees sont aussi bons (moins bons, meilleurs) que les Red Sox.
10. Les pizzas sont meilleures (aussi bonnes, moins bonnes) que les hamburgers.

Cultural note (item 2)
Paris: 2,1 millions d'habitants (1999 census)
New York: 8 millions d'habitants (2000 census)

Personalization

- For items 1, 4, 5, and 8, have students substitute their own choices for the second part of the comparisons.
- For item 9, substitute names of sports teams or athletes who are popular in your region.

2 À votre avis

PARLER/ÉCRIRE Comparez les choses ou les personnes suivantes.

▶ le français / facile / l'allemand
Le français est plus (moins, aussi) facile que l'allemand.

1. le français / utile / italien
2. Paris / grand / New York
3. la Californie / jolie / la Floride
4. King Kong / méchant / Dracula
5. Spiderman / fort / Tarzan
6. les filles / indépendantes / les garçons
7. les adultes / idéalistes / les jeunes
8. l'argent / important / l'amitié *(friendship)*
9. les Yankees / bons / les Red Sox
10. les pizzas / bons / les hamburgers

3 Rien n'est parfait!

PARLER Avec vos camarades, composez et jouez les dialogues en faisant les substitutions suggérées et les changements nécessaires.

▶

Tu vas acheter les bottes de cuir?
Non, je vais acheter les bottes de caoutchouc.

Ah bon. Pourquoi?
Parce qu'elles sont plus pratiques.
C'est vrai, mais elles ne sont pas aussi confortables.
Rien n'est parfait!

1. porter la bague en or
   - la bague en argent
   - léger
   - joli
2. prendre le sac en toile
   - le sac en plastique
   - solide
   - grand
3. mettre ta veste de laine
   - ma veste de velours
   - élégant
   - chaud
4. louer la voiture de sport
   - le minivan
   - confortable
   - rapide
5. manger la tarte aux fraises
   - le gâteau au chocolat
   - bon
   - gros *(big)*

4 Comparaisons

PARLER/ÉCRIRE Choisissez un des éléments de chaque paire et comparez-le à l'autre élément. Dans vos comparaisons, utilisez un maximum d'adjectifs de la liste entre parenthèses.

▶ un scooter / une moto (rapide, confortable, économique, joli, cher)
Un scooter est moins rapide, plus confortable ... qu'une moto.

1. un blazer / une veste de cuir (élégant, léger, confortable, pratique, cher)
2. une chaîne hi-fi / un baladeur (lourd, pratique, bon, cher)
3. un hamburger / une salade (léger, bon, riche en calories)
4. un ordinateur / une calculatrice (lourd, utile, pratique, cher)
5. un chien / un chat (gentil, fort, mignon)

PACING

Depending on your schedule, you may choose to do only one or two of Act. 2, 3, and 4.

B Le comparatif des adverbes

Comparisons with adverbs follow the same pattern as comparisons with adjectives.

Je fais du jogging	plus / moins / aussi	**souvent que** toi.	*I jog*	*more / less / as*	*often*	*than / than / as*	*you.*

→ The comparative of **bien** *(well)* is **mieux** *(better)*.
Contrast the use of **meilleur(e)** and **mieux** in the following sentences:

Je suis **bon** en français.	*I am* ***good*** *in French.*
Je suis **meilleur** que toi.	*I am* ***better*** *than you.*
Je parle **bien.**	*I speak* ***well.***
Je parle **mieux** que toi.	*I speak* ***better*** *than you.*

VOCABULAIRE Quelques adverbes

tôt	*early*	Le lundi, je me lève **tôt.**
tard	*late*	Le samedi, je me couche **tard.**
vite	*fast*	Cette moto va très **vite**!
lentement	*slowly*	Allez plus **lentement**!
longtemps	*(for) a long time*	Où étais-tu? Je t'ai attendu **longtemps.**

5 Expression personnelle

PARLER/ÉCRIRE Complétez les phrases en choisissant l'une des expressions proposées.

1. Je vais plus vite à l'école ... (en bus ou à vélo?)
2. Je me lève plus tard ... (le dimanche ou le lundi?)
3. Je me couche plus tôt ... (le samedi soir ou le jeudi soir?)
4. Je regarde la télé plus longtemps ... (le week-end ou pendant la semaine?)
5. Je cours plus lentement ... (quand je suis en forme ou quand je suis fatigué[e]?)
6. Je vais plus souvent à la piscine ... (en hiver ou en été?)
7. Je m'habille plus élégamment ... (pour une boum ou pour un mariage?)
8. Je m'habille plus simplement ... (pour un pique-nique ou pour une boum?)
9. J'étudie mieux ... (le soir ou le matin?)
10. On mange mieux ... (à la cantine de l'école ou à la maison?)
11. On mange mieux ... (dans un restaurant chinois ou dans un restaurant italien?)

RESTAURANT CHINOIS
Le plus ancien de la rive droite
Au Dragon d'Or
Toutes spécialités cantonaises de la meilleure tradition chinoise

INCLUSION

Structured Review the forms of comparative sentences with adjectives. Teach comparative sentences with adverbs. Then, write subjects, adverbs, and adjectives on the board, and tell students to go to board and create sentences using the elements.

3 ROLE PLAY making comparisons

–Tu vas ... ?
–Non, je vais ...
–Ah bon. Pourquoi?
–Parce qu'...
–C'est vrai, mais ...
–Rien n'est parfait!

1. porter la bague en or/porter la bague en argent/elle est plus légère/elle n'est pas aussi jolie
2. prendre le sac en toile/prendre le sac en plastique/il est plus solide/il n'est pas aussi grand
3. mettre ta veste de laine/mettre ma veste de velours/elle est plus élégante/elle n'est pas aussi chaude
4. louer la voiture de sport/louer le minivan/il est plus confortable/il n'est pas aussi rapide
5. manger la tarte aux fraises/manger le gâteau au chocolat/il est meilleur/il n'est pas aussi gros

Teaching note For item 5, remind students that the comparative of **bon** is **meilleur.**

4 COMMUNICATION expressing preferences using comparisons

Answers will vary.

1. Un blazer est plus cher (plus élégant, plus léger, moins confortable, plus pratique) qu'une veste de cuir.
2. Une chaîne hi-fi est plus lourde (moins pratique, meilleure, plus chère) qu'un baladeur.
3. Un hamburger est moins bon (moins léger, plus riche en calories) qu'une salade.
4. Un ordinateur est plus pratique (plus lourd, plus utile, plus cher) qu'une calculatrice.
5. Un chien est moins gentil (plus fort, plus mignon) qu'un chat.

SECTION B

Communicative function
Comparing actions

5 COMMUNICATION making comparisons

Answers will vary.

1. Je vais plus vite à l'école en bus (à vélo).
2. Je me lève plus tard le dimanche (le lundi).
3. Je me couche plus tôt le jeudi soir (le samedi soir).
4. Je regarde la télé plus longtemps le week-end (pendant la semaine).
5. Je cours plus lentement quand je suis fatigué(e).
6. Je vais plus souvent à la piscine en été (en hiver).
7. Je m'habille plus élégamment pour une boum (pour un mariage).
8. Je m'habille plus simplement pour un pique-nique (pour une boum).
9. J'étudie mieux le matin (le soir).
10. On mange mieux à la maison (à la cantine de l'école).
11. On mange mieux dans un restaurant italien (dans un restaurant chinois).

SECTION C

Communicative function
Expressing superlatives

Teaching Resource Options

PRINT 

Workbook PE, pp. 243–248
Unit 7 Resource Book
Audioscript, p. 108
Communipak, pp. 148–168
Family Involvement, pp. 96–97
Workbook TE, pp. 79–84

Assessment
Lesson 27 Quiz, pp. 110–111
Portfolio Assessment, Reprise/Unit 1 URB, pp. 235–244
Audioscript for Quiz 27, p. 109
Answer Keys, pp. 254–258

AUDIO & VISUAL 

Audio Program
CD 4 Track 18
CD 21 Track 4

Overhead Transparencies
59 *Le superlatif des adjectifs*

TECHNOLOGY 

Power Presentations
Test Generator CD-ROM/McDougal Littell Assessment System

Teaching tip Use the pictures in **Transparency 59** to present and practice the superlatives.

Quelle fille
... est la plus grande (petite)?
... porte la jupe la plus longue (courte)?
... essaie la veste la plus (moins) chère?
... porte le plus joli chapeau? le chapeau le plus moche?
... porte les chaussures les plus (moins) confortables?

Language note When adjectives like **grand, petit, joli, beau, vieux,** etc. are stressed, the superlative form often comes after the noun.

Tu as choisi la robe la plus jolie.

Challenge level For recognition, you may want to present the formation of the superlative of adverbs:

le plus (le moins) + ADVERB
Le plus souvent j'achète mes vêtements quand ils sont en solde.
Parmi *(among)* **mes copines, c'est Claire qui s'habille le mieux.**

6 COMPREHENSION expressing superlatives

1. d **2.** e **3.** b **4.** c **5.** a

C Le superlatif des adjectifs

In a superlative construction, one or several people or things are compared to the rest of the group. Note the superlative constructions in the following sentences.

Anne est la fille **la plus gentille** de la classe.	*Anne is **the nicest** girl in the class.*
C'est l'hôtel **le plus moderne** de la ville.	*It's **the most modern** hotel in the city.*
Où est la boutique **la moins chère**?	*Where is **the least expensive** shop?*
Qui sont les élèves **les moins sérieux**?	*Who are **the least serious** students?*

Superlative constructions are formed according to the pattern:

le/la/les { **plus** / **moins** } ADJECTIVE	**le/la/les plus moderne(s)**	*the most modern*
	le/la/les moins moderne(s)	*the least modern*

→ The position of the superlative adjective (BEFORE or AFTER the noun) is usually the same as the simple adjective.

Voici une fille **intelligente.**	C'est la fille **la plus intelligente** de la classe.
Voici une **jolie** boutique.	C'est **la plus jolie** boutique de la ville.

→ Note that if the superlative adjective comes AFTER the noun, the definite article **le, la, les** is used twice: both BEFORE and AFTER the noun.

LANGUAGE COMPARISON

After a superlative construction, French uses **de** whereas English uses ***in.***

C'est la boutique la plus chère **de** la ville. *It's the most expensive shop **in** the city.*

→ The superlative of **bon/bonne** is **le meilleur/la meilleure** *(the best).*

Qui est **le meilleur** athlète du lycée? *Who is **the best** athlete in the school?*

6 Le savez-vous?

PARLER Pouvez-vous faire correspondre les choses suivantes avec le pays où elles sont situées?

1. le plus grand stade de foot		**a.** en Chine
2. la plus grande piscine		**b.** aux États-Unis
3. la plage la plus longue	se trouve	**c.** au Japon
4. le train le plus rapide		**d.** au Brésil
5. le sommet *(peak)* le plus élevé		**e.** au Maroc

7 Questions personnelles PARLER/ÉCRIRE

1. Quel est le sport le plus intéressant? le plus difficile? dangereux? le moins intéressant?
2. Quelle est la classe la plus intéressante? Quelle est la matière la plus facile? la plus utile?
3. Qui est la fille la plus sportive de la classe? le garçon le plus sportif?
4. Quelle est la plus grande pièce de ta maison (de ton appartement)? la pièce la plus petite? la pièce la plus confortable? la pièce la moins confortable?
5. Quelle est la plus grande ville de ta région? la plus jolie ville? la ville la plus intéressante?

TEACHING STRATEGY Les champions

Act. 7 can be done individually or in groups.

- Class balloting
  - –Select five items from the list and have the students "vote" by writing down their choices on "ballots."
  - –Collect the ballots and tabulate the results.
- Group discussion
  - –Divide the class into small groups and assign three or four items to each group. After the groups have discussed their choices, the **secrétaire** will report the results to the rest of the class or hand them in for credit.

8 Les champions

PARLER/ÉCRIRE Dites qui est meilleur dans les catégories suivantes. Vous pouvez faire un sondage *(poll)* d'opinion dans la classe.

1. le meilleur acteur de cinéma
2. la meilleure actrice
3. le meilleur chanteur
4. la meilleure chanteuse
5. le meilleur groupe musical
6. le meilleur athlète professionnel
7. la meilleure athlète
8. le comédien le plus drôle
9. la comédienne la plus drôle
10. la meilleure émission de télé *(TV show)*
11. le meilleur film de l'année
12. la meilleure équipe de baseball
13. la meilleure équipe de basket
14. la meilleure équipe de football américain

9 Tu as raison

PARLER Maxime et Marie sont d'accord sur beaucoup de choses. Jouez les deux rôles.

▶ une boutique chère / la ville

1. un hôtel moderne / la ville
2. un costume cher / le magasin
3. une pièce confortable / l'appartement
4. un professeur intéressant / l'école
5. un élève sérieux / la classe
6. un copain sympathique / notre groupe
7. une fille sportive / le club

C'est une boutique chère!
Tu as raison! C'est la boutique la plus chère de la ville!

À votre tour!

OBJECTIFS
Now you can …
- make comparisons

1 Situation: En visite

PARLER You are a French exchange student. You are new in town and have a few questions. Ask your partner to name …

▶ the best restaurant
Quel est le meilleur restaurant?

- the least expensive restaurant
- the most interesting shops
- the least expensive boutique
- the largest supermarket
- the best music shop

7 COMMUNICATION answering personal questions

Answers will vary.
1. À mon avis, le sport le plus intéressant est (la planche à voile). Le sport le plus difficile est (l'équitation). Le sport le plus dangereux est (l'alpinisme). Le sport le moins intéressant est (le jogging).
2. La classe la plus intéressante est la classe (de français). La matière la plus facile est (l'anglais). La matière la plus utile est (l'informatique).
3. La fille la plus sportive de la classe est … Le garçon le plus sportif de la classe est …
4. La plus grande pièce de ma maison (de mon appartement) est (le salon). La pièce la plus petite est (la salle de bains). La pièce la plus confortable est (ma chambre). La pièce la moins confortable est (la cuisine).
5. La plus grande ville de ma région est … La plus jolie ville est … La ville la plus intéressante est …

8 COMMUNICATION saying who is best in each category

Answers will vary.
1. Le meilleur acteur de cinéma est (Ben Affleck).
2. La meilleur actrice est (Audrey Tautou).
3. Le meilleur chanteur est (Patrick Bruel).
4. La meilleure chanteuse est (Isabelle Boulay).
5. Le meilleur groupe musical est (Manau).
6. Le meilleur athlète professionel est (Tiger Woods).
7. La meilleure athlète est (Venus Williams).
8. Le comédien le plus drôle est (Jerry Seinfeld).
9. La comédienne la plus drôle est (Bonnie Hunt).
10. La meilleure émission de télé est (les infos).
11. Le meilleur film de l'année est *(Amélie)*.
12. La meilleure équipe de baseball est les (Angels).
13. La meilleure équipe de basket est les (Celtics).
14. La meilleur équipe de football américain est les (New England Patriots).

9 ROLE PLAY expressing agreement using superlatives

Maxime: C'est … !
Marie: Tu as raison! C'est … !
1. un hôtel moderne/l'hôtel le plus moderne de la ville
2. un costume cher/le costume le plus cher du magasin
3. une pièce confortable/la pièce la plus confortable de l'appartement
4. un professeur intéressant/le professeur le plus intéressant de l'école
5. un élève sérieux/l'élève le plus sérieux de la classe
6. un copain sympathique/le copain le plus sympathique de notre groupe
7. une fille sportive/la fille la plus sportive du club

À VOTRE TOUR!

1 ROLE PLAY expressing comparisons

- –Quel est le restaurant le moins cher?
  –Le restaurant le moins cher est (Quick Snack).
- –Quels sont les magasins les plus intéressants?
  –Les magasins les plus intéressants sont (Chic Shop et La Mode).
- –Quelle est la boutique la moins chère?
  –La boutique la moins chère est (Bargain Center).
- –Quel est le plus grand supermarché?
  –Le plus grand supermarché est (Géant).
- –Quel est le meilleur magasin de musique?
  –Le meilleur magasin de musique est (Music Box).

EXPANSION Activity 9

CHALLENGE LEVEL
- with **bon**
  un bon restaurant / la ville
  un bon professeur / l'école
- with adjectives that precede the noun
  une jolie maison / le quartier
  un grand parc / la région

PORTFOLIO ASSESSMENT

You will probably choose only one oral and one written activity to go into the students' portfolios for Unit 7. The following activity is a good portfolio topic:

WRITTEN: Activity 1 (Expansion: Have students in small groups prepare a French-language brochure containing these or similar suggestions for tourists.)

LECTURE
Quelques records

Objectives
- Reading for pleasure
- Reading for information

Teaching note The items are presented in order of difficulty. Depending on your time constraints, you may want to assign only selected questions.

Quelques records

Answers
1. le guépard. Sur une distance d'une mile, le guépard peut atteindre une vitesse de 60 miles à l'heure.
2. 26 roues
3. $65 000
4. 437 jours (du 8 janvier 1994 au 22 mars 1995)
5. Martin
6. Moins de dix ans. Il a servi de barreur *(cox)* à l'équipe de Hollande.
7. La Tour Eiffel a servi de support publicitaire de 1925 à 1936.
8. Un Japonais a payé 82,5 millions de dollars pour ce portrait.
9. Quinze millions de spectateurs assistent au passage du Tour de France.
10. Tous les maires de France ont été invités à ce banquet qu'on appelle «le Banquet des Maires».

Realia note Point out the way names are listed in French phone books, with guillemets used to indicate recurring surnames.

Lecture *Quelques records*

Lisez la description de certains records dans les paragraphes suivants. Pouvez-vous répondre aux questions?

1. L'animal terrestre le plus lourd est l'éléphant. L'animal le plus haut° est la girafe. L'animal le plus long est le python réticulé.

Quel est l'animal le plus rapide?
- ○ le guépard°
- ○ l'antilope
- ○ le cheval

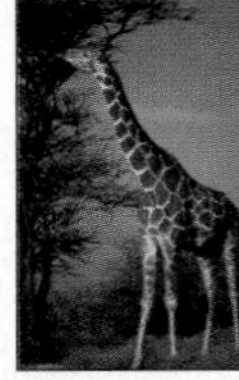

2. La plus longue voiture est une limousine de 100 pieds de long. Cette voiture est équipée d'une piscine, d'un plongeoir° et d'une piste d'atterrissage° pour hélicoptère.

Combien de roues° a-t-elle?
- ○ 12
- ○ 26
- ○ 48

3. Entre le 3 juin et le 17 octobre 1994, trois personnes ont fait l'aller et retour° Londres (Angleterre) et Le Cap (Afrique du Sud) en taxi. Ce voyage de 21 691 miles est la plus longue course° en taxi du monde.

Combien a coûté cette course?
- ○ 1 500 dollars
- ○ 15 000 dollars
- ○ 65 000 dollars

4. Le plus long voyage spatial a été accompli par Valéri Poliakov, un astronaute russe.

Combien de temps a duré° ce voyage?
- ○ 12 jours
- ○ 162 jours
- ○ 437 jours

5. Plus de 100 millions de personnes portent le nom de Chang. C'est le nom de famille le plus commun du monde. Aux États-Unis, le nom de famille le plus commun est Smith.

Quel est le nom de famille le plus commun en France?
- ○ Dupont
- ○ Leblanc
- ○ Martin

MARTIN Claudine 14 r Abel 12e ------------ 01 43 47
>> Claudine 4 r Baulant 12e ------------ 01 43 43
>> Claudine 23 r Commerce 15e ---------- 01 45 75
>> Claudine avocate16 r Naples 8e -------- 01 43 87
>> Clotilde 19 r Chaufourniers 19e -------- 01 42 41
>> Clotild
>> Colette
>> Colette
>> Colette
>> Colette

LE BLANC Claudine 24 r Haies 20e -------
LEBLANC Claudine
20 cité Popincourt 11e -------------
>> Claudine 295 r St Jacques 5e ------
LE BLANC Claudine 45 r Ulm 5e --------
LEBLANC Colette 26 r Vavin 6e --------
>> Corinne 10 r Thibaud 14e --------
>> Daniel 14 bd Gouvion Saint Cyr 17e -
>> Daniel 33 r Tolbiac 13e ---------
>> Danièle 59 r Moulin Vert 14e ------

DUPONT-(suite)
>> Therese 113 r Fbg St Antione 11e ----
>> Thierry 11 r Croix Faubin 11e --------
>> Thierry 59 r Eugène Carrière 18e ------ 01 46 28 1
>> Thierry 11 pass Foubert 13e ---------- 01 45 59 6
>> Thierry médecin 1 r Louvre 1er -------- 01 42 35 2
>> Thierry 50 r Sévigné 3e ------------ 01 42 33 4
>> Thomas 3 r Didier 16e -------------- 01 45 50 5

6. Le plus jeune champion olympique est un Français. Ce garçon a participé aux Jeux Olympiques de Paris en 1900 et a gagné une médaille d'or en aviron.°

Quel âge avait-il?
- ○ moins de dix ans
- ○ douze ans
- ○ quinze ans

le plus haut *tallest* **le guépard** *cheetah* **plongeoir** *diving board* **piste d'atterrissage** *landing area* **roues** *wheels* **aller et retour** *round trip* **course** *ride* **a duré** *lasted* **aviron** *crew, rowing*

PRE-READING ACTIVITY

Have students read the title and skim over the format of the reading. What does it remind them of? *[Guinness Book of Records]*

En France, les gens consultent *Le livre des records Guinness* pour découvrir les derniers records mondiaux.

SPECIAL PROJECT

Have pairs of students write their own items, using the *Guinness Book of Records.*

Provide linguistic help, as needed, while students prepare their questions. The questions can then be presented to the rest of the class.

7. La plus grande publicité° lumineuse a été créée en 1925 pour la marque° d'automobile Citroën. Réalisée en six couleurs avec 250 000 ampoules° électriques, cette publicité était visible à une distance de 40 kilomètres.

Quel monument a servi de support à cette publicité?
- ○ l'Arc de Triomphe
- ○ La Tour Eiffel
- ○ L'Empire State Building

8. Le peintre Vincent Van Gogh (1853-1890) a probablement été l'un des artistes les plus malheureux et les moins chanceux° de l'histoire. Durant sa vie,° il a vendu un seul° tableau.° Aujourd'hui, ses tableaux sont parmi les plus chers du monde. Le prix payé en 1990 pour son tableau «Le portrait du Docteur Gachet» a établi un record mondial.°

Quel était le prix de ce tableau?
- ○ un million de dollars
- ○ dix millions de dollars
- ○ plus de quatre-vingts millions de dollars

9. Couru sur une distance de plus de 3 000 kilomètres, le Tour de France est la plus longue course cycliste du monde. D'une durée de° 21 jours, c'est aussi la plus grande épreuve° d'endurance. Finalement, c'est l'événement sportif qui attire° le plus grand nombre de spectateurs.

Combien de personnes vont voir le Tour de France chaque année?
- ○ un million
- ○ cinq millions
- ○ quinze millions

10. Le plus grand dîner du monde a eu lieu à Paris le 22 septembre 1900. C'est le président de la République qui a offert ce dîner. Il y avait 22 925 personnes à ce grand banquet.

Qui étaient ces invités?
- ○ des artistes
- ○ des supporters politiques
- ○ tous les maires° de France

Cognate pattern: -ir ↔ *-ish*

finir ↔ *finish*
accomplir ↔ ?
établir ↔ ?

ublicité *advertisement* **marque** *make* **ampoules** *bulbs* **chanceux** *lucky* **vie** *life* **un seul** *only one* **tableau** *painting*
ondial *world* **D'une durée de** *Lasting* **épreuve** *trial* **attire** *attracts* **maires** *mayors*

CLASSROOM MANAGEMENT Group Activity

This reading may be done as a group activity with each group debating and establishing its list of answers.

GAME FORMAT: The winning group is the one with the highest number of correct responses.

Photo notes

4. Cosmonaut Poliakov looks out from the *Mir* space station during its rendez-vous with the space shuttle *Voyager* on February 6, 1995.
9. Tour de France participants cycling through Limoges in central France.
10. Mayors of France at the **Banquet des Maires,** which was offered by **President Émile Loubet** on September 22, 1900.

Observation activity Have the students reread the records, finding examples of superlative constructions. Note that when the adjective follows the noun (items 1 and 5), the article **le** is repeated before the adjective.

Answers
1. L'animal terrestre le plus lourd
   L'animal le plus haut
   L'animal le plus long
   L'animal le plus rapide
2. La plus longue voiture
3. La plus longue course en taxi
4. Le plus long voyage spatial
5. le nom de famille le plus commun
6. Le plus jeune champion olympique
7. La plus grande publicité lumineuse
8. l'un des artistes les plus malheureux et les moins chanceux
   ses tableaux sont parmi les plus chers du monde
9. la plus longue course cycliste
   la plus grande épreuve d'endurance
   le plus grand nombre de spectateurs
10. Le plus grand dîner

Cognate pattern

Answers

accomplir ↔ *to accomplish*
(4. **a été accompli**)
établir ↔ *to establish*
(8. **a établi**)

Other examples:
polir ↔ *to polish*
fournir ↔ *to furnish*
brandir ↔ *to brandish*

Vocabulary note Review the cognate pattern **-er** ↔ **-ate:**

6. **a participé**
7. **a été créée**

Leçon 28

Main Topic Expressing preferences

Teaching Resource Options

PRINT 

Workbook PE, pp. 249–252
Activités pour tous PE, pp. 153–155
Block Scheduling Copymasters, pp. 225–232
Unit 7 Resource Book
- *Activités pour tous* TE, pp. 117–119
- Audioscript, pp. 138, 139–142
- Communipak, pp. 148–168
- Lesson Plans, pp. 120–121
- Block Scheduling Lesson Plans, pp. 122–124
- Absent Student Copymasters, pp. 125–127
- Video Activities, pp. 130–136
- Videoscript, p. 137
- Workbook TE, pp. 113–116

AUDIO & VISUAL 

Audio Program
CD 4 Track 19
CD 12 Tracks 19–24

TECHNOLOGY

Online Workbook

VIDEO PROGRAM

VIDEO DVD

LEÇON 28

Les vieilles robes de Mamie

TOTAL TIME: 3:02 min.
DVD Disk 2
Videotape 2 (COUNTER: 32:24 min.)

Vocabulary notes

Mamie *Grandma, Nana*
une sonnette *doorbell*
génial *super, great*

Supplementary vocabulary

Papi *Grandpa*

Teaching note Ask the students to compare and contrast the way Corinne's grandmother greets the two girls. They should note that the grandmother kisses her granddaughter and calls her **chérie**. In contrast, she shakes Armelle's hand, and Armelle addresses the grandmother as **madame.**

LEÇON 28

VIDÉO-SCÈNE

VIDÉO DVD AUDIO

Les vieilles robes de Mamie

Dans l'épisode précédent, Armelle est allée dans une boutique avec Corinne pour acheter une robe, mais elle n'a rien trouvé d'intéressant. Corinne a proposé à Armelle d'aller chez sa grand-mère qui a une collection de robes anciennes. Les deux amies viennent d'arriver chez la grand-mère de Corinne.

La grand-mère de Corinne est dans son jardin. Elle n'entend pas la sonnette.

Les deux amies retrouvent la grand-mère au jardin.

Bonjour, Mamie.
Bonjour, ma chérie. Je suis contente de te voir.

Bonjour, madame.
Bonjour, Armelle.

Dis, Mamie, on peut aller voir tes vieilles robes?
Lesquelles?
Tu sais bien, celles que tu m'as montrées le mois dernier.

Ah oui, tu veux dire celles qui sont dans le grenier?
Oui, c'est ça.
Mais bien sûr, allez les voir si ça vous amuse!

Le jour de la boum, la soirée de Pierre a commencé, mais Armelle et Corinne ne sont pas là.

Compréhension

1. Où est la grand-mère de Corinne?
2. Pourquoi Corinne et Armelle lui rendent-elles visite?
3. Qu'est-ce qu'elles font dans le grenier?
4. Qu'est-ce que Pierre pense des robes d'Armelle et de Corinne?

Compréhension

Answers

1. Elle est dans le jardin.
2. Elles veulent voir les vieilles robes que la grand-mère a dans son grenier.
3. Elles essaient des robes et des chapeaux.
4. Il pense qu'elles sont géniales.

SECTION A

Communicative function
Asking for clarification

Teaching Resource Options

PRINT 

Workbook PE, pp. 249–252
Unit 7 Resource Book
Communipak, pp. 148–168
Workbook TE, pp. 113–116

TECHNOLOGY 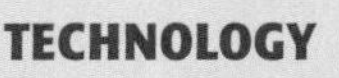

Power Presentations

Teaching note Ask students what the pronouns in the cartoon captions refer to:

laquelle (quelle veste)
celle-ci (cette veste-ci)
celle-là (cette veste-là)

1 ROLE PLAY asking to try things on in a shop

1. –Est-ce que je peux essayer cette chemise?
 –Laquelle?
 –Cette chemise bleue.
 –Mais oui, bien sûr. Voilà.
 –Merci.
2. –Est-ce que je peux essayer ce pantalon?
 –Lequel?
 –Ce pantalon gris.
 –Mais oui, bien sûr. Voilà.
 –Merci.
3. –Est-ce que je peux essayer ce survêtement?
 –Lequel?
 –Ce survêtement rouge.
 –Mais oui, bien sûr. Voilà.
 –Merci.
4. –Est-ce que je peux essayer ces sandales?
 –Lesquelles?
 –Ces sandales marron.
 –Mais oui, bien sûr. Voilà.
 –Merci.
5. –Est-ce que je peux essayer ces gants?
 –Lesquels?
 –Ces gants blancs.
 –Mais oui, bien sûr. Voilà.
 –Merci.
6. –Est-ce que je peux essayer ce pull?
 –Lequel?
 –Ce pull orange.
 –Mais oui, bien sûr. Voilà.
 –Merci.
7. –Est-ce que je peux essayer cette casquette?
 –Laquelle?
 –Cette casquette noire.
 –Mais oui, bien sûr. Voilà.
 –Merci.

Expansion

–Est-ce que je peux essayer ces chaussures?
–Lesquelles voulez-vous essayer?, (etc.)

A Le pronom interrogatif *lequel*

AVANT

CES DEUX VESTES TE VONT BIEN. ALORS, LAQUELLE CHOISIS-TU? CELLE-CI OU CELLE-LÀ?

APRÈS

JE CHOISIS CELLE-LÀ!

Note the forms and use of the pronoun **lequel** *(which one)* in the following sentences.

Voici un CD de jazz et un CD de rock.
Lequel veux-tu écouter? — ***Which one** do you want to listen to?*

Voici plusieurs chaussures.
Lesquelles voulez-vous essayer? — ***Which ones** do you want to try on?*

The interrogative pronoun **lequel** agrees with the noun it replaces. It has the following forms:

	SINGULAR	PLURAL
MASCULINE	lequel?	lesquels?
FEMININE	laquelle?	lesquelles?

Lesquelles veux-tu essayer?

→ Note that **lequel** consists of two parts, both of which agree with the noun it replaces:

DEFINITE ARTICLE	+	INTERROGATIVE ADJECTIVE
le	+	quel

1   Au centre commercial

PARLER Des clients veulent essayer certaines choses. Jouez le rôle des clients et des vendeurs. (Notez que chaque chose est identifiée par sa couleur.)

INCLUSION

Synthetic/Analytic Point out the elements of **lequel** (**le** + **quel**). Have students repeat the forms three times. Then, call out masculine, feminine, and plural words and have students tell you which form of **lequel** would replace them.

les filles (lesquelles)
le prof (lequel)
les livres (lesquels)
la voiture (laquelle)

B Le pronom démonstratif *celui*

Note the forms and use of **celui** *(the one)* in the answers to the questions below.

Tu aimes **ce pantalon**?	Non, je préfère **celui-ci.**	*No, I prefer **this one.***
Tu vas acheter **ces bottes**?	Non, je vais acheter **celles-là.**	*No, I am going to buy **those.***

FORMS

The demonstrative pronoun **celui** agrees with the noun it replaces.
It has the following forms:

	SINGULAR	PLURAL
MASCULINE	celui	ceux
FEMININE	celle	celles

USES

The pronoun **celui** cannot stand alone. It is used in the following constructions:

- **celui-ci** and **celui-là**
  Celui-ci usually means *this one* (or *these,* in the plural).
  Celui-là usually means *that one* (or *those,* in the plural).

  Quelle veste préfères-tu? **Celle-ci** ou **celle-là**? — ***This one** or **that one**?*

- **celui de** + NOUN
  This construction is used to express ownership or relationship.

  Est-ce que c'est ton parapluie? — *Is it your umbrella?*
  Non, c'est **celui de ma soeur.** — *No, it's **my sister's** (umbrella).* *[= the one belonging to my sister]*

- **celui qui** and **celui que**
  Usually **celui qui** and **celui que** mean *the one(s) that* or *the one(s) who/whom.*

  Tu aimes cette veste?
  Je préfère **celle qui** est en solde. — *I prefer **the one that** is on sale.*
  Je préfère **celle que** je porte. — *I prefer **the one (that)** I am wearing.*

  Qui est cette fille?
  C'est **celle qui** parle espagnol. — *She is **the one who** speaks Spanish.*
  C'est **celle que** je vais inviter à la boum. — *She is **the one (whom)** I am going to invite to the party.*

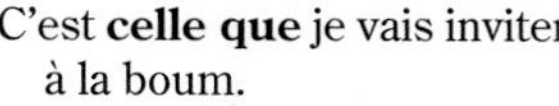

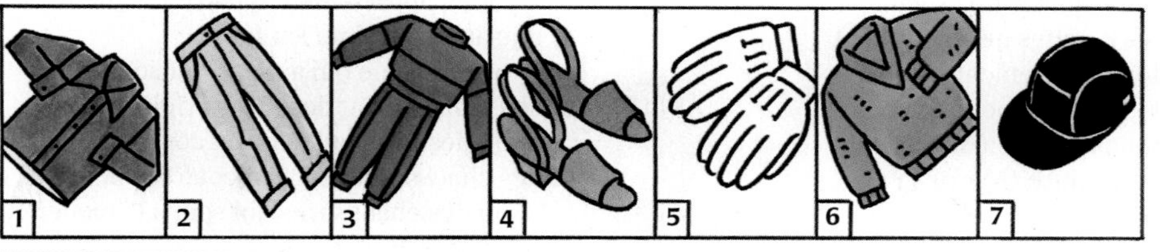

SECTION B

Communicative function
Pointing out objects

Language note You may want to point out that these forms are derived from:

ce (c') + STRESS PRONOUN
ce + lui → celui
ce + elle → celle
ce + eux → ceux
ce + elles → celles

Teaching notes

- Have students find examples of **celui/celle** in the vidéo-scène on pp. 398–399.
- To help students understand the uses of **celui,** you might stress that:

celui = *the one*
celui-ci (celui + ici) *the one here (this one)*
celui-là (celui + là) *the one over there (that one)*
celui de *the one of (the one belonging to)*
celui qui *the one who, that, which*
celui que *the one whom, that, which*

If students ask In **celui qui,** the pronoun **qui** acts as the subject and is followed by a verb. In **celui que,** the pronoun **que** acts as the direct object and is followed by SUBJECT + VERB.

Looking ahead The distinction between **celui qui** and **celui que** is developed in Level Three.

Teaching Resource Options

PRINT 

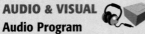

Workbook PE, pp. 249–252
Unit 7 Resource Book
Audioscript, p. 138
Communipak, pp. 148–168
Family Involvement, pp. 128–129
Workbook TE, pp. 113–116

Assessment

Lesson 28 Quiz, pp. 144–145
Portfolio Assessment, Reprise/Unit 1 URB, pp. 235–244
Audioscript for Quiz 28, p. 153
Answer Keys, pp. 254–258

AUDIO & VISUAL 

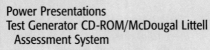

Audio Program
CD 4 Track 20
CD 21 Track 5

Overhead Transparencies
57 *Dans une boutique*
8 *Possessions*

TECHNOLOGY 

Power Presentations
Test Generator CD-ROM/McDougal Littell Assessment System

2 ROLE PLAY describing items

–Comment trouvez-vous ... ?
–...
–Et ...-ci?
–...
–Et ...-là?
–...

1. ces chaussures/Elles sont trop larges./celles/Elles sont trop étroites./celles/Elles sont trop grandes.
2. cet imper/Il est trop court./celui/Il est trop long./celui/Il est trop cher.
3. ces tee-shirts/Ils sont trop petits./ceux/Ils sont trop longs./ceux/Ils sont trop bizarres.
4. ces cravates/Elles sont trop simples./celles/Elles sont trop criardes./celles/Elles sont trop chères.
5. ce maillot de bain/Il est trop grand./celui/Il est trop étroit./celui/Il est trop moche.
6. cette raquette de tennis/Elle est trop lourde./celle/Elle est trop légère./celle/Elle est trop chère.

Teaching tip The exchanges in Act. 2 can be varied and expanded to describe the items in **Transparency 57.**

3 ROLE PLAY asking who owns certain items

1. Claire: C'est ton sac?
   Pierre: Non, c'est celui de mon cousin.
2. Claire: C'est ta cravate?
   Pierre: Non, c'est celle de mon père.
3. Claire: C'est ta casquette?
   Pierre: Non, c'est celle de ma soeur.
4. Claire: Ce sont tes lunettes de soleil?
   Pierre: Non, ce sont celles de Léa.
5. Claire: C'est ton survêtement?
   Pierre: Non, c'est celui de Nicolas.
6. Claire: Ce sont tes gants?
   Pierre: Non, ce sont ceux de Thomas.
7. Claire: C'est ton parapluie?
   Pierre: Non, c'est celui d'Alice.
8. Claire: C'est ta ceinture?
   Pierre: Non, c'est celle de Marc.

2  Clients difficiles

PARLER Vous travaillez dans un grand magasin. Vous présentez certains articles à un(e) camarade qui va jouer le rôle d'un(e) client(e) difficile.

▶ Une veste ...

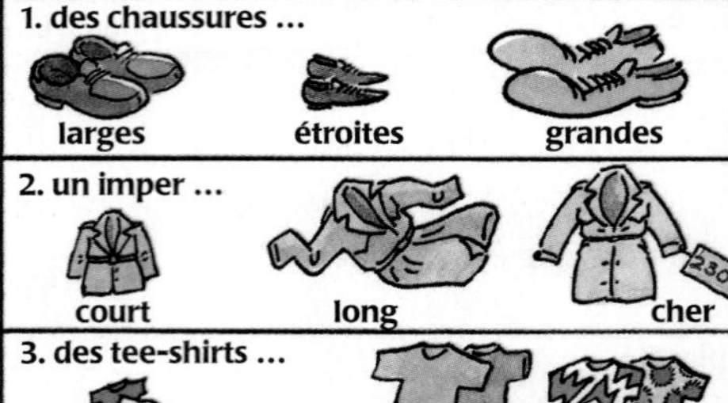
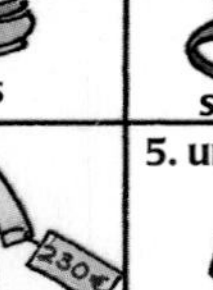
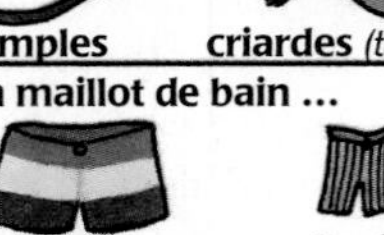

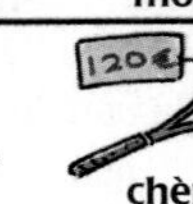

1. des chaussures ...	larges	étroites	grandes
2. un imper ...	court	long	cher
3. des tee-shirts ...	petits	longs	bizarres
4. des cravates ...	simples	criardes *(tacky)*	chères
5. un maillot de bain ...	grand	étroit	moche
6. une raquette de tennis ...	lourde	légère	chère

3  À qui est-ce?

PARLER Claire demande à Pierre si certains objets sont à lui. Pierre dit que non et il indique leurs propriétaires *(owners)*. Jouez les deux rôles.

▶ la guitare (mon frère)
Claire: C'est ta guitare?
Pierre: Non, c'est celle de mon frère.

1. ton sac (mon cousin)
2. ta cravate (mon père)
3. ta casquette (ma soeur)
4. tes lunettes de soleil (Léa)
5. ton survêtement (Nicolas)
6. tes gants (Thomas)
7. ton parapluie (Alice)
8. ta ceinture (Marc)

4 Au choix *(Your choice)*

PARLER/ÉCRIRE Exprimez vos choix, d'après le modèle.

▶ des amis qui sont sincères
ou des amis qui sont riches?
Je préfère ceux qui sont riches.
(Je préfère ceux qui sont sincères.)

1. des profs qui sont stricts
   ou des profs qui donnent de bonnes notes?
2. une voiture qui est économique
   ou une voiture qui va vite?
3. un appartement qui a une belle vue *(view)*
   ou un appartement qui est très moderne?
4. une amie qui aime les sports
   ou une amie qui aime la musique?
5. des amis qui ont des idées originales
   ou des amis qui pensent comme toi?
6. des chaussures qui sont confortables
   ou des chaussures qui sont à la mode?

WARM-UP À qui est-ce?

PROP: Transparency 8 *(Possessions)*

Point to objects on the transparency at random and ask to whom they belong.

(pointing to bicycle)
–À qui est le vélo?
–C'est celui de Philippe.

(pointing to pencils)
–À qui sont les crayons?
–Ce sont ceux de Michèle., etc.

5 À vrai dire (To tell the truth)

PARLER Caroline exprime des réserves sur le choix de Grégoire. Jouez les deux rôles en faisant les substitutions suggérées.

Tu aimes mes chaussures?
À vrai dire, je préfère celles que tu portais la semaine dernière.
Ah bon? Pourquoi?
Elles étaient plus élégantes.

1. ma veste / porter lundi / plus jolie
2. ce livre / lire hier / plus amusant
3. mon chien / avoir avant / plus mignon
4. ma nouvelle copine / avoir l'année dernière / moins snob et plus gentille
5. cette chanson / chanter ce matin / plus géniale

À votre tour!

OBJECTIFS
Now you can …
- be more specific when talking about things

1 Emprunts

PARLER/ÉCRIRE Dites à qui vous empruntez certaines choses. Complétez les phrases suivantes avec la forme appropriée de **celui de** + un nom de votre choix.

▶ Si je n'ai pas mon portable … **Si je n'ai pas mon portable, j'emprunte celui de mon frère (de ma copine …).**

1. Si je n'ai pas mon livre de français, …
2. Si je n'ai pas mes clés, …
3. Si je n'ai pas mon appareil-photo, …
4. Si je n'ai pas ma calculatrice, …
5. Quand j'ai besoin d'un baladeur, …
6. Si j'oublie mes CD, …
7. Si j'oublie mes lunettes de soleil, …
8. Si j'ai oublié mes notes, …

2 Un catalogue

PARLER Apportez un catalogue ou un magazine en classe. Dans ce catalogue ou magazine, choisissez deux objets de la même nature et demandez à un(e) camarade d'indiquer l'objet qu'il/elle préfère. Par exemple, vous pouvez trouver des photos de:

- deux vestes
- deux paires de chaussures
- deux vélos
- deux voitures

(J'aime la couleur. Je la trouve jolie …).

LESSON REVIEW CLASSZONE.COM

PORTFOLIO ASSESSMENT

You will probably choose only one oral and one written activity to go into the students' portfolios for Unit 7. The following activity is a good portfolio topic:

ORAL: Activity 2

4 COMMUNICATION expressing one's preferences

Answers will vary.
Je préfère …
1. ceux qui sont stricts (donnent de bonnes notes)
2. celle qui est économique (va vite)
3. celui qui a une belle vue (est très moderne)
4. celle qui aime les sports (la musique)
5. ceux qui ont des idées originales (pensent comme moi)
6. celles qui sont confortables (à la mode)

Variation (in dialogue format)

–Tu préfères les amis qui sont sincères ou les amis qui sont riches?
–Je préfère …

5 ROLE PLAY expressing reservations

Grégoire: Tu aimes … ?
Caroline: À vrai dire, je préfère …
Grégoire: Ah bon? Pourquoi?
Caroline: …
1. ma veste/celle que tu portais lundi/Elle était plus jolie.
2. ce livre/celui que tu lisais hier/Il était plus amusant.
3. mon nouveau chien/celui que tu avais avant/Il était plus mignon.
4. ma nouvelle copine/celle que tu avais l'année dernière/Elle était moins snob et plus gentille.
5. cette chanson/celle que tu chantais ce matin/Elle était plus géniale.

À VOTRE TOUR!

1 WRITTEN SELF-EXPRESSION borrowing things from people

Answers will vary.
1. j'emprunte celui de (mon copain)
2. j'emprunte celles de (ma soeur)
3. j'emprunte celui de (de mon père)
4. j'emprunte celle de (ma voisine)
5. j'emprunte celui de (mon frère)
6. j'emprunte ceux de (mes copines)
7. j'emprunte celles de (ma copine)
8. j'emprunte celles de (mon copain)

2 GUIDED CONVERSATION expressing preferences

Answers will vary.
- –Regarde ces deux paires de chaussures. Lesquelles préfères-tu?
  –Je préfère celles-ci.
  –Ah bon? Pourquoi?
  –Elles sont plus jolies. (Je les trouve élégantes.)
- –Regarde ces deux vélos. Lequel préfères-tu?
  –Je préfère celui-ci.
  –Ah bon? Pourquoi?
  –Il est plus rapide. (J'aime la couleur.)
- –Regarde ces deux voitures. Laquelle préfères-tu?
  –Je préfère celle-ci.
  –Ah bon? Pourquoi?
  –Elle est plus moderne. (Je la trouve pratique.)

Expansion Have students explain why they don't like the other choice.

–Et celle-là, pourquoi est-ce que tu ne l'aimes pas?
–Eh bien, c'est que je n'aime pas le tissu. (Je la trouve moche.)

LECTURE
Monsieur Belhomme cherche une veste

Objective
- Reading for pleasure

Lecture Monsieur Belhomme cherche une veste

Monsieur Belhomme est un homme très élégant. Aujourd'hui, il cherche une veste. Il entre dans une boutique. Un vendeur aimable° vient vers lui.

—Vous désirez, monsieur?

—Je cherche une veste.

—Vous avez de la chance. Notre nouvelle collection vient justement d'arriver ...° Nous avons un très grand choix de vestes.

Le vendeur prend les mesures de Monsieur Belhomme. Puis il va chercher plusieurs vestes qu'il lui présente.

—Dans votre taille, nous avons celles-ci. Laquelle voulez-vous essayer d'abord?

—Celle-ci en bleu.

Monsieur Belhomme essaie la veste.

—Hm, elle est un peu trop grande.

—Alors, essayez celle-ci en beige.

—J'aime le style, mais je n'aime pas beaucoup la couleur.

—Qu'est-ce que vous pensez de celle-ci en marron?

—Hm, c'est un peu trop classique pour moi.

—Et celle-là alors?

—Elle est bien! Combien coûte-t-elle?

—300 euros.

—C'est un peu trop cher pour moi.

—Alors, essayez celle-ci. Elle est en solde.

Monsieur Belhomme essaie la veste, mais elle ne lui va pas.

D'autres clients entrent dans la boutique. Le vendeur va s'occuper d'eux, laissant à Monsieur Belhomme le soin de choisir lui-même.°

aimable *friendly* **vient justement d'arriver** *has just come in* **lui-même** *himself*

Teaching note After the students have read the dialogue between the salesman and Monsieur Belhomme, ask them whether they have similar conversations with salespeople when they go shopping. Are their interactions as formal as this one, or are they more casual?

PRE-READING ACTIVITY

Have students read the title and look at the illustration.

Où se passe la scène?
Que cherche M. Belhomme?
À votre avis, quelle veste va-t-il choisir?

Mots utiles

un cintre	*hanger*	La veste beige est sur un cintre.
au fond de	*at the back of*	**Au fond** de la boutique, il y a une porte.
prendre les mesures de quelqu'un	*to take someone's measurements*	Le vendeur **prend les mesures** du client.
s'occuper de quelqu'un	*to take care of someone*	Le vendeur **s'occupe de** ses clients.
laisser le soin à quelqu'un de ...	*to leave it up to someone to ...*	Le vendeur **laisse** au client **le soin de** choisir une veste.

Monsieur Belhomme essaie toutes les vestes de la boutique, les unes après les autres. Après trois quarts d'heure, il appelle° le vendeur:

—J'ai essayé toutes vos vestes. Eh bien, finalement, j'ai trouvé celle que je veux.

—C'est laquelle?

—C'est celle qui est sur le cintre là-bas.

—Au fond du magasin?

—Oui, c'est celle-là. Je l'ai essayée. Elle me va parfaitement.

—Hélas, monsieur, je regrette, mais c'est la seule veste que je ne peux pas vous vendre.

—Ah bon? Pourquoi?

—Parce que c'est celle du patron!

appelle *calls*

Avez-vous compris?

Monsieur Belhomme n'a pas de chance aujourd'hui. Faites correspondre chaque veste avec le problème qu'elle présente.

LES VESTES	LES PROBLÈMES
• la veste bleue	■ Elle est trop classique.
• la veste en solde	■ Elle n'est pas à vendre.
• la veste à 300 euros	■ Elle ne va pas à Monsieur Belhomme.
• la veste sur le cintre	■ Elle est un peu trop grande.
• la veste marron	■ La couleur ne plaît pas à Monsieur Belhomme.
• la veste beige	■ Elle est trop chère.

Observation activity Have the students reread the scene, finding examples of **celui** and **lequel.**

In particular, note the various uses of:

celle(s)-ci

celle-là

celle-ci, celles-ci, celle-là: They're used when the salesman or M. Belhomme are pointing out various jackets to say *this one, these ones,* and *that one.*

celle que

J'ai trouvé celle que je veux.
I found the one that I want.

celle qui

C'est celle qui est sur le cintre.
It's the one that is on the hanger.

Avez-vous compris?

Answers

la veste bleue: Elle est un peu trop grande.
la veste en solde: Elle ne va pas à Monsieur Belhomme.
la veste à 300 euros: Elle est trop chère.
la veste sur le cintre: Elle n'est pas à vendre.
la veste marron: Elle est trop classique.
la veste beige: La couleur ne plaît pas à Monsieur Belhomme.

POST-READING ACTIVITY

Have students act out the scene between M. Belhomme and the clerk.

Those who wish could develop similar scenes with various difficult customers.

INCLUSION

Cumulative, Gifted & Talented Have students work in pairs to write a similar dialogue to the one in this story, using forms of **celui** and **lequel**. They could be shopping for clothes or other objects, deciding on movies or plays to see, or choosing menu items in a restaurant. Afterward, they could perform their scenes for the class using props.

Pre-AP skill: Use a variety of vocabulary and structures.

TESTS DE CONTRÔLE

Teaching Resource Options

PRINT 

Unit 7 Resource Book

Assessment
- Unit 7 Test, pp. 189–198
- Portfolio Assessment, Reprise/Unit 1 URB, pp. 235–244
- Multiple Choice Test Items, pp. 211–215
- Listening Comprehension Performance Test, pp. 199–200
- Reading Comprehension Performance Test, pp. 205–207
- Speaking Performance Test, pp. 201–204
- Writing Performance Test, pp. 208–210
- Comprehensive Test 2: Units 5–7, pp. 216–241
- Test Scoring Tools, pp. 242–245
- Audioscript for Tests, pp. 246–253
- Answer Keys, pp. 254–258

AUDIO & VISUAL 

Audio Program
CD 21 Tracks 6–18

TECHNOLOGY 

Test Generator CD-ROM/McDougal Littell Assessment System

1 COMPREHENSION describing what someone is wearing

- Monsieur Giraud porte un imperméable jaune, un chapeau vert, un pantalon marron, des chaussures marron, une chemise blanche, une cravate rouge et des lunettes de soleil. Il a un parapluie bleu.
- Vanessa porte un maillot de bain rouge à pois, des tennis rouges et blancs, une casquette verte et jaune, des boucles d'oreilles en or, trois bracelets roses et un collier bleu. Elle a un sac vert et jaune.

2 COMPREHENSION recognizing the word that doesn't fit

1. une cravate
2. tailleur
3. un sac
4. sweat
5. fourrure
6. velours
7. plastique
8. en or
9. court
10. élégante
11. cher
12. la vendre

Tests de contrôle

By taking the following tests, you can check your progress in French and also prepare for the unit test. Write your answers on a separate sheet of paper.

Review...
- vocabulary: pp. 372-373, 374

1 Qu'est-ce qu'ils portent?

Describe what the following people are wearing. Mention as many items of clothing and accessories as possible.

Monsieur Giraud porte ...

Vanessa porte ...

Review...
- vocabulary: pp. 372-373, 374, 375, 377

2 L'intrus

The following sentences can be completed logically by two of the three suggested opti
Find the option that does NOT fit and circle it.

▶ Pauline aime les sports. Elle fait —. **(du ski / (du camping) / de la natati**

1. Je mets — parce qu'il fait froid. **(une cravate / un blouson / un ma**
2. Éric est très élégant avec son nouveau —. **(tailleur / costume / blazer)**
3. Quand je fais du jogging, je mets —. **(un survêtement / un short / un sa**
4. Quand il pleut, je prends mon —. **(imper / parapluie / sweat)**
5. Céline a acheté une bague en —. **(or / argent / fourrure)**
6. Est-ce que ces bottes sont en — ? **(caoutchouc / cuir / velours)**
7. Le foulard est en —. **(soie / laine / plastique)**
8. J'aime beaucoup ce tissu —. **(en or / à pois / à fleurs)**
9. Ce pull n'est pas cher. Il est —. **(bon marché / en solde / court)**
10. Cette cravate ne me plaît pas. Elle est —. **(élégante / moche / affreuse)**
11. Ce pantalon ne me va pas. Il est trop —. **(cher / court / étroit)**
12. J'aime bien cette veste. Je vais —. **(l'essayer / l'acheter / la vendre)**

3 Comparaisons

Make logical comparisons with each pair of items using the words indicated.

▶ un scooter / rapide / une moto
Un scooter est moins rapide qu'une moto.

1. un pull / chaud / un tee-shirt
2. une chemise / cher / une veste
3. les filles / intelligentes / les garçons
4. un cheval / fort / un éléphant
5. un C / bon / un B
6. un A / bon / un C

Review...
• comparisons pp. 390, 391

4 Contextes

Complete the following dialogues with the appropriate options.

(1) *Corinne et Léa sont dans un magasin de mode.*

C: Comment trouves-tu **(ce / celui)** foulard?
L: **(Quel / Lequel)**?
C: **(Ce / Celui)** en soie.
L: Il est joli, mais il coûte 100 euros.
C: Oh là là! Je parie *(bet)* que c'est **(plus cher / le plus cher)** du magasin.
L: Tu as **(probable / probablement)** raison.

(2) *Thomas et sa soeur Isabelle choisissent leurs vêtements pour aller à une soirée.*

T: **(Quelle / Laquelle)** robe est-ce que tu vas mettre?
I: **(Cette / Celle)** que j'ai achetée samedi dernier.
T: Elle est très jolie. Tu vas **(certaine / certainement)** être la fille **(plus élégante / la plus élégante)** de la soirée.
I: Tu sais, j'aime m'habiller **(élégant / élégamment),** pas toi?
T: Non, je préfère m'habiller **(simple / simplement).**

Review...
• expressions pp. 385, 394, 400, 401

5 Composition: Comparaisons personnelles

Write a paragraph in which you compare yourself to another member of the class (real or imaginary) and also decide who is the best in the class. Use complete sentences. Mention ...

- the name of your classmate
- if you are older or younger than your classmate
- if you are better in French than he/she is
- if he/she is taller or shorter than you are
- who is the most athletic **(sportif)**
- who is the best student in the class
- who is the nicest

STRATEGY Writing

1 Answer the above questions with brief phrases.

2 Use these notes to write out your paragraph.

3 Read over your work, checking the agreement of adjectives and whether you have used the appropriate comparative and superlative forms.

3 COMPREHENSION making comparisons

1. Un pull est plus chaud qu'un tee-shirt.
2. Une chemise est moins chère qu'une veste.
3. Les filles sont plus (moins, aussi) intelligentes que les garçons.
4. Un cheval est moins fort qu'un éléphant.
5. Un C est moins bon qu'un B.
6. Un A est meilleur qu'un C.

4 COMPREHENSION choosing the right word or phrase

1. C: Comment trouves-tu ce foulard?
L: Lequel?
C: Celui en soie.
L: Il est joli, mais il coûte 100 euros.
C: Oh là là! je parie que c'est le plus cher du magasin.
L: Tu as probablement raison.

2. T: Quelle robe est-ce que tu vas mettre?
I: Celle que j'ai achetée samedi dernier.
T: Elle est très jolie. Tu vas certainement être la fille la plus élégante de la soirée.
I: Tu sais, j'aime m'habiller élégamment, pas toi?
T: Non, je préfère m'habiller simplement.

5 WRITTEN SELF-EXPRESSION making comparisons

J'ai une camarade de classe qui s'appelle Christine. Je suis plus âgé(e) qu'elle. Elle est meilleure en français que moi. Elle est plus grande que moi, mais je suis plus sportif (sportive) qu'elle. Elle est la meilleure élève de la classe, mais je suis le garçon le plus gentil (la fille la plus gentille).

VOCABULAIRE

Language Learning Benchmarks

FUNCTION
- Make requests p. 400
- Understand and express important ideas and some detail pp. 427, 429
- Describe and compare pp. 371, 391, 392

CONTEXT
- Converse in face-to-face social interactions p. 392
- Listen in social interactions p. 395
- Listen to audio or video texts pp. 370–371, 380–381, 388–389, 398-399
- Use authentic materials when reading: brochures p. 379
- Write short guided compositions p. 407

TEXT TYPE
- Use and understand
  - –learned expressions when speaking and listening p. 373
  - –sentences and strings of sentences when speaking and listening p. 403
  - –questions when speaking and listening pp. 376, 379, 402
  - –polite commands when speaking and listening p. 400
- Create simple paragraphs when writing p. 427
- Understand important ideas and some details in highly contextualized authentic texts when reading p. 430

CONTENT
- Understand and convey information about
  - –likes and dislikes p. 384
  - –shopping p. 374
  - –clothes pp. 373, 375, 376, 402
  - –prices p. 382
  - –geography p. 425
  - –topography p. 425
  - –buildings and monuments p. 425
  - –colors p. 375

Vocabulaire

POUR COMMUNIQUER

Buying clothes

Ce manteau vous va?	*Does this coat fit you?*	**Ces bottes vous vont?**	*Do these boots fit you?*
Il me va bien.	*It fits me well.*	**Elles ne me vont pas.**	*They don't fit.*
Il me plaît.	*I like it.*	**Elles ne me plaisent pas.**	*I don't like them.*

MOTS ET EXPRESSIONS

L'achat des vêtements

un catalogue	*catalog*	**une boutique**	*boutique*
un grand magasin	*department store*	**une boutique de soldes**	*discount shop*
un magasin	*store*	**la couleur**	*color*
un rayon	*department (in a store)*	**la pointure**	*(shoe) size*
		la taille	*(clothing) size*

Les vêtements

un accessoire	*accessory*	**des bottes**	*boots*
des baskets	*high tops*	**une casquette**	*cap*
un blazer	*blazer*	**une ceinture**	*belt*
un blouson	*jacket*	**une chaussette**	*sock*
un chapeau	*hat*	**des chaussures**	*shoes*
un chemisier	*blouse*	**une chemise**	*long-sleeved shirt*
des collants	*tights, pantyhose*	**une cravate**	*tie*
un costume	*suit*	**une jupe**	*skirt*
un foulard	*scarf*	**des lunettes de soleil**	*sunglasses*
des gants	*gloves*	**une robe**	*dress*
un imper(méable)	*raincoat*	**des sandales**	*sandals*
un jean	*pair of jeans*	**une veste**	*jacket*
un maillot de bain	*bathing suit*		
un manteau	*coat*		
un pantalon	*pair of pants*		
un parapluie	*umbrella*		
un polo	*polo shirt*		
un portefeuille	*wallet*		
un pull	*sweater*		

Les vêtements (suite)

un sac	*handbag, pocketbook*
un short	*pair of shorts*
un survêtement	*jogging, track suit*
un sweat	*sweatshirt*
un tailleur	*suit*
un tee-shirt	*t-shirt*
des tennis	*sneakers, running shoes*
un vêtement	*item of clothing*

Les bijoux

un bijou	*piece of jewelry*
un bracelet	*bracelet*
un collier	*necklace*
une bague	*ring*
des boucles d'oreilles	*earrings*
une chaîne	*chain*
une médaille	*medal*

Les tissus et les autres matières

l'argent	*silver*
le caoutchouc	*rubber*
le coton	*cotton*
le cuir	*leather*
le nylon	*nylon*
l'or	*gold*
le plastique	*plastic*
le polyester	*polyester*
le tissu	*fabric*
le velours	*velvet*
le velours côtelé	*corduroy*
la fourrure	*fur*
la laine	*wool*
la matière	*material*
la soie	*silk*
la toile	*linen, canvas*

Les couleurs

blanc (blanche)	*white*
beige	*tan, beige*
bleu(e)	*blue*
bleu clair	*light blue*
bleu foncé	*dark blue*
gris(e)	*grey*
jaune	*yellow*
marron	*brown*
noir(e)	*black*
orange	*orange*
rose	*pink*
rouge	*red*
vert(e)	*green*
violet(te)	*purple*

Le dessin *(pattern, design)*

à carreaux	*checked*
à fleurs	*floral*
à pois	*dotted, polka-dotted*
à rayures	*striped*
uni	*solid*

Language Learning Benchmarks *(continued)*

ASSESSMENT

- Demonstrate increasing fluency and control of vocabulary p. 386
- Show no significant pattern of error when
  - –engaging in conversations pp. 386, 395, 403
  - –obtaining information p. 386
  - –understanding some ideas and familiar details p. 386
  - –providing information p. 386
- Understand oral and written discourse, with few errors in comprehension, when reading pp. 387, 405, 412, 415, 416, 418, 420, 431
- Demonstrate culturally appropriate behavior when describing and comparing pp. 395, 403

Adjectifs descriptifs

affreux (-euse)	*awful*
bon marché	*inexpensive, cheap*
chaud	*warm, hot*
cher (-ère)	*expensive*
court	*short*
difficile	*difficult*
élégant	*elegant*
étroit	*tight*
facile	*easy*
faible	*weak*
fort	*strong*
froid	*cold*
gentil(le)	*nice*
grand	*big*
inutile	*useless*
large	*wide, baggy*
léger (-ère)	*light*
lent	*slow*
long(ue)	*long*
lourd	*heavy*
méchant	*mean, nasty*
meilleur marché	*cheaper*
moche	*ugly*
petit	*small*
rapide	*fast*
ridicule	*ridiculous*
trop cher (-ère)	*too expensive*
utile	*useful*

Adjectifs irréguliers

beau (bel, belle; beaux, belles)	*beautiful*
nouveau (nouvel, nouvelle; nouveaux, nouvelles)	*new*
vieux (vieil, vieille; vieux, vieilles)	*old*

Quelques adverbes

tôt	*early*
tard	*late*
vite	*fast, quickly*
lentement	*slowly*
longtemps	*(for) a long time*
calmement	*calmly*
sérieusement	*seriously*
élégamment	*elegantly*
patiemment	*patiently*

Le comparatif des adjectifs/adverbes

plus … que	*more … than*
moins … que	*less … than*
aussi … que	*as … as*
meilleur(e)	*better (adjective)*
mieux	*better (adverb)*

Le superlatif des adjectifs

le/la/les plus …	*the most …*
le/la/les moins …	*the least …*
le/la/les meilleur(e)(s) …	*the best …*

Verbes réguliers

décider	*to decide*
essayer (j'essaie)	*to try on*
porter	*to wear*
porter du [38]	*to wear size [38]*
réfléchir	*to think it over*

Verbes irréguliers

faire du [40]	*to wear size [40]*
mettre	*to put on, to wear*

Expressions utiles

lequel/laquelle	*which one*	**à la mode**	*in fashion*
lesquels/lesquelles	*which ones*	**en solde**	*on sale*
celui/celle	*this one*	**quelque chose d'autre**	*something else*
ceux/celles	*these*		

Les nombres de 100 à 1 000 000

100	**cent**	**1 000**	**mille**
101	**cent un**	**2 000**	**deux mille**
110	**cent dix**	**5 000**	**cinq mille**
200	**deux cents**	**10 000**	**dix mille**
250	**deux cent cinquante**	**100 000**	**cent mille**
900	**neuf cents**	**1 000 000**	**un million**

Nombres ordinaux

premier (première)	*first*	**cinquième**	*fifth*
deuxième	*second*	**neuvième**	*ninth*
troisième	*third*	**centième**	*one hundredth*

Adverbes numéraux

premièrement	*first*	**cinquièmement**	*fifth*
deuxièmement	*second*		

FLASHCARDS AND MORE!

INTERLUDE 7

L'affaire des bijoux

Objectives

- Reading for pleasure
- Reading for information

Teaching Resource Options

PRINT

Workbook PE, pp. 253–264
Activités pour tous PE, pp. 157–159
Unit 7 Resource Book
Activités pour tous TE, pp. 169–171
Workbook TE, pp. 173–184

Avez-vous compris?

Answers

1. Il s'agit d'un vol de bijoux.
2. C'est un homme qui portait des lunettes de soleil et un imperméable beige. Il parlait avec un léger accent britannique.

Interlude 7

L'affaire des bijoux

PRE-READING STRATEGY Avant de lire

- D'abord, regardez le titre de cette histoire: «L'affaire des bijoux». D'après vous, est-ce que c'est une histoire d'amour ou une histoire policière?
- Regardez maintenant le format de la lecture et le premier extrait de journal: C'est évidemment l'histoire d'un crime, plus précisément l'histoire d'un vol.
- Maintenant vous savez que vous devez faire attention aux détails si vous voulez découvrir le criminel!

1

Chatel-Royan, 28 juillet

La série des vols de bijoux continue

Pour la troisième fois en un mois, un bijoutier de notre ville a été victime d'un audacieux malfaiteur. M. Kramer, propriétaire de la bijouterie Au Bijou d'Or, a signalé à la police la disparition de plusieurs diamants de grande valeur.° Comme° les fois précédentes, le vol a été découvert peu après le passage dans la bijouterie d'un mystérieux monsieur blond. Selon la description donnée par M. Kramer, l'homme portait des lunettes de soleil et un imperméable beige. Il parlait avec un léger accent britannique. La police continue son enquête.°

Mots utiles

un vol	*theft*
un voleur	*thief*
un malfaiteur	*criminal*
la disparition	*disappearance*
un bijou, des bijoux	*jewel, jewelry*
un bijoutier	*jeweler*
une bijouterie	*jewelry store*
un diamant	*diamond*

Avez-vous compris?

1. De quelle sorte de crime s'agit-il dans le journal?
2. Quelle est la description du voleur, selon Monsieur Kramer?

valeur *value* **Comme** *Like* **enquête** *investigation*

2

Quelques jours plus tard …

Monsieur Rochet, propriétaire de la bijouterie Top Bijou, a engagé une nouvelle employée. Bien entendu,° il lui a recommandé d'être très prudente:

—Soyez très vigilante, mademoiselle! Vous savez que des vols importants ont été commis dans les bijouteries de notre ville. Je ne veux pas être la prochaine victime.

—Vous pouvez compter sur moi, Monsieur Rochet! Je vais faire très attention.

Ce matin-là, il n'y a pas beaucoup de clients à Top Bijou. La première cliente est une vieille dame. Elle demande à regarder des médailles. Peu après, un autre client entre dans la boutique. Il est blond et très élégant. Il ne porte pas de lunettes de soleil, mais il a un imperméable beige sur le bras.

Mots utiles

commettre (commis)	*to commit*
vers	*toward*
satisfait	*satisfied*
la vitrine	*store window*
un plateau	*tray*
une bague ornée de rubis	*ring set with rubies*
gros (grosse)	*large*

Bien entendu *Of course*

Critical thinking Help students use their knowledge of English to guess the meanings of the following words:

(p. 412)
audacieux *(audacious) bold*
propriétaire *(proprietor) owner*
signaler *(to signal) to report*
enquête *(inquest) investigation*

(p. 413)
engager *(to engage) to hire*
prudent *(prudent) careful*
important *(important) major*

(p. 414)
remarquer *(to remark) to notice*

(p. 417)
vérifier *(to verify) to check*

(p. 418)
au moment de *(at the moment of) at the time of*

(p. 420)
réclamer *(to reclaim) claim*
profiter de *(to profit from) to take advantage of*
félicitations *(felicitations) congratulations*

Monsieur Rochet appelle son employée:

—C'est certainement lui. Faites très, très attention, mais ne soyez pas trop nerveuse. Je suis là. Si quelque chose arrive, je déclenche° le signal d'alarme.

L'employée accueille° le client.

—Bonjour, monsieur. Vous désirez?

—Je voudrais une bague ...

L'employée remarque que l'homme parle avec un accent étranger.° Elle tourne nerveusement les yeux vers Monsieur Rochet. Celui-ci° reste très calme.

L'employée est rassurée.

—C'est pour un homme ou pour une femme?

—Pour une femme.

Prudemment, l'employée montre quelques bagues assez bon marché au client. Celui-ci répond:

—Ces bagues sont jolies, mais vous avez certainement mieux.

L'employée montre d'autres bagues beaucoup plus chères au client qui ne semble pas satisfait.

—Ces bagues sont plus jolies, mais je cherche quelque chose de vraiment exceptionnel. C'est pour l'anniversaire de ma femme.

L'employée jette un coup d'oeil désespéré° vers Monsieur Rochet. Celui-ci, impassible, lui dit:

—Eh bien, mademoiselle, qu'est-ce que vous attendez? Montrez à monsieur la «collection Top Bijou».

L'employée va chercher dans une vitrine un plateau de bagues ornées d'émeraudes, de rubis et de diamants de plusieurs carats. C'est la «collection Top Bijou».

Le client examine chaque bague sous la surveillance de Monsieur Rochet et de son employée. Finalement, il choisit une bague ornée d'un gros rubis.

—Voilà, c'est cette bague que je voudrais acheter. Combien coûte-t-elle?

—Cent mille euros.

—Cent mille euros? Très bien. Est-ce que je peux payer par chèque?

déclenche *set off* **accueille** *welcomes* **étranger** *foreign* **Celui-ci** *The latter*
jette un coup d'oeil désespéré *glances desperately*

Monsieur Rochet est très prudent.

—Excusez-nous, monsieur, mais la maison accepte seulement les traveller's chèques. Pouvez-vous payer en travellers?

—Oui, monsieur. C'était mon intention.

—Très bien. Est-ce que vous voulez un paquet-cadeau?°

—Oui, s'il vous plaît.

—Mademoiselle, est-ce que vous pouvez faire un paquet-cadeau pour monsieur?

L'employée va dans l'arrière-boutique° préparer le paquet. Pendant ce temps, le client signe les traveller's chèques sous le regard extrêmement vigilant de Monsieur Rochet. L'employée revient dans la boutique avec un joli paquet.

—Voici votre paquet, monsieur.

—Merci, mademoiselle ... Au revoir, mademoiselle.

—Au revoir, monsieur.

Le client sort de la boutique.

L'employée s'adresse alors à la première cliente. Mais celle-ci sort de la boutique sans acheter de médaille.

Après le départ de la vieille dame, l'employée va trouver Monsieur Rochet.

—Eh bien, dites donc, j'ai eu peur.

—À vrai dire, moi aussi!

—J'ai vraiment pensé que c'était lui le malfaiteur.

—Et même si c'est lui, cela n'a pas d'importance. Il m'a payé! Regardez ... cent mille euros en traveller's chèques.

Expressions utiles

bien entendu	*of course*
dites donc	*hey! I say*
à vrai dire	*to tell the truth*
cela n'a pas d'importance	*that doesn't matter*

paquet-cadeau *gift-wrapped package* **l'arrière-boutique** *back of the store*

Avez-vous compris?

1. Pourquoi est-ce que la nouvelle employée est nerveuse pendant cette scène?
2. Décrivez la visite du client à la bijouterie. Comment est-il? Qu'est-ce qu'il achète?
3. Que fait la vieille dame pendant la scène?
4. Pourquoi Monsieur Rochet est-il content?

Avez-vous compris?

Answers

1. Elle est nerveuse parce que M. Rochet pense que le client est le voleur.
2. Le client est blond et très élégant. Il a un imperméable beige sur le bras et il parle avec un accent étranger. Il regarde les bagues de la «collection Top Bijou» et finalement il achète une bague ornée d'un gros rubis.
3. Elle regarde des médailles et puis elle sort de la boutique.
4. Il est content parce que le client a payé 100 000 euros en traveller's chèques.

Quelques minutes plus tard …

L'employée va remettre la «collection Top Bijou» dans la vitrine. Elle a alors une surprise très désagréable.

—Monsieur Rochet, Monsieur Rochet!

—Qu'est-ce qu'il y a?

—Venez voir, les diamants ont disparu!

—Mon Dieu, ce n'est pas possible!

Monsieur Rochet est bien obligé de se rendre à l'évidence.° Il manque trois bagues serties° de gros diamants. Les trois bagues les plus chères de la boutique … Trois bagues qui valent° plus de trois cent mille euros chacune!

—J'appelle la police tout de suite!

Grâce à la signature sur les chèques et à la description donnée par Monsieur Rochet et son employée, la police n'a eu aucune difficulté à arrêter le client de la bijouterie.

Le lendemain, l'article suivant a paru dans *L'Écho du Centre:*

Chatel-Royan, 6 août

Le voleur de bijoux arrêté

La police a arrêté hier soir un certain Sven Ericsen, touriste suédois, de passage dans notre ville. M. Rochet, propriétaire de la bijouterie Top Bijou, et son employée, Mlle Picard, ont formellement identifié ce personnage comme étant° l'auteur d'un vol de trois bagues.

M. Ericsen a reconnu avoir rendu visite à la bijouterie, mais il nie catégoriquement le vol. Malgré° une longue perquisition° dans la chambre de M. Ericsen à l'Hôtel Excelsior, la police n'a pas encore retrouvé la trace des bijoux, à l'exception d'une bague que le touriste suédois affirme avoir payée en traveller's chèques.

se rendre à l'évidence *face facts* **serties** *set* **valent** *are worth* **comme étant** *as (being)* **Malgré** *Despite* **perquisition** *search*

Mots utiles

disparaître (disparu)	*to disappear*
paraître (paru)	*to appear*
grâce à	*thanks to*
ne … aucun(e)	*not any, no*
le lendemain	*the next day*
nier	*to deny*

Avez-vous compris?

1. Quelle est la désagréable surprise c
Mademoiselle Picard?
2. Qu'est-ce que Monsieur Rochet dit à la police?
3. Que dit l'article du 6 août?

Avez-vous compris?

Answers

1. Elle voit que les diamants ont disparu.
2. Il dit que le client a volé les diamants.
3. L'article dit que la police a arrêté Sven Ericsen, un touriste suédois. M. Ericsen dit qu'il n'a pas volé les diamants. La police a cherché les diamants dans l'hôtel de M. Ericsen, mais elle a seulement trouvé la bague qu'il a achetée.

Pour la dixième fois, une vieille dame relit l'article publié dans *L'Écho du Centre.* Cette vieille dame est la première cliente de la bijouterie. Elle pense: «La police n'a pas retrouvé les bijoux? Tiens, c'est curieux! Moi, je sais où ils sont. Mais d'abord, je dois vérifier quelque chose.»

Elle se lève et va téléphoner.

...

—Ah bon? Tu es absolument sûr? Alors, dans ce cas, je vais à la police immédiatement.

La vieille dame met son chapeau, prend sa canne et sort.

Une demi-heure plus tard, elle se trouve° dans le bureau de l'inspecteur.

—Alors, Inspecteur, est-ce que vous avez retrouvé les bijoux?

—Non, non, pas encore! Mais nous avons arrêté le voleur. Il n'a pas encore confessé son crime, mais ce n'est qu'une affaire de temps!

—Ce n'est pas parce que vous avez arrêté quelqu'un que cette personne est coupable.

se trouve *is*

Mots utiles

ce n'est qu'une affaire de temps	*it's only a matter of time*
coupable	*guilty*
faire erreur	*to make a mistake*
un passe-partout	*passkey*

—Qu'est-ce que vous dites? Le voleur a été formellement identifié par Monsieur Rochet et son employée.

—Je dis que vous faites erreur.

—Mais c'est impossible!

—Moi aussi, j'étais dans la bijouterie au moment de la disparition des bijoux. J'ai tout vu et je sais où sont les trois bagues de diamants.

—Mais …

—Suivez-moi,° Inspecteur.

—Mais, où allons-nous?

—À la bijouterie, pour la reconstitution du vol! Et n'oubliez pas de prendre votre passe-partout!

Suivez-moi *Follow me*

Avez-vous compris?

1. Que pense la vieille dame quand elle lit l'article?
2. À qui téléphone-t-elle?
3. Pourquoi est-ce qu'elle va voir l'inspecteur de police?

Avez-vous compris?

Answers

1. Elle est surprise parce que la police n'a pas trouvé les bijoux. Elle sait où ils sont.
2. On ne sait pas encore.
3. Elle va à la police parce qu'elle sait qui est le coupable.

L'inspecteur Poiret et la vieille dame entrent dans la bijouterie. Monsieur Rochet est seul à l'intérieur.

—Bonjour, Inspecteur! Alors, vous avez retrouvé mes bijoux?

—Non, Monsieur Rochet. Mais madame prétend savoir où ils sont.

—Eh bien, où sont-ils?

La vieille dame prend la parole.

—Ils sont là … Dans ce tiroir!

Monsieur Rochet devient très pâle.

—Mais c'est impossible, madame. Les bijoux ont été volés. Le voleur a été arrêté!

L'inspecteur s'adresse au bijoutier:

—Ouvrez ce tiroir, s'il vous plaît.

Monsieur Rochet est devenu de plus en plus° pâle.

—Euh, c'est que j'ai laissé la clé chez moi.

La vieille dame se tourne alors vers l'inspecteur.

—Inspecteur, pouvez-vous ouvrir le tiroir?

L'inspecteur Poiret prend son passe-partout et ouvre le tiroir. À l'intérieur, tout au fond,° il y a trois magnifiques bagues. Monsieur Rochet paraît° très surpris.

—Ça alors! Mais qui a pu mettre les bagues dans ce tiroir? Vraiment, je ne comprends pas. Je vais demander à mon employée si elle a remarqué quelque chose.

La vieille dame lui répond:

—Allons, Monsieur Rochet, ne faites pas l'innocent. C'est vous-même° qui les avez mises dans le tiroir.

—Moi?

—Oui, vous! J'étais là. Je vous ai vu. Quand votre employée est allée dans l'arrière-boutique, vous avez discrètement sorti les bagues du plateau et vous les avez mises dans votre poche. Après le départ de votre client, vous avez mis les bagues dans le tiroir et vous l'avez fermé à clé.

Mots utiles

prétendre	*to claim*
prendre la parole	*to speak, take the floor*
le tiroir	*drawer*
faire l'innocent	*to act innocent*
une poche	*pocket*
l'assurance	*insurance*
simuler	*to fake*
fou (folle)	*crazy*

de plus en plus *more and more* **tout au fond** *all the way at the back*
paraît *looks, appears* **vous-même** *yourself*

—Mais, c'est ridicule! Pourquoi voler mes propres° bagues?

—À cause de° l'assurance! Hier après-midi, après le constat° de la police, vous avez téléphoné à votre compagnie d'assurance et vous avez réclamé un million d'euros.

—Mais comment savez-vous cela?

—Ce matin, j'ai téléphoné à mon cousin. C'est lui le directeur de votre compagnie d'assurance. Il m'a tout expliqué.

—Qu'est-ce que vous inventez là?

—Je n'invente rien. Vous êtes en difficultés financières. Vous avez besoin d'argent. Alors, vous profitez de la série de vols qui affligent° les bijoutiers de notre ville pour simuler un vol dans votre propre boutique. Hier matin, vous avez vu entrer un client ressemblant vaguement au signalement de la police. C'était l'occasion idéale pour commettre votre crime!

—Cette femme est folle!

L'inspecteur intervient.

—C'est inutile, Monsieur Rochet. Suivez-moi au poste de police.

propres *own* **À cause de** *Because of* **constat** *report* **affligent** *afflict*

Avez-vous compris?

1. Où se trouvent les trois bagues orné de diamants? Qui les a mises là?
2. Pourquoi Monsieur Rochet a-t-il simu ce vol?

Épilogue

Sven Ericsen est rentré chez lui avec les excuses de la police.

La vieille dame a reçu° une médaille de la compagnie d'assurance et les félicitations du maire° de Chatel-Royan.

L'inspecteur Poiret a reçu une promotion.

Monsieur Rochet attend d'être jugé.

a reçu *received* **maire** *mayor*

Avez-vous compris?

Answers

1. Les trois bagues sont dans le tiroir dans la boutique. M. Rochet les a mises là.
2. Il a simulé le vol parce qu'il est en difficultés financières et il voulait réclamer l'assurance d'un million d'euros.

READING STRATEGY L'Art de la lecture

If you look in a dictionary, you will notice that many English words have two or more meanings. For example, a *bat* might be either something you play baseball with or a small flying animal. When you encounter the word *bat* in an English sentence, you know from the CONTEXT which meaning is appropriate. When people are afraid of bats, you know they are not scared of sports equipment.

Similarly, if you look up a French word in a dictionary, you will often discover that it has several meanings. For example, **un vol** could be *a theft* or *a flight*. However, in the phrase **nous arrivons sur le vol 23 d'Air France**, the word **vol** can only mean *flight*. As in English, it is the context that helps you decide which meaning is appropriate.

Exercice de lecture

Select the appropriate meaning of the key word in each of the following sentences.

1. arrêter a. *to arrest* b. *to stop*

- La police **a arrêté** le voleur.
- Le gendarme **a arrêté** la voiture.

2. arriver a. *to arrive* b. *to happen*

- L'accident **est arrivé** hier à 11 heures.
- Mon cousin **est arrivé** hier à 11 heures.

3. assurance *(f.)* a. *assurance* b. *insurance*

- Jacques parle avec beaucoup d'**assurance.**
- Jacques a acheté beaucoup d'**assurance.**

4. porter a. *to wear* b. *to carry*

- La dame **portait** un imper.
- La dame **portait** son enfant.

5. temps *(m.)* a. *time* b. *weather*

- Nous allons trouver le voleur. C'est une question de **temps.**
- Je ne sais pas si nous pouvons faire du ski. Ça dépend du **temps.**

READING STRATEGY
L'Art de la lecture

Exercice de lecture

Answers

1. a, b
2. b, a
3. a, b
4. a, b
5. a, b

IMAGES DU MONDE FRANCOPHONE
FRANCOPHONE
L'Afrique

Teaching Resource Options

PRINT
Workbook PE, pp. 253–264
Activités pour tous PE, pp. 157–159
Unit 7 Resource Book
Activités pour tous TE, pp. 169–171
Lesson Plans, pp. 185–186
Block Scheduling Lesson Plans, pp. 187–188
Workbook TE, pp. 173–184

AUDIO & VISUAL
Overhead Transparencies
2a *Le monde francophone*
2c *L'Afrique, l'Europe, l'Asie*

Le français en Afrique

Compréhension du texte

Vrai ou faux?

1. On utilise le français dans beaucoup de pays africains. [V]
2. La majorité de ces pays sont situés au nord et à l'ouest de l'Afrique. [V]
3. Madagascar est une grande île à l'est de l'Afrique. [V]
4. La République démocratique du Congo est un petit pays. [F]

Cultural note In May 1997, newly appointed president of Zaire Laurent Kabila renamed his country the Democratic Republic of Congo (**la République démocratique du Congo,** or **le Congo démocratique**).

L'AFRIQUE

Le français en Afrique

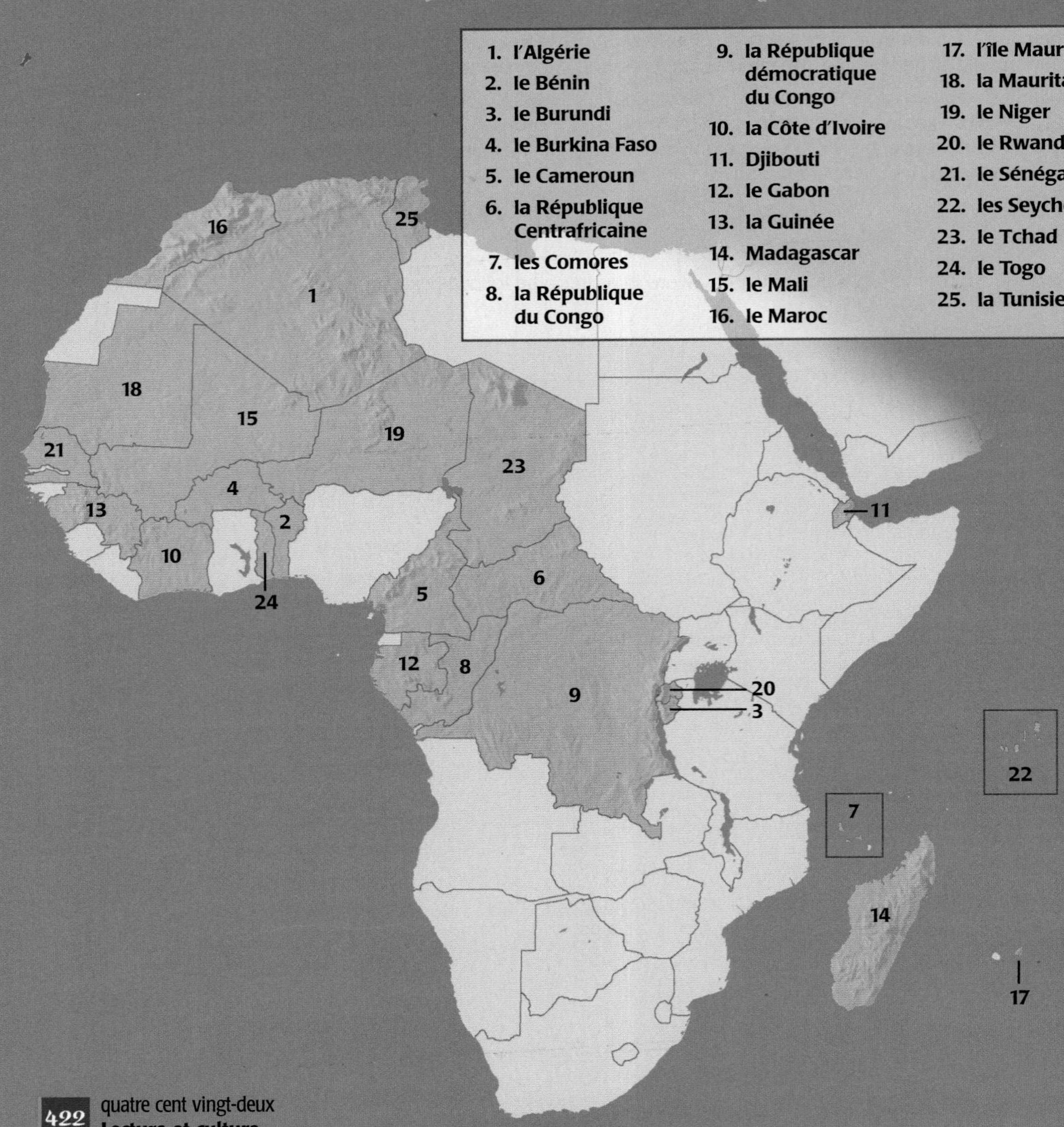

TEACHING NOTES Cultural photo essays

- The cultural photo essay may be covered in class or assigned as outside reading.
- The material does not need to be done in sequence; it may be introduced as desired.
- Some teachers may prefer to present the material in small segments while students are working on other lessons.
- Students can test their knowledge of the material presented in this cultural essay by completing the quiz entitled **Le savez-vous?** on p. 431.

C'est en Afrique que le domaine du français est géographiquement le plus étendu.° Une vingtaine de pays africains utilisent cette langue à titres divers.° Dans certains pays, le français est la langue officielle ou administrative (exclusivement ou avec d'autres langues nationales). Dans d'autres pays, le français est utilisé comme langue d'enseignement° dans le système public. Dans tous ces pays, le français est souvent utilisé dans le commerce et l'industrie.

lgérie

le Bénin

le Burundi

le Burkina Faso

le Cameroun

République entrafricaine

les Comores

la République du Congo

la République démocratique du Congo

la Côte d'Ivoire

ibouti

le Gabon

la Guinée

Madagascar

le Mali

Maroc

l'île Maurice

la Mauritanie

le Niger

le Rwanda

Sénégal

les Seychelles

le Tchad

le Togo

la Tunisie

---

endu *widespread* **à titres divers** *in different ways* **enseignement** *instruction*

L'Afrique occidentale

Cultural notes

- **L'Afrique francophone** L'Afrique francophone comprend aussi **la République démocratique du Congo, le Burundi** et **le Rwanda.** Ces pays d'Afrique centrale sont d'anciennes colonies belges, devenues indépendantes en 1960.
- **Les langues africaines** Dans ces pays, la majorité des gens parlent de nombreuses langues africaines. Au Sénégal, 80% de la population parlent **le wolof.** En Côte d'Ivoire, on parle **le baoulé** et **le dioula.** Au Mali, on parle 10 langues nationales différentes.

L'Afrique occidentale

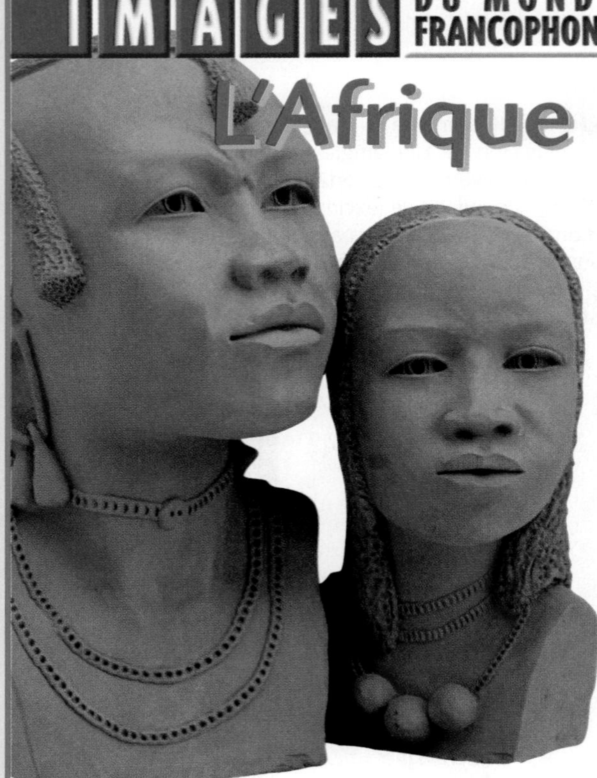

Un peu d'histoire

L'histoire de l'Afrique occidentale est très ancienne. On sait, par exemple, qu'un vaste royaume° existait au neuvième siècle° dans la région du Sénégal actuel. Ce royaume s'appelait le royaume de Tekrour. Au dixième siècle, les Arabes sont arrivés dans cette région et ils ont converti ses habitants à l'Islam. Au quatorzième siècle, de marins° français ont exploré la Côte d'Ivoire (qu'on appelait alors la «côte des dents», c'est-à-dire des dents d'éléphant) pour faire le commerce de l'ivoire. À partir du° quinzième siècle, les Portugais, les Hollandais, les Anglais et les Français ont établi des comptoirs° sur les côtes d'Afrique. Au dix-septième et dix-huitième siècles, ces Européens ont fait le commerce des esclaves° avec leurs colonies d'Amérique.

Dans la seconde moitié° du dix-neuvième siècle, la France a colonisé une grande partie de l'Afrique occidentale. Dans ses colonies, elle a établi une administration et un système d'enseignement public. En 1960, les colonies françaises d'Afrique sont devenues des républiques indépendantes. Aujourd'hui, tous ces pays sont membres des Nations unies.

Le rôle du français en Afrique occidentale

Après l'indépendance, les pays d'Afrique occidentale ont conservé° le français comme langue officielle. Pourquoi? La raison est très simple. La population de ces pays est composée d'un grand nombre de tribus qui parlent généralement des dialectes différents. Pour faciliter la communication entre ces tribus et ainsi promouvoir° l'unité nationale, il était nécessaire d'adopter une langue commune. Pour cela, on a choisi le français.

Dans la majorité des pays africains, l'instruction est faite en français. Chez eux, les jeunes Africains parlent la langue locale, mais à l'école secondaire ils font leurs études en français. Aujourd'hui, le français est non seulement une langue d'enseignement. C'est la langue utilisée dans le commerce, dans les journaux, à la radio et à la télévision.

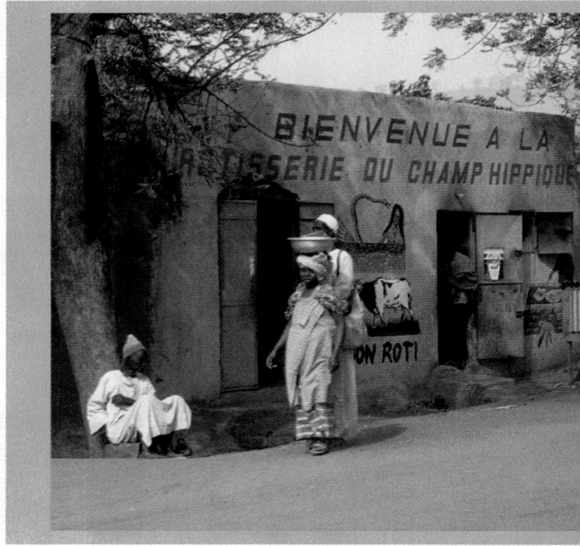

Bamako, Mali

royaume *kingdom* **siècle** *century* **marins** *sailors* **À partir du** *Beginning with the* **comptoirs** *trading centers* **esclaves** *slaves* **moitié** *half* **ont conservé** *kept* **promouvoir** *to promote*

L'Afrique du nord

e Maroc, l'Algérie et la Tunisie

nstituent l'Afrique du nord ou le Maghreb. majorité des habitants de ces pays sont arabes pratiquent la religion musulmane.° Beaucoup Algériens, de Marocains et de Tunisiens travaillent France où ils représentent un pourcentage portant de la population immigrée.

lgérie est le plus grand pays du Maghreb. Une ste partie de son territoire est occupée par Sahara, un immense désert de sable.° L'Algérie t membre de l'OPEP (Organisation des Pays portateurs de Pétrole). Elle exporte son pétrole son gaz naturel en France et aussi aux États-Unis.

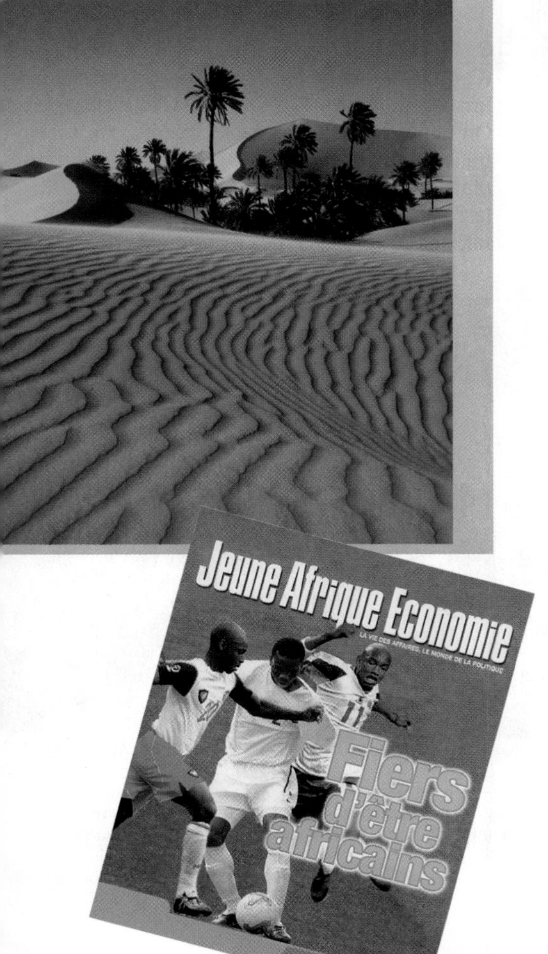

CONNEXIONS
Les pays d'Afrique francophone

En groupes de deux ou troix, choisissez un pays d'Afrique où le français est utilisé et préparez un poster sur ce pays. Ce poster peut contenir ...

- une carte du pays
- des informations de base (population, langues, religions, histoire et géographie, économie)
- des photos et illustrations

Sources: encyclopédies, brochures touristiques, Internet, etc.

musulmane *Moslem* **sable** *sand*

L'Afrique du nord

Photo notes

- *Top:* Port Al Kantaoui, Tunisia
- *Bottom:* Date palms and sand dunes in the Sahara Desert.

Compréhension du texte

Vrai ou faux?

1. Les Arabes sont arrivés en Afrique occidentale avant les Français. [V]
2. Avant 1960, beaucoup de pays de l'Afrique occidentale étaient des colonies anglaises. [F]
3. Aujourd'hui, ces pays sont membres des Nations unies. [V]
4. Le français est la langue officielle de plusieurs pays africains. [V]
5. Dans ces pays, on parle aussi des dialectes locaux. [V]
6. L'Algérie est un pays catholique. [F]
7. Beaucoup d'Algériens habitent en France. [V]
8. Le Sahara est une grande rivière d'Afrique. [F]
9. L'Algérie produit du pétrole et du gaz naturel. [V]

Challenge activity

Identifiez ...

1. le royaume de Tekrour [C'est un vaste royaume qui existait au neuvième siècle dans la région du Sénégal actuel.]
2. la «côte des dents» [C'est l'ancien nom de la Côte d'Ivoire.]
3. le Maghreb [Le Maroc, l'Algérie et la Tunisie sont les pays du Maghreb (Afrique du nord). La majorité des habitants de la région sont arabes et pratiquent la religion musulmane.]
4. le Sahara [un immense désert de sable qui occupe une grande partie du territoire de l'Algérie]

Cultural note

Le Maghreb: «Maghreb» est un mot arabe qui signifie «ouest».
Le Maghreb désigne les pays du nord-ouest de l'Afrique.
Les Maghrébins sont les habitants de ces pays.

Images d'Afrique

Compréhension du texte

Vrai ou faux?

1. Le baobab est un arbre d'Afrique. [V]
2. Le «griot» est le fruit du baobab. [F]
3. La religion principale du Sénégal est l'Islam. [V]
4. Le «boubou» est un dialecte africain. [F]
5. Les Touareg portent des vêtements rouges. [F]
6. Abidjan est une grande ville de Côte d'Ivoire. [V]
7. Tombouctou était la capitale de l'empire du Mali. [V]

Challenge activity

Identifiez ...

1. un «griot» [Chaque village a un griot, qui est poète, musicien et historien. Il transmet l'histoire et les traditions orales des villages d'Afrique.]
2. l'Islam [C'est la religion de la majorité des Sénégalais. À l'heure de la prière, les fidèles s'agenouillent en direction de la Mecque, la ville sainte de l'Islam.]
3. les hommes bleus [Les Touareg sont les hommes du désert qui accompagnent les caravanes qui traversent la Sahara. On les appellent «les hommes bleus» à cause de leurs vêtements bleus.]
4. le baobab [C'est un arbre qui peut vivre jusqu'à 5 000 ans. On mange ses fruits et on utilise ses feuilles dans la préparation de plats et de médicaments. On fait des instruments de ses calebasses.]
5. Tombouctou [C'était la capitale de l'empire du Mali où se trouvait une université coranique et des bibliothèques. Il y avait une brillante vie culturelle, intellectuelle et religieuse.]

IMAGES DU MONDE FRANCOPHONE

84% des **Sénégalais** sont musulmans. À l'heure de la prière,° les fidèles° s'agenouillent° en direction de la Mecque,° la ville sainte° de l'Islam.

Les Dakaroises ont la réputation d'être très élégantes. Ces femmes portent un «boubou» qui est le costume traditionnel du pays. C'est une longue tunique généralement ornée° de broderies.°

Le baobab est éternel comme l'Afrique. (Certains baobabs peuvent vivre° jusqu'à° 5 000 ans!) C'est un arbre très utile. On mange ses fruits On utilise son écorce° pour faire des cordes. On utilise ses feuilles° dans la préparation de certains plats et de certains médicaments. Finalement, ave la calebasse, qui est son fruit séché° et vidé,° on fait des récipients et des instruments de musique.

Le «griot» est un personnage typiquement africain. Il est poète, musicien, historien ... Son prestige est très grand dans la société traditionelle d'Afrique de l'ouest. Chaque village a son griot. Il assiste à toutes les cérémonies religieuses et familiales. Là, il écoute et il raconte.° Aujourd'hui, il raconte une fable. Dans cette fable, il met en scène° les animaux de la savane et de la forêt: le lion, l'éléphant, la gazelle, la girafe, le singe° ... Évidemment,° ces animaux sont des symboles. Ils représentent en réalité les habitants du village ou leurs ancêtres. Chacun comprend le sens de la fable. On rit° ou on pleure° ...

Le griot joue un rôle très important. C'est lui qui transmet l'histoire et les traditions orales des villages d'Afrique.

prière *prayer* **fidèles** *faithful* **s'agenouillent** *kneel* **Mecque** *Mecca* **sainte** *holy* **ornée** *decorated* **broderies** *embroidery* **vivre** *live* **jusqu'à** *up to* **écorce** *bark* **feuilles** *leaves* **séché** *dried* **vidé** *emptied out* **raconte** *tells stories* **met en scène** *puts on stage, features* **singe** *monkey* **Évidemment** *Obviously* **rit** *laughs* **pleure** *cries*

Images d'Afrique

Les Touareg sont les hommes du désert. Ces courageux nomades accompagnent les caravanes qui traversent° le Sahara. À cause de la couleur de leurs vêtements, on les appelle les «hommes bleus».

Abidjan est la capitale économique de la Côte d'Ivoire. Elle avait 120 000 habitants en 1960. Aujourd'hui, elle en a 2 800 000. C'est l'une des villes les plus modernes et les plus dynamiques d'Afrique.

Située au terminus de la route des caravanes transsahariennes, la mystérieuse ville de **Tombouctou** était autrefois° la capitale du puissant° empire du Mali. Avec sa célèbre° université coranique et ses riches bibliothèques, Tombouctou était aussi le centre d'une brillante vie° culturelle, intellectuelle et religieuse, basée sur l'enseignement° de l'Islam. La mosquée de Sankoré date du quinzième (15e) siècle.° C'était le centre de cette université où d'éminents professeurs enseignaient° la théologie, l'astronomie, l'histoire et les mathématiques à 25 000 étudiants du monde° islamique.

traversent *cross* **autrefois** *in the past* **puissant** *powerful* **célèbre** *famous* **vie** *life* **enseignement** *teaching* **siècle** *century* **enseignaient** *taught* **monde** *world*

CONNEXION L'Islam

L'Islam, ou religion musulmane, est la principale religion de l'Afrique de l'ouest. En groupe de deux ou trois, préparez un petit rapport sur l'un des sujets suivants:

- le Coran
- les cinq piliers de l'Islam
- l'histoire de l'Islam en Afrique de l'ouest.

Sources: L'Internet, encyclopédies.

Photo notes

- *Top:* Bedouins in the Desert at Tassili N Ajjer, Algeria.
- *Bottom:* The Sankore mosque was built in the Sahel style. It is made of mud bricks. Wooden beams jut out from the walls so that ladders can be propped against them when a wall is in need of repair.

Masques africains

Cultural expansion

- **Léopold Senghor** (1903–2001) Pour son oeuvre littéraire, Léopold Senghor a été admis à l'Académie française en 1983. Senghor a aussi eu une brillante carrière politique, en France d'abord, puis au Sénégal. Il a été président du Sénégal de 1960, date de l'indépendance de ce pays, jusqu'en 1980.
- **Picasso** (1881–1973) et **Modigliani** (1884–1920) Ces deux artistes qui vivaient à Paris au début du 20e siècle ont pu admirer les expositions de sculptures et de masques africains au Musée du Trocadéro. L'art africain a inspiré les **Fauves (Matisse, Derain)** et les **Cubistes (Braque, Picasso).**

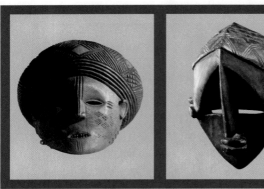

Masques africains

«Masques! O Masques
Masque noir masque rouge, vous masques
blanc-et-noir
Masques aux quatre points° d'où souffle°
l'Esprit
Je vous salue dans le silence!»

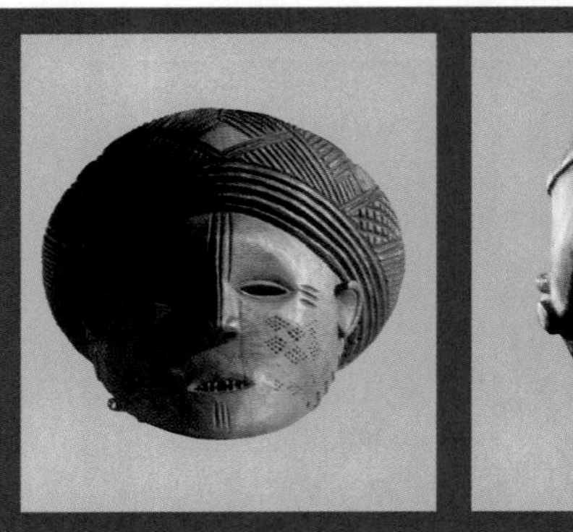

Boy's initiation, Pole dance mask — *Female Lwalwa mask, Southern Cong*

Ces lignes sont les premiers vers° d'un poème intitulé «Prière aux masques». Ce poème a été écrit par Léopold Senghor, l'un des grands poètes africains d'expression française. Dans ce poème, Senghor évoque l'Afrique de ses ancêtres.

Aujourd'hui, les masques africains font partie du patrimoine° artistique universel. Ils ont inspiré des grands peintres européens comme Picasso et Modigliani. On les trouve dans les plus grands musées du monde. Mais en Afrique, le masque n'est pas un objet artistique. C'est avant tout° un objet religieux.

points *directions* **souffle** *blows* **vers** *lines* **patrimoine** *heritage* **avant tout** *above all*

Selon les religions africaines, la destinée humaine est déterminée par des forces surnaturelles° toujours présentes autour de° nous. Le masque représente le moyen° d'entrer en communication avec ces forces et surtout avec l'esprit des ancêtres. Les masques sont particulièrement importants aux moments critiques de l'existence individuelle et collective: naissance, passage de l'adolescence à l'âge adulte, mariage, funérailles pour l'individu; saison des récoltes° ou période de la chasse° pour le village. À ces moments-là, des cérémonies rituelles sont organisées où les participants portent des masques pour obtenir la protection des déités.

Les masques africains sont très variés. La majorité sont en bois,° mais il y a des masques en bronze et des masques en cuivre.° Certains représentent des figures humaines. D'autres représentent des animaux: lions, girafes, antilopes, boeufs,° crocodiles. Il y a des masques simples et des masques très complexes. Certains ont des formes abstraites; d'autres sont très réalistes et très détaillés. Chaque village et chaque tribu a son style. La variété des masques africains est infinie.

unu funerary mask

Fang mask, Ivory Coast

Baoule mask, Ivory Coast

Kwele tribe mask, Congo

CONNEXION Masques africains

Comme projet de classe, préparez une exposition avec des illustrations de masques africains. Pour chaque masque, donnez:

- l'origine
- le(s) matériau(x) utilisé(s)
- une brève description de ce masque

Source: Livres sur l'art africain; sites Internet

surnaturelles *supernatural* **autour de** *around* **moyen** *means* **récoltes** *harvest* **chasse** *hunting* **bois** *wood* **cuivre** *brass* **boeufs** *oxen*

Compréhension du texte

Vrai ou faux?

1. Léopold Senghor est un sculpteur africain. [F]
2. Picasso et Modigliani sont des artistes européens. [V]
3. Les masques africains ont influencé l'art européen. [V]
4. Pour les Africains, les masques sont uniquement des objets d'art. [F]
5. Certains masques représentent des animaux d'Afrique. [V]
6. La majorité des masques africains sont en métal. [F]
7. Le style des masques africains varie avec les villages et les tribus. [V]

Recontre avec René Philombe

Cultural note Le Cameroun

C'est un pays d'Afrique occidentale. Ses langues officielles sont le français et l'anglais. Il y a aussi plus de 200 dialectes et langues locales.

Photo notes

- *Left:* The Sultan of Cameroon's court musicians
- *Right:* City of Yaounde, capital of Cameroon.

Activité

Let students discuss these questions in English. Here are some possible answers:

1. **Le message**
   - Deep down, we are all brothers and sisters. As members of the human race, we belong to the same family.
   - We should not judge people by their race, their ancestry, or their religion.
   - We should act like brothers and sisters, being generous, open, and supportive of one another.
2. **La simplicité**
   - The message is clear and transparent.
   - The vocabulary is simple, and the style is direct and characterized by repetition.
   - The setting of the poem is a simple scene: one person is knocking at another's door asking for shelter.
3. **La beauté**
   - The beauty lies in the message and the simplicity with which it is expressed.
   - The poem appeals to the best in us.

Rencontre avec René Philombe

René Philombe (1930-2001) est un poète camerounais. Dans le poème suivant, il exprime avec beaucoup de sensibilité° l'universalité de la race humaine.

L'homme qui te ressemble

J'ai frappé° à ta porte
J'ai frappé à ton coeur
pour avoir bon lit
pour avoir bon feu°
pourquoi me repousser?°
Ouvre-moi° mon frère! …

Pourquoi me demander
si je suis d'Afrique
si je suis d'Amérique
si je suis d'Asie
si je suis d'Europe?
Ouvre-moi mon frère! …

Pourquoi me demander
la longueur° de mon nez
l'épaisseur° de ma bouche
la couleur de ma peau°
et le nom de mes dieux?°
Ouvre-moi mon frère! …

Je ne suis pas un noir
je ne suis pas un rouge
je ne suis pas un jaune
je ne suis pas un blanc
mais je ne suis qu'un° homme
Ouvre-moi mon frère! …

Ouvre-moi ta porte
Ouvre-moi ton coeur
car je suis un homme
l'homme de tous les temps
l'homme de tous les cieux°
l'homme qui te ressemble! …

Petites gouttes de chant pour créer l'homme,
in *Le Monde,* 8 février 1973

ACTIVITÉ

1. Expliquez le message de ce poème.
2. Expliquez la simplicité de ce poème.
3. Expliquez la beauté de ce poème.

sensibilité *sensitivity* **J'ai frappé** *I knocked* **bon feu** *warm fire* **repousser** *push away* **Ouvre-moi** *Open up for me* **longueur** *length* **épaisseur** *thickness* **peau** *skin* **dieux** *gods* **je ne suis qu'un …** *I am only a …* **cieux** *heavens*

LE SAVEZ-VOUS?

1. Les pays d'Afrique du Nord sont l'Algérie, la Tunisie et ...
   a. le Niger
   b. le Maroc
   c. le Sénégal
2. Un autre nom pour l'Afrique du nord est ...
   a. le Maghreb
   b. le Burkina Faso
   c. la République démocratique du Congo
3. La majorité des habitants d'Afrique du nord sont ...
   a. protestants
   b. catholiques
   c. musulmans
4. L'Algérie produit et exporte ...
   a. du pétrole
   b. du coton
   c. des automobiles
5. Les pays d'Afrique occidentale sont devenus indépendants ...
   a. en 1880
   b. en 1910
   c. en 1960

6. Au Sénégal et dans les pays africains d'expression française, l'enseignement à l'école secondaire est fait principalement ...
   a. en anglais
   b. en français
   c. en langue locale
7. Le «griot» est ...
   a. un village africain
   b. un légume tropical
   c. un homme qui raconte des fables
8. Le baobab est ...
   a. un animal
   b. un arbre
   c. une plante
9. Le «boubou» est ...
   a. un vêtement
   b. un fruit
   c. un sorcier
10. Les Touareg sont ...
    a. des médecins
    b. des administrateurs
    c. des nomades du Sahara
11. Abidjan est une grande ville ...
    a. de la Tunisie
    b. du Sénégal
    c. de la Côte d'Ivoire
12. Il y avait une célèbre université coranique à ...
    a. Dakar
    b. Tombouctou
    c. Abidjan
13. Pour les Africains, les masques sont des objets ...
    a. artistiques
    b. religieux
    c. de la vie courante

TEACHING STRATEGY Le savez-vous?

This quiz will help students check how well they have remembered the information presented in *Images du monde francophone.*

If students have only covered parts of the cultural photo essay, you may want to assign only selected items corresponding to what they have read.

PAGES	CORRESPONDING ITEMS
424–425	1–6
426–427	7–12
428–429	13

Le savez-vous?

Le savez-vous?

Answers

1. b	**8.** b
2. a	**9.** a
3. c	**10.** c
4. a	**11.** c
5. c	**12.** b
6. b	**13.** b
7. c	

Teaching note Have students research the music of North Africa and West Africa. They could choose either the music of contemporary artists or traditional music. Have them compare and contrast it with music from their own culture.

Expansion activities PLANNING AHEAD

Games

• Décrivez!

Show the class an object or a picture of the object. Have students write as many related or descriptive words as they can. For example, if you show the class a picture of a suitcase, students might write: *voyager, vêtements, bleu, la gare, l'aéroport, faire ses valises,* etc. Set a time limit for students to write their lists. When time is up, have students call out words from their lists. The student with the longest list of words related to the item wins a point for that round. Start the next round by showing students another object.

Pacing Suggestion: Upon completion of Leçon 29.

• Si j'avais 1 000 000 euros, je . . .

First write the following list of sentence starters on an overhead transparency or on the board.

Si j'avais 1 000 000 euros, je ...
Si je pouvais aller dans un pays étranger, je ...
Si je pouvais rencontrer une célébrité, je ...
Si j'étais le président des États-Unis, je ...
Si je pouvais faire le travail que je voulais, je ...
Si je voyais un film cet après-midi, je ...
Si je pouvais changer de place avec quelqu'un, je ....
Si je pouvais apprendre à faire une chose, je ...
Si je pouvais acheter n'importe quelle voiture, je ...
Si j'étais sur une île déserte et je ne pouvais apporter qu'un livre (ou CD), je ...

Have students complete the sentences, without letting anyone else see what they are writing. Then have students work in small groups. Students will take turns reading their sentences to the group. If anyone else in the group completed the sentence in the same way, they cross the sentence off. If a student has a completion that is unique, he or she scores a point. The student with the most unique sentence completions in the group wins.

Pacing Suggestion: Upon completion of Leçon 32.

Projects

• Cher monsieur/Chère madame

Students will write a letter to a summer camp, language school, or other educational institution. Have students tell what they would like to study, ask if the institution offers classes related to their interests, and request a copy of the school or camp's brochure. Remind students that they should phrase their requests very politely, using the conditional. You may wish to provide some letter-writing expressions. Have students trade letters for proofreading, and then write a final draft.

Pacing Suggestion: Upon completion of Leçon 31.

Bulletin Boards

• Le français dans le monde

Have students work in small groups to create a map of the French-speaking world. Each group will work with one continent or part of a continent. Groups will label all the French-speaking countries and capital cities in French, and shade all the countries a particular color.

Pacing Suggestion: Upon completion of Leçon 29.

• Les pays francophones

Have students contact travel agents for maps and brochures of francophone countries and regions. Students may also find materials on the Internet. Have them create a bulletin board using the materials they collect. They may organize the bulletin board by country, continent, type of weather the country is known for, or by the types of activities tourists can do there.

Pacing Suggestion: Upon completion of Leçon 29.

Music

• *Paris*

Give students a copy of the lyrics to Olivia Ruiz's song *Paris* on your *Chansons* CD. Have them listen to the song and read the lyrics. As they listen, ask students to rate their understanding of the song on a scale of 1–10. Also have them jot down one or two questions they have about the meaning. Have students listen a second time and rate their comprehension again. See if they can answer any of their questions from the first round and have them jot down any new questions. Finally, have them get together with a partner to discuss any unanswered questions they still have.

Pacing Suggestion: Upon completion of Leçon 31.

Storytelling

• Jeu du cadavre exquis

This game is based on a writing technique invented by the founders of the Surrealist movement. Each member of a group contributes to a story without knowing what anyone else has written, usually with amusing or bizarre results. Divide the class into small groups and have each group choose a main character for their story. The first student in each group will write two or three sentences to start the story, and then fold the paper over to cover all but the last line. They pass the paper to the next student who writes two or three more lines, folds the paper, and passes it to the next student. Encourage students to use vocabulary from Leçon 30. When everyone has had a chance to write a few lines, have students read the stories aloud to the class.

Pacing Suggestion: Upon completion of Leçon 30.

Hands-on Crafts

• Ma valise

Have students use a shoebox or another box to shape a suitcase. Have them cover their boxes with construction paper or plain brown mailing paper. Then have them use stickers or paper and glue to create a suitcase that reflects the countries where they have been or where they would like to go. Encourage students to use flags and symbols to represent the countries chosen. Finally, have them use the vocabulary in Leçon 30 to describe the countries. Set up a display of the suitcases along with the students' descriptions.

Pacing Suggestion: Upon completion of Leçon 30

End of Unit

• Le monde en l'an 2300

Students will work in small groups to create skits in which a journalist interviews time travelers from the year 2300. The "journalist" will ask questions about what the world is like in 2300. Students may discuss transportation, politics, clothing, space travel, and so on. Have students exchange the first draft of their skit with another group for proofreading. After they have written a final draft, have students rehearse their skits and present them to the class.

Rubric **A** = 13–15 pts. **B** = 10–12 pts. **C** = 7–9 pts. **D** = 4–6 pts. **F** = < 4 pts.

Criteria	Scale
Vocabulary Use	1 2 3 4 5
Grammar/Spelling Accuracy	1 2 3 4 5
Creativity	1 2 3 4 5

Recipe

• Pain perdu

This rich version of French toast is a great way to use up the last few slices of a loaf of bread that is a little stale. For best results use a hearty, homemade-style bread.

Pacing Suggestion: Upon completion of Leçon 32.

Clé

250 milliliters = approx 8.5 ounces
150 grammes = approx. 5 ounces
200 grammes = approx. 7 ounces

Pain perdu

Ingrédients

- *12 tranches de pain légèrement rassis*[1]
- *250 ml de lait*
- *150 g de sucre*
- *1/2 cuillère à café d'essence de vanille*[2]
- *6 oeufs*
- *200 g de beurre*

Préparation

1. *Chauffez le lait pour y faire fondre*[3] *le sucre. Ajoutez l'essence de vanille.*
2. *Battez le lait avec les oeufs entiers.*
3. *Faites-y tremper*[4] *les tranches de pain. (Le pain ne doit pas ramollir, seulement s'humecter.)*
4. *Dans une poêle, faites fondre un peu de beurre.*
5. *Faites dorer les tranches de pain deux par deux de chaque côté.*
6. *Servez chaud accompagné de sucre glace ou de confiture.*

Pour 6 personnes.

Glossary

[1] *stale*
[2] *vanilla extract*
[3] *melt*
[4] *soak*

Planning Guide CLASSROOM MANAGEMENT

OBJECTIVES

Communication

- Plan a camping trip *p. 436*
- Describe your vacation plans *pp. 436, 438–439*
- Travel by train or plane *p. 440*
- Name many countries of the world *pp. 438–439, 444*
- Talk about your plans and describe what you will do in the future *pp. 452–453, 455, 457, 458–459*
- Discuss what you would do under a variety of circumstances *pp. 457, 467*

Grammar

- L'usage des prépositions avec les noms de pays *p. 444*
- Les verbes *recevoir* et *apercevoir* *p. 445*
- La construction verbe + infinitif *p. 446*
- Le futur: formation régulière *pp. 452–453*
- Futurs irréguliers *p. 455*
- L'usage du futur dans les phrases avec *si* *p. 457*
- L'usage du futur après *quand* *p. 458*
- D'autres futurs irréguliers *p. 459*
- Révision: L'imparfait *p. 464*
- Le conditionnel: formation *p. 465*
- Le conditionnel de politesse *p. 466*
- Le conditionnel dans les phrases avec *si* *p. 467*

Vocabulary

- Les vacances *p. 436*
- Les voyages à l'étranger *pp. 438–439*
- À la gare et à l'aéroport *p. 440*
- Verbes suivis de l'infinitif *p. 446*

Culture

- Aperçu culturel—Les Français en vacances *pp. 434–435*
- Flash d'information—15 jours et 8 jours *p. 436*
- Au jour le jour—L'horaire du TGV Atlantique *pp. 440–441*

PROGRAM RESOURCES

Print

- Workbook PE, *pp. 265–300*
- *Activités pour tous* PE, *pp. 161–179*
- Block Scheduling Copymasters, *pp. 233–264*
- *Français pour hispanophones*
- *Lectures pour tous*
- Teacher to Teacher Copymasters
- Teaching Proficiency through Reading and Storytelling
- Unit 8 Resource Book
  - Lessons 29–32 Resources
    - Workbook TE
    - *Activités pour tous* TE
    - Absent Student Copymasters
    - Family Involvement
    - Video Activities
    - Videoscripts
    - Audioscripts
    - Assessment Program
  - Unit 8 Resources
    - Communipak
    - *Activités pour tous* TE Reading
    - Workbook TE Reading and Culture Activities
    - Assessment Program
    - Answer Keys

Audiovisual

- Audio Program PE CD 5 Tracks 1–10
- Audio Program Workbook CD 13 Tracks 1–24
- *Chansons* Audio CD Track 1
- Sing Along: Grammar and Vocabulary Songs CD
- Video Program Leçons 29–32
- Warm-Up Transparencies
- Overhead Transparencies
  - 2b *L'Amérique;*
  - 2c *L'Afrique, L'Europe, L'Asie;*
  - 3 *L'Europe;*
  - 14 *Quelques professions;*
  - 49 *L'imparfait: Les événements habituels;*
  - 60 *Les vacances;*
  - 61 *Le camping;*
  - 62 *À la gare;*
  - 63 *Verbes suivis de l'infinitif;*
  - 64 *Voyages en France;*
  - 65 *Le futur*

Technology

- Online Workbook
- ClassZone.com
- McDougal Littell Assessment System/Test Generator CD-ROM
- EasyPlanner CD-ROM
- Power Presentations on CD-ROM
- Take-Home Tutor CD-ROM

Assessment Program Options

Lesson Quizzes
Portfolio Assessment
Unit Test Form A
Unit Test Form B
Listening Comprehension Performance Test
Speaking Performance Test
Reading Comprehension Performance Test
Writing Performance Test
Multiple Choice Test Items
Test Scoring Tools
Audio Program CD 22 Tracks 1–9
Answer Keys
McDougal Littell Assessment System/Test Generator CD-ROM

Pacing Guide SAMPLE LESSON PLAN

DAY	DAY	DAY	DAY	DAY
1 **Unité 8 Opener** **Leçon 29** • Aperçu culturel–Les Français en vacances • Vocabulaire–Les vacances	**2** **Leçon 29** • Vocabulaire–Les voyages à l'étranger	**3** **Leçon 29** • Vocabulaire–À la gare et à l'aéroport	**4** **Leçon 29** • Au jour le jour **Leçon 30** • Vidéo-scène–Les collections de Jérôme	**5** **Leçon 30** • L'usage des prépositions avec les noms de pays
6 **Leçon 30** • Les verbes *recevoir* et *apercevoir* • La construction verbe + infinitif	**7** **Leçon 30** • Vocabulaire–Verbes suivis de l'infinitif • À votre tour! • Lecture–Séjours à l'étranger	**8** **Leçon 30** • Lecture–Séjours à l'étranger *(continued)* **Leçon 31** • Vidéo-scène–Projet de voyage	**9** **Leçon 31** • Le futur: formation régulière	**10** **Leçon 31** • Le futur: formation régulière *(continued)* • Futurs irréguliers
11 **Leçon 31** • L'usage du futur dans les phrases avec *si* • L'usage du futur après *quand*	**12** **Leçon 31** • D'autres futurs irréguliers • À votre tour! • Lecture–Arrivée en France	**13** **Leçon 32** • Vidéo-scène–À la gare • Révision: L'imparfait • Le conditionnel: formation	**14** **Leçon 32** • Le conditionnel: formation *(continued)* • Le conditionnel de politesse	**15** **Leçon 32** • Le conditionnel de politesse *(continued)* • Le conditionnel dans les phrases avec *si*
16 **Leçon 32** • À votre tour! • Lecture–Pas de panique	**17** • Tests de contrôle • Interlude–La chasse au trésor	**18** • Unit 8 Test		

Student Text Listening Activity Scripts
AUDIO PROGRAM

▶ LEÇON 29 LE FRANÇAIS PRATIQUE Les vacances et les voyages

• Aperçu culturel: Les Français en vacances *p. 434* CD 5, TRACK 1

Les «grandes vacances» commencent en juillet et finissent en septembre. Pour beaucoup de Français, c'est la période la plus importante de l'année. Les adultes ont cinq semaines de vacances payées par leurs compagnies. Pendant cette période, ils ne restent pas chez eux. Beaucoup quittent les villes et vont de préférence à la mer. D'autres vont à la campagne et à la montagne où ils font du «tourisme vert», c'est-à-dire, des excursions dans la nature.

1. Le 1er juillet, le 15 juillet et le 1er août sont les jours de «grands départs». Ces jours-là, des millions de Français partent en vacances, par le train ou en voiture.
2. À la différence des jeunes Américains, la majorité des jeunes Français ne travaillent pas pendant les vacances. En général, ils voyagent avec leurs parents. Les plus jeunes vont en colonies de vacances. Les «colos», ou centres de vacances, sont organisées par les écoles, les municipalités ou les entreprises où travaillent leurs parents. En colonie de vacances, les jeunes pratiquent toutes sortes de sports: natation, voile, canoë, etc.
3. Où loger pendant les vacances? On peut aller chez des amis, louer une villa ou aller à l'hôtel. Une autre solution, extrêmement populaire en France, est de faire du camping. La France est le pays d'Europe qui a le plus grand nombre de terrains de camping: 9 000 au total!

   En général, ces terrains de camping sont très bien équipés. Certains ont une piscine, des terrains de sport, des salles de jeux et même des restaurants et des boutiques.
4. Chaque année des millions d'étudiants étrangers visitent la France. Ils viennent principalement d'Angleterre, d'Allemagne, d'Italie et des États-Unis. Beaucoup sont logés dans des familles françaises. Ceux qui préfèrent voyager peuvent aller dans les «auberges de jeunesse». Ces auberges offrent un logement qui est bon marché et relativement confortable. Un autre avantage important est qu'on y rencontre d'autres jeunes de tous les pays du monde.
5. Pour beaucoup de jeunes Américains, le train est le moyen de transport le plus pratique, le plus économique et le plus rapide pour visiter la France et les autres pays d'Europe. En achetant un «Eurailpass», ils peuvent faire un nombre illimité de voyages dans 17 pays différents.

• Vocabulaire A

Les vacances *p. 436* CD 5, TRACK 2

Écoutez la conversation.

A: Où vas-tu aller pendant les vacances?
B: Je vais aller à la montagne.
A: Combien de temps est-ce que tu vas rester là-bas?
B: Je vais passer quinze jours.
A: Où est-ce que tu vas rester?
B: Je vais loger chez des amis pendant une semaine. Puis je vais louer une caravane.
A: Est-ce que tu es prêt à partir?
B: Oui, j'ai ma carte de la région et j'ai fait mes valises!

Maintenant regardez l'illustration.

Le camping

Pour transporter ses affaires, on utilise un sac à dos. #

Pour préparer ses repas, on utilise . . .
un réchaud # une casserole # une poêle #

Pour dormir, il est utile d'avoir . . .
une tente # une couverture # un sac de couchage # une lampe de poche #

• Vocabulaire B

Les voyages à l'étranger *p. 438* CD 5, TRACK 3

Écoutez la conversation.

A: Qu'est-ce que tu vas faire cet été?
B: Je vais faire un séjour à l'étranger.
A: Quels pays est-ce que tu vas visiter?
B: Je vais visiter la France, le Portugal et l'Espagne.

• Vocabulaire C

À la gare et à l'aéroport *p. 440* CD 5, TRACK 4

Écoutez la conversation.

A: Vous désirez, mademoiselle?
B: Je voudrais un billet de train pour Bordeaux.
A: Un aller simple?
B: Non, un aller et retour.
A: En première classe ou en seconde classe?
B: En seconde classe, s'il vous plaît.
A: Voilà, c'est 112 euros.
B: À quelle heure part le prochain train?
A: Il part à quatorze heures.
B: Et à quelle heure est-ce qu'il arrive à Bordeaux?
A: Il arrive à seize heures cinquante-huit.

▶ LEÇON 30 Les collections de Jérôme

• Vidéo-scène *p. 442* CD 5, TRACK 5

Claire: Vous vous souvenez de Jérôme et de son accident? Maintenant Jérôme est parfaitement remis de cet accident.
Hier il a téléphoné à Pierre pour l'inviter à passer chez lui avec Armelle.
Aujourd'hui, Pierre et Armelle sont allés à l'appartement de Jérôme, mais Jérôme n'est pas chez lui.
Armelle: Tiens, il y a une note de Jérôme. Qu'est-ce qu'il dit?
Claire: Pierre lit la note.
Pierre: Il dit qu'il sera ici dans cinq minutes.
Armelle: On entre?
Pierre: Oui, entrons!
Claire: Pierre et Armelle entrent chez Jérôme. Armelle regarde les objets qui sont là.
Armelle: Dis donc, Jérôme a des tas de trucs intéressants!
Pierre: Tu sais, il aime collectionner les objets.
Armelle: Ça, qu'est-ce que c'est?
Pierre: C'est une tampoura. Ça vient des Indes.
Armelle: Et ce masque?
Pierre: Il vient de la Côte d'Ivoire.
Armelle: Et celui-là, il vient de la Côte d'Ivoire aussi?
Pierre: Non, il vient du Mexique.
Claire: Armelle trouve un chapeau qu'elle essaie.
Armelle: Il est super, le chapeau de cowboy . . .
Dis, quand est-ce qu'il est allé aux États-Unis, Jérôme?
Pierre: Aux États-Unis? Il n'y est jamais allé.
Armelle: Sans blague!
Claire: Pierre explique à Armelle où Jérôme achète tous ses objets.
Pierre: À vrai dire, il n'a pas beaucoup voyagé. Il déteste prendre les avions.
Armelle: Tu plaisantes? Mais alors, tous ces objets, où est-ce qu'il les a trouvés?
Pierre: Au Marché aux Puces. Jérôme y achète des tas de trucs bizarres!

À votre tour!

• Voyage international *p. 447* CD 5, TRACK 6

Corinne et Armelle ont reçu un billet d'avion international. Écoutez leur conversation.

Corinne: Dis, donc, qu'est-ce qu'on va faire avec ce billet international?
Armelle: Eh bien, d'abord on peut visiter l'Irlande.
Corinne: On dit que c'est un beau pays. Et après?
Armelle: On peut aller au Canada.

Corinne: Bonne idée! J'ai des cousins qui habitent à Montréal. On va leur rendre visite.
Armelle: Et après, on peut aller aux États-Unis.
Corinne: Ah oui, j'aimerais beaucoup visiter la Californie, et aussi le parc de Yosemite.
Armelle: Et après, on peut faire un tour au Mexique.
Corinne: Ah oui, il y a beaucoup de choses à voir ... Et puis on va parler espagnol là-bas!
Armelle: Et après?
Corinne: Eh bien, on va rentrer en France!

▶ LEÇON 31 Projet de voyage

• Vidéo-scène *p. 450* CD 5, TRACK 7

Claire: Dans l'épisode précédent, Pierre et Armelle sont allés chez Jérôme, mais Jérôme n'était pas chez lui. Alors ils ont regardé les objets qui étaient dans la chambre de Jérôme. Finalement, Jérôme est arrivé.
Jérôme: Salut!
Armelle: Salut!
Jérôme: Ça va?
Pierre: Oui, ça va.
Jérôme: Dites donc, j'ai quelque chose à vous proposer pour samedi prochain.
Pierre: Quoi donc?
Jérôme: Qu'est-ce que vous pensez d'un voyage à Genève?
Armelle: C'est une bonne idée.
Pierre: Moi, je veux bien ...
Comment est-ce qu'on ira là-bas?
Jérôme: Eh bien, on prendra le train.
Armelle: Et qu'est-ce qu'on fera quand on sera à Genève?
Jérôme: On pourra visiter le Musée d'Art et d'Histoire ...
Pierre: Ah non, moi, les musées ça ne m'intéresse pas du tout.
Armelle: Moi, j'aimerais faire le tour du lac en bateau.
Pierre: Pour ça, je suis d'accord.
Jérôme: Bon. Alors, on fera le tour du lac en bateau.
Pierre: Et qu'est-ce qu'on fera ensuite?
Armelle: Il y a des tas de choses à faire à Genève. On verra bien ...
Pierre: À quelle heure est-ce qu'on partira?
Jérôme: Il y a un train vers huit heures et quart. C'est pas trop tôt?
Armelle: Non, ça va.
Jérôme: Bon alors, puisque vous êtes d'accord, j'irai demain à la gare et j'achèterai les billets.
Armelle: Et où est-ce qu'on se retrouvera samedi matin?
Jérôme: Devant la gare à huit heures. J'espère que vous serez à l'heure.
Pierre: Et toi aussi!
Jérôme: T'en fais pas. Je serai à la gare à huit heures pile avec les billets!

À votre tour!

• Conversation: Voyage *p. 459* CD 5, TRACK 8

Béatrice et Karine ont décidé de faire un voyage pendant les vacances. Écoutez leur conversation.

Béatrice: Dis, où est-ce que nous irons pendant les vacances?
Karine: On ira à la mer.
Béatrice: Où ça?
Karine: Eh bien, en Normandie.
Béatrice: C'est une jolie région ... On pourra faire des promenades à vélo ... Dis, est-ce qu'on logera à l'hôtel?
Karine: Mais non, on fera du camping.
Béatrice: Ce sera plus amusant! Quand est-ce qu'on partira?
Karine: Le 15 juillet.
Béatrice: Et quand est-ce qu'on rentrera?
Karine: Le 15 août.

▶ LEÇON 32 À la gare

• Vidéo-scène *p. 462* CD 5, TRACK 9

Claire: Dans le module précédent, Armelle, Pierre et Jérôme ont décidé d'aller à Genève samedi. C'est Jérôme qui prendra les billets. Il a dit qu'il serait à l'heure à la gare.
Nous sommes samedi matin à la gare d'Annecy.
Armelle est déjà là.
Pierre arrive.
Armelle: Salut!
Pierre: Salut!
Armelle: Tu as les billets?
Pierre: Mais non, c'est Jérôme qui les a. Tu sais bien, il a dit qu'il les achèterait.
Armelle: Ah oui, c'est vrai! Il a aussi dit qu'il serait ici à huit heures pile.
Pierre: Quelle heure est-il?
Armelle: Huit heures cinq.
Pierre: Zut alors! Mais qu'est-ce qu'il fait??!! Le train va partir dans deux minutes.
Armelle: Si on montait dans le train?!
Pierre: Mais on n'a pas les billets! Qu'est-ce qu'on ferait si on était contrôlé?
Armelle: Eh bien, on expliquerait la situation au contrôleur.
Pierre: Tu parles! Il nous donnerait une amende!
Armelle: Tiens, voilà Jérôme.
Claire: Finalement, Jérôme arrive.
Il retrouve ses amis.
Mais il est trop tard ... Le train est parti ...
Le voyage à Genève sera pour une autre fois.

À votre tour!

• Discussion: Les billets de tombola *p. 467* CD 5, TRACK 10

Pierre et Armelle parlent de ce qu'ils feraient s'ils gagnaient un prix à la tombola du lycée. Écoutez leur conversation.

Pierre: Combien de billets de tombola est-ce que tu as acheté?
Armelle: J'en ai acheté cinq.
Pierre: Si tu gagnais le prix de $500, qu'est-ce que tu achèterais?
Armelle: Si je le gagnais $500, j'achèterais un VTT. Je ferais des promenades à la campagne tous les week-ends. Et toi, si tu gagnais le prix de $1 000, qu'est-ce que tu achèterais?
Pierre: Une planche à voile.
Armelle: Mais tu ne sais pas en faire ...
Pierre: Eh bien, j'apprendrais!

Complete videoscripts, plus Workbook and Assessment audioscripts, are available in the Unit Resource Books.

Main Theme
- Vacations and travel

COMMUNICATION
- Planning a camping trip
- Describing vacation plans
- Talking about traveling by train or plane
- Naming countries
- Talking about your plans
- Telling what you will do in the future
- Discussing what you'd do in a variety of circumstances

CULTURES
- Learning what French young people do during vacation
- Learning where French people go during vacation
- Learning to make *pain perdu*

CONNECTIONS
- Connecting to Geography: Learning the names of countries and their capitals
- Connecting to Math: Reading and interpreting train schedules and ticket price charts
- Connecting to Social Studies: Figuring out which country is being described
- Connecting to Math: Using deductive reasoning to solve a puzzle

COMPARISONS
- Recognizing false cognates
- Comparing vacations in France and the U.S.
- Creating a French-Speaking world bulletin board

COMMUNITIES
- Gathering information from travel agents and the Internet
- Using French when you travel

UNITÉ 8

Bonnes vacances!

THÈME ET OBJECTIFS

Culture

In this unit, you will learn what young French people like to do during the summer vacation and where they go.

Communication

You will learn how ...
- to plan a camping trip
- to describe your vacation plans
- to travel by train or plane
- to name many countries of the world

You will also learn how ...
- to talk about your plans and to describe what you will do in the future
- to discuss what you would do under a variety of circumstances

TEACHING STRATEGY

The main theme of this unit is vacation and travel. The corresponding vocabulary and expressions are developed in Lessons 29 and 30.

This unit also introduces the FUTURE and the CONDITIONAL in Lessons 31 and 32. Because of the linguistic importance of these tenses in more advanced conversation, they will be heavily reviewed in **Discovering French, *Nouveau!–Rouge.***

quatre cent trente-trois
Unité 8 433

Linguistic objectives

- the future
- the conditional
- more on the infinitive construction
- the use of prepositions with names of countries

Teaching Resource Options

PRINT 

Unit 8 Resource Book
Family Letter, p. 16
Français pour hispanophones
Conseils, p. 32
Vocabulaire, pp. 70–71

AUDIO & VISUAL 

Audio Program
Chansons CD

TECHNOLOGY 

EasyPlanner CD-ROM

Depending on your schedule, you may consider the following options for Lessons 31 and 32.

VERY LIMITED TIME AVAILABLE
Lesson 31 (A, B)
Forms of the future and its use in simple sentences

LIMITED TIME AVAILABLE
Lesson 31 (A, B)
Lesson 32 (A, B)
Same as above plus the forms of the conditional

REGULAR SCHEDULE
All sections of Lessons 31 and 32
Same as above plus the uses of the future and conditional in complex sentences

Leçon 29

Main Topic Talking about vacations and travel

Teaching Resource Options

PRINT 

Workbook PE, pp. 265–272
Activités pour tous PE, pp. 161–163
Block Scheduling Copymasters, pp. 233–240
Unit 8 Resource Book
- *Activités pour tous* TE, pp. 9–11
- Audioscript, pp. 29, 31–35
- Communipak, pp. 148–167
- Lesson Plans, pp. 12–13
- Block Scheduling Lesson Plans, pp. 14–15
- Absent Student Copymasters, pp. 17–19
- Video Activities, pp. 22–26
- Videoscript, pp. 27–28
- Workbook TE, pp. 1–8

AUDIO & VISUAL 

Audio Program
CD 5 Track 1
CD 13 Tracks 1–6

TECHNOLOGY 

Online Workbook

VIDEO PROGRAM

VIDEO DVD

LEÇON 29

Le français pratique Les vacances et les voyages

TOTAL TIME: 4:47 min.
DVD Disk 2
Videotape 2 (COUNTER: 35:44 min.)

Introduction
(35:44–36:53 min.)

Section 1: Les vacances
(36:54–38:06 min.)

Section 2: Les voyages à l'étranger
(38:07–40:23 min.)

Pronunciation **canoë** /kanɔe/

LEÇON 29

Les vacances et les voyages

LE FRANÇAIS PRATIQUE
VIDÉO DVD AUDIO

Aperçu culturel ... Les Français en vacances

Les «grandes vacances» commencent en juillet et finissent en septembre. Pour beaucoup de Français, c'est la période la plus importante de l'année. Les adultes ont cinq semaines de vacances payées par leurs compagnies. Pendant cette période, ils ne restent pas chez eux. Beaucoup quittent les villes et vont de préférence à la mer. D'autres vont à la campagne et à la montagne où ils font du «tourisme vert», c'est-à-dire, des excursions dans la nature.

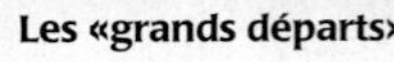
Les «grands départs»

1. Le 1er juillet, le 15 juillet et le 1er août sont les jours de «grands départs». Ces jours-là, des millions de Français partent en vacances, par le train ou en voiture.

2. À la différence des jeunes Américains, la majorité des jeunes Français ne travaillent pas pendant les vacances. En général, ils voyagent avec leurs parents. Les plus jeunes vont en colonies de vacances. Les «colos», ou centres de vacances, sont organisées par les écoles, les municipalités ou les entreprises où travaillent leurs parents. En colonie de vacances, les jeunes pratiquent toutes sortes de sports: natation, voile, canoë, etc.

En colonie de vacances

TEACHING STRATEGY

Have students read this cultural introduction twice:
- at the beginning of the unit—quickly, for general content
- at the end of the lesson—paying greater attention to details

By looking at the pictures, students can discover the meanings of many of the new words.

3. Où loger pendant les vacances? On peut aller chez des amis, louer une villa ou aller à l'hôtel. Une autre solution, extrêmement populaire en France, est de faire du camping. La France est le pays d'Europe qui a le plus grand nombre de terrains de camping: 9 000 au total! En général, ces terrains de camping sont très bien équipés. Certains ont une piscine, des terrains de sport, des salles de jeux et même des restaurants et des boutiques.

Un terrain de camping près de la mer

Une auberge de jeunesse près de Mont-Saint-Michel

4. Chaque année des millions d'étudiants étrangers visitent la France. Ils viennent principalement d'Angleterre, d'Allemagne, d'Italie et des États-Unis. Beaucoup sont logés dans des familles françaises. Ceux qui préfèrent voyager peuvent aller dans les «auberges de jeunesse». Ces auberges offrent un logement qui est bon marché et relativement confortable. Un autre avantage important est qu'on y rencontre d'autres jeunes de tous les pays du monde.

Le TGV en Gare de Lyon

5. Pour beaucoup de jeunes Américains, le train est le moyen de transport le plus pratique, le plus économique et le plus rapide pour visiter la France et les autres pays d'Europe. En achetant un «Eurailpass», ils peuvent faire un nombre illimité de voyages dans 17 pays différents.

COMPARAISONS CULTURELLES

Comparez les vacances en France et aux États-Unis pour les adultes et pour les jeunes. Quelles sont les différences et les similarités?

Et vous?

Imaginez que vous avez l'occasion de passer deux semaines en France. Est-ce que vous préférez loger dans une famille française pendant quinze jours ou est-ce que vous préférez explorer la France avec un «Eurailpass» et dormir dans les auberges de jeunesse? Expliquez.

Questions sur le texte

1. Pour beaucoup de Français, quelle est la période la plus importante de l'année? [les grandes vacances]
2. Quels sont les jours de «grands départs»? [le 1er juillet, le 15 juillet, et le 1er août]
3. Que font les jeunes en colonies de vacances? [Ils pratiquent toutes sortes de sports: natation, voile, canoë, etc.]
4. Combien de terrains de camping est-ce qu'il y a en France? [9 000]
5. Comment est-ce que les terrains de camping sont équipés en France? [Ils sont très bien équipés. Certains ont une piscine, des terrains de sport, des salles de jeux, des restaurants et des boutiques.]
6. Quels sont les avantages des «auberges de jeunesse»? [Elles sont bon marché et relativement confortables. On y rencontre d'autres jeunes de tous les pays du monde.]
7. Pour beaucoup de jeunes, quel est le moyen de transport le plus pratique, le plus économique et le plus rapide pour visiter la France? [le train]

Cultural notes

- **Les grand départs** By law, French employees receive a minimum of five weeks annual paid leave. Traditionally, most workers were given their vacation from August 1 to August 31. Today, although the heaviest vacation departure date is still August 1, some companies have staggered vacations, and large numbers of French people leave for vacation on July 1 and July 15.
- **Les caravanes** In order to economize on vacation expenses, many French people and other tourists have a camping trailer (**une roulotte** or **une caravane**). One now also sees more and more camper vans (**un camping-car** or **une auto-caravane**).

SECTION A

Communicative function
Talking about vacations

Teaching Resource Options

PRINT 

Workbook PE, pp. 265–272
Unit 8 Resource Book
- Audioscript, pp. 29–30
- Communipak, pp. 148–167
- Video Activities, p. 24
- Videoscript, p. 27
- Workbook TE, pp. 1–8

AUDIO & VISUAL 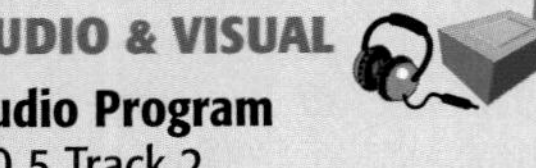

Audio Program
CD 5 Track 2

Overhead Transparencies
60 *Les vacances*
61 *Le camping*

VIDEO PROGRAM

VIDEO DVD
LEÇON 29

Section 1: Les vacances
(36:54–38:06 min.)

Teaching tip Use **Transparency 60** to describe "your own" vacation, using affirmative and negative sentences, as appropriate.

Pendant les vacances, je vais aller à la mer.
Je ne vais pas aller à la montagne …
Je ne vais pas rester à l'hôtel.
Je vais loger chez des amis …

Then use true/false statements to check student comprehension.

Je vais aller à la campagne. [F]
Je vais aller à la mer. [V]

Supplementary vocabulary

un camping-car
une auto-caravane *camper van, RV*

In Quebec, the term **un véhicule récréatif** is often used.

du bois *wood*
des allumettes *matches*
un feu *fire*

Pronunciation **poêle** /pwal/

Vocabulary note

une lampe de poche: *also* **une lampe électrique, une torche électrique** *flashlight*

A VOCABULAIRE Les vacances

—Où vas-tu aller pendant les vacances?
Je vais aller | **à la mer.** / **à la montagne** / **à la campagne**

la mer *ocean, sea*
la montagne *mountains*

Où vas-tu aller en vacances?
Je vais aller à la mer.

—Combien de temps est-ce que tu vas rester là-bas?
Je vais passer | quinze jours. / trois semaines / deux mois

FLASH d'information
15 jours = 2 weeks
8 jours = 1 week

—Où est-ce que tu vas rester?
Je vais | **loger** à l'hôtel. / loger chez des amis / **louer une caravane** / louer **une villa** / faire du camping

loger *to stay (have a room)*
louer *to rent*
une caravane *camping trailer*
une villa *country house*

—Est-ce que tu es **prêt(e) à** partir?
Oui, j'ai | mon **passeport.** / mon **visa** / **une carte** de la région

prêt à *ready to*

J'ai fait mes valises.

une carte *map*
une valise *suitcase*
faire ses valises *to pack*

Le camping

transporter *to carry*
utiliser *to use*

UN JEU Le camping

PROP: Transparency 61 *(Le camping)*

Use the transparency to practice the new camping vocabulary, e.g.:

Qu'est-ce que c'est? C'est une tente.

To reinforce gender, you may want to circle masculine nouns in blue and feminine nouns in red.

Have students name the items they need to go camping, each one adding a new item to the chain.

S1: **Pour faire du camping, j'ai besoin d'une tente.**
S2: **Pour faire du camping, j'ai besoin d'une tente et d'un sac de couchage.**, etc.

1 Et vous?

PARLER/ÉCRIRE Complétez les phrases en exprimant votre opinion personnelle.

1. Je préfère passer les vacances …
   - à la mer
   - à la montagne
   - à la campagne
2. Je préfère voyager avec …
   - un sac à dos
   - une petite valise
   - beaucoup de valises
3. Quand on visite une grande ville, il est préférable de …
   - loger à l'hôtel
   - loger chez des amis
   - louer un appartement
4. Quand on passe les vacances à la mer, il est préférable de …
   - loger à l'hôtel
   - louer une villa
   - faire du camping
5. Quand on veut visiter l'ouest des États-Unis, il est préférable de voyager …
   - en train
   - en bus
   - en caravane
6. Quand on est sur une île déserte, l'objet le plus utile est …
   - une lampe de poche
   - un sac de couchage
   - un réchaud
7. Quand on est perdu dans la campagne, l'objet le plus utile est …
   - une couverture
   - une carte de la région
   - une lampe de poche
8. Si on veut aller en France, il est nécessaire d'avoir …
   - un passeport
   - une carte de France
   - beaucoup de valises

2 Le matériel de camping

PARLER/ÉCRIRE Complétez les phrases suivantes.

1. Pour voir la nuit, on utilise …
2. Pour transporter ses vêtements, on utilise …
3. On peut dormir dans …
4. Quand il fait froid le soir, on peut s'envelopper *(wrap oneself up)* dans …
5. Quand il pleut, on va dans …
6. On fait frire *(fry)* les oeufs dans …
7. On fait cuire *(cook)* les spaghetti dans …
8. On fait la cuisine sur …

3 Questions personnelles PARLER/ÉCRIRE

1. Est-ce que tu as déjà voyagé en caravane? À quelle occasion? À ton avis, quels sont les avantages et les désavantages de voyager en caravane?
2. Est-ce que tu as déjà fait du camping? Quand? Où? Avec qui? Est-ce que tu as aimé cette expérience? Pourquoi ou pourquoi pas?
3. Est-ce que tu as un sac à dos? Quand est-ce que tu l'utilises? En général, qu'est-ce que tu transportes dedans *(in it)*?
4. Est-ce que tu as un sac de couchage? Quand est-ce que tu l'utilises? À ton avis, est-ce qu'on dort bien dans un sac de couchage?
5. À ton avis, quels sont les avantages et les désavantages de faire du camping?

TEACHING NOTE Activity 1

This exercise may be done:

- with the entire class, eliciting individual responses
- in small groups, with students sharing their responses
- as a class survey, compiling the responses of the students

INCLUSION

Multisensory To reinforce camping vocabulary, have students draw and make cutouts of the objects or bring in real items to use as props. Ask them to say and make labels of the objects, including phonetic transcriptions. In pairs, have them pretend to be camping. They will ask each other for various objects.
–S'il te plaît, donne-moi une casserole.
–Voici une casserole.

1 COMMUNICATION expressing personal opinions about vacation and travel

Answers will vary.

1. Je préfère passer les vacances (à la campagne).
2. Je préfère voyager avec (une petite valise).
3. Quand on visite une grande ville, il est préférable de (loger chez des amis).
4. Quand on passe les vacances à la mer, il est préférable de (louer une villa).
5. Quand on veut visiter l'ouest des États-Unis, il est préférable de voyager (en caravane).
6. Quand on est sur une île déserte, l'objet le plus utile est (une lampe de poche).
7. Quand on est perdu dans la campagne, l'objet le plus utile est (une carte de la région).
8. Si on veut aller en France, il est nécessaire d'avoir (un passeport).

Expansion Ask students to elaborate on their responses. **Pourquoi?**

2 COMPREHENSION describing camping needs

1. une lampe de poche
2. un sac à dos
3. un sac de couchage (une tente)
4. une couverture
5. une tente
6. une poêle
7. une casserole
8. un réchaud

3 COMMUNICATION answering personal questions

Answers will vary.

1. Oui, j'ai déjà (Non, je n'ai jamais) voyagé en caravane. C'était (l'été dernier). À mon avis, il y a beaucoup d'avantages quand on voyage en caravane: on est libre, on peut s'arrêter où on veut et on peut regarder la nature. Les désavantages de voyager en caravane sont que les caravanes ne sont pas très grandes et quand il pleut, ce n'est pas drôle.
2. Oui, j'ai déjà (Non, je n'ai jamais) fait de camping. C'était (l'année dernière). C'était (au Canada) avec (mes parents). J'ai beaucoup aimé cette expérience parce que (je me suis bien amusé[e]). (Je n'ai pas aimé cette expérience parce qu'il a plu tout le temps.)
3. Oui, j'ai un (Non, je n'ai pas de) sac à dos. Je l'utilise quand je fais des randonnées à pied ou à vélo. En général, dedans je transporte (des vêtements et une lampe de poche).
4. Oui, j'ai un (Non, je n'ai pas de) sac de couchage. Je l'utilise quand je vais faire du camping. À mon avis, on (ne) dort (pas) bien dans un sac de couchage.
5. Les avantages du camping sont (qu'on peut apprécier la nature et faire des randonnées). Les désavantages du camping sont que (quand il pleut, c'est un problème et quelquefois il y a des moustiques).

Supplementary vocabulary

apprécier la nature
goûter l'indépendance
respirer l'air pur
être piqué par des moustiques *(mosquitoes)*
être envahi *(invaded)* **par des fourmis** *(ants)*

SECTION B

Communicative function
Identifying countries

Teaching Resource Options

PRINT 
Workbook PE, pp. 265–272
Unit 8 Resource Book
Audioscript, p. 30
Communipak, pp. 148–167
Video Activities, pp. 25–26
Videoscript, p. 28
Workbook TE, pp. 1–8

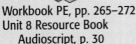

AUDIO & VISUAL 
Audio Program
CD 5 Track 3
Overhead Transparencies
2b *L'Amérique*
2c *L'Afrique, l'Europe, l'Asie*

VIDEO PROGRAM

VIDÉO DVD
LEÇON 29
Section 2: Les voyages à l'étranger
(38:07–40:23 min.)

Pronunciation
- Note the required liaison:
  les États-Unis
  le Moyen Orient
- Note the pronunciation of the consonants:
  nord /nɔr/ **est** /ɛst/
  sud /syd/ **ouest** /wɛst/

Language note **Israël** is used without a definite article, as is **Haïti.**

Supplementary vocabulary

L'EUROPE
l'Autriche
le Danemark
la Grèce
les Pays-Bas (la Hollande)
la Pologne
la Suède

L'AFRIQUE
l'Algérie
la Côte d'Ivoire
le Maroc
la Tunisie
La République démocratique du Congo

L'ASIE
l'Indonésie
les Philippines

L'AMÉRIQUE DU SUD
la Colombie
le Pérou
le Venezuela

LES ANTILLES (Caribbean)
les Bermudes
Cuba
Haïti
Puerto Rico
la Jamaïque

B VOCABULAIRE Les voyages à l'étranger

—Qu'est-ce que tu vas faire cet été?
Je vais | aller / voyager / **faire un voyage** / **faire un séjour** | **à l'étranger.**

à l'étranger *abroad*
faire un voyage *to take a trip*
faire un séjour *to spend some time*

—Quels pays est-ce que tu vas visiter?
Je vais visiter la France, le Portugal et l'Espagne.

Qu'est-ce que tu vas faire cet été?
Je vais faire un voyage à l'étranger.

Un peu de géographie

un continent
un état *(state)*
un pays *(country)*
une région

le nord
le nord-ouest **le nord-est**
l'ouest **l'est**
le sud-ouest **le sud-est**
le sud

l'Amérique du Nord
le Canada
le Mexique
les États-Unis

l'Amérique Centrale
le Guatemala

l'Amérique du Sud
l'Argentine
le Brésil

l'Australie

l'Europe
l'Allemagne *(Germany)*
l'Angleterre *(England)*
la Belgique *(Belgium)*
l'Espagne *(Spain)*
la France
l'Irlande
l'Italie
le Portugal
la Suisse *(Switzerland)*
la Russie

l'Afrique
l'Égypte
le Sénégal

le Moyen Orient *(Middle East)*
Israël
le Liban

l'Asie
le Cambodge
la Chine
la Corée *(Korea)*
l'Inde *(India)*
le Japon
le Viêt-Nam

UN JEU Bon voyage!

PROPS: Index cards with names of countries, one for each student

Attach a card to each student's back. Students mix and mingle, asking yes/no questions to guess the name of the country on their card. Before they can guess the country, they must ask about the language and continent.

S1: **Est-ce que je vais parler français?**
S2: **Oui.**
S1: **Est-ce que je vais visiter l'Europe?**
S2: **Non.**
S1: **Est-ce que je vais visiter l'Afrique?**
S2: **Oui.**
S1: **Est-ce que je vais visiter le Maroc?**
S2: **Oui, tu vas visiter le Maroc. Bon voyage!**

→ In French, most geographical names *(except names of cities and small islands)* are introduced by a definite article.

Le Vermont est un état de la Nouvelle-Angleterre.

Le Mississippi est un très grand fleuve *(river)*.

→ Names of countries and states that end in **-e** are generally FEMININE.

la France **la** Louisiane

EXCEPTIONS: **le Mexique, le Cambodge, le Maine, le Nouveau-Mexique**

Other geographical names are MASCULINE.

le Japon **le** Colorado

4 Le jeu des capitales

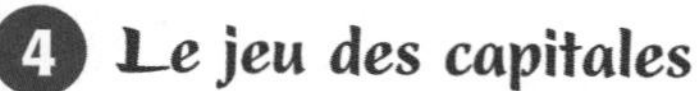

PARLER/ÉCRIRE Choisissez une capitale et faites correspondre cette capitale avec son pays.

▶ **Tokyo est la capitale du Japon.**

CAPITALES	
Mexico	Ottawa
Bruxelles	Washington
Rome	Londres
Dakar	Berlin
Le Caire	Moscou
▶ Tokyo	Lisbonne
Beijing	Beyrouth

PAYS	
le Canada	l'Allemagne
le Mexique	l'Angleterre
le Japon	l'Égypte
le Liban	l'Italie
le Portugal	la Belgique
le Sénégal	la Chine
les États-Unis	la Russie

5 Tourisme

PARLER/ÉCRIRE Utilisez les renseignements *(information)* suivants et dites quel pays les personnes ont visité.

▶ Vincent a pris des photos du Kremlin.
Il a visité la Russie.

1. Sabine a fait une croisière *(cruise)* sur le Nil.
2. Nous avons acheté des cartes postales de Venise.
3. Nous avons écouté un orchestre de mariachi.
4. Vous avez pris des photos du Palais de Buckingham.
5. J'ai fait une promenade sur la Grande Muraille *(wall)*.
6. Tu as vu les vestiges du Mur de Berlin.
7. Nous avons visité les temples bouddhistes à Kyoto.
8. Mes cousins sont allés au Grand Canyon.

6 Questions personnelles PARLER/ÉCRIRE

1. Dans quelle région des États-Unis est-ce que tu habites? (l'est? le nord-est? …)
2. Est-ce que tu as visité le Colorado? la Californie? la Floride? le Kentucky? le Vermont?
3. Comment s'appelle l'état où tu habites? Quelle est sa capitale? Quels sont les états environnants *(neighboring)*?
4. Quels états aimerais-tu visiter? Pourquoi?

LANGUAGE NOTE Gender of states

In French, most state names are masculine and are spelled the same as in English (although they are pronounced with a French accent), e.g.:

l'Idaho, le Montana

The following states, however, have French names:

la Californie; la Caroline du Nord, du Sud;
la Floride; la Géorgie;
la Louisiane; la Pennsylvanie;
la Virginie; la Virginie Occidentale;
le Dakota du Nord, du Sud;
le Nouveau-Mexique

Note also: **l'état de New York, l'état de Washington**

Language notes

- Islands used without a definite article: **Cuba, Puerto Rico**
  EXCEPTIONS:
  la Martinique
  la Guadeloupe
- A few names of cities contain a definite article:
  Le Caire *Cairo*
  La Havane *Havana*
  La Nouvelle-Orléans *New Orleans*
  Le Havre
  La Rochelle
  Note the contractions when these cities are introduced by **à** or **de:**
  Je vais au Caire.
  Je viens du Caire.

4 COMPREHENSION talking about geography

Mexico est la capitale du Mexique.
Bruxelles est la capitale de la Belgique.
Rome est la capitale de l'Italie.
Dakar est la capitale du Sénégal.
Le Caire est la capitale de l'Égypte.
Tokyo est la capitale du Japon.
Beijing est la capitale de la Chine.
Ottawa est la capitale du Canada.
Washington est la capitale des États-Unis.
Londres est la capitale de l'Angleterre.
Berlin est la capitale de l'Allemagne.
Moscou est la capitale de la Russie.
Lisbonne est la capitale du Portugal.
Beyrouth est la capitale du Liban.

Teaching note Before beginning this activity, quickly review the contractions **du** and **des.**

5 COMPREHENSION saying which countries people have visited

1. Sabine a visité l'Égypte.
2. Nous avons visité l'Italie.
3. Nous avons visité le Mexique.
4. Vous avez visité l'Angleterre.
5. J'ai visité la Chine.
6. Tu as visité l'Allemagne.
7. Nous avons visité le Japon.
8. Mes cousins ont visité les États-Unis.

6 COMMUNICATION answering personal questions

Answers will vary.

1. J'habite dans l'est (l'ouest / le nord / le sud / le nord-est / le nord-ouest / le sud-est / le sud-ouest).
2. Oui, j'ai visité le Colorado (la Californie / la Floride / le Kentucky / le Vermont). (Non je n'ai pas visité le Colorado / la Californie / la Floride / le Kentucky / le Vermont.)
3. L'état où j'habite s'appelle (le Vermont). La capitale est (Montpelier). Les états environnants sont (le New Hampshire, le Massachusetts et l'état de New York).
4. J'aimerais visiter la Floride parce que je voudrais aller à Miami (parce que j'aime nager dans l'océan).

SECTION C

Communicative function
Using public transportation

Teaching Resource Options

PRINT

Workbook PE, pp. 265–272
Unit 8 Resource Book
 Audioscript, p. 30
 Communipak, pp. 148–167
 Family Involvement, pp. 20–21
 Workbook TE, pp. 1–8

Assessment
 Lesson 29 Quiz, pp. 37–38
 Portfolio Assessment, Reprise/Unit 1 URB, pp. 235–244
 Audioscript for Quiz 29, p. 36
 Answer Keys, pp. 217–220

AUDIO & VISUAL

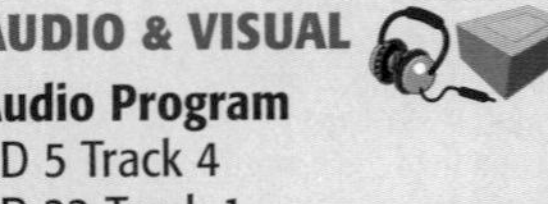

Audio Program
CD 5 Track 4
CD 22 Track 1

Overhead Transparencies
62 *À la gare*

TECHNOLOGY

Test Generator CD-ROM/McDougal Littell Assessment System

Supplementary vocabulary

EN AVION
en première (classe) *in first class*
en classe affaires *in business class*
en classe économie *in coach*

AU JOUR LE JOUR

Objectives

- Reading for information
- Reading a train schedule

C VOCABULAIRE À la gare et à l'aéroport

Pour acheter un billet:

—Vous désirez, mademoiselle (monsieur)?
 Je voudrais **un billet** | **de train** / **d'avion** | pour Bordeaux.

—**Un aller simple?**
 Non, **un aller et retour.**

un aller simple *one way [ticket]*
un aller et retour *round trip [ticket]*

Vous désirez, mademoiselle?

Je voudrais un billet de train pour Bordeaux.

—**En première classe ou en seconde classe?**
 En seconde classe, s'il vous plaît.

—Voilà, c'est 112 euros.

Pour demander les horaires:

un horaire *schedule*

—À quelle heure part | le train? / l'avion
 Il part à quatorze heures.

—Et à quelle heure est-ce qu'il arrive à Bordeaux?
 Il arrive à seize heures cinquante-huit.

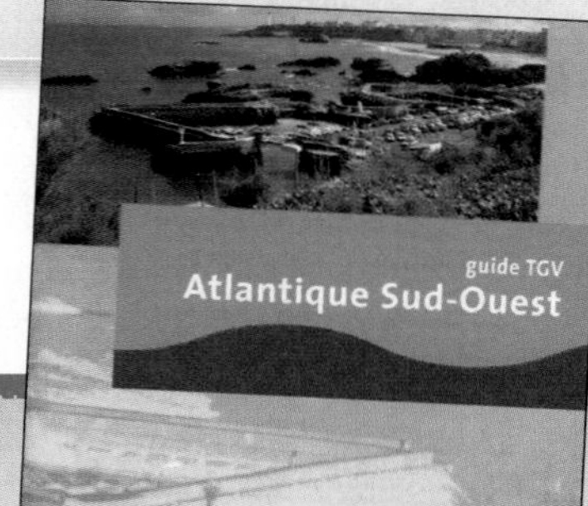

Au jour le jour

PARIS ▶ BORDEAUX

HORAIRES	N° du TGV		8401	8405	8507	8407	8409	8515	8419	8423	8527	8433	8535	8441	854
	Paris -Montparnasse 1	D	6.50	7.10	7.55	8.15	8.30	10.00	10.45	11.55	12.45	13.55	14.00	15.25	15.5
	Tours Saint-Pierre-des-Corps	A			8.51	9.11			11.41			14.51		16.21	
	Châtellerault	A				9.41						15.21			
	Poitiers	A		8.40		9.58	9.58		12.22	13.23	14.13	15.38		17.02	
	Angoulême	A		9.27		10.46	10.46		13.08	14.10	15.00	16.25		17.48	
	Libourne	A				11.27	11.27		13.48					18.28	
	Bordeaux	A	9.48	10.24	11.08	11.46	11.46	12.58	14.08	15.07	15.57	17.22	16.58	18.48	18.5

WARM-UP Telling time

Review times by using a large clock. As you say one of the times on the train schedule, ask a student to move the hands.

Le train part à sept heures dix.
(Student moves hands of clock to 7:10.)

Then ask the class to give the time.
À quelle heure part le train?
 [Il part à sept heures dix.]

Continue the same way for official afternoon and evening times.

Le train arrive à seize heures vingt-cinq. *(Student moves hands to 4:25.)*
À quelle heure arrive le train?
 [Il arrive à seize heures vingt-cinq.]

7 Départs et arrivées

PARLER Le TGV (train à grande vitesse) est un train très moderne et très rapide. Vous êtes à la Gare Montparnasse à Paris avec des copains.

Chacun choisit une destination sur la ligne TGV Atlantique et donne l'heure de départ et d'arrivée.

Regardez l'horaire de la ligne TGV Atlantique. Utilisez cet horaire pour trouver les heures de départ et d'arrivée.

▶ Où vas-tu?
Je vais à Bordeaux.
À quelle heure part ton train?
Il part à quinze heures cinquante-cinq.
Et à quelle heure est-ce qu'il arrive à Bordeaux?
Il arrive à dix-huit heures cinquante-trois.

8 Au guichet *(At the ticket window)*

PARLER Vous allez voyager en TGV Atlantique. Choisissez une destination, le type de billet (aller simple ou aller et retour) et la classe (première/seconde), et puis achetez votre billet. Jouez le dialogue avec un(e) camarade. (Note: Le prix d'un billet aller et retour est deux fois le prix d'un aller simple.)

Regardez la carte et les prix des billets de la ligne TGV Atlantique. Utilisez ces informations pour faire cet exercice.

▶ **—Vous désirez mademoiselle (monsieur)?**
—Je voudrais un billet pour Tours.
—Un aller simple ou un aller et retour?
—Un aller et retour.
—En quelle classe?
—En seconde classe, s'il vous plaît.
—Alors, ça fait 54 euros.
—Voilà 54 euros.
—Merci. Au revoir, mademoiselle (monsieur).
—Au revoir, monsieur (madame).

CARTE DE LA DESSERTE

CARTE SCHÉMATIQUE
TGV ATLANTIQUE SUD OUEST
PARIS
MASSY
ST-PIERRE-DES-CORPS
Châtellerault
Futuroscope
POITIERS
Niort
LA ROCHELLE
ANGOULÊME
BORDEAUX
Agen
Dax

PARIS à:	PRIX DU BILLET	
	Ire classe	2e classe
ANGOULÊME	61€	42€
BORDEAUX	66€	52€
CHÂTELLERAULT	51€	33€
LIBOURNE	57€	43€
POITIERS	49€	33€
TOURS SAINT-PIERRE-DES-CORPS	39€	27€

PORTFOLIO ASSESSMENT

You will probably choose only one oral and one written activity to go into the students' portfolios for Unit 8. The following activity is a good portfolio topic:

ORAL: Activity 8

INCLUSION

Cumulative Review numbers and telling time. Show students a real train ticket (or make a sample yourself) and point out to them the vocabulary that appears on the ticket (**aller simple, première classe,** etc.). Then, have them work in pairs to create their own train tickets, containing information such as departure time, arrival time, etc..

7 EXCHANGES talking about travel plans on the TGV

Answers will vary.
–Où vas-tu?
–Je vais à Tours.
–À quelle heure part ton train?
–Il part à sept heures cinquante-cinq (huit heures quinze, dix heures quarante-cinq).
–Et à quelle heure est-ce qu'il arrive à Tours?
–Il arrive à huit heures cinquante et une (neuf heures onze, onze heures quarante et une).

Cultural note The first TGV line between Paris and Lyon began service in 1981. Since then, TGV "orange line" service has been extended throughout southeastern France. The first segment of the TGV Atlantique or "blue line" was inaugurated in late 1989. Since then, TGV lines have been expanded not only in France, but also into neighboring countries, connecting Paris to other major European cities. The TGV Transmonde (better known as Eurostar), which connects Paris and London, was opened in 1994 shortly after the completion of the Eurotunnel under the English Channel. The first segment of the TGV Thalys PBKA, connecting Paris with Brussels, Cologne (Köln) and Amsterdam, was inaugurated at the end of 1997. Travelers can now go from Paris to Brussels in under an hour and a half. Since June 2000, it takes only three hours to go from Paris to Marseille by TGV, and less than one hour to get from Paris to Lille.

8 ROLE PLAY buying a train ticket

Answers will vary.
–Vous désirez, mademoiselle (monsieur)?
–Je voudrais un billet pour Bordeaux.
–Un aller simple ou un aller et retour?
–Un aller simple.
–En quelle classe?
–En première classe (en seconde classe), s'il vous plaît.
–Alors, ça fait 66 euros (52 euros).
–Voilà 66 euros (52 euros).
–Merci. Au revoir, mademoiselle (monsieur).
–Au revoir, monsieur (madame).

Language note

carte de la desserte = map of cities with TGV service

The verb **desservir** is used with transportation:

Le village est desservi par trois autobus.

Leçon 30

Main Topic Talking about travel and other activities

Teaching Resource Options

PRINT 

Workbook PE, pp. 273–278
Activités pour tous PE, pp. 165–167
Block Scheduling Copymasters, pp. 241–248
Unit 8 Resource Book
- *Activités pour tous* TE, pp. 45–47
- Audioscript, pp. 67, 69–71
- Communipak, pp. 148–167
- Lesson Plans, pp. 48–49
- Block Scheduling Lesson Plans, pp. 50–51
- Absent Student Copymasters, pp. 52–55
- Video Activities, pp. 58–65
- Videoscript, p. 66
- Workbook TE, pp. 39–44

AUDIO & VISUAL

Audio Program
CD 5 Track 5
CD 13 Tracks 7–12

Overhead Transparencies
2b *L'Amérique*
2c *L'Afrique, l'Europe, l'Asie*

TECHNOLOGY 

Online Workbook

VIDEO PROGRAM

 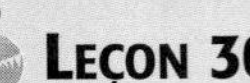

LEÇON 30

Les collections de Jérôme

TOTAL TIME: 1:33 min.
DVD Disk 2
Videotape 2 (COUNTER: 40:29 min.)

Teaching tip Use **Transparencies 2b** and **2c** to locate the places mentioned.

Cultural notes

- **La Côte d'Ivoire** (or Ivory Coast) is a country in Western Africa with French as its official language. Abidjan is one of the most modern urban areas on the African continent.
- For more information on African masks, see the cultural essay on pages 428-429.

Looking ahead

Il sera ici dans cinq minutes.

The future tense is presented in Lesson 31.

LEÇON 30

VIDÉO-SCÈNE

VIDÉO DVD AUDIO

Les collections de Jérôme

Vous vous souvenez de Jérôme et de son accident? Maintenant Jérôme est parfaitement remis° de cet accident.

remis *recovered*

Hier il a téléphoné à Pierre pour l'inviter à passer chez lui avec Armelle.

Aujourd'hui, Pierre et Armelle sont allés à l'appartement de Jérôme, mais Jérôme n'est pas chez lui.

Pierre lit la note.

Pierre et Armelle entrent chez Jérôme. Armelle regarde les objets qui sont là.

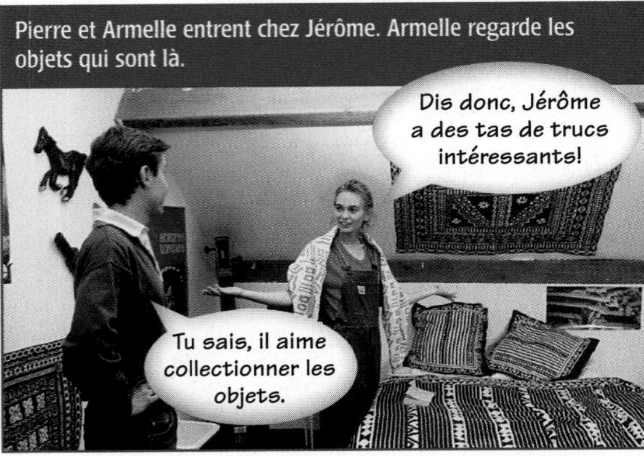

Dis donc, Jérôme a des tas de trucs intéressants!
Tu sais, il aime collectionner les objets.

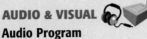

Ça, qu'est-ce que c'est?
C'est une tampoura. Ça vient des Indes.

Et ce masque?
Il vient de la Côte d'Ivoire.

Et celui-là, il vient de la Côte d'Ivoire aussi?
Non, il vient du Mexique.

Armelle trouve un chapeau qu'elle essaie.
Il est super, le chapeau de cowboy ...

Dis, quand est-ce qu'il est allé aux États-Unis, Jérôme?
Aux États-Unis? Il n'y est jamais allé.
Sans blague!

Pierre explique à Armelle où Jérôme achète tous ses objets.
À vrai dire, il n'a pas beaucoup voyagé. Il déteste prendre l'avion.
Tu plaisantes? ais alors, tous ces bjets, où est-ce qu'il les a trouvés?
Au Marché aux Puces. Jérôme y achète des tas de trucs bizarres!
à suivre ...

Compréhension

1. Où Pierre et Armelle sont-ils allés?
2. Qu'est-ce qu'ils ont trouvé sur la porte?
3. Quels sont les divers objets qu'Armelle regarde?
4. Qu'est-ce qu'elle essaie?
5. Où est-ce que Jérôme a acheté tous ces objets?

Casual speech
des trucs *things*
sans blague! *no kidding!*

Compréhension

Answers
1. Ils sont allés chez Jérôme.
2. Ils ont trouvé une note de Jérôme—il dit qu'il sera là dans cinq minutes.
3. Elle regarde les objets que Jérôme a collectionnés—une tampoura, des masques et un chapeau.
4. Elle essaie le chapeau de cowboy.
5. Il a acheté ces objets au Marché aux Puces.

SECTION A

Communicative function
Talking about countries

Teaching Resource Options

PRINT 

Workbook PE, pp. 273–278
Unit 8 Resource Book
  Communipak, pp. 148–167
  Workbook TE, pp. 50–51

AUDIO & VISUAL 

Overhead Transparencies
2b *L'Amérique*
2c *L'Afrique, l'Europe, l'Asie*

TECHNOLOGY 

Power Presentations

Language notes

- Remind students that in French definite articles are used with names of countries.
- When referring to American states, **dans le** is often used instead of **au** with masculine states. Compare:
  FEMININE Ma cousine habite **en** Floride.
  MASCULINE Ma copine habite **dans le** Colorado.

Pronunciation Liaison is required after **aux, des,** and **en:**

aux États-Unis   **des États-Unis**

en Israël

1 COMPREHENSION indicating in which country people are

1. Il habite au Brésil.
2. Il revient du Maroc.
3. Elle est en Belgique.
4. Je passe les vacances en Suisse.
5. Elle arrive de Russie.
6. Nous passons une semaine aux États-Unis.
7. Il téléphone du Portugal.
8. Ils arrivent d'Espagne.

2 DESCRIPTION saying which country people are coming from

1. Jérôme revient d'Angleterre.
2. Martine revient du Japon.
3. Isabelle revient des États-Unis.
4. Alain revient du Canada.
5. Thomas revient de Corée.

A L'usage des prépositions avec les noms de pays

AVANT
OÙ VAS-TU?
JE VAIS AU CANADA.
APRÈS
ARRIVÉE
OÙ ES-TU ALLÉE?
JE SUIS ALLÉE AU CANADA.

Note the use of PREPOSITIONS with names of countries.

	FEMININE COUNTRY	MASCULINE COUNTRY	PLURAL COUNTRY
	Je visite **la** France.	Je visite **le** Canada.	Je visite **les** États-Unis.
in *to*	Je suis **en** France. Je vais **en** France.	Je suis **au** Canada. Je vais **au** Canada.	Je suis **aux** États-Unis. Je vais **aux** États-Unis.
from	Je viens **de** France.	Je viens **du** Canada.	Je viens **des** États-Unis.

→ Note that **en** and **d'** are used with MASCULINE countries beginning with a VOWEL.

Je suis allé **en** Iran.   J'habite **en** Haïti.   Je reviens **d'**Uruguay.

1 Dans quel pays?

PARLER/ÉCRIRE Remplacez le nom des villes par le nom du pays correspondant.

▶ Monsieur Katagiri travaille à Tokyo.   **Il travaille au Japon.**

la Belgique	les États-Unis	le Portugal
le Brésil	le Japon	la Russie
l'Espagne	le Maroc	la Suisse

1. Mon copain habite à Rio de Janeiro.
2. Éric revient de Casablanca.
3. Françoise est à Bruxelles.
4. Je passe les vacances à Genève.
5. Florence arrive de Moscou.
6. Nous passons une semaine à San Francisco.
7. Monsieur Santos téléphone de Lisbonne.
8. Les athlètes arrivent de Barcelone.

2 D'où reviennent-ils?

PARLER/ÉCRIRE Des amis ont passé les vacances à l'étranger. Dites de quel pays chacun revient.

▶ **Alice revient de France.**

▶ 
Alice

1. Jérôme

2. Martine

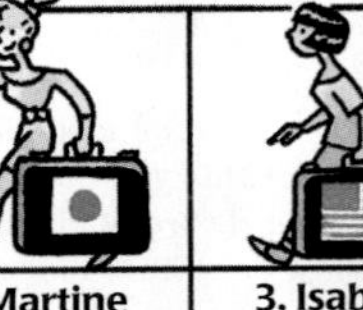
3. Isabelle

4. Alain

5. Thomas

EXTRA PRACTICE Autour du monde

PROP: Transparencies 2b *(L'Amérique)*, 2c *(L'Afrique, l'Europe, l'Asie)*

Number various countries on the transparency from 1–12. Following the numbers, have students say that they are coming from and going to these places, e.g.:

(1. le Canada)
S1: **Je vais au Canada.**

(2. la France)
S2: **Je viens du Canada. Je vais en France.**

(3. le Portugal)
S3: **Je viens de France. Je vais au Portugal.**, etc.

GAME FORMAT: Divide the students into small groups. The first group to make it all the way through the list without a mistake is the winner.

B Les verbes *recevoir* et *apercevoir*

Note the forms of the irregular verbs **recevoir** *(to get, receive; to entertain people)* and **apercevoir** *(to see, catch sight of)*.

INFINITIVE	recevoir	apercevoir
PRESENT	Je **reçois** une carte. Tu **reçois** un télégramme. Il/Elle/On **reçoit** une lettre. Nous **recevons** un cadeau. Vous **recevez** une lettre. Ils/Elles **reçoivent** leurs amis.	J' **aperçois** mon copain. Tu **aperçois** le bus. Il/Elle/On **aperçoit** la Tour Eiffel. Nous **apercevons** Notre Dame. Vous **apercevez** les Alpes. Ils/Elles **aperçoivent** leurs amis.
PASSÉ COMPOSÉ	J'**ai reçu** une lettre.	J'**ai aperçu** le prof au café.

3 À Montréal

PARLER/ÉCRIRE Des amis visitent Montréal. Ils sont au sommet du Mont Royal. Dites ce que chacun aperçoit.

1. Jean-Paul / l'Île Sainte Hélène
2. vous / le Pont *(bridge)* Jacques-Cartier
3. nous / la Tour Olympique
4. moi / le Vieux Montréal
5. mes cousins / la Basilique Notre-Dame
6. toi / l'Université McGill
7. on / l'Île Notre-Dame
8. Sophie / le Saint-Laurent

4 Questions personnelles PARLER/ÉCRIRE

1. Reçois-tu beaucoup de lettres? Est-ce que tu as reçu une lettre ou une carte récemment? De qui?
2. Est-ce que tu reçois tes copains chez toi? Est-ce que tu les reçois au salon ou dans ta chambre?
3. Est-ce que tes parents reçoivent souvent leurs amis?
4. Est-ce que tu as reçu un cadeau récemment?
5. Est-ce que tu as reçu des vêtements pour ton anniversaire? Qu'est-ce que tu as reçu?
6. Qu'est-ce que tu aperçois de la fenêtre de ta chambre?

INCLUSION

Structured Point out to students the two different stems in the verbs **recevoir** and **apercevoir.** Write the conjugations on the board and underline the verb stems (or write the endings in a different color). Have students copy the charts into their notebooks. Then, give the verb stems and ask students to generate the endings.

SECTION B

Communicative function
Describing actions

Language note

recevoir → *receive*
apercevoir → *perceive (to notice, recognize)*

3 DESCRIPTION saying what people see

1. Jean-Paul aperçoit l'Île Sainte Hélène.
2. Vous apercevez le Pont Jacques-Cartier.
3. Nous apercevons la Tour Olympique.
4. J'aperçois le Vieux Montréal.
5. Mes cousins aperçoivent la Basilique Notre-Dame.
6. Tu aperçois l'Université McGill.
7. On aperçoit l'Île Notre-Dame.
8. Sophie aperçoit le Saint-Laurent.

Cultural notes If you have a map of Montreal, you could bring it to class and point out these places:

- **Île Sainte Hélène** and **Île Notre-Dame** (two islands in the Saint Lawrence River). **Île Sainte Hélène** is open year-round: for swimming and picnicking in the summer and for cross-country skiing in the winter.
- **Le Pont Jacques-Cartier** crosses the Saint Lawrence over **Île Sainte Hélène,** connecting Montreal to Saint Lambert, a city to the east. Montreal's history began in 1525 when Jacques Cartier discovered "Hochelaga," a village then inhabited by several thousand Iroquois Indians.
- **La Tour Olympique,** which is attached to the Olympic Stadium, is the highest inclined tower in the world.
- **La Basilique Notre-Dame,** inaugurated in 1829, is located in the heart of Old Montreal.
- **L'Université McGill** is the largest English-speaking university in Montreal. The largest French-speaking university in North America is **l'Université de Montréal.**

4 COMMUNICATION answering personal questions

Answers will vary.

1. Oui (Non), je (ne) reçois (pas) beaucoup de lettres. Oui, j'ai reçu une (Non, je n'ai pas reçu de) lettre (carte) récemment. J'ai reçu (une carte de ma tante).
2. Oui (Non), je (ne) reçois (pas) mes copains chez moi. Je les reçois (au salon).
3. Oui (Non), mes parents (ne) reçoivent (pas) souvent leurs amis.
4. Oui, j'ai reçu un (Non, je n'ai pas reçu de) cadeau récemment.
5. Oui, j'ai reçu des (Non, je n'ai pas reçu de) vêtements pour mon anniversaire. J'ai reçu (un pull et une jupe). (J'ai reçu [un vélo].)
6. De la fenêtre de ma chambre, j'aperçois (le jardin).

SECTION C

Communicative function
Describing activities

Teaching Resource Options

PRINT 

Workbook PE, pp. 273–278
Unit 8 Resource Book
Audioscript, p. 67
Communipak, pp. 148–167
Family Involvement, pp. 56–57
Workbook TE, pp. 39–44

Assessment
Lesson 30 Quiz, pp. 73–74
Portfolio Assessment, Reprise/Unit 1 URB, pp. 235–244
Audioscript for Quiz 30, p. 72
Answer Keys, pp. 217–220

AUDIO & VISUAL 

Audio Program
CD 5 Track 6
CD 22 Track 2

Overhead Transparencies
63 *Verbes suivis de l'infinitif*
2b *L'Amérique*
2c *L'Afrique, l'Europe, l'Asie*
3 *L'Europe*

TECHNOLOGY 

Power Presentations
Test Generator CD-ROM/McDougal Littell Assessment System

Teaching tip Note that the pictures on the left side of **Transparency 63** represent verbs that use **à;** the pictures on the right show verbs that use **de.**

Re-entry and review Have students review the verbs that do NOT need a preposition before an infinitive:

aimer **détester** **vouloir**
aller **préférer**
devoir **pouvoir**

5 **DESCRIPTION** describing attitudes about speaking English

1. Jean-Pierre essaie de parler anglais.
2. Nathalie apprend à parler anglais.
3. Philippe n'hésite pas à parler anglais.
4. Thomas refuse de parler anglais.
5. Stéphanie décide de parler anglais.
6. Patrick commence à parler anglais.
7. Alice réussit à parler anglais.
8. Marc hésite à parler anglais.
9. Isabelle n'essaie pas de parler anglais.
10. Jérôme n'arrête pas de parler anglais.

Challenge activity Have students complete the sentences with an expression of their choice.

C La construction verbe + infinitif

In French as in English, verbs are frequently used together with an infinitive.
In French, such constructions follow one of three patterns:

VERB + INFINITIVE	VERB + à + INFINITIVE	VERB + de + INFINITIVE
Je **dois travailler.**	Je **commence à travailler.**	Je **finis de travailler.**
Je **veux danser.**	J'**apprends à danser.**	Je **décide de danser.**
Je n'**aime** pas **nager.**	J'**hésite à nager.**	Je **refuse de nager.**

→ The choice of the pattern depends on the first verb.

VOCABULAIRE Verbes suivis de l'infinitif

VERBE + à + INFINITIF

apprendre à	*to learn (how) to*	Nous **apprenons à faire** de la planche à voile.
commencer à	*to begin to*	Je **commence à être** assez bon.
continuer à	*to continue, go on*	Pauline **continue à prendre** des leçons.
hésiter à	*to hesitate, be hesitant about*	Éric **hésite à prendre** des risques.
réussir à	*to succeed in, manage*	J'**ai réussi à gagner** la course *(race).*

VERBE + de + INFINITIF

accepter de	*to accept, agree to*	J'**accepte de répondre** à ta question.
arrêter de	*to stop*	Nous **arrêtons de travailler** à cinq heures.
cesser de	*to stop, quit*	Monsieur Arnaud **a cessé de fumer** *(smoking).*
décider de	*to decide to*	Nous **avons décidé de faire** du sport.
essayer de	*to try to*	Vous **essayez de rester** en forme.
finir de	*to finish*	Tu **as fini de jouer** au tennis?
oublier de	*to forget to*	J'**ai oublié de prendre** ma raquette.
refuser de	*to refuse to*	Marc ne **refuse** jamais **d'aider** ses amis.
rêver de	*to dream about*	Je **rêve d'avoir** une voiture de sport.

5 Un séjour aux États-Unis 

PARLER/ÉCRIRE Ces jeunes Français sont aux États-Unis. Certains aiment parler anglais. D'autres ont des difficultés à parler anglais. Décrivez l'attitude de chacun en complétant les phrases avec **à / de parler anglais.**

1. Jean-Pierre essaie ...
2. Nathalie apprend ...
3. Philippe n'hésite pas ...
4. Thomas refuse ...
5. Stéphanie décide ...
6. Patrick commence ...
7. Alice réussit ...
8. Marc hésite ...
9. Isabelle n'essaie pas ...
10. Jérôme n'arrête pas ...

COMPREHENSION Listening activity: *à* vs. *de*

PROP: Transparency 63 *(Verbes suivis de l'infinitif)*

Describe the activities illustrated on the transparency.

If the verb is followed by **à** + infinitive, students remain seated **(à = assis).**

If it is followed by **de** + infinitive, students stand **(de = debout).**

Verify the correct response by pointing to the appropriate illustration.

Paul commence à laver la voiture.
Marie essaie de réparer son vélo.

6 *Qu'est-ce qu'ils apprennent?*

PARLER/ÉCRIRE Pour chaque personne, choisissez un endroit où aller. Dites ce que cette personne apprend à faire là.

▶ **Nathalie va à la piscine. Elle apprend à nager.**

moi	à la plage	conduire *(to drive)*
toi	à la piscine	danser
vous	au conservatoire	utiliser un PC
nous	à l'auto-école	nager
Nathalie	au Racket-Club	chanter
Alice et Pierre	à l'Alliance Française	jouer du piano
mes copains	à l'école d'informatique	jouer au tennis
ma cousine	au Studio Fred Astaire	faire de la voile
		parler français

7 *Oui ou non?*

PARLER/ÉCRIRE Lisez la description des personnes et dites si oui ou non elles font les choses indiquées entre parenthèses.

▶ Paul est timide (hésiter / parler en public) — **Il hésite à parler en public.**
▶ Jacqueline est généreuse. (hésiter / aider ses amis) — **Elle n'hésite pas à aider ses amis.**

1. Sylvie est paresseuse. (refuser / étudier)
2. Catherine n'a pas beaucoup de mémoire. (oublier / téléphoner)
3. Philippe prend des leçons de guitare. (commencer / jouer très bien)
4. Thomas est maladroit *(clumsy)*. (réussir / réparer son vélo)
5. Caroline est ambitieuse. (rêver / être présidente)
6. Jean-Pierre est bavard *(talkative)*. (arrêter / parler)
7. Nicolas est persévérant. (continuer / prendre des leçons d'anglais)
8. Françoise veut parler anglais. (décider / passer ses vacances à Londres)
9. Alice est une mauvaise élève. (essayer / comprendre le prof)

À votre tour!

OBJECTIFS
Now you can …
• discuss travel plans

1  Voyage international

ÉCRIRE Votre camarade et vous, vous avez reçu un billet d'avion. Avec ce billet, vous pouvez visiter cinq pays différents. Ensemble, faites une liste de cinq pays que vous voulez visiter et expliquez votre choix.

▶ **Nous avons décidé de visiter l'Irlande parce que c'est le pays de nos ancêtres, (parce que nous aimons faire des promenades dans la nature, ...).**

CINQ PAYS
1. l'Irlande
2. la Russie

PORTFOLIO ASSESSMENT

You will probably choose only one oral and one written activity to go into the students' portfolios for Unit 8. Activity 1 can be adapted as a written portfolio activity.

6 COMPREHENSION saying where people are and what they are learning to do

Answers will vary.
- Je vais à la plage. J'apprends à faire de la voile (à nager).
- Tu vas à la piscine. Tu apprends à nager.
- Vous allez au conservatoire. Vous apprenez à chanter (à jouer du piano).
- Nous allons à l'auto-école. Nous apprenons à conduire.
- Nathalie va au Racket-Club. Elle apprend à jouer au tennis.
- Alice et Pierre vont à l'Alliance Française. Ils apprennent à parler français.
- Mes copains vont au Studio Fred Astaire. Ils apprennent à danser.
- Ma cousine va à l'école d'informatique. Elle apprend à utiliser un PC.

Cultural note L'Alliance Française is an international organization dedicated to the teaching of French language and culture. With more than 300,000 students in France and abroad, it is the largest French school in the world. In the United States, the Alliance Française has schools in New York, San Francisco, Chicago, and other cities.

7 COMPREHENSION describing actions and attitudes that correspond to one's character

1. Elle refuse d'étudier.
2. Elle oublie de téléphoner.
3. Il commence à jouer très bien.
4. Il ne réussit pas à réparer son vélo.
5. Elle rêve d'être présidente.
6. Il n'arrête pas de parler.
7. Il continue à prendre des leçons d'anglais.
8. Elle décide de passer ses vacances à Londres.
9. Elle n'essaie pas de comprendre le prof.

À VOTRE TOUR!

1 CONVERSATION making travel plans

Answers will vary.
Cinq pays
1. la France
2. l'Égypte
3. la Chine
4. la Suisse
5. l'Angleterre

Nous avons décidé de visiter la France parce que nous voulons parler français.
Nous avons décidé de visiter l'Égypte parce que nous aimons les pyramides.
Nous avons décidé de visiter la Chine parce que nous étudions l'histoire de la Grande Muraille.
Nous avons décidé de visiter la Suisse parce que nous aimons faire du ski.
Nous avons décidé de visiter l'Angleterre parce que nous avons des copains qui habitent à Londres.

Teaching tip Project **Transparencies 2b, 2c,** and **3** or have students turn to page R14 to find more names of countries.

LECTURE

Séjours à l'étranger

Objectives

- Reading for pleasure
- Critical thinking

Lecture Séjours à l'étranger

Pendant les vacances, des copains sont allés à l'étranger. Maintenant ils parlent de leur voyage sans° mentionner le pays où ils sont allés. Lisez ce qu'ils disent. Savez-vous dans quel pays chacun est allé?

sans *without*

André

On peut faire beaucoup de choses dans le pays où je suis allé. On peut visiter des châteaux° et des musées. On peut aller à des concerts de musique classique. On peut assister à des spectacles folkloriques … Moi, j'ai préféré faire du sport. J'ai fait de la voile et j'ai fait beaucoup de marche à pied. (Le dimanche, la marche à pied est l'une des distractions° favorites des gens!) Autrefois ce pa était divisé. Maintenant, il est uni.° C'est le plus grand pays d'Europe centrale.

Où est allé André?
- en Allemagne
- en Italie
- au Portugal

châteaux *castles* **distractions** *pastimes* **uni** *united*

J'ai visité un pays qui est l'un des pays les plus modernes et les plus développés d'Afrique occidentale.° Quand j'étais dans la capitale, je n'ai pas eu de difficultés à communiquer avec les gens parce que beaucoup parlent français. Dans la campagne, au contraire, les gens parlent seulement le dialecte régional. Beaucoup de citoyens° américains ont des ancêtres qui ont été déportés par force de ce pays.

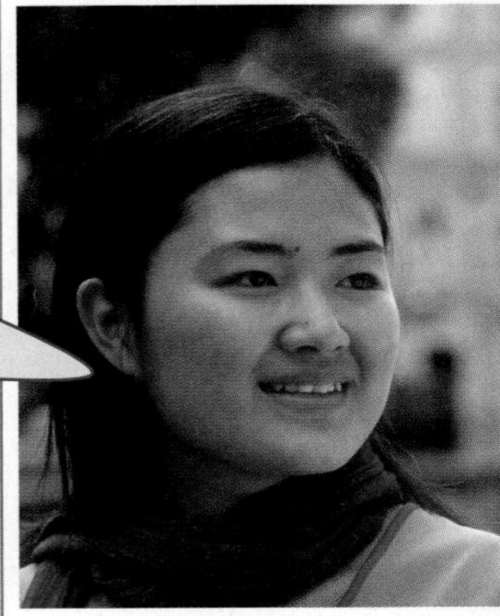

Renée

Où est allée Renée?
- en Tunisie
- au Sénégal
- en Afrique du Sud

occidentale *west* **citoyens** *citizens*

PRE-READING ACTIVITY

Ask students whether they have traveled abroad.

Avez-vous voyagé à l'étranger?
Quels pays avez-vous visités?

Juliette

J'ai visité un pays qui est constitué de quatre îles° principales. Pendant mon voyage, j'ai visité beaucoup de temples et j'ai mangé beaucoup de poisson et de riz qui sont les principaux aliments° de ce pays. Les gens étaient toujours très polis avec moi, mais j'ai eu des difficultés à communiquer avec eux parce qu'ils ne parlent pas français.

Où est allée Juliette?
- en Angleterre
- au Japon
- en Israël

îles *islands* **aliments** *foods*

Pendant mon voyage, j'ai fait beaucoup de choses intéressantes. Un jour, par exemple, j'ai fait une excursion dans le désert à dos de chameau.° La chose la plus intéressante de mon séjour a été la visite de pyramides très anciennes. Comme je ne parle pas arabe, j'ai dû parler anglais. L'anglais est une langue que beaucoup de gens comprennent, mais ce n'est pas la langue de ce pays.

Grégoire

Où est allé Grégoire?
- en Chine
- en Inde
- en Égypte

chameau *camel*

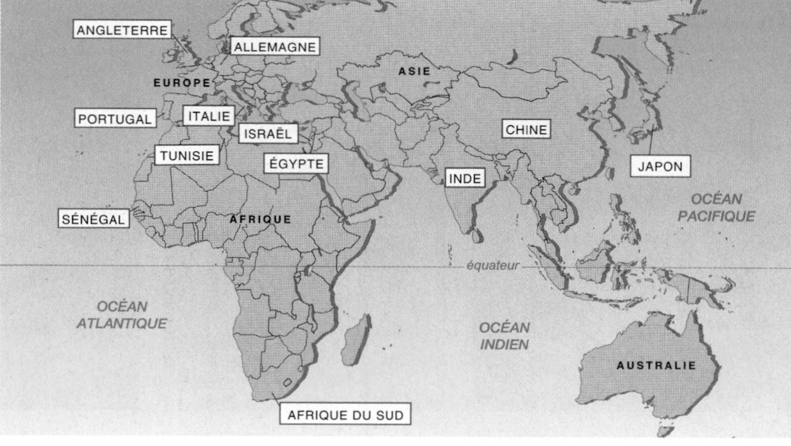

Séjours à l'étranger

Answers
André – en Allemagne
Renée – au Sénégal
Juliette – au Japon
Grégoire – en Égypte

Pre-AP skill: Use prior knowledge.

Observation activity Have the students reread the multiple-choice options, noting which countries are introduced by **en** and which by **au.**

Answers

en	au
Allemagne	Portugal
Italie	Sénégal
Tunisie	Japon
Afrique du Sud	
Angleterre	
Israël	
Chine	
Inde	
Égypte	

Post-reading activity

Have students in small groups select a country on the map and write similar descriptions of their own, adapting phrases from the readings. The rest of the class will guess which country is being described.

Inclusion

Metacognitive Review the places seen on the map. Then, use a blank map and have students tell you the names of the countries. Ask if anyone has visited them.

–Est-ce que vous êtes jamais allé(e) en Égypte?

Leçon 31

Main Topic Talking about the future

Teaching Resource Options

PRINT 

Workbook PE, pp. 279–284
Activités pour tous PE, pp. 169–171
Block Scheduling Copymasters, pp. 249–256
Unit 8 Resource Book
- *Activités pour tous* TE, pp. 81–83
- Audioscript, pp. 103, 104–107
- Communipak, pp. 148–167
- Lesson Plans, pp. 84–85
- Block Scheduling Lesson Plans, pp. 86–87
- Absent Student Copymasters, pp. 88–92
- Video Activities, pp. 95–101
- Videoscript, p. 102
- Workbook TE, pp. 75–80

AUDIO & VISUAL 

Audio Program
CD 5 Track 7
CD 13 Tracks 13–18

TECHNOLOGY 

Online Workbook

VIDEO PROGRAM

VIDEO DVD
Leçon 31

Projet de voyage

Total time: 1:45 min.
DVD Disk 2
Videotape 2 (Counter: 42:08 min.)

Teaching note Tell students that in this *vidéo-scène* they will encounter several examples of a new tense—the future.

- From the context, encourage them to try to discover the meanings of the future tense verbs. Have them reword the sentences using **aller** + INFINITIVE, e.g.:
  Comment est-ce qu'on ira là-bas? = Comment est-ce qu'on va aller là-bas?
- Have students list all the examples of future verbs and group them by subject so as to discover the endings that correspond to:
  je: -ai (j'irai)
  on: -a (on prendra)
  vous: -ez (vous serez)
- Then have students use their lists to group the future stems. What letter do all these stems end on? **[-r-]**

LEÇON 31

VIDÉO-SCÈNE

VIDÉO DVD AUDIO

Projet de voyage

Dans l'épisode précédent, Pierre et Armelle sont allés chez Jérôme, mais Jérôme n'était pas chez lui. Alors ils ont regardé les objets qui étaient dans la chambre de Jérôme. Finalement, Jérôme est arrivé.

Salut!
Salut!
Ça va?
Oui, ça va.

Dites donc, j'ai quelque chose à vous proposer pour samedi prochain.
Quoi donc?
Qu'est-ce que vous pensez d'un voyage à Genève?
Moi, je veux bien …
C'est une bonne idée.

Comment est-ce qu'on ira là-bas?
Eh bien, on prendra le train.

Et qu'est-ce qu'on fera quand on sera à Genève?
Ah non, moi, les musées ça ne m'intéresse pas du tout.
On pourra visiter le Musée d'Art et d'Histoire …

Moi, j'aimerais faire le tour du lac en bateau.

Bon. Alors, on fera le tour du lac en bateau.

Et qu'est-ce qu'on fera ensuite?
Il y a des tas de choses à faire à Genève. On verra bien ...

À quelle heure est-ce qu'on partira?
Il y a un train vers huit heures et quart. C'est pas trop tôt?
Non, ça va.

Bon alors, puisque vous êtes d'accord, j'irai demain à la gare et j'achèterai les billets.
Et où est-ce qu'on se retrouvera samedi matin?

Devant la gare à huit heures. J'espère que vous serez à l'heure.
Et toi aussi!

T'en fais pas. Je serai à la gare à huit heures pile avec les billets!

Compréhension

1. Qu'est-ce que Jérôme propose?
2. Comment les amis iront-ils à Genève?
3. Qu'est-ce que Pierre ne veut pas faire?
4. Qu'est-ce qu'Armelle veut faire?
5. Qui achètera les billets?
6. À quelle heure les amis seront-ils à la gare?

Looking ahead J'aimerais faire ... The conditional is presented in Lesson 32.

Cultural note Geneva is located on **Lac Léman** (Lake Geneva, in English). A city of great scenic beauty, Geneva is the capital of **la Suisse romande,** the French-speaking portion of Switzerland. It is a cultural, financial, and diplomatic center, housing the International Committee of the Red Cross **(Comité International de la Croix-Rouge)** as well as several United Nations agencies.

Vocabulary note

à huit heures pile *at eight o'clock sharp (on the dot)*

Compréhension

Answers

1. Il propose un voyage à Genève.
2. Ils prendront le train.
3. Il ne veut pas visiter le Musée d'Art et d'Histoire.
4. Elle veut faire le tour du lac en bateau.
5. Jérôme achètera les billets.
6. Ils y seront à huit heures (à huite heures pile).

SECTION A

Communicative function
Talking about the future

Teaching Resource Options

PRINT 

Workbook PE, pp. 279–284
Unit 8 Resource Book
Communipak, pp. 148–167
Workbook TE, pp. 75–80

AUDIO & VISUAL 

Overhead Transparencies
64 *Voyages en France*

TECHNOLOGY 

Power Presentations

Pronunciation With **-er** verbs, be sure the students pronounce the final "e" of the stem as /ə/.

Contrast:
parler /parle/
je parlerai /parləre/

Teaching note For practice you may ask students to conjugate the following expressions describing a future visit to Quebec:

arriver à Québec
choisir un hôtel
attendre un taxi

A Le futur: formation régulière

The sentences below describe what WILL HAPPEN in the future. The verbs are in the FUTURE TENSE.

Cet été, je **voyagerai** avec mes amis.	*This summer, I* ***will travel*** *with my friends.*
Nous **visiterons** le Canada.	*We* ***will visit*** *Canada.*
Est-ce que tu **prendras** le train?	***Will*** *you* ***take*** *the train?*
Non, je **ne prendrai pas** le train.	*No, I* ***will not (won't) take*** *the train.*

The future tense is a *simple* tense that is formed as follows:

FUTURE STEM + FUTURE ENDINGS

Note the future forms of the regular verbs **voyager, finir,** and **vendre,** paying special attention to the endings.

INFINITIVE		voyager	finir	vendre	FUTURE ENDINGS
FUTURE STEM		voyager-	finir-	vendr-	
FUTURE	je	**voyagerai**	**finirai**	**vendrai**	**-ai**
	tu	**voyageras**	**finiras**	**vendras**	**-as**
	il/elle/on	**voyagera**	**finira**	**vendra**	**-a**
	nous	**voyagerons**	**finirons**	**vendrons**	**-ons**
	vous	**voyagerez**	**finirez**	**vendrez**	**-ez**
	ils/elles	**voyageront**	**finiront**	**vendront**	**-ont**
NEGATIVE	je **ne**	**voyagerai pas**			
INTERROGATIVE	**est-ce que tu**	**voyageras?**			
		voyageras-tu?			

INCLUSION

Synthetic/Analytic Have students look at the future endings column of the chart above. Ask them if these endings look familiar. They may notice that they are the same as the present tense of **avoir,** other than the **nous-** and **vous-** forms are missing the **av-**. If they don't make the connection, point this out to them. Ask students to generate the forms of the verb **avoir,** writing the conjugation on the board. Then, write the future conjugation of a verb on the board, underlining the verb stems and endings in different colors. Have students copy the chart into their notebooks. Then, give the students several future stems and ask students to generate the endings.

STEM

The future stem always ends in **-r**.

For most regular verbs and many irregular verbs, the future stem is derived as follows:

FUTURE STEM = INFINITIVE (minus final **-e**, if any)

sortir: je **sortir**ai	**écrire:** j'**écrir**ai
partir: je **partir**ai	**boire:** je **boir**ai

→ Note the following stem changes:

	PRÉSENT	FUTUR
acheter	**j'achète**	**j'achèterai**
payer	**je paie**	**je paierai**

Vous partirez en vacances?

LAC D'ANNECY

L'oxygène à la source

ANNECY, LAC PUR

ENDINGS

The future endings are the same for all verbs, both regular and irregular.

1 Séjours à l'étranger

PARLER/ÉCRIRE Les étudiants suivants vont voyager cet été. Dites quelle ville chacun visitera et quelle langue il parlera.

▶ moi / Mexico

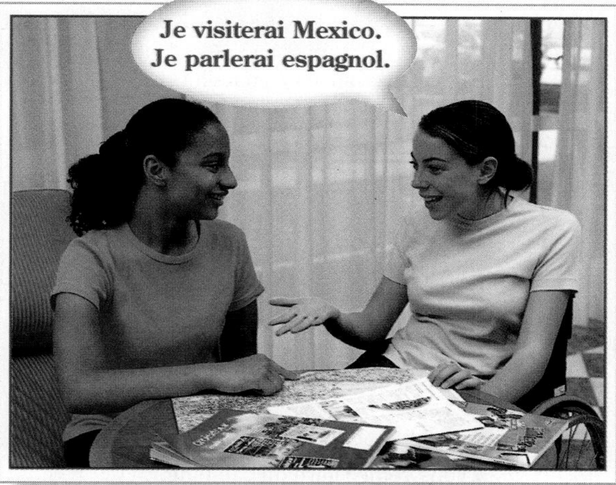
Je visiterai Mexico.
Je parlerai espagnol.

Région de Québec

1. Isabelle / Moscou
2. moi / Berlin
3. vous / Bordeaux
4. nous / Boston
5. toi / Buenos Aires
6. Anne et Hélène / Munich
7. Éric et Thomas / Dakar
8. mes copains / Saint Pétersbourg
9. ma soeur / Madrid
10. la cousine de Paul / Québec

allemand
anglais
espagnol
français
russe

1 DESCRIPTION describing future travel plans

1. Isabelle visitera Moscou. Elle parlera russe.
2. Je visiterai Berlin. Je parlerai allemand.
3. Vous visiterez Bordeaux. Vous parlerez français.
4. Nous visiterons Boston. Nous parlerons anglais.
5. Tu visiteras Buenos Aires. Tu parleras espagnol.
6. Anne et Hélène visiteront Munich. Elles parleront allemand.
7. Éric et Thomas visiteront Dakar. Ils parleront français.
8. Mes copains visiteront Saint Pétersbourg. Ils parleront russe.
9. Ma soeur visitera Madrid. Elle parlera espagnol.
10. La cousine de Paul visitera Québec. Elle parlera français.

Variation (with **travailler à** and **apprendre le (l')** + language)

Je travaillerai à Mexico.
J'apprendrai l'espagnol.

TEACHING NOTE Future endings

- Point out that the future endings are the same as the present tense forms of the verb **avoir** (minus the letters **"av"** in the **nous**- and **vous**-forms).
- As a learning aid, you may wish to present the future endings in the form of a "cheer."

Ré, Ra, Ra [...rai, ...ras, ...ra]
Ron, Ré, Ron [...rons, ...rez, ...ront]

EXTRA PRACTICE Le futur

PROP: Transparency 64 *(Voyages en France)*

Use the transparency to practice future forms. Have students say where each person is going, how he/she is going to travel, and what he/she will photograph.

Pierre visitera la Bretagne.
Il voyagera en scooter.
Il prendra une photo des menhirs., etc.

Teaching Resource Options

PRINT

Workbook PE, pp. 279–284
Unit 8 Resource Book
Communipak, pp. 148–167
Workbook TE, pp. 75–80

AUDIO & VISUAL

Overhead Transparencies
14 *Quelques professions*
64 *Voyages en France*

TECHNOLOGY

Power Presentations

2 DESCRIPTION describing future vacation plans

- Je visiterai la Normandie. Je voyagerai en scooter. Je logerai chez un copain. Je partirai le 30 juin. Je rentrerai le 15 août.
- Alice visitera la Provence. Elle voyegera en voiture. Elle logera à l'hôtel. Elle partira le 1er juillet. Elle rentrera le 1er septembre.
- Nous visiterons la Bretagne. Nous voyagerons en train. Nous logerons dans une ferme. Nous partirons le 3 juillet. Nous rentrerons le 25 août.
- Nicolas et Philippe visiteront l'Alsace. Ils voyageront en moto. Ils logeront chez leur oncle. Ils partiront le 15 juillet. Ils rentreront le 30 août.

3 ROLE PLAY talking about future plans

Andre: Tu vas ... ?
Karine: Je ne sais pas. Je ... peut-être ...
1. sortir/sortirai/samedi soir
2. étudier/étudierai/après le dîner
3. dîner au restaurant/dînerai/au restaurant dimanche
4. jouer au basket/jouerai au basket/vendredi
5. acheter un CD/achèterai un CD/ce week-end
6. te promener/me promenerai/avant le dîner
7. partir en vacances/partirai en vacances/en juillet
8. apprendre à skier/apprendrai à skier/cet hiver

Variation (in simplified dialogue format)
A: **Tu vas voyager?**
K: **Oui, je voyagerai en juin.**

4 COMPREHENSION describing logical future activities

1. Je ne partirai pas en vacances. Je chercherai un job. Je travaillerai.
2. Ils se reposeront. Ils ne travailleront pas. Ils prendront des vacances.
3. Tu dormiras beaucoup. Tu ne te lèveras pas tôt. Tu ne te coucheras pas tard.
4. Elle nagera. Elle jouera au tennis. Elle ne restera pas à la maison.
5. Vous ne logerez pas à l'hôtel. Vous achèterez une tente. Vous dormirez dans un sac de couchage.
6. Nous prendrons l'avion. Nous ne parlerons pas espagnol. Nous nous amuserons.

2 Voyages en France

PARLER/ÉCRIRE Des copains vont visiter les différentes provinces de France cet été. Décrivez leurs projets.

	moi	Alice	nous	Nicolas et Philippe
• visiter →	la Normandie	la Provence	la Bretagne	l'Alsace
• voyager →	en scooter	en voiture	en train	en moto
• loger →	chez un copain	à l'hôtel	dans une ferme	chez leur oncle
• partir →	le 30 juin	le 1er juillet	le 3 juillet	le 15 juillet
• rentrer →	le 15 août	le 1er septembre	le 25 août	le 30 août

▶ Je visiterai la Normandie. Je voyagerai en scooter, ...

3 Peut-être

PARLER André veut connaître les projets de Karine. Jouez les deux rôles.

▶ voyager / en juin

Tu vas voyager?
Je ne sais pas. Je voyagerai peut-être en juin.

1. sortir / samedi soir
2. étudier / après le dîner
3. dîner au restaurant / dimanche
4. jouer au basket / vendredi
5. acheter un CD / ce week-end
6. te promener / avant le dîner
7. partir en vacances / en juillet
8. apprendre à skier / cet hiver

4 Oui ou non?

Je ne voyagerai pas.
FRANCE

PARLER/ÉCRIRE Dites si oui ou non les personnes suivantes vont faire les choses suggérées cet été. Soyez logique!

▶ Je n'ai pas d'argent. • voyager?

1. Je veux gagner de l'argent.
   - partir en vacances?
   - travailler?
   - chercher un job?
2. Mes parents sont fatigués.
   - se reposer?
   - prendre des vacances?
   - travailler?
3. Tu es paresseux.
   - dormir beaucoup?
   - te coucher tard?
   - te lever tôt?
4. Stéphanie est très sportive.
   - nager?
   - rester à la maison?
   - jouer au tennis?
5. Vous voulez faire du camping.
   - loger à l'hôtel?
   - acheter une tente?
   - dormir dans un sac de couchage?
6. Nous allons aller en France.
   - prendre l'avion?
   - nous amuser?
   - parler espagnol?

B Futurs irréguliers

A few French verbs are irregular in the future tense. These verbs have:

- an IRREGULAR future STEM
- REGULAR future ENDINGS

INFINITIVE	FUTURE STEM	
aller	ir-	Cet été nous **irons** au Sénégal.
avoir	aur-	Tu **auras** assez d'argent?
être	ser-	Je ne **serai** pas à Paris en juin.
faire	fer-	Pierre **fera** un voyage en Algérie.
voir	verr-	Nous **verrons** la Tour Eiffel.

5 Expression personnelle

PARLER/ÉCRIRE Comment imaginez-vous votre existence dans cinq ans? Dites si oui ou non vous ferez les choses suivantes.

▶ avoir une moto?

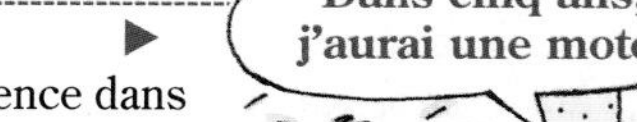
Dans cinq ans,
j'aurai une moto.

1. aller à l'université?
2. avoir un job intéressant?
3. être marié(e)?
4. être millionnaire?
5. avoir un avion?
6. être très heureux (heureuse)?
7. faire beaucoup de voyages?
8. être complètement indépendant(e)?
9. être président(e) d'une compagnie?
10. voir tes copains d'aujourd'hui?

6 Rêve ou réalité?

PARLER/ÉCRIRE Comment sera la vie dans 25 ans? Indiquez si les prédictions suivantes vous semblent certaines, possibles, probables ou impossibles.

	certain	possible	probable	impossible
1. Il y aura un vaccin contre le cancer.	☐	☐	☐	☐
2. On vivra en moyenne° jusqu'à° cent ans.	☐	☐	☐	☐
3. Tout le monde aura un ordinateur et on restera à la maison pour travailler.	☐	☐	☐	☐
4. On habitera dans des maisons en verre° qui utiliseront l'énergie solaire pour l'électricité.	☐	☐	☐	☐
5. Il fera toujours beau parce que les savants° contrôleront le climat.	☐	☐	☐	☐
6. Pendant les vacances on ira sur la lune° où il y aura de grands hôtels interspaciaux.	☐	☐	☐	☐
7. Les gens seront plus heureux qu'aujourd'hui.	☐	☐	☐	☐

en moyenne *on the average* **jusqu'à** *until* **verre** *glass* **savants** *scientists* **lune** *moon*

WARM-UP Futurs irréguliers

PROP: Transparency 64 *(Voyages en France)*

Tell students that some verbs have irregular stems in the future tense. Narrate a sequence of actions based on the transparency, and have students guess which verb is being used in each sentence.

1. **Nous aurons des vacances en juillet. [avoir]**
2. **Nous ne serons pas à Paris. [être]**
3. **Nous ferons un voyage. [faire]**
4. **Nous irons à Toulouse, [aller]**
5. **Nous verrons le centre aérospatial. [voir]**

SECTION B

Communicative function
Talking about the future

Teaching tip Using **Transparency 14,** have students decide which profession each one will have in 10 years. **Dans dix ans, Sylvie sera dentiste.,** etc.

Language note An IRREGULAR future stem is one that is not derived directly from the infinitive.

Looking ahead More irregular future stems are presented in Section E of this lesson.

Pronunciation Be sure students distinguish between

- **fer(ai)** and **ser(ai)** where the **"e"** is pronounced /ə/ as in **je.**
- **verr(ai)** where the **"e"** is pronounced /ɛ/ as in **elle** or **chère.**

Pacing Depending on your time schedule, you may select only two of Act. 5, 6, and 7.

5 COMMUNICATION describing one's situation five years from now

1. Dans cinq ans, j'irai à l'université. (Dans cinq ans, je n'irai pas à l'université.)
2. Dans cinq ans, j'aurai un job intéressant. (Dans cinq ans, je n'aurai pas de job intéressant.)
3. Dans cinq ans, je serai marié(e). (Dans cinq ans, je ne serai pas marié[e].)
4. Dans cinq ans, je serai millionnaire. (Dans cinq ans, je ne serai pas millionaire.)
5. Dans cinq ans, j'aurai un avion. (Dans cinq ans, je n'aurai pas d'avion.)
6. Dans cinq ans, je serai très heureux (heureuse). (Dans cinq ans, je ne serai pas très heureux [heureuse].)
7. Dans cinq ans, je ferai beaucoup de voyages. (Dans cinq ans, je ne ferai pas beaucoup de voyages.)
8. Dans cinq ans, je serai complètement indépendant(e). (Dans cinq ans, je ne serai pas complètement indépendant[e].)
9. Dans cinq ans, je serai président(e) d'une compagnie. (Dans cinq ans, je ne serai pas président[e] d'une compagnie.)
10. Dans cinq ans, je verrai mes copains d'aujourd'hui. (Dans cinq ans, je ne verrai pas mes copains d'aujourd'hui.)

6 COMMUNICATION predicting future conditions

Answers will vary.

Teaching note Read each statement and have students express their opinions, e.g.:

Je pense que c'est possible.
Je pense que c'est certain., etc.

Teaching Resource Options

PRINT 

Workbook PE, pp. 279–284
Unit 8 Resource Book
Communipak, pp. 148–167
Workbook TE, pp. 75–80

TECHNOLOGY 

Power Presentations

7 DESCRIPTION describing future travel plans

1. Catherine ira à Tours vendredi. Elle voyagera en train. Elle arrivera à 18 h 30 (6 h 30 du soir). Elle ira à L'Hôtel de Bordeaux. Elle dînera Chez Balzac.
2. Samedi matin, elle visitera le vieux Tours. Elle verra les maisons anciennes.
3. Samedi après-midi, elle fera un pique-nique. Après, elle fera une promenade à vélo (à Amboise). Le soir, elle verra le spectacle «Son et Lumière» au château.
4. Dimanche matin, elle ne fera rien (elle se reposera). (L'après-midi,) elle verra les châteaux de Villandry et de Langeais.
5. Elle partira de Tours dimanche soir. Le premier train partira à 20 h 31. Il y aura un autre train à 21 h 46.

Variations

- Catherine is going with her friend Cécile:
  Elles iront à Tours ...
- Catherine describes her plans:
  J'irai à Tours ...
- Catherine and Cécile describe their plans:
  Nous irons à Tours ...

7 Week-end en Touraine

LIRE/PARLER Catherine, une jeune Parisienne, a décidé de passer un week-end en Touraine. La Touraine est une province célèbre pour ses châteaux et sa capitale, Tours. Catherine a préparé son itinéraire pour le week-end. Regardez bien cet itinéraire et répondez aux questions suivantes.

vendredi
départ Paris (train de 16h40)
arrivée à Tours (18h30)
Hôtel de Bordeaux
dîner Chez Balzac

samedi
matin: visite du vieux Tours
(maisons anciennes)
après-midi: pique-nique
promenade à vélo (Amboise)
soir: spectacle "Son et Lumière" au château

dimanche
matin: repos
après-midi: promenade en voiture
(châteaux de Villandry et de Langeais)
soir: départ pour Paris
(train de 20h31 ou de 21h46)

1. Quel jour est-ce que Catherine ira à Tours? Comment voyagera-t-elle? À quelle heure est-ce qu'elle arrivera? À quel hôtel est-ce qu'elle ira? Où dînera-t-elle?
2. Qu'est-ce qu'elle fera d'abord samedi matin? Qu'est-ce qu'elle verra?
3. Qu'est-ce qu'elle fera samedi après-midi? Et après, comment est-ce qu'elle ira à Amboise? Qu'est-ce qu'elle verra le soir?
4. Qu'est-ce qu'elle fera dimanche matin? Quels châteaux est-ce qu'elle verra?
5. Quand est-ce qu'elle partira de Tours? À quelle heure est-ce que le premier train partira? À quelle heure est-ce qu'il y aura un autre train?

Le château de Villandry
Le château de Langeais
Le château d'Amboise

CULTURAL NOTES Les châteaux

- **Villandry** is one of the most original castles in the Loire River Valley. The open courtyard on the north overlooks both the Cher and Loire Rivers. The château is particularly famous for its 16th century-style gardens.
- **Langeais** is situated on the north bank of the Loire to the west of Villandry. Since its construction in the 15th century by Louis XI, it has never been altered—a rare phenomenon in the history of French castles.

L'usage du futur dans les phrases avec *si*

Note the use of the future in the following sentences.

S'il **fait** beau, nous **irons** à la plage.	*If the weather **is** nice, we **will go** to the beach.*
Si j'**ai** de l'argent, je **voyagerai** cet été.	*If I **have** money, I **will travel** this summer.*

The above sentences express what WILL HAPPEN if a certain condition is met. They consist of two parts:

- the **si** *(if)* clause, which expresses the condition
- the result clause, which tells what WILL HAPPEN

In French, as in English, the pattern of tenses is:

si-clause: PRESENT	result clause: FUTURE
Si nous **achetons** une caravane,	nous **ferons** du camping.

→ NOTE: **Si** becomes **s'** before **il** and **ils,** but not before **elle** and **elles.**

Fais attention!

PARLER/ÉCRIRE Dites à vos camarades ce qui arrivera s'ils font ou s'ils ne font pas certaines choses. Soyez logique!

1. Si tu lis trop …
2. Si tu n'études pas …
3. Si tu manges trop de bonbons *(candy)* …
4. Si tu ne te dépêches pas …
5. Si tu ne te reposes pas …
6. Si tu dépenses tout ton argent maintenant …

rater *(miss)* le bus
être fatigué(e) demain
être fauché(e) *(broke)* pour les vacances
avoir mal au ventre
avoir mal aux dents
avoir mal à la tête
avoir une mauvaise note à l'examen

▶ Si tu manges trop …
Fais attention! Si tu manges trop, tu auras mal au ventre.

9 Ça dépend!

PARLER Ce que nous allons faire dépend souvent des circonstances. Exprimez cela dans des dialogues.

Tu vas aller à la plage ou au cinéma ce week-end?

Ça dépend! S'il fait beau, j'irai à la plage.

Et s'il ne fait pas beau?

J'irai au cinéma.

1. acheter une moto ou un vélo? Si j'ai assez d'argent …
2. prendre le bus ou un taxi? Si je suis pressé(e) …
3. dîner chez toi ou au restaurant? Si j'ai envie de sortir …
4. faire du jogging ou une promenade à pied? Si je suis fatigué(e) …
5. manger un steak ou un sandwich? Si j'ai très faim …

SECTION C

Communicative function
Talking about what will happen if certain conditions are met

Language note Sentences of the type shown here may begin with the **si**-clause or with the result clause.

Si je vais en France, je visiterai Paris.
Je visiterai Québec, **si je vais au Canada.**

Pacing Depending on your time schedule, you may want to choose only one of Act. 8 or 9.

8 COMPREHENSION drawing logical conclusions about future events

1. Fais attention! Si tu lis trop, tu auras mal à la tête (tu seras fatigué[e] demain).
2. Fais attention! Si tu n'étudies pas, tu auras une mauvaise note à l'examen.
3. Fais attention! Si tu manges trop de bonbons, tu auras mal aux dents (tu auras mal au ventre).
4. Fais attention! Si tu ne te dépêches pas, tu rateras le bus.
5. Fais attention! Si tu ne te reposes pas, tu seras fatigué(e) demain (tu auras mal à la tête).
6. Fais attention! Si tu dépenses tout ton argent maintenant, tu seras fauché(e) pour les vacances.

9 EXCHANGES talking about future plans

1. –Tu vas acheter une moto ou un vélo?
–Ça dépend. Si j'ai assez d'argent, j'achèterai une moto.
–Et si tu n'as pas assez d'argent?
–J'achèterai un vélo.
2. –Tu vas prendre le bus ou un taxi?
–Ça dépend. Si je suis pressé(e), je prendrai un taxi.
–Et si tu n'es pas pressé(e)?
–Je prendrai le bus.
3. –Tu vas dîner chez toi ou au restaurant?
–Ça dépend. Si j'ai envie de sortir, je dînerai au restaurant.
–Et si tu n'as pas envie de sortir?
–Je dînerai chez moi.
4. –Tu vas faire du jogging ou une promenade à pied?
–Ça dépend. Si je suis fatigué(e), je ferai une promenade à pied.
–Et si tu n'es pas fatigué(e)?
–Je ferai du jogging.
5. –Tu vas manger un steak ou un sandwich?
–Ça dépend. Si j'ai très faim, je mangerai un steak.
–Et si tu n'as pas très faim?
–Je mangerai un sandwich.

Personalization Have students create original responses to each item.
Si j'ai assez d'argent, je ferai un voyage en France., etc.

- The royal castle of **Amboise** dominates the town and the Loire River. It was to Amboise that King François I brought the Italian artist Leonardo da Vinci.

Other **châteaux** worth visiting for their beauty and historic interest are those in Anger, Azay-le-Rideau, Blois, Chambord, and Chenonceau. They all have **Son et Lumière** presentations that recreate the history of the castle and the area with dramatic readings accompanied by light shows.

SECTION D

Communicative function
Talking about what will happen when certain conditions are met

Teaching Resource Options

PRINT 

Workbook PE, pp. 279–284
Unit 8 Resource Book
Audioscript, p. 103
Communipak, pp. 148–167
Family Involvement, pp. 93–94
Workbook TE, pp. 75–80

Assessment
Lesson 31 Quiz, pp. 109–110
Portfolio Assessment, Reprise/Unit 1 URB, pp. 235–244
Audioscript for Quiz 31, p. 108
Answer Keys, pp. 217–220

AUDIO & VISUAL 

Audio Program
CD 5 Track 8
CD 22 Track 3

Overhead Transparencies
65 *Le futur*

TECHNOLOGY

Power Presentations
Test Generator CD-ROM/McDougal Littell Assessment System

Teaching tip Have students make up sentences about **Transparency 65,** using the future tense:
Quand Olivier aura de l'argent, il visitera Paris.
Quand Juliette sera en vacances, elle travaillera dans un fast-food.

Language notes

- Sentences of this type may begin with the **quand**-clause or with the main clause.
  Quand j'aurai de l'argent, je voyagerai.
  Nous voyagerons **quand** nous serons en vacances.
- In English, the present tense is used in the *when*-clause.

10 DESCRIPTION describing future travel plans

1. Quand elle sera à Washington, Jacqueline visitera la Maison Blanche.
2. Quand ils seront à San Antonio, Thomas et André visiteront l'Alamo.
3. Quand nous serons en Californie, nous visiterons Hollywood.
4. Quand vous serez en Floride, vous visiterez le Cap Canaveral.
5. Quand je serai dans le Colorado, je visiterai Mesa Verde.
6. Quand tu seras en Arizona, tu visiteras le Grand Canyon.

D L'usage du futur après *quand*

The following sentences describe what WILL HAPPEN *when* another event occurs. Compare the use of tenses in the French and English sentences below.

Quand Sophie **sera** en vacances, elle **voyagera.**	*When Sophie **is** on vacation, she **will travel.***
Quand nous **irons** au Canada, nous **visiterons** Québec.	*When we **go** to Canada, we **will visit** Quebec City.*

When referring to future events, the French use the future tense in BOTH the main clause and the **quand**-clause. In French, the pattern is:

quand-clause: FUTURE	main clause: FUTURE
Quand nous **aurons** une caravane,	nous **ferons** du camping.

10 Vacances aux États-Unis

PARLER/ÉCRIRE Des étudiants français iront aux États-Unis cet été. Dites ce que chacun visitera quand il sera dans la ville ou l'état où il passera ses vacances.

la Maison Blanche
Hollywood
l'Alamo
Mesa Verde
le Cap Canaveral
la Statue de la Liberté
le Grand Canyon

▶ Paul / à New York
Quand il sera à New York, Paul visitera la Statue de la Liberté.

1. Jacqueline / à Washington
2. Thomas et André / à San Antonio
3. nous / en Californie
4. vous / en Floride
5. moi / dans le Colorado
6. toi / en Arizona

11 C'est évident!

PARLER/ÉCRIRE Ce que nous ferons plus tard dépend souvent des circonstances dans lesquelles nous nous trouverons. Exprimez cela par des phrases logiques en utilisant les éléments des colonnes A, B et C.

A	B	C
moi	avoir 18 ans	voter
toi	avoir une voiture	étudier beaucoup
ma soeur	être riche	s'amuser
nous	être en vacances	se reposer
mes copains	aller en Suisse	voir Genève
vous	aller à l'université	faire du camping
		acheter une voiture

▶ **Quand nous aurons 18 ans, nous voterons.**

UN JEU C'est évident!

Act. 11 can be done as a team game. Divide the class into groups of three or four students. Have each group choose a recorder **(un/une secrétaire).** As the group creates a sentence, the recorder writes it down on a sheet of paper.

Give a signal for the groups to start. At the end of the time limit, stop the groups. Have them exchange papers (Group 1 passes its papers to Group 2, Group 2 to Group 3, etc.).

Each group checks the paper it received for accuracy and records the number of correct and logical sentences. The group with the highest score wins.

E D'autres futurs irréguliers

The verbs below have irregular future stems.

	INFINITIVE	FUTURE STEM	
to know (how)	**savoir**	**saur-**	Je **saurai** la réponse demain soir.
to have to	**devoir**	**devr-**	Éric **devra** travailler cet été.
to receive	**recevoir**	**recevr-**	Marc **recevra** une lettre de Sophie.
to see	**apercevoir**	**apercevr-**	D'ici, tu **apercevras** la mer.
to come	**venir**	**viendr-**	Mes amis **viendront** demain.
to come back	**revenir**	**reviendr-**	Quand est-ce que nous **reviendrons**?
to become	**devenir**	**deviendr-**	Je ne **deviendrai** jamais très riche.
to want	**vouloir**	**voudr-**	Paul ne **voudra** pas sortir s'il pleut.
to send	**envoyer**	**enverr-**	Je t'**enverrai** un mail.
to be able	**pouvoir**	**pourr-**	Tu **pourras** me téléphoner ce soir?

12 Oui ou non?

PARLER/ÉCRIRE Dites si oui ou non vous ferez les choses suivantes.

▶ recevoir un «A» à l'examen?

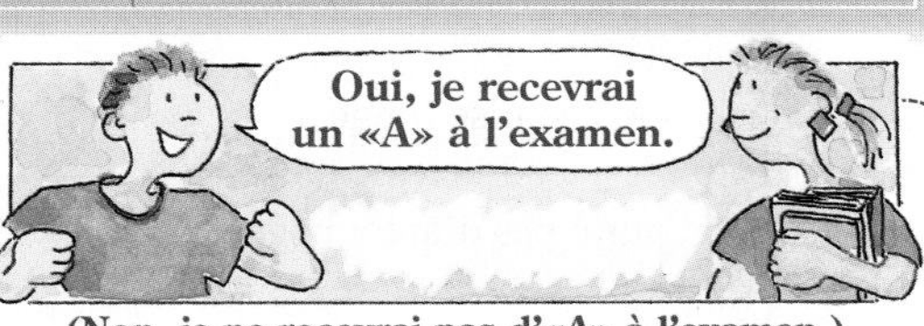
Oui, je recevrai un «A» à l'examen.

(Non, je ne recevrai pas d'«A» à l'examen.)

1. recevoir un mail aujourd'hui?
2. recevoir un vélo pour mon anniversaire?
3. savoir très bien parler français?
4. devoir travailler cet été?
5. devoir étudier ce soir?
6. envoyer une carte au professeur cet été?
7. vouloir nager ce week-end?
8. pouvoir aller en France au printemps?
9. devenir célèbre *(famous)* un jour?
10. devenir millionnaire?

À votre tour!

OBJECTIFS
Now you can ...
• talk about future plans

1 Conversation: Voyage

PARLER/ÉCRIRE Vous décidez de voyager cet été avec un camarade. Discutez des sujets suivants.

- où vous irez
- quand vous partirez
- comment vous voyagerez
- ce que vous ferez (visites, promenades, sports, autres activités)
- quand vous reviendrez chez vous

Ensuite, écrivez un paragraphe où vous décrivez vos projets.

Où est-ce que nous irons pendant les vacances?

Moi, j'aimerais aller à Miami.

Bonne idée! On ira en Floride.

Quand est-ce que nous partirons?

LESSON REVIEW
CLASSZONE.COM

11 DESCRIPTION describing future plans

Answers will vary.
- Quand j'aurai 18 ans, je voterai (j'achèterai une voiture).
- Quand tu auras une voiture, tu feras du camping.
- Quand ma soeur sera riche, elle achètera une voiture.
- Quand nous serons en vacances, nous nous amuserons (nous nous reposerons).
- Quand mes copains iront en Suisse, ils verront Genève (ils feront du camping).
- Quand vous irez à l'université, vous étudierez beaucoup.

SECTION E

Communicative function
Talking about the future

Teaching notes

- Remind students that the endings for the future are always regular.
- You may want to present the following irregular futures:
  il faut → il faudra
  il pleut → il pleuvra

12 DESCRIPTION describing future plans

Answers will vary.
1. Oui (Non), je (ne) recevrai un (pas de) mail aujourd'hui.
2. Oui (Non), je (ne) recevrai un (pas de) vélo pour mon anniversaire.
3. Oui (Non), je (ne) saurai (pas) très bien parler français.
4. Oui (Non), je (ne) devrai (pas) travailler cet été.
5. Oui (Non), je (ne) devrai (pas) étudier ce soir.
6. Oui (Non), j'enverrai une (je n'enverrai pas de) carte au professeur cet été.
7. Oui (Non), je (ne) voudrai (pas) nager ce week-end.
8. Oui (Non), je (ne) pourrai (pas) aller en France au printemps.
9. Oui (Non), je (ne) deviendrai (pas) célèbre un jour.
10. Oui (Non), je (ne) deviendrai (pas) millionnaire.

À VOTRE TOUR!

1 GUIDED CONVERSATION making vacation plans

Answers will vary.
–Où est-ce que nous irons pendant les vacances?
–Moi, j'aimerais aller à Montréal.
–Bonne idée! On ira au Canada.
–Quand est-ce que nous partirons?
–Nous partirons dimanche.
–Comment est-ce que nous voyagerons?
–Nous voyagerons en bus.
–Qu'est-ce que nous ferons à Montréal?
–Nous verrons le Vieux Montréal et la Tour Olympique. Nous irons aussi à un match de hockey.
–Quand est-ce que nous reviendrons chez nous?
–Nous reviendrons samedi.

COMPOSITION Dans 10 ans

Imaginez votre vie dans dix ans. Décrivez trois aspects de votre vie.

Où est-ce que je serai dans dix ans? Qu'est-ce que je ferai? Comment sera ma vie?
Eh bien, voyons ... Dans dix ans, j'habiterai à ...

PORTFOLIO ASSESSMENT

You will probably choose only one oral and one written activity to go into the students' portfolios for Unit 8. The following activities are good portfolio topics:

ORAL: Activity 1
WRITTEN: Composition (TE p. 459)

LECTURE

Arrivée en France

Objectives

- Reading for information
- Developing logical thinking

Cultural notes

- Trains arrive in Paris at one of several railroad stations, depending on the direction they're coming from. The **Gare du Nord** serves trains to and from the north of France. Two other important stations are the **Gare de Lyon** and the **Gare Montparnasse.**
- For information on the airports serving Paris, see the note on p. 256.

Lecture Arrivée en France

Stéphanie habite à Paris. Elle est vice-présidente du club international de son école. De temps en temps, elle va accueillir° des étudiants qui viennent visiter Paris. Lisez les lettres de quatre de ces étudiants. Pouvez-vous les identifier d'après la description qu'ils font d'eux-mêmes?°

accueillir *to greet* **eux-mêmes** *themselves*

Je partirai de Munich le 20 juin et j'arriverai à la gare de l'Est par le train de 18 h 22. Tu me reconnaîtras facilement. Je serai en jean et je porterai une chemise rouge à carreaux. Je viendrai avec un sac à dos. Je n'aurai pas d'autre bagage.

À bientôt!

Gaby

Merci de venir me chercher à la gare.
J'arriverai de Londres samedi prochain par le train de 15h12. Je ne sais pas exactement ce que je porterai ce jour-là. Cela dépendra du temps. S'il fait beau, je porterai une jupe grise et le blazer vert de mon école. S'il pleut, je mettrai mon imperméable. Je suis petite et j'ai les cheveux roux.°

Amicalement,

Christy

roux *red*

Je serai à Paris le 3 août. Est-ce que tu viendras me chercher à l'aéroport ce jour-là? J'arriverai de Boston à 8 h 35 par le vol Air France 331. Je ne sais pas comment je serai habillé, mais ce sera facile de me reconnaître parce que j'aurai un foulard rouge autour du cou. Je viendrai avec une valise et ma guitare.

Mes amitiés,

David

Dans deux semaines je serai en France! Je prendrai le train Barcelone-Paris qui arrive à la gare d'Austerlitz le 15 août à 10h25. Il y aura certainement beaucoup de monde à la gare, mais je ne serai pas difficile à reconnaître: je suis grand et je porte des lunettes. Je serai en short et en chemise à carreaux et je porterai un sac à dos et une valise rouge.

Merci de te déplacer pour moi,

Antonio

PRE-READING ACTIVITY

Ask students if they have ever had to pick someone up whom they had never met.

Avez-vous jamais eu l'occasion d'aller chercher quelqu'un que vous ne connaissez pas?

Comment avez-vous pu reconnaître cette personne? [sa description physique, la description de ses vêtements, la description d'un objet que la personne allait porter, etc.]

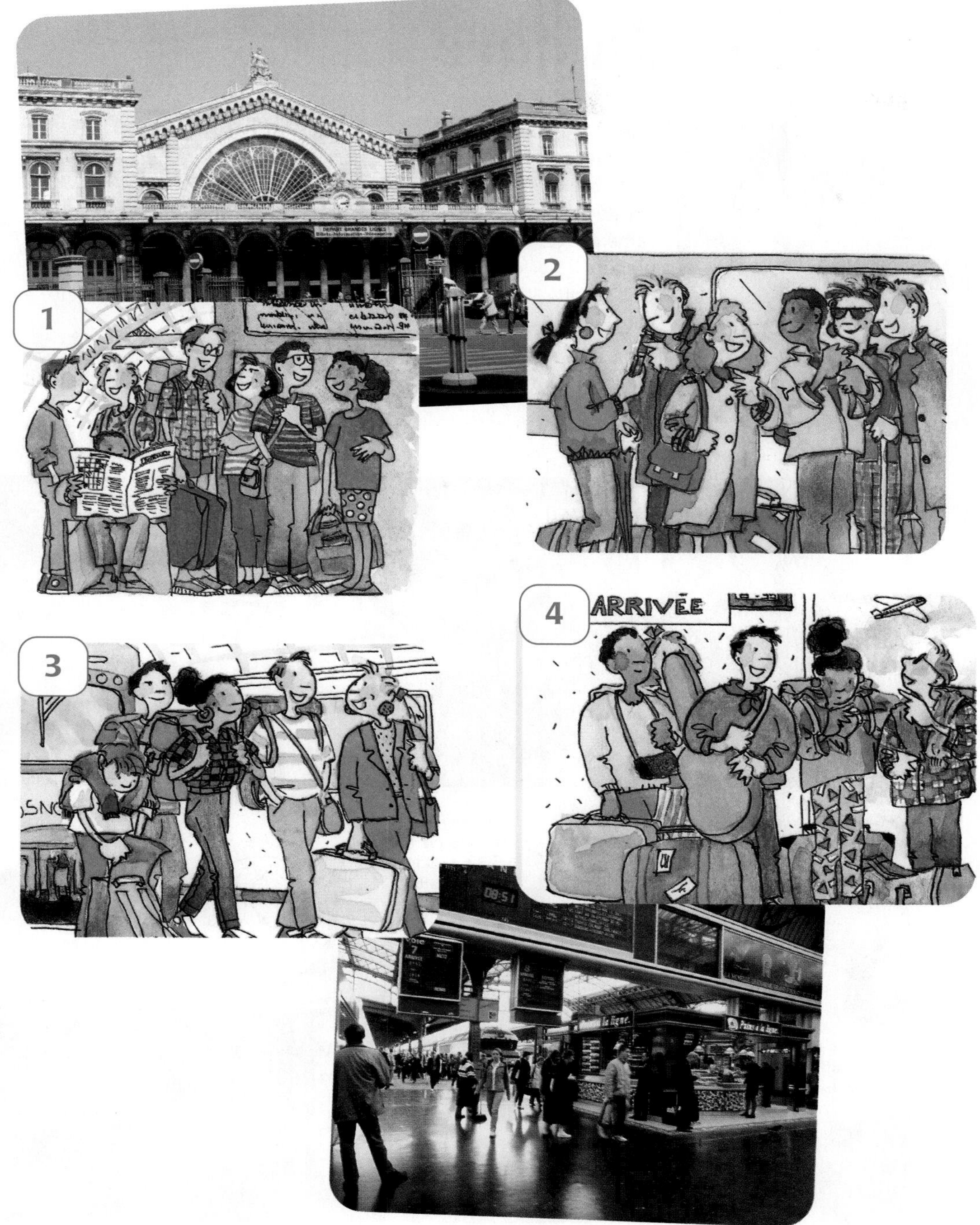

Arrivée en France

Answers
1. D (Antonio)
2. B (Christy)
3. A (Gaby)
4. C (David)

Observation activity

1. Have students reread the four descriptions, finding the future tense verbs and describing their functions. In particular, have them note the use of the future after **si**-clauses in Christy's letter.

Answers

A. Je partirai
j'arriverai
Tu me reconnaîtras
Je serai
je porterai
Je viendrai
Je n'aurai pas

B. J'arriverai
je porterai (twice)
Cela dépendra
je mettrai

C. Je serai
Tu viendras
J'arriverai
je serai
ce sera
j'aurai
Je viendrai

D. je serai
Je prendrai
Il y aura
Je ne serai pas
Je serai
Je porterai

2. The expression **merci de** + INFINITIVE is used to thank people in advance for what they will be doing:
B: **Merci de venir me chercher à la gare.**
D: **Merci de te déplacer pour moi.**

Looking ahead If students ask how to thank people for what they have done in the past, you may point out that the French use **merci de** + PAST INFINITIVE:

Merci d'avoir téléphoné hier.
Merci d'être venu(e) à la gare.

(The past infinitive will be presented in Level Three.)

INCLUSION

Sequential To prepare students for the reading and activities, ask them to look at each picture and describe the central character, noting what they are wearing, carrying, etc.. Write the descriptions on the board. Then, ask students to put the sentences in the future.

POST-READING ACTIVITY

Ask students to imagine that they will be traveling to Paris. Have them write a brief letter to Stéphanie in which they describe what they look like and what they will be wearing.

Leçon 32

Main Topic Talking about hypothetical situations

Teaching Resource Options

PRINT 

Workbook PE, pp. 285–290
Activités pour tous PE, pp. 173–175
Block Scheduling Copymasters, pp. 257–263
Unit 8 Resource Book
- *Activités pour tous* TE, pp. 117–119
- Audioscript, pp. 140, 141–143
- Communipak, pp. 148–167
- Lesson Plans, pp. 120–121
- Block Scheduling Lesson Plans, pp. 122–124
- Absent Student Copymasters, pp. 125–128
- Video Activities, pp. 131–138
- Videoscript, p. 139
- Workbook TE, pp. 111–116

AUDIO & VISUAL

Audio Program
CD 5 Track 9
CD 13 Tracks 19–24

TECHNOLOGY 

Online Workbook

VIDEO PROGRAM

LEÇON 32

À la gare

TOTAL TIME: 3:35 min.
DVD Disk 2
Videotape 2 (COUNTER: 43:59 min.)

LEÇON 32

VIDÉO-SCÈNE 

À la gare

Dans le module précédent, Armelle, Pierre et Jérôme ont décidé d'aller à Genève samedi. C'est Jérôme qui prendra les billets. Il a dit qu'il serait à l'heure à la gare.

Nous sommes samedi matin à la gare d'Annecy.

Armelle est déjà là.

Pierre arrive.

Salut!
Salut!

Tu as les billets?
Mais non, c'est Jérôme qui les a.

Tu sais bien, il a dit qu'il les achèterait.
Ah oui, c'est vrai! Il a aussi dit qu'il serait ici à huit heures pile.

Quelle heure est-il?
Huit heures cinq.

CULTURAL NOTE Prendre le train

After buying a ticket at the ticket window **(le guichet)**, the passenger has to validate it **(composter le billet)** by inserting it in the slot of a machine on the platform that makes a small hole in the ticket and prints a numbered code that can only be understood by the railroad employees; the code contains the date and the name of the station at which the ticket was punched. This is to make sure the ticket is not used more than once, since in France tickets are valid for a month after their purchase. Passengers keep their tickets rather than turning them in to the conductor.

Zut alors! Mais
qu'est-ce qu'il fait??!!
e train va partir dans
deux minutes.

Si on montait
dans le train?!
Mais on n'a pas les billets!
Qu'est-ce qu'on ferait si on était
contrôlé?

Eh bien,
on expliquerait
la situation au
contrôleur.
Tu parles!
Il nous donnerait
une amende!

Tiens,
voilà Jérôme.

Finalement, Jérôme arrive.

Il retrouve ses amis.

Mais il est trop tard ... Le train est parti ...

Le voyage à Genève sera pour une autre fois.

Compréhension

1. Qui arrive la première à la gare?
2. Qui arrive ensuite?
3. Pourquoi est-ce que Pierre ne veut pas monter dans le train?
4. Comment se termine l'histoire?

On the train, the conductor checks to see if the tickets have been properly stamped **(être contrôlé).** If they have not been stamped, or if the passenger does not have a ticket, he/she will have to pay a fine **(une amende).**

Compréhension

Answers

1. Armelle arrive la première.
2. Pierre arrive ensuite.
3. Ils n'ont pas de billets.
4. Jérôme arrive, mais il est en retard. Le train est déjà parti.

SECTION A

Communicative function
Talking about the past

Teaching Resource Options

PRINT 

Workbook PE, pp. 285–290
Unit 8 Resource Book
Communipak, pp. 148–167
Workbook TE, pp. 111–116

AUDIO & VISUAL 

Overhead Transparencies
49 *L'imparfait: Les événements habituels*

TECHNOLOGY 

Power Presentations

 **Review** imperfect tense

1 DESCRIPTION describing what people used to do on vacation

- Le matin, j'allais au marché. L'après-midi, j'allais à la plage. Le soir, je retrouvais mes copains au café.
- Le matin, nous faisions du jogging. L'après-midi, nous jouions au tennis. Le soir, nous allions au cinéma.
- Le matin, Thomas faisait une promenade. L'après-midi, il nageait. Le soir, il dînait au restaurant.
- Le matin, Alice et Léa allaient en ville. L'après-midi, elles faisaient de la voile. Le soir, elles sortaient.
- Le matin, vous travailliez dans le jardin. L'après-midi, vous vous reposiez. Le soir, vous alliez danser dans les discothèques.
- Le matin, tu te levais à dix heures. L'après-midi, tu te promenais en ville. Le soir, tu te couchais à une heure.

Personalization Have students say what they generally did during their last summer vacation.

Le matin, je me levais tard. L'après-midi, j'allais à la plage. Le soir, je sortais avec mes copains.

A Révision: L'imparfait

The imperfect is a past tense that describes what people USED TO DO on a regular basis.

Nous **passions** l'été à la mer. — *We **used to spend** the summer at the ocean.*
J'**allais** tous les jours à la plage. — *Every day I **used to go** to the beach.*

→ You may want to review the forms of the imperfect on page 339, Leçon 23.

1 *Souvenirs de vacances*

PARLER/ÉCRIRE Des copains parlent de leurs vacances. Décrivez ce que chacun faisait tous les jours.

	le matin	l'après-midi	le soir
moi	aller au marché	aller à la plage	retrouver mes copains au café
nous	faire du jogging	jouer au tennis	aller au cinéma
Thomas	faire une promenade	nager	dîner au restaurant
Alice et Léa	aller en ville	faire de la voile	sortir
vous	travailler dans le jardin	se reposer	aller danser dans les discothèques
toi	se lever à dix heures	se promener en ville	se coucher à une heure

▶ **Le matin, j'allais au marché. L'après-midi ...**

WARM-UP Quand j'avais huit ans

PROP: Transparency 49 *(L'imparfait: Les événements habituels)* 

Point to activities on the transparency and have students describe what they used to do when they were eight years old. For example:

Regarde Alain. Quand il avait huit ans, il jouait au foot.

Et toi [Robert], est-ce que tu jouais au foot quand tu avais huit ans?

Où est-ce que tu jouais au baseball?

B Le conditionnel: formation

The CONDITIONAL is used to describe what people WOULD DO, or what WOULD HAPPEN in certain circumstances. Note the use of the conditional in the following sentences.

S'ils avaient de l'argent, …	*If they had money, …*
• Isabelle **voyagerait**	• *Isabelle* ***would travel***
• mes cousins **achèteraient** une moto	• *my cousins* ***would buy*** *a motorcycle*
• mes parents **iraient** au Japon	• *my parents* ***would go*** *to Japan*

In French, the conditional is a simple tense. It consists of one word and it is formed as follows:

FUTURE STEM + IMPERFECT ENDINGS

Note the conditional forms of the regular verbs **parler, finir, vendre,** and the irregular verb **aller.**

INFINITIVE	parler	finir	vendre	aller	IMPERFECT ENDINGS
FUTURE	je **parler**ai	**finir**ai	**vendr**ai	**ir**ai	
CONDITIONAL	je **parlerais**	**finirais**	**vendrais**	**irais**	**-ais**
	tu **parlerais**	**finirais**	**vendrais**	**irais**	**-ais**
	il/elle/on **parlerait**	**finirait**	**vendrait**	**irait**	**-ait**
	nous **parlerions**	**finirions**	**vendrions**	**irions**	**-ions**
	vous **parleriez**	**finiriez**	**vendriez**	**iriez**	**-iez**
	ils/elles **parleraient**	**finiraient**	**vendraient**	**iraient**	**-aient**
NEGATIVE	je **ne parlerais pas**				
INTERROGATIVE	**est-ce que tu parlerais?**	**parlerais-tu?**			

→ Verbs that have an irregular future stem keep this same irregular stem in the conditional. For example:

avoir: j'**aur**ais **être:** je **ser**ais **aller:** j'**ir**ais **faire:** je **fer**ais **voir:** je **verr**ais

2 La tombola *(Raffle)*

PARLER Imaginez que vos camarades ont participé à une tombola. Demandez-leur s'ils feraient les choses suivantes s'ils gagnaient le grand prix de mille dollars.

▶ voyager?

Si tu gagnais le grand prix, est-ce que tu voyagerais?
Oui, je voyagerais.

(Non, je ne voyagerais pas.)

1. partir en vacances
2. acheter une moto
3. organiser une fête
4. visiter l'Europe
5. faire un voyage
6. passer l'été à Paris
7. aider les pauvres
8. faire du ski en Suisse
9. aller à la Martinique
10. être très généreux

SECTION B

Communicative function
Talking about what one would do under certain conditions

Language note Other irregular future stems:

venir (devenir, revenir): je **viendr**ais (**deviendr**ais, **reviendr**ais)
recevoir (apercevoir): je **recevr**ais (**apercevr**ais)
savoir: je **saur**ais
envoyer: j'**enverr**ais

2 EXCHANGES discussing what friends would do if they had the means

Answers will vary.

1. –Si tu gagnais le grand prix, est-ce que tu partirais en vacances?
   –Oui, je partirais en vacances. (Non, je ne partirais pas en vacances.)
2. –Si tu gagnais le grand prix, est-ce que tu achèterais une moto?
   –Oui, j'achèterais une moto. (Non, je n'achèterais pas de moto.)
3. –Si tu gagnais le grand prix, est-ce que tu organiserais une grande fête?
   –Oui, j'organiserais une grande fête. (Non, je n'organiserais pas de grande fête.)
4. –Si tu gagnais le grand prix, est-ce que tu visiterais l'Europe?
   –Oui, je visiterais l'Europe. (Non, je ne visiterais pas l'Europe.)
5. –Si tu gagnais le grand prix, est-ce que tu ferais un voyage?
   –Oui, je ferais un voyage. (Non, je ne ferais pas de voyage.)
6. –Si tu gagnais le grand prix, est-ce que tu passerais l'été à Paris?
   –Oui, je passerais l'été à Paris. (Non, je ne passerais pas l'été à Paris.)
7. –Si tu gagnais le grand prix, est-ce que tu aiderais les pauvres?
   –Oui, j'aiderais les pauvres. (Non, je n'aiderais pas les pauvres.)
8. –Si tu gagnais le grand prix, est-ce que tu ferais du ski en Suisse?
   –Oui, je ferais du ski en Suisse. (Non, je ne ferais pas de ski en Suisse.)
9. –Si tu gagnais le grand prix, est-ce que tu irais à la Martinique?
   –Oui, j'irai à la Martinique. (Non, je n'irai pas à la Martinique.)
10. –Si tu gagnais le grand prix, est-ce que tu serais très généreux (généreuse)?
    –Oui, je serais très généreux (généreuse). (Non, je ne serais pas très généreux [généreuse].)

Personalization Have students say what they would do with $1,000.

Si je gagnais mille dollars, je …

Teaching Resource Options

PRINT 

Workbook PE, pp. 285–290
Unit 8 Resource Book
- Audioscript, p. 140
- Communipak, pp. 148–167
- Family Involvement, pp. 129–130
- Workbook TE, pp. 111–116

Assessment
- Lesson 32 Quiz, pp. 145–146
- Portfolio Assessment, Reprise/Unit 1 URB, pp. 235–244
- Audioscript for Quiz 32, p. 144
- Answer Keys, pp. 217–220

AUDIO & VISUAL 

Audio Program
CD 5 Track 10
CD 22 Track 4

Overhead Transparencies
65 *Le futur*

TECHNOLOGY

Power Presentations
Test Generator CD-ROM/McDougal Littell Assessment System

3 DESCRIPTION describing what people would and would not do if they were on vacation

1. Je voyagerais.
2. Monsieur Boulot ne travaillerait pas.
3. Les élèves n'étudieraient pas.
4. Tu ne finirais pas les exercices.
5. Vous vous reposeriez.
6. Nous nous amuserions.
7. On partirait à la mer.
8. Catherine et Hélène sortiraient avec des copains.
9. Vous vous promèneriez sur la plage.
10. Marc écrirait à ses copains.

4 COMMUNICATION indicating what one would choose, given two options

Answers will vary.
1. J'aurais un chien (un chat).
2. J'aurais des patins à glace (des rollers).
3. J'irais au Canada (au Mexique).
4. J'irais à un concert (à un match de baseball).
5. Je ferais du ski (du surf des neiges).
6. Je ferais de la planche à voile (du parapente).
7. Je serais architecte (avocat[e]).
8. Je serais en vacances à Tahiti (en Floride).
9. Je verrais Paris (Rome).
10. Je verrais un OVNI (une éclipse).

Variation (dialogue format)
–Est-ce que tu aurais un vélo ou une moto?
–J'aurais une moto (un vélo).

SECTION C

Communicative function
Making polite requests

3 Vive les vacances!

PARLER/ÉCRIRE Les personnes suivantes rêvent aux vacances d'été. Dites si oui ou non elles feraient les choses suivantes pendant leurs vacances.

▶ nous / préparer l'examen?
Nous ne préparerions pas l'examen.

1. moi / voyager?
2. Monsieur Boulot / travailler?
3. les élèves / étudier?
4. toi / finir les exercices?
5. vous / se reposer?
6. nous / s'amuser?
7. on / partir à la mer?
8. Catherine et Hélène / sortir avec des copains?
9. vous / se promener sur la plage?
10. Marc / écrire à ses copains?

4 Décisions, décisions ...

PARLER/ÉCRIRE Imaginez que vous avez le choix entre les choses suivantes. Que choisiriez-vous?

▶ avoir un vélo ou une moto?
J'aurais une moto (un vélo).

1. avoir un chien ou un chat?
2. avoir des patins à glace ou des rollers?
3. aller au Canada ou au Mexique?
4. aller à un concert ou à un match de baseball?
5. faire du ski ou du surf des neiges?
6. faire de la planche à voile ou du parapente?
7. être architecte ou avocat(e)?
8. être en vacances à Tahiti ou en Floride?
9. voir Paris ou Rome?
10. voir un OVNI *(UFO)* ou une éclipse?

C Le conditionnel de politesse

The conditional is sometimes used to make polite requests. Compare the following sentences.

Je **veux** te parler.	*I **want** to talk to you.*
Je **voudrais** te parler.	*I **would like** to talk to you.*
Peux-tu m'aider?	***Can** you help me?*
Pourrais-tu m'aider?	***Could** you help me?*
Tu **dois** étudier.	*You **must** study.*
Tu **devrais** étudier.	*You **should** study.*

5 La politesse

PARLER/ÉCRIRE Vous voulez dire les choses suivantes à vos copains. Dites-leur ces choses d'une manière plus polie. Pour cela, utilisez le conditionnel.

▶ Je veux jouer au tennis avec toi.

Je voudrais jouer au tennis avec toi.

1. Je veux te demander un service *(favor)*.
2. Je veux t'emprunter ton vélo.
3. Est-ce que je peux prendre tes CD?
4. Est-ce que tu peux me prêter cinq dollars?
5. Tu dois être plus patient(e) avec moi.
6. Tu dois m'écouter.
7. Est-ce que tu peux m'aider à faire le devoir?
8. Je veux te parler.

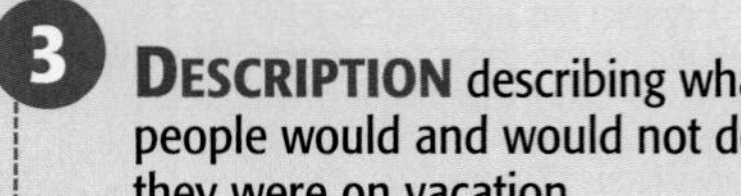

INCLUSION

Repetitive Draw two columns on the board and label them **imparfait** and **conditionnel.** Ask students to generate five phrases in the imperfect and five phrases in the conditional. Have them repeat each one three times. Then have them combine the phrases to create sentences with **si** clauses. Have them write the sentences in their notebooks.

D Le conditionnel dans les phrases avec *si*

Note the use of the conditional in the following sentences.

Si j'avais de l'argent, … j'**achèterais** une voiture.	*If I had money (but I don't), … I **would buy** a car.*
Si nous étions en vacances, … nous **irions** à la plage.	*If we were on vacation (but we're not), … we **would go** to the beach.*

The CONDITIONAL is used to express what WOULD HAPPEN if a certain condition contrary to reality were met. In such sentences, the construction is:

si-clause: IMPERFECT	result clause: CONDITIONAL
Si tu **étais** au lycée à Paris,	tu **parlerais** français en classe.

➔ The CONDITIONAL is *never* used in the **si**-clause.

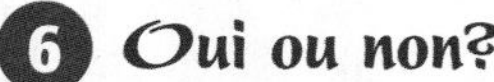

6 Oui ou non?

PARLER/ÉCRIRE Supposez que vous êtes dans les situations suivantes. Dites si oui ou non vous feriez les choses suggérées.

▶ avoir beaucoup d'argent
voyager tout le temps?

Si j'avais beaucoup d'argent, je voyagerais tout le temps.

(Si j'avais beaucoup d'argent, je ne voyagerais pas tout le temps.)

1. être en vacances
   - étudier?
   - aller à la piscine?
2. être le président
   - aider les pays pauvres?
   - faire beaucoup de voyages?
3. être le professeur
   - donner des examens faciles?
   - être très strict(e)?
4. habiter dans un château
   - inviter tous mes copains?
   - organiser des concerts chez moi?
5. aller en France
   - voir la Tour Eiffel?
   - manger des éclairs?
6. voir un fantôme
   - rester calme?
   - avoir peur?

À votre tour!

OBJECTIFS
Now you can …
- discuss what you would like to do

1 Discussion: Les billets de tombola *(raffle)*

PARLER/ÉCRIRE Supposez que vous avez acheté des billets à la tombola de l'école avec 4 ou 5 camarades. Discutez avec eux de ce que chacun ferait avec les prix suivants et inscrivez ces choix sur une feuille de papier.

	les prix		
les participants	$100	$500	$1 000
moi			
Anne			

LESSON REVIEW
CLASSZONE.COM

VARIATION Activity 1

Have the groups make a group decision and report to the class using the **nous** form:

Si nous gagnions cent dollars, nous (achèterions des CD).
Si nous gagnions cinq cents dollars, nous (ferions du parapente).
Si nous gagnions mille dollars, nous (voyagerions en France).

PORTFOLIO ASSESSMENT

You will probably choose only one oral and one written activity to go into the students' portfolios for Unit 8. Activity 1 can be adapted as a written portfolio activity.

5 PRACTICE making polite requests of friends

1. Je voudrais te demander un service.
2. Je voudrais t'emprunter ton vélo.
3. Est-ce que je pourrais prendre tes CD?
4. Est-ce que tu pourrais me prêter cinq dollars?
5. Tu devrais être plus patient(e) avec moi.
6. Tu devrais m'écouter.
7. Est-ce que tu pourrais m'aider à faire le devoir?
8. Je voudrais te parler.

SECTION D

Communicative function
Talking about hypothetical situations

Language note In sentences of this type, the **si**-clause may also come after the result clause:
J'achèterais une voiture si j'avais de l'argent.

Teaching tip Have students make up sentences about **Transparency 65,** using the conditional:
Si Olivier avait de l'argent, il visiterait Paris.

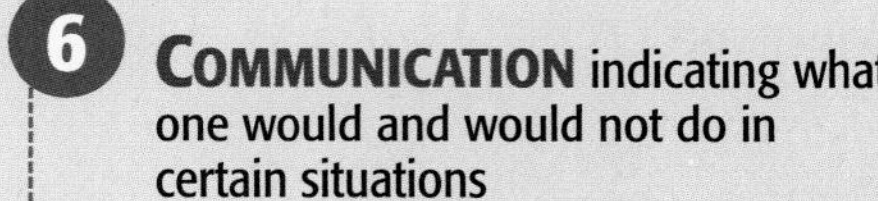

6 COMMUNICATION indicating what one would and would not do in certain situations

Answers will vary.
1. Si j'étais en vacances, je n'étudierais pas (j'étudierais). … j'irais (je n'irais pas) à la piscine.
2. Si j'étais le président, j'aiderais (je n'aiderais pas) les pays pauvres. … je (ne) ferais (pas) beaucoup de voyages.
3. Si j'étais le professeur, je donnerais des (je ne donnerais pas d') examens faciles. … je (ne) serais (pas) très strict(e).
4. Si j'habitais dans un château, j'inviterais (je n'inviterais pas) tous mes copains. … j'organiserais des (je n'organiserais pas de) concerts chez moi.
5. Si j'allais en France, je (ne) verrais (pas) la Tour Eiffel. … je (ne) mangerais (pas d') des éclairs.
6. Si je voyais un fantôme, je (ne) resterais (pas) calme. … j'aurais (je n'aurais pas) peur.

Personalization Let students in pairs invent original completions for each situation.

À VOTRE TOUR!

1 GUIDED CONVERSATION discussing future possibilities

Answers will vary.
- Si je gagnais cent dollars, (j'achèterais un vélo). Si je gagnais cinq cents dollars, (j'achèrais une chaîne hi-fi). Si je gagnais mille dollars, (je voyagerais).
- Si Anne gagnait cent dollars, elle (irait dîner dans un restaurant élégant). Si elle gagnait cinq cents dollars, elle (achèterait un vélo). Si elle gagnait mille dollars, elle partagerait l'argent avec les pauvres).

LECTURE

Pas de panique

Objectives

- Reading for pleasure
- Developing logical thinking

Teaching strategy This reading can be done in several ways:

- individually: students each read the "test" and mark their responses; if appropriate, students can be asked to justify their answers.
- in small groups: students each take the "test" and then discuss their answers in groups of three or four.
- as a class survey: the "test" results are compiled in survey format and shared with the class.

Lecture Pas de panique

Parfois nous nous trouvons dans des circonstances difficiles. Il est alors important de réagir° avec calme et sang-froid.° Analysez les situations suivantes et dites comment vous réagiriez. Ensuite, comparez vos réponses avec vos camarades de classe. Discutez de votre choix.

réagir *to react* **avec calme et sang-froid** *calmly and coolly*

1. Vous passez devant une banque. Deux hommes masqués sortent d'une voiture et entrent dans la banque.

Que feriez-vous?

A. Vous attaqueriez les bandits.
B. Vous noteriez le numéro de la voiture des bandits.
C. Vous partiriez à toute vitesse.

2. Vous êtes seul(e) dans une maison isolée. Pendant la nuit, vous entendez des bruits mystérieux.

Que feriez-vous?

A. Vous crieriez° très fort.°
B. Vous allumeriez la lumière° pour identifier la source des bruits.
C. Vous vous cacheriez° sous le lit.

crieriez *would scream* **fort** *loudly* **lumière** *light* **cacheriez** *would hide*

3. Vous faites une promenade à pied dans une région que vous ne connaissez pas très bien. Il est tard et vous vous apercevez que vous êtes perdu(e).

Que feriez-vous?

A. Vous feriez un grand feu° pour attirer° l'attention.
B. Vous grimperiez° dans un arbre pour mieux voir où vous êtes.
C. Vous continueriez votre route dans l'espoir° de trouver une ferme.

feu *fire* **attirer** *to attract* **grimperiez** *would climb* **espoir** *hope*

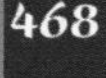

PRE-READING ACTIVITY

Have students read the title, skim the format of the reading, and look at the drawings.

Can they guess the topic of the reading? [what one would do in difficult situations]

INCLUSION

Cumulative, Gifted & Talented Have students create their own **Pas de panique** style situations and choices of course of action. Note that the situation should be in the present and the choices in the future. Afterward, have the students work in groups of three or four to decide how they would act in each other's scenarios.

Challenge activity Students in pairs can develop other courses of action for each of the situations.

Observation activity Have the students reread the options, observing that the verbs are all in the conditional.

4. Vous faites une promenade en bateau avec un copain qui ne sait pas très bien nager. Vous êtes à cinquante mètres de la plage quand vous vous apercevez que le bateau prend l'eau très lentement.

Qu'est-ce que vous feriez?

A. Vous resteriez avec votre copain en attendant le passage d'un autre bateau.
B. Vous nageriez jusqu'à° la plage en aidant votre copain.
C. Vous nageriez seul(e) jusqu'à la plage pour trouver du secours.°

jusqu'à *up to* **secours** *help*

5. Vous avez un rendez-vous très important en ville. Vous prenez le bus pour aller à ce rendez-vous. En route, le bus a un accident léger.° Il n'y a pas de blessés graves° mais le bus est immobilisé.

Que feriez-vous?

A. Vous aideriez les autres passagers.
B. Vous feriez de l'auto-stop° pour être à l'heure au rendez-vous.
C. Vous attendriez le prochain bus, en sachant° que vous serez en retard à votre rendez-vous.

léger *minor* **blessés graves** *seriously injured people* **feriez de l'autostop** *would hitchhike* **en sachant** *knowing*

6. Vous êtes à Québec en tant que° délégué(e) à un congrès international de jeunes. Vous avez une belle chambre au premier étage d'un hôtel. Un jour vous sentez° une drôle d'°odeur dans votre chambre. Vous remarquez de la fumée° sous la porte.

Que feriez-vous?

A. Vous téléphoneriez à la réception.
B. Vous ouvririez° la porte pour tirer° la sonnette° d'alarme qui est dans le couloir.
C. Vous ouvririez la fenêtre et vous sauteriez° dans la rue.

en tant que *as* **sentez** *smell* **une drôle d'** *a strange* **fumée** *smoke* **ouvririez** *would open* **tirer** *to pull* **sonnette** *bell* **sauteriez** *would jump*

POST-READING ACTIVITY

Go over the options, asking the students, singly or in groups, whether they would do what is suggested, e.g.:

–Est-ce que vous attaqueriez les bandits?
–Non, je n'attaquerais pas les bandits.
(Non, nous n'attaquerions pas les bandits.)

You may have others comment on these responses in the third person, e.g.:

David attaquerait les bandits.
Suzanne et Alice n'attaqueraient pas les bandits.

TESTS DE CONTRÔLE

Teaching Resource Options

PRINT

Unit 8 Resource Book

Assessment

Unit 8 Test, pp. 183–192
Portfolio Assessment, Reprise/Unit 1 URB, pp. 235–244
Multiple Choice Test Items, pp. 206–210
Listening Comprehension Performance Test, pp. 193–194
Reading Comprehension Performance Test, pp. 199–202
Speaking Performance Test, pp. 195–198
Writing Performance Test, pp. 203–205
Test Scoring Tools, pp. 211–212
Audioscript for Tests, pp. 213–216
Answer Keys, pp. 217–220

AUDIO & VISUAL

Audio Program
CD 22 Tracks 5–9

TECHNOLOGY

Test Generator CD-ROM/McDougal Littell Assessment System

1 COMPREHENSION choosing the right word

1. Cécile visite le Portugal.
2. Paul va au Canada le 2 août.
3. Mon cousin habite au Mexique.
4. Mon oncle a travaillé aux États-Unis.
5. Voici des photos d'Espagne.
6. La Suisse est un beau pays.
7. Léa fait un séjour en Irlande.
8. J'ai reçu une lettre du Japon.

2 COMPREHENSION using the right verb

1. Elle rêve d'aller au Japon.
2. Il refuse d'aider ses copains.
3. Elle hésite à parler en public.
4. En général, les gens commencent à travailler à 9 heures.
5. Tu oublies de dire «merci».
6. Ma petite soeur apprend à nager à la piscine.

3 COMPREHENSION saying what people will do

1. Léa partira le 2 juillet.
2. Les touristes voyageront en avion.
3. Je monterai à la Tour Eiffel.
4. Vous louerez une voiture.
5. Éric rendra visite à un copain.
6. Nous prendrons beaucoup de photos.
7. Tu choisiras un cadeau pour ta mère.
8. Je rentrai le 12 août.

Tests de contrôle

By taking the following tests, you can check your progress in French and also prepare for the unit test. Write your answers on a separate sheet of paper.

1 Géographie

Review...
• countries and prepositions: pp. 438, 444

Complete each of the following sentences with the missing words.

1. Cécile visite — Portugal.
2. Paul va — Canada le 2 août.
3. Mon cousin habite — Mexique.
4. Mon oncle a travaillé — États-Unis.
5. Voici des photos — Espagne.
6. — Suisse est un beau pays.
7. Léa fait un séjour — Irlande.
8. J'ai reçu une lettre — Japon.

2 Le verbe logique

Review...
• verbs and prepositions: p. 446

Complete each of the following sentences by selecting the verb in parentheses which logically fits. Put this verb in the present and add **à** or **de (d')** as appropriate.

1. Mélanie aime voyager. Elle — aller au Japon. **(rêver / commencer)**
2. Thomas est égoïste. Il — aider ses copains. **(essayer / refuser)**
3. Alice est timide. Elle — parler en public. **(hésiter / continuer)**
4. En général, les gens — travailler à 9 heures. **(commencer / finir)**
5. Tu n'es pas poli. Tu — dire «merci». **(cesser / oublier)**
6. Ma petite soeur — nager à la piscine. **(apprendre / accepter)**

3 Cet été à Paris

Review...
• regular future forms: pp. 452-453

Say what the following people will do by using the future of the verbs in parentheses.

1. **(partir)** Léa — le 2 juillet.
2. **(voyager)** Les touristes — en avion.
3. **(monter)** Je — à la Tour Eiffel.
4. **(louer)** Vous — une voiture.
5. **(rendre)** Éric — visite à un copain.
6. **(prendre)** Nous — beaucoup de photos.
7. **(choisir)** Tu — un cadeau pour ta mère.
8. **(rentrer)** Je — le 12 août.

4 En vacances

Review...
• irregular future forms: pp. 455, 459

Complete the following sentences with the FUTURE forms of the verbs in parentheses.

1. **(avoir)** Nous — une caravane.
2. **(aller)** Vous — à la campagne.
3. **(faire)** Ils — du camping.
4. **(voir)** Mathieu — ses amis.
5. **(être)** En juillet, je — en France.
6. **(envoyer)** Tu m'— des cartes?
7. **(pouvoir)** Mélanie — faire de la voile.
8. **(venir)** Est-ce que vous — me voir?

5 S'ils étaient millionnaires ...

Say what people would do by completing the following sentences with the CONDITIONAL forms of the verbs in parentheses.

1. **(aller)** Tu — à Tahiti.
2. **(aider)** Vous — votre famille.
3. **(acheter)** Éric — une voiture.
4. **(se reposer)** Mes parents — .
5. **(voyager)** Je — en première classe.
6. **(faire)** Nous — un grand voyage.
7. **(avoir)** Vous — une belle maison.
8. **(être)** Je — généreux avec tout le monde.

Review...
- conditional forms: p. 465

6 Contexte et dialogue

Complete the dialogue with the PRESENT or FUTURE forms of the verbs in parentheses.

Claire is asking Alain about his vacation plans.

CLAIRE: Tu — **(avoir)** des projets *(plans)* pour cet été?

ALAIN: Oui. Si j'— **(avoir)** assez d'argent, j'— **(aller)** au Canada.

CLAIRE: Et qu'est-ce que tu — **(faire)** quand tu — **(être)** là-bas?

ALAIN: Je — **(louer)** une voiture quand j'— **(arriver)** à Montréal, et je — **(visiter)** le pays.

Review...
- use of present and future: pp. 457, 458

7 Composition: Un voyage à l'étranger

Imagine that you are going to spend some time abroad with your best friend. Describe what you will do. Mention ...

- what day you will leave
- which countries you will go to
- how you will travel when you are there
- what cities you will see
- what else you will do and see
- what day you will come back

STRATEGY Writing

1. Note down your brief answers to the above questions.
2. Use these notes to write out the description of your trip.
3. Check that you have used the appropriate articles with the names of the countries, and be sure you have used the correct future forms of the verbs.

4 COMPREHENSION saying what people will do

1. Nous aurons une caravane.
2. Vous irez à la campagne.
3. Ils feront du camping.
4. Mathieu verra ses amis.
5. En juillet, je serai en France.
6. Tu m'enverras des cartes?
7. Mélanie pourra faire de la voile.
8. Est-ce que vous viendrez me voir?

5 COMPREHENSION saying what people would do

1. Tu irais à Tahiti.
2. Vous aideriez votre famille.
3. Éric achèterait une voiture.
4. Mes parents se reposeraient.
5. Je voyagerais en première classe.
6. Nous ferions un grand voyage.
7. Vous auriez une belle maison.
8. Je serais généreux avec tout le monde.

6 COMPREHENSION taking about future plans

C: Tu as des projets pour cet été?
A: Oui. Si j'ai assez d'argent, j'irai au Canada.
C: Et qu'est-ce que tu feras quand tu seras là-bas?
A: Je louerai une voiture quand j'arriverai à Montréal, et je visiterai le pays.

7 WRITTEN SELF-EXPRESSION describing what one will do

Nous partirons le 7 juillet. Nous irons en France. Nous arriverons le 8 juillet. Nous visiterons Paris et nous verrons les monuments et les musées. Nous dînerons dans de bons restaurants.

Nous irons en Angleterre en train et nous arriverons à Londres le 12 juillet. Nous verrons Big Ben et Buckingham Palace. Nous rentrons le 14 juillet.

VOCABULAIRE

Language Learning Benchmarks

FUNCTION
- Understand and express important ideas and some detail p. 457
- Describe and compare p. 435

CONTEXT
- Converse in face-to-face social interactions pp. 457, 465
- Listen in social interactions p. 455
- Listen to audio or video texts pp. 434–435, 442–443, 450–451, 462–463
- Use authentic materials when
  - –reading: short narratives pp. 456, 460
  - –reading: brochures p. 440
- Write short guided compositions p. 471

TEXT TYPE
- Use and understand
  - –learned expressions when speaking and listening pp. 441, 455
  - –questions when speaking and listening pp. 441, 454, 457, 465
- Understand important ideas and some details in highly contextualized authentic texts when reading p. 460

CONTENT
- Understand and convey information about
  - –schedules pp. 441, 456
  - –geography pp. 439, 444, 448–449
  - –transportation p. 441
  - –travel p. 437

ASSESSMENT
- Show no significant pattern of error when engaging in conversations p. 447
- Communicate effectively with some pattern of error, which may interfere slightly with full comprehension when understanding and expressing important ideas and some detail pp. 459, 467
- Understand oral and written discourse, with few errors in comprehension, when reading pp. 448–449, 468–469, 474–489

Vocabulaire

POUR COMMUNIQUER

Talking about countries

Je visite la France (le Canada, les États-Unis).	*I visit France (Canada, the United States).*
Il habite en France (au Canada, aux États-Unis).	*He lives in France (Canada, the United States).*
Elle vient de France (du Canada, des États-Unis).	*She comes from France (Canada, the United States).*

Talking about what one will do

Je voyagerai en Italie.	*I will travel in Italy.*
Tu finiras ta leçon.	*You will finish your lesson.*
Ils vendront leur maison.	*They will sell their house.*

Talking about what one would do

Si j'étais en France, je parlerais français.	*If I were in France, I would speak French.*
Si tu avais le temps, tu finirais ta leçon.	*If you had the time, you would finish your lesson.*
Si nécessaire, elles vendraient leur voiture.	*If necessary, they would sell their car.*

MOTS ET EXPRESSIONS

À la gare et à l'aéroport

un aller et retour	*round trip [ticket]*	**en première classe**	*(in) first class*
un aller simple	*one way [ticket]*	**en seconde classe**	*(in) second class*
un billet d'avion	*plane ticket*		
un billet de train	*train ticket*		
un horaire	*schedule*		

Pays et continents

le Brésil	*Brazil*	**l'Afrique**	*Africa*
le Cambodge	*Cambodia*	**l'Allemagne**	*Germany*
le Canada	*Canada*	**l'Amérique Centrale**	*Central America*
le Guatemala	*Guatemala*	**l'Amérique du Nord**	*North America*
Israël	*Israel*	**l'Amérique du Sud**	*South America*
le Japon	*Japan*	**l'Angleterre**	*England*
le Liban	*Lebanon*	**l'Argentine**	*Argentina*
le Mexique	*Mexico*	**l'Asie**	*Asia*
le Moyen Orient	*Middle East*	**l'Australie**	*Australia*
le Portugal	*Portugal*	**la Belgique**	*Belgium*
le Sénégal	*Senegal*	**la Chine**	*China*
le Viêt-Nam	*Vietnam*	**la Corée**	*Korea*
les États-Unis	*United States*	**l'Égypte**	*Egypt*
		l'Espagne	*Spain*
		l'Europe	*Europe*
		la France	*France*
		l'Inde	*India*
		l'Irlande	*Ireland*
		l'Italie	*Italy*
		la Russie	*Russia*
		la Suisse	*Switzerland*

Les vacances et les voyages

un continent	*continent*	**une caravane**	*camping trailer*
un état	*state*	**une carte**	*map*
un passeport	*passport*	**la mer**	*ocean, sea*
un pays	*country*	**la montagne**	*mountains*
un sac à dos	*backpack*	**une région**	*region*
un visa	*visa*	**une valise**	*suitcase*
		une villa	*country house*

Équipement de camping

un réchaud	*camping stove*	**une casserole**	*pot*
un sac de couchage	*sleeping bag*	**une couverture**	*blanket*
		une lampe de poche	*flashlight*
		une poêle	*pan*
		une tente	*tent*

Les points cardinaux *(compass points)*

l'est	*east*	**le nord-est**	*northeast*
l'ouest	*west*	**le nord-ouest**	*northwest*
le nord	*north*	**le sud-est**	*southeast*
le sud	*south*	**le sud-ouest**	*southwest*

Verbes réguliers

loger	*to stay (have a room)*
louer	*to rent*
passer	*to spend (time)*
transporter	*to carry*
utiliser	*to use*

Verbes irréguliers

apercevoir	*to see, catch sight of*
recevoir	*to get, receive; to entertain people*
faire un séjour	*to spend some time*
faire ses valises	*to pack*
faire un voyage	*to take a trip*

Verbe + de + INFINITIF

accepter de	*to accept, agree to*
arrêter de	*to stop*
cesser de	*to stop, quit*
décider de	*to decide to*
essayer de	*to try to*
finir de	*to finish*
oublier de	*to forget to*
refuser de	*to refuse to*
rêver de	*to dream about*

Verbe + à + INFINITIF

apprendre à	*to learn (how) to*
commencer à	*to begin to*
continuer à	*to continue, to go on*
hésiter à	*to hesitate, be hesitant about*
réussir à	*to succeed in, manage*

Expressions utiles

à l'étranger	*abroad*
prêt à	*ready to*

TEST PREP CLASSZONE.COM FLASHCARDS AND MORE!

INTERLUDE 8

La Chasse au trésor

Objective

- Reading for pleasure

Teaching Resource Options

PRINT 

Workbook PE, pp. 291–300
Activités pour tous PE, pp. 177–179
Unit 8 Resource Book
Activités pour tous TE, pp. 169–171
Workbook TE, pp. 173–182

Language note Since the tone of this reading is chatty and conversational, the reader is addressed as **tu.**

Interlude 8

LA CHASSE AU TRÉSOR

PRE-READING STRATEGY Avant de lire

Voici une lecture différente: C'est une chasse au trésor qui permet aux participants de créer leur propre itinéraire. La carte à droite te donnera une idée générale du parcours. À chaque étape tu devras prendre une décision. Cette décision déterminera la suite de ta promenade. Bonne lecture … et bonne route!

Veux-tu participer à une chasse au trésor? C'est facile.
Lis attentivement les instructions suivantes.

Dans ce texte, tu vas faire une promenade à vélo. Pendant cette promenade, tu devras choisir certaines options. Tu auras aussi l'occasion de découvrir certains objets cachés et de prendre certaines photos. Comment découvriras-tu le trésor? Essaie de rapporter le plus grand nombre d'objets et de photos. (Marque toutes ces choses sur une liste comme celle en bas de la page.) Mais attention, toutes ces choses (objets ou photos) ne sont pas équivalentes. Une seule te donnera l'accès au trésor!

Es-tu prêt(e) maintenant? Va au **DÉPART** et bonne chance!

Mots utiles

une chasse au trésor	*treasure hunt*
un parcours	*route*
une étape	*stage, lap*
la suite	*continuation*
caché	*hidden*
rapporter	*to bring back*

Je m'arrête …	De ma promenade, je ramène …	
ÉTAPES	OBJETS	PHOTOS
10	•	• photo du lac
20		

TEACHING STRATEGIES

- Have students indicate their itineraries and list the objects they find on a separate sheet of paper. You may want to collect these at the end of the reading activity.
- You may want to have students do this reading in small groups, encouraging them to discuss which option to select at each **étape.** In this case, each group would write out its itinerary and list of objects.

LA CARTE

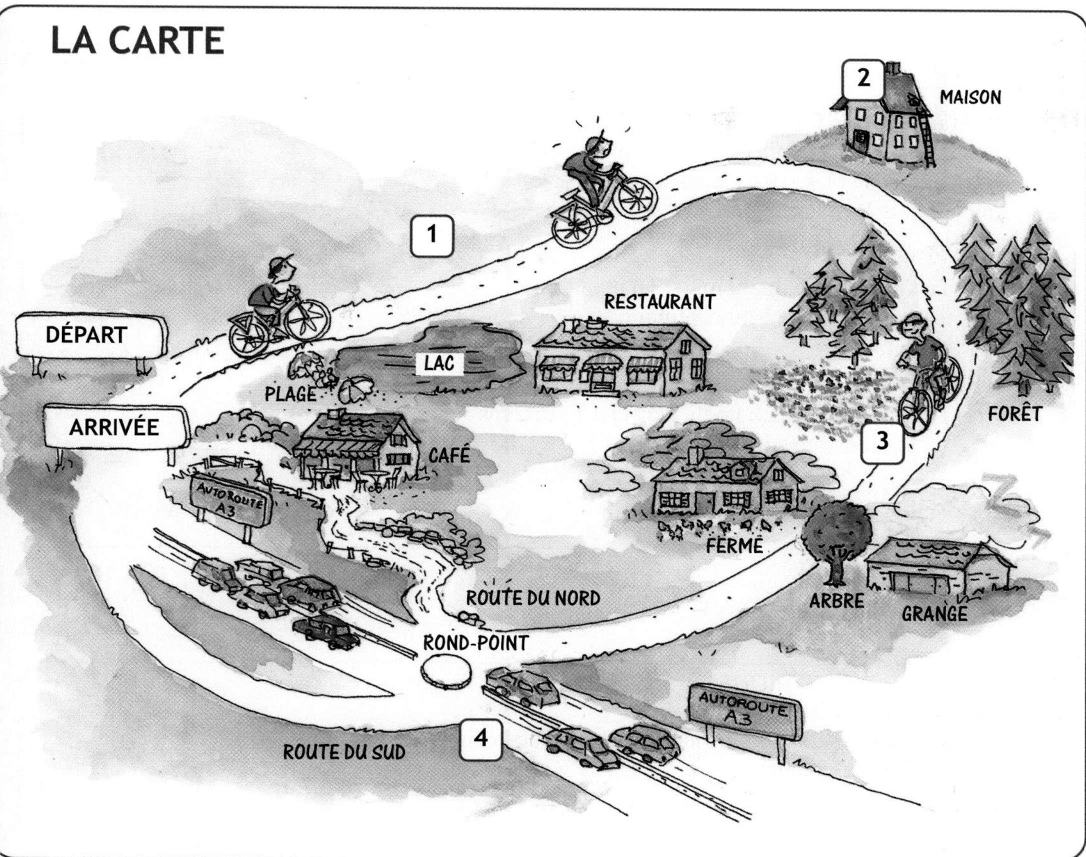

0 DÉPART

C'est samedi matin. Qu'est-ce que tu vas faire aujourd'hui? Cela dépend du temps. Tu écoutes la radio. La météo° annonce du beau temps avec possibilité d'averses dans l'après-midi. Tu décides de faire une promenade à vélo dans la campagne. Tu prends ton sac à dos. Dans ton sac, tu mets ton imperméable, ton maillot de bain, une lampe de poche, une carte de la région et ton nouvel appareil-photo. Tous ces objets te seront peut-être utiles pendant ta promenade. Tu prends aussi une bouteille de limonade et deux sandwichs.

une averse

Va au 10

météo *weather report*

10 À MIDI

une pancarte

Il est midi. Tu as fait 20 kilomètres. Tu es un peu fatigué(e) et tu as faim. Tu t'arrêtes près d'un lac. Il y a une belle plage. Il y a aussi une pancarte qui indique: Restaurant du Lac à 200 mètres.

Qu'est-ce que tu feras?

- Tu t'arrêteras cinq minutes. Tu mangeras tes sandwichs, puis tu continueras ta promenade. **Va au** 20
- Tu prendras une photo du lac et après tu feras un pique-nique sur la plage. **Va au** 11
- Tu iras au Restaurant du Lac. **Va au** 101

11 APRÈS LE PIQUE-NIQUE

Tu as mangé tes deux sandwichs et tu as bu de la limonade. Tu es reposé(e) maintenant.

Qu'est-ce que tu feras après?

- Tu continueras ta promenade. **Va au** 20
- Tu iras nager. **Va au** 12
- Tu rentreras chez toi. **Va au** 100

Mots utiles

véritable	*real, true*
tout à coup	*suddenly*

12 SUR LA PLAGE

Tu mets ton maillot de bain et tu vas nager. C'est un véritable plaisir de nager ici. L'eau est pure et pas très froide. Tu nages pendant dix minutes et tu sors de l'eau.

Qu'est-ce que tu feras après?

- Tu t'habilleras et tu continueras ta promenade à vélo. **Va au** 20
- Tu prendras une photo de la plage et tu feras une petite promenade à pied. **Va au** 13

13 LE PORTE-MONNAIE

Tu marches sur une belle plage de sable fin. Tout à coup ton pied heurte quelque chose. Qu'est-ce que c'est? Tu cherches l'objet caché dans le sable. C'est un porte-monnaie.

le sable

Tu ouvres ce porte-monnaie. Il n'y a pas de nom, pas d'adresse. Il y a seulement trois choses: un billet de 50 euros, un billet de loterie et une clé. Tu peux choisir seulement une chose.

un porte-monnaie

Qu'est-ce que tu choisiras?

- le billet de 50 euros 
- le billet de loterie 
- la clé 
- Tu mettras la chose que tu as choisie dans ton sac et tu continueras ta promenade. **Va au** 20

20 LA MAISON ABANDONNÉE

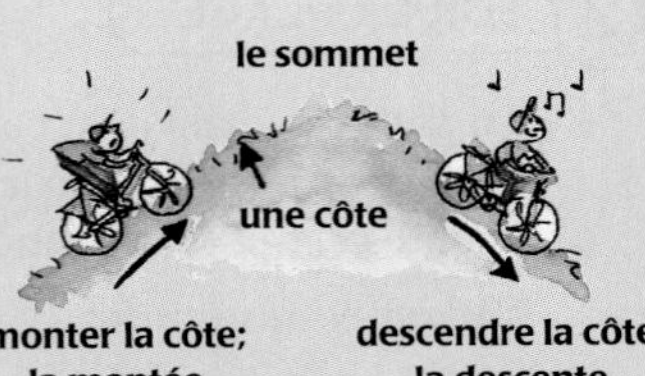

Tu pédales, tu pédales … Maintenant, tu montes une côte. Oh là là, c'est difficile. Au sommet de la côte, tu aperçois une belle maison de pierre.

Ça y est! Tu es maintenant au sommet. Tu arrives devant la maison. Surprise, c'est une maison abandonnée! La porte principale est fermée à clé. Sur la porte, il y a un écriteau: «Interdiction d'entrer». Cette maison est mystérieuse et fascinante. Tu as bien envie de la visiter.

un écriteau

Qu'est-ce que tu feras?

- Tu prendras une photo de la maison et tu continueras ta promenade. **Va au** 30
- Tu prendras une photo de la maison et ensuite tu exploreras la maison malgré l'interdiction. **Va au** 21

21 PAR QUELLE ENTRÉE?

faire le tour de

D'accord, tu veux explorer la maison, mais comment entrer? Ce n'est pas si difficile. Tu fais le tour de la maison et tu découvres trois entrées possibles. À droite, il y a une échelle qui mène à un grenier. À gauche, il y a une petite trappe qui ouvre sur une cave. Derrière, il y a une fenêtre ouverte qui mène dans la cuisine.

Qu'est-ce que tu feras?

- Tu monteras au grenier par l'échelle. **Va au** 102
- Tu descendras dans la cave par la trappe. **Va au** 22
- Tu entreras dans la cuisine par la fenêtre. **Va au** 25

Mots utiles

malgré	*in spite of*
mener	*to lead*

22 DANS LA CAVE

Tu descends dans la cave. Il fait froid et humide … Cette cave est vraiment très noire. Heureusement tu as pris ta lampe de poche, mais est-ce que les piles sont bonnes?

des piles

Vroum! Euh, qu'est-ce que c'est que ce bruit? C'est une chauve-souris!

une chauve-souris

Ploc! Qu'est-ce que c'est que cet autre bruit? C'est une brique qui vient de tomber.

une brique

Est-ce que tu veux vraiment continuer l'exploration de la cave?

- Oui, tu continueras l'exploration de la cave. **Va au** 23
- Non, mais tu entreras dans la maison par la fenêtre de la cuisine. **Va au** 25
- Non, vraiment, cette maison est trop dangereuse. Tu sortiras de la cave et tu continueras ta promenade à vélo. **Va au** 30

23 DANS LE TUNNEL

Tu continues l'exploration de la cave. (Tu as de la chance. Ta lampe fonctionne bien!) Maintenant tu es dans un tunnel.

Ploc! Une autre brique tombe.

Vroum! Une autre chauve-souris passe.

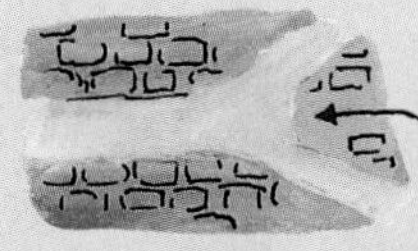
une bifurcation

Tu avances très lentement. Tu arrives à une bifurcation. Il y a un passage à droite et un passage à gauche.

Qu'est-ce que tu feras?

- Tu iras à droite. **Va au** 24
- Tu iras à gauche. **Va au** 104

24 LE PASSAGE DE DROITE

Le passage de droite mène à un mur. Tu ne peux pas continuer.
Le passage est bloqué. Tu es fatigué(e) et, avoue-le, tu as un peu peur!

Qu'est-ce que tu feras?

- Tu exploreras le passage de gauche. **Va au** 104
- Tu sortiras de la cave et tu continueras ta promenade à vélo. **Va au** 30

25 DANS LA CUISINE

Tu réussis à entrer dans la cuisine par la fenêtre.
(C'est assez facile parce que tu es très athlétique.)

Cette cuisine n'est vraiment pas très hospitalière.
Les murs, autrefois blancs, sont maintenant gris.
Il y a des toiles d'araignée partout. Au centre de la cuisine, il y a une vieille table de métal.
Autour de la table, il y a six chaises cassées.
À gauche, il y a un placard avec l'inscription: «Attention! Danger!»
À droite, il y a un buffet. En face de la fenêtre, il y a une porte fermée.
Tu peux faire seulement l'une des choses suivantes.

une toile d'araignée

Qu'est-ce que tu feras?

- Tu ouvriras le placard. **Va au** 103
- Tu ouvriras le buffet. **Va au** 26
- Tu ouvriras la porte. **Va au** 27

Mots utiles

avouer	*to admit*	**sauf**	*except*
hospitalier (hospitalière)	*welcoming*	**au centre de**	*in the middle of*
partout	*everywhere*	**autour de**	*around*
un dessin	*drawing, picture*	**en face de**	*opposite, across from*
vide	*empty*		

26 LE BUFFET

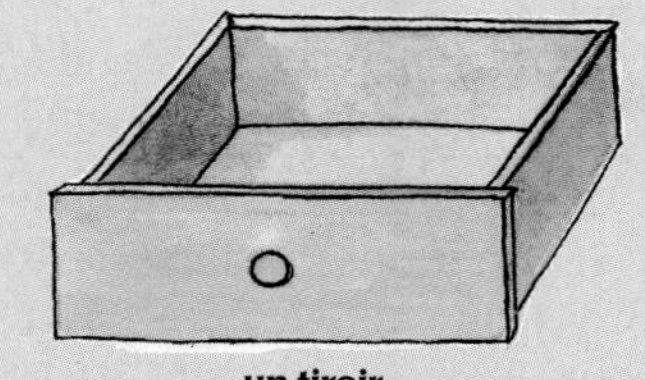
un tiroir

Le buffet est un buffet ancien. Il y a trois tiroirs. Dans chaque tiroir, il y a un objet différent. Dans le premier tiroir, il y a un pot de confiture. Dans le second tiroir, il y a une assiette avec un dessin qui représente un homme à cheval et l'inscription: «Waterloo 1814». Cette assiette est cassée. Dans le troisième tiroir, il y a une enveloppe avec des vieilles photos représentant des gens habillés à la mode de 1900.

Tu peux prendre seulement un objet avec toi.

Quel objet choisiras-tu?

- le pot de confiture?
- l'assiette?

- l'enveloppe avec les photos?

• Prends l'objet que tu as choisi et continue ta promenade à vélo. **Va au** 30

27 DANS LA SALLE À MANGER

Tu ouvres la porte. Tu entres dans une grande pièce. C'est probablement la salle à manger de la maison. Cette pièce est complètement vide. Il n'y a rien sauf un portrait ancestral au mur. Ce portrait représente une belle jeune femme avec un grand chapeau. Tu prends une photo de ce portrait.

Il y a deux autres portes, mais elles sont fermées à clé.

Qu'est-ce que tu feras?

- Tu quitteras la maison et tu continueras ta promenade à vélo. **Va au** 30
- Tu descendras dans la cave par la petite trappe. **Va au** 22

30 LA PLUIE

Maintenant tu descends la côte. La descente est beaucoup plus facile que la montée.

Le paysage est magnifique. La route traverse d'abord une forêt de sapins. Ensuite, elle traverse des prairies et des champs couverts de fleurs. Là-bas, au loin, on peut voir une rivière. Malheureusement, il y a maintenant de gros nuages noirs dans le ciel. Bientôt, la pluie commence à tomber. Tu mets ton imperméable. La pluie devient plus forte. Il y a des éclairs et du tonnerre. Tu décides de t'arrêter. Oui, mais où trouver un abri?

Heureusement, il y a plusieurs possibilités. Sur le bord de la route, il y a un grand arbre. Un peu plus loin, il y a une grange. Si tu continues par un petit chemin, il y a une ferme avec une grande cheminée.

Qu'est-ce que tu feras?

- Tu iras sous l'arbre. **Va au** 105
- Tu iras dans la grange. **Va au** 31
- Tu iras dans la ferme. **Va au** 106

31 DANS LA GRANGE

La grange n'est pas fermée à clé. Tu entres. Cette grange est en réalité un garage. À l'intérieur, il y a une grosse Peugeot noire.

C'est drôle, mais tu as l'impression que tu as vu cette Peugeot quelque part. Oui, mais où? Tu ne te souviens pas. Tu inspectes de près la Peugeot. Tiens, c'est bizarre. Les roues sont blanches. Sur le capot, il y a un masque de ski. Tu regardes à l'intérieur. Sur le siège arrière, il y a un talkie-walkie. Tu es vraiment très intrigué(e).

le capot

le siège arrière

Qu'est-ce que tu feras?

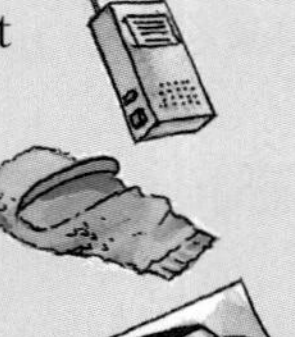

- Tu ouvriras la porte de la Peugeot et tu prendras le talkie-walkie. **Va au** 107
- Tu prendras le masque de ski. **Va au** 40
- Tu prendras une photo de la Peugeot. **Va au** 40

40 LE ROND-POINT

La pluie a cessé de tomber maintenant. Tu peux ôter ton imper, remonter sur ton vélo et continuer ta promenade. Tu regardes ta montre. Oh là là, il est six heures du soir. Tu es pressé(e) de rentrer chez toi, et puis tu commences à être fatigué(e).

Tu arrives à un rond-point. Il y a trois possibilités pour rentrer chez toi. Tu peux prendre l'autoroute A3. Le problème, c'est qu'il y a toujours beaucoup de circulation. Tu peux prendre la route du nord. C'est une petite route pittoresque avec un café où tu peux t'arrêter. Le problème, c'est que cette route n'est pas en très bon état. Tu peux prendre la route du sud. Le problème, c'est que cette route n'est pas très intéressante.

Quelle route choisiras-tu?

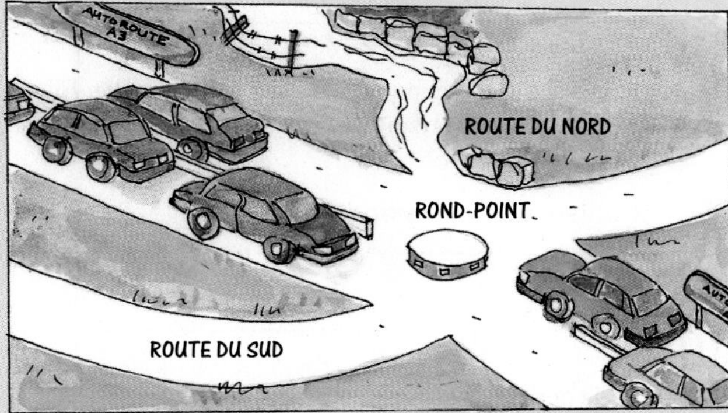

- Tu prendras l'autoroute A3. **Va au** 108
- Tu choisiras la route du nord. **Va au** 109
- Tu prendras la route du sud. **Va au** 110

Mots utiles

le paysage	*landscape, scenery*
le ciel	*sky*
à l'intérieur	*inside*
quelque part	*somewhere*
ôter	*to take off*
une autoroute	*toll road*
la circulation	*traffic*
en bon état	*in good shape (condition)*

100

Ce n'est pas chez toi que tu trouveras le trésor.

Retourne au 11 **et choisis une autre option.**

101

Tu n'as pas de chance. Quand tu arriveras au restaurant, tu verras une pancarte qui dit: «Fermé le samedi».

Retourne au 10 **et choisis une autre option.**

102

Fais attention! Ne monte pas sur cette échelle. Elle n'est pas solide. Si tu montais, tu risquerais de tomber et de te casser le cou. Qui viendrait à ton secours?

Choisis une autre option: 22 **ou** 25

103

Mais pourquoi est-ce que tu as ouvert le placard? À l'intérieur, il y a un squelette! Oui, un squelette humain!

Vraiment, tu as très peur! Tu sautes par la fenêtre. Tu montes sur ton vélo et tu quittes la maison à toute vitesse.

un squelette

sauter par la fenêtre

Va au 30

(Ne t'inquiète pas. Le squelette que tu as vu est un squelette utilisé dans les laboratoires d'école. L'ancien propriétaire de la maison était en effet un professeur d'anatomie qui, pour des raisons inconnues, gardait ce squelette dans le placard de sa cuisine.)

Mots utiles

casser	*to break*	**garder**	*to keep*	**féroce**	*ferocious*
inconnu	*unknown*	**énorme**	*enormous*		

104

Tu as eu une bonne intuition. Après quelques mètres, tu trouves une porte. Cette porte est ouverte. Elle donne dans une petite salle. Avec ta lampe de poche, tu regardes l'intérieur de la salle. Dans un coin il y a trois sacs.

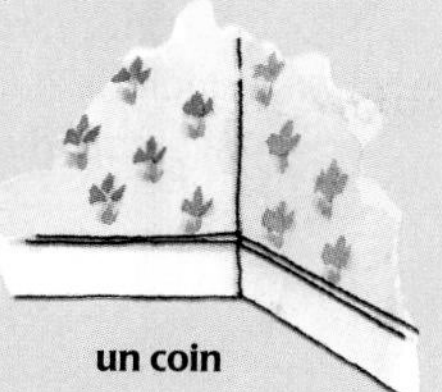

un coin

Tu prends un sac. Oh là là, il est lourd! Qu'est-ce qu'il y a dedans? Tu regardes avec ta lampe. Il y a des pièces de métal jaune. Est-ce que tu as découvert le trésor?

Attends! L'histoire n'est pas finie! Tu prends quelques pièces que tu mets dans ton sac à dos. Tu sors de la cave et tu continues ta promenade à vélo.

une pièce

Va au 30

105

Ne va pas sous l'arbre. Tu sais bien qu'il est très dangereux de se mettre sous un arbre quand il y a un orage!

Retourne au 30 **et choisis une autre option.**

106

Tu vas vers la ferme. Quand tu arrives à la ferme, tu vois un énorme chien. C'est un berger allemand. Bien sûr, il est attaché avec une chaîne, mais il a l'air très, très féroce.

un berger allemand

Fais demi-tour et va dans la grange. C'est plus prudent.

faire demi-tour

Va au 31

107

Ça, vraiment, ce n'est pas une bonne idée. D'abord, c'est illégal de prendre quelque chose qui n'est pas à soi.° Et puis, la Peugeot est équipée d'un système d'alarme. Si tu ouvrais la porte, tu déclencherais ce système d'alarme.

Retourne au 31 et choisis une autre option.

qui n'est pas à soi *that doesn't belong to you*

108

Oh là là! Qu'est-ce que c'est? Oh là là, mon Dieu! C'est une voiture de la gendarmerie. Ne sais-tu pas qu'il est absolument interdit de circuler à vélo sur une autoroute? Tu dois payer une amende de 50 euros et retourner au rond-point.

une voiture de la gendarmerie

Retourne au 40 et choisis une autre option.

109

C'est vrai, cette route est en mauvais état. Ta roue avant heurte une pierre très pointue° et tu as une crevaison. Impossible de réparer ta roue. Tu n'as pas les outils nécessaires. Tu dois faire de l'auto-stop. Heureusement, un automobiliste généreux s'arrête et t'amène directement chez toi. (Et il a même la gentillesse d'embarquer ton vélo dans son coffre.)

une roue
une pierre
une crevaison
faire de l'auto-stop
un coffre
des outils

Va à 200 ARRIVÉE

pointue *sharp*

Mots utiles

déclencher l'alarme	*to set off the alarm*	**même**	*even*
interdit	*forbidden, illegal*	**la gentillesse**	*kindness*
une amende	*fine*		

110

C'est vrai, cette route n'est pas très pittoresque, mais elle est en bon état et il n'y a pas beaucoup de circulation. Tu arrives chez toi fatigué(e) mais content(e) de ta journée.

Va à 200 ARRIVÉE

200 ARRIVÉE

un bain

Tu es enfin chez toi! Qu'est-ce que tu vas faire maintenant? D'abord, tu vas prendre un bain. Ensuite, tu vas dîner. Pendant le dîner, tu racontes les détails de ta journée à ta famille. Après le dîner, tu ouvres ton sac à dos et tu vérifies la liste de tous les objets que tu as trouvés et de toutes les photos que tu as prises.

OBJETS	PHOTOS
• clé	• photo du lac
• enveloppe	• photo de la maison

Est-ce qu'il y a les choses suivantes sur ta liste?

- le billet de loterie?
- les pièces de métal jaune?
- la photo de la Peugeot?

- Si tu n'as trouvé aucune de ces choses, **va au** 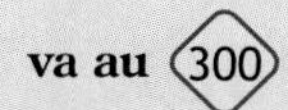

- Si tu as le billet de loterie,  **va au** 

- Si tu as les pièces,  **va au** 302
- Si tu as la photo de la Peugeot,  **va au** 400

300

Tu as fait une belle promenade, mais tu n'as rien trouvé de très intéressant. Si tu veux découvrir le trésor, recommence ta promenade demain matin.

Retourne à 0 DÉPART **et essaie de trouver les trois choses de la liste.**

À la fin de ta promenade, va au 400

301

On ne gagne pas souvent quand on joue à la loterie. Mais aujourd'hui, tu as de la chance. Le billet de loterie que tu as trouvé gagne 200 euros. (C'est beaucoup d'argent, mais ce n'est pas le trésor.)

- Si tu as aussi les pièces, **va au** 302
- Si tu as aussi la photo de la Peugeot, **va au** 400
- Si tu as seulement le billet de loterie, **retourne demain matin au** 20 et cherche les deux choses que tu n'as pas rapportées de ta promenade.

Continue ta promenade jusqu'à 200 ARRIVÉE

Va ensuite au 400

302

Qu'est-ce que c'est que ce métal jaune? Est-ce que c'est de l'or? Mais non, c'est du cuivre. Et ces pièces de cuivre ne sont pas très anciennes. Leur valeur? À peu près 100 euros. Ce n'est pas le trésor.

- Si tu as aussi la photo de la Peugeot, **va au** 400
- Si tu n'as pas la photo, **retourne au** 30

Prends la photo et continue ta promenade jusqu'à 200 ARRIVÉE

Va ensuite au 400

Mots utiles

la fin *end*
le cuivre *copper*
la valeur *value*
la prime *reward*

400

Tu as eu raison de prendre la photo de la Peugeot. Évidemment, ce n'est pas le trésor. Mais c'est la clé du trésor.

Souviens-toi! Quand tu es entré(e) dans la grange, tu as eu la vague impression d'avoir vu cette Peugeot quelque part. Après le dîner, tu as montré les photos que tu avais prises à ta soeur. Elle, elle a reconnu immédiatement la Peugeot. La photo était en première page du journal de samedi. C'est la voiture utilisée par le célèbre gangster Jo Lagachette quand il a attaqué la Banque Populaire la semaine dernière. Tu sais où il a caché la voiture. Tu peux apporter ce renseignement à la police. Elle va arrêter le gangster et toi, tu vas gagner la prime offerte par la Banque Populaire: 20 000 euros. Ça, c'est le trésor!

READING STRATEGY L'Art de la lecture

Words that look alike in French and English but have *different* meanings are FALSE COGNATES. (The French call them **faux amis** or *false friends.)*

You encountered several as you were searching for the treasure:

une cave	is	*a cellar*	and not	*a cave*	**(une caverne)**
un pot	is	*a jar*	and not	*a pot*	**(une casserole)**
un coin	is	*a corner*	and not	*a coin*	**(une pièce)**
une pièce	is	*a coin*	and not	*a piece*	**(un morceau)**

You also are familiar with these false cognates:

attendre	means	*to wait*	and not	*to attend*	**(assister à)**
assister (à)	means	*to attend*	and not	*to assist*	**(aider)**
quitter	means	*to leave*	and not	*to quit*	**(abandonner)**
rester	means	*to stay*	and not	*to rest*	**(se reposer)**
crier	means	*to yell*	and not	*to cry*	**(pleurer)**
une lecture	means	*a reading*	and not	*a lecture*	**(une conférence)**

Expansion activities PLANNING AHEAD

Games

• Attrapez et répondez!

Have students stand in a circle. Announce a subject, a verb, and a tense (for example, *nous, avoir, subjunctive)* and toss the ball to one player. That player must conjugate the verb for that subject pronoun in the appropriate tense *(nous ayons),* pass the ball to another player, and change either the subject pronoun, the verb, or the tense for the next player. Any player who answers incorrectly is out and must stand outside the circle. Those players can rejoin the circle if they respond correctly before a player who is in the circle. For larger classes, you may want to divide the class into two circles.

Pacing Suggestion: Upon completion of Leçon 36.

Projects

• Les instructions pour . . .

Have students work in pairs and assign each pair a list of instructions for how to do something; for example, how to start a car which has a manual transmission, how to sharpen a pencil, or how to tie a shoe. Using *il faut,* students will provide step-by-step lists of instructions for completing the task. After they have written a first draft, have students exchange papers with another group. In addition to reading the paper for grammatical and spelling errors, the proofreaders should make sure that the instructions are clear and easy to follow. Have students use the information and edits suggested by the proofreaders to make a final draft of their papers. You may wish to have groups read their instructions aloud to the class to see if the rest of the class can follow them and guess what they are being told how to do.

Pacing Suggestion: Upon completion of Leçon 35.

Bulletin Boards

• Les voitures

Have students use the Internet to find diagrams, photographs, and other information about French cars—Renault, Peugot, and Citroën, if possible. Then have students work in groups to draw a model of a car. One group should create an illustration of the inside of the car, another the outside of the car, and a third under the inside of the engine compartment of the car. Groups should label as many parts of the car as they can. You may have students use a dictionary to learn more car-related vocabulary. When students have finished labeling their illustrations, use them to create a *Voitures* bulletin board. You may wish to incorporate the photographs and other information students obtained from the Internet in the bulletin board design.

Pacing Suggestion: Upon completion of Leçon 33.

• Les règles de la classe

Have students work in small groups to create a list of rules for how to behave in class. Students will use *il faut que* and *vouloir que* to create a list of at least eight rules for proper classroom behavior. After students have traded lists with another group for proofreading, have them write their final lists in large, easy-to-read letters on a piece of construction paper or a poster board. Post the lists on a bulletin board.

Pacing Suggestion: Upon completion of Leçon 36.

Music

• *Attendez que ma joie revienne*

Play *Attendez que ma joie revienne,* which is on your *Chansons* CD, for students. First, have students listen to the song. Give them a copy of the lyrics and have them read along as they listen a second time. Then ask students to select a phrase or sentence from the song that they like or find interesting. Have them get together in small groups to share and discuss the phrases and sentences they selected. Finally, hold a class discussion about the song's meaning.

Pacing Suggestion: Upon completion of Leçon 34.

Storytelling

• En panne

Assign students challenging situations that may occur when one is driving, and French vocabulary to accompany such situations (for example, *en panne, crèvé,* and so on). Then, have students work in groups to write a short story about how the situation occurred. As an alternative, you might have students create a rotating story in which each group member, in sequence, writes two or three sentences based on the group situation. Have groups exchange stories for proofreading, and then have one person from each group read the completed stories aloud to the class.

Pacing Suggestion: Upon completion of Leçon 35.

Hands-on Crafts

• Les plaques d'immatriculation personnalisées

Have students make personalized license plates. Students can cut cardboard into the shape of license plates and color them as they like. Then have students condense a French word, or words, to describe themselves on their vanity plate. Alternatively, students may prefer to finish the phrase "J' (followed by a heart)." Tell students they are limited to eight or nine letters on their plates. When they have chosen their word(s), have them cut the letters from cardboard, color them, and glue them to the base. Suggest that students make their word(s) a different color from the base. When students are finished, display the vanity license plates around the room.

Pacing Suggestion: Upon completion of Leçon 33.

Recipe

• Canapés aux avocats

Canapés are a traditional French appetizer. They are slices of toast or crackers covered with a variety of spreads. There are numerous recipes available. The version given here is tasty and easy to make.

Pacing Suggestion: Upon completion of Leçon 34.

End of Unit

• À la station-service

Have students work in small groups to write a skit in which some friends go to a service station to get help with a car problem. The friends should explain the problem to the "station attendant," explain what they would like done, and agree to a price for the work. To incorporate the subjunctive into the script, students should have the "station attendant" give advice on what to do for the problem. After students have written a first draft of their skit, have them exchange papers with another group for proofreading. Once they have written a final draft, students will rehearse their lines and present their skits for the class.

Rubric **A** = 13–15 pts. **B** = 10–12 pts. **C** = 7–9 pts. **D** = 4–6 pts. **F** = < 4 pts.

Criteria	Scale
Vocabulary Use	1 2 3 4 5
Grammar/Spelling Accuracy	1 2 3 4 5
Creativity	1 2 3 4 5

Canapés aux avocats

Ingrédients

- *une douzaine de toasts*
- *2 avocats bien mûrs*
- *2 échalotes,[1] hachées*
- *1 citron*
- *sel et poivre*
- *1 tomate*
- *quelques olives*
- *1 oeuf dur*

Préparation

1. *Pelez et dénoyautez[2] les avocats et puis écrasez-les avec les échalotes.*
2. *Ajoutez le jus de citron selon le goût.*
3. *Assaisonnez[3] et tartinez les toasts de cette préparation.*
4. *Décorez les toasts de petits morceaux de tomate, d'olives ou d'oeuf dur.*

Pour une douzaine de canapés.

Glossary

[1] *shallots*
[2] *remove the pit*
[3] *season*

Planning Guide CLASSROOM MANAGEMENT

OBJECTIVES

Communication
- Name different kinds of vehicles *p. 494*
- Identify the parts of a car *p. 496*
- Ask for assistance at a service station *p. 496*
- Describe how you feel about certain events *p. 500*
- Say what you and other people have to do *pp. 508–509, 510*
- Tell others what you want or expect them to do *p. 518*

Grammar
- La construction: adjectif + *de* + infinitif *p. 500*
- La construction: préposition + infinitif *p. 500*
- La construction: *en* + participe présent *p. 502*
- Le subjonctif: formation régulière *pp. 508–509*
- L'usage du subjonctif après *il faut que p. 510*
- Le subjonctif: formation irrégulière *p. 516*
- L'usage du subjonctif après *vouloir que p. 518*

Vocabulary
- La conduite *p. 494*
- À la station-service *p. 496*

Culture
- Aperçu culturel—Les Français et la voiture *pp. 492–493*
- Note culturelle—Le permis de conduire *p. 495*
- Au jour le jour—La Code de la Route *p. 497*

PROGRAM RESOURCES

Print
- Workbook PE, *pp. 301–332*
- *Activités pour tous* PE, *pp. 181–199*
- Block Scheduling Copymasters, *pp. 265–296*
- *Français pour hispanophones*
- *Lectures pour tous*
- Teacher to Teacher Copymasters
- Teaching Proficiency through Reading and Storytelling
- Unit 9 Resource Book
  - Lessons 33–36 Resources
    - Workbook TE
    - *Activités pour tous* TE
    - Absent Student Copymasters
    - Family Involvement
    - Video Activities
    - Videoscripts
    - Audioscripts
    - Assessment Program
  - Unit 9 Resources
    - Communipak
    - *Activités pour tous* TE Reading
    - Workbook TE Reading and Culture Activities
    - Assessment Program
    - Answer Keys

Audiovisual
- Audio Program PE CD 5 Tracks 11–19
- Audio Program Workbook CD 14 Tracks 1–24
- *Chansons* Audio CD Track 5
- Sing Along: Grammar and Vocabulary Songs CD
- Video Program Leçons 33–36
- Warm-Up Transparencies
- Overhead Transparencies
  - 9 *Quelques endroits;*
  - 17 *Expressions avec **faire**;*
  - 37 *Rapports et services personnels;*
  - 43 *Les occupations de la journée;*
  - 66 *Quelques véhicules;*
  - 67 *La voiture;*
  - 68 *Qu'est-ce qu'il faut faire?*

Technology
- Online Workbook
- ClassZone.com
- McDougal Littell Assessment System/Test Generator CD-ROM
- EasyPlanner CD-ROM
- Power Presentations on CD-ROM
- Take-Home Tutor CD-ROM

Assessment Program Options
Lesson Quizzes
Portfolio Assessment
Unit Test Form A
Unit Test Form B
Listening Comprehension Performance Test
Speaking Performance Test
Reading Comprehension Performance Test
Writing Performance Test
Multiple Choice Test Items
Test Scoring Tools
Audio Program CD 23 Tracks 1–9
Answer Keys
McDougal Littell Assessment System/Test Generator CD-ROM

Pacing Guide SAMPLE LESSON PLAN

DAY	DAY	DAY	DAY	DAY
1 Unité 9 Opener Leçon 33 • Aperçu culturel–Les Français et la voiture • Vocabulaire–La conduite	**2** Leçon 33 • Note culturelle–Le permis de conduire • À la station-service	**3** Leçon 33 • Au jour le jour Leçon 34 • Vidéo-scène–Une leçon de conduite	**4** Leçon 34 • La construction: adjectif + *de* + infinitif • La construction: préposition + infinitif	**5** Leçon 34 • La construction: *en* + participe présent
6 Leçon 34 • À votre tour! • Lecture–Le test du bon conducteur	**7** Leçon 35 • Vidéo-scène–En panne • Le subjonctif: formation régulière	**8** Leçon 35 • Le subjonctif: formation régulière *(continued)* • L'usage du subjonctif après *il faut que*	**9** Leçon 35 • L'usage du subjonctif après *il faut que (continued)*	**10** Leçon 35 • À votre tour! • Lecture–La meilleure décision
11 Leçon 36 • Vidéo-scène–Merci pour la leçon • Le subjonctif: formation irrégulière	**12** Leçon 36 • Le subjonctif: formation irrégulière *(continued)* • L'usage du subjonctif après *vouloir que*	**13** Leçon 36 • L'usage du subjonctif après *vouloir que (continued)* • À votre tour!	**14** Leçon 36 • Lecture–La vie n'est pas juste • Tests de contrôle	**15** Leçon 36 • Tests de contrôle *(continued)*
16 • Interlude–Quelle soirée!	**17** • Interlude–Quelle soirée! *(continued)*	**18** • Unit 9 Test		

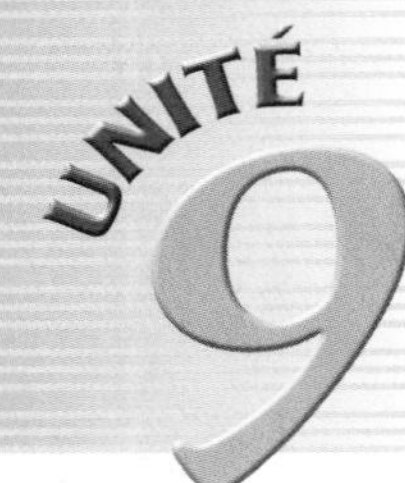

Student Text Listening Activity Scripts
AUDIO PROGRAM

▶ LEÇON 33 LE FRANÇAIS PRATIQUE En voiture

• Aperçu culturel: Les Français et la voiture *p. 492* CD 5, TRACK 11

En 1862, un ingénieur français, Alphonse Beau de Rochas, a inventé le principe du moteur «à quatre temps». Cette invention a permis le développement de la voiture moderne. Aujourd'hui la France est le quatrième pays producteur d'automobiles du monde, après le Japon, les États-Unis et l'Allemagne. Il y a deux grands constructeurs d'automobiles: Renault et Peugeot-Citroën. Ces constructeurs produisent toute une gamme de véhicules, y compris des voitures de tourisme, voitures de sport, minivans, camping cars et des camions de toutes sortes.

1. La Peugeot 307 est une des voitures les plus populaires en France. Elle est petite, très économique . . . et très rapide. On dit que c'est une voiture «musclée».
2. Les jeunes Français apprennent à conduire dans des «auto-écoles». Ces auto-écoles sont des écoles privées qui coûtent généralement très cher. On estime que pour obtenir le permis de conduire, il faut dépenser en moyenne 800 à 1 000 euros en leçons.
3. Quand ils sont au volant, les Français conduisent bien . . . et vite. Sur les autoroutes, la vitesse est limitée à 130 kilomètres/heure. Dans les villes, elle est limitée à 50 kilomètres/heure. Attention! Si vous ne respectez pas cette limitation de vitesse, vous pouvez avoir une contravention. Après un certain nombre de contraventions, vous pouvez perdre votre permis de conduire.
4. Les «24 heures du Mans» sont une grande course automobile. Cette course a lieu chaque année en juin sur le circuit du Mans, une ville qui a joué un rôle important dans le développement de l'industrie automobile en France. La course dure exactement vingt-quatre heures. Il y a environ 70 voitures avec, pour chaque voiture, trois pilotes qui se relaient de jour et de nuit. La voiture gagnante est celle qui a couvert la plus grande distance pendant cette période de temps.

• Vocabulaire A

La conduite *p. 494* CD 5, TRACK 12

Écoutez la conversation.

A: Est-ce que tu as le permis de conduire?
B: Non, je ne sais pas conduire.
A: Est-ce que tu vas apprendre à conduire?
B: Oui, je vais suivre des cours dans une auto-école.

Les véhicules CD 5, TRACK 13

Regardez l'illustration. Écoutez et répétez.

On peut conduire:

une voiture # une voiture de sport # une décapotable # un camion # une camionnette # un minivan #

• Vocabulaire B

À la station-service *p. 496* CD 5, TRACK 14

La voiture

Regardez l'illustration. Écoutez et répétez.

l'essence # le phare # le pneu # le toit # le coffre # le réservoir # le capot # la porte # la ceinture de sécurité # le moteur # le clignotant # la roue # le rétroviseur # le volant # le klaxon # le pare-brise # un essuie-glace # le frein # l'accélérateur # la clé

Avant de partir CD 5, TRACK 15

Écoutez et répétez.

Avant de partir en voyage, il faut ...

faire le plein d'essence # nettoyer le pare-brise # vérifier l'huile # vérifier les freins # vérifier les pneus #

▶ LEÇON 34 Une leçon de conduite

• Vidéo-scène *p. 498* CD 5, TRACK 16

Claire: Jérôme vient d'acheter une voiture. La voiture de Jérôme est une petite décapotable blanche. C'est une voiture d'occasion, mais elle marche bien et elle est assez rapide . . . Jérôme est très fier de sa nouvelle voiture.

Aujourd'hui, il va proposer une leçon de conduite à Pierre.

Jérôme: Tu veux que je te donne une leçon de conduite?
Pierre: Ça dépend. Qui va conduire?
Jérôme: Moi . . . pour commencer.
Pierre: Et moi, est-ce que je conduirai?
Jérôme: Oui enfin, . . . on verra.
Pierre: Bon, d'accord. Je veux bien aller avec toi, mais il faut absolument que je sois de retour à deux heures.
Jérôme: Ah bon? Pourquoi?
Pierre: Parce que j'ai rendez-vous avec Armelle.
Jérôme: T'en fais pas! On sera de retour pour ton rendez-vous.
Claire: Pierre et Jérôme montent dans la voiture. La leçon de conduite commence . . .
Jérôme: Pour démarrer, je mets le contact . . . Après, je passe en première. Et qu'est-ce qu'il faut faire avant de partir?
Pierre: Je ne sais pas, moi . . . Il faut klaxonner?
Jérôme: Mais non, tu sais bien qu'il est interdit de klaxonner en ville! . . .

Il faut bien regarder devant et derrière . . . et il faut indiquer qu'on va partir en mettant le clignotant. Regarde!

Claire: Après ces remarques préliminaires, Jérôme met finalement la voiture en marche . . .

Maintenant la voiture roule le long du Lac d'Annecy. La vue est magnifique.

Jérôme remarque que Pierre ne fait pas attention.

Jérôme: Regarde donc ce que je fais . . . ce n'est pas en regardant dehors que tu apprendras à conduire! Et c'est pas non plus en écoutant la radio!

À votre tour!

• Pourquoi? *p. 503* CD 5, TRACK 17

Grégoire et André parlent des choses qu'ils voudraient faire ou avoir. Écoutez leurs conversations.

Dialogue 1

Grégoire: Je voudrais avoir de l'argent.
André: Ah bon? Pourquoi?
Grégoire: Pour acheter un VTT.

Dialogue 2

André: Je voudrais avoir une voiture.
Grégoire: Pourquoi donc?
André: Eh bien, pour faire des promenades à la campagne avec mes copains.

Dialogue 3

Grégoire: Je voudrais aller à l'université.
André: Pourquoi?
Grégoire: Pour étudier la biologie.

Dialogue 4

André: Je voudrais aller aux États-Unis.
Grégoire: Mais pourquoi?
André: Pour rencontrer des jeunes Américains.

Dialogue 5

Grégoire: Je voudrais être riche.
André: Tiens! Pourquoi?
Grégoire: Pour faire des voyages intéressants.

pause for oral response

▶ LEÇON 35 En panne

• Vidéo-scène *p. 506* CD 5, TRACK 18

Claire: Dans l'épisode précédent, Jérôme a proposé à Pierre de lui donner une leçon de conduite. Pierre a accepté l'offre de son frère, mais à deux conditions. Il faut que Jérôme le laisse conduire la voiture et il faut aussi qu'il soit de retour pour son rendez-vous avec Armelle. Jérôme et Pierre sont finalement partis. Maintenant, Pierre veut conduire.
Pierre: Dis donc, tu me laisses conduire?
Jérôme: Pas sur cette route! C'est trop dangereux. Il faut qu'on trouve une petite route où il n'y a pas trop de circulation.
Claire: Jérôme trouve une petite route de campagne.
Pierre attend impatiemment son tour. Finalement Jérôme décide de le laisser conduire. Il arrête la voiture.
Pierre a hâte de prendre le volant.
Jérôme: Bon, tu vas conduire! Mais il faut que tu sois très prudent!
Pierre: T'en fais pas. Je suis la prudence même.
Claire: Au moment où Pierre va démarrer, il remarque quelque chose.
Pierre: Regarde! L'aiguille est à zéro!
Jérôme: Zut! Il faut qu'on prenne de l'essence.
Pierre: Mais il n'y a pas de station-service sur cette route.
Jérôme: Il faut qu'on fasse demi-tour. Je vais reprendre le volant.
Claire: Pierre et Jérôme changent de place à nouveau . . .
La voiture fait demi-tour.
Pierre: Stop . . . stop!
Claire: La voiture s'arrête. Jérôme met le triangle signalant que la voiture est en panne.
Pierre et Jérôme partent dans des directions différentes.
Jérôme: Eh bien, il faut que je trouve une station-service.
Pierre: Et moi, il faut que je trouve une cabine téléphonique pour téléphoner à Armelle.
Claire: Pierre marche sur la route. Finalement, il trouve une cabine téléphonique. Il explique à Armelle pourquoi il est en retard.
Pierre: Salut Armelle! Tu ne sais pas ce qui m'arrive . . . Écoute! Ce n'est pas de ma faute . . . Bon, alors, dans ce cas, il faut que tu viennes me chercher . . .

À votre tour!

• Projets *p. 511* CD 5, TRACK 19

Jérôme et Bernard vont faire du camping.
Jérôme: Il faut que je cherche mon sac à dos.
Bernard: Et moi, il faut que je prenne mon sac de couchage.
Jérôme: Ah, et avant de partir, il faut que nous regardions la carte.
Bernard: C'est vrai, il faut que nous trouvions un endroit intéressant pour faire du camping.

▶ LEÇON 36 Merci pour la leçon

• Vidéo-scène *p. 514* CD 5, TRACK 20

Claire: Dans l'épisode précédent, Jérôme a finalement donné le volant à Pierre.
Malheureusement, la voiture est tombée en panne. Jérôme est allé chercher de l'essence. Pierre a téléphoné à Armelle.
Armelle accepte d'aller chercher Pierre.
Armelle termine sa conversation avec Pierre.
Armelle: Bien, au revoir Pierre! À tout de suite!
Claire: Puis elle quitte sa maison et monte sur son scooter.
La route est longue. Finalement, Armelle retrouve Pierre.
Pierre: Salut.
Armelle: Qu'est-ce qu'on fait maintenant?
Pierre: On rentre à Annecy?
Armelle: Et Jérôme? Tu ne veux pas qu'on aille l'aider?
Pierre: Bon, si tu veux . . .
Claire: Pierre et Armelle vont chercher Jérôme.
Ils le retrouvent sur la route . . .
Pierre décide de jouer un tour à son frère. Il fait semblant de ne pas s'arrêter.
Jérôme: Eh! Eh! Arrêtez-vous! Arrêtez-vous!
Claire: Armelle et Pierre font demi-tour.
Armelle: Tu veux qu'on t'aide?
Jérôme: Ben oui, je voudrais bien que vous m'ameniez à la prochaine station-service.
Pierre: Tu vois bien qu'il n'y a pas de place sur ce scooter.
Jérôme: Bon. Eh bien alors, est-ce que vous pouvez aller chercher de l'essence?
Armelle: Bon, d'accord! On peut faire ça pour toi!
Jérôme: Pendant ce temps, je vais retourner à la voiture.
Claire: Peu après, Pierre et Armelle reviennent avec de l'essence.
Pierre: Tiens, voilà.
Jérôme: Merci.
Claire: Jérôme prend le bidon d'essence.
Pierre et Armelle repartent. Pierre est un peu sarcastique . . .
Pierre: Et merci pour la leçon de conduite!
Claire: Pierre et Armelle rentrent à Annecy. Au revoir, Pierre! Au revoir, Armelle!

À votre tour!

• Tant pis! *p. 519* CD 5, TRACK 21

Écoutez les conversations entre Pierre et son frère Jérôme.

Dialogue 1
Pierre: Je voudrais que tu m'aides avec mes devoirs.
Jérôme: Je regrette, mais je ne peux pas.
Pierre: Et pourquoi pas?
Jérôme: Parce que je dois préparer mon cours.

Dialogue 2
Pierre: Dis donc, je voudrais que tu ailles au musée avec moi dimanche après-midi.
Jérôme: Je voudrais bien, mais ce n'est pas possible.
Pierre: Ah bon? Pourquoi?
Jérôme: Je dois aller au Club de Parapente.

Complete videoscripts, plus Workbook and Assessment audioscripts, are available in the Unit Resource Books.

Main Theme
- Cars and driving

COMMUNICATION
- Naming types of vehicles
- Identifying parts of a car
- Asking for assistance at a service station
- Describing how you feel about certain events
- Saying what you and others have to do
- Telling others what you want or expect them to do

CULTURES
- Learning what kind of cars French people drive
- How to get a driver's license in France

CONNECTIONS
- Connecting to Math: Converting kilometers to miles
- Connecting to Driver's Education: Interpreting French road signs
- Connecting to Driver's Education: Learning about good driving habits
- Connecting to English: Comparing French and English figures of speech

COMPARISONS
- Comparing French cars to American cars
- Comparing speed limits in France and the U.S.
- Comparing a French auto race with American races
- Comparing getting a driver's license in France and the U.S.
- Learning about the influence of a Frenchman's invention on the development of the modern car

COMMUNITIES
- Using French when driving
- Using French for personal interest

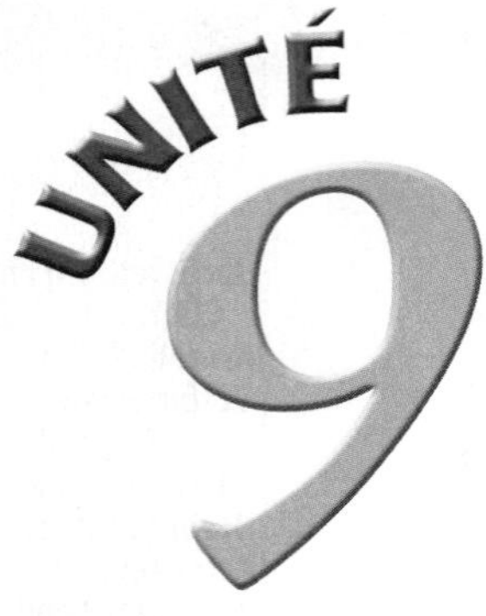

Bonne route

THÈME ET OBJECTIFS

Culture

In France, as in the United States, the car plays an important role in people's daily lives.
In this unit, you will learn about ...

- what kinds of cars French people drive
- how to get a driver's license in France

Communication

You will learn how ...

- to name different kinds of vehicles
- to identify the parts of a car
- to ask for assistance at a service station

You will also learn how ...

- to describe how you feel about certain events
- to say what you and other people have to do
- to tell others what you want or expect them to do

TEACHING STRATEGIES

The primary objective of this unit is to introduce the subjunctive, which will be more extensively presented in **Discovering French, *Nouveau!–Rouge.***

The "core lesson" of this unit is Lesson 35, which presents the regular forms of the subjunctive and its most common use (with **il faut que**).

If you want to introduce the subjunctive this year, focus on Lessons 35 and 36; have students read the Interlude for a passive introduction to some of its uses.

If you want to postpone the presentation of the subjunctive until next year, concentrate on Lessons 33 and 34.

Linguistic objectives

- infinitive constructions
- **en** + present participle
- introduction to the subjunctive (forms and basic uses)

Teaching Resource Options

PRINT 

Unit 9 Resource Book
Family Letter, p. 14
Français pour hispanophones
Conseils, p. 33
Vocabulaire, pp. 72–73

AUDIO & VISUAL 

Audio Program
Chansons CD

TECHNOLOGY 

EasyPlanner CD-ROM

Supplementary vocabulary

l'essence (f.) **sans plomb** *unleaded gas*
le gasoil /gazwal/ or **le gazole** /gazɔl/ *diesel fuel*
In Quebec: **le diesel**
Also: **l'essence avec plomb**
l'essence ordinaire (régulière)

Photo cultural note In France (and throughout Europe) gas is sold by the liter.

Leçon 33

Main Topic Talking about cars

Teaching Resource Options

PRINT 

Workbook PE, pp. 301–306
Activités pour tous PE, pp. 181–183
Block Scheduling Copymasters, pp. 265–272
Unit 9 Resource Book
- *Activités pour tous* TE, pp. 7–9
- Audioscript, pp. 27, 29–33
- Communipak, pp. 144–161
- Lesson Plans, pp. 10–11
- Block Scheduling Lesson Plans, pp. 12–13
- Absent Student Copymasters, pp. 15–18
- Video Activities, pp. 20–24
- Videoscript, pp. 25–26
- Workbook TE, pp. 1–6

AUDIO & VISUAL

Audio Program
CD 5 Track 11
CD 14 Tracks 1–6

TECHNOLOGY 

Online Workbook

VIDEO PROGRAM

VIDEO DVD

LEÇON 33

Le français pratique En voiture

TOTAL TIME: 5:01 min.
DVD Disk 2
Videotape 2 (COUNTER: 47:51 min.)

Introduction
(47:51–48:59 min.)

Section 1: Les véhicules
(49:00–50:02 min.)

Section 2: Les voitures
(50:03–52:15 min.)

Cultural notes

- Renault is a state-owned and operated company whereas Peugeot-Citroën is a privately owned corporation.
- Other popular small cars in France are:
  la Citroën Saxo
  la Peugeot 106
  la Peugeot 206
  la Renault Clio
  la Smart

Vocabulary note **Une voiture musclée** is a car "with muscle," that is, a car with rapid acceleration.

LEÇON 33

En voiture

LE FRANÇAIS PRATIQUE
VIDÉO DVD AUDIO

Aperçu culturel ... Les Français et la voiture

En 1862, un ingénieur français, Alphonse Beau de Rochas, a inventé le principe du moteur «à quatre temps»°. Cette invention a permis le développement de la voiture moderne. Aujourd'hui la France est le quatrième pays producteur d'automobiles du monde, après le Japon, les États-Unis et l'Allemagne. Il y a deux grands constructeurs d'automobiles: Renault et Peugeot-Citroën. Ces constructeurs produisent toute une gamme de véhicules, y compris des voitures de tourisme, voitures de sport, minivans, camping cars et des camions de toutes sortes.

moteur à quatre temps *four-stroke engine*

1. La Peugeot 307 est une des voitures les plus populaires en France. Elle est petite, très économique ... et très rapide. On dit que c'est une voiture «musclée».

2. Les jeunes Français apprennent à conduire dans des «auto-écoles». Ces auto-écoles sont des écoles privées qui coûtent généralement très cher. On estime que pour obtenir le permis de conduire, il faut dépenser en moyenne 800 à 1 000 euros en leçons.

TEACHING STRATEGY

Have students read this cultural introduction twice:
- at the beginning of the unit—quickly, for general content
- at the end of the lesson—with greater attention to details

By looking at the pictures, students can discover the meanings of many of the new words.

3. Quand ils sont au volant, les Français conduisent bien ... et vite. Sur les autoroutes, la vitesse est limitée à 130 kilomètres/heure. Dans les villes, elle est limitée à 50 kilomètres/heure. Attention! Si vous ne respectez pas cette limitation de vitesse, vous pouvez avoir une contravention. Après un certain nombre de contraventions, vous pouvez perdre votre permis de conduire.

4. Les «24 heures du Mans» sont une grande course automobile. Cette course a lieu chaque année en juin sur le circuit du Mans, une ville qui a joué un rôle important dans le développement de l'industrie automobile en France. La course dure exactement 24 heures. Il y a environ 70 voitures avec, pour chaque voiture, trois pilotes qui se relaient de jour et de nuit. La voiture gagnante est celle qui a couvert la plus grande distance pendant cette période de temps.

COMPARAISONS CULTURELLES

- Comparez la Peugeot 307 avec une voiture américaine semblable.
- Calculez les limites de vitesse françaises en miles/heure. (10 kilomètres égalent à peu près 6 miles.) Comparez-les aux limites de vitesse dans votre région.
- Quelles sont les grandes courses automobiles aux États-Unis? Comment sont-elles différentes des 24 heures du Mans?

Questions sur le texte

1. Qui a inventé le principe du moteur «à quatre temps»? [un ingénieur français, Alphonse Beau de Rochas]
2. Pourquoi est-ce que cette invention est importante? [Cette invention a permis le développement de la voiture moderne.]
3. Quels sont les deux grands constructeurs d'automobiles en France? [Renault et Peugeot-Citroën]
4. Quelles sont les qualités de la Peugeot 307? [Elle est petite, très économique et très rapide. C'est une voiture musclée.]
5. Où vont les Français pour apprendre à conduire? [dans des auto-écoles]
6. Quelle est la limitation de vitesse sur les autoroutes? et dans les villes? [autoroutes: 130 kilomètres/heure; villes 50 kilomètres/heure]
7. Décrivez les «24 heures du Mans». [C'est une grande course automobile qui a lieu à Mans en juin. Elle dure 24 heures. Il y a environ 70 voitures, avec trois pilotes par voiture. La voiture qui a couvert la plus grande distance en 24 heures gagne.]

Cultural note French is rapidly expanding its system of modern superhighways **(les autoroutes).** Many rest areas have playgrounds and picnic facilities. These highways are free around major urban areas, but drivers must pay tolls **(le péage)** for travel between cities.

Teaching tip For a reference point for finding French speed limits, have students turn to p. 505 to consult the *Vitesse* speed limit explanation card.

SECTION A

Communicative function
Talking about driving

Teaching Resource Options

PRINT 

Workbook PE, pp. 301–306
Unit 9 Resource Book
- Audioscript, p. 28
- Communipak, pp. 144–161
- Video Activities, pp. 22–24
- Videoscript, pp. 25–26
- Workbook TE, pp. 1–6

AUDIO & VISUAL

Audio Program
CD 5 Tracks 12 & 13

Overhead Transparencies
66 *Quelques véhicules*

VIDEO PROGRAM

LEÇON 33

Section 1: Les véhicules
(49:00–50:02 min.)

Section 3: Le permis de conduire
(52:16–52:52 min.)

Expansion **Non, je suis trop jeune pour conduire.**

Language notes
- For **auto-école,** one can also say **une école de conduite.**
- **conduit (conduire)** → *conduit (a large pipe)*

Pronunciation
un minivan /minivan/

Teaching tip Give a red and a blue card to each student. Present the new vocabulary, pointing out each vehicle on **Transparency 66.** Have students raise their blue cards when they hear **un** and their red cards when they hear **une.**

Ask questions about the vehicles.

Je veux faire du camping. Quel est le meilleur véhicule—une décapotable ou un minivan?

Nous devons transporter un réfrigérateur. Quel est le meilleur véhicule—une camionnette ou une voiture de sport?

A VOCABULAIRE La conduite *(Driving)*

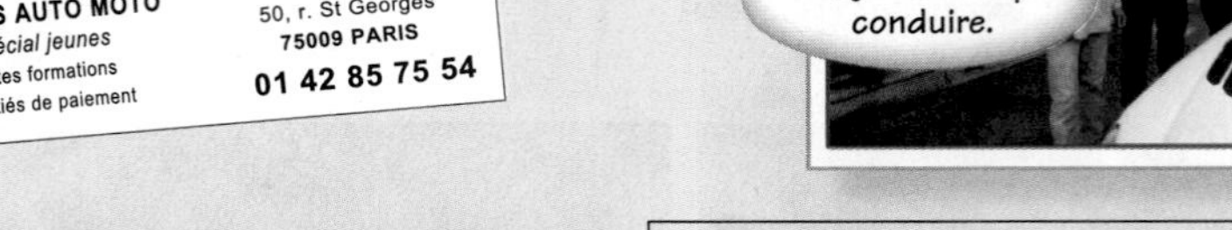

—Est-ce que tu as **le permis de conduire**?
—Non, je ne sais pas **conduire.**

un permis de conduire *driver's license*
conduire *to drive*

—Est-ce que tu vas apprendre à conduire?
—Oui, je vais **suivre des cours** dans **une auto-école.**

suivre un cours *to take a class*
une auto-école *driving school*

	conduire		suivre	
PRESENT	je **conduis**	nous **conduisons**	je **suis**	nous **suivons**
	tu **conduis**	vous **conduisez**	tu **suis**	vous **suivez**
	il/elle/on **conduit**	ils/elles **conduisent**	il/elle/on **suit**	ils/elles **suivent**
PASSÉ COMPOSÉ	j'ai **conduit**		j'ai **suivi**	

→ **Suivre** has two meanings:

to follow La voiture rouge **suit** le camion.
to take (a class) Hélène **suit** des cours de piano.

On peut conduire:

une voiture

une voiture de sport

une décapotable

un camion

une camionnette

un minivan

UN JEU Les mots croisés

Duplicate the puzzle at right. At a given signal, have students fill in the appropriate words from the vocabulary section, books closed. The winner is the first student who finishes without any errors.

Solution:
1. décapotable
2. camionnette
3. voiture
4. camion
5. minivan
6. voiture de sport

1 Questions personnelles PARLER/ÉCRIRE

1. As-tu une voiture favorite? Quelle est sa marque *(make)*? Est-ce que c'est une voiture confortable? rapide? spacieuse *(roomy)*? économique?
2. Dans ta famille, qui sait conduire? En général, qui conduit quand vous faites un voyage?
3. Est-ce que tu sais conduire? Si oui, depuis combien de temps est-ce que tu as le permis? Sinon *(If not)* est-ce que tu suis des cours? Où? Quand est-ce que tu vas avoir le permis?
4. Est-ce que tu voudrais avoir une décapotable? Pourquoi ou pourquoi pas?
5. Préférerais-tu avoir une voiture ou un minivan? Pourquoi?
6. Est-ce que tu as conduit une mobylette *(moped)*? une moto? un scooter? Quand?
7. Est-ce que tu as suivi des cours de danse? des cours de piano? Quand et où?

NOTE culturelle

Le permis de conduire

Pour conduire en France, il faut avoir le permis de conduire et être âgé de 18 ans. Pour avoir ce permis, il faut réussir à un examen très difficile. Cet examen consiste en deux parties: une partie théorique sur le code de la route° et une partie pratique de conduite. Pour la partie théorique, on peut s'entraîner sur l'Internet, mais pour la partie pratique, on doit aller dans une «auto-école». Beaucoup de gens échouent° à cette épreuve° pratique et doivent se présenter plusieurs fois à l'examen avant d'obtenir le permis.

Les jeunes Français de 16 ans peuvent conduire une voiture, mais à deux conditions. D'abord, ils doivent suivre des cours dans une auto-école. Ensuite, quand ils conduisent, ils doivent être accompagnés par un adulte âgé d'au moins 25 ans qui a le permis.

code de la route *traffic regulations*
échouent *fail* **épreuve** *test*

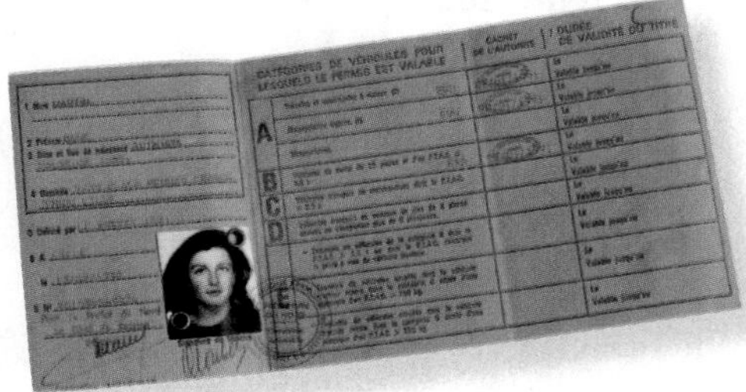

COMPARAISONS CULTURELLES

Selon vous, est-ce que le permis de conduire est plus difficile à obtenir en France ou aux États-Unis? Expliquez.

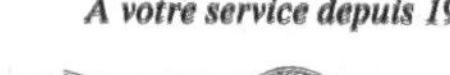

RENNES AUTO-ÉCOLE
79 Rue de Rennes - 75006 PARIS
✆ 01 45 48 86 12
À votre service depuis 1929

Pour conduire en France, il faut avoir le

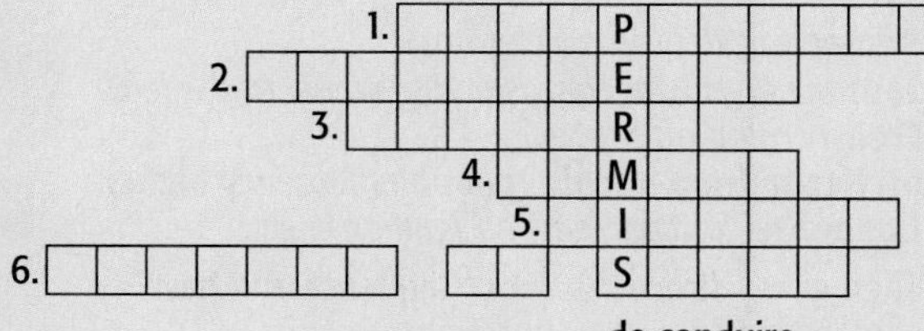

de conduire

INCLUSION

Metacognitive Ask student to copy the full conjugations of **conduire** and **suivre** in their notebooks, putting an asterisk next to all forms that are pronounced identically. Then, have them combine the verbs with the vocabulary at the bottom of page 494 to create sentences and have them write some of the sentences on the board.

1 COMMUNICATION answering personal questions

1. Oui, j'ai une voiture favorite. (Non, je n'ai pas de voiture favorite.) C'est une (voiture de sport [or a brand name]). Oui, c'est une voiture (assez, très) confortable (rapide, spacieuse, économique).
2. Dans ma famille, (mon père, ma mère et mon frère aîné) savent conduire. En général, quand nous faisons un voyage, c'est ma mère (mon père) qui conduit.
3. Oui, je sais conduire. J'ai le permis depuis (un an). (Non, je ne sais pas conduire.) Je suis des cours à l'école (à l'auto-école, avec mes parents). Je vais avoir le permis (l'année prochaine). (Non, je ne suis pas de cours.)
4. Oui, je voudrais avoir une décapotable parce que c'est agréable en été, quand il fait chaud. (Non, je ne voudrais pas avoir de décapotable parce que c'est dangereux et ce n'est pas agréable quand il y a des orages.)
5. Je préférerais avoir une voiture parce que c'est plus facile à conduire. (Je préférerais avoir un minivan parce que c'est plus spacieux et c'est pratique pour faire des voyages avec des copains.)
6. Oui, j'ai déjà conduit une mobylette / une moto / un scooter (pendant les vacances). (Non, je n'ai jamais conduit de mobylette / de moto / de scooter.)
7. Oui, j'ai suivi des cours de danse à l'école (l'année dernière). (Non, je n'ai jamais suivi de cours de danse.) Oui, j'ai suivi des cours de piano à l'école (cette année). (Non, je n'ai jamais suivi de cours de piano.)

Cultural notes

- **Le Code de la route** is also the title of the French driver's manual.
- For the theoretical part of the driver's test, candidates are shown slides and respond to corresponding multiple-choice questions.

SECTION B

Communicative function
Getting a car serviced

Teaching Resource Options

PRINT  

Workbook PE, pp. 301–306
Unit 9 Resource Book
- Audioscript, p. 28
- Communipak, pp. 144–161
- Family Involvement, pp. 18–19
- Video Activities, pp. 22–23
- Videoscript, pp. 25–26
- Workbook TE, pp. 1–6

Assessment
- Lesson 33 Quiz, pp. 35–36
- Portfolio Assessment, Reprise/Unit 1 URB, pp. 235–244
- Audioscript for Quiz 33, p. 34
- Answer Keys, pp. 206–210

AUDIO & VISUAL 

Audio Program
CD 5 Tracks 14 & 15
CD 23 Track 1

Overhead Transparencies
67 *La voiture*

TECHNOLOGY

Test Generator CD-ROM/McDougal Littell Assessment System

VIDEO PROGRAM

VIDEO DVD

LEÇON 33

Section 2: Les voitures
(50:03–52:15 min.)

Supplementary vocabulary

mettre/couper le contact *to turn on/off the ignition*
mettre en première, seconde, troisième *to shift into first, second, third*
mettre en marche avant, marche arrière *to shift into drive, reverse*
changer de vitesse *to shift gears*
démarrer *to start (driving)*
mettre les clignotants *to signal (with a blinker)*
appuyer sur l'accélérateur, le frein *to step on the gas, the brakes*
accélérer *to accelerate*
freiner *to brake*
ralentir *to slow down*
stationner *to park*
mettre le frein à main *to put on the emergency brake*

B VOCABULAIRE À la station-service

La voiture

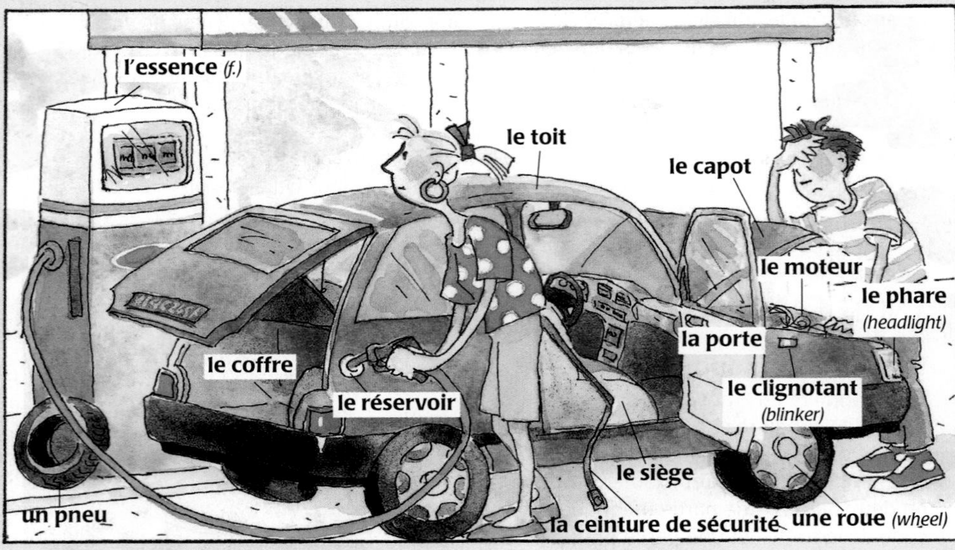

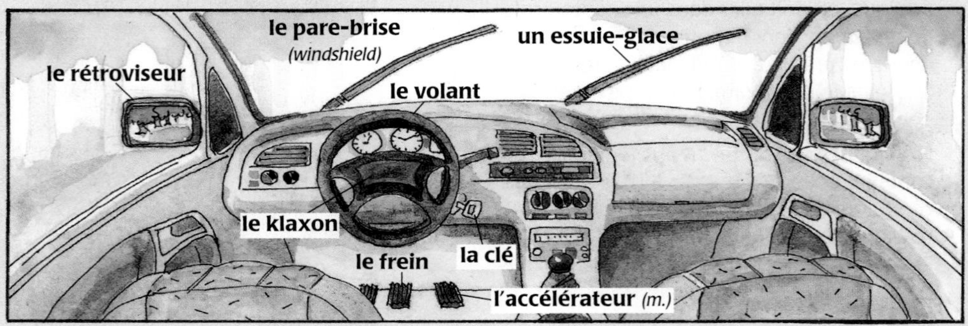

Avant de partir en voyage, il faut ...
- **faire le plein d'essence**
- **nettoyer le pare-brise**
- **vérifier** | **l'huile** *(f.)* / **les freins** / **les pneus**

faire le plein *to fill it up*

vérifier *to check*

COMPREHENSION Une leçon de conduite

Using expressions from the Supplementary vocabulary (above), simulate a "driving lesson" in French. Give instructions and have students mime your actions at their seats.

Mettez le contact *(turn on the ignition).*
Mettez en marche avant *(shift into drive).*
Mettez les clignotants *(put on turn signal).*
Démarrez *(step on accelerator).*
Tournez à gauche *(turn steering wheel to the left).*
Freinez *(step on brakes).*
Mettez le frein à main *(put on emergency brake).*
Coupez le contact *(turn off ignition).*, etc.

Then give instructions out of sequence and have students perform the appropriate actions.

2 Une leçon de conduite

PARLER/ÉCRIRE Complétez les phrases suivantes avec les mots qui conviennent.

GARAGE DE L'AVENIR
S.A.R.I.
AGENT RENAULT TOLLARI
Boutique - Pièces
Carrosserie - Mécanique
431, Route de la Gare - 83110 Sanary
04 94 07 25 26

1. Quand on conduit, il est obligatoire de mettre …
2. Quand on conduit la nuit, il faut mettre …
3. Quand on tourne à droite ou à gauche, il faut mettre …
4. Quand il pleut, on met …
5. On met l'essence dans …
6. On met les valises dans …
7. Pour s'arrêter, il faut appuyer sur *(step on)* …
8. Quand on veut vérifier l'huile, il faut ouvrir …
9. Quand on conduit, on doit garder *(keep)* les deux mains sur …
10. Tous les 40 000 ou 50 000 kilomètres, il est recommandé de changer …

Au jour le jour

Si vous conduisez en France et vous arrivez à une intersection, il est essentiel de savoir qui a la priorité.

Voici trois panneaux que vous devez reconnaître:

Vous avez la priorité.

Vous n'avez pas la priorité.

La voiture qui vient de la droite a la priorité.

Regardez les trois illustrations tirées d'un manuel du Code de la Route.

Essayez de déterminer l'ordre de passage des voitures. Puis vérifiez vos réponses en lisant les solutions.

A.

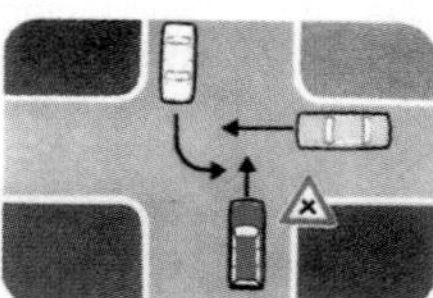

A. ORDRE DE PASSAGE DES VOITURES
1. LA BLANCHE AVANCE JUSQU'AU CENTRE DE L'INTERSECTION
2. LA JAUNE PASSE
3. LA BLEUE PASSE
4. LA BLANCHE PASSE LA DERNIÈRE

B.

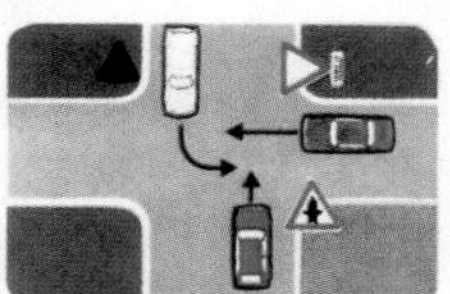

B. ORDRE DE PASSAGE DES VOITURES
1. LA BLEUE PASSE
2. LA BLANCHE PASSE DERRIÈRE LA BLEUE
3. LA ROUGE PASSE LORSQUE LA ROUTE EST LIBÉRÉE

C.

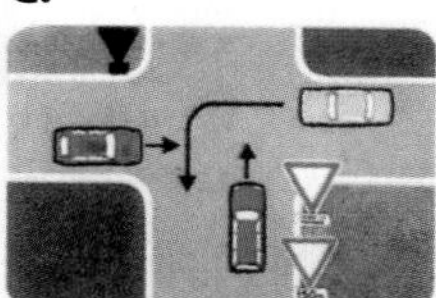

C. ORDRE DE PASSAGE DES VÉHICULES
1. LA ROUGE PASSE
2. LA JAUNE PASSE DERRIÈRE LA ROUGE
3. LA BLEUE PASSE ENSUITE

2 COMPREHENSION explaining how to drive

1. la ceinture de sécurité
2. les phares
3. les clignotants
4. les essuie-glace
5. le réservoir
6. le coffre
7. le frein
8. le capot
9. le volant
10. les pneus

AU JOUR LE JOUR

Objectives
- Reading authentic documents
- Reading for information

Cultural notes
- As in the United States, caution signs in France are triangular in shape.
- In France, the car coming from the right always has the right of way unless there is a stop sign or a traffic signal.

INCLUSION

Variation *Mime the actions yourself and have the students give the instructions based on your gestures.*

Alphabetic/Phonetic Pronounce the new vocabulary for the students and have them repeat each word three times. Have them write phonetic transcriptions in their notebooks.

Leçon 34

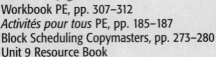

Main Topic Describing actions and feelings

Teaching Resource Options

PRINT

Workbook PE, pp. 307–312
Activités pour tous PE, pp. 185–187
Block Scheduling Copymasters, pp. 273–280
Unit 9 Resource Book
- *Activités pour tous* TE, pp. 43–45
- Audioscript, pp. 63, 65–68
- Communipak, pp. 144–161
- Lesson Plans, pp. 46–47
- Block Scheduling Lesson Plans, pp. 48–49
- Absent Student Copymasters, pp. 50–52
- Video Activities, pp. 55–61
- Videoscript, p. 62
- Workbook TE, pp. 37–42

AUDIO & VISUAL

Audio Program
CD 5 Track 16
CD 14 Tracks 7–12

TECHNOLOGY

Online Workbook

VIDEO PROGRAM

VIDEO DVD

LEÇON 34

Une leçon de conduite

TOTAL TIME: 3:46 min.
- DVD Disk 2
- Videotape 2 (COUNTER: 52:57 min.)

Vidéo-scène
(52:27–55:58 min.)

Expansion culturelle
(55:59–56:43 min.)

Looking ahead Help students understand:

Il faut que je sois de retour ... The subjunctive with **il faut** will be presented in Lesson 35.

Vocabulary notes

une voiture d'occasion *secondhand car*
démarrer *to start (the engine), to start driving*
mettre le contact *to turn on the ignition*
klaxonner *to honk (the horn)*

LEÇON 34

VIDÉO-SCÈNE

VIDÉO DVD AUDIO

Une leçon de conduite

Jérôme vient d'acheter une voiture. La voiture de Jérôme est une petite décapotable blanche. C'est une voiture d'occasion, mais elle marche bien et elle est assez rapide ... Jérôme est très fier de sa nouvelle voiture.

Aujourd'hui, il va proposer une leçon de conduite à Pierre.

Tu veux que je te donne une leçon de conduite?
Ça dépend. Qui va conduire?
Moi ... pour commencer.
Bon, d'accord. Je veux bien aller avec toi, mais il faut absolument que je sois de retour à deux heures.
Et moi, est-ce que je conduirai?
Oui enfin, ... on verra.
Ah bon? Pourquoi?

Parce que j'ai rendez-vous avec Armelle.
T'en fais pas! On sera de retour pour ton rendez-vous.

Pierre et Jérôme montent dans la voiture. La leçon de conduite commence ...

Pour démarrer, je mets le contact ... Après, je passe en première.

Et qu'est-ce qu'il faut faire avant de partir?

Je ne sais pas, moi ... Il faut klaxonner?

Mais non, tu sais bien qu'il est interdit de klaxonner en ville! ...

Il faut bien regarder
evant et derrière ... et il faut
quer qu'on va partir en mettant
le clignotant. Regarde!

Après ces remarques préliminaires, Jérôme met finalement la voiture en marche ...

Maintenant la voiture roule° le long du Lac d'Annecy. La vue est magnifique.

roule *drives*

Jérôme remarque que Pierre ne fait pas attention.

Et c'est pas non plus en écoutant la radio!
Regarde donc ce que je fais ... ce n'est pas en regardant dehors que tu apprendras à conduire!
à suivre ...

Compréhension

1. Qu'est-ce que Jérôme propose à Pierre?
2. Quelle est la condition de Pierre?
3. Qu'est-ce qu'on doit faire avant de partir?
4. Quelle est l'attitude de Pierre pendant la leçon?

Critical thinking Ask students to give the English equivalents of **amusant, intéressant.** Which English ending corresponds to **-ant?** [-ing] Have students read the dialogue and find examples of verbs ending in **-ant.**

Ask them to guess the meaning of the constructions **en mettant, en regardant, en écoutant.**

Cultural note Inform students that the car in the video is an example of a **Citroën Deux Chevaux** (two horsepower). Citroën first introduced this car in 1948. It was designed by Pierre Boulanger and was released at the Paris Autosalon. Very light, economical, and cheap, it was a car designed for the masses. It is now considered a classic.

Teaching note Play the video with the sound muted. Tell the class to work in pairs to write conversations based on what they see. Afterward, play the video with the sound on to see how close their conversations come to the one on the video.

Compréhension

Answers

1. Il veut lui donner une leçon de conduite.
2. Il doit être de retour à deux heures parce qu'il a rendez-vous avec Armelle.
3. Il faut regarder devant et derrière et il faut indiquer qu'on va partir en mettant le clignotant.
4. Il regarde dehors et il écoute la radio. Il ne fait pas attention.

Section A

Communicative function
Describing one's feelings

Teaching Resource Options

PRINT

Workbook PE, pp. 307–312
Unit 9 Resource Book
  Communipak, pp. 144–161
  Workbook TE, pp. 37–42

TECHNOLOGY

Power Presentations

Teaching note Have students give English equivalents of the cartoon captions.

Signalez avant de démarrer!
Signal before starting to drive!
Attention, je démarre!
Watch out, I'm pulling out!

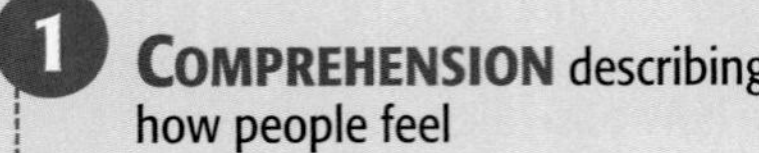

1 COMPREHENSION describing how people feel

1. Catherine est heureuse d'avoir un «A».
2. Corinne est heureuse de partir en vacances cet été.
3. Philippe est triste de rester à la maison ce week-end.
4. Juliette est heureuse de sortir avec un garçon sympathique.
5. François est triste de perdre son match de tennis.
6. Pauline est heureuse de conduire la voiture de sport de son frère.
7. Christophe est heureux de recevoir des lettres de sa copine.
8. Nicole est triste d'avoir des problèmes avec son copain.

Personalization Have students complete open-ended sentences:

Je suis content(e) de (d') ...
Je suis triste de (d') ...

Section B

Communicative function
Describing the relationship between activities

Language note Stress that French uses an infinitive construction after all prepositions except **en.**

Point out that in similar constructions, English often uses a verb ending in *-ing*:

before leaving
without fastening

A La construction: adjectif + *de* + infinitif

Note the use of the infinitive in the following sentences.

Je suis **heureux de faire** ta connaissance.	*I am **pleased to meet** you.*
Catherine est **contente d'aller** à Genève.	*Catherine is **happy to go** to Geneva.*
Nous sommes **tristes de partir.**	*We are **sad to leave.***

Adjectives are often followed by an infinitive according to the construction:

ADJECTIVE + **de** + INFINITIVE

→ A similar construction is used with nouns.

Je n'ai pas **le temps de jouer** au tennis. *I don't have **the time to play** tennis.*

Zoé est triste d'avoir un «F» à l'examen.

1 Heureux ou tristes?

PARLER/ÉCRIRE Dites si les personnes suivantes sont **heureuses** ou **tristes.**

▶ Zoé a un «F» à l'examen.

1. Catherine a un «A».
2. Corinne part en vacances cet été.
3. Philippe reste à la maison ce week-end.
4. Juliette sort avec un garçon sympathique.
5. François perd son match de tennis.
6. Pauline conduit la voiture de sport de son frère.
7. Christophe reçoit des lettres de sa copine.
8. Nicole a des problèmes avec son copain.

B La construction: préposition + infinitif

Note the use of the infinitive in the following sentences.

Je travaille **pour gagner** de l'argent.	*I work **(in order) to earn** money.*
Prends de l'essence **avant de partir.**	*Get gas **before leaving.***
Ne pars pas **sans mettre** ta ceinture.	*Don't leave **without fastening** your seat belt.*

In French, the infinitive is used after prepositions such as **pour** *(in order to)*, **avant de** *(before)*, and **sans** *(without)*.

LANGUAGE COMPARISON

→ While the expression *in order to* is often omitted in English, **pour** must be used in French.

SIGNALEZ AVANT DE DÉMARRER!
AUTO-ÉCOLE

Un jeu Pourquoi?

PROPS: 8–10 dice

On the board or a transparency, number the elements in Column A of Act. 2 from 1–6. Divide the class into teams of three to four students and give each group a die.

At a given signal, S1 rolls the die and writes a sentence using the appropriate subject from Column A, plus elements from Columns B and C.

(For example, 3 spots = **nous** → **Nous sommes allés au café pour retrouver des copains.)**

2 Pourquoi?

PARLER/ÉCRIRE Choisissez une destination pour les personnes suivantes et dites pourquoi elles sont allées là-bas.

A	B	C
moi	à Québec	acheter une veste
vous	au café	apprendre à conduire
nous	dans les magasins	prendre de l'essence
Monsieur Rimbaud	à la station-service	réserver les billets d'avion
Anne et Florence	à l'agence de voyages	retrouver des copains
ma cousine	à l'auto-école	apprendre le français

▶ **Vous êtes allés à Québec pour apprendre le français.**

3 Une question de priorité

PARLER/ÉCRIRE On fait certaines choses avant d'en faire d'autres. Exprimez cela en utilisant la construction **avant de** + infinitif.

▶ Léa met une veste et elle sort.
Léa met une veste avant de sortir.

1. Vous téléphonez et vous allez chez des amis.
2. Ils étudient et ils vont au cinéma.
3. Éric vérifie les pneus et il part.
4. Nous suivons des cours et nous passons *(take)* l'examen.
5. Tu prends de l'essence et tu pars.
6. Nous achetons les billets d'avion et nous allons à Tahiti.
7. Je demande la permission et j'organise une boum.
8. Je me lave les mains et je dîne.
9. Tu mets le clignotant et tu tournes.

4   Conseils *(Advice)*

PARLER/ÉCRIRE On ne doit pas faire certaines choses sans en faire d'autres. Exprimez cela dans des dialogues.

1. après le dîner
   sortir
   dire au revoir
2. samedi soir
   aller en ville
   prendre de l'argent
3. cet été
   partir en vacances
   laisser ton adresse
4. ce week-end
   prendre la voiture
   faire le plein

2 DESCRIPTION describing why people are in certain places

Answers will vary.
- Je suis allé(e) à l'auto-école pour apprendre à conduire.
- Vous êtes allé(e)s à Québec pour apprendre le français.
- Nous sommes allé(e)s au café pour retrouver des copains.
- Monsieur Rimbaud est allé dans les magasins pour acheter une veste.
- Anne et Florence sont allées à la station-service pour prendre de l'essence.
- Ma cousine est allée à l'agence de voyages pour réserver les billets d'avion.

3 DESCRIPTION describing sequential activities

1. Vous téléphonez avant d'aller chez des amis.
2. Ils étudient avant d'aller au cinéma.
3. Éric vérifie les pneus avant de partir.
4. Nous suivons des cours avant de passer l'examen.
5. Tu prends de l'essence avant de partir.
6. Nous achetons les billets d'avion avant d'aller à Tahiti.
7. Je demande la permission avant d'organiser une boum.
8. Je me lave les mains avant de dîner.
9. Tu mets le clignotant avant de tourner.

4 EXCHANGES giving advice about what to do

1. –Qu'est-ce que tu fais après le dîner?
   –Je vais sortir.
   –Eh bien, ne sors pas sans dire au revoir.
2. –Qu'est-ce que tu fais samedi soir?
   –Je vais aller en ville.
   –Eh bien, ne va pas en ville sans prendre de l'argent.
3. –Qu'est-ce que tu fais cet été?
   –Je vais partir en vacances.
   –Eh bien, ne va pas en vacances sans laisser ton adresse.
4. –Qu'est ce que tu fais ce week-end?
   –Je vais prendre la voiture.
   –Eh bien, ne prends pas la voiture sans faire le plein.

Challenge activity Have students make up original exchanges.

–Qu'est-ce que tu fais ce week-end?
–Je vais faire un pique-nique.
–Eh bien, ne fais pas de pique-nique sans acheter des provisions.

The other students check the sentence for accuracy. Then S2 rolls the die and writes a sentence. The winner is the group with the most correct sentences at the end of five minutes.

INCLUSION

Structured Have students generate a list of adjectives denoting feelings and a list of infinitives. Write the construction ADJECTIVE + **de** + INFINITIVE on the board. Have five students come to the board to create sentences by choosing words from the list. Then have volunteers read the sentences aloud while the other students write them in their notebooks.

SECTION C

Communicative function
Explaining activities

Teaching Resource Options

PRINT

Workbook PE, pp. 307–312
Unit 9 Resource Book
- Audioscript, p. 64
- Communipak, pp. 144–161
- Family Involvement, pp. 53–54
- Workbook TE, pp. 37–42

Assessment
- Lesson 34 Quiz, pp. 69–70
- Portfolio Assessment, Reprise/Unit 1 URB, pp. 235–244
- Audioscript for Quiz 34, p. 68
- Answer Keys, pp. 206–210

AUDIO & VISUAL

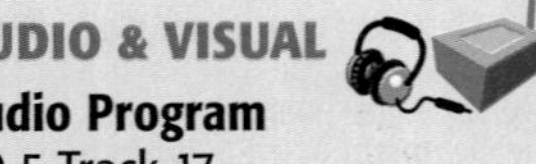

Audio Program
CD 5 Track 17
CD 23 Track 2

TECHNOLOGY

Power Presentations
Test Generator CD-ROM/McDougal Littell Assessment System

Looking ahead The irregular past participles—**étant, ayant, sachant**—are presented in Level Three.

Teaching note If students need more practice, give the **nous**-form of other verbs and have them respond with the present participle, e.g.:

nous dansons	**dansant**
nous faisons	**faisant**
nous buvons	**buvant,** etc.

Teaching note You may wish to present the proverb **C'est en forgeant qu'on devient forgeron.** *(It is by working at the forge that one becomes a blacksmith. = Practice makes perfect.)*

If students ask Object pronouns always precede the present participle:

En <u>me</u> levant tôt le matin, j'arrive au lycée à l'heure.

C La construction: *en* + participe présent

Read the following sentences, paying attention to the verbs in heavy print. These verbs are in a new form: the PRESENT PARTICIPLE.

J'écoute la radio en **étudiant.**	*I listen to the radio while **studying.***
Paul gagne de l'argent en **travaillant** dans une station-service.	*Paul earns money by **working** in a gas station.*

FORMS

The present participle always ends in **-ant.** It is derived as follows:

STEM	+	ENDING
nous-form of present *minus* **-ons**		**-ant**

travailler:	nous **travaill**ons	→	**travaillant**
finir:	nous **finiss**ons	→	**finissant**
attendre:	nous **attend**ons	→	**attendant**
aller:	nous **all**ons	→	**allant**
prendre:	nous **pren**ons	→	**prenant**

DIRIGEANTS - INGENIEURS - CADRES
STAGES DE FORMATION CONTINUE
Vous étudiez en travaillant
CENTRALE
INSTITUT CENTRALIEN DES TECHNOLOGIES ET DU MANAGEMENT

USES

The construction **en** + PRESENT PARTICIPLE is used to express:

- <u>simultaneous action</u> *(**while** doing something)*
  Il écoute la radio **en lavant** sa voiture. — *He listens to the radio **while washing** his car.*
- <u>cause and effect</u> *(**by** doing something)*
  Il gagne de l'argent **en lavant** des voitures. — *He earns money **by washing** cars.*

5 Comment?

PARLER/ÉCRIRE Expliquez comment les personnes suivantes font certaines choses. (Si vous voulez, vous pouvez aussi expliquer comment vous faites les mêmes choses.).

▶ Christine / gagner de l'argent (faire du baby-sitting)

1. Pauline / rester en forme (faire de la gymnastique)
2. Robert / apprendre le français (écouter des CD)
3. Juliette / réussir à ses examens (étudier tous les jours)
4. Stéphanie / apprendre les nouvelles *(news)* (regarder la télé)
5. Jean-Paul / aider sa mère (faire la vaisselle)
6. Catherine / aider son père (laver la voiture)
7. Olivier / se reposer (écouter de la musique classique)
8. Nicolas / s'amuser (lire des bandes dessinées)

▶ Christine gagne de l'argent en faisant du baby-sitting. Moi, je gagne de l'argent en travaillant dans un supermarché.

PERSONALIZATION Comment?

Do the second part of Act. 5 in groups of three. Each student gives a different explanation as to how he/she does the things mentioned.

S1: **Moi, je gagne de l'argent en travaillant dans un supermarché.**
S2: **Moi, je gagne de l'argent en lavant des voitures.**
S3: **Moi, je gagne de l'argent en promenant le chien du voisin.**

6 Et vous?

PARLER/ÉCRIRE Dites si oui ou non vous faites les choses suivantes en même temps.

▶ écouter mon baladeur? (faire du jogging)

1. écouter la radio? (étudier)
2. écouter les nouvelles *(news)*? (prendre le petit déjeuner)
3. regarder la télé? (dîner)
4. chanter? (prendre un bain)
5. parler à mes copains? (attendre le bus)
6. m'arrêter dans les magasins? (rentrer chez moi)

(Je n'écoute pas mon baladeur en faisant du jogging.)

À votre tour!

OBJECTIFS

Now you can ...
- give reasons for your decisions

1 Pourquoi?

ÉCRIRE/PARLER Complétez les phrases suivantes en indiquant pour quelles raisons vous voudriez faire ou avoir certaines choses. Utilisez la construction **pour** + infinitif. Ensuite comparez vos réponses avec celles d'un(e) camarade.

- Je voudrais avoir de l'argent ...
- Je voudrais avoir une voiture ...
- Je voudrais aller à l'université ...
- Je voudrais aller en France ...
- Je voudrais être riche ...

▶ **—Moi, je voudrais avoir de l'argent pour acheter un ordinateur. Et toi, André?**
—Moi, je voudrais avoir de l'argent pour faire un voyage.

	MOI	ANDRÉ
avoir de l'argent	pour acheter un ordinateur	pour faire un voyage
avoir une voiture	pour aller à l'école	

PORTFOLIO ASSESSMENT

You will probably choose only one oral and one written activity to go into the students' portfolios for Unit 9.

Act. 1 can be adapted as a written portfolio topic. Have students use the cues to write a brief paragraph about themselves.

INCLUSION

Repetitive Drill the formation of the present participle by writing several verbs on the board and having students first give the the **nous-** form and the stem for the present participle. Then have them generate the present participle. Next, have them create sentences using the present participle. Finally, tell them to write the sentences in their notebooks.

5 DESCRIPTION explaining how people manage to do certain things

1. Pauline reste en forme en faisant de la gymnastique. (Moi, je reste en forme en mangeant peu et en faisant du jogging.)
2. Robert apprend le français en écoutant des CD. (Moi, j'apprends le français en étudiant à l'école et en lisant des magazines français.)
3. Juliette réussit à ses examens en étudiant tous les jours. (Moi, je réussis à mes examens en apprenant mes leçons consciencieusement.)
4. Stéphanie apprend les nouvelles en regardant la télé. (Moi, j'apprends les nouvelles en écoutant la radio.)
5. Jean-Paul aide sa mère en faisant la vaisselle. (Moi, j'aide ma mère en faisant les courses.)
6. Catherine aide son père en lavant la voiture. (Moi, j'aide mon père en travaillant dans le jardin.)
7. Olivier se repose en écoutant de la musique classique. (Moi, je me repose en lisant un magazine.)
8. Nicolas s'amuse en lisant des bandes dessinées. (Moi, je m'amuse en regardant une comédie.)

6 COMMUNICATION describing one's activities

Answers will vary.

1. J'écoute la radio en étudiant. (Je n'écoute pas la radio en étudiant.)
2. J'écoute les nouvelles en prenant le petit déjeuner. (Je n'écoute pas les nouvelles en prenant le petit déjeuner.)
3. Je regarde la télé en dînant. (Je ne regarde pas la télé en dînant.)
4. Je chante en prenant un bain. (Je ne chante pas en prenant un bain.)
5. Je parle à mes copains en attendant le bus. (Je ne parle pas à mes copains en attendant le bus.)
6. Je m'arrête dans les magasins en rentrant chez moi. (Je ne m'arrête pas dans les magasins en rentrant chez moi.)

À VOTRE TOUR!

1 GUIDED CONVERSATION expressing purpose

Answers will vary.

- –Moi, je voudrais avoir une voiture pour voyager dans tous les États-Unis. Et toi?
  –Moi, je voudrais avoir une voiture pour conduire dans ma ville.
- –Moi, je voudrais aller à l'université pour étudier la médecine. Et toi?
  –Moi, je voudrais aller à l'université pour avoir un bon diplôme.
- –Moi, je voudrais aller en France pour parler français. Et toi?
  –Moi, je voudrais aller en France pour connaître les différentes régions.
- –Moi, je voudrais être riche pour aider les pauvres. Et toi?
  –Moi, je voudrais être riche pour acheter des cadeaux à ma famille et à tous mes amis.

Photo culture note Le Crédit Lyonnais is a French bank with branches throughout the country. In France, the automatic teller **(le guichet automatique)** is usually located on an outside wall of the bank along the sidewalk.

LECTURE

Le test du bon conducteur

Objective

- Reading for information

Lecture Le test du bon conducteur

Un jour ou l'autre, vous conduirez une voiture. Pour juger si vous êtes bien qualifié(e), complétez les phrases suivantes avec l'option qui vous semble être la meilleure.

1. Avant de partir pour un long voyage, il est très important de …
A. laver la voiture
B. vérifier les pneus et les freins
C. acheter des lunettes de soleil

2. Avant de démarrer, il faut …
A. mettre sa ceinture de sécurité
B. se regarder dans la glace
C. mettre les phares

3. En conduisant, il est toujours prudent de …
A. mettre la radio
B. fermer les fenêtres
C. regarder souvent dans le rétroviseur

4. Quand il neige, il est recommandé de …
A. mettre de l'eau dans le radiateur
B. accélérer aux feux rouges°
C. conduire lentement

feux rouges *red lights*

5. En traversant une ville, il faut …
A. klaxonner
B. ralentir
C. accélérer

6. En arrivant devant un feu rouge, il faut …
A. changer de voie°
B. mettre le frein à main
C. s'arrêter progressivement

voie *lane*

7. Avant de doubler une autre voiture, il faut …
A. nettoyer le pare-brise
B. vérifier les freins
C. signaler avec le clignotant

8. Pour s'arrêter, il faut …
A. arrêter le moteur
B. enlever la ceinture de sécurité
C. appuyer° sur le frein

appuyer *to step on*

9. En sortant de la voiture, il ne faut pas oublier de …
A. ouvrir le coffre
B. prendre les clés
C. faire le plein d'essence

PRE-READING ACTIVITY

Have students read the title and look at the pictures. Can they guess the meaning of the word **conducteur**?

[It is a false cognate: it does not mean *conductor* but *driver*.]

The text also has some partial cognates:

- **une phrase** may mean *a phrase*, but here it means … *[a sentence]*
- **un voyage** may mean *a voyage*, but here it means … *[a trip]*
- **un moteur** may mean *a motor*, but here it means … *[an engine]*
- **garder** may mean *to guard*, but here it means … *[to keep]*
- **doubler** may mean *to double*, but here it means … *[to pass]*

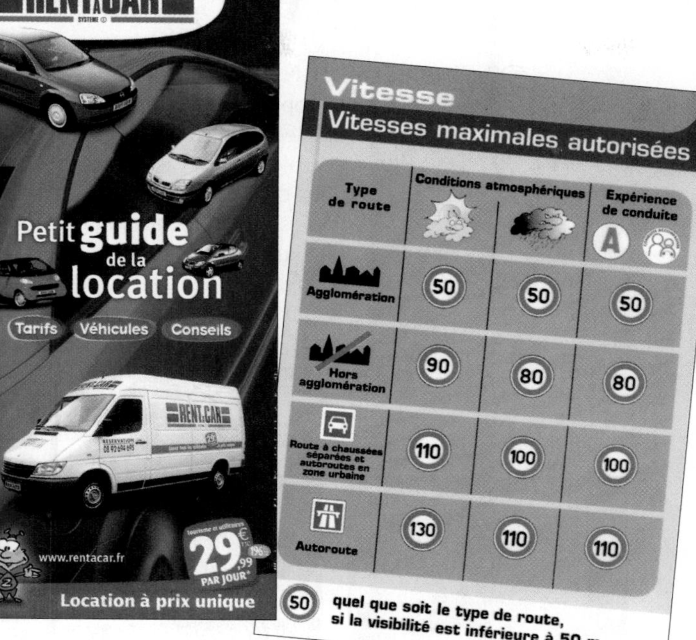

Vitesse
Vitesses maximales autorisées

Type de route	Conditions atmosphériques (beau temps)	Conditions atmosphériques (pluie)	Expérience de conduite
Agglomération	50	50	50
Hors agglomération	90	80	80
Route à chaussées séparées et autoroutes en zone urbaine	110	100	100
Autoroute	130	110	110

50 quel que soit le type de route, si la visibilité est inférieure à 50 m.

Mots utiles: la conduite
Un conducteur / Une conductrice peut ...

- **mettre / garder / enlever sa ceinture** *to put on / keep on / take off one's seatbelt*
- **démarrer / s'arrêter / arrêter le moteur** *to start / stop / stop the engine*
- **accélérer / ralentir** *to accelerate, speed up / slow down*
- **klaxonner** *to honk*
- **doubler** *to pass*

RÉSULTATS:

Marquez un point pour les réponses suivantes:
1-B, 2-A, 3-C, 4-C, 5-B, 6-C, 7-C, 8-C, 9-B.

- Si vous avez huit ou neuf points, vous êtes un excellent conducteur/ une excellente conductrice.
- Si vous avez cinq à sept points, vous devez prendre des leçons.
- Si vous avez moins de cinq points, prenez le bus.

POST-READING ACTIVITY

Have students in small groups write one or two additional "test items" of their own.

Observation activity Have students reread the test, finding examples of the following constructions:

(a) adjective + **de** + infinitive,
- (1) Avant de partir
  important de laver/vérifier/acheter
- (2) Avant de démarrer
- (3) prudent de mettre/fermer/regarder
- (4) recommandé de mettre/accélérer/conduire
- (7) Avant de doubler

(b) preposition + infinitive,
- (8) Pour s'arrêter

(c) **en** + present participle.
- (3) En conduisant
- (5) En traversant
- (6) En arrivant
- (9) En sortant

Leçon 35

Main Topic Expressing necessity or obligation

Teaching Resource Options

PRINT 

Workbook PE, pp. 313–318
Activités pour tous PE, pp. 189–191
Block Scheduling Copymasters, pp. 281–288
Absent Student Copymasters
Unit 9 Resource Book
- *Activités pour tous* TE, pp. 77–79
- Audioscript, pp. 97, 99–102
- Communipak, pp. 144–161
- Lesson Plans, pp. 80–81
- Block Scheduling Lesson Plans, pp. 82–83
- Absent Student Copymasters, pp. 84–86
- Video Activities, pp. 89–95
- Videoscript, p. 96
- Workbook TE, pp. 71–76

AUDIO & VISUAL 

Audio Program
CD 5 Track 18
CD 14 Tracks 13–18

TECHNOLOGY

Online Workbook

VIDEO PROGRAM

VIDEO DVD

LEÇON 35

En panne

TOTAL TIME: 5:05 min.
DVD Disk 2
Videotape 2 (COUNTER: 56:48 min.)

Vidéo-scène
(56:48–1:01:03 min.)

Expansion culturelle
(1:01:04–1:01:53 min.)

Vocabulary note **avoir hâte de** *to be in a hurry (anxious) to*

Looking ahead The irregular subjunctive forms of **être** and **faire** are presented in Lesson 36. The forms of **prendre** and **venir** will be taught in Level Three. They are included here for recognition.

Cultural note The car in the video is a **Citroën Deux Chevaux.** These cars featured a detachable hood, doors, and front fenders. In addition, the seats could be removed and used as backyard chairs. Demand for this model was high, and by mid-1966 over 2.5 million models were sold.

En panne

Dans l'épisode précédent, Jérôme a proposé à Pierre de lui donner une leçon de conduite. Pierre a accepté l'offre de son frère, mais à deux conditions. Il faut que Jérôme le laisse conduire la voiture et il faut aussi qu'il soit de retour pour son rendez-vous avec Armelle. Jérôme et Pierre sont finalement partis. Maintenant, Pierre veut conduire.

Dis donc, tu me laisses conduire?
Pas sur cette route! C'est trop dangereux. Il faut qu'on trouve une petite route où il n'y a pas trop de circulation.

Jérôme trouve une petite route de campagne.

6027 TH 74

Pierre attend impatiemment son tour. Finalement Jérôme décide de le laisser conduire. Il arrête la voiture.

Pierre a hâte de prendre le volant.

6027 TH 74

Bon, tu vas conduire! Mais il faut que tu sois très prudent!
T'en fais pas. Je suis la prudence même.

Au moment où Pierre va démarrer,° il remarque quelque chose.

Regarde! L'aiguille° est à zéro!
Zut! Il faut qu'on prenne de l'essence.
Mais il n'y a pas de station-service sur cette route.
Il faut qu'on fasse demi-tour. Je vais reprendre le volant.

démarrer *to start up (a car)*
aiguille *pointer, needle*

TEACHING NOTE Le subjonctif

Tell students that in this *vidéo-scène* they will encounter a new verb form—the subjunctive.

In English one also has a subjunctive mood:

It is necessary that you be on time.
Il faut que tu sois à l'heure.

- Have students find examples of **il faut que** and ask them to make a list of the verb forms that follow this expression.
- Which ones are the same as the present (indicative) tense that they have learned so far?

il faut qu'on trouve …
il faut que je trouve …

Pierre et Jérôme changent de place à nouveau …

La voiture fait demi-tour.°

Stop … stop!

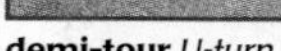
demi-tour *U-turn*

La voiture s'arrête. Jérôme met le triangle signalant que la voiture est en panne.°

en panne *broken down*

Pierre et Jérôme partent dans des directions différentes.

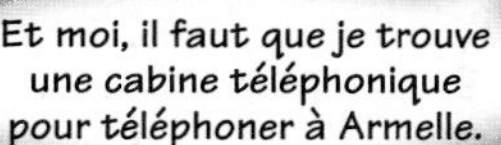

Pierre marche sur la route.

Finalement, il trouve une cabine téléphonique.

Il explique à Armelle pourquoi il est en retard.

Salut Armelle! Tu
ne sais pas ce qui m'arrive …
ɔute! Ce n'est pas de ma faute …
ɔn, alors, dans ce cas, il faut que
tu viennes me chercher …
à suivre …

Compréhension

1. Où se passe la scène?
2. Quel est le problème?
3. Que fait Jérôme à la fin de la scène?
4. Que fait Pierre?
5. Qu'est-ce que Pierre demande à Armelle?

Cultural note La sécurité routière
Note the triangle that Jérôme places on the highway to indicate that his car is disabled. As in the U.S., drivers can also put on the car's hazard lights **(les feux de détresse)** to alert other drivers that there is a problem with the car.

Compréhension

Answers

1. La scène se passe sur une petite route de campagne.
2. La voiture n'a plus d'essence.
3. Jérôme part chercher une station-service.
4. Pierre va chercher une cabine téléphonique pour téléphoner à Armelle.
5. Il lui demande de venir le chercher.

- Which ones are different? Can the students identify the verbs?

il faut que tu sois … [être]
il faut qu'on prenne … [prendre]
il faut qu'on fasse … [faire]
il faut que tu viennes … [venir]

SECTION A

Communicative function
Expressing necessity or obligation

Teaching Resource Options

PRINT 

Workbook PE, pp. 313–318
Unit 9 Resource Book
Communipak, pp. 144–161
Workbook TE, pp. 71–76

AUDIO & VISUAL 

Overhead Transparencies
37 *Rapports et services personnels*

TECHNOLOGY 

Power Presentations

Teaching tip Have students tell each other to do the things shown on **Transparency 37,** e.g.:

Il faut que tu donnes ton adresse à Pauline.

A Le subjonctif: formation régulière

In the following sentences, people are being told what to do.
To express NECESSITY or OBLIGATION, the French use a verb form called the SUBJUNCTIVE.
In the sentences below, the verbs in heavy print are in the subjunctive.

Il faut **que tu conduises** bien.	*It is necessary **that you drive** well. (You have to drive well.)*
Il faut **que je mette** ma ceinture de sécurité.	*It is necessary **that I fasten** my seat belt. (I have to fasten my seat belt.)*

The SUBJUNCTIVE is a verb form that occurs frequently in French. It is used after certain verbs and expressions in the construction:

VERB OR EXPRESSION +	**que** +	SUBJECT +	SUBJUNCTIVE VERB ...
Il faut	**que**	Paul	**réponde** à la question.

→ The subjunctive is always introduced by **que.**

FORMS

For all regular verbs and many irregular verbs, the subjunctive is formed as follows:

SUBJUNCTIVE STEM	+	SUBJUNCTIVE ENDINGS
ils-form of the present *minus* **-ent**		

Note the subjunctive forms of the regular verbs **parler, finir, vendre,** and the irregular verb **sortir.**

INFINITIVE		parler	finir	vendre	sortir	SUBJUNCTIVE ENDINGS
PRESENT STEM	ils	**parlent**	**finissent**	**vendent**	**sortent**	
		parl-	**finiss-**	**vend-**	**sort-**	
SUBJUNCTIVE	que je	**parle**	**finisse**	**vende**	**sorte**	**-e**
	que tu	**parles**	**finisses**	**vendes**	**sortes**	**-es**
	qu'il/elle/on	**parle**	**finisse**	**vende**	**sorte**	**-e**
	que nous	**parlions**	**finissions**	**vendions**	**sortions**	**-ions**
	que vous	**parliez**	**finissiez**	**vendiez**	**sortiez**	**-iez**
	qu'ils/elles	**parlent**	**finissent**	**vendent**	**sortent**	**-ent**

1 Le subjonctif, s'il vous plaît!

PARLER/ÉCRIRE Pour chaque verbe du tableau, donnez la forme **ils** du présent. Ensuite, complétez les phrases correspondantes avec le subjonctif.

Il faut que j'écoute le professeur.

Il faut que vous écoutiez le professeur.

Infinitif	Présent	Subjonctif
▶ écouter	[ils <u>écoutent</u>]	Il faut que (je, vous) … le professeur.
1. téléphoner	[ils …]	Il faut que (tu, nous) … à Jean-Claude.
2. assister	[ils …]	Il faut que (Marc, mes copains) … à la conférence.
3. finir	[ils …]	Il faut que (je, vous) … ce livre.
4. réussir	[ils …]	Il faut que (tu, les élèves) … à l'examen.
5. attendre	[ils …]	Il faut que (Madame Moreau, nous) … le taxi.
6. répondre	[ils …]	Il faut que (tu, Véronique) … à l'invitation.
7. lire	[ils …]	Il faut que (je, nous) … ce roman.
8. écrire	[ils …]	Il faut que (vous, Sophie) … à Catherine.
9. partir	[ils …]	Il faut que (je, Marc et Julie) … à deux heures.
10. mettre	[ils …]	Il faut que (nous, Olivier) … la ceinture de sécurité.

Looking ahead

The subjunctive forms of **être, avoir, aller,** and **faire** are presented in Lesson 36.

The subjunctive forms of verbs with two stems (e.g., **venir, prendre, boire, acheter, payer,** etc.) are formally introduced in Level Three. For reference, the subjunctive of these verbs is presented in Appendix D, pp. R20–R27.

1 PRACTICE subjunctive forms

1. ils téléphonent: Il faut que <u>tu téléphones</u> à Jean-Claude. Il faut que <u>nous téléphonions</u> à Jean-Claude.
2. ils assistent: Il faut que <u>Marc assiste</u> à la conférence. Il faut que <u>mes copains assistent</u> à la conférence.
3. ils finissent: Il faut que <u>je finisse</u> ce livre. Il faut que <u>vous finissiez</u> ce livre.
4. ils réussissent: Il faut que <u>tu réussisses</u> à l'examen. Il faut que <u>les élèves réussissent</u> à l'examen.
5. ils attendent: Il faut que <u>Madame Moreau attende</u> le taxi. Il faut que <u>nous attendions</u> le taxi.
6. ils répondent: Il faut que <u>tu répondes</u> à l'invitation. Il faut que <u>Véronique réponde</u> à l'invitation.
7. ils lisent: Il faut que <u>je lise</u> ce roman. Il faut que <u>nous lisions</u> ce roman.
8. ils écrivent: Il faut que <u>vous écriviez</u> à Catherine. Il faut que <u>Sophie écrive</u> à Catherine.
9. ils partent: Il faut que <u>je parte</u> à deux heures. Il faut que <u>Marc et Julie partent</u> à deux heures.
10. ils mettent: Il faut que <u>nous mettions</u> la ceinture de sécurité. Il faut qu'<u>Olivier mette</u> la ceinture de sécurité.

INCLUSION

Synthetic/Analytic Ask students to create a chart in their notebooks using the headings "Infinitive", "Present Stem" and "Subjunctive Endings". Have them choose three verbs that do not appear in the chart on page 509, and place them into the three columns. Pair strong and at-risk students, and have them create the list of subjunctive verbs.

SECTION B

Communicative function
Expressing obligation

Teaching Resource Options

PRINT

Workbook PE, pp. 313–318
Unit 9 Resource Book
- Audioscript, p. 98
- Communipak, pp. 144–161
- Family Involvement, pp. 87–88
- Workbook TE, pp. 71–76

Assessment
- Lesson 35 Quiz, pp. 104–105
- Portfolio Assessment, Reprise/Unit 1 URB, pp. 235–244
- Audioscript for Quiz 35, p. 103
- Answer Keys, pp. 206–210

AUDIO & VISUAL

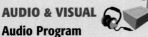

Audio Program
CD 5 Track 19
CD 23 Track 3

Overhead Transparencies
68 *Qu'est-ce qu'il faut faire?*

TECHNOLOGY

Power Presentations
Test Generator CD-ROM/McDougal Littell Assessment System

2 COMMUNICATION talking about one's personal obligations

1. Oui (Non), il (ne) faut (pas) que j'étudie.
2. Oui (Non), il (ne) faut (pas) que je finisse mes devoirs avant de dîner.
3. Oui (Non), il (ne) faut (pas) que je lave la voiture.
4. Oui (Non), il (ne) faut (pas) que je range ma chambre.
5. Oui (Non), il (ne) faut (pas) que je mette la table.
6. Oui (Non), il (ne) faut (pas) que je sorte les ordures.
7. Oui (Non), il (ne) faut (pas) que je passe l'aspirateur.
8. Oui (Non), il (ne) faut (pas) que je tonde la pelouse.

3 ROLE PLAY telling someone what needs to be done

Mme Aubin: Guy, il faut que tu ...
Guy: D'accord, je vais ...

passes à l'agence de voyages/passer à l'agence de voyages
réserves ton billet d'avion/réserver mon billet d'avion
prépares tes valises/préparer mes valises
choisisses des cadeaux pour tes hôtes/choisir des cadeaux pour mes hôtes
achètes une carte de France/acheter une carte de France

Variation (challenge level) Guy uses pronouns in his replies.

Oui, je vais le chercher/y passer/ le réserver/les préparer/en choisir/ en acheter une.

B L'usage du subjonctif après *il faut que*

Note the use of the subjunctive after **il faut que** in the sentences below.

Il faut que je **finisse** mon travail.	*I **must (have to) finish** my work.*
Il faut que vous **répariez** la voiture.	*You **must (have to) fix** the car.*

To state what specific people *must do* or *have to do*, the French often use the construction:

il faut que + SUBJUNCTIVE

2 Oui ou non?

PARLER/ÉCRIRE Dites si oui ou non vous devez faire les choses suivantes à la maison.

▶ aider ta soeur?

Oui, il faut que j'aide ma soeur.

(Non, il ne faut pas que j'aide ma soeur.)

1. étudier?
2. finir tes devoirs avant de dîner?
3. laver la voiture?
4. ranger ta chambre?
5. mettre la table?
6. sortir les ordures *(take out the garbage)*?
7. passer l'aspirateur *(run the vacuum)*?
8. tondre la pelouse *(mow the lawn)*?

3 Avant le départ

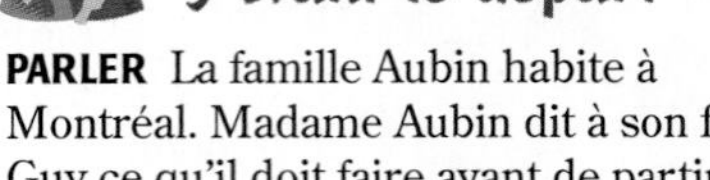

PARLER La famille Aubin habite à Montréal. Madame Aubin dit à son fils Guy ce qu'il doit faire avant de partir passer un mois avec une famille en Normandie. Jouez les deux rôles.

MME A: **Guy, il faut que tu cherches ton passeport.**

GUY: **D'accord, je vais chercher mon passeport.**

- ☐ chercher ton passeport
- ☐ passer à l'agence de voyages
- ☐ réserver ton billet d'avion
- ☐ préparer tes valises
- ☐ choisir des cadeaux pour tes hôtes
- ☐ acheter une carte de France

4 Je regrette, mais ...

PARLER Vous invitez vos camarades à faire certaines choses. Ils doivent faire d'autres choses.

▶ **—Dis, est-ce que tu veux <u>aller au cinéma</u> avec moi?**
—Je regrette, mais je ne peux pas.
—Ah bon? Pourquoi?
—Il faut que <u>j'étudie</u>.

INVITATIONS	EXCUSES POSSIBLES
1. sortir	• travailler
2. dîner en ville	• finir mes devoirs
3. jouer au volley	• rentrer chez moi
4. faire du roller	• dîner chez ma tante
5. voir un film	• écrire une lettre
6. aller au concert	• lire un livre

PERSONALIZATION

Je regrette, mais... Have students give original invitations and excuses.

–Dis, est-ce que tu veux aller au centre commercial avec moi?
–Je regrette, mais je ne peux pas.
–Ah bon? Pourquoi?
–Il faut que je prépare mon examen de français.

INCLUSION

Cumulative, Gifted & Talented Tell each student to choose an activity, a sport, or a job that they do. An instructor, coach, or supervisor has assigned him/her to teach a new member of the group or a new employee how to perform tasks related to the activity or job. Have each student create instructions to complete a task using **il faut que** + SUBJUNCTIVE. Students can work in pairs to edit their lists. Afterward, they could read their instructions to the class.

5 Qu'est-ce qu'il faut faire?

PARLER/ÉCRIRE Dites ce que chacun doit faire dans les circonstances suivantes.

▶ Nous recevons des invités *(guests)* ce soir.
- toi / mettre la table
  Il faut que tu mettes la table.
- nous / préparer le repas
  Il faut que nous préparions le repas.

1. Nous faisons une promenade en voiture.
   - moi / choisir l'itinéraire
   - vous / mettre vos ceintures
   - Marc / conduire prudemment *(carefully)*
2. Nous avons une panne *(breakdown)*.
   - nous / nous arrêter
   - vous / téléphoner au mécanicien
   - le mécanicien / changer la roue
3. Nous allons faire du camping ce week-end.
   - moi / vérifier la tente
   - toi / réparer le réchaud
   - vous / apporter une lampe électrique
4. Nous organisons une boum.
   - vous / écrire les invitations
   - Sandrine / choisir la musique
   - nous / décorer le salon

6 Bons conseils *(Good advice)*

PARLER Vos camarades ont les problèmes suivants. Dites-leur ce qu'ils doivent faire.

▶ **—Je suis fatigué(e).**
—Il faut que tu te reposes.
(Il faut que tu dormes.)

	SUGGESTIONS
1. J'ai chaud.	• dormir
2. J'ai froid.	• trouver un travail
3. J'ai la grippe.	• manger moins
4. Je n'ai pas d'argent.	• ouvrir la fenêtre
5. Je veux maigrir.	• mettre un pull
6. Je suis fatigué(e)	• se reposer

À votre tour!

OBJECTIFS
Now you can ...
- explain what has to be done

1 Projets

PARLER/ÉCRIRE Avec un(e) camarade, choisissez l'un des projets suivants. Discutez les choses que vous devez faire dans la réalisation de ce projet et faites une liste de ces choses. Commencez vos phrases par **Il faut que nous** ... (N'utilisez pas le subjonctif des verbes **être, avoir, faire,** ou **aller.**)

Projets:
- organiser une boum
- organiser un pique-nique
- faire du camping
- faire une promenade en auto
- passer une semaine à Québec

Liste
<u>Nous allons organiser une boum.</u>
1. Il faut que nous demandions la permission à nos parents.
2. Il faut que nous rangions le salon.
3. ...

LESSON REVIEW
CLASSZONE.COM

TEACHING TIP Activity 5

Have students narrate the actions on **Transparency 68** to describe what people have to do do get ready for a party.

Il faut que Stéphanie écrive des invitations.
Il faut que Marc achète les boissons., etc.

PORTFOLIO ASSESSMENT

You will probably choose only one oral and one written activity to go into the students' portfolios for Unit 9. The following activity is a good portfolio topic:

ORAL/WRITTEN: Activity 1

4 EXCHANGES explaining why one cannot accept an invitation

Answers will vary.
–Dis, est-ce que tu veux ... avec moi?
–Je regrette, mais je ne peux pas.
–Ah bon? Pourquoi?
–Il faut que je (j') ...
1. sortir/travaille
2. dîner en ville/rentre chez moi
3. jouer au volley/finisse mes devoirs
4. faire du roller/écrive une lettre
5. voir un film/dîne chez ma tante
6. aller au concert/lise un livre

5 DESCRIPTION saying what one has to do in certain circumstances

1. Il faut que je choisisse l'itinéraire.
   Il faut que vous mettiez vos ceintures.
   Il faut que Marc conduise prudemment.
2. Il faut que nous nous arrêtions.
   Il faut que vous téléphoniez au mécanicien.
   Il faut que le mécanicien change la roue.
3. Il faut que je vérifie la tente.
   Il faut que tu répares le réchaud.
   Il faut que vous apportiez une lampe électrique.
4. Il faut que vous écriviez les invitations.
   Il faut que Sandrine choisisse la musique.
   Il faut que nous décorions le salon.

Pre-AP skill: Give directions.

6 EXCHANGES giving advice

1. –J'ai chaud.
   –Il faut que tu ouvres la fenêtre.
2. –J'ai froid.
   –Il faut que tu mettes un pull.
3. –J'ai la grippe.
   –Il faut que tu te reposes.
4. –Je n'ai pas d'argent.
   –Il faut tu trouves un travail.
5. –Je veux maigrir.
   –Il faut que tu manges moins.
6. –Je suis fatigué(e).
   –Il faut que tu dormes.

À VOTRE TOUR!

1 GUIDED CONVERSATION making plans

Answers will vary.
- Nous allons organiser un pique-nique
1. Il faut que nous préparions des sandwichs.
2. Il faut que nous apportions des boissons.
3. Il faut que nous téléphonions à nos copains.
- Nous allons faire du camping
1. Il faut que nous trouvions une carte.
2. Il faut que nous empruntions une tente.
3. Il faut que nous apportions des sacs de couchage.
- Nous allons faire une promenade en auto
1. Il faut que nous achetions de l'essence.
2. Il faut que nous lavions la voiture.
3. Il faut que nous cherchions une carte de la ville.
- Nous allons passer une semaine à Québec
1. Il faut que nous écrivions à nos cousins.
2. Il faut que nous achetions les billets de train.
3. Il faut que nous préparions nos valises.

LECTURE

La meilleure décision

Objectives

- Reading for pleasure
- Developing critical thinking skills

Lecture La meilleure décision

Dans la vie,° nous devons prendre certaines décisions. Analysez les situations suivantes et dites quelle est la meilleure décision à prendre. Discutez de votre choix avec vos camarades de classe.

vie *life*

1. Jean-Marc a un copain Vincent. Vincent a une copine, Isabelle, qu'il aime beaucoup. Un jour, en allant au cinéma, Jean-Marc voit Isabelle avec un autre garçon.

Qu'est-ce que Jean-Marc doit faire?
A. Il faut qu'il parle à Vincent.
B. Il faut qu'il dise quelque chose à Isabelle.
C. Il ne faut pas qu'il s'occupe° de ce problème.

s'occupe *get involved*

2. Sur la route° de l'école, Irène trouve un portefeuille. Dans le portefeuille, il y a 100 dollars, mais il n'y a aucun° papier concernant l'identité du propriétaire.°

Que doit faire Irène?
A. Il faut qu'elle apporte le portefeuille à la police.
B. Il faut qu'elle mette une annonce° dans le journal. (Elle pourra garder l'argent si personne ne répond.)
C. Elle peut garder le portefeuille à condition de donner 50 dollars à une organisation charitable.

Sur la route *On her way* **ne ... aucun** *no* **propriétaire** *owner* **annonce** *ad*

PRE-READING ACTIVITY

Have the students read the title and look at the format of the reading.

Quelquefois, quand vous vous trouvez dans une situation difficile, vous ne savez pas quoi faire. Souvent vous avez deux ou trois options, mais quelle est la meilleure solution? Ça dépend!

Observation activity After students have completed the reading activity and analyzed the various situations, you may have them reread the options and note the verbs that are used after **il faut que.** Which ones have a subjunctive form that is different from the regular present tense?

Answers
1-B: **dise**/dit
2-B: **mette**/met
3-C: **choisisse**/choisit
4-A: **rende**/rend
Also 4-B: **détruise**/détruit (**détruire** is conjugated like **conduire**)

3. Jacqueline a reçu deux invitations pour le même jour. Son cousin Laurent l'a invitée à sa fête d'anniversaire. Son camarade de classe Jean-Michel l'a invitée à un concert de rock. Le problème est que Laurent et Jean-Michel sont très jaloux l'un de l'autre et qu'on ne peut pas accepter l'invitation de l'un sans offenser l'autre.

Que doit faire Jacqueline?
A. Il faut qu'elle refuse les deux invitations.
B. Il faut qu'elle accepte l'invitation de Laurent parce que c'est son cousin.
C. Il faut qu'elle choisisse l'invitation qu'elle préfère et qu'elle invente une excuse pour l'autre invitation.

4. Par erreur,° Monsieur Masson a ouvert une lettre destinée à son voisin Monsieur Rimbaud. En lisant cette lettre, Monsieur Masson a appris que Monsieur Rimbaud est le cousin d'un criminel.

Que doit faire Monsieur Masson?
A. Il faut qu'il rende la lettre à Monsieur Rimbaud.
B. Il faut qu'il détruise° la lettre.
C. Il faut qu'il alerte la police.

Par erreur *By mistake* **détruise** *destroy*

POST-READING ACTIVITY

For each of the situations, have students tally and compare their answers. You may ask individual students to explain why they chose certain responses. You may also want to ask whether any students have come up with an even better solution than the ones suggested.

Êtes-vous d'accord avec les solutions proposées, ou avez-vous une idée encore meilleure?

Leçon 36

Main Topic Expressing wishes

Teaching Resource Options

PRINT 

Workbook PE, pp. 319–323
Activités pour tous PE, pp. 193–195
Block Scheduling Copymasters, pp. 289–296
Unit 9 Resource Book
- *Activités pour tous* TE, pp. 113–115
- Audioscript, pp. 135, 136–138
- Communipak, pp. 144–161
- Lesson Plans, pp. 116–117
- Block Scheduling Lesson Plans, pp. 118–120
- Absent Student Copymasters, pp. 121–123
- Video Activities, pp. 126–133
- Videoscript, p. 134
- Workbook TE, pp. 107–111

AUDIO & VISUAL

Audio Program
CD 5 Track 20
CD 14 Tracks 19–24

TECHNOLOGY

Online Workbook

VIDEO PROGRAM

VIDEO DVD

LEÇON 36

Merci pour la leçon

TOTAL TIME: 3:53 min.
DVD Disk 2
Videotape 2 (COUNTER: 1:01:58 min.)

VIDÉO-SCÈNE

VIDÉO DVD AUDIO

LEÇON 36 Merci pour la leçon

Dans l'épisode précédent, Jérôme a finalement donné le volant à Pierre.

Malheureusement, la voiture est tombée en panne. Jérôme est allé chercher de l'essence. Pierre a téléphoné à Armelle.

Armelle accepte d'aller chercher Pierre.

Armelle termine sa conversation avec Pierre.

Bien, au revoir Pierre!
À tout de suite!

Puis elle quitte sa maison et monte sur son scooter.

La route est longue. Finalement, Armelle retrouve Pierre.

Salut.

On rentre à Annecy?
Bon, si tu veux ...
Et Jérôme? Tu ne veux pas qu'on aille l'aider?

Pierre et Armelle vont chercher Jérôme.

Ils le retrouvent sur la route ...

Pierre décide de jouer un tour° à son frère.

Il fait semblant° de ne pas s'arrêter.

jouer un tour *to play a joke on, tri*
faire semblant *to pretend*

Eh! Eh!
Arrêtez-vous!
Arrêtez-vous!

Armelle et Pierre font demi-tour.
Tu veux qu'on t'aide?
Ben oui, je voudrais bien que vous m'ameniez à la prochaine station-service.

Tu vois bien qu'il n'y a pas de place sur ce scooter.
Bon. Eh bien alors, est-ce que vous pouvez aller chercher de l'essence?

Bon, d'accord! On peut faire ça pour toi!
Pendant ce temps, je vais retourner à la voiture.

Peu après, Pierre et Armelle reviennent avec de l'essence.
Tiens, voilà.
Merci.

Jérôme prend le bidon d'essence.

Pierre et Armelle repartent. Pierre est un peu sarcastique ...
Et merci pour la leçon de conduite!

Pierre et Armelle rentrent à Annecy. Au revoir, Pierre! Au revoir, Armelle.
FIN

Compréhension

1. Que fait Armelle au début de la scène?
2. Où Pierre et Armelle retrouvent-ils Jérôme?
3. Quel service est-ce qu'ils lui rendent?
4. Que font Pierre et Armelle à la fin de la scène?

Inclusion

Multisensory Have students perform the **Vidéo-scène.** First play the video or the audio version so the students hear the pronunciation. Break students into groups of four to play the three characters and the narrator. You could have each group or several volunteers perform for the class.

Vocabulary note

un bidon d'essence *gas can*

Compréhension

Answers

1. Elle quitte sa maison et monte sur son scooter pour chercher Pierre.
2. Ils le retrouvent sur la route.
3. Ils vont chercher de l'essence.
4. Ils rentrent à Annecy.

SECTION A

Communicative function
Expressing obligation

Teaching Resource Options

PRINT 
Workbook PE, pp. 319–323
Unit 9 Resource Book
Communipak, pp. 144–161
Workbook TE, pp. 107–111

AUDIO & VISUAL 

Overhead Transparencies
17 *Expressions avec **faire***
9 *Quelques endroits*

TECHNOLOGY 
Power Presentations

Pronunciation

j'aie /ʒe/
j'aille /ʒaj/

Language notes

- You may point out that **aller** and **faire** use regular subjunctive endings.
- Have students observe that the imperative forms of **être** and **avoir** are derived from the subjunctive:

Ne <u>sois</u> pas nerveux!
N'<u>aie</u> pas peur!

Looking ahead Other irregular subjunctives **(pouvoir, vouloir, savoir)** are formally introduced in Level Three. The forms are given in Appendix 2, pp. R22–R27.

1 COMPREHENSION giving driving advice

1. Il faut que je sois calme.
2. Il faut que je sois prudent(e).
3. Il ne faut pas que je sois impatient(e).
4. Il ne faut pas que j'aie peur.
5. Il ne faut pas que j'aie d'accident.
6. Il faut que je fasse attention.
7. Il ne faut pas que j'aille très vite.
8. Il faut que j'aie ma ceinture de sécurité.
9. Il faut que j'aille lentement.
10. Il faut que j'aie de bons réflexes.

Teaching note Point out that **il ne faut pas que je ...** may correspond to the English *I must not..., I should not ...*

Variation (with **tu/vous**-forms, giving people advice)

- to one person:
  Il ne faut pas que tu sois nerveux.
- to several persons:
  Il ne faut pas que vous soyez nerveux.

A Le subjonctif: formation irrégulière

IL FAUT QUE VOUS SOYEZ PLUS PRUDENTE, MADEMOISELLE!
AUTO-ÉCOLE
AUTO-ÉCOLE
ET VOUS, MONSIEUR, IL FAUT QUE VOUS SOYEZ MOINS NERVEUX!

The subjunctive forms of **être, avoir, aller,** and **faire** are irregular.

	être	avoir	aller	faire
que je (j')	**sois**	**aie**	**aille**	**fasse**
que tu	**sois**	**aies**	**ailles**	**fasses**
qu'il/elle/on	**soit**	**ait**	**aille**	**fasse**
que nous	**soyons**	**ayons**	**allions**	**fassions**
que vous	**soyez**	**ayez**	**alliez**	**fassiez**
qu'ils/elles	**soient**	**aient**	**aillent**	**fassent**

1 *Pour réussir à l'examen*

PARLER/ÉCRIRE Vous passez l'examen du permis de conduire. Dites si oui ou non vous devez faire les choses suivantes. Commencez vos phrases par **Il faut que** ou **Il ne faut pas que.**

▶ être nerveux (nerveuse)?
Il ne faut pas que je sois nerveux (nerveuse).

1. être calme?
2. être prudent(e) *(careful)*?
3. être impatient(e)?
4. avoir peur?
5. avoir un accident?
6. faire attention?
7. aller très vite?
8. avoir ma ceinture de sécurité?
9. aller lentement?
10. avoir de bons réflexes?

WARM-UP AND PRACTICE

PROP: Transparency 17 *(Expressions avec **faire**)*

Have students review the activities pictured in the transparency.

Que fait Pierre?
[Il fait les courses.]

Now describe these activities as obligations.

Il faut que Pierre fasse les courses., etc.

2 Que faire?

PARLER/ÉCRIRE Dites ce que les personnes suivantes doivent faire. Utilisez la construction **il faut que** + subjonctif.

▶ Monsieur Martin veut aller en Chine. (avoir un passeport)
Il faut qu'il ait un passeport.

1. Nous voulons voir un film. (aller au cinéma)
2. Mes copains veulent bien parler français. (aller en France)
3. Tu veux rester en forme. (faire du sport)
4. Ma cousine veut être médecin. (faire de la biologie)
5. Vous voulez avoir des amis. (être polis, généreux et gentils)
6. Je veux prendre l'avion. (être à l'aéroport à l'heure)
7. Vous voulez voyager cet été. (avoir une voiture)
8. Tu veux jouer au tennis. (avoir une raquette)

3  Pas possible!

PARLER Proposez à vos camarades de faire certaines choses. Ils vont refuser en expliquant pourquoi ce n'est pas possible.

▶ aller à la piscine?

VILLE D'AIX EN PROVENCE
DIRECTION DES SPORTS
PISCINE YVES BLANC
ATTENTION
DANS CET ETABLISSEMENT
Veux-tu aller à la piscine?
Ce n'est pas possible. Il faut que je fasse les courses.

Le New Orleans
CONCERT DE JAZZ
vendredi et samedi

Office National des Forêts
SENTIERS FORESTIERS
Pour la sécurité de vos promenades et la protection de la forêt, veuillez rester sur les sentiers balisés et ne pas allumer de feux.

INVITATIONS	EXCUSES
1. voir un film?	faire des achats
2. sortir ce soir?	faire les courses
3. faire une promenade?	faire mes devoirs
4. dîner en ville?	aller chez ma tante
5. venir chez moi cet après-midi?	aller à la bibliothèque
6. aller à un concert de jazz?	être chez moi à sept heures
	faire du baby-sitting pour les voisins

2 DESCRIPTION saying what others have to do

1. Il faut que nous allions au cinéma.
2. Il faut qu'ils aillent en France.
3. Il faut que tu fasses du sport.
4. Il faut qu'elle fasse de la biologie.
5. Il faut que vous soyez polis, généreux et gentils.
6. Il faut que je sois à l'aéroport à l'heure.
7. Il faut que vous ayez une voiture.
8. Il faut que tu aies une raquette.

3 EXCHANGES offering and refusing invitations

Answers will vary.
1. –Veux-tu voir un film?
   –Ce n'est pas possible. Il faut que je fasse des achats.
2. –Veux-tu sortir ce soir?
   –Ce n'est pas possible. Il faut que je fasse mes devoirs.
3. –Veux-tu faire une promenade?
   –Ce n'est pas possible. Il faut que j'aille chez ma tante.
4. –Veux-tu dîner en ville?
   –Ce n'est pas possible. Il faut que je sois chez moi à sept heures.
5. –Veux-tu venir chez moi cet après-midi?
   –Ce n'est pas possible. Il faut que j'aille à la bibliothèque.
6. –Veux-tu aller à un concert de jazz?
   –Ce n'est pas possible. Il faut que je fasse du baby-sitting pour les voisins.

PROP: Transparency 9 *(Quelques endroits)*

Have students review the names of the places on the transparency.

Qu'est-ce que c'est? *(pointing to stadium)* **C'est un stade.**

If students do not remember, cue with options:

Est-ce que c'est une piscine ou un stade?

Then have students tell people to go to the places pictured.

Il faut que tu ailles à l'hôtel.
Il faut que vous alliez au stade., etc.

SECTION B

Communicative function
Expressing wishes

Teaching Resource Options

PRINT

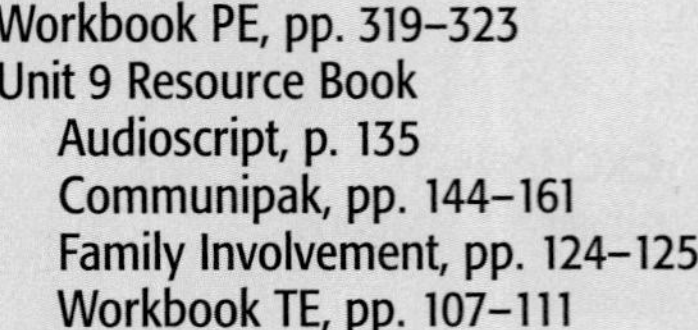

Workbook PE, pp. 319–323
Unit 9 Resource Book
Audioscript, p. 135
Communipak, pp. 144–161
Family Involvement, pp. 124–125
Workbook TE, pp. 107–111

Assessment
Lesson 36 Quiz, pp. 140–141
Portfolio Assessment, Reprise/Unit 1 URB, pp. 235–244
Audioscript for Quiz 36, p. 139
Answer Keys pp. 206–210

AUDIO & VISUAL

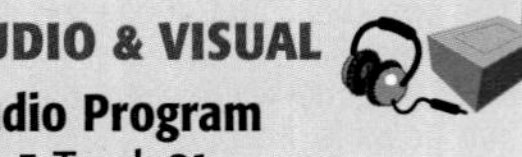

Audio Program
CD 5 Track 21
CD 23 Track 4

Overhead Transparencies
43 *Les occupations de la journée*

TECHNOLOGY

Power Presentations
Test Generator CD-ROM/McDougal Littell Assessment System

Language note You may point out that the subjunctive is also used after other verbs expressing wish, will, or desire:

je désire que + SUBJUNCTIVE
je préfère que + SUBJUNCTIVE
j'aimerais que + SUBJUNCTIVE

4 COMPREHENSION saying what you want someone to do

1. Je veux que tu sois sage.
2. Je veux que tu fasses tes devoirs.
3. Je veux que tu manges ton dîner.
4. Je veux que tu finisses tes épinards.
5. Je ne veux pas que tu manges trop de chocolat.
6. Je ne veux pas que tu mettes les pieds sur la table.
7. Je ne veux pas que tu joues au foot dans la maison.
8. Je ne veux pas que tu tires la queue du chat.

B L'usage du subjonctif après *vouloir que*

Note the use of the subjunctive in the sentences below.

Je **voudrais que tu sois** à l'heure.	*I **would like you to be** on time.*
Marc **veut que je sorte** avec lui.	*Marc **wants me to go out** with him.*
Mon père **ne veut pas que je conduise.**	*My father **does not want me to drive.***

In French, the subjunctive is used after **vouloir que** to express a wish.

→ Note that the wish must concern someone or something OTHER THAN THE SUBJECT. When the wish concerns the SUBJECT, the INFINITIVE is used.
Contrast:

the wish concerns the subject: INFINITIVE	the wish concerns someone else: SUBJUNCTIVE
Je veux **sortir.**	**Je** veux que **tu sortes** avec moi.
Mon père veut **conduire.**	**Mon père** ne veut pas que **je conduise.**

→ The subjunctive is also used after **je veux bien (que).**

—Est-ce que je peux sortir?	*Can I go out?*
—Oui, **je veux bien que tu sortes.**	*Sure, **it's OK with me if you go out.***

4 Baby-sitting

PARLER/ÉCRIRE Vous faites du baby-sitting pour un enfant français. Expliquez-lui ce qu'il doit faire et ce qu'il ne doit pas faire. (Commencez vos phrases par **Je veux que** ou **Je ne veux pas que.**)

▶ ranger ta chambre?
Je veux que tu ranges ta chambre.

▶ jouer avec des allumettes *(matches)*
Je ne veux pas que tu joues avec des allumettes.

1. être sage *(be good)*
2. faire tes devoirs
3. manger ton dîner
4. finir tes épinards *(spinach)*
5. manger trop de chocolat
6. mettre les pieds sur la table
7. jouer au foot dans la maison
8. tirer la queue *(pull the tail)* du chat

5 Exigences *(Demands)*

PARLER/ÉCRIRE Tout le monde exige *(demands)* quelque chose. Expliquez les exigences des personnes suivantes.

▶ le professeur / les élèves / étudier
Le professeur veut que les élèves étudient.

1. le médecin / Monsieur Legros / maigrir
2. le professeur de l'auto-école / tu / conduire moins vite
3. les adultes / les jeunes / être polis avec eux
4. les jeunes / les adultes / être plus tolérants
5. je / tu / aller au cinéma avec moi
6. Hélène / son copain / aller danser à la discothèque avec elle
7. mon père / je / avoir de bonnes notes
8. ma mère / je / faire les courses

WARM-UP AND PRACTICE

PROP: Transparency 43 *(Les occupations de la journée)*

Have students review the activities pictured in the transparency.

Que fait Jean? [Il se réveille.]

Now have students tell their friends to do the things shown on the transparency.

Je veux que tu te réveilles., etc.

6 Oui ou non?

PARLER Vos camarades vous demandent la permission de faire certaines choses. Acceptez ou refusez.

▶ écouter tes CD

Est-ce que je peux écouter tes CD?
Oui, je veux bien que tu écoutes mes CD.

(Non, je ne veux pas que tu écoutes mes CD.)

1. dîner chez toi
2. regarder tes photos
3. lire ton journal *(diary)*
4. emprunter ton portable
5. prendre ton vélo
6. sortir avec ton copain (ta copine)
7. amener mes copains à ta fête
8. écrire dans ton livre

7 Pas de chance

PARLER Aujourd'hui Julien et sa mère ne sont pas d'accord. Composez les dialogues et jouez les rôles correspondants..

▶ sortir ce soir/faire tes devoirs
—Je voudrais sortir ce soir.
—Eh bien, moi, je ne veux pas que tu sortes.
—Mais pourquoi?
—Parce qu'il faut que tu fasses tes devoirs.

1. aller chez ma copine/ faire les courses
2. conduire la voiture/ avoir le permis
3. regarder la télé/ aller chez le dentiste
4. déjeuner en ville/ être à midi à ta leçon de piano
5. rester à la maison ce week-end/ aller chez tes grands-parents
6. acheter une moto/ faire des économies *(save money)*

À votre tour!

OBJECTIFS
Now you can ...
• ask others to do things for you

1 Tant pis! *(Too bad!)*

PARLER Demandez à un(e) camarade de faire trois choses pour vous. Il/Elle va refuser en donnant une excuse.

▶ **—Je voudrais que tu me prêtes tes CD.**
—Je regrette mais je ne peux pas.
—Pourquoi pas?
—Parce que je veux les écouter ce soir.
—Tant pis!

▶ me prêter tes CD
- m'aider à faire mes devoirs
- m'attendre après la classe
- faire une promenade avec moi
- faire du skate avec moi
- aller au ciné avec moi
- sortir avec moi samedi
- me prêter ton baladeur
- m'inviter au restaurant

INCLUSION

Sequential Review the forms of the verb **vouloir.** Write five sentences using **vouloir que** + SUBJUNCTIVE and have students label the parts of speech. Then write the parts of speech on the board in column format and have students generate elements to create their own sentences.

PORTFOLIO ASSESSMENT

You will probably choose only one oral and one written activity to go into the students' portfolios for Unit 9. The following activities are good portfolio topics:

ORAL: Activity 1
WRITTEN: **Et vous?,** p. 521

5 DESCRIPTION expressing what people want to do

1. Le médecin veut que Monsieur Legros maigrisse.
2. Le professeur de l'auto-école veut que tu conduises moins vite.
3. Les adultes veulent que les jeunes soient polis avec eux.
4. Les jeunes veulent que les adultes soient plus tolérants.
5. Je veux que tu ailles au cinéma avec moi.
6. Hélène veut que son copain aille danser à la discothèque avec elle.
7. Mon père veut que j'aie de bonnes notes.
8. Ma mère veut que je fasse les courses.

6 EXCHANGES letting friends know whether you want them to do certain things

Answers will vary.
–Est-ce que je peux ... ?
–Oui, je veux bien que tu ... (Non, je ne veux pas que tu ...)

1. dîner chez toi/dînes chez moi
2. regarder tes photos/regardes mes photos
3. lire ton journal/lises mon journal
4. emprunter ton portable/empruntes mon portable
5. prendre ton vélo/prennes mon vélo
6. sortir avec ton copain (ta copine)/sortes avec mon copain (ma copine)
7. amener mes copains à ta fête/amènes tes copains à ma fête
8. écrire dans ton livre/écrives dans mon livre

7 ROLE PLAY telling someone that you do not want them to do something

–Je voudrais ...
–Eh bien, moi, je ne veux pas que tu ...
–Mais pourquoi?
–Parce qu'il faut que tu ...

1. aller chez ma copine/ailles chez ta copine/fasses les courses
2. conduire la voiture/conduises la voiture/aies le permis
3. regarder la télé/regardes la télé/ailles chez le dentiste
4. déjeuner en ville/déjeunes en ville/sois à midi à ta leçon de piano
5. rester à la maison ce week-end/restes à la maison ce week-end/ailles chez tes grands-parents
6. acheter une moto/achètes une moto/fasses des économies

À VOTRE TOUR!

1 GUIDED CONVERSATION making excuses

Answers will vary.
–Je voudrais que tu ...
–Je regrette mais je ne peux pas.
–Pourquoi pas?
–Parce que je ...
–Tant pis!

- m'aides à faire mes devoirs/dois rendre visite à mes grands-parents
- m'attendes après la classe/dois faire du baby-sitting
- fasses une promenade avec moi/veux aller au cinéma
- fasses du skate avec moi/veux dormir tard samedi matin
- ailles au ciné avec moi/vais chez mon oncle
- sortes avec moi samedi/vais chez ma grand-mère
- me prêtes ton baladeur/veux écouter mes CD
- m'invites au restaurant/n'ai pas d'argent

LECTURE

La vie n'est pas juste

Objective

- Reading for pleasure

Lecture La vie n'est pas juste

Le petit Pierre (10 ans) pense que la vie° n'est pas juste. Êtes-vous d'accord avec lui?

vie *life*

jeudi soir, à la maison

—Dis, Papa, est-ce que je peux regarder la télé?

—Oui, je veux bien que tu regardes la télé, mais avant je veux que tu finisses ton dîner et que tu fasses tes devoirs ...

—Et à neuf heures, il faut que tu sois au lit.

vendredi après-midi, à la maison

—Dis, Maman, est-ce que je peux aller chez mon copain?

—Mais oui, je veux bien que tu ailles chez lui, mais d'abord je voudrais bien que tu fasses ton lit et que tu ranges ta chambre.

—Et je veux absolument que tu sois rentré° à sept heures pour le dîner.

rentré *back home*

PRE-READING ACTIVITY

Have students read the title: "Life isn't fair."

Quelle est votre opinion? Votons!

Combien d'entre vous pensent qu'en général la vie est juste?

Combien d'entre vous pensent que la vie n'est pas juste?

Maintenant nous allons découvrir l'opinion du petit Pierre.

samedi matin, chez la voisine Madame Lamballe

—S'il vous plaît, madame, est-ce que je peux jouer dans votre jardin?

—Oui, je veux bien que tu y joues, mais je ne veux pas que tu marches° sur les fleurs.

marches *step*

—Je ne veux pas non plus° que tu arroses° le chien ou que tu fasses peur° au chat.

non plus *neither*
arroses *spray water on*
fasses peur *scare*

dimanche matin, chez son copain

—Dis, Éric, est-ce que tu peux me prêter ton vélo?

—Si tu veux que je te prête mon vélo, il faut que tu m'invites chez toi et que tu me laisses jouer avec tes jeux vidéo.

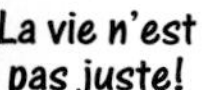

ET VOUS?

Pensez à l'époque où vous aussi vous étiez petit(e). Vous vous souvenez probablement d'une situation où vous avez pensé que la vie n'était pas juste. Composez un dialogue et faites un dessin où vous décrivez cette situation de façon humoristique. Comparez votre dessin avec les dessins préparés par vos camarades.

Observation activity Have students reread the scenes, looking for the verbs.

Are they all in the subjunctive? [no]

Which ones are in the subjunctive? [those introduced by **je veux que, je veux bien que, je voudrais bien que, je veux absolument que, je ne veux pas que,** and **il faut que**]

POST-READING ACTIVITY

Ask students to analyze each scene.

Dans la première scène, est-ce que petit Pierre a raison?
Est-ce que les demandes de son père sont injustes?
Pourquoi ou pourquoi pas?
Est-ce que cette scène correspond à une expérience que vous avez eue quand vous étiez petit(e)?

Tests de contrôle

By taking the following tests, you can check your progress in French and also prepare for the unit test. Write your answers on a separate sheet of paper.

Review...
- vocabulary: pp. 494, 496

1 Le choix logique

Complete each of the following sentences with the logical option.

1. À l'auto-école, nous apprenons à —. **(conduire / suivre / marcher)**
2. Hélène — des cours de piano. **(sait / suit / apprend)**
3. Éric a une voiture de sport. C'est —. **(un camion / une camionnette / une décapotable)**
4. Mettez vos valises dans —. **(le coffre / le siège / le capot)**
5. Quand on conduit la nuit, on met —. **(les phares / le clignotant / le siège)**
6. Les voitures ont quatre —. **(roues / volants / pare-brise)**
7. Pour s'arrêter, on appuie sur —. **(l'accélérateur / le pneu / le frein)**
8. On ouvre une porte avec —. **(une clé / un frein / un toit)**

Review...
- constructions with verbs: pp. 500, 502

2 La bonne construction

Complete each of the following sentences with the appropriate option.

1. Nous sommes contents — partir en vacances. **(à / de)**
2. Cécile va à une auto-école — apprendre à conduire. **(de / pour)**
3. On doit vérifier les pneus — partir en voyage. **(avant de / avant)**
4. Thomas fait ses devoirs — écoutant ses CD. **(en / sans)**
5. Élodie gagne de l'argent — du baby-sitting. **(en faisant / pour faire)**
6. Les élèves étudient — à l'examen. **(en réussissant / pour réussir)**

Review...
- regular subjunctive forms: pp. 508-509, 510

3 Il faut que ...

Describe what each of the people in parentheses has to do, using the expression **il faut que** + SUBJUNCTIVE.

▶ **(toi / nous)** réussir à l'examen
Il faut que tu réussisses à l'examen.
Il faut que nous réussissions à l'examen.

1. **(moi / vous)** finir les devoirs
2. **(Léa / nous)** téléphoner à un ami
3. **(Éric / vous)** répondre à une lettre
4. **(les élèves / toi)** parler au prof
5. **(moi / mes copains)** attendre un peu
6. **(Pauline / nous)** écrire un mail
7. **(moi / vous)** lire ce livre
8. **(toi / les enfants)** mettre la ceinture de sécurité

TESTS DE CONTRÔLE

Teaching Resource Options

PRINT 

Unit 9 Resource Book
- **Assessment**
- Unit 9 Test, pp. 175–182
- Portfolio Assessment, Reprise/Unit 1 URB, pp. 235–244
- Multiple Choice Test Items, pp. 195–199
- Listening Comprehension Performance Test, pp. 183–184
- Reading Comprehension Performance Test, pp. 189–191
- Speaking Performance Test, pp. 185–188
- Writing Performance Test, pp. 192–194
- Test Scoring Tools, pp. 200–201
- Audioscript for Tests, pp. 203–205
- Answer Keys, pp. 206–210

AUDIO & VISUAL 

Audio Program
CD 23 Tracks 5–9

TECHNOLOGY 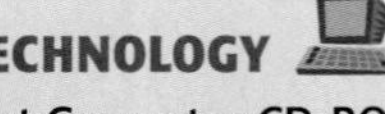

Test Generator CD-ROM/McDougal Littell Assessment System

1 COMPREHENSION choosing the right word

1. À l'auto-école, nous apprenons à conduire.
2. Hélène suit des cours de piano.
3. Éric a une voiture de sport. C'est une décapotable.
4. Mettez vos valises dans le coffre.
5. Quand on conduit la nuit, on met les phares.
6. Les voitures ont quatre roues.
7. Pour s'arrêter, on appuie sur le frein.
8. On ouvre une porte avec une clé.

2 COMPREHENSION choosing the proper construction

1. Nous sommes contents de partir en vacances.
2. Cécile va à une auto-école pour appendre à conduire.
3. On doit vérifier les pneus avant de partir en voyage.
4. Thomas fait ses devoirs en écoutant ses CD.
5. Élodie gagne de l'argent en faisant du baby-sitting.
6. Les élèves étudient pour réussir à l'examen.

4 Souhaits *(Wishes)*

Express the wishes of the following people by completing each sentence with the appropriate subjunctive form of the verb in parentheses.

1. (faire) Le professeur veut que les élèves — attention en classe.
2. (être) Je veux que vous — à l'heure au rendez-vous.
3. (aller) Mon copain veut que j'— au stade avec lui.
4. (avoir) Vos parents veulent que vous — une bonne note à l'examen.
5. (faire) Nos copains veulent que nous — une promenade avec eux.
6. (aller) Je voudrais que vous — au cinéma avec moi.

Review...
- irregular subjunctive forms: p. 516

5 Contexte et dialogue

Complete the dialogue with the appropriate verb forms.

Pierre wants to borrow Marc's moped.

PIERRE: Dis, Marc, est-ce que tu peux me prêter ta mobylette? Il faut que **(je vais / j'aille)** en ville.

MARC: Je veux bien que tu **(prendre / prennes)** ma mobylette, mais il faut que tu **(as / aies)** ton casque et que tu **(sois / es)** très prudent.

PIERRE: Tu sais, je **(suis /sois)** toujours prudent!

MARC: Et avant de partir, je veux aussi que tu **(vérifies / vérifier)** l'huile.

PIERRE: D'accord!

Review...
- use of the subjunctive: pp. 510, 518

6 Composition: Obligations personnelles

Indicate what you have to do in certain situations. Choose four options from the following list and complete each one with two sentences beginning with **il faut que**.

- Ce soir, avant le dîner …
- Demain matin …
- À la maison, en général …
- Ce week-end, …
- Avant l'examen, …
- Avant les vacances …
- Pour gagner de l'argent …
- Si je veux conduire une voiture …

STRATEGY Writing

1 Choose the four options you wish to write about, and note two completions for each one. Aim for variety and originality in your answers.

2 Write out your paragraph.

3 Check that you have used the appropriate subjunctive verb forms.

3 COMPREHENSION telling what people must do

1. Il faut que je finisse les devoirs.
   Il faut que vous finissiez les devoirs.
2. Il faut que Léa téléphone à un ami.
   Il faut que nous téléphonions à un ami.
3. Il faut qu'Éric réponde à une lettre.
   Il faut que vous répondiez a une lettre.
4. Il faut que les élèves parlent au prof.
   Il faut que tu parles au prof.
5. Il faut que j'attende un peu.
   Il faut que mes copains attendent un peu.
6. Il faut que Pauline écrive un mail.
   Il faut que nous écrivions un mail.
7. Il faut que je lise ce livre.
   Il faut que vous lisiez ce livre.
8. Il faut que tu mettes la ceinture de sécurité.
   Il faut que les enfants mettent la ceinture de sécurité.

4 COMPREHENSION expressing wishes

1. Le professeur veut que les élèves fassent attention en classe.
2. Je veux que vous soyez à l'heure au rendez-vous.
3. Mon copain veut que j'aille au stade avec lui.
4. Vos parents veulent que vous ayez une bonne note à l'examen.
5. Nos copains veulent que nous fassions une promenade avec eux.
6. Je voudrais que vous alliez au cinéma avec moi.

5 COMPREHENSION completing a dialogue

P: Dis, Marc, est-ce que tu peux me prêter ta mobylette? Il faut que j'aille en ville.
M: Je veux bien que tu prennes ma mobylette, mais il faut que tu aies ton casque et que tu sois très prudent.
P: Tu sais, je suis toujours prudent!
M: Et avant de partir, je veux aussi que tu vérifies l'huile.
P: D'accord!

6 WRITTEN SELF-EXPRESSION saying what you have to do

Answers will vary.
Ce soir, avant le dîner, il faut que je finisse mes devoirs. Il faut que je mette la table.
Demain matin, il faut que je fasse du jogging. Il faut que j'aille chez le dentiste.
À la maison, en général, il faut que j'aide mes parents. Il faut que je range ma chambre.
Ce week-end, il faut que je rende visite à ma tante. Il faut que je lave la voiture.
Avant l'examen, il faut que je fasse attention en classe. Il faut que j'étudie.
Avant les vacances, il faut que je finisse mes devoirs. Il faut que j'achète un sac de couchage.
Pour gagner de l'argent, il faut que je trouve un job. Il faut que je fasse du baby-sitting.
Si je veux conduire une voiture, il faut que j'aie le permis. Il faut que j'achète une voiture.

VOCABULAIRE

Language Learning Benchmarks

FUNCTION
- Make requests pp. 517, 519
- Describe and compare pp. 493, 495
- Use and understand expressions indicating emotion p. 500

CONTEXT
- Converse in face-to-face social interactions pp. 501, 517, 519
- Listen to audio or video texts pp. 492–493, 498–499, 506–507, 514–515
- Use authentic materials when reading: brochures p. 497
- Write short guided compositions p. 523

TEXT TYPE
- Use and understand
  - –sentences and strings of sentences when speaking and listening p. 519
  - –questions when speaking and listening p. 510
- Create simple paragraphs when writing p. 521

CONTENT
- Understand and convey information about transportation pp. 495, 497

ASSESSMENT
- Show no significant pattern of error when
  - –engaging in conversations pp. 511, 519
  - –obtaining information p. 503
  - –providing information p. 503
- Understand oral and written discourse, with few errors in comprehension, when reading pp. 504, 527–532

Vocabulaire

POUR COMMUNIQUER

Expressing feelings

Je suis heureux de faire ta connaissance.	*I am happy to meet you.*
Nous sommes tristes de partir.	*We are sad to leave.*

Describing cause and effect, purpose, and sequence

Je travaille pour gagner de l'argent.	*I work (in order) to earn money.*
Fais le plein avant de partir.	*Fill up the tank before leaving.*
Ne pars pas sans mettre ta ceinture de sécurité.	*Don't leave without attaching your seatbelt.*
J'écoute la radio en étudiant.	*I listen to the radio while studying.*
Paul gagne de l'argent en lavant des voitures.	*Paul earns money by washing cars.*

Expressing an obligation

Il faut que tu répondes à ma question.	*You have to answer my question.*
Il faut qu'ils sortent avant midi.	*They have to leave before noon.*

Expressing one's wishes

Je voudrais que tu sois ici.	*I would like you to be here.*
Elle veut que tu viennes maintenant.	*She wants you to come now.*

MOTS ET EXPRESSIONS

La conduite

un permis de conduire	*driver's license*	**une auto-école**	*driving school*
		la conduite	*driving*
		une station-service	*gas station*

Les véhicules

un camion	*truck*	**une camionnette**	*(small) van*
un minivan	*minivan*	**une décapotable**	*convertible*
		une voiture	*car*
		une voiture de sport	*sports car*

La voiture

un accélérateur	*accelerator, gas pedal*
un capot	*hood*
un clignotant	*blinker*
un coffre	*trunk*
un essuie-glace	*windshield wiper*
un frein	*brake*
un klaxon	*horn*
un moteur	*motor*
un pare-brise	*windshield*
un phare	*headlight*
un pneu	*tire*
un réservoir	*gas tank*
un rétroviseur	*rearview mirror*
un siège	*seat*
un toit	*roof*
un volant	*steering wheel*
une ceinture de sécurité	*seatbelt*
une clé	*key*
l'essence	*gas*
l'huile	*oil*
une porte	*door*
une roue	*wheel*

À la station-service

faire le plein [d'essence]	*to fill it up [with gas]*
nettoyer [le pare-brise]	*to clean [the windshield]*
vérifier [l'huile]	*to check [the oil]*

Verbes irréguliers

conduire	*to drive*
suivre	*to follow*
suivre un cours	*to take a class*

Prépositions

avant de + INFINITIVE	*before [doing]*
pour + INFINITIVE	*in order [to do]*
sans + INFINITIVE	*without [doing]*
en + PRESENT PARTICIPLE	*while, by [doing]*

Expressions suivies du subjonctif

il faut que + SUBJUNCTIVE	*it is necessary that*
vouloir que + SUBJUNCTIVE	*to want, wish that*

Expression utile

Je n'ai pas le temps de …	*I don't have the time to …*

VOCABULAIRE SUPPLÉMENTAIRE: En voiture

accélérer (j'accélère)	*to accelerate, to speed up*
arrêter le moteur	*to stop the engine*
s'arrêter	*to stop (the car)*
démarrer	*to start (the car)*
doubler	*to pass*
enlever (j'enlève) sa ceinture	*to take off, unbuckle one's seatbelt*
garder sa ceinture	*to keep one's seatbelt on*
klaxonner	*to honk*
mettre sa ceinture	*to put on, buckle one's seatbelt*
ralentir	*to slow down*

TEST PREP CLASSZONE.COM FLASHCARDS AND MORE!

INTERLUDE 9

Quelle soirée!

Objective

- Extended reading for pleasure

Teaching Resource Options

PRINT 

Workbook PE, pp. 325–332
Activités pour tous PE, pp. 197–199
Unit 9 Resource Book
Activités pour tous TE, pp. 163–165
Workbook TE, pp. 167–174

Interlude 9

QUELLE SOIRÉE!

PRE-READING STRATEGY Avant de lire

Lisez le titre de ce drame: **Quelle soirée!** *(What an evening!)*

- À votre avis, est-ce que ce titre veut dire que c'était une soirée réussie ou une soirée désastreuse?

Regardez maintenant les illustrations et lisez les titres des trois actes.

- Avez-vous une impression plus précise de la soirée?
- D'après vous, qu'est-ce qui est arrivé?

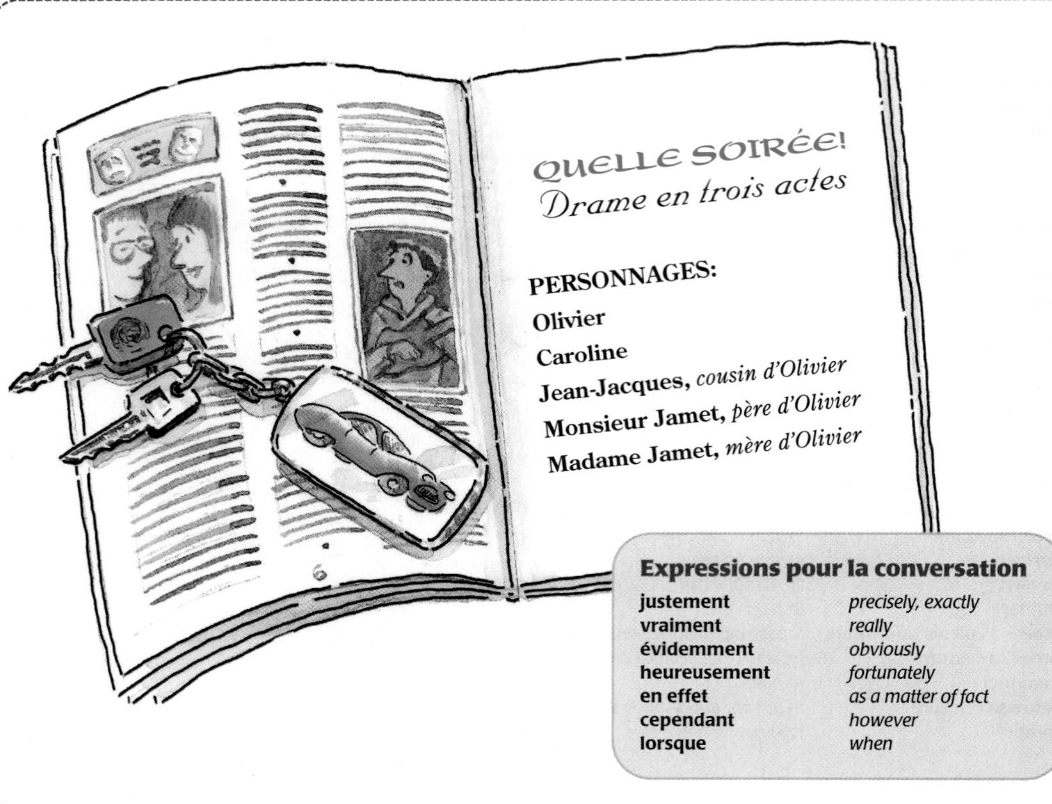

Expressions pour la conversation

justement	*precisely, exactly*
vraiment	*really*
évidemment	*obviously*
heureusement	*fortunately*
en effet	*as a matter of fact*
cependant	*however*
lorsque	*when*

Acte 1: Olivier trouve une solution

SCÈNE 1

Aujourd'hui, c'est samedi. Olivier est très content. Ce matin il a fait la queue pendant trois heures devant le Rex-Palace. Finalement il a obtenu les deux derniers billets pour le grand concert de ce soir. La seule° question est de savoir qui il va inviter …

Olivier pense à Caroline. Caroline est une fille très sympathique et très jolie. Voilà justement le problème. Elle a des quantités d'admirateurs et, par conséquent, beaucoup d'invitations. Est-ce qu'elle sera libre ce soir? Olivier décide de tenter sa chance. Il téléphone à Caroline.

OLIVIER: Allô, Caroline?
CAROLINE: Ah, c'est toi, Olivier? Ça va?
OLIVIER: Ça va! Tu sais, j'ai pu obtenir des billets pour le concert de ce soir.
CAROLINE: Comment as-tu fait? J'ai téléphoné au Rex-Palace. Tout est vendu! Impossible de trouver des billets! Je voulais absolument aller à ce concert …
OLIVIER: Si tu veux, je t'invite.
CAROLINE: Tu es vraiment gentil de m'inviter. Bien sûr, j'accepte avec plaisir.
OLIVIER: Bon! Je viendrai te chercher chez toi à huit heures! D'accord?
CAROLINE: D'accord! À ce soir!

Expressions utiles

tenter sa chance	*to try one's luck*
être de mauvaise humeur	*to be in a bad mood*
être déçu	*to be disappointed*
perdre l'espoir	*to lose hope*

Avez-vous compris?

1. Le premier paragraphe dit qu'Olivier est très content. Pourquoi?
2. Si Caroline a beaucoup d'admirateurs, pourquoi a-t-elle accepté l'invitation d'Olivier?

seule *only*

Olivier trouve une solution

Avez-vous compris?

Answers

1. Il a obtenu les deux derniers billets pour le concert de ce soir.
2. Elle a accepté l'invitation d'Olivier parce qu'elle voulait absolument aller à ce concert.

SCÈNE 2

En rentrant chez lui, Olivier pense au rendez-vous de ce soir. Évidemment, il y a un petit problème. Il a promis à Caroline de venir la chercher chez elle. Oui, mais comment?

«Heureusement, pense Olivier, il y a la voiture de Papa! Papa est toujours très généreux. Il me prête souvent sa voiture quand j'en ai besoin. Je suis sûr qu'il me la prêtera ce soir.»

Quand il est rentré à la maison, Olivier a tout de suite remarqué que son père était de très mauvaise humeur.

OLIVIER: Dis, Papa. Est-ce que je peux prendre ta voiture?
M. JAMET: Pour aller où?
OLIVIER: Je voudrais sortir avec une copine.
M. JAMET: Écoute, Olivier, je veux bien que tu sortes, mais je ne veux pas que tu prennes la voiture!
OLIVIER: Mais, tu sais que je suis toujours très prudent.
M. JAMET: Je ne veux absolument pas que tu prennes la voiture ce soir. Un point, c'est tout!° Si tu veux sortir, tu peux prendre le bus!
OLIVIER: Mais …
M. JAMET: Vraiment, il est inutile que tu insistes.

Un point, c'est tout! *Period*

SCÈNE 3

Olivier est déçu, très déçu. Il comptait en effet sur la voiture de son père. C'est une voiture de sport toute neuve. Caroline aurait certainement été° très impressionnée° … Dommage!

Olivier, cependant, ne perd pas tout espoir. Il sait que ses parents sortent ce soir. Ils sont invités chez les Roussel, des voisins. Olivier sait aussi que lorsque ses parents rendent visite aux Roussel, ils ne rentrent jamais avant une heure du matin.

Olivier réfléchit … Le concert finira vers onze heures et demie. Vers minuit il sera de retour chez lui. Ses parents rentreront beaucoup plus tard. Alors?

Alors, Olivier n'hésite plus. Il attend patiemment le départ de ses parents. Puis, à huit heures moins le quart, il prend les clés de la voiture et va dans le garage … Il monte dans la voiture de son père et sort sans faire de bruit … À huit heures, Olivier est chez Caroline.

aurait … été *would have been*
impressionnée *impressed*

Avez-vous compris?

Scène 2

1. Olivier a un petit problème. Qu'est-ce que c'est?
2. Quel est le résultat de sa conversation avec son père?

Scène 3

1. Comment Olivier voulait-il impressionner Caroline?
2. Comment Olivier trouve-t-il une solution au problème de transport?

Avez-vous compris?

Answers
Scène 2

1. Il ne sait pas comment il va aller chercher Caroline.
2. Le père d'Olivier ne veut pas qu'il prenne la voiture ce soir.

Scène 3

1. Il voulait impressionner Caroline avec la nouvelle voiture de sport de son père.
2. Il prend la voiture après le départ de ses parents.

Acte 2: Olivier a des problèmes

SCÈNE 1

Le concert a commencé à huit heures et demie. L'orchestre est excellent. Caroline est ravie et Olivier est très heureux et très fier d'être avec elle.

Soudain, Olivier pense à quelque chose. «Zut, j'ai oublié d'éteindre° les phares° de la voiture! Bon, ça ne fait rien.° Je vais aller les éteindre pendant l'entracte.°»

À dix heures, l'entracte commence. Olivier dit à Caroline de l'attendre cinq minutes. Il va au parking où il a laissé la voiture. Là, il a une très, très mauvaise surprise! Olivier remarque en effet que le feu arrière de la voiture de son père est complètement défoncé.°

«Zut, alors! Pendant que j'étais avec Caroline, quelqu'un est rentré dans° la voiture de Papa! Quelle catastrophe! Qu'est-ce que je vais faire? Il faut que je trouve quelqu'un pour changer le feu arrière! Oui, mais qui va réparer la voiture maintenant? À cette heure, tous les garages sont fermés ... Il faut absolument que je trouve une solution! Il faut absolument que cette voiture soit réparée avant demain matin, sinon° ... »

Mots utiles

ravi(e)	*delighted*
fier (fière)	*proud*
désobéir	*to disobey*
la désobéissance	*disobedience*
fou (folle)	*crazy*

éteindre *turn off* **phares** *headlights*
ça ne fait rien *that doesn't matter* **entracte** *intermission*
défoncé *smashed in* **est rentré dans** *ran into* **sinon** *if not*

Avez-vous compris?

1. Comment commence la soirée?
2. Où va Olivier pendant l'entracte?
3. Qu'est-ce qu'il découvre?

Olivier a des problèmes

Avez-vous compris?

Answers

1. La soirée commence très bien. L'orchestre est excellent et Caroline est ravie.
2. Il va au parking parce qu'il pense qu'il a oublié d'éteindre les phares.
3. Il découvre que le feu arrière de la voiture est complètement défoncé.

SCÈNE 2

Olivier pense à son cousin Jean-Jacques. Jean-Jacques est mécanicien. Il a peut-être les pièces° nécessaires. Olivier lui téléphone. Une voix légèrement irritée répond.

JEAN-JACQUES: Allô ...
OLIVIER: Jean-Jacques? Il faut que tu m'aides.
JEAN-JACQUES: Ah, c'est toi, Olivier? Qu'est-ce qui se passe?°
OLIVIER: Un accident!
JEAN-JACQUES: Grave?°
OLIVIER: Je ne sais pas. Quelqu'un est rentré dans la voiture de Papa.
JEAN-JACQUES: Et c'est pour ça que tu me téléphones? Dis donc, je suis en train de regarder un film à la télé. Tu peux bien attendre lundi.
OLIVIER: Non, non! Il faut que tu répares la voiture.
JEAN-JACQUES: Dis! Tu ne sais pas qu'on est samedi soir?
OLIVIER: Écoute, c'est très sérieux.

Olivier a expliqué toute la situation: le refus de son père, sa désobéissance, le concert, l'accident.

JEAN-JACQUES: Bon, bon! J'ai compris! Si tu veux que je répare ta voiture avant le retour de tes parents, il faut que tu viennes immédiatement.
OLIVIER: Merci, Jean-Jacques! Tu es un vrai copain!

pièces *parts* **Qu'est-ce qui se passe?** *What's up?* **Grave** *Serious*

SCÈNE 3

Maintenant Olivier est rassuré, mais il est aussi inquiet.° Il faut qu'il aille chez Jean-Jacques immédiatement! Est-ce que Caroline comprendra la situation? Olivier retourne au concert ... C'est la fin° de l'entracte.

CAROLINE: Dis, Olivier, où étais-tu? Je commençais à m'impatienter ...
OLIVIER: Excuse-moi! ... Euh ... Il faut que je te raccompagne chez toi ...
CAROLINE: Mais le concert n'est pas fini.
OLIVIER: Il faut absolument que je rentre.
CAROLINE: Tu es malade?
OLIVIER: Euh, non ... Il faut que j'aille chez mon cousin qui est garagiste.
CAROLINE: Comment? Il faut que tu ailles chez le garagiste à dix heures du soir? Si tu n'es pas malade, tu es fou!
OLIVIER: Je suis vraiment désolé, mais il faut que je parte ...
CAROLINE: Eh bien, moi, je suis furieuse que tu me traites de cette façon!° Veux-tu que je te dise quelque chose? Tu es un vrai mufle!° Et la prochaine fois, il est inutile que tu m'invites. Après tout, j'ai d'autres copains!

inquiet *worried* **fin** *end* **de cette façon** *like that*
un vrai mufle *a real clod (jerk)*

Avez-vous compris?

Scène 2

1. Qu'est-ce qu'Olivier demande à son cousin Jean-Jacques?
2. Pourquoi est-ce qu'il faut réparer la voiture tout de suite?

Scène 3

1. Pourquoi Olivier est-il inquiet?
2. Est-ce que Caroline comprend la situation d'Olivier? Quelle est sa réaction?

Avez-vous compris?

Answers

Scène 2

1. Il demande à son cousin de réparer la voiture.
2. Il faut réparer la voiture tout de suite parce qu'Olivier veut rentrer avant le retour de ses parents.

Scène 3

1. Olivier est inquiet parce qu'il faut qu'il aille chez Jean-Jacques immédiatement. Il ne sait pas si Caroline comprendra son problème.
2. Non, elle est furieuse.

Acte 3: Sauvé? Pas tout à fait!

Expressions utiles

être sauvé	*to be saved*
une pièce de rechange	*spare part*
une réparation	*repair*
réparer	*to repair*
s'apercevoir de	*to notice*
tant pis	*too bad*
un type	*guy*
endommagé	*damaged*

SCÈNE 1

Olivier a raccompagné Caroline chez elle. Il arrive chez son cousin. Il est onze heures maintenant. Jean-Jacques examine la voiture.

OLIVIER: Alors?
JEAN-JACQUES: Il faut que je répare le pare-chocs et que je change le feu arrière.
OLIVIER: Ce n'est pas trop sérieux?
JEAN-JACQUES: Non, mais tu as de la chance que j'aie les pièces de rechange.

Jean-Jacques est un excellent mécanicien. À minuit, il a fini la réparation. Olivier remercie son cousin et rentre chez lui ...

SCÈNE 2

Olivier est arrivé chez lui à minuit et demi. Ses parents sont rentrés bien plus tard, vers une heure et demie. Ils n'ont rien remarqué ...

Olivier s'est couché immédiatement après son retour, mais il n'a pas pu dormir. Il pense aux événements de la soirée.

«Quelle soirée! Elle avait si bien° commencé. Et puis, il y a eu cet accident ridicule! Heureusement Jean-Jacques était chez lui! Est-ce que Papa s'apercevra de la réparation? Non! Jean-Jacques est un excellent mécanicien et Papa est un peu myope.° Il ne s'apercevra de rien ... Sinon, ce serait un drame à la maison!

«Et Caroline? Elle était vraiment furieuse! Bah, tant pis! L'essentiel c'est que la voiture soit réparée.

Je suis sauvé, sauvé ... »

si bien *so well* **myope** *nearsighted*

Avez-vous compris?

Scène 1
1. Que fait Jean-Jacques?
2. Pourquoi dit Jean-Jacques qu'Olivier a de la chance?

Scène 2
1. Que fait Olivier en rentrant chez lui?
2. Pourquoi dit Olivier: «Je suis sauvé, sauvé ... »?

Sauvé? Pas tout à fait!

Avez-vous compris?

Answers

Scène 1
1. Il examine la voiture. Il dit qu'il doit réparer le pare-chocs et changer le feu arrière.
2. Olivier a de la chance parce que Jean-Jacques a les pièces de rechange.

Scène 2
1. Il se couche immédiatement après son retour mais il ne peut pas dormir.
2. Il est heureux parce que la voiture est réparée.

SCÈNE 3

Dimanche matin, Olivier s'est levé assez tard. Il a trouvé sa mère dans la cuisine. Madame Jamet est en train de préparer le déjeuner.

MME JAMET: Tu sais, Olivier, il ne faut pas que tu sois fâché contre° ton père. S'il ne t'a pas prêté sa voiture hier, c'est qu'il y avait une raison. Il faut que je t'explique ce qui s'est passé.° Hier matin, comme tous les samedis, ton père est allé faire les courses. Pendant qu'il était au supermarché, quelqu'un est rentré dans sa voiture. Évidemment, le type qui a fait ça est parti sans laisser de trace. Il paraît que le pare-chocs et le feu arrière sont endommagés! Quand Papa est rentré à la maison, il était absolument furieux. Il était si furieux qu'il n'a rien dit à personne. Enfin, il s'est calmé et chez les Roussel il a tout raconté. Tu t'imagines?° Une voiture toute neuve!° Tu comprends maintenant pourquoi il n'a pas voulu te prêter la voiture hier soir!

fâché contre *angry with, upset with*
ce qui s'est passé *what happened*
Tu t'imagines? *Do you realize?*
toute neuve *brand-new*

Avez-vous compris?

1. Qu'est-ce qu'Olivier apprend dimanche matin?
2. Est-ce qu'il est vraiment sauvé?

ÉPILOGUE

À cause de l'accident, Olivier est dans une situation très embarrassante. Selon vous, quelle est la meilleure solution?

- Il faut qu'il prenne un marteau° et qu'il casse à nouveau le feu arrière de la voiture.
- Il faut qu'il propose à son père de réparer lui-même la voiture.
- Il faut qu'il dise la vérité.

Avez-vous une autre solution à proposer à Olivier?

marteau *hammer*

Avez-vous compris?

Answers

1. Il apprend que son père était fâché parce que quelqu'un est rentré dans sa voiture hier pendant qu'il était au supermarché.
2. Non, il n'est pas sauvé, parce qu'il a fait réparer la voiture. Maintenant son père va découvrir qu'Olivier a pris la voiture hier soir.

POST-READING ACTIVITIES

Take a class poll on what Olivier should do.

Have students in small groups discuss the pros and cons **(le pour et le contre)** of the three suggested solutions.

Have students in small groups devise alternate solutions and let the class vote on which is the most original.

READING STRATEGY
L'Art de la lecture

READING STRATEGY L'Art de la lecture

French and English both commonly use FIGURES OF SPEECH, such as METAPHORS and SIMILES. Sometimes both languages use the same image. For example, consider the following figures of speech referring to animals:

METAPHORS:	Tu es **un âne!**	*You're **a jackass!***
SIMILE:	Tu es **lent comme une tortue.**	*You're **slow as a turtle.***

Other times the images are close, but not identical.

Tu es **une poule mouillée** *(a wet hen)*!	*You're **chicken.***

And there are some images that simply do not translate at all.

Tu es **un mufle** *(snout of an ox).*	*You have **terrible manners**!*
Quel **chameau** *(camel)*!	*What a **disagreeable person**!*
C'est **une vraie vache** *(a real cow).*	*He/She is **really mean.***

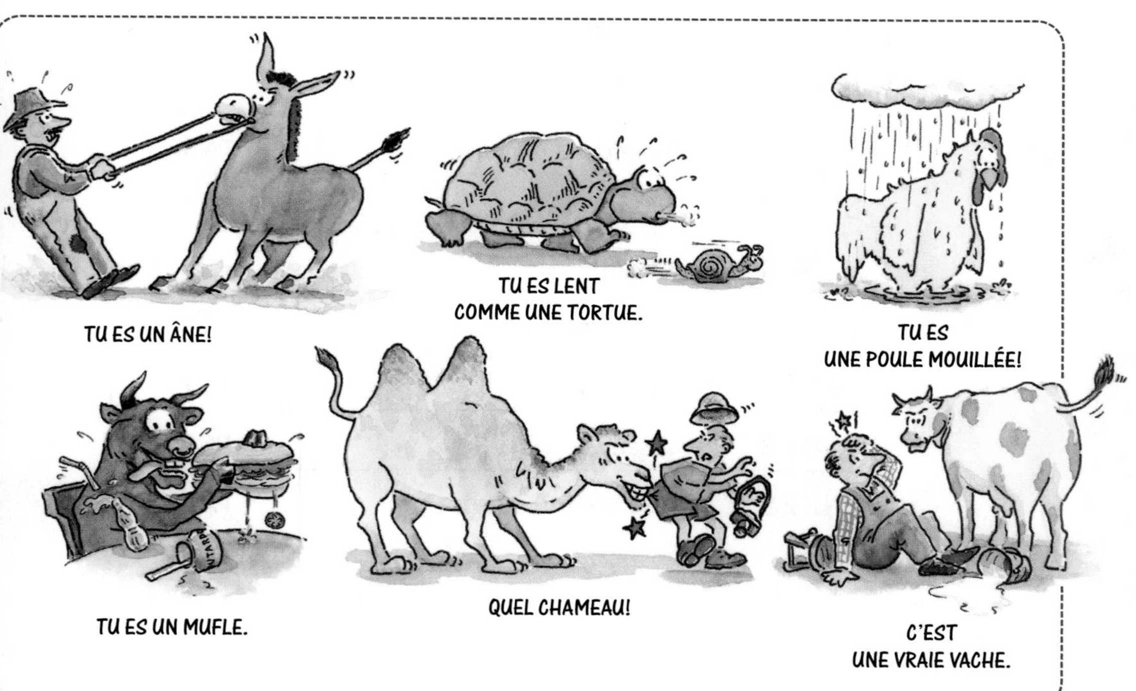

TU ES UN ÂNE!
TU ES LENT COMME UNE TORTUE.
TU ES UNE POULE MOUILLÉE!
TU ES UN MUFLE.
QUEL CHAMEAU!
C'EST UNE VRAIE VACHE.

Tête à tête Pair Activities

CONTENTS

Échange scolaire — Élève B

Imagine you and your partner are doing volunteer work at an office that sets up international school exchanges.

Partie 1

Your partner has a letter from Renée.
Ask him/her for the information you need to complete the form below. Write your answers on a separate sheet of paper.

Nom:

Prénom: Renée

Âge:

Lieu de naissance:

Nationalité:

Domicile:

Numéro de téléphone:

Partie 2

You have just opened a letter from André.
Use the information in the letter to answer your partner's questions about this exchange student.

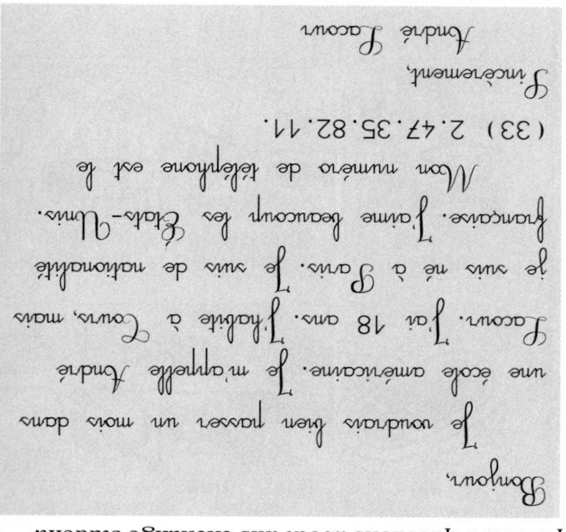

Bonjour,
Je voudrais bien passer un mois dans une école américaine. Je m'appelle André Lacour. J'ai 18 ans. J'habite à Tours, mais je suis né à Paris. Je suis de nationalité française. J'aime beaucoup les États-Unis.
Mon numéro de téléphone est le (33) 2.47.35.82.11.
Sincèrement,
André Lacour

Échange scolaire — Élève A

Imagine you and your partner are doing volunteer work at an office that sets up international school exchanges.

Partie 1

You have just opened a letter from Renée.
Use the information in the letter to answer your partner's questions about this exchange student.

Bonjour,
Je voudrais visiter les États-Unis au printemps. Je m'appelle Renée Tan. J'ai quinze ans. Je suis née à Toulouse mais maintenant j'habite à Paris. Je suis française.

Mon numéro de téléphone est le (33) 1.45.32.77.52.

Sincèrement,
Renée Tan

Partie 2

Your partner has a letter from André.
Ask him/her for the information you need to complete the form below. Write your answers on a separate sheet of paper.

Nom:

Prénom: André

Âge:

Lieu de naissance:

Nationalité:

Domicile:

Numéro de téléphone:

TÊTE À TÊTE

Teaching note All of the **Tête à tête** activities are done in pairs as **Élève A** and **Élève B**. Quickly divide the class into **Élève A** and **Élève B** by going around the classroom and counting off: A…B…A…B. Then, have the "A" students pair up with the nearest "B" students. Instruct "B" students to turn their books upside down in order to begin the activity.

Teaching note In preparation for this activity, students may review IDENTITY VOCABULARY on page 32 and NUMBERS on page R2.

Cultural note The phone numbers in the letters are written as they would be dialed from outside of France. If the numbers were being dialed within France, the country code for France, 33, wouldn't be needed, but a 0 would be added before the city code (01 for Paris, 02 for Tours).

Teaching note For additional pair activities, and for other communicative activities for **Unité 1**, please go to the **Communipak** section of the **Reprise/Unit 1 Resource Book**, pp. 190–209.

Échange scolaire

Answers

Élève A, Partie 2
Nom: Lacour
Prénom: André
Âge: 18 ans
Lieu de naissance: Paris
Nationalité: français
Domicile: Tours
Numéro de téléphone: (33) 2.47.35.82.11

Élève B, Partie 2
Nom: Tan
Prénom: Renée
Âge: 15
Lieu de naissance: Toulouse
Nationalité: française
Domicile: Paris
Numéro de téléphone: (33) 1.45.32.77.52

Teaching note In preparation for this activity, students may review ACTIVITIES VOCABULARY on page 102.

Teaching note For additional pair activities, and for other communicative activities for **Unité 2**, please go to the **Communipak** section of the **Unit 2 Resource Book**, pp. 152–171.

Week-end

Answers will vary.

Élève A

Élève A: Où es-tu allé(e) samedi matin?
Élève B: Je suis resté(e) chez moi.
Élève A: Qu'est-ce que tu as fait?
Élève B: J'ai (rangé ma chambre).
Élève A: Où es-tu allé(e) samedi après-midi?
Élève B: Je suis allé(e) à la piscine.
Élève A: Qu'est-ce que tu as fait?
Élève B: J'ai (nagé).
Élève A: Où es-tu allé(e) samedi soir?
Élève B: Je suis allé(e) au stade.
Élève A: Qu'est-ce que tu as fait?
Élève B: J'ai (regardé un match de foot).
Élève A: Où es-tu allé(e) dimanche matin?
Élève B: Je suis allé(e) en ville.
Élève A: Qu'est-ce que tu as fait?
Élève B: J'ai (fait une promenade).
Élève A: Où es-tu allé(e) dimanche après-midi?
Élève B: Je suis allé(e) à la plage.
Élève A: Qu'est-ce que tu as fait?
Élève B: J'ai (joué au volley).
Élève A: Où es-tu allé(e) dimanche soir?
Élève B: Je suis allé(e) au café
Élève A: Qu'est-ce que tu as fait?
Élève B: J'ai (retrouvé des amis).

Élève B

Élève B: Où es-tu allé(e) samedi matin?
Élève A: Je suis allé(e) à la piscine.
Élève B: Qu'est-ce que tu as fait?
Élève A: J'ai (nagé).
Élève B: Où es-tu allé(e) samedi après-midi?
Élève A: Je suis resté(e) chez moi.
Élève B: Qu'est-ce que tu as fait?
Élève A: J'ai (aidé mes parents).
Élève B: Où es-tu allé(e) samedi soir?
Élève A: Je suis allé(e) en ville.
Élève B: Qu'est-ce que tu as fait?
Élève A: J'ai (acheté des CD).
Élève B: Où es-tu allé(e) dimanche matin?
Élève A: Je suis allé(e) à la plage.
Élève B: Qu'est-ce que tu as fait?
Élève A: J'ai (retrouvé des amis).
Élève B: Où es-tu allé(e) dimanche après-midi?
Élève A: Je suis allé(e) au stade.
Élève B: Qu'est-ce que tu as fait?
Élève A: J'ai (joué au foot).
Élève B: Où es-tu allé(e) dimanche soir?
Élève A: Je suis allé(e) au café.
Élève B: Qu'est-ce que tu as fait?
Élève A: J'ai (mangé un sandwich).

UNITÉ 2 Pair Activity

Week-end — Élève B

Partie 1

You were pretty busy last weekend. The calendar below indicates where you were at different times. For each place, imagine an activity that you did there.

samedi matin	samedi après-midi	samedi soir
activité?	activité?	activité?

dimanche matin	dimanche après-midi	dimanche soir
activité?	activité?	activité?

Partie 2

Now find out where your partner went last weekend (or when he/she stayed home). Also ask what he/she did in each place and complete the chart below, marking your answers on a separate sheet of paper.

Élève B: Où es-tu allé(e) samedi matin? Qu'est-ce que tu as fait?

		aller/rester où?	faire quoi?
samedi	matin		
	après-midi		
	soir		
dimanche	matin		
	après-midi		
	soir		

? *Did you do any of the same things last weekend?*

Week-end — Élève A

Partie 1

You were pretty busy last weekend. The calendar below indicates where you were at different times. For each place, imagine an activity that you did there.

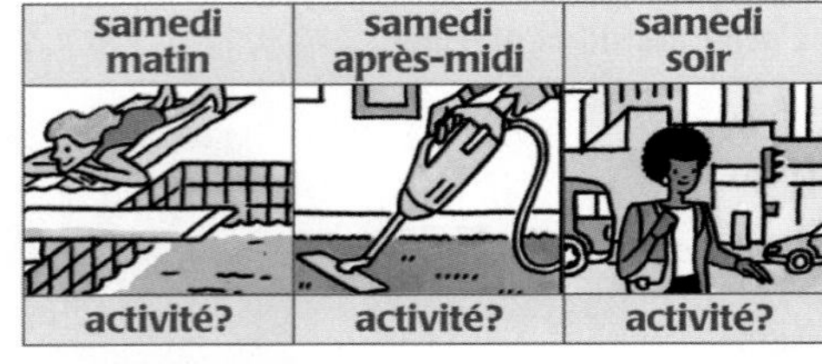

Partie 2

Now find out where your partner went last weekend (or when he/she stayed home). Also ask what he/she did in each place and complete the chart below, marking your answers on a separate sheet of paper.

Élève A: Où es-tu allé(e) samedi matin?
Qu'est-ce que tu as fait?

		aller/rester où?	faire quoi?
samedi	matin		
	après-midi		
	soir		
dimanche	matin		
	après-midi		
	soir		

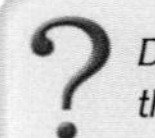
Did you do any of the same things last weekend?

Au Musée d'Orsay — Élève A

After visiting the Musée d'Orsay in Paris, you go to lunch at the "Café des Hauteurs" located on its top floor. Select three items and a beverage. First play the role of the waiter and take your partner's order. Then change roles.

	COMMANDE	PRIX
Salade:	______	______
Sandwich:	______	______
Pâtisserie:	______	______
Boisson:	______	______
Total:		______

Élève A: Qu'est-ce que vous prenez comme salade?

Élève B: Je vais prendre ...

MO Café des Hauteurs

Les salades composées	
Salade antiboise (thon, tomates, oeuf dur)	3,75
Salade flash (jambon, poulet, fromage)	3,50
Salade végétarienne	3,25
Salade verte	2,50
Les sandwichs	
Jambon	2,75
Thon	2,50
Fromage	2.50
Jambon et fromage	3,50
Les pâtisseries	
Croissant au beurre	1,25
Pain au chocolat	1,50
Tarte aux pommes	3,50
Brownies au chocolat	4,00
Les boissons	
Eau minérale (25 cl)	1,75
Sodas (20 cl)	2,00
Café arabica	1,25
Thé Earl Gray	2,15

Au Musée d'Orsay — Élève B

After visiting the Musée d'Orsay in Paris, you go to lunch at the "Café des Hauteurs" located on its top floor. Select three items and a beverage. Your partner will first play the role of the waiter and take your order. Then change roles.

	COMMANDE	PRIX
Salade:	______	______
Sandwich:	______	______
Pâtisserie:	______	______
Boisson:	______	______
Total:		______

Élève A: Qu'est-ce que vous prenez comme salade?

Élève B: Je vais prendre ...

MO Café des Hauteurs

Les salades composées	
Salade antiboise (thon, tomates, oeuf dur)	3,75
Salade flash (jambon, poulet, fromage)	3,50
Salade végétarienne	3,25
Salade verte	2,50
Les sandwichs	
Jambon	2,75
Thon	2,50
Fromage	2,50
Jambon et fromage	3,50
Les pâtisseries	
Croissant au beurre	1,25
Pain au chocolat	1,50
Tarte aux pommes	3,50
Brownies au chocolat	4,00
Les boissons	
Eau minérale (25 cl)	1,75
Sodas (20 cl)	2,00
Café arabica	1,25
Thé Earl Gray	2,15

TÊTE À TÊTE

Teaching note In preparation for this activity, students may review RESTAURANT VOCABULARY on page 156.

Cultural notes

- The **Musée d'Orsay** is housed in a former train station. It is best known for its Impressionist collections.
- Children often have **un pain au chocolat** for their after school snack, or **goûter**. The pastry is similar to that of a croissant, but it has a rectangular shape and there's a bar of rich chocolate inside.

Teaching note For additional pair activities, and for other communicative activities for **Unité 3**, please go to the **Communipak** section of the **Unit 3 Resource Book**, pp. 152–171.

Au Musée d'Orsay

Answers will vary.

Élève A

Élève A: Qu'est-ce que vous prenez comme salade?
Élève B: Je vais prendre (une salade antiboise).
Élève A: Qu'est-ce que vous prenez comme sandwich?
Élève B: Je vais prendre (un sandwich au jambon).
Élève A: Qu'est-ce que vous prenez comme pâtisserie?
Élève B: Je vais prendre (un pain au chocolat).
Élève A: Qu'est-ce que vous prenez comme boisson?
Élève B: Je vais prendre (un soda).

Élève B

Élève B: Qu'est-ce que vous prenez comme salade?
Élève A: Je vais prendre (une salade verte).
Élève B: Qu'est-ce que vous prenez comme sandwich?
Élève A: Je vais prendre (un sandwich au fromage).
Élève B: Qu'est-ce que vous prenez comme pâtisserie?
Élève A: Je vais prendre (de la tarte aux pommes).
Élève B: Qu'est-ce que vous prenez comme boisson?
Élève A: Je vais prendre (du thé Earl Grey).

Teaching note In preparation for this activity, students may review ENTERTAINMENT VOCABULARY on page 208.

Cultural notes

- **Le Cid** is a classical play by Pierre Corneille which treats the conflict between love and family honor.
- **Le Musée de l'Homme** is an ethnological museum best known for its African collections.

Teaching note For additional pair activities, and for other communicative activities for **Unité 4**, please go to the **Communipak** section of the **Unit 4 Resource Book**, pp. 150–165.

Les sorties

Answers

Élève A

Élève A: Combien de fois est-ce que Céline est allée au théâtre?
Élève B: Elle est allée au théâtre une fois.
Élève A: Combien de fois est-ce que Céline est allée au concert?
Élève B: Elle est allée au concert une fois.
Élève A: Combien de fois est-ce que Céline est allée au cinéma?
Élève B: Elle est allée au cinéma trois fois.
Élève A: Combien de fois est-ce que Céline est allée au musée?
Élève B: Elle est allée au musée trois fois.
Élève A: Combien de fois est-ce que Céline est allée à un match sportif?
Élève B: Elle est allée à un match sportif une fois.

Élève B

Élève B: Combien de fois est-ce que Marc est allé au théâtre?
Élève A: Il est allé au théâtre une fois.
Élève B: Combien de fois est-ce que Marc est allé au concert?
Élève A: Il est allé au concert deux fois.
Élève B: Combien de fois est-ce que Marc est allé au cinéma?
Élève A: Il est allé au cinéma quatre fois.
Élève B: Combien de fois est-ce que Marc est allé au musée?
Élève A: Il est allé au musée deux fois.
Élève B: Combien de fois est-ce que Marc est allé à un match sportif?
Élève A: Il est allé à un match sportif deux fois.

TÊTE À TÊTE

UNITÉ 4 Pair Activity

Les sorties — Élève B

Marc and Céline love to go out. Who went out the most last month?
Here is Céline's calendar.

Calendrier de Céline

LUN	MAR	MER	JEU	VEN	SAM	DIM
	2	3	4	5	6 Musée de l'Homme	7 match de tennis
8	9	10 théâtre **Hamlet**	11	12	13	14 concert de rock
15	16	17	18	19 cinéma	20 Musée d'Orsay	21
22	23 cinéma	24	25 Musée du Louvre	26	27	28 cinéma

Your partner has a copy of Marc's calendar. Ask your partner questions so that you can complete the chart. Write your answers on a separate sheet of paper.

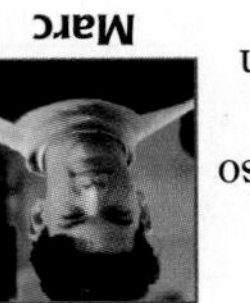
Marc

	1 fois	2 fois	3 fois	4 fois ou +
• aller au théâtre?	❑	❑	❑	❑
• aller au concert?	❑	❑	❑	❑
• aller au cinéma?	❑	❑	❑	❑
• aller au musée?	❑	❑	❑	❑
• aller à un match sportif?	❑	❑	❑	❑

Élève B: Combien de fois est-ce que Marc est allé au théâtre?

Les sorties — Élève A

Marc and Céline love to go out. Who went out the most last month?
Here is Marc's calendar.

Calendrier de Marc

LUN	MAR	MER	JEU	VEN	SAM	DIM
1	2 concert de rock	3	4	5	6 Musée Picasso	7 match de foot
8 théâtre **Le Cid**	9	10 cinéma	11	12	13	14 concert de jazz
15	16	17	18	19 cinéma	20 match de basket	21
22	23 cinéma	24	25 Musée du Louvre	26	27	28 cinéma

Your partner has a copy of Céline's calendar. Ask your partner questions so that you can complete the chart. Write your answers on a separate sheet of paper.

Céline

	1 fois	2 fois	3 fois	4 fois ou +
• aller au théâtre?	❑	❑	❑	❑
• aller au concert?	❑	❑	❑	❑
• aller au cinéma?	❑	❑	❑	❑
• aller au musée?	❑	❑	❑	❑
• aller à un match sportif?	❑	❑	❑	❑

Élève A: Combien de fois est-ce que Céline est allée au théâtre?

La toilette — Élève B

Partie 1

Your partner is in the bathroom getting ready for the day. Ask whether he/she is going to do the following.

oui	non	se laver les mains
oui	non	se raser *(un garçon)*
oui	non	se brosser les dents
oui	non	se laver les cheveux
oui	non	se peigner
oui	non	se maquiller *(une fille)*

Élève B: Est-ce que tu vas te laver les mains?

Élève A: Non, je ne vais pas me laver les mains. Je n'ai pas de savon.

Partie 2

You have packed the following items in your toiletry bag. Now you are in the bathroom getting ready for the day. Your partner will ask whether you are going to do certain things. Answer yes or no, according to whether you have the appropriate item with you.

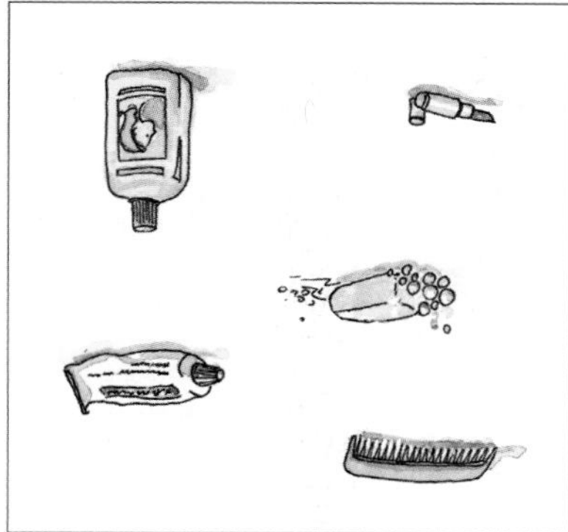

La toilette — Élève A

Partie 1

You have packed the following items in your toiletry bag. Now you are in the bathroom getting ready for the day. Your partner will ask whether you are going to do certain things. Answer yes or no, according to whether you have the appropriate item with you.

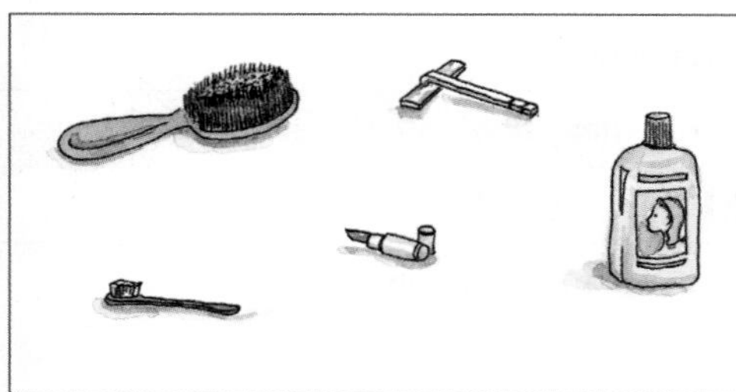

Élève B: Est-ce que tu vas te laver les mains?

Élève A: Non, je ne vais pas me laver les mains. Je n'ai pas de savon.

Partie 2

Your partner is in the bathroom getting ready for the day. Ask whether he/she is going to do the following.

oui	non	se laver les mains
oui	non	se brosser les dents
oui	non	se laver les cheveux
oui	non	se brosser les cheveux
oui	non	se maquiller *(une fille)*
oui	non	se raser *(un garçon)*

TÊTE À TÊTE

Teaching note In preparation for this activity, students may review PERSONAL CARE VOCABULARY on page 296 and REFLEXIVE CONSTRUCTIONS on pages 293 and 305.

Teaching note For additional pair activities, and for other communicative activities for **Unité 5**, please go to the **Communipak** section of the **Unit 5 Resource Book**, pp. 148–163.

La toilette

Answers

Élève A

Élève A: Est-ce que tu vas te laver les mains?
Élève B: Oui, je vais me laver les mains. J'ai du savon.
Élève A: Est-ce que tu vas te brosser les dents?
Élève B: Non, je ne vais pas me brosser les dents. J'ai du dentifrice, mais je n'ai pas de brosse à dents.
Élève A: Est-ce que tu vas te laver les cheveux?
Élève B: Oui, je vais me laver les cheveux. J'ai du shampooing.
Élève A: Est-ce que tu vas te brosser les cheveux?
Élève B: Non, je ne vais pas me brosser les cheveux. Je n'ai pas de brosse à cheveux.
Élève A: Est-ce que tu vas te maquiller?
Élève B: Oui, je vais me maquiller. J'ai du rouge à lèvres.
Élève A: Est-ce que tu vas te raser?
Élève B: Non, je ne vais pas me raser. Je n'ai pas de rasoir.

Élève B

Élève B: Est-ce que tu vas te laver les mains?
Élève A: Non, je ne vais pas me laver les mains. Je n'ai pas de savon.
Élève B: Est-ce que tu vas te raser?
Élève A: Oui, je vais me raser. J'ai un rasoir.
Élève B: Est-ce que tu vas te brosser les dents?
Élève A: Non, je ne vais pas me brosser les dents. J'ai une brosse à dents, mais je n'ai pas de dentifrice.
Élève B: Est-ce que tu vas te laver les cheveux?
Élève A: Oui, je vais me laver les cheveux. J'ai du shampooing.
Élève B: Est-ce que tu vas te peigner?
Élève A: Non, je ne vais pas me peigner. Je n'ai pas de peigne.
Élève B: Est-ce que tu vas te maquiller?
Élève A: Oui, je vais me maquiller. J'ai du rouge à lèvres.

Teaching note In preparation for this activity, students may review HOUSE VOCABULARY on pages 322–323.

Teaching note For additional pair activities, and for other communicative activities for **Unité 6**, please go to the **Communipak** section of the **Unit 6 Resource Book**, pp. 150–165.

À l'agence immobilière

Answers

Élève A

Élève A: Est-ce que c'est une maison ou un appartement?
Élève B: C'est une maison.
Élève A: Est-ce qu'elle est en ville?
Élève B: Non, la maison est à la campagne.
Élève A: Combien d'étages est-ce qu'il y a?
Élève B: Il y a trois étages.
Élève A: Combien de chambres est-ce qu'il y a?
Élève B: Il y a trois chambres.
Élève A: Combien de salles de bains est-ce qu'il y a?
Élève B: Il y a deux salles de bains et un WC.
Élève A: Est-ce que la cuisine est grande ou petite?
Élève B: La cuisine est petite.

Élève B

Élève B: À quelle étage est l'appartement?
Élève A: Il est au deuxième étage.
Élève B: Combien de pièces est-ce qu'il y a?
Élève A: Il y a cinq pièces.
Élève B: Combien de chambres est-ce qu'il y a?
Élève A: Il y a deux chambres.
Élève B: Combien de salles de bains est-ce qu'il y a?
Élève A: Il y a une salle de bains.
Élève B: Est-ce que la cuisine est grande ou petite?
Élève A: La cuisine est petite.
Élève B: Est-ce que le salon est grand où petit?
Élève A: Le salon est grand.

UNITÉ 6 Pair Activity

À l'agence immobilière (At the real estate agency) — Élève B

Partie 1

Imagine you are moving to Tours with your best friend. You are inquiring about a recommended listing. Ask your partner (a real estate agent) for the following information.

• On which floor is the apartment?
• How many rooms are there?
• How many bedrooms?
• How many bathrooms?
• Is the kitchen large or small?
• Is the living room large or small?

Partie 2

Imagine you are working in a real estate agency in the Geneva area in Switzerland. Your partner is calling to have more information on the listing below. Answer his/her questions.

BELLE MAISON DE CAMPAGNE
à 10 km de Genève

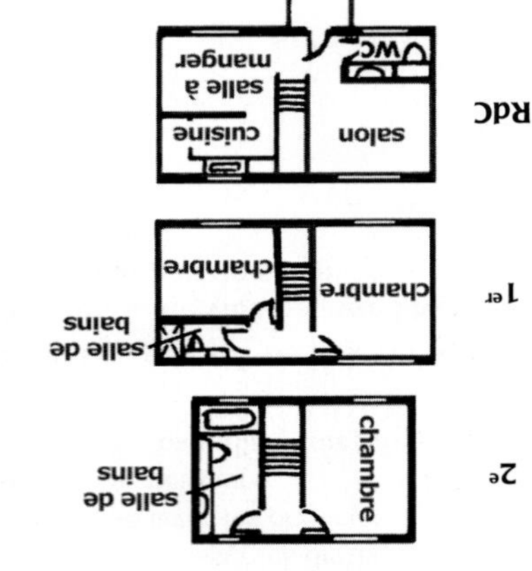

À l'agence immobilière (At the real estate agency) — Élève A

Partie 1

Imagine you are working in a real estate agency in Tours. Your partner is calling to have more information on the listing below. Answer his/her questions.

IMMEUBLE CENTRE-VILLE
Appartement, 2e étage

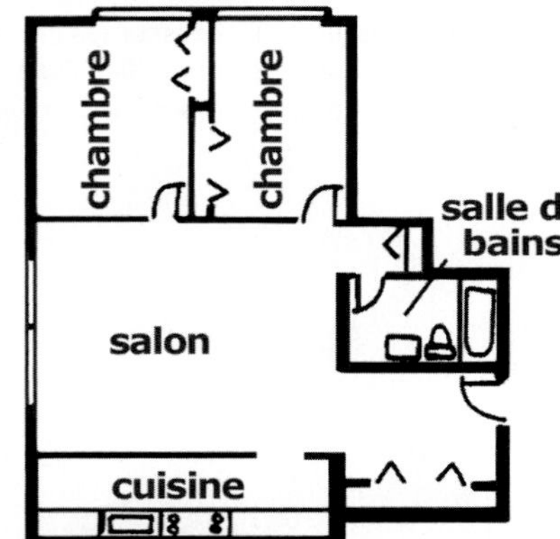

Partie 2

Imagine you are moving with your family to the Geneva area. You are inquiring about a recommended listing. Ask your partner (a real estate agent) for the following information.

• Is it a house or an apartment?
• Is it downtown?
• How many floors are there?
• How many bedrooms?
• How many bathrooms?
• Is the kitchen large or small?

Cadeaux — Élève B

Partie 1

You and your partner are buying holiday presents. Look at the pictures and select a gift for each of the people on your list.

- copain • frère • oncle
- copine • soeur • tante

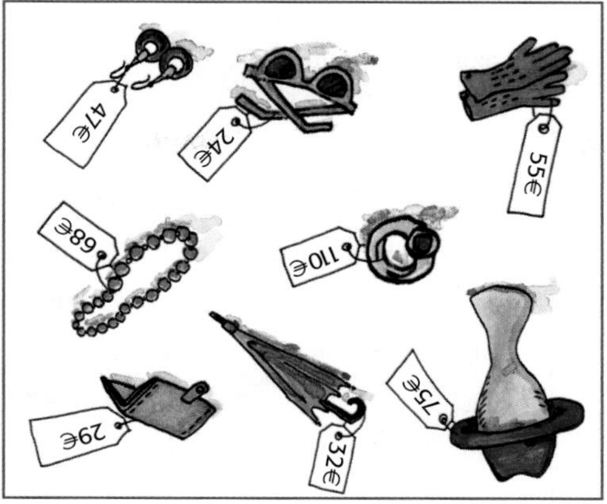

Partie 2

Now find out what your partner bought for the people on his/her list and the price of each gift.

PERSONNE	CADEAU	PRIX
copain		
copine		
frère		
soeur		
oncle		
tante		

A: Qu'est-ce que tu as acheté pour ton copain?
B: J'ai acheté ...
A: Combien est-ce que tu as payé?
B: J'ai payé ...
Et toi, qu'est-ce que tu as acheté pour ton copain?

Cadeaux — Élève A

Partie 1

You and your partner are buying holiday presents. Look at the pictures and select a gift for each of the people on your list.

- copain • frère • oncle
- copine • soeur • tante

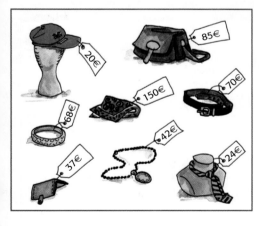

Partie 2

Now find out what your partner bought for the people on his/her list and the price of each gift.

PERSONNE	CADEAU	PRIX
copain		
copine		
frère		
soeur		
oncle		
tante		

A: Qu'est-ce que tu as acheté pour ton copain?
B: J'ai acheté ...
A: Combien est-ce que tu as payé?
B: J'ai payé ...
Et toi, qu'est-ce que tu as acheté pour ton copain?

Teaching note In preparation for this activity, students may review CLOTHES VOCABULARY on pages 372–374 and NUMBERS on page R2.

Teaching note For additional pair activities, and for other communicative activities for **Unité 7**, please go to the **Communipak** section of the **Unit 7 Resource Book**, pp. 148–165.

Cadeaux

Answers will vary.

Élève A: Qu'est-ce que tu as acheté pour ton copain?
Élève B: J'ai acheté (des lunettes de soleil).
Élève A: Combien est-ce que tu as payé?
Élève B: J'ai payé (vingt-quatre) euros. Et toi, qu'est-ce que tu as acheté pour ton copain?
Élève A: J'ai acheté (une casquette).
Élève B: Combien est-ce que tu as payé?
Élève A: J'ai payé (vingt) euros. Et toi, qu'est-ce que tu as acheté pour ta copine?
Élève B: J'ai acheté (des boucles d'oreilles).
Élève A: Combien est-ce que tu as payé?
Élève B: J'ai payé (quarante-sept) euros. Et toi, qu'est-ce que tu as acheté pour ta copine?
Élève A: J'ai acheté (une chaîne avec une médaille).
Élève B: Combien est-ce que tu as payé?
Élève A: J'ai payé (quarante-deux) euros. Et toi, qu'est-ce que tu as acheté pour ton frère?
Élève B: J'ai acheté (un portefeuille).
Élève A: Combien est-ce que tu as payé?
Élève B: J'ai payé (vingt-neuf) euros. Et toi, qu'est-ce que tu as acheté pour ton frère?
Élève A: J'ai acheté (une ceinture).
Élève B: Combien est-ce que tu as payé?
Élève A: J'ai payé (soixante-dix) euros. Et toi, qu'est-ce que tu as acheté pour ta soeur?
Élève B: J'ai acheté (un collier).
Élève A: Combien est-ce que tu as payé?
Élève B: J'ai payé (soixante-huit) euros. Et toi, qu'est-ce que tu as acheté pour ta soeur?
Élève A: J'ai acheté (un foulard).
Élève B: Combien est-ce que tu as payé?
Élève A: J'ai payé (cent cinquante) euros. Et toi, qu'est-ce que tu as acheté pour ton oncle?
Élève B: J'ai acheté (un chapeau).
Élève A: Combien est-ce que tu as payé?
Élève B: J'ai payé (soixante-cinq) euros. Et toi, qu'est-ce que tu as acheté pour ton oncle?
Élève A: J'ai acheté (une cravate).
Élève B: Combien est-ce que tu as payé?
Élève A: J'ai payé (vingt-quatre) euros. Et toi, qu'est-ce que tu as acheté pour ta tante?
Élève B: J'ai acheté (un parapluie).
Élève A: Combien est-ce que tu as payé?
Élève B: J'ai payé (trente-deux) euros. Et toi, qu'est-ce que tu as acheté pour ta tante?
Élève A: J'ai acheté (un sac).
Élève B: Combien est-ce que tu as payé?
Élève A: J'ai payé (quatre-vingt-cinq) euros.

Teaching note In preparation for this activity, students may review TRAVEL VOCABULARY on page 440.

Teaching note For additional pair activities, and for other communicative activities for **Unité 8**, please go to the **Communipak** section of the **Unit 8 Resource Book**, pp. 148–165.

Voyages

Answers will vary.

Élève A

Élève A: Comment vous appelez-vous?
Élève B: Je m'appelle …
Élève A: Où voudriez-vous aller?
Élève B: Je voudrais aller à (Québec).
Élève A: Quel jour voudriez-vous partir?
Élève B: Je voudrais partir (vendredi).
Élève A: Comment voudriez-vous voyager?
Élève B: Je voudrais voyager (en train).
Élève A: Quel type de billet voudriez-vous?
Élève B: Je voudrais (un aller et retour).
Élève A: En quelle classe?
Élève B: En (première) classe.

Élève B

Élève B: Comment vous appelez-vous?
Élève A: Je m'appelle …
Élève B: Où voudriez-vous aller?
Élève A: Je voudrais aller à (Bruxelles).
Élève B: Quel jour voudriez-vous partir?
Élève A: Je voudrais partir (lundi).
Élève B: Comment voudriez-vous voyager?
Élève A: Je voudrais voyager (en avion).
Élève B: Quel type de billet voudriez-vous?
Élève A: Je voudrais (un aller simple).
Élève B: En quelle classe?
Élève A: En (seconde) classe.

TÊTE À TÊTE

UNITÉ 8 Pair Activity

Voyages — Élève B

Partie 1

You are working in a travel agency. A customer (your partner) phones to make a reservation. Ask for the following information and use your partner's answers to complete the form below, writing the answers on a separate sheet of paper.

RÉSERVATION

Nom ____________
Destination ____________
Jour de départ ____________
Mode de transport ____________
Type de billet ____________
Classe ____________

Partie 2

You are a Canadian tourist preparing your next trip. Mark your preferences of the choices given below on a separate paper, and then answer the questions of your travel agent (your partner).

- **Où?**
  ❑ Los Angeles ❑ Québec ❑ New York
- **Jour de départ?**
  ❑ dimanche ❑ jeudi ❑ vendredi
- **Comment?**
  ❑ train ❑ avion ❑ bus
- **Type de billet?**
  ❑ aller simple ❑ aller et retour
- **Classe?**
  ❑ première ❑ seconde/économie

Voyages — Élève A

Partie 1

You live in Paris and want to go on a week vacation. Mark your preferences of the choices given below on a separate sheet of paper, and then answer the questions of your travel agent (your partner).

- **Où?**
  ❑ Bruxelles ❑ Nice ❑ Genève
- **Jour de départ?**
  ❑ lundi ❑ mardi ❑ vendredi
- **Comment?**
  ❑ train ❑ avion
- **Type de billet?**
  ❑ aller simple ❑ aller et retour
- **Classe?**
  ❑ première ❑ seconde/économie

Partie 2

You are working in a travel agency. A customer (your partner) phones to make a reservation. Ask for the following information and use your partner's answers to complete the form below, writing the answers on a separate sheet of paper.

RÉSERVATION

Nom ____________
Destination ____________
Jour de départ ____________
Mode de transport ____________
Type de billet ____________
Classe ____________

TÊTE À TÊTE

À la station-service — Élève B

Imagine you are a mechanic in a French service station. A customer wants his/her car checked.

Find out what the customer wants done, by asking the following questions:

Élève B:
Qu'est-ce que je dois vérifier?
Qu'est-ce que je dois changer?
Qu'est-ce que je dois réparer?
Qu'est-ce que je dois ajuster?

Copy the repair chart on the right onto a separate piece of paper and fill it in according to the answers you get.

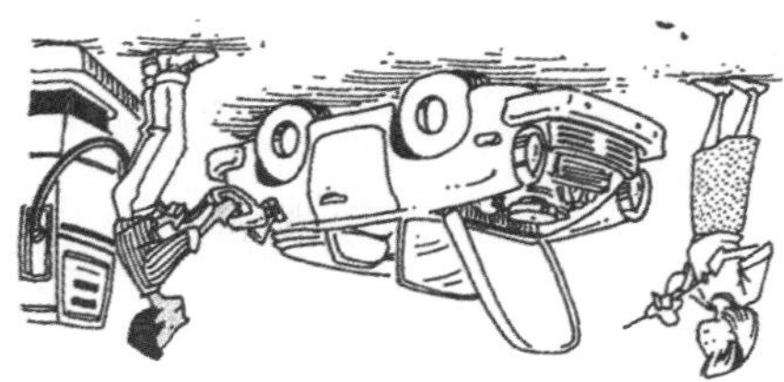

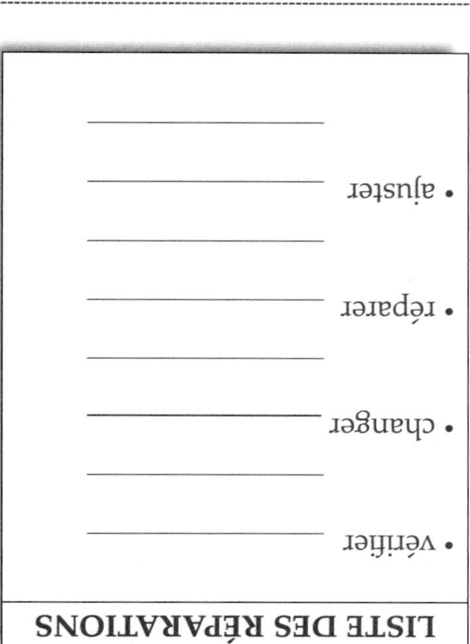
LISTE DES RÉPARATIONS

- vérifier ____________ ____________
- changer ____________ ____________
- réparer ____________ ____________
- ajuster ____________ ____________

À la station-service — Élève A

Imagine you are traveling through France with your family. It is time to bring your leased car to a service station for a checkup.

- From the pad on the right, choose what you want done. Pick one option for each item and note it on a separate piece of paper.
- Now the mechanic on duty (your partner) will ask you what should be done. Answer the mechanic's questions. Begin each sentence with **Il faut que vous ...**

Élève B: Qu-est-ce que je dois vérifier?
Élève A: Il faut que vous vérifiez ... [les freins].

vérifier
- ❑ le moteur
- ❑ les freins
- ❑ les pneus

changer
- ❑ l'huile
- ❑ les essuie-glaces
- ❑ les phares

réparer
- ❑ le capot
- ❑ la porte gauche avant
- ❑ les clignotants

ajuster
- ❑ les essuie-glaces
- ❑ le siège avant
- ❑ le rétroviseur

Teaching note In preparation for this activity, students may review CAR VOCABULARY on page 496.

Teaching note For additional pair activities, and for other communicative activities for **Unité 9**, please go to the **Communipak** section of the **Unit 9 Resource Book**, pp. 144–159.

À la station-service

Answers will vary.

Élève B: Qu'est-ce que je dois vérifier?
Élève A: Il faut que vous vérifiez (les pneus).
Élève B: Qu'est-ce que je dois changer?
Élève A: Il faut que vous changiez (l'huile).
Élève B: Qu'est-ce que je dois réparer?
Élève A: Il faut que vous répariez (le capot).
Élève B: Qu'est-ce que je dois ajuster?
Élève A: Il faut que vous ajustiez (les essuie-glaces).

Reference Section

CONTENTS

R1

RAPPEL 1 *Les nombres, la date, l'heure et le temps*

A VOCABULAIRE Les nombres

▶ How to count:

0 to 19

0	zéro	10	dix
1	un	11	onze
2	deux	12	douze
3	trois	13	treize
4	quatre	14	quatorze
5	cinq	15	quinze
6	six	16	seize
7	sept	17	dix-sept
8	huit	18	dix-huit
9	neuf	19	dix-neuf

20 to 59

20	vingt	30	trente
21	vingt et un	31	trente et un
22	vingt-deux	32	trente-deux
23	vingt-trois		...
24	vingt-quatre	40	quarante
25	vingt-cinq	41	quarante et un
26	vingt-six	46	quarante-six
27	vingt-sept		...
28	vingt-huit	50	cinquante
29	vingt-neuf	51	cinquante et un
		59	cinquante-neuf

60 to 99

60	soixante	80	quatre-vingts
61	soixante et un	81	quatre-vingt-un
62	soixante-deux	82	quatre-vingt-deux
63	soixante-trois	88	quatre-vingt-huit
	...		...
70	soixante-dix	90	quatre-vingt-dix
71	soixante et onze	91	quatre-vingt-onze

100 to 1,000

100	cent
101	cent un
110	cent dix
200	deux cents
211	deux cent onze
300	trois cents
400	quatre cents
1 000	mille

→ Note the use of **et** in the numbers 21, 31, 41, 51, 61, 71.

→ Note that French uses a space where English uses a comma. **1 000** *(1,000)*

B VOCABULAIRE La date

▶ How to give the date:

Quel jour est-ce aujourd'hui?
C'est jeudi.

Quelle est la date?
C'est le trois janvier.
C'est le dix-sept mai.
C'est le trois août deux mille quatre.

Quand est-ce, ton anniversaire?
C'est le vingt-deux novembre.

Les jours de la semaine:

lundi	**mercredi**	**vendredi**	**dimanche**
mardi	**jeudi**	**samedi**	

Les mois de l'année:

janvier	**avril**	**juillet**	**octobre**
février	**mai**	**août**	**novembre**
mars	**juin**	**septembre**	**décembre**

→ The first of the month is **le premier.** Demain, c'est **le premier** juillet.

R2 Appendix A

C VOCABULAIRE L'heure

How to tell time:

Quelle heure est-il?
Il est …

une heure

dix heures

midi

minuit

une heure et quart

neuf heures et demie

cinq heures moins le quart

une heure dix

dix heures vingt

deux heures moins vingt

six heures moins cinq

—À quelle heure est le film?
—Il est à huit heures et demie.

➔ In French, official time is given on a 24-hour clock. Compare:

	CONVERSATIONAL TIME	OFFICIAL TIME
10 A.M.	Il est **dix heures du matin.**	Il est **dix heures.**
1 P.M.	Il est **une heure de l'après-midi.**	Il est **treize heures.**
9 P.M.	Il est **neuf heures du soir.**	Il est **vingt et une heures.**

D VOCABULAIRE Le temps

How to talk about the weather:

Quel temps fait-il?

Il fait	**beau.**	*It's nice.*
	bon.	*It's fine, pleasant.*
	chaud.	*It's hot.*
	froid.	*It's cold.*
	mauvais.	*It's bad.*
Il pleut.		*It's raining.*
Il neige.		*It's snowing.*

Les saisons:	
le printemps	*spring*
l'été	*summer*
l'automne	*fall*
l'hiver	*winter*

APPENDIX A

Rappel 1 R3

A Les articles

In French, articles and adjectives agree with the nouns they introduce. They are MASCULINE or FEMININE, SINGULAR or PLURAL.

Definite Articles *(the)*

	SINGULAR	PLURAL		
MASCULINE	le (l')	les	**le** garçon, **l'**ami	**les** garçons, **les** amis
FEMININE	la (l')	les	**la** fille, **l'**amie	**les** filles, **les** amies

Elision and Liaison

- Before a vowel sound, **le** and **la** become **l'** and **ne** becomes **n'.**
  This is called ELISION.
  L'appareil-photo **n'**est pas sur la table.
- Before a vowel sound, the final **s** of **les** is pronounced.
  This is called LIAISON.
  Où sont **les** affiches?

VOCABULAIRE Quelques objets

un objet	*object, thing*	**une chose**	*thing*
un crayon	*pencil*	**une montre**	*watch*
un stylo	*pen*	**des lunettes**	*glasses*
un cahier	*notebook*	**des lunettes de soleil**	*sunglasses*
un livre	*book*		
un sac	*bag*		
un bureau	*desk*	**une table**	*table*
un lit	*bed*	**une chaise**	*chair*
		une affiche	*poster*
un ordinateur	*computer*	**une chaîne hi-fi**	*sound system*
un appareil-photo	*camera*	**une mini-chaîne**	*compact stereo*
un baladeur	*portable stereo*	**une télé**	*TV set*
un CD	*CD*	**une radiocassette**	*boom box*
un portable	*cell phone*		
un vélo	*bicycle*	**une voiture**	*car*

Vocabulaire supplémentaire: Quelques couleurs

blanc (blanche), **noir** (noire), **bleu** (bleue), **rouge** (rouge), **jaune** (jaune), **vert** (verte), **marron** (marron), **orange** (orange)

R4 Appendix A

Indefinite Articles *(a, an; some + noun)*

	SINGULAR	PLURAL		
MASCULINE	un	des	**un** sac, **un** ordinateur	**des** sacs, **des** ordinateurs
FEMININE	une	des	**une** table, **une** affiche	**des** tables, **des** affiches

→ **Des** often corresponds to the English *some*. Although the word *some* may be omitted in English, the article **des** must be used in French.

J'ai **des** cousins à Québec. *I have (some) cousins in Quebec.*

→ After a NEGATIVE verb (other than **être**), **un, une,** and **des** become **de (d').**

Philippe a **un** vélo.	Alice **n'**a **pas de** vélo.	*Alice **doesn't** have a bike.*
J'ai **des** amis à Paris.	Je **n'**ai **pas d'**amis à Rome.	*I **don't** have **any** friends in Rome.*

VOCABULAIRE Quelques vêtements

des vêtements *clothes*

un pantalon *(pair of) pants*
un jean *(pair of) jeans*
un short *(pair of) shorts*
un pull *sweater*
un sweat *sweatshirt*
un survêtement *warm-up suit*
un maillot de bain *bathing suit*

une chemise *shirt*
une veste *jacket*
une cravate *tie*
une ceinture *belt*
une casquette *(baseball) cap*

un chemisier *blouse*
un tee-shirt *T-shirt*

une jupe *skirt*
une robe *dress*

un blouson *windbreaker*
un manteau *coat*
un imper (imperméable) *raincoat*

des chaussures *shoes*
des chaussettes *socks*

Vocabulaire supplémentaire

un jogging *jogging suit*
des sandales *(f.)* *sandals*
des baskets *(m.)* *high tops*
des tennis *(m.)* *sneakers, running shoes*

Rappel 2 R5

B *À* et *de* + l'article défini

The definite articles **le** and **les** contract with **à** *(to, at)* and **de** *(of, from)*.

à + le	→	au	de + le	→	du
à + les	→	aux	de + les	→	des

Voici **le** café.	Marc va **au** café.	Alice vient **du** café.
Voici **les** élèves.	Le prof parle **aux** élèves.	Vous parlez **des** élèves.

→ There is no contraction with **l'** and **la.**

Voici **la** plage.	Anne est **à la** plage.	Nous rentrons **de la** plage.
Voici **l'**hôpital.	Le docteur va **à l'**hôpital.	Je rentre **de l'**hôpital.

VOCABULAIRE Quelques endroits

un endroit	*place*	**une ville**	*city, town*
un quartier	*district, neighborhood*	**une maison**	*house*
		une rue	*street*
un café	*café*		
un centre commercial	*mall*	**une bibliothèque**	*library*
un cinéma (un ciné)	*movie theater*	**une boutique**	*shop*
un hôpital	*hospital*	**une école**	*school*
un hôtel	*hotel*	**une église**	*church*
un magasin	*store*	**une piscine**	*swimming pool*
un musée	*museum*	**une plage**	*beach*
un restaurant	*restaurant*		
un stade	*stadium*		
un supermarché	*supermarket*		

Vocabulaire supplémentaire

un aéroport	*airport*	**une gare**	*station*
un parc	*park*	**une poste**	*post office*

C La possession avec *de*

To express possession or relationship, the French often use the following construction:

NOUN + **de (d')** + { NAME OF PERSON / ARTICLE + NOUN }

Voici **le vélo de Caroline.**	*Here is* Caroline's bike.
Voilà **la voiture du professeur.**	*There is* the teacher's car.

R6 Appendix A

Les adjectifs possessifs

Another way to express possession or relationship is to use POSSESSIVE ADJECTIVES. In French, possessive adjectives agree with the nouns they introduce.

Voici **un** stylo. C'est **mon** stylo.
Voici **une** veste. C'est **ma** veste.
Voici **des** livres. Ce sont **mes** livres.

THE OWNER	THE POSSESSIVE ADJECTIVE			ENGLISH EQUIVALENT
	before a singular noun		before a plural noun	
	MASCULINE	FEMININE		
je	**mon**	**ma (mon)**	**mes**	*my*
tu	**ton**	**ta (ton)**	**tes**	*your*
il, elle	**son**	**sa (son)**	**ses**	*his, her, its*
nous	**notre**		**nos**	*our*
vous	**votre**		**vos**	*your*
ils, elles	**leur**		**leurs**	*their*

→ The possessive adjectives in parentheses are used before a vowel sound.

Voici **une** auto. C'est **mon** auto. Ce n'est pas **ton** auto.

→ The gender and number of a possessive adjective are determined only by the noun it introduces.

Voici Corinne et **sa voiture.** *Here is Corinne and* her car.
Voici Philippe et **sa voiture.** *Here is Philippe and* his car.
Voici Nathalie et **son vélo.** *Here is Nathalie and* her bicycle.
Voici Marc et **son vélo.** *Here is Marc and* his bicycle.

Les adjectifs démonstratifs et interrogatifs

Demonstrative Adjectives (*this, that; these, those* + NOUN)

	SINGULAR	PLURAL		
MASCULINE	ce (cet)	ces	**ce** pull, **cet** ami	**ces** pulls, **ces** amis
FEMININE	cette	ces	**cette** robe, **cette** amie	**ces** robes, **ces** amis

→ To distinguish between *this (over here)* and *that (over there)*, the French add **-ci** or **-là** after the noun.

Patrick aime **cette** chemise-**ci.** *Patrick likes* this *shirt.*
Je préfère **cette** chemise-**là.** *I prefer* that *shirt.*

Interrogative Adjectives (*which, what* + NOUN)

	SINGULAR	PLURAL		
MASCULINE	quel	quels	**quel** café, **quel** ami	**quels** cafés, **quels** amis
FEMININE	quelle	quelles	**quelle** rue, **quelle** amie	**quelles** rues, **quelles** amies

APPENDIX A

Rappel 2 R7

RAPPEL  Les activités

A Les verbes réguliers en *-er:* formes affirmatives et négatives

	AFFIRMATIVE		NEGATIVE			ENDINGS
INFINITIVE		**parler**				
STEM		**parl-**				
PRESENT	je	parl**e**	je	**ne** parl**e**	**pas**	**-e**
	tu	parl**es**	tu	**ne** parl**es**	**pas**	**-es**
	il/elle/on	parl**e**	il/elle/on	**ne** parl**e**	**pas**	**-e**
	nous	parl**ons**	nous	**ne** parl**ons**	**pas**	**-ons**
	vous	parl**ez**	vous	**ne** parl**ez**	**pas**	**-ez**
	ils/elles	parl**ent**	ils/elles	**ne** parl**ent**	**pas**	**-ent**

→ For verbs ending in **-ger,** the **nous-** form is written with **-geons:**

nous man**geons,** nous na**geons**

→ The stem of the verb **acheter** is written with **è** in the **je, tu, il,** and **ils-** forms:

j'ach**è**te, tu ach**è**tes, il/elle ach**è**te, ils/elles ach**è**tent

VOCABULAIRE Quelques activités

en semaine *during the week*

étudier *to study*	**manger** *to eat*
travailler *to work*	**dîner** *to have dinner*

parler (anglais, français, espagnol)	*to speak (English, French, Spanish)*
regarder (un magazine)	*to look at (a magazine)*
(la télé)	*to watch (TV)*
écouter (la radio, le professeur)	*to listen to (the radio, the teacher)*
téléphoner à (un copain)	*to call, to phone (a friend)*
rencontrer (des amis)	*to meet (by chance), to run into (friends)*
retrouver (des amis)	*to meet (friends) at an arranged time and place*
habiter (à Paris, en France)	*to live (in Paris, in France)*
rentrer	*to go back, to come home*
rester (à la maison)	*to stay (home, at home)*
aider (ses parents)	*to help (one's parents)*
préparer (le dîner)	*to prepare, to fix (dinner)*
(ses devoirs)	*to do (one's homework)*
prêter (5 euros)	*to loan, lend (5 euros)*

R8 Appendix A

The pronoun *on*

- The pronoun **on** always takes the il/elle- form of the verb.
- The pronoun **on** has several English equivalents: *they, you* (in general), *people, one.*

À Montréal, **on** parle français.	*In Montreal,* people (they) *speak French.*
Quand **on** est jeune, **on** aime la musique.	*When* one *is young,* one *likes music.*

In conversation, **on** is frequently used instead of **nous** to mean *we.*

Quand est-ce qu'**on** mange?	*When are* we *eating?*

le week-end	*on weekends*		
pendant les vacances	*during vacation*		
chanter	*to sing*	**nager**	*to swim*
danser	*to dance*	**marcher**	*to walk*

organiser (une boum, un pique-nique)	*to organize (a party, a picnic)*
apporter (un CD)	*to bring (a CD)*
inviter (une copine)	*to invite (a friend)*
louer (un film)	*to rent (a movie)*
acheter (des vêtements)	*to buy (clothes)*
porter (un jean)	*to wear (jeans)*
(un sac)	*to carry (a bag)*
jouer (au foot, aux jeux vidéo)	*to play (soccer, video games)*
(du piano, de la guitare)	*to play (the piano, the guitar)*
gagner (un match)	*to win (a game)*
(de l'argent)	*to earn (money)*
voyager (en voiture, en train, en avion)	*to travel (by car, by train, by plane)*
visiter (une ville)	*to visit (a city)*

Rappel 3 R9

B Les questions avec *est-ce que*

When you ask a question, you may want a YES or NO answer, or you may be looking for SPECIFIC INFORMATION. In French, you may ask both types of questions using **est-ce que.**

Yes/No Questions

est-ce que + rest of sentence	
Est-ce que tu habites ici?	*Do you live here? (Are you living here?)*
Est-ce qu'Alice travaille?	*Does Alice work? (Is Alice working?)*

→ In conversation, YES/NO questions can also be formed:

- by letting your voice rise at the end of the sentence

  Tu habites ici? **Alice travaille?**

- by adding **n'est-ce pas?** (when an affirmative answer is expected)

  Tu habites ici, **n'est-ce pas?** Alice travaille, **n'est-ce pas?**

Information Questions

QUESTION WORD(S) + **est-ce que** + rest of sentence	
Où est-ce que tu habites?	*Where do you live?*
Quand est-ce que vous travaillez?	*When do you work?*

→ In informal conversation, information questions can also be formed by placing the question words at the end of the sentence.

Tu habites **où?** Vous travaillez **quand?**

Qu'est-ce que tu vas faire samedi après-midi?
Je vais voir un film.

R10 Appendix A

C Les verbes réguliers en *-ir* et *-re*

INFINITIVE		finir			vendre	
		fin-	ENDINGS		vend-	ENDINGS
PRESENT	je	fin**is**	**-is**	je	vend**s**	**-s**
	tu	fin**is**	**-is**	tu	vend**s**	**-s**
	il/elle/on	fin**it**	**-it**	il/elle/on	vend	**–**
	nous	fin**issons**	**-issons**	nous	vend**ons**	**-ons**
	vous	fin**issez**	**-issez**	vous	vend**ez**	**-ez**
	ils/elles	fin**issent**	**-issent**	ils/elles	vend**ent**	**-ent**
NEGATIVE	je **ne**	finis **pas**		je **ne**	vends **pas**	

VOCABULAIRE Quelques activités

choisir	*to choose, select, pick*	**attendre**	*to wait, wait for*
finir	*to finish, end*	**entendre**	*to hear*
grossir	*to gain weight, get fat*	**perdre**	*to lose*
maigrir	*to lose weight, get thin*	**rendre visite à**	*to visit (a person)*
réussir	*to succeed, to be successful*	**répondre (à)**	*to answer*
réussir à un examen	*to pass a test*	**vendre**	*to sell*

→ Note the two ways to say visit:

visiter	*to visit (places)*	Je **visite** Paris.
rendre visite à	*to visit (people)*	Je **rends visite à** Sophie.

Qu'est-ce que tu vends?
Je vends des mini-chaînes.

APPENDIX A

Rappel 3 R11

D L'impératif

The IMPERATIVE form of the verb is used to give orders and make suggestions.

IMPERATIVE	AFFIRMATIVE		NEGATIVE	
(tu)	**Attends!**	*Wait!*	**N'attends pas!**	*Don't wait!*
(vous)	**Attendez!**	*Wait!*	**N'attendez pas!**	*Don't wait!*
(nous)	**Attendons!**	*Let's wait!*	**N'attendons pas!**	*Let's not wait!*

→ The forms of the imperative are the same as the present tense.
EXCEPTION: In the **tu-** form of all **-er** verbs, the final **s** is dropped.

Écoute! *Listen!* **Ne parle pas!** *Don't speak!*

→ Note the use of **moi** in affirmative commands:

Téléphone-moi! *Call me!* **Apporte-moi** ce livre. *Bring me that book.*

R12 Appendix A

[1]Also known as Île-de-France
[2]Also known as Nord-Pas-de-Calais
[3]Also known as Provence-Alpes-Côte d'Azur (Bottin 1989)

Maps R13

Maps

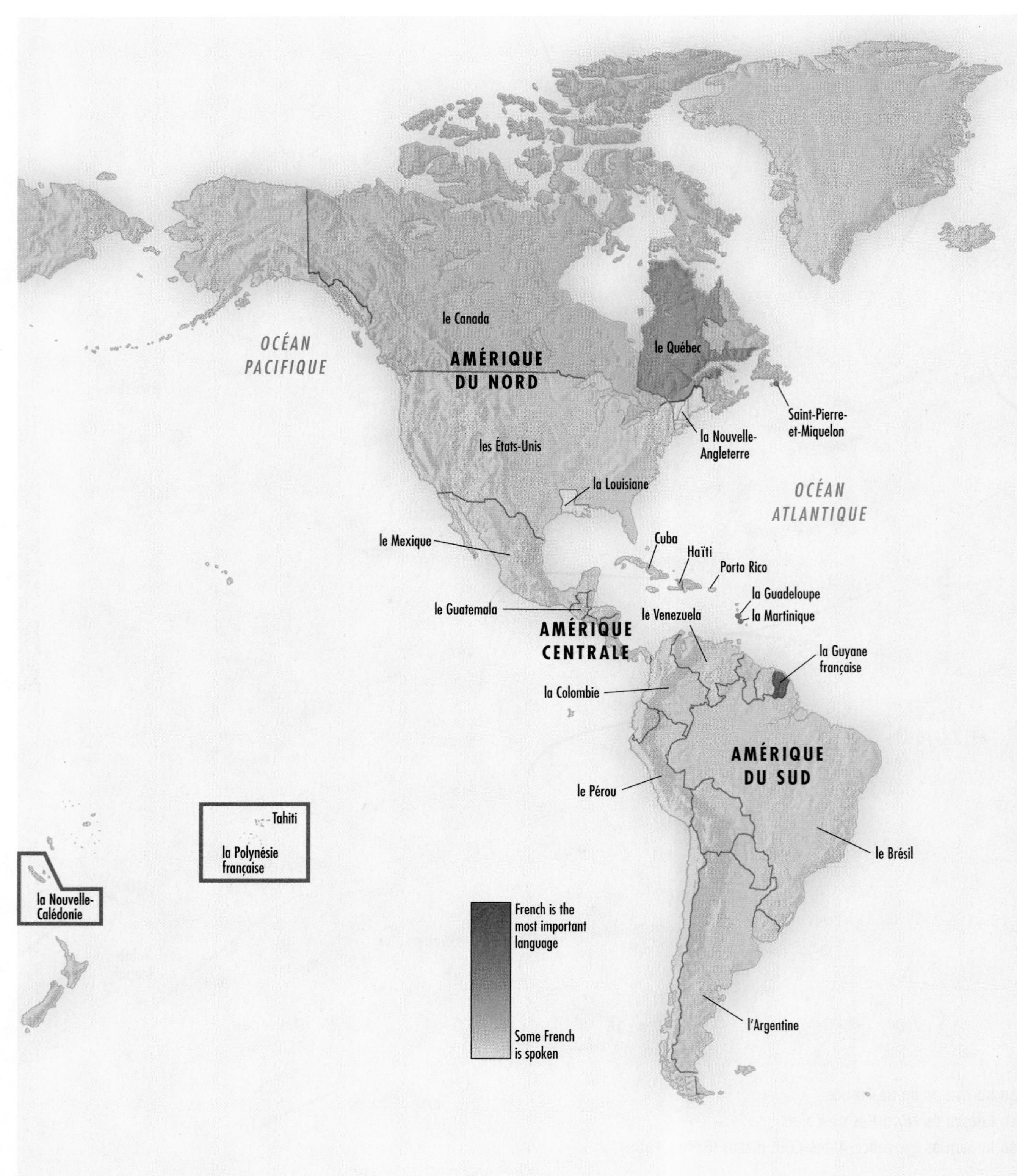

le Canada
OCÉAN PACIFIQUE
AMÉRIQUE DU NORD
le Québec
Saint-Pierre-et-Miquelon
la Nouvelle-Angleterre
les États-Unis
la Louisiane
OCÉAN ATLANTIQUE
le Mexique
Cuba
Haïti
Porto Rico
la Guadeloupe
la Martinique
le Guatemala
AMÉRIQUE CENTRALE
le Venezuela
la Guyane française
la Colombie
AMÉRIQUE DU SUD
le Pérou
Tahiti
la Polynésie française
le Brésil
la Nouvelle-Calédonie
French is the most important language
Some French is spoken
l'Argentine

R14 Appendix B

The French-Speaking World

la Russie
la Belgique
le Luxembourg
la Suisse
Monaco
la France
EUROPE
ASIE
l'Italie
le Maroc
Israël
le Liban
la Chine
l'Algérie
la Tunisie
l'Egypte
OCÉAN PACIFIQUE
l'Inde
le Laos
la Mauritanie
le Mali
le Niger
le Tchad
le Sénégal
le Viêt-Nam
la Guinée
AFRIQUE
le Cambodge
la République Centrafricaine
le Burkina Faso
la Côte d'Ivoire
le Togo
le Bénin
le Rwanda
le Cameroun
le Burundi
le Gabon
la République du Congo
OCÉAN INDIEN
la République démocratique du Congo
l'île Maurice
AUSTRALIE
la Réunion
Madagascar
OCÉAN ATLANTIQUE

APPENDIX B

Maps R15

APPENDIX C

VOWELS

Sound	*Spelling*	*Examples*
/a/	**a, à, â**	Madame, là-bas, théâtre
/i/	**i, î**	visite, Nice, dîne
	y (initial, final, or between consonants)	Yves, Guy, style
/u/	**ou, où, oû**	Toulouse, où, août
/y/	**u, û**	tu, Luc, sûr
/o/	**o** (final or before silent consonant)	piano, idiot, Margot
	au, eau	jaune, Claude, beau
	ô	hôtel, drôle, Côte d'Ivoire
/ɔ/	**o**	Monique, Noël, jolie
	au	Paul, restaurant, Laure
/e/	**é**	Dédé, Québec, télé
	e (before silent final **z, t, r**)	chez, et, Roger
	ai (final or before final silent consonant)	j'ai, mai, japonais
/ɛ/	**è**	Michèle, Ève, père
	ei	seize, neige, Tour Eiffel
	ê	tête, être, Viêt-nam
	e (before two consonants)	elle, Pierre, Annette
	e (before pronounced final consonant)	Michel, avec, cher
	ai (before pronounced final consonant)	française, aime, Maine
/ə/	**e** (final or before single consonant)	je, Denise, venir
/ø/	**eu, oeu**	deux, Mathieu, euro, oeufs
	eu (before final **se**)	nerveuse, généreuse, sérieuse
/œ/	**eu, oeu** (before final pronounced consonant except /z/)	heure, neuf, Lesieur, soeur, coeur, oeuf

NASAL VOWELS

Sound	*Spelling*	*Examples*
/ɑ̃/	**an, am**	France, quand, lampe
	en, em	Henri, pendant, décembre
/ɔ̃/	**on, om**	non, Simon, bombe
/ɛ̃/	**in, im**	Martin, invite, impossible
	yn, ym	syndicat, sympathique, Olympique
	ain, aim	Alain, américain, faim
	(o) + in	loin, moins, point
	(i) + en	bien, Julien, viens
/œ̃/	**un, um**	un, Lebrun, parfum

R16 Appendix C

Sound-Spelling Correspondences

SEMI-VOWELS

SOUND	SPELLING	EXAMPLES
/j/	**i, y** (before vowel sound)	bien, piano, Lyon
	-il, -ill (after vowel sound)	oeil, travaille, Marseille
/ɥ/	**u** (before vowel sound)	lui, Suisse, juillet
/w/	**ou** (before vowel sound)	oui, Louis, jouer
/wa/	**oi, oî, oy** (before vowel)	voici, Benoît, voyage

CONSONANTS

SOUND	SPELLING	EXAMPLES
/b/	**b**	Barbara, banane, Belgique
/k/	**c** (before **a, o, u,** or consonant)	casque, cuisine, classe
	ch(r)	Christine, Christian, Christophe
	qu, q (final)	Québec, qu'est-ce que, cinq
	k	kilo, Kiki, ketchup
/ʃ/	**ch**	Charles, blanche, chez
/d/	**d**	Didier, dans, médecin
/f/	**f**	Félix, franc, neuf
	ph	Philippe, téléphone, photo
/g/	**g** (before **a, o, u,** or consonant)	Gabriel, gorge, légumes, gris
	gu (before **e, i, y**)	vague, Guillaume, Guy
/ɲ/	**gn**	mignon, champagne, Allemagne
/ʒ/	**j**	je, Jérôme, jaune
	g (before **e, i, y**)	rouge, Gigi, gymnastique
	ge (before **a, o, u**)	orangeade, Georges, nageur
/l/	**l, ll**	Lise, elle, cheval
/m/	**m**	Maman, moi, tomate
/n/	**n**	banane, Nancy, nous
/p/	**p**	peu, Papa, Pierre
/r/	**r, rr**	arrive, rentre, Paris
/s/	**c** (before **e, i, y**)	ce, Cécile, Nancy
	ç (before **a, o, u**)	ça, garçon, déçu
	s (initial or before consonant)	sac, Sophie, reste
	ss (between vowels)	boisson, dessert, Suisse
	t (before **i** + vowel)	attention, Nations Unies, natation
	x	dix, six, soixante
/t/	**t**	trop, télé, Tours
	th	Thérèse, thé, Marthe
/v/	**v**	Viviane, vous, nouveau
/gz/	**x**	examen, exemple, exact
/ks/	**x**	Max, Mexique, excellent
/z/	**s** (between vowels)	désert, télévision, Louise
	z	Suzanne, zut, zéro

APPENDIX C

Sound-Spelling Correspondences R17

APPENDIX D

A. REGULAR VERBS

Infinitive	*Present*	*Imperative*	*Passé Composé*	*Imperfect*
parler *(to talk, speak)*	je **parle** tu **parles** il **parle** nous **parlons** vous **parlez** ils **parlent**	 **parle** **parlons** **parlez**	j'**ai parlé** tu **as parlé** il **a parlé** nous **avons parlé** vous **avez parlé** ils **ont parlé**	je **parlais** tu **parlais** il **parlait** nous **parlions** vous **parliez** ils **parlaient**
finir *(to finish)*	je **finis** tu **finis** il **finit** nous **finissons** vous **finissez** ils **finissent**	 **finis** **finissons** **finissez**	j'**ai fini** tu **as fini** il **a fini** nous **avons fini** vous **avez fini** ils **ont fini**	je **finissais** tu **finissais** il **finissait** nous **finissions** vous **finissiez** ils **finissaient**
vendre *(to sell)*	je **vends** tu **vends** il **vend** nous **vendons** vous **vendez** ils **vendent**	 **vends** **vendons** **vendez**	j'**ai vendu** tu **as vendu** il **a vendu** nous **avons vendu** vous **avez vendu** ils **ont vendu**	je **vendais** tu **vendais** il **vendait** nous **vendions** vous **vendiez** ils **vendaient**
se laver *(to wash oneself)*	je **me lave** tu **te laves** il **se lave** nous **nous lavons** vous **vous lavez** ils **se lavent**	 **lave-toi** **lavons-nous** **lavez-vous**	je **me suis lavé(e)** tu **t'es lavé(e)** il/elle **s'est lavé(e)** nous **nous sommes lavé(e)s** vous **vous êtes lavé(e)(s)** ils/elles **se sont lavé(e)s**	je **me lavais** tu **te lavais** il **se lavait** nous **nous lavions** vous **vous laviez** ils **se lavaient**

R18 Appendix D

FUTURE	*CONDITIONAL*	*SUBJUNCTIVE*	*PRESENT PARTICIPLE*
je **parlerai** tu **parleras** il **parlera** nous **parlerons** vous **parlerez** ils **parleront**	je **parlerais** tu **parlerais** il **parlerait** nous **parlerions** vous **parleriez** ils **parleraient**	que je **parle** que tu **parles** qu'il **parle** que nous **parlions** que vous **parliez** qu'ils **parlent**	**parlant**
je **finirai** tu **finiras** il **finira** nous **finirons** vous **finirez** ils **finiront**	je **finirais** tu **finirais** il **finirait** nous **finirions** vous **finiriez** ils **finiraient**	que je **finisse** que tu **finisses** qu'il **finisse** que nous **finissions** que vous **finissiez** qu'ils **finissent**	**finissant**
je **vendrai** tu **vendras** il **vendra** nous **vendrons** vous **vendrez** ils **vendront**	je **vendrais** tu **vendrais** il **vendrait** nous **vendrions** vous **vendriez** ils **vendraient**	que je **vende** que tu **vendes** qu'il **vende** que nous **vendions** que vous **vendiez** qu'ils **vendent**	**vendant**
je **me laverai** tu **te laveras** il **se lavera** nous **nous laverons** vous **vous laverez** ils **se laveront**	je **me laverais** tu **te laverais** il **se laverait** nous **nous laverions** vous **vous laveriez** ils **se laveraient**	que je **me lave** que tu **te laves** qu'il **se lave** que nous **nous lavions** que vous **vous laviez** qu'ils **se lavent**	**se lavant**

Verbs R19

Verbs *continued*

B. *-er* VERBS WITH SPELLING CHANGES

Infinitive	*Present*		*Imperative*	*Passé Composé*	*Imperfect*
acheter	**j'achète**	nous **achetons**	**achète**	**j'ai acheté**	**j'achetais**
(to buy)	tu **achètes**	vous **achetez**	**achetons**		
	il **achète**	ils **achètent**	**achetez**		
Verbs like **acheter: amener** *(to take, bring along)*, **se lever** *(to get up)*, **se promener** *(to take a walk, take a ride)*					
appeler	**j'appelle**	nous **appelons**	**appelle**	**j'ai appelé**	**j'appelais**
(to call)	tu **appelles**	vous **appelez**	**appelons**		
	il **appelle**	ils **appellent**	**appelez**		
Verbs like **appeler: s'appeler** *(to be named)*					
préférer	je **préfère**	nous **préférons**	**préfère**	**j'ai préféré**	je **préférais**
(to prefer)	tu **préfères**	vous **préférez**	**préférons**		
	il **préfère**	ils **préfèrent**	**préférez**		
Verbs like **préférer: accélérer** *(to accelerate, go faster)*, **espérer** *(to hope)*, **répéter** *(to repeat)*					
manger	je **mange**	nous **mangeons**	**mange**	**j'ai mangé**	je **mangeais**
(to eat)	tu **manges**	vous **mangez**	**mangeons**		nous **mangions**
	il **mange**	ils **mangent**	**mangez**		
Verbs like **manger: changer** *(to change)*, **nager** *(to swim)*, **neiger** *(to snow)*, **voyager** *(to travel)*					
commencer	je **commence**	nous **commençons**	**commence**	**j'ai commencé**	je **commençais**
(to start, begin)	tu **commences**	vous **commencez**	**commençons**		nous **commencions**
	il **commence**	ils **commencent**	**commencez**		
Verbs like **commencer: annoncer** *(to announce, proclaim)*, **divorcer** *(to divorce)*, **se fiancer** *(to get engaged)*, **menacer** *(to threaten)*					
payer	je **paie**	nous **payons**	**paie**	**j'ai payé**	je **payais**
(to pay, pay for)	tu **paies**	vous **payez**	**payons**		nous **payions**
	il **paie**	ils **paient**	**payez**		
Verb like **payer: essayer** *(to try)*					

R20 Appendix D

Future	*Conditional*	*Subjunctive*	*Present Participle*
j'**achèterai**	j'**achèterais**	que j'**achète** que nous **achetions**	**achetant**
j'**appellerai**	j'**appellerais**	que j'**appelle** que nous **appelions**	**appelant**
je **préférerai**	je **préférerais**	que je **préfère** que nous **préférions**	**préférant**
je **mangerai**	je **mangerais**	que je **mange** que nous **mangions**	**mangeant**
je **commencerai**	je **commencerais**	que je **commence** que nous **commencions**	**commençant**
je **paierai**	je **paierais**	que je **paie** que nous **payions**	**payant**

APPENDIX D

Verbs R21

Verbs *continued*

C. IRREGULAR VERBS

INFINITIVE	PRESENT		IMPERATIVE	PASSÉ COMPOSÉ	IMPERFECT
avoir *(to have)*	j'**ai** tu **as** il **a**	nous **avons** vous **avez** ils **ont**	**aie** **ayons** **ayez**	j'ai **eu**	j'**avais**
être *(to be)*	je **suis** tu **es** il **est**	nous **sommes** vous **êtes** ils **sont**	**sois** **soyons** **soyez**	j'ai **été**	j'**étais**
aller *(to go)*	je **vais** tu **vas** il **va**	nous **allons** vous **allez** ils **vont**	**va** **allons** **allez**	je **suis allé(e)**	j'**allais**
s'asseoir *(to sit down)*	je **m'assieds** tu **t'assieds** il **s'assied**	nous **nous asseyons** vous **vous asseyez** ils **s'asseyent**	**assieds-toi** **asseyons-nous** **asseyez-vous**	je **me suis assis(e)**	je **m'asseyais**
boire *(to drink)*	je **bois** tu **bois** il **boit**	nous **buvons** vous **buvez** ils **boivent**	**bois** **buvons** **buvez**	j'ai **bu**	je **buvais**
conduire *(to drive)*	je **conduis** tu **conduis** il **conduit**	nous **conduisons** vous **conduisez** ils **conduisent**	**conduis** **conduisons** **conduisez**	j'ai **conduit**	je **conduisais**
Verbs like **conduire: construire** *(to build)*, **détruire** *(to destroy)*, **produire** *(to produce)*, **traduire** *(to translate)*					
connaître *(to know)*	je **connais** tu **connais** il **connaît**	nous **connaissons** vous **connaissez** ils **connaissent**	**connais** **connaissons** **connaissez**	j'ai **connu**	je **connaissais**
Verbs like **connaître: reconnaître** *(to recognize)*					
croire *(to believe)*	je **crois** tu **crois** il **croit**	nous **croyons** vous **croyez** ils **croient**	**crois** **croyons** **croyez**	j'ai **cru**	je **croyais**
devoir *(must, to have to, to owe)*	je **dois** tu **dois** il **doit**	nous **devons** vous **devez** ils **doivent**	**dois** **devons** **devez**	j'ai **dû**	je **devais**
dire *(to say, tell)*	je **dis** tu **dis** il **dit**	nous **disons** vous **dites** ils **disent**	**dis** **disons** **dites**	j'ai **dit**	je **disais**
Verbs like **dire: contredire** *(to contradict)*, **prédire** *(to predict)*					

R22 Appendix D

Future	*Conditional*	*Subjunctive*		*Present Participle*
j'**aurai**	j'**aurais**	que j'**aie** que tu **aies** qu'il **ait**	que nous **ayons** que vous **ayez** qu'ils **aient**	**ayant**
je **serai**	je **serais**	que je **sois** que tu **sois** qu'il **soit**	que nous **soyons** que vous **soyez** qu'ils **soient**	**étant**
j'**irai**	j'**irais**	que j'**aille** que nous **allions**		**allant**
je **m'assiérai**	je **m'assiérais**	que je **m'asseye** que nous **nous asseyions**		**s'asseyant**
je **boirai**	je **boirais**	que je **boive** que nous **buvions**		**buvant**
je **conduirai**	je **conduirais**	que je **conduise** que nous **conduisions**		**conduisant**
je **connaîtrai**	je **connaîtrais**	que je **connaisse** que nous **connaissions**		**connaissant**
je **croirai**	je **croirais**	que je **croie** que nous **croyions**		**croyant**
je **devrai**	je **devrais**	que je **doive** que nous **devions**		**devant**
je **dirai**	je **dirais**	que je **dise** que nous **disions**		**disant**

APPENDIX D

Verbs R23

Verbs *continued*

C. IRREGULAR VERBS

Infinitive	*Present*		*Imperative*	*Passé Composé*	*Imperfect*
dormir *(to sleep)*	je **dors** tu **dors** il **dort**	nous **dormons** vous **dormez** ils **dorment**	**dors** **dormons** **dormez**	j'**ai dormi**	je **dormais**
écrire *(to write)*	j'**écris** tu **écris** il **écrit**	nous **écrivons** vous **écrivez** ils **écrivent**	**écris** **écrivons** **écrivez**	j'**ai écrit**	j'**écrivais**
	Verbs like **écrire: décrire** *(to describe)*, **inscrire** *(to write)*				
envoyer *(to send)*	j'**envoie** tu **envoies** il **envoie**	nous **envoyons** vous **envoyez** ils **envoient**	**envoie** **envoyons** **envoyez**	j'**ai envoyé**	j'**envoyais**
faire *(to make, do)*	je **fais** tu **fais** il **fait**	nous **faisons** vous **faites** ils **font**	**fais** **faisons** **faites**	j'**ai fait**	je **faisais**
lire *(to read)*	je **lis** tu **lis** il **lit**	nous **lisons** vous **lisez** ils **lisent**	**lis** **lisons** **lisez**	j'**ai lu**	je **lisais**
mettre *(to put, place)*	je **mets** tu **mets** il **met**	nous **mettons** vous **mettez** ils **mettent**	**mets** **mettons** **mettez**	j'**ai mis**	je **mettais**
	Verbs like **mettre: permettre** *(to let, allow, permit)*, **promettre** *(to promise)*				
ouvrir *(to open)*	j'**ouvre** tu **ouvres** il **ouvre**	nous **ouvrons** vous **ouvrez** ils **ouvrent**	**ouvre** **ouvrons** **ouvrez**	j'**ai ouvert**	j'**ouvrais**
	Verbs like **ouvrir: découvrir** *(to discover)*, **offrir** *(to offer)*, **souffrir** *(to suffer)*				
partir *(to leave)*	je **pars** tu **pars** il **part**	nous **partons** vous **partez** ils **partent**	**pars** **partons** **partez**	je **suis parti(e)**	je **partais**
	Verbs like **partir: sortir** *(to go out)*				
pleuvoir *(to rain)*	il **pleut**			il **a plu**	il **pleuvait**
pouvoir *(can, may, to be able)*	je **peux** tu **peux** il **peut**	nous **pouvons** vous **pouvez** ils **peuvent**		j'**ai pu**	je **pouvais**
prendre *(to take, have)*	je **prends** tu **prends** il **prend**	nous **prenons** vous **prenez** ils **prennent**	**prends** **prenons** **prenez**	j'**ai pris**	je **prenais**
	Verbs like **prendre: apprendre** *(to learn)*, **comprendre** *(to understand)*				

R24 Appendix D

Future	*Conditional*	*Subjunctive*	*Present Participle*
je **dormirai**	je **dormirais**	que je **dorme** que nous **dormions**	**dormant**
j'**écrirai**	j'**écrirais**	que j'**écrive** que nous **écrivions**	**écrivant**
j'**enverrai**	j'**enverrais**	que j'**envoie** que nous **envoyions**	**envoyant**
je **ferai**	je **ferais**	que je **fasse** que nous **fassions**	**faisant**
je **lirai**	je **lirais**	que je **lise** que nous **lisions**	**lisant**
je **mettrai**	je **mettrais**	que je **mette** que nous **mettions**	**mettant**
j'**ouvrirai**	j'**ouvrirais**	que j'**ouvre** que nous **ouvrions**	**ouvrant**
je **partirai**	je **partirais**	que je **parte** que nous **partions**	**partant**
il **pleuvra**	il **pleuvrait**	qu'il **pleuve**	**pleuvant**
je **pourrai**	je **pourrais**	que je **puisse** que nous **puissions**	**pouvant**
je **prendrai**	je **prendrais**	que je **prenne** que nous **prenions**	**prenant**

Verbs R25

Verbs *continued*

C. IRREGULAR VERBS

Infinitive	*Present*		*Imperative*	*Passé Composé*	*Imperfect*
recevoir *(to receive)*	je **reçois** tu **reçois** il **reçoit**	nous **recevons** vous **recevez** ils **reçoivent**	**reçois** **recevons** **recevez**	j'ai **reçu**	je **recevais**
Verbs like **recevoir: apercevoir** *(to see, catch sight of)*, **s'apercevoir** *(to notice, realize)*					
rire *(to laugh)*	je **ris** tu **ris** il **rit**	nous **rions** vous **riez** ils **rient**	**ris** **rions** **riez**	j'ai **ri**	je **riais**
Verbs like **rire: sourire** *(to smile)*					
savoir *(to know)*	je **sais** tu **sais** il **sait**	nous **savons** vous **savez** ils **savent**	**sache** **sachons** **sachez**	j'ai **su**	je **savais**
suivre *(to follow)*	je **suis** tu **suis** il **suit**	nous **suivons** vous **suivez** ils **suivent**	**suis** **suivons** **suivez**	j'ai **suivi**	je **suivais**
se taire *(to be quiet)*	je **me tais** tu **te tais** il **se tait**	nous **nous taisons** vous **vous taisez** ils **se taisent**	**tais-toi** **taisons-nous** **taisez-vous**	je **me suis tu(e)**	je **me taisais**
tenir *(to hold)*	je **tiens** tu **tiens** il **tient**	nous **tenons** vous **tenez** ils **tiennent**	**tiens** **tenons** **tenez**	j'ai **tenu**	je **tenais**
Verbs like **tenir: appartenir** *(to belong to)*, **obtenir** *(to get, obtain)*, **retenir** *(to reserve, retain)*, **se tenir** *(to keep,*					
venir *(to come)*	je **viens** tu **viens** il **vient**	nous **venons** vous **venez** ils **viennent**	**viens** **venons** **venez**	je **suis venu(e)**	je **venais**
Verbs like **venir: devenir** *(to become)*, **prévenir** *(to warn, tell in advance)*, **revenir** *(to come back)*, **se souvenir** *(to remember)*					
vivre *(to live)*	je **vis** tu **vis** il **vit**	nous **vivons** vous **vivez** ils **vivent**	**vis** **vivons** **vivez**	j'ai **vécu**	je **vivais**
voir *(to see)*	je **vois** tu **vois** il **voit**	nous **voyons** vous **voyez** ils **voient**	**vois** **voyons** **voyez**	j'ai **vu**	je **voyais**
vouloir *(to want, wish)*	je **veux** tu **veux** il **veut**	nous **voulons** vous **voulez** ils **veulent**	**veuille** **veuillons** **veuillez**	j'ai **voulu**	je **voulais**

R26 Appendix D

Future	*Conditional*	*Subjunctive*	*Present Participle*
je **recevrai**	je **recevrais**	que je **reçoive** que nous **recevions**	**recevant**
je **rirai**	je **rirais**	que je **rie** que nous **riions**	**riant**
je **saurai**	je **saurais**	que je **sache** que nous **sachions**	**sachant**
je **suivrai**	je **suivrais**	que je **suive** que nous **suivions**	**suivant**
je **me tairai**	je **me tairais**	que je **me taise** que nous **nous taisions**	**se taisant**
je **tiendrai**	je **tiendrais**	que je **tienne** que nous **tenions**	**tenant**
je **viendrai**	je **viendrais**	que je **vienne** que nous **venions**	**venant**
je **vivrai**	je **vivrais**	que je **vive** que nous **vivions**	**vivant**
je **verrai**	je **verrais**	que je **voie** que nous **voyions**	**voyant**
je **voudrai**	je **voudrais**	que je **veuille** que nous **voulions**	**voulant**

APPENDIX D

Verbs R27

French-English Vocabulary

The French-English vocabulary contains active and passive words from the text, as well as the important words of the illustrations used within the units. Obvious passive cognates and adverbs have not been listed.

The numbers following an entry indicate the first lesson in which the word or phrase is activated. The following abbreviations have been used:

A Appendix A
R Reprise
I Interlude

An asterisk (*) after the lesson or unit number indicates that the word or phrase is presented in the **Mots utiles** section of the reading.

Nouns: If the article of a noun does not indicate gender, the noun is followed by *m. (masculine)* or *f. (feminine)*. If the plural *(pl.)* is irregular, it is given in parentheses.

Adjectives: Adjectives are listed in the masculine form. If the feminine form is irregular, it is given in parentheses. Irregular plural forms *(pl.)* are also given in parentheses.

Verbs: Verbs are listed in the infinitive form. An asterisk (*) in front of an active verb means that it is irregular. (For forms, see the verb charts in the Appendix.) Irregular past participle *(p.p.)*, present participle *(pres. part.)*, future *(fut.)*, and subjunctive *(subj.)* forms are listed separately.

Words beginning with an **h** are preceded by a bullet (•) if the **h** is aspirate; that is, if the word is treated as if it begins with a consonant sound.

A

à at, to **R**; in
  à + *hour, day, date, moment* see you (at/on) ...
  à quelle heure? at what time? **A**
  à qui? to whom? **R**
abandonner to abandon, give up, quit
abord: d'abord first, at first **6**
un **abri** shelter
absolu absolute
absolument absolutely
abstrait abstract
un **acadien (une acadienne)** Acadian
un **accélérateur** accelerator **33**
accélérer to accelerate, go faster **34***
accentué: un pronom accentué stress pronoun
accepter (de) to accept, agree **30**
un **accès** approach
un **accessoire** accessory **25**
un **accident** accident **24**
accompagner to accompany, go along with
accomplir to accomplish
accord: d'accord okay, all right **13**
  être d'accord avec to agree with **2**
accueillir to greet, welcome
un **achat** purchase **5**
  faire des achats to go shopping **5**
acheter (à) to buy (for) **11**
un **acteur** actor **1**
actif (active) active **2**
activement actively **26**
une **activité** activity
une **actrice** actress **1**
actuel (actuelle) present
l' **addition** *f.* check, bill **9**; addition
un **adjectif** adjective
administratif (administrative) administrative **1**
un **admirateur, une admiratrice** admirer
admirer to admire
adorer to love **9**; to worship
une **adresse** address **1**
un **aéroport** airport **A**
affaire: ce n'est qu'une affaire de temps it's only a matter of time **I7***
des **affaires** *f.* things, personal belongings **5**
  un homme (une femme) d'affaires businessman (woman) **1**
affectueusement affectionately **14***
une **affiche** poster **A**; sign
affirmatif (affirmative) affirmative
affliger to afflict
affreux (affreuse) awful **25**
affronter to confront
l' **Afrique** *f.* Africa **29**
  l'Afrique du Sud South Africa
un **âge** age **3**
âgé old
  plus âgé older **1**
une **agence** agency
  une agence immobilière real estate agency
s' **agenouiller** to kneel
un **agent** agent
  un agent de police policeman
agir to act
agréable pleasant, agreeable
ah bon? really?
aider to help **A**
l' **aiguille** *f.* needle
aille *(subj. of* **aller)** **36**
aimable friendly; pleasant, nice **2**
aimer to like **R**
  aimer mieux to prefer
  j'aimerais I would like
aîné oldest
ainsi therefore; so
l' **air** *m.* air; tune
  avoir l'air to look **3**
  l'air conditionné *m.* air conditioning
ait *(subj. of* **avoir)** **36**
ajouter to add
alarmer to alarm
alerter to alert, warn

R28 French-English Vocabulary

algérien (algérienne) Algerian
l' **alimentation** *f.* food, nourishment
les **aliments** *m.* foods
l' **Allemagne** *f.* Germany **29**
allemand German **R**
aller to go **4**
aller + *inf.* to be going to + *inf.* **4**
aller à pied to go on foot, walk **5**
aller chercher to go get, pick up **4**
un aller et retour round trip (ticket) **29**
un aller simple one-way (ticket) **29**
est-ce que [ce pantalon] vous va? do [these pants] fit you? **25**
est-ce que [ces chaussures] vous vont? do [those shoes] fit you? **25**
il (elle) me va bien it fits me well **25**
il (elle) ne me va pas it doesn't fit **25**
ils (elles) me vont très bien they fit very well **25**
allergique allergic
allô hello *(on the telephone)*
allumer to light **I2***, **21**
une **allumette** match
alors then, so
l' **alpinisme** *m.* mountain climbing
l' **Alsace** *f.* Alsace *(province in eastern France)*
ambitieux (ambitieuse) ambitious **2**
un **aménagement** facility
une **amende** fine **I8***
amener to take, bring (along) *(mainly people)* **11**
américain American **1**
l' **Amérique** *f.* America
l'Amérique centrale Central America **29**
l'Amérique du Nord North America **29**
l'Amérique du Sud South America **29**
un **ami, une amie** friend **1**
un meilleur ami, une meilleure amie best friend **1**
amicalement love *(at the end of a letter)* **I4***
l' **amitié** *f.* friendship
amitiés best regards *(at the end of a letter)*
l' **amour** *m.* love **I4***
amoureux (amoureuse) de in love with
une **ampoule** lightbulb
amusant amusing
amuser to amuse
s'amuser to have fun **20**
un **an** year
avoir ... ans to be ... (years old) **3**
le jour de l'An New Year's Day
un **ananas** pineapple
un(e) **ancêtre** ancestor
les **anchois** *m.* anchovies **9**
ancien (ancienne) former; old **21**
un **âne** donkey
anglais English **1**
l' **anglais** *m.* English *(language)* **R**
l' **Angleterre** *f.* England **29**
un **animal** (*pl.* **animaux**) animal **5**
des **animations** *f.* organized activities
animé animated, lively
une **année** (whole) year **A**
un **anniversaire** birthday **A**
joyeux anniversaire! happy birthday!
une **annonce** ad
des annonces publicitaires advertising
annoncer to announce; to proclaim
un **anorak** ski jacket
ans: avoir ... ans to be ... (years old) **3**
les **Antilles** *f.* West Indies
les **antiquités** *f.* antiques
août August **A**
* **apercevoir** to see, catch sight of **30**
s'apercevoir (de) to note, notice, realize **I9***
apercevra (*fut. of* **apercevoir**) **31**
un **aperçu** glimpse
apparaître to appear **I1***
un **appareil** machine, appliance **21**
un **appareil-photo** camera **A**
apparenté: un mot apparenté cognate
un **appartement** apartment **21**
appeler to call
s'appeler to be named **1**
un **appétit** appetite
applaudir to applaud
apporter (à) to take, bring (along) *(things)* **A, 14**
* **apprendre** to learn **6**; to teach
apprendre à + *inf.* to learn (how) to **6**
s' **apprêter (à)** to get ready
s' **approcher (de)** to approach, get near (to)
approprié appropriate
appuyer (sur) to step (on), push
après after **6**
après tout after all
d'après (moi) according to (me) **18**
l' **après-midi** *m.* afternoon, in the afternoon **7**
cet après-midi this afternoon **7**
de l'après-midi in the afternoon, P.M. **A**
(lundi) après-midi (on) (Monday) afternoon
un **aqueduc** aqueduct
arabe Arabic
un **arbre** tree **5**
un **architecte, une architecte** architect
l' **argent** *m.* money; silver **25**
l'argent de poche pocket money
l' **Argentine** *f.* Argentina **29**
une **armée** army
l' **arrêt** *m.* **de bus** bus stop
arrêter (de) to arrest, stop *(someone, something)* **30**
s'arrêter to stop **20**
l' **arrière** *m.* back
une **arrivée** arrival; finish
arriver (à, de) to arrive, come; to happen **8**
j'arrive! I'm coming!
qu'est-ce qui est arrivé? what happened? **24**
un **arrondissement** district, borough
arroser to spray (water) on
un **article** article
artistique artistic
l' **ascendance** *f.* ancestry

French-English Vocabulary R29

un **ascenseur** elevator
une **ascension** ascent, climb
asiatique Asian
l' **Asie** *f.* Asia **29**
l' **aspect** *m.* aspect, appearance
un **aspirateur** vacuum cleaner
passer l'aspirateur to vacuum
*s' **asseoir** to sit down **20**
asseyez-vous sit down **20**
assez (de) rather **2**, enough **12**
assieds-toi sit down **20**
une **assiette** plate **9**
assis seated
assister à to attend **5**
l' **assurance** *f.* insurance **I7***; assurance
assurer to make, ensure
un **astérisque** asterisk
un(e) **astronaute** astronaut
un **atelier** studio
atmosphérique atmospheric
attaquer to attack
atteindre to reach
attendre to wait, wait for **A**
attentif (attentive) careful **26**
l' **attention** *f.* care, attention
attention! watch out!
faire attention (à) to pay attention (to), be careful (about) **3**
attentivement carefully
attirer to attract
attraper to catch
au (à + le) at (the), to (the) **R**
une **auberge de jeunesse** youth hostel
aucun no
ne ... aucun not any, no **I7***
audacieux (audacieuse) daring
au-dessus above **I3***
augmenter to increase, turn up
aujourd'hui today **7**
aura (*fut. of* **avoir**) **31**
aussi also, too; that, so, therefore
aussi ... que as ... as **27**
l' **Australie** *f.* Australia **29**
un **auteur** originator, author
une **auto** car
en auto by car
une **auto-école** driving school **33**
un **autographe** autograph
l' **automne** *m.* autumn, fall **A**
un **autoportrait** self-portait
l' **autorité** *f.* authority
une **autoroute** toll road **I8***
l' **auto-stop** *m.* hitchhiking
autour (de) around **I8***
autre other **12**
d'autres other(s) **12**
les autres the others; other people
un (une) autre another **12**
autrefois in the past **23**
l' **Auvergne** *f.* Auvergne *(province in central France)*
aux (à + les) at (the), to (the) **R**
avance: être en avance to be early **2**
avancer to advance
avant before **6**; first
avant de before **34**
avant tout above all
avec with **R**
avec qui? with whom? **R**
une **aventure** adventure
un film d'aventures action movie **13**
un **aventurier, une aventurière** adventurer
une **avenue** avenue
une **averse** rain shower
un **avion** plane **A**
en avion by plane **A**
l' **aviron** *m.* rowing
un **avis** opinion **18**
à (mon) avis in (my) opinion **18**
un **avocat, une avocate** lawyer **1**
* **avoir** (*p.p.* **eu**) to have **3**
avoir ... ans to be ... (years old) **3**
avoir besoin de to need **3**
avoir chaud to be warm, hot **3**
avoir de la chance to be lucky **3**
avoir envie de to feel like, want **3**
avoir faim to be hungry **3**
avoir froid to be cold **3**
avoir la grippe to have the flu **17**
avoir l'air to look **3**
avoir un vertige to feel dizzy
avoir lieu to take place **24**
avoir l'intention de to intend to, plan to **3**
avoir mal à + *part of body* to have a sore ..., to have a ... ache **17**
avoir peur to be afraid **3**
avoir raison to be right **3**
avoir soif to be thirsty **3**
avoir sommeil to be sleepy **3**
avoir tort to be wrong **3**
avoir un rhume to have a cold **17**
avouer to admit **I8***
avril April **A**
ayez (*subj. of* **avoir**) **36**

B

le **babyfoot** tabletop soccer game
le **bac** high school diploma
les **bagages** *m.* baggage, luggage
un **bagne** prison
une **bague** ring **25**
une **baguette** long, thin loaf of French bread
une **baignoire** bathtub **21**
un **bain** bath
un bain de soleil sunbath **5**
un maillot de bain bathing suit **A, 25**
une salle de bains bathroom **21**
baisser to lower
un **bal** dance
un **baladeur** portable stereo **A**
un **ballon** ball
une **banane** banana **9**
un **banc** bench
une **bande dessinée** comic strip **16**
un **bandit** thief
la **banlieue** suburbs **21**
une **banque** bank
bas (basse) soft; low
en bas at the bottom; downstairs
basé based
une **basilique** basilica
le **basket (ball)** basketball
les **baskets** *m.* high tops **A, 25**
une **bataille** battle
un **bateau** (*pl.* **bateaux**) boat
une **batte** (baseball) bat
se **battre** to fight
battu beaten, defeated
bavard talkative
le **bavardage** chatter, gossip

R30 French-English Vocabulary

beau (bel, belle; beaux) good-looking, beautiful **2**
  il fait beau it's nice (weather) **A**
beaucoup (de) (very) much, a lot, many **12**
un **beau-père** stepfather **1**; father-in-law
les **beaux-arts** *m.* fine arts
beige beige **25**
bel good-looking, beautiful **26**
belge Belgian **1**
la **Belgique** Belgium **29**
belle good-looking, beautiful **2**
une **belle-mère** stepmother **1**; mother-in-law
ben ... well ...
les **béquilles** *f.* crutches
un **berger allemand** German shepherd
besoin: avoir besoin de to need **3**
bête stupid, dumb, silly **2**
une **bête** animal
la **bêtise** stupidity, foolishness
le **beurre** butter **9**
une **bibliothèque** library **A**; bookcase
une **bicyclette** bicycle
un **bidon** (gas) can
bien well **27**; indeed, very much **R**
  bien à toi yours *(at the end of a letter)* **14***
  bien entendu of course **17***
  bien sûr of course **13**
  eh bien well...
  ou bien or else
  vouloir bien to want *(used to accept an offer)*, to accept, agree **R**
bientôt soon **16***
  à bientôt see you soon (in a few days)
une **bifurcation** fork
un **bijou** (*pl.* **bijoux**) jewel, jewelry **25**
une **bijouterie** jewelry store **17***
un **bijoutier** jeweler **17***
un **billet** ticket **11***, **13**
  un billet (de métro) subway ticket **5**
  un billet d'avion (de train) plane (train) ticket **29**
la **biologie (bio)** biology **R**

blague: sans blague! really?
blanc (blanche) white **A, 25**
un **blazer** blazer **25**
blessé hurt
un **blessé, une blessée** injured person
bleu blue **A, 25**
  bleu clair light blue **25**
  bleu foncé dark blue **25**
blond blond
bloqué blocked
un **blouson** jacket **A, 25**
le **boeuf** beef, ox, steer
* **boire** to drink **11**
le **bois** wood
une **boisson** beverage, drink **9**
une **boîte** box, can **12**
bon (bonne) good **2**
  ah bon? really?
  bon marché *inv.* cheap, inexpensive **25**
des **bonbons** *m.* candy
le **bonheur** happiness
un **bonhomme de neige** snowman
bonjour hello, good morning, good afternoon
un **bonnet** (wool) hat
le **bord** shore
  au bord de at the edge of **12***
botanique botanical
des **bottes** *f.* boots **25**
un **boubou** traditional Senegalese costume
une **bouche** mouth 17
une **boucherie** butcher shop
des **boucles d'oreilles** *f.* earrings **25**
bouddhiste Buddhist
le **boudin blanc** meatless milk-based sausage
la **bouillabaisse** fish chowder
un **boulanger, une boulangère** baker
une **boulangerie** bakery
les **boules** *f.* bowling
un **boulevard** boulevard
une **boum** (informal) party **A**
la **Bourgogne** Burgundy *(province in central France)*
un **bout** end
  au bout de after **13***
une **bouteille** bottle **12**
une **boutique** boutique, shop **A, 25**
  une boutique de soldes discount shop **25**

un **bracelet** bracelet **25**
la **branche** branch
un **bras** arm **17**
le **Brésil** Brazil **29**
brésilien (brésilienne) Brazilian
la **Bretagne** Brittany *(province in western France)*
un **bricoleur, une bricoleuse** mechanically inclined person
brièvement briefly
un **brigand** robber
une **brioche** *type of French bread with a sweet, light dough*
la **brique** brick
britannique British
la **broderie** embroidery
bronzer to tan **5**
une **brosse à cheveux** hairbrush **19**
une **brosse à dents** toothbrush **19**
se **brosser** to brush **19**
un **bruit** noise **12***
brûler to burn
brun dark-haired; dark brown
brusquement suddenly
Bruxelles Brussels
bu (*p. p. of* **boire**) **11**
un **bureau** office **1**; desk **A, 21**
un **bus** bus **5**

c' (*see* **ce**)
ça that **9**
  ça fait combien? how much does that cost? **9**
  ça ne fait rien that doesn't matter, no problem
  ça, par exemple! wow!; what do you know!
  ça va I'm fine **17**
  ça va? how are you? **17**
  et avec ça? anything else? **9**
une **cabine téléphonique** telephone booth
caché hidden **18***
se **cacher** to hide
un **cadeau** (*pl.* **cadeaux**) gift, present **14**
un **cadre** frame
le **café** coffee **9**
un **café** café **A, 5**
un **cahier** notebook **A**
la **caisse** cashbox

French-English Vocabulary R31

une calculatrice calculator
une calebasse gourd
un calendrier calendar
calmement calmly **26**
un camarade, une camarade classmate **1**; friend
un(e) camarade de chambre roommate
le Cambodge Cambodia **29**
cambodgien (cambodgienne) Cambodian **1**
un cambriolage burglary
cambriolé burglarized
une caméra movie camera
camerounais Cameroonian
un caméscope camcorder **16**
un camion truck **33**
une camionnette (small) van **33**
la campagne country, countryside **29**
 à la campagne in the country **5**
le camping camping **29**
 faire du camping to go camping **29**
le Canada Canada **29**
canadien (canadienne) Canadian **1**
un canard duck **5**
une canne cane
une cantine cafeteria
un canton canton, district
le caoutchouc rubber **25**
une capitale capital (city)
le capot hood *(of a car)* **33**
capter to capture
car since, because
un car scolaire school bus
caraïbe Caribbean
une caravane camping trailer **29**
un carnet small notebook
 un carnet d'adresses address book **I3***
une carotte carrot **9**
carreau: à carreaux checked **25**
une carrière career
une carte card **16**; map **29**
 les cartes (playing) cards
 une carte postale postcard **16**
un cas case
 dans ce cas in that case **I6***
 en cas de in case of
une case box

un casque helmet, headphones
une casquette (baseball) cap **A, 25**
casser to break **I8***
 se casser (la jambe) to break (one's leg)
une casserole pot, pan **29**
une cassette cassette
une cassette vidéo videotape
un catalogue catalog **25**
cause: à cause de because of
une cave cellar **21**
une caverne cave
un CD compact disc **A**
ce it, that **A**
 ce que what
 c'est that's, it's, he's, she's **2**
 c'est-à-dire that is (to say)
 c'est le (3 janvier) it's (January 3rd) **A**
 c'est tout? is that all? **9**
 qu'est-ce que c'est? what is it? what's that? **R**
ce (cet, cette; ces) this, that, these, those **A**
 ce ... -ci this (over here) **A, 28**
 ce ... -là that (over there) **A, 28**
ceci this
céder to give up
un cédérom (un CD-ROM) CD-ROM
une ceinture belt **25**
 une ceinture de sécurité seat belt **33**
cela that
célèbre famous
célébrer to celebrate
le céleri celery **9**
célibataire single **1**
celle the one **28**
 celle-ci this one **28**
 celle de the one of/belonging to/from **28**
 celle-là that one **28;** the latter
celles these, those **28**
 celles-ci these **28**
 celles de the ones of/belonging to/from **28**
 celles-là those **28**
celtique Celtic
celui (celle) the one **28**
 celui-ci this one **28**
 celui de the one of/belonging to/from **28**

 celui-là that one **28**
 celui que the one(s) that/whom **28**
 celui qui the one(s) who/whom **28**
cent one hundred **A, 26**
un cent or **un centime** 1/100 of a euro
 pour cent percent
centième hundredth **26**
un centre center
 au centre (de) in the center (of)
un centre commercial shopping center **A**
le centre-ville downtown **21**
cependant however **I9***
les céréales *f.* cereal **9**
une cérémonie ceremony
une cerise cherry **9**
certain certain
 certains some
certainement certainly
un certificat diploma
ces these, those **A**
cesser de to stop **30**
c'est (*see* **ce**)
c'est-à-dire that is (to say)
cet this, that **A**
cette this, that **A**
ceux (celles) these, those **28**
 ceux-ci these; the latter **28**
 ceux de the ones of/belonging to/from **28**
 ceux-là those **28**
chacun each one, each person
une chaîne chain **25**
une chaîne hi-fi hi-fi set **A**
une chaise chair **A, 21**
une chambre (à coucher) room; bedroom **5**
un chameau (*pl.* **chameaux**) camel
un champ field **5**
la Champagne Champagne *(province in northeastern France)*
des champignons *m.* mushrooms **9**
un champion, une championne champion
la chance luck
 avoir de la chance to be lucky **3**
 tenter sa chance to try one's luck **I9***
chanceux (chanceuse) lucky

R32 French-English Vocabulary

la **Chandeleur** Candlemas
un **changement** change
changer (de) to change
une **chanson** song **13**
chanter to sing **A**
un **chanteur, une chanteuse** singer **13**
un **chapeau** (*pl.* **chapeaux**) hat **25**
chaque each **23**
un **char** float *(in a parade)*, chariot
une **charcuterie** delicatessen
chargé de in charge of
la **chasse** hunting; hunt **I8***
un **chat** cat
un **château** (*pl.* **châteaux**) castle
chatter to chat (online)
chaud warm, hot **27**
  avoir chaud to be warm, hot **3**
  il fait chaud it's hot (weather) **A**
le **chauffage** heat
des **chaussettes** *f.* socks **A, 25**
des **chaussures** *f.* shoes **A, 25**
une **chauve-souris** bat
un **chef** chef, head; chief, leader
un **chemin** path
un **chemin de fer** railroad
un **chemin de terre** dirt path
une **cheminée** fireplace; chimney
une **chemise** shirt **A, 25**
un **chemisier** blouse **A, 25**
cher (chère) expensive **25**; dear
chercher to get, pick up **4**; to look for **5**
un **chercheur** seeker
chéri darling
un **cheval** (*pl.* **chevaux**) horse **5**
  à cheval on horseback **5**
les **cheveux** *m.* hair **17**
chez home, at home, at the house (office, shop, etc.) of, to the house of **R**
chez moi (toi, lui ...) (at) (my, your, his, her ...) home **R**
un **chien** dog
les **chiffres** *m.* statistics, numbers
la **chimie** chemistry **R**
chimique chemical
un **chimiste, une chimiste** chemist
la **Chine** China **29**
chinois Chinese **1**
un **chocolat** cocoa, hot chocolate **9**
choisir to choose, pick **A**
un **choix** choice
  au choix choose one, your choice
une **chorale** choir
une **chose** thing **A**
  quelque chose something **7**
la **choucroute** sauerkraut
chouette great, terrific, neat
une **chouette** owl **I6***
ci: ce ... -ci this (over here) **28**
le **cidre** cider
le **ciel** heaven; sky **I8***
le **cimetière** cemetery
un **cinéaste, une cinéaste** filmmaker **1**
un **ciné-club** film club
le **cinéma** movies
  au ciné at/to the movies **5**
un **cinéma** movie theater **A**
un **cinéphile** movie lover
cinq five **A**
une **cinquantaine** about fifty
cinquante fifty **A**
cinquième fifth **26**
un **cintre** hanger **28***
une **circonstance** circumstance
la **circulation** traffic, circulation **I8***
circuler to get around
un **citoyen, une citoyenne** citizen
un **citron pressé** lemon juice
clair clear, light
  bleu clair light blue **25**
une **clarinette** clarinet
une **classe** class **R**
  en classe to class, in class
  première classe first class **29**
  seconde classe second class **29**
un **classement** ranking
classique classical
le **clavier** keyboard (computer)
une **clé** key **I3*, 21**
  fermer à clé to lock **21**
un **client, une cliente** client, customer
le **clignotant** blinker **33**
des **clips** *m.* music videos
une **cloche** bell
un **club de théâtre** drama club
un **cochon** pig **5**
le **code de la route** traffic regulations
un **coeur** heart **17**
un **coffre** trunk *(of a car)* **33**
un **coiffeur** hairdresser
un **coin** corner, spot
des **collants** *m.* tights, pantyhose **25**
collectionner to collect
un **collège** middle school **R**
un **collier** necklace **25**
une **colline** hill
un **colon** colonist
une **colonie** colony
une **colonie de vacances** (summer) camp
une **colonne** column
combattre to fight
combien how much **12**
  combien de fois? how many times?
une **comédie** comedy **13**
  une comédie musicale musical comedy **13**
commander to order **9**; to command
comme like; for, as **9**; since **I6***; as well as
commémorer to commemorate
le **commencement** beginning
commencer to start, begin **I3*, 13**
  commencer à + *inf.* to begin to **30**
comment? how?; what? **R**
  comment est-il/elle? what's he/she like? what does he/she look like?
un **commentaire** comment
un **commerçant, une commerçante** shopkeeper, merchant
le **commerce** business
commercial commercial **1**
* **commettre** to commit **I7***
une **commode** dresser
commun common
la **communauté** community
un **compact (un CD)** compact disc **A**
une **compagnie** company
un **compagnon** friend, companion
une **comparaison** comparison
comparer to compare
complément: un pronom complément object pronoun
complet (complète) full

French-English Vocabulary R33

complètement completely
compléter to complete
composer to compose, write; to dial
* **comprendre** to understand **6**; to include
compris included **I4***, **9**
y compris including
un **comptable, une comptable** accountant **1**
compter to count **I3***; to intend
le **comptoir** counter
un **comptoir** trading post
un **concert** concert **13**
un concert de rock rock concert **5**
un **concierge, une concierge** concierge (building superintendent)
un **concours** contest
un **conducteur, une conductrice** driver **24**
* **conduire** (*p. p.* **conduit**) to drive **33**
un permis de conduire driver's license **33**
la **conduite** driving **33**
une **conférence** lecture
la **confiture** jam **9**
le **confort** comfort
confortable comfortable
confus ashamed, embarrassed **I1***
un **congrès** congress, convention
conjuguer to conjugate
connaissance: faire la connaissance de to meet **15**
* **connaître** (*p.p.* **connu**) to know, be acquainted or familiar with **15;** *(in passé composé)* to make the acquaintance of **15**; (*p.p.* **connu**) known
conquérir to conquer
se **consacrer** to devote oneself
consciencieux (consciencieuse) conscientious **2**
un **conseil** piece of advice, council
conseiller to advise
un **conseiller** advisor
conséquent: par conséquent consequently, therefore
conserver to keep

un **constat** report
consterné dismayed
constitué (par) made up (of)
un **constructeur** manufacturer
* **construire** to build
contact: mettre le contact to turn on the ignition
contenir to contain
content happy, content **2**
contenu contained
un **continent** continent **29**
continuer (à) to continue; to go on **30**
le **contraire** opposite
au contraire on the contrary
une **contravention** traffic ticket
contre against
un **contrebandier** smuggler
contrôler to control, to check
un **contrôleur, une contrôleuse** inspector
convenable suitable
convient: qui convient (that is) appropriate
convoquer to call together
un **copain** pal, friend **1**
une **copine** pal, friend **1**
un **coquillage** shellfish
la **Corée** Korea **29**
coréen (coréenne) Korean **1**
une **corde** rope
le **corps** body, corps **17**
correspondant corresponding
un **correspondant, une correspondante** pen pal
correspondre to correspond
la **Corse** Corsica *(French island off the Italian coast)*
un **cosmonaute** astronaut
costaud strong, strapping
un **costume** suit **25**
la **côte** coast, shore; hill
un **côté** side
à côté (de) beside, next to **R**
le **coton** cotton **25**
en coton made of cotton **25**
le **cou** neck **17**
couchage: un sac de couchage sleeping bag **29**
se **coucher** to go to bed **19**; to set *(the sun)*
une **couleur** color **25**
de quelle couleur est ... ? what color is ... ? **25**
un **couloir** corridor **21**

un **coup** stroke, blow
un coup de chance stroke of luck
un coup de téléphone telephone call
un coup de tonnerre thunder clap
un coup d'oeil glance
coupable guilty **I5***
un **coupable, une coupable** guilty one **I5***
une **coupe** cup, trophy
couper to cut
se couper to cut oneself
la **cour** court(yard) **R**
courageux (courageuse) courageous
courant running; current
un **coureur** racer, runner **26***
* **courir** (*p.p.* **couru**) to run **I2***, **17**
la **couronne** crown
couronner to crown
le **courrier** mail
un **cours** course **R**
suivre un cours to take a course *(class)* **33**
une **course** race **26***; ride
les **courses** *f.* shopping **9**
faire les courses to go shopping, do the shopping, to do errands **3**
court short **25**
un **court métrage** short film
un **cousin, une cousine** cousin **1**
un **couteau** knife **9**
coûter to cost **13**
une **coutume** habit, custom
un **couturier, une couturière** fashion designer
une **couverture** blanket **29**
* **couvrir** (*p.p.* **couvert**) to cover **21**
craindre to fear
une **cravate** tie **A**, **25**
un **crayon** pencil **A**
créer to create, set up
la **crème** custard
la crème glacée ice cream *(Canadian)*
une **crémerie** dairy store
le **créole** Creole *(French dialect spoken in the Caribbean)*
une **crêpe** pancake
une **crêperie** pancake shop
une **crevaison** flat tire

R34 French-English Vocabulary

criard tacky, loud
crier to shout, yell, scream **I1***
critique critical
* **croire (à, que)** (*p.p.* **cru**) to believe (in, that) **18**
  je crois que I believe that **18**
une **croisière** cruise
un **croissant** crescent; crescent roll **9**
une **croix** cross
la **Croix-Rouge** Red Cross
un **croque-monsieur** grilled ham and cheese sandwich **9**
croustillant crisp, crusty
cru (*p.p. of* **croire**) **18**
cubain (cubaine) Cuban **1**
une **cuillère** spoon **9**
le **cuir** leather **25**
cuire to cook
la **cuisine** cooking **9**
  faire la cuisine to cook, do the cooking **3**
une **cuisine** kitchen **21**
un **cuisinier** cook
une **cuisinière** range, stove **21**; cook
le **cuivre** copper **I8***; brass
cultiver to cultivate
curieux (curieuse) curious **2**
les **cybernautes** people who like to use the Internet
cycliste cycling *(adj.)*

D

d' (*see* **de**)
d'abord first, at first **6**
d'accord! okay, all right **13**
  être d'accord avec to agree with **2**
une **dame** woman, lady
dangereux (dangereuse) dangerous
dans in, into; inside **R**
la **danse** dance
danser to dance **A**
d'après according to **18**
  d'après moi according to me **18**
la **date** date **1**
  quelle est la date aujourd'hui? what's the date today? **A**
d'autres other(s) **12**
de of, from; any; with **R**
débarquer to land
le **début** beginning
décamper to leave *(fam.)*
une **décapotable** convertible **33**
décembre December **A**
décider (de) to decide (to) **25, 30**
une **décision** decision
déclencher (l'alarme) to set off (the alarm) **I8***
décorer to decorate
* **découvrir** (*p.p.* **découvert**) to discover **21**
* **décrire** to describe **16**
déçu disappointed **I9***
dedans into; inside
défense de + *inf.* do not ...
un **défi** challenge, dare **I6***
un **défilé** parade
défini definite
défoncé smashed in
défunt deceased
se **dégonfler** to become deflated
déguisé disguised
dehors outside **I6***
une **déité** deity
déjà already; before, ever **6**
le **déjeuner** lunch **9**
  le petit déjeuner breakfast **9**
déjeuner to have (eat) lunch **9**
délicieux (délicieuse) delicious
le **deltaplane** hang gliding
demain tomorrow **7**
  à demain see you tomorrow
demander (à) to ask, ask for **16**
démarrer to start *(a car)* **34***
le **déménagement** moving
demi half
  ... heure(s) et demie half past ... **A**
un **demi-frère** half brother **1**
une **demi-heure** half-hour
une **demi-soeur** half sister **1**
un **demi-tour** about-face, U-turn
démonstratif (démonstrative) demonstrative
se **dénoncer** to confess
le **dentifrice** toothpaste **19**
un **dentiste, une dentiste** dentist **1**
une **dent** tooth **17**
  avoir mal aux dents to have a toothache **I4***
un **départ** departure; start
un **département** department *(administrative division of France)*
se **dépêcher** to hurry **19*, 20**
dépend: ça dépend that depends
dépenser to spend
un **déplacement** move
se **déplacer** to move, go out of one's way
déporté deported
depuis since **4**
  depuis combien de temps? for how long? **4**
  depuis quand? since when? **4**
  depuis que since
le **dérangement** turmoil
dernier (dernière) last **I1*, 7**
derrière behind, in back (of) **R**
des (de + les) some **10**; of (the), from (the) **R**
dès as early as, upon
désagréable unpleasant
un **désavantage** disadvantage
descendre to go down **5**
le **désert** desert
désert deserted
désespéré desperate, hopeless
se **déshabiller** to get undressed
désigner to designate
un **désir** wish
désirer to wish, desire; to want **9**
désobéir to disobey **I9***
la **désobéissance** disobedience, failure to obey **I9***
désolé sad; very sorry **13**
  je suis désolé(e) I am sorry **1**
un **dessert** dessert **9**
un **dessin** pattern, design **25**; drawing **I8***
un **dessin animé** cartoon 13
un **dessinateur, une dessinatrice** designer, draftsperson **1**
  dessinées: des bandes *f.* **dessinées** comics **16**
destiné intended
la **destinée** destiny
détaillé detailed
détester to hate, dislike **9**
* **détruire** to destroy
le **deuil** mourning **I4***
deux two
deuxième second **26**

French-English Vocabulary R35

deuxièmement secondly **26**
devant in front (of) **R**
développer to develop
* **devenir** (*p. p.* **devenu**) to become **4**
deviendra (*fut. of* **devenir**) **31**
deviner to guess
une **devinette** guessing game
une **devise** motto
un **devoir** homework assignment **3**
* **devoir** (*p.p.* **dû**) must, to have to, owe **R**
dévoré eaten up
devra (*fut. of* **devoir**) **31**
d'habitude usually **23**
un **diable** devil
un **diabolo-menthe** lemonade with mint
un **dialecte** dialect
un **diamant** diamond **I7***
un **dieu** god
Dieu: mon Dieu! my goodness!
difficile difficult, hard **27**
dimanche *m.* Sunday, on Sunday **A**
le **dîner** dinner **9**
dîner to have (eat) dinner, supper **A, 9**
un **diplôme** diploma
* **dire (à)** (*p.p.* **dit**) to say, tell **16**
à vrai dire to tell the truth **I7***
vouloir dire to mean
directement directly
un **directeur, une directrice** director, principal
diriger to steer, direct
dis donc hey!; I say
une **discothèque** disco
un **discours** speech
discret (discrète) discreet **26**
discuter to discuss
disparaître to disappear **I7***
la **disparition** disappearance **I7***
dispersé spread, scattered
disputé fought, held
disputer to compete in
une **distance** distance
une **distraction** pastime
dites donc! hey! I say **I7***
divers various
divisé divided
divorcé divorced **1**
dix ten **A**
dix-huit eighteen **A**
dix-neuf nineteen **A**
dix-sept seventeen **A**
une **dizaine** about ten
un **docteur** doctor **1**
un **doigt** finger **17**
un **dollar** dollar
un **domaine** domain
le **domicile** place of residence
dommage: (c'est) dommage! what a pity! that's too bad!
donc therefore, so **I2***
donner (à) to give **14**
dont whose
* **dormir** to sleep **8**
un **dortoir** dormitory
un **dos** back **17**
un sac à dos backpack, knapsack **29**
doubler to pass **34***
une **douche** shower **21**
doué gifted
une **douzaine** about twelve, a dozen **9**
douze twelve **A**
un **drame** scene, drama
un **drame psychologique** psychological drama **13**
un **drapeau** flag
une **drogue** drug
droit right **17**
à droite (de) to the right (of) **R**
le droit law, right
drôle funny
ça, c'est drôle! that's funny!
drôlement extremely
du (de + le) of (the), from (the) **R**; some **10**
dû (*p. p. of* **devoir**) **10**
dur hard, tough **I4***
durant during
la **durée** duration, length
durer to last
un **DVD** DVD
dynamique dynamic, energetic

E

l' **eau** *f.* (*pl.* **eaux**) water **9**
l' **eau minérale** mineral water **9**
un **échange** exchange
une **échelle** ladder
échouer to fail
un **éclair** (flash of) lightning **I2***
éclater to break out
une **école** school **R**
l' **économie** economics **R**
économique economical
l' **écorce** *f.* bark
écouter to listen to **A**
un **écran** screen (computer)
* **écrire (à)** (*p. p.* **écrit**) to write (to) **16**
un **écriteau** notice
un **écrivain** writer **1**
un **écureuil** squirrel **5**
l' **éducation** *f.* **physique** physical education **R**
effet: en effet in fact; indeed, as a matter of fact **I9***
efficace efficient
effrayer to frighten **I6***
égal (*pl.* **égaux**) equal
également also
l' **égalité** equality
une **église** church **A**
égoïste selfish **2**
l' **Égypte** *f.* Egypt **29**
eh bien well ...
électrique electric, electrical
électroménager: des appareils *m.* **électroménagers** household appliances
l' **électronique** *f.* electronics
élégamment elegantly **26**
élégant elegant **25**
un **élève, une élève** student
élevé high, raised
élever (des animaux) to raise (animals)
elle she, it; her **R**
elles they, them **R**
élu elected
embarquer to take on
embarrassant embarrassing
embrasser to embrace, kiss **14***
je t'embrasse love and kisses *(at the end of a letter)* **14***
une **émeraude** emerald
émigrer to emigrate
une **émission (de télé)** (TV) show
emménager to move in
un **emplacement délimité** marked campsite
un **employé (une employée) de bureau** office worker **1**
employer to use
emporter to carry away
un **emprunt** borrowed thing, loan

R36 French-English Vocabulary

emprunter (à) to borrow (from) **16**
en some, any, from there, of (about) it/them **18**
en in, by, to **A**
en + *pres. part.* while, on, upon, by ...ing **34**
en (argent, coton) made of (silver, cotton) **25**
en autobus (avion, bateau) by bus (plane, boat) **A**
en semaine during the week **A**
encerclé encircled
enchanté(e) glad to meet you **1**
encore still, yet; again
encore une fois once more **15***
endommagé damaged **19***
endormi sleepy, asleep
un endroit place; spot **A, 5**
l' énergie *f.* energy
l' enfance *f.* childhood
un enfant, une enfant child **1**
un (une) enfant unique only child **1**
enfin at last **6**
s' engager to enlist
enlever to take off **34***
ennuyeux (ennuyeuse) boring **2**
énorme enormous, huge **13***
une enquête inquiry, survey
enregistré recorded
l' enseignement *m.* teaching
ensemble together
un grand ensemble high-rise complex
ensuite then, after **6**
entendre to hear **A, 13**; to understand
entendre parler to hear about
entier (entière) whole, entire
entouré surrounded
un entracte intermission
s' entraîner to train
entre between, among **R**
une entreprise company
entrer to enter **8**
une enveloppe envelope; bag
envelopper to wrap
s'envelopper to wrap oneself up
enverra (*fut. of* **envoyer**) **31**
envers toward(s)
l' envie *f.* envy
avoir envie de to feel like, want **3**
environ approximately
environnant neighboring
s' envoler to fly off **16***
* **envoyer** to send **11**
envoyer un mail (un mél) to send an e-mail
l' épaisseur *f.* thickness
l' épaule *f.* shoulder **17**
une épicerie grocery, grocery store
les épinards *m.* spinach
un épisode episode
une époque period, time
une épreuve competition, hardship, test
l' équilibre *m.* balance
un équipage team, crew
une équipe team **13**
équipé equipped
l' équipement *m.* equipment **21**
l' équitation *f.* horseback riding **17**
une erreur mistake **13***
faire erreur to make a mistake **17***
l' escalade rock climbing **17**
escalader to climb
un escalier staircase **21**
les escaliers stairs **13*, 21**
un escargot snail
l' esclavage *m.* slavery
un esclave, une esclave slave
l' escrime *f.* fencing
l' Espagne *f.* Spain **29**
espagnol Spanish **1**
l' espagnol *m.* Spanish (*language*) **R**
espérer to hope **11**
l' espoir *m.* hope **19***
un esprit spirit, mind
essayer to try, try out, try on **25**
essayer de to try to **30**
l' essence *f.* gas **33**
l' essentiel *m.* important thing
l' essuie-glace *m.* windshield wiper **33**
l' est *m.* east **29**
est-ce que *phrase used to introduce a question* **R**
estimer to estimate
l' estomac *m.* stomach **17**
et and **R**
établir to establish
un étage floor, story **13*, 21**
une étagère bookshelf **21**
étant (*pres. part. of* **être**)
une étape stage, lap **18***
l' état state, government
un état state **29**; condition
en bon état in good shape (condition) **18***
les États-Unis *m.* United States **29**
été (*p. p. of* **être**) **7**
l' été *m.* summer **A**
éteindre to turn off **21**
étendu spread out, extensive
une étoile star
étonné surprised; astonished
étrange strange
étranger (étrangère) foreign **29**
à l'étranger abroad **29**
être (*p. p.* **été**) to be **2**
être à to belong to **2**
être à l'heure to be on time **2**
être d'accord (avec) to agree (with) **2**
être de retour to be back
être en avance to be early **2**
être en bonne santé to be in good health **17**
être en forme to be in shape **17**
être en retard to be late **2**
être en train de to be in the midst of **2**
une étrenne New Year's gift
étroit tight **25**
l' étude *f.* study **R**
un étudiant, une étudiante student
étudier to study **A**
eu (*p. p. of* **avoir**) **7**
euh ... er ..., uh ...
un euro euro
l' Europe *f.* Europe **29**
européen (européenne) European
eux them **R**
eux-mêmes themselves
un événement event **23**
évidemment obviously **19***
évident evident, obvious
un évier kitchen sink **21**
éviter to avoid
évoquer to evoke, recall

FRENCH-ENGLISH VOCABULARY

French-English Vocabulary R37

exactement exactly
exagérer to exaggerate
exaltant exciting
un **examen** exam **A**
s' **excuser** to apologize **20**
un **exemple** example
ça, par exemple! what do you mean!; what do you know!
par exemple for example
exercer to do, carry out, perform
une **exigence** demand
un **exode** exodus
expliquer to explain **I3***
s'expliquer to be explained
un **exploit** exploit, feat
un **explorateur, une exploratrice** explorer
un **explosif** explosive
un **exportateur** exporter
une **exposition** exhibition, exhibit **13**
une **expression** expression
d'expression française French-speaking
exprimer to express **18**
s'exprimer to express oneself
expulser to expel
un **extrait** extract
extraordinaire extraordinary, unusual
extrêmement extremely

la **fabrication** manufacturing
fabriqué made
face: en face (de) across (from), opposite **I8***
fâché (contre) angry, upset (with)
se **fâcher** to get angry
facile easy **27**
faciliter to facilitate, make easy
une **façon** manner, way
facultatif (facultative) optional
faible weak **27**
faim: avoir faim to be hungry **3**
* **faire** (*p. p.* **fait**) to do, make **3**; to manage
faire attention (à) to pay attention (to), be careful (about) **3**
faire de + *activity* to play, participate in, study, learn, learn to play, be active in **3**
faire des achats to go shopping **5**
faire des économies to save money
faire du camping to go camping **29**
faire du mal to hurt
faire du [40] to wear size [40] **25**
faire la connaissance de to meet **15**
faire la cuisine to cook, do the cooking **3**
faire la queue to stand in line
faire la vaisselle to do (wash) the dishes **3**
faire le plein to fill the tank **33**
faire les courses to go shopping, do the shopping **3**
faire ses devoirs to do one's homework **3**
faire ses valises to pack one's suitcase **29**
faire une promenade (à pied, en auto) to go for a walk, go for a ride **3**
faire une randonnée to take a hike, a long ride **5**
faire un match to play a game
faire un pique-nique to have a picnic **5**
faire un séjour to spend some time **29**
faire un tour to take a walk, ride **5**
faire un voyage to go on a trip, take a trip **29**
un **faire-part** announcement
fais: ne t'en fais pas don't worry
fait: au fait by the way
en fait in fact
fait: ça ne fait rien that doesn't matter, no problem
il fait beau (bon, mauvais, chaud, froid) it's nice (pleasant, bad, hot, cold) *(weather)* **A**
quel temps fait-il? how's the weather? **A**
un **fait** fact
falloir to be necessary
fameux (fameuse) notorious, famous; great
familial (*pl.* **familiaux**) family
familier (familière) familiar
une **famille** family **1**
un **fan, une fan** fan
un **fantôme** ghost
fasse (*subj. of* **faire**) **36**
fatigué tired **I2***, **17**
fauché broke (without money)
faut: il faut one has to (must, should), you should (need to, have to), it is necessary **12**
une **faute** fault, mistake
un **fauteuil** armchair **21**
un **fauteuil roulant** wheelchair
faux (fausse) wrong, false
favori (favorite) favorite
féliciter to congratulate
féminin feminine
une **femme** woman; wife **1**
une **fenêtre** window **21**
fera (*fut. of* **faire**) **31**
férié: un jour férié holiday **I4***
une **ferme** farm **5**
fermer to close, turn off **21**
fermer à clé to lock **21**
un **fermier (une fermière)** farmer
féroce ferocious **I8***
un **festin** feast
une **fête** holiday, feast; name day, party, festival
la fête du Travail Labor Day (May 1)
un **feu** fire **I2***
faire un feu to build a fire
des feux d'artifice fireworks
un feu de joie bonfire
un **feu arrière** taillight
un **feu rouge** red light
une **feuille** leaf **5**
une feuille de papier piece of paper
un **feuilleton** soap opera, series
février February **A**
un **fiancé, une fiancée** fiancé(e)

R38 French-English Vocabulary

se **fiancer** to get engaged
fidèle faithful
fier (fière) proud I9*
une **figure** face 17
un **fil** wire
une **fille** girl; daughter 1
un **film** movie 5
un film d'aventures action movie 13
un film d'horreur horror movie 13
un film policier detective movie 13
un film de science-fiction science fiction movie 13
un **fils** son 1
la **fin** end I8*
en fin de at the end of I2*
finalement finally 6
finir to finish, end A
finir de to finish 30
fixe specific
le **flamand** Flemish *(language)*
une **flèche** arrow
une **fleur** flower 5
à fleurs flowered 25
un **fleuve** river
flipper: jouer au flipper to play pinball 5
la **fois** time I1*, 13
à la fois at the same time
combien de fois? how many times?
deux fois twice 13
plusieurs fois several times 13
une fois once, one time 13, 23
fonctionner to work, function
fond: au fond (de) at the back (of) 28*
le **fondateur** founder
fonder to found
fondre to melt
la **fondue** melted cheese dish
le **foot(ball)** soccer A
le football américain football
la **force** strength
une **forêt** forest 5
une **forme** form
en forme in shape 17
formidable terrific, super
formuler to formulate
fort strong 27
fou (fol, folle) crazy, mad I2*

un **foulard** scarf 25
un **four** oven 21
un four à micro-ondes microwave 21
une **fourchette** fork 9
la **fourrure** fur 25
frais (fraîche) fresh, cool
une **fraise** strawberry 9
une **framboise** raspberry
un **franc** franc *(former currency of France and Belgium, current currency of Switzerland)*
français French 1
le **français** French *(language)* R
la **France** France 29
franco-américain French-American
francophone French-speaking
frapper to knock
la **fraternité** brotherhood
le **frein** brake 33
fréquenter to keep company with, visit
un **frère** brother 1
frire to fry
frisé curly
les **frites** *f.* French fries 9
froid cold 27
avoir froid to be cold 3
il fait froid it's cold *(weather)* A
le **fromage** cheese 9
une **frontière** border
un **fruit** fruit 9
fumé smoked
la **fumée** smoke
fumer to smoke
les **funérailles** *f.* funeral
furieux (furieuse) furious, mad; upset, angry
une **fusée** rocket
le **futur** future

G

gagner to win; to earn A
une **galerie** gallery, tunnel
une **galette** cake
une **gamme** range
un **gant** glove 25
un **garage** garage 5
un **garagiste** mechanic
un **garçon** boy; waiter
un garçon de courses errand boy

un **garde-boue** fender
garder to keep 13
une **gare** station A
un **gars** guy, fellow
le **gâteau** (*pl.* **gâteaux**) cake 9
un **gâteau sec** biscuit
gauche left 17
à gauche (de) to the left (of) R
gazeux (gazeuse) carbonated
un **gendarme** police officer
la **gendarmerie** highway police
généalogique genealogical
général (*pl.* **généraux**) general
en général in general
généreux (généreuse) generous 2
génial (*pl.* **géniaux**) great 2
un **génie** genius
un **genou** knee 17
un **genre** type, kind, gender 13
quel genre de film est-ce? what type of film is it? 13
les **gens** *m.* people 1
gentil (gentille) nice 27
la **gentillesse** kindness I8*
la **géographie (géo)** geography R
géographique geographic
gigantesque gigantic
la **glace** ice cream 9; mirror 21; ice
le **golfe** gulf
la **gomme** chewing gum *(Canadian)*
un **gourmand** glutton
la **gourmandise** gluttony
goûter to taste, try I3*
une **goutte d'eau** drop of water
gouverné governed
grâce à thanks to I7*
grand tall, big 2; great
un **grand magasin** department store 25
grandir to grow
une **grand-mère** grandmother 1
un **grand-père** grandfather 1
les **grands-parents** *m.* grandparents
une **grange** barn
un **gratte-ciel** skyscraper
gratuit free of charge
grave serious
un **graveur** engraver
grec (grecque) Greek
un **grenier** attic 21

FRENCH-ENGLISH VOCABULARY

French-English Vocabulary R39

le **gril (du four)** broiler
une **grille** grid
un **grille-pain** toaster **21**
grimper to climb
un **grimpeur, une grimpeuse** climber
la **grippe** flu **17**
gris gray **25**
gros (grosse) fat, big **I3***
grossir to gain weight, get fat **A**
un **groupe** band **13**
le **gruyère** Swiss cheese
la **Guadeloupe** Guadeloupe *(French island in the West Indies)*
le **Guatemala** Guatemala **29**
le **guépard** cheetah
une **guerre** war
un **guichet** ticket window
un **guidon** handlebars
une **guitare** guitar **A**
la **Guyane française** French Guiana
le **gymnase** gymnasium
la **gym(nastique)** gymnastics **17**

H

s' **habiller** to get dressed **19**
un **habitant** inhabitant
habiter to live **A, 22**
une **habitude** habit, custom **I4***
d'habitude usually **23**
habituel (habituelle) usual **23**
habituellement usually **23**
haïtien (haïtienne) Haitian **1**
hanté haunted
les • **haricots verts** *m.* (green) beans **9**
la • **hâte** hurry, haste
• **haut** high
en haut at the top
• **hein?** huh?
• **hélas** unfortunately
un **hélicoptère** helicopter
helvétique Swiss
l' **herbe** *f.* grass
hésiter à to hesitate, be hesitant about **30**
l' **heure** *f.* time, hour, o'clock **A**
à l'heure on time **2**; per hour
à quelle heure? at what time? **A**
à … heures at … o'clock **A**
… heure(s) (cinq) (five) past … **A**
… heure(s) et demie half past … **A**
… heure(s) et quart quarter past … **A**
… heure(s) moins (cinq) (five) of … **A**
… heure(s) moins le quart quarter of … **A**
il est … heure(s) it is … (o'clock) **A**
quelle heure est-il? what time is it? **A**
heureusement fortunately **8***
heureux (heureuse) happy **2**
heurter to run into **24**
hier yesterday **6**
l' **histoire** *f.* history **R**
une **histoire** story **16**
historique historical
l' **hiver** *m.* winter **A**
• **hollandais** Dutch
un **homme** man
un homme (une femme) d'affaires business person **1**
honnête honest
l' **honneur** *m.* honor
un **hôpital** hospital **A**
un **horaire** schedule **29**
les • **hors-d'oeuvre** *m.* appetizers **9**
hospitalier (hospitalière) welcoming **I8***
un **hôte, une hôtesse** host, hostess; flight attendant
un **hôtel** hotel **A**
l' **huile** *f.* oil **33**
• **huit** eight **A**
à (mardi) en huit see you a week from (Tuesday)
une **huître** oyster
humain human
humeur: de bonne humeur in a good mood
de mauvaise humeur in a bad mood **I9***
humoristique humorous

I

ici here
idéaliste idealistic
une **idée** idea
identifier to identify
ignorer to not know
il he, it **R**
il faut one must
il faut que + *subjunctive* it is necessary that **35**
il n'y a pas there is no, there aren't any **R**
il y a there is, there are **R**
il y a eu there was **7**
il y a + *time* time ago **7**
il y avait there had been **23**
qu'est-ce qu'il y a? what's up?; what's wrong? what's the matter? what's going on? **R**
une **île** island
illustré illustrated
ils they **R**
imaginatif (imaginative) imaginative **2**
imaginer to imagine
imbattable unbeatable
immédiatement immediately
un **immeuble** apartment building **I4*, 21**
immigré immigrant
immobiliser to immobilize
immortaliser to immortalize
l' **imparfait** *m.* imperfect *(tense)*
s' **impatienter** to get impatient
l' **impératif** *m.* imperative *(command)* mood
un **imperméable (imper)** raincoat **A, 25**
importance: cela n'a pas d'importance that doesn't matter **I7***
impoli impolite **2**
impressionné impressed
une **imprimante** printer **A**
impulsif (impulsive) impulsive **2**
inauguré inaugurated
inclus gratuitement included at no extra cost
incolore colorless **I5***
inconnu unknown **I8***
incroyable unbelievable, incredible
l' **Inde** *f.* India **29**
indéfini indefinite
indemne unhurt
indien (indienne) Indian **1**
indiquer to indicate, point out

R40 French-English Vocabulary

indiscret (indiscrète) indiscreet
un **individu** individual
individuel (individuelle) individual **17**
infini infinite
un **infinitif** infinitive
un **infirmier, une infirmière** nurse **1**
un **informaticien, une informaticienne** computer specialist **1**
l' **informatique** *f.* computer science **R**
s' **informer** to find out, make inquiries
un **ingénieur** engineer **1**
un **ingrédient** ingredient **9**
injuste unfair **2**
innocent: faire l'innocent to act innocent **17***
inquiet (inquiète) worried, concerned
s' **inquiéter** to worry
* **inscrire** to write *(in a notebook)*
inscrit registered
s'inscrire to join
un **inspecteur, une inspectrice** inspector
s' **installer** to settle
instituer to set up
intellectuel (intellectuelle) intellectual **2**
intelligent smart, intelligent
intention: avoir l'intention de to intend to, plan to **3**
une **interdiction** prohibition
interdit forbidden, illegal **18***
intéressant interesting
intéresser to interest
s'intéresser (à) to be interested (in)
l' **intérieur** *m.* interior
à l'intérieur inside **18***
les **internautes** people who like to use the Internet
Internet the Internet
interrogatif (interrogative) interrogative
interroger to interrogate
interrompre to interrupt
interviewer to interview
intriguer to puzzle
introduire to introduce
intuitif (intuitive) intuitive **2**
inutile useless; unnecessary **27**
inverse: en sens inverse in the opposite direction
à l'inverse conversely
l' **inversion** *f.* inversion
un **invité, une invitée** guest
inviter to invite **A**
ira (*fut. of* **aller**) **31**
l' **Irlande** *f.* Ireland **29**
irrégulier (irrégulière) irregular
irriter to irritate
isolé alone, separate
Israël *m.* Israel **29**
issu de from
l' **Italie** *f.* Italy **29**
italien (italienne) Italian **1**
un **itinéraire** itinerary, route
l' **ivoire** *m.* ivory

j' (*see* **je**)
jaloux (jalouse) jealous
jamais: ne ... jamais never **6**
une **jambe** leg **17**
le **jambon** ham **9**
janvier January **A**
le **Japon** Japan **29**
japonais Japanese **1**
un **jardin** garden **21**
jaune yellow **A, 25**
je I **R**
un **jean** (pair of) jeans **25**
jeter to throw
un **jeu** (*pl.* **jeux**) game
les jeux d'ordinateur computer games
les jeux télévisés TV game shows
les jeux vidéo video games **A**
jeudi Thursday, on Thursday **A**
jeune young **1**
les **jeunes** *m.* young people
la **jeunesse** youth
le **jogging** jogging **17**
joli pretty **2**
c'est bien joli, ça that's all well and good
un **jongleur, une jongleuse** juggler
jouer to play **R**
jouer à + *sport, game* to play **R**
jouer de + *instrument* to play **R**
jouer un tour (à) to play a joke (on)
qu'est-ce qu'on joue? what's playing (at the movies)? **13**
un **joueur, une joueuse** player **13**
un **jour** day **A, 23**
un **journal** (*pl.* **journaux**) newspaper; diary, journal **16**
un **journaliste, une journaliste** journalist **1**
une **journée** (whole) day
bonne journée! have a good day!
joyeux (joyeuse) joyous
judicieux (judicieuse) judicious, discerning
juger to judge
juillet July **A**
juin June **A**
des **jumeaux** *m.* twins
une **jupe** skirt **A, 25**
le **jus** juice
le jus de fruits fruit juice
le jus de pomme apple juice **9**
le jus d'orange orange juice **9**
le jus de raisin grape juice **9**
jusqu'à until, up to; as far as
juste fair **2**
justement as a matter of fact; precisely, exactly **19***

le **karaté** karate
le **ketchup** ketchup **9**
un **kilo** kilo(gram) **9**
un **kilomètre** kilometer
un **klaxon** horn **33**
klaxonner to honk (the horn) **34***

l' (*see* **le, la**)
la the **R**; her, it **15**
là there **28**
ce ...-là that (over there) **28**
là-bas over there **5**
oh là là! oh dear! wow! whew!

French-English Vocabulary R41

le **laboratoire** laboratory
un **lac** lake **5**
la **laine** wool **25**
laisser to leave **13**; to let
laisser le soin à quelqu'un ... to leave it up to someone to **28***
le **lait** milk **9**
le **lambi** conch
une **lampe** lamp **21**
une lampe de poche flashlight **16***, **29**
lancer to throw **16***; to launch
une **langue** language **R**
un **lapin** rabbit **5**
laquelle which one **28**
large wide, baggy **25**
un **lavabo** sink **21**
laver to wash **5**
se laver to wash (oneself), wash up **19**
une machine à laver washing machine **21**
un **lave-vaisselle** dishwasher **21**
le the **R**; him, it **15**
une **leçon** lesson
un **lecteur** reader, player
un **lecteur de CD** CD player
la **lecture** reading
légal legal **1**
une **légende** legend
léger (légère) light **27**; minor
un **légume** vegetable **9**
le **lendemain** the next day **14***
lent slow **14***, **27**
lentement slowly **27**
lequel (laquelle) which one **28**
les the **R**; them **15**
lesquels (lesquelles) which ones **28**
une **lettre** letter **16**
leur their **A**; (to) them **16**
se **lever** to get up **17**; to rise
lèvres: le rouge à lèvres lipstick **19**
le **Liban** Lebanon **29**
libéral (*pl.* **libéraux**) liberal **2**
libérer to liberate
la **liberté** liberty
une **librairie** bookstore
libre free **13**
un **lieu** place, area **1**
au lieu de instead of
avoir lieu to take place **24**
les **lieux** premises

une **ligne** line; figure
la **limitation de vitesse** speed limit
la **limonade** lemon soda **9**
* **lire** (*p. p.* **lu**) to read **16**
lisiblement legibly
un **lit** bed **A, 21**
un **litre** liter **12**
la **littérature** literature
un **living** informal living room **21**
un **livre** book **A**
une **livre** metric pound **9**
une **location** rental
un **logement** lodging
loger to stay (have a room) **29**
le **logiciel** software
logique logical
loin (de) far (from), far away from **R**
de **loin** by far
lointain distant
un **loisir** leisure-time activity
long (longue) long **25**
le long de along
longtemps (for) a long time **27**
la **longueur** length
lorsque when **19***
la **loterie** lottery
un **lotissement** subdivision **21**
louer to rent **29**
louer un film to rent a movie **A**
un **loup** wolf
lourd heavy **27**
le **Louvre** *museum in Paris*
le **loyer** rent
lu (*p. p. of* **lire**) **16**
une **lueur** flash of light, glimmer, glow
lui him **R**; (to) him, (to) her **16**
lui-même himself
une **lumière** light **15***
lumineux (lumineuse) illuminated
lundi Monday, on Monday **A, 7**
la **lune** moon
des **lunettes** *f.* glasses **A**
des lunettes de soleil sunglasses **A, 25**
la **lutte** struggle
un **Luxembourgeois, une Luxembourgeoise** native of Luxembourg
un **lycée** high school **R**
un **lycéen, une lycéenne** high school student

M

M. Mr.
m' (*see* **me**)
ma my **A**
mâcher to chew
une **machine à laver** washing machine **21**
Madame (Mme) Mrs., ma'am
Mademoiselle (Mlle) Miss
un **magasin** store **A, 5**
faire les magasins to go shopping
un grand magasin department store **25**
le **magasinage** shopping *(Canadian)*
magasiner to go shopping *(Canadian)*
un **magazine** magazine **16**
le **Maghreb** French-speaking northern Africa
un **magnétoscope** VCR
magnifique magnificent
mai May **A**
maigrir to lose weight, get thin **A**
un **mail** e-mail **16**
un **maillot** jersey, athletic T-shirt **26***
un **maillot de bain** bathing suit **A, 25**
une **main** hand **17**
maintenant now **7**
un **maire** mayor
mais but
le **maïs** corn
une **maison** house **A, 21**
à la maison at home **5**
une Maison des Jeunes youth center
une maison individuelle single-family home **21**
un **maître** master
mal badly, poorly
avoir mal à la tête to have a headache **17**
où est-ce que tu as mal? where does it hurt? **17**
malade sick **17**
un(e) **malade** patient
maladroit clumsy
la **malchance** bad luck
un **malfaiteur** evildoer; criminal **17***
malgré despite, in spite of **18***

R42 French-English Vocabulary

malheureusement unfortunately **8***
malheureux (malheureuse) unhappy **2**
malhonnête dishonest
Mamie grandma, nana
manger to eat **A**
  une salle à manger dining room **21**
une **manière** manner, way
un **mannequin** fashion model **1**
les **manoeuvres** *f.* maneuvers
manque: il manque ... ... is missing **I5***
un **manuel** manual, guidebook
un **manteau** (*pl.* **manteaux**) coat **A, 25**
m'appelle: je m'appelle my name is **A**
se **maquiller** to put on make-up **19**
un **marchand, une marchande** merchant, storekeeper
la **marche** march, course, progress
  la marche à pied hiking **17**
  mettre en marche to start (a car)
une **marche** step
un **marché** market **9**; deal
  bon marché *inv.* cheap; inexpensive **25**
  meilleur marché cheaper **27**
  un marché aux puces flea market
  un marché en plein air outdoor market
marcher to walk **A, 5**; to function
mardi Tuesday, on Tuesday **A, 23**
le **mardi** on Tuesdays **23**
un **mardi** one Tuesday **23**
la **margarine** margarine **9**
un **mari** husband **1**
le **mariage** marriage, wedding
marié married **1**
un **marié** groom
une **mariée** bride
se **marier (avec)** to marry (someone), get married
marin sea *(adj.)*
un **marin** sailor
le **Maroc** Morocco
marocain Moroccan
une **marque** make, brand name
marqué (par) marked (with)
marrant funny
marron brown **A, 25**
mars March **A**
la **Marseillaise** *French national anthem*
un **marteau** (*pl.* **marteaux**) hammer
un **Martiniquais, une Martiniquaise** *person from Martinique*
la **Martinique** Martinique *(French island in the West Indies)*
une **mascotte** mascot
un **masque** mask
masqué masked
un **match** game, match **13**
  faire un match to play a game
  un match de foot soccer game **5**
matériel (matérielle) material
maternel (maternelle) maternal
les **maths** *f.* math **R**
la **matière** material **25**
les **matières** *f.* school subjects **R**
le **matin** morning, in the morning **R**
  ce matin this morning **7**
  du matin in the morning, A.M. **A**
  (lundi) matin (on) (Monday) morning
une **matinée** (whole) morning; afternoon performance
mauvais bad **2**
  il fait mauvais it's bad (weather) **A**
la **mayonnaise** mayonnaise **9**
me me, to me **14**; myself **19**
un **mécanicien, une mécanicienne** mechanic
mécanique mechanical
méchant nasty, mean **27**
le **mécontentement** displeasure **I4***
une **médaille** medal **25**
un **médecin** doctor **1**
médical (*pl.* **médicaux**) medical **1**
des **médicaments** *m.* drugs, medicine
la **Méditerranée** Mediterranean Sea
meilleur better **27**
  le (la) meilleur(e) the best **27**
  meilleur marché *inv.* cheaper **27**
  un meilleur ami, une meilleure amie best friend **1**
  un meilleur copain, une meilleure copine best friend **1**
un **mél** e-mail **16**
un **melon** melon **9**
un **melon d'eau** watermelon *(Canadian)*
un **membre** member
même same; even **I8***; exactly
  le (la) même the same one
  même si even if
  tout de même all the same **I4***
une **mémoire** memory
ménager household *(adj.)*
mener to lead **I6***
un **mensonge** lie **16**
mentionner to mention
mentir to lie **I1***
la **mer** sea **29**
merci thank you
mercredi Wednesday, on Wednesday **A**
une **mère** mother **1**
une **merveille** wonder
merveilleux (merveilleuse) marvelous
mes my **A**
la **messagerie vocale** voice mail
la **messe** Mass
les **mesures** *f.* measurements **28***
la **météo** weather forecast
un **métier** profession
un **mètre** meter
le **métro** subway **5**
métropolitaine: la France métropolitaine *France with the exception of its overseas territories*
* **mettre** (*p. p.* **mis**) to put, place **6**; to put on, to wear *(clothing)* **25**; to turn on *(the radio)* **21**; to set *(the table)* **9**
  mettre la table to set the table **9**

French-English Vocabulary R43

mettre la ceinture to fasten one's seatbelt 34[*]
se mettre à to begin, start I6[*]
un **meuble** piece of furniture 21
mexicain Mexican 1
le **Mexique** Mexico 29
midi noon **A**
mieux better 17
le **mieux** the best
mignon (mignonne) cute 2
une **migraine** headache, migraine
milieu: au milieu (de) in the middle (of) I6[*]
militaire military
mille one thousand **A, 26**
un **mille** mile
milliers: des milliers thousands
un **million** million 26
mince thin
une **mini-chaîne** compact stereo **A**
un **minivan** minivan 33
minuit midnight **A**
mis (*p. p. of* **mettre**) 7
mixte mixed, coed
Mlle Miss
Mme Mrs.
le **mobilier** furniture 21
une **mobylette** moped
moche plain, unattractive 25
la **mode** fashion
à la mode fashionable, in fashion 25
un **modèle** model
moderne modern 21
modifier to modify, alter
moi me **R**
moi non plus neither do I, "me neither"
moins less, minus **A**
au moins at least I2[*]
... heure(s) moins (cinq) (five) of ... **A**
le (la, les) moins ... the least ... 27
... moins le quart quarter of ... **A**
moins ... que less ... than 27
un **mois** month **A**
la **moitié** half
un **moment** moment
au moment où when
mon (ma; mes) my **A**
une **monarchie** monarchy
le **monde** world
beaucoup de monde many people I1[*]
du monde (many) people
tout le monde everybody, everyone I2[*], 12
mondial (*pl.* **mondiaux**) world
un **moniteur, une monitrice** counselor
la **monnaie** change (coin)
une pièce de monnaie coin
Monsieur (M.) Mr., sir
la **montagne** mountain(s) 29
la **montée** climb
monter to go up 8; to get on *(a bus, subway)* 8; to put up
une **montre** watch **A**
montrer (à) to show (to) 14
un **monument** monument
se **moquer de** to make fun of
un **morceau** piece 12
mort (*p. p. of* **mourir**)
un **mot** word
un mot apparenté cognate, related word
un **moteur** motor, engine 33
un **moteur à quatre temps** four-stroke engine
une **moto** motorcycle
mouillé wet
mourir to die
un **moustique** mosquito I2[*]
la **moutarde** mustard 9
mouvementé action-packed
moyen (moyenne) middle
en moyenne on the average
un **moyen** means, resources
le **Moyen-Orient** Middle East 29
muet (muette) silent
un **mufle** "clod," muzzle, snout
le **multimédia** multimedia
un **mur** wall 21
musclé muscular, brawny
un **musée** museum **A, 13**
musicien (musicienne) musical 2
la **musique** music **R**
musulman Moslem
myope nearsighted
mystérieux (mystérieuse) mysterious

N

n' (*see* **ne**)
nager to swim **A**
naïf (naïve) naive 2
la **naissance** birth 1
naître to be born
la **natation** swimming 17
une **nationalité** nationality 1
nature plain *(of food)* 9
naturellement naturally 26
nautique: le ski nautique waterskiing 17
un **navet** turnip; a flop
ne: ne ... aucun not any, no I7[*]
ne ... jamais never 6
ne ... pas not **R**
ne ... personne no one, nobody, not anyone 7
ne ... plus no longer, no more, not anymore 10
ne ... presque jamais almost never 18
ne ... rien nothing, not anything 7
n'est-ce pas? no? isn't it so? right? **A**
né (*p. p. of* **naître**): **je suis né(e)** I was born 1
nécessaire necessary
négatif (négative) negative
la **neige** snow
neige: il neige it's snowing **A**
neiger to snow
il neigeait it snowed 23
nerveusement nervously
nerveux (nerveuse) nervous
n'est-ce pas? no? isn't it so? right? **A**
nettoyer to clean 5
neuf nine **A**
neuf (neuve) brand new 26
toute neuve brand new
neuvième ninth 26
un **neveu** (*pl.* **neveux**) nephew 1
un **nez** nose 17
ni ... ni ... neither ... nor ...
une **nièce** niece 1
nier to deny I7[*]
un **niveau** (*pl.* **niveaux**) level
les **noces** *f.* wedding festivities
Noël *m.* Christmas
noir black **A, 25**
il faisait noir it was dark
une **noix de coco** coconut

R44 French-English Vocabulary

un nom name, last name **1**; noun
un nom de famille last name
un nombre number
nombreux (nombreuse) numerous
nommer to name
non no
non plus neither
non-alcoolisé nonalcoholic
le nord north **29**
le nord-est northeast **29**
le nord-ouest northwest **29**
normal (*pl.* **normaux**) normal **26**
normalement normally **26**
la Normandie Normandy *(province in northwestern France)*
nos our **A**
une note note, grade; bill **14***
noter to mark (write) down, note
notre (*pl.* **nos**) our **A**
la nourriture food **9**
nous we **R**; us **R**; to us **14**; ourselves **19**; each other, one another **19**
nouveau (nouvel, nouvelle; nouveaux) new **2**
à nouveau again **13***
nouvel new **26**
nouvelle new **2**
une nouvelle news item
les nouvelles the news
la Nouvelle-Angleterre New England
la Nouvelle-Écosse Nova Scotia
novembre November **A**
un nuage cloud
la nuit night, at night
il fait nuit it's nighttime, it's dark
un numéro number **1**
le numéro de téléphone phone number **1**
le nylon nylon **25**

obéir (à) to obey
obéissant obedient
les objectifs *m.* objectives
un objet object **A**
les objets trouvés lost and found
obligatoire compulsory, required
obligé obliged
l' obscurité *f.* darkness
* **obtenir** to get, obtain
une occasion occasion; opportunity
d'occasion second-hand
occidental (*pl.* **occidentaux**) western
une occupation activity
occupé busy **13**
s' occuper (de) to take care of someone, keep busy **28***
occupe-toi (de tes oignons) mind you own business
l' Océanie *f.* South Pacific
octobre October **A**
un oeil (*pl.* **yeux**) eye **17**
un oeuf egg **9**
des oeufs sur le plat fried eggs **9**
une oeuvre work
offenser to offend
* **offrir** to offer, give
un oiseau (*pl.* **oiseaux**) bird **5**
une ombre shadow
une omelette omelet **9**
on one, you, people, they, we **A**
un oncle uncle **1**
onze eleven **A**
onzième eleventh **26**
opérer to operate
une opinion opinion **18**
optimiste optimistic
l' or *m.* gold **25**
un orage storm
oralement orally
orange orange *(color)* **A, 25**
une orange orange **9**
le jus d'orange orange juice **9**
une orange pressée fresh orange juice
un orchestre orchestra, band **13**
ordinal: un nombre ordinal ordinal number
un ordinateur computer **A**
un ordinateur portable (un PC portable) laptop computer
l' ordre *m.* order
les ordures *f.* garbage
une oreille ear **17**
avoir mal aux oreilles to have an earache **17**
des boucles *f.* **d'oreilles** earrings **25**
un orfèvre silversmith
organiser to organize **A**
original (*pl.* **originaux**) original **2**
une origine origin, beginning
orner to adorn **17***
oser to dare
ôter to take off **18***
ou or **R**
où? where? **R**
n'importe où anywhere
ouais yeah, yup
oublier (de) to forget (to) **13**
l' ouest *m.* west **29**
oui yes
un outil tool
outre-mer overseas
la France d'outre-mer *overseas territories of France*
un ouvrier, une ouvrière worker
* **ouvrir** (*p.p.* **ouvert**) to open **14*, 21**
un OVNI (Objet Volant Non-Identifié) UFO

le pain bread **9**
le pain grillé toast
la paix peace
un palais palace
un pamplemousse grapefruit **9**
une pancarte sign
la panique panic
une panne breakdown
en panne out of order
une panne d'électricité power failure
un panneau (*pl.* **panneaux**) (traffic) sign **24**
un pantalon pants **A, 25**
le pape pope
la papeterie stationery store
le papier paper
Pâques *m.* Easter
un paquet package, pack **12**
un paquet-cadeau gift-wrap
par by, through; per **13**
par conséquent consequently, therefore
par exemple for example
le parachutisme parachuting

FRENCH-ENGLISH VOCABULARY

French-English Vocabulary R45

paraître to appear 17*
il paraît it seems
le **parapente** parasailing
un **parapluie** umbrella **25**
un **parc** park **A**
parce que because
parcourir to cover, travel
un **parcours** route 18*
pardon excuse me
le **pare-brise** windshield **33**
une **parenthèse** parenthesis
les **parents** *m.* parents, relatives **1**
paresseux (paresseuse) lazy **2**
parfait perfect
parfois sometimes **18**
le **parfum** perfume
une **parfumerie** perfume store
parie: je parie I bet
un **parking** parking lot
parler (à) to speak, talk **A**, **16**
tu parles! no way!; you're telling me!
parmi among
une **paroisse** parish
parole: prendre la parole to speak, take the floor 17*
partager to share
un(e) **partenaire** partner
un **participe** participle
participer (à) to participate, take part (in)
particulier (particulière) specific
en particulier in particular
une **partie** part **17**
faire partie de to be part of
* **partir** to leave **8**
à partir de beginning with
partitif: l'article partitif partitive article
partout everywhere 18*
un **parvis** square
pas not **R**, no
ne ... pas not **R**
(pas) encore still (not) 19*
pas possible! that can't be!
un **pas** step
un **passage** route
un **passager, une passagère** passenger
un **passant** passer-by
le **passé** past
le **passé composé** compound past tense
un **passe-partout** passkey 17*
un **passeport** passport **29**
passer to spend *(time)* **5**; to pass, come by, go by **8**
passer un examen to take a test
qu'est-ce qui se passe? what's happening?
qu'est-ce qui s'est passé? what happened?
se passer to take place, happen
un **passe-temps** pastime
passionnant exciting
passionner to excite, interest greatly
une **pastèque** watermelon
une **patate douce** sweet potato
patiemment patiently **26**
le **patinage artistique** figure skating
un **patineur, une patineuse** skater
le **patin à roulettes** roller-skating **17**
le **patinage** ice skating **17**
des **patins** *m.* **à glace** ice skates
une **pâtisserie** pastry shop
le **patrimoine** heritage
un **patron, une patronne** boss **1**; patron saint
une **patte** foot, paw *(of animal or bird)*
pauvre poor **2**
payer to pay, pay for **9**
un **pays** country **29**
le **paysage** landscape 18*
un **PC** PC
la **peau** skin 15*
la **pêche** fishing **5**
aller à la pêche to go fishing **5**
un **pédalier** pedal shaft
le **pédalo** pedal boat
un **peigne** comb **19**
se **peigner** to comb one's hair **19**
peindre to paint
un **peintre** painter 14*
la **peinture** painting
une **pellicule** roll of film
pendant during, for **6**
pendant les vacances during vacation
pendant que while
pénible boring, "a pain"; painful, unpleasant **2**
une **péniche** barge
penser (que) to think (that) **18**
penser à to think about
penser de to think of
perdre to lose **A**
perdre son temps to waste one's time
un **père** father **1**
perfectionner to perfect
* **permettre** to let, allow, permit **6**
un **permis** license
un **permis de conduire** driver's license **33**
une **perquisition** search
persévérant persevering
la **personnalité** personality **2**
personne: ne ... personne no one, nobody, not anyone **7**
une **personne** person **1**
personnel (personnelle) personal
peser to weigh
pessimiste pessimistic
la **pétanque** *French bowling game*
pétillant sparkling
petit short, small **2**
le **petit déjeuner** breakfast **9**
la **petite-fille** granddaughter **1**
le **petit-fils** grandson **1**
les **petits pois** *m.* peas **9**
le **pétrole** oil
peu (de) little, not much, few, not many **12**
un peu a little; some **12**
un **peuple** people
peuplé populated
peur: avoir peur to be afraid **3**
peut-être maybe, perhaps
un **phare** headlight **33**
une **pharmacie** pharmacy
un **pharmacien, une pharmacienne** pharmacist **1**
la **philosophie (la philo)** philosophy **R**
une **photo** photograph, picture
un **photographe, une photographe** photographer **1**
un **photo-roman** "photo novel" *(novel in comic-book format, illustrated with photographs)*
une **phrase** sentence
la **physique** physics **R**
physiquement physically

R46 French-English Vocabulary

une **pièce** room *(in general)* **21**; coin; part
une pièce de monnaie coin
une pièce de rechange spare part **19***
une pièce de théâtre play **13**
un **pied** foot **17**
à pied on foot **5**
la **pierre** stone; rock
une **pile** battery
à (huit) heures pile at (eight) on the dot
un **pique-nique** picnic **A**
faire un pique-nique to have a picnic **5**
piquer to sting
une **pirogue** canoe
pis: tant pis! too bad! **19***
une **piscine** swimming pool **A, 5**
une **piste d'atterrissage** landing area
pittoresque picturesque
une **pizza** pizza **9**
un **placard** closet **21**
des **placards** *m.* cabinets **21**
une **place** place, square; seat **13**
à la place de instead of
le **plafond** ceiling **21**
une **plage** beach **A**
une **plaine** plain
plaisanter to joke
plaisent: est-ce que [ces lunettes] vous plaisent? do you like [these glasses]? **25**
ils/elles (ne) me plaisent (pas) I (don't) like them **25**
le **plaisir** pleasure **13**
avec plaisir with pleasure **13**
plaît: s'il te (vous) plaît please
est-ce que [ce pull] vous plaît? do you like [this sweater]? **25**
il/elle (ne) me plaît (pas) I (don't) like it **25**
un **plan** plan; (street) map
une **planche** board
la planche à voile windsurfing **17**
une **plante** plant **5**
une **plaque** baking sheet
le **plastique** plastic **25**
un **plat** dish, course *(of a meal)* **9**
le plat principal main dish
un **plateau** tray **17***
un **plâtre** plaster cast
plein full
faire le plein to fill the tank **33**
pleurer to cry
pleut: il pleut it's raining **A**
* **pleuvoir** to rain
il pleuvait it rained **23**
plier to bend, fold **17**
la **plongée sous-marine** scuba diving
un **plongeoir** diving board
plonger to dive
plu: il a plu it rained
la **pluie** rain
la **plupart** majority
plus more **27**
de plus en plus more and more **16***
le (la, les) plus the most, the ...-est **27**
moi non plus neither do I, "me neither"
ne ... plus no longer, no more, not anymore
plus de more than
plus ... que more ... than, ...er than **27**
plus tard later **1**
plusieurs several **12**
plutôt rather **16***
un **pneu** tire **33**
une **poche** pocket **17***
l'argent *m.* **de poche** allowance, pocket money
une lampe de poche flashlight **16*, 29**
une **poêle** frying pan **29**
un **poème** poem **16**
la **poésie** poetry
un **poète** poet
une **poignée** handle
un **point** period, point; direction
les points cardinaux compass points
pointu sharp
la **pointure** shoe size **25**
une **poire** pear **9**
pois: les petits pois *m.* peas
à pois dotted, polkadotted **25**
un **poisson** fish **5**
un poisson rouge goldfish
le **poivre** pepper **9**
poli polite **2**
policier: un film policier detective movie **13**
un **policier** police officer
poliment politely **26**
la **politesse** politeness
politique political
un **polo** polo shirt **25**
le **polyester** polyester **25**
la **Polynésie française** French Polynesia
une **pomme** apple **9**
une **pomme de terre** potato **9**
ponctuel (ponctuelle) punctual **2**
un **pont** bridge
le **porc** pork **9**
un **portable** cell phone **A**
une **porte** door **21**
un **porte-bagages** luggage rack
un **portefeuille** wallet **25**
un **porte-monnaie** coin purse
porter to bring; to wear **A, 25**; to carry **A**
porter du [40] to wear size [40] **25**
le **porte-parole** spokesperson
portoricain Puerto Rican **1**
le **portugais** Portuguese *(language)*
le **Portugal** Portugal **29**
poser to pose, to ask *(a question)*
posséder to own
possessif (possessive) possessive
postale: une carte postale postcard **16**
la **poste** post office **A**
un **pot** jar **12**
prendre un pot to have a drink
la **poterie** pottery
une **poule** hen **5**
le **poulet** chicken **9**
le poulet rôti roast chicken **9**
les **poumons** *m.* lungs
une **poupée** doll
pour for; in favor of **R**
pour + *inf.* (in order) to **34**
pour cent percent
un **pourboire** tip **14***
un **pourcentage** percentage
pourquoi? why? **R**
pourra (*fut. of* **pouvoir**) **31**
pourtant however, nevertheless

French-English Vocabulary R47

* **pouvoir** (*p. p.* **pu**) can, may, to be able, to be allowed **R, 10**
je pourrais I could **R**
une **prairie** meadow **5**
pratique practical
pratiquer to practice, play, take part in, participate in **17**
précédent preceding
précipitamment quickly
se **précipiter** to dash into
précis precise, well-defined
des **précisions** *f.* detailed information
* **prédire** to predict
préféré favorite **9**
préférer to prefer **R**
premier (première) first **I1*, 26**
le premier (mars) (March) first **A**
premièrement first **26**
* **prendre** (*p. p.* **pris**) to take, have, eat, drink 9; to get, pick up **5**
prendre la direction [Balard] to take the subway toward [Balard] **5**
prendre la parole to speak, take the floor **I7***
prendre le petit déjeuner to have breakfast **9**
prendre les mesures de quelqu'un to take someone's measurements **28***
un **prénom** first name **1**
se **préoccuper** to worry
des **préparatifs** *m.* preparations
préparer to prepare, fix **A**
une **préposition** preposition
près (de) near **R**
le **présent** present
présenter … à to introduce … to **14**
je te présente I introduce to you **1**
je voudrais vous présenter … I would like to introduce … to you **1**
presque almost
pressé in a hurry **19***
prêt (à) ready **I2*, 19*, 29**
prétendre to try, claim **I7***
prêter … à to loan to, lend **A, 14**
prêter serment to pledge allegiance
* **prévenir** to warn, tell in advance **I3***
prévu planned
une **prière** prayer
primaire primary
la **prime** reward **I8***
principal (*pl.* **principaux**) principal, main
une **principauté** principality
un **principe** principle
en principe in principle
le **printemps** spring **A**
une **priorité** priority, right of way
pris (*p. p. of* **prendre**) **7**
prisonnier (prisonnière) captive
privé private **R**
en privé in private **I5***
un **prix** prize; price
un **problème** problem **14***
un **procédé** procedure, process
prochain next **I1*, 7**
proche de close to
un **producteur** producer
* **produire** to produce
un **produit** product **I5***
un **professeur** teacher, professor
une **profession** profession **1**
professionnel (professionnelle) professional
profiter to take advantage
programmer to program (a computer)
un **programmeur, une programmeuse** programmer **1**
progrès: faire des progrès to make progress
un **projet** plan **13**
faire des projets to make plans
une **promenade** walk, drive
faire une promenade (à pied, en auto) to go for a walk, go for a ride **3**
promener to walk *(a dog, etc.)*
se **promener** to take a walk, a ride **19**
une **promesse** promise
* **promettre** to promise **6**
promouvoir to promote
un **pronom** pronoun
un pronom complément object pronoun
un **pronostic** forecast
proposer (à) to propose, suggest
propre own; clean
un **propriétaire, une propriétaire** landlord/landlady; owner
la **propriété** property
prospère prosperous
protéger to protect
provençal (*pl.* **provençaux**) from Provence
la **Provence** Provence *(province in southern France)*
prudemment carefully
prudent careful; advisable, prudent
pu (*p. p. of* **pouvoir**) **10**
public (publique) public **R**
en public in public
publicitaire advertising
la **publicité** advertising, advertisement
publié published
puis then; moreover
puisque since **I2***
puissant powerful
un **pull** sweater **A, 25**
punir to punish
pur pure
les **Pyrénées** *f.* Pyrenees *(mountains between France and Spain)*

qu' (*see* **que**)
une **qualité** quality
quand? when? **R**
depuis quand? since when? **4**
une **quantité** quantity, amount **12**
quarante forty **A**
quart: … heure(s) et quart quarter past … **A**
… heure(s) moins le quart quarter of … **A**
un **quartier** district, neighborhood **A, 21**
quatorze fourteen **A**
quatre four **A**
quatre-vingt-dix ninety **A**
quatre-vingts eighty **A**
que that, whom, which **22;** than **27;** what

R48 French-English Vocabulary

les **Québécois** *m.* people of Quebec
qu'est-ce que what **R**
qu'est-ce que c'est? what is it? **R**
qu'est-ce que tu as? what's wrong with you? **3**
qu'est-ce qui est arrivé? what happened? **24**
qu'est-ce qu'il y a? what's up?; what's wrong? what's the matter? what's going on? **R**
qu'est-ce qui se passe? what's happening?
qu'est-ce qui s'est passé? what happened?
quel (quelle) what, which **A**
à quelle heure? at what time? **A**
quel + *noun!* what (a) ...!
quel temps fait-il? how's the weather? **A**
quelle est la date aujourd'hui? what's the date today? **A**
quelle heure est-il? what time is it? **A**
quelque chose something **7**
quelque chose d'autre something else **25**
quelquefois sometimes **18**
quelque part somewhere **I8***
quelques some, a few **12**
quelques-uns some
quelqu'un (de) someone, somebody **7**
une **querelle** quarrel
qu'est-ce que? what? **R**
qu'est-ce qui? what? **R**
une **question** question
une **queue** tail
faire la queue to stand in line
tirer la queue to pull the tail
qui who(m) **R**; that, which; people **22**
à qui? to whom? **R**
avec qui? with whom? **R**
qu'est-ce qui? what?
qui est-ce qui? who? **R**
quinze fifteen **A**
quinze jours two weeks **29**
quitter to leave
ne quittez pas hold on *(on telephone)* **1**
quoi? what? **R**
quotidien (quotidienne) daily **I4***

R

raccompagner to take back (home)
raconter to tell *(a story)*; to tell about **16**
un **radiateur** radiator
une **radio** radio
une **radiocassette** boom box **A**
un **radis** radish
du **raisin** grapes
une **raison** reason
avoir raison to be right **3**
raisonnable reasonable
ralentir to slow down **34***
un **rallye** rally
ramener to bring back, take home **I1***
un **rang** row
ranger to put away, to pick up **5**
râpé grated
rapide rapid; fast **27**
rapidement rapidly, quickly
rappeler to call back **1**; to remind **I4***
je rappellerai I will call back **1**
un **rapport** relationship, report
rapporter to bring back **I8***
une **raquette** racket
rarement rarely **18**
se **raser** to shave **19**
un **rasoir** razor **19**
rassurer to reassure
rater to fail *(an exam)*, to miss *(a train)*
ravi delighted **I9***
un **rayon** department *(in a store)* **25**; spoke *(of a wheel)*
rayure: à rayures striped **25**
réagir to react
réaliser to achieve, fulfill, see come true, carry out
réalité: en réalité in reality
récemment recently
une **recette** recipe
* **recevoir** (*p.p.* **reçu**) to receive, get, entertain *(people)* **30**
recevra (*fut. of* **recevoir**) **31**
rechange: une pièce de rechange spare part **I9***
un **réchaud** (portable) stove **29**
la **recherche** research
rechercher to search for
un **récipient** container
la **réciprocité** reciprocity, mutual exchange
réciproque reciprocal
réclamer to ask for
reçoit: il reçoit he welcomes, receives **30**
la **récolte** harvest
recommander to recommend
* **reconnaître** to recognize **15**; to survey
reconstituer to reorganize
une **reconstitution** reenactment
* **reconstruire** to rebuild
la **récréation** recess
reçu (*p. p. of* **recevoir**) **30**
reculer to back up, back down **I6***
la **rédaction** drawing up, writing
réel real
réfléchi reflexive
réfléchir to think over, reflect **I5***, **25**
refléter to reflect
un **réfrigérateur** refrigerator **21**
un **refus** refusal
refuser to refuse, say "no"
refuser de to refuse to **30**
se **régaler** to have a great time
regarder to look at, watch **A**
se regarder to look at oneself
un **régime** diet
une **région** region **29**
une **règle** rule
réglé taken care of, settled
regretter to be sorry **13**
régulier (régulière) regular
régulièrement regularly
une **reine** queen
rejoindre to join
relatif (relative) relative
se **relayer** to take turns
relier to join, to link
religieux (religieuse) religious
remarquer to notice, remark
remercier (de) to thank (for)

French-English Vocabulary R49

* **remettre** to put back
remis recovered
le **remords** regrets, remorse
un **rempart** rampart
remplacer to replace
remplir to fill (in)
remporter to win
une **rencontre** meeting
rencontrer to meet **A**
un **rendez-vous** date, appointment, meeting place **I4***
avoir rendez-vous to have a date **I1***
rendre (à) to give back, return **14;** to make
rendre visite (à) to visit *(a person)* **16**
rendu made
se rendre à l'évidence to face facts
renouveler to renew
un **renseignement** information **I4***
renseigner to inform, tell
la **rentrée** opening of school, back to school
rentrer (à, de) to go home, return, come back **A, 8**
rentrer dans to run (bump) into
renvoyer to fire (an employee) **I5***
une **réparation** repair **I9***
réparer to fix, repair **I9***
réparti divided
un **repas** meal **9**
répéter to repeat
répondre (à) to answer **A, 16**
une **réponse** answer, reply
un **reportage** news story
se **reposer** to rest **19**
repousser to push away
un **représentant** representative
une **reprise** rerun, review
à (trois) reprises on (three) occasions
réservé reserved
le **réservoir** gas tank **33**
la **résidence** residence **21**
résoudre to solve
respirer to breathe
se **ressembler** to resemble one another
une **ressource** resource
un **restaurant** restaurant **A**

rester to stay **A, 8;** to remain
restituer to return
un **résultat** result
un **résumé** résumé, summary
rétablir to reestablish
retard: de retard delay
être en retard to be late **2**
réticulé reticulate
retirer to take out
un **retour** return
être de retour to be back
retourner to return, go back **8**
la **retraite** retirement
un **retraité, une retraitée** retired person
retrouver (des amis) to meet (friends) at an arranged time and place **A;** to recover
se retrouver to meet again
un **rétroviseur** rearview mirror **33**
une **réunion** meeting
se **réunir** to get together
réussir to succeed **A**
réussir à to succeed in **30**
réussir à un examen to pass a test **A**
un **rêve** dream
se **réveiller** to wake up **19**
le **réveillon** Christmas Eve party
* **revenir (de)** to come back (from) **4**
rêver (de) to dream (about) **I2*, 30**
reviendra (*fut. of* **revenir**) **31**
une **révision** review
revoir to see again
au revoir good-bye
se **révolter** to revolt, to rebel
révolutionner to revolutionize
une **revue** magazine **16**
le **rez-de-chaussée** ground floor **21**
un **rhume** cold **17**
riche rich **2**
un **rideau** (*pl.* **rideaux**) curtain **21**
ridicule ridiculous **25**
rien nothing **7**
ça ne fait rien that doesn't matter, no problem
ne ... rien nothing, not anything **7**
* **rire** to laugh
risquer to risk, venture
une **rivale** rival

une **rivière** river **5**
le **riz** rice **9**
une **robe** dress **A, 25**
un **rocher** rock
le **rock** rock-and-roll
un **roi** king
un **rôle** role, part
les **rollers** in-line skates
le **roller** in-line skating **17**
romain Roman
un **roman** novel **16**; story
le **romanche** Romansh *(language spoken in a section of Switzerland)*
rond round
un **rond-point** traffic circle
le **rosbif** roast beef **9**
rose pink **25**
une **roue** wheel **33**
rouge red **A, 25**
le **rouge à lèvres** lipstick **19**
rougir to blush
rouler to roll along, drive
roulettes: le patin à roulettes roller skating **17**
une **roulotte** trailer
une **route** highway, road; way
roux (rousse) red *(hair)*
un **royaume** kingdom
un **ruban** ribbon
un **rubis** ruby **I7***
une **rue** street **A**
une **rumeur** rumor
russe Russian **1**
la **Russie** Russia **29**

s' (*see* **se**) (*see* **si**)
sa his, her, its; one's **A**
le **sable** sand
un **sac** bag; sack **A, 12**
un sac à dos backpack, knapsack **29**
un sac de couchage sleeping bag **29**
sachant (*pres. part. of* **savoir**)
sage: être sage to be good, well-behaved
sain healthy
saint holy
le **Saint-Laurent** St. Lawrence River
une **saison** season **A**

R50 French-English Vocabulary

la salade salad **9**
le salaire salary
sale dirty
une salle large room; concert hall **I1***
une salle à manger dining room **21**
une salle de bains bathroom **21**
une salle de réunion conference room
une salle de séjour living room
un salon (formal) living room **21**
saluer to greet, hail
salut hi
samedi Saturday, on Saturday **A**
samedi dernier last Saturday **6**
des sandales *f.* sandals **A, 25**
un sandwich sandwich **9**
le sang-froid cool
sans without **34**
sans engagement at no obligation
santé: en bonne santé in good health, healthy **17**
un sapin pine tree
satisfait satisfied **I7***
des saucisses *f.* sausages
le saucisson sausage **9**
sauf except **I8***
le saumon salmon **9**
saura (*fut. of* **savoir**) **31**
sauter to jump
sauvé saved **I9***
sauver to save
la savane savannah
un savant, une savante scientist
la Savoie Savoy *(province in eastern France)*
*** savoir** (*p.p.* **su**) to know, know how to **16**
le savon soap **19**
une scène scene, stage
les sciences *f.* science **R**
scolaire academic **R**
la scolarité schooling
un scooter motorscooter
se himself, herself, oneself, themselves; each other, one another **19**
une séance performance **13**
séché dried
le secours help
un secrétaire, une secrétaire secretary **1**
seize sixteen **A**
un séjour stay
faire un séjour to stay **29**
une salle de séjour living room
le sel salt **9**
une selle seat
selon (moi) according to (me) **18**
une semaine week **A**
en semaine during the week **A**
semblable similar
semblant: faire semblant to pretend
sembler to seem, appear **I3***
le Sénégal Senegal **29**
un sens sense, meaning
le bon sens common sense
la sensibilité sensitivity
sensible sensitive **2**
sentir to smell; to feel
se sentir (bien) to feel (well) **17**
séparer to separate
sept seven **A**
septembre September **A**
sera (*fut. of* **être**) **31**
sérieusement seriously **26**
sérieux (sérieuse) serious **2**
serrer to shake
serti set
un serveur, une serveuse waiter, waitress
le service service, change, tip **9**; favor
une serviette napkin **9**
servir to serve
se servir to help or serve oneself **I5***
ses his, her, its; one's **A**
seul alone, by oneself, only **I5***
un seul only one person **I5***
seulement only **I2***
sévère strict, severe
le shampooing shampoo **19**
un short shorts **25**
si if, whether **31**
même si even if
s'il te (vous) plaît please **9**
si! yes! *(to a negative question)*
un siècle century **I6***
un siège seat **33**
signaler to signal, indicate
un signe sign
une signification meaning
signifier to mean
s'il te (vous) plaît please **9**
simuler to fake **I7***
un singe monkey
sinon otherwise, if not, or else
une sirène siren
situé located
être situé to be (situated, located)
six six **A**
un skate skateboard
le skate(board) skateboarding **17**
le ski skiing **17**
le ski nautique waterskiing **17**
skier to ski
snob snobbish, stuck-up
le snowboard snowboarding **17**
une société society
un soda carbonated soft drink **9**
une soeur sister **1**
un sofa sofa **21**
soi himself, herself, oneself
la soie silk **25**
soif: avoir soif to be thirsty **3**
le soir evening **A**, in the evening **23**
à ce soir see you tonight
ce soir this evening, tonight **7**
du soir in the evening **A**
tous les soirs every evening **23**
une soirée (whole) evening, evening party
sois be **2**
soit (*subj. of* **être**) **36**
soixante sixty **A**
soixante-dix seventy **A**
le sol ground **21**
solaire solar
un soldat soldier
une solde sale
en solde on sale **25**
la sole sole **9**
le soleil sun
des lunettes *f.* **de soleil** sunglasses **A, 25**
un bain de soleil sunbath **5**
solennel (solennelle) solemn
une somme sum

FRENCH-ENGLISH VOCABULARY

French-English Vocabulary R51

sommeil: avoir sommeil to be sleepy **3**
un **sommet** top, summit, peak
son (sa; ses) his, her, its; one's **A**
un **sondage** poll, survey
sonner to ring (the bell) **I3***
la **sonnette** bell
une **sorte** sort, type, kind **13**
* **sortir** to go out; to take out **8**
sortir de to get out of
une **soucoupe volante** flying saucer
soudain all of a sudden
souffler to blow
* **souffrir** to suffer
un **souhait** wish
souhaiter to wish
souligné underlined
se **soumettre** to submit
la **soupe** soup **9**
le **souper** dinner *(Canadian)*
* **sourire** to smile **I3***
une **souris** mouse (computer)
un tapis (de) souris mousepad
sous under; in **R**
sous-marin underwater
un **sous-marin** submarine
le **sous-sol** basement **21**
la **soustraction** subtraction
souterrain underground
un **souvenir** remembrance
*se **souvenir (de)** to remember **20**
souvent often 18
soyez be (*subj. of* **être**) **2**
soyons let's be **2**
spacial (*pl.* **spaciaux**) space
spacieux (spacieuse) roomy
les **spaghetti** *m.* spaghetti **9**
spécialisé specialized
une **spécialité** specialty
spécifique specific **23**
le **spectacle** show **13**
un **spectateur, une spectatrice** spectator
spirituel (spirituelle) witty **2**
spontanément spontaneously **26**
le **sport** sports **R**
sportif (sportive) athletic, who likes sports; active in sports **2**
un **sportif, une sportive** person who likes sports, athlete
un **squelette** skeleton
un **stade** stadium **A, 5**
stage: faire un stage to train
une **station de ski** ski resort
stationnement: en stationnement parked
une **station-service** gas station **33**
un **steak-frites** steak with French fries **9**
un **studio** studio apartment
un **stylo** pen **A**
su (*p. p. of* **savoir**) **16**
le **subjonctif** subjunctive (mood)
le **sucre** sugar **9**
le **sud** south; southern **29**
le sud-est southeast **29**
le sud-ouest southwest **29**
la **Suède** Sweden
suédois Swedish
suffit enough
suggérer to suggest
suisse Swiss **1**
la **Suisse** Switzerland **29**
la **suite** continuation **I8***
à la suite following
tout de suite right away, immediately **19**
suivant following
suivant le cas accordingly
* **suivre** to follow **33**
à suivre to be continued
suivre un cours to take a course (class) **33**
un **sujet** topic, subject
un pronom sujet subject pronoun
super super **25**
le **superlatif** superlative
un **supermarché** supermarket **A**
supplémentaire extra
supplier to beg **I6***
sur on; about **R**
sûr sure, certain
bien sûr of course
sûrement surely
le **surf** surfboarding **17**
le **surf des neiges** snowboarding **17**
surfer sur l'Internet (sur le Net) to surf the Internet
le **surnaturel** supernatural
surtout especially, above all, mainly
un **survêtement (un survêt)** jogging suit, track suit **A, 25**
survivre to survive
un **sweat** sweatshirt **A, 25**
sympathique (sympa) nice **2**

T

t' (*see* **te**)
ta your **A**
le **tabac** tobacco
une **table** table **A, 9**
à table at the table
un **tableau** (*pl.* **tableaux**) painting, picture **21**
un **tablier** smock
une **tache** spot
tahitien (tahitienne) Tahitian
la **taille** (clothing) size **25**
un **tailleur** suit **25**
***se taire** to be quiet **20**
tais-toi be quiet **20**
taisez-vous be quiet **20**
un **tambour** drum
une **tampoura** Indian stringed instrument
tant: en tant que as
tant pis! too bad! **I9***
une **tante** aunt **1**
taper (à la machine) to type
un **tapis** rug **I3*, 21;** doormat
un **tapis (de) souris** mousepad
tard late **I1*, 27**
plus tard later **1**
la **tarte** pie **9**
des **tas** *m.* **(de)** lots (of)
une **tasse** cup 9
un **taureau** bull
te you, to you **14;** yourself **19**
un **technicien, une technicienne** technician **1**
technique technical **1**
la **technologie (la techno)** technology class **R**
un **tee-shirt** T-shirt **25**
tel (telle) such
la **télé** TV **A**
télécharger to download
téléphoner (à) to call, phone **A, 16**
un **téléviseur** TV set
la **télévision** television
tellement that, very; so

R52 French-English Vocabulary

je n'aime pas tellement ... I don't like ... that much **9**
tellement de so much, so many
un **témoin** witness **24;** best man
une **tempête** storm
une tempête de neige blizzard
le **temps** weather **A**; time **13**
de temps en temps once in a while; from time to time **18**
depuis combien de temps? for how long? **4**
quel temps fait-il? how's the weather? **A**
tout le temps all the time **12**
tenez! look!
* **tenir** to hold
des **tennis** *m.* sneakers **A, 25**
le **tennis** tennis
une **tente** tent **29**
tenter to try
tenter sa chance to try one's luck **I9***
termes: en bons termes on good terms
une **terminaison** ending
terminer to end
un **terrain** grounds
un terrain de camping campground
la **terre** earth
terrestre land *(adj.)*
la **terreur** terror
un **territoire** territory
tes your **A**
une **tête** head **17**
avoir mal à la tête to have a headache **17**
en tête (de) at the top (of)
les **textiles** *m.* textiles
le **thé** tea **9**
le thé glacé iced tea **9**
un **théâtre** theater **13**
théorique theoretical
le **thon** tuna **9**
un **ticket de métro** subway ticket **5**
tiens! look! hey!
le **Tiers-Monde** Third World
un **timbre** stamp
timide timid, shy **2**
le **tir à l'arc** archery
tiré taken
un **tiroir** drawer **I7***
le **tissu** fabric **25**
titre: à titre divers in different ways
toc, toc, toc! knock, knock!
toi you **R**
une **toile** canvas, linen **25**
une toile d'araignée spider's web **I6***
la **toilette** washing and dressing **19**
les **toilettes** *f.* toilet **21**
un **toit** roof **21**
une **tomate** tomato **9**
tomber to fall **8**
tomber en panne to have a breakdown
la **tombola** raffle
ton (ta; tes) your **A**
tondre (la pelouse) to mow the lawn
une **tonne** ton
le **tonnerre** thunder
tort: avoir tort to be wrong **3**
une **tortue** turtle
tôt early **I1*, 27**
toujours always; still **19***
tour: à votre tour it's your turn
le tour du monde trip around the world
tour à tour one after the other
une **tour** tower
la **Touraine** Touraine *(province in central France)*
touristique touristy
le **tournage** filming
tourner to turn
un **tournoi** tournament
tous (toutes) all, every **12**
tous les jours every day **23**
tous les (mardis) every (Tuesday) **23**
la **Toussaint** All Saints' Day
tout all, everything, any **12**
tout (toute) all, every **12**
à tout âge at any age
à tout de suite see you (meet you) right away
après tout after all
pas tout à fait not quite
tout à coup suddenly **I2***
tout de suite right away, immediately **19**
tout (toute) le (la) the whole **12**
tout le monde everybody, everyone **12**
tout le temps all the time **12**
toutes sortes all kinds
la **trace** tracks
traditionnel (traditionnelle) traditional
* **traduire** to translate
train: être en train de to be in the midst of **2**
un **train** train **A**
en train by train **A**
traîner to lie around
un **traité** treaty
une **tranche** slice **12**
tranquille quiet
être tranquille to relax, be calm
un **transistor** transistor radio
* **transmettre** to transmit
transmis transmitted
le **transport** transportation
transporter to transport **29**
une **trappe** trap door, bulkhead door
le **travail** work
la fête du Travail Labor Day (May 1)
travailler to work **A**
travailleur (travailleuse) hardworking
un **travailleur, une travailleuse** worker
un **traveller's chèque** traveler's check
travers: à travers across **I6***
une **traversée** crossing
traverser to cross **24**
treize thirteen **A**
un **tremblement de terre** earthquake
trente thirty **A**
très very **2**
un **trésor** treasure **I8***
une **tribu** tribe
triste sad **2**
trois three **A**
troisième third **I1*, 26**
se **tromper** to be mistaken, make a mistake
une **trompette** trumpet
trop (de) too much, too; too many **2**
tropical (*pl.* **tropicaux**) tropical

French-English Vocabulary R53

une **troupe** troop
trouver to find **13**; to think **18**
  se trouver to find oneself; to be (located)
  trouver le temps long to be impatient
  trouvés: les objets *m.* **trouvés** lost and found
un **truc** thing, knick-knack
tu you **R**
tuer to kill
une **tunique** tunic
la **Tunisie** Tunisia
le **tunnel routier** highway tunnel
la **Turquie** Turkey
un **type** guy, fellow **19***
typique typical
typiquement typically

U

un one; a, an **R**
une a, an **R**
uni solid *(color)* **25**; close, united
uniquement only
une **unité** unit
une **université** university
urbain urban
l' **usage** *m.* use
une **usine** factory
un **ustensile** utensil
utile useful **27**
utilisant: en utilisant (by) using
utiliser to use **12*, 29**

V

les **vacances** *f.* vacation **29**
  en vacances on vacation
  pendant les vacances during vacation **A**
un **vaccin** vaccine
une **vache** cow **5**
un **vainqueur** winner
vaisselle: faire la vaisselle to do (wash) the dishes **3**
la **valeur** value **18***
une **valise** suitcase **29**
une **vallée** valley
valoir to be worth
la **vanille** vanilla **9**
varier to vary
les **variétés** *f.* variety show
vas-y! go on! go ahead! keep going! **18**
vaut: il vaut mieux it is better **12***
le **veau** veal **9**
vécu (*p. p. of* **vivre**) **22**
une **vedette** star
un **véhicule** vehicle
la **veille** eve, day before **14***
le **vélo** cycling **17**
un **vélo** bicycle **A**
  à vélo by bicycle **5**
  le vélo tout terrain mountain biking
  un vélo tout terrain mountain bike **A**
  le vélo-cross dirt bike (circuit)
un **vélomoteur** moped, motorbike
le **velours** velvet **25**
  le velours côtelé corduroy **25**
un **vendeur, une vendeuse** salesperson **1**
vendre to sell **A**
  à vendre for sale
vendredi Friday, on Friday **A**
* **venir** to come **4**
  venir de + *inf.* (to have) just **4**
le **vent** wind
une **vente** sale
le **ventre** stomach **17**
  avoir mal au ventre to have a stomach ache **17**
vérifier to check **33**
véritable true, real **18***
la **vérité** truth **16**
verra (*fut. of* **voir**) **31**
un **verre** glass **9**
des **verres de contact** contact lenses
vers toward(s), around **12***
un **vers** line (of poetry), verse
vert green **A, 25**
une **veste** jacket **A, 25**
des **vestiges** *m.* ruins, remains
des **vêtements** *m.* clothes **A, 25**
un **vétérinaire, une vétérinaire** veterinarian **1**
veuillez m'adresser please send me
la **viande** meat **9**
une **victoire** victory
victorieusement victoriously
vide empty **16***
une **vidéo** video
la **vie** life **R**; living
  la vie de tous les jours daily life
vieil old **2**
vieille old **2**
viendra (*fut. of* **venir**) **31**
le **Viêt-nam** Vietnam **29**
vietnamien (vietnamienne) Vietnamese **1**
vieux (vieil, vieille; vieux) old **2**
une **villa** country house, villa **29**
un **village** town, village **21**
une **ville** city **A, 21**
  en ville downtown **5**
le **vin** wine
le **vinaigre** vinegar
la **vinaigrette** salad dressing
vingt twenty **A**
une **vingtaine** about twenty
violet (violette) purple **25**
un **violon** violin
un **visa** visa **29**
un **visage** face
la **visibilité** visibility
une **visite** visit
  rendre visite (à) to visit *(a person)* **A, 16**
visiter to visit *(a place)* **A**
un **visiteur, une visiteuse** visitor
vite quickly, fast **27**
la **vitesse** speed
  à toute vitesse full speed **19***
  en vitesse very quickly, fast **12***
une **vitre** window pane
la **vitrine** store window **17***
vivant lively
vive … ! hurray for … !
* **vivre** (*p.p.* **vécu**) to live **22**
le **vocabulaire** vocabulary
voici this is, here's, here comes **R**
une **voie** lane
voilà there's, that is **R**
la **voile** sailing **17**
une **voile** sail
  la planche à voile windsurfing **17**
* **voir** (*p.p.* **vu**) to see **5**
  se voir to see one another
un **voisin, une voisine** neighbor **1**
une **voiture** car **A, 5**
  en voiture by car **A**

R54 French-English Vocabulary

une voiture de sport sports car **33**
une **voix** voice
un **vol** flight **I4*; ** theft **I7***
un **volant** steering wheel **33**
au volant at the wheel
voler to fly
un **voleur** thief **I7***
au voleur! stop thief!
un **volet** shutter
le **volley** volleyball
volontaire voluntary
la **volonté** will
volontiers! sure! I'd love to! **13**
vos your **A**
voter to vote
votre (*pl.* **vos**) your **A**
voudra (*fut. of* **vouloir**) **31**
voudrais: je voudrais I would like **R**
* **vouloir** (*p.p.* **voulu**) to want; to wish **10**
vouloir bien to want *(used to accept an offer);* to accept, agree **R**
vouloir dire to mean
vous you **R;** to you **14;** yourself, yourselves, each other, one another **19**
vous-même yourself
un **voyage** trip **29**
bon voyage! have a nice trip!
faire un voyage to go on a trip, take a trip **29**
voyager to travel **A**
un **voyageur, une voyageuse** traveler
voyons! come on!
vrai true, right
à vrai dire to tell the truth **I7***
vraiment really, truly **I9***
un **VTT (vélo tout terrain)** mountain bike **A**
vu (*p.p. of* **voir**) **7**
la **vue** view

les **WC** *m.* toilet **21**
un **week-end** weekend **A**
le **week-end** on (the) weekends

y there, (in) it, (about) them **18**
allons-y! let's go! **18**
il n'y a pas there is no, there aren't any **R**
il y a there is, there are **R**
il y a + *time* time ago **7, 8**
on y va? should we go? are we going? **18**
qu'est-ce qu'il y a? what's up?; what's wrong? what's the matter? what's going on? **R**
vas-y go on! go ahead! keep going! **18**
le **yaourt** yogurt **9**
les **yeux** *m.* eyes **17**

zéro zero **A**
zut (alors)! darn! rats!

French-English Vocabulary R55

English-French Vocabulary

The English-French vocabulary contains active vocabulary as well as words introduced in the **Mots utiles** sections of the Lectures and Interludes.

The numbers following an entry indicate the first lesson in which the word or phrase is activated. The following abbreviations have been used:

A Appendix A
R Reprise
I Interlude

An asterisk (*) after the lesson or unit number indicates that the word or phrase is presented in the **Mots utiles** section of the reading.

Nouns: If the article of a noun does not indicate gender, the noun is followed by *m. (masculine)* or *f. (feminine)*. If the plural *(pl.)* is irregular, it is given in parentheses.

Verbs: Verbs are listed in the infinitive form. An asterisk (*) in front of an active verb means that it is irregular. (For forms, see the verb charts in the Appendix.)

Words beginning with an **h** are preceded by a bullet (•) if the **h** is aspirate; that is, if the word is treated as if it begins with a consonant sound.

a, an un, une **R**
a few quelques **12**
a little un peu; un peu de **12**
a lot beaucoup (de) **12**
able: to be able (to) *pouvoir **10**
about: about it/them y, en **18**
about whom (what)? de qui (quoi)? à qui (quoi)? **R**
to be careful about faire attention à **3**
to be hesitant about hésiter à **30**
to dream about rêver de **30**
to tell about raconter **16**
to think about penser à
above: au-dessus **I3***
above all surtout
abroad à l'étranger **29**
to **accelerate** accélérer **34***
accelerator un accélérateur **33**
to **accept** accepter (de) **30**; vouloir bien **R**
accessory un accessoire **25**
accident un accident **24**
according to d'après, selon **18**
accountant un (une) comptable **1**
acquainted: to be acquainted with *connaître **15**
across (from) en face (de) **I8***; à travers **I6***
act: to act innocent faire l'innocent **I7***
action movie un film d'aventures **13**
active actif (active) **2**
active in sports sportif (sportive) **2**
actively activement **26**
actor un acteur **1**
actress une actrice **1**
address une adresse **1**
address book un carnet d'adresses **I3***
to **admit** avouer **I8***
to **adorn** orner **I7***
advance: to tell in advance *prévenir **I3***
adventure une aventure
advice: piece of advice un conseil
advisable prudent
to **advise** conseiller
afraid: to be afraid avoir peur **3**
Africa l'Afrique *f.* **29**
after après **6**; ensuite **6**; au bout de **I3***
after all après tout
afternoon l'après-midi *m.* **A, 7**
in the afternoon l'après-midi, de l'après-midi **A**
on (Tuesday) afternoon (mardi) après-midi
this afternoon cet après-midi **7**
again à nouveau **I3***
against contre
age l'âge *m.* **3**
at any age à tout âge
ago il y a + *elapsed time* **7**
to **agree** accepter (de) **30**; vouloir bien **R, 10**
to agree with être d'accord avec **2**
agreeable agréable
airplane un avion **A**
airplane ticket un billet d'avion **29**
by airplane en avion **A**
alarm: to set off the alarm déclencher l'alarme **I8***
alive: to be alive *vivre **22**
all tout **12**; tout (toute; tous, toutes) **12**; tous (toutes) les **23**
all right d'accord! **13**
all the tous (toutes) les **23**
all the time tout le temps **12**
is that all? c'est tout? **9**
to **allow** *permettre **6**
allowed: to be allowed to *pouvoir **10**
alone seul **I5***
along: to bring/take along *(mainly people)* amener **11**; *(things)* apporter **A, 14**
already déjà **6**
also aussi
always toujours
ambitious ambitieux (ambitieuse) **2**
America: North America l'Amérique *f.* du Nord **29**
South America l'Amérique *f.* du Sud **29**
American américain **1**
among entre **R**
amount une quantité **12**
amusing amusant
an un, une **R**

R56 English-French Vocabulary

anchovies les anchois *m.* **9**
and et **R**
angry furieux (furieuse)
  angry (with) fâché (contre)
animal un animal (*pl.* animaux) **5**
to **announce** annoncer
announcement un faire-part
another un (une) autre **12**
  another (one) un (une) autre **12**
answer une réponse
to **answer** répondre (à) **A, 16**
any du, de la, de l', des, *(in negative sentences)* de (d') **R**; en **18**
  any other d'autres **12**
  is there any ... est-ce qu'il y a ... **R**
  not any ne ... aucun **I7***
  not any longer ne ... plus
  there aren't any il n'y a pas de **R**
anymore: not anymore ne ... plus
anyone: not anyone ne ... personne **7**
anything: not anything ne ... rien **7**
  anything else? et avec ça? **9**
apartment un appartement **21**
  apartment building un immeuble **I4*, 21**
to **apologize** s'excuser **20**
to **appear** apparaître **I1***; avoir l'air **3**; paraître **I7***; sembler **I3***
appetizers les •hors-d'oeuvre *m.* **9**
apple une pomme **9**
  apple juice le jus de pomme **9**
appliance un appareil **21**
appointment un rendez-vous **I4***
to **approach** s'approcher (de)
April avril *m.* **A**
architect un (une) architecte
are (*see* **to be**)
  there are il y a **R**
  there aren't any il n'y a pas de **R**
area un lieu **1**
Argentina l'Argentine *f.* **29**
arm un bras **17**
armchair un fauteuil **21**
around autour (de) **I8***; *(time)* vers **I2***
to **arrive** arriver (à, de) **8**
art class les arts *(m.)* plastiques **R**
as *(in comparisons)* que; comme **9**
  as ... as aussi ... que **27**
  as a matter of fact en effet **I9***; justement
  as far as jusqu'à
ashamed confus **I1***
Asia l'Asie *f.* **29**
to **ask (for)** demander (à) **16**
aspirin l'aspirine *f.*
at à **R**
  at ... (o'clock) à ... heure(s) **A**
  at (home) chez **R**
  at first d'abord **6**
  at last enfin **6**
  at least au moins **I2***
  at the house (office, shop, etc.) of chez **R**
  at what time? à quelle heure? **A**
athletic sportif (sportive) **2**
  athletic T-shirt un maillot **26***
to **attend** assister à **5**
attended: well-attended fréquenté
attention: to pay attention (to) faire attention (à) **3**
attic un grenier **21**
August août *m.* **A**
aunt une tante **1**
Australia l'Australie *f.* **29**
autumn l'automne *m.* **A**
  in the autumn en automne
avenue une avenue
away: right away tout de suite **19**
awful affreux (affreuse) **25**

B

back un dos **17**
  at the back of au fond de **28***
  in back (of) derrière **17**
  to come back rentrer (à, de) **A, 8**
  to come back (from) *revenir (de) **4**
  to give back rendre **14**
  to go back rentrer **A, 8**
  to have a sore back avoir mal au dos **17**
to **back up, back down** reculer **I6***
backpack un sac à dos **29**
bad mauvais 2
  in a bad mood de mauvaise humeur **I9***
  it's bad (weather) il fait mauvais **A**
  that's too bad! c'est dommage!
  too bad! tant pis! **I9***
badly mal
bag un sac **A, 12**
  sleeping bag un sac de couchage **29**
baggy large **25**
bakery une boulangerie
banana une banane **9**
band un orchestre, un groupe **13**
bank une banque
baseball cap une casquette **A, 25**
basement le sous-sol **21**
basketball le basket **A**
bathing suit un maillot de bain **A, 25**
bathroom une salle de bains **21**
bathtub une baignoire **21**
to **be** être **2**; être situé, se trouver
  be quiet! tais-toi! taisez-vous! **20**
  to be ... (years old) avoir ... ans **3**
  to be able *pouvoir **10**
  to be acquainted (familiar) with *connaître **15**
  to be active in faire de + *pastime* **3**
  to be afraid avoir peur **3**
  to be alive *vivre **22**
  to be allowed to *pouvoir **10**
  to be careful (to) faire attention à **3**
  to be cold avoir froid **3**
  to be early (late, on time) être en avance (en retard, à l'heure) **2**
  to be going to *(do something)* aller + *inf.* **4**
  to be hesitant about hésiter à **30**
  to be hot avoir chaud **3**

English-French Vocabulary R57

to be hungry avoir faim **3**
to be in good health être en bonne santé **17**
to be in shape être en forme **17**
to be in the midst of être en train de **2**
to be lucky avoir de la chance **3**
to be named s'appeler **1**
to be quiet *se taire **20**
to be ready être prêt **19***
to be right avoir raison **3**
to be sleepy avoir sommeil **3**
to be supposed to *devoir **10**
to be thirsty avoir soif **3**
to be warm avoir chaud **3**
to be wrong avoir tort **3**
beach une plage **A**
beans: green beans des •haricots (verts) **9**
beautiful beau (bel, belle; beaux) **2, 26**
because car, parce que
to **become** *devenir **4**
bed un lit **A, 21**
to go to bed se coucher **19**
bedroom une chambre **5**
beef: roast beef le rosbif **9**
before avant **6**; avant de **34**
to **beg** supplier **I6***
to **begin** commencer **I3***, **13**; se mettre à **I6***
to begin to commencer à + *inf.* **30**
behind derrière **R**
beige beige **25**
Belgian belge **1**
Belgium la Belgique **29**
to **believe** *croire (à, que) **18**; penser **18**
bell: to ring the bell sonner **I3***
to **belong to** *être à **2**
belonging to: the one(s) belonging to celui, celle (ceux, celles) de **28**
belt une ceinture **25**
beside à côté (de) **R**
best: best friend un meilleur ami, une meilleure amie **1**
the best le meilleur, la meilleure **27**
better meilleur **27**; mieux **17**
it's (it would be) better il vaut (il vaudrait) mieux **I2***
between entre **R**
beverage une boisson **9**
bicycle un vélo **A**; une bicyclette
by bicycle à vélo (bicyclette) **5**
big grand **2**, gros (grosse) **I3***
bill l'addition *f.* **9**; une note **I4***
biology la biologie **R**
bird un oiseau (*pl.* oiseaux) **5**
birth la naissance **1**
birthday un anniversaire **A**
black noir **A, 25**
blanket une couverture **29**
blazer un blazer **25**
blinker le clignotant **33**
blond blond
blouse un chemisier **A, 25**
blue bleu **A, 25**
dark blue bleu foncé **25**
light blue bleu clair **25**
boat un bateau (*pl.* bateaux)
by boat en bateau
body le corps **17**
book un livre **A**
bookshelf une étagère **21**
boom box une radiocassette **A**
boots des bottes *f.* **25**
boring pénible **2**; ennuyeux **2**
born: I was born je suis né(e) **1**
to **borrow (from)** emprunter (à) **16**
boss un patron, une patronne **1**
bottle une bouteille **12**
boulevard un boulevard
boutique une boutique **A, 25**
box une boîte **12**
boy un garçon
bracelet un bracelet **25**
brake le frein **33**
Brazil le Brésil **29**
bread le pain **9**
to **break** casser **I8***
to break *(one's leg)* se casser (la jambe)
breakdown une panne
breakfast le petit déjeuner **9**
to have breakfast prendre le petit déjeuner **9**
bride une mariée **1**
to **bring (along)** *(mainly people)* amener **11**; *(things)* apporter **A**
to bring back ramener **I1***, rapporter **I8***
to bring ... to apporter ... à **14**
broke *(without money)* fauché
brother un frère **1**
half brother un demi-frère **1**
brown marron *(inv.)* **A, 25**
dark brown brun
to **brush** *(one's teeth)* se brosser (les dents) **19**
building: apartment building un immeuble **I4***, **21**
to **bump into** rentrer dans
bus un autobus, un bus **5**
by bus en autobus
businessperson un homme (une femme) d'affaires **1**
busy occupé **13**
but mais
butcher shop une boucherie
butter le beurre **9**
to **buy** acheter **11**
to buy for acheter à **16**
by: by ...-ing en + *pres. part.* **34**
by boat (bus, car, plane, train) en bateau (autobus, auto [voiture], avion, train) **A**
by oneself seul **I5***
to come by passer (par) **8**

cabinets des placards *m.* **21**
café un café **A, 5**
cake le gâteau (*pl.* gâteaux) **9**
calculator une calculatrice
calendar un calendrier
to **call** téléphoner **A, 16**; appeler
I'll call back je rappellerai **1**
calm calme
calmly calmement **26**
Cambodia le Cambodge **29**
Cambodian cambodgien (cambodgienne) **1**
camera un appareil-photo (*pl.* appareils-photo) **A**
movie camera une caméra
camping le camping **29**
camping trailer une caravane **29**
to go camping faire du camping **29**
can une boîte **12**
can *pouvoir **10**
Canada le Canada **29**
Canadian canadien (canadienne) **1**
canvas la toile **25**
cap une casquette **25**

R58 English-French Vocabulary

car une auto, une voiture **A, 5**
by car en auto (voiture) **A**
card une carte **16**
(playing) cards les cartes
careful attentif (attentive) **26**; prudent
to be careful (about) faire attention (à) **3**
careless imprudent
carrot une carotte **9**
cartoon un dessin animé **13**
case: in that case dans ce cas **I6***
cassette une cassette
cat un chat
to **catch sight of** *apercevoir **30**
CD player un lecteur de CD
ceiling le plafond **21**
celery le céleri **9**
cell phone un portable **A**
cellar une cave **21**
cent *(1/100 of a euro)* un cent, un centime
center: in the center of au centre de
Central America l'Amérique centrale *f.* **29**
century un siècle **I6***
cereal les céréales *f.* **9**
certain sûr
chain une chaîne **25**
chair une chaise **A, 21**
challenge un défi **I6***
to **change** changer (de)
cheap bon marché *(inv.)* **25**
cheaper meilleur marché **27**
check l'addition *f.* **9**
to **check** vérifier **33**
checked à carreaux **25**
cheese le fromage **9**
chemistry la chimie **R**
cherry une cerise **9**
chicken le poulet **9**
child un (une) enfant **1**
only child un (une) enfant unique **1**
China la Chine **29**
Chinese chinois **1**
chocolate: hot chocolate un chocolat **9**
chocolate ice cream une glace au chocolat **9**
to **choose** choisir **A**
church une église **A**
city une ville **A, 21**

class un cours **R**; une classe **R**
first class première classe **29**
second class seconde classe **29**
classmate un (une) camarade **1**
to **clean** nettoyer **5**
climbing: *mountain climbing* l'alpinisme *m.; rock climbing* l'escalade *f.*
to **close** fermer **21**
closet un placard **21**
clothes des vêtements *m.* **A, 25**
coat un manteau (*pl.* manteaux) **A, 25**
cocoa un chocolat **9**
coffee le café **9**
cold froid **27**
it's cold il fait froid **A**
to be cold avoir froid **3**
cold un rhume **17**
to have a cold avoir un rhume **17**
color une couleur **25**
what color is ... ? de quelle couleur est ... ? **25**
colorless incolore **I5***
comb un peigne **19**
to **comb one's hair** se peigner **19**
to **come** arriver (à, de) **8**; *venir **4**
to come back rentrer (à, de) **A, 8**; *revenir (de) **4**
to come by passer **8**
comedy une comédie **13**
musical comedy une comédie musicale **13**
comic strip une bande dessinée **16**
to **commit** *commettre **I7***
compact disc un CD **A**, un compact **A**
compact stereo une mini-chaîne **A**
computer un ordinateur **A**
computer games les jeux *m.* d'ordinateur
computer specialist un informaticien, une informaticienne **1**
concerned inquiet (inquiète)
concert un concert **13**
rock concert un concert de rock **5**
condition: in good condition en bon état **I8***
conscientious consciencieux (consciencieuse) **2**

content content **2**
continent un continent **29**
continuation la suite **I8***
to **continue** continuer (à) **30**
to **contradict** *contredire
convertible une décapotable **33**
to **cook** faire la cuisine **3**
cooking la cuisine **9**
to do the cooking faire la cuisine **3**
copper le cuivre **I8***
corduroy le velours côtelé **25**
corridor un couloir **21**
to **cost** coûter **13**
how much does that cost? ça fait combien? **9**
cotton le coton **25**
made of cotton en coton **25**
could: I could je pourrais **R**
to **count** compter **I3***
country un pays **29**
country house une villa **29**
in the country à la campagne **5**
country(side) la campagne **29**
courageous courageux (courageuse)
course un cours **R**; *(of a meal)* un plat **9**
of course bien sûr **13**, bien entendu **I7***
to take a course suivre un cours **33**
cousin un cousin, une cousine **1**
to **cover** couvrir **21**
cow une vache **5**
crazy fou (folle) **I2***
crescent roll un croissant **9**
criminal un malfaiteur **I7***
to **cross** traverser **A**
Cuban cubain (cubaine) **1**
cuisine la cuisine **9**
cup une tasse **9**
curious curieux (curieuse) **2**
curtain un rideau (*pl.* rideaux) **21**
custom une habitude **I4***
cute mignon (mignonne) **2**
cycling le vélo **17**

English-French Vocabulary R59

daily quotidien (quotidienne) **I4***
damaged endommagé **I9***
to **dance** danser **A**
dangerous dangereux (dangereuse)
dare un défi **I6***
dark: dark blue bleu foncé **25**
dark brown brun
dark-haired brun
data processing l'informatique *f.* **R**
date *(on the calendar)* une date **1**; un rendez-vous **I4***
date of birth la date de naissance **1**
to have a date avoir rendez-vous **I1***
what's the date today? quelle est la date aujourd'hui? **A**
daughter une fille **1**
day un jour **A, 23**
day before la veille **I4***
every day tous les jours **23**
the next day le lendemain **I4***
(whole) day une journée
dear cher (chère)
December décembre *m.* **A**
to **decide (to)** décider (de) **25**
delighted ravi **I9***
dentist un (une) dentiste **1**
to **deny** nier **I7***
department *(in a store)* un rayon **25**
department store un grand magasin **25**
to **describe** *décrire **16**
design un dessin **25**
designer un dessinateur, une dessinatrice **1**
to **desire** désirer **9**
desk un bureau (*pl.* bureaux) **A, 21**
despite malgré **I8***
dessert un dessert **9**
to **destroy** *détruire
detective movie un film policier **13**
diamond un diamant **I7***
diary un journal **16**
to **die** mourir
difficult difficile **27**
dining room une salle à manger **21**
dinner le dîner **9**
to have (eat) dinner dîner **A, 9**
to **disappear** disparaître **I7***
disappearance la disparition **I7***
disappointed déçu **I9***
discount shop une boutique de soldes **25**
to **discover** *découvrir **21**
discreet discret (discrète) **26**
dish un plat **9**
main dish le plat principal
dishes: to do (wash) the dishes faire la vaisselle **3**
dishwasher un lave-vaisselle **21**
to **dislike** détester **9**
disobedience la désobéissance **I9***
to **disobey** désobéir **I9***
displeasure le mécontentement **I4***
district un quartier **A, 21**
divided highway une autoroute **I8***
divorced divorcé **1**
to **do** *faire *(a pastime)* **3**; faire de + *pastime* **3**
to do one's homework faire ses devoirs 3
to do the cooking faire la cuisine **3**
to do the dishes faire la vaisselle **3**
to do the shopping *(for food)* faire les courses **3**; faire des achats **5**
doctor un médecin **1**; un docteur **1**
dog un chien
dollar un dollar
door une porte **21**
dotted à pois **25**
down: to go down descendre **5**
downtown en ville **5**; le centre-ville **21**
dozen une douzaine **9**
drama: psychological drama un drame psychologique **13**
drawer un tiroir **I7***
drawing un dessin **I8***
to **dream (about)** rêver (de) **I2*, 30**
dress une robe **A, 25**
dressed: to get dressed s'habiller **19**
to get undressed se déshabiller
drink une boisson **9**
to **drink** *boire **25**, *prendre **6**
to **drive** *conduire **33**
driver un conducteur, une conductrice **24**
driver's license un permis de conduire **33**
driving la conduite **33**
driving school une auto-école **33**
druggist un pharmacien, une pharmacienne **1**
duck un canard **5**
dumb bête **2**; idiot
during pendant **6**
during the week en semaine **A**

e-mail un mail (un mél) **16**
each chaque **23**
each one, each person chacun
each other nous, vous, se **19**
ear une oreille **17**
to have an earache avoir mal aux oreilles **17**
early tôt **I1*, 27**
to be early être en avance **2**
to **earn** gagner **A**
earrings des boucles *f.* d'oreilles **25**
earth la terre
east l'est *m.* **29**
easy facile **27**
to **eat** manger **A**; *prendre **6**
to eat dinner dîner **9**
to eat lunch déjeuner **9**
economics l'économie *f.* **R**
edge: at the edge of au bord de **I2***
egg un oeuf **9**
fried eggs des oeufs sur le plat **9**
Egypt l'Égypte *f.* **29**
eight • huit **A**
eighteen dix-huit **A**
eighty quatre-vingts **A**
eighty-one quatre-vingt-un **A**

R60 English-French Vocabulary

elegant élégant **25**
elegantly élégamment **26**
eleven onze **A**
eleventh onzième **26**
else: anything else? et avec ça? **9**
something else quelque chose d'autre **25**
empty vide **16***
end un bout; la fin **18***
at the end of en fin de **12***
to end finir **A**
engaged: to get engaged se fiancer
engine un moteur **33**
engineer un ingénieur **1**
England l'Angleterre *f.* **29**
English anglais **1**
English (language) l'anglais *m.* **R**
enormous énorme **13***
enough assez **2**; assez de **12**
to enter entrer **8**
to entertain *(people)* *recevoir **30**
equipment l'équipement *m.* **21**
error une erreur **13***
especially surtout
euro un euro
Europe l'Europe *f.* **29**
eve la veille **14***
even même **18***
even if même si
evening le soir **A**
in the evening le soir **23**; du soir **A**
on (Wednesday) evening (mercredi) soir
this evening ce soir **7**
(whole) evening une soirée
event un événement **23**
ever déjà **6**
every tout (toute; tous, toutes) **12**; tous (toutes) les **23**
every day chaque jour **23**, tous les jours **23**
everybody, everyone tout le monde **12***, **12**
everything tout **12**
everywhere partout **18***
evidently évidemment **19***
exactly justement **19***
exam un examen **A**
except sauf **18***
exhibition une exposition **13**
expensive cher (chère) **25**
to explain expliquer **13***
explanation une explication
to express exprimer **18**
to express oneself s'exprimer
eye un oeil (*pl.* yeux) **17**

fabric le tissu **25**
face une figure **17**
fact: as a matter of fact en effet **19***; justement
failure to obey la désobéissance **19***
fair juste **2**
to fake simuler **17***
fall l'automne *m.* **A**
in the fall en automne
to fall tomber **8**
false faux (fausse)
familiar: to be familiar with *connaître **15**
family une famille **1**
famous célèbre
far, far away (from) loin (de) **R**
as far as jusqu'à
farm une ferme **5**
fashion: in fashion à la mode **17**
fast *(adv.)* vite **27**; *(adj.)* rapide **27**; en vitesse **12***
faster: to go faster accélérer **34***
fat: gros (grosse) **13***
to get fat grossir **A**
father un père **1**
favor: in favor of pour **R**
favorite préféré **9**
feast une fête
February février *m.* **A**
feel: to feel like (having) avoir envie de **3**
to feel (well) se sentir (bien) **17**
fellow un type **19***
ferocious féroce **18***
few peu de **12**
a few quelques **12**
fiancé(e) un fiancé, une fiancée
field un champ **5**
fifteen quinze **A**
fifth cinquième **26**
fifty cinquante **A**
to fill remplir
to fill the tank faire le plein **33**
film un film **5**
filmmaker un (une) cinéaste **1**
finally finalement **6**
to find trouver **13**
fine: it's fine (weather) il fait bon **A**
I'm fine ça va **17**
fine une amende **18***
finger un doigt **17**
to finish finir **A**; finir de **30**
finished fini
fire le feu **12***
to fire *(an employee)* renvoyer **15***
first premier (première) **11***, **26**; premièrement **26**
first name le prénom **1**
(at) first d'abord **6**
(March) first le premier (mars) **A**
fish un poisson **5**
fishing la pêche **5**
to fit: do these pants (shoes) fit you? est-ce que ce pantalon (ces chaussures) vous va (vont)? **25**
it doesn't fit il/elle ne me va pas **25**
it fits well il/elle me va bien **25**
they (don't) fit ils/elles (ne) me vont (pas) **25**
five cinq **A**
to fix préparer **A**; réparer **19***
flash: flash of lightning un éclair **12***
flashlight une lampe de poche **16***, **29**
flight un vol **14***
floor un étage **13***, **21**
ground floor le rez-de-chaussée **21**
second floor le premier étage **21**
flower une fleur **5**
flowered à fleurs **25**
flu la grippe **17**
to have the flu avoir la grippe **17**
to fly off s'envoler **16***
to fold plier **17**
to follow *suivre **33**
following suivant
food la nourriture **9**
foot un pied **17**
on foot à pied **5**

ENGLISH-FRENCH VOCABULARY

English-French Vocabulary R61

for pour **R**; pendant **6**; depuis **4**; comme **9**
for a long time longtemps **27**
for how long? depuis combien de temps? **4**
forbidden interdit **18***
foreign étranger (étrangère) **29**
forest une forêt **5**
to **forget** oublier **13**
to forget to oublier de **30**
fork une fourchette **9**
formal living room un salon **21**
former ancien (ancienne) **21**
fortunately heureusement **8***
forty quarante **A**
four quatre **A**
fourteen quatorze **A**
franc un franc *(former currency of France and Belgium, current currency of Switzerland)*
France la France **29**
free libre **13**
French français **1**
French (language) le français **R**
French fries des frites *f.* **9**
Friday vendredi *m.* **A**
on Friday vendredi **7**
on Fridays le vendredi **23**
friend un ami, une amie **1**; un copain, une copine **1**
best friend un meilleur ami (copain), une meilleure amie (copine) **1**
fries: French fries des frites *f.* **9**
to **frighten** effrayer **16***
from de **R**
from time to time de temps en temps **18**
from there en **18**
front: in front (of) devant **R**
fruit un fruit **9**
fruit juice le jus de fruits
frying pan une poêle **29**
full plein **33**
full speed à toute vitesse **19***
fun: to have fun s'amuser **20**
funny drôle **2**
fur la fourrure **25**
furious furieux (furieuse)
furniture le mobilier **21**
piece of furniture un meuble **21**

to **gain weight** grossir **A**
game un match **13**
to play a game faire un match
garage un garage **5**
garden un jardin **21**
gas l'essence *f.* **33**
gas station une station-service **33**
gas tank le réservoir **33**
generally généralement
generous généreux (généreuse) **2**
geography la géographie (géo) **R**
German allemand **R**
Germany l'Allemagne *f.* **29**
to **get** chercher **4**; *recevoir **30**; *obtenir
to get dressed s'habiller **19**
to get on, into (a bus, subway) monter **5**
to get out (of) sortir (de) **8**
to get up se lever **17**
gift un cadeau (*pl.* cadeaux) **14**
to **give** donner (à) **14**; *offrir
to give back rendre (à) **14**
glad content
glad to meet you enchanté(e) **1**
glass le verre; *(for drinking)* un verre **9**
glasses des lunettes *f.* **A**
glove un gant **25**
to **go** *aller **4**; passer **8**
go on! go ahead! keep going! vas-y! **18**
let's go! allons-y! **18**
should we go? are we going? on y va? **18**
to be going to aller + *inf.* **4**
to go back rentrer **A, 8**; retourner
to go (camping) faire du (camping) **29**
to go down descendre **5**
to go faster accélérer **34***
to go fishing aller à la pêche **5**
to go for a ride faire une promenade (en auto) **35**
to go for a walk faire une promenade (à pied) **35**
to go get aller chercher **4**
to go home rentrer (à, de) **A, 8**
to go in entrer **8**
to go on continuer à **30**
to go on a trip faire un voyage **29**
to go out *sortir **8**
to go shopping (for food) faire les courses **3**; faire des achats **5**
to go to bed se coucher **19**
to go to stores aller dans les magasins **5**
to go up monter **8**
going: what's going on? qu'est-ce qu'il y a? **R**
gold l'or *m.* **25**
good bon (bonne) **2**
in a good mood de bonne humeur
in good health en bonne santé **17**
it's good il est bon, c'est bon
good-looking beau (bel, belle; beaux) **2**
granddaughter la petite-fille **1**
grandfather un grand-père **1**
grandmother une grand-mère **1**
grandparents les grands-parents *m.*
grandson le petit-fils **1**
grapefruit un pamplemousse **9**
grapes du raisin *m.*
grape juice le jus de raisin **9**
gray gris **25**
great génial (*pl.* géniaux) **2**
green vert **A, 25**
green beans des •haricots (verts) **9**
groom un marié **1**
ground le sol **21**
ground floor le rez-de-chaussée **21**
Guatemala le Guatemala **29**
guilty coupable **15***
guilty one un coupable, une coupable **15***
guitar une guitare **A**
guy un type **19***
gymnastics la gym(nastique) **17**

R62 English-French Vocabulary

habit une habitude 14*
hair les cheveux *m.* **17**
hairbrush une brosse à cheveux **19**
Haitian haïtien (haïtienne) **1**
half: it's half past ... il est ... heure(s) et demie **A**
half brother un demi-frère **1**
half sister une demi-soeur **1**
hall une salle
ham le jambon **9**
grilled ham and cheese sandwich un croque-monsieur **9**
hand une main **17**
hanger un cintre **28***
to happen arriver **8**, se passer
happened: what happened? qu'est-ce qui est arrivé (s'est passé)? **24**
happening: what's happening? qu'est-ce qui se passe?
happy content **2**; heureux (heureuse) **2**
hard dur **14***, difficile **27**
has: one has to il faut **12**
hat un chapeau (*pl.* chapeaux) **25**
to hate détester **9**
to have *avoir **3**; *prendre **6**
to have a headache avoir mal à la tête **17**
to have a picnic faire un pique-nique **5**
to have a sore back avoir mal au dos **17**
to have breakfast prendre le petit déjeuner **9**
to have dinner dîner **A, 9**
to have fun s'amuser **20**
to have just venir de + *inf.* **4**
to have lunch déjeuner **9**
to have the flu avoir la grippe **17**
to have to *devoir **10**
you have to il faut **12**
he il **R**
he's c'est **R**; il est
head une tête **17**
headache: to have a headache avoir mal à la tête **17**
headlight un phare **33**
health: in good health en bonne santé **17**
healthy en bonne santé **17**
to hear entendre **A**
heart un coeur **17**
heavy lourd **27**
to help aider **A**
to help oneself se servir **15***
hen une poule **5**
her elle; la **15**; son, sa, ses **A**
(to) her lui **16**
here ici
here is, here comes voici **R**
this ... (over here) ce ...-ci **A, 28**
herself se **19**
hesitant: to be hesitant about hésiter à **30**
to hesitate hésiter à **30**
hey! tiens!, dites donc! **17***
hidden caché **18***
to hide cacher
hi-fi set une chaîne hi-fi **A**
high school un lycée **R**
high tops *(shoes)* des baskets *m.* **A, 25**
highway une route
divided highway une autoroute **18***
hike: to take a hike faire une randonnée **5**
hiking la marche à pied **17**
him lui **R**; le **15**
(to) him lui **16**
himself se **19**
his son, sa, ses **A**
history l'histoire *f.* **R**
to hold *tenir
hold on ne quittez pas **1**
holiday une fête, un jour férié **14***
home: (at) home chez + *stress pronoun* **R**; à la maison **A, 5**
to go home rentrer (à, de) **A, 8**
homework: to do one's homework faire (préparer) ses devoirs **3**
to honk (the horn) klaxonner **34***
hood (of a car) le capot **33**
hope l'espoir *m.* **19***
to hope espérer **11**
horror movie un film d'horreur **13**
horse un cheval (*pl.* chevaux) **5**
horseback riding l'équitation *f.* **17**
on horseback à cheval **5**
hospital un hôpital **A**
hot chaud **27**
hot chocolate un chocolat **9**
it's hot il fait chaud **A**
to be hot avoir chaud **3**
hotel un hôtel **A**
house une maison **A, 21**
at/to the house of chez + *person* **R**
country house une villa **29**
single-family house une maison individuelle **21**
how: for how long? depuis combien de temps? **4**
how? comment? **R**
how are you? ça va? **17**, comment allez-vous?, comment vas-tu?
how many? combien (de)? **12**
how many times? combien de fois?
how much? combien? **12**
how's the weather? quel temps fait-il? **A**
to know how to *savoir **16**
to learn how to apprendre à + *inf.* **6**
however cependant **19***
huge énorme **13***
hundred cent **A, 26**
(one) hundred and one cent un **A**
two hundred deux cents **A**
hundredth centième **26**
hungry: to be hungry avoir faim **3**
hunting la chasse **18***
hurry: in a hurry pressé **19***
to hurry se dépêcher **19***
hurt: where does it hurt? où est-ce que tu as (vous avez) mal? **17**
husband un mari **1**

I je **R**
I would like je voudrais **R**; j'aimerais
ice cream la glace **9**
vanilla (chocolate) ice cream une glace à la vanille (au chocolat) **9**
ice skating le patinage **17**
iced tea le thé glacé **9**

English-French Vocabulary R63

idiotic idiot
if si **31**
even if même si
illegal interdit **18***
imaginative imaginatif (imaginative) **2**
immediately tout de suite **19**
impolite impoli **2**
important important
impulsive impulsif (impulsive) **2**
in à; en **18**; dans **R**
in a good (bad) mood de bonne (mauvaise) humeur **19***
in a hurry pressé **19***
in back (of) derrière **R**
in favor of pour **R**
in front (of) devant **R**
in good health en bonne santé **17**
in it/them y **18**
in (my) opinion à (mon) avis **18**
in order to pour + *inf.* **34**
in shape en forme **17**
in the middle (of) au milieu (de) **16***
in the morning (afternoon, evening) le matin (l'après-midi, le soir) **23**
in the (mornings) le (matin) **23**
in the past autrefois **23**
in the spring au printemps
in the summer (autumn, winter) en été (automne, hiver)
included compris **9, 14***
indeed bien; en effet **19***
India l'Inde *f.* **29**
Indian indien (indienne) **1**
individual individuel (individuelle) **17**
inexpensive bon marché *(inv.)* **25**
information un renseignement **14***
ingredient un ingrédient **9**
in-line skating le roller **17**
innocent: to act innocent faire l'innocent **17***
inside dans **R**; à l'intérieur **18***
insurance l'assurance *f.* **17***
intellectual intellectuel (intellectuelle) **2**
intelligent intelligent
to **intend to** avoir l'intention de **3**
interested: to be interested (in) s'intéresser (à)
into dans **R**
to **introduce (to)** présenter (à) **1**
intuitive intuitif (intuitive) **2**
to **invite** inviter **A**
Ireland l'Irlande *f.* **29**
is (*see* **to be**)
isn't it so? n'est-ce pas? **A**
there is il y a **R**
there is no il n'y a pas de **R**
island une île
Israel Israël *m.* **29**
it il/elle **A**; le/la **15**
(in) it y **18**
it's c'est **A**
it's ... (o'clock) il est ... heure(s) **A**
it's (easy) to il est (facile) de + *inf.*
it's (five) of (four) il est (quatre) heures moins (cinq) **A**
it's (five) past (two) il est (deux) heures (cinq) **A**
it's half past ... il est ... heure(s) et demie **A**
it's (it would be) better il vaut (il vaudrait) mieux **12***
it's (January 3rd) c'est le (3 janvier) **A**
it's necessary to il faut **12**
it's nice (bad, hot, cold) (weather) il fait beau (mauvais, chaud, froid) **12**
it's noon (midnight) il est midi (minuit) **A**
it's a quarter of ... il est ... heure(s) moins le quart **A**
it's a quarter past ... il est ... heure(s) et quart **A**
it's raining il pleut **A**
it snowed (rained) il a neigé (plu)
it's snowing il neige **A**
Italian italien (italienne) **1**
Italy l'Italie *f.* **29**
its son, sa, ses **A**

jacket une veste **A, 25**; un blouson **A, 25**
ski jacket un anorak
jam la confiture **9**
January janvier *m.* **A**
Japan le Japon **29**
Japanese japonais **1**
jar un pot **12**
jealous jaloux (jalouse)
jeans un jean **25**
jeweler un bijoutier **17***
jewelry les bijoux *m. pl.* **25**
jewelry store une bijouterie **17***
jogging le jogging **A, 17**
jogging suit un survêtement (un survêt) **A, 25**
journal un journal **16**
journalist un (une) journaliste **1**
juice: apple juice le jus de pomme **9**
fruit juice le jus de fruits
grape juice le jus de raisin **9**
orange juice le jus d'orange **9**
July juillet *m.* **A**
June juin *m.* **A**
just: (to have) just venir de + *inf.* **4**

to **keep** garder **13**
to keep a promise tenir une promesse
ketchup le ketchup **9**
key une clé **13*, 21**
kilogram un kilo **9**
kilometer un kilomètre
kind *adj.* gentil (gentille) **27**
kind *n.* un genre **13**, une sorte **13**
kindness la gentillesse **18***
kisses: love and kisses *(at the end of a letter)* je t'embrasse ... **14***
kitchen une cuisine **21**
kitchen sink un évier **21**
knapsack un sac à dos **29**
knee un genou **17**
knife un couteau **9**
to **know** *connaître **15**; *savoir **16**
to know how to *savoir **16**
Korea la Corée **29**
Korean coréen (coréenne) **1**

R64 English-French Vocabulary

lake un lac **5**
lamp une lampe **21**
landscape un paysage **I8***
language une langue **R**
lap (*of a race*) une étape **I8***
large grand **2**
large room une salle
last dernier (dernière) **I1*, 7**
  at last enfin **6**
  last (Monday) (lundi) dernier **7**
late tard **I1*, 27**
  to be late être en retard **2**
later plus tard **1**
lawyer un avocat, une avocate **1**
lazy paresseux (paresseuse) **2**
to lead mener **I6***
leaf une feuille **5**
to learn *apprendre **6**
  to learn (*a subject*) faire de + *subject* **3**
  to learn how to apprendre à + *inf.* **6**
  to learn to play (*an instrument*) faire de + *instrument*
least: at least au moins **I2***
  the least ... le/la/les moins + *adj.* **27**
leather le cuir **25**
to leave quitter; *partir **8;** *(a place)* partir de; *(someone or something behind)* laisser **13**
  to leave for *(a place)* partir à
  to leave it up to someone (to) laisser le soin à quelqu'un (de) **28**
left gauche **17**
  to the left (of) à gauche (de) **R**
leg une jambe **17**
lemon soda la limonade **9**
to lend (to) prêter (à) **14**
less ... than moins ... que **27**
to let *permettre **6;** laisser
  let's go! allons-y! **18**
letter une lettre **16**
lettuce la salade
liberal libéral **2**
library une bibliothèque A
license: driver's license un permis de conduire **33**
lie un mensonge **16**
to lie mentir **I1***
life la vie **R**
light léger (légère) **27**
  light blue bleu clair **25**
light une lumière **I5***
to light allumer **I2*, 21**
lightning: flash of lightning un éclair **I2***
like comme **9**
to like aimer **R**
  do you like [these glasses]? est-ce que [ces lunettes] vous plaisent? **25**
  do you like [this sweater]? est-ce que [ce pull] vous plaît? **25**
  I (don't) like it il/elle (ne) me plaît (pas) **25**
  I (don't) like them ils/elles (ne) me plaisent (pas) **25**
  I would like je voudrais **R;** j'aimerais
linen la toile **25**
lipstick le rouge à lèvres **19**
to listen to écouter **A**
liter un litre **12**
little peu (de) **12**
  a little un peu **12**
  a little (+ *sing. noun*) un peu de **12**
to live *(in a place)* habiter **A, 22;** *(in a given place, in a certain way)* *vivre **22**
living room un salon **21,** une salle de séjour
  formal living room un salon **21**
  informal living room un living **21**
to loan (to) prêter (à) **A, 14**
to lock fermer à clé **21**
long long (longue) **25**
  for a long time longtemps **27**
  for how long? depuis combien de temps? **4**
to look avoir l'air **3**
  look! tiens!
  to look at regarder **A**
  to look for chercher **5, I2***
to lose perdre **A**
  to lose weight maigrir **A**
lot; a lot beaucoup **12**
love l'amour *m.* **I4***
  love and kisses (*at the end of a letter*) je t'embrasse ... **14*;** amicalement **14***
to love adorer **9**
  I'd love to! volontiers! **13**
luck la chance
  to try one's luck tenter sa chance **I9***
lucky: to be lucky avoir de la chance **3**
luggage les valises *f.* **29**
lunch le déjeuner **9**
  to have (eat) lunch déjeuner **9**

M

machine un appareil **21**
  washing machine une machine à laver **21**
mad furieux (furieuse); fou (folle) **I2***
made of (silver) en (argent) **25**
magazine un magazine **16,** une revue **16**
to make *faire **3**
make-up: to put on make-up se maquiller **19**
man un homme
many beaucoup (de) **12**
  how many combien (de) **12**
  many people beaucoup de monde **I1***
  so many tellement de
  too many trop (de) **12**
map une carte **29**
  (street) map un plan
March mars *m.* **A**
margarine la margarine **9**
market un marché **9**
match une allumette; *(game)* un match **13**
material la matière **25**
math les maths *f.* **R**
matter: as a matter of fact en effet **I9*;** justement
  that doesn't matter cela n'a pas d'importance **I7***
  what's the matter? qu'est-ce qu'il y a? **R**
May mai *m.* **A**
may *pouvoir **10**
maybe peut-être
mayonnaise la mayonnaise 9
me moi **R;** me **14**
  to me me **14**
meadow une prairie **5**
meal un repas **9**
mean méchant **27**
to mean vouloir dire

English-French Vocabulary R65

measurement: to take someone's measurements prendre les mesures de quelqu'un **28***
meat la viande **9**
mechanic un mécanicien, une mécanicienne
medal une médaille **25**
to **meet** faire la connaissance de **15;** *(by chance)* rencontrer **A;** *(at an arranged time and place)* retrouver **A**
glad to meet you enchanté(e) **1**
meeting place un rendez-vous **I4***
melon un melon **9**
meter un mètre
metric pound une livre **9**
Mexican mexicain **1**
Mexico le Mexique **29**
microwave oven un four à micro-ondes **21**
middle: in the middle (of) au milieu (de) **I6***
Middle East le Moyen-Orient **29**
middle school un collège **R**
midnight: it's midnight il est minuit **A**
midst: to be in the midst of être en train de **2**
mile un mille
milk le lait **9**
million un million **26**
mineral water l'eau *f.* minérale **9**
minivan un minivan **33**
minute une minute
mirror une glace **21**
Miss Mademoiselle (Mlle)
mistake une erreur **I3***
to make a mistake *faire (une) erreur **I7***
missing: ... is missing ... manque **I5***
model: fashion model un mannequin **1**
modern moderne **21**
Monday lundi *m.* **A**
on Monday lundi **7**
on Mondays le lundi **23**
money l'argent *m.* **A**
month un mois **A**
monthly par mois **13**

mood: in a good (bad) mood de bonne (mauvaise) humeur **I9***
moped une mob (mobylette), un vélomoteur
more plus **27**
more and more de plus en plus **I6***
more ... than plus ... que **27**
no more ne ... plus
once more encore une fois **I5***
morning le matin **A, 7**
in the morning le matin
on (Monday) morning (lundi) matin
this morning ce matin **7**
mosquito un moustique **I2***
most: the most ... le/la/les plus + *adj.* **27**
mother une mère **1**
motor un moteur **33**
motorbike une mob (mobylette), un vélomoteur
motorcycle une moto
mountain(s) la montagne **29**
mountain bike un VTT (un vélo tout terrain) **A**
mountain biking le VTT **17**
mountain climbing l'alpinisme *m.*
mourning le deuil **I4***
mouse (computer) une souris
mousepad un tapis (de) souris
mouth une bouche **17**
movie un film **5**
action movie un film d'aventures **13**
at (to) the movies au ciné **5**
detective movie un film policier **13**
horror movie un film d'horreur **13**
science fiction movie un film de science-fiction **13**
movie camera une caméra **A**
movie theater un cinéma **A**
much beaucoup **12**
how much combien (de) **12**
not much peu (de) **12**
so much tellement de
that much tellement **9**
too much trop (de) **12**
museum un musée **A, 13**
mushroom un champignon **9**

music la musique **R**
musical musicien (musicienne) **2**
musical comedy une comédie musicale **13**
must *devoir **10**
one must il faut **12**
mustard la moutarde **9**
my mon, ma, mes **A**
myself me **19**

naive naïf (naïve) **2**
name un nom **1**
first name le prénom **1**
named: to be named s'appeler **1**
napkin une serviette **9**
nasty méchant **27**
nationality une nationalité **1**
naturally naturellement **26**
near près (de) **R**
necessary nécessaire
it's necessary to il faut **12**
neck un cou **17**
necklace un collier **25;** une chaîne **25**
to **need** avoir besoin de **3**
you need to il faut **12**
neighbor un voisin, une voisine **1**
neighborhood un quartier **A, 21**
nephew un neveu (*pl.* neveux) **1**
never ne ... jamais **6**
almost never ne ... presque jamais **18**
new neuf (neuve) **26;** nouveau (nouvel, nouvelle, nouveaux) **2**
newspaper un journal **16**
next prochain **I1*, 7**
next (Monday) (lundi) prochain **7**
next to à côté de **R**
the next day le lendemain **I4***
nice sympathique **2;** aimable **2;** gentil (gentille) **27**
it's nice (weather) il fait beau **A**
niece une nièce **1**
night la nuit

R66 English-French Vocabulary

on (Thursday) night (jeudi) soir
nine neuf **A**
nineteen dix-neuf **A**
ninety quatre-vingt-dix **A**
ninety-one quatre-vingt-onze **A**
ninth neuvième **26**
no non; ne ... aucun **I7***
  no? non?; n'est-ce pas? **A**
  no one personne, ne ... personne **7**
  to say no refuser **30**
  no more ne ... plus **10**
nobody ne ... personne **7**
noise un bruit **I2***
noon: it's noon il est midi **A**
normal normal (*pl.* normaux) **26**
normally normalement **26**
north le nord **29**
North America l'Amérique *f.* du Nord **29**
nose le nez **17**
not ne ... pas **R**
  not (+ *inf.*) ne pas + *inf.*
  not any ne ... aucun **I7***
  not anyone ne ... personne **7**
  not anything ne ... rien **7**
  not many, not much peu (de) **12**
to **note** *s'apercevoir (de) **I9***; noter
notebook un cahier **A**
  small notebook un carnet
nothing rien, ne ... rien **7**
to **notice** remarquer; *s'apercevoir (de) **I9***
novel un roman **16**
November novembre *m.* **A**
now maintenant **7**
number un nombre; un numéro **1**
  phone number le numéro de téléphone **1**
nurse un infirmier, une infirmière **1**
nylon le nylon **25**

to **obey** obéir (à)
  failure to obey la désobéissance **I9***
object un objet **A**
to **obtain** *obtenir
obviously évidemment **I9***
o'clock heure(s) **A**
  at ... o'clock à ... heure(s) **A**
  it's ... o'clock il est ... heure(s) **A**
October octobre *m.* **A**
of de **R**
  it's (five) of (four) il est (quatre) heures moins (cinq) **A**
  it's a quarter of ... il est ... heure(s) moins le quart **A**
  of it/them en **18**
office un bureau **1**
  at/to the office of chez **R**
  office worker un employé (une employée) de bureau **1**
often souvent **18**
okay d'accord **13**
oil l'huile f. **33**
old âgé **1;** vieux (vieil, vieille; vieux) **2;** ancien (ancienne) **21**
  to be ... years old avoir ... ans **3**
omelet une omelette **9**
on sur **R**
  on ...-ing en + *pres. part.* **34**
  on foot à pied **5**
  on Monday lundi **7**
  on Monday morning (afternoon, evening, night) lundi matin (après-midi, soir)
  on (Mondays) le (lundi) **23**
  on the weekend, on (the) weekends le week-end
  on time à l'heure **2**
once une fois **13**
one un, une **R**
  one time une fois **13**
  one-way ticket un aller simple **29**
one *(you, they, people)* on **A**
  another one un (une) autre **12**
  one another nous, vous, se **19**
  one has to (must) il faut **12**
  that one celui-là (celle-la) **28**
  the one celui (celle) **28**
  the one(s) of/belonging to/from celui, celle (ceux, celles) de **28**
  the one(s) that/who/whom celui, celle (ceux, celles) que/qui **28**
  the same one le/la même
  the same ones les mêmes
  this one celui-ci (celle-ci) **28**
oneself se **19**
  by oneself seul **I5***
only seulement **I2***; seul **I5***
  only child un (une) enfant unique **1**
to **open** *ouvrir **I4*, 21**
opinion un avis **18,** une opinion **18**
  in (my) opinion à (mon) avis **18;** d'après (moi) **18**
opposite en face (de) **I8***
or ou **R**
orange *(color)* orange **A, 25**
orange une orange **9**
  orange juice le jus d'orange **9**
orchestra un orchestre **13**
order: in order to pour + *inf.* **34**
to **order** commander **9**
to **organize** organiser **A**
original original (*pl.* originaux) **2**
other autre 12
  (any) other d'autres **12**
others d'autres **12**
our notre, nos **A**
  ourselves nous **19**
out: to get out (of) sortir (de) **8**
  to try out essayer **25**
outside dehors **I6***
oven un four **21**
  microwave oven un four à micro-ondes **21**
over: over there là-bas **5**
  that ... (over there) ce ...-là **A, 28**
  this ... (over here) ce ...-ci **A, 28**
to **owe** *devoir **10**
owl une chouette **I6***

Pacific: South Pacific l'Océanie *f.*
pack un paquet **12**
to **pack one's suitcase** faire ses valises **29**
package un paquet **12**

English-French Vocabulary R67

pain: "a pain" pénible **2**
painful pénible **2**
painter un peintre **I4***
painting un tableau (*pl.* tableaux) **21**
pal un copain, une copine **1**
pan une casserole **29**
frying pan une poêle **29**
pants un pantalon A, **25**
pantyhose des collants *m.* **25**
paper le papier
parents les parents *m.* **1**
park un parc **A**
part une partie **17**, une pièce
spare part une pièce de rechange **I9***
to take part (in) participer (à)
to **participate (in)** participer (à)
to participate in *(a sport)* faire de + *sport* **3, 17**
party une boum **A;** une soirée, une fête
(evening) party une soirée
to **pass** *(in a car)* doubler **34***
to pass a test réussir à un examen **A**
to pass by passer **8**
passkey un passe-partout **I7***
passport un passeport **29**
past: in the past autrefois **23**
it's (five) past (two) il est (deux) heures (cinq) **A**
it's half past ... il est ... heure(s) et demie **A**
it's a quarter past ... il est ... heure(s) et quart **A**
patiently patiemment **26**
pattern un dessin **25**
to **pay (for)** payer **9**
to pay attention (to) faire attention (à) **3**
pear une poire **9**
peas des petits pois *m.* **9**
pen un stylo **A**
pen pal un correspondant, une correspondante
pencil un crayon **A**
people les gens *m.* **1;** on **A;** du monde
many people du monde, beaucoup de monde **I1***
young people les jeunes *m.*
pepper le poivre **9**
per par **13**
performance une séance **13**
perhaps peut-être
to **permit** *permettre **6**
person une personne **1**
personal belongings des affaires *f.* **5**
personality la personnalité **2**
pharmacist un pharmacien, une pharmacienne **1**
philosophy la philosophie **R**
phone un téléphone
to **phone** téléphoner (à) **A, 16**
photograph une photo
photographer un photographe, une photographe **1**
physical education l'éducation *f.* physique **R**
physics la physique **R**
piano un piano **A**
to **pick** choisir **A**
to pick up *(go get)* chercher **4;** *(tidy up)* ranger **5**
picnic un pique-nique **A**
to have a picnic faire un pique-nique **5**
picture une photo; un tableau (*pl.* tableaux) **21**
pie une tarte **9**
piece un morceau (*pl.* morceaux) **12**
piece of furniture un meuble **21**
pig un cochon **5**
pinball: to play pinball jouer au flipper **5**
pink rose **25**
pity: what a pity! c'est dommage!
pizza une pizza **9**
place un endroit **A, 5;** un lieu **1**
meeting place un rendez-vous **I4***
to take place avoir lieu **24,** se passer
to **place** *mettre **6**
plain moche **25;** *(of food)* nature **9**
plan un projet **13**
to make plans faire des projets
plane un avion **A**
by plane en avion **A**
plant une plante **5**
plastic le plastique **25**
plate une assiette **9**
play une pièce de théâtre **13**
to **play** jouer **R**
to (learn to) play *(an instrument)* faire de + *instrument*
to play *(a musical instrument)* jouer de **R**
to play *(a sport)* faire de + sport **3**
to play *(a sport or a game)* jouer à **R**
to play a game faire un match
player un joueur, une joueuse **13**
what's playing? qu'est-ce qu'on joue? **13**
pleasant aimable **2**
it's pleasant (weather) il fait bon **A**
please s'il te (vous) plaît **9**
pleasure le plaisir **13**
pocket une poche **I7***
poem un poème **16**
polite poli **2**
politely poliment **26**
polka-dotted à pois **25**
polo shirt un polo **25**
polyester le polyester **25**
pool une piscine **A**
poor pauvre **2**
poorly mal
pork le porc **9**
portable stereo un baladeur **A**
portable stove un réchaud **29**
Portugal le Portugal **29**
postcard une carte postale **16**
poster un poster, une affiche **A**
post office la poste **A**
pot une casserole **29**
potato une pomme de terre **9**
pound: metric pound une livre **9**
precisely justement **I9***
to **prefer** aimer mieux; préférer **11**
to **prepare** préparer **A**
present un cadeau (*pl.* cadeaux) **14**
pretty joli **2**
price un prix
private privé
in private en privé **I5***
private school une école privée **R**
prize un prix
problem un problème **14***
product un produit **I5***

R68 English-French Vocabulary

profession une profession **1**
professor un professeur
programmer un programmeur, une programmeuse **1**
to **promise** *promettre **6**
proud fier (fière) **19***
prudent prudent
public public (publique)
  public school une école publique **R**
Puerto Rican portoricain **1**
punctual ponctuel (ponctuelle) **2**
purple violet (violette) **25**
to **put** *mettre **6**
  to put away ranger **5**
  to put on *(clothing)* *mettre **6**
  to put on make-up se maquiller **19**

Q

quantity une quantité **12**
quarter: it's a quarter of ... il est ... heure(s) moins le quart **A**
  it's a quarter past ... il est ... heure(s) et quart **A**
quickly vite **27**
quiet tranquille
be quiet! tais-toi! taisez-vous! **20**
  to be quiet *se taire **20**

rabbit un lapin **5**
race une course **26***
racer un coureur **26***
racket une raquette
radio une radio
  boom box une radiocassette **A**
to **rain** *pleuvoir
raincoat un imperméable (imper) **A, 25**
rained: it rained il a plu
raining: it's raining il pleut **A**
  it was raining il pleuvait **23**
range une cuisinière **21**
rapid rapide **27**
rarely rarement **18**
rather assez **2;** plutôt **16***
razor un rasoir **19**
to **read** *lire **16**
ready prêt **12*, 29**
real véritable **18***
to **realize** *s'apercevoir (de) **19***
really vraiment **19***
  really? ah bon?
rearview mirror un rétroviseur **33**
to **receive** *recevoir **30**
to **recognize** *reconnaître **15**
red rouge **A, 25**
to **reflect** réfléchir **15*, 25**
refrigerator un réfrigérateur **21**
to **refuse to** refuser de **30**
region une région **29**
relatives les parents *m.* **1**
to **remember** se souvenir (de) **20**
to **remind** rappeler **14***
to **rent** louer **29**
  louer un film to rent a movie **A**
repair une réparation **19***
to **repair** réparer **19***
to **repeat** répéter
reply une réponse **14***
residence une résidence **21**
to **rest** se reposer **19**
restaurant un restaurant **A**
restless agité
to **return** rentrer (à, de) **A, 8;** *(something)* rendre **14;** retourner **8**
reward la prime **18***
rice le riz **9**
rich riche **2**
ride: to go for a ride faire une promenade (en auto) **3**
  to take a ride se promener **19;** faire un tour **5;** faire une randonnée **5**
ridiculous ridicule **25**
right droit **17;** vrai
  all right! d'accord! **13**
  right? n'est-ce pas? **A**
  right away tout de suite **19***
  to be right avoir raison **3**
  to the right (of) à droite (de) **R**
ring une bague **25**
to **ring (the bell)** sonner **13***
river une rivière **5**
road une route
  toll road une autoroute **18***
roast: roast beef le rosbif **9**
  roast chicken le poulet rôti **9**
rock climbing l'escalade *f.* **17**
roll: crescent roll un croissant **9**
roller skating le patin à roulettes **17**
roof un toit **21**
room *(in general)* une pièce **21**
  (bed)room une chambre **5**
  dining room une salle à manger **21**
  formal living room un salon **21**
  large room une salle
  living room un salon **21,** une salle de séjour, un living **21**
roundtrip (ticket) un aller et retour **29**
route un parcours **18***
rubber le caoutchouc **25**
ruby un rubis **17***
rug un tapis **13*, 21**
to **run** courir **12*, 17**
  to run into rentrer dans; heurter **24**
running shoes des tennis *m.* **25**
Russia la Russie **29**
Russian russe **1**

sack un sac **A, 12**
sad triste **2**
sailing la voile **17**
salad une salade **9**
sale: on sale en solde **25**
salesperson un vendeur, une vendeuse **1**
salmon le saumon **9**
salt le sel **9**
same même
  all the same tout de même **14***
  the same one le/la même
  the same ones les mêmes
sandals des sandales *f.* **25**
sandwich un sandwich **9**
  grilled ham and cheese sandwich un croque-monsieur **9**
satisfied satisfait **17***
Saturday samedi *m.* **A**
  on Saturday samedi **7**
  on Saturdays le samedi **23**
sausage(s) des saucisses *f.*; le saucisson **9**
saved sauvé **19***

ENGLISH-FRENCH VOCABULARY

English-French Vocabulary R69

to **say** *dire 16
to say no refuser 30
scarf un foulard 25
schedule un horaire 29
school *(adj.)* scolaire R
school une école R
driving school une auto-école 33
high school un lycée R
private school une école privée R
public school une école publique R
science les sciences *f.* R
science fiction movie un film de science-fiction 13
to **scream** crier 11*
sea la mer 29
season une saison A
seat un siège 33; une place 13
seat belt une ceinture de sécurité 33
second deuxième 26
secondly deuxièmement 26
secretary un secrétaire, une secrétaire 1
to **see** *voir 5; *apercevoir 30
see you tomorrow! à demain!
to **seem** sembler 13*, avoir l'air 3
selfish égoïste 2
to **sell** vendre A
to **send** envoyer 11
Senegal le Sénégal 29
sensitive sensible 2
September septembre *m.* A
serious sérieux (sérieuse) 2
seriously sérieusement 26
service charge le service 9
to **set** *(the table)* *mettre (la table) 6
to set off the alarm déclencher l'alarme 18*
seven sept A
seventeen dix-sept A
seventy soixante-dix A
seventy-one soixante et onze A
seventy-two soixante-douze A
several plusieurs 12
shampoo le shampooing 19
shape: in shape en forme 17
in good shape en bon état 18*
to be in shape être en forme 17
to **shave** se raser 19
she elle R
she's c'est R
shirt une chemise A, 25
T-shirt un tee-shirt
shoes des chaussures *f.* A, 25
shop une boutique A, 25
at/to the shop of chez R
discount shop une boutique de soldes 25
shopping les courses *f.* 9
to go (do the) shopping *(for food)* faire les courses 3; faire des achats 5
shopping center un centre commercial A
short petit 2; court 25
shorts un short 25
should: you should il faut 12
you should not il ne faut pas 12
shoulder l'épaule *f.* 17
to **shout** crier 11*
show un spectacle 13
to **show (to)** montrer (à) 14
shower une douche 21
shy timide 2
sick malade 17
sight: to catch sight of *apercevoir 30
sign *(traffic)* un panneau 24
silk la soie 25
silly bête 2
silver l'argent *m.* 25
since car; depuis 4; depuis que; comme 16*; puisque 12*
since what time? depuis quelle heure?
since when? depuis quand? 4
to **sing** chanter A
singer un chanteur, une chanteuse 13
single célibataire 1
sink un lavabo 21
kitchen sink un évier 21
sister une soeur 1
half sister une demi-soeur 1
to **sit down** *s'asseoir 20
sit down! assieds-toi! asseyez-vous! 20
six six A
sixteen seize A
sixty soixante A
size *(clothing)* la taille 25; *(shoe)* la pointure 25
to wear size [40] faire (porter) du [40] 25
skateboarding le skate(board) 17
roller-skating le patin à roulettes 26
to **ski** faire du ski, skier
skiing le ski 17
waterskiing le ski nautique 17
skin la peau 15*
skirt une jupe A, 25
sky le ciel 18*
to **sleep** *dormir 8
sleeping bag un sac de couchage 29
sleepy: to be sleepy avoir sommeil 3
slice une tranche 12
slow lent 14*, 27
to **slow down** ralentir 34*
slowly lentement 27
small petit 2
smart intelligent
to **smile** *sourire 13*
sneakers des tennis *m.* A, 25
high top sneakers des baskets *m.* A, 25
to **snow** neiger
snowboarding le snowboard, le surf des neiges 17
snowed: it snowed il a neigé
snowing: it's snowing il neige A
it was snowing il neigeait 23
so alors; donc 12*; si; tellement
so much (many) tellement de
soap le savon 19
soccer le foot A
soccer game un match de foot 5
socks des chaussettes *f.* A, 25
soda *(carbonated soft drink)* un soda 9
lemon soda la limonade 9
sofa un sofa 21
sole la sole 9
solid *(color)* uni 25
some des R; du, de la, de l', des 10; quelques 12; en 18; un peu (de) 12
somebody quelqu'un 7
someone quelqu'un 7
something quelque chose 7
something else quelque chose d'autre 25

R70 English-French Vocabulary

sometimes parfois **18**; quelquefois **18**
somewhere quelque part **18***
son un fils **1**
song une chanson **13**
soon bientôt **16***
  see you soon à bientôt
sore: to have a sore ... avoir mal à + *part of body* **17**
sorry: very sorry désolé **13**
  I'm sorry je suis désolé **1**
  to be sorry regretter **13**
sort une sorte **13**
sound system une chaîne hi-fi **A**
soup la soupe **9**
south le sud **29**
South America l'Amérique *f.* du Sud **29**
spaghetti les spaghetti *m.* **9**
Spain l'Espagne *f.* **29**
Spanish espagnol **1**
Spanish (language) l'espagnol *m.* **R**
spare part une pièce de rechange **19***
to **speak** parler **A**; prendre la parole **17***
specific spécifique **23**
speed: full speed à toute vitesse **19***
to **spend** dépenser
  to spend (*time*) passer **5**; faire un séjour **29**
spider's web une toile d'araignée **16***
spite: in spite of malgré **18***
spontaneously spontanément **26**
spoon une cuillère **9**
sports le sport **R**
  active in sports sportif (sportive) **2**
  sports car une voiture de sport **33**
spot un endroit **A, 5**
spring le printemps **A**
  in (the) spring au printemps
squirrel un écureuil **15**
stadium un stade **A, 5**
stage une étape **18***
staircase un escalier **21**
stairs des escaliers *m.* **13*, 21**
to **start** commencer **13**; démarrer **34***; se mettre à **16***
state un état **29**
station une gare **A**
  gas station une station-service **33**
to **stay** rester **A, 8**; faire un séjour **29**; loger **29**
steak with French fries un steak-frites **9**
steering wheel un volant **33**
stepfather un beau-père **1**
stepmother une belle-mère **1**
still encore **19***; toujours **19***
stomach le ventre **17**, l'estomac *m.* **17**
  to have a stomach ache avoir mal au ventre **17**
to **stop** s'arrêter **20**; arrêter de **30**; cesser de **30**
  to stop the engine arrêter le moteur **34***
store un magasin **A, 25**
  department store un grand magasin **25**
story une histoire **16**; *(floor)* un étage **13*, 21**
stove une cuisinière **21**
  (portable) stove un réchaud **29**
strawberry une fraise **9**
street une rue **A**
  street map un plan
striped à rayures **25**
strong fort **27**
student *(high school)* un élève, une élève
studies les études *f.* **R**
to **study** étudier **A**
  to study *(a subject)* faire de + *subject* **3**
stupid bête **2**
subdivision un lotissement **21**
subject: school subjects les matières *f.* **R**
suburbs la banlieue **21**
subway le métro **5**
  subway ticket un billet/un ticket (de métro) **5**
to **succeed** réussir **A**
  to succeed in réussir à **30**
suddenly tout d'un coup **12***
sugar le sucre **9**
suit un costume **25**, un tailleur **25**
  bathing suit un maillot de bain **A, 25**
  jogging (track) suit un survêtement (un survêt) **A, 25**
suitcase une valise **29**
  to pack one's suitcase faire ses valises **29**
summer l'été *m.* **A**
  in (the) summer en été
summer vacation les grandes vacances *f.*
sun le soleil
  sunbath un bain de soleil **5**
Sunday dimanche *m.* **A**
  on Sunday dimanche **7**
  on Sundays le dimanche **23**
sunglasses des lunettes *f.* de soleil **A, 25**
super formidable, super **25**
supermarket un supermarché **A**
supper le dîner **9**
  to have (eat) supper dîner **A, 9**
supposed: to be supposed to *devoir **10**
sure sûr; volontiers! **13**
surfboarding le surf **17**
sweater un pull **A, 25**
sweatshirt un sweat **A, 25**
to **swim** nager **A**
swimming la natation **17**
swimming pool une piscine **A**
Swiss suisse **1**
Switzerland la Suisse **29**

table une table **A, 9**
to **take** *prendre **5**
  to take (along) *(mainly people)* amener **11**
  to take (along) *(things)* apporter **A**
  to take a course (class) suivre un cours **33**
  to take a hike faire une randonnée **5**
  to take a trip faire un voyage **29**
  to take a walk (ride) se promener **19**; faire un tour **5**; faire une randonnée **5**
  to take care of someone s'occuper de quelqu'un **28***
  to take home ramener **11***
  to take off enlever **34***, ôter **18***
  to take place avoir lieu **24**; se passer

English-French Vocabulary R71

to take someone's measurements prendre les mesures de quelqu'un **28***
to take the subway toward [Balard] prendre la direction [Balard] **5**
to talk parler **A**
to talk to s'adresser à, parler à **16**
tall grand **2**
to tan bronzer **5**
tank: to fill the tank faire le plein **33**
to taste goûter **I3***
tea le thé **9**
iced tea le thé glacé **9**
to teach apprendre **6**
teacher un professeur
team une équipe **13**
technician un technicien, une technicienne **1**
technology la technologie (la techno) **A**
teeth les dents *f.* **17**
to telephone téléphoner (à) **A, 16**
television la télé **A**
television set un téléviseur **A**
to tell *dire **16**
to tell *(a story)* renseigner, raconter **16**
to tell (about) raconter **16**
to tell in advance *prévenir **I3***
ten dix **A**
tent une tente **29**
test un examen **A**
to pass a test réussir à un examen **A**
than *(in comparisons)* que **27**
thank: thank you merci
thanks to grâce à **I7***
that cela (ça) **9; qui, que 22;** ce (cet, cette) **A**
that ... (over there) ce ...-là **A, 28**
that one celui-là (celle-là) **28**
that's c'est **R**, voilà **R**
the le, la, l', les **R, A**
theater un théâtre **13**
theft un vol **I7***
their leur, leurs **A**
them eux, elles **R**; les **15**
(in) it/them y **18**
(to) them leur **16**
themselves se **19**
then alors; ensuite **6**
there là **5**; y **18**
from there en **18**
over there là-bas **5**
that ... (over there) ce ...-là **A, 28**
there is (are) il y a **R**; voilà **R**
there is no (there aren't any) il n'y a pas de **R**
therefore donc **I2***
these ces **A**; ceux (celles) **28**, ceux-ci (celles-ci) **28**
they ils/elles **R**; on **A**
thief un voleur **I7***
thin: to get thin maigrir **A**
thing une chose
things des affaires *f.* **5**
to think penser **18**; *croire; réfléchir **I5*, 25;** trouver (que) **18**
to think about penser à
to think of penser de
third troisième **I1*, 26**
thirsty: to be thirsty avoir soif **3**
thirteen treize **A**
thirty trente **A**
this ce, cet, cette **A**; ceci
this (Friday) ce (vendredi)
this is voici **R**
this ... (over here) ce ...-ci **A, 28**
this morning (afternoon, evening) ce matin (cet après-midi, ce soir)
this one celui-ci (celle-ci) **28**
those ces **A**; ceux (celles) **28**, ceux-là (celles-là) **28**
those are ce sont **R**
thousand mille **A, 26**
three trois **A**
to throw lancer **I6***
Thursday jeudi *m.* **A**
on Thursday jeudi **7**
on Thursdays le jeudi **23**
ticket un billet **I1*, 13**
airplane (train) ticket un billet d'avion (de train) **29**
one-way ticket un aller simple **29**
round trip ticket un aller et retour **29**
subway ticket un billet/un ticket de métro **5**
tie une cravate **A, 25**
tight étroit **25**
tights des collants *m.* **25**
time l'heure *f.* **A**; le temps **13**; *(occasion)* la fois **I1*, 13**
all the time tout le temps **12**
at what time? à quelle heure? **A**
(for) a long time longtemps **27**
from time to time de temps en temps **18**
it's only a matter of time ce n'est qu'une affaire de temps **I7***
on time à l'heure **2**
one time (several times) une fois (plusieurs fois) **13**
to spend some time faire un séjour **29**
what time is it? quelle heure est-il? **A**
timid timide **2**
tip le service **9**; un pourboire **I4***
tire un pneu **33**
tired fatigué **I2*, 17**
to à **A;** en **18;** *(in order to)* pour + *inf.* **34**
to the house (office, shop, etc.) of chez **R**
to the left/right (of) à gauche/droite (de) **R**
to whom? à qui? **R**
toaster un grille-pain **21**
today aujourd'hui **7**
toilet les toilettes *f.* **21**; les WC *m.* **21**
toll road une autoroute **I8***
tomato une tomate **9**
tomorrow demain **7**
see you tomorrow à demain
tonight ce soir **7**, cette nuit
too aussi; trop **2, 25**
that's too bad! c'est dommage!
too bad! tant pis! **I9***
too many trop (de) **12**
too much trop (de) **12**
tooth une dent **17**
toothbrush une brosse à dents **19**
toothpaste le dentifrice **19**
toward *(a place)* vers **I2***
town une ville **A, 21**; un village **21**
track suit un survêtement (un survêt) **25**

R72 English-French Vocabulary

traffic la circulation **18***
trailer *(camping)* une caravane **29**
train un train **A**
by train en train **A**
train ticket un billet de train **29**
to **transport** transporter **29**
to **travel** voyager **A**
tray un plateau **17***
treasure un trésor **18***
tree un arbre **5**
trip: to go on (take) a trip faire un voyage **29**
truck un camion **33**
true vrai; véritable **18***
truly vraiment **19***
trunk *(of a car)* un coffre **33**
truth la vérité **16**
to tell the truth à vrai dire **17***
to **try** goûter **13***
to try one's luck tenter sa chance **19***
to try (out, on) essayer **25**
to try to essayer de + *inf.* **30**
T-shirt un tee-shirt **25**
athletic T-shirt un maillot **26***
Tuesday mardi *m.* **A**
on Tuesday mardi **7**
on Tuesdays le mardi **23**
tuna le thon **9**
to **turn** tourner
to turn off éteindre, fermer **21**
to turn on *(the radio, etc.)* *mettre **6**
TV la télé **A**
TV set un téléviseur
twelve douze **A**
twenty vingt **A**
twice deux fois 13
two deux **A**
type un genre **13**; une sorte **13**

umbrella un parapluie **25**
unattractive moche **25**
uncle un oncle **1**
under sous **R**
to **understand** *comprendre **6**
unfair injuste **2**
unfortunately malheureusement **8***; hélas
unhappy malheureux (malheureuse) **2**
United States les États-Unis *m.* **29**
university une université
unknown inconnu **18***
unnecessary inutile **27**
unpleasant désagréable; pénible **2**
until jusqu'à
up: to get up se lever **19**
to go up monter **5**
to wake up se réveiller **19**
to wash up se laver **19**
upon: upon ...-ing en + *pres. part.* **34**
upset furieux (furieuse)
us nous **R**
to us nous **14**
to **use** utiliser **12*, 29**
useful utile **27**
useless inutile **27**
usual habituel (habituelle) **23**
usually d'habitude **23**; habituellement **23**

vacation les vacances *f.* **29**
during vacation pendant les vacances **A**
summer vacation les grandes vacances *f.*
van une camionnette **33**
value la valeur **18***
vanilla ice cream une glace à la vanille **9**
VCR un magnétoscope
veal le veau **9**
vegetables les légumes *m.* **9**
velvet le velours **25**
very très **2**; bien
very much beaucoup **12**
very sorry désolé **1**
veterinarian un vétérinaire, une vétérinaire **1**
video games les jeux vidéo **A**
Vietnam le Viêt-Nam **29**
Vietnamese vietnamien (vietnamienne) **1**
villa une villa **29**
village un village **21**
visa un visa **29**
to **visit** *(place)* visiter **A**; *(people)* rendre visite (à) **16**
volleyball le volley **A**

to **wait (for)** attendre **A**
to **wake up** se réveiller **19**
walk: to go for a walk faire une promenade (à pied) **5**
to take a walk se promener **19**; faire un tour **5**
to **walk** aller à pied **5**; marcher **A, 5**
wall un mur **21**
wallet un portefeuille **25**
to **want** *vouloir **10**; avoir envie de **3**; désirer **9**
I want je veux **R**
to want to vouloir bien **R**
warm chaud **27**
to be warm avoir chaud **3**
to **warn** *prévenir **13***
to **wash** laver **5**
to **wash (oneself), wash up** se laver **19**
to **wash the dishes** faire la vaisselle **3**
washing machine une machine à laver **21**
watch une montre **A**
to **watch** regarder **A**
water l'eau *f.* **9**
mineral water l'eau minérale **9**
waterskiing le ski nautique **17**
we nous; on **R**
weak faible **27**
to **wear** porter **A, 25**; *mettre **6**
to wear size [40] faire (porter) du [40] **25**
weather le temps **A**
how's (what's) the weather? quel temps fait-il? **A**
it's nice (bad, hot, cold) (weather) il fait beau (mauvais, chaud, froid) **A**
Wednesday mercredi *m.* **A**
on Wednesday mercredi **7**
on Wednesdays le mercredi **23**
week une semaine **A**
during the week en semaine **A**

ENGLISH-FRENCH VOCABULARY

English-French Vocabulary R73

two weeks quinze jours **29**
weekend un week-end **A**
on the weekend, on (the) weekends le week-end
weekly par semaine **13**
weight: to gain weight grossir **A**
to lose weight maigrir **A**
welcoming hospitalier (hospitalière) **I8***
well bien **27**
west l'ouest *m.* **29**
what: about what? de quoi? à quoi? **R**
at what time? à quelle heure? **A**
what? qu'est-ce que? **R;** comment? **R;** que? qu'est-ce qui? quoi? **R**
what (a) ... ! quel + *noun!*
what a pity! c'est dommage!
what happened? qu'est-ce qui est arrivé (s'est passé)? **24**
what is it? qu'est-ce que c'est? **R**
what's the date today? quelle est la date aujourd'hui? **A**
what's the weather? quel temps fait-il? **A**
what's wrong (the matter, going on)? qu'est-ce qu'il y a? **R**
what time is it? quelle heure est-il? **A**
wheel une roue **33**
when quand; lorsque **I9***
since when? depuis quand? **4**
when? quand? **R**
where? où? **R**
whether si **31**
which quel (quelle) **A**; qui, que **22**
which one, which ones lequel, laquelle, lesquels, lesquelles **28**
while pendant que
while ...-ing en + *pres. part.* **34**
white blanc (blanche) **A, 25**
who qui **A, 22**
who? qui? qui est-ce qui? **22**
whole: the whole tout le, toute la **12**
whole day (evening, morning, year) une journée (soirée, matinée, année) **7**
whom que, qui **22**
about whom (what)? de qui (quoi)?, à qui (quoi)? **R**
to whom? à qui? **R**
whom? qui? qui est-ce que? **R**
with whom? avec qui? **R**
why? pourquoi? **R**; pour quelle raison?
wide large **25**
wife une femme **1**
to **win** gagner **A**
window une fenêtre **21**
store window la vitrine **I7***
windshield le pare-brise **33**
windshield wiper l'essuie-glace *m.* **33**
windsurfing la planche à voile **17**
winter l'hiver *m.* **A**
to **wish** désirer **9**; *vouloir **10**
with avec **R**
with what? avec quoi?
with whom? avec qui? **R**
without sans **34**
witness un témoin **24**
witty spirituel (spirituelle) **2**
woman une femme
wool la laine **25**
word un mot
to **work** travailler **A**; *(function)* fonctionner
worker: office worker un employé (une employée) de bureau **1**
would: I would like je voudrais **R**; j'aimerais
it would be better il vaudrait mieux
to **write** *écrire **16**
writer un écrivain **1**
wrong faux (fausse)
to be wrong avoir tort **3**
what's wrong? qu'est-ce qu'il y a? **R**; qu'est-ce que tu as? **3**

year un an
last year l'année dernière **7**
this year cette année **7**
to be ... years old avoir ... ans **3**
(whole) year une année **A**
yearly par an **13**
to **yell** crier **I1***
yellow jaune **A, 25**
yes oui; *(in answer to a negative question)* si
yesterday hier **6**
yet encore **I4***
yogurt le yaourt **9**
you tu, vous **R**; toi, vous **R**; on **A**; te, vous **14**
to you te, vous **14**
you should il faut **12**
you should not il ne faut pas **12**
young jeune **1**
your ton, ta, tes; votre, vos **A**
yours *(in a letter)* bien à toi **14***
yourself te, vous **19**
yourselves vous **19**

zero zéro **A**

R74 English-French Vocabulary

Index

A

INDEX

Index R75

R76 Index

INDEX

Index R77

Credits

Front Cover
Background Chateau Frontenac, Quebec Old Town, Quebec, Canada, nagelestock.com/Alamy
Inset AGE Fotostock

Back Cover
Level 1a: *background* Palace of Versailles, Versailles, France, Fernand Ivaldi/Getty Images; *inset* PhotoDisc/Getty Images

Level 1b: *background* Martinique, Jake Rajs/Getty Images; *inset* PhotoDisc/Getty Images

Level 1: *background* Eiffel Tower illuminated at night, Paris, France, Paul Hardy/Corbis; *inset* Digital Vision/Getty Images

Level 2: *background* Chateau Frontenac, Quebec Old Town, Quebec, Canada, nagelestock.com/Alamy; *inset* AGE Fotostock

Level 3: *background* Port Al-Kantaoui, Sousse, Tunisia, José Fuste Raga/zefa/Corbis; *inset* PhotoDisc/Getty Images

Illustration
Tim Foley: 253 *(c)*; 406

All other illustration by:

Yves Calarnou	Jean-Pierre Foissy
Veronique Deiss	Elisabeth Schlossberg

Photography
All photos by Lawrence Migdale/PIX except the following:
xii *(tl)* Pierre Valette; *(cr)* Patrick Pipard; **7** *(r)* David Young-Wolff/Photo Edit; **11** *(l)* Richard Passmore/Getty Images; *(r)* P. Royer/ROBERTSTOCK; **17** Michal Heron; **19** *(cr)* Michal Heron; **31** *(t)* EyeWire; *(cl)* Pierre Valette; **37** *(t)* Patrick Ramsey/ImageState; *(cl)* EyeWire; *(bl)* Larry Lipson, DC Heath; **42** *(tl)* Susan Doheny; Michal Heron; **43** Michal Heron; **54** *(tl)* Susan Doheny; Michal Heron; **55** Michal Heron; **63** Catherine Karnow/Woodfin Camp; **64** *(tl)* Susan Doheny; Michal Heron; **65** Michal Heron; **86** *(background)* Sandro Vannini/Corbis; *(tl)* Jerome Delay/AP Wide World Photo; *(bl)* Picture Finders Ltd./eStock Photo; **88** *(tl)* Archivo Iconografico S. A./Corbis; *(tr)* Geoatlas GRAPHI-OGRE; *(bl)* Ric Ergenbright/Corbis; *(br)* courtesy, Planete Futuroscope; **89** *(tl)* Steve Vidler/eStock Photo; *(tr)* Ric Ergenbright/Corbis; *(bl, c, br)* Lee Snider/Photo Images; **91** *(t)* Yashiro Haga/HAGA/The Image Works; *(c)* AFP/Corbis; *(b)* Miwako Ball/ImageState; **92** Joel Saget/AFP/Corbis; *(c)* Graham Watson; *(b)* Jean-Luc Lamaere/AFP/Corbis; **94** *(t)* Laurent Brandajs/Lonely Planet Images; *(c)* Andre Jenny/ImageState; *(b)* Stockman/ImageState; **95** *(t)* Loek Polders/ImageState; *(b)* Euro Coins and Banknotes Visual Identity II / School Division, Houghton Mifflin; **96** *(t)* courtesy, Planete Futuroscope; *(b)* Tim Theriault; *(background)* Yves Forestier/Corbis Sygma; **97** *(bl)* Jean-Luc Lamaere/AFP/Corbis; *(br)* Euro Coins and Banknotes Visual Identity II / School Division, Houghton Mifflin;**102** *(bl)* Michal Heron; **108** *(tl)* Susan Doheny; Michal Heron; **109** Michal Heron; **120** *(tl)* Susan Doheny; Michal Heron; **121** Michal Heron; **130** *(tl)* Susan Doheny; Michal Heron; **131** Michal Heron; **145** *(l)* Ira Lipsky/ImageState; *(c)* Snowden/Hoyer/Woodfin Camp; *(r)* Catherine Karnow/Woodfin Camp; **154** *(b)* Michal Heron; **164** *(tl)* Susan Doheny; Michal Heron; **165** Michal Heron; **174** *(tl)* Susan Doheny; Michal Heron; **178** Michal Heron; **184** *(tl)* Susan Doheny; Michal Heron; **185** Michal Heron; **206** *(b)* Reed Saxon/AP Wide World Photo; **207** Niviere/Nebinger/Sipa Press; *(cr)* Pascal Parrot/Corbis Sygma; *(cr)* Stephen Hird/Reuters News Media/Corbis; *(b)* Naguet/Sipa Press; **214** Jeremy Bembaron/Corbis Sygma; **216** *(tl)* Susan Doheny; Michal Heron; **217** Michal Heron; **221** *(tl)* Catherine Karnow/Corbis; *(b)* Tomas del Amo/Index Stock; *(background)* Ron Watts/Corbis; **223** *(l)* Lee Snider/Photo Images; *(br)* Michal Heron; **226** *(tl)* Susan Doheny; Michal Heron; **227** Michal Heron; **236** *(tl)* Susan Doheny; Michal Heron; **237** Michal Heron; **239** Michal Heron; **259** *(t)* George Hunter/ROBERTSTOCK; *(c)* W. Bertsch/ROBERTSTOCK; *(b)* Philip Gould/Corbis; **260** *(t)* Miwako Ball/ImageState; *(b)* Frilet/Sipa Press; **261** *(t)* Hinata Haga/HAGA/The Image Works; *(b)* Winston Fraser; **262** *Le Grand Derangement,* Philadelphia, Pennsylvania, 1755, Robert Dafford; **263** *(t)* Alex Demyan; *(b) Evangeline,* Marcelle Rebecchini. Bronze sculpture. Photography courtesy, State Library of Louisiana; **264** *(t-b) Paul Revere* (c. 1768-70), John Singleton Copley. Oil on canvas. Museum of Fine Arts, Boston; DuSable Museum of African American History; Bettman/Corbis; The Granger Collection; **265** *(t) Self Portrait* (1822), John James Audubon. Oil on canvas. Photography Bettman/Corbis; New York Public Library; Bettman/Corbis; **266** David Sanger; **267** *(t)* David Sanger; *(c)* Owen Franken/Corbis; *(b)* AFP/Corbis; **268** Andrew Brilliant; **269** *(t)* Winston Fraser; *(bl) Paul Revere* (c. 1768-70), John Singleton Copley. Oil on canvas. Museum of Fine Arts, Boston; *(bc)* DuSable Museum of African American History; *(bl) Evangeline,* Marcelle Rebecchini. Bronze sculpture. Photography courtesy, State Library of Louisiana; **272** *(tl)* Eric Sanford/ImageState; *(tr)* Jonathon Nourok/ Photo Edit; *(c)* Petar Kujundzic/REUTERS; *(bl)* MacDuff Everton/The Image Works; Corbis; **273** *(t)* Jacques Brinon/AP Wide World Photo; *(c)* Charles Platiau/REUTERS/Corbis; *(b)* Getty Images; **280** *(tl)* Susan Doheny; Michal Heron; **281** Michal Heron; **288** *(tl)* Tim Thompson; *(bl)* Kevin Hawkins; *(c)* Eastcott-Momatiuk/The Image Works; *(r)* Eric Sanford/ImageState; **290** *(tl)* Susan Doheny; Michal Heron; **291** Michal Heron; **296** *(bc)* Michal Heron; **300** *(tl)* Susan Doheny; Michal Heron; **301** Michal Heron; **320** *(t)* Martial Colomb/PhotoDisc; **328** *(tl)* Susan Doheny; Michal Heron; **329** Michal Heron; **336** *(tl)* Susan Doheny; Michal Heron; **337** Michal Heron; **347** *(l)* Hulton Archive; *(r)* Roger Viollet/Getty Images; **348** *(tl)* Susan Doheny; Michal Heron; **349** Michal Heron; **373** *(tl)* PhotoDisc; *(tc)* Jim Noelker/The Image Works; *(bc)* Earl & Nazima Kowall/Corbis; **380** *(tl)* Susan Doheny; Michal Heron; **381** Michal Heron; **386** Bernard Annebique/Corbis Sygma; **388** *(tl)* Susan Doheny; Michal Heron; **389** Michal Heron; **396** *(l)* Shama Balfour/Gallo Images/Corbis; *(tr)* Corbis; *(br)* Karl Weatherly/Corbis; **397** *(tl)* Courtesy of Tom Craig; *(tr)* Patrick Kovarik/AFP/Corbis; *(bl) Portrait of Dr. Gachet* (1890), Vincent Van Gogh. Photography © Francis G. Mayer/Corbis; *(br)* Roger Viollet/Getty Images; **398** *(tl)* Susan Doheny; Michal Heron; **399** Michal Heron; **423** *(b)* Stockbyte; *(t)* M.&E. Bernheim/Woodfin Camp; **424** *(b)* Betty Press/Woodfin Camp; *(tl)* Photospin; **425** *(tl)* Jose Fuste Raga/Corbis; *(cl)* M. Thonig/ROBERTSTOCK; **426** *(tl)* Paul Almasy/Corbis; *(cr)* Beryl Goldberg; *(cl)* Frank Lane Picture Agency/Corbis; *(bl)* M.&E. Bernheim/Woodfin Camp; **427** *(t)* Jean AEF, Duboisberranger/Getty Images; *(c)* Betty Press/Woodfin Camp; *(b)* David Else/Lonely Planet Images; **428** *(c,l)* M.&E. Bernheim/Woodfin Camp; **428** *(l)* Photospin; **429** *(l)* Archivo Iconografico, S.A./Corbis; *(all others)* M.&E. Bernheim/Woodfin Camp; **430** *(l)* Patricia Fogden/Corbis; *(r)* Anthony Ham/Lonely Planet Images; **434** *(l)* Owen Franken/Corbis; *(r)* Bob Daemmrich/Stock Boston, Inc./PictureQuest; **435** *(l)* Emmanuel Pain/Getty Images; *(tr)* Kevin Galvin; **442** *(tl)* Susan Doheny; Michal Heron; **443** Michal Heron; **445** Nik Wheeler/Corbis; **450** *(tl)* Susan Doheny; Michal Heron; **451** Michal Heron; **462** *(tl)* Susan Doheny; Michal Heron; **463** Michal Heron; **493** *(i)* Robert Fried; *(r)* Nebinger/Sipa Press;**498** *(tl)* Susan Doheny; Michal Heron; **499** Michal Heron; **506** *(tl)* Susan Doheny; Michal Heron; **507** Michal Heron; **514** *(tl)* Susan Doheny; Michal Heron; **515** Michal Heron; **R4** Michal Heron

R78 Credits